地理学报
Acta Geographica Sinica

90周年精品论文解读

《地理学报》90周年精品论文解读编委会 编

上 册

图书在版编目（CIP）数据

《地理学报》90 周年精品论文解读 /《地理学报》90 周年精品论文解读编委会编. -- 北京：商务印书馆，2024. -- ISBN 978-7-100-24375-9

Ⅰ. K92-53

中国国家版本馆 CIP 数据核字第 2024NP8246 号

权利保留，侵权必究。

《地理学报》90 周年精品论文解读
《地理学报》90 周年精品论文解读编委会　编

商 务 印 书 馆 出 版
（北京王府井大街 36 号邮政编码 100710）
商 务 印 书 馆 发 行
北京中科印刷有限公司印刷
ISBN 978 - 7 - 100 - 24375 - 9
审图号：GS 京（2024）1843 号

2024 年 9 月第 1 版　　开本 787×1092　1/16
2024 年 9 月北京第 1 次印刷　印张 114³⁄₄
定价：668.00 元

《地理学报》90周年精品论文解读编委会

主　编

刘昌明

副主编

| 蔡运龙 | 陈发虎 | 傅伯杰 | 葛全胜 | 何书金 | 李　平 |
| 刘燕华 | 陆大道 | 宋长青 | 孙福宝 | 张国友 | 郑　度 |

编　委

白　娥	保继刚	曹广忠	曹小曙	曾　刚	陈　旻
陈明星	陈永勤	程维明	崔　鹏	戴尔阜	邓　辉
丁金宏	丁永建	杜德斌	樊　杰	方创琳	方红亮
冯　健	高培超	葛　咏	龚道溢	顾朝林	郝志新
贺灿飞	江　源	姜　明	金凤君	李　娟	李广东
李满春	李双成	李秀彬	李裕瑞	梁　怡	廖小罕
林　坚	刘　敏	刘　瑜	刘洪杰	刘鸿雁	刘纪远

刘苏霞　刘小平　刘彦随　刘云刚　龙花楼　陆　林
陆玉麒　鹿化煜　罗　毅　闫国年　马　巍　蒙吉军
苗长虹　莫兴国　潘玉君　裴　韬　彭　建　朴世龙
秦伯强　秦大河　任贾文　邵明安　沈彦俊　史培军
宋进喜　苏振奋　孙斌栋　谈明洪　唐　川　唐伯慧
王姣娥　王劲峰　王乃昂　王绍强　王士君　王五一
王仰麟　王志恒　吴必虎　吴绍洪　夏　军　徐　明
许学工　薛德升　杨桂山　杨林生　杨胜天　杨小平
杨煜达　杨兆萍　姚檀栋　于　强　于贵瑞　张百平
张京祥　张卫国　张文忠　张小雷　张镱锂　张振克
赵　歆　赵井东　甄　峰　钟林生　钟士恩　周成虎
周国华　朱阿兴　朱晟君

编　辑

段宗奇　顾　江　李　义　盛文萍　苏　娴　于信芳

序

一

  九十年前即 1934 年中国地理学会及其所创办的《地理学报》在"虎踞龙盘"之地——南京诞生了！在此之前的 1909 年中国地学会成立于东西交融、领时代之先的天津；1950 年，这两个学会重组为新的中国地理学会，因此中国地理学会的历史可上溯到 1909 年。这是中国近现代地理学发展由"传统的地理学"向"科学的地理学"转型的最重要标志之一，是中国科学史的重要事件之一，是世界地理学史的重大事件之一，已载入史册。

  九秩之年的《地理学报》是世界上现行历史最悠久、学术影响力最大的中文地理学期刊，是世界上有重要知识贡献和学术影响的地理学期刊之一，促进了中国乃至全球地理学的理论进展、学科发展、人才培养、制度建设和价值实现，进而对国家发展和科学进步作出了重要贡献。她的重要作用，比肩巴黎地理学会《地理学年鉴》（*Annales de Géographie*）、美国《美国地理学家协会会刊》（*Annals of the Association of American Geographers*）、《职业地理学家》（*The Professional Geographer*）、《地理评论》（*Geographical Review*），英国皇家地理学会《地理学报》（*Geographical Journal*）、《俄罗斯地理学会会刊》（*Proceedings of the Russian Geographical Society*）等地理学名刊。

二

  九十年来，在创办和编纂过程中，以竺可桢、张其昀、李旭旦、任美锷、侯仁之、黄秉维、吴传钧等为代表的蜚声中外的地理学大家的引领下，学术造诣深厚的《地理学报》专业编辑群体结合近 30 年来系统性、创新性的期刊运营工作，科学擘画、科学规划、科学设计、科学编辑、科学呵护，通过不同主题、不同栏目、不同形式，于《地理学报》、《地理学报》英文版（1990 年创刊，主编郑度）编辑出版了中外地理学研究者结合"学术自觉"与服务国家社会需求的纯粹基础理论、应用基础理论和区域实证研究成果，其中一些论文在地理学学术史上已成经典。

三

《〈地理学报〉90 周年精品论文解读》编委会精心遴选出 90 篇精品论文，其中一些已成为学术经典论文，由各领域专家以重读、精读为基础，对这些论文进行"解读"。基于科学问题史、科学概念史、科学理论史、科学学科史、科学比较史等不同范式的解读，是一项重要且复杂的重大学术工程，对编选者、解读者提出了极高的要求。编选、解读这些精品论文，要遵循的最重要、最基本原则就是"历史与逻辑的同一"。

我与《地理学报》同庚，在学习、研读、审定这些"解读文章"中，发现解读文章同精品论文一样，水平很高。解读者都具有很好的学术修养、很深的学术造诣、很强的学术能力，遵循了"阐述厚重学术历史与逻辑知识体系的'同一'"原则展开解读。这种科学地理学的理念，是不断地引导和提升中国地理学的理论水平、学术水平、学科水平并传承发展的关键，是《地理学报》和中国地理学会会属期刊高质量、高水平发展的工作任务之一，是中国地理学学者努力提高的方向之一，也是中国的高等地理教育发展的目标之一。

四

九十年来，《地理学报》引领并与诸多地理学学术期刊一道，在"学术自觉"与"服务需求"的双重驱动下，发表了许多精品论文，与中国地理学会乃至国际地理联合会"共生"，与中国乃至世界地理学学科"共荣"，与中国的地理学家和地理工作者队伍"共长"，与中国乃至世界的地理学学科制度"共建"。未来，前瞻学科、引领学术，为中国的和世界的地理学发展作出重要贡献，仍是包括《地理学报》在内的中国地理学期刊的共同使命。

再过十年即《地理学报》百年华诞的时候，《地理学报》对地理学的科学发展的贡献将更加卓越，与中国地理学会、专家学者、地理学学术出版共同体一道，助力伟大祖国从"地理学大国"走向"地理学强国"，彪炳史册！

《地理学报》主编
中国科学院院士
国际地理联合会原副主席

2024 年 7 月

前　言

《地理学报》创刊 90 年来，在中国科学技术协会、中国科学院的领导下，在中国地理学会、中国科学院地理科学与资源研究所的主办下，在国际地理联合会、国内外有关地理研究机构、国内外地理学相关期刊、国内外学术检索机构、国内外地理学家乃至科学家以及广大地理工作者的关怀、指导、支持、帮助下，筚路蓝缕、砥砺前行，为世界地理学的发展作出了具有中国特色的重要贡献，为国内外近现代和当代地理学研究的杰出成果提供了高端展示平台。

《地理学报》创刊 90 年来，始终坚持"面向国家战略需求，提高地理科学水平"的办刊宗旨，遵循地理学学科发展、国家社会需求的时代变化，结合地理人才培养的综合要求，按照一定的知识逻辑，以主题、专栏或专刊等形式，发表了一系列理论基础研究、应用基础研究、区域实证研究、实践应用研究的论文。很多论文，因其学术性、时代性、开拓性、原创性等特征，经过历史检验，已经成为学术精品乃至学术经典。这些学术论文，不仅具有中国意义，还具有世界意义。《地理学报》为中国地理学及其成果的国际化，为地理学的科学化、现代化、中国化，为中国地理学人才成长、地理学学术共同体发展等作出了无以替代的重要贡献。

创刊 90 年来（英文版创刊于 1991 年），在《地理学报》及《地理学报》英文版创办和编纂过程中，在以竺可桢、张其昀、李旭旦、任美锷、侯仁之、黄秉维、吴传钧、刘昌明、郑度等为代表的蜚声中外的地理学家的引领下，学术知识广博、业务能力精湛的编辑代表谢芳蓉、丁怀元、顾仲熊、梁珊、姚鲁烽和何书金等，以及广大学有专长的高水平审稿专家与作者群体，为中国的地理学乃至世界的地理学的发展而辛勤工作。《地理学报》创刊 90 年来，已出版 79 卷、450 期，发表论文 5 188 篇。

经多轮综合判断，编委会遴选出 90 篇精品论文，并敬请当今各学科领域、各研究方向的权威专家，从地理知识"历史与逻辑的同一"的角度，对这些论文进行重读、再读，进而"解读"，阐发其地理知识的原生产和再生产、传播和继承、应用的历史意义和价值。

《〈地理学报〉90周年精品论文解读》遴选的90篇论文均为学术精品乃至学术经典，如"东南季风与中国之雨量""中国人口之分布""自然地理学一些最主要的趋势""试论青藏高原的自然地带""我国区域开发的宏观战略""地理系统与地理信息系统""我国主体功能区划的科学基础"等。它们对中国乃至世界的地理学发展产生了深远影响，彰显了中国地理学人为推动学科发展、服务国家战略、助力人类可持续发展作出的重要贡献。对精品论文进行重读、再读和解读，是中国地理学学术史研究的重要任务，价值极高、意义重大。

《〈地理学报〉90周年精品论文解读》这部学术巨著的出版难度可谓巨大。编委会与《地理学报》、商务印书馆一道，克服种种困难，高效而科学地解决了出版过程中遇到的诸多难题。本书所载90篇精品论文，均据原版重录重排，内容不作改动。书稿整理、排校虽力求慎重，仍不免有所疏漏。本书以90篇精品论文及其高水平解读文章为代表，展现中国地理学90年来的卓越贡献和华彩历程，难免存在"挂一漏万""沧海遗珠"。各位专家、学者、读者的不吝指正，是我们今后提升和发展的动力。我们今后将更加努力，不忘初心、奋勇向前。

路漫漫其修远兮，吾将上下而求索！

《地理学报》90周年精品论文解读编委会

2024年8月

目　录

上　册

东南季风与中国之雨量 ……………………………………………………… 竺可桢（1）
　　"东南季风与中国之雨量"解读 ………………………… 葛全胜　王　芳　张学珍（20）

中国四季之分配 ……………………………………………………………… 张宝堃（23）
　　从二十四节气到天气气候季节——"中国四季之分配"解读 ………………… 龚道溢（63）

浙江省风景区之比较观 ……………………………………………………… 张其昀（67）
　　"浙江省风景区之比较观"解读 ………………………………………………… 吴必虎（72）

中国人口之分布——附统计表与密度图 ……………………………………… 胡焕庸（77）
　　胡焕庸"中国人口之分布"品读 ………………………… 丁金宏　田　阳　程　晨（118）

罗布淖尔与罗布荒原 ………………………………………………………… 陈宗器（124）
　　陈宗器与罗布荒原研究 ………………………………………………………… 张小雷（146）

摄影测绘与地理研究 ………………………………………………………… 曾世英（150）
　　测绘地图是地理研究的基本工具——解读曾世英先生的"摄影测绘与
　　　地理研究"一文 ……………………………………………………………… 程维明（161）

中国都市之分布 ……………………………………………………………… 沈汝生（165）
　　"中国都市之分布"解读 ………………………………………………………… 顾朝林（180）

西康居住地理 ·· 严钦尚（191）
"西康居住地理"解读 ·································· 张文忠（206）

中国东南部进一步的建设 ································ 翁文灏（211）
"中国东南部进一步的建设"解读 ···················· 方创琳（214）

现代地理学与其展望 ·· 李春芬（218）
桃李不言，下自成蹊，春风化雨，地理芬芳——再读李春芬"现代
地理学与其展望" ··················· 李满春　李飞雪（230）

北京海淀附近的地形水道与聚落 ······················ 侯仁之（235）
"北京海淀附近的地形水道与聚落"的方法论分析 ············ 邓　辉（253）

植物地理学的内容、范围和当前任务 ················ 侯学煜（258）
"植物地理学的内容、范围和当前任务"解读 ·············· 江　源（279）

中国动物地理区域 ································ 郑作新　张荣祖（283）
郑作新和张荣祖的中国动物地理区划方案
················ 孙熙正　蔡昀泽　孟佳慧　刘云鹏　王志恒（300）

长江三角洲江口段的地形发育 ··························· 陈吉余（306）
动力与地貌结合，现代过程与历史过程结合——学习"长江三角洲江口段的
地形发育"的体会 ························· 张卫国（321）

珠江三角洲的"桑基鱼塘"与"蔗基鱼塘" ·············· 钟功甫（326）
钟功甫先生与基塘农业生态地理研究 ······················ 刘云刚（349）

改造沙漠中地貌学研究的任务和方法 ················ 朱震达（353）
"改造沙漠中地貌学研究的任务和方法"解读 ············ 杨小平（373）

长白山北侧的自然景观带 ·············· 黄锡畴　刘德生　李　祯（377）
"长白山北侧的自然景观带"解读 ········ 姜　明　吕宪国　邹元春（396）

华南喀斯特峰林区地形类型初步划分
················ 曾昭璇　程明豪　姚清尹　李孔宏　陈洪禄（400）

"华南喀斯特峰林区地形类型初步划分"解读 ················· 刘洪杰（412）

关于在我国开展化学地理研究的几点意见 ············· 刘培桐　王华东（416）
1960年后我国化学地理30年发展的前瞻建议——品读"关于在我国开展化学
地理研究的几点意见" ··· 杨林生（427）

自然地理学一些最主要的趋势 ··································· 黄秉维（432）
前瞻与引领地理学科学发展的经典文献——重读黄秉维先生的"自然地理学
一些最主要的趋势" ····························· 潘玉君　杨勤业　郑　度（439）

中国自然区划问题 ·· 任美锷　杨纫章（444）
中国湖泊生态系统研究的多维探索：自然区划原则与湖泊分类
··· 秦伯强　赵星辰　李　枫（455）

中国太阳直接辐射、散射辐射和太阳总辐射间的关系 ··· 左大康　弓　冉（460）
中国太阳辐射研究先行者的足迹 ·································· 莫兴国（474）

新疆第四纪陆相沉积的主要类型及其和地貌气候发展的关系 ······ 周廷儒（478）
"新疆第四纪陆相沉积的主要类型及其和地貌气候发展的
关系"解读 ··· 史培军（504）

全国农业现状区划的初步探讨 ······································ 邓静中（511）
"全国农业现状区划的初步探讨"解读 ··························· 刘彦随（536）

试论农业区域的形成演变、内部结构及其区划体系 ················ 周立三（541）
开拓中国农业区划研究——"试论农业区域的形成演变、内部结构及其区划体
系"解读 ··· 杨桂山　苏伟忠（556）

中国现代冰川的基本特征 ······································ 施雅风　谢自楚（560）
再读中国现代冰川研究的奠基性论著"中国现代冰川的基本特征" ·· 任贾文（597）

试论中国陆栖脊椎动物地理特征——以哺乳动物为主 ············· 张荣祖（601）
"试论中国陆栖脊椎动物地理特征——以哺乳动物为主"
解读 ··· 李宜垠　刘鸿雁（622）

试论青藏高原的自然地带 ····················· 郑　度　张荣祖　杨勤业（626）
　　科学构建青藏高原的自然地理结构 ························· 张百平（641）

珠穆朗玛峰高海拔地区冰雪中的微量元素 ····················· 章　申（646）
　　率先开展"世界屋脊"微量元素研究的重要成果 ················· 王五一（654）

北京山区土地类型研究的初步总结 ······················· 林　超　李昌文（658）
　　"北京山区土地类型研究的初步总结"解读 ········ 刘焱序　彭　建　王仰麟（674）

中国东部晚更新世以来海面升降与气候变化的关系 ········ 王靖泰　汪品先（678）
　　"中国东部晚更新世以来海面升降与气候变化的关系"解读 ·········· 赵井东（697）

因地制宜发挥优势逐步发展我国农业生产的地域专业化 ············ 吴传钧（703）
　　"因地制宜发挥优势逐步发展我国农业生产的地域专业化"解读 ······ 陆大道（714）

上海城市热岛效应 ································· 周淑贞　张　超（719）
　　中国城市热岛研究的开创之作 ···························· 刘　敏（732）

大力开展人地关系与人文地理的研究 ························· 李旭旦（737）
　　"大力开展人地关系与人文地理的研究"解读 ················· 陆玉麒（740）

中国综合自然地理区划的一个新方案 ························· 赵松乔（744）
　　解读赵松乔先生"中国综合自然地理区划的一个新方案" ·········· 吴绍洪（756）

中国东部山地第四纪冰期气候问题 ··························· 李吉均（761）
　　"中国东部山地第四纪冰期气候问题"解读 ···················· 王乃昂（768）

我国高海拔多年冻土地带性规律之探讨 ······················· 程国栋（776）
　　我国高海拔多年冻土地带性规律的新认识 ············ 马　巍　张中琼（787）

关于吸引范围及其模式与划分方法 ··················· 杨吾扬　梁进社（792）
　　"关于吸引范围及其模式与划分方法"解读 ···················· 贺灿飞（807）

陕北黄土高原的土地类型及其评价 ··························· 刘胤汉（811）
　　"陕北黄土高原的土地类型及其评价"解读 ············ 傅伯杰　刘焱序（826）

从大地湾的遗存试论我国农业的源流 ················· 冯绳武（830）
　　"从大地湾的遗存试论我国农业的源流"解读 ············· 鹿化煜（840）

土地生态评价与土地生态设计 ······················· 景贵和（845）
　　应用景观生态学理论构建人与自然和谐共生的复合生态系统 ······ 白　娥（854）

我国城市化的省际差异 ···················· 许学强　叶嘉安（858）
　　"中国城市化的省际差异"解读 ·················· 薛德升　王　波（876）

下　册

我国区域开发的宏观战略 ·························· 陆大道（881）
　　"我国区域开发的宏观战略"解读 ······················ 陈明星（892）

城镇体系规划的理论与方法初探 ················ 宋家泰　顾朝林（896）
　　"城镇体系规划的理论与方法初探"解读 ·················· 甄　峰（910）

中国城市（包括辖县）的工业职能分类——理论、方法和结果
　　························· 周一星　R. 布雷德肖（915）
　　"中国城市（包括辖县）的工业职能分类——理论、方法和结果"解读
　　··· 曹广忠（930）

地理系统与地理信息系统 ························· 陈述彭（934）
　　表层地球系统时代的地理信息系统——"地理系统与地理信息系统"解读
　　··· 周成虎（943）

谈地理科学的内容及研究方法 ······················ 钱学森（946）
　　我国应适时从地理学转型到地理科学——读"谈地理科学的内容及研究
　　　方法"的启示 ······················· 陈发虎　张国友　孙　俊（956）

中国大城市边缘区特性研究 ·········· 顾朝林　陈　田　丁金宏　虞　蔚（964）
　　"中国大城市边缘区特性研究"解读 ··················· 王士君（981）

海平面上升与海滩侵蚀 ···················· 王　颖　吴小根（985）

"海平面上升与海滩侵蚀"解读 ················· 张振克（997）

揭示气候变化的南极冰盖研究新进展 ········· 秦大河　任贾文　效存德（1002）
　　"揭示气候变化的南极冰盖研究新进展"解读 ················· 丁永建（1011）

遥感信息科学的进展和展望
　　······ 徐冠华　田国良　王　超　牛　铮　郝鹏威　黄　波　刘　震（1016）
　　"遥感信息科学的进展和展望"解读 ················· 廖小罕　闫冬梅（1033）

全球环境变化研究的核心领域——土地利用/土地覆被变化的国际研究动向 ········· 李秀彬（1038）
　　"全球环境变化研究的核心领域——土地利用/土地覆被变化的国际研究动向"
　　解读 ················· 龙花楼（1046）

中国城市居民旅游目的地选择行为研究
　　················· 吴必虎　唐俊雅　黄安民　赵　荣　邱扶东　方　芳（1051）
　　"中国城市居民旅游目的地选择行为研究"解读 ················· 保继刚（1061）

主题公园发展的影响因素系统分析 ················· 保继刚（1066）
　　"主题公园发展的影响因素系统分析"解读 ················· 钟士恩（1078）

土壤-植物-大气系统水分运行的界面过程研究 ················· 刘昌明（1083）
　　"土壤-植物-大气系统水分运行的界面过程研究"解读 ··· 夏　军　于静洁（1093）

区域持续发展与行业开发 ················· 陈传康（1096）
　　解读陈传康先生精品论文 ················· 许学工（1110）

新城市化进程——90年代中国城市化动力机制和特点探讨 ········· 宁越敏（1115）
　　"新城市化进程——90年代中国城市化动力机制和特点探讨"解读
　　················· 孙斌栋（1126）

中国自下而上城市化的发展及其机制 ················· 崔功豪　马润潮（1130）
　　百尔所思，不如我所之——重读"中国自下而上城市化的发展及其机制"有感
　　················· 张京祥　冯广源（1144）

约束性单元自动演化 CA 模型及可持续城市发展形态的模拟
···黎　夏　叶嘉安（1149）
　　"约束性单元自动演化 CA 模型及可持续城市发展形态的模拟"解读
　　···刘小平（1161）

基于 GIS 的洪水灾害风险区划研究··周成虎　万　庆　黄诗峰　陈德清（1166）
　　"基于 GIS 的洪水灾害风险区划研究"解读···········苏奋振　黄诗峰（1179）

中国旅游资源分类系统与类型评价··郭来喜　吴必虎　刘　锋　范业正（1185）
　　"中国旅游资源分类系统与类型评价"解读·············钟林生　曾瑜哲（1196）

基于 GIS 的北京城市土地利用扩展模式········刘盛和　吴传钧　沈洪泉（1200）
　　"基于 GIS 的北京城市土地利用扩展模式"解读···················裴　韬（1214）

海滦河流域河流系统生态环境需水量计算···············李丽娟　郑红星（1217）
　　"海滦河流域河流系统生态环境需水量计算"解读···············刘苏峡（1226）

中国土壤有机碳库及空间分布特征分析
　　························王绍强　周成虎　李克让　朱松丽　黄方红（1230）
　　"中国土壤有机碳库及空间分布特征分析"解读·····················于贵瑞（1246）

20 世纪 90 年代中国县际经济差异的空间分析···········李小建　乔家君（1249）
　　中国县域尺度经济差异的经典之作·····································苗长虹（1262）

用陆地卫星 TM6 数据演算地表温度的单窗算法
　　············覃志豪　Zhang Minghua　Arnon Karnieli　Pedro Berliner（1266）
　　对"用陆地卫星 TM6 数据演算地表温度的单窗算法"的解读········唐伯惠（1280）

区域双核结构模式的形成机理···陆玉麒（1286）
　　"区域双核结构模式的形成机理"：人文地理学理论、方法、应用创新有机
　　结合的力作···曾　刚（1303）

区域最小人均耕地面积与耕地资源调控········蔡运龙　傅泽强　戴尔阜（1308）
　　"区域最小人均耕地面积与耕地资源调控"解读·····················蒙吉军（1320）

1982—1999 年我国陆地植被活动对气候变化响应的季节差异
.... 朴世龙　方精云（1324）
　　"1982—1999 年我国陆地植被活动对气候变化响应的季节差异"解读
.... 彭　建　胡　涛（1335）

关于区域土地利用变化指数模型方法的讨论 ………… 朱会义　李秀彬（1339）
　　"关于区域土地利用变化指数模型方法的讨论"解读 ………… 谈明洪（1352）

20 世纪中国铁路网扩展及其空间通达性 ……………… 金凤君　王姣娥（1356）
　　"20 世纪中国铁路网扩展及其空间通达性"解读 ……………… 曹小曙（1372）

中国制造业地理集中与省区专业化 …………………… 贺灿飞　谢秀珍（1377）
　　"中国制造业地理集中与省区专业化"解读 …………………… 朱晟君（1395）

我国主体功能区划的科学基础 ………………………………… 樊　杰（1399）
　　"我国主体功能区划的科学基础"解读 ………………………… 林　坚（1417）

应对国际 CO_2 减排压力的途径及我国减排潜力分析
.... 刘燕华　葛全胜　何凡能　程邦波（1422）
　　"应对国际 CO_2 减排压力的途径及我国减排潜力分析"解读 ……… 王绍强（1435）

虚拟地理环境研究的兴起与实验地理学新方向
.... 林　珲　黄凤茹　闾国年（1439）
　　"虚拟地理环境研究的兴起与实验地理学新方向"解读
.... 陈　旻　张春晓　徐丙立（1460）

中国城市化水平的综合测度及其动力因子分析
.... 陈明星　陆大道　张　华（1465）
　　"中国城市化水平的综合测度及其动力因子分析"解读 ……… 李广东（1484）

中国气候区划新方案 ……………………… 郑景云　尹云鹤　李炳元（1488）
　　"中国气候区划新方案"解读 …………………………………… 郝志新（1506）

青藏高原国家生态安全屏障保护与建设
································孙鸿烈　郑　度　姚檀栋　张镱锂（1510）
"青藏高原国家生态安全屏障保护与建设"解读···············戴尔阜（1526）

过去2000年冷暖变化的基本特征与主要暖期
····葛全胜　刘　健　方修琦　杨　保　郝志新　邵雪梅　郑景云（1531）
"过去2000年冷暖变化的基本特征与主要暖期"解读···············杨煜达（1551）

论土地整治与乡村空间重构 ································龙花楼（1556）
"论土地整治与乡村空间重构"评述·························李裕瑞（1572）

20世纪80年代末以来中国土地利用变化的基本特征与空间格局
····刘纪远　匡文慧　张增祥　徐新良　秦元伟　宁　佳　周万村　张树文
　　李仁东　颜长珍　吴世新　史学正　江　南　于东升　潘贤章　迟文峰（1576）
"20世纪80年代末以来中国土地利用变化的基本特征与空间格局"解读
··································李秀彬（1594）

社会—生态系统综合风险防范的凝聚力模式
································史培军　汪　明　胡小兵　叶　涛（1597）
社会—生态系统综合风险防范需要凝心聚力——读"社会—生态系统综合风险
防范的凝聚力模式"一文有感························李双成（1617）

地理学综合研究的途径与方法：格局与过程耦合···············傅伯杰（1622）
阐释地理精髓，解析研究路径··························宋长青（1634）

区域旅游流空间结构的高铁效应及机理——以中国京沪高铁为例
··············汪德根　陈　田　陆　林　王　莉　ALAN August Lew（1638）
"区域旅游流空间结构的高铁效应及机理——以中国京沪高铁为例"解读
··································王姣娥　杜德林（1666）

特大城市群地区城镇化与生态环境交互耦合效应解析的理论框架及技术
路径················方创琳　周成虎　顾朝林　陈利顶　李双成（1670）

"特大城市群地区城镇化与生态环境交互耦合效应解析的理论框架及技术路径"解读 ········· 冯　健　孙逸渊（1699）

地理探测器：原理与展望 ············· 王劲峰　徐成东（1703）
地理探测器与地理学第三定律 ··················· 朱阿兴（1730）

中国新时代城乡融合与乡村振兴 ··············· 刘彦随（1736）
"中国新时代城乡融合与乡村振兴"解读 ············· 周国华（1756）

新时代地理复杂性的内涵 ······· 宋长青　程昌秀　史培军（1760）
"新时代地理复杂性的内涵"解读 ················· 高培超（1776）

地理大数据挖掘的本质
·········· 裴　韬　刘亚溪　郭思慧　舒　华　杜云艳　马　廷　周成虎（1780）
"地理大数据挖掘的本质"解读 ··················· 刘　瑜（1799）

中国地理科学学科体系浅析
············· 陈发虎　李　新　吴绍洪　樊　杰　熊巨华　张国友（1803）
"中国地理科学学科体系浅析"解读 ················· 葛　咏（1810）

东南季风与中国之雨量

竺可桢

（一）中国古籍上关于季风之纪载

  季风西文作 Monsoon，源于阿拉伯字 Mausim，意即季候也。我国古称信风。此风在阿拉伯海及印度洋中流行最盛，中古时代南亚海上贸易，全为阿拉伯人所操纵。当时海洋船舶来往，惟风是赖，故阿拉伯商人于季风向背之季候，亦知之最稔。我国晋代高僧法显于安帝隆安三年（西历 399A.D.），自长安出发，经燉煌鄯善赴天竺寻求戒律，越十五载，取道南海而归。依日本安永重镌沙门法显自记游天竺事[1]称"法显住此（摩梨帝国在恒河河口）二年，写经及画像，于是载商人大舶，泛海西南行，得冬初信风，昼夜十四日，到师子国。……法显住此国二年，更求得弥沙塞律藏本，得长阿含难阿含，复得一部杂藏，此悉汉土所无者。得此梵本已，即载商人大船上，可有二百余人，后系一小舶，海行艰险，以备大舶毁坏。得好信风，东下三日，便值大风。……如是九十许日，乃到一国，名耶婆提。……停此国五月日，复随他商人大舶上，亦二百许人，赍五十日粮。以四月十六日发，法显于舶上安居，东北行趣广州。"

  由此可知当时季风对于航行之重要。法显之所以居留耶婆提（即今爪哇）至五阅月之久者，非欲观光上国，乃以风向不利于行耳。盖法显于阴历十一月间抵耶婆提时值东北季风盛行南海，故必须待至翌年初夏，风转西南或东南始克返棹耳。

  降及宋元时代，虽大食波斯与中国通商，往来频繁，远胜两晋六朝，而南海商船来往之惟

引用本文：竺可桢. 东南季风与中国之雨量. 地理学报, 1934, 1(1): 1-28. [Chu Coching. The enigma of southeast monsoon in China. *Acta Geographica Sinica*, 1934, 1(1): 1-28.]

季风是赖，一如曩昔。宋周去非著岭外代答[2]谓"国家绥怀外夷，于泉广二州，置提举市舶司。故凡蕃商急难之欲赴诉者，必提举司也。岁十月提举司大设蕃商而遣之。其来也常在夏至之后。……诸蕃国之富盛多宝货者，莫如大食国，其次阇婆国，其次三佛齐国。……诸蕃之入中国，一岁可以往返。惟大食必二年而后可。大抵蕃舶风便而行，一日千里。一遇朔风为祸不测。"十月遣之以东北季风。可资南返，夏至后始至，则以待东南季风也。

东南季风不特古代蕃舶借以北来，而我国夏季雨泽甘霖之得以长驱直入而达黄河长江流域，实亦利赖之也。在我国古籍所载东南季风之名称不一。风俗通[3]谓"五月有落梅风，江淮以为信风。"玉芝堂谈荟[4]引风土记谓"南中六月则有东南长风号黄雀风。"苏东坡舶䑲风诗"三时已断黄梅雨，万里初来舶䑲风。"其诗引中有云："吴中梅雨既过，飒然清风弥旬，岁岁如此，湖人谓之舶䑲风。是时海舶初回，此风自海上与舶俱至云尔。"盖信风可兼指冬夏季风，而舶䑲风则专指夏至后东南季风而言。

（二）季风之成因

季风之成由于大陆与海洋对于热量吸收与热量放射缓速之不同。大陆面部为泥沙岩石，在炎日之下吸收热量固易，而寒冬子夜之放射热量亦速。海洋流动不息，水之比热量大，兼能蒸发，故海水冬不易冷，夏不易热。因是之故，大陆冬严寒夏酷暑，而海洋则较大陆冬温而夏凉。二者相差之数尤以温带中为最甚。海陆气温之寒暖既相差悬殊，则空气之密

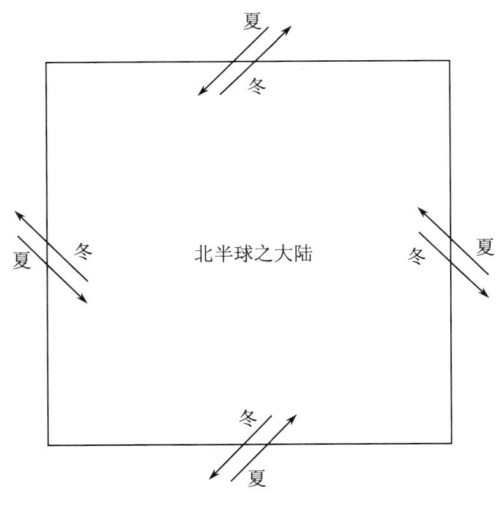

附图1

度亦因以不同。冬季则大陆空气密度大，气压高，而海洋上之空气密度小，气压低，夏季则反是，而风于是生焉。冬季由大陆吹向海洋，夏季则自海洋吹入大陆，即所谓季风是也。复因地球自转之影响，风自高气压吹向低气压时，其在北半球则常略偏向右方，如第一图所示。全球大陆之辽阔莫过于亚洲，故亚洲之季风亦特著。印度位于亚洲之南故其季风冬东北而夏西南，我国地处亚洲东部，故季风冬西北而夏东南。

（三）印度之季风

印度农产之富不亚于我国，而印度农作物之所赖以滋生繁殖之雨泽，则全取给于源自印度洋之夏季风。因夏季风对于印度农产之重要，故英国与印度之气象学者，研究不遗余力，季风之结构，在印度亦知之特详。故欲讨论中国之季风，不得不首述印度季风之梗概。印度年可分三季，自十二月至二月为冬季，三月至五月为夏季，六月至十一月为雨季。冬季东北风盛行，雨量稀少。夏季则亢旱酷暑，江流干涸。一至六月则风转西南，速率加强，温度骤减。且其风来自南印度洋，经行四千英里之海面，故饱含雨泽，抵印度而后，受印度半岛西格德山 Western Ghats 及喜马拉亚山之梗阻，诸凡印度半岛西部以及缅甸阿森诸省，均受倾盆大雨。[5]惟其地之在山之背风一面者，雨量较为稀少。此等霖雨赓续自六月以迄于十一月，其雨季之长短与地位之南北有关。夏季风之来，由印度之西南部而渐延及于东北部。故平均西南季风到达之期，在西岸孟买 Bombay 为六月三日，中部各省 Centra Provinces 为六月十日，孟加拉省为十五日，东部各省 Eastern United Provinces 为二十日，德力 Delhi 为六月三十日。至七月初，则全印度已浸淫于西南潮湿季风之中。历七八两月不衰。九月则季风渐向南退，雨量亦渐减。惟西南季风，其来也势力甚猛，不出三星期，即满布全印。其退也则较渐，为时需三阅月，至十二月而西南季风遂绝迹矣。印度农产之丰稔与否，全视西南季风之盛衰，及来往之迟早以为定。如光绪二十五年（1899年）西南季风到达较迟，光绪九年早退一月，均酿成印度之大灾荒，即其例也。

（四）我国季风与印度季风之异同

我国与印度地处毗邻，冬季同受西伯里亚高气压之钳制，夏季同受中亚低气压之支配，宜二地季风之合若符节。但因地域位置，山川形势之不同，我国季风显然与印度季风有出入之处，其大要亦可得而言也。

我国因地处亚洲东部，冬夏季风之风向，势不能与印度一致，已如上述。但南至闽粤诸省，则夏季亦多西南风，冬季亦多东北风，与印度如出一辙。惟印度之夏季风强于冬季风，而我国则反是，除极少数区域而外，冬季风概强于夏季风。(6) 且我国之夏季风其来也渐，自北而南，凡需两阅月。三月东南季风已见于渤海沿岸，至五月而其势力始扩张至台湾海峡，冬季风之来也其势骤，不出一月而已弥漫全国矣。此其原因，乃由冬季西伯里亚高气压之中心实在蒙古，密迩华北，故我国各部所受影响，自必远较印度为大也。

即以雨量而论，我国与印度虽同属于季风雨量区，雨量之大部份均降于夏季，但冬夏燥湿，相去之程度，亦自有别，如下表所示。(7)

第一表　中国与印度各区雨量分配表

地域	总雨量 (cm)	一月	二月	三月	四月	五月	六月	七月	八月	九月	十月	十一月	十二月
东三省	54	1.5%	1.0	2.6	4.4	9.0	12.1	26.1	21.0	11.1	64	26	2.2%
华北	53	0.4%	0.9	1.1	3.0	6.4	14.1	33.0	24.3	11.0	33	21	0.4%
长江流域	118	3.9%	4.5	6.8	11.1	12.7	16.7	13.5	9.9	7.5	78	40	1.6%
华南	148	3.2%	3.5	7.5	9.3	14.6	17.3	13.0	13.5	10.1	4.3	15	22%
东孟加拉	265	1%	2	4	8	12	18	18	17	13	5	2	0%
中印度	123	1%	1	1	1	3	19	29	22	18	4	1	0%
西北印度	89	2%	1	1	1	2	13	32	27	17	3	0	1%
马拉巴海岸	292	0%	0	1	2	7	27	27	16	9	7	3	1%
锡兰岛	233	6%	3	3	7	8	13	11	8	8	12	12	9%

据上表则知印度各处除锡兰岛而外，其冬季较我国雨量更少，而夏季则更为潮湿。尤可注意者，则降雨之原因，在我国与在印度截然不同。

夏季风侵入印度，分为两股。一由阿拉伯海向东北至达堪 Deccan 半岛，一由孟加拉湾向北及西北至恒河流域。阿拉伯海之季风，受阻于达堪半岛西岸之西格德山，孟加拉湾之季风，则以喜马拉亚山之横亘于前，故均被迫而上升，自印度洋中吹来饱含湿气之暖流，至此遂凝结而降霖雨。据英国气象局局长辛伯孙 Simpsom 之研究，知印度之雨多受地形之影响，(8) 故可称之为地形雨，Orographic Rain。我国沿海无高山峻岭，足阻东南季风之深入，即闽粤赣湘边境之武夷南岭诸山系，高度均在二千公尺以下，虽局部受多量之地形雨，但尚不足以为屏障，而遏东南季风之前进。长江以北自江苏以达河北，均为冲积平原，东南季风更可横行无阻。我国东部雨量，实多得诸于风暴之酝酿，可称之为风暴雨 Cyclonic Rain。直至云贵高原以及川陇高山嵯峨之地，地形雨始占重要。如四川峨眉山巅一年中雨量达 789.7 公厘之多，[9] 与喜马拉亚山麓之阿森省之 Cherrapungi 之每年 1125.0 公厘（450 英寸）者，可称伯仲也。俗有"蜀犬吠日""天无三日晴"之谚。玉芝堂谈荟卷十九引杜工部诗"地近漏天终岁雨"。注梁益之间，四时多雨，俗称漏天。则以梁益之多地形雨也。

（五）我国东部雨泽下降之主动力

我国东南季风来自海洋，含充分之水气，其为雨泽之源，可无疑义。惟此等水气何由凝结而成雨泽，颇可资研讨，推其原因必有一种因数，使此气流上升，体积膨涨，温度低降，而所含之水气乃得凝结为云雨冰雪。上升愈高，速率愈大，则所降之雨泽亦愈多。所以致气流上升之道凡三，曰地形，曰日光辐射，曰风暴，而风暴复有飓与台之别。我国东部各省无绵亘不绝之高山，虽据天台庐山泰山崂山诸测候所之纪载，其雨量胜于平地，但此等孤立山峰所成之地形雨，均囿于局部小面积，无关宏旨。日光辐射于地面，使岩石泥土炎热可炙，下层空气与地面相接触，则温度升高体积膨涨而上腾成对流。由对流作用而使近地面之潮湿空气扶摇直上，因以行云致雨者，是即夏季之热雷雨，以阳历七八两月为多。自下列表中上海南京北平南通广州济南六处之雷雨分布，已可知其大概矣。[10]

第二表　中国各地雷雨次数比较表

地点	年份	一月	二月	三月	四月	五月	六月	七月	八月	九月	十月	十一月	十二月	全年
上海	1917—1930	0	6	8	9	14	26	45	46	17	4	7	2	184
	每年平均	0.0	0.4	0.6	0.6	1.0	1.9	3.2	3.3	1.2	0.3	0.5	0.1	13.1
南京	1921—22 1924—26 1928—32	0	8	8	19	24	30	54	48	6	2	4	0	203
	每年平均	0.0	0.7	0.7	1.7	2.2	2.7	4.9	4.4	0.6	0.2	0.4	0.0	18.5
北平	1916—21 1930—33	0	0	0	3	21	55	53	35	9	8	0	0	184
	每年平均	0.0	0.0	0.0	0.3	2.1	5.5	5.3	3.5	0.9	0.8	0.0	0.0	18.4
南通	1917—26 1929—33	1	8	14	13	30	39	86	73	26	4	4	2	300
	每年平均	0.0	0.5	0.9	0.9	2.0	2.6	5.7	4.9	1.7	0.3	0.3	0.1	20.0
广州	1915—1933	0	3	27	51	74	86	90	87	54	6	0	0	479
	每年平均	0	0.2	1.6	3.0	4.4	5.1	5.3	5.1	3.2	0.0	0.0	0.0	28.2
济南	1919—1932	0	0	3	12	29	55	90	64	18	6	0	0	277
	每年平均	0	0	0.2	0.9	2.1	3.9	6.1	4.6	1.3	0.4	0	0	19.8

北平济南之雷雨集中于夏季六、七、八三个月,至长江流域则春季三、四、五各月雷雨亦渐盛行,至广州则春季雷雨之多,不亚于夏季矣。

风暴有台与飓之别。台源于热带,故称热带风暴,飓源于温带,故称温带风暴。台初由东南趋向西北,入温带后改道由西南趋向东北。飓则概自西向东,或自西南趋东北,或自西北趋东南,鲜有自东趋西者。台与飓皆能使地面附近之空气上升,因以腾云致雨,而其种因则不同。飓由于来源不同,温度速度悬殊之两种空气相遇于一处,结果遂成所谓不连续面 Surface of Discontinuity,热气流受冷气流之袭击而上升,遂以造成云雨。我国冷气流冬季来自西伯利亚与外蒙,夏季则取给于东北太平洋。暖气流则渊源于南海,东南季风即挟载暖气流至中国之最重要工具也。闽粤一带地处南陲,冷气流至此已成强弩之末,故温带风暴鲜有茌止者。长江流域在冬春之交为冷暖气流互相消长之地,故三、四、五、六各月长江流域飓之数亦特多。华北与东三省则春冬秋各季风暴之数远在长江流域之后,但一交夏令,则飓风反多于长江流域。盖当六、七月之交,东南季风盛行于我国,长驱直入以至蒙古边境,此时冷热空气流交错之处北移,不连续面亦随之以北,华北东三省之雨量乃因以激增。

第三表 民国十年至十九年我国各区飓风次数分布表[11]

纬度	一月	二月	三月	四月	五月	六月	七月	八月	九月	十月	十一月	十二月	总共
20°—25°	2	0	1	0	4	5	1	0	0	1	0	1	15
25°—30°	40	42	51	59	63	36	14	5	5	10	22	34	381
30°—35°	21	17	15	26	19	22	6	6	9	19	18	15	193
35°—40°	3	8	30	17	17	24	27	9	5	2	13	9	164
40°—45°	23	28	33	49	49	41	29	9	18	28	18	14	339

台风或热带风暴则起源于赤道左近,北半球之东北信风 NE trade wind 与南半球之东南信风 SE trade wind 相汇集而成旋流。此二种气流温度不相上下,故无不连续面存在其间,但因二者风速风向不相同,故卷成涡流,涡流既生,气压降低,而四方气流群趋之,使中心之气流上升遂成旋风。太平洋中斐律滨群岛之东部,于夏秋之交,为南北两半球信风交错之处,故是处最易产生台风,台风成立而后,渐向西北移动,由吕宋琉球台湾而侵我闽粤江浙之沿海。凡其所至吸引附近空气卷入漩涡,而使之上升,酿成滂沱大雨。自 1904 至 1915 十二年间太平洋中凡有二百四十七个台风,其中侵入我国者凡五十四,其季节之分配如下。[12]

第四表 1904—1915 年侵入中国台风次数表

一月	二月	三月	四月	五月	六月	七月	八月	九月	十月	十一月	十二月	全年
0	0	0	0	0	4	17	13	15	4	1	0	54

此五十四个台风中，大多数均在闽粤沿海上陆，其在温州以北上陆者只三个，一在八月二在七月。足知台风之影响以闽粤沿海为最大而苏浙次之，至于长江内地以及华北则鲜有波及者。

综上所述足知降于我国各部之雨泽，乃由东南季风自南海挈载而来。然东南季风所含水气非使其上升则不能酿成云雨。而上升之道或由于山岭之梗阻，或由于日光辐射之吸收，或由于不连续面，或由空中之旋流。因是而有（甲）地形雨，（乙）雷雨（丙）飓风雨与（丁）台风雨之别。在我国东部连绵不绝嶙峋巍峨之山岭，尚只限于局部，故地形雨不占重要位置。雷雨除华南而外只限于夏季六、七、八各月。台风雨影响于闽粤沿海最大，而集中于七、八、九各月。飓风雨则各月皆有，惟华北在冬季因空气干燥，故虽有飓风而无雨，华南则冷气流已成强弩之末，故终年飓风甚鲜，长江流域所受于飓风雨赐者独多，此所以长江流域各月雨量之分配亦较华南华北为平均也。

（六）苏东坡舶䑲风诗之是否合乎事实

古之所谓舶䑲风即今之所谓东南季风，既如上述。但东南季风为自南海中挈载雨泽来中国之工具，而舶䑲风古人均以为主旱，二者似相背谬其理固安在乎。明陶宗仪编说郛引汉崔实农家谚有"舶䑲风云起，旱魃深欢喜"之句。农政全书谓"东南风及成块白云，起至半月，舶䑲风，主水退，兼旱。无南风则无舶䑲风，水卒不能退。"(13)均与苏东坡三时已断黄梅雨，万里初来舶䑲风之诗相合。明谢在杭五杂俎(14)云"江南每岁三四月苦霪雨不止，百物霉腐，俗谓之梅雨，盖当梅子青黄时。自徐淮而北则春夏常旱，至六七月之交愁霖雨不止，物始霉焉。"玉芝堂谈荟谓"芒后逢壬立梅，至后逢壬断梅。"(15)农政全书所引梅雨之期与玉芝堂谈荟相合，又谓夏至"后半月为三时，头时三日，中时五日，末时七日。"东坡谓三时已断黄梅雨，则夏至后半月始断梅，与五杂俎及玉芝堂谈荟所引微有不合。但梅雨之迟早因地域之不同而异。据近时纪载，我国长江下游自汉口九江以达南京上海，平均于六月十号即芒种后三四日入梅，七月十号即小暑后三四日出梅。自长沙岳州温州以南则入梅与出梅之期均较早。东坡所咏系吴中梅雨，其断梅之期与现时所实测者乃相吻合也。

梅雨期间与断梅后，长江下流之气候截然不同，此可于南京（1922—1931年）与上海（1920—1929年）二地之纪录窥其一斑。

第五表 阳历六七月间上海南京每候（五日为候）之天气

1 温度（摄氏）

	六月						七月					
日期	31—4	5—9	10—14	15—19	20—24	25—29	30—4	5—9	10—14	15—19	20—24	25—29
上海	21.0	22.1	22.8	22.9	23.4	24.2	24.7	25.8	27.3	27.5	28.2	28.5
南京	23.9	24.6	24.9	23.7	23.9	24.3	25.9	25.9	28.2	28.4	28.7	28.5

2 雨量（mm）

	六月						七月					
日期	31—4	5—9	10—14	15—19	20—24	25—29	30—4	5—9	10—14	15—19	20—24	25—29
上海	7.5	6.6	19.0	36.4	39.3	70.7	43.9	41.0	15.5	10.3	6.4	11.2
南京	9.2	2.5	13.7	29.1	60.9	35.9	57.0	42.3	19.1	11.2	33.8	19.0

3 风速（以每小时公里计）

	六月						七月					
日期	31—4	5—9	10—14	15—19	20—24	25—29	30—4	5—9	10—14	15—19	20—24	25—29
上海	16.1	16.3	16.0	16.1	15.9	14.0	16.1	15.8	19.6	21.7	20.1	19.7
南京	17.3	17.7	19.0	17.8	14.6	16.6	17.9	17.1	21.0	19.6	18.3	18.5

4 相对湿度（%）

	六月						七月					
日期	31—4	5—9	10—14	15—19	20—24	25—29	30—4	5—9	10—14	15—19	20—24	25—29
上海	77.0	78.6	82.2	83.8	86.3	87.3	88.7	87.5	83.5	83.4	81.6	79.7
南京	65.8	66.6	75.0	81.1	80.7	83.1	81.1	83.5	76.8	74.1	74.6	80.7

阳历七月五日至九日可称小暑一候，十日至十四日可称小暑二候。京沪各地断霉在于小暑一候与二候之间，出霉以后雨量与湿度骤形低落，平均温度激增摄氏两度，风速骤加每小时四公里，足知东坡所谓吴中梅雨既过，飒然清风弥旬又信而有征焉。

在长江流域东南季风于四月间已见其端倪，但至七月初黄梅以后而鼎盛。加以梅雨期中，风速较微，出梅以后，风速顿增，此所以梅雨后之东南季风，为古人所注目，而特加以舶䑸风之名也。下表根据徐家汇观象台马德赉神父 Father Moidry 所统计上海三十年间（1877—1906 年）各月平均风向百分数。

第六表 上海各月风向百分数

	一月	二月	三月	四月	五月	六月	七月	八月	九月	十月	十一月	十二月	全年
N	13.3	12.2	9.2	6.5	4.7	2.8	2.3	4.3	11.2	12.0	11.2	9.9	8.3
NNE	9.3	9.1	8.9	6.4	5.1	3.6	2.7	4.8	10.7	10.8	9.3	6.6	7.3
NE	7.6	7.9	7.9	6.4	4.3	3.7	3.0	4.6	10.7	10.9	7.8	5.9	6.7

续表

	一月	二月	三月	四月	五月	六月	七月	八月	九月	十月	十一月	十二月	全年
ENE	5.4	7.6	8.2	7.1	5.7	6.6	4.5	6.9	9.9	10.1	6.9	4.8	7.0
E	5.1	6.7	8.8	8.9	7.5	10.7	7.6	9.5	9.3	9.0	6.3	4.0	7.8
ESE	4.5	5.5	7.9	11.1	12.1	14.0	13.2	12.5	7.1	7.8	5.5	4.3	8.8
SE	4.1	5.3	10.0	12.9	16.9	16.9	16.2	15.3	6.7	4.6	5.1	4.8	9.9
SSE	3.4	4.7	7.5	12.1	14.9	14.9	20.2	15.0	4.6	3.2	4.0	4.6	9.1
S	2.1	1.9	3.4	3.7	5.5	6.8	10.9	5.7	2.2	1.7	2.1	2.7	4.1
SSW	1.3	1.2	1.8	1.8	2.5	3.7	5.0	3.3	1.2	1.2	1.7	2.1	2.2
SW	1.9	1.6	1.5	1.6	2.2	3.0	4.0	2.7	1.1	1.1	1.7	2.2	2.0
WSW	2.1	1.8	1.5	2.2	2.4	2.7	2.6	2.6	1.1	1.7	2.4	2.9	2.2
W	4.1	3.7	2.5	3.4	3.2	2.6	1.8	2.5	2.2	2.6	4.0	4.7	3.1
WNW	8.9	8.1	4.7	4.6	4.1	2.6	1.8	2.8	4.8	5.5	8.9	12.5	5.8
NW	13.7	10.3	7.1	5.2	3.7	2.2	1.6	3.0	7.7	8.0	11.6	15.2	7.4
NNW	11.9	11.4	7.7	5.1	4.1	1.9	1.5	2.9	8.0	8.8	10.6	11.7	7.1
风向不定	0.3	0.1	0.3	0.2	0.4	0.4	0.4	0.3	0.2	0.2	0.2	0.1	0.3
静止	1.0	0.9	1.1	0.8	0.7	0.9	0.7	1.3	1.3	0.8	0.7	1.0	0.9

上表分风为十六向，但古人观察以目，不能如斯精密，若以 ESE, SE, SSE 三向均作为东南风论，则四月份东南风占 36.1%，五月占 43.9%，六月占 45.8%，七月占 49.6%，八月占 42.8%。

且据近来京沪两地之观测，舶艎风之主水退亦合乎事实。上海七月间东南风盛行，已如上表所示，其影响于天气实非浅鲜。凡七月间，东南风甚竞则荒旱，东南风衰颓则雨量丰盛，揆诸过去五十年之纪录而不爽。自 1880—1929 五十年间，上海七月平均雨量为 159.5 公厘，而东南风（包含 ESE, SE, SSE 三向）之平均钟点为 395 小时，兹将此五十年中，择其雨量最少者五年及最多者五年，比较其东南风所占之钟点而列表如下。

第七表　上海七月份雨量丰盛时及稀少时东南风之钟点数

潦年			旱年		
年份	雨量	东南风时数	年份	雨量	东南风时数
1903	305.7mm	337	1886	3.0	523
1901	295.5	238	1892	7.2	445
1919	288.4	354	1924	8.8	562
1889	275.5	320	1898	26.8	294
1882	274.5	355	1922	69.6	486

上表中凡属霪潦，东南风之钟点，均在平均以下，凡属亢旱，则东南风之钟点，均在平均以上。其中惟 1898 年东南风虽不竞，而雨量稀少，乃由南风特多，占 196 小时之故也。

据南京过去五年之纪录，在夏季（六七八各月）以东南风降雨之机缘最为稀少，如下表[16]所示，适与舶䑸风主旱之说相合也。

第八表　南京五年来（1929—1933）夏季降雨可能性表

风向	N	NE	E	SE	S	SW	W	NW	V	C	总共
总共钟点数	814	1840	2793	2557	1222	1094	300	288	29	103	11040
降雨钟点数	127	285	205	122	65	58	26	31	6	13	938
降雨可能性（%）	15.6	15.5	7.3	4.8	5.3	5.3	8.7	10.8	12.6	20.7	8.5

由上表可以知南京夏季以北风与东北风降雨之机缘为最大，而以东南风南风及西南风降雨之机缘为最小。此种状况视地域而异，北至北平，南至香港，各风向降雨可能性之分配，即略有不同，如下表所示。

第九表　北平香港夏季降雨可能性表[17]

\(1\)北平（1930—1932 年六月至八月）									
风向	N	NE	E	SE	S	SW	W	NW	C	总共
总共次数	214	154	176	178	283	234	82	160	157	1638
降雨次数	52	32	33	26	21	18	15	38	28	263
降雨可能性	24.3	20.8	18.7	14.6	7.4	7.7	18.3	23.8	17.8	16.1
\(2\)香港（1929—1932 年五月至八月）									
风向	N	NE	E	SE	S	SW	W	NW	C	总共
总共次数	139	504	3687	1051	2100	2145	1081	280	821	11808
降雨次数	60	121	662	221	307	264	133	68	74	1910
降雨可能性	43.2	24.0	17.9	21.0	14.6	12.3	12.3	24.3	9.0	16.2

北平香港虽因纬度高下之不同，与南京各风向降雨可能性之分配，微有不同，但夏季降雨机缘最大为北、东北、西北各向，机缘最小为南，西南、东南各向则一也。

（七）舶䑽风所以主旱的原因

东南风虽来自海洋，所含水气较北风为多，乃反主旱，此中原因，颇耐人寻味。但吾人若知空中水气之所以凝结而成为雨泽者，乃由空气上升膨涨所致，则思过半矣。以南京而论据过去五年（1929—1933）之纪录，夏季各风向中绝对湿度（即空中所含之湿气）以西南风为最大，东南次之，而以西北与东北风为最小，适与降雨可能性相反。但以温度而论，则以西南风为最高，东南风次之，而以西北东北风为最低，如下表所示。

第十表　南京夏季各风向温度湿度（mm）表。

	N	NNE	NE	ENE	E	ESE	SE	SSE	S	SSW	SW	WSW	W	WNW	NW	NNW	V	C	平均
温度	26.1	25.9	25.6	25.2	26.3	26.5	27.1	27.8	26.8	29.6	30.0	28.7	28.0	26.4	25.2	24.9	27.1	24.8	26.8
湿度	19.6	19.8	20.3	19.4	19.7	20.0	21.0	21.5	21.1	21.5	21.8	20.7	20.0	20.2	18.5	19.0	20.1	20.2	20.4

故西南风或东南风若与东北风或西北风相遇，则一冷一暖，暖气流势必为冷气流所逼而上升，若腾举至相当高度，则其中水气即凝结为雨泽而下降。故每逢降雨，地面虽为冷气流，而所降之雨泽，则大部得自暖气流也。此虽理论，但可根据事实以证明之。济南虽在黄河流域，但其各风向雨量之降水可能性之分配，与南京颇相类似，即以南、东南与西南风之降水机缘为最小，而以北及东北风之降水机缘为最大。但距济南仅五十公里，而海拔一千五百公尺以上之泰山玉皇顶，则各风向之降雨可能性乃完全不同，以西南风为最大，南风次之，而以西风西北风与东北风为最小，如下表所示。

第十一表　济南（1932年）与泰山玉皇顶（1933年）夏季降雨可能性比较表。

		N	NE	E	SE	S	SW	W	NW	C	总共
济南	下雨次数	10	27	13	4	12	16	3	5	7	97
	风向次数	54	128	73	37	145	161	35	36	67	736
	降雨可能性	18.5	21.1	17.8	10.8	8.3	9.9	8.6	13.9	10.4	7.6
玉皇顶	下雨次数	4.2	12.8	15.5	5.6	23.2	79.9	6.8	6.2	7.8	162.0
	风向次数	66	212	218	51	132	356	146	121	170	1472
	降雨可能性	6.4	6.0	7.1	11.0	17.6	22.4	4.7	5.1	4.6	11.0

济南附近西南风降雨可能性之所以小者，徒以乏术上升之故。一遇冷气流，即被逼上升而成风暴雨，其成雨之原因，虽与泰山玉皇顶之地形雨有别，但暖气流被逼上升，而所含水气凝为雨泽则一也。

凡暖气流与冷气流相遇则成不连续面，不连续面为温带风暴造成之要素已如上所述，自第三表中可检查得黄河流域（纬度35—40）之风暴，以三月与七月为最多，而长江流域（纬度30—35）则风暴以四月与六月为最多。三四月间东南季风尚未盛行姑不具论，四月以后西伯里亚高气压衰退，来自南海之东南季风，始能长驱深入。但在六月间，此暖气流在长江流域高度只四五公里，尚非根深蒂固，在地面常与自东北来之冷气流，相接触而成不连续面，因此长江流域之风暴，乃连贯而来，以酿成稻米种植所是赖之梅雨。及至七月上旬，东南季风增深加厚，高度直达十公里，地面风速加强，其前锋直达华北与蒙古，长江流域之冷空气，一扫而空，不连续面移至黄河流域，是以长江流域之风暴减少，而华北之风暴则增多。此所以梅雨以后，长江流域天气晴朗，而华北反形潮湿。前节所引五杂俎谢在杭所云，乃确合事实。且东南季风势力之强弱，与梅雨之多寡久暂，其关系亦极明显，尤足以知东坡诗三时已断黄梅雨，万里初来舶䑦风之有科学上之根据。古人之言，岂欺我哉。

历年长江流域，舶䑦风强弱不一，而雨量之多寡，即大不相同。以常情而论，东南季风愈强，则自南海中所挈载之雨泽愈多，所降水量亦应愈大。但舶䑦风与梅雨及风暴之关系，既如上述，其结果与常人所臆想者，乃适相反。如以上海而论，七月间之风力与雨量，有相当的关系，凡风力愈大，则雨量愈少，风力愈小，则雨量愈多。相关系数 Correlation Coeffient 达 –0.634 之多。上海七月间时有台风过境，当其苊止，则狂风暴雨相继而来，风力之强，似足以增益雨量，但上海七月间，风力与雨量之相背驰，初不因此而更改，如下表所示，足知舶䑦风影响于雨量势力之大也。但尤可注意者，以上海一隅而论，七月风力强虽可以减少七月本地之雨量，但北平七月雨量，则反因之以增进。反之上海七月风力弱，则北平即有亢旱之虞，二者相关系数为+0.583。

第十二表　三十年来七月间上海之风力与雨最及上海之风力与北平之雨量相关系数表

表中 A 为上海各年七月份风力与其平均风力相差之数，B_1 为上海各年七月份雨量与其平均雨量相差之数，B_2 为北平各年七月份雨量与其平均雨量相差之数。Cr_1 为上海七月风力与上海七月份雨量相关系数，Cr_2 为上海七月份风力与北平七月份雨量相关系数，E_1E_2 为 Cr_1 与 Cr_2 之约差 Probable error。相关系数与约差之方程式如下：

$$Cr_1 = \frac{\sum A_1 B_1}{\sqrt{\sum A_1^2 \times \sum B_1^2}} \quad E_1 = 0.674 \frac{1-(Cr_1)^2}{\sqrt{N_1}}$$

其中 Σ 为各项总数之和，N 为年代或时期之长短。表中风力以每小时公里计，雨量以英寸计。自 1901—1931 年间北平雨量缺少若干年，此残缺年份上海风力不能计入于平均数，故 A_1 与 A_2 并不相同。表中凡风力雨量在平均以上者均加负号。

年份	A_1	A_1^2	B_1	B_1^2	A_1B_1	A_2	A_2^2	B_2	B_2^2	A_2B_2
1901	3.4	11.56	−4.52	20.43	−15.37					
1902	0.8	0.64	−1.97	3.88	−1.58					
1903	1.7	2.89	−4.92	24.21	−8.36	2.5	6.25	6.32	39.94	15.80
1904	−4.3	18.49	2.79	7.78	−12.00					
1905	2.6	6.76	−1.96	3.84	−5.10	3.4	11.56	5.45	29.70	18.53
1906	4.2	17.64	−0.62	0.38	−2.60	4.9	24.01	0.15	0.02	0.74
1907	0.7	0.49	−0.91	0.83	−0.64	1.6	2.56	−1.11	1.23	−1.78
1908	1.1	1.21	−0.55	0.30	−0.61	1.9	3.68	0.74	0.55	1.41
1909	−8.4	70.56	3.64	13.25	−30.58					
1910	−2.3	5.29	3.88	15.05	−8.92					
1911	−0.4	0.16	0.17	0.3	−0.07					
1912	3.1	9.61	−1.45	2.10	−4.50					
1913	1.3	1.69	−1.87	3.50	−2.43					
1914	−3.5	12.25	3.78	14.29	−13.23	−3.4	14.44	−0.07	0.07	1.03
1915	−2.2	4.84	−3.56	12.67	7.83	−2.5	6.25	−6.52	42.51	16.30
1916	5.9	34.81	−2.11	4.45	−12.45	5.6	31.36	6.62	43.82	37.01
1917	−4.2	17.64	−1.47	2.16	6.17	−4.5	20.25	−7.44	55.35	33.48
1918	1.0	1.00	0.22	0.05	0.22	0.7	0.49	5.30	28.09	3.71
1919	2.3	5.29	−4.24	17.98	−9.79	2.0	4.00	−5.80	0.34	−1.16
1920	−2.6	6.76	1.30	1.69	−3.38	−2.9	8.41	4.17	17.39	−12.09
1921	1.1	1.21	1.15	1.32	1.27	0.8	0.64	5.93	35.16	4.74
1922	−0.4	0.16	4.37	19.10	−1.75	0.1	0.01	−1.91	3.65	−0.19
1923	2.1	4.41	−1.16	1.35	−2.44	1.8	3.24	4.39	19.27	7.90
1924	−5.1	26.01	6.77	45.83	−34.53	−5.4	29.16	−15.42	237.78	83.23
1925	−0.8	0.64	0.43	0.19	−0.34	−1.1	1.21	−8.58	73.62	9.44
1926	−0.5	0.25	2.26	5.11	−1.13	−0.8	0.64	4.86	23.62	−3.89
1927	−0.1	0.01	2.11	4.45	−0.21	0.4	0.16	−3.16	9.99	−1.26
1928	4.0	16.00	2.19	4.80	8.76					
1929	−3.4	11.56	2.08	4.23	−7.07	−3.7	13.69	−7.94	63.04	29.38
1930	−3.7	13.69	1.66	2.76	−6.14	−4.0	16.00	5.24	27.46	−20.96
1931	4.7	22.09	−7.43	55.21	−34.92	4.4	19.36	3.77	14.21	16.59
Σ		325.61		293.32	−195.85		217.37		766.81	237.96

$$Cr_1 = \frac{\sum A_1 B_1}{\sqrt{\sum A_1^2 \times \sum B^2}} = \frac{-195.85}{\sqrt{325.61 \times 293.32}} = -0.634 \quad E_1 = 0.674 \times \frac{1-(-0.634)^2}{\sqrt{31}} = 0.0724$$

$$Cr_2 = \frac{\sum A_2 B_2}{\sqrt{\sum A_2^2 \times \sum B_2^2}} = \frac{237.96}{\sqrt{217.37 \times 766.81}} = +0.583 \quad E_2 = 0.674 \times \frac{1-(-0.583)^2}{\sqrt{22}} = 0.0948$$

所谓相关系数者，乃所以表示甲乙二物间相互关系之程度。苟甲之变动全由乙之变动而来，如立方体容积之大小，与其边长短之关系，则其相关系数即为1.0，苟甲乙二物间毫无关系，如日本地震之多寡，与天空中流星发现之次数，则其相关系数即为零。二物间之关系旨趣，相合则为正，相背则为负。上海七月间之风力与上海及北平七月间之雨量，其相关系数虽一正一负，而其数字均超出 0.5 以上，足知其间确有关系。若欲知上海与北平七月间雨量之多寡，究有几分之几，受上海风力之影响，则可自决定系数 Coefficient of determination 觇知之[18]。按决定系数，即为相关系数之正方。由此可知上海七月间雨量多寡之变迁，十分之四由于上海风力之变迁，而同月北平雨量多寡变迁。三分之一乃由上海风力之变迁也。

上海风力之能影响及于各处之雨量，实不仅限于七月，亦不仅限于上海与北平。如七月间上海风力与同月天津雨量（1901—1931 年）之相关系数为+0.342，约差数为 0.1069。八月份北平雨量与同月上海风力之相关系数为+0.312，约差数为 0.1298。要之夏季舶䑸风强，则长江下流主旱，而平津平原主潦，似无疑问也。近顷涂长望君制有中国雨量与世界气候一文，[19]搜集中国各处雨量，分为四区，与世界各地之气候，相互比较，制成相关系数分布图，俾欲知中国各区夏季雨量之消长，与世界各处气候之关系者，得阅图而一目了然。据涂君计算，华北沿海区域夏季之雨量，与长江三角洲夏季之雨量，有相反之关系，其相关系数，为–0.22，足与本文互相参证。涂君所计算者，包含区域既广，且合六七八各月，故其相关系数，为数不大。特涂君谓华北与长江三角洲夏季雨量多寡之时形背驰之趋势者，由于此二区域所取给雨泽来源不同之故。[20]但据本文所罗列之事实观之，则此两区域夏季水旱之常相背驰者，正惟其雨泽资给于一源，顾此失彼，顾彼失此。东南季风强，则长驱直达华北，而不连续面北移，风暴多出现于黄河流域，华北雨量丰沛，长江流域干旱。东南季风弱，则一至长江流域，其势已成强弩之末，与东北风相接触，风暴乃连贯而来，长江流域受雨泽之赐，而华北乃干旱矣。

民国二十年七月长江流域之水灾，为祸之烈，旷代所无。当时江淮湘汉同时泛滥，据国民政府救济水灾委员会报告书，谓被水区域共凡七万方英里，受灾人民凡二千五百万人，淹毙人数约一十四万人，农村损失二十万万元，可称浩劫；而推厥原因，实由于舶䑸风之不竞，上海南京一带七月份风力均远在平均下，长江中游东北风盛行，因之造成不连续面，风暴乃络绎而来，一月中凡达七次之多，长江下游各处之雨量，达四百公厘以至六百公厘，同时华北颇感荒旱，如第二图所示。翌年民国二十一年七月，则情形适与上年相反，舶䑶风势力强盛，直达华北，畅行无阻，因之长江流域下游雨量稀少，而华北则雨量丰沛，如第三图所示。

第十三表　民国二十年与二十一年七月南京上海风向风力比较表

| | （1）南京七月份风向（钟点）与风速 ||||||||||
年份	风速（Km/hr）	N	NE	E	SE	S	SW	W	NW	V	C
民国二十年	174	58	168	178	141	64	68	34	21	0	12
民国二十一年	22.4	1	22	126	207	211	164	11	1	0	1
五年平均	19.8	31	121	195	163	107	97	18	7	2	5
	（2）上海七月份风向与风速[21]									
年份	风速（Km/hr）	N	NE	E	SE	S	SW	W	NW	V	C
民国二十年	13.7	29	62	149	169	98	100	68	38	2	29
民国二十一年	18.1	7	16	117	258	220	99	9	13	2	13
历年平均	17.7	33	49	123	244	175	58	30	24	3	5

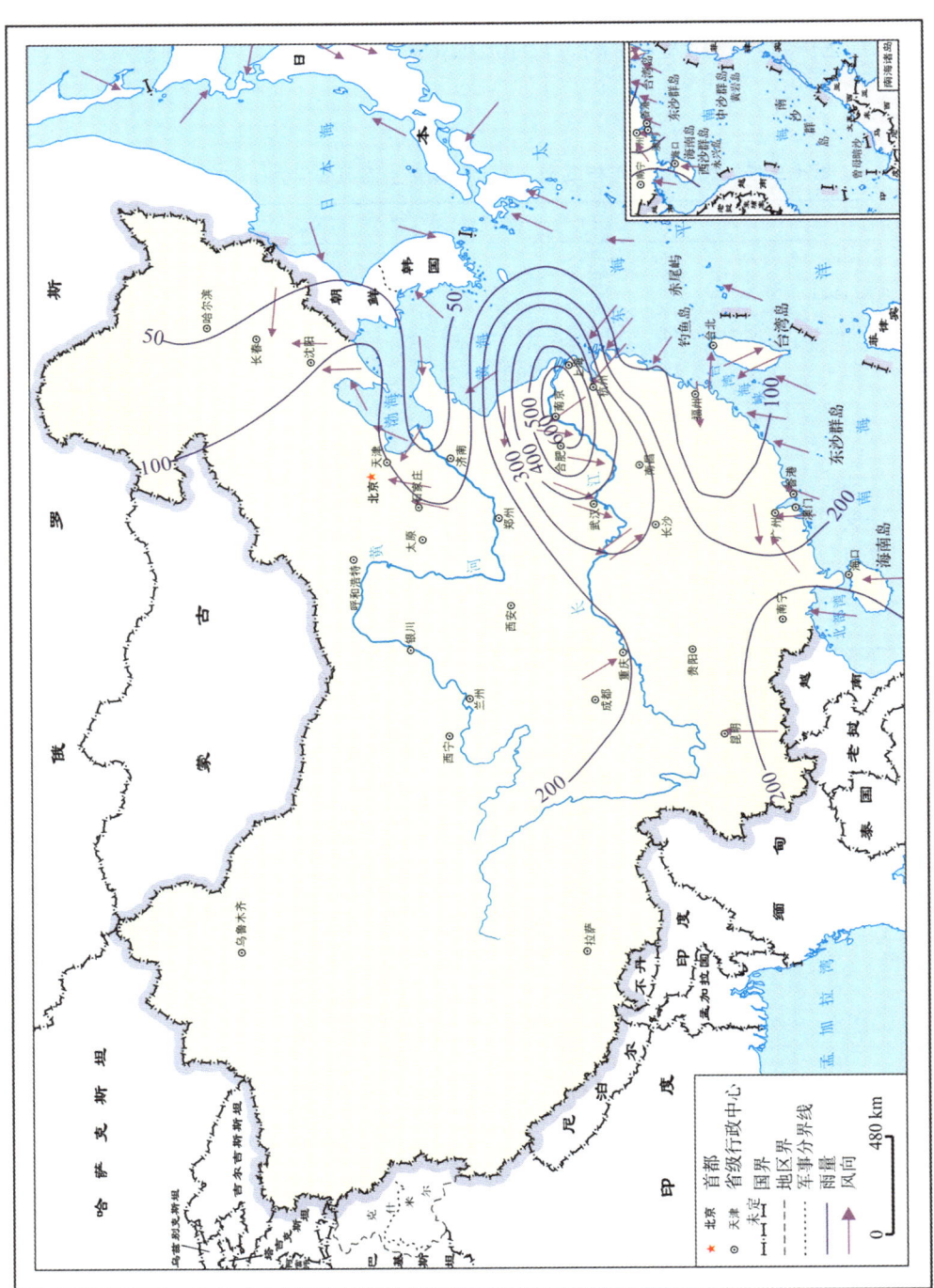

附图二 民国二十年七月雨量风向分布图

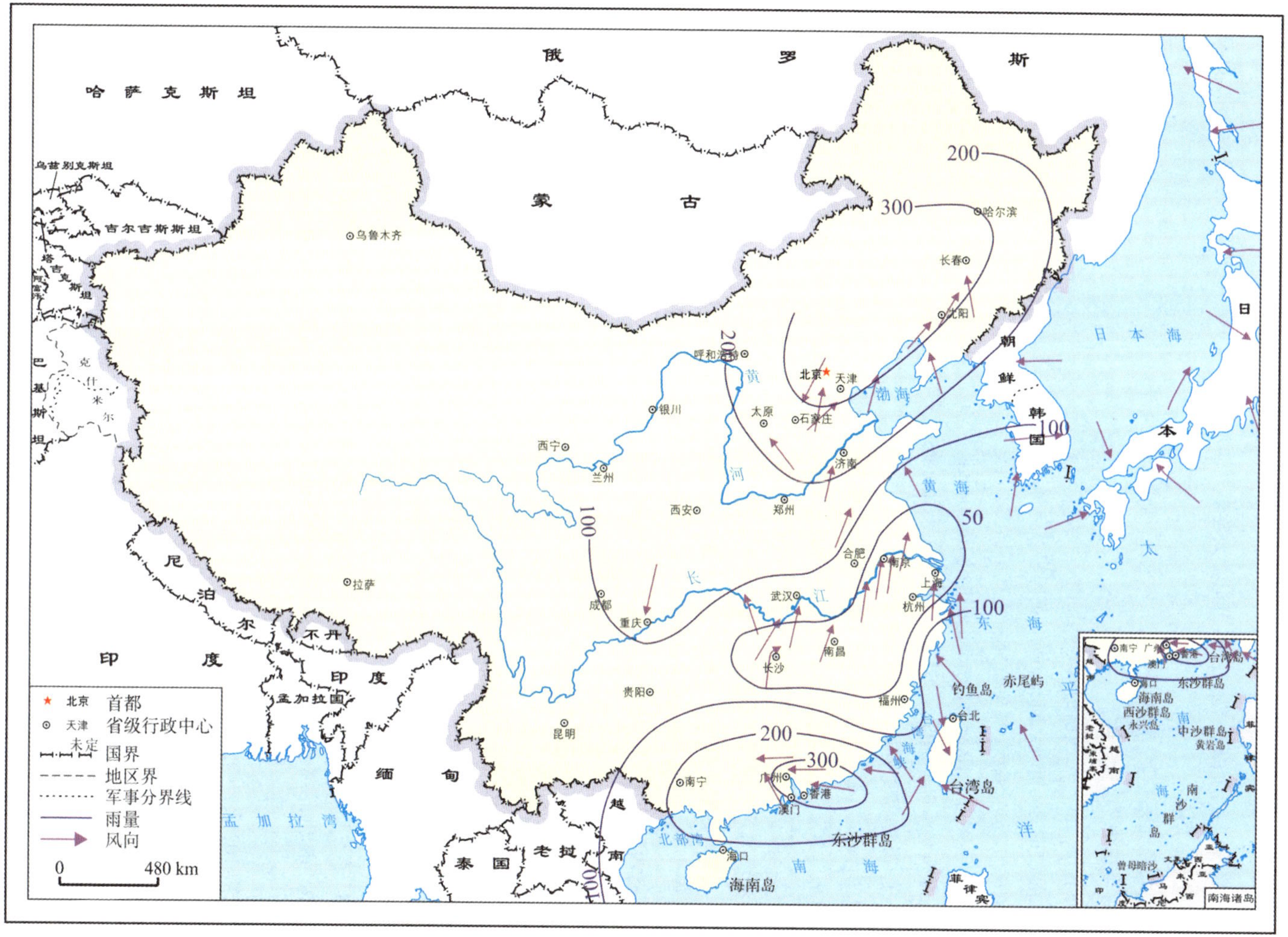

附图三 民国二十一年七月雨量风向分布图

引用文献

(1) 日本安永己亥沙门玄韵重镌，沙门法显自记游天竺事。西历1885年英国牛津大学校印书局刊，第三十六章至第四十二章。

(2) 宋桂林通判永嘉周去非著，知不足斋丛书本卷三，航海外夷条下。

(3) 汉应劭著古今逸史本，全一本。

(4) 明姑篾徐应秋辑，卷十九，花信风条下。

(5) G.C. Simpson "The Southwest Monsoon" 英国皇家气象学报第四十七卷，民国十年七月，第151–173页。

(6) 竺可桢"中国气流之运行"气象研究所集刊第四，31页。

(7) 本表各项数字系采自 J. Hann "Handbuch der Klimatslogie" Vol. 2 第220–221页及Vol.3 第304页。

(8) G.C. Simpson 西南季风已见前注。又 A.A. Miller "Climotology" Methuen 公司1931年出版，122页125页及127页，亦称印度雨量以地形雨为最重要。

(9) 据气象研究所民国二十一年派往峨眉千佛顶所测之结果。

(10) 参考吕炯著"雷雨"，科学杂志第十四卷第七期，民国十九年三月出版，907–948页。又刘增冕著"济南雷雨途径之探寻"，科学杂志第十八卷第二期，民国二十三年二月出版，287–300页。

(11) 本表采自沈孝凰著"中国之雨量"，十年中亚东每五经纬度风暴中心次数表，登方志月刊第六卷第三期第十页。表中数字系东经一百度至东经一百二十五度之总数。

(12) 见竺可桢著"A New Classification of Typhoons of The Far Eeast"美国 Monthly Weather Review 第五十二卷570—579页及五十三卷1–5页1924—1925年出版。

(13) 徐光启农政全书卷之十一占候。

(14) 陈留谢肇淛在杭著，分天地人物事五俎，见卷一天部一。

(15) 玉芝堂谈荟卷二十一。

(16) 参观张宝堃著"民国十九年南京风向与天气之关系"，国立中央研究院气象研究所出版气象年报第三卷4–7页。表中 C 表示静止无风，V 表示风向不定。

(17) 表中南京香港之风向雨量均每小时观测一次。北平每日观测只六次，故降雨可能性不能与南京香港相比。

(18) Ezekiel. M. 著"Methods of Correlation Analysis"1930年John Wiley 公司出版第120页。

(19) "China Rainfall and World Weather" by Chang Wang Tu, Memoir of Royal meteorological Society, Vol.4 No. 83, 第99–117页。1934年二月伦敦出版。

(20) 涂君原文第102页。

(21) 上海风速系1911—1928年之平均数，而风向则为1877—1906年之平均数。又民国二十一年上海风向钟点，依徐家汇观象月报，其相加总数达754小时，较诸实际钟点多十小时，但不识其谬误何在，故一仍其旧，而未加更改。

The Enigma of Southeast Monsoon in China.

By Coching Chu

An Abstract.

It has always been taken for granted that southeast monsoon in China, like the southwest monsoon in India, is a rainbearing wind. Yet the southeasterly wind in eastern part of China is a dry wind in summer as well as in winter, and in the Yangtze Valley, when it blows consistently, drought is imminent. These facts were known to ancient Chinese philosophers, and one famous poet of Sung dynasty wrote to the effect that when the southeast wind blows, the rainy season is at an end. Recent observations confirm this statement. The apparent paradox is explained by the fact that rainfall in China is mostly cylonic in origin, and not orographic, as in India; and that most of the precipitation occurs in the cold sector. It is necessary to have a northerly or northeasterly current to lift the southeast monsoon to sufficient height before it will yield its quota of moisture. The paper is discussed under seven headings. (1) Southeast monsoon in ancient Chinese literature. (2) The causes of monsoonal winds. (3) Monsoon in India. (4) Difference between monsoons in India and those in China. (5) Factors which give rise to precipitation in eastern part of China. (6) The confirmation of the statement of Sung Poet. (7) Why the Southeast monsoon bring about the drought.

"东南季风与中国之雨量"解读

葛全胜　　王　芳　　张学珍

　　竺可桢先生是我国著名地理学家和气候学家，于 1918 年获得哈佛大学博士学位，同年回国。他 1948 年当选中央研究院院士，1955 年当选为中国科学院学部委员（院士），长期担任中国地理学会理事长，领导和组织《中国自然区划》《中国自然地理》《中华人民共和国国家大地图集》《地理学学科规划》等中国大型地理科学知识工程，是中国现代地理学的一代宗师。1934 年，竺可桢先生在《地理学报》创刊号发表论文"东南季风与中国之雨量"，内容包括我国古籍中记载的季风、中国季风的成因、印度季风及其与中国季风的异同、季风与中国降水和旱涝的关系等。这篇文章首次对中国的降雨分布和季风活动之间的关系进行了详细解析，同时对该地区气候系统复杂交互作用进行了系统研究。文章的观点对于中国近代地理学和气候学的发展具有重要的里程碑意义。

　　竺可桢先生在中国最早利用现代气象观测数据开展了季风相关研究，指出了中国季风的进退规律，原文提到"且我国之夏季风其来也渐，自北而南，凡需两阅月。三月东南季风已见于渤海沿岸，至五月而其势力始扩张至台湾海峡，冬季风之来也其势骤，不出一月而已弥漫全国矣。此其原因，乃由冬季西伯里亚高气压之中心实在蒙古，密迩华北，故我国各部所受影响，自必远较印度为大也"。这一论述指出了中国夏季风四月初到六月底呈渐进式北移，从四月初在广东沿岸开始，一直到六

作者介绍：葛全胜（1963— ），男，安徽安庆人，中国科学院地理科学与资源研究所研究员，中国地理学会会员（S110000942M），主要从事气候变化研究。E-mail: geqs@igsnrr.ac.cn

月底才扩展到东北诸省。这表明夏季风在中国的生成和发展是缓慢的，历时两月有余时间才完成由南及北的移动。与夏季风相比，冬季风在我国生成发展的时间尺度较短，通常在一个月之内即完成由北至南影响全国。同时，该论文还分析了季风的成因机制，指出中国冬季风生成发展的动力学机制即由西伯利亚高气压系统驱动，其中心位于蒙古、靠近华北，并在空间尺度上阐述了冬季风对中国的影响大于对印度的影响。这些结论有助于理解不同季节、南北不同空间区域季风特性的差异。

竺可桢先生认识到东亚季风环流与中国东部夏季降水有明显关联。他最早指出了我国降雨的形成机制，以及我国降水的区域性分布受东亚季风的影响，主要是由东南季风携带自南海的水汽造成，认为"……足知降于我国各部之雨泽，乃由东南季风自南海挈载而来"。在降雨的形成机制上，不仅笼统提及东亚季风对降水的影响，也指出其他多种影响因素，包括地形地貌、太阳辐射、大气锋面以及气流等，认为"……然东南季风所含水气非使其上升则不能酿成云雨。而上升之道或由于山岭之梗阻，或由于日光辐射之吸收，或由于不连续面，或由空中之旋流。因是而有（甲）地形雨，（乙）雷雨（丙）飑风雨与（丁）台风雨之别"。他还指出了我国降水的时空变化规律，指出雷雨、台风降水、飑风强降水等在我国长江流域、华南地区、华北地区等的具体分布情况，认为"……在我国东部连绵不绝嶙峋巍峨之山岭，尚只限于局部，故地形雨不占重要位置。雷雨除华南而外只限于夏季六、七、八各月。台风雨影响于闽粤沿海最大，而集中于七、八、九各月。飑风雨则各月皆有，惟华北在冬季因空气干燥，故虽有飑风而无雨，华南则冷气流已成强弩之末，故终年飑风甚鲜，长江流域所受于飑风雨赐者独多，此所以长江流域各月雨量之分配亦较华南、华北为平均也"。这些结论对于理解我国不同地区降水的气候特征和影响因素具有重要意义。

自本论文发表至今，国内学者对于东亚季风的形成演变、东亚季风与我国降水关系以及我国降水的时空分布格局等方面，已开展了大量定量研究，研究结论在不同时空尺度上印证了竺可桢先生给出的定性认识。随着气候学和自然地理学研究的不断深入，相关研究成果更加丰富，然而竺可桢先生当年的科学认识仍具有前瞻性和引领性，对于当今气候学和自然地理学发展的功绩不可磨灭。

竺可桢先生的科学研究对我国地理学科的创新与发展具有重要影响，开创了我国现代气候学的研究，对我国现代气候学、自然地理学发展具有奠基性和引领性作用。他最早研究了东亚季风与我国降水变化的关系，给出了我国降水空间变化的科学结论，这些工作对于我国自然地理分异规律的认识、对于不同区域人地关系的认识具有重要奠基性作用，从而推动了气象气候科学和自然地理学的理论与实践创新；同时，相关工作对气候变化动力学、流域水循环、自然灾害防控、水土保持、生态环境保护等研究领域和方向具有重要的指导作用。

竺可桢先生的科学研究为我国相关社会经济发展提供了重要依据和指导。在水资源开发利用与管理方面，我国东部的南北降水存在巨大差异，从而导致南北水资源禀赋显著差异，这些相关研究有助于更好地了解我国水资源空间分配状况，对南北地区的水资源配置与经济社会发展产生了显著影响；在应对、适应和减缓气候变化方面，他最早给出了气候变化中降水变化的规律，对于我国南北方不同地区适应气候变化起到直接的科技支撑和指导作用；在自然灾害防控方面，了解东亚季风环流的演变以及对我国夏季强降水时空格局的影响，进而准确科学地预估了未来中国东部强降水空间分布以及由此产生的次生灾害，为相关灾害预警提供了宏观科学依据。

中国四季之分配

张宝堃

引 言

中国四疆，极南至北纬一五度四六分（西沙群岛南端之特里屯岛），极北至北纬五三度五二分半（萨彦山脊），极东至东经一三五度〇二分半（黑龙江与乌苏里江合流处之耶字界牌），极西至东经七〇度二一分（帕米尔之巴达克山）。中国天气，极热至摄氏四五度又十分之七（吐鲁番），极冷至摄氏零下四五度又十分之六（爱珲）。中国地形，有高自二千至五千公尺左右之高原（云贵西藏），有低于海平面二百公尺上下之内陆洼地（新疆鲁克沁附近）。以面积如斯广大寒暖如此悬殊地形如此高下之国家，欲讨论其四季气候之分布，自非有多量长期之纪录作精密之统计不可。兹篇以限于时间，仅用八十四处之温度纪录，作为根据；但言中国四季分配之大概，未遑详论四时气候之准则。挂一漏万，在所不免，附表（第八表）所示各地每候平均温度，纪录年份既参差不齐，观测时期又长短迥殊，绳以科学眼光，缺憾滋多。欲得数量增多年月悠久而又同期之纪录，作进一步之探讨，尚有待于将来。

（一）四季名称之由来

春夏秋冬，谓之四季。四季之递嬗，中国知之极早，尚书尧典，已载二至二分，盖即今之夏至冬至春分秋分。秦吕不韦著十二纪始有候应之说（见吕氏春秋）。汉淮南王刘安取吕氏之说作时则训（见淮南子），戴德取之为夏小正（见大戴礼记），戴圣又取之为月令（见礼记）。各篇具载逐月气候物候，特节气名称次序与今颇有出入。易纬通卦验始设二十四气，自冬至以迄大雪，与现行之节气名称顺序，完全相同。逸周书时训解，分每月为二气，每气为三候，每候五日，每年二十四气，七十二候，大抵集吕氏诸书之大成而整理之。所谓二十四节气者即立春，雨水，惊蛰，春分，清明，谷雨，立夏，小满，芒种，夏至，小暑，大暑，立秋，处暑，白露，秋分，寒露，霜降，立冬，小雪，大雪，冬至，小寒，大寒是也；自立春至立夏为春，立夏至立秋为夏，立秋至立冬为秋，立冬至立春为冬。四季名称之来历，大致如是。

（二）四季之分法

分季之法，古今不同，中西互异。中国向以立春为一岁之始，分季原则，以二至二分为各季之中点，而以四立为各季之首日。

第一季	第二季	第三季	第四季
立春	立夏	立秋	立冬
阳历二月四日	阳历五月六日	阳历八月八日	阳历十一月八日
计九十一日	计九十四日	计九十二日	计八十八日

但民间习惯，则以阴历一、二、三月为春。夏秋冬三季，依次类推。平年每季三个月，凡八十八九日，闰年逢闰之季四个月，凡一百十七八日，各季气候，相差甚远。

欧西昔时亦有以一、二、三月之三个月为第一季之法。

第一季	第二季	第三季	第四季
一、二、三月	四、五、六月	七、八、九月	十、十一、十二月
九十日	九十一日	九十二日	九十二日

上列四季，只就月份分段，与气候鲜有关系，实无何等意义。降及近代，分季之原则，总以顾及气候时令为主旨。天文学上，以春分至夏至为春季，即自三月二十一日或二十二日起至六月二十二日或二十三日，凡九十二日二十小时；夏至至秋分为夏季，凡九十三日十四小时；秋分至冬至为秋，即九月二十三日或二十四日至十二月二十一日或二十二日，

共八十九日十九小时；冬至至春分为冬，凡八十九日一小时。气象学上，为欲统计法简单化起见，以三、四、五三个月为春（约当惊蛰节至小满节）；六、七、八三月为夏（约当芒种至处暑）；九、十、十一三月为秋（约当白露至小雪）；十二、一、二三个月为冬（约当大雪至雨水节）。德法诸国，概取天文家之分季法。英国习俗以二、三、四月为春。美国通常按照气象学上之分法来定四季之起迄。

（三）中国四季分配之新标准

上述四种分季法，何者较近理，何者最适用，很有讨论之价值。要言之，把一年平分为四等分，事固简单而又易记忆；但顾名思义，究属理想而不合实际。春夏秋冬，在英文为 Spring, Summer, Autumn, Winter，含有"生长""炎暑""收藏""衰老"之义，显示与气候农事有相关之用意。一地方之气候与物产，未必定有生长收藏等期之可能。换句话讲，一年中未必定有四季，即有四季，其时期之长短，未必尽同。譬如热带上天气，终年酷热，实际只有一夏季。两极地方，半年在黑夜，半年在白昼，只有两季，且此两季之温度，都是很低。此外有年分三季者，埃及以四月至七月为夏季，八月至十一月为雨季，十二月至三月为冬季。印度则以十月至二月为冬季，天气较冷；三月至五月为夏季，气候闷热；六月至九月为雨季，因为受了季风（来自海洋之西南风）之关系，温度反较夏天为低。所以一年四季春夏秋冬一语，只可适用于温带地方，即同属温带，四季之长短，亦不一致。二十四气，创始于秦汉时代，当时中国领土，大部分在黄河流域，各地气候，所差不甚。以二十四气代表节候，尚不致十分差忒。后世领土，日益扩展，南北纬度相差三十八度。南方之海南钦廉，长年如夏，不见霜雪。北边之北满外蒙，夏暂冬久，竟岁苦寒。崇山高岭，终年积雪。洼地沙漠，夏热冬寒。气候差异，如此之甚，节季长短，自不相同。故欲分配中国之四季，必先下一春秋之定义。通常言一地之气候者，大抵单言其地之温度。友朋相叙，每道寒暄（或寒温），寒暄者宾主相见时言天气冷热以为酬应也。可知单论温度，以代表天气，为常人之习例。兹篇所定之四季分配法，即单以温度一项为论据，以每候之温度平均在摄氏十度至二十二度（华氏五十度至七十一度六）为春秋二季之标准。试申说其理由。

（甲）以每候平均温度摄氏十度为春始秋末标准之商讨。逸周书时训解，分五日一候，一年七十二候。现行阳历年凡三百六十五天又四分之一，以五日为一候，年须七十三候。考此所以多余一候，即因夏季较长而为九十三日十四小时之故。第三表第七表中之节候安排，为符合二十四节气计，将所多之一候，放在小满大暑间，事固牵强，要亦不得不然。

春之特征为"暖"。"暖"是不"冷"不"热"之谓，亦即从冷到热之一个阶级。冷是冬天之景象，热是夏季之特色，春季介乎冬夏之间，为冬季方终夏季将始之过渡期。故欲明定春秋之标准，务先设立"暖"度之界限。温度高到怎样为"暖"之最高限度，低到怎样为"暖"之最低限度。用"暖"之最低限度为春始秋末之标准，用"暖"之最高限度为春末秋始之绳规。常人所谓不冷不热之温度，约为摄氏十五度至十七度，在华氏为五十九度至六十二度六。德国洪波德 Humboldt 氏以平均温度在摄氏二十至二十五度为热 Hot，十五度至二十度为暖 Warm，十度至十五度为温和 Temperate or Cool，五度至十度为冷 Cold。休奔 Supan 氏所用以分寒热带之标准为：

热带　　全年平均温度在摄氏二十度以上

温带　　全年平均温度在摄氏二十度以下

寒带　　最热之月平均温度在摄氏十度

据上二氏之说，摄氏十度为冷暖之分界温度，可无疑义，以之为春暖之开始标准，最切事理。今试以此标准观察南京春始秋末之日期。南京近八年来逐候温度平均在摄氏十度之第一日为三月十七日，约当春分之前，惊蛰之末候。按月令"惊蛰之日桃始华"一语，则南京桃始华之平均日期为三月二十六日，樱花开期约为三月十四日，前者较摄氏十度之开始期迟二候，较惊蛰节晚四候；后者与春始期甚接近。北平桃始开花之期约在四月初，与春始期为四月一日至五日，极相符合。在日本大抵以樱花之开为春光来临之标识。据彼邦观测樱桃开花之期，四国九州等处在三月杪，东北地方在四月二十日。再看南京每候平均温度在摄氏十度之最后一日，为十一月二十六日，时则梧桐叶落（梧桐叶落期平均在十一月十五日）柳色飞黄（二十二年份观测杨柳叶黄在十一月十八日），秋尽冬临之象，满布首都。所以察视每候平均温度在摄氏十度之始日，旁考花木之荣落，以为春始秋末之准则，似最恰当。

（乙）春末秋始之标准，何以不用摄氏二十度而用二十二度之答问。春末秋始为暖之最高时期，如以摄氏二十二度为暖之最高限度，则南京之春末秋始期为五月二十日及九月二十三日；北平为五月二十五日（春末），九月八日（秋始）；上海为六月九日（春末），九月二十三日（秋始）。可知京沪之秋，均始于秋分第一候；北平之秋始于白露第一候，较京沪早半个月。考之物候，燕春分而北，秋分而南；黄莺谷雨后三候始见，秋分南徙；蟋蟀生于夏盛鸣于秋。是则以二十二度为秋始之则，无可非议。若易之以摄氏二十度，则南京之春终于五月十五日，秋始于九月二十八日；北平之春终于五月五日，秋始于九月十三日；上海之春末在五月二十五日，秋始在十月三日。兹更列表以资比较。

以摄氏二十二度为标准				
	春终期	秋始期	春季	秋季
北平	五月二十五日（小满第一候）	九月八日（白露第一候）	55 天	45 天
南京	五月二十日（立夏第三候）	九月二十三日（秋分第一候）	65 天	65 天
上海	六月九日（芒种第一候）	九月二十三日（秋分第一候）	75 天	60 天
以摄氏二十度为标准				
	春终期	秋始期	春季	秋季
北平	五月五日（谷雨第三候）	九月十三日（白露第二候）	35 天	40 天
南京	五月十五日（立夏第二候）	九月二十八日（秋分第二候）	60 天	60 天
上海	五月二十五日（小满第一候）	十月三日（秋分第三候）	60 天	50 天

用上述两种温度，统计京平沪春秋长短之结果，可知在秋季，无甚差异，在春季则相差甚多。以二十度为基点之春季，在北平为三十五天，较之以二十二度为标准之春季短二十天；上海为六十天，短半个月；南京为六十天，短五天。春来未几，忽焉入夏，揆之农事物候，未免过早。且上海滨海，受海洋之影响，春季应较离海三百公里之南京为长，今两地之春季，同为两个月，按之学理，亦有未当。此所以弃摄氏二十度而用二十二度为春末秋始之标准焉。

犹有言者，春末为夏临之阶，初夏物候之日期，亦足以表示春去之迟早。南京立夏，照例可吃樱桃，听布谷，看槐花。杭俗立夏则有朱樱青梅等物。观果实之熟落，候鸟之来宾，则摄氏二十二度用为春末秋始之标准，更觉适当。或谓以华中春秋之标准，概论岭南漠北之节季，无异削足适履，扞格不合。但为比较利便计，不得不用一致之标准，以视南北各地四季分配之大概。下述之春夏秋冬，即以每候平均温度摄氏十度至二十二度为春季秋季，二十二度以上为夏季，十度以下为冬季。

（四）何时春到人间

节令之迟早，四季之长短，与纬度南北，地形高下，海内度之远近，有密切之关系。据美国霍布金 Hopkins 博士之说，在美国春季向北进行之常率，每纬度高一度，春来迟四天；在中国其差率为二天半。再案欧洲之观测，每纬度高一度，物候亦迟四天。此就纬度南北而言。地面每上升一百公尺，温度低降摄氏一度，物候差约四日，愈高则开花愈迟。但在山岳区域，冷季中温度之减低，有时不自山谷以渐至山顶，乃自山顶以渐至山谷，是谓温度之逆增，Inversion of Temperature。此就地形高下而论。以海内度言，离海愈近，冬夏温度之较差愈小，愈远较差愈大。换言之，滨海地方，有夏较凉冬较暖之快；内陆之地，有夏酷暑冬祁寒之苦。因为海水之比热最大，受热不易，放热亦难，故夏凉冬暖。大陆之比热，仅及海水五分之一，受热易，放热亦快，故夏酷热而冬奇冷。

四季为温带独有之现象。在我国长江流域，四季之更替，更为显著。以华中论，春天之开始，大致在春分节。长江上游，春来较早，与闽瓯地方同时，均在雨水节；中游春始于惊蛰；自芜湖以下，春分为春光初临之期。同一流域，春之发动，上下相差至一个月：下游较中游迟半月，中游较上游又晚半月。考其故，上游为巴蜀之区，离海既远，又多高山而复拥盆地。如川中盆地，四围有群山为之屏蔽，既可免冬季冷冽西北风之侵入，又可充分吸受太阳之热力，故春暖较早。中游下游，离海渐近，受海洋之影响渐大，故春来依次落后半月。黄河流域，春始值春分清明之交，较之长江下游，晚半个月。塞外草原区域，春色见于清明时节。再北至东三省，则春启更迟，约在谷雨第一候。新疆边陲地方，以测候站过少，未可十分断定其春始期，大率亦不出春分谷雨之间。

（五）何时炎夏方临

夏之特征为热。炎风暑雨，酷热蒸人，夏季之天气焉。中国南岭以南，夏来极早，暑去最迟。大体言之，一至清明谷雨，华南即呈夏热之象，亘久至霜降立冬之际，始觉暑退凉生，乃有秋爽之气。其地终年不见霜雪，有"草经冬而不枯，花非春而亦放""四时皆是夏，一雨便成秋"之语。岭南天气，确是只有夏秋而无春冬，观第二表第五表益信。自南至北，夏期依次落后。如闽瓯，华中（长江上中下游）华北等区，夏端均起自小满节。塞外及东北地方，始期不甚显明，大率口外草原与南满一带，夏季起于芒种时节；北满地方，夏来有迟至小暑节者。库车迪化，芒种第二候，始夏。观第二图。中国沿海地方，夏季开始期之曲线，大致与海岸线平行。夏天之动机，自东至西而提早，愈近海洋，夏来愈迟；愈远则初夏愈早。譬如东海滨之花鸟山佘山，夏始于六月下旬，移西至大戬山等处，为六月中旬，再西至小龟山上海南通地方，则又提早十天而为六月上旬。南京芜湖杭州一带，夏起于五月下浣，溯江而上，至九江宜昌等处，则夏临更早，而为五月中浣矣。海洋之影响于季候迟晚，于此益著。

（六）何时凉秋送爽

陆放翁诗云"四时俱可喜，最好新秋时"，盖当溽暑蒸人之后，忽来秋风送爽之快，安得不令人怡悦而赞赏新秋耶。可是好花不常，佳秋难久，中国四季之寿命，以秋为最短，或许惟其短更易启人惜秋之感也。岭南之秋，始于立秋，闽瓯秋色，起自寒露。稍北至长江流域新秋多自秋分发轫。迨至黄河流域，秋凉更早半月，约值白露节气。口外草原与东北地方，一至处暑，即感金风荐爽，暑气骤消，凉意满怀矣。库车迪化，秋始于立秋，则更早矣。

（七）何时节届冬令

岭南无冬，爱珲无夏。云贵高原如昆明腾越等处，只有温凉之更番，而无寒暑之剧变，"四时如春"，诚非虚语。新疆，东北，口外地方，冬来最早，约在寒露前后。华北较迟，约当霜降立冬之间。华中冬季，起自小雪。闽瓯区域，迟至大寒，始行冬令，所以然者，一因地邻华南，二因受海洋之影响。

（八）中国四季之长短

（甲）春秋。华南春秋，蝉联一起，显然不分。故为便于比较计，将南北各地春秋两季之日数合并制成一图（见第五图）以观大较。阅图可见南岭以南，春秋期长自四个月至五个半月。闽瓯沿海地方，春秋最长，为六七个月。华中春秋之长短，略同华南。华北之春秋，自三个月以至五个月。东北春秋最短，约自三个半月至四个月。如将春秋两季分开言之，则各区春季秋季之平均日数有如下表：

	春季	秋季		春季	秋季
闽瓯区	95 天	95 天	华北区	65 天	55 天
长江上游	80 天	80 天	口外草原区	70 天	55 天
长江中游	65 天	60 天	东北区	70 天	55 天
长江下游	70 天	65 天	新疆区	65 天	60 天

四季之中，春秋促短而冬夏特长，此其主因全由季风之关系。中国气候，属季风带气候，四季之长短，纯受冬夏季风之支配。冬季多干冷之西北风，由大陆吹向海洋；夏季多濡热之东南风，由海洋吹入大陆。春秋为自冬徂夏或自夏移冬之过渡期，亦即冬季风将止夏季风将起或夏季风将终冬季风将始之递换期。在秋季只要西伯利亚之高气压一南下，凉秋骤变为寒冬。在春季只要熏热之南风早临，把寒冷之北风赶走，暖春就让位于热夏。且冬季风之势力，有时深入春季，亦可促短春光。所以春秋二季，远不如冬夏之长。

（乙）夏。中国夏季自南向北递减。华南长夏亘六个月至八个月之久。闽瓯夏季自四个半至六个月。长江流域自三个半月至四个半月。迤北至黄河流域,夏长为二个月至三个半月。东北之夏,为期甚短,长春吉林哈尔滨仅一个月,沈阳大连牛庄亦不过二个半月。

中国夏季避暑地方,谁不知道有青岛牯岭等处。第一表,显示青岛之夏长六十五天,牯岭之夏仅三十天,尤以秋长九十五天,为牯岭之特色。前者属海洋气候,后者系高山气候,均为歇夏最宜之地。据久居牯岭者言,牯岭四时之景,以秋为最佳,冬次之,春在三,夏为末。红叶满山,秋高云薄,佳日既多,自宜游展,故曰第一。雪覆匡庐,晴日照之,琼枝玉树,使人意远,故曰次之。春雨较多,其瀑则肥,杂花在山,兴亦不恶。惟夏多雾,烈日当头,不宜游山,只宜伏处,而游人以夏独多,其意殆不在夏游而喜其夏短可以避暑,秋长可资畅游也。

（丙）冬。粤南无冬,已如上述。福建沿岸之冬季,亦殊促短。迨及温州北鱼山等处始有二个月以上之冬令。长江下游,冬季约有四个月光景,中游约三个半月,上游约三个月。地愈北冬愈长,华北为五个月,东北约六七个月乃至八个月。

若以中国东台徐州芝罘三处之四季与日本同纬度之熊本广岛新潟相比,则知秋冬季之起迄与长短,两国无甚参差。特在春夏二季,日本以春去较迟,故春季较中国为长,而夏季则较中国为短。此亦昭示日本所受海洋之影响较中国大多多矣。表如下:

	北纬	东经	高度	春	夏	秋	冬
东台（中）	33°09'	120°33'	6.8公尺	60 天	115 天	55 天	135 天
熊本（日）	32°49'	130°42'	39.2	85	100	60	120
徐州（中）	34°18'	117°19'	3.5	60	110	55	140
广岛（日）	34°23'	132°27'	3.2	85	85	65	130
芝罘（中）	37°33'	121°22'	3.0	65	90	60	150
新潟（日）	37°56'	139°03'	8.2	85	65	65	150

中国四季长短分配表

区 别	春	夏	秋	冬	春秋
华南区		6—8个月			4—6个月
云贵高原区				2—3个月	0—10个月
闽瓯区（甲）无冬区域		5—6个月			6—7个月
（乙）1.陆地	3个月	4.5个月	2.5个月	2个月	
2.岛屿	3—3.5个月	4.5个月	3.5个月	1个月	
华中区（甲）长江上游	2.5—3个月	3.5—5个月	2.5—3个月	2.5—3个月	
（乙）长江中游	2—2.5个月	4—4.5个月	2—2.5个月	3.5个月	
（丙）长江下游					

续表

区别	春	夏	秋	冬	春秋
1.陆地	2—2.5个月	3.5—4个月	2个月	3.5—4.5个月	
2.岛屿	2.5—3个月	3—4个月	2—2.5个月	3—4个月	
华北区（甲）陆地	1.5—2个月	3—4.5个月	1.5—2个月	4.5—5.5个月	
（乙）沿海及岛屿	2—3个月	2—3个月	2个月	5—6个月	
口外草原区	2—3个月	1—3个月	1.5—2.5个月	5.5—6.5个月	
东北区（甲）1.陆地	2—2.5个月	1—2.5个月	2个月	6—7个月	
2.沿海	2—3个月	1.5—2.5个月	2个月	5.5—6个月	
（乙）无夏区域				8个月	4个月
新疆区	2—3个月	2个月	2个月	5—6个月	

（九）中国各地之最冷最热时期与节令之关系

本文所谓最冷最热之时期，指每候平均温度最低最高之时期。例如南京历年来每候平均温度最低时期在一月二十六日至三十日，最高时期在七月三十日至八月三日，是即南京之最冷最热时焉。中国二十四节气，如惊蛰、雨水、小暑、大暑、处暑、白露、霜降、小雪、大雪、小寒、大寒，顾名思义，均可直接代表气候。兹将各地之最冷最热期，详列成表（见第六第七表），以观寒暑之轮值，是否切合节气名称之意义。第六表显示中国严冷时期，大多值大寒时节，华南，云贵，华中等地均如此。闽瓯临海，受海洋之影响，寒期落后半月，约在立春节。华北塞外以及东北新疆等区早寒亦半个月，在小寒节。至于酷热时期，仅华南一区为时特晚（在处暑节），余均值大暑三候。由是观之，我国数千年前早经通用之节气名称，犹极符应于今日之气候，谁谓中国古代之学术思想，不如现代科学昌明之欧美耶。

如以每候平均温度在摄氏零度以下为严寒之标准，而以在摄氏三十度以上为酷热之起点，则中国最冷最热之地有如下表：

有严寒期之地方（每候平均温度在摄氏零度以下）

地名	严寒日数	严寒时期	地名	严寒日数	严寒时期
牯岭	25	一月十一日至二月四日	青岛	55	十二月二十二日至二月十四日
东台	5	一月二十六日至三十日	大名	60	十二月十二日至二月九日
徐州	35	一月六日至二月九日	济南	25	一月六日至三十日
西安	20	一月十六日至二月四日	璜琅岛	45	一月一日至二月十四日

续表

地名	严寒日数	严寒时期	地名	严寒日数	严寒时期
开封	30	一月十一日至二月九日	成山头	45	一月一日至二月十四日
芝罘	45	一月一日至二月十四日	萨拉齐（廿四顷地）	130	十一月七日至三月十六日
太原	95	十一月二十七日至三月一日	牛庄	115	十一月二十二日至三月十六日
凉州（松树嘴庄）	100	十一月二十二日至三月一日	西湾子	140	十一月七日至三月二十六日
猴矶岛	70	十二月二十二日至三月一日	山后	100	十一月二十二日至三月一日
张家庄	80	十二月二日至二月十九日	松树嘴子	130	十一月七日至三月十六日
旅顺	100	十二月七日至三月十六日	库车	95	十一月二十二日至二月廿四日
保定	75	十二月七日至二月十九日	沈阳	130	十一月七日至三月十六日
大连	85	十二月七日至三月一日	迪化	140	十月二十八日至三月十六日
塘沽	80	十二月二日至二月十九日	长春	145	十一月二日至三月二十六日
天津	85	十二月二日至二月二十四日	吉林	155	十月二十八日至三月三十一日
北平	80	十二月十二日至三月一日	哈尔滨	155	十月二十八日至三月三十一日
秦皇岛	110	十一月二十七日至三月十六日	爱珲	165	十月二十三日至四月五日
安东	110	十一月二十七日至三月十六日			

有酷热期之地方（每候平均温度在摄氏三十度以上）

地名	酷热日数	酷热时期	地名	酷热日数	酷热时期
南宁	10	七月二十五日至八月三日	长沙	20	七月二十日至八月八日
东台	5	八月四日至八日	重庆	5	七月二十五日至二十九日
九江	35	七月十五日至八月十八日	开封	10	七月十日至十九日
汉口	15	七月二十日至八月三日	大名府	15	七月二十日至八月三日
宜昌	10	七月二十五日至八月三日	济南	5	七月十五日至十九日
霍邱	10	七月二十日至二十九日	吐鲁番*	100	五月三十一日至九月七日
西安	5	八月四日至八日			

*根据民国二十年份纪录

　　上列三十五处有严寒期之地方中，属长江流域者仅牯岭东台徐州三处。牯岭高出海平面在一千公尺以上，宜乎冬祁寒而夏不酷暑。东台徐州，纪录年数不多，殆未足引以为准则。大概言之，扬子江流域，冬季无严寒之时期，至可代表真正之温带气候。东北之冬，寒冷异常，爱珲有五个半月每候平均温度在冰点以下，其他各地至少亦有三个月之候平均温度在冰点以下。

　　夏天最热之地，首推新疆之吐鲁番，次为长江中游之九江长沙汉口等处。九江长沙汉口，位湘鄂赣三省之中区，夏季所以奇热之故，一因地形低降而温度高升，二因三省四围，崇山屏蔽，海洋之影响，不能抵达。吐鲁番位天山南麓，当北纬四十三度，东经八十九度，地低于海平面约二十公尺左右，无冷风侵入之环境，有烈日当空尽量受热之机会，故夏季酷热，为中国冠。清萧雄皋西疆杂述诗中有云"吐鲁番之热，不但迥异各城，并倍于南省。凡人家庭院中皆穴地深入作幽室，凿磴而下，床灶悉具。土性坚燥，无溃陷潮湿之虑。各暖而夏最凉，赖此避暑。闻往年自四月底始日光如火，风吹如炮烙，竟至不能出门。且屋舍炎蒸酷热难受，必栖伏地洞，俟日落方出，俾夜作昼，张灯照火，以勤操作，城中夜市通宵，日高仍息于洞。……光绪癸未（1883）余过其地，适当五月，见居民作息如常，并未洞处，据称近年暑气，已解大半，然余尚觉热甚"。据此则民国二十年该处之酷热时期为自五月三十一日至九月七日，凡一百天，与所谓"四月底始日光如火"者，恰巧相符。（阴历四月底相当于阳历五月底）

（十）结语

中国四季分配最著之区域，南起温州，北迄滨江。大致言之，温州以南无冬，夏长可至八个月，滨江以北无夏，冬亦可亘八月之久。长江下游，四季之分配，最为均匀，冬夏各四个月，春秋各二个月。

沿海各地四季开始期之曲线，大致与海岸线成平行之姿势，尤以春夏季始期线及春秋日数线为最显著。足见海洋之影响于气候，至为重大。

第一表　中国各地四季之长短及其终始日期比较表

地 名	纬度 N.	经度 E.	高度 M.	春 始 月日	春 终 月日	日数	夏 始 月日	夏 终 月日	日数	秋 始 月日	秋 终 月日	日数	冬 始 月日	冬 终 月日	日数
琼 州	02°01′	110°16′	2.7	11.27	3.21	125	3.22	11.16	240	*	*	*			
北 海	21 28	109 05	4.3	11.7	4.10	155	4.11	11.6	210	*	*	*			
澳 门	22 12	113 32		11.12	4.10	150	4.11	11.11	215	*	*	*			
香 港	22 18	114 10	31.4	11.7	4.20	165	4.21	11.6	200	*	*	*			
遮浪角	22 40	115 40	27.7	11.7	4.20	165	4.21	11.6	200	*	*	*			
邕 宁	22 42	103 03	122.0	11.2	4.10	160	4.11	11.1	205	*	*	*			
石碑山	22 56	116 30	17.1	11.7	4.20	165	4.21	11.6	200	*	*	*			
三 水	23 06	112 54	9.1	11.2	4.20	170	4.21	11.1	195	*	*	*			
广 州	23 08	113 17	13.4	11.2	4.15	165	4.16	11.2	200	*	*	*			
表 角	23 14	116 42	46.0	11.7	4.30	165	4.21	11.6	200	*	*	*			
东澎岛	23 16	117 17	58.2	11.2	5.5	185	5.6	11.1	180	*	*	*			

续表

地名	纬度 N.	经度 E.	高度 M.	春 始 月日	春 终 月日	春 日数	夏 始 月日	夏 终 月日	夏 日数	秋 始 月日	秋 终 月日	秋 日数	冬 始 月日	冬 终 月日	冬 日数
汕头	23 21	116 40	3.4	11.2	4.20	170	4.21	11.1	195	*	*	*			
梧州	23 38	111 17	10.7	11.2	4.15	165	4.16	11.1	200	*	*	*			
东椗岛	24 10	118 30	54.9	10.28	5.15	200	5.16	10.27	165	*	*	*			
厦门	24 26	118 04	4.9	11.7	5.5	180	5.6	11.6	185	*	*	*			
腾越	25 00	98 40	1633.7	2.15	11.26	285							11.27	2.14	80
乌邱屿	25 00	119 27	62.5	10.20	5.30	220	5.31	10.22	145	*	*	*			
昆明	25 04	102 42	1893.0	1.31	12.11	315							12.12	1.30	50
牛山岛	25 26	119 56	64.9	2.25	5.30	95	5.31	10.17	140	10.18	1.30	105	1.31	2.24	25
东犬	25 58	119 59	59.1	2.15	5.30	105	5.31	10.7	130	10.8	1.20	105	1.21	2.14	25
福州	25 59	119 27	19.8	10.18	5.10	205	5.11	10.17	160	*	*	*			
东涌	26 33	120 30	109.7	3.2	5.30	90	5.31	10.17	140	10.18	1.30	105	1.31	3.1	30
温州	28 01	120 38	4.3	2.25	5.25	90	5.26	10.7	135	10.8	12.21	75	12.22	2.24	65
长沙	28 12	112 47	60.0	3.17	5.25	70	5.26	10.2	130	10.3	12.1	60	12.2	3.16	105
北鱼山	28 53	122 16	82.3	3.27	6.9	75	6.10	10.2	115	10.3	12.21	80	12.27	3.26	95
岳州	29 24	113 10	76.2	3.17	5.25	70	5.26	10.2	130	10.3	11.26	55	11.27	3.16	110
牯岭	29 30	116 04	1070.0	4.11	7.4	85	7.5	9.3	30	8.4	11.6	95	11.7	4.10	155
重庆	29 33	106 33	230.1	2.15	5.5	80	5.6	8.27	145	9.28	12.16	80	12.17	2.14	60
九江	29 45	116 08	45.7	3.17	5.15	60	5.16	10.2	140	10.3	12.1	60	12.2	3.16	105
宁波	29 57	121 45	10.0	3.22	5.30	70	5.31	10.2	125	10.3	12.1	60	12.2	3.21	110
安岳	30 06	105 22		3.2	5.30	90	5.31	9.3	100	9.8	11.26	80	11.27	3.1	95
杭州	30 11	120 12	10.0	3.27	5.30	65	5.31	9.22	115	9.23	11.21	60	11.22	3.26	125
小龟山	30 13	122 35	62.8	3.22	6.9	80	6.10	10.7	120	10.8	12.16	70	12.17	3.21	95
沙市	30 18	112 15	51.0	3.17	5.20	65	5.21	9.17	120	9.18	11.26	70	11.27	3.16	110
汉口	30 35	114 18	26.0	3.17	5.15	60	5.16	9.27	135	9.28	11.26	60	11.27	3.16	110
成都	30 40	104 03		3.2	5.20	80	5.21	9.7	110	9.8	12.1	85	12.2	3.1	90
宜昌	30 43	111 13	112.8	3.7	5.15	70	5.16	9.27	135	9.28	12.6	70	12.7	3.6	90
大戢山	30 49	122 10	75.5	4.1	6.19	80	6.20	9.27	100	9.23	12.1	65	12.2	3.31	120
花岛山北岛	30 52	122 40	72.3	4.6	6.24	80	6.25	10.2	100	10.3	12.11	70	12.12	4.5	115
佘山天文台	31 06	121 11	100.0	3.27	6.9	75	6.10	9.22	105	9.23	11.26	65	11.27	3.26	120
上海	31 12	121 26	7.0	3.27	6.9	75	6.10	9.22	105	9.23	11.21	60	11.22	3.26	125
菉葭浜	31 19	121 02	5.0	4.1	5.30	60	5.31	9.22	115	9.23	11.21	60	11.22	3.31	130

第一表（续）

地名	纬度 N.	经度 E.	高度 M.	春 始 月日	春 终 月日	春 日数	夏 始 月日	夏 终 月日	夏 日数	秋 始 月日	秋 终 月日	秋 日数	冬 始 月日	冬 终 月日	冬 日数
芜湖	31°20′	118°21′	21.3	3.27	5.20	55	5.21	9.23	125	9.23	11.2	63	11.27	3.20	120
吴淞	31 21	121 30	3.7	3.17	6.4	80	6.5	9.22	110	9.23	11.27	65	11.27	3.10	110
佘山	31 25	122 14	53.3	4.1	6.24	85	6.25	9.27	95	9.28	12.1	65	12.2	3.30	120
南通	31 57	120 56	110.4	4.1	6.9	70	6.10	9.17	100	9.18	11.20	65	11.22	3.31	120
南京	32 03	118 47	67.9	3.17	5.20	65	5.21	9.22	125	9.23	11.26	65	11.27	3.16	110
镇江	32 13	119 27	12.2	3.27	5.25	60	5.26	9.22	120	9.23	11.21	60	11.22	3.26	125
霍邱	32 22	116 15		3.17	5.25	70	5.26	9.22	120	9.23	11.11	50	11.12	3.16	125
东台	33 09	120 38	6.8	4.1	5.30	60	5.31	9.22	115	9.23	11.16	55	11.17	3.31	135
徐州	34 18	117 19	3.5	4.1	5.30	60	5.31	9.17	110	9.18	11.11	55	11.12	3.31	140
西安	34 24	108 50	395.0	3.22	5.20	60	5.21	9.7	110	9.8	11.1	55	11.2	3.21	140
开封	34 51	114 33	115.0	4.1	5.30	60	5.31	9.17	110	9.18	11.11	55	11.12	3.31	140
兰州	36 03	103 48	1556.0	4.16	6.9	55	6.10	8.23	75	8.24	10.7	45	10.8	4.15	190
青岛	36 04	120 18	78.6	4.11	7.4	85	7.5	9.7	65	9.8	11.6	60	11.7	4.10	155
大名	36 18	115 18		4.6	5.15	40	5.16	9.12	120	9.13	11.6	55	11.7	4.5	150
济南	36 45	117 08	49.0	4.1	5.10	40	5.11	9.17	130	9.18	11.11	55	11.12	3.31	140
琅琊岛	36 54	122 32	12.5	4.26	7.19	85	7.20	7.9	50	9.8	11.11	65	11.12	4.25	165
成山头	37 24	121 42	53.9	4.26	7.19	85	7.20	9.12	55	9.13	11.11	60	11.12	4.25	165
芝罘	37 33	121 22	3.0	4.6	6.9	65	6.10	9.7	90	9.8	11.6	60	11.7	4.5	150
太原	37 54	112 31	805.0	4.1	5.30	60	5.31	8.18	80	8.19	10.17	60	10.18	3.31	165
凉州（松树嘴庄）	38 04	102 46		4.6	7.9	95	7.10	8.13	35	8.14	10.12	60	10.13	4.5	175
猴矶岛	38 04	120 39	89.6	4.16	7.14	90	7.15	9.7	55	9.8	11.6	60	11.7	4.15	160
张家庄	38 21	116 14	30.0	4.1	5.20	50	5.21	9.12	115	9.13	10.27	45	10.28	3.31	155
旅顺	38 47	121 16		4.21	7.14	85	7.15	9.2	50	9.3	11.1	60	11.2	4.20	170
保定	38 53	115 28	22.3	4.1	5.20	50	5.21	9.7	110	9.8	10.22	45	10.23	3.31	160
大连	38 56	121 16		4.16	6.24	70	6.25	9.2	70	9.3	11.1	60	11.2	4.15	165
塘沽	39 06	117 11	3.7	4.6	6.4	60	6.5	9.7	95	9.8	11.1	55	11.2	4.5	155
天津	39 09	117 11	5.0	4.6	6.4	60	6.5	9.7	95	9.8	11.1	55	11.2	4.5	150
北平	39 54	116 28	37.5	4.1	5.25	55	5.26	9.7	105	9.8	10.22	45	10.23	3.31	165
秦皇岛	39 55	119 33	18.3	4.21	6.29	70	6.30	9.2	65	9.3	10.27	55	10.28	4.20	175
安东	40 09	124 23	9.1	4.21	6.19	60	6.20	9.2	75	9.3	10.27	51	10.28	4.20	175
萨拉齐（廿四顷地）	40 36	110 30	1025.0	4.21	7.14	85	7.15	8.13	30	8.14	10.7	55	10.8	4.02	195
牛庄	40 40	122 03	2.4	4.21	6.19	60	6.20	9.2	75	9.3	10.17	45	10.18	4.20	185
西湾子	40 58	115 18	1167.0	4.16	7.4	80	7.5	8.3	30	8.4	10.12	70	10.13	4.15	185
山后	41 05	120 17		4.6	5.30	55	5.31	9.2	95	9.3	10.27	55	10.28	4.5	160
松树嘴子	41 23	120 50	100.0	4.16	6.14	60	6.15	9.2	80	9.3	10.17	45	10.18	4.15	180
库车	41 40	83 00	970.0	3.22	6.14	85	6.15	8.13	60	8.14	10.17	65	10.18	3.21	155
沈阳	41 48	123 23	44.0	4.21	6.14	60	6.15	8.28	75	8.29	10.17	50	10.18	4.20	185
迪化	43 45	87 40	915.0	4.26	6.14	50	6.15	8.18	65	8.19	10.12	55	10.13	4.25	195
长春	43 48	125 29	216.0	5.1	7.14	75	7.15	8.8	35	8.9	10.2	55	10.3	4.30	210
吉林	43 48	126 22	210.0	4.21	7.9	80	7.10	8.13	25	8.14	10.2	50	10.3	4.20	200
哈尔滨	45 46	126 50	147.0	5.1	7.14	75	7.15	8.13	30	8.14	10.2	50	10.3	4.30	210
爱珲	49 50	127 38	135.9	5.11	9.12	125							9.13	5.10	240

第二表——中国南北各地春季开始日期与节令日期对照表

月份		一月		二月				三月					四月					五月			总计
节令		大寒		立春		雨水		惊蛰			春分		清明			谷雨		立夏			测候站数
候期		一候 21-25	二候 26-30	三候 31-4	一候 5-9	二候 10-14	三候 15-19	一候 20-24	二候 25-1	三候 2-6	一候 7-11	二候 12-16	三候 17-21	一候 22-26	二候 27-31	三候 1-5	一候 6-10	二候 11-15	三候 16-20	一候 21-25	二候 26-30	三候 1-5	一候 6-10	二候 11-15	三候 16-20	
闽粤区四站	每候分配								2	1																	4
	每节分配							3																			
云贵高原区二站	每候分配		1			1																					2
	每节分配		1		1																						
华中区	长江上游四站	每候分配					1			2		1		5		1	6			1			2	1			28
		每节分配				1			2			1			5			7			1			1			
	长江中游六站	每候分配													2	6	6	1	1	1		1	2				
		每节分配													3			14			1			2				
	长江下游十八站	每候分配							2					3		14			2								
		每节分配							2			9					14										
总计																											
华北区十六站	每候分配												1		6	6	4	1	1	1	2						16
	每节分配												1			7			6			3					
口外草原区六站	每候分配												1				2	3		3	1						6
	每节分配																		5			1					
东北区九站	每候分配												1				7	1		1	5	7	2	1	1		9
	每节分配																	1				7		1			
新疆区二站	每候分配															1						1	2		1		2
	每节分配																1						3				
全国六十七站总分配	每候		1			3		5	2	3		9	8	4	6	12	7	2	5	7	3	2	1				
	每节	1			3			5			9			22			14			12			1				

第三表——中国南北各地夏季开始日期与节令日期对照表

月份		三月			四月						五月						六月						七月						八月			总计
节令		春分			清明			谷雨			立夏			小满			芒种			夏至			小暑			大暑			测候站数
候期	一候	二候	三候	一候	二候	三候	一候	二候	三候	一候	二候	三候	一候	二候	三候	一候	二候	三候	一候	二候	三候	一候	二候	三候	一候	二候	三候		
	22-26	27-31	1-5	6-10	21-15	16-20	21-25	26-30	1-5	6-10	11-15	16-20	21-25	26-30	31-4	5-9	10-14	15-19	20-24	25-29	30-4	5-9	10-14	15-19	20-24	25-29	30-3	4-8	
华南区十三站 每候分配	1				3	2	6			1																			13
每节分配		1			5			6			1																		
闽浙区八站 每候分配										1	1			1	4														8
每节分配											3			5															
长江上游四站 每候分配										1		1	1		1			1											28
每节分配											2			2															
长江中游六站 每候分配											2	2		1							1								
每节分配											2			3															
长江下游十八站 每候分配												2	2	2	5	5		1		2		1							
每节分配														10			6												
总计										4	1	1	3	15	7		2	1		1									
华北区十六站 每候分配											1	1	3	1	2	2	1			1	1	1	2	2					16
每节分配											2			7			2						2						
口外草原区六站 每候分配														1						2	1	1		3					6
每节分配														1									3						
东北区八站 每候分配																	1	2		1	2		1	3					8
每节分配																	2			2			4						
新疆区二站 每候分配																											1		2
每节分配																	2												
全国八十一站 每候	1	1		3	3	2	6	6		3	2	5	7	6	13	3	7	4	3	3	1	2	5	10	2		1		81
总分配 每节		1			5			6			10			28			14			6			10			1			

第四表——中国南北各地秋季开始日期与节令日期对照表

月份	七月		八月						九月						十月					十一月			总计测候站数
节令	大暑		立秋			处暑			白露			秋分			寒露			霜降		立冬			
候期	一候 25-29	二候 30-3	一候 4-8	二候 9-13	三候 14-18	一候 19-23	二候 24-28	三候 29-2	一候 3-7	二候 8-12	三候 13-17	一候 18-22	二候 23-27	三候 28-2	一候 3-9	二候 8-12	三候 13-17	一候 18-22	二候 23-27	三候 28-1	一候 2-6	二候 7-11	三候 12-16	17-21
华南区十三站 每候分配																			1	6	5	1	1	13
每节分配																			6		7			
闽瓯区八站 每候分配																2	3	1			1			8
每节分配																	5		2		1			
长江上游四站 每候分配										2				2										28
每节分配											2			2										
长江中游六站 每候分配	1										1		1	3										
每节分配										1			4											
长江下游十八站 每候分配											2	10	2	3	1									
每节分配	1									2			15		1									
总计										5			21											
华北区十六站 每候分配				1			1	1	9	3	2	10	1											14
每节分配				1						14														
口外草原区六站 每候分配		1	2			1		2	1															6
每节分配	1		2			3																		
东北区八站 每候分配			1	2		1		4	2															8
每节分配			3			5																		
新疆区二站 每候分配			1		1	1																		2
每节分配			2			2																		
全国八十一站分配 每候	2	2	5	2	1	7	1	11	3	5	10	5	6	3	6	3	1	8	6	6	1	1	81
每节	2		8			9			19			21			6			8		8				

第五表——中国南北各地冬季开始日期与节令日期对照表

月份		九月						十月									十一月									十二月									一月							总计
节令		白露			秋分			寒露			霜降			立冬			小雪			大雪			冬至			小寒			大寒			测候站数
候期		一候	二候	三候	一候	二候	三候	一候	二候	三候	一候	二候	三候	一候	二候	三候	一候	二候	三候	一候	二候	三候	一候	二候	三候	一候	二候	三候	一候	二候	三候	
		3-12	13-17	18-22	23-27	28-2	3-7	8-12	13-17	18-22	23-27	28-1	2-6	7-11	12-16	17-21	22-26	27-1	2-6	7-11	12-16	17-21	22-26	27-31	1-5	6-10	11-15	16-20	21-25	26-30	31-4	
闽粤区四站	每候分配																							1					1		2	4
	每节分配																							3								
云贵高原区二站	每候分配																															2
	每节分配																															
华中区	长江上游四站	每候分配															1	1	1		1	1											28
		每节分配																														
	长江中游六站	每候分配					3		2			1			1		2				2											
		每节分配				3			2			1			1		2				2											
	长江下游十八站	每候分配							2	1		1	2	3	2	1		3	2		1	2	1									
		每节分配							2			3			3			5			4		1									
	总 计	每候分配							2	1		2	2	3	2	1		5	4	3	1	2	2	1								
		每节分配								3			7			4			12			8		1								
华北区十六站	每候分配									1	2	2	3	4	4					4											16
	每节分配									1			7			8			19			4										
口外草原区六站	每候分配							2	2	1		1																				6
	每节分配								5			1																				
东北区九站	每候分配	1					3		2			1	2	1																			9
	每节分配	1					3		2			3			1																	
新疆区二站	每候分配	1																		1												2
	每节分配	1																		1												
全国六十七站总分配	每候	1					3	2	3	5	2	4	5	6	5	1	5	9	6	1	2	2	2						1		2	67
	每节	1			3			10			11			12			20			5			2						3			

第六表——中国各地每候平均温度最低时期与节气时令对照表

月份	十二月			一月						二月			总计
节令	冬至			小寒			大寒			立春			测候站数
候期	一候 22-26	二候 27-31	三候 1-5	一候 6-10	二候 11-15	三候 16-20	一候 21-25	二候 26-30	三候 31-4	一候 5-9	二候 10-14	三候 15-19	
华南区十三站 每候分配		1	1	1	1		1	1	5	3			13
每节分配		1			2			7			3		2
云贵高原区二站 每候分配					2			1	1				
每节分配					2			2					
闽瓯区八站 每候分配								2	2	4	2		8
每节分配								2			6		
华中区 长江上游四站 每候分配			1		1	1		1	1				
每节分配	1							2					28
长江中游六站 每候分配					1	1	3		2				
每节分配					1			5					
长江下游十八站 每候分配		1	1		2		1	2	9	2	1		
每节分配	1				2			12			3		
总计	2			4				19		3			
华北区十六站 每候分配				3	3	3		1	5				16
每节分配					9			6					
口外草原区六站 每候分配					1	2	1		2				6
每节分配					3			3					
东北区九站 每候分配			1		5		3	3					9
每节分配	1				5			3					
新疆区二站 每候分配				2	2								2
每节分配					2								
全国八十四站分配 每候			5	6	12	7	9	6	27	9	3		84
每节	5				25			42			12		

第七表——中国各地每候平均温度最高时期与节气时令对照表

月份		六月			七月					八月				九月		总计测候站数
节令		夏至			小暑			大暑			立秋			处暑		
候期		一候 20-24	二候 25-29	三候 30-4	一候 5-9	二候 10-14	三候 15-19	三候 20-24	一候 25-29	二候 30-3	三候 4-8	一候 9-13	二候 14-18	三候 19-23	一候 24-28	二候 29-2	三候 3-7
华南区十三站	每候分配				1	3			1	2		1	1		5		13
	每节分配					3				3			5			5	
云贵高原区二站	每候分配		1			1			1		1						2
	每节分配					1				1							
闽浙区八站	每候分配						1			2					3		8
	每节分配						1			4					3		
华中区 长江上游四站	每候分配							1	3								28
	每节分配								4								
长江中游六站	每候分配						1		3	2							
	每节分配						1			5							
长江下游十八站	每候分配				1		2	2	2	10	2		1				
	每节分配					2				15			1				
总计					1		3			24			1				
华北区十六站	每候分配				1	1	3		5	1	3	2					16
	每节分配					3				9			2				
口外草原区六站	每候分配						1	4			1						6
	每节分配						3			3			2				
东北区九站	每候分配								2	1	3	3	3				9
	每节分配									6			3				
新疆区二站	每候分配									1	1	1					2
	每节分配									1			1				
全国八十四站总分配	每候				2	6	5	8	18	18	11	7	1	8	8		84
	每节		1			16				51			8			8	

第八表——中国各地历年来每五日温度平均表（摄氏）

地名	一月						二月						观测时期
	1-5	6-10	11-15	16-20	21-25	26-30	31-4	5-9	10-14	15-19	20-24	25-1	
琼州	18.7	15.6	14.2	16.2	17.2	16.5	19.4	18.0	17.9	18.9	18.8	19.3	1930-1933
北海	15.3	16.0	16.5	15.0	16.0	14.8	13.1	13.2	14.7	15.8	15.5	6.4	1881-1915
澳门	16.3	16.6	16.1	14.7	15.4	15.3	14.6	14.3	15.1	15.8	15.8	15.7	1882-1903
香港	15.9	16.0	15.0	15.0	15.7	15.1	14.0	14.2	14.4	15.0	15.3	16.0	1885-1916
遮浪角	11.7	15.6	15.7	15.3	14.5	13.1	16.8	15.0	14.2	16.4	16.7	15.7	1912-1914
邕宁	15.5	18.6	15.8	11.5	10.9	14.5	12.0	12.1	13.6	17.5	13.8	15.4	1908-1911
石碑山	15.2	16.0	15.2	14.7	13.9	13.6	13.6	13.7	14.2	14.6	14.5	15.0	1891-1913
三水	14.2	15.5	14.1	14.2	14.5	13.6	12.3	12.6	13.2	14.3	14.2	14.9	1901-1916
广州	13.6	11.3	11.4	12.4	14.1	11.8	14.9	11.4	12.0	13.7	16.3	15.9	1929-1933
表角	16.2	16.7	15.6	14.8	14.2	14.1	14.1	14.7	15.0	15.9	15.0	15.2	1909-1915
东澎岛	14.6	14.7	14.5	13.8	13.7	13.5	12.5	12.6	12.9	13.2	13.0	14.2	1891-1915
汕头	14.8	14.8	15.1	14.2	14.6	14.0	13.0	13.0	13.3	14.4	14.3	15.2	1886-1915
梧州	13.9	14.9	14.0	14.6	14.6	13.1	12.1	13.0	14.0	14.8	14.0	15.4	1898-1915
东椗岛	13.6	13.5	13.0	12.1	12.5	11.2	11.5	11.0	11.1	11.8	11.8	12.7	1891-1914
厦门	15.2	15.2	14.9	14.3	14.6	14.4	13.6	12.9	13.0	13.6	13.6	14.6	1891-1915
乌丘屿	12.6	12.7	12.1	11.5	11.5	11.4	10.4	10.2	10.1	10.7	10.7	11.6	1891-1915
腾越	8.5	8.4	7.1	7.7	8.1	7.9	6.8	8.9	9.7	10.8	10.7	11.2	1911-1915
昆明	10.2	9.0	9.3	10.5	10.6	8.8	10.6	10.1	11.6	11.6	12.5	13.3	1929-1933
牛山岛	11.9	12.0	11.5	10.8	10.4	10.2	9.7	9.3	9.1	9.8	9.5	10.7	1887-1915
东犬	11.3	11.6	10.8	10.5	9.3	9.7	9.3	9.2	9.8	10.3	9.5	10.1	1891-1915
福州	11.8	12.2	12.1	11.4	11.8	11.2	10.6	10.0	10.7	11.0	11.2	12.0	1902-1915
东涌	11.4	12.1	10.9	11.0	10.2	10.0	8.4	9.1	8.9	9.4	9.1	9.6	1905-1915
温州	9.0	9.3	9.5	8.4	8.5	8.4	7.1	7.4	7.9	8.6	9.5	10.1	1887-1915
长沙	6.6	6.9	5.8	6.6	4.5	6.4	6.4	6.9	7.5	9.0	7.3	8.4	1910-1915
北鱼山	8.3	8.3	8.6	7.5	7.6	7.0	5.7	5.8	6.4	7.1	7.1	8.3	1896-1915
岳州	5.7	5.7	4.4	5.4	3.9	4.6	5.3	5.8	5.8	7.2	5.6	7.9	1910-1914
牯岭	3.3	3.4	−1.0	−1.5	−0.8	1.9	−0.6	0.5	3.9	3.5	0.0	1.2	1910-1912
重庆	9.1	9.5	9.5	9.0	9.5	8.6	8.2	8.9	9.5	10.4	10.9	12.0	1891-1915
九江	5.1	5.5	5.0	4.6	4.4	3.8	3.5	4.4	5.1	6.3	6.7	7.8	1885-1915
宁波	5.4	6.0	6.0	4.8	5.6	4.8	4.1	4.2	4.8	5.9	6.4	7.5	1881-1915
安岳	5.9	8.0	6.6	5.6	7.8	7.2	7.4	8.2	7.2	9.2	8.9	9.0	1911-1914
杭州	4.4	5.5	4.4	5.1	4.1	4.8	4.1	3.9	5.4	6.4	5.6	7.2	1907-1916
小龟山	7.5	7.8	7.5	6.4	7.0	6.6	5.7	6.0	6.1	6.8	7.2	8.3	1887-1914
沙市	5.7	5.5	3.9	5.1	3.9	4.5	4.2	4.6	5.8	6.2	5.7	7.7	1907-1916
汉口	4.7	5.4	4.6	3.7	4.3	3.3	3.1	4.8	5.5	6.3	6.9	7.8	1887-1915
成都	6.4	7.1	7.0	6.7	6.6	7.1	6.8	7.6	7.4	8.8	7.1	9.1	1908-1911
宜昌	6.1	6.7	5.2	5.3	5.5	4.7	5.1	6.2	6.2	7.4	7.9	8.9	1883-1915
大戢山	5.5	5.9	5.5	4.1	5.0	4.9	3.2	3.6	4.2	4.7	5.5	6.6	1887-1915
花鸟山北岛	6.2	7.0	6.6	6.2	6.2	5.5	4.4	4.8	5.3	6.1	5.8	7.0	1903-1915
佘山天文台	4.4	5.1	4.9	5.6	3.4	4.3	5.8	1.5	3.6	6.9	7.0	6.1	1913-1916
上海	3.0	3.6	3.6	2.8	3.7	3.1	2.6	2.7	3.3	4.4	5.3	5.9	1873-1916
菉葭浜	4.1	5.1	3.1	3.4	3.1	3.8	3.5	3.6	4.5	6.0	5.9	6.3	1909-1916

第八表（续）

地名	一月						二月						观测时期
	1-5	6-10	11-15	16-20	21-25	26-30	31-4	5-9	10-14	15-19	20-24	25-1	
芜湖	4.0	4.5	4.4	3.2	4.4	3.9	2.6	3.8	4.5	5.2	6.0	7.1	1880-1915
吴淞	4.7	5.4	4.6	5.2	5.2	4.5	6.2	4.3	3.7	7.4	8.0	6.7	1913-1916
佘山岛	5.5	6.0	5.8	4.5	5.1	4.7	3.7	3.9	4.1	5.1	5.7	6.3	1887-1916
南通	0.2	1.9	3.0	1.7	1.1	1.5	1.0	2.3	3.0	3.5	3.4	4.3	1917-1926
南京	2.7	1.1	1.2	1.5	1.5	1.1	2.0	1.3	2.5	3.8	5.5	5.7	1926-1933
镇江	3.2	3.6	3.5	2.2	3.5	2.7	1.7	2.8	3.5	4.5	5.2	6.3	1881-1915
霍邱	2.4	2.5	1.2	1.7	2.2	1.5	2.7	4.4	5.5	5.8	5.1	7.1	1892-1909
东台	3.5	0.2	0.5	1.0	1.9	0.0	2.6	1.3	1.9	3.4	5.3	3.7	1930-1933
徐州	0.3	−1.7	−2.4	−2.0	−0.7	−0.8	0.0	−0.4	0.2	2.5	4.3	3.0	1929-1933
西安	0.1	0.2	0.2	−0.5	0.0	−1.0	−0.2	1.1	2.4	3.3	3.7	4.2	1923-25, 1932-33
开封	2.3	1.1	−1.8	−3.3	−1.3	−0.2	0.2	−0.4	2.4	2.3	2.5	3.1	1932-1933
兰州	−6.2	−6.8	−10.3	−8.1	−6.1	−7.6	−4.6	−1.4	−2.6	−1.2	0.4	0.7	1933
青岛	−0.1	0.2	−0.1	−0.3	−0.8	−1.2	−1.9	−1.0	−0.1	1.2	1.4	2.7	1899-1911
大名	−1.0	−2.0	−2.8	−4.3	−2.0	−0.5	−1.1	−0.8	0.7	0.9	0.5	3.0	1908-1911
济南	−0.6	−0.3	−2.2	−3.0	−1.9	−0.5	0.7	2.0	2.6	2.8	2.0	3.3	1932-1933
瑛珊岛	−0.4	0.0	−0.7	−1.7	−1.5	−1.5	−2.1	−1.5	−1.1	0.1	0.6	1.1	1887-1915
成山头	−0.2	0.4	−0.7	−1.8	−1.0	−1.1	−2.1	−1.3	−1.0	0.5	1.0	1.5	1887-1915
芝罘	−0.5	−0.9	−1.2	−2.1	−1.6	−1.8	−2.7	−1.7	−1.3	0.5	0.9	1.4	1889-1915
太原	−5.5	−9.4	−9.1	−6.6	−6.1	−6.9	−4.5	−4.7	−4.0	−1.4	0.6	−0.5	1929-1933
凉州（松树嘴庄）	−6.7	−4.9	−7.9	−8.5	−3.6	−5.3	−6.9	−6.5	−4.1	−5.2	−3.3	−1.1	1883-1891
猴矶岛	−1.4	−1.4	−2.9	−2.9	−2.9	−2.7	−3.4	−2.7	−2.1	−0.8	−0.5	0.0	1887-1915
张家庄	−4.6	−5.2	−3.9	−4.7	−4.4	−4.4	−4.4	−2.9	−1.6	−0.5	0.3	1.4	1887-1888
旅顺	−1.7	−3.3	−5.5	−4.1	−5.0	−4.5	−4.6	−5.2	−3.3	−2.5	−2.1	−0.7	1907-1916
保定	−5.1	−5.5	−4.7	−4.1	−4.0	−3.7	−4.0	−3.8	−1.8	−1.1	0.4	0.3	1929-1933
大连	−5.1	4.0	−5.5	−5.0	−6.0	−5.4	−4.9	−4.7	−3.2	−2.3	−2.5	−1.6	1907-1926
塘沽	−4.8	−4.8	−7.5	−4.5	−5.9	−5.1	−5.4	−4.0	−2.5	−1.9	0.1	1.7	1909-1915
天津	−3.1	−3.7	−5.1	−4.2	−4.4	−3.9	−4.3	−4.5	−2.0	−1.2	−0.3	0.9	1907-1916
北平	−4.5	−2.5	−2.1	−1.5	−1.2	−2.2	−3.3	−4.3	−2.0	−2.7	−1.4	−0.6	1930-1933
秦皇岛	−4.7	−5.6	−8.0	−6.3	−6.5	−5.2	−4.9	−5.8	−3.5	−3.3	−1.8	−0.3	1908-1915
安东	−9.8	−8.9	−10.3	−7.9	−7.9	−8.4	−6.0	−6.6	−5.2	−4.9	−1.3	−0.6	1911-1915
萨拉齐（廿四顷地）	−16.5	−14.5	−17.0	−15.7	−15.3	12.0	−17.2	−12.9	−8.4	−9.2	−5.5	−3.8	1911-1914
牛庄	−7.6	−7.7	−8.6	−9.8	−9.8	−9.6	−9.4	−9.4	−6.7	−6.8	−5.1	−3.3	1903-1915
西湾子	−9.7	−11.3	−11.9	−12.8	−9.4	−11.5	−11.8	−11.6	−8.4	−9.7	−9.4	−5.0	1881-1884
山后	−5.4	−5.9	−7.0	−7.3	−7.9	−7.2	−8.1	−6.9	−4.5	−4.1	−2.7	−0.6	1906-1911
松树嘴子	−10.2	−10.3	−10.3	−7.6	−10.9	−10.2	−6.5	−10.2	−5.3	−5.3	−2.0	−1.3	1911-1914
沈阳	−13.2	−12.5	−13.6	−12.8	−14.0	−12.8	−11.6	−11.3	−9.6	−7.9	−7.4	−6.2	1907-1926
长春	−13.9	−17.0	−19.5	−17.3	−18.4	−15.4	−14.6	−17.1	−13.2	−12.0	−10.1	−9.4	1909-1916
吉林	−15.1	−16.3	−19.3	−16.5	−19.0	−17.5	−10.4	−16.5	−13.1	−13.5	−8.9	−7.7	1911-1913
哈尔滨	−8.6	−20.1	−20.7	−19.1	−20.0	−18.0	−15.5	−19.5	−15.4	−14.7	−10.7	−10.0	1911-1916
爱珲	−30.0	−26.4	−26.2	−23.7	−25.6	−23.2	−19.2	−20.1	−18.8	−18.0	−13.6	−15.5	1910-1915
库车	−14.3	−17.2	−15.2	−12.3	−11.2	−10.2	−8.6	−8.6	−6.0	−2.3	0.0	0.6	1930-1931
迪化	−21.0	−24.1	−18.4	−15.8	−18.3	−13.3	−16.3	−20.4	−16.4	−13.9	−11.3	−11.4	1930-1931, 1933

第八表（再续）

地名	三月						四月					
	2-6	7-11	12-16	17-21	22-26	27-31	1-5	6-10	11-15	16-20	21-25	25-30
琼州	21.5	18.2	18.3	20.6	23.1	22.3	23.6	26.4	26.0	26.8	27.2	28.3
北海	17.1	17.7	17.2	17.2	19.3	20.4	21.1	21.1	23.4	24.3	25.5	26.0
澳门	16.6	16.9	16.5	17.1	18.0	19.0	20.2	20.1	22.1	22.0	23.4	24.2
香港	16.3	16.9	16.7	16.8	18.1	18.8	19.4	20.1	21.2	21.6	22.6	22.9
遮浪角	18.5	19.5	15.9	15.6	18.0	19.0	19.7	18.3	20.1	19.5	23.8	23.7
邕宁	17.1	17.5	19.4	17.1	17.0	21.0	20.2	19.7	22.4	23.3	25.4	25.5
石碑山	15.3	15.1	15.1	15.6	16.3	18.3	18.2	18.0	18.7	19.3	22.1	21.6
三水	16.0	16.7	16.4	16.2	17.9	19.3	19.1	19.8	21.5	22.0	23.7	23.9
广州	14.8	15.0	15.1	18.4	20.6	19.0	20.0	21.7	21.0	23.1	23.9	24.7
表角	16.5	15.9	15.4	15.6	16.1	18.0	17.9	18.4	19.4	19.6	22.4	22.7
东澎岛	13.9	14.3	14.1	14.4	15.2	16.7	17.2	17.5	18.7	20.4	20.9	20.9
汕头	15.3	15.9	15.8	15.8	17.1	17.8	18.4	19.1	20.4	21.1	22.1	22.4
梧州	16.2	16.6	16.9	16.0	18.2	19.3	19.1	19.5	21.5	22.5	23.6	23.6
东椗岛	12.6	12.9	12.7	12.8	13.5	15.3	15.3	16.0	17.1	17.8	18.3	19.1
厦门	14.4	14.7	15.0	14.9	15.8	17.3	17.4	17.8	19.2	19.9	20.8	21.2
乌邱屿	11.4	11.7	11.8	11.8	12.7	14.1	14.3	14.9	16.2	16.8	18.0	17.9
腾越	11.6	10.6	12.9	12.5	12.8	14.0	14.0	14.4	15.1	14.9	15.9	17.3
昆明	13.5	12.0	12.7	13.9	15.7	17.0	17.1	17.5	17.5	16.5	17.7	17.8
牛山岛	10.3	10.9	10.9	11.0	11.7	13.0	13.5	14.3	15.5	16.0	17.2	17.1
东犬	10.9	10.2	10.2	10.7	11.6	12.8	12.7	13.2	14.5	15.0	18.0	17.1
福州	12.2	12.8	12.7	13.6	14.6	15.3	15.6	16.3	17.7	18.1	20.8	19.7
东涌	10.3	10.3	10.0	10.8	11.4	11.5	12.1	12.9	14.9	15.0	17.4	16.6
温州	9.9	10.8	10.8	11.4	12.4	13.8	14.0	15.3	16.4	16.6	17.8	17.8
长沙	11.3	8.6	9.1	12.3	10.3	12.9	12.8	13.5	17.3	18.8	22.6	19.0
北鱼山	8.0	8.6	8.7	9.5	9.7	11.1	10.9	12.4	13.3	13.5	14.7	14.3
岳州	10.8	8.0	7.6	10.5	9.3	12.6	10.4	12.3	16.0	18.7	20.1	17.4
牯岭	4.2	5.7	3.9	5.3	4.3	8.6	7.4	8.2	10.9	13.0	16.5	12.7
重庆	12.3	13.3	13.4	14.2	15.2	16.6	17.7	18.2	19.9	20.5	21.0	20.0
九江	8.4	9.0	8.8	10.5	11.1	13.0	13.8	15.2	16.6	17.4	18.7	18.4
宁波	7.6	8.4	8.1	9.4	10.1	11.8	12.4	13.4	14.8	15.2	16.6	16.5
安岳	10.6	9.7	10.8	10.6	11.5	13.7	14.0	12.5	15.8	15.5	18.7	18.4
杭州	8.9	8.5	6.9	9.2	9.8	11.6	11.7	13.1	16.1	15.1	17.7	16.2
小龟山	7.9	8.5	8.6	9.3	10.0	11.1	11.5	12.3	13.4	13.5	14.6	14.8
沙市	9.7	8.6	7.2	10.2	10.5	12.4	12.3	13.5	16.5	15.8	17.4	16.3
汉口	8.4	9.3	9.3	10.2	11.0	12.9	13.8	15.5	16.6	17.6	17.9	17.8
成都	10.7	10.9	12.9	12.9	12.5	16.2	14.4	15.6	17.9	17.6	20.2	18.3
宜昌	9.8	9.4	10.6	11.9	12.5	14.0	15.1	16.5	17.6	18.5	19.1	19.0
大戢山	6.3	7.3	7.1	7.7	8.7	9.9	10.1	11.0	12.1	12.7	13.5	14.0
花鸟山北岛	7.0	7.1	7.5	8.4	8.7	9.9	9.9	11.0	11.8	12.2	14.2	13.0
佘山天文台	8.6	6.1	5.1	8.8	7.9	10.8	11.2	11.8	14.2	12.9	15.5	14.0
上海	5.9	7.0	6.8	8.1	9.0	10.3	11.0	12.2	12.9	13.8	14.9	15.5
菉葭浜	8.5	7.1	6.2	8.2	7.9	9.7	10.2	11.6	14.1	13.6	16.0	14.7

第八表（三续）

地名	三月						四月					
	2-6	7-11	12-16	17-21	22-26	27-31	1-5	6-10	11-15	16-20	21-25	26-30
芜湖	7.0	7.9	8.3	9.6	9.9	12.4	12.6	14.0	14.9	16.3	17.0	17.2
吴淞	10.3	8.3	6.2	10.3	8.9	11.5	12.6	12.2	13.9	12.9	15.8	15.3
佘山岛	6.0	7.1	6.7	7.8	8.6	9.7	10.3	11.2	12.3	12.7	13.6	13.9
南通	5.1	6.4	6.6	8.7	8.0	8.8	11.0	11.0	12.4	13.8	13.8	15.0
南京	6.0	7.2	8.0	11.0	11.4	11.2	12.3	13.3	13.5	15.5	15.9	18.4
镇江	6.4	7.2	7.3	8.8	9.7	11.5	12.1	13.4	14.4	15.3	16.1	16.4
霍邱	9.0	7.2	7.0	10.2	9.0	12.4	9.9	12.3	15.9	18.4	18.5	15.3
东台	5.2	5.0	7.1	8.7	10.0	9.5	11.4	10.7	11.5	13.9	13.9	15.3
徐州	3.6	6.4	7.7	9.8	12.0	9.1	12.4	11.4	12.3	14.2	14.1	16.4
西安	7.0	7.6	6.6	9.6	11.8	11.9	13.0	13.8	11.3	14.3	16.7	19.2
开封	5.1	8.1	4.7	9.5	8.9	9.8	15.2	11.0	12.4	15.7	16.2	20.4
兰州	3.5	3.2	7.2	11.8	5.9	9.1	12.2	8.8	9.3	11.4	15.3	17.0
青岛	2.8	3.6	4.2	5.4	5.6	7.0	7.4	9.1	10.1	11.0	12.1	12.8
大名	4.2	4.3	4.6	5.3	7.9	9.0	9.8	11.1	13.6	15.6	19.3	16.0
济南	4.0	7.6	3.6	8.2	8.0	9.3	15.4	12.1	12.8	16.4	15.9	21.6
璞珈岛	1.2	1.9	2.0	3.0	4.0	5.2	5.7	6.9	8.0	9.0	9.6	10.4
成山头	1.5	2.2	2.5	3.1	4.2	5.4	5.9	7.1	7.8	9.2	9.7	10.9
芝罘	2.3	3.1	3.1	4.9	5.7	7.6	8.9	10.7	10.7	13.0	13.2	14.4
太原	1.7	2.9	3.2	7.3	9.0	7.0	11.1	10.1	11.1	13.1	13.0	15.4
凉州（松树嘴庄）	0.7	1.6	2.9	5.5	4.7	7.4	7.6	11.3	11.3	13.5	13.4	13.0
猴矶岛	1.0	2.0	1.6	8.3	3.7	5.0	5.6	7.6	8.8	10.2	10.7	11.0
张家庄	1.5	3.1	5.7	6.9	7.7	8.3	11.0	13.2	14.8	15.0	16.5	17.8
旅顺	0.2	−0.6	−0.4	2.1	2.0	3.4	4.8	6.6	8.0	9.2	10.4	10.4
保定	1.7	4.5	5.6	7.2	8.6	8.9	11.6	10.7	13.2	14.2	14.4	17.7
大连	0.1	0.8	0.7	2.9	2.6	4.1	5.8	7.3	9.3	10.0	10.9	12.5
塘沽	3.2	2.4	3.1	6.0	5.8	7.0	8.4	10.3	11.8	13.0	14.7	14.9
天津	2.8	2.1	2.7	4.8	5.6	7.0	8.5	10.3	12.4	14.1	15.7	15.6
北平	1.6	3.6	5.2	5.9	7.3	8.1	11.8	10.7	12.5	14.1	14.0	17.2
秦皇岛	0.4	−0.3	0.0	2.4	3.2	3.7	5.3	6.7	8.3	9.3	12.4	12.5
安东	0.4	−2.2	−0.1	2.8	2.4	3.8	6.0	7.3	9.0	8.5	12.7	10.8
萨拉齐（廿四顷地）	0.6	−1.9	−1.9	1.7	0.1	3.7	4.0	5.8	7.3	8.4	11.4	11.9
牛庄	−2.8	−1.5	−1.4	0.9	1.5	3.2	5.0	7.1	8.2	9.9	12.0	11.8
西湾子	−4.0	−3.9	−1.8	1.4	−0.3	3.5	4.3	5.8	7.0	11.3	11.3	12.7
山后	1.0	1.7	0.2	2.9	5.2	5.9	7.2	10.2	12.2	14.0	16.2	15.7
松树嘴子	−1.0	−1.7	−1.0	1.4	1.4	3.3	5.6	7.6	8.4	10.2	15.5	15.0
沈阳	−4.0	−2.5	−2.4	0.3	0.0	2.4	3.9	6.3	8.0	9.3	10.9	12.0
长春	−7.1	−8.4	−7.8	−4.6	−4.1	1.6	1.3	4.0	4.2	6.9	9.4	9.9
吉林	−8.5	−8.4	−5.5	−3.6	−4.2	−2.1	3.7	4.4	4.8	6.0	10.2	11.0
哈尔滨	−9.2	−10.3	−9.5	−6.1	−6.2	−3.3	1.1	3.6	4.1	5.7	8.2	9.3
爱珲	−13.3	−12.7	−1.6	−9.8	−8.2	−7.1	−0.7	1.9	1.6	4.5	4.9	5.5
库车	0.8	3.5	7.5	9.9	11.7	10.9	14.5	13.0	12.3	15.9	12.2	14.5
迪化	−10.6	−5.1	−4.0	4.9	2.5	6.1	10.5	4.3	8.9	6.1	6.3	10.0

第八表（四续）

地名	九月						六月					
	1-5	6-10	11-15	16-20	21-25	26-30	31-4	5-9	10-14	15-19	20-24	25-29
琼州	28.4	27.5	27.9	28.0	29.2	28.8	29.5	28.9	20.0	30.1	29.4	29.5
北海	26.1	27.2	27.8	28.1	27.9	28.2	27.3	27.1	27.5	28.0	28.0	27.8
澳门	24.3	26.5	25.7	26.4	26.0	26.7	26.9	26.8	27.4	28.0	28.2	28.6
香港	22.9	24.1	24.3	25.4	25.5	25.9	26.5	26.5	27.1	27.6	27.6	27.7
遮浪角	23.0	23.5	25.4	25.6	24.8	26.6	26.8	26.1	27.1	28.4	26.9	28.1
邕宁	24.8	26.3	27.8	25.2	27.1	28.5	27.4	29.0	29.4	27.5	29.3	30.2
石碑山	22.1	23.2	24.6	24.1	23.7	25.2	25.4	25.9	26.6	26.8	26.6	27.0
三水	23.7	25.1	25.4	26.7	26.2	26.7	27.1	27.6	28.3	38.6	28.2	28.4
广州	25.2	25.5	25.6	26.9	27.3	26.8	27.1	27.5	27.8	28.2	27.7	28.0
表角	22.0	23.0	24.4	24.0	23.2	25.0	25.7	26.3	26.8	27.1	27.1	27.4
东澎岛	21.5	22.3	23.3	23.7	23.5	24.4	24.8	25.4	26.0	26.3	26.2	26.6
汕头	22.8	23.7	24.4	25.1	24.9	25.4	26.4	26.2	27.2	27.6	27.7	28.1
梧州	24.0	25.2	25.8	26.3	27.0	27.1	27.3	27.7	28.4	28.1	28.4	28.4
东椗岛	20.1	20.8	21.5	22.3	22.6	23.4	24.5	24.8	25.8	26.0	26.3	26.8
厦门	21.7	22.7	23.3	23.9	23.9	24.7	25.8	26.2	27.1	27.4	27.8	28.3
乌丘屿	19.0	19.9	20.6	21.1	21.5	22.0	23.3	23.9	24.9	25.2	25.8	26.3
腾越	16.7	17.4	18.2	17.9	18.6	18.7	19.0	19.5	19.4	20.2	19.9	20.0
昆明	18.9	18.1	20.0	20.1	20.0	19.1	18.6	19.1	19.7	20.8	19.9	19.9
牛山岛	18.0	19.0	19.8	20.5	20.8	21.7	22.7	23.4	24.5	25.1	25.7	26.0
东犬	17.4	18.4	19.8	20.1	20.0	21.6	22.7	24.2	24.5	25.5	25.7	25.8
福州	20.3	21.7	22.6	23.3	22.3	23.9	24.9	26.3	26.7	27.5	27.2	27.6
东涌	16.7	18.4	19.4	20.1	19.7	21.4	22.5	23.7	24.4	25.2	25.4	25.7
温州	18.8	20.0	20.6	21.3	21.4	22.4	23.8	23.5	24.8	25.2	25.9	26.2
长沙	18.2	21.9	22.7	22.6	21.8	24.1	25.9	25.0	26.1	26.1	27.1	26.2
北鱼山	15.7	16.3	17.4	18.1	19.0	19.8	20.9	21.3	22.5	22.8	23.5	24.0
岳州	16.2	21.0	20.8	21.1	21.5	23.1	25.6	23.5	25.1	26.2	26.5	25.6
牯岭	12.8	15.2	14.3	15.7	15.3	16.3	20.2	18.3	18.6	19.5	22.6	19.3
重庆	21.4	22.1	23.3	23.3	23.6	23.9	25.8	25.4	25.7	26.1	25.2	26.6
九江	14.7	20.9	21.5	22.5	23.2	23.7	25.0	25.1	26.2	26.4	27.0	27.3
宁波	17.3	18.7	19.5	20.2	20.6	21.4	22.5	22.2	23.6	24.1	25.1	25.6
安岳	17.6	19.1	20.8	21.2	20.9	21.4	23.0	22.7	23.0	23.7	23.7	24.3
杭州	17.2	19.7	19.7	21.3	20.9	21.9	23.9	22.8	24.5	24.6	25.2	25.5
小龟山	15.6	16.6	17.6	18.4	19.1	19.9	20.9	21.2	22.2	22.6	23.3	23.1
沙市	16.9	20.5	19.8	21.8	22.7	23.8	24.8	23.7	23.1	24.8	24.9	25.6
汉口	18.5	20.6	21.5	22.4	22.9	23.5	25.1	25.1	26.3	26.5	26.5	27.5
成都	17.8	20.4	21.2	21.8	22.7	23.9	24.9	23.3	24.6	24.4	23.5	24.2
宜昌	19.7	21.6	22.0	22.6	23.5	24.1	25.4	25.2	26.7	26.8	26.4	27.3
大戢山	15.0	16.0	17.1	17.7	18.3	19.1	20.4	20.4	21.7	21.7	22.7	23.4
花鸟山北岛	14.3	15.1	16.2	17.3	17.7	19.1	20.2	20.0	21.1	21.2	22.0	23.0
佘山天文台	15.1	17.8	19.1	19.6	18.8	21.8	22.2	21.6	23.3	23.1	24.5	25.4
上海	16.1	17.5	18.2	18.9	19.8	20.5	21.6	21.4	22.8	23.0	23.9	24.3
菉葭浜	15.5	17.5	18.4	19.6	19.4	20.9	23.4	23.6	23.1	23.5	24.7	25.0

第八表（五续）

地名	五月						六月					
	1-5	6-10	11-15	16-20	21-25	26-30	31-4	5-9	10-14	15-19	20-24	25-29
芜湖	17.7	19.8	20.3	21.1	22.1	22.7	23.9	24.0	25.2	24.9	25.5	26.0
吴淞	15.6	18.0	19.7	20.4	18.7	21.3	21.4	23.0	23.4	24.9	24.8	26.2
佘山岛	14.7	15.9	17.0	17.7	18.5	19.3	19.5	19.2	20.9	21.1	22.0	22.6
南通	15.8	17.3	16.9	19.2	19.6	21.0	20.9	21.5	22.2	21.9	22.8	24.1
南京	19.4	19.4	19.4	20.4	22.8	22.8	24.0	24.8	24.4	23.5	24.2	25.1
镇江	17.1	19.1	19.9	20.7	21.7	22.3	23.1	23.7	24.7	24.7	25.1	25.9
霍邱	15.7	19.5	19.0	20.8	20.8	22.9	23.9	23.1	25.9	25.8	25.2	26.1
东台	17.6	18.1	18.2	19.3	20.0	21.4	22.4	23.0	23.0	22.1	22.8	24.3
徐州	17.6	18.4	18.2	18.9	21.7	21.7	24.4	25.5	25.0	25.2	25.6	25.9
西安	18.9	18.5	19.4	20.6	24.0	22.4	26.3	25.7	27.3	28.6	24.9	27.0
开封	18.1	19.8	20.1	21.2	23.8	21.6	24.5	26.9	25.9	26.3	26.2	27.5
兰州	12.9	20.2	18.5	15.4	18.1	17.4	21.9	19.7	23.2	21.2	22.6	24.3
青岛	13.7	14.9	15.4	16.9	17.3	17.7	19.3	19.2	19.8	20.0	20.3	20.9
大名	15.5	21.8	18.7	23.0	24.8	24.9	25.7	24.7	25.1	26.0	25.9	26.4
济南	19.6	21.8	22.6	22.2	24.0	23.0	26.1	27.4	25.7	27.8	26.6	28.0
琅琊岛	11.1	11.9	12.8	14.0	14.7	15.3	16.2	17.0	17.5	18.3	19.1	19.7
成山头	11.7	12.2	13.0	14.3	14.8	15.9	16.7	17.3	17.6	18.4	19.3	19.7
芝罘	15.2	16.3	16.6	19.2	19.8	20.5	21.5	21.9	22.3	22.7	23.6	23.9
太原	15.7	17.7	19.0	18.9	21.1	21.9	22.9	22.2	22.5	21.8	23.2	24.5
凉州（松树嘴庄）	12.3	14.5	16.8	16.1	17.4	19.6	19.5	21.4	21.7	23.2	20.5	21.3
猴矶岛	12.1	13.1	14.8	15.8	16.1	16.9	18.0	18.8	19.1	19.8	20.5	20.9
张家庄	17.8	18.6	20.2	21.0	23.7	23.2	24.9	25.4	28.1	27.0	26.9	26.1
旅顺	11.8	13.3	13.2	14.5	15.7	16.5	17.0	18.3	18.4	19.2	20.3	21.1
保定	17.0	20.1	18.8	21.0	22.2	23.0	24.9	24.9	24.0	25.6	25.4	26.1
大连	13.1	14.2	14.3	15.5	16.6	17.1	18.1	19.2	19.2	20.4	21.4	22.3
塘沽	16.8	18.7	17.8	20.1	21.5	22.1	21.8	22.4	23.2	24.2	24.9	25.9
天津	16.7	19.1	17.9	19.9	21.3	21.9	21.7	22.8	22.6	24.2	24.9	25.3
北平	17.4	20.2	20.7	20.5	21.7	22.3	24.3	23.9	22.8	25.8	24.7	25.1
秦皇岛	12.9	15.0	14.7	16.5	16.7	16.9	18.6	19.7	19.9	20.7	21.4	21.9
安东	12.9	14.8	15.4	15.2	16.4	16.8	19.4	19.4	19.8	21.6	22.3	22.4
萨拉齐（廿四顷地）	12.5	15.4	14.4	14.7	18.8	18.9	17.9	18.8	21.4	20.9	21.4	20.8
牛庄	13.0	14.5	15.0	16.0	17.5	18.0	19.8	20.2	20.9	21.8	22.5	22.7
西湾子	13.3	14.1	16.6	16.2	17.4	18.8	20.0	21.6	20.6	23.1	21.5	21.8
山后	17.0	18.9	18.2	19.8	22.0	21.7	24.5	23.4	23.4	25.0	26.7	25.7
松树嘴子	14.6	17.5	16.7	18.8	19.7	19.5	19.1	21.6	21.3	23.9	24.6	23.5
沈阳	13.4	15.3	15.1	15.6	17.0	17.8	19.6	20.1	20.3	22.2	22.9	23.0
长春	11.6	14.1	13.6	13.1	15.7	16.2	17.9	16.5	18.8	19.6	21.1	19.5
吉林	10.7	12.0	13.1	14.1	16.4	15.5	17.5	17.9	20.0	20.1	20.0	19.7
哈尔滨	10.5	12.2	12.7	11.9	15.4	14.2	17.1	16.9	18.2	19.4	20.7	20.0
爱珲	5.9	8.6	10.9	11.2	13.1	12.6	16.2	16.2	16.1	17.2	18.4	19.0
库车	16.0	18.4	17.8	20.8	20.7	21.5	22.9	23.5	20.7	22.2	24.6	23.2
迪化	11.0	16.7	13.1	18.8	16.8	18.5	20.5	22.7	17.2	23.2	25.2	24.3

第八表（六续）

地名	七月						八月					
	30-4	5-9	10-14	15-19	20-24	25-29	30-3	4-8	9-13	14-18	19-23	24-28
琼州	29.4	29.6	28.0	28.0	28.4	28.9	28.3	28.5	28.5	28.9	29.5	28.2
北海	28.7	29.3	29.3	29.3	28.9	28.8	28.8	28.7	28.5	28.3	27.9	28.5
澳门	28.3	28.4	28.7	28.5	28.5	28.6	28.7	28.5	28.4	28.3	28.5	28.7
香港	27.5	27.8	28.0	27.7	27.7	27.7	27.7	27.7	27.4	27.3	27.5	27.5
遮浪角	27.4	27.9	28.4	28.2	28.3	28.2	27.7	27.5	28.0	27.3	27.7	29.0
邕宁	30.4	29.6	30.5	29.6	28.7	30.1	30.8	29.2	29.6	29.2	29.7	29.3
石碑山	26.6	27.1	27.0	26.7	26.9	27.2	26.9	27.0	26.6	26.3	26.7	27.6
三水	28.0	28.6	28.7	29.2	29.1	29.7	29.2	28.9	29.2	29.2	29.5	29.6
广州	28.6	28.6	28.7	27.8	27.5	28.0	27.8	28.4	28.9	28.6	28.5	28.3
表角	26.7	27.6	27.7	27.4	27.5	27.6	27.2	27.8	27.6	27.1	27.7	28.9
东澎岛	26.4	26.8	26.9	26.8	26.9	27.0	26.9	26.7	26.7	26.5	27.0	27.4
汕头	28.1	28.5	29.0	28.7	28.3	28.5	28.8	28.7	28.1	28.3	28.5	28.7
梧州	28.2	28.8	29.1	29.2	29.0	29.4	29.5	29.2	28.8	28.9	29.0	29.1
东椗岛	26.8	27.3	27.6	27.7	27.6	27.8	27.8	27.6	27.6	27.6	27.9	28.2
厦门	28.3	28.7	29.2	29.4	29.1	29.2	29.2	28.9	28.9	28.9	29.2	29.1
乌丘屿	26.5	26.7	27.1	27.3	27.2	27.3	27.3	27.0	27.1	27.2	27.4	27.6
腾越	20.2	21.0	20.2	20.6	20.4	21.1	20.1	19.9	19.8	20.1	20.9	20.5
昆明	20.5	19.9	20.5	20.1	19.2	19.1	20.1	19.9	20.0	20.4	20.3	20.1
牛山岛	26.4	26.8	27.3	27.3	27.3	27.4	27.5	27.3	27.2	27.2	27.4	27.3
东犬	25.6	26.2	26.6	26.5	26.6	27.2	26.9	26.9	26.9	26.9	27.0	27.1
福州	27.9	28.9	29.1	28.9	29.3	29.2	29.4	29.5	29.2	29.1	29.3	28.6
东涌	25.9	26.4	27.1	27.0	27.2	27.5	27.2	27.4	27.7	27.5	27.9	28.0
温州	26.6	27.6	28.2	28.4	28.5	28.7	29.0	28.7	28.4	28.3	28.1	27.6
长沙	27.9	30.0	29.6	28.6	31.5	31.3	31.0	31.1	29.8	29.1	29.2	29.2
北鱼山	24.5	25.0	26.0	26.3	26.4	27.0	27.3	26.9	27.2	27.2	27.1	26.6
岳州	26.6	28.6	27.6	26.9	29.2	29.3	29.8	28.5	28.1	27.0	27.7	27.6
牯岭	19.8	23.1	23.1	22.3	23.3	23.9	23.3	22.0	20.8	20.6	20.0	20.4
重庆	27.2	27.4	27.5	28.7	29.8	30.0	29.6	29.1	29.2	29.0	28.7	28.5
九江	28.0	29.0	29.3	30.2	30.5	30.9	31.0	30.3	30.0	30.1	29.3	29.0
宁波	26.1	27.2	27.8	28.3	28.2	28.4	28.9	28.3	28.4	28.2	27.9	27.2
安岳	24.2	25.8	24.8	25.0	26.7	26.9	26.3	25.5	25.3	24.2	24.6	25.2
杭州	25.6	27.1	28.3	28.4	29.6	29.8	29.7	28.3	28.2	28.1	27.0	26.0
小龟山	24.6	25.1	25.9	26.8	26.9	27.3	27.9	27.9	27.7	27.8	27.9	27.5
沙市	26.0	26.5	25.6	26.5	28.9	29.3	29.3	28.5	27.9	27.9	27.5	27.0
汉口	27.8	28.8	28.5	29.2	30.2	30.5	30.5	29.9	29.9	29.8	28.6	28.5
成都	25.2	24.8	25.2	25.6	27.1	26.8	26.6	26.6	26.5	25.2	26.0	25.4
宜昌	28.1	28.2	27.9	28.8	29.9	30.2	30.2	29.4	29.5	29.7	28.5	28.4
大戢山	23.7	24.7	25.8	26.4	26.9	27.1	27.5	27.4	27.4	27.3	26.9	26.9
花鸟山北岛	23.3	24.2	24.9	25.8	26.4	26.6	26.9	26.8	26.8	26.7	26.6	26.5
佘山天文台	25.6	25.5	28.3	27.5	29.0	28.0	28.5	27.4	27.0	28.4	27.4	26.3
上海	25.1	26.2	26.8	27.2	27.4	27.6	27.8	27.3	27.3	27.1	26.3	25.9
菜霞浜	25.0	26.2	28.0	27.9	28.8	28.7	27.7	26.1	26.2	26.1	25.8	24.7

第八表（七续）

地名	七月						八月					
	30-4	5-9	10-14	15-19	20-24	25-29	30-3	4-8	9-13	14-18	19-23	24-28
芜湖	26.1	27.0	28.0	28.5	28.9	29.4	29.5	28.8	28.8	28.9	28.2	27.7
吴淞	28.1	27.3	27.8	28.5	27.5	26.1	28.0	27.3	27.8	28.5	27.8	26.0
佘山岛	23.9	25.2	25.9	26.5	27.0	27.3	27.8	27.4	27.4	27.6	27.0	26.8
南通	23.9	24.8	25.6	26.3	26.9	27.2	27.8	27.2	27.4	26.2	26.0	26.3
南京	26.0	26.2	28.9	28.9	29.1	28.8	29.1	29.0	28.8	28.1	27.7	26.9
镇江	26.0	27.1	28.0	28.7	28.9	29.3	29.5	28.7	28.8	28.9	28.0	27.6
霍邱	26.0	26.2	26.9	27.0	30.0	30.1	29.2	28.1	28.1	29.4	29.0	27.4
东台	25.0	26.8	29.1	28.8	29.4	28.7	29.6	30.7	29.5	28.4	26.9	27.6
徐州	27.0	27.2	28.8	27.8	28.5	28.6	28.7	28.1	28.4	27.3	26.4	25.0
西安	27.4	26.9	28.3	29.0	26.6	29.6	29.8	30.4	27.2	26.9	26.9	24.2
开封	27.5	27.2	30.0	30.2	28.5	29.4	28.2	29.1	25.9	26.8	26.0	23.2
兰州	22.8	21.3	21.2	23.4	23.9	24.1	22.9	24.3	22.3	21.2	22.6	20.8
青岛	21.5	22.3	23.1	23.0	23.8	24.8	25.5	25.5	25.1	25.4	24.4	24.8
大名	28.1	27.9	27.9	27.1	30.6	30.7	30.5	29.6	27.5	29.9	24.8	26.3
济南	28.0	29.4	29.7	30.7	29.0	27.8	28.5	28.5	25.7	26.0	25.8	24.5
璊琊岛	20.3	20.9	21.5	21.8	22.4	23.1	23.5	24.0	24.0	23.9	23.8	23.6
成山头	20.6	21.3	21.3	21.5	22.1	23.2	23.5	24.0	23.8	23.7	23.7	23.6
芝罘	23.7	24.4	24.7	25.6	26.2	26.5	26.7	26.1	25.9	25.9	25.0	24.6
太原	25.1	24.2	25.7	25.8	24.7	25.8	25.2	25.3	23.8	24.3	21.4	20.0
凉州（松树嘴庄）	22.2	21.7	22.6	23.0	23.9	23.3	23.5	22.5	22.2	21.9	21.0	20.4
猴矶岛	21.2	21.3	22.0	22.4	23.8	23.8	24.4	24.4	24.6	24.5	23.8	23.5
张家庄	27.1	27.3	28.5	28.2	23.4	28.9	27.7	27.6	27.2	27.2	26.4	25.1
旅顺	21.4	21.1	22.0	22.7	23.5	23.9	24.2	23.9	24.4	24.2	23.7	23.2
保定	26.1	26.4	28.0	26.8	26.5	26.8	26.8	26.2	25.3	26.0	23.9	23.3
大连	22.7	22.4	22.7	23.2	24.1	25.0	25.2	25.1	25.2	25.1	24.4	23.8
塘沽	27.3	28.0	27.5	27.0	25.8	26.0	26.4	28.0	27.5	27.3	26.2	25.8
天津	25.4	24.8	25.8	26.0	26.7	27.6	26.6	27.1	26.6	26.4	25.6	24.8
北平	25.5	25.8	26.7	27.3	26.7	26.6	26.3	26.6	25.4	25.6	24.9	23.8
秦皇岛	22.2	22.7	23.2	23.8	25.1	25.4	25.2	25.3	24.8	24.8	23.9	23.1
安东	22.7	23.0	23.7	24.4	24.0	25.0	25.3	25.4	25.7	24.8	24.5	23.1
萨拉齐（廿四顷地）	22.0	21.3	21.7	23.1	23.8	23.7	23.2	22.6	22.3	21.3	20.5	18.6
牛庄	23.4	23.5	24.0	24.0	25.3	25.5	26.5	25.5	25.1	24.5	23.6	23.3
西湾子	22.0	22.6	22.4	22.7	22.9	22.9	22.5	21.1	21.1	21.7	21.9	20.7
山后	26.4	25.5	26.2	26.0	27.1	26.6	26.9	27.0	25.7	25.6	24.4	23.4
松树嘴子	24.5	24.0	25.6	25.9	24.4	25.5	25.4	24.3	25.1	24.9	23.9	22.5
沈阳	24.2	23.6	24.2	24.7	25.3	25.8	25.6	24.9	24.0	24.0	23.4	22.4
长春	22.2	22.0	21.7	23.3	22.8	23.9	23.8	23.3	21.8	21.2	20.9	20.1
吉林	21.9	21.9	22.2	23.7	22.7	23.2	24.7	24.9	23.8	20.9	22.2	21.2
哈尔滨	21.0	21.4	21.2	23.1	21.7	23.1	23.7	23.8	23.6	20.8	20.2	20.3
爱珲	19.4	20.3	20.9	21.4	21.0	21.5	21.5	22.5	20.4	18.5	18.6	18.1
库车	24.5	25.1	24.2	23.3	25.4	24.8	25.8	27.1	22.7	21.3	20.6	21.5
迪化	22.9	24.2	25.0	22.3	26.5	26.3	23.6	26.2	27.2	22.4	15.0	18.7

第八表（八续）

地名	九月						十月					
	29-2	3-7	8-12	13-17	18-22	23-27	28-2	3-7	8-12	13-17	18-22	23-27
琼州	28.2	27.4	27.5	26.6	27.2	27.8	26.6	25.9	22.7	22.8	24.2	24.8
北海	28.5	28.4	28.3	28.0	27.4	27.3	26.7	26.7	26.0	25.7	25.1	24.3
澳门	28.7	28.5	27.8	27.9	27.5	27.0	26.6	26.6	26.4	25.7	25.2	24.6
香港	27.6	27.6	26.9	26.9	26.8	26.5	26.1	25.6	25.2	24.6	24.4	23.8
遮浪角	28.5	27.0	27.8	27.6	25.9	26.6	27.0	25.5	25.3	23.7	23.3	23.4
邕宁	29.7	29.1	29.3	28.8	27.8	27.9	27.3	26.7	24.6	24.2	25.0	24.7
石碑山	27.5	27.0	27.1	26.8	26.3	26.5	25.9	25.1	24.5	23.5	23.6	23.8
三水	29.3	28.4	28.2	27.7	27.0	27.0	26.1	25.7	25.0	24.2	23.8	23.4
广州	28.1	27.3	27.3	26.7	27.3	27.7	25.2	25.2	22.8	23.5	22.8	22.9
表角	28.2	27.7	28.4	28.1	27.6	27.4	27.1	26.3	25.8	24.9	24.7	25.1
东澎岛	27.3	27.2	27.0	26.9	26.6	26.4	26.0	25.3	24.8	24.2	23.9	21.7
汕头	28.4	28.4	27.5	27.4	27.1	26.8	26.0	25.4	25.0	24.4	23.9	23.3
梧州	28.9	28.5	28.5	28.0	27.2	27.3	26.4	25.5	24.8	24.7	23.8	23.8
东椗岛	28.0	27.8	27.4	26.8	26.9	26.3	25.5	24.7	23.9	23.5	22.8	22.8
厦门	29.0	28.7	28.2	28.2	28.2	27.6	27.1	26.2	25.6	25.2	24.5	24.0
乌丘屿	27.4	27.3	27.0	26.7	26.3	25.7	25.1	24.3	23.5	23.1	22.4	22.0
腾越	20.9	20.5	19.7	19.7	19.7	19.4	19.6	18.8	18.7	17.6	16.3	14.5
昆明	19.3	18.6	17.7	17.6	18.0	18.7	17.0	16.4	15.3	16.6	16.0	15.6
牛山岛	27.0	27.0	26.4	26.0	25.7	25.0	24.3	23.6	23.0	22.4	21.7	20.9
东犬	26.7	26.4	26.2	25.6	25.4	24.6	24.3	23.4	22.0	21.6	21.2	21.1
福州	28.1	27.6	27.3	26.7	26.5	25.4	24.6	23.9	22.6	22.9	22.0	22.2
东涌	27.6	26.8	26.9	26.2	25.3	24.8	24.0	23.1	21.9	22.1	21.1	21.2
温州	27.5	27.0	26.0	25.7	25.1	24.5	23.5	22.6	21.7	21.4	20.5	19.4
长沙	29.2	28.1	25.7	25.8	22.0	22.2	22.2	20.8	19.2	19.0	17.5	17.9
北鱼山	26.3	25.8	25.0	24.7	23.8	23.6	22.7	22.0	21.0	20.4	19.8	19.7
岳州	27.2	25.7	24.2	21.9	21.3	22.2	22.2	20.4	16.7	17.7	17.6	16.6
牯岭	20.4	19.0	17.0	16.1	17.0	16.7	15.4	13.8	11.2	12.1	11.2	12.0
重庆	27.3	26.0	24.9	24.4	23.6	22.2	21.7	20.7	20.0	19.7	18.3	17.9
九江	28.4	26.8	25.8	25.2	23.9	23.3	22.2	21.4	20.1	19.8	18.3	17.5
宁波	26.8	26.3	24.9	24.4	23.5	22.9	22.1	21.0	20.1	19.5	18.7	17.4
安岳	24.9	24.5	21.6	21.3	21.5	20.8	20.6	19.2	17.8	17.5	17.2	17.0
杭州	26.4	25.2	23.8	23.3	22.7	21.3	20.9	20.3	18.0	18.6	17.8	17.2
小龟山	27.5	26.7	25.9	25.6	24.9	24.1	23.6	22.9	21.9	21.5	20.6	19.7
沙市	26.3	25.5	23.3	22.9	21.7	21.4	21.1	19.7	18.4	18.4	17.0	15.9
汉口	27.5	26.5	25.7	25.2	23.8	23.3	21.8	21.0	20.1	19.4	17.9	17.1
成都	24.0	23.0	21.4	21.5	22.0	20.6	19.1	18.9	17.8	18.3	17.6	16.6
宜昌	27.1	26.1	25.6	24.8	23.6	22.6	22.0	21.2	20.3	19.6	18.4	17.5
大戢山	26.4	25.3	24.8	24.1	23.5	22.6	22.0	20.9	20.2	19.7	18.8	18.1
花鸟山北岛	26.4	25.6	24.5	24.0	23.5	22.8	22.2	20.9	19.9	20.2	18.6	18.7
佘山天文台	27.1	25.1	23.5	22.8	23.2	20.9	20.7	21.3	19.9	19.9	17.9	16.5
上海	25.5	24.7	23.6	22.6	22.1	21.0	20.2	19.4	18.5	17.7	16.9	15.7
菉葭浜	25.7	25.8	23.5	22.6	22.7	21.3	20.8	19.8	18.0	18.2	17.1	16.5

第八表（九续）

地名	九月 29-2	3-7	8-12	13-17	18-22	23-27	十月 28-2	3-7	8-12	13-17	18-22	23-27
芜湖	26.7	25.8	24.8	24.3	22.8	22.0	21.2	20.7	19.8	19.3	17.8	16.9
吴淞	26.5	25.6	23.8	23.4	23.4	20.9	21.0	20.6	19.1	19.3	17.6	17.1
佘山岛	26.4	25.3	24.7	24.1	23.2	22.4	21.7	21.0	20.2	19.7	18.5	17.9
南通	24.6	24.6	22.9	22.6	21.7	20.9	19.4	18.7	17.4	18.0	16.4	16.2
南京	25.6	24.8	24.5	22.6	22.5	21.8	20.0	19.6	17.5	17.0	15.7	16.0
镇江	26.3	25.5	24.5	23.8	22.5	21.8	20.9	20.5	19.6	18.7	17.4	16.3
霍邱	26.8	24.7	23.5	23.3	22.3	21.1	21.1	19.7	18.5	18.3	17.1	15.5
东台	25.8	25.0	24.4	22.9	22.6	21.9	20.2	19.6	17.2	22.5	16.3	14.6
徐州	23.5	23.9	22.6	22.4	21.6	21.1	19.2	18.3	14.9	16.4	14.3	12.6
西安	23.3	22.6	21.7	21.0	19.8	19.1	18.3	16.8	14.3	15.1	13.6	12.3
开封	22.9	24.0	22.3	22.4	20.6	19.7	20.1	17.3	15.0	15.6	14.9	12.0
兰州	20.3	17.7	17.5	19.7	16.4	15.4	15.6	11.7	9.2	10.6	6.9	5.5
青岛	23.7	22.7	21.8	21.4	20.7	19.7	19.6	17.6	16.7	17.0	15.0	14.7
大名	23.6	23.4	22.2	21.2	21.1	19.7	18.4	18.6	16.4	16.9	16.2	13.8
济南	23.4	24.5	23.5	23.4	21.4	19.7	21.7	18.0	14.6	16.3	15.5	12.5
琅琊岛	23.2	22.1	21.9	21.0	20.3	19.8	18.8	18.3	17.4	16.5	15.0	14.4
成山头	23.2	22.7	22.1	21.1	20.6	19.9	19.2	18.5	17.4	16.4	15.0	14.3
芝罘	23.8	23.0	21.9	21.3	20.6	19.9	18.9	18.3	16.7	16.2	15.0	13.6
太原	20.3	20.8	19.0	17.7	17.4	16.5	14.4	13.9	10.4	11.5	9.7	7.6
凉州（松树嘴庄）	19.5	21.0	19.1	15.3	15.0	14.1	14.0	13.2	12.1	9.2	7.8	8.4
猴矶岛	23.0	22.3	21.5	21.2	20.4	20.0	18.6	18.1	17.1	16.2	14.0	13.8
张家庄	24.1	24.0	22.3	22.0	21.1	19.0	18.0	16.4	15.9	13.8	12.9	11.7
旅顺	22.3	21.8	20.1	19.4	19.5	18.4	18.4	16.2	14.4	15.3	12.6	11.9
保定	22.8	23.4	21.5	20.3	20.0	19.9	17.2	17.0	12.8	13.8	12.2	9.9
大连	23.0	21.8	20.7	19.9	18.7	18.1	17.3	16.0	14.4	14.9	12.4	11.9
塘沽	25.3	23.3	21.6	21.3	20.7	20.1	20.4	18.1	14.9	15.5	13.0	12.5
天津	23.3	22.8	21.7	20.5	19.8	19.1	19.7	17.2	14.9	15.8	12.6	11.1
北平	23.1	23.8	21.3	19.9	19.8	19.5	16.9	17.3	12.9	13.4	11.9	9.4
秦皇岛	22.8	21.7	19.6	18.9	18.3	17.9	17.8	14.8	12.8	13.9	11.7	10.5
安东	23.6	22.0	19.8	21.1	17.8	17.7	17.2	14.3	12.1	13.2	11.5	10.3
萨拉齐（廿四顷地）	17.2	17.4	15.7	14.3	12.0	11.8	12.9	10.6	6.3	7.8	5.8	3.5
牛庄	22.3	21.0	19.6	19.1	17.4	16.8	16.2	13.6	11.9	12.5	9.9	8.8
西湾子	19.6	18.8	17.8	15.2	14.0	10.7	11.0	13.2	13.2	7.0	5.6	5.3
山后	22.8	21.8	20.6	19.7	19.6	18.4	15.7	14.5	13.5	13.4	12.3	10.0
松树嘴子	22.7	18.8	17.2	17.3	17.7	18.4	17.1	13.0	9.9	11.8	8.9	8.0
沈阳	20.8	19.3	17.5	16.5	15.2	14.6	13.6	11.8	10.1	10.7	7.4	6.1
长春	18.9	16.9	13.9	13.3	13.3	12.4	13.4	9.4	6.4	8.0	4.4	3.1
吉林	20.4	17.4	15.4	12.8	14.7	13.8	14.9	6.9	6.1	7.4	5.5	1.4
哈尔滨	19.7	17.4	14.7	12.5	12.7	12.0	14.1	9.2	6.7	7.6	1.5	1.5
爱珲	17.5	15.0	12.8	9.9	9.5	10.2	9.6	5.6	4.0	5.4	2.1	−0.3
库车	23.0	17.8	19.9	18.7	18.0	15.8	13.7	13.5	13.7	11.0	8.9	6.3
迪化	18.6	15.3	17.3	15.3	13.3	12.3	9.0	15.9	11.5	7.8	4.3	1.4

第八表（十续）

地名	十一月 28-1	2-6	7-11	12-16	17-21	22-26	十二月 27-1	2-6	7-11	12-16	17-21	22-26	27-31
琼州	24.8	22.6	23.2	22.6	21.9	22.8	21.2	19.9	20.7	18.7	19.7	19.0	19.9
北海	23.5	22.3	22.0	20.7	20.3	19.7	18.7	17.9	17.6	17.1	16.8	15.5	15.7
澳门	23.9	23.1	22.3	20.8	20.8	19.3	18.8	18.2	17.3	16.3	16.1	15.8	16.5
香港	23.1	22.3	21.9	20.8	20.4	19.4	18.6	17.7	17.6	16.9	16.9	16.2	16.3
遮浪角	23.4	23.1	21.3	21.9	21.0	19.3	18.5	17.6	17.9	17.8	17.0	15.8	14.4
邕宁	23.0	21.5	19.7	21.3	18.5	17.4	16.6	14.7	15.2	14.3	14.9	13.1	16.2
石碑山	23.2	22.5	21.0	20.1	19.7	18.8	18.4	17.6	17.4	16.4	16.4	15.3	14.8
三水	22.3	21.4	20.0	19.3	18.4	18.2	17.0	15.8	15.8	14.9	15.1	12.6	13.4
广州	22.3	20.3	20.0	19.3	18.1	19.4	17.3	16.5	17.1	15.8	15.5	13.7	15.5
表角	23.9	23.6	21.8	21.1	20.6	19.7	19.4	18.6	18.0	17.1	16.7	16.2	16.1
东澎岛	22.8	21.8	21.1	20.2	19.6	18.7	17.9	17.4	16.8	16.1	15.7	15.1	15.0
汕头	22.5	21.6	21.1	20.0	19.6	18.8	17.8	17.4	17.0	16.3	16.1	15.4	15.3
梧州	22.8	21.3	20.7	19.9	18.8	17.7	16.8	16.1	15.9	15.9	15.6	13.8	14.6
东椗岛	21.7	20.8	20.2	19.5	18.6	17.8	16.5	15.9	15.7	15.3	14.4	13.6	13.9
厦门	23.4	22.3	21.9	21.2	20.5	19.7	18.4	18.0	17.2	16.6	16.2	15.4	15.7
乌邱屿	20.9	20.0	19.6	18.7	18.0	17.2	16.0	15.5	15.0	14.4	13.9	13.1	13.3
腾越	13.9	14.4	14.8	12.8	11.4	13.1	9.9	9.7	8.9	9.4	9.1	7.2	7.8
昆明	15.1	13.7	12.9	12.0	12.4	12.3	11.3	10.8	10.1	9.2	10.0	10.2	9.3
牛山岛	20.3	19.3	18.9	17.9	17.2	16.6	15.5	15.0	14.6	13.6	13.1	12.4	12.4
东犬	19.3	19.6	17.8	17.5	16.6	15.9	15.5	13.9	13.4	12.7	12.5	11.2	11.3
福州	20.8	19.7	18.2	18.3	17.4	16.3	15.3	14.4	14.0	13.3	12.8	11.4	12.0
东涌	20.3	19.3	17.5	17.6	16.5	16.1	15.0	14.0	13.5	12.6	12.9	11.7	11.8
温州	18.5	17.7	17.1	16.1	15.4	14.5	13.0	12.0	11.9	11.0	10.3	9.4	9.4
长沙	17.5	16.0	12.4	13.3	12.0	11.8	10.3	6.7	6.0	5.1	5.7	5.0	6.2
北鱼山	18.3	17.2	16.8	16.2	15.2	13.1	12.5	11.5	11.9	10.5	10.0	8.6	8.7
岳州	16.3	15.8	10.7	11.2	9.6	10.5	7.6	7.5	5.5	3.7	4.2	3.4	4.6
牯岭	11.0	10.1	6.3	7.5	6.0	7.0	7.6	2.2	1.0	−1.9	1.5	−1.9	2.3
重庆	17.3	16.3	15.9	15.0	13.8	13.1	12.3	11.3	10.7	10.1	9.7	9.1	9.5
九江	16.4	15.2	14.8	13.4	12.5	11.2	10.0	9.1	8.3	7.4	6.7	6.0	6.1
宁波	16.9	15.5	14.7	13.4	12.9	11.3	10.0	9.6	9.1	7.9	7.1	6.4	6.2
安岳	16.1	15.0	13.1	13.2	10.9	11.5	9.8	7.6	7.7	7.5	7.4	5.7	4.9
杭州	15.9	15.3	12.8	12.5	10.9	9.8	8.3	7.3	7.3	6.1	5.8	4.3	5.4
小龟山	19.0	18.1	17.7	16.4	15.8	14.5	13.0	12.0	11.7	10.2	9.5	9.0	8.7
沙市	15.6	14.7	12.5	12.4	10.5	10.0	8.7	8.8	5.6	5.8	5.5	5.7	6.3
汉口	16.0	15.1	14.2	12.9	12.1	10.7	9.4	8.8	7.8	6.7	6.2	5.8	5.6
成都	15.9	14.8	14.3	14.0	12.0	11.7	10.5	9.1	8.7	7.4	6.6	7.2	6.8
宜昌	16.7	15.6	14.9	13.7	12.7	11.4	10.4	10.0	8.8	7.7	7.2	6.8	6.6
大戢山	16.6	15.5	14.8	14.2	12.9	11.4	10.5	9.3	9.1	7.4	6.9	6.1	6.3
花鸟山北岛	17.9	16.1	14.7	14.8	13.2	12.6	11.5	10.3	10.2	8.7	8.8	7.1	7.7
佘山天文台	15.4	16.1	13.4	12.8	11.8	11.9	7.9	7.2	7.3	6.3	4.4	5.4	7.6
上海	14.7	13.4	12.7	11.5	10.8	9.0	7.9	7.4	7.0	5.6	4.7	4.4	4.0
菉葭浜	15.6	14.9	12.8	12.3	10.6	9.7	9.1	6.9	6.7	4.5	5.5	3.8	5.0

第八表（十一续）

地名	十一月						十二月						
	28-1	2-6	7-11	12-16	17-21	22-26	27-1	2-6	7-11	12-16	17-21	22-26	27-31
芜湖	15.8	14.3	13.6	12.1	11.4	10.0	8.8	8.1	7.4	6.2	5.3	4.9	4.8
吴淞	16.1	16.0	12.7	12.5	11.6	10.2	9.2	6.9	7.1	6.6	6.6	5.0	4.4
佘山岛	17.0	16.0	15.2	14.2	13.4	11.8	10.7	9.8	9.9	7.6	7.2	6.8	6.4
南通	15.0	13.6	11.2	11.3	10.2	8.6	8.4	6.8	5.5	5.3	4.3	2.5	2.4
南京	14.2	13.6	12.5	10.5	10.2	10.2	8.5	6.5	6.1	5.3	3.7	3.2	2.1
镇江	15.4	13.6	13.0	11.7	10.9	9.3	8.1	7.6	7.0	5.3	4.6	4.2	4.0
霍邱	15.2	14.0	10.6	9.7	8.4	8.2	8.8	5.8	3.9	2.1	3.2	1.9	3.0
东台	14.8	12.0	12.2	10.3	9.4	10.9	7.1	7.5	7.7	2.7	4.9	3.8	4.5
徐州	12.8	10.2	10.4	7.5	7.9	7.1	5.4	4.6	5.0	1.6	0.8	0.6	1.8
西安	12.6	9.8	8.8	8.2	8.0	6.7	3.7	3.9	3.2	2.1	1.9	1.6	0.2
开封	13.1	11.7	11.7	6.1	9.1	8.3	4.6	5.3	4.4	2.8	1.5	0.3	−1.3
兰州	4.6	3.5	2.9	1.7	0.8	1.8	0.1	−0.8	−1.9	−2.9	−4.6	−4.0	−4.1
青岛	13.1	11.5	9.7	8.7	6.9	5.5	4.0	4.1	2.7	1.3	0.3	−0.4	−0.2
大名	12.6	11.2	7.7	7.8	5.6	4.8	2.1	2.5	0.5	−0.2	−0.3	−0.3	0.8
济南	14.2	12.5	11.2	5.8	9.5	8.9	5.3	4.5	3.8	2.2	1.5	1.3	1.8
瑛琊岛	12.9	12.1	10.5	9.4	8.2	6.7	4.6	4.6	3.4	1.9	1.4	0.8	0.6
成山头	13.4	12.2	10.9	9.4	9.3	6.6	5.0	4.6	3.7	1.9	1.3	1.0	0.6
芝罘	12.4	11.3	9.8	8.7	7.9	5.9	4.3	4.1	3.4	1.4	0.5	0.3	0.5
太原	5.9	4.0	3.3	1.8	0.7	1.0	−0.8	−2.7	−2.9	−4.5	−5.5	−6.0	−5.2
凉州（松树嘴庄）	5.9	4.3	3.1	3.0	0.4	−0.9	−0.5	−2.5	−2.0	−3.6	−4.5	−4.7	−6.7
猴矶岛	12.3	11.2	9.1	7.9	6.2	5.2	3.2	3.4	2.1	1.0	0.4	−0.1	−0.2
张家庄	9.7	8.0	5.5	4.3	3.8	2.4	1.2	−0.1	−1.2	−1.9	−2.7	−3.7	−3.3
旅顺	11.3	9.5	6.0	6.1	4.5	4.2	1.8	1.0	−1.3	−1.6	−1.7	−1.2	−1.9
保定	9.0	7.5	6.0	4.7	2.7	1.8	0.8	0.3	−0.2	−1.9	−3.9	−3.9	−4.2
大连	10.5	8.8	5.7	5.5	4.3	3.1	1.4	0.4	−1.7	−2.0	−2.9	−3.7	−4.2
塘沽	11.8	8.9	6.6	5.5	3.9	3.6	0.8	−0.7	−3.1	−3.8	−4.0	−5.2	−4.7
天津	11.1	8.7	5.7	4.9	3.4	2.6	0.1	0.0	−2.3	−2.5	−3.2	−3.2	−3.4
北平	9.0	5.9	5.9	4.3	3.6	2.4	0.3	1.0	0.2	−2.2	−2.3	−3.5	−3.7
秦皇岛	9.2	6.9	4.4	4.0	3.1	2.3	−0.9	−2.1	−4.0	−4.2	−4.3	−4.9	−5.6
安东	8.8	6.7	2.0	2.7	0.9	0.2	−3.9	−4.8	−6.5	−7.8	−7.8	−9.1	−9.0
萨拉齐（廿四顷地）	3.4	1.8	−2.7	−5.2	−6.0	−6.0	−9.8	−13.1	−14.3	−13.7	−15.9	−18.0	−17.4
牛庄	7.2	4.6	3.1	2.1	0.1	−1.4	−3.0	−3.8	−5.2	−6.8	−7.6	−7.2	−7.9
西湾子	3.4	1.2	−3.8	−5.1	−4.9	−8.4	−6.4	−9.3	−11.1	−11.4	−12.7	−11.7	−12.7
山后	8.6	5.5	4.5	3.0	1.1	−1.1	−2.6	−2.3	−4.3	−5.9	−6.7	−6.2	−6.7
松树嘴子	5.9	1.7	−0.6	−0.2	−2.0	−1.5	−5.2	−7.0	−7.4	−9.8	−9.3	−11.1	−11.2
沈阳	5.0	2.7	−0.8	−0.8	−2.2	−3.5	−5.9	−7.3	−9.3	−10.4	−11.1	−12.3	−12.0
长春	1.7	−0.4	−3.8	−3.2	−6.4	−5.6	−9.8	−11.4	−15.0	−15.7	−15.2	−15.1	−14.0
吉林	−0.3	0.4	−4.5	−2.9	−7.7	−3.3	−9.0	−8.4	−14.9	−15.4	−16.5	−17.0	−16.0
哈尔滨	−1.3	−1.8	−6.7	−5.8	−8.1	−8.1	−11.6	−14.2	−17.7	−17.7	−19.1	−18.6	−18.8
爱珲	−6.0	−6.4	−9.3	−10.3	−12.9	−15.7	−19.9	−19.3	−21.8	−24.4	−25.9	−25.4	−27.1
库车	4.5	2.3	1.7	0.9	0.9	−1.3	−3.5	−3.6	−4.5	−7.2	−7.9	−14.1	−9.9
迪化	−3.4	−2.5	−4.9	4.6	1.2	−1.6	−11.2	−8.1	−6.3	−14.7	−18.3	−18.8	−18.5

第一图　中国春季开始日期图

图中　四上＝四月上旬，四中＝四月中旬，四下＝四月下旬，余仿此。

中国四季之分配 | 55

第二图　中国夏季开始日期图

第三图　中国秋季开始日期图

第四图　中国冬季开始日期图

第五图　中国春秋二季日数图

中国四季之分配 | 59

第六图　中国夏季日数图

第七图　中国冬季日数图

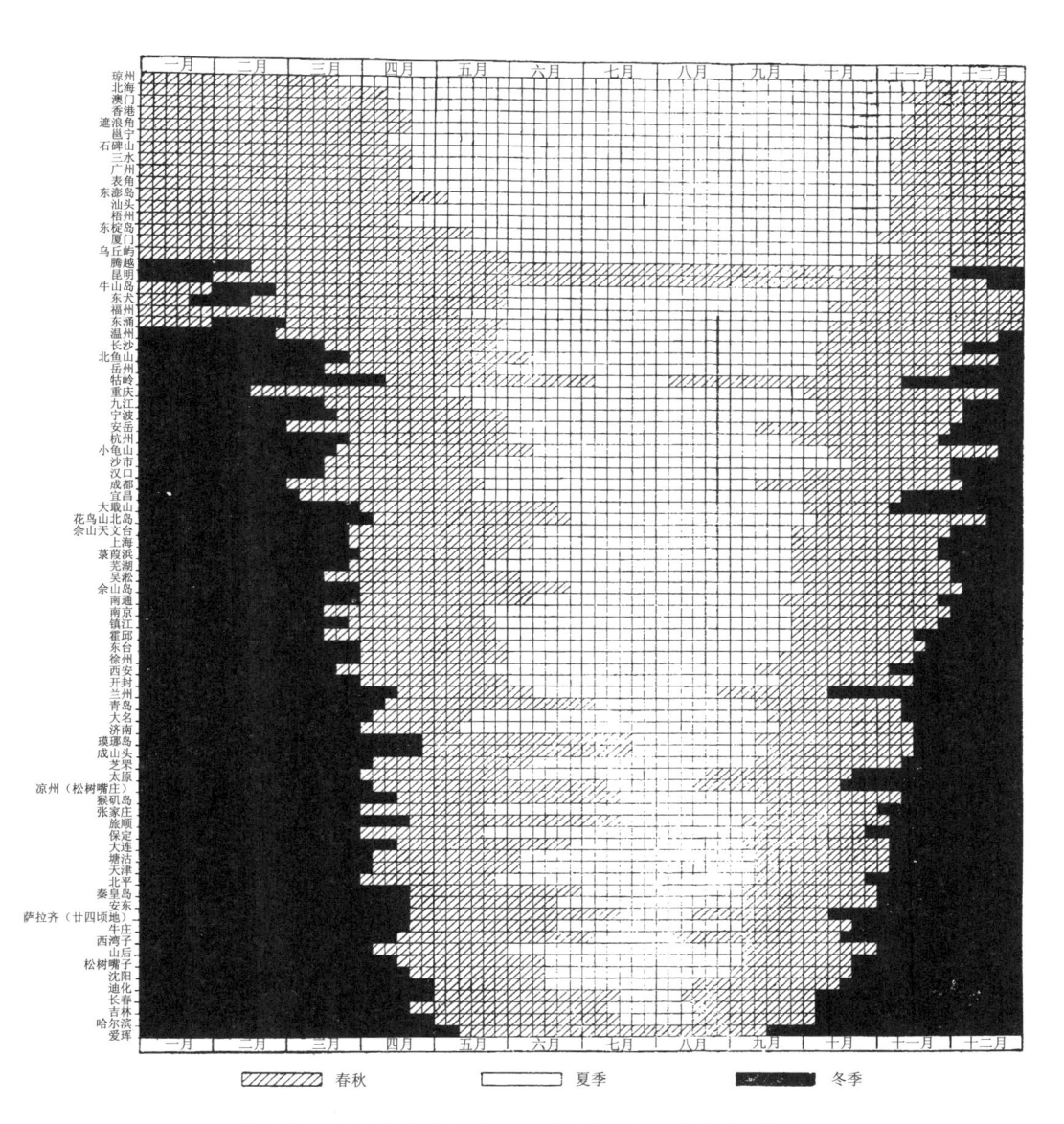

第八图　中国南北各地四季长短比较图（每格代表五日）

The Duration of Four Seasons in China.

By P.K. Chiang

An Abstract

A new way of dividing the year into four seasons is discussed and then applied to various regions in China based on the five day means for air temperature of 84 stations and phenological reports of several stations. The four seasons are defined as follows:

Spring or Autumn = mean 5-day temperature 10°–22℃.

Summer = mean 5-day temperature above 22℃.

Winter = mean 5-day temperature below 10℃.

According to this definition the duration of the so-called four seasons is quite different in different parts of China. The summer in south China and the winter in north-eastern China, may be prolonged to about 8 months. Speaking generally, there is almost no winter in China south of Wenchow, and almost without summer in places north of Harbin. The region noted for its equal distribution of four seasons in China is the Lower Yangtze Valley, where the duration of winter and summer is about 4 months each; while that of spring and autumn is about 2 months each. The paper, with 8 charts and 8 tables, is discussed under ten headings: (1) The Origin of the Names of Four Seasons. (2) Methods of defining the Four Seasons. (3) The New Way of dividing the Seasons. (4) The Date when Spring begins in China. (5) The Date when Summer begins. (6) The Date when Autumn makes its Start. (7) The Date when Winter commences. (8) The Duration of Four Seasons in China. (9) The Hottest and Coldest Period in its relation to 24 Festivals in China. (10) Conclusion.

从二十四节气到天气气候季节

——"中国四季之分配"解读

龚道溢

张宝堃先生是著名气候学家,在中国气候研究领域开展了系统研究并取得重要成就,对中国自然地理研究作出重要贡献。他在《地理学报》创刊号发表了"中国四季之分配"(以下简称"四季"),该文与同期发表的竺可桢先生的"东南季风与中国之雨量"都是中国现代气候研究具有奠基性、开拓性意义的科研成果,是学术精品。在"四季"一文中,张宝堃先生结合物候现象,利用气象观测数据,提出了新的季节划分方法和标准,其工作被广泛认可,一直沿用至今。

20 世纪 30 年代初"四季"对中国大范围区域进行自然天气季节的划分,有其时代必然性和科学性。农业是立国之本,数千年来,中国的农时均以传统的二十四节气为参照和指导。二十四节气参照太阳在黄道面上的位置,以二至、二分划分春夏秋冬,本质上是天文季节,主要反映的是黄河流域的自然现象和农事季节特征。这与按照盛行天气过程的特征而表征的季节有不小的差异,除了春夏秋冬四季,自然天气季节还可进一步划分如初夏、盛夏、前冬、隆冬等,通常中国天气气候季节可划分为一年 5—6 个季节阶段过程。显然,与天文季节比,天气气候季节更加贴切实际。

作者介绍:龚道溢(1969—),男,湖南石门人,北京师范大学地理科学学部教授,中国地理学会会员(S110006262M),研究方向为气候变化及影响。E-mail: gdy@bnu.edu.cn

天气气候季节的划分，首先的一个前提条件是要有分布合理、规范、连续的长期观测。如张宝堃先生指出的，中国地理范围之广、气候之多样、地形之复杂，"欲讨论其四季气候之分布，自非有多量长期之纪录作精密之统计不可"。

近代中国气象观测记录，散见于教会、海关、西方列强、日伪等建立的各色气象台、观象台、测候所等。北洋政府农商部、水利局、军事及航空部门也分别进行了一些气象观测。1912年北洋政府在北京原古观象台基础上设立了中央观象台，后续又在库伦（今乌兰巴托）、辽宁松树嘴子、北京西山温泉中学等设立了测候所或简易测候站。1920年中央气象台向北洋政府提交了全国40个测候所的扩充计划，北洋政府只批准了其中的10个，但是由于人员、经费等原因，最后只设立了张北、开封、西安三个。由于军阀混战、国家财政枯竭，中央观象台所属测候台站在1927年又被迫相继停办。1929年南京国民政府国立中央研究院气象研究所（1928—1949年）成立，作为事实上的全国气象行政中心，国立中央研究院气象研究所提出了全国测候网计划，统一台站布设和运行，1930年国立中央研究院气象研究所先后编印《测候须知》等技术手册，统一气象观测规范。先后设立了29个直属测候所，协助其他系统和部门在各地建成了不同级别的测候所50多个。总之，这些台站观测资料的积累，为开展天气气候研究，提供了宝贵的第一手观测资料。

"四季"一文，共收集了84个台站气温观测记录（其中少数台站位于今蒙古国）。不考虑数据的质量和规范性，这批数据最大的特点是观测时期多有不同、资料长短相差悬殊。其中最长的上海有44年资料（1873—1916年），最短的兰州等仅仅有1933年1年，济南、开封这样的大城市也仅有1932—1933年2年的观测。即使是南京，也只有1926—1933年短短8年的资料。有的站是分几个时段的，比如西安用了5年的资料，就包含1923—1925年和1932—1933年2个时段。这些资料的不足，是其所处的特殊时代造成的。当然，以现今世界气象组织（WMO）的标准，所有台站的参照时期需要统一取相同的连续的3个年代来统计，彼时研究显然在严谨性和规范性方面存在不足。但是，以当时的国情，从事气象科研可以收集80余站观测资料，已是非常难能可贵。后来，在竺可桢先生领导下，国立中央研究院气象研究所和资源委员会合作，自1934年1月起组织专人搜集、抄录以往所有能找到的气象记录。后续张宝堃先生整编了《中国之雨量》（与竺可桢、涂长望合作编著，1935年出版）和《中国之温度》（与竺可桢、吕炯合作编著，1940年出版）两本巨著，前者收集了353个站点的雨量和238个站点的雨日，后者则包含约600个站点的气温数据。这是中国近代最为完整的一套台站观测整编数据。竺可桢先生多次肯定张宝堃先生在资料处理方面的严格、认真和负责，张宝堃先生作为气象资料整编的直接参与人，其贡献自是不言而喻的。

天气气候季节的划分需要确定合理的温度阈值，还要有必要的气候知识以及对区域物候知识的细致了解。张宝堃先生逐站计算全年73候逐候的平均气温，考虑北京、南京的物候，确定了10℃和22℃这两个关键的气温值。以候温稳定降到10℃以下作为冬季的开始，稳定升到22℃以上作为夏季的开始，候温从10℃以下稳定升到10℃以上时作为春季的开始，从22℃以上稳定降到22℃以下时作为秋季的开始。基于这些统计结果，"四季"一文还绘制了季节起始日期分布图，指出物候的响应，每高一个纬度，时间上延后3—4天。当然，物候的南北时差与中国东部南北1 000千米距离的温差在5—6℃是相对应的；这样的温差，也相当于垂直高度上1千米高程的变化，上述关系同样也适用于不同海拔的物候时差。这也是当前现代气候变化研究中的重要问题。

近代气候学普遍把低于10℃和高于20℃作为寒冷、炎热气候的分界。1879年奥地利气候学家亚历山大·苏潘（Alexander Supan）首次提出用等年平均温度20℃和最热月平均温度10℃划分地球热、温、寒带，前者是椰子树和棕榈树的南北界线；后者是针叶林的南北界限。"四季"一文根据中国东部典型城市的物候调整到22℃，调整后更加合理地反映了东亚特殊的季风气候特点。这种温度划分对应冷热寒凉，反映了热量的多寡和相应的积温。农业气候区划中，稳定通过10℃的日期及天数一直是一个重要的考虑指标，与有效积温、生长季节的起始及长度密切相关。结合同期降水量，还可以构建水热系数或者干燥度指数。后来卢鋈（1946年）、中国科学院自然区划工作委员会（1959年）、张宝堃等（1959年）的气候区划中，气温超过10℃始终是一个关键的表征热量的指标。这与普遍通行的柯本及桑斯怀特的气候分类方法比，有更明确的农业、生态指向性。

上述标准用于统计多年气候背景下的季节分配，对应的季节划分是一个统计上的期望值，起始及长度也是固定的。当然，同样的方法也适用于具体某一自然年的季节划分。后者也必然是围绕期望值，有或大或小的偏离。如果从天气气候的视角看，气温是天气气候过程的结果。著名气象学家叶笃正认为，季节变化体现了局地的天气、气候系统在下垫面和太阳辐射过程下，从一种平稳过程向另一种平稳过程改变。从这个意义上理解，地面气温的变化是天文太阳辐射、行星环流系统与天气过程等的综合产物。自然季节进程还要受短时天气、下垫面等局地因子的扰动。长期的情况下，随机扰动的干扰对期望值的影响可忽略，但是，当对某一自然年的季节划分时，则需要尽可能消除其影响，通常连续几天平滑处理，不失为简单而有效的方法，实际业务上也很方便操作。

2023年起实施的"气候季节划分"国家标准（GB/T 42074—2022），采用的是当前最新优化后的划分方法。以常年日平均气温序列（按WMO标准，取连续3个整年代）和当年日平均气温序列，连续5天滑动平均稳定通过10℃和22℃的日期，来确定常年和当年的季节起始。实际上，这种设计思路本质上还是沿用张宝堃先生的思路，与"四季"一文比较，当前国标的划分采用5天滑动平均以及强调稳定通过，都是为了消除短期扰动噪声信号，以便更好适用于当年的季节划分。总之，"四季"确立的方法以及划分的天气气候季节，90多年来一直都得到了广泛的认可和传承，在气象、农业、水文、旅游、季节性经济活动等行业、领域起到了重要的指导作用。

浙江省风景区之比较观

张其昀

浙江省之风景,在中国素称特出,其地点既多,分布亦甚普遍。作者曾应浙江省政府建设厅之邀请,周览各名胜地,兹就地势地质水道植物古迹各点,比较说明之。

(一)地势

1. 本省各风景区,大都系崇山峻岭。如以高度二百公尺以下为平原地,二百公尺至五百公尺为邱陵地,五百公尺以上为山岭地,则下列十六风景区,在山岭者居十,在邱陵地者居六。此等名胜地在夏季皆适于避暑。王右军称兰亭有崇山峻岭,清流激湍,其实兰亭之兰渚山乃风景区中之较低者。

名胜地	高度(公尺)
西天目山	1550
仙霞岭	1500
天台山	1100
雁荡山	1000
金华北山	900
莫干山	750
雪窦山	700

续表

名胜地	高度（公尺）
五泄山	700
天童山	600
七里泷诸山	500
永康方岩	400
兰亭禹陵诸山	400
普陀山	350
青田石门洞	300
西湖诸山	300
东钱湖诸山	300

2. 本省风景区多高原性之山岳。如天台山之高峰多平旷，在海拔八百公尺之处尚见梯田，局部言之，则坡圆谷广，宛若邱陵地带。兼以是山风景区域甚广，东西长约四十里，南北广约六十里，昔人谓天台规模宏大者以此。其他如天目雪窦诸山，山中多有梯田沃壤，颇称富饶。

3. 本省风景区多为重要分水岭或交通孔道。天台山为灵江与曹娥江之分水岭，石梁瀑布之水，北流入剡溪，即曹娥江之上流，琼台双阙之水，南流入始丰溪，即灵江之上流。他如天目山为苕溪南北二源之分水岭，金华北山为婺江与浦阳江之分水岭。仙霞岭为闽浙二省之分水岭，自浙江江山至福建浦城，皆以岭名，如仙霞岭枫岭渔梁岭等，长凡二百余里，通称为仙霞岭路，山路崎岖，旁临绝涧，为闽浙交通之要道。

4. 本省风景区一部分邻近海岸，登天台雁荡天童等山顶，皆可望见东海，有海阔天空之观。普陀为舟山群岛之一，当海不扬波之日，群岛错落，渔船往返，恍如置身太湖深处。自乐清赴雁荡道上，山围乍合乍开，海水时隐时现，广陌平畴亦倏去倏来，风光富于变化。本省名胜，或居高山，或处海滨，皆为良好之避暑区。

（二）地质

浙省山景与中生代火山作用最有关系，所谓"千岩竞秀"，多属火成岩类。亦间有为砾岩石灰岩所成者。

1. 流纹岩经侵蚀之后，多作柱状构造，悬崖如劈，直插谷底，雁荡山奇峰森立，几如雨后春笋，其岩层累叠，裂痕丰富，最以奇秀著称。如天柱峰卓笔峰展旗峰剪刀峰等，无不酷肖。五泄山俗称小雁荡，雪窦山之千丈崖，悬崖直立，亦属雁荡式之风景。

2. 花岗岩为巨大之侵入体，天台山莫干山皆由此而成，故高峰多旷然平衍，以雄伟胜。天台山之石梁，即花岗岩侵蚀而成之天然桥。普陀山亦属花岗岩，因海水冲激，多成岩洞。

3. 砾岩所造成之风景，以永康方岩为最著，岩质坚硬，峭壁挺秀，与雁荡式相似。其紫色之砾岩纯为流纹岩之块砾黏结而成，与紫色砂岩页岩相互成层，远望如长城，如堡垒，如古塔，山顶则开平壤。江山县有江郎山，俗名三片石，三峰卓立，自麓达顶，直下如削，为火山砾岩所组成。

4. 石灰岩所成之风景，以金华北山之石灰岩洞为最著。洞有三，曰双龙（海拔四二〇公尺），冰壶（四八〇公尺），朝真（七〇〇公尺），双龙洞分内外二进，仅以隧道相通，隧道之小仅容一浴盆，既入则石笋石乳缤纷满眼。冰壶洞须悬绳而下，如堕深井，入内见一瀑从空下坠，并可窥其幕后。朝真洞甚曲折，内有天池及一线天。杭州灵隐寺前之飞来峰亦有石灰岩洞，兰亭之山亦系石灰岩，其水下流为鉴湖，绍兴酿酒之水皆取于此。古生代砂岩一部变质为石英岩，质较坚，多成高山，如西湖之南北高峰，山之外形常成长脊。第三纪砂岩结构不坚，多成小山，且每易侵蚀而成孔穴，大者竟成岩洞，剥蚀尤甚者则成为奇异之天然桥，如衢县南乡烂柯山所见者是也。

（三）水系

风景要素山水二者不能缺一，凡造成胜景之水道，大都系有声有色，且能发生水力，如峡谷瀑布海潮是也。

1. 峡谷系幼年地形，多在山间及支流，钱塘江中流亦有深峡，即著名之七里泷。两岸为火山岩之峭壁，江面窄隘，河槽颇深，川流甚速，峡长约十九公里。严子陵钓台即在其间，台高约一百公尺，下削上平，俯视江流，所谓"云山苍苍，江水泱泱"是也。瓯江支流好溪，古名恶溪，湍流阻险，遇乱石成滩处，溪水直如沸腾。新筑缙云至丽水之汽车路，即沿好溪而行，削崖成路，车行峡中如入甬道，两车不得并驰。琼台双关为天台第一奇观，双关者，深涧绝壑，非人力所能到，惟至琼台可观，琼台为一半岛形之悬崖，路极险峻，峡中之水曰云溪，下流入天台始名丰溪。

2. 瀑布大抵皆在山间，雪窦五泄皆以瀑布名其山，除石梁瀑布外，本省著名瀑布大都成自流纹岩之削壁。雁荡大龙湫最高，直下一百九十公尺，惟水量不及石梁，故有一静一喧一缓一急之说。雪窦与石梁皆有观瀑亭在瀑布之顶，境绝奇。五泄之瀑分为五级，有再接再厉之胜。青田之石门洞瀑布，则以濒临瓯江，交通最便，故其享名甚早，李太白诗所谓"喷崖洒素雪，空蒙生昼寒"是也。

3. 海潮以钱塘江口之海宁为最可观，其地最大潮差约六公尺，潮之起因，则以澉浦之尖山一带，突入水中，与对岸之夏盖山相持，江面骤狭而江底骤浅，潮被约束激挫，乃成汹涌奔腾之势。海塘所以御海潮。杭州湾北岸之海塘，殊为壮观，高一丈，宽三丈，以花岗岩条石筑砌而成。自海宁之尖山以至乍浦之灯光山，诸小山皆矗立海滨，古来海塘之建筑，以此为基础。

4. 西湖之湖光山色，为天下之绝景，固不待言。与之相比者，尚有鄞县之东钱湖，是湖面积二十三方公里，深三四尺至六七尺，四周青山环绕，陶公山突出湖中，湖中有小山曰霞屿。是湖之水，雨则潴之，旱则放之，农田灌溉极关重要。雁荡山上之雁湖则徒存虚名，今在海拔八百三十公尺之山脊，尚有洼地三处，形如希腊式之运动场，并无湖水。

（四）植物

植物虽非构成风景区之独立要素，但有相得益彰之效，古来山林并称，良有以也。有山水而无植物，即所谓刹风景。

1. 森林之繁茂，当以西天目山为第一，山中多柳杉，其树身直径常在四五尺以上，高则六七十尺不等，真栋梁之材也。在海拔一千一百公尺处，有所谓"大树王"者，亦系柳杉树，高约八十尺，树身直径有八尺许。其他古柏苍松，丹枫银杏之属，丛阴蒙密，老气横秋，皆数百年来未经斧凿之原生林。天台山惟石梁及国清寺附近多森林，国清寺前双涧合流，澄泓净绿，春间杜鹃花盛开，与老樟古松相映发，如织锦绣。天童寺前，乔松夹峙，夹道成荫，整齐伟大，罕见伦比，数里不绝。

2. 春花以杜鹃花为最灿烂，暮春时节，山鹃秀发，有深红浅碧诸色，笼冈幕涧，烂若云霞，令人攀历忘倦。专以名花而成名胜者，当推超山之梅，地在杭县唐栖南五里，漫野夹溪，皆属梅园。诸暨桃花岭金华桃花坞，当桃李纷开，红白相间，春光烂漫。

3. 秋叶以乌桕树叶为最红艳，所谓霜叶红于二月花也。乌桕为落叶乔木，浙省农民极重视之，其子可以制油造烛，凡山岭大道溪边宅畔，无不种此，诚浙省最普通之树木，当晚秋初冬，桕叶着霜，人穿红树间，衣袂皆紫。山核桃之叶，至秋季呈金黄色，亦为一种美丽之风景树。

4. 竹林浙省到处有之，竹树交映，蔚然深秀，纯粹竹林亦甚多，笋为山蔬佳品，驰道所经，常穿竹林中，密阴浓翠，阳光从竹隙入，青翠滴衣，天机洒然。莫干山以竹胜，丛篁万竿，上下一碧，石径荫森，殊为可爱。

（五）古迹

1. 政治的古迹可以大禹陵与胡公庙为代表，禹陵在绍兴城东南十里会稽山麓，史称禹会诸侯江南，计功而崩，因葬焉。陵有禹庙，甚巍焕。胡公庙在永康方岩绝顶，为胡公少时读书之所，胡公名则，字正之，宋初永康人，以进士起家，历官四十余年，尝奏免衢婺二州身丁钱，人德之，遂因其地立庙祀焉，浙人崇信至笃，香火极盛，香客几遍浙省各旧府属，方岩风景虽佳，若无胡公庙之古迹，决不能吸收如许游客。

2. 社会的古迹可以钓台与兰亭为代表，一为隐士，一为名流，在政治上虽无赫赫之功，但一般国民殆无不知之。严光字子陵，余姚人，少有高名，与光武同游学，及光武即位，光隐居于富春山，后人名其钓处为七里泷。钓台在桐庐县芦茨埠上溯约三里，有东西二台，西台即宋末谢翱哭文丞相处。台下有严先生祠堂。兰亭在绍兴西南二十里兰渚山下，晋永和九年王羲之与谢安等四十二人修禊于此。

3. 学术的古迹可以永康之五峰书院为代表，书院在方岩寿山间，因岩架屋，前拥松林，为宋朱晦庵吕东莱陈龙川诸先生讲学处。惜此类古迹，现多凌替，可为感叹。青田石门洞瀑布，有刘文成公祠，为明初刘伯温先生读书处，先生学术醇深，文章古茂，与金华宋景濂同为明初开国元勋。

4. 宗教的古迹其数最多，所谓五山十刹，大都皆在浙省。佛教寺院多位于山麓谷口，因天然形势，层递而登，皆可远眺，门前临溪，以汲清泉，堂宇宏美，林木萧森，如杭州之灵隐净慈，宁波之天童育王，天台之国清寺，天目之禅源寺皆其例也。亦有深藏山坞中者，如天台之高明寺，雁荡之灵岩寺，其尤著者。灵岩居雁山中心，诸景环拱，灵湫飞瀑，最为幽胜。更有高栖山巅者，如雪窦寺海拔六百公尺，天台山之华顶寺，海拔九百余公尺，皆为峰顶寺。至若普陀为海天佛国，永嘉之江心寺位于瓯江中一孤岛，烟景苍苍，独擅胜概。

要之，浙省风景区之开辟多与寺院之建设有关，森林之保护，道路之修治，寄宿之便利，游览之乡导，多仗僧侣之力。而非宗教性质之史迹，虽在民族史上极有关系，类多荒芜寂寞，游客远不逮僧寺之盛，惟莫干山避暑区为一特例耳。由此可见浙省天然风景虽极奇秀，而人力之整理与开创工作，尚大有发展之余地。

"浙江省风景区之比较观"解读

吴必虎

一、张其昀的学术生平

张其昀（1900—1985），浙江宁波鄞州区人，中国近现代地理学特别是人文地理学的开创者之一，同时也是一位知名历史学家，在民族史领域亦有建树，后半生逐渐转向从政。1919年考入南京高等师范学校（以下简称南高）文史地部，1921年南高基础上组建东南大学，文史地部分别改为中文、外文、历史和地理四个系，竺可桢任地理系主任，张其昀选择地理学为主修课程，师从竺可桢。1923年，张其昀以文史地部第一名毕业。毕业后进入上海商务印书馆任编辑，1926年编纂的地理教材《本国地理》由商务印书馆出版，成为当时广泛使用的中学地理教材。1927年，随着国民政府由北平（今北京）迁至南京，原东南大学合并改组为国立中央大学（1927—1949年），经原南高读书时的历史学教授柳诒徵荐介，张其昀返回母校中央大学地理系任教。1929年，张其昀出版了奠定其在民族学领域学术地位的著作《中国民族志》。1930年，张其昀翻译法国地理学家白吕纳的著作《人生地理学》，介绍了西方的人文地理学思想，开创了中国现代人文地理学研究之先河。

1936年，在张其昀等学生游说力促之下，竺可桢最终接受了出任浙江大学（以下简称浙大）校长的任命，同时张其昀也答应了竺可桢校长要求他一同前往浙大任

作者介绍：吴必虎（1962— ），男，江苏阜宁人，北京大学城市与环境学院教授，中国地理学会会员（S110001553M），研究方向为旅游地理、旅游规划、历史地理与游历理论等。E-mail: tigerwu@urban.pku.edu.cn

教的邀请，出任史地系主任。不久"七七"事变爆发，日寇南侵，浙大撤离杭州，一迁建德，继迁江西吉安与泰和，三迁广西宜山。为应对国家危机，1937年国民政府成立国防设计委员会，在其资助下，张其昀于后方各省进行地理考察，考察报告以论文方式陆续在《地理学报》发表，受到丁文江的器重。1939年8月，浙大文科研究所史地学部在宜山成立，张其昀任学部主任。1940年浙大四迁至贵州遵义和湄潭。1943年，受美国国务院文化交流处邀请，张其昀和多名中国学者赴美进行学术文化交流，其中张其昀得以前往哈佛大学访学。访美期间，竺可桢多次致函张其昀，请其为浙大物色教授，物色到的一批教员包括地理学教授李春芬。原定访美计划为期一年，张其昀申请延期，至1946年回国，此时抗战胜利，浙大也迁回杭州，竺可桢校长任命张其昀为文学院院长。1949年，张其昀赴台；1962年，张其昀在台湾创办了"中国文化学院"，后改名"中国文化大学"。

张其昀在南高就学时曾师从著名历史学家柳诒徵学习史料学、方志学和图谱学，尤其对一些史地学著作用功很深，同时又师从竺可桢先生学习地理学，这样的学术环境培养了其"史地结合"的思想，对他以后的学术生涯产生了重要影响（马瑞，2018）。张其昀较早地引入并探讨了西方人文地理学的基本理论，对人文地理学的各个分支学科皆有涉猎，在政治地理学、历史地理学和区域地理学方面的成就尤为显著。他最早将西方的政治地理学著作引入中国，对政治地理学的基本理论进行了系统研究；他首次将西方"历史地理学"的名称和主要内容介绍到中国，开创了中国近现代历史地理学的先河（何沛东，2021b）。张其昀的学术生涯从1922年延续至1985年，共63个春秋。据统计，张其昀共有各种论著2 045种，其中有关地理学的论著约350种，占其学术论著总数的17%左右，是我国近现代地理学者中发表论著最多的人之一。张其昀从事教育工作凡40年，培养了大批学者，为中国近现代著名的教育家、史地学家，更是中国近代科学地理学的主要开拓者和创建人（刘盛佳，1993）。

二、"浙江省风景区之比较观"写作背景与主要内容

1909年身为同盟会员的张相文在天津创立了"中国地学会"，也是中华人民共

和国成立后重组的中国地理学会的前身之一。辛亥革命后，中国地学会会址迁至北洋政府所在地北京。1927年北伐战争胜利后国民政府迁都至南京。1933年4月，翁文灏、竺可桢、张其昀共同署名，在《方志月刊》发表"中国地理学会发起旨趣书"，并于1934年在南京正式成立中国地理学会，翁文灏为会长，张其昀为秘书（相当于现在的秘书长）并担任《地理学报》出版委员会总编辑，成为《地理学报》首任主编。作为主编，张其昀（1934a、1934b）在《地理学报》创刊号和第2期相继发表"浙游纪胜"和"浙江省风景区之比较观"（以下简称"景区比较"）两篇文章。

据作者在文中交代，"景区比较"一文是应浙江省政府建设厅的邀请，对浙江省各地主要风景区进行现场调研考察之后，得到大量第一手资料及现场观感，引用其自创的新方志学（区域地理学）分析框架，分别从地势、地质、水系、植物、古迹五个方面，对西天目山、仙霞岭、天台山、雁荡山、金华北山、莫干山、雪窦山、五泄山、天童山、七里泷诸山、永康方岩、兰亭禹陵诸山、普陀山、青田石门洞、西湖诸山、东钱湖诸山等浙江省16处风景区进行横向对比分析，揭示其异同点，并分别提出若干判断或建议。文末结论是"浙省天然风景虽极奇秀，而人力之整理与开创工作，尚大有发展之余地"。这是融合自然风景与人工建设管理相结合的思想体现。1945年，张其昀应邀出席"旅美赋归座谈茶话会"时，根据在美访问的经验，对国家名胜古迹保护的相关问题也提出了意见，主张政府与地方人士应对国内名胜积极修整（张睦楚、田正平，2022）。

写作"景区比较"前后，正是张其昀在中国地理学界力推其关于"新方志学"（区域地理学）理论框架的高潮期，除了多次实地考察实践其新方志学的主张，还创办（改版）了《方志月刊》进行理论研究积累。在其竭力推广的新方志学理论框架中，张其昀将游历（实地考察）和游历记录（游记及各级区域地理志）置于核心位置。张其昀倡导以科学地理学的规范撰写实地考察的游记，并将此种游记视为方志学（区域地理学）的重要组成部分。张其昀认为不是所有的游记均可被称为地理著作，他理想中的游记需以地理学各分支学科的知识为基础，于地文、气候、水文、民族、经济、政治及历史地理等方面博综研精，探究它们之间的相互关系（何沛东，2021b）。1934—1935年张其昀游历西北后撰写了"西北旅行记"，连载于《国风》杂志。"浙游纪胜""景区比较"与"西北旅行记"等论文兼具旧游记的文采及近代地理学的内容、方法，是以科学观念对地理现象进行整理的新式游记（何沛东，2021b）。特别是"景区比较"，更成为张其昀新方志学理论框架的具体操作呈现。新方志学以区域地理志看待新游记的思想和学术潮流，不仅反映在刚刚创刊的《地理学报》，在更早创刊（1910年）的张相文主编的中国地学会官方期刊《地学杂志》中，同样大量呈现。《地学杂志》非常注重来自实际考察方面的研究成果，截至169期共登载此类性质的文章84篇，至于与考察活动密切相关的游记、见闻和随笔等一类文章更是不计其数，反映出该刊严谨求实的治学特点（徐象平、姚远，2006）。

三、"浙江省风景区之比较观"的学术影响与时代贡献

"景区比较"的写作与学术影响，不宜孤立看待并且据以评价，最适宜的办法是将其视为张其昀区域地理学思想的多次实践的一次践行。1922年，张其昀译述了《最近欧洲各国地理学进步之概况》一文，首次将"Regional Geography"翻译为"方志"。在中央大学地理系任教期间（1928—1936年），张其昀创办主编《方志月刊》，期刊所倡导的方志学成为他力倡的区域地理学的中译名称。他认为方志学（区域地理学）是"治地理学之正轨"，将西方区域地理学与中国的地理研究实践相结合，认为方志学（区域地理学）是以"纯粹的科学精神"为基础的"新方志"，应用科学原理，解释人地关系，使事实与原理有条理系统之可寻（何沛东，2021a）。张其昀将方志学定义为由地形学、气候学、水文学、土壤学、植物地理、人类地理、政治地理、经济地理、历史地理、地图学10种专门学问综合而成的综合性空间描述科学，他在"地理学之新精神"（张其昀，1923）一文中强调"实地研究""解释""批评"以及"致用"等工作方法或者称治学精神，是区域地理学的基本工作；他认为方志学的研究方法，首先应先划定研究的区域，其次从游历考察入手，即所谓的"实验的方法"（Experimental Method）或"科学的方法"，对区域内的地理现象进行描述、分类、辨别，进而分析和总结它们的相互关系和发生规律，在此基础上撰写游记，并辅以地图、照片等展现区域地理概况，最终综合为区域地理志。他依据不同的目的和宗旨将地理考察分为游历观光、采集教材、民族运动、科学研究四类。依据研究地域的大小，张其昀将方志学分为县志、区域志、省志、一统志、外国志，

并将游记归入方志学的范畴（何沛东，2021b）。他是这样说的，也是这样做的。在其任教中央大学地理系期间，张其昀进行过三次重要的地理考察：①1929年3—5月考察了浙江的天台山、雁荡山、天目山、雪窦山等名山；②1931年6—8月考察了东至安东凤凰城、北至长春、吉林的南满地区；③1934年9月—1935年8月考察了广大西北地区。每次考察期间或之后，他将所获材料整理成的游记或论文，大多成为区域地理研究的重要文献。例如西北考察结束后，结合调查报告及沿途见闻，分别于1939年、1942年陆续出版了《甘肃人文地理志》《青海人文地理志》《宁夏人文地理志》《陕西人文地理志》等考察报告。即使在哈佛访学期间，他也没有放弃各地考察及记录的任务，1946年，根据其在哈佛大学访学期间所思所感撰写了《旅美见闻录》，由商务印书馆出版（张睦楚、田正平，2022），并称其为"民族自志"方法。

参考文献

[1] 何沛东："张其昀主编的《方志月刊》及其地理学贡献"，《地理科学》，2021a年第5期。

[2] 何沛东："张其昀先生的区域地理学思想与成就"，《地理学报》，2021b年第1期。

[3] 刘盛佳："张其昀的地理思想和学术成就"，《地理学报》，1993年第4期。

[4] 马瑞："环境与人生：张其昀的生态环境思想"，《南京林业大学学报》（人文社会科学版），2018年第4期。

[5] 徐象平、姚远："张相文与《地学杂志》"，《中国科技期刊研究》，2006年第2期。

[6] 张睦楚、田正平："彼岸再现与民族自志：访美学人张其昀及其《旅美见闻录》"，《浙江大学学报》（人文社会科学版），2022年第4期。

[7] 张其昀："浙游纪胜"，《地理学报》，1934a年第1期。

[8] 张其昀："浙江省风景区之比较观"，《地理学报》，1934b年第2期。

[9] 张其昀："地理学之新精神"，《史地学报》，1923年第7期。

中国人口之分布

——附统计表与密度图

胡焕庸

一、引言

年来中外学者，研究中国人口问题者，日见其多，中国人口是否过剩，国境以内，是否尚有大量移民之可能，此实当今亟须解答之问题，各方对此之意见，甚为纷歧；或则谓中国人口，实已过剩，此可由社会生计艰难，失业问题严重，以及海外侨民之多可以证之；或则谓中国人口，实未过剩，以全国面积除全国人口，计算其密度，较之欧西诸国，尚不及远甚，国境西北部，地旷而人稀，将来实大有移民之可能；两方之意见，相距十分遥远，吾人如欲对此问题，求得一公平之批判与适当之解答，是必于中国人口分布之现状，先有一确切之了解。

过去研究中国人口问题者，大多偏重于纯粹数字之推求，绝少注意于地理背境，研究其分布之稀密者；要知各区地理情况不同，则其所能容纳人口之数量，将有极大之差别，以通常情形而论，大抵山地人口，不如平原人口之密，游牧区人口，不如农耕区人口之密，同属于农业社会矣，然旱粮区域，不如稻作区域人口之密，一熟区域，不如二熟三熟区域人口之密；吾国最富裕之区域，如长江三角洲每方公里人口密度，可达五百以上，然如蒙古新疆西藏各地，面积虽广，大都贫瘠而无人居，其每方公里之人口密度，大都在一人以下，

引用本文：胡焕庸. 中国人口之分布: 附统计表与密度图. 地理学报, 1935, 2(2): 39-81. [Hu Huanyong. On population distribution in China. *Acta Geographica Sinica*, 1935, 2(2): 39-81.]

此种人口稀密不同之原因，绝非由于偶然分布之不平均，盖完全由于各地生产力之不同；如西藏人口虽稀，然即此仅有之居民，亦颇难维持其生活，因而盛行一妻多夫制，兄弟有二人，必以一人为喇嘛，凡此皆因地方生活艰难，特别用以限制人口繁殖之社会制度也。

普通推算人口之密度，大多根据政治单位之面积，如一国一省一县等是，此种方法，往往具有极大之错误；吾国面积辽阔，各地自然情况，颇多差别，如上述长江三角洲，乃极肥沃之冲积平原，而蒙古新疆西藏等，则多为甚高之高原，且其气候，不属于沙漠，即属于寒漠，因此其人口密度，乃有如此悬殊者。

即以一省为例，四川之成都平原，其人口密度每方公里在五百以上，然与之相距咫尺之邛崃山地，其人口密度每方公里即不足一人；安徽省之沿江冲积地，其人口密度每方公里在三百以上，然皖南黄山各地，其人口密度乃不足三十人；小之即以一县为例，其情形亦同，如江苏之句容其北边邻江冲积地，人口密度最高者每方公里达五百，然县境东部茅山区域，其人口密度乃不足十人，此种例证，多至不可胜数，凡利用政治单位，求取人口密度，除非其全境以内，具有同一之自然环境，否则若以各地疏密不同者，互相平均，其结果即与事实不符，而失却真实意义矣。

研究各地人口密度，最好能以自然环境约略相同之区，用作比较，即不然，至少亦当以面积相当之区，互相参证；通常有一极大之错误，即往往以我国全国人口密度，与欧洲小面积之国家，如英法德意乃至比利时荷兰丹麦等，互相比较；我国面积，与欧洲全洲面积约相当，我国境内，有西藏大高原，其平均高度，在欧洲最高峰白山之上，计其面积，较英法德意四国之面积为尤广，然生活于此之人口，总数不过二百数十万（连西藏青海西康三省区合计），每方公里人口密度大都在一人以下；英国面积仅二十四万方公里，约当我国全国总面积之五十分之一，比利时之面积，仅三万方公里，约当我国总面积之三百七十二分之一，如以此等国家之人口密度，与我全国相较，直不啻有鸿毛泰山之别，求如西藏高原之荒漠，诸国境内固无有也，据此而曰我国人口，并不密于英国或比利时者，其人非狂即妄；反是如吾人以国内同面积之地，与英比相较，则如江苏安徽两省，其面积约略与英国相等，英国人口平均密度，每方公里一百九十人，而我江苏安徽两省之平均密度为二百十二人；江苏江南其面积与比利时约相当，比利时之人口密度，每方公里二百七十人，而江苏江南（连上海南京）之人口密度为五百三十三人，如此分别作比，则我国人口，固远较英比两国为更密矣。

过去根据地理区域，对我国人口分布，作科学研究者，为数不多，在国内有竺可桢翁文灏两先生，竺先生曾撰有"论江浙两省人口之分布"[注一]一文，对于一般研究人口分布之原则，以及江浙两省与世界人口稠密各区，比较异同之处，论列甚详；翁先生撰有"中国人口分布与土地利用"[注二]一文，对于全国人口分布不平均之情形，阐发尤多；外人研究中国人口分布者，有洛克斯佩（注三）克莱西（注四）诸氏，洛克斯佩根据中华续办委员会之估计数字，曾草有"中国人口之分布"一文，然其内容殊简略；克莱西所根据者，系民国十四年之邮政统计，氏分中国为二十一个自然区，曾一一分别计算其密度，然以我国面积之大，二十一个自然区，殊不足以尽全国自然环境之复杂，今以广大之自然区，计算其平均密度，其缺点仍嫌过于简略与笼统。

研究人口分布之目的，虽在求取各种自然环境相异各处之人口密度，然普通用以统计人口之单位，则全数属于政治区域，如一国一省一县一乡等；作者年来研究国内各地人口之分布，其利用乡村单位之人口统计，以区辨一县以内人口分布之稀密者，有江苏省之江宁（注五）句容（注六）铜山（注七）各县，利用县区单位之人口统计，以区辨一省以内人口之稀密者，有安徽（注八）江苏（注九）广西（注十）各省；根据过去经验，深感研究我国人口分布，其最精密之方法，当利用以乡镇为单位之人口统计，以求取各县人口之稀密，因人口统计之地域愈小，则根据而作之人口分布地图或密度计算，当愈正确而精密；其次以县统计为单位，以绘制人口地图，其结果亦远较以整个省区或广大之自然区域为单位，计算其人口密度者为优，因在每个省区或广大之自然区域以内，其自然情况仍极复杂，而各地人口密度，亦大有差异也。

作者过去所作安徽广西两省人口分布地图，均以县单位之人口统计为根据，惟同时凡县区广大，境内自然环境有不甚相同者，亦颇以主观抉择，区别其疏密，因如此则较完全根据县区单位之统计，在同一县区以内，假定其为平均分布者，其结果当与事实较为相近也。

过去研究我国人口问题，而制有人口分布地图者，有若干人，如克莱西如薛洪（注十一）诸氏，其所撰之中国地理，均附有人口地图；中华续办委员会所出版之"中华归主"（注十二），除全国人口分布总图以外，并有各省人口分布分图，其统计亦以县区为单位，方法尚属精密；惟上述各图，均仅应用绝对法或称点子法，即以点子代表定量人口，以示其分布之情形，从未有应用比较法或称等级法，以表示人口之密度者；作者除正搜集各县以乡镇为单位之人口统计，以制作各地之精密人口地图以外，现为表示全国人口分布之概况起见，因先利用县单位之人口统计，以作成一全国人口之分布与密度图，借此作一全国人口分布之初步研究。

二、人口统计

为欲制作全国人口之分布与密度图起见，事前必先具有全国各县之人口统计，我国户籍行政，肇端虽古，然近代以来，反不若欧美各国，有定期举行之人口普查，因此我国全国人口，究有几何，至今尚无确切之答复，且常引起各方之争辨；如民国十九年，国际统计协会会议于日本东京，美人韦尔柯克斯(注十三)以为我国人口，不过三万四千万，而我国代表陈长蘅(注十四)等则宣称我国现下人口，当为四万六千万，二数之相差，计达一万二千万，约当于美国一国之人口，二氏所提之数字，均凭估计或间接推算而来，因此均无法使对方为之折服。

光绪二十六年（一九〇〇）政府统计全国人口为四万四千万，宣统二年（一九一〇）民政部调查为三万三千万，较十年前少去一万一千万，惟同年邮政局估计全国人口约为四万四千万，于此足证当时民政部之报告必有漏列无疑；民国元年，内务部举行户口统计，其所得之数字，为三万五千七百万，然亦只有二十一省之统计，他如广东广西安徽等省区之人口，当时均未列入。

民国十一年，中华续办委员会出版之"中华归主"，其所估计民国七八年间之全国人口为四万五千二百万零，洛克斯佩所作"中国人口之分布"一文，即根据其统计；民国十四年，邮政局估计全国人口为四万八千五百万余，克莱西氏于其所著"中国之地理基础"一书，即利用其统计，以作各自然区人口密度之计算。

民国十七年，内政部举行全国人口调查，发表数字为四万七千四百万(注十五)，然其中亦仅有十二省之较新调查，其余均系估计数；陈长蘅氏曾据此加以修正，假定民国十七年全国人口总数为四万四千一百万余(注十六)。

近数年来，人口统计之需用，渐为各方所重视，各省县政府，多有自办清查者，内政部于民国二十四年春，曾汇集最近数年间各省县已有之人口数字，油印发表，惟内容亦仍极残缺，其各县数字均完备者，只得十四省。

作者为此问题，曾费数月之时间，并借若干同学之助，于各种公报杂志中，搜取各省各县之最近人口统计。结果尚属圆满；国内二十八省，各县统计全备者，计得二十三省(注十七)，内十七省系各省省政府之报告数字，其他山西河北陕西宁夏新疆浙江六省，系用内政部报告数；所有此二十三省之统计，除山东一省，系民国十九年之统计外，其他均系民国二十年至二十三年间所调查；二十三省以外，仅四川一省，无最新之统计，青海与西康两省，则具有一部统计，尚缺一部；贵州省已有最新之人口统计，惟未能取得各县之数字，福建省亦有一部统计，惟县数不全，因此除青海西康采用一部估计外，四川贵州福建三省暂仍采用民国十四年邮政估计之数字。

青海人口，据青海省政府调查，系一百万零，内已设县治之十四县人口，计八十万，其他果洛族二十万，惟西南部藏族居民，或尚有遗漏，兹假定其为三十万，则全省计一百三十万零。

西康省人口,只有十四县之统计,计十五万零,此系西康考察专员冯云仙女士入康调查后所呈报之数字[注十八];其他二十县人口,未据呈报,究有几何,绝无调查;任乃强君[注十九]估计全省人口为七十九万,而梅心如君[注二十]则估计达三百八十万之多,陈长蘅君[注二十一]估计为五十二万,兹从少估计,且以现有十四县作比例,假定每县平均一万,则其他二十县计二十万,全省合计为三十五万零。

四川省之人口,近数年来绝少统计,民国元年,统计全省人口为四千八百万,民国五年为五千万,兹据十四年邮政调查,计五千二百万,此乃现有最近之数字也。

贵州人口,据民国二十二年该省办理保甲后报告数为六百九十万零,其各县数字,一部见该省所刊之"贵州自治月刊",一部见内政部二十四年报告,惟均不全,无法采用;民国十四年之邮政调查,贵州全省人口计一千一百二十万,较省政府报告相差达四百余万之多,又依民元统计,贵州人口计九百万,该省人口究有几何,须待来日加以订正。

福建省之人口,据民国十四年之邮政调查,为一千四百万;民国十七年内政部之调查,四十七县二市之人口,计七百二十万,惟缺其他十七县之统计;民国二十年,该省民政厅估计全省人口九百十万,惟缺七县之统计;民国二十四年,国民政府主计处统计局向福建省政府之调查,全省为九百八十万,各县县数虽全,惟均系估计之约数;民元统计,福建人口,曾达一千五百八十余万,现有人口究有几何,殊属无法决断,兹姑采用民国十四年之邮政调查,其数字或嫌过高,容待日后再行订正。

江西省系采用民国二十年江西省政府经济委员会编制之各县数字,见"江西经济旬刊"一卷十七期,该刊并附二十二年各县编组保甲后之报告数,惟县数不全;江西一省,年来频经兵燹,现下人口,必较数年前为减少无疑,正确数字,亦待将来校正。

察绥人口报告,俱限于已设县治或设治局之区域,惟盟旗境内,尚有汉蒙人为数亦不少,兹据马鹤天君[注二十二]估计数,假定内蒙盟旗人口总数为三十五万。

外蒙人口,据外蒙政府民国十五年之统计为六十八万四千,另加唐努乌梁海之人口六万五千,合计为七十四万九千。

西藏人口几何,素鲜调查,西人估计,又往往以西康青海并计于西藏之内,故不足凭信,兹从少估计,假定今西藏境内人口为八十万,惟确数究有几何,亦待来日加以订正。

我国现有行政区划,除二十八省及蒙古西藏两地方以外,尚有南京上海青岛西京北平五直辖市(其他普通市或实验县均隶属于省区以内又天津直辖市现正在改制中)及威海卫与东省两特别行政区;又广州湾九龙旅大金州各租借地,以及上海天津等租界,亦均为我国之疆土,惟地方行政权暂时因受条约束缚,略受限制而已,过去统计全国人口者,对此等地均放弃不计,实属非是,此次一并加入计算,惟较小之租界人口过少者,暂未列入,现所列入者,仅上海汉口天津三处。

根据此次统计，我国全国人口为四万五千八百万零，民国十七年，内政部统计全国人口计四万七千四百万，又陈长蘅氏（注二十三）曾将十七年之内政部统计，加以修正，定其数为四万四千一百万；内政部之统计，有报告之省份仅十二省，其余均用估计，陈君对于缺乏统计之省份，利用宣统年间之统计为基础，依平均增殖率加以修正，实际亦难正确；此次统计，则除西藏全部，及西康青海一部，系用主观估计外，其余均据各省县之报告，堪称近年全国人口比较最完备之统计；至于此各省县报告之中，一部亦仍由估计而来，因此仍难免有不尽不实之处，是则非待全国均有精密详尽之人口普查以后，不能得其实情矣。

三、人口分布

此次所搜集之人口统计，均以县区为单位，根据而作之人口图，计有二纸，一分布图，二密度图；分布图以每点代表二万人，此在人口稠密之区，其代表数尚嫌过少，因此多有互相重叠之处，惟在人口稀少之区，则代表数殊嫌过大，如在蒙古新疆西藏各地，绝少有二万人密集于一处者。

密度图计分八级，其最高级每方公里在四百人以上，惟实则第一级之区域，其人口密度，竟有在六百左右者，如长江三角洲之江喇叭口与成都平原各部均是，此等区域，即使除去一部份之都市居民，其人口密度，亦在五百左右，此可为纯粹稻作平原密度之代表，作者利用更精密之方法，研究江苏江宁之人口，发现秦淮河谷稻作区域，其每方公里之密度，亦在五百左右。

自第一级降至第二级，每方公里之人口数，相差颇远，河北平原与豫东鲁西之黄河冲积平原，其人口密度约在三百左右；此区与大江三角洲虽同系冲积平原，惟北方气候干燥，普通作物，以旱粮为主，田亩产量不若南方之丰，因而生活于斯之人口，遂亦较南方稻作平原为稀；作者利用较精密之方法，研究江苏铜山县之人口密度，发现栽植旱粮之平原地带，其人口密度每方公里亦在三百左右，与全部华北平原所得之结果相同；第二级之人口，亦有属于南方之稻作河谷者，如长江中游与四川盆地内各河流域均是。

第三级代表自一百五十至二百五十之密度，局部平原或兼有邱陵式之区域属之，最著者如长江沿岸、赣江沿岸、湘江沿岸、汉水沿岸、渭水沿岸、汾水沿岸、西江沿岸各地均属之。淮河流域，虽属于平原地形，然与黄河下游之情形殊不同，其地系侵蚀平原，而非冲积平原，土层浅而较瘠，又因淮水失治之故，时有泛滥之患，因此与北部平原虽同属于旱粮区域，然其人口密度，较之北方，颇见逊色，普通在二百左右，其尤低者乃在一百至一百五十之间。

第四级密度在一百至一百五十之间，此在南方已属于邱陵地带，如两广之间、赣湘之间、浙皖之间、豫鄂之间、以及四川盆地内各邱陵地均是；惟在北方，则松辽平原之人口，亦适与此相当，松辽平原气候寒冷，月平均温度在冰点下者达五个月以上，冬季作物几已绝迹，田亩年仅一熟，因此人口殊稀，较之河北平原以南之冬麦区与江南之稻作区，其人口密度之相差，固不可以道里计矣；草原带之桑干河流域，亦属春麦带，其密度与松辽平原同。

第五级之人口密度，每方公里在五十至一百之间，长江流域以南诸山地均属之，东起浙江之天台西迄云南高原之东边，旧所称为南岭山脉各地均属之；其在北方，则有泰山山地，晋豫间之黄河河谷，以及黄河河口之含碱三角洲等地，其密度均属于第五级。

第六第七级之人口，每方公里在五十人以下，多限于较高之山地与高原，如云南、如贵州、如广西、如福建、如山西、如陕西、如秦岭山地、如大巴山地、如千山长白、以及热河察哈尔之南部均属之。

第八级之人口，每方公里在一人以下，其分布之区域，甚为辽阔，西藏高原连西康青海在内，蒙古高原以及新疆均属之。今试自黑龙江之瑷珲，向西南作一直线，至云南之腾冲为止，分全国为东南与西北两部，则此东南部之面积，计四百万方公里，约占全国总面积之百分之三十六，西北部之面积，计七百万方公里，约占全国总面积之百分之六十四；惟人口之分布，则东南部计四万四千万，约占总人口之百分之九十六，西北部之人口，仅一千八百万，约占全国总人口之百分之四，其多寡之悬殊，有如此者。

此西北半壁以内，其人口密度，多半在一人以下，其在一人以上者，惟西藏之雅鲁藏布江流域，新疆西南部，天山南北，与蒙古库伦附近各地，大都散布于荒漠之间。甘肃宁夏为东南人口密集区向西特延之处，其最西点达于甘州肃州之间；河套之北，人口分布，约成一带状，自绥远西延，至于河套之西，继折南下，沿贺兰山之东南，以接于甘肃，河套以内，为鄂尔多斯沙地，人口绝少，河套以北，则为蒙古戈壁之南境矣。

今试以中国地形图^{（注二十四）}雨量图^{（注二十五）}，与人口图作一比较，则三者之间，具有十分密切之关系，所有人口稀少之西北半壁俱属于高原，如蒙古新疆多数为一千公尺以上之高原，其在一千公尺以下者，则多为极干燥之沙漠，西藏西康青海之高原，则其高度俱在三千公尺以上，其尤高者在五千公尺以上；东南半壁则除云贵高原以外鲜有一千公尺以上之高地，东南半壁雨量最富者，达二千公厘，最少者亦在五百公厘以上，惟在西北半壁则雨量多在五百公厘以下，其尤干燥者，乃在二百五十公厘以下，盖多为沙漠或半沙漠之区域矣。

此东南西北两人口区域之分垒，与全国种族之分布，亦殊相合，东南半壁为纯粹汉人之世界，惟西南山地，有少数异族杂居其间；西北半壁则汉人殊少，除"甘肃孔道"及新疆境内有少数汉人以外，其余均为满蒙回藏各族之领域，此区以内，面积虽广，人口则少，境内各地，盖大部为不毛之沙漠，与积雪之寒漠，仅极少数之水草地，可供畜牧或耕种之用。

东南半壁之人口，其分布亦殊不一致，人口集中之地，仅限于少数区域，兹约举之如下：

1. 长江三角洲与之江喇叭口　人口平均密度，介于四百至五百之间，两地人口总数，约计达二千五百万左右（江苏江南自镇江以下约一千二百万，江北沿江自江都以东约五百万，浙江杭州湾两岸约八百万），是为全国人口最密之区。

2. 北部平原　北起河北平原，南经鲁西豫东以迄江苏之徐属，安徽之颍属，其人口平均密度约在三百左右，全区人口总数，约计共七千万，是为全国人口最多之区。

3. 四川盆地　位于四川中部，其四周地形，俱在一千公尺以上，中部盆地，则俱在一千公尺以下，盆地以内，人口总数约四千万，各地密度，颇不一致，最密者如成都平原，每方公里达六百左右，与长江三角洲人口最密各县，不相上下，其次各河河谷附近，人口密度在三百左右，盆地内之邱陵地带，则在一百至一百五十之间，此为内地各省人口最多之区。

4. 东南沿海各河三角洲　北起浙江三门湾，南迄广东珠江口，其间地形西高东下，河流短促而陡峻，惟河口三角洲，有极肥沃之平原，虽其面积不广，惟人口极密，浙闽粤三省内地，人口密度大多在五十至一百之间，福建西部，竟有低达五十人以下者，惟诸河河口小三角洲，则其密度多在四百以上，惟皆零星散布，不相连续耳。

5. 局部河谷平原　如长江中流以及汉水湘水赣水之江西江渭河汾河各局部平原，其人口密度约在一百五十至二百五十之间，长江中流有高达三百左右者，惟面积并不过广。

东南半壁除上述各地以外，人口俱极稀少，如东北之松辽平原与南方之邱陵地，其人口密度俱在一百至一百五十之间，南岭各山地，人口多在五十至一百之间（此区如作更精密之研究，则当分别为河谷地带与纯粹山地，前者之人口应较后者为密），云南高原山陕黄土高原阴山南坡以及东北之嫩江平原与吉东山地等其密度更多在二十五人以下，是为东南半壁人口最稀之区。

读者试参阅本文所附人口密度图，则于我国人口分布不匀之情形，不难一目了然，可以不劳辞费矣。

四、结论

我国人口分布概况，以及各地密度大小，约如上述，兹为明了我国人口是否过剩起见，试与世界各地略作比较如下：

欧洲全境，其面积与我国略等，计一千一百四十万方公里，境内无大高原，亦无沙漠，其总人口五万一千万，全洲人口平均密度每方公里四十四人强；今我国全境面积一千一百十万方公里，总人口四万五千八百万，全国人口平均密度每方公里四十一人强，较欧洲仅少三人；我国如除去西北半壁之大高原大沙漠，仅以东南半壁与欧洲相较，则东南半壁之面积四百万方公里，人口四万四千万，平均密度一百十人，计高于欧洲平均密度数二倍又半。

美国面积计七百八十万方公里，约当我国总面积之四分之三，其人口总数仅一万二千四百万，平均密度每方公里十六人，我全国平均之人口密度，计大于美国二倍有半，东南半壁之人口密度，计大于美国达七倍之多。

我国西北半壁之情形，约略与澳洲相当，澳洲虽无类似西藏之高原，然境内除北东南三面沿海各地外，内陆之气候，殊为干燥，年平均雨量多数在五百公厘以下，与我蒙古新疆之气候略同，澳洲面积七百七十万方公里，较我西北半壁约大十分之一，惟其人口总数不过六百五十万，仅当我西北半壁人口总数之三分之一。

论世界人口最密之区，通常多以比利时与英格兰为例，比利时人口密度每方公里仅二百七十人，我国江苏江南其面积与比利时相当，然其人口密度竟达每方公里五百三十三人，较密于比利时几达一倍之多；英格兰与威尔士之平均密度，每方公里亦仅二百六十六人，与比利时相仿佛，亦仅当我江南人口密度之半数；我江南各县，除上海无锡少数都市以外，居民固大都以农为业，彼比英两国，乃世界有名之矿工区域，由此足见我国深耕式之稻作区域，其人口密度，较之矿工商区之比英诸国为尤高矣。

以吾国人口稠密之江苏江南，与西欧人口最密之比英两国相较既若此，以吾国人口较稀之西北半壁与性质相当之澳洲相较又若彼，而或者犹谓吾国人口不如某国某地之稠密者，吾决不信矣！

根据目前吾国人口分布之情形，在吾国境以内，是否尚有大量移民之可能，抑或吾国现有人口，是否尚有重行分配之必要，此为当今急待解答之问题；多数不明地理事实之言论家，往往以为我国东南人口虽密，然西北各省，地广人稀，大有移殖开发之可能，不知此乃似是而实非也；今西北各地，其现有相当人口之区域，如渭河流域、如河套附近、如宁夏东南、如甘肃中部、以及新疆各地，均属局部之平原或盆地，面积异常狭小，又加气候干燥，仅赖高山之雪水，人工之河渠，以及极深之水井等，聊资灌溉，勉有生产，然即此现有少数之居民，又复灾害频仍，饥荒时见，其现有之生活，尚且难以维持，此虽人事容有未尽，抑亦天工必然之限，此等处所，将来虽欲利用人力，再加经营，然其所能容纳之居民，至多亦不过数百万乃至千万而已，与全国总人口相比拟，固十分渺小之数字也。

我国过去，因图学不精，地理缺乏科学的研究，因此一般国民只知我国疆域之大，绝少知其地形之为高为低，与雨量之为多为少者，至于某地生产能否开发，某处人口能否增加，更为一般人所茫然；依翁文灏先生之计算，我国全境，其适于人生之平原区域，高度在五百公尺以下者，只不过全国总面积之百分之十五，其在一千公尺以上之高地，竟占全国面积之百分之六十八[注二十六]；依作者估计，吾国雨量不足五百公厘之区域，其面积亦约当全国面积之百分之六十左右，易言之，即与上文所称西北半壁之范围约相当；此高原而又干燥之西北半壁，决不能开发之使与东南半壁同其繁盛，再退一步言，即在此东南半壁之范围以内，其介于五百公尺至一千公尺间之邱陵山地，已足使其人口密度，降至极低限度，读者如披阅我国地形图，同时参照人口图，而承认惟二百公尺以下之平原地面，是为最适人居之处（少数内陆盆地除外），即不能不叹我国平原面积之过于缺少，且此等平原，多数已为人口密集之区，除此以外，欲求再有容纳大量移民之所，殊属不可多见也。

今试就国境以内，加以检讨，其犹有地形平坦，土壤肥沃，雨量相当充分，而人口亦比较稀少者，殆惟满洲北部嫩江流域一带之地，此区现有人口密度，每方公里尚在二十五人以下，将来如开发之使与辽河流域相当，至少尚可容纳居民一二千万，是为国内惟一可供移民之区；惜自暴日入侵以后，继有伪满之独立，其地处于他人治下者，迄今已三四年，强邻侵略，日进不已，白山黑水，不知何日方能重还故国，以供我华夏民族之移殖经营矣。

附　　注

一、竺可桢　论江浙两省人口之密度　东方杂志二十三卷　第一期
二、翁文灏　中国人口分布与土地利用　独立评论第三号第四号
三、P. M. Roxby: "Distribution of Population in China." Geographical Review 1935 PP 1–25.
四、Cressey: "Chinás Geographic Foundations" 1934.
五、江宁县之耕地与人口密度　见地理学报一卷二期
六、句容县人口密度研究现尚未发表
七、铜山县人口密度见著者所编"江苏图志"现在印刷中南京钟山书局出版
八、安徽省之人口密度与农产区域　见地理学报二卷一期
九、江苏省之人口密度见"江苏图志"
十、中国地理学会第二届年会论文尚未发表
十一、J. Sion: L'Asie des moussons. Paris, Colin.
十二、The Christian Occupation of China 民国十一年上海出版
十三、韦尔考克斯　一西人对于中国人口数目及其自一六五〇年以后逐期增加情形之试测　译文见统计月

报二卷九期
十四、陈长蘅　中国人口之几方面观察　统计月报二卷九期
十五、见民国十七年内政部各省市户口调查统计报告
十六、见中国经济年鉴人口篇
十七、各省市人口统计来源及校正详见附表
十八、见边政第八期又民国二十三年申报年鉴有转载
十九、任乃强　西康图经　见新亚细亚六卷一号
二十、梅心如　"西康"正中书局出版
二十一、见中国经济年鉴人口篇
二十二、马鹤天　察绥之现在与将来　见开发西北三卷一期
二十三、见中国经济年鉴人口篇
二十四、地形图据申报馆民国新地图
二十五、雨量图据竺可桢中国全年雨量分布图（见地理学报一卷二期）略加补充与修改
二十六、见中国经济年鉴地理篇

全国人口统计表

区域	人口	调查年份	根据来源	备注
江苏省	32,169,679	二十二年	省政府调查见中国经济周刊24卷20期	内青浦县人口用校改数详见分表
浙江省	20,545,641	二十一年	各县查报数见内政调查统计表第四期	补入杭州市人口数详见分表
安徽省	22,346,204	二十三年	民政厅调查见安徽民政公报四卷四期	
江西省	17,569,210	二十年	见经济旬刊一卷十七期	
山东省	36,936,707	十九年	民政厅调查见中国实业杂志山东省	补入济南市人口数详见分表
山西省	11,566,843		见内政部二十四年报告	
河南省	32,672,928	二十二年	见河南省政府二十二年年刊	
河北省	29,680,657		见内政部二十四年报告	
陕西省	10,634,468		见内政部二十四年报告	西京市人口数另列详见分表
湖北省	26,553,434	二十二年	民政厅调查见中国经济周刊24卷15期	
湖南省	30,236,835	二十一年	见二十二年湖南省年鉴	
贵州省	11,291,261	十四年	据邮政统计	
云南省	11,795,486	二十二年	民政厅调查见云南民政季刊第三期	
福建省	14,329,594	十四年	据邮政统计	
广东省	33,461,329	二十年	省政府调查见该省统计汇刊第二卷一至六期	
广西省	10,778,000	二十一年	见广西年鉴第一回	
四川省	52,548,993	十四年	据邮政统计	补入潼南县人口数详见分表

续表

区域	人口	调查年份	根据来源	备注
西康省	358,162		见二十三年申报年鉴	各县人口数原缺者总估计补入详见分表
辽宁省	14,157,631	二十年	见二十年东北年鉴	
吉林省	7,642,901	二十年	见二十年东北年鉴	
黑龙江省	3,469,187	二十年	见二十年东北年鉴	
绥远省	2,033,304		见开发西北一卷六期	补入包头市及沃野设治局人口数详见分表
察哈尔省	2,653,598	二十三年	省会公安局调查见内政消息第十号	
热河省	2,685,830	二十年	见二十年东北年鉴	补入开鲁等四县人口数详见分表
甘肃省	5,626,774	二十二年	省政府发表数见中国经济周刊23卷9期	补入兰州市人口数详见分表
宁夏省	402,662		见内政部二十四年报告	
青海省	1,313,584	二十二年	见新青海二卷三期	补入藏民估计数详见分表
新疆省	2,577,749		见内政部二十四年报告	
内蒙盟旗	350,000		据开发西北三卷一期	估计数
蒙古地方	749,000		外蒙政府报告见日本地理教育十九卷六号	原报告数684,000人另补入唐努乌梁海65,000人（见1934英国政治家年鉴）
西藏地方	800,000			估计数
南京市	777,230	二十三年	见统计月报26号	
上海市	1,947,164	二十三年	见统计月报26号	
北平市	1,568,362	二十三年	见统计月报26号	
西京市	124,645	二十三年	见统计月报26号	
青岛市	452,528	二十三年	见统计月报26号	
威海卫行政区	199,983		见内政部二十四年报告	
东省特区	553,364		见二十三年申报年鉴	内哈尔滨404,797人北满特别区域148,567人
广州湾	250,000	二十一年	见英国政治家年鉴	
九龙租借地	97,781	二十一年	见英国政治家年鉴	
旅大及金州租借地	1,296,000	二十一年	见1933英文中国年鉴	内关东州951,000人南满路345,000人
上海特区	1,552,000	二十一年	见上海市统计（上海地方协会民二二年出版）	包括法租界公共租界
汉口特区	30,935		见二十二年申报年鉴	包括法租界日租界及特三区
天津特区	127,796	十八年	见1933英文中国年鉴	包括英法日意四国租界

总计 458,915,439

江 苏 省*

（据江苏省政府调查见中国经济周刊 24 卷 20 期）

溧 阳	321,941		川 沙	130,272		东 台	1,193,565
丹 阳	460,002		上 海	114,750		淮 阴	426,765
句 容	244,770		宝 山	162,006		淮 安	730,754
金 坛	243,840		嘉 定	244,551		泗 县	523,602
镇 江	523,300		青 浦	266,892*		宿 迁	670,941
宜 兴	496,431		南 通	1,358,461		宝 应	428,792
溧 水	170,196		崇 明	406,366		东 海	372,739
高 淳	219,219		启 东	335,590		涟 水	547,375
扬 中	154,516		海 门	608,167		灌 云	581,835
无 锡	899,291		如 皋	1,428,304		沭 阳	550,760
武 进	842,769		靖 江	347,832		赣 榆	399,326
江 阴	716,955		江 都	1,159,434		铜 山	986,536
常 熟	859,328		泰 兴	901,208		沛 县	346,592
太 仓	289,897		泰 县	1,053,161		丰 县	304,480
昆 山	235,387		江 浦	123,848		砀 山	292,354
吴 县	907,590		六 合	357,221		萧 县	509,644
吴 江	432,372		仪 征	209,429		邳 县	584,904
松 江	389,719		高 邮	627,778		睢 宁	547,848
金 山	754,425		盐 城	1,038,853		江 宁	490,222
奉 贤	200,371		阜 宁	1,001,909			
南 汇	482,107		兴 化	560,187			

总计 32,169,679

*全省原列数为 34,395,791 人，内青浦县原列 2,493,004 人，兹据江苏统计大纲初编所载数校改

浙 江 省

（各县查报数见内政调查统计表第四期）

杭 县	326,653	平 湖	230,000	象 山	210,887
海 宁	357,448	桐 乡	161,039	南 田	22,198
富 阳	205,336	吴 兴	667,493	定 海	395,337
余 杭	130,479	长 兴	255,621	绍 兴	1,212,568
临 安	82,574	德 清	179,753	萧 山	453,087
於 潜	58,791	武 康	52,698	诸 暨	521,982
新 登	98,645	安 吉	92,656	余 姚	592,676
昌 化	77,115	孝 丰	100,923	上 虞	304,492
嘉 善	200,393	鄞 县	720,130	嵊 县	440,681
嘉 兴	417,162	慈 溪	278,460	新 昌	230,403
海 盐	162,738	奉 化	228,961	临 海	445,746
崇 德	208,698	镇 海	354,807	黄 岩	364,339
天 台	255,866	武 义	97,367	遂 昌	123,184
仙 居	194,230	浦 江	317,394	龙 泉	141,182
宁 海	414,148	汤 溪	131,346	庆 元	115,491
温 岭	450,394	建 德	121,035	云 和	70,500
衢 县	302,430	淳 安	210,584	宣 平	96,230
龙 游	161,626	桐 庐	114,354	景 宁	142,040
江 山	311,535	遂 安	133,861	瑞 安	536,742
常 山	149,952	寿 昌	66,700	乐 清	327,159
开 化	134,137	分 水	40,000	平 阳	616,960
金 华	259,949	永 嘉	683,765	泰 顺	175,850
兰 溪	265,276	丽 水	119,600	玉 环	179,659
东 阳	567,886	青 田	232,410	杭州市	553,478*
义 乌	311,012	缙 云	173,230		
永 康	279,476	松 阳	124,004		

总计 20,545,641

*杭州市人口数原表缺兹据总计月报 26 号二十三年十一月数补列

附注：据二十一年浙江民政厅调查连杭州市之全省总人口共 20,331,737 人

安　徽　省

（据安徽民政厅调查见安徽民政公报四卷四期）

太　湖	423,543	凤　台	495,313	亳　县	538,202
怀　宁	653,281	怀　远	488,105	太　和	587,689
桐　城	944,452	凤　阳	443,780	贵　池	279,705
潜　山	379,276	定　远	335,521	青　阳	142,357
宿　松	355,881	滁　县	160,082	太　平	75,451
望　江	237,156	天　长	208,366	石　埭	49,162
芜　湖	344,117	来　安	113,371	东　流	107,923
当　涂	307,430	全　椒	196,497	至　德	111,411
繁　昌	215,375	含　山	218,594	宣　城	486,152
南　陵	249,725	和　县	296,380	郎　溪	137,631
铜　陵	165,038	嘉　山	102,368	广　德	183,270
无　为	725,424	泗　县	547,668	宁　国	143,428
庐　江	560,716	盱　眙	253,195	泾　县	218,127
巢　县	363,354	五　河	123,659	旌　德	56,070
六　安	682,839	灵　璧	520,279	休　宁	175,161
合　肥	1,274,352	宿　县	966,632	婺　源	180,919
舒　城	492,161	蒙　城	436,447	祁　门	92,001
霍　山	198,635	阜　阳	1,804,640	歙　县	288,524
寿　县	699,360	颖　上	347,843	黟　县	61,842
霍　邱	433,915	涡　阳	574,234	绩　溪	92,175

总计 22,346,204

附注　1.立煌县总计原缺　　2.英山县曾划归湖北省管辖人口数见湖北省
　　　3.婺源县现划归江西省管辖　4.阜阳县现分设临泉县

江 西 省

(见经济旬刊一卷十七期)

南 昌	548,959	安 福	204,533	大 庾	108,437
新 建	395,993	遂 川	283,850	瑞 金	278,137
丰 城	485,630	万 安	146,990	石 城	182,330
进 贤	214,752	永 新	253,930	九 江	325,937
南 城	154,846	宁 冈	94,580	德 安	70,025
黎 川	113,949	莲 花	125,880	瑞 昌	186,452
南 丰	132,392	清 江	244,851	湖 口	119,412
广 昌	117,463	新 干	213,560	彭 泽	117,281
资 溪	32,586	新 喻	269,973	星 子	90,457
临 川	437,243	峡 江	123,994	都 昌	292,369
金 溪	108,799	吉 安	459,244	永 修	121,594
崇 仁	209,482	分 宜	181,000	安 义	114,185
宜 黄	172,699	萍 乡	396,980	鄱 阳	487,487
乐 安	188,460	万 载	286,022	余 干	250,315
东 乡	152,063	高 安	395,277	乐 平	271,569
余 江	149,711	上 高	195,589	浮 梁	377,059
横 峰	33,283	宜 丰	280,504	德 兴	111,674
宜 春	384,700	赣 县	433,540	万 年	169,175
泰 和	189,631	雩 都	246,590	奉 新	181,563
吉 水	182,360	信 丰	217,500	靖 安	93,453
永 平	195,380	兴 国	182,340	武 宁	226,159
上 饶	340,290	会 昌	251,406	修 水	325,870
玉 山	232,550	安 远	175,720	铜 鼓	128,230
弋 阳	225,840	寻 邬	184,850	南 康	325,872
贵 溪	220,766	龙	153,420	上 犹	201,518
铅 山	187,147	定 南	66,430	崇 义	108,951
广 丰	254,921	虔 南	85,830	宁 都	322,480

总计 17,569,210

附注 1. 光泽县人口数见福建省

2. 婺源县人口数见安徽省

3. 原注本总计为二十年数系参考民政季刊及其他估计数字而编制原刊并附载二十二年各县编组保甲后报告数但尚报未齐

山 东 省

(民十九年民政厅调查见中国实业志山东省)

历 城	516,724	惠 民	330,609	巨 野	352,517
章 邱	530,712	济 阳	279,977	莘 县	127,208
长 清	452,430	夏 津	206,052	宁 阳	322,485
滕 县	559,658	禹 城	218,815	武 城	189,828
福 山	219,988	博 山	184,134	临 淄	187,803
德 县	262,680	金 乡	230,160	无 棣	277,320
临 清	264,139	商 河	346,743	海 阳	479,842
聊 城	234,669	东 平	403,154	新 泰	210,082
莱 阳	827,163	临 邑	147,807	邹 平	148,065
高 密	474,394	沂 水	603,263	齐 东	132,227
济 宁	563,997	昌 乐	229,969	博 平	168,654
郓 城	469,200	东 阿	325,477	蒙 阴	153,743
安 邱	525,948	曲 阜	195,581	范 县	146,422
阳 谷	354,235	利 津	168,634	霑 化	168,346
即 墨	539,514	陵 县	151,204	蒲 台	121,731
胶 县	545,862	平 原	263,236	定 陶	160,603
莒 县	855,142	黄 县	400,968	博 兴	234,091
掖 县	720,141	高 唐	210,022	文 登	460,457
荷 泽	455,907	桓 台	278,425	高 苑	107,115
曹 县	540,820	濮 阳	326,215	莱 芜	408,394
泰 安	856,547	临 朐	407,654	城 武	171,998
潍 县	1,331,265	茌 平	206,968	牟 平	540,156
临 沂	847,702	峄 县	342,010	荣 城	229,795
益 都	413,920	阳 信	243,946	招 远	318,919
蓬 莱	316,516	馆 陶	226,174	肥 城	306,131
乐 陵	320,302	汶 上	364,745	堂 邑	221,485
邱 县	83,709	郯 城	498,737	邹 县	369,351
诸 城	723,274	昌 邑	538,356	泗 水	185,766
鱼 台	185,075	淄 川	330,295	青 城	58,837
平 度	826,528	滨 县	251,949	嘉 祥	160,416
恩 县	251,784	寿 张	228,314	德 平	253,677
齐 河	292,613	费 县	378,057	清 平	177,553
寿 光	552,078	朝 城	194,061	日 照	512,404
平 阴	188,024	广 饶	305,049	栖 霞	304,598
冠 县	204,928	长 山	232,261	观 城	68,317
单 县	423,518	滋 阳	185,759	济南市	434,071*

总计 36,936,707
*济南市人口数原缺兹据统计月报26号二十三年十一月数补列
附注：濮阳县现分设鄄城县

山　西　省
（见内政部二十四年报告）

阳　曲	177,474	榆　社	58,935	洪　洞	111,869
太　原	105,117	沁　县	115,575	净　山	53,356
榆　次	140,246	沁　源	80,191	乡　宁	66,993
太　谷	111,509	武　乡	145,310	安　泽	75,057
祁　县	121,909	平　定	315,967	曲　沃	87,076
交　城	95,150	昔　阳	129,190	翼　城	99,822
文　水	164,765	孟　县	196,504	汾　城	82,119
岚　县	69,399	寿　县	157,436	襄　陵	71,969
兴　县	80,307	大　同	299,306	吉　县	29,694
徐　沟	43,392	代　县	111,696	永　济	118,887
清　源	78,585	怀　仁	78,682	临　晋	72,822
岢　岚	39,731	山　阴	59,112	虞　乡	59,029
汾　阳	149,107	阳　高	128,020	荣　河	73,863
孝　义	129,806	天　镇	111,699	万　泉	75,014
平　遥	239,681	广　灵	86,184	猗　氏	78,057
介　休	122,850	灵　邱	116,180	解　县	53,034
石　楼	34,802	浑　源	176,063	夏　县	127,490
临　县	205,721	应　县	188,388	平　陆	86,939
中　阳	70,840	右　玉	81,637	芮　县	64,103
离　石	154,827	左　云	76,522	新　绛	98,747
方　山	35,770	平　鲁	31,939	垣　曲	61,761
长　治	189,813	朔　县	173,505	闻　喜	134,187
长　子	150,617	宁　武	69,755	绛　县	59,504
屯　留	122,925	偏　关	38,349	稷　山	111,438
襄　垣	142,311	神　池	48,953	河　津	97,680
潞　城	108,563	五　寨	46,772	霍　县	62,091
平　顺	91,759	忻　县	232,449	汾　西	48,133
壶　关	120,773	定　襄	119,576	灵　石	81,685
黎　城	77,522	静　乐	99,955	赵　城	86,656
晋　城	297,422	五　台	197,546	隰　县	63,800
高　平	244,097	崞　县	238,418	大　宁	16,956
阳　城	200,201	繁　峙	110,983	蒲　县	32,323
陵　川	133,040	保　德	53,142	永　和	19,374
沁　水	117,430	河　曲	111,784	省会（阳曲）	130,311
辽　县	71,314	安　邑	98,679		
和　顺	71,414	临　汾	155,209		

总计 11,566,843

河　南　省

（据河南省政府二二年年刊）

开	封	456,996	民	权	137,857	嵩	县	257,240
陈	留	100,445	南	阳	719,431	陕	县	174,474
杞	县	414,665	南	召	191,776	灵	宝	191,147
通	许	226,926	唐	河	516,394	关	乡	67,544
尉	氏	296,533	泌	阳	280,708	卢	氏	130,222
洧	川	186,960	镇	平	384,739	临	汝	364,469
鄢	陵	271,246	桐	柏	106,605	鲁	山	276,455
中	牟	201,980	邓	县	506,804	郏	县	229,720
开	封	127,762	内	乡	480,708	宝	丰	192,320
禹	县	503,424	新	野	248,695	伊	阳	109,870
密	县	305,938	淅	川	220,538	伊	川	151,762
新	郑	229,026	方	城	389,744	安	阳	627,950
商	邱	657,697	舞	阳	440,888	汤	阴	239,452
宁	陵	150,796	叶	县	345,793	临	漳	193,573
永	城	428,600	汝	南	594,249	林	县	397,284
鹿	邑	607,498	上	蔡	437,165	武	安	378,212
虞	城	151,729	确	山	289,309	涉	县	120,212
夏	邑	260,951	正	阳	279,024	内	黄	203,456
睢	县	316,026	新	蔡	336,799	汲	县	181,498
柘	城	233,819	西	平	326,861	新	乡	240,430
考	城	149,757	遂	平	266,506	辉	县	271,167
淮	阳	740,632	信	阳	374,997	获	嘉	177,016
西	华	346,594	罗	山	327,619	淇	县	102,662
商	水	258,997	潢	川	379,394	延	津	128,006
项	城	321,474	光	山	398,017	濬	县	302,047
沈	邱	253,300	固	始	475,243	滑	县	721,346
太	康	536,784	息	县	455,288	封	邱	137,485
扶	沟	294,738	商	城	358,195	沁	阳	297,859
许	昌	458,682	洛	阳	519,876	济	源	330,076
临	颍	318,860	偃	师	263,887	修	武	227,800
襄	城	338,382	巩	县	318,347	武	陟	317,918
郾	城	408,350	孟	津	134,795	孟	县	250,532
长	葛	235,207	登	封	235,179	温	县	199,648
郑	县	317,073	宜	阳	194,574	原	武	64,866
广	武	105,837	洛	宁	203,440	阳	武	140,229
荥	阳	202,319	新	安	153,674	博	爱	264,679
汜	水	151,543	渑	池	123,696	经	扶	544,021

总计 32,672,928

附注　原注人口根据保安处所制保甲户口数

河　北　省

（见内政部二十四年报告）

大　兴	146,593	抚　宁	248,861	藁　城	244,729
宛　平	234,445	昌　黎	409,124	新　乐	132,646
良　乡	75,986	滦　县	921,536	易　县	256,670
固　安	164,475	乐　亭	331,244	涞　水	122,368
永　清	150,979	临　榆	287,729	涞　源	112,968
安　次	176,569	遵　化	354,643	定　县	318,832
香　河	146,386	丰　润	678,282	曲　阳	165,284
三　河	254,271	玉　田	311,370	深　泽	118,100
霸　县	151,759	文　安	140,079	深　县	366,015
涿　县	199,869	大　城	169,743	武　强	122,066
通　县	307,596	新　镇	17,673	饶　阳	188,714
蓟　县	288,053	宁　河	259,030	安　平	172,845
昌　平	233,440	清　苑	384,250	大　名	576,303
武　清	403,941	满　城	131,842	南　乐	214,664
宝　坻	325,084	徐　水	207,296	清　丰	322,670
顺　义	162,360	定　兴	218,364	东　明	209,367
密　云	132,809	新　城	258,223	濮　阳	514,499
怀　柔	52,965	唐　县	195,057	长　垣	255,289
房　山	180,433	博　野	98,421	邢　台	295,427
平　谷	61,435	望　都	82,275	沙　河	140,850
天　津	468,213	容　城	84,039	南　和	112,847
青　县	256,992	完　县	142,003	平　乡	106,837
沧　县	453,867	蠡　县	209,263	广　宗	102,857
盐　山	332,068	雄　县	105,555	巨　鹿	139,220
庆　云	151,905	安　国	204,027	尧　山	76,292
南　皮	210,061	安　新	169,122	内　邱	113,112
静　海	236,032	东　鹿	358,121	任　县	116,903
河　间	393,115	高　阳	150,523	永　年	281,543
献　县	392,366	正　定	263,971	曲　周	217,998
肃　宁	160,787	获　鹿	283,303	肥　乡	132,340
任　邱	260,454	井　陉	207,072	鸡　泽	90,132
阜　城	94,574	阜　平	94,214	广　平	83,096
交　河	308,317	乐　城	54,876	邯　郸	149,700

								续表
宁 津	317,377	行 唐	128,922	成 安	92,583
景 县	267,544	灵 寿	125,181	威 县	181,061
吴	221,780	平 山	104,354	清 河	166,360
故 城	127,252	元 氏	236,103	磁 县	309,993
东 光	255,389	赞 皇	137,942	冀 县	273,587
卢 龙	160,218	晋 县	206,100	衡 水	154,071
迁 安	406,634	无 极	173,044	南 宫	297,350
新 河	97,437	柏 乡	74,001	宁 晋	324,264
枣 强	279,767	隆 平	129,760	兴 隆	74,742
武 邑	186,717	临 城	71,652	都山设治局	216,539
赵 县	209,090	高 邑	65,169	天津市	1,387,462

总计 29,680,657

陕　西　省

(见内政部二十四年报告)

长 安	398,876	宝 鸡	216,180	紫 阳	285,215
咸 阳	84,065	扶 风	97,894	石 泉	72,222
兴 平	104,952	郿 县	70,660	宁 陕	29,739
临 潼	238,314	麟 游	29,383	山 阳	259,437
高 陵	56,510	汧 阳	58,299	镇 安	191,669
鄠 县	123,502	陇 县	110,656	商 南	90,972
蓝 田	265,948	邠 县	70,095	凤 县	30,496
泾 阳	109,750	栒 县	64,336	榆 林	87,629
三 原	83,080	淳 化	52,649	神 木	100,772
盩 厔	141,134	长 武	43,731	府 谷	115,122
渭 南	265,800	乾 阳	193,844	横 山	67,783
富 平	219,749	武 功	113,244	葭 县	122,485
醴 泉	130,210	永 寿	55,529	肤 施	29,266
同 宜	42,134	南 郑	218,845	安 塞	23,105
耀 县	58,177	褒 城	208,234	甘 泉	6,580
大 荔	87,551	城 固	218,593	保 安	13,094
朝 邑	104,860	洋 县	289,955	安 定	55,267
郃 阳	117,325	西 乡	275,952	延 长	20,690

续表

澄 城	84,925	宁 羌	143,160	延 川	36,550
白 水	65,700	沔 县	142,584	定 边	26,210
韩 城	108,977	略 阳	90,723	靖 边	38,462
华 阴	115,826	佛 坪	19,344	绥 德	169,465
平 民	5,393	镇 巴	106,240	米 脂	151,792
潼 关	51,655	留 坝	20,476	清 涧	80,426
华 县	149,673	汉 阴	314,213	吴 堡	35,123
商 县	269,835	岚 皋	76,980	鄜 县	28,643
蒲 城	154,928	安 康	424,217	洛 川	37,298
雒 南	179,614	平 利	205,540	中 部	25,085
柞 水	53,500	镇 坪	57,670	宜 君	22,968
凤 翔	83,686	洵 阳	128,598	宜 川	47,172
岐 山	137,755	白 河	136,449		

总计 10,634,468

附注 原表列有省会人口数兹以另载西京市人口数不复列

湖　北　省

（据湖北民政厅调查见中国经济周刊二四卷一五期）

汉 口	806,696	孝 感	722,863	保 康	104,170
汉 阳	453,485	应 山	376,798	宜 昌	514,683
武 昌	369,361	应 城	268,957	当 阳	305,249
蒲 圻	181,640	安 陆	251,560	宜 都	300,659
崇 阳	181,591	云 梦	212,474	长 阳	227,657
通 城	163,854	天 门	795,828	秭 归	226,989
嘉 鱼	158,941	沔 阳	740,192	兴 山	112,059
咸 宁	146,284	京 山	666,986	通 安	100,859
鄂 城	379,441	钟 祥	531,675	五 峰	75,956
大 治	343,717	汉 川	393,656	咸 丰	318,545
通 山	207,992	潜 口	358,351	利 川	313,208
阳 新	166,538	江 陵	637,522	鹤 峰	297,157
圻 春	481,117	荆 门	578,615	宜 恩	268,767
圻 水	477,149	松 滋	479,387	建 始	227,789
广 济	338,736	监 利	469,219	恩 施	221,020
黄 梅	311,215	公 安	294,301	巴 东	196,320
英 山	221,321	石 首	222,490	来 凤	121,477

续表

罗 田	217,076		枝 江	215,570		郧 县	406,263
礼 山	1,967,940		襄 阳	514,565		竹 溪	282,047
黄 冈	793,689		南 漳	425,594		均 县	264,711
黄 陂	620,344		枣 阳	401,184		竹 山	263,289
麻 城	553,907		谷 城	346,271		房 县	262,664
黄 安	386,454		宜 城	182,288		郧 西	219,917
随 县	731,409		光 化	175,740			

总计 26,553,434

附注 英山县现已移还安徽省管辖

湖 南 省

（据各县政府调查见民国二十二年湖南年鉴）

长沙市	386,795		攸 县	323,479		桂 东	152,886
长沙县	1,334,339		茶 陵	289,283		资 兴	165,348
湘 潭	1,059,049		湘 乡	1,305,676		永 兴	298,856
宁 湘	700,982		衡 山	525,597		郴 县	350,026
湘 阴	719,934		衡 阳	1,382,100		常 宁	447,322
平 江	569,764		耒 阳	601,236		桂 阳	445,163
浏 阳	523,720		安 仁	183,464		汝 城	161,233
醴 陵	582,515		酃 县	113,842		祁 阳	886,698
东 安	235,402		沅 江	303,126		会 同	171,830
零 陵	441,649		汉 寿	418,834		靖 县	83,801
道 县	433,953		常 德	686,670		通 道	49,696
宁 远	358,469		桃 源	573,621		绥 宁	176,026
永 明	112,160		沅 陵	358,826		城 步	176,534
江 华	198,240		古 丈	84,482		澧 县	694,712
蓝 山	137,771		永 顺	230,482		临 澧	345,174
新 田	154,278		龙 山	210,061		石 门	312,189
嘉 禾	145,540		保 靖	135,321		慈 利	341,630
临 武	140,178		永 绥	120,477		桑 植	297,000
宜 章	210,056		泸 溪	115,322		大 庸	246,186
益 阳	821,717		乾 城	82,336		岳 阳	284,270
安 化	685,387		凤 凰	130,178		临 湘	250,612
新 化	826,900		辰 溪	163,416		华 容	312,434
邵 阳	1,539,709		黔 阳	229,111		南 县	417,971
溆 浦	336,242		芷 江	228,399		安 乡	217,234
武 冈	792,381		麻 阳	114,900			
新 宁	209,507		晃 县	126,323			

总计 30,236,835

贵 州 省

（据 1925 年邮政统计）

贵 筑	381,054	习 水	209,425	清 溪	37,735
息 烽	55,637	正 安	430,757	玉 屏	38,684
修 文	111,917	都 匀	93,784	思 南	277,438
龙 里	56,653	平 舟	37,656	德 江	261,463
贵 定	701,751	炉 山	96,027	沿 河	34,925
平 越	123,200	荔 波	100,344	印 江	157,792
定 番	91,078	麻 江	53,836	婺 川	143,808
大 塘	35,486	黄 平	103,679	后 坪	35,231
广 顺	55,195	台 拱	60,164	松 桃	253,830
长 寨	45,571	剑 河	64,807	石 阡	136,751
罗 甸	63,400	黎 平	355,836	凤 冈	106,030
开 阳	96,972	锦 屏	2,297	关 岭	63,585
瓮 安	83,150	永 从	83,328	安 顺	247,317
湄 潭	219,289	榕 江	50,716	普 定	60,321
余 庆	82,546	下 江	31,000	清 镇	126,606
遵 义	337,678	铜 仁	89,876	安 龙	292,700
绥 阳	184,152	江 口	106,795	贞 丰	99,337
桐 梓	304,494	省 溪	38,544	册 亨	54,465
仁 怀	259,227	岑 巩	110,081	盘 县	297,743
大 定	106,692	毕 节	282,472	天 柱	79,703
兴 仁	187,382	邛 水	49,073	施 秉	48,176
黔 西	311,641	独 山	173,361	镇 宁	458,765
织 金	144,951	三 合	40,854	郎 岱	75,520
水 城	132,442	八 寨	17,719	平 坝	59,541
赤 水	123,082	都 江	21,725	紫 云	84,107
安 南	70,991	丹 江	32,896	安	83,244
威 宁	246,153	镇 远	147,970	兴 义	190,260

总计 11,291,261

附注　1.贵筑县现分设贵阳市

　　　2.大定县现分设纳雍县

　　　3.黔西县现分设金沙县

　　　4.正安县现分设道真县

　　　5.邛水县现改名三穗县

　　　6.据二十二年贵省府调查全省人口共 6,906,361 人见 24 年申报年鉴

云 南 省

（据云南省政府民政厅调查见云南民政季刊第三期）

昆明市	143,700	寻甸	143,169	峨山	59,123
昆明县	184,552	宣威	317,528	石屏	155,969
富民	33,971	马龙	46,976	通海	72,382
晋宁	49,977	平彝	120,263	开远	96,048
呈贡	77,526	会泽	282,195	文山	181,231
宜良	110,706	巧家	190,083	马关	197,374
易门	61,037	昭通	206,200	广南	244,879
安宁	61,565	大关	100,504	富州	88,580
禄丰	41,064	永善	152,857	泸西	152,613
罗次	53,234	绥江	83,274	师宗	49,315
嵩明	107,088	鲁甸	64,916	弥勒	113,918
昆阳	63,086	镇雄	308,538	邱北	65,039
武定	129,274	彝良	185,483	华宁	97,206
元谋	39,136	楚雄	143,432	西畴	167,080
禄劝	121,785	广通	44,347	曲溪	33,713
澄江	70,389	双柏	73,948	宁洱	70,470
玉溪	140,016	牟定	96,474	景谷	87,846
江川	65,216	盐兴	28,037	墨江	118,314
路南	92,377	盐津	83,388	思茅	24,224
曲靖	113,977	蒙自	131,587	元江	76,002
霑益	156,362	个旧	93,780	新平	53,997
陆良	177,142	建水	198,165	澜沧	156,225
罗平	121,138	河西	71,602	镇沅	58,656
景东	179,810	邓川	40,061	镇南	90,364
缅宁	92,322	云龙	77,434	永北	116,113
江城	25,288	凤仪	58,634	宾川	107,721
双江	54,332	云县	129,757	威信设治局	43,365
车里	41,159	漾濞	28,091	金河设治局	31,226
五福	25,108	姚安	105,310	靖边	72,772
佛海	22,314	华坪	79,589	猛丁	11,621
镇越	17,604	蒙化	192,863	临江	8,885
六顺	31,238	弥渡	109,987	干崖	21,003
腾冲	291,349	鹤庆	86,560	盏达	20,982
龙陵	98,056	剑川	71,335	陇川	8,963
保山	371,733	中甸	28,591	猛卯	21,090
大理	92,558	丽江	132,582	芒遮板设治局	39,618

续表

顺　宁	215,623	维　西	42,628	阿墩子设治局	6,419
镇　康	126,367	兰　坪	51,588	上帕设治局	16,480
永　平	44,403	大　姚	82,231	知子罗设治局	14,956
祥　云	121,710	永　仁	82,938	泸水设治局	17,098
洱　源	53,832	盐　丰	32,271	菖蒲桶设治局	8,333

总计 11,795,486

附注 1. 靖边行政区现改设屏边县
　　　2. 就原属文山县之江那及广南县之小维摩县佐现设砚山设治局

福　建　省

（据 1925 年邮政统计）

闽　侯	1,508,630	莆　田	383,536	武　平	116,511
古　田	189,660	仙　游	262,436	清　流	58,968
屏　南	79,843	金　门	60,000	连　城	207,542
闽　清	93,456	晋　江	300,688	明　溪	55,742
长　乐	317,000	南　安	337,000	永　定	204,530
连　江	222,300	建　宁	100,506	云　霄	114,670
罗　源	269,225	惠　安	489,300	龙　溪	303,596
永　泰	278,793	安　溪	406,811	漳　浦	189,725
福　清	469,863	同　安	515,693	南　靖	71,840
霞　浦	230,859	永　春	160,479	长　泰	68,600
福　鼎	183,764	德　化	104,821	平　和	226,100
宁　德	221,968	大　田	271,777	诏　安	288,490
寿　宁	100,136	龙　岩	200,756	东　山	18,000
福　安	525,270	长　汀	231,425	海　澄	395,510
平　潭	111,225	宁　化	204,850	漳　平	145,956
思　明	473,058	上　杭	219,960	宁　洋	19,000
南　平	199,630	永　昌	184,836	政　和	66,105
将　乐	82,496	建　瓯	422,836	松　溪	62,526
沙　县	139,160	建　阳	112,234	邵　武	195,326
尤　溪	307,482	崇　安	117,535	光　泽	68,094
顺　昌	49,171	浦　城	181,798	泰　宁	110,470

总计 14,329,594

附注 1. 龙溪县现分设华安县
　　　2. 光泽县现划归江西省管辖
　　　3. 思明县改设厦门市
　　　4. 据国民政府主计处统计局估计二十四年数为 9,813,000 人

广　东　省

（据广东省政府调查见广东省政府秘书处统计汇刊二卷一至六期）

南　海	1,010,812	郁　南*	434,564	潮　安	753,445
番　禺	828,114	曲　江	158,199	揭　阳*	664,850
东　莞	1,261,970	英　德	266,865	澄　海	446,869
顺　德	841,592	翁　源	156,720	惠　来*	406,731
中　山*	1,168,120	乳　源	69,051	普　宁	462,222
新　会	758,114	仁　化	41,286	饶　平*	528,392
台　山*	946,560	乐　昌	89,749	丰　顺	214,500
三　水	254,096	南　雄	262,008	大　浦	304,595
增　城*	784,650	始　兴	113,446	南　澳	31,098
清　远	689,190	连　县	179,211	茂　名	639,065
花　县*	300,000	连　山	43,855	电　白	389,682
龙　门*	115,400	阳　山	399,905	信　宜	458,712
从　化	135,850	惠　阳	659,824	吴　川	186,525
宝　安	203,715	河　源	270,402	廉　江	428,414
赤　溪	17,491	博　罗	308,240	化　县	367,851
高　要	535,084	紫　金	186,269	海　康	306,002
高　明	101,045	龙　川	304,139	徐　闻	133,244
新　兴*	176,000	连　平	110,673	遂　溪	231,106
四　会	206,082	和　平	176,490	合　浦	786,842
广　宁	391,107	新　丰	109,413	灵　山	294,787
鹤　山	284,717	海　丰	422,058	钦　县	288,950
德　庆	213,658	陆　丰	500,107	防　城	151,416
开　平	442,892	梅　县	519,854	阳　江	463,974
恩　平	266,133	五　华	356,638	阳　春	243,435
封　川	107,112	兴　宁	456,603	琼　山	366,294
开　建	65,072	蕉　岭*	93,500	文　昌	425,657
罗　定	315,771	平　远	102,821	定　安	191,414
云　浮*	450,000	潮　阳	857,650	儋　县	207,691
临　高	164,341	琼　东	105,267	海口市	45,454
陵　水	102,568	感　恩	35,131	梅菉市	45,880
万　宁	165,510	昌　江	45,659	连阳化猺局管辖区	56,836
崖　县	93,383	佛　冈*	152,000	汕头市	125,176
澄　迈	175,488	广州市	1,043,631		
乐　会	118,307	江门市	93,048		

总计 33,461,329

*内少数县份系用十四年邮政统计补充

广 西 省

（据广西年鉴第一回）

全　县	420,000	桂　平	417,000	隆　安	82,000
兴　安	137,000	武　宣	115,000	武　鸣	164,000
龙　胜	55,000	贵　县	337,000	上　林	123,000
义　宁	38,000	兴　业	95,000	宾　阳	200,000
灵　川	110,000	郁　林	309,000	横　县	236,000
灌　阳	88,000	北　流	300,000	永　淳	145,000
桂　林	295,000	陆　川	235,000	邕　宁	340,000
百　寿	46,000	博　白	326,000	扶　南	70,000
中　渡	25,000	三　江	72,000	绥　禄	21,500
永　福	43,000	融　县	122,000	上　思	59,000
阳　朔	105,000	罗　城	61,000	西　隆	53,500
恭　城	94,000	宜　北	25,000	西　林	27,000
富　川	81,000	天　河	48,000	凌　云	122,600
贺　县	180,000	思　恩	73,000	凤　山	40,000
钟　山	110,000	南　丹	40,000	东　兰	190,000
平　乐	115,000	河　池	67,000	百　色	47,000
荔　浦	94,000	宜　山	212,000	恩　隆	90,000
榴　江	39,000	柳　城	70,000	思　林	22,000
修　仁	45,000	雒　容	25,000	奉　议	86,000
蒙　山	90,000	柳　州	128,000	恩　阳	54,000
昭　平	113,000	忻　城	58,000	天　保	90,000
怀　集	237,000	迁　江	60,000	向　都	72,000
信　都	50,000	来　宾	46,000	镇　边	45,000
苍　梧	379,000	象　县	76,000	靖　西	254,000
藤　县	312,000	都　安	126,000	雷　平	55,000
岑　溪	173,000	隆　山	39,000	龙　茗	52,000
平　南	378,000	那　马	40,000	镇　结	36,000
容　县	272,000	果　德	36,000	万　承	30,090
养　利	20,500	上　金	31,000	宁　明	18,600
同　正	30,000	龙　州	51,000	思　乐	42,000
左　县	15,500	凭　祥	23,500		
崇　善	45,000	明　江	12,400		

总计 10,778,000

四 川 省

(据 1625 年邮政统计)

成 都	425,215	武 胜	281,200	泸 县	1,830,000
华 阳	790,363	奉 节	515,000	天 全	175,553
简 阳	815,225	巫 山	280,000	庆 符	149,763
广 汉	236,489	云 阳	482,135	纳 溪	72,847
崇 庆	353,399	渠 县	644,505	江 安	330,522
什 邡	178,138	达 县	739,680	资 中	729,859
双 流	108,456	巫 溪	164,843	仁 寿	890,824
新 都	154,736	开 县	876,800	资 阳	617,501
温 江	204,867	开 江	292,185	井 研	167,914
灌 县	490,533	万 县	756,566	内 江	487,649
金 堂	578,737	大 竹	613,980	彭 山	120,328
郫 县	186,483	宣 汉	764,200	古 宋	86,216
新 繁	80,287	万 源	205,240	古 蔺	287,000
彭 县	278,688	城 口	134,222	阆 中	359,766
崇 宁	65,131	忠 县	732,585	中 江	717,264
新 津	156,521	酆 都	399,142	西 充	278,461
平 武	128,121	垫 江	400,000	营 山	471,088
江 油	372,048	梁 山	471,863	南 江	212,500
北 川	119,329	酉 阳	534,837	邻 水	277,813
彰 明	130,330	宜 宾	694,583	岳 池	400,000
巴 县	974,365	会 理	303,975	苍 溪	224,722
汶 川	24,619	乐 山	376,893	南 部	612,553
绵 县	331,916	峨 嵋	160,287	广 元	338,772
德 阳	159,965	洪 雅	255,982	昭 化	98,528
安 县	190,878	夹 江	150,450	通 江	245,690
绵 竹	162,445	荣 县	634,050	仪 陇	316,745
合 川	1,405,863	威 远	415,186	巴 中	713,452
铜 梁	589,845	眉 山	365,400	剑 阁	261,601
大 足	40,794	丹 陵	85,731	蓬 安	892,141
璧 山	369,468	青 神	120,041	广 安	186,450
涪 陵	804,600	邛 崃	375,590	三 台	1,054,654
南 川	338,811	大 邑	287,849	射 洪	444,777
江 北	753,381	蒲 江	120,426	盐 亭	229,104

续表

南 充	349,520		梓 潼	178,192		名 山	138,333
潼 南	485,387*		罗 江	125,878		荣 经	94,355
遂 宁	600,149		懋 功	54,020		芦 山	42,076
蓬 溪	360,125		松 潘	40,811		汉 源	117,098
乐 至	329,770		理 番	29,159		西 昌	409,211
安 岳	734,928		茂 县	43,255		冕 宁	102,066
富 顺	936,069		江 津	128,290		盐 源	178,810
南 溪	312,270		长 寿	199,820		昭 觉	107,288
长 宁	199,044		永 川	380,174		盐 边	57,433
高 县	289,890		荣 昌	1,402,300		越 嶲	107,439
筠 连	62,521		綦 江	430,000		峨 边	54,041
琪 县	114,208		石 柱	280,000		犍 为	502,806
兴 文	111,391		秀 山	324,814		雷 波	74,392
隆 昌	350,765		黔 江	361,402		屏 山	254,604
合 江	370,000		彭 水	402,300		马 边	51,827
叙 永	132,500		雅 安	138,729			

总计 52,548,993

*潼南县人口数原缺兹据中华归主（The Christian Occupation of China）补列

附注 1.成都现分设成都市　2.宝兴县就穆坪土司辖地析置人口数原缺
　　　3.宁南县就会理县境析置　4.金汤设治局就上鱼通夷地析置人口数缺

西 康 省

（见二十三年申报年鉴）

泸 定	20,400		丹 巴	23,890		九 龙	11,650
康 定	16,400		道 孚	8,000		稻 城	6,294
雅 江	4,000		炉 霍	3,458		得 荣	7,270
理 化	12,000		甘 孜	9,767		盐 井	4,333
巴 安	28,000		瞻 化	2,700		其 他	200,000*

总计 358,162

*康省现设县治三十四原统计仅十四县兹估计其他藏族数如上又任乃强著西康图经估计西康人口为七十九万见新亚细亚六卷一期

辽 宁 省

（据民国二十年东北年鉴）

沈 阳	561,633	锦 县	353,053	辽 阳	804,623
洮 南	132,939	复 县	468,611	西 安	321,957
新 民	367,421	昌 图	418,514	海 城	681,514
营 口	187,681	安 东	212,083	新 宾	270,892
盖 平	548,061	本 溪	320,546	柳 河	178,988
凤 城	451,679	岫 岩	271,279	台 安	176,049
铁 岭	348,449	宽 甸	322,750	开 通	60,559
法 库	268,129	康 平	258,207	双 山	61,863
海 龙	258,115	怀 德	324,297	洮 安	74,453
庄 河	496,539	桓 仁	187,007	突 泉	63,383
义 县	286,718	西 丰	258,649	安 广	76,742
长 白	17,699	彰 武	100,627	瞻 榆	50,241
黑 山	287,678	东 丰	248,310	辉 南	93,949
抚 顺	229,408	辑 安	124,964	通 辽	152,943
辽 源	112,417	绥 中	234,824	安 图	22,575
北 镇	107,326	临 江	119,740	清 原	162,360
犁 树	385,532	兴 城	186,588	抚 松	43,471
锦 西	191,805	辽 中	292,145	金 川	38,260
开 源	312,333	通 化	254,041		
盘 山	175,889	镇 东	39,143		

总计 14,157,631

附注 1.金县人口数原表缺另见关东州

2.原注人口数多根据各县调查未齐者以民政厅调查数补入

吉 林 省

（见民国二十年东北年鉴）

永 吉	728,371	依 兰	164,658	东 宁	33,122
宁 安	176,854	珲 春	80,890	额 穆	80,128
长 春	478,539	抚 远	7,392	双 阳	274,982
扶 余	393,876	敦 化	50,900	富 锦	141,439
双 城	457,730	苇 河	22,340	和 龙	117,899

续 表

延 吉	280,224	伊 通	396,697	方 正	38,118
榆 树	502,822	舒 兰	204,266	虎 林	25,904
延 寿	149,103	同 江	21,793	阿 城	240,683
盘 石	223,046	桦 川	101,362	长 岭	147,782
德 惠	376,034	农 安	318,190	汪 清	64,902
宾 县	317,052	宝 清	20,212	蒙 江	21,665
五 常	227,208	饶 河	13,595	勃 利	56,502
密 山	97,896	桦 甸	182,503	珠 河	304,108
滨 江	46,536	穆 棱	44,573	乾安设治局	37,975

总计 7,642,901

附注 原注人口数根据各县调查未齐者以民政厅调查数补入

黑 龙 江 省

(见民国二十年东北年鉴)

龙 江	122,441	通 河	58,459	佛 山	785
拜 泉	209,842	嫩 江	14,585	鸥 浦	234
呼 伦	23,493	林 甸	67,145	景 星	34,567
胪 滨	548	室 韦	3,541	龙 镇	15,514
克 山	132,582	奇 乾	1,885	绥 楞	36,974
绥 化	236,598	黑 河	5,906	汤 原	82,819
呼 兰	248,215	青 岗	149,109	逊 河	2,565
海 伦	245,934	大 赉	86,062	奇 克	472
巴 彦	270,174	肇 州	251,699	泰康设治局	11,518
瑷 珲	19,607	肇 东	199,190	东兴设治局	19,553
萝 北	6,588	讷 河	105,777	铁骊设治局	7,198
漠 河	1,157	安 达	68,123	布西设治局	23,009
呼 玛	3,170	通 北	14,114	索伦设治局	1,428
泰 来	90,708	明 水	104,068	甘南设治局	44,096
庆 城	119,313	依 安	17,485	凤山设治局	1,405
关 西	139,726	雅 鲁	26,876	德都设治局	19,050
木 兰	87,828	乌 云	2,500	富裕设治局	20,821
望 奎	178,147	绥 滨	25,679		

总计 3,469,187

附注 克东设治局人口数原缺

绥 远 省

（见开发西北一卷六期）

归 绥	261,350	萨 县	258,761	托 县	92,417
丰 镇	239,649	包 头	178,761	东 胜	19,641
兴 和	98,175	五 原	53,686	安北设治局	12,799
凉 城	192,530	临 河	50,938	沃野设治局	1,331*
陶 林	43,487	固 阳	43,070	包头市	64,611**
集 宁	62,529	和 林	99,214		
武 川	190,531	清 水	59,824		

总计 2,033,304

*沃野设治局人口数原缺据内政部廿四年报告补列

**包头市人口数原缺据23年申报年鉴补列

附注 原表估列旅蒙垦田汉人十六万，兹以另列内蒙盟旗人数，故不复列

察 哈 尔 省

（据察哈尔省会公安局调查见内政消息第十号）

张家口市	144,829	涿 鹿	138,790	沽 源	66,900
万 全	161,061	怀 安	132,443	宝 昌	52,627
张 北	154,369	赤 城	94,294	崇礼设治局	97,512
蔚 县	431,477	康 保	70,771	尚义设治局	34,214
宣 化	356,819	商 都	81,421	化德设治局	23,661
延 庆	148,461	阳 原	139,326		
怀 来	216,570	龙 关	108,053		

总计 2,653,598

附注 1.多伦县调查数原缺 2.万全县原分张家口市及万全县两部份分别调查

热 河 省

(据民国二十年东北年鉴)

承 德	156,330	平 泉	252,457	丰 宁	89,369*
朝 阳	654,199	凌 源	359,296	建 平	210,000
经 棚	35,548	阜 新	158,731	绥 东	185,047
围 场	109,179	开 鲁	31,667*	林 东	16,137*
赤 峰	165,500	林 西	34,905	鲁北设治局	13,708
滦 平	121,106	隆 化	82,451*	天山设治局	9,200

总计 2,685,830

*开鲁隆化丰宁林东四县人口数原缺兹据内政部 24 年报告补列

甘 肃 省

(甘肃省政府发表数见中国经济周刊 23 卷 9 期)

皋 兰	223,945	西 固	23,515	靖 远	96,921
榆 中	86,817	成 县	119,121	庄 浪	52,554
临 潭	27,282	会 宁	64,780	隆 德	60,750
渭 源	33,136	灵 台	8,651	清 水	61,527
红 水	7,761	山 丹	50,302	宁 县	147,800
永 昌	55,339	东 乐	58,112	合 水	59,847
镇 原	117,072	永 登	102,054	文 县	121,300
高 台	46,208	武 威	159,360	西 和	88,943
岷 县	128,738	奉 安	189,976	洮 沙	18,051
漳 县	50,150	武 都	140,380	两 当	37,444
华 亭	23,729	天 水	253,890	徽 县	119,552
环 县	33,841	武 山	90,898	固 原	56,136
正 宁	121,380	民 勤	124,496	康 县	52,000
泾 川	146,230	甘 谷	159,700	鼎 新	20,000
庆 阳	87,862	和 政	45,800	夏 河	6,000
平 凉	89,598	永 靖	37,514	玉 门	20,000
崇 信	31,251	金 塔	36,000	安 西	30,000
敦 煌	28,851	古 浪	146,307	临 泽	54,717
酒 泉	85,156	海 原	68,554	临 夏	226,273
定 西	92,066	临 洮	134,200	张 掖	95,386
宁 定	90,828	通 渭	161,200	康乐设治局	35,000
陇 西	60,981	静 宁	140,400	兰州市	95,358*
礼 县	159,874	化 平	18,327		

总计 5,626,774

*兰州市人口数原缺兹据内政公报 7 卷 17 号补列

宁 夏 省

（见内政部廿四年报告）

宁 夏	65,122	盐 池	10,718	中 卫	120,142
宁 朔	39,700	平 罗	53,323	金 积	37,516
灵 武	37,230	磴 口	8,356	豫 旺	30,555

总计 402,662

附注　省会中宁县及陶乐紫湖居延等三设治局人口数原均缺

青 海 省

（见新青海二卷三期）

西 宁	163,599	贵 德	17,621	都 兰	143,200
互 助	94,601	化 隆	17,847	玉 树	46,800
大 通	79,008	循 化	24,734	果洛族	200,000
乐 都	66,181	共 和	4,110	各县寺庙	4,546
民 和	52,545	亹 源	10,977	其他藏族	300,000*
源	33,715	同 仁	54,000		

总计 1,313,584

*估计数

附注：新设囊谦县人口数原缺

新 疆 省

（见内政部廿四年报告）

迪 化	45,188	阿克苏	102,921	和 阗	101,228
乾 德	6,138	温 宿	86,953	墨 玉	69,943
奇 台	26,036	拜 城	52,368	于 阗	87,666
木垒河	8,885	乌 什	66,128	且 末	6,175
昌 吉	11,488	库 车	119,559	策 勒	24,369
呼图壁	14,969	沙 雅	43,395	洛 浦	73,891
阜 康	6,656	焉 耆	26,767	承 化	15,012
孚 远	11,965	轮 台	17,720	布尔津	9,362

续表

绥 来	21,493	尉 犁	7,140	布伦托海	21,036
沙 湾	7,248	婼 羌	3,826	吉木乃	3,220
镇 西	10,599	疏 勒	108,727	哈巴河	6,300
哈 密	17,579	巴 楚	54,094	阿百提	9,043
吐鲁番	72,469	麦盖提	20,161	柯 坪	10,752
鄯 善	30,096	疏 附	225,658	托克苏	12,853
伊 宁	127,314	伽 师	115,220	巩 留	20,900
绥 定	20,593	莎 车	96,010	七角井设治局	95
霍尔果斯	3,359	叶尔羌	98,497	和什托落盖设治局	9,845
精 河	3,785	蒲 梨	9,673	库尔勒设治局	20,648
博 乐	2,864	叶 城	131,069	托克逊设治局	11,657
塔 城	14,606	泽 普	17,328	乌鲁克什提设治局	1,481
额 敏	32,989	皮 山	56,995	赛图拉设治局	899
乌 苏	9,350	英吉沙	93,502		

总计 2,577,749

附贵州省民国二十年各县市人口统计表

本文付印之后方接贵州省政府寄下"贵州省各县市户口"及"区乡镇坊间邻统计"各一册（民国二十一年贵州自治筹备处编）兹将各县人口补录于此以供参考

贵 阳	107,498	榕 江	42,940	盘 县	140,377
遵 义	337,946	思 南	184,889	威 宁	242,971
赤 水	108,977	婺 川	98,313	开 阳	81,655
正 安	192,626	安 顺	158,965	修 文	86,885
桐 梓	154,793	安 龙	79,846	仁 怀	136,993
镇 远	26,203	大 定	275,072	独 山	74,628
铜 仁	18,178	兴 义	119,426	定 番	88,481
黎 平	60,280	毕 节	202,784	龙 里	52,340
松 桃	131,163	黔 西	262,000	瓮 安	77,943
罗 甸	60,733	玉 屏	24,320	大 塘	29,278
贵 定	63,551	石 阡	101,535	长 寨	25,922
绥 阳	129,265	凤 冈	95,543	麻 江	58,162
平 舟	23,564	镇 宁	65,836	鳛 水	91,963

续表

湄	潭	105,523	清	镇	41,203	炉	山	66,016
息	烽	52,997	水	城	95,821	印	江	134,422
荔	波	58,542	关	岭	93,362	下	江	17,180
平	越	45,684	紫	云	38,371	剑	河	31,464
都	匀	68,322	平	坝	81,790	省	溪	56,268
施	秉	26,443	贞	丰	117,848	永	从	41,180
江	口	52,999	郎	岱	117,035	三	穗	44,123
锦	屏	41,765	织	金	160,384	青	溪	22,397
黄	平	86,470	普	定	97,669	册	亨	54,073
岑	巩	44,650	广	顺	38,142	兴	仁	59,952
沿	河	79,510	八	寨	30,022	普	安	49,664
台	拱	28,655	余	庆	49,133	安	南	45,533
后	坪	32,400	都	江	15,145	贵阳市		87,668
天	柱	73,594	丹	江	28,970			
德	江	81,771	三	合	27,870			

总计 6,993,874

中国地形图

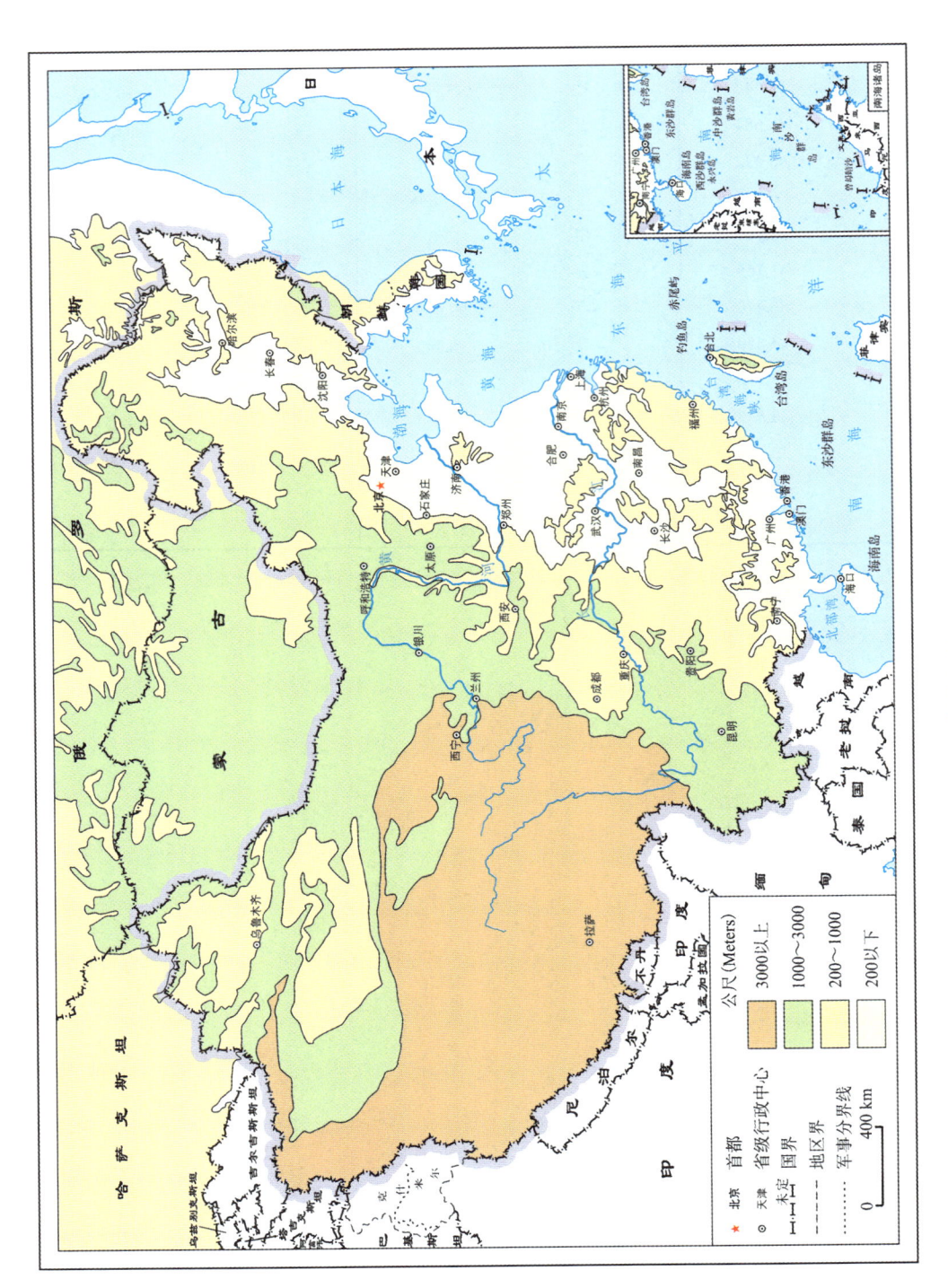

中国雨量图

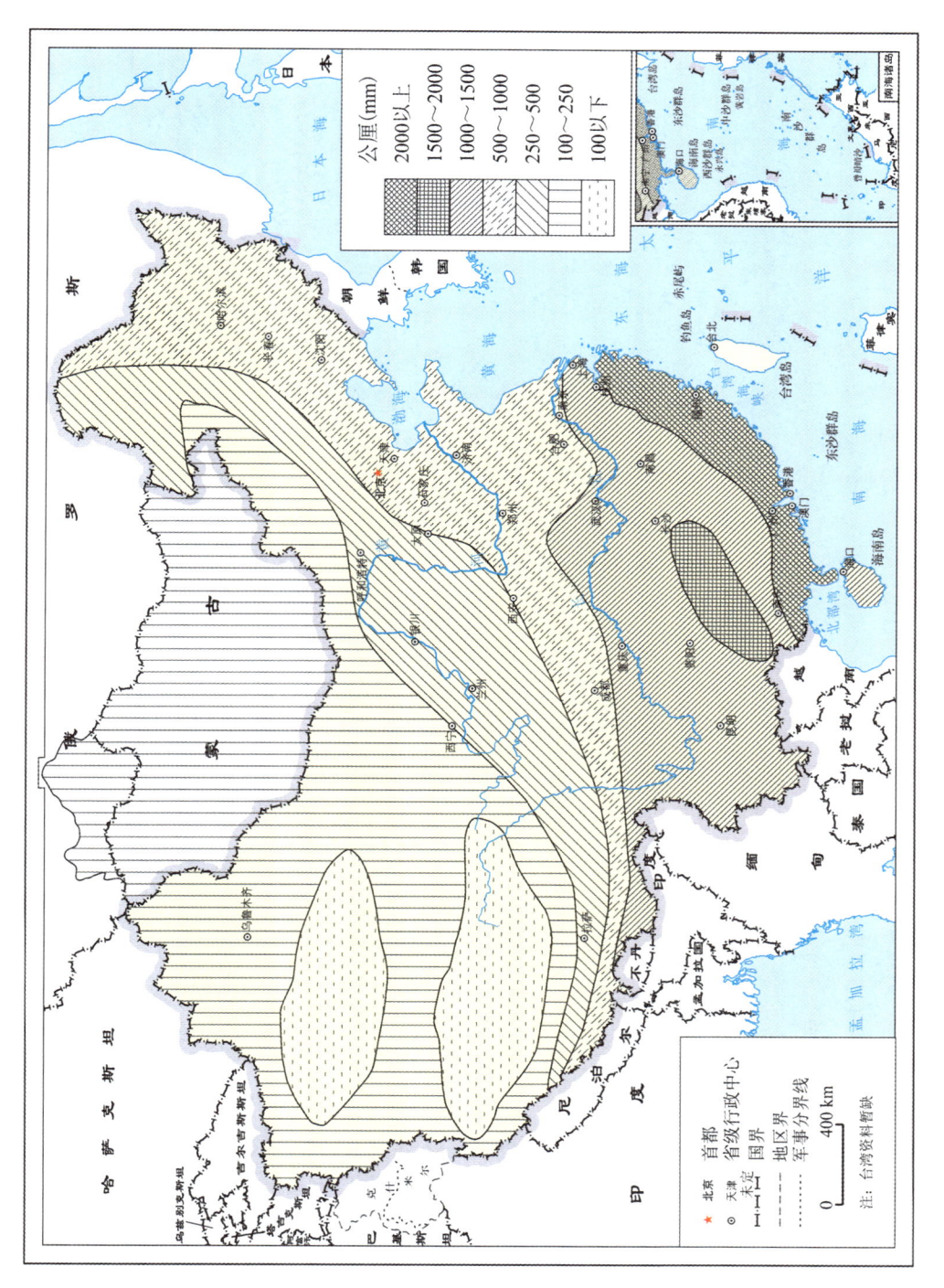

中国人口分布图

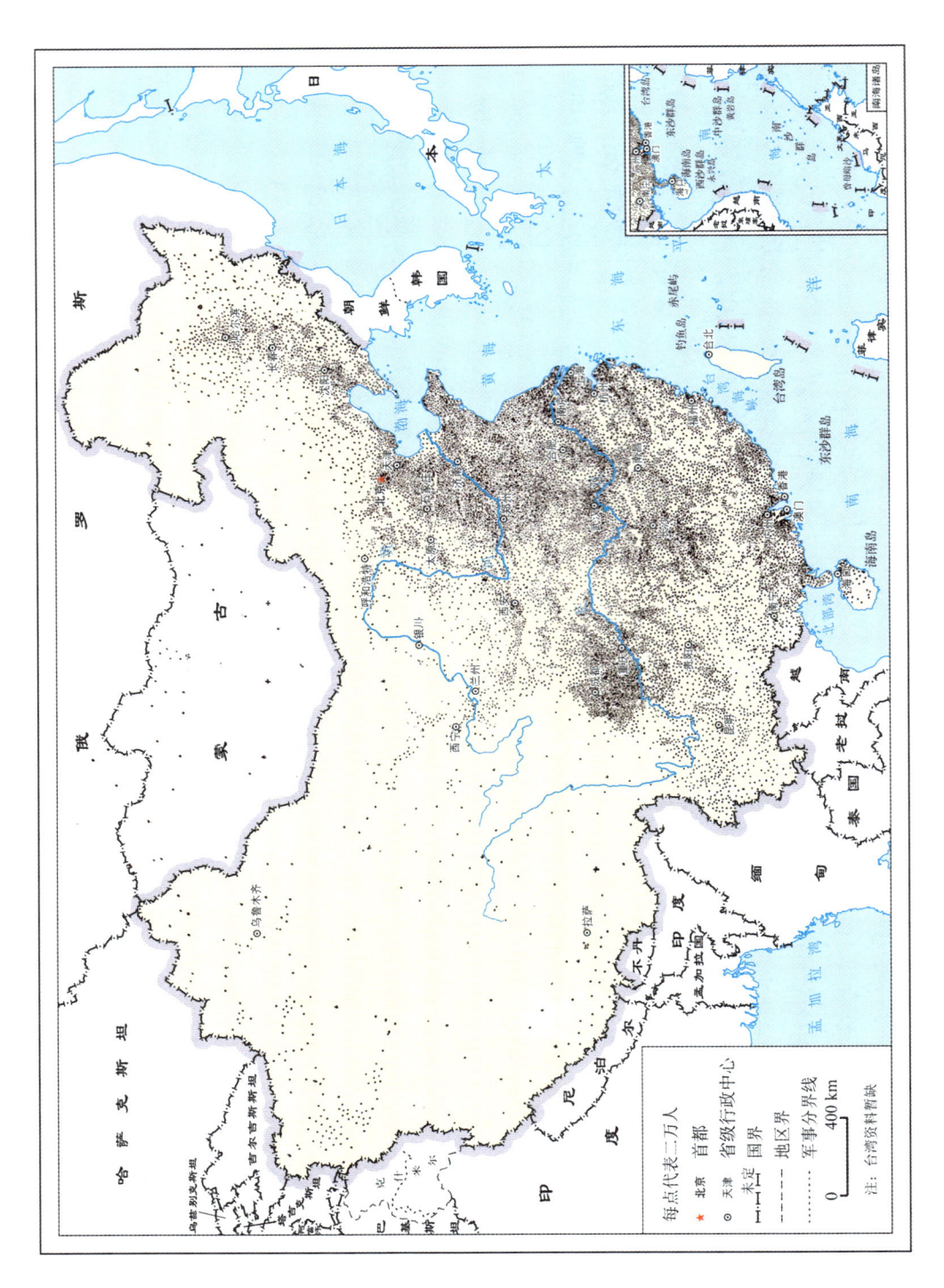

中国人口密度图

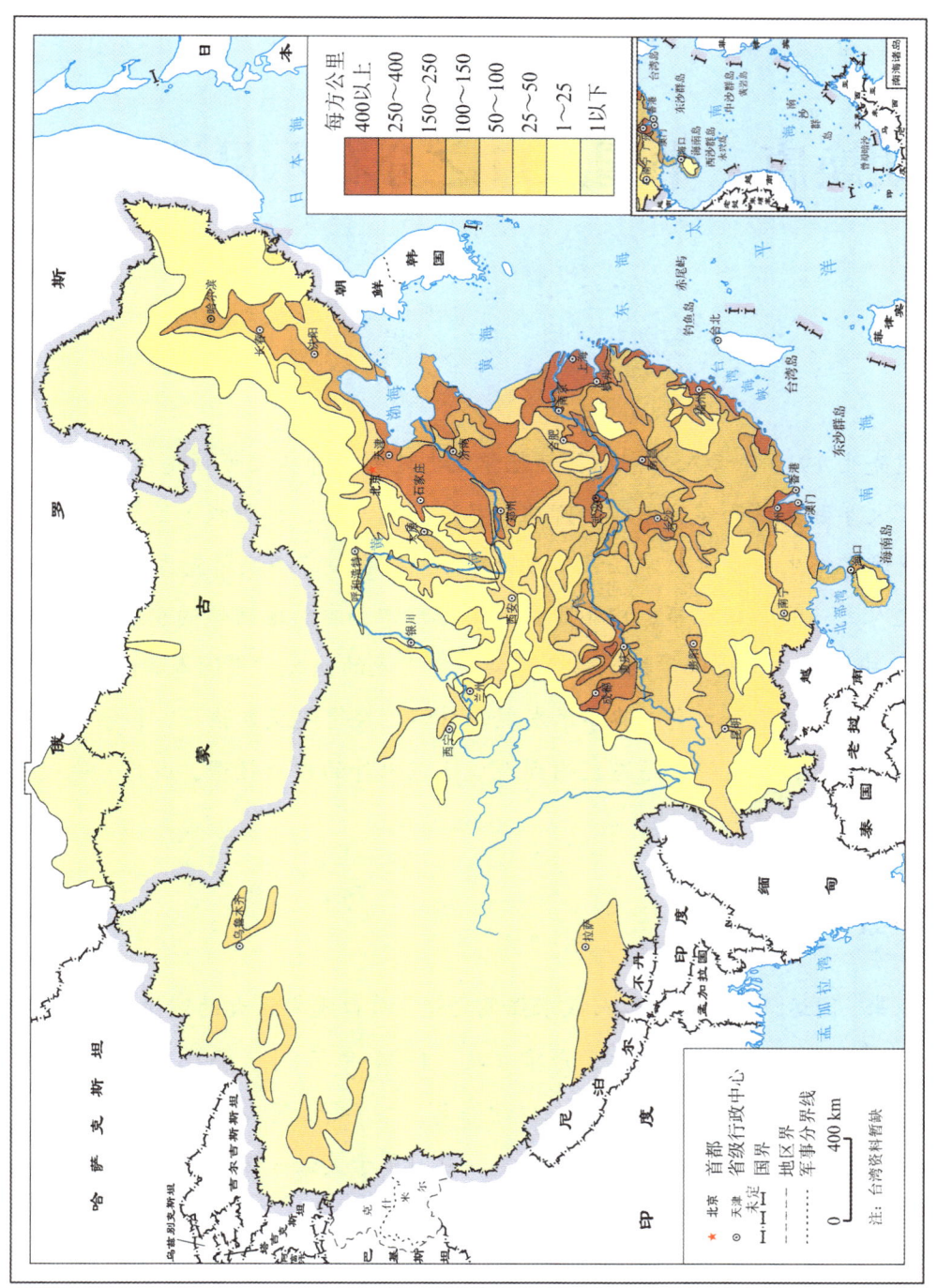

胡焕庸"中国人口之分布"品读

丁金宏　田阳　程晨

胡焕庸先生1919年考入南京高等师范学校史地部，师从竺可桢先生。1926年赴法国巴黎大学和法兰西学院留学，师从白吕纳、德马东、德芒戎等地理学大师。回国后，胡焕庸先生在多所大学任教，为教育部部聘教授。胡焕庸先生是中国地理学会的发起人之一和首届理事，中国现代人文地理学和自然地理学的重要奠基人。

1935年胡焕庸在《地理学报》第2卷第2期发表的论文"中国人口之分布"，是中国人口地理学的奠基之作，其学术发现的科学性经得起反复验证，其学术思想的影响力经久不衰，并且研究结果应用到人口地理以外的广泛领域，成为《地理学报》诞生以来的世纪经典。

一、创作背景

晚清以来，国运衰颓，志士仁人欲求强国之道，人口规模巨大的国情必难忽视，在中国人口是否过剩的判断上发生了严重分歧。1904年5月《警钟日报》刊文历数史实，将国家的治与乱直接对应到人口的寡与众[①]。吴景超（1933）按人口密度与职业分化的关系将世界上的国家分为四类，中国属于最低一级的人口密集、农业

作者介绍：丁金宏（1963— ），男，江苏涟水人，博士，华东师范大学人口研究所教授，中国地理学会会员（S110000148M），研究方向为人口地理。E-mail: jhding@re.ecnu.edu.cn

① "论中国治乱由于人口之众寡"，《警钟日报》，1904年5月25日。转引自《东方杂志》，1904年第6期。

主导的"第四种国家",国民艰难挣扎在温饱与冻馁边缘。鉴于严重的人口过剩问题,不少学者呼吁实施节育,控制人口(吴景超,1935;董时进,1936)。

另一些学者则从中国人口密度的国家对比以及广大西北地区地广人稀的事实出发,认为中国人口并未过剩,进而主张通过大规模垦荒将人口大规模转移到人烟稀少的西北边区,起到减轻东部人口压力、开发西北边疆的双重功效。1908年《东方杂志》发表影蓉(1908)的文章"徙民实边私议",认为西北内陆地广人稀,可以从东部"慕豪俊、来商旅、遣罪囚,……酌盈剂虚、裒多益寡"。1912—1949年,特别是"九一八"事变东北沦陷后,移民开发、屯垦实边、建设西北大后方的社会呼声再次高涨。张人鉴(1934)提出吸引海外侨民资本和东部充裕的劳动力开发西北,实现向西北移民一亿人、使西北人口密度达到"每方华里十余人"的宏伟目标。安汉(1932)认为中国的人口密度仅为一百零二人每平方英里,显著小于东亚诸国,与欧洲国家相比差距更大,由此断言中国人口并未过剩,解决人口问题的要旨是调剂人口与食物的对比关系,也就是向西北移民。中华民国政府的建设委员会一度做出了向西北移民九千万人的宏大计划。这些形而上的人口比较、移民策划引起了翁文灏、竺可桢、胡焕庸等地理学家的警觉,系统揭示人口分布不均的国情事实及其人地关系基础,理性回应中国人口是否过剩、应向哪里移民的国策问题,成为中国人口地理学创立的思想动力和学术责任,盛年的胡焕庸正是这一重任的勇敢担当者。

二、主要贡献

1. 创制完整的县级人口密度图

彼时研究中国人口分布面临数据缺乏的问题,可用的数据主要包括:中华续行委办会调查整理的1918—1919年分省人口数据、1925年邮政局调查统计的分县人口数据、1928年内政部调查的各省市人口数据、1935年内政部汇编的1931—1934年各省分县人口数据,但是每个版本都有省区缺漏,一省之内也常有县市数据缺失。胡焕庸尽量采用1935年内政部汇编的最新数据,除了沿用县级统计俱全的浙江、山西等6个省的数据外,花了极大精力通过各种途径搜集核算了各地人口:江苏等17个省的数据取自政府报告;直辖市、租界的人口数据主要取自《统计月报》和英国《政治家年鉴》；四川、贵州、福建3个省因缺乏新近数据不得不采用1925年邮政统计数据；西康、青海、西藏地方的人口根据经验做了主观估计；蒙古地方的人口数据来自外蒙政府的官方报告，此外还用了一些来自《申报年鉴》、英文版《中国年鉴》等的零星数据。经过细针密缕的整理，胡焕庸实现了中国大陆人口数据的第一次县级统计单元完整拼合，不无自豪地宣称为"全国人口比较最完备之统计"（胡焕庸，1935）。胡焕庸将县级人口数与土地面积相关联，制作了人口分布点值图和密度等级图，前者以每点代表两万人，后者将县级人口密度分为八个等级，直观反映人口分布的疏密差异。鉴于新地图的新颖性和完整性，1939年申报馆出版发行的《中国分省新图》特请胡焕庸将其以"重要城市及人口分布图"之名编入图集。今天重读论文、地图、所附数据及说明，仍然能感受到当年搜集处理数据的复杂性和艰巨性。

2. 开展人口分布的地理解释

胡焕庸对人口密度分级地图做了人地关系的解读，第一级分布在长三角、杭州湾、成都平原，这些区域地势低平、水热条件优越，是历史悠久的稻作区，土地的供养能力强，人口密度在每平方千米四百人以上，并且支撑了人口密度更高的现代工商业中心城市。

与第一级相对的另一极端是地广人稀的第八级，范围覆盖青藏高原、蒙古高原和新疆，平均人口密度每平方千米不足一人，青藏高原和蒙古高原是寒旱高原，新疆有大面积的荒漠，从地形或气候条件看，都是人类生存的极限区域。

介于第一与第八级之间的六级区域，随着地形气候条件组合由好转差，人口密度由高到低，其中大河支流的冲积平原地理条件相对优越，形成局部的人口密集地带，如赣江、湘江、汉水、渭水、汾水、西江等河流沿岸地带；有的地区地形条件较好但水热条件不足，如华北平原、松辽平原，人口密度又次之；有的地区地形条件较差但水热条件尚好，如云贵高原、南岭山脉、秦巴山脉，人口密度更下一级。

3. 发现"胡焕庸线"

在完成人口分布图和人口密度图之后，胡焕庸敏感地发现中国的人口密度差异性存在一个线性轮廓：

"今试自黑龙江之瑷珲,向西南作一直线,至云南之腾冲为止,分全国为东南与西北两部,则此东南部之面积,计四百万方公里,约占全国总面积之百分之三十六,西北部之面积,计七百万方公里,约占全国总面积之百分之六十四,惟人口之分布,则东南部计四万四千万,约占总人口之百分之九十六,西北部之人口,仅一千八百万,约占全国总人口之百分之四,其多寡之悬殊,有如此者。"[9]

这条"瑷珲—腾冲线"画龙点睛地反映了中国人口分布的不均匀格局,是中国人口密度从东南向西北递减渐变过程中的突变线。由于地名变换,"瑷珲—腾冲线"一度称为"黑河—腾冲线"。1984年7月美籍华人人口学家田心源教授(H. Yuan Tien)来上海拜访胡焕庸时指出,这条线应该称为"胡焕庸线"①,自此"胡焕庸线"的称谓逐渐流行于世。从篇幅上看,"胡焕庸线"并不是"中国人口之分布"一文的学术重心,如今却成为中国人口地理学最有影响力的学术成果之一。

4. 确认国际视野下的中国人口过密

胡焕庸继承和发扬了竺可桢提出的区域对比的地理条件和空间尺度相近性原则(竺可桢,1926),认为"研究各地人口密度,最好能以自然环境约略相同之区,用作比较,即不然,至少亦当以面积相当之区,互相参证"。对于当时某些言论家不加区别地进行中外对比,遽言中国人口并不密于欧洲诸国,胡焕庸怒斥之为"非狂即妄"(胡焕庸,1935)。

胡焕庸指出,中国的版图面积与欧洲全境相当,总人口比欧洲略少,人口密度每平方千米41人,仅比欧洲少3人,但欧洲并没有中国西北那样的大沙漠、大高原;如仅以自然条件与欧洲相当的东南半壁而论,则平均人口密度已达110人,反比欧洲高出一倍半。美国面积约为中国的3/4,人口仅相当于中国的1/4,平均人口密度为每平方千米16人,不到中国的40%,且地形、气候条件显著优于中国,进一步印证了中国人口密度之过大。沙漠遍布的澳大利亚其面积比中国西北半壁略广,而其人口仅相当于中国西北的1/3,人口密度每平方千米不足1人,亦逊于中国西北半壁,说明西北地区的人口密度比国际同类地区更大。即以当时西方标榜的西方人口最密

---

① Lin, J. 1984. Population growth is his worry. *China Daily*, September 12.

之区——比利时和英格兰而论，其人口密度在每平方千米 260 人以上，中国自然条件相当的苏南地区人口密度达到每平方千米 533 人，反比上述两国高出一倍，且中国除了少数城市绝大多数居民靠农业为生，足见江南人口密度在世界范围的领先地位。胡焕庸对比的结论虽未直言人口过剩，但上述论述已在表明中国人口实已过剩。

解决人口过剩问题必然关联到国内移民的方向选择，胡焕庸赞同翁文灏的观点，认为西北地区多是大高原、大荒漠，偶有绿洲多靠雪水灌溉，农业生产条件差、产量低，对外交通又不方便，难以容纳大量人口。相对而言东北地区地势低平，气候湿润，现有人口密度又不高，岁热量不足限制粮作熟制，可仍可作为国内移民的潜力方向。翁文灏（1932）倾向于优先开发松辽平原，胡焕庸则将目光进一步北移到嫩江平原。但由于日寇入侵、"伪满洲国"建立，向东北移民的方案无法付诸实施。

三、学术影响

1. 中国人口地理学的奠基

胡焕庸之前的地理学家已经开始关注人口地理问题，长期在中国开展地理研究和教育的英国学者罗士培（Roxby，1925）、美国学者葛德石（Cressey，1934），对中国东部及中部地区的人口分布及人地关系做过开拓性的研究，翁文灏（1932）提出了用北平—钦州线分割人口地理大区的方案，竺可桢（1926）开展了江浙两省县级单元的人口分布分析，这些研究都只覆盖了中国的局部或者较大部分地区。胡焕庸的中国人口密度地图首次展现了中国全境的人口地理格局，继承和发扬了竺可桢、翁文灏的学术传统，重视人地关系对人口分布的解释，提出人口比较的空间尺度和地理环境一致性规范，是对中国人口地理的一次集成创新，"中国人口之分布"成就为中国人口地理学的奠基之作。

2. 胡焕庸线的国家地理分界意义

"胡焕庸线"发端于人口密度分布差异，而实质上深刻揭示了中国自然、经济、人文诸因素的综合分异格局。直接影响人口密度的是人类活动因子，包括农业的生产方式、工业的交通条件、商业的集聚区位等，而潜藏于人类活动之下的是自然条件如地形地貌、气温降水、土壤植被等。综合而论，"胡焕庸线"东南地区自然条件的共性特征是地势低平、雨量充沛、土壤肥沃、生长期长，由此决定了农业的高产高效，对工业制造业和商业服务业起了很强的支撑作用，加之公路、铁路、水路运输条件优越，与国际市场的连接便利，形成了数量众多、规模较大的工商业中心，凡此种种决定了东南地区的人口高密度。胡焕庸线西北地区的自然条件、生态本底、农业基础、交通条件及工商城市等与东南地区形成强烈反差，导致人口相对稀疏。总之，胡焕庸线是中国综合国情的顶级分界，在国家经济社会和生态文明建设实践中越来越彰显出它的辨识度、科学性和稳定性，正在成为与秦岭—淮河线、长城线并列的又一条重要的国家地理分界，被越来越广泛地运用于国情分析与研究之中（丁金宏等，2021）。

胡焕庸线是地理国情的一种客观存在，是人口密集与稀疏的分界，不幸的是它也成了富裕与贫穷的分界，从而一度引发胡焕庸线能否突破的"总理之问"，并促进学术界对于胡焕庸线的更深层思考。胡焕庸线的突破不能紧盯着人口的数量对比，对西北地区而言，增加人口和密度不是值得追求的目标，更重要的是让西北地区获得更多的发展机会，缩小与东南地区的经济社会差距，让西北的人民富裕起来，让西北地区的生态稳定向好（李梅等，2016；陆大道等，2016）。

参考文献

[1] 安汉：《西北垦殖论》，国华印书馆，1932年。
[2] 丁金宏、程晨、张伟佳等："胡焕庸线的学术思想源流与地理分界意义"，《地理学报》，2021年第6期。
[3] 董时进："在中国何以须节制生育"，《东方杂志》，1936年第5期。
[4] 胡焕庸："中国人口之分布——附统计表与密度图"，《地理学报》，1935年第2期。
[5] 李梅、丁金宏、曾毅等："李克强之问与胡焕庸线之破"，《探索与争鸣》，2016年第1期。
[6] 陆大道、王铮、封志明等："关于'胡焕庸线能否突破'的学术争鸣"，《地理研究》，2016年第5期。
[7] 翁文灏："中国人口分布与土地利用"，《独立评论》，1932年第3、第4期。
[8] 吴景超："世界上的四种国家"，《独立评论》，1933年第75期。
[9] 吴景超："土地分配与人口安排"，《独立评论》，1935年第155期。
[10] 影蓉："徙民实边私议"，《东方杂志》，1908年第1期。
[11] 张人鉴：《开发西北实业计划》，北平著者书店，1934年。
[12] 竺可桢："论江浙两省人口之密度"，《东方杂志》，1926年第1期。
[13] Cressey, G. B. 1934. *China's Geographic Foundations: A Survey of the Land and Its People*. McGraw-Hill Book Company, Inc.
[14] Roxby, P. M. 1925. The distribution of population in China: Economic and political significance. *Geographical Review*, Vol. 15, No. 1.

罗布淖尔与罗布荒原

陈宗器

东起敦煌　西迄尉犁

罗布荒原除两极以外，可称世界最荒凉之区域，在沿罗布淖尔四围六十万方里以上差与江浙二省相等之面积以内，绝无居民，因水量缺少不能耕种及畜牧之故，使人类不能生存。幸高山[北有天山，南有昆仑山之分支爱斯丁山（Astin Tagh）]之积雪与冰川所溶化之水量，下流入塔里木河，东注于罗布淖尔，水流所经之地带，少量之植物得以生长，野兽得藉以生存其间。否则，将绝无生命之可言！区域虽广，风景极为单调，余等在此中旅行四月不足二天，并未遇见一人，在久惯城市生活之居民，益有荒芜冷落和平之感！无怪西出阳关，自昔视为畏途也。余亲临其地考察者二次——第一次民十九年十二月至二十年六月，为西北科学考查团，第二次民二十三年四月至八月为铁部察勘队——爰举其最为显著之事实，一申述之。

敦煌西至玉门关

敦煌为甘肃极西之小县，城南六里即为沙丘，以是古时又称沙州，但耕地达一二〇〇方里之多，党河水源又不虑缺乏，为嘉峪关外最富庶之一邑，有关外桃源之誉。

出西门，渡党河，向"西北西"行十八里，即离农庄，而入戈壁。此戈壁虽与安西至哈密途中者，外观相似，为草木不生作灰黑色之细石平原，但表面极软，驼行其上，如不在原有道中，每至下陷一二尺，且尘土冲天，至不适于旅行。

西北再行六十里，为戈壁之边缘，有积水，名碱泉子，味苦不适饮用。有道分支往西北偏北，通哈密。继续前进，渐折而往正西，经大泉，西湖头，约一一〇里，至古玉门关。途中高地与低地相间：高处较少，为小片之戈壁；低处较多，潴有小沼，并盛长芦草。间有半生与枯槁之榆树林，燃料不虞缺乏。其东段并有"迈赛"点缀其间，所谓"迈赛"（Mesa）者，乃古代原与戈壁同一高度之冲积层，经历年烈风之剥削，而仅有残余大不盈丈之椭圆形土堆，遗留其地，然其高度大略与原来相同。

东部北望相距三至七里为干涸之黑海子（Khara nor），乃由党河与由安西来之苏勒河所共泄，其西口又为山峡所阨，不得畅流，以入其尾闾，遂潴成此湖。南望则一片戈壁而已。

汉玉门关故址，俗称大方盘城，有烽墩数十及边墙遗迹，尚往西延长。

经榆树泉至五棵树

由古玉门关西行九〇里，至榆树泉（Toghrak Bulak），途中所见，为高处之戈壁与低处长草之洼地相间，与前大略相同。

所谓榆树泉者，其实为由黑海子西流而来之苏勒河河床，有短小之榆树二十余株，沿河生长，并有杂草。河水固定而不流，味苦，不能入口，即骆驼亦不愿一尝。夏季蚊子与牛虻独多，日夜为其扰攘，永不能忘。惟由其河床掘井所得之水，则清淡可饮。河之两岸均为戈壁，狭处相距不过百米，高出河床为十五米，有陡削之坡。天气晴朗之日，南山 Anembar-ula 之雪峰，高耸云霄，晶莹夺目。

由此西北行十四里，为所见最西之烽火墩二，相距五里，均矗立戈壁之西缘，水草渐少，稍有小柽柳。

续行四十里，入"迈赛"群，在此中旅行约三十里，如在沿海成群之小岛间旅行，其高度自二十五米至四十米不等，并作大象，伏虎，轮船，纪念碑等种种奇形怪状。西南紧接高达十五米之沙丘，去苏勒河尾闾约四十五里。此间产狼，胆甚大，虽在白日，随余等旅队绵羊之后一二百米，欲一逞其果腹之欲。

出"迈赛"不五里即为沙丘，乃汉时之三陇沙，高达十二米至十八米，吾辈于其最狭处穿过，须行三里。此沙丘向南与西南伸张，即为广大之孔塔格荒原（Kum Tagh desert）。

三陇沙亦向东北伸展，但极狭长，直过噶顺戈壁，或许亦与哈密以东黄芦岗之砂碛，打成一片。

出沙不远，有废墟，垣址可辨，想即居庐仓遗迹。即《魏略·西戎传》所云："迥三陇沙北头，经居庐仓"者是也。十五里为五棵树（Besh Toghrak），有少数之柽柳冢，殊无树木之可寻。井已干涸掘地二三尺即可得水。惟其东五里，虽地面潮湿，即掘深五尺，而水集极缓，以泥土层中水流不畅故也。

过古代海湾

由此沿孔塔格荒原边缘西行，北部小山在望，中隔十五里或二十里生长柽柳与芦草之平地。更西行积雪愈少，二十里过极小之山口。续进百里，绕过阳塔苦渡（Yantak Kuduk）之小山以北，草长渐稀，绝无残雪，可见以西降雨量减少，而入内陆荒原地带气候矣。

地原有井，但已腐臭不可饮，且含硫分甚重，使金属食具尽变黑色。此后能否得水殊不可知，乃遣仆东回四十里，载雪三驮以行。由此往婼羌（Charkilik）之大路，仍取西南西之方向，道左为沙丘绵亘之孔塔格荒原。但余等离大路，折而西北，约十三四里，为小碱滩，乃古代罗布泊向东伸张之一海湾，通过尚无十分困难，有野骆驼踪迹，回程时并遇之。

再十五六里，乃沿北山麓之狭小戈壁折而西行，芦草至稀，燃料缺乏，颇欲得水为骆驼入荒原前末次之饮。经多次之试掘，因无水或水味过咸，或水位太低，或水源不旺而失败。直至往西二十五里，掘地三尺半得水，虽稍咸而可饮，为第六一驻地，在此休息，使骆驼饮足水量，并遗下非必需之物，留人看守，轻装西行。

西入罗布泊干涸之海

复继续西行，道右为小山坡下之戈壁，愈西则坡度愈陡，甚至成垂直十米之高岸；道左为碱滩（Salt Crust），愈西愈硬。凡行一百里（途中起初二三十里，尚有微草，其后七八十里则已入绝对无生命之荒野），入纯粹之碱滩，而右部高岸随山折而向北延长矣。

但余等直往正西，仍向纯碱滩迈进。此碱滩乃古代海底（Salt-encrusted sea bed），为史前塔里木盆地之咸海，当时海之面积，远较现在为大，其向东部与东北部有大海湾，在现在罗布泊四围之碱滩，约有三万七千方里。较现在之罗布泊有四倍之大。其海底之盐碱，经多次之干涸与因水涨而溶化,同烈风刮来之泥沙固结而壅起,成极不规则之地面。

其东部虽坚硬,不过高低稍有不平,愈西则碱块之高起愈多,大坑亦愈深,又不齐一,高度自一二十厘米以至一米不等。余等举步几无下足处,步履不能均匀,必先选择下足之地,而后下践。以是速度锐减(每小时前进速率自八里减至五里),原在寻常平地,每日能行六十里者,在此至多不过能行四十里,且较费力。碱块之峰又甚锐利,行一日后,余等咸感足痛,骆驼柔软之足更在碱滩上血汁斑斑矣!驼夫则用熟牛皮以补缀其伤处,使痛苦较少。

日暮驻地,帐幕不易支起,因碱滩过硬,铁钉不易击入,并不能得平放铺盖之处。平日骆驼经长途旅行之后自然倒地休息者,至此虽使其下躺,亦立即起立,以碱滩锐利坚硬,不胜其痛苦之故。汉代大军西征时,经过盐泽困难情形,亦有记载。

在此中旅行,如置身汪洋大海,因四围尽系碱滩,作波状如海面,而不能见其边际。令人联想西人称骆驼为荒原之舟(The ship of desert),其命名为确切不移也。

自离高岸直往正西以后,计行碱滩一百三十里而达罗布泊之东岸。以中间一百里为最艰苦难行,近泊处渐平坦,泥沙亦渐少,而作纯白色,如在雪地旅行,尝之味咸,稍带苦味,为最近十年来海水涨后所新近沉淀者。在海北之碱滩上,则多石膏之碎片,与其他各方不同。

又发现东部高岸离西部楼兰间之距离,斯坦因氏之五十万分之一地图所表示者,较实在距离约远六十里,而余与汉纳尔博士之结果则相符也。

白 龙 堆

在回程中取道较北四五十里,则地面难行无若是之甚,但有不少高地。一如"迈赛",且较大,为古代大海中之岛屿,高出碱滩近二十米,其顶面亦有同样固结之碱滩,间有石膏细片。乃更古时代之海底,在其经风剥削之陡坡,层次井然。此种岛屿作长条蜿蜒状,作北东北—南西南之方向,与流行风向相同,因为所剥削故也。当系汉代之白龙堆。

《水经注》曰:"河水又东注于泑泽,即经所谓蒲昌海也。水积鄯善之东北,龙城之西南,龙城故姜赖之虚,胡之大国也。蒲昌海溢,荡覆其国。城基尚存而至大:晨发西门,暮达东门,浍其崖岸,余溜风吹,稍成龙形,西面向海,因名龙城。地广千里,皆为盐而刚坚也。行人所经,畜产皆布毡卧之。有大盐方如巨枕,以次相累,……西接鄯善,东连三沙,为海之北隒矣。故蒲昌亦有盐泽之称也。"^(注一)

因其高地蜿蜒作龙形,碱块作灰白色成鳞状,且高出成堆,故有白龙堆之名。所云海溢荡覆其国，想昔时此种"迈赛"为数较多，因某一时代海水陡涨，为其冲蚀以去。所谓"龙城"不过文人想象之词，未可深信。要之，此地位置从其所举与鄯善（即楼兰），三沙与蒲昌海之相关，则可断定其为白龙堆，无可疑矣。

《水经注》曰："国（指楼兰）在东垂，当白龙堆，常主发导，负水担粮，迎送汉使，故彼俗谓是泽为牢兰海也。"^{（注二）}是此地荒僻无水，自汉以来已然矣。

"迈赛"与"雅丹"

在罗布泊西，距海北部三十里外及南部六十里外之区域，为碱滩与冲积层分界处。冲积层在古代水涸以后，为广大之平原，因为烈风所蚀，乃作今形。凡可分为二种："迈赛"（Mesas）与"雅丹"（Yardangs）。前者高自十米以至三十米，年代较古；后者高不满一米，年代较浅。其凹处均为烈风所侵蚀以去，作北 20°—30° 东以至南 20°—30° 西之方向，与流行之风向相同。因此余等绕过海西九十里往北旅行时，行进方向与天然地形成一角度，须因地形之高低而频频上下，至为费力。有时坡度太陡，骆驼不能通过，必多方试探，而找得一径。步行测量甚觉疲劳，以是"迈赛"与"雅丹"二者均为此间旅行之障碍也。^{（注三）}

余等北上路线，所经有干河槽与枯树林一段，有矗立合抱大小之枯树数百株，即在与大沙漠（Taklamakan desert）东部之罗布荒原（Lop desert）矣。一望沙丘绵亘，极目无垠，沿边生长有高大之柽柳家。当余等至新塔里木河河畔时，已经过十四日半绝无滴水寸草之荒原，人与骆驼均疲惫不堪矣！

"迈赛"之上，有草根，茅屋之遗迹与古旧之驼粪，想系昔时牧者夏日登此用以取烟，以驱逐扰人之蚊蚋也。

古代之罗布泊

罗布泊即罗布淖尔，古时又称泑泽、盐泽、蒲昌海与牢兰海，实同地而异名，为新疆天山南路塔里木河之尾闾。

《山海经》曰："不周之山北望诸毗之山，临彼岳崇之山，东望泑泽，河水之所潜也。其源浑浑泡泡者也。东去玉门阳关千三百里，广轮四百里，其水澄渟，冬夏不减，其中洄湍电转，为隐沦之脉，……即河水之所潜，而出于积石也。"

此为中国古代关于罗布泊推为权威之记载，惟河水自此隐沦，而重源于积石一点，自是谬误，因罗布泊海拔约八五〇米，而河源所出之星宿海。较海拔四二七〇米之札陵海犹高，河水若不加以外力（如抽水机等），则万无自己升高之理。近人仍有持是说者，亦可见常识之缺乏矣。

罗布淖尔位置之讨论与迁徙（注四）

罗布泊之位置，在中国地图上原在塔里木盆地之东北部。

于一八七六—七年俄人蒲氏（Przhevalsky）来此考察，发见此湖在塔里木盆地南部，纬度整有一度之差，遂断定中国地图之位置为谬误，因而引起地理学上不少之争论。

德国地理学泰斗李希泰芬氏（Baron Von Richthofen）当时即不置信，以为蒲氏所发见者并非与中国地图上之罗布泊为同一之湖，必有另一支流入盆地北部为蒲氏所忽视。

凡俄国后起之探险家，如考斯劳夫（Koslov）等咸主张蒲氏之说。未敢稍持异议。英人斯坦因氏（A. Stein）附和之。

美国亨丁登教授（Ellsworth Huntington），则谓因气候变迁之故，原有内陆大海渐渐干涸，仅留北部积水成一小湖者，后因水量增加又成一大海，经第二次之干涸仅留南部一湖云云。

斯文赫定博士（Dr. Sven Hedin）欲考查此事，于一九〇〇年之三月，沿孔雀河（Konche Daria），并沿其久涸之河床测量，一直沿北山之麓，往东二百公里至阿铁密许布拉克（Altmish Bulak 意为"六十泉"）之南，已入于干海，并作一穿过罗布荒原之水准测量，得到北部楼兰故墟附近有一片洼地，较当时南部之喀喇枯顺湖（Kara Koshun）为低之结果。即推论：河道他日亦必改道北返，此北部洼地将复沦为湖云云。（注五）

赫定氏于第七次长征时，闻土人言，此河果于一九二一年改道北迁，罗布泊亦随之北徙，但因种种关系，未克亲往考察。民十九年之冬（1930—1931），余与汉纳尔博士（Dr. Nils G. Hörner）奉命前往，自敦煌西行，直赴该处考查，于其湖与入海处之河洲，加以测量，乃得证实。

至塔里木河所以改道之原因有二：

（1）河水下流时夹杂有泥沙杂物，年深月久将河床垫高。

（2）同时干涸之河床，则为当地流行北东北之烈风所吹刮，而低下。

如此进行至一定之岁月，干河床必较低下，而依自然趋势遂不得不改由原道流水入海也。

现在之罗布泊

经测量之结果，现在之罗布泊面积有九千五百方里，略作葫芦形，南北纵长一百七十里，东西宽度：北部较窄约四十里，南部向东澎涨处有九十里。其位置：海之南岸为北纬三十九度五十八分。

河水入海之处，在海之西北角，河口与其河洲有多数之小岛，为夏季野鸭天鹅育雏以后教习游泳之所，入海处距其分叉处约七十里，若将河洲与大海合计。周围约有六百五十里，步行绕海一周，至少须时旬日。

因所含盐分过多，海水经冬并不结冰，即河洲以内之湖沼亦然。东部海岸各地虽发现白色结晶，实为微雪。在河口近海处之水，虽略带咸臭之味，若煮沸尚勉强可饮。

现罗布泊东西二海岸线，其海湾伸展之方向，全与流行风向相同，一如"迈赛"与"雅丹"之角度。据余偕赫定博士在海之西北部泛舟时（民二十三年五月十七日）所观察，为水所淹没之海底，亦高低不平，一如"雅丹"在地面之上。深处可以舟行。海底高起处则将搁浅。

据余所采集者，海底成分，凡分五层（各层所采得之标本，已交实业部地质调查所土壤专家分析研究）：

第一层（即最上层） 淡黄色之泥，想系此次改道后新沉淀者。——厚半厘米至十七厘米。

第二层 黑色为生物腐烂有臭味之物质，有时含植物之根。
第三层 含沙粒之泥层（有时缺）　　共厚四厘米至二十五厘米。
第四层 混杂之泥层（有时缺）

第五层（即最下层） 真正坚固之碱盐层——厚度不明（似乎极厚）除最下一层不计外，上面四层之总厚度，自五厘米至二十八厘米不等，而在其上之海水深度，深处有八十五厘米，浅处仅十一厘米。以是大鱼（余等捕得四尾，长九十——一百一十厘米，高十四—十六厘米）在此中游泳，颇不自由，极易为人所捕捉与击毙，想因夏初水落时，短时间如此，水位高时当然情形不同。

罗布泊之西南端，有一小河，当余等十九年冬东来过此时，已八日无水，尝其水又味苦，颇为失望。再往西南上赴计十余里，仍有干河槽。想在河流未改道前，水位高时，有少量之水从喀喇枯顺（Kara Koshun）溢出，而流入现在之罗布泊亦未可知。

在离海之南岸二三百米之碱滩上，发现干脆之枯木，必为水所漂流而至，可见有史以来（或为汉代亦未可知），海之面积必较现在为广大也。又发见腐烂之野鸭蛋，野鸟之行踪，可谓无远勿届矣。

孔达利亚

现在罗布泊有多量之水，悉出孔达利亚所供给，孔达利亚（Kum daria）者，缠语为"沙河"之意（按缠语称沙为"孔"，河为"达利亚"）。近顷孔雀河乃于一九二一年在德门堡地方，离其故道而东流，始再有水。当其干时名库鲁克达利亚（Kurak daria"干河"之意），乃赫定氏于一九〇〇年三月，离孔雀河，经过营盘，沿此干河，所曾测量者。据赫定推论，此河在楼兰全盛时代有水流行，迄第四世纪始就干涸。

其河源之主要者，为孔雀河（Konche daria）乃自焉耆之海都河入博斯腾湖而复排出，经库尔勒而东南流者，与离其故道之塔里木河合。但于何处合并，迄尚未明。

我偕赫定博士乘当地土人所凿独木之舟，自尉犁（Kara Kum）东下，因独木舟在水中极不稳定，偶一不慎即倾覆而入水，为使舟行安全计，将二舟并列，上铺木板，乃得工作其上，如履平地也。

吾侪顺流东下，舟子二人，一先一后，沿途歌唱，极为快乐，努力拨桨时，前进速度每秒可达〇·九六米；若仅恃水力，每秒最高达〇·六五米，最低不过〇·一一米而已。每日最高行程，可达六十里左右（虽最高纪录曾行七十五里，但为例外）。自尉犁至入罗布泊之河口，凡舟行二十八日（休息之日数不计，行日有为风暴所阻，行程不满二十里者四日），约计行程一千零八十里。全河舟行，毫无困难，惟在入海处，岛屿环列，找一出路，极为不易耳。

据此间猎夫 Abder Rahim 言：河中水量以六月底最小，十一月底最大，约较最浅时大三倍。照余一九三四年之观察，自七月三号起水量已渐涨矣。其干河与支流，水量所曾测量者多处，兹将结果列表如下：

河名	年月日 （一九三四年）	地点	总宽度 （米）	最深度 （米）	最高速度 （每秒，米）	水量（每秒，立方米）	备注
孔雀河 （konche daria）	四月七日	雅尔吉克 （Jal chek）	六一·二	七·五〇	〇·六一	九四·六五	
孔雀河	四月十二日	沙吉克 （Sai chek）	六七·一	五·五〇	一·一〇	九六·八七	

续表

河名	年月日 （一九三四年）	地点	总宽度 （米）	最深度 （米）	最高速度 （每秒，米）	水量（每秒，立方米）	备注
支流（甲）	四月十五日	第尔伯（Dilpa）	二四·五	四·四〇	〇·二二	〇·七一	支流（甲）在孔雀河之南流入
孔雀河	四月十五日	第尔伯	五九·六	六·六〇	一·二一	九四·九二	
支流（乙）	四月十六日	古尔古尔（Gurgur）	七·八	一·一〇	〇·四三	一·八九	支流（乙）在孔雀河之南流入
支流（丙）	四月十六日	阿克拜书（Ak Basch）	六·五	一·二〇	〇·四六	一·〇九	支流（丙）在孔雀河之南流入
孔雀河	四月十九日	德门堡（Temenpu）	六九·六	三·六三	〇·六八	八〇·一八	
孔达利亚（Kum daria）	六月三日	却尔却克（Charchak）	八三·三	一·九〇	〇·九九	四〇·〇〇	
孔雀河	七月十二日	德门堡	六九·五	三·五〇	〇·八八	八一·八〇	与四月十九日所测为同一地点
孔达利亚	八月五日	（河洲开始分支之处）	五三·五	七·五〇	一·一七（河面速度）	一九二·四〇	此为估计数与一九三一年所测 M 为同一地点[注六]
孔达利亚	八月九日	却尔却克	一五〇·〇	一·九〇	一·二三	一一二·四五	与六月三日所测约为同一地点

自尉犁县至德门堡一段，沿河计长四百七十里，为老河；德门堡以东则为新河。现在当地土人称前者为康机达利亚[（Konche daria）即孔雀河，乃"靴河"之意]，后者为孔达利亚[（Kum daria）"沙河"之意]。以是其沿岸情形有显著之差异：

（1）沿老河草木繁茂，几成森林与草原，新河沿岸则草木绝少。

（2）老河蜿蜒曲折，一如他处老年之河，新河则平直而简易。

（3）老河窄而深（最深处八·六米），新河宽而较浅（最深处五·六米）。

（4）老河沿岸无倾圮情形，河水较清。新河沿岸多倾圮，河水呈混浊色。

若将德门堡东南行往铁干里之孔雀河故道与新河比较，其差异更甚。此故道仅水位最高时，有少量之水流至铁干里，平时在河床内仅有不流动之水池若干而已。

孔雀河之西端自尉犁以至阿克苏伯计一百六十里，沿岸尚有农庄，以东则尽为荒地，可资开垦。即阿克苏伯一处，自开垦以来不过八年，居民均为他处移来者。其弊在水中含有碱质，耕种不久，地面即现白色之物，于作物生长极不相宜也。

至孔雀河所以离其故道，除天然原因外，尚有人为之原因在。据云：有当地某乡约在其地开垦，凿渠引水，以资灌溉。河水遂向东流。当河初改道时，约在民国十年（即一九二一年）全河之水仅流一个月，第二年三个月，第三年半年，第四年起始终年有水。盖河床干涸太甚，必须多量之水将地下浸至饱和状态，方有余水能在地面畅流也。

因在孔雀河下流铁干里一带，水量日渐减少，水位日低，须掘井以得水。据阳格库尔（Yang Köl）之来人言：在三十五年前赫定居彼处时，水极深处，现在仅留极少量之水，不及原有十分之一，以是耕作大形减色，居民咸有冻馁之忧，拟用人力将河水改回故道。于二十年之夏，水位最低之时，呈请县府自铁干里婼羌一带，调用民夫四百人，在德门堡里馈粮，筑草房，协力工作。拟用木料建筑坚固之坝二处：一在新河，并在其上流掘运河数处拟引水以入老河；一在老河，恐水或逆流以入新河也。当水涨时，此木制之坝，当然如摧枯拉朽，为之冲扫以去矣。或云：当筑坝之时，垦田之乡约惧水源绝，则其田废，曾贿买工人使筑坝工程较逊，遂至不堪收拾，事或有之，未可深信。现在德门堡南岸森林中所遗留之草房及木料甚夥，俨然一巨大村落之废墟也。

自德门堡以东，初一百里，河直而宽，当系新河，再东分为二支，行四十里而复合，自是河身遂较曲折，沿岸多死森林与枯柽柳，则又为古代旧河床矣。因孔达利亚之重生已有十二三年之久，其沿河情形亦有变更，最显著者为草木之再生，榆木及柽柳均自其久枯之枝生长绿叶，呈欣欣向荣之色，河畔芦草，茂茂亦日渐滋生矣。

沿河有无数之湖沼，南岸尤多，为淡水或咸水，视其有出口与否而定。产鱼，多草。河畔有简陋之茅舍，为渔夫或牧童所居，过极简单之生活。湖以雅堪居尔（Jakanlik Köl）为最大，长在二十里以上，而流出成小河，宽不盈丈，水几绝流，长有一百四十里，河向往南东南，似为往古某一时代河流所曾取此方向而入喀喇枯顺（Kara Koshun）者也。瑞典人贝格孟君（Folke Bergman），曾于此河之旁，发见古墓一处，规模甚大^(注七)。

所最为特别者为沿河地方命名之意，举例以言：如阿梯卡支地（At Katsdi 在阿克苏伯东三十里）为"马跑了"之意；姆赛尼苏勒格（Musani Sulagar 为第六十八驻地）为"姆赛打死黄羊（的地方）"之意等，可见当地土人即以其地所发生之事，以名其地也。

楼兰故墟之三次访问

楼兰为西域三十六国之一，乃汉代通西域之门户，其故墟为赫定博士于一九〇〇年所发见，所有房屋建筑：墙与烽火墩为日晒之土坯与柽柳之枝相间砌成，因其能耐烈风之侵袭，以是至今尚有数处墙垣完好如新，因天气干燥之故，门架木料亦并未腐烂。

房屋隔断用芦苇束与编织之柳条制成，表面涂以黏土，赫定发见文字之处，隔为三小间，其墙垣尤为完整。

据赫定一九〇一年所发见之文字，最早者为西历一五〇年，其余多数在一一八—二七〇年之间，所记关于当时政事，商务，交通，制造品，农业等，莫不备载，可以想象当时楼兰之兴隆气象。(注八)楼兰有庙，仓库，客栈，邮局，伤兵医院，住宅和茅舍等，可见当时楼兰居民之生活状况与今日铁干里一带不相上下：居土房草舍，以农耕渔猎为生。

纪元后四百年，法显之记载楼兰，以为鄯善国境荒凉，居民衣服粗率，制若汉人，国君信佛，有僧侣四百人。玄奘（西元六四五年）亦行经纳缚波故国，即楼兰地，(注九)所言极简略，可见当时已无关重要矣。

在故墟所发见之古物，除赫定、斯坦因二氏另有专书记载外，其随地为余所拾得者：有新石器时代之石矢、石斧，并汉代之破绸布，漆器，耳环，五铢钱，铜矢簇，箭杆，鱼网，碎玛瑙，檀片，麻布，草履，树枝编成之筐，带扣，铜灯台，骨针，毛绳等等，此外陶器碎片，则到处皆是。

余访问楼兰故墟者，先后三次，所见最为显著者，乃二十里外可以望见之高墩，巍然矗立，依然无恙，犹见当年伟大崇高之气象。而赫定博士及斯坦因爵士所测地图之精确可靠，以作旅行家之南针。余第一次访问时，仅见一片荒原作死灰色，至相隔约二年半之第二次往访，则楼兰以东五里之柽柳枯枝已渐长新叶，伏睡二千年之潜在生命，得以复活，不可谓非奇事也。

除楼兰本身以外，附近尚有甚多之驿站与防守之堡垒，如斯坦因废墟 LE，四面环水，有百米正方柽柳所筑之围墙，原有运河直通楼兰之方向，余等曾舟行其处。如土垠为民十六年黄君文弼所发见，地处三角洲东北之海湾，适当冲要，以御匈奴。(注十)又十九年冬余所发见者二处，二十三年夏余与赫定博士所发见者二处，均靠近现在河流之北岸，其大小范围，每边不过二三丈，存有芦苇和土所筑之墙，有径大盈尺之房柱，有阔约一米之门架，想系当时之驿站也。

此外古冢，斯坦因、贝格孟、黄文弼、汉纳尔诸君等，均有发见，赫定博士及余旅行其地，亦发见数处，兹举其大概情形如下：

冢之建地，大都在高出现在河面二十米左右之"迈赛"上，有柽柳之枝露出地面，以作标记。分二种：即一人独葬而有棺者，与多人共葬而无棺者。或者一为富贵之人，其他则为普通平民亦未可知。棺由木干挖空而成如独木之舟，其盖则为木板或带毛之牛皮。尸体僵固，如骨外包皮一层，作棕黑色，并不腐化，想系天气干燥所致。殉葬物之公共者，为小木桌，羊骨，毛毡等。有棺者更有丝织与棉织之衣着，并有皮靴，毡帽，骨针，针与针袋，香囊，木梳，草织盛干粮之袋，布制之耍囡等。于此亦可见楼兰当时文化之一斑矣。（注十一）

丝 道

楼兰为西域重镇，乃运丝大路（Silk road）之中道所必经之点：发敦煌，西行过苏勒河，经三陇沙，居庐仓，过碱滩及白龙堆以至楼兰，而趋营盘，为中国与波斯，印度，叙利亚，罗马间交通之孔道，途中崎岖缺水，但路程较他道为近。

从赫定及斯坦因氏所采掘之文字记载推论，经由楼兰之运丝大路，在纪元前二世纪已开始通行。当汉武帝派张骞通西域时（纪元前一二二年）实开西行之路，由之以达地中海希腊罗马文明之中心，"丝"为汉所专利者垂数百年，于经济上甚为重要。

因丝路时为匈奴所扰，汉代有将长城向西延长之必要，以是自敦煌西达玉门关，西之榆树泉，长城及烽火墩之遗迹，沿途皆是，以保护此丝道之安全。自楼兰西迄尉犁，亦时见驿站之废墟，其最大者为营盘，去楼兰在西西北之方向四百里，其处颓垣堡垒犹存，有巨大之围城。中间楼兰以东，榆树泉以西一段，无所守卫者，因在荒原地带无被扰之危险，想自往古以来已如是矣。

此丝路终止之时，约在纪元后三三〇年，至其所以终止之原因有二：

（1）河道变迁而水量缺少。

（2）水中含碱太多，积在地上日久愈甚，而不适于耕种，下流如楼兰者尤甚，因蒸发更多故也。

此外或因战争，或因政府管理之不良，而上举二者要为其主因。盖楼兰附近地带之耕种，全恃灌溉，一如今日铁干里一带之景况。水源减少及土中含碱质过多，实为致命之伤，居民遂不得不弃此而他适，与今日铁干里婼羌一带之人民，正复相同。因居民之迁徙，楼兰渐成荒废，而丝路亦不得不随而改道，而取较为纡远但水量不虞缺乏之北道或南道矣。

——北道：由古玉门关折而西北至吐鲁番经焉耆，西南行与楼兰之道合，经库车，阿克苏

而至疏勒；南道：由敦煌西南行，经婼羌，和阗，而至疏勒。^(注十二)

罗布荒原

　　罗布荒原之范围，东西长度达六百里，南北宽度亦达二百五十里，为环罗布淖尔四周不毛之地。东至故牢兰海干涸之岸东；西迄孔雀河折而南行之故道与大沙漠（Taklamakan desert）之极东部分界；南达孔达格荒原；北迄库鲁克山之麓。

　　此荒原之东部为坚固之碱滩（Hard Saltcrust 即干涸之海），西部为沙丘（Sand dunes），偏北之部则为因风剥蚀所遗留之土阜或高地（Wind-eroded Terace 即白龙堆"迈赛"与"雅丹"是），其中部即罗布淖尔所存在也。

　　碱滩及高地之情形，已于前言之矣。沙丘则高度达百米，且有过之，向东倾斜入碱滩一带则高度渐低。沙丘与碱滩分界之处，则在沙碛之上长多数之柽柳作冢形，称"柽柳冢"，高达二十米，并长少数之野白杨，尤多枯死之森林，可以想见水量之日就干涸。虽在二千年前气候较现在为湿润，但在汉时已有感觉水量缺少之记载。

　　纪元后四百年，高僧法显行经其地，叙述罗布荒原之状况，据云："沙河多恶鬼热风，遇则无全。上无飞鸟，下无走兽。遍望极同，莫知所拟，惟以死人枯骨为标识。"此时丝道断绝不及百年，而荒凉景象已若是其甚矣。

　　《大唐西域记》（西元六四五年）云："从此东行，入大流沙，沙则流漫，聚散随风，人行无迹，遂多迷路，四远茫茫，莫知所指，是以往来者聚遗骸所记之。乏水草，多热风。风起则人畜惛迷，因以成病。时闻歌啸，或闻号哭，视听之间，恍然不知所至，由此屡有丧亡，盖鬼魅之所致也。"^(注十三) 玄奘（六二九—六四八）于一三〇〇年前之所记如此，然目下景况实不减当年也。

　　意大利威尼斯商人子马哥孛罗（一二五四—一三二五）入仕元朝，归而在狱中著书，其游记为欧洲人记述东方之最早者，而亦最享盛名，其述罗布荒原略云：

　　"此荒原（指罗布荒原）甚广，据云欲骑行自此端以达彼端，需时一载以上，即跨过其最狭处，亦需一月。全由起伏之沙丘所组成，绝不能在此间得到食可之物品。

　　"并无野兽，因绝无食物以资生活。关于此荒原有令人惊异未可置信之传说：当旅客在夜间行进，其中若有一人落后或熟睡之时，彼若继进寻觅旅伴，将闻鬼语，误认其为同行者。有时鬼怪或直呼其名，旅客常因是迷途，永失其旅队之所在，而丧失生命者不少。有时迷途之旅客，闻见大队人马步行与呷唔之声在真实路线以外，以为同伴，随之以行。天明方知为其所欺，而陷入绝境！即在白昼亦闻鬼语。且闻奏乐声，而尤多闻鼓声。以是在此中旅行，旅客每结伴同行而不远离，习以为常。牲畜项间每悬铃铛，使不易失道。睡时必置信号，表示次晨行程之方向（以免迷途），如此方能将荒原平安渡过也。"（注十四）

此为十三世纪时之记载，于其地理状况跃然纸上，惜过于张大其辞，未可深信。

就实在情形论，在如此无水（即有水亦味苦不可饮）之荒原旅行，仅在冬季数月以内，用骆驼作交通工具，运冰雪以作饮料，方不至于渴死。然在此中旅行者，心中不定，前进缓慢，而步行艰苦，触目无尽处，亦不知目的地之何在。前途渺茫，则有同感耳。

库鲁克山

库鲁克山者，在缠回语为库鲁克达格（Kuruk Tagh），乃"干山"之意，为自天山由焉耆以南向东延长之余脉，其实只能作丘陵观。因其山巅高度海拔不过一千二三百米上下，而塔里木盆地之罗布泊海拔已有八五〇米，以视北山相对高度仅有四五百米故也。

余等于二十三年五月杪，在罗布泊考察完毕，自土垠以西约十里处，离三角洲，乘汽车西北行，穿过库鲁克山之一部，沿途所见为光秃碛脊极单调之群山，尽系石块，多作灰色，植物稀少，仅有生长不盛之短草，惟在泉水附近较为丰茂，亦稍长柽柳。

凡有泉处，兽踪四射、集中其处，盖野兽经过若干时日必来此以解渴（野兽并不以泉水为苦），荒原旅行者每藉兽迹以探得泉水之所在。泉旁每有简单之草窝，猎者每藏身其处以伺野牲之来而发枪也。

库鲁克山山间旅行所经之泉水有五：莫荷莱泉（Moholai Bulak），蒲鲁多泉（Burutu Bulak），背书泉（Besh Bulak），南山泉（Nan-cheng Bulak），土格赖泉（Toghrak Bulak，即榆树泉）。

南山泉草长较茂而广，并有空土屋二间，乃土人筑此以为避乱之所。各泉相隔颇远，泉水大都味苦，中以榆树泉水较清淡可饮。惟冬季采用其冰，并在清水中洗去因冻而附着其上之碱质，则并无苦味。泉水旺时，亦有水量流出，但并不流畅，未至一二百米即行干涸，以地面过于干燥之故。所经多山沟，有广至一二百米者，大都干涸无水。

未至榆树泉前之东北三十里，须上一陡坡，名科克苏大坂（Koksu Dawan），高出四周平地有四十米，汽车爬上此坡，颇为费力。由此有一道往正北，经新根（Singen），通吐鲁番，新疆自变乱后，焉耆之路绝，以此为要道矣。

由榆树泉往西南约三十五里，即出山口，下望盆地，极目无垠，荒野茫茫，孔河如练，诚奇观也。

噶顺戈壁

噶顺戈壁（Gashun Gobi）在罗布盆地之东北，为由安西通哈密大路之西南，苏勒河以北之荒原。其山乃库鲁克山向东蔓延，称为北山，与祁连山之称为南山相对而言也。

余等自敦煌（海拔一〇七〇米）北行，渐离农庄，经盛长茂草之牧场，过干涸之苏勒河（此段仅夏季四月至七月有水），再行十五里，而入性软之戈壁。约取正北之方向再行五十四里即入河口，有泉，源旺，水清可饮，东山顶筑土墩以为标征，名石板墩。

由此续行而北略偏西，坡度平坦，不类上山，约四十六里为最高之处，海拔一八〇〇米。再行十五里，为明水，有小水坑，水量极少，且混浊不可饮。复往北二十里，即出山口，为马连井，有水孔二，水源极畅。在此段山中（自南口以至北口计长八十里），两旁石山高耸，谷中平坦，略长小草，但不茂盛，野牲亦绝少。

自马连井有道北行，约一百八十里至苦水，与安西大道合，直通哈密。吾等则由马连井西行，本无路可循，全系探察性质。经高低不平之原野，略有小草，行二十六里有一道，自东南而往西北，据云：自敦煌来，入青墩峡，穿过北山，直赴哈密云。由此续行二十六里，又入小山群，有泉名道道水，草长颇茂，遇缠民七八人在此放养骆驼，据云：系从哈密来此行猎者。

继续西行二十四里，为骆驼井，乃在石罅中渗出之泉水，每日约有水量五十加仑，但味苦不可饮，乃灌入空汽油筒，使之冻结，而取用其冰，虽略带咸味，尚可饮用。旅行至此，毫无困难，骆驼无论矣，即汽车亦通行无阻。

由骆驼井更西行，草长渐稀，有野骆驼踪，循一广约三十米之干河槽以行，两旁均为软面之戈壁，约一百八十里则为流沙所阻。其沙碛弥漫之方向，系自"南西南"往"东北东"之方向，乃五棵树东之三陇沙之沙丘，向东北延长部分，再伸至哈密以东之黄芦冈沙碛相接，似无可疑者。沙碛东西之宽度则不可知，登高地藉远镜窥之，亦不能尽其边际。因往南拟探测一径，以绕过此沙，因地软亦不可能，乃折回骆驼井。

跨过骆驼井以南之小山，穿过冲积之石滩，四十里达山麓，入山寻越山汽车可以通行之径而不可得，乃改由骆驼井西行二十里，再折而西南，循一故河床南下，至一同一冲积平原，而并无困难，惟盛长柽柳约有十里之处沙地太软，如汽车保持高速，亦得通过。

由此继续前进，则植物渐少，保持西偏南行之方向，在山之北坡进行，则地面较硬，不易陷落。越过不少干涸之山沟，而入小山群，柽柳野草渐多，因避免软地，上极陡之岩坡，而达龚井，自骆驼井至此已二百八十六里矣。龚井在小山与柽柳冢旁，乃龚继成君所掘，水源尚不弱，但味至苦，即经一度冰冻后仍不可饮。

由龚井西行，穿过小山群约四十里，又为沙碛所阻，其沙梁方向仍为南自五棵树伸张而来者，幸宽度尚不广，其最窄处不过四十米，穿过尚无困难。

从此续行五十四里，在正西偏北之方向，至穿过一山口处，山口有极高之鄂博，谷中杂草柽柳极盛，有一天然泉水，味略咸而来源尚旺，名之曰绥新泉，纪念铁道部绥新察勘队所发见也。

从绥新泉西行二十五里，过小山之群，至一小河，沿之行，略有小柽柳。在此附近地带赫定博士于一九〇一年之冬，自爱斯丁山北来，穿过孔塔格荒原，过此再行北进，折而西行抵阿铁密许泉（Altmish Bulak 意为"六十泉"），途中骆驼未饮水者十二日^(注八)，此外曾再无行人旅行其地。由此更西行二十五里，为最西盛长柽柳之处，可供燃料，更西则甚稀少。

续行西进一〇八里，初在细石戈壁之上，旋在一干河槽内，终则绕过一山嘴，为回程第三〇驻地（Camp R30）。由此西南二十四里，下高碛为碱滩。在碛下隐隐有路踪，必为甚久以前所通行，或为二千年前丝道之遗迹，亦未可知。碱滩上车行既不可能，欲越过高碛，则地面又太软，不得已乃折回第三〇号驻地。

乃再往北行四十里，亦为软地面所阻。由此改用小汽车西行三十二里，为盐土与石膏固结之碱滩，地面或软或硬至不一致，有为风剥削而遗留作奇形之"迈赛"。北望距三四十里以外有山，西南则一望无际，作灰白色，为古代大罗布泊之海底矣。

自马连井至此，计程七百二十里，由此去西部察勘队所到极东点之阿铁密许泉，至多不过二百五十里。我等此行目的，本拟由甘肃至新疆辟一捷径，藉通汽车，为中亚交通开一新纪元，奈因汽油燃料食物等咸感缺乏，功亏一篑，良可叹也！

我等不得不自原道折回马连井，适遇敦煌去哈密之商人在此露宿，整有一月未见外人，亦可见此地之荒僻矣。由此往东偏北（东东北）行十里，至照壁井，再行五十里至大众（为安西至哈密大道上之驿站，去安西二百里），本亦无通行之路，沿途平坦，间有小丘陵，柽柳杂草甚为繁茂，乃一极好牧场。

所见噶顺戈壁之大概情形如此，与斯役者，尚有赫定博士，尤寅照君及龚继成君。

气候状况

罗布区域，因距海远，为山岭所阻隔，纯为大陆性气候。因无海洋风之调节，寒暑均甚剧烈；因湿气无由深入之故，恒干燥少雨。虽大致之情形如是，然关于一地气候之状况，须经较长之观测，方能下较为确定之结论。余在此区域（在敦煌尉犁间），一冬一夏，先后合计约有一年，而气象记录又残缺不全，以是尤难下满意之推论。

所最引为遗憾者：乃气象观测，因他种工作关系，有时不能分身或因仪器破损之故而中辍，每日十四点钟之观测又时常遗漏，尤以一九三一年为甚。以全部记录论：四月至六月之三个月，在东部（一九三一年）与西部（一九三四年）均有记录，而自八月杪至十一月初之二个半月，则绝无记录。

兹因在此荒原地带，人迹罕至之故，特将所得记录绘图发表，于其大概情形亦可窥见一斑矣。现就图上所记载者并其他特种现象，一并申述如下：

（一）温度　就温度论，寒暑均甚剧烈，冬季与夏季及白昼与夜间之相差甚大。所曾观测者：最高温达摄氏四〇·九度（一九三四年七月二十八日），最低温至零下二三·八度（一九三四年十一月二十八日）。而昼夜相差在二十度以上者，乃属常事，因是生物不能耐此剧烈变化者，不能生长。

旅行其地者甚感皮肤为夏日所灼伤，汗出即干，无稍留存。以径大十六厘米之洋铁罐中储之以水，曝日光下，观察结果，每日蒸发量：六月初旬为二〇—三〇毫米，七月下旬为二六—五八毫米。此数虽无科学价值，然亦可见其一斑矣。冬季墨水结冰不能作书，固不待言，外出时呵气即成冻，寒风刺骨作痛；即围炉时，近火一边虽烧近灼，而背火一面则能冰冻。

（二）风　测风估计用蒲福尔氏之风力等级（The Beaufort wind scale），但在风力大时亦用风力计。所测得之最高风速为每秒平均一三·七米，已尘土弥漫，逆风而行颇感困难。然有二次较此为大：将帐篷裂为片片，木箱上之黑字为之磨灭。

风暴来时，每尘土冲天，飞沙走石，使旅行困难，非停止不可，每旬日至少有一次之风暴，每次以二三日为度，其来去似有节奏。风暴所来之方向：在盆地东西二部多来自东北之象限，惟在噶顺戈壁则似来自西北（参观气象图）。

温度受风之影响甚大，每经过一次风暴以后，则温度有显著之下降。然此系指西北风而言，若东南风则有相反之效果。孔河之畔，于一九三一年之冬，二月十九日东南风始至，河冰开始融解，至二十四号不能安全渡过矣。

尚有一种小旋风，夏季所见者，每日以百计，在荒原旷野向反钟方向旋转，挟沙土上升，高达一二百米而消失。

（三）云　平时清明之日绝少，刮沙风时固不见天日，即在平日亦有薄云笼罩。南望爱斯丁山之雪峰，仅特别清明之日，于清晨可见，光耀夺目。

参观气象图，只少有四分之三时日，满天为云所遮盖，噶顺戈壁之情形较为不同。所见云类，以卷云与卷层云为最多，夏季则白天多见积云。早起白天有云之日，至旁晚每散去，亦为常有之现象。

（四）雨量　荒原天气干燥，雨量绝少，即空中见有雨云，但并不下降，据当地土人言，民国二十三年之雨量独多（参考气象图），尤以阵雨为最特殊之现象。

此种阵雨，发生在晴天，而忽然黑云弥漫，俄倾之间即倾盆大雨，且多佐以雷电与冰雹。就余所经历者，在孔河河畔，却尔却克（Charchak）地方（约在楼兰与尉犁之中点），于二十三年六月七日十七时二十六分起，半小时以内降雨至十毫米以上，因而在北相去约有十里之库鲁克山所受雨量，积而成河，自常涸之山涧一泻而下，广达十米，最深处有五十五厘米，流量每秒有三·八立方米。驻地之东，为长二百米，宽一百三十米之临时湖所浸没。入河处成一瀑布，因水流极为湍急，沿途所经之处，均为冲坏，挟其泥土以俱来，此临时之河流水达五小时之久，其混浊之涧水，冲入清水河中，离岸有二十米之远。其流入孔河处之岸，于流水尽时加以测量，为所冲坏者估计达一百立方米之巨（高六十七厘米，厚十八米，长：河边十二·六米，离岸六米至十八米处，计长九米），亦可见其毁坏能力之惊人矣！

（五）能见度　《山海经》曰："类雾起云浮，寡见星日"，堪为其地写照。即本为晴明之日，忽然即能尘土蔽天，虽不吹弥大风，但其弥漫而来之状态显然可见。如一九三四年五月十四日在孔河三角洲中，六时三十分见沙尘自南方淹盖而来（若远方正在下雨，其实非是），其时北方一半全系青天，此后青天渐渐缩小，至七时仅余全天四分之一系青色，至七时四十分则满天为沙尘所蔽矣。且沙尘渐渐下降，至远望五十米以内之物亦不清晰。在前空气至静，八时四十五分风起，但风力不过为"二"，是沙尘之来已在风前约二小时也。

罗布居民及其适应

罗布居民（Lopliks）实由缠回所递演而来。缠回乃土耳其种，而罗布居民则混有蒙民或藏民之血统[注十五]，但亦信奉回教，衣着语言与缠回同。

缠回之居于城市者，有种种之宗教仪式，晨兴、日中，及天暮，必举行祈祷，而妇女则必用面幕，不能以色相示人等等，但在罗布区域一切随便，因其生活艰苦，保持生命尚且不遑，无暇再作此繁文缛节之事。

罗布居民所住系草棚（Settma），仅足蔽风雨；所衣系用羊毛自织之布，仅足以蔽体；所食为鱼类酸乳等，不能求一饱。

在西部铁干里（Tikenlik）、阳格库尔（Yang Köl）、杜赖尔（Dural）、库支里克（Kutslik）、阳格苏（Yang Su）一带之居民，虽生活较好兼营耕作。而真正之罗布居民，则多以渔猎为生。以是常筑草棚于沿河各小湖之旁，日以捕鱼，打野鸭，采取野鹅蛋为食物，春季亦采水草之嫩芽而食之，绝少食米麦，因既不自耕种，而亦无力以购得之。亦兼营畜牧，其牲畜多绵羊，为西部富家所寄养，彼等略得酬劳而已。妇女则将羊毛捻成线，能织成毛布用以制衣，及盛物之袋，亦颇坚牢耐用。

野牲最多者，为黄羊与野猪。黄羊为羚羊之一种，有时猎之以充食物；野猪则未敢或犯，以彼辈亦笃守回教之戒也。

罗布居民对人彬彬有礼，与缠回同，且较为直率豪爽，而独立自尊。甚好宾客，虽非素识，必出家中所有之酸乳子野鸭蛋等以款待。当沿孔河旅行时，亦常有土人之馈赠（蛋，绵羊，面包，及其他各种土产），我等当然倍值以偿之。居民疾病不知医药，当余等过之，以厚礼而求医治者踵相接。

总之，罗布居民知识简陋，见闻浅薄，浑浑噩噩，不知有中国，更不知有世界，不过在此荒芜宁静之原野，以营其淳朴简单之生活，适应当地自然之环境，藉延续其生命而已。

参 考 书

Aurel Stein, on Ancient Central-Asian Tracks, ——Chapters Ⅰ, Ⅱ, Ⅷ, & Ⅸ, Macmillan & Co. London, 1933.

Ellsworth Huntington, the Pulse of Asia, ——Chapters Ⅻ——ⅩⅣ, Houghten Mifflin Co. Boston New York, 1907.

上列二书参考之处颇多，已于各书之下注明章节，此外更分别举之如次：

注一——郦道元著，《水经注》——第一册第二十三页。商务印书馆，国学基本丛书。

注二——同书第一册第二十页。

注三——Nils G. Hörner, Lop-nor-Topographical and Geological Summary, Geografiska Annaler 1932. H3-4 Stockholm.

注四——Sven Hedin, Lop-Nor-Den Vandrande Sjön, ur Ymar, 1931. Stockholm. Sven Hedin, Across the Gobi-desert-PP. 360-392 Lop-nor, E. P. Dutton & Co. New York, 1933.

注五——斯文赫定著，李述礼译：《亚洲腹地旅行记》，开明书店出版，第三六章，页三一五—三二七。

注六——Nils G. Hörner & Parker C. Chen, Alternating Lakes-P. 149 Geografiska Annaler 1935, Sven Hedin 译文为李良骐译：何勒、陈宗器合著：《中国西北之交替湖》，载《方志月刊》第八卷第四五合期，二十四年五月。

注七——Folke Bergman, Newly Discovered Graves in the Lop-nor Desert, Geografiska Annaler 1935 Sven Hedin.

注八——斯文赫定著，《亚洲腹地旅行记》，第四〇—四一章，页三六一—三七六。

注九——玄奘著，《大唐西域记》，页一八八。商务印书馆，国学基本丛书。

注十——黄文弼，《罗布淖尔之移徙与发见》——北大讲义：《西北史地》页十三—十四。

注十一——陈宗器，《西北之地理环境与科学考察》——《方志》第九卷第二期二十五年四月。

注十二——Albert Herrmann, Loulan.

注十三——玄奘著,《大唐西域记》, 页一八七。
注十四——Sir Henry Yule, the Book of Marco Polo, PP. 66-67, Macmillan Co. Ner York.
注十五——E. Huntington, the Pulse of Asia, P. 246.

Lop Nor And Lop Desert

by

Parker C. Chen

(Institute of Physics, Academia Sinica)

(An abstract)

In the Sino-Swedish Expedition (1929-1933) and the Highway Expedition of Chinese Ministry of Railways (1933-1935) both under the leadership of Dr. Sven Hedin, the writer had the chance to visit this region twice, once with Dr. Nils G. Hörner from Tunghwang westwards by camels and the other with Dr. Hedin eastwards from Karakum by canoes.

The journey from east was quite an adventurous one by travelling over the salt crust of the ancient Lop sea-bed in $14\frac{1}{2}$ days without water or grazing. Dr. Hörner and the writer collaborated in making Topogiaphical, Geographical and Geological surveys of the present Lop nor and its delta regions, nearly 4 months without meeting any human beings.

In the trip along Kum daria, the new river since its recent change (1921), Dr. Hedin and the writer were the first travelling by a fleet of canoes wholeway from Karakum to Lop nor, in making Topographical, Geographical and Hydrophical surveys of the new Tarim River, April-July,1934, under the intense summer heat and hard sand storm.

During the meantime Dr. Hedin witnessed with his own eyes to see the northern Tarim basin filled up with water again exa tly as he predicated 32 years ago, and the writer had his privilege for the third time to visit Lonlan, the famons ancient town discovered by Dr. Hedin (1900) and the most important station along the Silk road connecting China and Rome in Han dynasty. In the way back to Korla the motor car took part to travel through Kuruk Tagh and then along it.

In the winter, 1934-1935, the writer with the other nembers (Dr. Hedin, Messrs Yen and Kung) has travelled through Peishan region from Kansu side to look for a motor car road connecting Chinese Turkistan and China proper, and went far into Gashun Gobi where no body has ever crossed except the Western most part, through which Dr. Hedin had travelled once.

Around the Lop desert there is an area over 160,000 sq. km. without settlement of people in any kind. It is the region most desolate and inaccessible in the dead heart of central Asia, perhaps the most lonely place in the whole world except the Polar regions.

Contents:

From Tunghwang to Ancient Yü-men.

Toghrak Bulak and Besh Toghrak.

Across salt-crust, the ancient Lop sea-bed.

"Pei-lung-Tai," the white Dragon Mounds.

Mesas and Yardangs.

Lop nor in Historical Time.

Position of Lop nor discussed in geographical world and the actual change of the Lake.

New Lop nor, the present lake.

Kum daria, the new river.

Lonlan and other ruins.

The Silk road.

Lop desert proper.

Kuruk Tagh.

Gashun Gobi.

Climatic conditions in Lop region.

Lopliks and their adaptation.

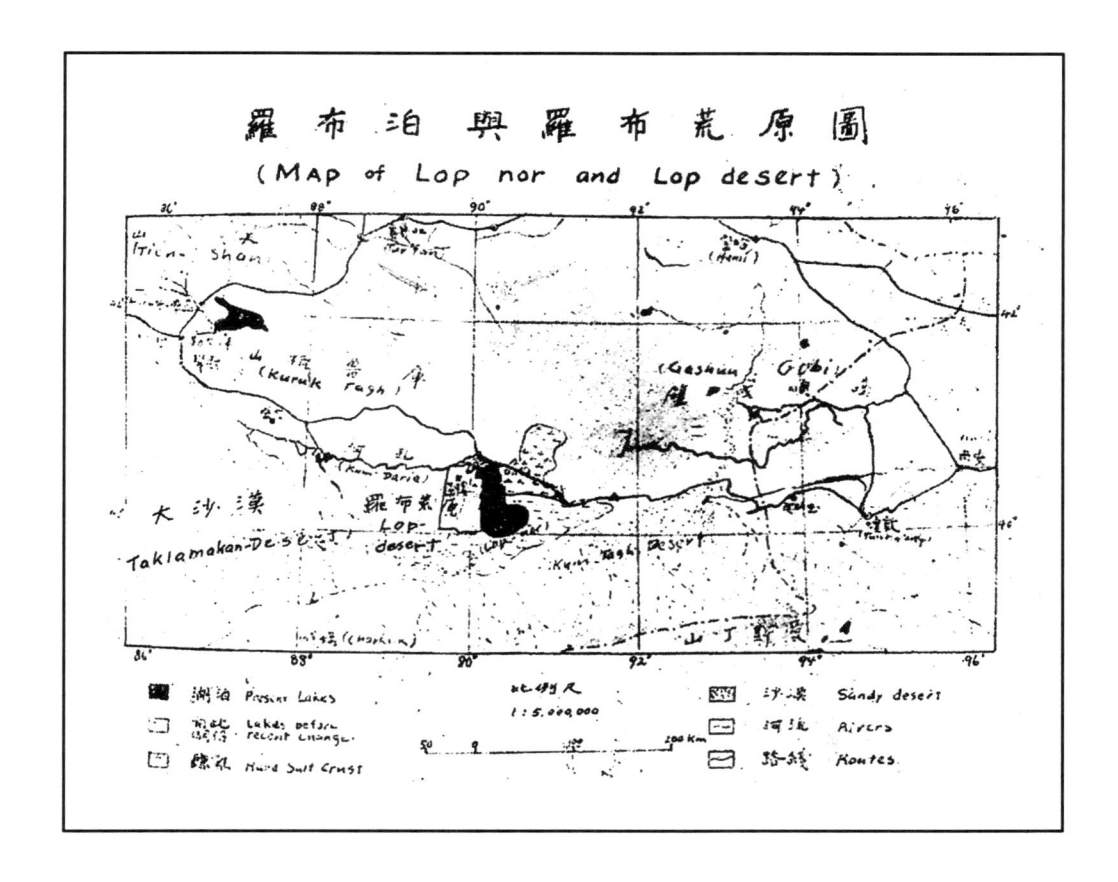

羅布泊與羅布荒原圖
(Map of Lop nor and Lop desert)

陈宗器与罗布荒原研究

张小雷

一、陈宗器的学术生平

陈宗器（1898—1960），浙江新昌人。我国著名地球物理学家、地磁学奠基人、日地关系研究开创者、国际著名罗布泊研究学者，也是中国地球物理学会和中国科学院地球物理研究所（现中国科学院地质与地球物理研究所）创始人之一。曾任中国科学院地球物理研究所副所长、中国科学院办公厅副主任、中国科学院管理局局长、中国地球物理学会首届理事长等职。1925年毕业于东南大学物理系，毕业后在辽宁省庄河师范学校任教，一年后回到家乡办学。1928年，作为唯一中国科学家，陈宗器参加了由著名探险家、地理学家斯文·赫定（Sven Hedin）带领的中国西北科学考察团，承担天文、地形测量，并兼做磁偏角测量。此次考察一直持续至1935年。在此期间，他两次深入内蒙古、新疆、甘肃、青海等地，历时六年，行程逾三万里。特别是在1930年11月至1931年3月，他从敦煌骑骆驼西行至罗布荒原，首次精确测量并绘制了罗布泊的位置。1933年10月至1935年2月，他参与了南京国民政府组织的"绥新公路察勘队"，进一步深化了对该地区地理、水文、气象的考察与研究。陈宗器是第一个对塔里木河、孔雀河及孔达利亚河的流量进行系统测量的中国学者。他的足迹遍及中国西北的许多偏远地区，如额济纳、塔里木

作者介绍：张小雷（1963— ），男，陕西华县人，中国科学院地质与地球物理研究所研究员，中国地理学会会员（S110000594M），研究方向为城市地理与区域发展。E-mail: zhangxl@mail.iggcas.ac.cn

河、孔雀河、罗布泊、柴达木、祁连山等。陈宗器发表的"中国西北之交替湖"与"罗布淖尔与罗布荒原"等论文，为中国西北荒原的地球科学研究开辟了新纪元。

二、写作背景与内容提要

罗布淖尔（Lop Nor）是蒙古语音译名，意为"多水汇集之湖"，也称罗布泊，位于塔里木盆地最低洼的东部，海拔 780 米。罗布泊地区的楼兰文化是古西域历史文化的典型代表，一直吸引着人们去探索。19 世纪末至 20 世纪初，随着地理大发现的兴起，西方探险热潮带动大批探险家及学者进入包括罗布泊在内的中国广大西北地区，掀起了丝绸之路的探险和研究热潮。陈宗器 1936 年发表在《地理学报》的"罗布淖尔与罗布荒原"一文，是我国近代科学可追溯的最早关于罗布泊的学术论文。他采用天文测量与三角测量方法，认定当时罗布泊最大湖域为 0.95 万平方千米。

面积有九千五百方里，略作葫芦形……河水入海之处，在海之西北角，河口与其河洲有多数之小岛，为夏季野鸭天鹅育雏以后教习游泳之所，入海处距其分叉处约七十里，若将河洲与大海合计，周围约有六百五十里，步行绕海一周，至少须时旬日。

"罗布区域，因距海远，为山岭所阻隔，纯为大陆性气候。因无海洋风之调节，寒暑均甚剧烈"，表明罗布泊与罗布荒原区域形成的自然原因是造山运动形成的昆仑山脉、喜马拉雅山脉和秦岭山脉等阻断了湿润的季风进入该区，以及内陆河终端湖周沿洼地的产生，由此衍生分叉和游移的内陆河下游水系、极其稀疏的荒漠植被和极其丰富的土壤盐分积累（赵松乔，1983）。干旱区河流尾闾湖的自然演变，加之人类活动的剧烈干扰，最终形成如今罗布泊地区独特的自然景观。

陈宗器先生对罗布泊的地形地貌进行了详尽考察，提出入湖河流改道的原因有二：

（1）河水下流时夹杂有泥沙杂物，年深月久将河床垫高；（2）同时干涸之河床，则为当地流行北东北之烈风所吹刮，而低下。如此进行至一定之岁月，干河床必较低下，而依自然趋势遂不得不改由原道流水入海也。

他提出罗布泊湖泊位置随河流改道在若干个湖盆中交替出现，即"交替湖"的观点。"罗布淖尔与罗布荒原"一文是对干旱区平原湖泊向荒漠演变过程的地理科学研究，不仅记录了罗布泊从湖泊向荒漠化转变过程中的宝贵历史信息，也为理解干旱地区湖泊的形成与消退过程提供了重要案例。

三、"罗布淖尔与罗布荒原"的影响

陈宗器对罗布泊地区的考察和研究首先出于国家需求。不论是参加中国西北科学考察团还是绥新公路察勘队，都是受当时南京国民政府委托，即确定修建一条横贯我国大陆的交通动脉的可行性。通过考察研究，团队提出了修筑内地连接新疆的公路干线，即绥新公路的建议。这说明了地理学是一门经世致用的科学，具有深远的实际应用价值（吴传钧、张家桢，1999）。1949年以来，我国在每个发展阶段都面临亟待解决的重要地理学问题，地理学工作者通过其专业知识和技能，深入开展地理、地质和资源考察，已成为国家决策不可或缺的支撑（樊杰，2018）。1959年和1980年中国科学院新疆分院组织开展了两次罗布泊科学考察；20世纪50年代和80年代，中国科学院两次组织由地理学家带队的新疆科学考察队，对新疆的自然条件、自然资源与经济发展进行了大规模的多学科综合科学考察与研究，积累了大量资料，提出了许多建议与方案，为新疆的资源开发提供了科学依据，促进了新疆经济的发展（周立三、石玉林，1986）。2021年，国家第三次新疆综合科学考察正式进入实质性推进阶段。

学术观点和理论研究需要充分的技术手段和方法支撑。陈宗器提出"罗布荒原"概念，用以描述罗布泊周围广阔的无人区，强调其为"世界上除两极之外最荒凉的区域"；他在前人"游移湖"基础上提出"交替湖"观点，用以解释干旱区河流与湖泊演变的自然现象。这些都是建立在他对当时气象、地形、水文测量与制图等技术的熟练应用和科学方法运用的基础之上。他曾与尼尔斯·安伯特（Nils Ambolt）、艾利克·那林（Erik Norin）、尼尔斯·霍涅尔（Nils Hörner）合作，完成了世界上第一幅孔雀河流域与罗布泊地区的实测地图，他对罗布泊位置和形状的测量与52年后中国科学院遥感所（现中国科学院空天信息创新研究院）的遥感影像分析结果相差无几。1959年和1980年的科学考察对罗布泊游移湖或交替湖观点的否定是基于湖盆沉积物研究技术手段的支持。罗布泊是塔里木河和孔雀河等河流的尾闾湖，在唐代湖泊水域面积曾达到5350平方千米，此后主要因气候干暖化造成湖面不断缩小（秦大河，2002），这是基于当代全球气候变化研究技术方法得出的结论。20世纪50年代以后，由于人口增加和灌溉用水剧增，入湖河流水量逐年减少直至断流，曾经5350平方千米的罗布泊湖面于20世纪60—70年代干涸（王富葆等，2008）。罗布泊的繁盛和消亡不仅反映了干旱区湖泊从淡水湖到尾闾湖再到盐湖的一般变化规律，还记录了亚洲内陆环境变迁的一个重要阶段，更加引发了学术界关注（马春梅等，2008）。

现今距陈宗器在这片土地上留下科学足迹已近百年，其宝贵的学术思想和科学精神持续影响着一代代的地理学工作者。经过近20年来持续深入的科学研究和国家巨额投入的综合治理，罗布泊上游的台特玛湖已波光粼粼，塔里木河干流中下游生态环境已明显改善，下游300多千米曾断流河道重现生机。1995年，罗布泊发现富钾卤水矿，至今年产钾肥300万吨。2002年，罗布泊设镇，划定面积5.2万平方千米。罗布淖尔与罗布荒原正在见证大自然与人类共同作用产生的新景象。

参考文献

[1] 樊杰："新时代'人地关系地域系统'研究刍议——兼议吴传钧先生的小事、大业"，《经济地理》，2018年第4期。

[2] 马春梅、王富葆、曹琼英等："新疆罗布泊地区中世纪暖期及前后的气候与环境"，《科学通报》，2008年第16期。

[3] 秦大河：《中国西部环境演变评估》，科学出版社，2002年，第16页。

[4] 王富葆、马春梅、夏训诚等："罗布泊地区自然环境演变及其对全球变化的响应"，《第四纪研究》，2008年第1期。

[5] 吴传钧、张家桢："我国20世纪地理学发展回顾及新世纪前景展望——祝贺中国地理学会创立90周年"，《地理学报》，1999年第5期。

[6] 赵松乔："罗布荒漠的自然特征和罗布泊的'游移'问题"，《地理研究》，1983年第2期。

[7] 周立三、石玉林："新疆综合考察"，《自然资源》，1986年第3期。

摄影测绘与地理研究

曾世英

中外地理学名家莫不视地图为研究地理的基本工具，我不是地理学家，仅是像丁文江先生在中国分省新图再版的序文里所说的："不过懂得地图，测过，绘过，读过地图的人"。一般人对于自己所学所习的东西，总觉得特别重要，我当然不能例外，所以读到各地理名家重视地图的议论，感觉到无上的兴奋，至于他们议论的准确程度，还要请教各位地理学家。

测绘地图据许多人的想象，是一种无需高深学问，仅是卖苦力的工作。第一个想象的对不对，各人有各人的理由，现在无需来讨论。第二个想象，确有他们的道理：因为测量的时候，不仅要有栉风沐雨暴露寒暑的能耐，并且要有一般人形容所说的"要饭肚子兔子腿"的特长。就是说肚子在饱一顿饥一顿时候，两腿还需走得飞快，这当然是卖苦力的行径。此外要有一个特点，就是要有准确可靠的地图，必定要一步一步的工作，无取巧的可能，换句话说，就是每一小块面积，必定要实测；不是眼睛看到了就算完事，更不是打听到传说就可塞责。因此测量在另一方面是笨干的工作，是一个极费时间的工作。这里有一个譬喻，假使有一把我们常用的十三位算盘，要请人把全部算珠拨上去，这当然是易如反掌的工作；假使有一个悬赏说：如有人能用这算盘的个位算珠一颗一颗的加上去，加到全部算珠完全拨上，可以得到一百万元的奖金，我想至少有一部分人要说这悬赏的荒谬，要说只多花了几年工夫就可完工；但是如果计算一下，假定每秒钟能拨算珠五枚，就是日夜工作，一年中仅可以拨到 5 枚×60 秒×60 分×24 点×30 天×12 月＝155,520,000 枚的地步。十三位算盘全部算珠拨上去时的数目是 9,999,999,999,999，故要有六十四年半的工作。如果算上吃饭睡觉，就非有一百年不成功。测绘工作如要希望得到可靠的成绩，非像算珠的由个位拨起不可，需要费时笨干可想而知；否则如果从百位千位或万位拨起，则百位千位或万位以下算珠的详细工作就不可设想了。测量事业一方面被认为无需高深学问，一方面确是要笨干苦干，因之我国的聪明的人不愿去干，或马马虎虎的去干，成绩自然不能同欧美各国并驾齐驱了。

说到这里想起了有两次同驻在外国的武官谈话，这两位武官都是感慨的说："中国现在只有两份好的地图，一份是日本制的，一份是德国制的，内容真是详细"。照例军官因行军关系，与地图常生接触，驻外武官尤应懂得地图，所说应当可信。但因此种说法听得有点奇怪，我就问他们这两份地图的缩尺，当然五万十万的随便一答；我又用间接的方法，问这份地图包括的面积及图幅的张数，才猜想到所说的地图是日本发行的百万分一东亚舆地图，及德国发行的 Karta von Ost-china。日德百万分一舆地图在相当的区域，却是准确可靠，但是百万分一缩尺的地图，详细终究有限，至于其余的区域，即使曾经洋人实测，他们的精密程度也不过像上面所说由百位千位或万位起拨算珠的结果而已。我国已有的各种测量结果固难使人满意，然尚有不失为由单位或十位起拨算珠的工作，国宝不知利用而必迷信洋人，固不仅这几位武官有此种心理，亦不仅对于地图有此种心理，试观一切事物，洋人好的地方固属同声说好，就是洋人不成的地方，亦无人不怀疑的说：洋人不会不成吧！

但是又有说回来的必要了，自从光绪末年仿照西法开始制图以来，中国的测绘事业已有三四十年的历史，所用的缩尺有二万五千、五万及十万分一等数种，自从纸面上看来，除山东东三省等区域曾经德俄日等国作过有系统的详细测量，我们以技术关系，比较起来，尚可自认不及外，其余区域的结果既是独一无二的工作，应较洋人小缩尺的图好一点，但实际亦不尽然，有好有坏，而坏到不堪的也还是有。普通测量所制的五万分一地图上地形的表示，都是圆圆的山头，平平的山坡，地层的走向固不能由地图推测，悬崖绝壁，与平坡山坡亦同以距离匀整的等高线表示。但此种地图我们至少应当认为实测的，当与实地相差不致过远；至于所谓调查的地图，更有牛头不对马嘴的，听说当作图的时候，以迫于功令，不得不用迅速的方法，制图的基本控制像三角测量一类的工作，人才经济之外，还限于时间，无从进行，所谓图根点的控制，就由陆军部在北平颁发到各省去，何所根据，无从详考，但曾在某几省的地图上见到所谓图根点的地位及数值，恰与《小方壶斋舆地丛钞》上的数值无二。再将《小方壶斋舆地丛钞》上的数值考据之后，才恍然大悟，陆军部颁发的图根点，至少一部分并不出自杜撰，而间接根据清初天主教士奉命制图的结果。天主教士虽曾应用天文方法测定经纬点六百余处，但到光宣年间以仪器精密的进步，已有重测的必要，而所颁发的图根点，不仅用此不精确的天文测量的结果，还用由图上量出的数值。我想调查的时候必定有人发现过同实地调查的不符合，某某两图根点间的距离方向同颁发的数值的错误，但是我们又可以猜想到调查的人对于自己所得的数值，不一定有确切不移的信仰，即使有之，更改一个图根点后，至少要影响到四周的图根点；图根点由部颁发，责由部员，所以不如大事化为小事，小事化为无事的，将调查所得，随便伸缩的放在某某两图根点的中间，结果较之无图根点时差误还要大一点。

近来我们还有一个错误的观念及事实，就是迷信地图缩尺的大小，而不注重内容的精确，及不明地图不能由小放大的原则。大缩尺地图自然应当比小缩尺地图来得详细，但在国内出版的地图上的线划，大都肥胖不堪曲折不明，十分一公厘的线划及半公厘的曲折以普通目力极易辩认，试观国内一般地图能有几种利用此种限度？因此我们现在已有的五万分一地图，如果绘画印刷稍求考究，不难以十万分一的缩尺出版，而仍不失其固有的表示；但一般人无不知其一不知其二的迷信缩尺大的为好，因此就是现在有几处测量的计划上，都是以大比尺为号召；至于地图的可由详细编制简明，不能由简明的变作详细，其理至明；试想实地五十公尺的房屋，在五万分一缩尺图上以一公厘的记号表示，二十万分一图上自然放弃，如由二十万分一地图放大作五万分一地图，则原图既未表示，放大地图，何由绘画？但由小放大的地图，随处可以看到，以前有几种十万分一地图由二十万分一的放大，我们还可认为时代的关系，新近出版的福建十万分一地图，还是由二十五万分一的放大，这种二十五万分一的地图缩成五十万或一百万还勉强可以对付，现在再放大一倍以上，结果可想而知。

所以如果以现在已有的吾国地图来研究吾国的地理，我想除少数地图以外，大部不足满足地理学家的希望，但其病根所在，实不仅由于方法，并且由于观念。观念的改变是大家的责任，所以在上边随便说了几句，希望各学者有所指教，以下再来讨论方法，亦望得到匡正。

广大范围的测绘事业，必需有控制工作。前清开始测量时一方限于人才及经济，他方限于功令，无充分时间，遂以敷衍塞责的手段，颁发旧测的数值，结果前已说过。到现在再谈测绘，固又已经三四十年的光阴，但人才经济仍是同三四十年以前一样的缺乏，已得的成绩与全国的面积比较，还是九牛一毛，所余甚多，而需要的亟促则有过之。所以如仍想用三角测量来作控制工作，控制完成以后再来测量地形，则待河之清不知何日。至所谓三角控制之实际用于制图的，其精密程度应视所制地图的缩尺而定，现在我们需用的地图，如以五万分一为度，图上绝对错误应可容许一二公厘，盖纸张因气候变迁发生的涨缩即可超此限度，图上一公厘适当实地五十公尺，故如能应用一种方法，可以得到在此限度以下的精密，岂非救急妙方。

天空摄影不仅可以供给详细可靠的地形智识，研究种种地理问题，并且可以解决上述的控制工作。现在很简单的讲一讲所谓天空控制网的原理。在天空所照的一张垂直影片上，如果地面是一个平面无邱陵的起伏，并且摄影时镜匣的轴绝对垂直，则影片上的影像即为准确的地图；如果镜匣的高度可以推算，则影片的缩尺亦可求得，但在天空摄影所用的飞机上虽有计算高度的仪器，所得数值不是绝对准确，因之影片的缩尺亦不能很精确的推算。再地面上不能无邱陵的起伏，因之发生第一图所示的差误。所以不仅影片全部的平均缩尺不能推算，同一影片上局部的缩尺亦视地形的高下而不同，但是我们还可记得人工测量时，许多地形的测定，都是应用三角原理用所谓交会法（Intersection of resection）来测定，在绝对垂直的影片上，由主点（Principal point）量出的含角同在实地相当点所测的含角相等，我们就利用这个原理，测定影片上各个高低不同点的地位。如第二图所示，但影片必需有相当重复。如果在一张影片上有几点的地位事先已经测定，即其间的距离方向为已知，则不仅已有定点的影片上各点的地位可以测定，并且可以利用我们熟知的三点法（Three point problem）继续的引伸到以后的影片上去。

但实际应用上事情并不这样简单，因为飞机航行时不能绝对平正，即镜匣轴线不能绝对垂直，在平地的影片上由所谓等心（Isocenter）量出的含角，始与由实地相当点所测的含角相等，但邱陵起伏的影响还以主点为中心，所以邱陵地带影片上的影像与实际地形的关系就很复杂，并且镜匣轴线的偏差以飞机的震荡无一定的规则，也无精密的方法可以测定，所以实际应用，就发生困难。

由重复的影片可以得到立体影像。我们近来就利用这个原则来校正相邻两影片的相对差误，并且引伸联接的影片，深入无控制的区域，现在与其费去较长时间来说明立体视察方法，不如举一个近似的例子来说明此种方法可以引伸许多影片的可能。假使现有一模型，地球的表皮，如第三图Ⅰ，把他切成许多小块如第三图Ⅱ，如再想拼成原状，则拼缝地方即使密切，立体方面就可失去原来的关系。但如有同样的模型两个，把第一个照旧的切成小块，把第二个也切成小块，但每块的面积，各占第一组小块相邻两块的一半。如第三图Ⅲ，用第一组的Ⅰ与第二组的1′相套合，以立体几何的原理，只有一个情形可以切合，故1，1′套合以后，不仅重复的区域同原来的模型相同，即两小块上不重复的区域间互相的关系，亦与原来模型相同。以后再由第一组的2与第二组的1′，及第二组的2′与第一组的2相套合，如此引伸出去，可以引伸很多次数，而差误尚是极小。这也是上面所说影片必需重复的理由。

假使第一对小块上有两点 a 及 b 的距离方向及高下为已知，则第一对套合以后，就可校正与进行成直角方向的垂直偏差，如果在末一对小块上有一定点的地位及高下为已知，则两组小块完全套合以后，可以校正进行方向的垂直偏差，如果末一对小块上再有一点 a 的地位及高下为已知，还可得到更好的校正，所谓天空控制网就是应用类似的原理产生的。

应用天空摄影，可以天空控制网代替三角测量或导线测量，欧美各国已有相当成绩，据德国试验，以七十公里长的地带，航测七次，其位置的差误在±53至±139公尺之间，近荷兰测量局更用蔡司十公分宽距角摄影仪在海牙之北试测三线，线长一百十五至一百二十五公里，仅于起始影片上有少数控制点，再用立体制图仪，布设天空控制网，所得结果与已有之精密测量比较，其中一线长一百十五公里者，结果已发表，计纵向差误仅三十五公尺，横向差误四十八公尺，高度差误二十四公尺，即精密率约当一千至二千分一。如于终点更测基点若干，作长度高度及方向的控制，按照算学原理校正，则差误必可更小。

欧美各国的地上控制工作，大部已经完成，所以尚在努力研究天空控制的方法，表面上看来，当然是为测量尚无地上控制工作的属地，实际我想还是应用于战争，盖战争即以放炮而论，必需有可靠的地图，但敌人区域岂容他人测量，所以只可应用天空控制网的方法。现在不管他们为平时测量而研究或战时测量而研究，我们恰好坐享人家的发明，来解决我们的需要。

但上述控制网之外，必有经纬度测量，始能决定某一地点在大地上的位置，同另一测量所定的地点作比较。用极星出地测定纬度的方法已有相当的历史，清初天主教士奉命制图时，即用此种方法；但当时仪器无今日之精，所得数值难免差异；又纬度愈南，极星出地愈低，濛气（Atmospheric Refraction）之影响亦愈大，所以如用南北两星法，结果更可精密。经度测定旧用月蚀月淹，但此种现象，并不多见，据有经验的人说：差误约当实地五百公尺左右；如用可以携带的精确计时仪，然陆地旅行，震荡难于限制，结果十分危险，例如英人（Clementi）由云南昆明到广西的一条路线，他的差误，已到不可收拾的程度；所以有人用电报通信法，但电线不能到处通达，所以实行时也有困难；自无线电通行以后，各天文台有按时放送准确的时刻信号，因之经度测定，得到从来未有的便利，据个人经验如用轻便仪器测量等高星象，以一晚的工夫就可测定纬度至半秒以下，经度至二秒以下。纬度每秒约三十公尺，经度在中国境内每秒约当十八至三十公尺，如观测日期增加，精密程度亦可加增，而尤以经度测定，以时刻信号可得更准确的校核，精密程度可渐进至与纬度相等。今假定最大差误不出一秒，岂非比较上述天空控制网的精密还好，但这是一个太乐观的推算，因为纸面上的精密率固可到此地步或更好，但尚有不易推测的垂直线偏差从中捣乱：在喜马拉雅山的南边，测得垂直线的偏差在一分以上，加拿大境内亦有相差十五秒左右的，但这种偏差，理论上多少可以推算一个近似值，在本部各省，总希望可以推测到二三秒以内，如每一测点相距一百公里，则精密率约当一千五百分一，适与上述天空控制网的精密不相上下，如垂直偏差之差误过大，尚有天空控制网可以互相校对。

上述控制方法的精密程度在高度方面尚有问题，普通河流坡度平坦，以长江来说，由上海至汉口河身长一千一百八十公里，水面高程差十二公尺，由汉口至宜昌河身长六百六十公里，水面高度差二十八公尺，由宜昌至重庆河身长八百五十公里，水面高度差一百二十七公尺。即以黄河上游来说，由兰州至靖远河长一百三十公里，水面高度相差一百十余公尺，如照上述的精密程度来制图，岂非河水要倒流停流，或大大的改变实际情形。但在各种测量工作中，水准测量为需费最廉需时最速的一种，普通迅速水准测量可得 $0.02\sqrt{K}$ 公尺的精密率，式中 K 为线长公里数，即线长一公里时差误为二公寸。如用视距三角水准测量。每百公里亦可不出二公尺，较之上述结果，精密已高，且可顺道调查地名物产，为一举两得的工作。

上面一段事实，似与研究地理无关。盖这样的工作，理论上既不能解决垂直偏差一类的问题，来作地球物理的研究，事实上亦不过老僧常谈，不动听闻的陈述。实则不然，研究地理，必需有地图，测绘地图，必需有控制，惟控制有精密之分，而此项精密适足供给我们的需要，所以不厌详细的来说明。

至于我们最感兴趣的地形，如用人工测量来制图，不仅已往的经验已告诉我们忠实问题及技术问题的重要，即使忠实技术都可改良，材料的搜集亦有一定的限制。因测量进行，越山涉水，暴露寒暑，即使无我们常听到的传说，有人在室内招集了几个本地人民，问问四周村镇河流山岭的距离方向，就可画图销差一类的故事，亦可以不用隐讳的说：难于希望每人到处都去切实工作。至于上述圆圆的山头，平平的山坡的技术问题，也是不易解决。现在摄影测量所用的制图方法，应用立体视察，换句话来说，就是将野外的地形，整个的变成模型，搬到室内，再来详细的测量高下曲折，制成地图，附图是立体视察的一种方法，如用附带之红色镜片，置于左眼之前，绿色镜片置于右眼之前，两眼视力，同样集中，即可得一立体影像。所以不仅工作的人员因免去越山涉水的辛苦，得到忠实工作的可能，且于地形的描写，亦可得到机械化的便利，有了相当的训练，即可得到前此仅有少数艺术天才者始可得到的成绩。再有地上测量制图时，当然不能将地上所有事物完全的绘于图上，因为一点一点的测量，不仅费时太多，且使图上线划拥挤不堪，无法阅读。故只有择定当时需要的或预计需要的事物画在图上，其余的暂从割爱。举一个极显著的例子，军用地图注重险要及交通，所以即使一个很小的土堆，一条很狭的道路，照例应当画出来，但在一个极大的平原上，地面倾斜的程度，可以不去注意；另一方面在河防的地图上，道路固不感兴趣，土堆亦无关重要，而地面大体倾斜的方向及坡度，却是非画不可，所以我们都知道在极端缺乏地图的中国，有几处倒是一次二次三次的重复测量，来满足不同性质的需要。这是一个极不经济的情形，如用摄影来测量制图，则实地事物，除缩尺限制以外，包罗万象，为研究某种工作未曾注意的地形，研究他种工作时可以调用原来影片补画，无需另派人员，远出测量。尚有人工测量不易断定或表示的地形影片上活跃的表示出来，附带照片表示地层露头，土壤冲刷，水底地形，其余如矿脉的推测，森林的分类，古迹的发现，地形的研究，尤非线划地图可与比拟，为研究地理从来未有的工具。

但摄影测量给予研究地理的方便，尤其给予研究我国地理的方便尚不只此而已。在习惯上飞机是军用品，所以在吾国不许用作通常的应用，民用的飞机上不许携带摄影机亦为吾国的现行法律，所以如想利用航空摄影来制地图，来研究地理，除去仰给于已有的航空测量机关的结果外，恐怕还是癞虾蟆想吃天鹅肉，希望极少。但天空摄影固有困难，地上摄影却无限制。由地上摄影绘制地图的方法，应用尚在天空摄影制图之前，但旧日制图系在影片上一点一点测量平角及仰角，再用交会方法来计算一点一点的距离及高度，计算固费时间，决定甲片上的某点适当于乙片上的某点，亦是极端繁琐的工作，再由平面的影片描绘立体的地形的工作，也不是任何人可以胜任，正如人工测量，如用少数实测定点描绘广大区域的地形，非富有经验且具艺术天才的人，难得满意结果。现在制图应用立体视察方法既如上述，而天空摄影与地上摄影之差别，在几何学上仅将垂直轴改为平轴，故结果完全相同，所异的仅是天空摄影时，地形隐避的机会少，地上摄影时地形隐避的机会多，但天空摄影，必需范围广大始得经济，海拔过高的区域以飞机能力的限制，亦有种种困难。故为小规模的地理研究，又以地上摄影制图为方便。旅行时如每隔半公里或一公里照第四图所示方向摄取影片一组，每相邻摄影地点的距离方向及高下如能测定固好，否则仅于每日开始及结束时测定两组相邻摄影地点的距离方向及相对高下，再用气压计测定该处的大概高度，应用上述立体引伸的方法，布设控制，再用立体视察绘制地图，可以得到极好的地图。应用此法尚有一种方便，即如地质旅行的时候，摄取影片，当晚即可冲洗，次日即可用之调查地质，影片所示正与目力所可到达的地点相同，在野外画上地质，回来就可变成地图，地位方向可以不爽毫厘。其余地理研究，亦得同样便利。

上面曾经说过我们应制地图的缩尺为五万分一，现在再来讨论一下。缩尺愈大，表示愈详，故如纯由理想上作计划，应由大缩尺图入手，如需应用小缩尺图，可以随时缩制，以免一再测量的重复工作。但我国土地宽广，如一时即将所有面积，悉绘大缩尺地图，不仅经济不敷，时间亦不容久待，英国面积仅二十余万方公里，从事测绘一百年始将详图完成，吾国面积一千余万方公里，即除去暂时不暇顾及的边远省域，如需尽达同样详细程度，虽以最新方法，恐亦非有长久之时期不为功，故有缩尺五万分一的拟定。但特种工作，如矿床的调查，铁路线的勘定，灌溉河渠及水电厂址的计划等，自非由较大缩尺的地图，不能作切实的研究，但此种设施，至少由我们地理学家眼光看来，应具相当条件，始有相当可能，否则如于无矿的地方，强求矿产，阻塞的区域，强筑铁道，在丛山峻岭上去灌溉，在冲积平原去发水电，未有不劳而无功的。五万分一地图果能绘制可靠，火山像一个火山，土坡像一道土坡，大概情形足以表示，并且地图之外再有影片，如用立体视察，所见与实地模型无二，足以补地图的不足，是人工测量不能得到的供献。美国制图工作由我们目光看来，非常普遍，但他们尚认为只有全国面积的百分之五十已经测量过，并且只有百分之二十六有可靠的地形图，所以正在努力于他们的十年计划，但十年计划的目的是六万二千五百分之一的地形图。他们各方面需要地图的缩尺当然各各不同，但是他们得到一个互相的谅解，以此项缩尺为基本。我国地图，应有一个基本缩尺，供给大多数的需要，既在乘此开会的机会请各地理学家指示五万分一的缩尺的提议是否适当。

至于测绘费用，我有一次曾经切实的估计过，如用天空摄影，测量十万方公里的面积并且限期二年半完成，而地图的标准为：

缩尺五万分一（以欧美同样缩尺地图为标准）。

平面精密率二千分一。

等高线距离二十公尺，平原加绘十公尺地形线。

计由测量经纬点，水准及布设控制网起至制成印刷锌版止，连同一切设备，每平方公里合洋八元四角，其中四元三角为经常费，四元一角与设备费，如果期限延长，设备费用尚可改少。故较之人工测量，经济方面亦大为节省。

最后顺便报告，照常识的推测，边远省分像青海，像西康，正式的测量机关一时当无前去测量的机会，即云南等省，据说因为该省土地测量已经完成，所以亦不在最近工作之列，云南土地测量地图，尚未看到过，但据说仅是无等高线的平面图，为我们研究地理，我想难于满意。边远省分地理的研究不仅是我们的兴趣，并且是我们的义务，但地图的出现，尚是渺茫无期，所以我想以研究地理为职志的会友，现在既得到精密及经济俱是优美的方法，从切身的需要着想，固应提倡，为促进技术的发展，亦有勉力从事的必要。

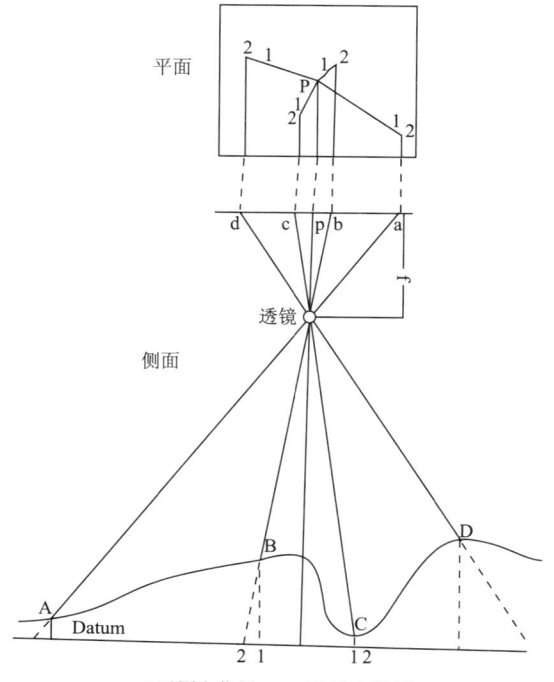

1 示图上位置；2 示照片上位置

第一图

第二图

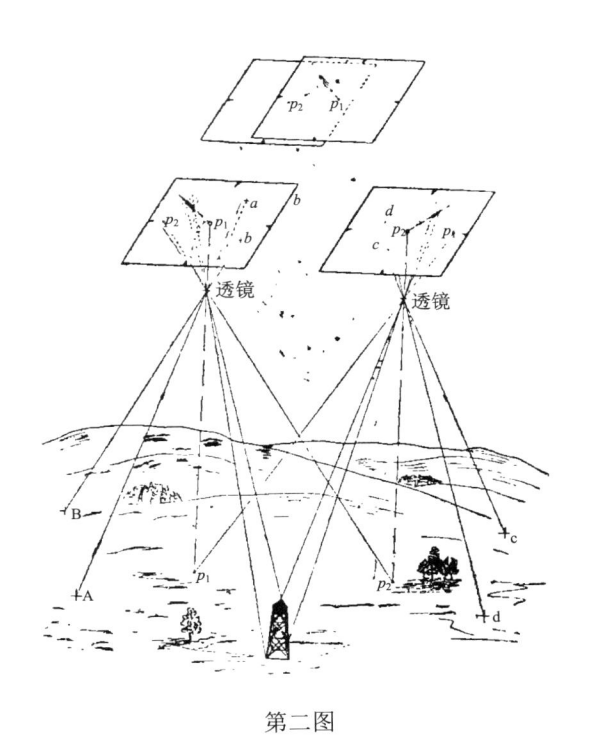

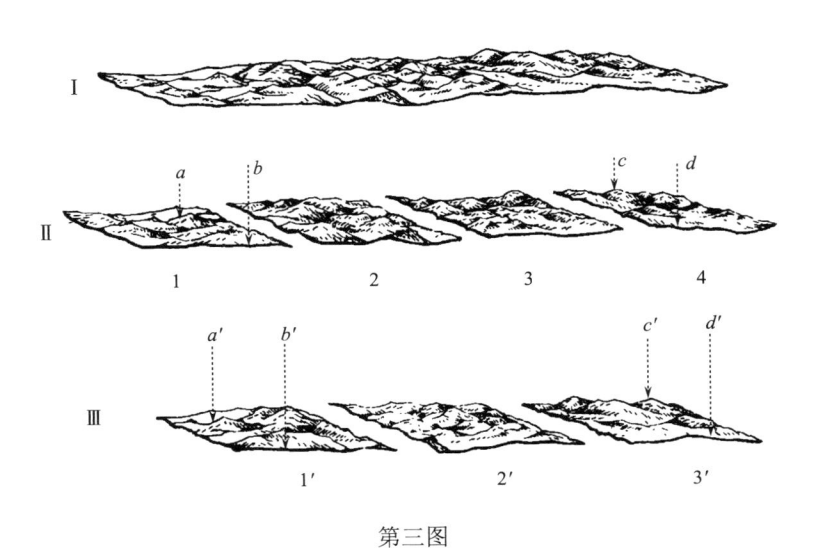

第三图

第四图

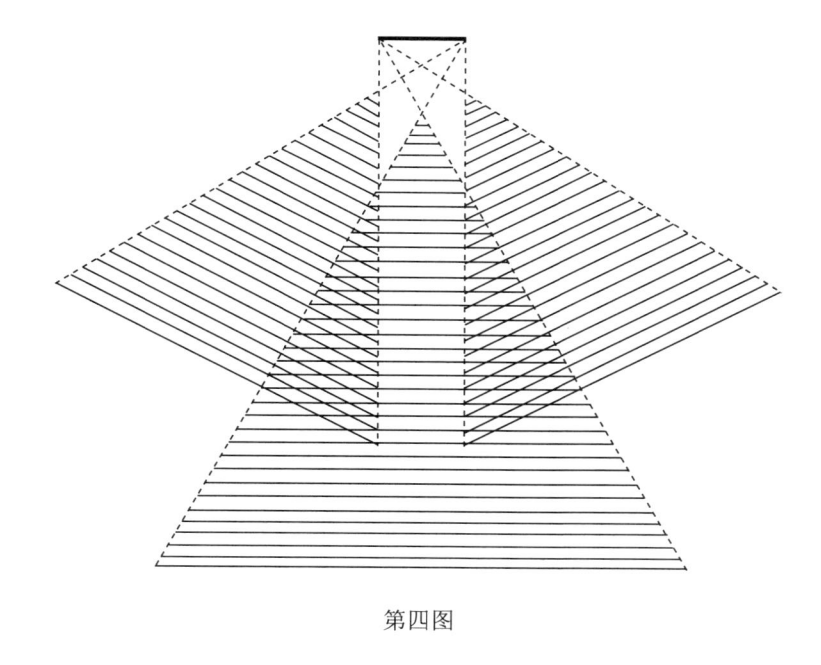

PHOTOGRAMMETRY AS AN AID TO THE STUDY OF GEOGRAPHY

A Summary

By S. Y. Tserg

National Gerlogical Survey of China

(1) Points actually determined by the terrestial survey are only points occupied by the instrument and rod; details away from these points are sketches of which the accuracy depends upon the closeness of such points and the experience and ingeniousness of the surveyor. Thus the inexpressive and inoxact contour lines as often found on certain topographical maps can although be improved to some extent but can not be altogether eliminated.

(2) Details on maps produced by photogrammetry are plotted according to loci of points which are determined as being viewed by aid of the plotting instrument. They are determined point by point and therefore equally exact.

(3) Since the introduction of stereoscopic plotting instruments and their feasibility of

extending aerial polygons to a great distance, the necessity of resorting to triangulation and other tedious means of control is less needed. Some of Chinese maps were made on poor basis owing to lack of control. Therefore this condition alone would be advantageous to our geographers to have a rapid means of supplying ourselves with accurately controlled maps.

(4) The inaccessibility of mountainous country and difficulty of travel in unsufficiently developed land is no more a hindrance to surveyor working in the air.

(5) The rapidness of progress is of course the essential advantage of photogrammetry. But by stereoscopic examination of photographs a vivid model of the country is seen. This facilitates the geographers to have a firsthand information before contour line maps are produced.

测绘地图是地理研究的基本工具
——解读曾世英先生的"摄影测绘与地理研究"一文

程维明

曾世英先生是我国当代著名的地图学家和地名学家，是中国现代地图学的重要奠基人之一。20 世纪 30 年代他参与编制了《中华民国新地图》及其缩编本《中国分省新图》（统称《〈申报〉地图》）。他广泛收集天文测定的经纬点，纠正当时流行图上的方位，采用分层设色法阐明中国地势三级阶梯的概念，开创了地图集设计的新体例，积极倡导"国家大地图集"的公开出版。50 年代起，他致力于中国地名学研究，依据"名从主人"原则订正了边疆和沿海地名；积极推进了中国少数民族语地名音译转写法的研究和应用，为实现中国地名的单一罗马化过程做出了重要贡献。

曾世英先生于 1936 年发表的"摄影测绘与地理研究"一文，采用图文并茂、观点案例并重的多种方式表述了摄影、测绘、地图、地理等研究之间的逻辑关系，对当时全球和我国摄影测绘与地理研究的现状、存在的问题和亟须开展的工作等进行了全面阐述。纵观全文，曾先生在"摄影测绘与地理研究"一文的贡献可归纳为以下几方面。

作者介绍：程维明（1973— ），男，甘肃天水人，中国科学院地理科学与资源研究所研究员，中国地理学会会员（S110006261M），主要从事数字地貌与行星地貌研究。E-mail: chengwm@lreis.ac.cn

一、每一块面积必定要实测

曾先生在原文中指出，测绘是苦力工作。"要有栉风沐雨暴露寒暑的能耐，并且要有一般人形容所说的'要饭肚子兔子腿'的特长"，"就是每一小块面积，必定要实测；不是眼睛看到了就算完事，更不是打听到传说就可塞责。因此测量在另一方面是笨干的工作，是一个极费时间的工作"。曾先生以算盘打了个比方，测绘工作如果希望得到可靠的成绩，得像算盘的算珠由个位拨起一般，表明了曾先生认为的测绘工作在地理研究中的重要位置和野外操作之艰辛，一定要自己实测。

曾先生在文章中叙述到其曾与驻外武官发生的谈话。因武官曾感慨"中国现在只有两份好的地图，一份是日本制的，一份是德国制的，内容真是详细"，曾先生便再询问了这两份地图的比例尺、面积和图幅张数等细节，这些武官的答案与实际的地图信息相差甚远，表明曾先生对地图及其反映内容了如指掌，几幅外国地图是不可能难住真正的专家的，这些地图的比例尺多为百万分之一，它们的尺度相对较小，且存在关心区域的问题。曾先生在文章中谈到，自光绪末年开始，中国的测绘事业发展迅速，地图成图的比例尺有多种，包括1∶2.5万、1∶5万、1∶10万等，图的质量也有好有坏。这个故事说明，曾先生提倡我们不应全信国外的东西，而是应相信自己的测绘及地图的相关研究成果。

二、测绘地图是研究地理的基本工具

曾先生在文章谈到，研究地理必须有地图，测绘地图必须有控制，控制有精密之分。地图的控制非常重要。在当时还无大面积遥感的时代，曾先生已经提出天空测量的概念，并应用于实际地图测量中，表明了他对现今流行的航空、航天准确测量的预判。在对天空摄影的分析中，曾先生指出，因飞机姿态的差异会引起影像的一些相变，同时地形的起伏特征也影响到影像的一些形变，但通过重复的影片得到立体影像，可以解决上述问题。此外，应用天空摄影，可以天空控制网代替三角测量或导线测量。故曾先生认为，"天空摄影不仅可以供给详细可靠的地形智识，研究种种地理问题，并且可以解决上述的控制工作"。

20世纪30年代之前，在地图设计及制图中，我国的地图大多精于记水而略于记山，大多以毛毛虫或笔架式等象形符号来表示山体，尽管符号蜿蜒于满纸面，却无法辨别区域整体地势的高低或川原的广狭。曾先生会同其他专家一起提出了以等高线和分层设色法来综合表示大区域的地势特征，即陆地地貌的海拔由低到高，采用由绿色至棕色的颜色过渡，显示不同高度带地势由低至高的变化；海平面以下的海底地貌则用蓝色表示，深度愈大，色调愈浓。通过颜色设置并注明重要地点的山高水深等特征，使陆地和海底的各类地形地貌等特征一目了然。这次成功的制图技术革命，从根本上扭转了人们对我国陆地和海底地势的认识，展现了中国地势西高东低的特征，从此地学界开始形成了我国地势呈三级阶梯的科学概念，有力地证明了测绘地图是地理研究的基本工具的科学论断。

在地图编制中，地图投影方式的精心选择尤为重要。如清代康熙《皇舆全览图》采用梯形投影和圆柱投影，改进了"计里画方"传统制图法的若干不足，但仍存在地图上距离、方向、面积同实际状况相差较大的问题。曾先生会同其他专家，通过比较各种投影方法的优劣，在分幅图中采用变形程度较小的多圆锥投影，全国总图则采用亚尔勃斯投影法（即双标准纬线等积圆锥投影），根据中国疆域的位置选定标准纬线，从而使地图上所示面积与实地面积相等，各点之间在方向和图形上的失真也减至最低程度。由于投影选择得当，实际地物（如青藏高原）的平面形状和面积在图上得到了较准确的表示。在此基础上，曾先生指导有关人员，根据我国东部1∶100万和西部1∶400万的原图，采取先用求积仪在图上量测，再回归到球面上的办法，第一次接近实际地得出了全国各省区的面积，基本上解决了当时各家对这一问题的争论。可见，地图的立体测量及全覆盖模式、地图制图的正确投影选择等基础问题，为今天我们应用测绘地图研究地理问题等奠定了坚实的科学基础。

三、多源测绘地图的制图综合

曾先生在文章中提到，地图存在比例尺制图问题，也存在内容的准确表达问题，地图应遵循"不能由小放大的原则，由大缩小的过程是可行的"，这些原则为当前地图的制图综合等难点问题的解决提供了基本思路。

在制图综合的案例研究方面，曾先生通过参考地质调查所收藏的各省测量局和水利机关绘制的 7 700 多幅实测地图，以及俄、英、德、日等国人绘制的 1 500 多幅中国各地实测地图，作为编制 44 幅普通地图的依据。因这些地图来源各异、精粗不一、体例混杂，更因缺少实测经纬度和三角网控制，彼此难以拼接。曾先生对这些原始图件逐个分析鉴定，用当时的最新成果消除各自的错误，把它们缩成同一比例进行套合比对。为求得正确的距离和方向，他通过上溯清初旧书，考证近时游记，征引地质调查所和印度测量局等尚未出版的新材料，获得了 1 000 多个天文测定的经纬点，在详细考证之后，用以纠正旧图中的方位差错，并追索各地的高程依据，订正了海拔数值。为便于区域间面积和地文、人文要素的对比，曾先生会同其他专家，尽可能利用统一各类图幅的比例尺的方式，提高了地图的准确性和实用性，有效解决了地图制图综合的问题。

综上，曾先生在"摄影测绘与地理研究"一文中提出的每一块面积必定要实测、测绘地图是研究地理的基本工具、多源测绘地图的制图综合等论断和技术方法，为推动我国的现代地图学及应用学科等的发展奠定了坚实的科学基础。

中国都市之分布

沈汝生

一、材料之来源与整理

研究中国地理固困难,而研究中国都市地理更困难,此其因,一曰材料缺乏,稽考无从,二曰统计失真,整理不易;致今日尚无一较精确有系统之是项著作问世者,职是之故。作者有鉴及此,随时搜求中国各城镇人口统计,集合之,整理之,草成中国都市分布篇;是篇根据之都市人口统计,在五万人以上者,共一九三个,以下者则零星不全,概行略失,此一九三个都市中,来自国民政府统计季报者一三,江苏图志者二一,日满年鉴者一九,申报年鉴者一四,张著本国地理者九,广东广西河南等省统计月刊者一二,山东浙江湖南实业志者九,江西经济旬刊四川月报海关报告者一一,此外江苏土地局中行月刊各县市政府报告及社会调查者二三,以上合计一三一个,较为可靠;尚余六二个,因新统计尚无发表,或作者收集欠周,不得已采用中华归主(Christain Occupation of China)记载,不过此六二个,均系小都市人口不及一〇万者,自信与事实尚无不符,因采用之,兹将所得一九三个,依大小列为五等,并参以北美情形,一并列之[注一],以资比较:

都市等级	中国	北美
1,000,000 人口以上	5	5
500,000 至 1,000,000	5	10
200,000 至 500,000	19	30

引用本文:沈汝生. 中国都市之分布. 地理学报, 1937, 4(1): 915-935. [Shen Rusheng. The distribution of cities of China. *Acta Geographica Sinica*, 1937, 4(1): 915-935.]

续表

都市等级	中国	北美
100,000 至 200,000	48	55
50,000 至 100,000	116	101
合计	193	201

上表所示，中国有半数以上为五万至一〇万人口之小都市，六七个为一〇万至五〇万之中都市，仅一〇个为五〇万以上之大都市；若与北美之情形相比较（按此处之所谓北美，仅包括美国全部，及加拿大之南部，而不包有墨西哥，故情形颇可与中国相比较），总数与中国不相上下，而五〇万以上之大都市一五个，一〇万至五〇万之中都市八五个，五万至一〇万之小都市仅占半数，是中国大都市不及彼邦发达可知，换言之，中国工商业程度不及北美者甚显。

二、都市分布与距海远近

吾人先可从大兴安岭起顺太行山断层，向西南沿河南湖北湖南广西各省边界划第一条线，继再自外蒙高原东部边缘起，经阴山大青山贺兰山至甘肃，沿西藏高原东部边缘三千公尺等高线而行，以至云南划第二条线；如此将全国划分为三。第一线以东之地，地形简单，类多平原，高度概在二〇〇公尺以下，水流均属诸河下游，如黄河长江珠江均是，故可称之曰沿海区；第二线以西之地，地形复杂，有西藏蒙古二高原，及天山阿尔泰诸大山，河流均属内陆系统，而地当亚洲大陆核心，是可称之曰内陆区；介于二线之间者，有高低起伏之山陵，有局部开展之平原，地当诸河上游区域，为沿海内陆两区之过渡地带，可称之曰中部区。

三区划分既定，方可言都市分布，兹先表列三区面积及都市。

表 1

	面积（方公里）	百分比	都市数	百分比
沿海区	2,963,429	26.5	147	76.2
中部区	2,569,330	23.0	39	20.2
内陆区	5,640,799	50.5	7	3.6
合计	11,173,558	100.0	193	100.0

表 2

	100 万人口以上都市数	50 万至 100 万	20 万至 50 万	10 万至 20 万	5 万至 10 万	合计
沿海区	5	5	16	39	82	147
中部区	0	0	3	8	28	39
内陆区	0	0	0	1	6	7
合计	5	5	19	48	116	193

观第一表，三区面积与都市数目，呈一极大之反比，内陆区面积大而都市少，沿海区面积小而都市多，中部则介二者间；由此知中国都市全集中于沿海，内陆则绝无仅有，是为他国所罕见，遂成中国都市分布之特色。第二表与第一表有同样意义，唯更示大都市与沿海关系之密切耳。

三、都市分布与地形高低

中国都市分布之不均既如此，其原因安在，欲答复此问题，非言地形不可。但地形有绝对相对两种，前者可以绝对高度表示，因材料残缺未全，难作具体研究；后者近似地形区域，吾师张晓峰先生曾将中国地形分平原丘陵高原山地四种，并以之详析中国地理区为六〇单位[注二]，今即以张师所说为根据，将中国一九三个都市，分配于四种地形中，则得下表：

	100 万人口以上都市数	50 万至 100 万	20 万至 50 万	10 万至 20 万	5 万至 10 万	合计
平原	4	3	11	20	52	90
丘陵	1	2	8	21	50	83
高原	0	0	0	5	7	12
山地	0	0	0	1	7	8
合计	5	5	19	48	116	193

观上表，中国都市之分布，以平原为首，丘陵次之，高原第三，山地最少，此一般天然趋势也。但在此不能忽略者，为平原丘陵不相上下之问题，按平原都市总数九〇个，丘陵八三个，相差仅及七个，此骤视之，似有背于情理，细究之则有二点以资解释：

（一）丘陵地地形复杂，交通不便，遂成四分五裂之局，构成独立小区域，每多本地中心（Local Center），而平原地势开展，交通便利，无此种情形。

（二）丘陵地土地贫瘠，农田有限，人民势多集居，产生聚合中心，而平原农田密布，人多散居而少集居，固人口密度虽高，而都市之产生则未必。

丘陵地对都市总数分布，既不亚于平原，但其所产生者，则远不及平原之大，上述相差之七个，即属二〇万人口以上之大都市；此盖丘陵地之附庸地（Hinterland）极为有限，经济力不足以维持大都市，但反之有上述两因，乃产生多数小都市。平原之能产生大都市，附庸地之广大，经济力之雄厚，固为其主因，然平原交通便利，居民多被大都市所吸收，所谓都市之并吞现象，促成大都市之益形膨大，此亦非谓无因也。

高原与山地，同为都市不发达之区域，高原地势较缓和，高山地形较复杂，故高原胜于高山，其理甚显。

四、都市分布与水陆交通

都市之分布，除受制于地形外，交通尤关重要，交通种类复杂，陆上有铁道公路，及旧式大道，水上有河运海运，公路作用较少，可与旧式大道合；但一都市常兼有数种交通而有之，此则将各项一并列之，以便比较，兹将上项都市，各依交通性质不同而分配之，则得下表：

	100 万人口以上都市数	50 万至 100 万	20 万至 50 万	10 万至 20 万	5 万至 10 万	合计
铁道	5	4	13	20	36	78
河运	4	3	14	28	53	102
海运	3	2	4	9	7	25
公路大道	5	4	16	38	99	162

观上表，都市分布与交通最有关系者，当推公路与大道，在一九三个都市中有一六二具有是项性质，盖大道为交通路线中之最简单者，在交通发展之过程上，为最原始之一种，古代各都市间之相互联络，莫不唯此是赖，及后新式交通发展，大道虽受打击，但在内地偏僻之区域，尚不失其重要之地位。公路轻而易举，最称便捷，在大多数都市中，均普遍存在；唯公路交通规模不大，作用殊微，且亦有循固有大道而辟公路者，其作用兼大道而有之，故可与大道合而为一。

赖河运而兴之都市，总数一〇二，仅次于公路大道，河流对都市发展之关系有二：一曰饮水，昔有"市井"之称，言都市与水源关系之密切，今则各大都市，莫不视解决饮水问题为市政府之要项，河流既为水源供给之最便最多处，故都市多分布于河岸者以是。二曰运输，赖之以与各都市相联络，简单便易，较大道与公路，均过之无不及。

河运对中国都市分布上，其总数虽颇多，但其中小都市尤为发达，以五万至一〇万者占五二为多，此盖河流多网状之分布，当其二流相遇点，常发生会合中心，但此项会合中心，其所有之附庸地，每仅包括其所经之小区域，故经济力极为有限，不能将中心发扬光大；反之必须在下游或二大流相会处，才能产生大都市，但此种现象，在事实上较少发现。

铁道之重要，次于河运，此或系中国铁道尚未发达，因之而兴之都市不多，但铁道为大都市产生之要项，与河运之情形适相反，因铁道之分布多横贯的，中途非特别重要或两线相会处，势难有中心之产生。反之在两线相会或起点终点处，必有大都市之发现。

海运产生之都市，总数二五，当为最少，但此所有之二五个，二〇万人口以上之大都市九个，一〇万至二〇万之中都市九个，一〇万以下者仅七个，故显然的，与铁道有同一倾向，为产生大都市之大本营，但其原因则不同，分二点解释：

（一）海运本身之重要，为联络内外之最要工具，而海港乃内外之接触点，势必吸引附近之人口，集中内外之商贾。

（二）中国海港稀少，在北部概为隆起之海岸，除山东辽东二半岛有少数港口外，余则绝无仅有南部虽较多，但内部地形阻碍，亦颇难于发展，故在中国全部海岸中，仅有此二五个较发达之港口；中国港口既少，而内外之关系不减，故非扩充固有港口不可，是所以海运产生大都市也。

上为四种交通工具对于都市不同之发展，至其地理分布又若何，概言之，北方地势平坦，河患频仍，铁路较为发达，南方丘陵起伏，水乡泽国，河运较为发达，海运限于沿海，大道偏于内地，而公路轻举便捷，各处散见之。

五、都市分布与地理区域

欲言中国都市之地域分布，必先划分中国之都市区域，欲划分都市区域，非借助于地理区域不为功；兹根据竺藕舫先生之气候区[注三]，胡肖堂先生之农业区[注四]，张晓峰先生之地理区[注五]，并参酌各都市情形之需要，综分中国为八大都市区：

一曰东北区，凡大兴安岭以东之地均属之，包括辽吉黑热四省之地。二曰黄河下游区，北以长城为界，西以山西高原边缘为邻，南则阻以大别山与长江流域相望，故本区范围，北有海河流域全部，中有黄河下游，南则有淮河流域全部。三曰长江下游区，凡三峡以下长江流域之地均属,包有两湖盆地全部,浙江北部,陕西河南安徽江苏各省南部之地。四曰东南沿海区,北起浙江北部,南迄广东东部,包有福建全省,浙江大部,广东一部。五曰珠江下游,凡云贵高原东麓以下之地均是,包有广西全部,广东大部。六曰西南区,包括长江珠江两河全部上游区域,有四川云南贵州三省之地。七曰黄河上游区,有全部黄河上游区域,包有山西全部,陕西大部,河南西部,绥远宁夏甘肃各一部。八曰西北边陲区,包有外蒙新疆西藏青海全部,内蒙北部,甘肃西部。

上为中国都市分区之大概,至于各区都市分布多寡,则有下表:

	100万人口以上都市数	50万至100万	20万至50万	10万至20万	5万至10万	合计
东北区	0	1	3	8	7	19
黄河下游区	2	1	4	7	28	42
长江下游区	2	1	6	16	30	55
东南沿海区	0	1	3	6	12	22
珠江下游区	1	1	0	2	7	11
西南区	0	0	3	3	14	20
黄河上游区	0	0	0	5	12	17
西北边陲区	0	0	0	1	6	7
合计	5	5	19	48	116	193

观表各区都市之数目,以长江上游区五五个最多,黄河下游区四二个次之,东南沿海区西南区东北区又次,而以西北边陲区七个为最少,此种不平均之分布,其原因安在?理由若何?非述其附庸地不可。对附庸地本身应注意之点有二:一曰面积,所以示其大小,二曰性质,所以衡其价值,但各区附庸地常有逾越(Overlap)之现象,即一地同时可为二区之附庸地,如今日之湖南可为长江下游区与珠江下游区之附庸地是。兹约略估计各区附庸地之面积及性质:

	面积(方公里)	所有区域	性质大要
东北区	1,251,000	本区	农业畜牧森林矿产均富
黄河下游区	1,266,000	本区加黄河上游区	农业畜牧矿产均富
长江下游区	1,354,000	本区加四川盆地	农业最盛森林亦富
东南沿海区	300,000	本区	农业欠盛森林尚富
珠江下游区	812,000	本区加湖南盆地	农业盛森林亦盛
西南区	979,000	本区	北部农业盛南部矿产富
黄河上游区	1,737,000	本区加西北边陲之小部	农业欠盛矿产森林畜牧盛
西北边陲区	6,226,000	本区	不毛之地最多畜牧盛

上表第一项示附庸地之面积大小，概言之，在同一环境下，附庸地面积与都市数目成正比，如长江黄河珠江三下游区之情形是；反之在不同条件下则常发生例外，如西北边陲区与东南沿海区之绝对异致是，故在此有第三项附庸地性质大要，所以补充前项之不足，以作解释事实之张本。

但以上所示，均系绝对之数值，不能直接表出其关系，故有下列二表之相对值。

表 1 [注六]

	面积（方公里）	都市数	每都市平均所有面积
东北区	1,250,277	19	65,804
黄河下游区	542,314	42	12,912
长江下游区	774,946	55	14,090
东南沿海区	281,446	22	12,793
珠江下游区	396,720	11	36,065
西南区	978,697	20	48,935
黄河上游区	723,793	17	42,576
西北边陲区	6,225,365	7	889,338
合计	11,173,558	193	57,894（平均）

表 2 [注七]

	5万人口以上都市人口合计	总人口	百分比
东北区	3,201,095	30,008,000	10.6
黄河下游区	7,247,689	110,124,000	6.5
长江下游区	11,110,877	127,745,000	8.7
东南沿海区	3,136,226	43,986,000	7.1
珠江下游区	3,000,879	37,975,000	7.9
西南区	2,221,989	74,001,000	3.0
黄河上游区	1,505,895	31,306,000	4.8
西北边陲区	501,000	12,667,000	4.0
合计	31,925,650	467,812,000	6.8（平均）

表一第一项为各区面积，第二项为都市数目，第三项则以第一项除第二项，得每一都市所有之面积，有表示各区都市密度之用意；其结果以东南沿海区为最密，黄河下游区次之，长江下游区第三，珠江下游区第四，而以西北边陲区最后，此种不规则之分布，其最引人注意者，当为东南沿海区与黄河下游区之特殊发展，较之长江下游区亦且过之。东南

沿海区发达之因，一受地形分裂之赐，构成许多本地中心，二由于海港之多，为内外水运之交点，此在上述地形交通二章中已详道及，在此不再多赘。黄河下游区之发达，其因颇令人费解，是否本区因河水为患，均择高地而群居，抑或因防护匪盗相沿成风而集居者，则未获一解，但照本区实情，村落之分布，常较他区为广大，惜苦无坚强理由，不敢断为主因。

长江下游区虽不及上述两区之稠密，然究以附庸地广大，经济力雄厚，故能列于第三；珠江下游区则因地形起伏，附庸地有限，列于第四；黄河上游区与西南区，均处大河上游，其情形颇相类同，但前者历史悠久，地位重要，后者则无此利，故西南区不及黄河上游区；东北区环境虽佳，而开辟伊始，经营未深，列于第七；西北边陲区生产薄弱，经济落后，列为最后。

表二第一项示五万人口以上都市人口之总和，第二项示各区所有之总人口，第三项示都市人口之百分比；其结果以东北区为第一，长江下游区次之，珠江下游区又次，东南沿海区第四，而以西南区为最少；此与上述表示密度之意者不同，因有各区都市大小之关系在内。东北区为新近开辟之地，移民者未便深入腹地，往往集合而居，及最近九一八事变后，又经日人努力经营，工商业已有相当发达，大都市之数较多，上述一九个中，人口不及一〇万者仅七个；长江下游区总数共有五五个，但本区为一农业区，产生小都市之机会较多，计人口不及一〇万者达三〇个；珠江下游区似东北区，唯都市分布至不均匀，故尚不及东北区；黄河下游区似长江下游区，唯地力财源之不济，故有逊于长江下游区；此外东南沿海区，黄河上游区，西北边陲区，各因交通方式之不同，或因位置地形之异别，各呈特殊之发展；但在此之最令人莫解者，厥为西南区之特殊低落，都市人口仅占百分之三，其原因是否四川为一大农业区，不能引吸人口之集中，或有其特殊缘由存在，亦由于统计之失真，则未之决耳。

六、结论

关于中国都市分布之概况，其与位置地形之关系，交通地域之影响，已约略如上所述，兹再就各区都市之实情，作一简单之评述，以为本文之结束。

东北区地位优越，交通便利，铁煤之产称富，工商业发达可期，都市之发展，颇有希望。

黄河下游区，附庸地广大，经济力雄厚，煤铁之产，近在咫尺，棉毛等料，运输称便，故最适于工业之发展，促进都市之繁荣。

长江下游区之情形，类似黄河下游区，唯所异者，长江流域为一著名之农业区，而无煤铁诸矿之出产，故将来之发达，在商业而非工业，有之亦不过纺织等轻工业而已。

东南沿海区，呈一特殊形势，附庸地约束有限，今日赖商业而发展，可谓已达饱和状态，未来都市之发达，有赖于本区水电工业之开发，但能否成功，未可决定。

珠江下游区，虽与二河下游区同有位置形势之优胜，但附庸地地形起伏，产业欠盛，未能促其普遍之发达，所幸今日粤汉通车；川粤开始测量，未来之繁荣或有希望。

西南区，南部云贵二省，地形复杂，交通不便，然矿产丰富，矿业都市，颇有希望；北部四川区域，水利修明，农田发达，商业都市，繁荣最易。

黄河上游区，顾农业虽不兴，而矿业则丰富，且与西北边陲较接近，将来之发达，并非无望。

西北边陲区，地形与产业，均不利于都市之发展，但为边疆重镇，军事上极为重要，发生防守都市。

注一：参看一九三六年世界年鉴（World Almanac）。

注二：张其昀"中华民族之地理分布"，地理学报第二卷第一、二两期。

注三：竺可桢"中国之气候区域"，气象研究所集刊第一号。

注四：胡焕庸"中国之农业区域"，地理学报第三卷第一期。

注五：张其昀"中国自然区域简说"，方志九卷二期。

注六：面积统计系根据曾世英各省面积数字估计而来。

注七：人口统计系根据最近一九三七年三月内政部发表各省数字，再补入香港九龙澳门估计而得。

中国 50,000 人口以上都市表

都市名称		人口数	调查年月	记录来源
江苏省	上海*	3,480,018	1934.12	1935年申报年鉴
	南京	1,013,320	1935.12	统计季报五号
	苏州	389,797	1936.6	江苏土地局
	无锡	272,209	1936.6	江苏士地局
	镇江	20,723	1936.6	江苏士地局
	如皋	183,268	1635.11	江苏图志
	徐州	160,013	1935.11	江苏图志
	扬州	137,735	1936.6	江苏土地局
	南通	133.396	1935.11	江苏图志
	常熟	102,734	1935.11	江苏图志
	盐城	102,036	1935.11	江苏图志

续表

都市名称		人口数	调查年月	记录来源
	海门	100,572	1935.11	江苏图志
	松江	98,909	1936.6	江苏土地局
	青浦	95,617	1935.11	江苏图志
	淮阴	80,615	1935.11	同上
	常州	79,196	1935.11	同上
	灌云	73,945	1935.11	同上
	嘉定	73,030	1935.11	同上
	泰县	66,419	1935.11	同上
	高邮	62,731	1935.11	同上
	阜宁	62,144	1935.11	同上
	宝应	59,102	1935.11	同上
	沛县	56,753	1935.11	同上
	仪征	56,632	1935.11	同上
	沭阳	54,839	1935.11	同上
	江阴	54,839	1935.11	同上
	兴化	52,724	1935.11	同上
	淮安	51,619	1935.11	同上
浙江省	杭州	576,048	1935.12	统计季报五号
	宁波	244,151	1933	浙江实业志
	温州	202,700	1927	1933年申报年鉴
	绍兴	177,530	1933	浙江实业志
	嘉兴	102,329	1935	中国经济志浙江嘉兴县
	台州	50,000	1922	中华归主 The Christian Ocenpation of China
	金华	50,000	1922	中华归主
	衢州	50,000	1922	中华归主
	余姚	50,000	1936	余姚县公安局估计
	常山	50,000	1922	中华归主
安徽省	芜湖	150,411	1933	1936年申报年鉴
	安庆	121,379	1933	1936年申报年鉴
	蚌埠	105,237	1934	安徽省统计年鉴
	亳州	80,000	1922	中华归主
	阜阳	70,000	1922	中华归主
	合肥	70,000	1934	张其昀本国地理
	六安	50,000	1922	中华归主
	宜城	50,000	1936	宜城县公安局估计

续表

都市名称		人口数	调查年月	记录来源
江西省	南昌	277,362	1935.12	统计季报五号
	景德镇	140,274	1934.10	江西经济旬刊三卷十六期
	九江	85,161	1935	江西经济旬刊
	宁都	60,000	1922	中华归主
	赣州	58,332	1934.10	江西经济旬刊三卷十六期
	瑞金	56,000	1922	中华归主
	建昌	50,000	1922	中华归主
	南丰	50,000	1922	中华归主
	鄱阳	50,000	1922	中华归主
湖北省	汉口	781,508	1935.12	统计季报五号
	武昌	433,890	1935.12	统计季报五号
	汉阳	137,241	1934	中国地理基础 Chinás Geographic Foundations
	沙市	113,526	1931	海关报告 Maritime Customs
	宜昌	107,940	1931	海关报告
	老河口	100,000	1922	中华归主
	樊城	65,000	1922	中华归主
	荆州	50,000	1922	中华归主
	武穴	50,000	1922	中华归主
湖南省	长沙	479,570	1935.11	统计季报五号
	湘潭	112,976	1933.5	湖南省人口统计
	衡阳	102,107	1935	湖南实业志
	常德	96,790	1935	湖南实业志
	益阳	80,000	1922	中华归主
	邵阳	75,945	1935	湖南实业志
	津市	58,000	1922	中华归主
	澧县	53,746	1933.5	湖南省人口统计
	耒阳	53,414	1933.5	湖南省人口统计
四川省	成都	480,821	1936.3	1936年申报年鉴
	重庆	281,272	1934.1	四川月报四卷二期
	万县	201,839	1931	海关报告
	自流井	100,000	1922	中华归主
	叙州	78,231	1935.11	四川月报七卷五号
	泸县	73,515	1935	四川月报
	三台	70,000	1922	中华归主
	阆中	70,000	1922	中华归主
	达县	70,000	1922	中华归主

续表

都市名称		人口数	调查年月	记录来源
	涪陵	60,608	1935	四川月报
	乐山	60,000	1922	中华归主
	南充	53,478	1935.8	四川月报七卷二期
	大竹	50,000	1922	中华归主
	遂宁	50,000	1922	中华归主
	武胜	50,000	1922	中华归主
福建省	福州	359,205	1935.12	统计季报五号
	厦门	196,084	1935.3	1936年申报年鉴
	延平	30,000	1929	张其昀本国地理
	晋江	75,000	1922	中华归主
	建瓯	60,000	1922	中华归主
	宁德	60,000	1922	中华归主
	龙溪	56,000	1922	中华归主
广东省	广州	1,156,786	1935.12	统计季报五号
	香港	754,080	1934	中国地理基础
	澳门	190,300	1928	1933年申报年鉴
	汕头	189,996	1935.12	1936年申报年鉴
	潮州	179,068	1935	广东统计月报
	佛山	163,314	1931.4	南海县政季报六七合刊
	潮阳	127,714	1935	广东统计月报
	江门	93,048	1935	广东统计月报
	梅县	92,730	1935	广东统计月报
	合浦	80,000	1922	中华归主
	揭阳	80,000	1922	中华归主
	石岐	79,680	1933.2	中山县县政季刊四期
	黄冈	70,000	1922	中华归主
	高要	56,000	1922	中华归主
广西省	南宁	88,852	1936	广西统计月报
	梧州	82,399	1936	广西统计月报
	桂林	74,791	1936	广西统计月报
云南省	昆明	143,700	1934	中国地理基础
	腾越	82,951	1934	中国地理基础
	个旧	50,000	1922	中华归主
贵州省	贵阳	116,574	1935.12	1936年申报年鉴
	遵义	70,000	1922	中华归主
河北省	北平	1,564,869	1935.12	统计季报五号
	天津*	1,067,902	1935.12	统计季报五号

续表

都市名称		人口数	调查年月	记录来源
	保定	312,000	1928	1933年申报年鉴
	唐山	85,000	1922	中华归主
	山海关	70,000	1922	中华归主
	石家庄	60,000	1934	张其昀本国地理
山东省	青岛	527,150	1935.12	统计季报五号
	济南	437,408	1935.11	统计季报五号
	威海卫	199,983	1935	内政部报告
	济宁	150,000	1936	分省地志山东省
	烟台	139,512	1934	山东实业志
	临沂	100,000	1922	中华归主
	潍县	82,781	1934	山东实业志
	诸城	80,000	1922	中华归主
	黄县	80,000	1922	中华归主
	掖县	80,000	1922	中华归主
	泰安	79,803	1934	山东实业志
	益都	60,000	1922	中华归主
	莒县	60,000	1922	中华归主
	蓬莱	60,000	1922	中华归主
	周村	56,620	1934	山东实业志
	胶县	50,000	1922	中华归主
	临清	50,000	1934	张其昀本国地理
河南省	开封	303,422	1936.4	河南统计月报二卷七期
	周家口	200,000	1922	中华归主
	郑州	80,000	1931	中行月刊二卷十期
	洛阳	77,159	1935.6	河南统计月报一卷六期
	商丘	73,589	1935.10	河南统计月报一卷九十期
	安阳	60,000	1922	中华归主
	许昌	50,129	1935.5	河南统计月报一卷五期
	南阳	50,109	1935.5	河南统计月报一卷五期
山西省	太原	139,458	1934.12	1936年申报年鉴
	汾阳	65,000	1922	中华归主
	大同	50,000	1922	中华归主
陕西省	长安	154,514	1936.12	统计季报五号
	汉中	100,000	1922	中华归主
	大荔	80,000	1922	中华归主
	三原	80,000	1922	中华归主
	渭南	50,000	1922	中华归主

续表

都市名称		人口数	调查年月	记录来源
	安康	50,000	1922	中华归主
	故市	50,000	1922	中华归主
甘肃省	兰州	105,558	1936	内政部报告
	天水	75,000	1922	中华归主
	临潭	62,000	1922	中华归主
	平凉	55,000	1922	中华归主
辽宁省	沈阳	526,879	1936	日满年鉴
	大连	444,686	1936	同上
	安东	194,230	同上	同上
	普兰店	166,809	同上	同上
	营口	140,875	同上	同上
	旅顺	141,291	同上	同上
	锦州	125,701	同上	同上
	抚顺	117,699	同上	同上
	牛庄	106,040	同上	同上
	新民	64,723	同上	同上
	辽阳	57,370	同上	同上
	洮南	56,315	同上	同上
	铁岭	52,945	同上	同上
吉林省	滨江	431,250	同上	同上
	长春	228,744	同上	同上
	永吉	143,250	同上	同上
	扶余	64,969	同上	同上
	双城	61,618	同上	同上
黑龙江	龙江	76,101	同上	同上
察哈尔	张家口	144,829	1935.6	内政消息十号
绥远省	归绥	33,722	1935.10	1936年申报年鉴
	包头	67,206	1935	1935年申报年鉴
宁夏省	宁夏	85,000	1922	中华归主
外蒙古	库伦	70,000	1934	张其昀本国地理
新疆省	迪化	90,000	1934	张其昀本国地理
	沙车	60,000	1922	中华归主
	疏附	55,000	1922	中华归主
	奇台	50,000	1934	张其昀本国地理
	和阗	50,000	1931	张其昀本国地理
青海省	西宁	163,599	1933	1936年申报年鉴
西藏	拉萨	126,000	1934	张其昀本国地理

*上海人口据 1936—37 Chinese year Book 记载为 3,703,430。
*天津人口据 1936 年 10 月调查为 1,226,000。

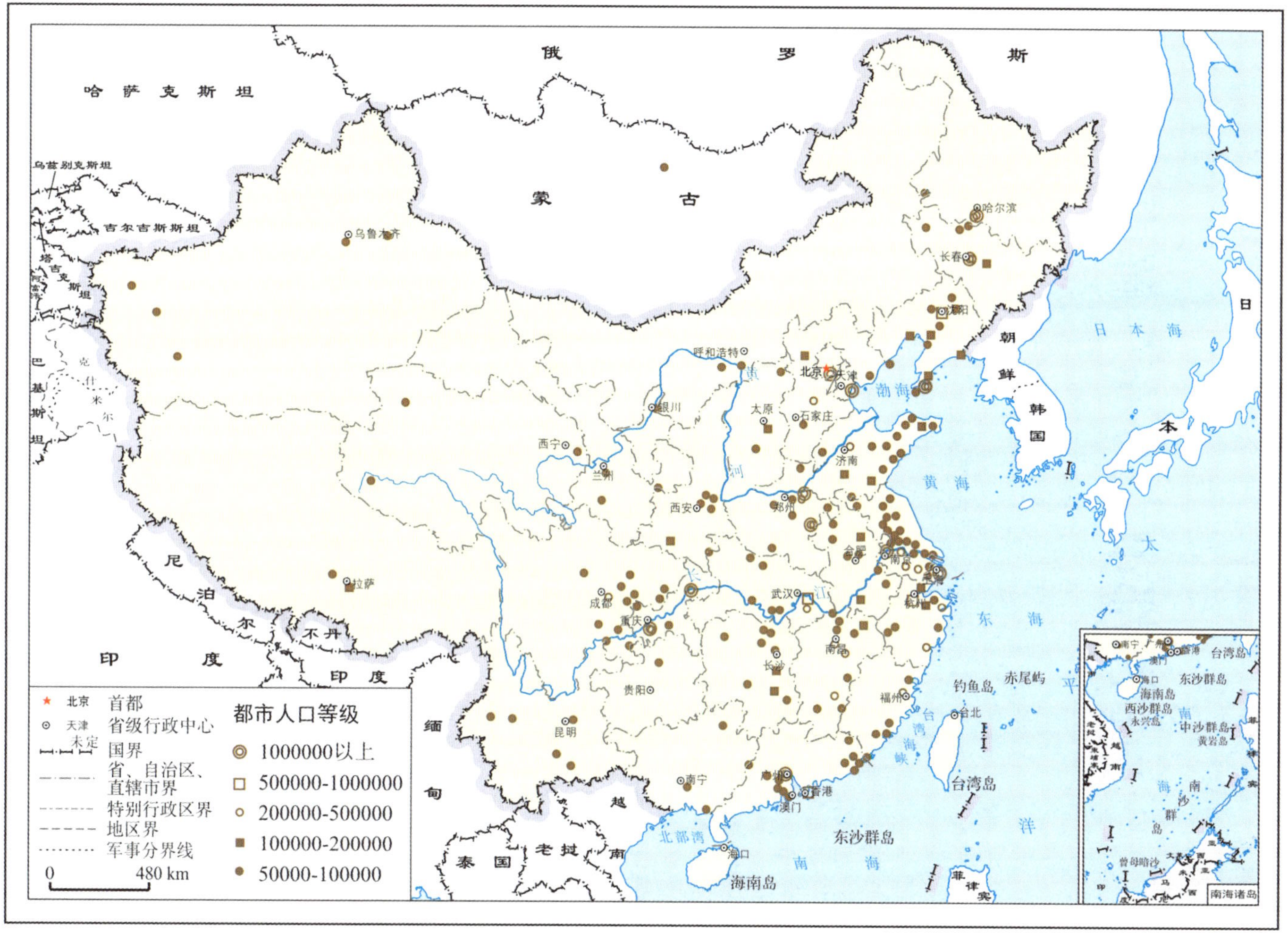

都市人口等级
1000000以上
500000-1000000
200000-500000
100000-200000
50000-100000
首都
省级行政中心
国界
未定
省、自治区、直辖市界
特别行政区界
地区界
军事分界线
0 480 km
北京
天津
哈尔滨
长春
沈阳
呼和浩特
石家庄
太原
济南
银川
西宁
兰州
西安
郑州
合肥
南京
杭州
武汉
南昌
长沙
成都
重庆
贵阳
昆明
南宁
广州
香港
澳门
福州
台北
海口
乌鲁木齐
拉萨
俄罗斯
哈萨克斯坦
乌兹别克斯坦
吉尔吉斯斯坦
塔吉克斯坦
巴基斯坦
克什米尔
蒙古
朝鲜
韩国
日本
日本海
渤海
黄海
东海
太平洋
台湾海峡
钓鱼岛
赤尾屿
台湾岛
东沙群岛
南海
海南岛
北部湾
尼泊尔
不丹
印度
缅甸
老挝
越南
泰国
菲律宾
海南岛
西沙群岛
永兴岛
中沙群岛
黄岩岛
南沙群岛
曾母暗沙
南海诸岛

"中国都市之分布"解读

顾朝林

沈汝生"中国都市之分布"是中国学者进行城市研究发表的第一篇城市地理空间描述文章，采用统计数据和定量分析方法，并与北美进行比较研究，具有划时代的城市地理学创新意义和满足国家需求的社会价值。

一、城市与城市研究

城市是人类聚落的主体形态，有记载的第一个城邦（city-state）埃利都（Eridu）可以追溯到公元前5400年左右。到公元前3100—前2800年，在新月沃地就已经形成如埃利都、乌尔（Ur）、乌鲁克（Uruk）等数十个城邦。英文"城市"（Urban）一词就是从乌尔、乌鲁克的词根（Ur）派生而来。尽管如此，长期以来，城市只是作为一种人类社会组织形态，被历史和地理书籍记载，相应的研究并没有开启。直到18世纪50年代，英国工业革命使城市一跃成为人类社会的生产中心，城市的研究才正式开始。

1. 城市化问题的出现

工业化快速拉动城市化，城市规模急剧膨胀，城市人口密度呈几何级数增长，

作者介绍：顾朝林（1958—），男，江苏靖江人，清华大学建筑学院教授，中国地理学会会员（S110001666M），主要研究方向为城市地理学、城市与区域规划。E-mail: gucl@Tsinghua.edu.cn

使得人类社会陷入前所未有的恐慌和威胁。一方面，城市火灾频发，严重威胁有产阶级的财产和生命安全。例如，1871年芝加哥大火30小时焚毁了当时美国发展最快的城市，1872年波士顿夏日街商业仓库地下室大火12个小时烧毁了26平方千米的市中心地区金融区和776栋建筑。另一方面，城市化加剧了传染病的传播和扩散，人类生命遭受从未有过的疾病威胁。此外，城市犯罪率也急剧上升。快速的城市化已被社会大众看成威胁人类社会生存的"洪水猛兽"，但对城市的深度研究几乎空白。

2. 早期的城市研究

早期的城市研究主要来自社会学。社会学奠基人，如德国的马克思（Karl Marx）、英国的斯宾塞（Herbert Spencer）、德国的韦伯（Max Weber）、法国的迪尔凯姆（Emile Durkheim）等，最早就城市的起源、发展、分类、等级体系及城市居民心理等展开初步研究。

关于城市的认识方面，1887年，德国社会学家腾尼斯（Ferdinand Tonnies）出版《礼俗社会和法理社会》（Gemeinschaft und Gesellschaft），认识到：城市由社区组成；城市中人与人的关系，不再像农业社会那样，转变为正式的、契约的、非人格化的、专门化的社会关系；人的生活方式，也从狩猎、农耕生产的群体行为模式转变为城市中的自我体行为方式。

人文社会科学关于城市的研究、洞察包括：无产阶级革命导师、德国哲学家恩格斯（Friedrich Engels），1845年出版的《英国工人阶级状况》、1872年出版的《论住宅问题》，系统揭示了当时工人阶级、住房的社会现状。19世纪英国批判现实主义文学家狄更斯（Charles Dickens）出版了《雾都孤儿》（Oliver Twist）、《大卫·科波菲尔》（David Copperfield）描写英国社会底层"小人物"和流浪汉的悲惨遭遇，《艰难时世》（Hard Times）展现了工业革命及机器生产给焦煤小镇人带来的"艰难"，《双城记》（A Tale of Two Cities）描写18世纪后半叶的巴黎和伦敦贵族如何败坏、如何残害百姓，人民心中积压对贵族的刻骨仇恨，导致了不可避免的法国大革命。美国摄影记者里斯（Jacob August Riis）1890年出版《另一半如何生活》（How the Other Half Lives），图文并茂地描述了纽约贫民窟的贫穷与衰败状况，"人们像猪一样地生活，吃着腐败的食物"。

生物学领域关于城市研究，苏格兰生物学家盖迪斯（Patrick Geddes）被城市的各种生长形态吸引，常将城市比喻成油脂污点、珊瑚礁等，认为它们虽然是有机成长的，但都是无序、无目的的。借鉴地理学法国学派维达尔（Vidal de la Blache）的区域分析方法，他创立"调查-分析-规划"的城市规划理论框架沿用至今，成为西方将区域纳入城市研究，将城市科学（Urbanology）引入城市规划的人文主义规划大师。

城市社会学兴起。美国记者帕克（Robert E. Park）在德国进修生态学，1913年回国后正值芝加哥成为欧洲移民美国的转运枢纽，城市人口急速增加、居住环境恶化、城市基础设施紧缺、新移民难以融入社会等城市移民社会问题集中爆发，芝加哥顺理成章成为帕克城市研究的实验场。1925年，帕克发表"城市——有关城市环境中人类行为研究的建议"（*The city: Suggestions for the investigation of human behavior in the city environment*），1936年出版《人类生态学》（*Human Ecology*），运用生态学生命网（The Web of Life）和大自然平衡（The Balance of Nature）定理进行人类社会研究，创立了著名的社会学芝加哥学派。1938年，社会学家沃思（Louis Wirth）发表"作为一种生活方式的城市主义"（*Urbanism as a way of life*），认识到城市主义将成为人类的一种生活方式，并提出三大城市特征：人口数量多、人口密度高、人口异质性强。

在地理学领域，初期的城市研究受德国地理学主流学派之一的环境决定论支配，将地理位置和自然环境看作城市形成与发展的决定因素，研究以空间描述为主。根据文献记载，1907年，德国哈塞尔特（Kurt Hassert）出版《城市地理观察》（*Die Städte: Geographisch Betrachtet*），是城市地理研究的开篇之作。在中国，地理学的城市研究几乎与国际同步。根据资料，1917年张其昀最早撰写两篇城市历史地理论文"金陵史势之鸟瞰"和"明清间金陵之都市生活"，发表在《东方杂志》13卷15号和1919年《史学杂志》1卷1、2期。正如巴罗斯所言，20世纪20年代，城市地理学被看作区域地理学的一个阶段或一种类型，是对单个城市的区域研究（Barrows, 1923），注重城市"景观"解读和城市现状评价两个基本问题。20世纪30年代，法国格勒诺布尔地理学派创建者布朗夏尔（Raoul Blanchard）于1935年出版《格勒诺布尔：城市地理研究》(Grenoble: Étude de géographie urbaine)。从学术研究看，这个时期的地理学城市研究，无论研究深度还是研究问题广度，比起政治、哲学、文学和社会学，都显得非常的微不足道。

二、中国早期城市地理研究

可以说，在中国，地理学的城市研究由于城市建设的需要，开展研究的时间与国际地理学同行相当，早期的研究水平也不相上下。

1931年，日军进攻沈阳，"九一八"事变爆发，东北人民开始抗战。1932年，日军进攻上海，淞沪抗战爆发。1933年，翁文灏、竺可桢、张其昀等发起组织中国地理学会，并于1934年正式在南京成立，同时创办《地理学报》。地理学城市研究主要涉及"地理环境""地理因素""都市分布与地形关系"。据不完全统计，1932—1935年，在《地理杂志》《方志月刊》《地学季刊》《师大月刊》共发表6篇相关学术论文（表1）。王益厓首先在《地理学报》发表现代工业重镇无锡的城市地理研究论文。

表1 中国早期城市地理研究

年份	作者	论文标题	刊物名称	其他信息
1932	张其昀	首都之地理环境	《地理杂志》	第3卷2—4期
1933	褚绍唐	中国都市之地理的因素	《地学季刊》	第1卷2期
1933	忻启三	都会之地理学的考察	《方志月刊》	第6卷4期
1934	胡焕庸、王维屏	江宁地志大纲	《方志月刊》	第7卷1期
1934	邹豹君	中国都市分布与地形	《师大月刊》	第15期
1935	王益厓	无锡都市地理之研究	《地理学报》	第2卷第3期

资料来源：作者收集整理。

1937年，日军在北平附近挑起卢沟桥事变，将战火烧到华北地区，中日战争全面爆发。中国有多少城市？空间分布如何？其国际地位如何？这些都是战时政府急需掌握的基础资料。然而，"研究中国地理固困难，而研究中国都市地理更困难。"① 主要原因在于：一是基础数据资料缺乏；二是统计数据失真，整理不易，导致到1937年仍没有系统的中国都市地理著作问世。

据数据库统计，在1935—1945年间，《地理学报》共发表3篇中国城市地理论文，相关研究均是满足国家需求的"应景之作"，特别是沈汝生的"中国都市之分布"，为其代表作（表2）。

表2 抗战时期《地理学报》发表的城市地理论文

年份	作者	论文标题	刊物名称	其他信息
1937	沈汝生	中国都市之分布	《地理学报》	第4卷第1期
1943	陈述彭、杨利普	遵义附近之聚落	《地理学报》	第10卷第1期
1943	陈尔寿	重庆都市地理	《地理学报》	第10卷第2期
1944	李孝芳	昆明都市地理	《科学集刊》	第2卷第1期

资料来源：作者收集整理。

三、沈汝生学术生平

沈汝生（1915—1986），别号树声，浙江余姚人。中央大学地理系（1933—1937）毕业。历任教育部编辑、国立编译馆副编审、国父实业计划研究会研究委员、四川大学副教授、湖北师范学院教授、西北大学地理系教授（1947年5月）。主要代表作：（1）"中国都市之分布"；（2）1946年，与任美锷等合著，教育部审定《初级中学地理》（一至四册），正中书局、商务印书馆、中华书局、世界书局等出版发行；（3）在《非洲地理专刊》发表"非洲铁路运输地理"等论文。沈汝生于1986年在南京去世，享年71岁。

四、"中国都市之分布"内容提要

1. 数据来源与可靠性分析

"中国都市之分布"这篇文章的数据来自沈汝生平时积累的中国193个5万人

---

① 引自沈汝生"中国都市之分布"。

口以上的城镇人口统计数据，其中13个采自民国政府《统计季报》，21个采自《江苏图志》，9个采自山东、浙江、湖南等省《实业志》，11个采自《江西经济旬刊》《四川月报》《海关报告》，23个采自江苏土地局《中行月刊》发表的政府报告和社会调查资料，共131个城镇数据，比较可靠。其余62个城镇数据采自《中华归主》（Christain Occupation of China）[①]报告。

2. 数据处理和城镇等级分类

上述采集数据经过整理加工，按照城镇人口规模，参照北美[②]城镇分类，分为五等（100万以上；50万—100万；20万—50万；10万—20万；5万—10万）；采集北美城镇数据，用于国际比较，写成"中国城市空间分布"（表3）。研究得出，中国的城镇数量与北美不相上下，但大城市数量少，是工商业发育不及北美所致。

表3 中国和北美城市规模等级（1936）（单位：个）

城镇等级规模	中国	北美
100万以上	5	5
50万—100万	5	10
20万—50万	19	30
10万—20万	48	55
5万—10万	116	101
合计	193	201

3. 中国都市的地理空间研究

"中国都市之分布"是第一篇采用区域地理学方法进行准确描述国家都市空间分布的研究成果。

关于中国都市分布与距海远近。文章按照海陆位置将中国划分为三个区域——

---

① 本书为中国境内基督教调查实录，详载地理上教堂之分布与统计中数目之强弱。由中华续行委办会特别调查委员会编制。编辑主任为司德敷（Milton T. Stanffer）；特别调查委员会委员为罗炳生（E. C. Lobens-tine）等31人，其中中国人11人。本书汉文翻译主任为全绍武，翻译陆士寅。本调查据其英文叙论所载，发轫于1910年在英国爱丁堡的世界宣教师会议（The World Missionary Conference），1913年穆德（John R. Mott）来中国传道，与全国各大教会领袖会商。

② 指美国、加拿大南部，不含墨西哥。

沿海区、中部区、内陆区。当时中国10万人口以上的城市共77个：沿海区（大兴安岭—太行山—河南、湖北、湖南、广西）65个，占75.6%；中部区（外蒙高原东缘—阴山、大青山、贺兰山—甘肃）11个，占12.8%；内陆区[西藏高原东部（3 000米等高线）—云南]仅有1个10万以上人口的城市。

表4　中国都市的海陆空间位置

	面积（km²）	占比（%）	100万以上（个）	50万—100万（个）	20万—50万（个）	10万—20万（个）	合计（个）
沿海区	2 963 429	26.5	5	5	16	39	65
中部区	2 569 330	23.0	0	0	3	8	11
内陆区	5 640 799	50.5	0	0	0	1	1
合计	11 173 558	100.0	5	5	19	48	77

关于中国都市分布与地形关系。中国地形类型以平原最多，丘陵其次，高原第三，山地最少。平原地区，农田密布，人多散居，虽人口密度大，都市尽管数量最多，达90个，但城镇密度并不大。丘陵地区，尽管土地贫瘠、农田有限，但人民多集聚，产生聚合中心，城镇数量也达到83个，城镇密度高于平原地区。高原和山地，也发育了20个城镇（表5）。这些精辟空间分布概括，充分反映了发达农业为基础的国家都市空间分布规律。

表5　中国都市分布与地形关系（单位：个）

地形类型	100万以上	50万—100万	20万—50万	10万—20万	5万—10万	合计
平原	4	3	11	20	52	90
丘陵	1	2	8	21	50	83
高原	0	0	0	5	7	12
山地	0	0	0	1	7	8
总计	5	5	19	48	116	193

关于都市分布与水陆交通关系。交通是城市形成和发展的重要因素。20世纪30—40年代，中国的铁路、航空运输才刚刚开始发展，传统城镇大部分依水而建，公路和大道也与都市繁荣关系越来越紧密。其中，依河运兴建的城市数量最多，有

102个，几乎占城镇总数一半以上，但其城镇规模均属中小城市；中国海港稀少，北方集中在山东和辽东半岛，南方海港虽数量多，但受内部地形阻碍，大多难以发展，因此以海运兴起的城市仅25个。铁路发展较晚，还没有出现因铁路而兴起的城镇。

4. 划定国家八大都市地理区

"中国都市之分布"给出了中国首张城市分布图，首次对中国都市进行了地理分区，分为八大都市地理区。（1）东北区。包括辽、吉、黑、热四省。（2）黄河下游区。沿长城—山西高原边缘—大别山一线。（3）长江下游区。指三峡以下，两湖盆地，包括浙北、陕南、豫南、皖南、苏南。（4）东南沿海。包括福建、浙江大部和广东一部分。（5）珠江下游区。包括云贵高原东麓以下，广西和广东一部分。（6）西南区。为长江、珠江两河全部上游地区，包括川、云、贵三省。（7）黄河上游区。包括山西、陕西大部，豫西以及绥远、宁夏、甘肃的一部分。（8）西北边陲区。包括外蒙古、新疆、西藏、青海，内蒙古北部和甘肃西部。

表6　沈汝生对中国都市的地理分区

都市地理区	面积（km²）	5万以上都市人口合计（人，1936年）	区域总人口（人）	城市化水平（%）	都市数（个）	100万以上人口都市数（个）	50万—100万人口都市数（个）	20万—50万人口都市数（个）	10万—20万人口都市数（个）	5万—10万人口都市数（个）	主要功能
东北区	1 251 000	3 201 095	30 008 000	10.6	19	0	1	3	8	7	农畜林矿丰富
黄河下游区	1 266 000	7 247 689	110 124 000	6.5	42	2	1	4	7	28	农畜矿丰富
长江下游区	1 354 000	11 110 877	127 745 000	8.7	55	2	1	6	16	30	农业发达，林业次之
东南沿海	300 000	3 136 226	43 986 000	7.1	22	0	1	3	6	12	林业丰富
珠江下游区	812 000	3 000 879	37 975 000	7.9	11	1	1	0	2	7	农林发达
西南区	979 000	2 221 989	74 001 000	3.0	20	0	0	3	3	14	北农南矿
黄河上游区	1 737 000	1 505 895	31 306 000	4.8	17	0	0	0	5	12	矿林畜发达
西北边陲区	6 226 000	501 000	12 667 000	4.0	7	0	0	0	1	6	畜牧优
合计	11 173 558	31 925 650	467 812 000	6.8	193	5	5	19	48	116	

中国都市之分布与区位和地形关系紧密，受交通影响较大。东北区都市发达；黄河下游区工业城市发展条件好；长江下游区农业发达为轻工城市发育提供条件；东南沿海区已达饱和，未来发展视水电产业开发确定，珠江下游区京广铁路推动城市发展；西南区云贵矿产城市发育条件好，川渝农业发达促进商业都会发展；黄河上游区矿业丰富，矿产城市可期；西北边陲区是边疆重镇区，军事职能明显，有些会发展成军事重镇。

五、"中国都市之分布"的影响

沈汝生"中国都市之分布"一文对国家城市体系建设具有长远的影响。1945年，抗战胜利，梁思成在《大公报》发表"市镇的体系秩序"，意欲在战后重建时进行国家城镇体系布局研究。同时，张其昀就还都南京或迁都展开研究（表7），主张还都南京，迎接太平洋发展时代。

表7 中国战后重建期的城市地理研究

年份	作者	论文标题	刊物名称	其他信息
1945	梁思成	市镇的体系秩序	《大公报》	8月
1947	沙学浚	南渡时代与西迁时代——中国国防史与国防地理之综合研究	《学原》	第1卷第1期
1947	沈汝生、孙敏贤	成都都市地理之研究	《地理学报》	第14卷第3/4期
1948	文振民	曲江都市地理	《地理学报》	第15卷第1期
1950	赵松乔、白秀珍	南京都市地理初步研究	《地理学报》	第17卷第2期

资料来源：作者收集整理。

1965年，美国华盛顿大学地理系在加里森（William L. Garrison）和乌尔曼（Edward L. Ullman）组织下成立了数量地理学的华盛顿小组，推动中心地理论、交通网络理论和多元统计方法实际应用，地理学也从传统地理描述革新为地理科学（Geographic science）。由于地理学强化应用和定量研究，地理学的城市研究得到快速发展。

1972年，国际地理联合会组建"国家居民点体系委员会"。1977年，在德国波鸿（Bochum）组建"国际地理联合会城市化与居民点体系专业委员会"（IGU，

Committee for Urbanization and Settlement System）成立大会，加拿大多伦多大学地理系赖瑞·鲍恩（Larry S. Bourne）[①]出任主任，将城市化和城市体系列入城市地理学重要研究内容，发表和编辑一系列文章和专著，其中"城市内部结构"（Internal structure of the city）、《城市体系》（Systems of Cities）、《城市化与城市体系：国际视角》（Urbanization and Settlement Systems: International Perspectives）产生巨大的学术影响力（Bourne，1980，1986，1993，1998，2000；Bourne and Simmons，1978；Bourne et al.，1984；Bourne et al.，2011），城市地理学研究内容和领域边界渐渐清晰，即：城市地理学（Urban Geography），从事城市地域空间组织的地理研究，主要研究城市形成和发展条件、城市化过程、城市体系、城市间相互作用、城市形态、城市内部土地利用和城市问题等。

在中国，20世纪50年代进入社会主义建设阶段，国内哲学和社会科学理论界认为："城市化是资本主义的产物""社会主义不需要城市化"，因此城市化是人文社会科学界、地理学、城市规划领域的理论和实践研究禁区。直到1980年，孙盘寿参加了在波兰召开的国际地理联合会城市化与居民点体系专业委员会年会，带回1979年《波兰地理学集刊》第39期《城市化与居民点体系论文集》。1981年，宋家泰复印了这本文集，组织南京大学地理系77级（部分78级）城规班同学集体翻译。1982年，南京大学地理系《地理科技资料（24）》内部刊印《国际城市化》。这是国内第一本系统介绍"城市化研究"的论文集。此后，中国的城市地理学也直接接轨国际，从"城市作为区域地理的一个组成部分"发展成为一门独立的城市地理学科，主要包括：城市化、城镇（居民点）体系和城市空间内部结构。也可以说"在中国，南京大学最早建构'城市地理学：城市化-城市体系-城市空间结构'研究框架"。后续1987年顾朝林博士论文"中国城镇体系"、1988年武进博士论文"中国城市形态研究"，让这个研究框架进一步得以展现。

[①] 赖瑞·鲍恩，1966年毕业于芝加哥大学地理系，博士论文涉及"中心城市的私人重建"（Bourne，1967）。进入多伦多大学任教后，一直从事城市地理学课程教学工作。早年城市地理教学和研究关注城市内部空间结构（Bourne，1976，1982）。1977年担任国际地理联合会城市化与居民点体系委员会主任。

参考文献

[1] Blache, P. V. D. L. 1921. *Principes de Géographie Humaine*. Armand Colin.

[2] Bourne, L. S. 1967. *Private Redevelopment of the Central City*, University of Chicago.

[3] Bourne, L. S. 1976. Urban structure and land use decisions. *Annals of the Association of American Geographers,* Vol. 66, No. 4.

[4] Bourne, L. S. 1980. Urban and regional systems. *Progress in Human Geography*, Vol. 4, No. 3.

[5] Bourne, L. S. 1982. Internal structure of the city: readings on urban form, growth, and policy. *Historian*, Vol. 26, No. 1.

[6] Bourne, L. S. 1986. The geography of housing. *Real Estate Economics*, Vol. 14, No. 1.

[7] Bourne, L. S. 1993. The demise of gentrification? a commentary and prospective view. *Urban Geography*, Vol. 14, No. 1.

[8] Bourne, L. S. 1998. Wither urban systems? a commentary on research needs and the marketing of ideas. *Canadian Journal of Regional Science*, Vol. 21, No. 3.

[9] Bourne, L. S. 2000. Living on the edge: conditions of marginality in the Canadian urban system. *Developing Frontier Cities*, Vol. 52.

[10] Bourne, L. S., J. W. Simmons, W. Alonso. 1978. *Systems of Cities: Readings on Structure, Growth and Policy*. Oxford University Press.

[11] Bourne, L. S., R. Sinclair, K. Dziewoński. 1984.*Urbanization and Settlement Systems: International Perspectives*. Oxford University Press.

[12] Bourne, L. S., T. Hutton, R. Shearmur, et al. 2011. *Canadian Urban Regions: Trajectories of Growth and Change*. Oxford University Press.

[13] Geddes, P. 1904. *City Development, A Study of Parks, Gardens, and Culture-Institutes. A Report to the Carnegie Dunfermline Trust*. Rutgers University Press, 1904.

[14] Geddes, P. 1915. *Cities in Evolution*. Williams & Norgate, 1915.

西康居住地理

严钦尚

  房屋为地理现象之一，与人生有密切之关系，其形式，聚散虽因人类意志而起变更，然其受自然环境之影响仍极明显；故房屋之研究在科学之新地学上，应予以特别重视，盖因其极富地理性也。地理学对于一地房屋不着眼于宇厦之华美，而对于一地大多数性质相同之型式则不惮详述。其研究之方法不在全部建筑之原理而在于所取材料形式，分布演变等诸端藉以说明房屋与地理环境之适应。白吕纳氏 Jean Brunhes 曾指出就一小区域内作缜密之研究后，始能识别与估定自然与人生严正之地理关系。氏乃有"山岛""谷岛""林岛""海岛""瀚岛"之列举：所谓"岛"者，并非狭义的指四面环海之岛屿，而系广义的指有特殊单独性之区域，即所谓人类社会中之小岛是也。西康僻居西陲，为青康藏高原之一部，面积辽广，交通阻塞，风俗悬殊，地方性极复杂，详加推究，真若万千岛屿，在此原始崇山深谷中，稀疏之房屋几与自然环境混成一体，故在未研探房屋之先，对于西康自然环境，必有一准确之概念。

  西康位于北纬三十三度至二十八度之中纬度地带，与沿海江苏江北之兴化至浙江南部之温州相当。康定位北纬三十度，适当副热带之纬度与浙江之宁波相当，但因高地严寒，气候情形与平地迥异，西康境内二千五百公尺之地域仅限于河谷窄狭地方，其他大部均在三千公尺以上，高山矗立常达四千至五千公尺，贡噶山竟拔海七千五百公尺，二十八年九月中旬，抵九龙县境滴痴山（见图一），山巅高达五〇〇四公尺，已在雪线之上。九月下旬逾拉角山巅适值风雪交作，温度降至摄氏一·九度，九月底至卧龙石，彼处于是岁八月下旬已降雪（高度三五四四公尺），过四五一八公尺之高日寺山，则因适于飘雪之后，积雪没

  引用本文：严钦尚. 西康居住地理. 地理学报, 1939, 6: 43-58. [Yan Qinshang. Human settlement in Sikang. *Acta Geographica Sinica*, 1939, 6: 43-58.]

膝。康省至今尚未有完备之气象纪录，据朱晓寰先生推算：

高度（公尺）	全年中月平均温度在摄氏零度以下者	极端最低温度	夏季最热月温度
二五〇〇	至少三个月	–14℃	14℃—15℃
三〇〇〇	至少五个月	–20℃	12℃—13℃
四〇〇〇	至少七个月	–26℃	5℃—6℃
五〇〇〇	雪线		

  由上表可知高地终年寒冷之大概，试观东三省哈尔滨全年有两个月温度在二十度以上，故仍能产大豆与小麦，若重庆则全年各月平均温度之最低者尚在摄氏八度以上，高地既苦寒，植物之生长期自属短促，农作物之生长乃受限制。植物之高度分布，界线清晰：在四千公尺以上为草原；四千公尺至三千四百公尺为密茂之森林，有小范围青稞及圆根之栽植；至三千四百公尺以下始栽玉米、小麦、大麦、燕麦、荞麦及其他作物；三千公尺以下有大豆蚕豆之种植；二千六百公尺以下方见向日葵、二季豆及桑树；二千公尺以下有水稻田。

  西康为青康藏大高原之一部，当抵四千五百公尺之高地，仍可见大片仅有缓平起伏之草原。地盘相对之上升，河流遂起强烈之下切，诸大峡谷之贯通成系，更可使漫流汇成侵蚀更烈之河道，高山深谷，殆极显明，由谷底仰望太空，仅成一线，河谷两旁成绝壁悬崖，坡度至为峻峭。人民耕作或在小支流下注于较大河谷堆积之冲积扇上，或在河曲蜿蜒之平坦冲积地上，或在河谷两旁狭隘之台地上。此稀少之农田，自不能与广辽平衍之平原相较，此次在康境之旅行几全在河谷中，仅少数时日攀越高山。谷物生长与坡度有密切之关系，在倾斜度十度以下者最佳，而河谷内耕地最多在十度至十五度之间，二十度以上者亦不鲜，更有惊人至四十度左右者。全境岩石以黑色板岩分布最广，次为片麻岩，片岩，花岗岩，石英岩脉，及少数大理岩，石灰岩，砂岩，页岩等，岩性坚硬，系经剧烈之变质作用，殆不能与四川盆地之紫红色砂页岩相较，在河谷低处，有硗确之冲积层及砾石层。在九龙县府八家堡子附近之玉米干，枯挺于板岩碎屑中，几无些微之土壤。

  自然景色 Landscape 几全视高度而定，房屋之取材及分布等属性亦随之起垂直之差异。康省可分三属，三属之划分，虽为政治区域，但与自然区域及民族分布相偶合。雅属（雅安及附近诸县）几全为汉人所居；宁属（西昌及附近诸县）为汉猓人杂居，中以猓人为多；康属（旧日西康辖境）为汉康人杂居，中以康人为多[注一]，由各民族生活习惯之不同，致即在同一自然环境下又另有更变。兹就康境在所见房屋综合若干条件分为六项述之。（一）雅康间汉人房屋。（二）康定之锅庄。（三）康人之石屋。（四）森林中之木屋。（五）草原之帐篷及陋室。（六）倮倮之竹屋。

（一）雅康间汉人房屋

雅安及附近诸县昔本系川省辖境，今已划归西康，大部分为汉人居住，房屋之材料与形式与四川盆地中所见者相若；盆地中房屋主要之材料为带砂质之黏土（指白垩纪紫红色砂页岩地域而言，在较老地层露头处又当另论），石块竹木之属，土墙筑法，先以木板作栏，成一槽形，中实泥土，后用木锤击紧，外饰泥灰，成都平原都为砖墙及灰白色之黏土，此种建筑材料，实受制于厚层白垩纪之砂页岩，及其底部之石灰岩，或近代冲积层。雅（雅安）康（康定）间之房屋可分段述之：

自雅安至龙巴铺间（大渡河东岸之镇市，在泸定之南），房屋之取材与形式与盆地中类同，盖除若干区域地表有砾石层及若干地域有花岗岩之侵入体外，岩性与四川盆地内相差无几。砾石层为一种黄棕色壤土中夹极大之砾石，大者径可三四尺，普通亦在一尺左右，此带居民每以砾石填作墙基，高至二尺。雅安城内若干房屋即由砾石为基，棕黄壤为墙（图二），故略言之，雅安至龙巴铺间有砾石层之区域，房屋所取材料又多大块砾石矣。在花岗岩区，则房屋之材料用碎块及石卵等。

龙巴铺而后，岩石主为变质岩（确切之界限并非在龙巴铺，而在此镇之西），其利用价值不能与红盆地岩石或砾石层相比拟，房屋乃取材于稍带棱角之石块（片麻岩最多）及欠黏性之碎屑壤土。自龙巴铺至瓦斯沟（康定河与大渡河之交会处）一段，地面起伏较大，耕地集于河谷，房屋紧倚农田，房屋之聚散，全视耕地之大小。房屋集中于谷底之现象自雅安起本已明显（如荣经汉源两城市即在河谷冲积平原上，其他若干村镇亦然），惟龙瓦间尤著，盖红色岩层在高处仍可耕作，而大渡河区舍河谷中若干冲积土或冲积扇外，他处实难觅耕地。大渡河在龙瓦间，河面宽阔，河谷深切，不见湍滩，有小曲流，在凸部 Convex 常见泛溢平原，此段河流或可纳为早壮年期。在河之两旁，小支流注入主河处，多有冲积扇之堆积（冲积扇极多，故亦远较狭隘之泛溢平原为重要），泸定县城及较大村镇如冷碛（二二六户，一〇二六人）[注二]，咱里（一一六户，六三五人）[注三]，大烹坝（一五〇户，八六〇人）[注四]等皆位冲积扇上，其中泸定之所以能特别繁荣，当由其掌大渡河交通之枢纽故——泸定桥。由此可稽悉村落之分布与河流具密切之关系焉。

自瓦斯沟至康定一段，河谷两旁坡度陡峻最甚。康定河自康定二五六七公尺之高度，在平面距三十公里间直泻至瓦斯沟一五〇八公尺，坡度达百分之三·五，全河皆成湍瀑[注五]。因此鲜有大块冲积扇，房屋紧限于河谷之现象以此段为最，三五陋屋，迫处路侧。

故雅康间房屋之分布，其集中于河谷则一，中以瓦康间最著，龙瓦间次之，雅龙间最不明显。（此种程度上之差别，并未作科学之研究与准确之统计，而系直觉之印象。）在大村镇之间尚散布稀疏客店，专供商旅及背夫休憩与栖息，其赖商旅之给养而非藉耕作以糊口甚明，故一旦交通及运输工具改变，此散居房屋将日渐减少，房屋之集中必更趋明显。房屋既位深谷，其受阳光照射之机会较少，又因耕地，坡度，道路等限制，向阳之特性不甚显著。

雅康路途间有两峻岭，大相岭系大块花岗岩侵入体（高二八九〇公尺），飞越岭为成层之砂页岩（高二七八〇公尺），两山山腰山顶少见房屋，在山麓每聚有较大镇市。如大相岭东北麓有黄泥堡，西南麓为汉源城。飞越岭东南麓有泥头，西北麓有化林坪。

在山道 Pass 处及诸河谷会口处，风速较大，屋顶为厚仅三四分之薄木板，板上紧压石块。墙壁或为木板，或系碎屑壤（由重力作用及流水冲刷所致），此在大相岭山巅及若干河谷交会处见之。房屋之地位与土地利用之价值亦颇有关系，如富庄镇市建于不生产之红岩层上，其下为冲积层，为节省狭隘之耕地计，自不在冲积平原上矣。瓦斯沟有五十二户，二八一人[注六]，高一五〇八公尺，此地为水稻田之界点（以西不见稻田），其南高地上有少许种植，又为离康定约一日程之地点。（此诸原因中恐以水稻田界点为主要。）

综而言此带房屋，可得其梗概——

一、除少数山岭外，高度都在二千公尺以下：房屋因高度而起差别甚少。

二、房屋多沿河谷，群集于冲积扇，冲积平原，及台地上。中除大渡河一段已属早壮年期有若干狭隘冲积平原外，他处河流均属幼年期，少见冲积平原而多密集于冲积扇。

三、可资耕作之地必有大城镇，即小块耕地亦必耕稼不稍废弃，乃有独立户在焉。尚有专赖商旅休憩寄居者，如一旦运输方法改变，则房屋必更趋集中。

四、房屋与水源有紧密之连系，面向道路而少顾及阳光。

五、与河谷之坡度，地势之起伏，土地利用价值，作物之界限，里程，风力等亦有密切关系。

六、建筑材料因地而异，所谓"就地取材"也。故房屋几与自然混成一体。

七、居民属汉人，房屋之型式多与川中相同，惟迫于耕地之局促，不若川中乡村房屋之前有空场一方之舒畅矣。

（二）康定之锅庄

康定为西康之省会，位康定河上，两支流交会于此，东流至瓦斯沟注入大渡河。城市位于河谷中之冲积平原冲积扇及山坡上，顺河谷而成南北之带状。此地之繁荣，并非若干书籍上所谓"物产丰富"，而历史之悠久，政治之重心，经济之枢纽，民族之交融实为其主要原因。康定以东几全属汉人，以西主为康人，康定城内则兼有汉康两族。此地为深入康藏孔道所必经，由自然环境之不同，经济状况大相异致，康定实拥有大块腹地 Hinterland 外来之茶及什物，输出之药材、畜产、矿产皆在此交换。追溯康定城市发达之历史演变，可明证此综合关系。

远在五百年前，关外（康定西、北、南诸地总称）各地及西藏商人，常以其土产如羊毛、皮革、麝香、虫草、鹿茸、贝母、赤金等物前来康定易掉粗茶、布匹等物，然当时康定系一荒凉村落，康藏商人来此贸易时，常于一定处所搭建帐蓬，竖立锅桩，所谓锅桩，即康人烹煮食物时，埋于土中之三长柱石块备置锅炉者；殆康城日趋繁荣，昔搭帐蓬竖锅桩之处遂修建房屋，锅桩之名乃一转而为锅庄矣。今日康定城内除锅庄外，尚有政府机关，公众场所汉人之商店及房屋等。本文则仅论此最富地理性之锅庄。

锅庄为商人贸易时之寓所（其所携货物亦堆储于房间内）。在土司时代大小头人来康觐见土司时亦宿于此。直至今日，锅庄内旅居之商贾仍多为锅桩时代所住某一特定地域商人之遗裔，而少有变更者。例如南门外白家锅庄^{（注七）}在明清时即为邓柯、德格、白玉诸县商人来康时搭帐蓬竖锅桩处，今日锅庄所住者仍为邓、德、白诸县之商人。商人来此居住，不纳房金，系抽其贸易货价百分之二，若干锅庄贸易额曾高至八十万元者，如民族巷之包家锅庄是，惟近年乃仅有三十万元；其他锅庄贸易额不一。康定最初有锅庄四家，后因逐渐繁荣至十二家，至土司时代达四十八家，至今仍有四十七家。若干锅庄因营业减色而有租赁者。兹将在中桥西民族巷内所见锅庄略述之。（图三）

锅庄四周围一长方形之石墙，此墙取材于四郊之片麻岩、片岩，及板岩等无疑，中以片麻岩最多，棱角参差，鲜有粉饰者。图三为其平面图，入木门，旁为厩房 A，仅一层，商贾旅客之牲畜即豢放于此。C 为木房成马蹄形，为两层之楼房，B 为空地。楼房之材料多用木材，若干小锅庄亦有以石砌者。楼房正堂下层 D 为一空屋，备作宴饮舞蹈之所。康人于婚日或佳节之歌舞，多于此间举行，名曰跳锅庄，吾等亦于灯光闪烁下观康女跳锅庄于此，E 为扶梯所在。楼上房外，绕一空廊。楼上下之房内，一无陈设，仅有煮茶之炊具。就一般言，康定之康人，汉化较深，室内乃常有床柜诸用具，至于汉人租赁之室内，自与此不同。楼上有主人诵经之喇嘛堂，油灯终年不息，焚香氤氲，悬于木架上之铜、木食具整洁有序，为锅庄内最精致之居室。锅庄所有房间数多寡不一，此锅庄在二十间左右；然康城锅庄大者可多至八十余间，小者只数间耳。屋顶覆瓦，空地为壤土所铺覆。由上所述，可知锅庄在居住地理上之特性：

一、康定城市之发展，可自此浓含本地风光之锅庄稔知，盖康定适位于汉康民族之接触点上,自然环境截然不同之处,其商业与经济之性质与兴替,亦可从锅庄之贸易品及贸易额推及。锅庄既导源于昔日锅桩,而今日康定即奠基于锅庄。

二、房屋之型式,似较汉化,其有旅社之作用亦了若掌指。就厩房之面积与房屋间数之比例言,其重要性大减于关外诸地,此单供商贾驮载之牲畜而非大队牧群。

三、石墙映衬本地风光,由木房之建筑,可知康定郊外并不缺乏木材。本房常罹火灾,有倾圮不堪者,且郊外数十里内,木材滥伐殆尽,今已深感取之不易,故今后新建房屋,恐有多用石块之趋势,瓦屋顶与关外房屋之屋顶亦为极不相同之一点。(关外房屋之屋顶详下)

(三)康人之石屋

关外诸地,除少数河谷地带外,高度多在二千五百公尺以上,气候寒冷,土壤硗确,耕地稀少,农作贫乏,在若干河谷低洼之区,则栽作较繁。食料中以青稞、小麦为主,辅以荞麦、大麦、燕麦、圆根、洋芋诸属,全省输入品,食粮实占大宗[注八]。前已述及山地自然环境与高度之关系,即在三千四百公尺以下为灌木林及农作区,其中以三千公尺以下河谷宽广区域尤为重要。三千四百公尺至四千公尺为松杉大林区,此区内除若干滥伐森林后所得极少耕地见有少数房屋外,实稀有经营者。森林线以上,为高山草原地带,晚春雪融,大片黝绿之原野,遂为牧人往还之所;入秋即皑雪遍地,牧群下归河谷度冬;故森林线以上,定居之房屋较少。九龙至雅江途中,莫拔罗村高三八一八公尺,马赛依高三九二七公尺,汉爷中高三八六八公尺,泥马宗高三八二一公尺,雅江至康定途中,东俄洛高三六〇五公尺,水桥子高三七四〇公尺,此等村落之高度本在森林带内,然今日并无森林存在,其所在缓平河谷及起伏极小之锥形地 Cone-shaped relief 仍可栽作耐寒之青稞。

康属房屋之分布,就高度言,三千公尺以下为最重要,若干县府所在,即在此线以下,如所测九龙县府所在为二九五四公尺,雅江为二六七七公尺;其他县属如瞻化、甘孜、炉霍、道孚、丹巴等先后经人测定皆位于三千公尺以下[注九]。在三千四百公尺至四千公尺密茂之森林区,鲜有人居,或仅有若干草坪可事耕作,乃稀有数家石屋。兹举康九间中城子(高度三八〇二公尺)康人李及贡布家之房屋为例(见图六):

城子系合上、中、下三城子而言,三村落各位于河谷中,栽青稞小麦,邻接河谷之两旁无森林在。上城子、中城子相距四·七公里,中城子、下城子相距四·八公里,上城子居民二家,中城子六家,下城子七家,三村合计共十五家,分布于绵亘及九·五公里之河谷中,此种稀疏聚散之特性,在康境内几随处皆是。各村房屋并不毗连,在李及贡布家之石屋上,恒以朗声与邻居遥相招呼。

关外岩石之分布，以黑色板岩为最广，其用于建筑亦最繁，次为片麻岩、片岩等。墙全由岩块堆砌，特名石屋。石块不若砂岩之能成大块状，而都为小块少有超出一立方尺者。城子西有石灰岩断层矗立之峭壁，故上城子石屋有泥灰饰墙者洵不足奇。石墙成正方形，每边十二公尺，高八公尺，墙间每隔一公尺镶以木板，墙罅涂以碎屑及黏土，如此可少受倾覆之患。以圆木锯方作柱（原来圆木径约一·五尺），柱上安一长二三尺之横木，形如丁字，然后将此丁字形之木柱，相距排立，架木其上，以树枝、草类、木条及泥土诸物平铺叠积。

房屋凡三层，第一层为厩房，墙上窗洞极小，地上为泥土，满堆牲畜粪溺，污臭莫甚，入门处即可缘一木梯而上。李家且以木板将厩房夹为三间。第二层为锅庄所在（今关外石屋中食宿之所统称锅庄），白昼合家于此进餐，晚间则男女狼藉倒卧于一间之地。窗洞十二，每窗大小，约一方尺，窗外槛上有板岩挡雨，木窗常紧闭不启，彼等生活并不重视倏忽隐露之昊日光热，墙边火堆熊熊，架锅其上。全室无烟突（在若干石屋锅庄上有开洞冒烟者），烟雾缭绕，迷漫全室，顶板上，所燻受之煤烟黝黑似漆。房屋之忽略通风有如此者。城子离森林不甚辽远，燃料乃揉大枝松杉良木。犹忆于汤古、九龙，燃料之不费分文，由于位于森林区中故也。而与草原地带之泥马宗、卧龙石等地，视燋干之粪块亦甚爱惜者不可比拟矣。更缘独木梯而上第三层之屋顶，为方形泥土平地，作贮晒农作物之用，屋顶之半，有倾斜十五度之薄木板架成两缓倾斜面之屋脊，上压石块，木板下满贮草料及作物。冬日高山积雪，牧群之饲料，即在夏末将其刈割贮藏于此。若干康人家中，此层且特别置一小室，洁净精美，专供神佛，及作喇嘛与顾客住宿之用。屋顶竖有标竿，上悬印藏字经文之嘛哩旗（或有悬于门首屋角者），图五为瓦拔罗康人之一石屋，第三层之上更有四分之三之面积，上架平泥顶，如此则贮藏粮食之处又更多矣。与薄木板架成屋脊之作用相类似。白吕纳氏曾谓："在昂白山各处高山雪庐，屋顶有两个斜面，但其倾斜却不甚峻急，因为山中农民仲冬时，常喜屋顶积雪，以杀寒威，屋顶既须积雪，则其倾斜自不能不比较平缓。"[注十]康地房屋之缓倾斜及平顶是否有积雪杀寒之作用，未作详究，兹不遑论。

以上就中城子李及贡布家为例，各地房屋与之仍多出入，李家不见围墙而其他康人石屋之外类皆见之。玉龙石（高四○四三公尺）石屋周围有矮树丛围绕，圈成草地，用以在冬日圈拴牲畜。土司，头人之官斋，可至四五层八九层者。雅江东二道桥附近只两层（下为锅庄，上为屋顶）。若干石屋且有侧屋者。就上可归纳其要点如下：

一、气候酷寒，为左右房屋建筑方法之要素，如窗户狭小，不究通风是。屋顶平缓，或由此故。

二、三层之作用，能明显反映当地之生活方式与自然环境：即以畜牧为生外（第一层厩房），尚操农作（第三层平地及储所）；除食宿而外（第二层），尚笃信教义（第三层经堂），草料之贮储处又明示定期之游牧。

三、房屋建筑材料主为岩石与木材，因地取材至为彰明。房屋建筑无穿插钉结，独柱撑持，不相连属，其屋顶又沉重叠积，石墙间又欠凝砌之物，故每多倒塌，如遇地震，则人畜鲜有幸免者。^(注十一)

四、房屋之分布：三千公尺以下，河谷宽广地带为最重要；在密茂森林区中极少；三千五百公尺至四千公尺间之草地仍见之。沿河谷近水源，聚于冲积扇，台地上，避沼泽及绝壁等与前述雅康间汉人房屋无异，盖为山地房屋分布之通性也。

五、关外康人较汉人为多，出关之汉人，因自然环境与生活方式之需求，其所建房屋亦渐采石屋之型式，故石屋几有超越民族界限而上之势，而成自然环境之附属体。

六、房屋与道路关系较疏浅，严格言，关外道路仅有路线而少有路基者。有耕地然后建房屋，建房屋乃有道路，少有藉道路商旅之给养而建房屋者。

七、除重要城市村镇外，房屋极分散，彼等鲜有群聚之需要，多散居于零星之耕地旁。

（四）森林中之木屋

三千四百公尺至四千公尺间为松杉大林，康人视此密茂森林，实为障碍，阻交通，乏耕地，藏野兽，匿夹巴，故焚毁极烈。汤古九龙途中之森林区中，有数家木屋，其他如滴痴山、邵炉山等地森林，未见木屋。虽小范围之分布，并不能窥其全豹，然确切之描述亦可知居民在森林中如何活动与生活。

汤古之南，沿九龙河河谷，有木屋十余，兹举一为例。木屋位于一狭长之耕地中，长二十丈，阔三丈，系将松杉大林焚烧后所得，枯槁麦秆中仍残留粗大木桩。为此狭隘耕地，而焚烧绵延及倾斜五十度之山坡，高三十公尺，长一百五十公尺，计其面积为五八〇〇方公尺，如以每二方公尺得一树计，则共焚去二九〇〇株，由此可概见焚毁之惨，栽种地之土壤极薄，辛勤经营，三四年后即行废弃，无树木荫庇之荒地斜坡上，雨水之侵蚀作用加剧特甚。木屋倚于大路旁，有一小径通抵门首。（图七）（1）（2）为主屋，成方形，每边长五公尺，高二公尺，将木干截成等长，在吻合处稍削去一部使可横叠。两横木及两竖木栏成一门，屋顶倾斜约十余度，上为木板，下掩竹芦，木板上压以石块，木墙虽有空隙，然墙背亦有竹芦以御风雨。屋内什物竹编者甚多。木屋内用竹甚繁未加详究，或系取自森林线以下之竹丛。（3）为侧房，较主屋为小，其材料与形式与主屋无甚差异，此屋资贮储作物之用。（4）（5）为厩房，豢猪数头。（7）为空地植菜蔬。菜地与耕地旁有木板圈之，若平原菜圃四周之竹篱然。

木屋之形式与石屋大相异趣，虽有牧房，然不占重要性，在此禁锢之森林中，非藉牧畜殊为明显。侧房牲畜房之分离为汉人之习俗，询主人，知迁自越巂者。

本屋居民焚烧大片森林，滥伐木材，浪费殊可惋惜，所耕瘠薄之土地，不几年后即地荒人去，遗害非浅，今法令正严厉禁止，有反乎自然环境与经济条件之畸形房屋必渐归消灭。

（五）草原之帐蓬及陋室

四千公尺森林线以上，入草原地带，阳春雪融，遍野青草，康人乃驱大群牦牛、马匹及羊群上山游牧，入秋飞雪后，则下山定居于石屋内。牧人在此草原地域每架牦牛帐蓬，或建简陋之石屋，该地名之曰牛厂。

西康地势崎岖，交通阻塞，运输端赖牦牛及马匹，牦牛头角尖锐，颜色黎黑，性犷悍，善跋涉，身披硬毛，长而乏弹性，将其绞成线形，织为黑毡布，缝成长方形帐幕，质料粗厚，即大雨雪亦不渗漏（图八）。外以木棍及毛绳张钉地上，开门一方，将毡布对上撩起，即可入内。夜间则放下以带结之，近门一方之中央，支石架锅为炉灶。帐顶开一长缝。沿缝缀小钩，用便启闭，以通烟气，家人环炉以居，食宿均在斯。帐蓬大小不一，普通高约一·八公尺，长凡七八公尺。帐幕外有木栏，牲畜盘之。由统计[注十二]知康属羊与牛最多，羊毛织成毡衣，供作衣料，牛毛即结成帐幕或压成毯毡。

牛厂之人，时逐水草，迁徙无常，居此帐幕，携带灵便，故牧民无一不用。商帮与农民有以布匹缝成帐幕者（图九）成缓斜之人字形，在康定西郊子耳坡，及己丑山南见之。至于土司、呼图克图之帐蓬，则金顶嵌花，光彩奇离，至为美观。

帐幕布棚外，在高处有低矮之陋室，为一方形平顶之石屋，在滴痴山之东南麓及己丑山之南麓见之。石屋窄小，又不能搬移，故少用之。兹归纳数点于后：

一、森林线以上之草原地带，为牧民活动之范围，然在适宜地域可资耕作者亦有定居之房屋，帐蓬少有扎于森林线以下定居石屋之处。森林中草坪亦有牛厂，如汤古北之四大牛厂是。

二、牛毛帐蓬为高地牧民生活最便捷之用具，布棚及陋室皆不重要。牛毛帐蓬能亲切代表本地风光。

三、帐中炉火与石屋中之火堆，终日不息，是因高地寒冷故也。帐蓬四周有众多棍木系结，烈风吹刮，仍无大碍。

四、就输出品而定，毛尾（羊毛、牛毛之类）与药材为大宗[注十三]，康属最有希望之产业，首推畜牧，亦此帐幕牧民艰苦经营之收获。

（六）倮倮之竹屋

倮倮之根据地为长江与雅砻江间高达四千五百公尺之大凉山，主要分布区域为云南中部及东北部，西康宁属诸县，其中尤以西昌、昭觉、冕宁、越隽诸县为最^(注十四)，康属仅卢定、九龙两县有之^(注十五)，倮倮生活习俗与汉康人迥异，其房屋每高筑于山腰与危崖，与康人沿山麓河谷而建者又不相同，简陋小屋，散处于荆棘树丛中、远瞩实难瞭见。

高处虽见冷洌，但分布于北纬二十七度与二十九度之地带，不乏修竹。九龙县南境乌拉溪村（有倮倮）高二〇七〇公尺。该处且有稻田。竹编房屋较石砌简便多多，且倮倮性强悍，生活简单，英武独立，子女婚后即离父母另立门户，竹屋必于婚前一日内赶筑完成，逾日则视为不祥，房屋之简单是可知矣。

在九龙县境内，倮倮多据于东南部及东部土地沃腴气候和舒之区。兹就在乌拉溪所见者述之。

乌拉溪高二〇七〇公尺，汉人村落位于河谷中，而倮倮竹屋高至二八七七公尺，无道路可通，窜于乱林荆棘间始抵。屋旁倾斜缓平之坡，栽以荞麦玉米之属，中为一空地（4），每边长六公尺，此地作理晒谷物及日常操作之所，其上铺有薄层黄色壤土，一旁为条形之房屋，一旁为牲畜房，皆一层，较康人三层碉房当较简单整洁多矣。图十一上（1）（2）为竹屋所在，成长方形，长六米，阔四米，以四寸径之木柱十余排成纵横行列。屋外有廊，檐与人高等，墙为竹芦所围，屋顶覆木板数层，上覆石块，不易漏水。入门至（1）室，屋角置竹囤、石磨、炊具诸物，室内皆为泥地，一角地上铺竹芦，有牛毛毯一二狼藉。中央置一锅。屋上有阁半间，满储粮食。此屋之作用适与康人之第二层锅庄相似。（1）与（2）间为竹墙所夹。（3）室之半储粮，半为空所，有一精致木柜。（3）室昏黑，全储粮食。三室中以（1）最大，（2）次之，（3）最小。厩房为粗木圈成，豢猪数头。由此推知：

一、云南藏缅人（倮倮为其中一支）之分布，就垂直高度言，自一千五百公尺至二千五百公尺^(注十六)，而康属九龙之倮倮，则达三千公尺，如夹堡子倮倮房屋在三一〇〇公尺，乌拉溪二八七七公尺。在康之倮倮已较云南之倮倮更能胜寒矣。在云南民族之分布，低洼炎热之河谷中为掸人所居，上为汉人，最高山岭地为藏缅人所居，由此知汉人之避热带河谷之地，在西康因高度与纬度之关系，河谷低处为较可利用之地，康汉人遂集居焉。而倮倮仍居于山崖。^(注同十六)

二、房屋常在山腰或危崖之树丛中，无径可寻，更少有在河谷中、大道旁者，此可免除浪费耕地之面积,且易于防御攻击也。

三、用竹之繁,为房屋之特点,竹见于副热带及温带,倮倮较康人畏寒又得一例证。当其御寒习惯尚未充分适应时,向北侵袭之势恐不猛烈。

四、房屋之型式简单,其独立凶悍之精神于焉养成,竹屋系日内赶筑而成,婚后子女即离父母而独立。

五、房屋主要作用除食宿者,主为囤积谷物之用,故农业较畜牧尤为重要。食宿处占(1)及(2)之半,他皆用作囤储之所,储所虽占此数间,然因竹屋总面积狭小,储所占面积仍甚小。厩房更不能与康人之第一层相提并论。

六、倮倮有黑夷、白夷之分,黑夷为贵族,白夷为奴役,在某一范围内,诸白夷以黑夷为核心而散居。

七、黑夷之房屋有石砌者,如夹堡子罗洪大师是,且有围墙及碉房,此系煊赫之贵族。其房屋之型式犹一。

由上所论,可知房屋所采之材料、型式、分布、演变等诸端,在在皆受自然之影响,因高度与地势之不同,乃有平原、丘陵、山岭、深谷、高原之分,农作、灌木、森林、草原、雪线之异,房屋之材料乃有泥屋、砖屋、石屋、木屋、竹屋之别。其性质有固定与移动之不同,植物分布与作物之不同,其生活方式亦有变异,如汉人、倮倮之房屋重于积储粮食,康人房屋之农牧并重。或藉大路所经商旅之给养,如雅康间若干房屋。或藉经济情况不同之接触点上之贸易,如康定之锅庄。沿河谷或泉源更明证人类之居住与水源有密切之关系,河谷之宽狭,及冲积平原、冲积扇,及台地皆为山地区人类活动之场所。民族分布之不同,其生活习惯亦相异,房屋之型式亦因之不同。其他众多因子与作用,如防御、坡度阳光、风力亦有密切连系。西康气候、地形、景物、民族之复杂,人生之适应亦因之异趣,详加研讨,真若万千岛屿,在此复杂之事态中,将其逐点描叙殆不可能,仅能举例、分析、归纳与说明。上述六种房屋因所见偏于一隅,挂漏疏忽在所不免,其另具别格与演化,不能一一论及,然其因果、一体之关系,或仍可推及。胡肖堂先生有谓:"地理学家既不以叙述为满意,而注重于解释,则科学家分析与归纳之精神自不可缺,易言之,当有度量与分类,惟地理学既为全景的研究,全景为多数分子之混合体,何能严格分类?故地理学不若其他若干科学有截然之分界,其所用之方法在汇集性质相近之现象,而举样以明之。"(注十七)又谓:"世间无一事为偶成的、孤立的,处处有复杂的和谐、相互的连系。"(注十八)吾人应在此复杂互系之环境中,承认自然严峻限制人类,但不能忽视人类不断的创造与奋斗。研究居住地理固可由地理学之立场详细探求人地间之关系而加以说明,惟有时仍有众多现象并非纯粹自然环境所可解释耳。

鄙人于去岁随朱晓寰先生入康考察,此文之列举,仅限所经区域而言。此文又蒙胡肖堂先生及朱晓寰先生之指导，同窗高泳源君校阅，不胜铭感。文中分析与说明之处，难免谬误，希读者不吝指正。

注一：西康省各项统计调查表，西康省各县人口调查统计表，西康省各县特种民族人口统计表，康导月刊十二期宁属概况。

注二：西康建省委员会之调查（见当地牌示）。

注三：同上。

注四：同上。

注五：各地高度系此次考察途中用沸点气压计实测计算者。

注六：西康建省委员会之调查。

注七：西康概况杂俎篇。

注八：西康省各项统计调查表。

注九：杨仲华著：西康纪要上册七五页。

注十：任美锷、李旭旦合译：人地学原理九二页。

注十一：杨仲华著：西康纪要下册四九六页。

注十二：西康省各项统计调查表：牲畜数量统计表。

注十三：西康省各项统计调查表：输出货品调查表。

注十四：康导月刊十二期：宁属概况。

注十五：西康省各项统计调查表：西康各县特种民族人口统计表。

注十六：地理学报三卷三期凌纯声：云南民族之地理分布。

注十七：任美锷、李旭旦合译：人地学原理胡序第八页。

详十八：同上胡序第五页。

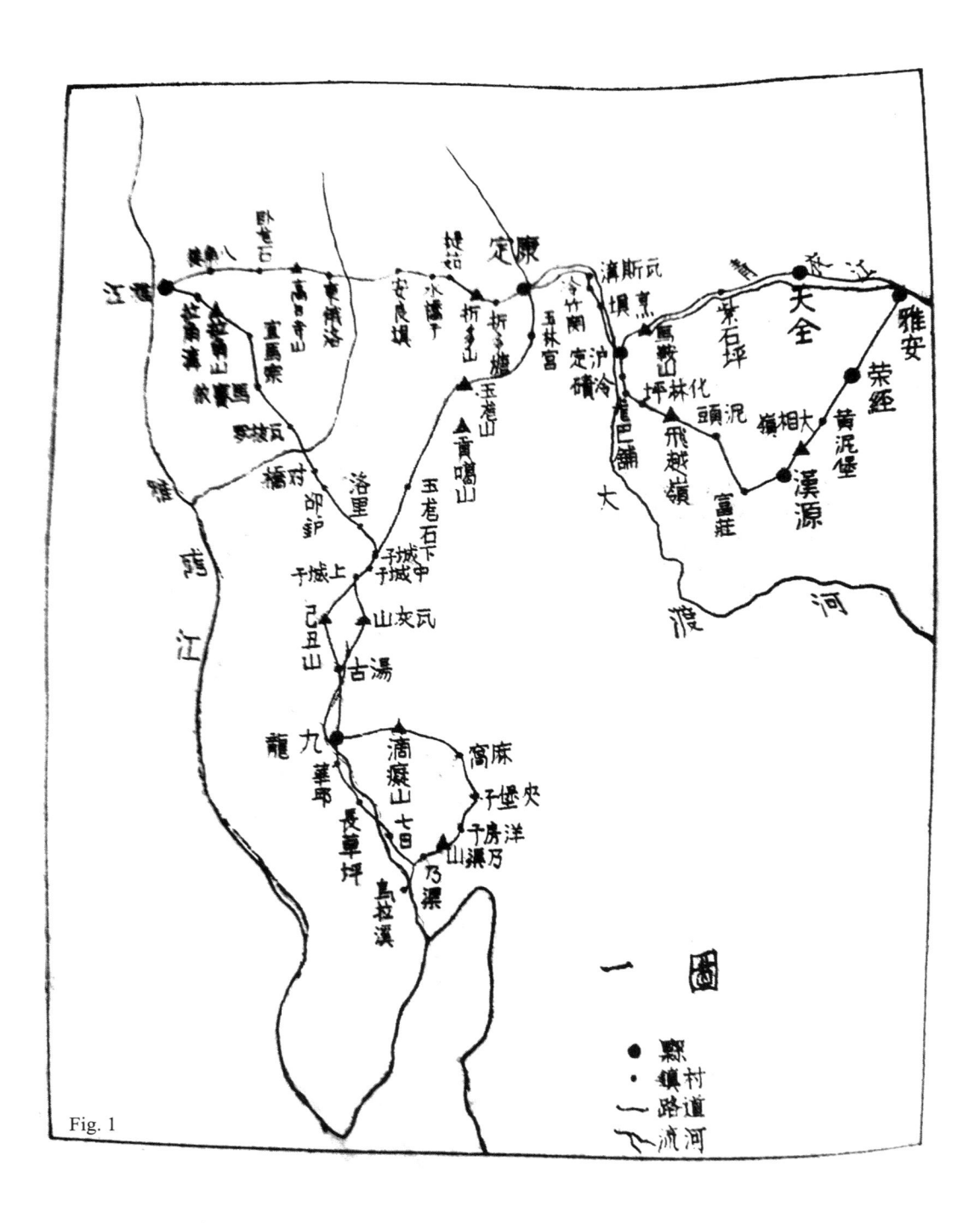

西康居住地理

图一

● 縣
• 村鎮
— 路道
〜 河流

Fig. 1

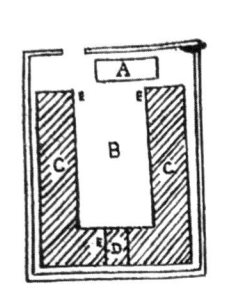

图三：康定锅庄平面图
A 厕房，B 空地，C 木屋（两层），
D 正堂（两层），E 梯
Fig. 3

图二：雅安附近房屋
Fig. 2

图五：莫拔罗之石屋
Fig. 5

图四：上城子石屋
Fig. 4

图七：森林中之木屋
1、2 主屋，3 侧房，4、5 厕房，
6 路，7 菜畦
Fig. 7

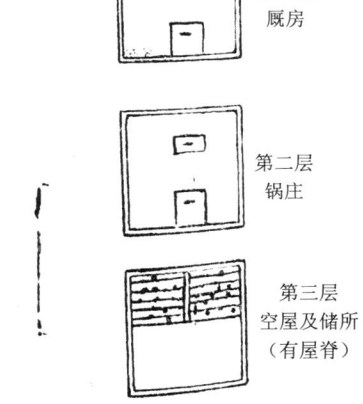

第一层 厕房
第二层 锅庄
第三层 空屋及储所（有屋脊）

图六：康人石屋平面图
Fig. 6

图八：牛毛帐篷
Fig. 8

图九：布篷
Fig. 9

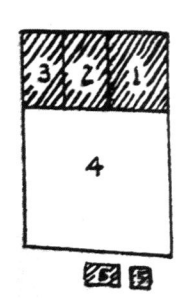

图十一：倮倮竹屋平面图
1、2、3 主屋，
4 空地，5、6 厩房
Fig. 11

图十：倮倮竹屋
Fig. 10

"西康居住地理"解读

张文忠

一、严钦尚学术生平

严钦尚（1917—1992），江苏无锡人，著名地理学家。1940年毕业于中央大学地理系，1942年获浙江大学地貌学硕士学位，1948年获澳大利亚悉尼大学自然地理学硕士学位。先后就职于浙江大学、华东师范大学、同济大学等高校。1948—1951年任浙江大学史地系副教授、教授；1952—1972年任华东师范大学教授，自然地理教研室主任、地貌教研室主任；1972—1981年任同济大学教授、海洋地质系第一任系主任；1981—1992年任华东师范大学教授、比较沉积研究所首任所长。严钦尚曾任中国地理学会理事暨地貌专业委员会副主任委员、中国海洋湖沼学会理事、上海海洋湖沼学会副理事长、中国沉积学会理事、中国第四纪研究委员会委员、国际沉积学会会员、国际经济古生物学家和矿物学家协会会员，长期从事自然地理学、地貌学、海洋地质学、沉积学等领域的教学和研究工作，在冰川与荒漠、河流与坡地、现代海岸与风暴潮沉积、油田地质以及环境演变等诸多领域作出了重要贡献，著有《新疆地貌》《地貌学》《海洋地质学》《长江三角洲现代沉积研究》等有重要影响的著作[①]。

作者介绍：张文忠（1966— ），男，内蒙古呼和浩特人，中国科学院地理科学与资源研究所研究员，中国地理学会会员（S110005239M），研究方向为城市地理学。E-mail: zhangwz@igsnrr.ac.cn

① 朱新轩："求实创造为人师表——严钦尚教授的学术风范"，https://lib.ecnu.edu.cn/msk/7d/8d/c39393a490893/page.htm。

二、"西康居住地理"的写作背景与主要内容

"西康居住地理"一文于1939年6月刊发于《地理学报》,该文是严先生在中央大学地理系学习期间跟随朱晓寰先生在西康途经区域考察后的研究成果,也是中国乡村聚落地理和人居环境科学研究领域的经典之作。西康省于1939年元旦成立、1955年9月底撤销,辖地主要为现在的川西和藏东地区。该文主要采用举例、分析、归纳和说明等方法,通过对西康省境内六类居住房屋的材料、型式和分布等的详细调查分析,阐明房屋聚散分布形式不仅受到人类活动意志的影响,更受到自然环境的制约,应重视房屋聚落特征研究。

首先,西康位于中国西部地区,属于青康藏高原的一部分,面积辽阔、交通阻塞,风俗悬殊,地方性极其复杂,近似于人类社会的小岛屿。西康地处北纬28°—33°的中纬度地区,大部分地区海拔达3 000米。其次,总结了西康境内植物的垂直地带性特征。4 000米以上为草原;3 400—4 000米为茂密森林,有小范围青稞及圆根的栽植;3 400米以下始栽玉米、小麦、大麦、燕麦、荞麦及其他作物;3 000米以下有大豆、蚕豆的种植;2 600米以下可见向日葵、二季豆及桑树;2 000米以下有水稻田。再次,调查了西康河谷地带居民耕作的活动区域特征。居民耕作活动主要集中在小支流下注于较大河谷堆积的冲积扇,河曲蜿蜒的平坦冲积地,以及河谷两旁狭隘的台地上,并且谷物生长与坡度关系密切,以坡度低于10°最佳,但多数河谷耕地坡度在10°—15°。最后,分析了西康境内岩石类型特征。全境岩石以黑色板岩分布最广,次为片麻岩、片岩、花岗岩和石英岩脉,以及少数大理岩、石灰岩、砂岩和页岩等。

西康境内六种类型房屋具体特点简要概括如下:

(1) **雅康间汉人房屋**。高度大部分在2 000米以下;房屋多沿河谷分布,聚集在冲积扇、冲积平原和台地上;可以耕作地方通常靠近城镇,而在小块耕地旁有少数独立户存在;有部分依靠商旅休憩寄居的房屋,如果运输方法改变,房屋将更加集中;房屋与水源分布密切联系,大多面向道路而较少考虑光照;与河谷坡度、地势起伏、土地利用价值、作物界限、里程和风力等有密切关系;建筑材料因地而异,

但主要就地取材，常与自然混为一体；居民以汉人为主，房屋型式大部分与川中地区相同，但不及其门前宽敞。

（2）康定之锅庄。康定城市发展与构成本地风光的锅庄的渊源颇深，得益于汉康民族的接触点上的贸易，因该地为深入康藏孔道的必经之路，自然环境截然不同，经济状况差别甚大，逐渐发展成为政治重心、经济枢纽和民族交融之地；锅庄源于过去康藏商人贸易时竖立的锅桩，但今天的康定却奠基于锅庄；房屋型式似较汉化，并有商人贸易旅社的作用，厩房主要供商贾驮载的牲畜；石墙凸显本地风光，楼房多由木房建筑而成，说明康定郊外不缺乏木材，但郊外数十里内木材已滥伐殆尽，今后新建房屋可能更多采用石块，但瓦屋顶与关外房屋的屋顶却明显不同。

（3）康人之石屋。房屋窗户狭小且屋顶平缓，不太讲究通风；房屋第一层为厩房，第二层为食宿，第三层为平地及储所、经堂等，能明显反映当地的生活方式与自然环境；房屋建筑材料主要为岩石与木材，由于屋顶沉重叠积和石墙间缺少凝砌物，房屋建筑质量安全堪忧；房屋分布在3 000米以下，多在河谷宽广地带，靠近水源，主要聚集在冲积扇和台地上；关外康人比汉人数量多，但关外的汉人因自然环境与生活方式的需求，其房屋也采用石屋型式，说明石屋已经超越民族界限，而是自然环境的附属体；房屋与道路分布联系不强；除重要城市城镇外，房屋通常比较分散，零星地散落在耕地旁边。

（4）森林中之木屋。3 400—4 000米高度为松杉大林，康人将其视为密茂森林，实际上由于交通障碍，耕地缺乏，藏匿野兽攻击，焚毁极烈；木屋常位于狭长的耕地中，是由松杉大林焚烧后得到，耕作土地土壤极薄，辛勤经营三四年后就得废弃，贻害匪浅，目前法令正在禁止，属于违反自然环境与经济条件的畸形房屋肯定需要消减。

（5）草原之帐篷及陋室。4 000米森林线以上的草原地带是牧民活动的范围，但在适宜耕作地域也有定居的房屋，帐篷很少有安扎在森林线以下的定居石屋处，森林中草坪也有牛厂；牛毛帐篷为高地牧民生活最便捷的用具，也是本地风光的代表；由于高地寒冷，帐中炉火与石屋的火堆终日不息；帐篷四周有众多棍木系结，烈风吹刮也无大碍；从出销商品来看，羊毛、牛毛等毛尾与药材为主要商品，畜牧业乃是西康最有希望的产业。

（6）倮㑩之竹屋。云南藏缅人（倮㑩为其中一支）活动范围分布在 1 500—2 500 米，而康属九龙的倮㑩分布在 3 000 米左右，倮㑩的房屋常分布在山腰或危崖的树丛中，道路不通，易于防御攻击；房屋型式简单，以竹为主要材料，与其独立凶悍的精神相符，竹屋均为日内赶筑而成，婚后子女就离开父母独立居住；竹屋除了食宿功能外，主要为囤积谷物所用，说明农业比畜牧业更加重要；倮㑩还有等级之分，黑夷为贵族，白夷为奴役，特定地域范围内白夷通常以黑夷为核心而散居；黑夷的房屋也有石砌而成，以彰显其贵族特殊身份。

研究结论表明，西康境内的房屋类型、分布和建筑形式等差别甚大，不仅受到高度、坡度、水源、风力、植物和作物等自然因素的强烈影响，也与各地民族文化、生活习惯、防御需求和社会经济贸易等人文因素密切关联。

三、"西康居住地理"的学术影响

"西康居住地理"一文创作及发表于国家和民族危难之际，20 世纪 30 年代国内地理学研究与发展还处于起步萌芽阶段，各类研究数据资料和实验技术手段均不成熟，该文的撰写与刊发，充分体现了严先生作为老一辈地理学家在革命艰苦岁月所具有的扎实严谨和勇于创新的科学家精神，同时激发了中国早期地理学研究对人文地理现象的关注，加深了对西康省境内人地关系的科学认知与理解。严先生的严谨治学和开拓创新精神定当为地理学后人所瞻仰。

"西康居住地理"一经发表，就在聚落地理学和人居环境科学等研究领域产生深远的学术影响，文中关于西康境内各类村落房屋的型式、建筑材料、分布位置与自然条件及耕地的关系和民族习惯对房屋的影响等的详细调查研究，为开辟聚落地理尤其是乡村聚落地理研究方向提供了重要的学术方向指引。中国知网的统计数据显示，"西康居住地理"一文至今已被引用 185 次，受到人文地理学和城市规划等领域学者的广泛关注，该文常与林超先生的"聚落分类之讨论"一文（1938 年刊发于《地理》）被学者们并列作为国内聚落地理研究的先驱之作。"西康居住地理"的研究结论发现，西康房屋类型因高度、坡度、水源和气候等自然环境特征而异，亦受到民族文化因素和社会经济活动类型等影响，对中国聚落地理研究产生了长久且深远的理论影响。在受到该文聚落地理研究启蒙的基础上，现代地理学者在中国乡村聚落地理的空间演化、生态问题、发展问题和综合问题等方向又开展了大量深入、系统的研究，目前乡村聚落地理已成为中国乡村地理学研究不容忽略的重要分支。

除了研究内容的深远理论影响外，"西康居住地理"一文所采用的社会实地调查、案例研究、归纳说明和比较分析等研究方法，对于如何讲好中国人文与经济地理学故事，以及今后中国人文与经济地理学科的研究与发展，亦具有很好的学科方法借鉴价值。

中国东南部进一步的建设

翁文灏

（三十六年二月三日在中央大学地理系讲演稿）

　　中国地域广袤，建设之端，千头万绪；抗战时期，政府在重庆即由中央设计局等机关拟就五年建设计划，胜利以还，本亟应付诸实现，惟以交通运输等各种关系，致未开始。本人于抗战时即已积极参加此项建设计划之工作。建设本为全国性者，不应偏重一区而忽视他区，然此不过为最初一五年计划，并非长久全盘之策，仅为开始而已。且目前建设所需之资本，必须假借外款，所借外款，必须诚心偿还，是以在短期内欲全国各区同时平均建设，自为财力人力所不许，故必先别其成分之轻重，选择最切要而最易成功之区域，以致力建设，俾可确见宏效，本人所称为"进一步者"，意即指此。

　　中国东南部包括江苏浙江安徽以及江西之一部，其中尤以上海为主要口岸，亦即全国财富集中之地，其吞吐量，战前即以超过五千万吨，而天津尚不及五百万吨，大连亦只二千万吨，但上海码头虽大，而对内地运输，却尚不够通畅，即以善后救济物资为例，客岁内地如湖南及广东之一部，灾荒极形严重，救济物资运至上海后，即延搁港埠，无法充份内运，此即为对内交通不便所致，后虽部分运至灾区，但灾民饿死者，已不在少数。将来日本赔偿物资运到，其情形恐亦复如此，是以加强运输，极属必要。

　　"自由港"对一国经济，影响甚大，中国沿海之香港，经英人辟为自由港，商务蒸蒸日上，为我国贸易上极重要之港口。香港最近既无法收回，故中国本国应辟一深水之自由港，以与之竞争，余以为浙江之定海，实为首选，定海面积不小，港湾适宜，美国在对日作战时，经缜密研究，曾选此为登陆中国大陆之中心，在经济上，宁波海口，并不重要，因

引用本文：翁文灏. 中国东南部进一步的建设. 地理学报, 1947, 14(1): 1-3. [Weng Wenhao. The economic reconstruction of Southeastern China. *Acta Geographica Sinica*, 1947, 14(1): 1-3.]

需由甬江溯江而上，而甬江淤塞，不易发展，为补救计，须将铁路延至镇海，而开辟镇海为普通商港，海水既深，便利亦必加大，其次为实业计划中之东方大港。在乍浦、澉浦之间，水深十余公尺，最低亦在十一公尺（卅三英尺）以上，且乍浦、镇海之间，雾较上海为少，日人大谷光瑞曾著《兴亚计划》一书，估计当时建筑东方大港设备及联络内地之运河铁路等，需费不过十亿元，该港条件较之北方大港与南方大港，均为优越，北方大港地位并不甚佳，实际上亦不十分需要，因塘沽新港筑成后，可为华北吐纳之主要商港。其附近有秦皇岛葫芦岛等港，设备亦均不少，足敷华北商业上之需要，南方大港之黄埔港，因地近香港九龙，欲建港与之竞争，恐非易事，故中山先生所计划之三大海港中，东方大港之兴建，乃为最有利而最切要者，故在此区域中以东方大港为主，辅以上海镇海及自由港定海，可为我国对外贸易之神经中枢，其吞吐量将居远东第一位。

欲图港口之发达，必须增强与内地运输之便利，以免外来货物堆积沿海港口，同时内地所产，亦可藉以出口，目前京沪铁路行车次数虽多，然客货均挤，故宜加筑双轨，在长江以南应建筑纵横铁路各二，横向大道，一为由东方大港（乍浦）经嘉兴、吴兴、长兴、广德宣城，以至芜湖，使乍浦往西可直抵芜湖，而芜湖乃成要港，亦为长江沿岸商业上之重心。二为浙赣铁路。纵向者一为苏嘉铁路之恢复，二为江南铁路之恢复，自南京经芜湖、宣城、景德镇至贵溪与浙赣铁路相交，如此除长江之运输外，自上海及乍浦复有此南北及东西之铁路线各二，以与内地交通。再太湖沿岸为我国主要丝业区域，为促进丝业复兴，宜建环湖铁路，自苏州、无锡、宜兴、长兴、吴兴以至嘉兴，而绕太湖一周，缫丝丝织与人造丝工厂之区位，以清洁用水之充分供给为重要条件，由此而言，太湖沿岸实最为适宜，将来可发展为我国天然丝工业与人造丝工业之中心，以与日本丝业竞争，而恢复我国往昔丝业之繁荣。在长江以北，田家庵附近之淮南煤矿，将来可为此带第一煤区，是以淮南铁路亟宜恢复，以至芜湖对岸之裕溪口，大致与津浦线平行，而煤乃可藉此以运往长江沿岸，次由蚌埠向西筑铁路经淮南煤矿，以直接平汉线，又津浦路以东之沿海地带，为重要盐垦区，此种咸性土均可藉淡水冲洗而改良，以成为重要棉区，苏北所产之棉花，纤维较短，适于纺织较粗之棉纱，此种较粗之纱与布，不但国内极为需要，即南洋各国亦行销极广，战前南洋纱布大部来自日本，目前中国纺织业自应急起直追，以获取南洋市场，故苏北棉花之充分发展，极属必要，苏北棉区既经发展，则自扬州而北必建铁路经淮安淮阴以接陇海线，向东并宜筑支线以达南通。

经济建设虽为全国性的，但实际往往须特别注重于某一区域，俾可较易获致成果，如苏联五年计划，第一次注重乌克兰区，第二第三次始注重于乌拉尔区，良以国土广大，如各地同时兼施并举，财力人力均无法分配，结果反劳而无功。且建设初期，成果未见，但所需资金一部必取之于民，人民徒增负担，不见利益。我国国民，本极贫困，如全国实行建设，人民必不堪负担，而引起政治上之不安，故本人主张以东南区为第一次五年建设之中心，此区向为我国最富饶之区，人力财力均为他处所不及，如能集中力量，努力建设，收效当极容易，迨东南区建设完成，利益昭著以后，全国各地人民必一反往昔反对建设之心理，而纷纷要求建设，则全国建设自可易于推进。

（文振旺、邓静中记）

"中国东南部进一步的建设"解读

方创琳

　　翁文灏(1889—1971)先生是我国著名的地学家和地理学家,我国第一位地质学博士,中国现代地学的重要创始人与奠基人之一,也是中国地理学会第一任理事长。1948年评为中央研究院第一届院士。翁先生于1919年出版了《中国矿产志略》,1920年出版了《甘肃地震考》,1921年主编出版了《中国矿业纪要》,1927年首次发现和确定了东亚地质历史上重要的地壳运动——燕山运动,1930年发表"清初测绘地图考",1934年后出版了《中华民国新地图》《中国分省新图》,用先进的等高线分层设色法表示地形。除了对地质学和地图学发展作出重大贡献外,翁先生特别注重人文地理学研究,出版了《中国地理区域及其人生意义》(1929)和《中国人口分布与土地利用》(1932),记述了中国人口过多、耕地不足的严重性。

　　1947年发表在《地理学报》第14卷第1期的"中国东南部进一步的建设"一文,是翁文灏先生1936年2月3日在中央大学地理系的讲演稿,全文虽不到2 500字,配有一张手绘地图,却承载着翁文灏先生对国家发展的真知灼见与忧虑。

　　1. 特别强调协调好区域均衡发展与东南沿海地区率先发展的关系

　　翁先生在文中写道:"建设本为全国性者,不应偏重一区而忽视他区……是以在短期内欲全国各区同时平均建设,自为财力人力所不许,故必先别其成分之轻重,

---

作者介绍:方创琳(1966—),男,甘肃庆阳人,中国科学院地理科学与资源研究所研究员,中国地理学会会员(S110001715M),研究方向为城市地理、城市群发展与城镇化的资源环境效应等。E-mail: fangcl@igsnrr.ac.cn

选择最切要而最易成功之区域，以致力建设""经济建设虽为全国性的，但实际往往须特别注重于某一区域，俾可较易获致成果"。这些思想体现出翁先生很早就强调国家要走区域均衡发展之路，但因当时财力有限，需要优先考虑将有限的资金投入能成功见效的地区，这些地区就是东南沿海地区。实践证明，改革开放以来国家制定"六五"计划到"十四五"规划纲要连续 9 个五年计划中，都提出了实施沿海地区率先发展战略是完全正确的，也取得了举世瞩目的巨大成效，印证了翁先生 80 年前提出的东南沿海地区能成功发展的科学论断。

翁先生进一步论述了全国全面发展与东南部优先发展的关系，认为"我国国民，本极贫困，如全国实行建设，人民必不堪负担，而引起政治上之不安，故本人主张以东南区为第一次五年建设之中心，此区向为我国最富饶之区，人力财力均为他处所不及，如能集中力量，努力建设，收效当极容易，迨东南区建设完成，利益昭著以后，全国各地人民必一反往昔反对建设之心理，而纷纷要求建设，则全国建设自可易于推进"。这些观点表明翁先生并不是一味强调沿海地区集中发展，而是通过东南沿海地区的率先发展带动中部、西部等落后地区的全面发展。这一观点对过去和现今构建中国区域协调发展新格局、促进区域均衡发展都具有现实指导意义。

2. 高度关注交通与港口联动建设的重要性

翁先生在文中指出："惟以交通运输等各种关系，致未开始"，强调交通建设在国家五年建设计划中的优先重要性。"欲图港口之发达，必须增强与内地运输之便利，以免外来货物，堆积沿海港口，同时内地所产，亦可藉以出口，目前京沪铁路行车次数虽多，然客货均挤，故宜加筑双轨，在长江以南应建筑纵横铁路各二……""将来日本赔偿物资运到，其情形恐亦复如此，是以加强运输，极属必要。"除了强化铁路建设外，翁先生关注港口与铁路的联动关系，强调港口建设与腹地联动的重要性，以港兴城，港城联动，江海联动，提出了在长江两岸建设干线铁路，构筑江海联运、铁海联运等多式联运集疏运体系的设想。这些设想在几十年后的今天已经逐步变为现实，目前沿海地区各大港口与东西向、南北向的铁路有机连在一起，形成了以沿海港口为重要枢纽节点、以纵横铁路为骨架的集疏运体系。

3. 很早就提出建设自由贸易港的设想，如今已变为现实

翁先生在文中写道："'自由港'对一国经济，影响甚大，中国沿海之香港，经英人辟为自由港，商务蒸蒸日上，为我国贸易上极重要之港口。香港最近既无法收回，故中国本国应辟一深水之自由港，以与之竞争，余以为浙江之定海，实为首选……可为我国对外贸易之神经中枢，其吞吐量将居远东第一位。"如今的定海已建成我国南北海运、江海联运的枢纽，成为上海国际航运中心和宁波-舟山港的重要组成部分。翁先生在文中提到的镇海、定海及周边地区构成的宁波-舟山港，今天已成为全球第一大港，货物吞吐量连续15年位居全球第一位，2023年完成13.24亿吨，集装箱吞吐量完成3 530万标箱，稳居全球第三位。以宁波-舟山港为枢纽，通过航线将200多个国家和地区的600多个港口织点成网，形成全球重要的港航物流中心、战略资源配置中心和现代航运服务基地。2017年3月15日国务院批准建设的中国（浙江）自由贸易试验区，以宁波-舟山港及舟山片区（面积占50.1%）和宁波片区（面积占19.2%）为核心，建设国际油气交易中心、国际海事服务基地、国际油气储运基地和国际石化基地。

翁先生充分肯定了把上海港和宁波-舟山港建成东方自由大港的实际可能性，同时在对比分析南北港口建设条件、市场条件和竞争优势等的基础上，指出北方的天津港、塘沽新港、秦皇岛港、葫芦岛港，南方的黄埔港、香港之间如何形成竞争有序的建设格局。

4. 孕育着长江三角洲城市群一体化发展的超前思维

翁先生在文中强调港口、交通、经济建设、市场、腹地、区域合作、国际时长等之间的互补互动联系，指出"太湖沿岸为我国主要丝业区域，为促进丝业复兴，宜建环湖铁路……太湖沿岸实最为适宜，将来可发展为我国天然丝工业与人造丝工业之中心，以与日本丝业竞争""苏北所产之棉花，纤维较短，适于纺织较粗之棉纱，此种较粗之纱与布，不但国内极为需要，即南洋各国亦行销极广，战前南洋纱布大部来自日本，目前中国纺织业自应急起直追，以获取南洋市场，故苏北棉花之充分发展，极属必要，苏北棉区既经发展，则自扬州而北必建铁路经淮安、淮阴以接陇海线，向东并宜筑支线以达南通"。这些有关交通与产业发展联动的表述告诉

我们，港口发展必须要与交通互动，交通建设需要与区域资源流动、货物集散相关联，货物吞吐量又与地方经济发展需求高度相关，国际国内的资源配置与市场运行需要在国家之间、区域之间、城市之间进行统筹，形成一体化的配置格局与发展格局。这些思想正与城市群一体化发展的基本理念相合。如今长江三角洲城市群通过与周边城市的产业一体化发展、基础设施一体化建设、城乡和市场一体化建设、基本公共服务一体化建设、环境保护与生态一体化建设等路径，建成了以上海为中心、以上海港和宁波-舟山港为国际航运枢纽的世界级特大城市群，成为拉动国家经济社会发展的第一引擎和中国城市群高质量发展的领头羊，其创造的经济总量占全国的20%以上，未来这一区域仍将是拉动国家经济社会高质量发展的第一动力源。

现代地理学与其展望

李春芬

(国立浙江大学)

一　引　言

　　现代地理学，是旧径重开的一条新轨。虽然远在古希腊时代，"地理学"（Geography）这个名词使已出现，但其内容，则是描写一群散漫杂陈的事象，彼此之间，鲜相融贯。至十九世纪初期，两位德国大师，洪波德（A. Von Humboldt）和李特尔（Carl Ritter）两氏，一反前人的作风，根据实地观察的结果，探求地面上各种景象共生共存的因果关系，以研究区域的个体。这一个时期，不论在观念、方法或内容三方面，地理学都有长足的进步。毫无疑问的，这是代表地理学史上划时代的发展。惟两氏的兴趣和成就，各有偏袒（洪氏的兴趣，在自然，李氏在人文；洪氏的成就，在通论地理，李氏在区域地理），后继的学者，乃起而过分强调两氏的异端；加以当时自然科学，突飞猛进，地理学各子科科学，纷纷独立，于是地理学，又离了主题各走极端。直至最近二三十年，经过许多学者的努力，尤其是德国的赫脱纳（A. Hettner）贡献最多，于是地理学乃得重入正轨，以区域解释 Chorology 的要则，去从事地域的辨异。Areal Differentiation 这样的一个研究领域，已早为赫洛多特斯（Herodotus）和斯屈拉波（Strabo）所认识，但经洪、李两氏的立说阐发，和赫脱纳氏等人的苦心呼吁，才得重见天日，发扬光大。所以沙尔（C. O. Sauer）在其所著的地景形态（Morphology of Landscape）一文中，曾这样说过："现代地理学，乃是古老地理学的更新。"

　　引用本文：李春芬. 现代地理学与其展望. 地理学报, 1948, 15(1): 21-30. [Li Chunfen. Modern geography and its propects. *Acta Geographica Sinica*, 1948, 15(1): 21-30.]

二　现代地理学的特质

关于现代地理学的素质，各人的意见，不尽相同；但有几个基本要点，却为多数公认的特色：（1）观念：地理学是什么？简单的说：是地域辨异的科学，它的对象是地域。地表上各种景象，不是空幻，而是实体，其存在是相依为命共存共荣的。所以研究地域的差异，应当由景象要素的相关去着眼，因此有人认为地理学便是研究"关系"的科学，这当然是不无理由的。不过所谓"关系"，仅是代表一种观点或看法，而不是对象。所以"人地关系"，不能用为地理学的定义。就以自然环境对人生的关系而论，这一个领界，也不是地理学所专有；任何一种科学，如历史社会政治经济等科学，为了解释事实，也可以引用环境的影响，来加以说明。并且，一种科学的定义，绝非以解释的种类或性质，所能加以限定，而是以所研究的对象实体作规范的准绳。因此在最近二三十年中，乃有强调地域辨异，来代替环境关系的论点，作为地理学研究的对象，犹如天体之与天文学，政府之与政治学一般。据此，地理学乃是以地表上各种景象的相关，去着眼研究世界地域的差异。（2）视空：现代地理学的对象空间，是地球表面，这个表面，不是几何学上的表面，而是指水陆气三界的交错地带，即是土地空气阳光和生命聚合的面体。这个面体是立体的，不是平面的。现在人生的活动范围，上自天空，下至地底，人和地发生关系的境界，是上下左右前后的三度空间，这三度空间，都是互相连系，形成一个整体。不但如此，每一个时期，有一个相当的空间。古代埃及的空间观念，仅是尼罗河流域的一隅，现在却是天下一家了。空权和原子时代的空间意义，和从前已迥乎不同。这是说明现在的空间，已因人类文明的进步和时间的转移而扩大，而深长其意义了。这种时间的空间因素，对于历史地理学的研究，尤关紧要。今日的地理学人，不但要认识现在，并且要以现在探视过去，瞻望将来；不但要认识局部，并且要以局部比观世界，以世界较量局部，望远显微，高瞻深识，如此的四度空间，才是现代地理学的视界。（3）理解：推求地表景象共生共存的因果关系，乃是现代地理学研究地域差异的锁钥，这便是地理学在其他各科学中独具风格的地方。陈旧的地理学，只知描写，不重理解；现代地理学，除描写外，更着重理解，对于某一景象分布的型式，和各种相关景象所组合的区域个性，不但要知其然，并且要知其所以然，Where，How 和 Why 三位一体。这样的地理学，才是活动的创生的地理学。（4）方法：科学的定义，并不仅仅限于一组自然定律的体系，凡是顺着一定的组织程序，以追求真理者，都是科学地理学研究的程序和方法，是先观察后推理，先分析后综合，按步就班，循序渐进，以找寻正确的结论。根据直接观察的事象，以见其相互间的关系，与分布的型式，然后再加综合，以视各种相关景象所组成的区域，比较其异同，并研究其相互关系。采用这一套有条不紊的程序，乃是现代地理学的治学方法。（5）工具：这是指地图的制作。地图是地表的缩影，为地理学的一种重要工具。凡事实的记载，和事象的表达，如采用地图的方式，最为明确醒目。任何一种地理的研究，假使没有生动的地图，来表示景象的空间关系，便失去灵魂，这句话实非过分之辞。所以地图与地理学的结缘，并非偶然。杰母斯（P. E. James）氏曾这样说过："地理学对于世界智识重要的贡献，便是应用地图的技术，来表示和比较景象分布的型式。"今日的地理学人，不但要能解读地图，利用地图，批评地图，并且还要知道编制地图，如选择各种投影方法，决定缩尺大小，以及在各种地图上如何表示事象等。所以地图的编制，不但是地理学人，必须的工具，也是重要的技术。

三　现代地理学的派类和一元论

地理学是一个整体的科学，但为便利实际研究与分工合作起见，常分成许多门类，名目繁多，但可归纳为两组：（甲）根据题材的，为自然地理和人文地理；（乙）根据组织的，为通论地理和区域地理。兹分别述之如下：

（甲）凡以自然环境作为研究对象的，是自然地理。单以某一种自然景象分布的型式，作为主题的，是通论的自然地理，如地形学，气候学，土壤地理，水文学等是。如以各种相关景象的组合所构成的区域为主题的，是区域的自然地理。地理学的内容，既是包括自然和人文两种景象，故自然地理，只代表地理学的一部。不但如此，现代地理学人，许多都认为地理学的重点，是在人文，所以自然地理的研究，要透视人文的远景。换句话说，就是自然环境的分析，必须顾及其对人类居用的价值。和自然地理相对的，便是人文地理，以研究地表上人文景象为主要课题。因此有人以为人文地理，乃是人文或社会科学的一种。但是人文地理，并非以研究人生关系为对象，而是以人类在原生的地表上所刻划的景象为目标（包括人口分布）。所以在性质上，并不相同，为了解释人文景象的空间分布，必须倚重自然环境的影响。但从另外一方面看，自然环境，并非唯一影响的因素，其与人种，文化传统，生活习惯，和利用环境的工具和能力等，都有关系，所以人文的因素，也很重要。自然环境对于人文景象所施的限制，在某种限度之内，是有伸缩的、韧性的环境关系，只是代表一个重要的接触面，所以人文地理，实在是介于自然科学和社会科学中间的津梁。

（乙）通论地理，是由相关的观点，研究地表景象分布的型式。过去通论地理的成就，多在自然方面，如地形学，气候学等。但是人文景象分布型式的各别研究，如政治地理，经济地理等，也是通论地理。最近关于这一方面的研究，进步很快。通论地理，和普通科学的分野，常有纠缠，这里附带的加以说明。严格的讲，专研究景象本身性质及其生成者，是属于独立的普通科学，而不是地理学，但这种科学，却为治通论地理的必要基础。譬如以地形学而论，它的方法，是宗于地质学，但过去成就宏大的几位学者，多承认是地理学家，尤其是戴维斯（W. M. Davis）他坚决自认是地理学家。因此地形学的归属问题，由于方法和传统习惯的两个争点，弄得模棱不分。其实问题的焦点是地理学的观点问题。如果它的内容，是说明地形分布的型式和解释其原因的，虽然方法是宗于地质学，我们认为这是通论地理。像帕萨格（S. Passarge），赫特娄、沙尔等一般人的主张，认为地形对于地理学的重要性，不在其生成原因，而在其对于人生居用的价值，如地表起伏的大小，坡度的缓急，排水的优劣等，这当然很重要，但仅此一点，而忽视说明地形型式的原因，则地形的神貌分离，我们将无从得一确切而生动的画面，更不能分辨地形地域分布的特色了。如此的通论地理，不但浮浅，而且枯滞。

　　通论地理，是区域地理的基础；但其所研究的主体对象，仅代表一面，其所分辨的地域，只是单方面的，而不是综合的。为了充分了解地域的集体个性，和分划全面综合的区域，就非借重区域地理不可。因为地域差异的特征，表现得最完备最彰著的，是区域地理。二者之间，尽管组织的方法有差异，但不能各自为政，分道扬镳，而应互相策应，互通声气。一方面，通论地理的研究，应时时和区域地理保持连系。换句话说，便是树立区域解释的要则。如此，对于地理学的目的，才能有所贡献；否则便失去其本质。另一方面，区域地理是一种综合性的研究，其本生并不产生通论的原则，而是仰赖通论地理的原则，来灌溉加肥，如此才能精密准确，臻入完美的境地。治区域地理的人，尊重通论地理的研究；治通论地理的人，应认识其贡献，有赖于其与区域地理的连系关系，这是现代地理学精神的所在，也是整个地理学进步的关键。

　　从其门类而言，地理学似乎是一个双重的二元科学。但是它的基本观念，是以研究地域差异为中心课题；而全面的了解世界各区的个性及其相互关系，则为其最高目的。它只有一个哲学，一个观点，一个技术，一个目的，把握这个要点，地理学实在是一元科学。

四　现代地理学研究的中心课题

　　自从十九世纪以来，地理学的进步，可谓蒸蒸日上；再经两次大战的刺激，益发猛进。关于地理学各主要部门，近年来研究的中心课题，因分量太多，兹谨作一般性的提述。复因仓悴成篇，益以资料缺乏挂一漏万，在所不免。

　　（1）地形学：通论地理中，要算地形学发达最早而最有成就，战前已有研究专刊发行。

战时因战事影响，室外工作，不能经常进行，地形学的进步，以视其他各部门，不免见逊。过去研究的主题，可分为六方面言之：（一）冰川：古代冰川的研究，在过去五六十年中，曾有辉煌的成就，尤其在冰川地形方面。近年来对于冰期划分的精密研究，各方面尤多致力。亚尔曼教授（H. W. Ahlmann）于过去二三十年内，观察北极区域的现代冰川，有极重要的发现。关于冰川研究，去年英国冰川学会，开始出版冰川学报，证明这一方面的研究兴趣，有与日俱增之势。（二）海滨地形：继基尔伯特（G. K. Gilbert）的苏必利尔（L. Superior）湖滨地形之后，而把这种研究发扬光大的，要推琼生（W. D. Johnson）其所著："海滨线与其发育"及"新英格兰的阿开的亚之海滨线"，尤称世界的标准作品，最近对于海底地形，尤其大陆架上的海沟（Submarine canyon）的研究，各方面的兴趣，亦很浓厚。（三）干燥地形：由于干燥气候种类的差异很多，所以干燥循环（Arid cycle）不是单纯的，而是成为一组的。每一循环，代表一种干燥的特征。自从戴维斯开端以后，德美两国的地形学者，即继续在研究。（四）地形与古气候：这一类的研究，包括好几方面，如古湖的湖滨线，河流台地与气候变化，海平面变动与冰川的生灭等。由这许多方面的研究，再参考冰川和古生物等的研究结果，可使吾人对于更新统的了解，获得进一步的认识。（五）区域地形：地理学的地形学，是描写和解释地域地形分布的型式，这是戴维斯一贯的主张，所谓地形的写生（Genetic description），菲纳门氏（N. M. Fenneman）所著之美国东西部之地文，可算是代表作品。（六）其他方面的研究，如三角洲、黄土等，也都有重要的贡献。洛赛尔（R. J. Russell）所著密西西比河与卢恩河三角洲，以及茜克斯（G. Sykes）的哥罗拉多河（Colorado R.）的三角洲。虽然两氏研究的趣味不同，但均系精心的佳构。

（2）气候学：气候学为气象学要素长期纪录的分析探讨。其最近研究中心旨趣，也可分为六点说明：（一）气候分区和区域气候。气候分区，是根据气候的资料，并参照其他地理要素的分布，把一个大的地域，如一国或全世界，分做若干气候区域。譬如中国的气候区域，首先划分的，是竺可桢氏，他的分类，便是依据各地气候的特征，并且顾及到与其他地理要素的相关，深合地理学的观点。关于世界的分区，成就最著的，莫若柯本氏（W. Koppen），前后曾数度修正。其最大特点，为主要气候区及其界线的决定，以植物分布为依据。彭克（A. Penck），马东男（E. De Martonne），松斯威特（C. W. Thornthwaite）等氏，亦采同样方法，但其各区之界线，除参照植物分布外，并补以水文与土壤之资料。松氏尤着重于水气与温度及其季节变化，故以雨水可用率（Precipitation effectiveness）与温度实效率（Temperature efficiency）为分区基准，其对于农业方面的应用价值，较柯本氏者为强。最近复加修正，其界线的确定，纯粹依据气候的资料，超然摆脱其他地理要素的考虑。区域气候，便是将某一区内的气候要素，作详尽的分析研究。年来关于这一方面的文献，着实不少。维休尔（S. S. Visher）所著的印第安那州气候，长达五百页，除将该州气候要素详细分析与讨论外，并注意与其他要素之关系，如气候与地貌，天气与农作物的产量，气候与健康等。而对于气候之反常变异，亦特别强调。是书实为研究区城气候之代表作品。（二）气候变化：研究过去气候的变化，有许多方法，如树木年轮的记录，季候泥（Varve clay）的测算，泥炭中的花粉分析（Pollen analysis）等是。甚至有根据历史的资料，以研究有史以来的气候差异。最近在亚尔曼教授的领导之下，斯堪的那维亚的学者，于挪威斯匹次贝尔根和冰岛这一带，从事冰川的观测与气象纪录的分析，这种工作，已进行了二十五年以上，现仍在继续观测中。由冰川的消长，可以测知若干年内，气候怎样在变化。（三）动力气候学：从大气的动力学，气团的分析，和极面的活动，以解释气候。（四）应用气候学：对于帮助解决实际的问题，如商业农业公路房屋等的建筑，以及军事设计方面，气候学的应用，日趋精密。除各种天气要素的平均值，与其单独发生的频率外，最近更注意期间频率，和某两种或以上之天气要素同时发生之频率和地点，或一种要素分布各地之频率等。（五）气候治疗学：这当然也是一种实用气候学，但是因为发展的路线不同，所以另立一目。所谓气候治疗学（Climatotherapy），就是利用适宜的气候环境以治理疾病的研究，所以也可以称为实用的生物气候学。最近关于这一方面的文献，为数也不少，其中以《生物气候学与医药》一书，最是代表，全书分三大编，达二千六百页，执笔者有一百四十人之多。（六）气候与种族文化：气候直接影响人生活动，表现得最彰著的，是经济生产和生活方式，而人类利用和适应环境的文化工具和活力，气候的影响，也极其重要。譬如气候的地域差异，和周期性的跳动，对于居民身体的活力，天赋的素质，以及文化的发展等，其潜移默化的力量很大。过去的地理学人，注意这一方面问题的，为数太少，亨丁顿氏（E. Huntington）可谓独树一帜，在其毕生的著作当中，差不多有一半是属于这一类的研究。

（3）地图学：近年来地图学的进步，是得力于应用配景平面图法（应用于陆地），和回声测位法（应用于海上）以及地形图上加绘塑型的阴影，和配用航空照相图。地图内容，因以更形准确可靠而生动传真。关于最近各国所出地图，因篇幅所限，不胜枚举，兹仅将近年来进步的特色以及与地图学有关的方面，分八点列述于下：（一）地形图：近年来所出地形图（包括修正版），一部分虽因战时需要迫促，内容不能尽如人意。但大体而论，在质与量两方面，都有惊人的成就。其最大特色，为加绘塑型阴影，以补等高线或其他方法的不足。大中小各种缩尺地形图的绘制，都有这种趋势。英国陆军测量局所出第五版的一时比一哩的地形图，和美国陆军制图局新出版的二十五万分之一的地形图，便是一例。新近美国地质调查所，于大缩尺图上，采用一种叫做色调起伏法（Shaded relief），即以各种不同的颜色和色调，表示地面起伏的高低和坡度的缓急。该所于一九四六年所出版的二万四千分之一的越斯美特河谷地形图（Map of Yosemite Valley, Yosemite National Park, California），即系采用此法，很是成功。这种方法，不但可以补等线法的不足，有时甚且可以取而代之，因为等高线所表示的地表，只有在等高线经过的地方，是正确的。但是这种方法，也有美中不足，第一它所表示的相对起伏，无正确数字可凭；而且绘制的人，不但要参考航空照相，并且还要对于科学和艺术，有相当严格的训练；此外如高山脊的坡度长而平直（即坡面上不规则的差异很小），在调色方面，平淡无奇，没有变化，如此，高山脊就不能充分显示。譬如该所于一九四四年所出版的阿帕拉仟褶曲区内的鄂毕圣尼亚（Orbisonia, Pennsylvania）幅，便是如此。这种方法，还在实验中，将来是否能和等高线法，分庭抗礼，争一日之短长，现在还很难说。（二）海道图：这一类的图，战时进步最快。其中比较重要的，为战斗图，海陆两用图（Loran Chart），驾驶图，海流与海水温度图，海底沉积物图，海浪图，等磁线图，表示各种特殊的资料，对于海上航运和战斗，水上飞行和潜水航行等，各有特殊的贡献。（三）航空图：战时的进步，也极其迅速。其中以五十万分之一缩尺的图幅，最为普通。但最成功的，要算一百万分之一的雷达航空图。（四）特种地图：包括经济、社会、政治、人种以及气候、冰川、地质、矿产、土壤、灌溉、土地分类与利用、交通、人口、都市等，各种地图，种类极多，在内容和技术方面，都有长足的进步。（五）图集：过去各国所出版的国家图集，其中不少是精诣之作，除自然要素外，凡经济、政治、社会、民族等方面，都分别表示。惟近年来因感资料太多，不能于一本图集中，尽量表示，因此乃有一种分出专集的趋势，如美国农业地图集，胡焕庸氏与美国马里兰大学合作编纂的中国气候图集，苏联之经济图集是。新近出版的地图集中，有几种值得提名的，有北半球冰图集，印度农作物图集，苏联之世界图集，德国之传染病图集，哈立森氏（R. D. Harrison）世界鸟瞰图集，洛斯（E. Raisz）世界地理图集，和法国的法国图集，世界地理图集等，此等图集，搜罗宏富，技术新颖，对于常识的增进，专题的研究，或为解决实际问题，都各有其可贵的贡献。（六）地图投影：关于地图投影，近年来亦新有贡献，如以巴黎为中心的所谓 Matter-most Projection，以巴黎和芝加哥为中心的双正距投影（Doubly equi-distant Projection）以及 Quincuncial Projection of the World 等是。最后一种，系同形法的一种，用以表示航空路线，由平射投影法脱胎而出。此外还有一点提出的，便是北极投射和外射图法的应用。前者对于地理教育和航空方面，俾助很多，因为世界上主要的大陆，都是环绕着北极，由北极放射的线，都是大圜路，飞机经此航行，节省路程和时间不少。由北极看世界，在时间上，地球又缩小了，看了这种图，更能引起人们"天涯若比邻"的观感。外射图法是假想人们置身高空，从不同的方位，俯察地表，将所得的海陆立体的形状，表示于图。哈立森氏的世界鸟瞰图，便是采用这种方法的。这种图法所作的地图，可以帮助军事设计。此外，以世界各地做中心，所作的原向正距投影图（Azimuthal equidistant projection），可为航空设计的蓝本。（七）立体模型：以橡皮或塑体，表示地面起伏立体形式，用这种方法，表示小区域的地形，最为传真。故战时应用最广，进步也最快。地形的研究论文或教本内，常用的块状图，就是这种模型的平面缩影，虽不能表示正确的高度，但很可显出地面起伏的立体形式。（八）图片读评：为了应用和研究，地图的利用、解释和批评，极为重要。不但如此，关于各种地图的来源，各制图机关所采用的制图技术和方法，以及其发展的历史等，也不可漠视。在战时，这一方面的工作，都曾有专人负责，现在联合国安理会，就有设立这种机构的计划。察阅照片，分析地表详微细目，不但对于制图，有极大的帮助，对于军事情报，关系尤切。这种工作，战时特别重视。

（4）经济地理：这是人文地理中一个重要的部门，除研究产业的地理分布和区域的经济生产外，近年来对于下列四点，有特殊的发展：（一）土地分类：为了不同的目的，土地分类的标准很多。要之，可以分为几种，即根据土地本身的性质，利用的实况，可能或提供利用的方式以及执行计划等。其中以评判土地的农业价值，所占分量最多。（二）资源保持：过去对于自然资源的利用，不是失之过分，便是不足，为了防止滥用，尤其是经过这一次战争的消耗，资源保持运动，将会更加热烈展开。过去对于这一方面的研究，和工作报告，以水土保持这两方面，贡献最多。（三）产业区位：根据自然环境，和经济、政治、社会等因素交互错综的关系，去找寻生产最适宜的地点或地带。这种研究，主要的分为两类，即农业区位和工业区位。这对于战后生产事业的复员和重建，很是重要。（四）区域设计：这是指开发和合理利用区域资源，以谋致社会经济安全的设计。地理学人所做的设计工作，大都是属于自然资源开发和利用方面。区域设计的空间单位，有城市、乡村、省、区、联省和狭义的地理区域。T. V. A. 便是区域设计的一个机构。近年来各国的区域设计的工作，很是活跃。单以美国而论，大小设计的机构，竟达一千四百个单位！各重要国家，都有全国性的机构，通盘筹划，并审查和调查和各区域机构所定的计划。例如美国的国家资源设计局（National Resources Planning Board）和英国的城乡设计部（Ministry of Town and Country Planning）。

（5）政治地理：自第一次大战以后，政治地理学，渐次崭露头角，鲍曼氏（T. Bowman）的新世界，和浩斯荷佛氏（K. Haushofer）主编的"地理政治"，可算是两种重要的作品。经过这次大战，进步更见神速。目前的世界，在时间的距离上，日见缩小，国与国间的接触，日见频繁，政治地理学，将来可能成为地理学中一支强流。近年来对于这一方面的著作很多，尤其是散篇的论文，真可谓汗牛充栋。以论述的内容而言，可以分为六点说明：（一）纠正德国"地理政治"学派的错误观念。德国的"地理政治"，主要是以洛次尔（F. Ratzel）、克杰伦（R. Kjellén）和麦金德（Sir H. Mackinder）三氏的观点做骨架，再加煊染，在浩斯荷佛领导之下，便成了一个学派。其论点中心，认为国家是一个有机体，为了成长，必须取得生存空间，为了这个目的，必须握有强大的军力，尤其是处在世界心脏或枢纽地带（大部属俄）的边缘，这种力量，对于国家的生存，比法律来得还重要。这一套理论，似很动听，实际上近乎荒谬疯狂。因为国家并不是一个有机体，其生存延续，不一定要靠了夺取空间。由于理论的不健全，以致闯下世界大祸。在战争期内，联合国内不少知名之士，著文批驳，其中以鲍曼和惠特莱锡（D. S. Whittlesey）两氏最力。（二）政治地理学要素的研究：分析各种要素如资源、国界、地理位置、人口分布与移动以及国际贸易等，其在战略上的价值，或对于世界政治的关系等。过去德国的"地理政治"，即着重这一方面的研究。近年来的文献，更是琳琅满目。（三）国际纠纷区或新战略区的研究：中东巴尔干（包括鞑靼尼尔海峡）多恼河流域特港近东甚至我国的东北等地，以处于强权势力之间，成为国际间破裂不安的地带（Shatter belt），常因内部纠纷，而酿成国际的动乱。故此等地区，向为世人所注目。关于这一方面的论著，连篇累牍，从不同的角度，如地理、历史、政治、经济、社会等方面，发表的文献很多。其中除事实的报道外，并有提示解决纠纷的途径。年来航空技术，突飞猛进，北极区的地位，更因美苏分据两侧，而益趋重要，成为世界上极关重要的新战略区。最近美加联防，与合作探测，足资证明其对于未来国际政治的重要性。近年来关于讨论其战略地位与开发设计的论文，散见于各重要书刊的很多。（四）国势的探讨：以国家为单位，从政治地理要素之分析与组合中，去了解一国的地位，及其与他们之关系，或作为一国外交的指南，战略决策的依据。（五）三权与战略：所谓三权，是指海陆空三种军力而言。德国之败，先受制于俄国之陆权，再创于英美之空权；日本之投降，实先缘于海权之受挫。此三权之相对重要性，年来的讨论很是热烈。但以观点不同，故所见各异。三者实因地制宜，而发挥威力。而战场之安排，则决之于地理。凡军事设计，与攻守的路线，无不受地理因素所左右。故战时讨论地理与战略之关系者，很为踊跃。其他如论述国防、海陆空战，及军运路线之开辟与控制等文，数量亦很可观。（六）国际关系：从地理观点，研究国际间政治经济关系的问题。芝加哥大学于一九三八年出版的《国际关系之地理观》，是汇集各专家发抒的意见，编辑而成，为这一方面作一系统研究的，这部书可算是开其先河。其他如关于国际战争的地理原因，战后和平的津梁，资源与强权政治及世界和平，国际政治的地理基础等，均为论述之重要课题。

（6）区域地理：过去四十年中，区域地理逐渐抬头。在白兰士（P. Vidal de la Blache）赫特娄，帕萨格，沙尔，巴乐士（H. H. Barrows）等鼓励与领导之下，地理学研究的趋势，渐由通论地理，转移至区域地理。这种迹象，于第一次大战结束以后，已很明显。这方面的成就，以法国最为人所称道，如区域专论，世界地理专集等，颇多精心结撰之作。以下所列各点，是指广义的区域研究，而不以狭义的区域地理为限。兹将近年来的特色，分述于下：（1）小区域的研究：这方面的作业，年来几成一时风尚，精密工作，亦颇不少。如法国阿列氏（A. Allix）之罗亚松（L'Oisans），与加拿大多伦多大学华成氏（J. W. Watson）之博士论文：尼亚加拉半岛（Niagara Peninsula）等之小区域研究，极尽详密之能事，都长九百余页，前者平均每一方公里占一页，后者亦每一方哩占一页；美国芝加哥大学普拉特氏（R. S. Platt）所著《南美洲之小区域实测》，亦极细腻。（二）区域划分：根据许多地理单元已经研究的结果，从其特征或功能或二者合一，进一步综合各单元之组合，以分划一省一国甚至全世界为若干地理区域，这是一件了不起的艰巨工作。实际上这样做的，很少很少，一般却是居高临下，作粗枝大叶的区分。现在地理分区的工作，绝大多数，都是出于这一种方式。分区工作，似乎简单，实际上是吃力不易讨好。如采取第一种划分的方法，必须先把各地理单元，完全消化而融会贯通，这就非常费劲，因为一个大区域（如一国），包括的地理单元太多。并且各地的地理单元，业已经过实测者，为数太少，而其精确之程度，又因施测者之训练与见解而不同。此外还有两个困难，第一这种工作，难以摆脱主观成见；第二便是过渡地带的处理。当然，分区工作，是注重于区域的核心，不过有些过渡地带所占面积，相当广阔，如仅凭一条直线拦腰分截，则有悖事实。这种困难，一直到现在，还没有克服。所以过去所做地理分区的工作，很少有一个为大家所满意的。（三）自然或人文的偏重：一九四〇年以后，法国青年地理学家所做的区域研究，表现得最明显，就是于人文和自然两方面，偏重一面，一反以前区域专论（Regional monograph）双方并顾的传统作风。这种趋势，在法国逐渐开朗，这是一件值得重视的倾向。因为过去一般区域地理的工作，等于是一种杂集；自然和人文的要素，分条胪列，而其交互影响与相关连系，则鲜有强调。一盘散沙，不经胶结，不能成为凝土。因系杂凑，故经分析之后，空松虚悬。这个积弊，必须加以矫正。凡从事全面性的区域地理，非训练有素，根基牢固，难以望其项背，尤其对于重要的区域，更非一人所能胜任。所以这种新的潮流，实有推波助澜的必要。如于区域研究中，偏重一面，才可深入见解，充实内容，而为完密之区域地理，立定良好基础。（四）战时的区域研究：战时的区域研究，因实际需要，多津津于详目细节的铺陈，尤其是交通方面，而于区域内之各种要素，很少作相关影响的说明，或综合的探讨。完全由军事行动战略或政策的决定等各方面去着眼，实际上等于是军事地理或政治地理的区域研究，不过在许多作品中，另有一个特色，就是插图和照片，极为丰富。（五）战时区域丛刊：这次大战期内，有不少丛刊发行，篇幅不多，但内容极为精致。英国海军部情报局的地理组，在第一次大战时，曾出有一批地理丛书。这次大战，仍由该组主持编纂，其中不少是属于区域方面的作品。罗士培（P. M. Roxby）的"中国"，便是一例。其在战时编著的中国地理志，分上、中、下三册，可算是战时中最足称道的区域研究的巨著了。战时的德国，也有类似的丛书出版，达数十种之多，特别注意欧洲和非洲各国。其中固多带有宣传的色彩，但亦不可一概而论，如"埃及"篇，不但科学标准高，态度亦很公正。（六）区域研究的专任：战前已有这种倾向，战时更外明朗，战后将更加强。这便是在本国或世界各重要区域中，分别由研究有素的人，去专力担任，集中大部分的时间，去研究某一个重要区域。譬如伯金斯（A. E. Parkins）之与美国南方，普拉特与杰母斯等之与拉丁美洲，克莱赛（G. Cressey）之与亚洲，已故罗士培之与中国及远东等，都是以某一重要国家或洲区，作为专属研究的区域。

以上所述，不过是举其荦荦大者。其未予提述的若干门类，并非不占重要地位，亦非表示新近没有进步，如土壤地理，因土壤学迅速进步，年来有极重要的贡献；又如都市地理，因都市设计与战时的需要，最近也不少精密的工作，人口地理亦然，惟以体量而论，似逊一等，更因篇幅所限，不得不予以割爱。

五　今后地理学发展动向的展望

过去的地理工作，经过这次战争的试验，精心结撰之作，固然不少，但多数是粗枝大叶有余，精密详尽不足。不但圈外的人，感觉如此，凡直接或间接参加战时工作的地理学人，也都自认不讳。这个教训，对于今后地理学的发展，影响实在太大，尤其是战后的世界，仍是动乱不安，和平前途，难具信心。为了矫正过去的弊端，谋取将来的进步，提高学术的地位，以及应付他日不测的战祸，地理学的发展，至少在最近的将来，可能有三个动向。第一是加强通论地理学的训练和研究。地理学既以地表地域的区分为对象，而区域地理的成就，是以通论地理做基础，后者的进步，乃是前者进步的条件。过去的学人，多为区域地理的观念所束缚，而从事于某一区域内各种自然和人文要素的综合。诚然区域地理，是地理学最终的目的，但是因为忽视了基础的工作，以致所表现的区域地理的成绩，多半是空泛浮浅。为了圆满成就预期的目的，我们不能再像过去那样的因陋就简，粗制滥造，应多致力于通论地理的训练和研究，多做些铺路的工作，如此区域地理的内容，才会跟着充实精密。

过去有许多的地理学人，认为如果通论地理研究得太精密详尽，将会离开地理学的旨趣，而踏入普通科学的领域；甚至还有一部分人，以为气候学，植物地理，土壤地理等通论的研究，应该分别由气象学家，植物学家，和土壤学家去担任。关于这两个问题，第一我们时刻要固守着地理学的观点，即以"相关"的钥匙，去探求要素的分布型式，以增强区域的全部了解。并且，过去普通的科学家，所做关于通论地理的工作，并不都是令人满意的，退一步说，如果他们所做的工作，确实是美满的，我们没有理由拒绝承认他们的贡献。抑有进者，我们不能因他人的越界，而放弃本身的冈位。一九四四年的十月，美国一部分的地理学家，针对战时工作的经验，对今后地理学的发展，曾有一次正式集会，以后并曾陆续通信讨论，一致强调今后通论地理的训练和研究，尤其着重于人文方面，这一个趋势，在最近的将来，定会发生重大的作用。

彻底了解一个重要的区域，绝不是一个人所能胜任的工作。因其牵涉的范围既广，要素太多，相关的方面太繁，所以最好以合作的行动，去从事研究，集合几位通论地理学家，从各种不同的角度去观察。面面俱到，才能显出全豹。过去社会科学方面，对于某一重要问题的研究，曾有不少是采取这种合作的方式的，成效很佳，我们研究区域地理，未尝不可仿效这种办法。战事结束后，美国地理学家，一方面受了战时工作的教训，同时为了要试验地理学，对于社会建设，究竟能尽多少贡献，去年乃发动了一个合作研究的运动，集合若干同志，分为数组，每组若干人，每组担任一个区域，用多面的眼光，去实地观察一个区域的整体。这一种运动，能否收获预期的成果，现在还不得而知。但是无论如何，这是区域地理研究的生面别开，也是代表地理学史上一件大事的开端。

学以致用，并不是说学术的研究，专讲功利，而是在不妨碍正常研究的原则之下，以其所得，应用于帮助实际问题的解决。并且任何一种科学，常可藉其智识与训练的实用，试验出其学理的健全。地理学既然不能超脱于人地，那么，对于人类社会所发生与地理有关的问题，地理学人，当然没有袖手旁观之理。远在罗马帝国时代，地理学已讲实用，最近数十年来，应用的方面更多了。最脍炙人口的，如区域设计，产业区位，地图和编制等；以及在大战期内对战略战术的设计等的配合工作等，地理学都尽了不可埋没的贡献。单以这次战争期中的华盛顿而论，动员的地理学人，即达二百以上。战时美国陆海军联合情报出版局（Joint Army and Navy Intelligence Publications Board）所主编的与军事有关的区域报告，其中由地理学人撰述的，超过二分之一以上。为了应付实际上的需要，和增进相关工作的效果，地理学的应用，在整个这一门科学的发展中，将继续占一重要地位。

桃李不言，下自成蹊，春风化雨，地理芬芳

——再读李春芬"现代地理学与其展望"

李满春　　李飞雪

一、作者简介

　　李春芬（1912—1996）是中国杰出的地理学家、地理教育家和区域地理学的主要奠基人，也是笔者研究生导师的恩师。1937年毕业于中央大学地理系，1943年毕业于加拿大多伦多大学，获加拿大第一个地理学博士学位。曾在美国国家图书馆工作，1946年任浙江大学史地系教授，开授地学通论等课程。中华人民共和国成立后，历任浙江大学地理系主任，华东师范大学地理系主任、副校长、西欧北美地理研究所所长，曾担任中国地理学会副理事长、世界地理专业委员会主任、教育工作委员会主任、自然地理专业委员会副主任，上海市地理学会理事长，国际地理联合会地理教育委员会通讯委员，《高等教育学报》地学版副主编，中学地理教材顾问，高等学校理工科教材地理组编审委员会副主任，国务院学位委员会第一届理学学科评议组成员，为繁荣中国地理科学事业作出了巨大贡献。其研究涉及区域地理、自然地理、农业地理、城市地理、理论地理等学科领域，尤以世界区域地理的成果最为卓著。他在《南美洲地理环境的结构》和《北美洲地理环境的结构》两部专著中提出"地理环境结构的整体性和差异性"，对中国地理学理论发展作出了重大

　　作者介绍：李满春（1964— ），男，江苏常州人，南京大学地理与海洋科学学院教授，中国地理学会会员（S110003602M），研究方向为地理信息技术与国土空间规划交叉创新。E-mail: limanchun@nju.edu.cn

贡献。

二、论文的写作背景与主要内容

第二次世界大战结束后，随着世界各国面临新的政治、经济和社会挑战，地理学作为一门科学得到了前所未有的重视和发展。这也是中国现代地理学体系初步建立和快速发展的关键时期。随着国家对科学的教育和研究加大投入，地理学成为解决国家发展问题的一个重要工具。国内地理学者开始采用新的视角和方法，对国内外地理环境进行系统分析和研究，以服务中国在快速变化的国际环境中的国家战略需求，"现代地理学与其展望"便在这样的历史背景下产生。"现代地理学与其展望"概述了地理学的发展历程、现代地理学的特质、分类、中心课题以及未来的发展方向。**首先，回顾了地理学从古希腊时期到现代的发展历程。**强调了19世纪德国学者亚历山大·洪堡（Alexander von Humboldt）和卡尔·李特尔（Carl Ritter）的贡献，两位学者系统研究了地表景象的因果关系，推动了地理学的方法论革新；阿尔弗雷德·赫特纳（A. Hettner）和卡尔·索尔（C. O. Sauer）对地域差异性的研究，也为推动现代地理学的发展作出了重大贡献。**其次，概括了现代地理学的特质。**现代地理学的研究对象是地域，重视从地表景象的相互关系和分布中解析区域差异；其空间观是三维的，关注上至天空、下至地底的整体空间；同时，现代地理学强调理解地理现象的共生共存关系、研究方法的科学性，"先观察后推理、先分析后综合"的程序乃是现代地理学的治学方法；论文指出，地图的编制不但是地理人必须擅长的工具，更是一项重要的技术。**再次，总结了现代地理学的分类。**地理学按照主题被分为自然地理和人文地理，按照组织方式又可分为通论地理和区域地理。自然地理关注自然环境和景象，试图解释自然现象的形成、分布及其变化规律；而人文地理则聚焦于人类活动对地表的影响。通论地理聚焦于研究地理现象的一般原则和普遍规律，涵盖各种地理现象的普遍性质和全球性分布，如气候系统、地形类型等；区域地理侧重于特定地区的综合地理研究，通过分析和解释一个特定地区内各种自然和人文现象的相互作用和特点，揭示该地区的独特性。**最后，列举了现代地理学研究的中心课题，即现代地理学的主要研究领域。**详细介绍了地形学、气候学、地图学、经济地理、政治地理和区域地理等课题，总结了各领域的最新进展和重要发现。每个研究领域都以其独特的方式贡献了地理学的应用研究，帮助人们更好地理解并应对自然环境和人类社会的复杂问题。**在此基础上，论文展望了未来地理学的发展趋势。**强调未来地理学的发展，需要加强通论地理的训练和研究，推广合作研究，以及更多地将地理学的理论和方法应用于解决现实世界的问题。

三、论文的学术影响和时代贡献

1. 对地理学科的贡献

"现代地理学与其展望"展现了李先生对地理学的深刻理解和前瞻性视角，深刻揭示了现代地理学的研究方向和方法论的转变，为地理学的理论发展奠定了基础，提升了地理学的学科地位，对地理学未来发展产生了深远影响。

第一，地理学特质界定。提出地理学是"地域辨异的科学"，强调通过研究地域差异来揭示地表景象的共生共存因果关系。通过地域差异研究，现代地理学不仅促进了本学科理论和方法创新，也为其他学科如环境科学、社会学、空间规划学等提供了重要的交叉研究基础。**第二，地理学方法归纳。**强调了方法论在现代地理学研究中的重要位置，将地理学的研究方法概括为：先观察后推理、先分析后综合，强调地图作为研究工具的核心地位。精准的观测数据与严密的逻辑推理，可揭示地理现象之间的内在联系，为地理学研究和理论建设提供实证基础。**第三，地理学分支学科。**将地理学分为自然、人文、通论和区域地理，阐述了其研究重点和相互关系，为现代地理学科学分类、深化研究与交叉合作提供了清晰的框架支撑。**第四，地理学跨学科综合和创新思维。**现代地理学通过综合各学科方法和理论来全面理解地理现象，通过整合自然科学和人文科学研究方法来推动地理学跨学科合作研究，增强地理学解决复杂社会环境实际问题的能力，推动了地理学创新发展。**第五，地理学内容理解。**详细讨论了地形学、气候学、地图学、经济地理、政治地理和区域地理等学科研究的中心课题，这些课题对于理解地表现象和人类活动的影响至关重要。**第六，地理学的未来发展。**将更加注重通论地理学训练、合作研究、跨学科研究，这为20世纪中叶以来的中国地理学研究提供了新的思路，提升了地理学作为一门综合性科学的研究深度和广度，推动了地理学的创新发展。

2. 论文的时代贡献

"现代地理学与其展望"推动了地理学理论创新，促进了方法论和工具的技术创新，强调了地理学与社会实践紧密结合的学科特点，彰显了地理学在经济社会发展中的关键作用，为我国国土空间认知与规划提供了坚实的理论基础和方法指导。

一、**重视区域分异性和整体性的认知，发挥地理学研究对国家和区域发展战略的支撑作用**。"现代地理学与其展望"强调区域地理的分析和地理要素的综合，促进了对区域经济社会、区域差异和不平衡的深入探究，为国家和区域发展战略制定提供了理论基础和方法指导，推动了区域协同发展与资源优化配置。论文阐述了地理环境深刻影响战时和平时资源供给，对国家安全战略制定有重要作用。此外，论文中的地缘政治理论对于客观分析我国在国际关系中的地位和作用也具有重要意义。

二、**强调地理学综合性和差异性的研究应用，开展因地制宜的布局与规划**。论文强调"根据自然环境，和经济、政治、社会等因素交互错综的关系，去找寻生产最适宜的地点或地带"。这一观点为我国城市群发展、产业发展布局、高新技术产业开发区等选址规划提供了宝贵的理论指引。论文指出"现代地理学不仅局限于描述各个区域的特性，更需要深入理解和解释这些区域之间的差异性和联系"。基于这一观点，在国土空间规划编制和管理中应充分考虑区域差异性与联系性，探究区域内部和区域间的相互作用及其对整体空间格局的影响，作出更加科学的决策。

三、**持续吸纳新理论新技术新方法，革新地理学研究路径**。论文高度重视地理学方法、工具和跨学科研究，推动中国地理学发展。论文对"二战"后地图学的进步给予了充分肯定，"航空照相图"和"回声测位法"等新技术成为地理学进步的驱动力。新理论、新技术、新方法革新了地理学研究路径，有利于捕提和分析复杂地理现象、揭示时空特征和演变规律、提升地理学研究的科学性与可操作性。指出未来地理学研究应充分利用数字和智能技术,促进国土空间高水平保护和人类社会高质量可持续发展。

致谢

本文得到温玉玲、章博强等协助,得到陈刚、汪侠、夏南等指点,一并致谢。

北京海淀附近的地形水道与聚落

——首都都市计划中新定文化教育区的地理条件和它的发展过程——

侯仁之

（燕京大学）

海淀在北京西北约七公里，正当京颐公路（北京至颐和园即万寿山所在）上，人口约一万二千余，是首都西北郊最大的市镇，京郊第十三区人民区政府就设在这里。

海淀东南，地势高亢，聚落稀少。自北京西直门外西郊公园迤西之白石桥一直到海淀镇的东南端，南北约五公里，除三五农舍点缀其间外，更无任何较大的聚落，举目所见，正是华北平原的典型景色（图一）。

海淀正北以及西北一带，地势低下，是旧日园林散布的区域。现在燕京大学西南一隅与海淀北部互相毗连的地方，正是旧日园林中开辟最早的一部分。京颐公路从东南而西北，斜贯海淀镇的中心。凡是经由这条公路向北来的，一出海淀镇的北口，即见地形突然下降，如在釜底，田塍错列，溪流萦回，顿呈江南气象。数里以外有万寿山、玉泉山平地浮起，其后更有西山蜿蜒，如屏如障。南北一镇之隔，地理景观，迥然不同。

海淀地方的发展，是与北京城的建都有着极其密切的关系。特别是从明朝末叶到清朝中期，海淀附近园林的开辟，更是因为地近统治中心的原故。最近在人民首都的都市计划中，这一带地方被划定为文化教育区，它前途的发展，不但为全市人民所注意，而且也要为全国人民所关心。因此在这着手建设的初期，我们有把这一带地方的地理条件和它的发展过程作一番研究的必要。本文的讨论，请从地形与水道入手。

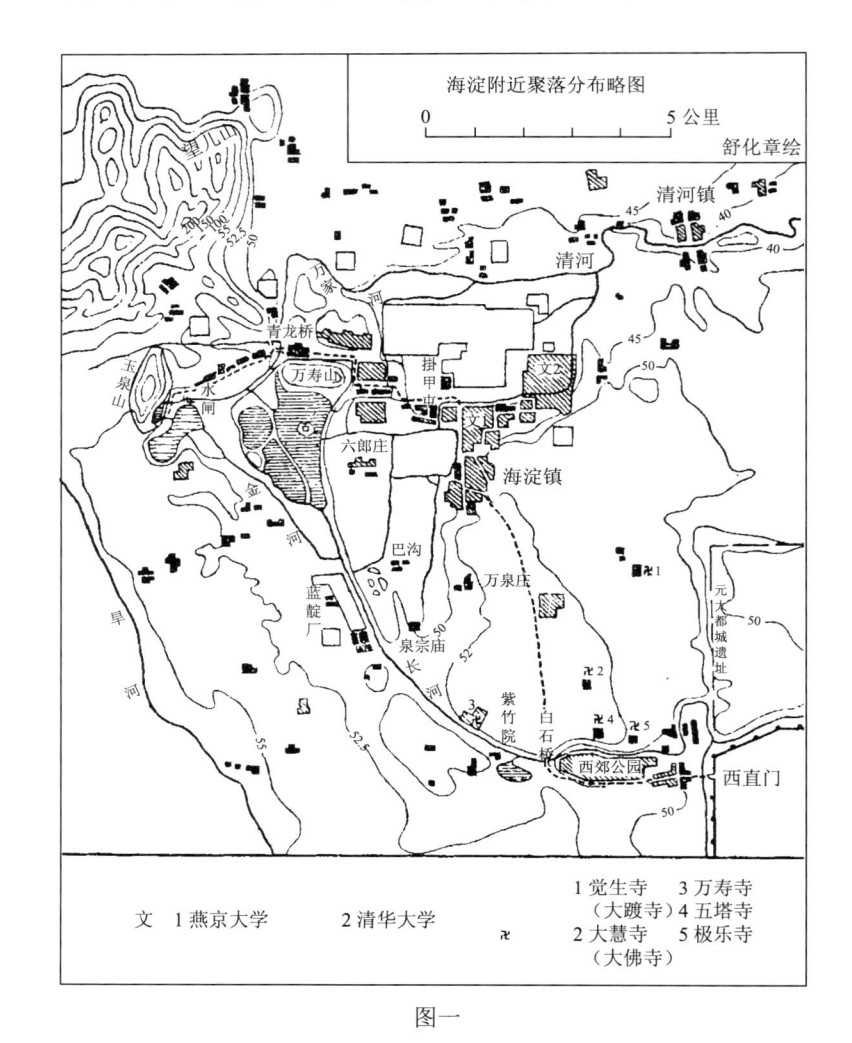

图一

（空白方格聚落名称见图四）

一、海淀附近的地形

1. 海淀台地

海淀镇平均海拔五十公尺[注一]，东南高而西北低。海拔五十公尺的等高线，即自东北而西南，斜贯镇之中心（图一）。这条五十公尺的等高线在海淀附近一带具有重要意义。大体说来，五十公尺以上的高地在北京西直门外长河（也叫御河或玉河）左岸（即东北岸）

向北伸出，状如手掌（只有正东一块为元朝大都城的城濠所割裂）。其东西北三面之地，都在五十公尺以下；只有正南偏西一面，地势高仰，隔长河以与首都西郊五十公尺以上的平原连成一片。这状如手掌的五十公尺以上的高地，可以定名为"海淀台地"。其最高之处，在海淀镇迤南台地的西半，平均高达五十二公尺以上。这五十二公尺以上的较高地带与长河右岸（即西南岸）同一高度的区域，在地形上的连属，甚为明显。其后因凿河引水，乃将此两处高地的连属部分，斩为两段。斩断的地方，就是今日万寿寺前的长河河道。这一段河道，两岸高峻，形如峡谷，和上下游岸平水浅的情形极不相同^(注二)。因此，今日长河在万寿寺前的一段，上自蓝靛厂，下至白石桥，即可视为"海淀台地"的南界（参看图一与图二）。

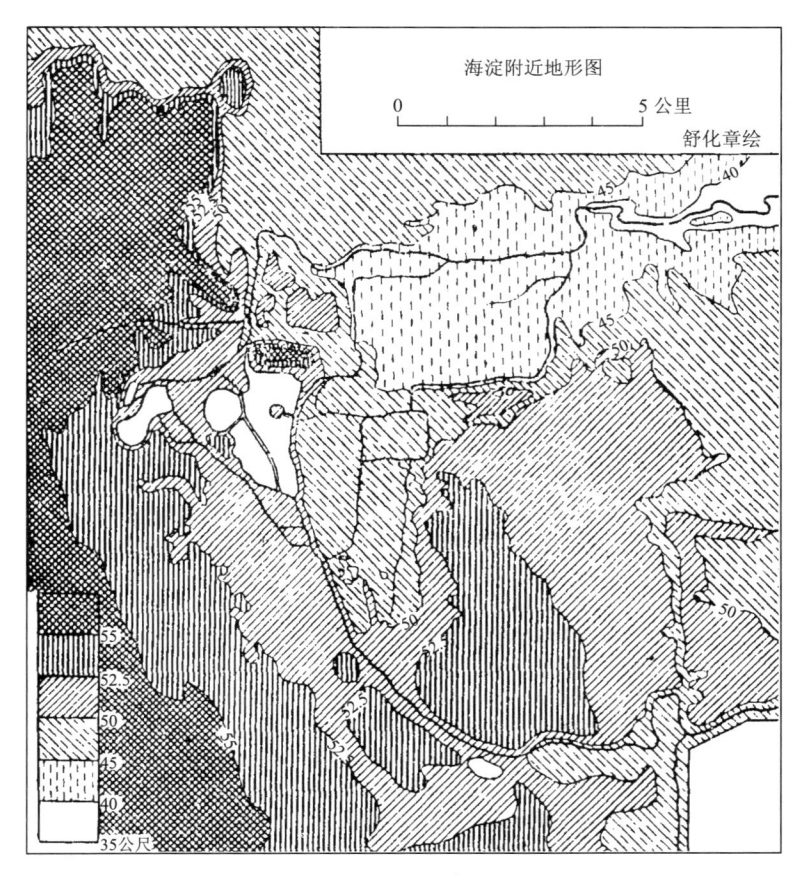

图二

以上所谓"海淀台地"，实在是古代永定河冲积扇的一部分。这古代冲积扇自石景山与卧龙岗之间开始向东发展（图三），西郊八宝山、黑山以及北京城都正好在这古代冲积扇的背脊之上。自石景山至八宝山，平均每三公里地形下降十公尺；八宝山以东至北京城，则平均每六公里地形下降十公尺。例如石景山东南一公里半之东庄子海拔为八十公尺，正东三公里至八宝山西麓之八宝庄，其海拔降为七十公尺。八宝山西麓至黑山东麓相距约三公里，七十公尺的等高线绕行于其间。又自黑山东麓东去约半公里为孟家坟，其地海拔为六十公尺，再东约七公里至北京城西三里河，地形又下降至五十公尺。由此更东约十公里至北京城东豫王坟，地形始又下降十公尺（海拔四十公尺）。北京城即在此五十公尺与四十公尺两条等高线之间，这在本文所附"北京近郊地形图"里（图三），可以看得十分清楚。

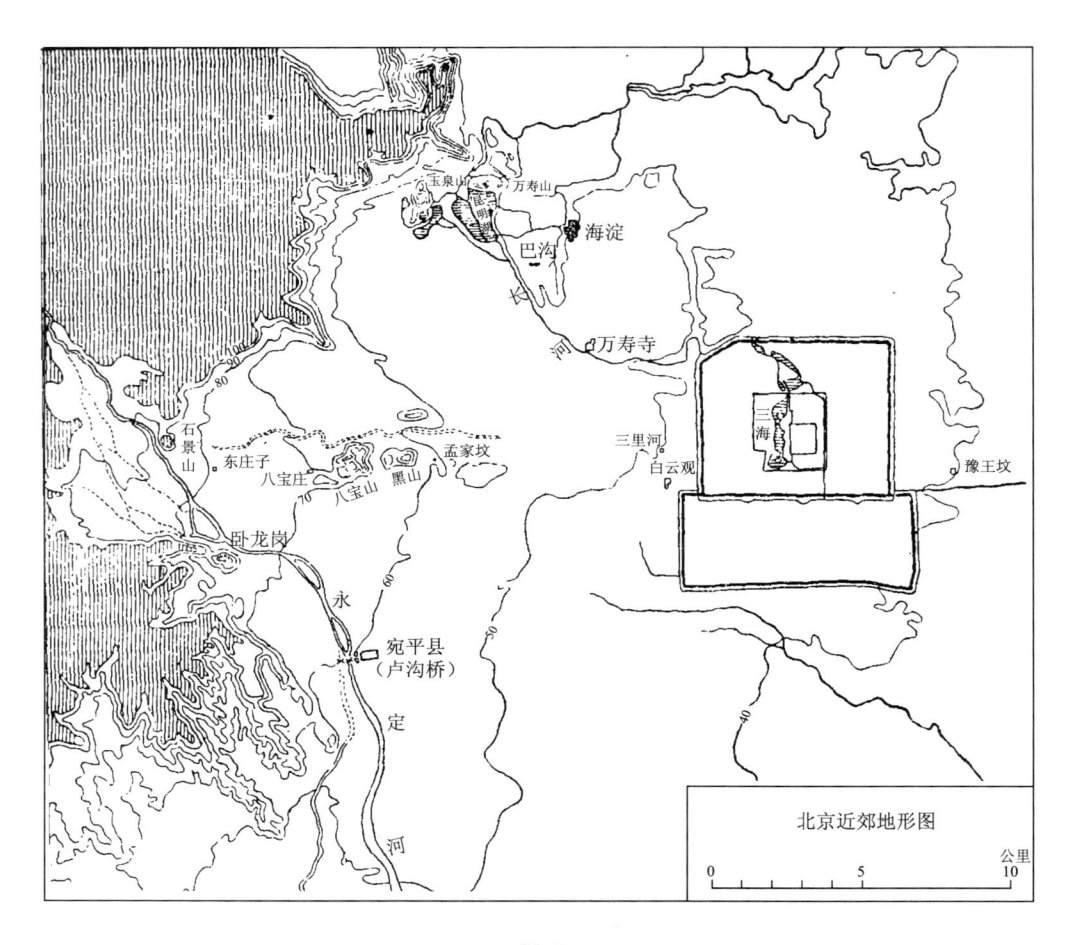

图三

图中所示间隔十公尺的诸条等高线，大体上都作弧形排列，并无甚大出入。其中出入最大的，要算那条五十公尺的等高线。五十公尺的等高线在卢沟桥南的一段，沿永定河两岸向南突出甚多，这和永定河在最近一千年中的冲积有关。其在西直门外迤北的一段，又向北方突出甚多，这就是上文所说状如手掌的"海淀台地"。海淀台地所以成此突出之状，其主要原因不在于台地本身的冲积，实由于其西方有一带低地衬托所致。这一带低地因适当海淀镇西南巴沟村的周围，故可起名为"巴沟低地"（参看图一与图二）。巴沟低地的形成实与海淀台地向北突出之状有不可分离的关系，所以应当在这里一起讨论。

2. 巴沟低地

巴沟低地的西面以昆明湖与长河的东堤为界，其东则以陡峻的斜坡与海淀台地造成显明的对照（参看图一与图二）。在海淀镇北口所见西北一带突然下降的低地，就是巴沟低地的下游。

巴沟村在海淀镇西南约二公里，海拔四十九公尺。由此向北，地形逐步下降，至海淀镇西，其平均海拔降至四十七公尺半，亦即在海淀镇平均海拔以下约二公尺半。设想此巴沟低地如可垫起二公尺半，那么海淀台地即可与长河及昆明湖以西五十公尺以上之平原连成一个平面，不复有向北突出的形状。因此，欲知海淀台地的形成，也须同时研究巴沟低地的形成；而巴沟低地的形成又与附近水道有不可分离的关系。所以在讨论了海淀附近的地形之后，还应当进一步讨论海淀附近的水道。

二、海淀附近的水道

海淀附近的水道，可以分为两系：一是玉泉山水系，一是万泉庄水系。玉泉山水系南流的一支，即昆明湖以下的长河，在蓝靛厂东与北流的万泉庄水系的上源相去不过一公里，而两水南北，各自分流，实为最可注意的现象。现在为方便起见，将以上两水系分别讨论如下。

1. 玉泉山水系

玉泉山水系，源出玉泉山下诸泉，其总出水量，在冬季雨少的时候每分钟约计一百二十立方公尺，如在夏季雨多的时候，约可两倍于此[注三]。诸泉所出的水总汇于玉泉山东相去约一公里半的昆明湖，其间地形约自海拔五十二公尺下降至五十公尺，当中有分水闸一座以司蓄泄[注四]。但在此闸以东，昆明湖西垣之外，另有支渠一道分水北流，经青龙桥下，流为萧家河。萧家河又东经圆明园之后，名曰清河，其下游合温榆河以入白河，这可说是玉泉山水系的北支（图一）。但是青龙桥下设有板闸，以节流水。在普通情形下，板闸以内的水位较之桥北河床经常高出至少两公尺，因之下泄之水，其声隆隆。假使青龙桥下的闸板全部提起，那么昆明湖的水位就会立刻下降，这是十分显明的。

玉泉山诸泉之水既总汇于昆明湖，因此乃形成一片碧波浩荡的大水面，其总面积约达一百三十公顷。万寿山崎立于湖之北岸，石栏环绕，楼阁叠起，湖光山色，分外清丽。清末以来总称颐和园，是首都西北郊的第一名胜。

昆明湖的水主要由东南角绣绮桥下流注长河（注五），以入北京城，是城内河湖系统主要给水的来源。假使长河断流，水不入城，那么今天北京城内风景中心的三海必将枯竭（图三）。因此，从地理上来说，昆明湖不但是近郊的一大名胜，同时还是北京城最可宝贵的水库。青龙桥下之不能启闸放水，其原因就是要提高昆明湖的水位，使之可以畅流入城。

昆明湖东岸，长堤峻固，除用三合土修筑之外，复加石工，与西岸土堤相较，迥然不同。其原因在于东堤之外，地形陡然下降，其地面的平均海拔为四十八公尺，常在堤内普通水位以下至少一公尺。其间有二龙闸等泄水外出，以为堤外稻田灌溉之用。同时二龙闸外泄之水，另分一支，合颐和园大宫门前由后山湖南放之水，合而东流，经马厂桥下北入圆明园，为旧日园内给水的主要来源。其下流也与清河相汇（园内水道至为纷歧，未能在本文所附诸图中表示，其详可参看民国二十五年"实测长春圆明万春园遗址形势图"）。

昆明湖强固东堤的修筑，其目的即在于提高昆明湖的水位。因昆明湖所在之处，正是玉泉山诸水的下游，其地西高而东低，成一陡降的斜陂，因此只须加高东岸，湖内的储水量就可增加；同时东南入城的水流也可加强（北岸有万寿山为天然堤障）。

其实，不但昆明湖的东岸特别高固，就是蓝靛厂以上长河的东岸，也是特别高固。设非如此，也不容易使长河的水畅流入城，因为长河以东，即是巴沟低地，其地面的平均高度，也在长河普通水位以下，因此在这一段长河东岸之下，也设有闸口数道放水东下，以灌溉巴沟低地西部的稻田，其末流又与万泉庄水系相合，转而北注，经燕京、清华两大学之间，北入清河（图一）。

以上可说是今日玉泉山水系的概况。但是其中有一点必须指明的，就是玉泉山水系这种分流的情形，完全是人工改造的结果，而不是原始水道的本来面目。其最显明的证据，除去人工修筑的昆明湖东堤以及长河东堤之外，还有一点，就是上文所说万寿寺前长河河道的开凿。假使此段河道不加开凿，那么昆明湖水纵有强固的东堤以提高其水位，也断无向东南流以入北京城的可能。为什么呢？因为这一段河道所开凿的地带，其平均海拔高达五十二公尺以上，而昆明湖东堤的平均高度刚足海拔五十公尺，其普通水位犹在此下一公尺。就是玉泉山前分水闸所在之处，其海拔也只有五十一公尺，还在万寿寺前高地平均高度之下约一公尺。由此可见万寿寺前长河河道的开凿，乃是人工改造玉泉山水系的一个重要措施。假使这一段的河道不开，那么今日所谓玉泉山南系的水，势必全部流向东北，以入清河。今日清河上有清河镇，在海淀东北约六公里。由清河镇至玉泉山的距离与由西直门外白石桥至玉泉山的距离，约略相等。但白石桥海拔在五十公尺以上，而清河镇尚不足四十公尺，水性就下，凡今日海淀一带未经堤工阻障之水，或昆明湖及长河东堤泄出之水，必然流向东北直注清河，乃是显而易见的事；而长河之东南流以入北京城，反属极不自然（以上参看图一与图二）。

讨论至此，就引起了两个极有兴趣的问题：万寿寺前的长河河道究竟是什么时候开凿的？其开凿的动机又如何？这都是北京历史地理上极其重要的问题，这里虽不能详细讨论，也当略加说明。但在说明之前，必须补充一点，即今日万寿寺迤东，海淀台地南界之下，原有小河一道，其上源当出今紫竹院前的小湖（其中有泉），下游就是今日白石桥以下长河的河道（图一）。证以郦道元的《水经注》，这一道小河就是古代有名的高粱河[注六]。现在西直门外迤北长河之上有桥曰高亮桥，按"亮"当作"梁"，就是从这道古河而得名。

古代高粱河的下游，在北京今城尚未建址以前——即元忽必烈（世祖）至元四年（1267）以前——就业已流经今日北京内城什刹海与北海所在之地，就其下降之势，积成沼泽与湖泊。到了整整八百年前——即金完颜亮（海陵王）天德三年（1151）——金朝建都北京的时候，其城尚在今日内城的西南方，大致即相当于今日外城的西部。当时还没有"北京"的名称，通常叫做"燕京"，号称"中都"，是因袭了辽朝的"南京"城而加以扩大的。中都既建之后，完颜雍（世宗）更征用劳动人民于城北高粱河上，就其原有的湖泊，加以开凿与整理，开辟为近郊一大风景中心，并建离宫于其旁，号曰大宁宫，这就是今日北海公园的前身[注七]。当时大宁宫和中都城的关系，可以晚清颐和园与北京城的关系相比拟。

根据间接史料的推证，可以知道今日万寿寺前长河河道最初的开凿就是在大宁离宫修建的时候[注八]。其原因在于高粱河小，给水不足，因此只有开凿新河，导引玉泉山水转而东南，用以接济高粱河的上源，结果就接近了今日长河河道的形势。到了元朝初年，更以大宁离宫为设计的中心，创建了今日北京内城的前身大都城[注九]。当时水利大家郭守敬导引昌平县白浮村神山泉以下之水[注十]，西转而南，汇于瓮山泊（即今昆明湖的前身），然后用金人所开故渠，导水入高粱河，而至于城内积水潭（今什刹海），更穿城至通州，以接白河，名曰通惠河[注十一]。高粱河之名，从此逐渐湮废。通惠河上游自瓮山泊以下至大都城的一段，就是今日所见的长河河道。至于白浮南下之水，明朝初年业已断流。清朝乾隆初年（十五年至十七年间，1750—1752）又大开瓮山泊，增筑东堤，以广其容水之量，改称昆明湖[注十二]，以至于今。同时绣绮桥下长河东岸的三合土堤，大约也就是这时所筑成的。

根据以上的讨论，可知今日玉泉山水系的分流，完全是过去八百年间历经人工改造的结果，其目的在于杜绝玉泉山水下注东北的自然趋势，转以闸坝堤工挽而东南，以入北京内城。其设计的周详，操纵的自如，可以说是北京近郊以人力改造自然的一大杰作。

2. 万泉庄水系

万泉庄水系导源于万泉庄西南巴沟低地的上游。万泉庄在海淀镇南约一公里半，正当海淀台地最高处的西陂，地势陡然下降。就庄之西口俯瞰巴沟低地，田塍棋布，溪流纵横，较之海淀北口所见，更近乎江南景色（参看图一与图二）。

巴沟低地的上游，成一半圆形承水盆地的状态。五十公尺的等高线环绕在东西南三面，惟当中为一南北纵长约一公里的土堤所分隔。这道土堤高出地面甚高，连同土堤以北巴沟村以南的环形土丘，以及盆地南端起伏的土岭，都是人工堆积的结果，其目的在于开辟附近的水田。因此今日所见巴沟低地上游的半圆形承水盆地状态，主要的还是用人力改造的地形，这是没有疑问的。

不过，这里应当注意的，乃是这一带用人力改造的地形，本来就是一片洼地，其间有若干泉流，平地涌出，中心所在就是泉宗庙附近的地方（图一）。按泉宗庙建于清乾隆三十二年（1767），现在只有土台遗址，指其所在。当时附近诸泉曾经命名的即有二十八个，今多湮塞[注十三]。惟有自流井出水甚旺，并有长河东堤泄出之水，助长流势。

当附近稻田未经开辟以前，泉宗庙左右的泉水，汇而北流，顺自然的地势，以至海淀镇的西方，从这里更汇合了玉泉山经瓮山泊东来之水（这是就未加人工整理以前的情形而言），东北直趋清河。此种流势，在人工未加整理以前，乃是极其自然的。这样常年经流的结果，遂将今日海淀台地以西的地面，逐渐侵蚀，以后又继以人工的开辟，就成功了今天所谓"巴沟低地"的低陷地带；而海淀台地与长河以西同一高度的平原，遂被割裂，同时台地向北突出的形状也就造成了。

当巴沟低地逐渐形成而尚未有大量人工整治之前，其低部排水，极不通畅，常年积成湖泊，附近的地方，也多半沦为沼泽。其后因劳动人民的经营，一方栽植荷花开辟稻田，一方修治沟渠便利疏导，前后历时数百年，卒使不利生产的湖泊沼泽化为京西有名的稻田。

在这前后几百年的创造过程中，万泉庄水系的变化调整，又直接影响到海淀附近聚落的发展，这就是下节所要讨论的问题。

三、海淀附近聚落的发展

欲了解海淀附近聚落的发展，应自海淀镇本身着手。

1. 海淀镇的起源

海淀镇的起源，文献已无可考，但是海淀二字的名称早在元朝初叶就已经见于记载了，如王恽《中堂事记》云：

中统元年赴开平，三月五日发燕京，宿通玄北郭，六日早憩海店，距京城二十里^(注十四)。

按"海店"即海淀，中统（元忽必烈年号）元年为公元一二六〇年，当时所谓燕京系指金朝所筑的中都城，其后七年（至元四年，1267）始筑大都城，就是今天北京内城的前身。"通玄"是中都城北面正中一门的名称，故址在今西便门外白云观（见图三）稍北一带地方，由此北出南口赴开平，海淀正是必经之路，以今日道里计正好是十公里（二十里）。

但主要问题所在，并非海淀一名何时始见记载，而是海淀镇的原始聚落究竟是如何产生的。如果历史的考据不能解决这个问题，那就只有从古代地理的情况中来寻求答案了。

如上文所说，在万泉庄水系以及玉泉山水系未经人工整理以前，今日海淀镇迤西巴沟低地的上面，泉水汇聚，积成一带浅湖，其后因劳动人民的整治，渐成荷塘稻田。其最初经营这一带浅湖的农民，必然要选择附近的高地来居住，而今日海淀所在之处，就是一个最理想的地方。因为这里恰好是海淀台地的西陂，地势高亢，便于居住，同时又去湖地甚近，工作来往，都很便利。于是农民一旦在此定居之后，原始聚落遂即生根，成为征服这一带低地的良好据点。海淀以南的万泉庄，虽然也在海淀台地的西陂，但是其西低地，乃是巴沟的上游，水田的开辟比较巴沟下游湖田的整治要晚得多。实际上万泉庄西南至泉宗庙故址一带的水稻，乃是与旱田互相间种的。这一带地形的造成，如上文所说，也是以人力为多，主要是清初乾隆年间才开凿的，因此万泉庄聚落的起源就比海淀镇为晚，同时低地之上的重要农业聚落如巴沟村、六郎庄，又显然是湖田整治以后才发生的。

至于低地上原始湖泊的名称，文字记载最早的叫做"丹稜沜"，见于元上都路刺使朵里真所撰碑文，明朝中叶此碑犹见于海淀附近的一座古庙中^(注十五)，现在已经湮没无存了。但是丹稜沜一名过于典雅，一定不是原来的土名，而是后世文人所杜撰的。例如六郎庄最初见于记载的是牛栏庄，牛栏庄就是一个极好的农村聚落的名称，因为它是写实的，是有意义的，是农民老百姓自己所起的。但是后世文人嫌它俚俗，不能入诗，就擅自改作柳浪庄。柳浪庄的名字虽然典雅，却不真实，演变至今，竟和附近挂甲屯（原名华家屯）、望儿山（原名百望山）连成一起，编入了杨家将的故事而叫做六郎庄了（图一）^(注十六)。丹稜沜既是文人后起的名字，那么它原来的土名到底是什么呢？这实在是一个很有兴味的问题。

作者相信，丹稜沜最初的土名就是"海淀"。"淀"是华北平原北部浅湖的通称^(注十七)，"海"字在这里用作形容辞，所谓"海淀"，就是说此处之淀其大如海的意思。其后因历代劳动人民不断的经营，海淀湖水的面积愈来愈小，而经营海淀湖的劳动人民的聚落却愈来愈大，结果，这个原本是由湖泊而产生的农业聚落，竟然取湖泊之名而代之，相传既久，人不复知海淀一名的本源，反将"淀"字讹写作"店"或作"甸"，皆失其真[注十八]。明蒋一葵《长安客话》所记，可以为证：

> 水所聚曰淀。高梁桥西北十里，平地有泉〔按此指万泉庄一带之泉〕，滮洒四出，淙泊草木之间，潴为小溪，凡数十处，北为北海淀，南为南海淀。远树参差，高下攒簇，间以水田，町塍相接，盖神皋之佳麓，郊居之胜选也。北淀之水，来自巴沟，或云：巴沟即南淀也[注十九]。

这真是一段极好的描写。此处所谓"北海淀""南海淀"，都应看作湖泊而非聚落。今天海淀镇上有一条街巷名字叫做"南海淀"，燕京大学燕南园南天仙庙中有明隆庆六年（1572）碑文，称其地曰"北海淀"[注二十]，这都是以湖泊名称转化为聚落名称的铁证。

2. 附近园林的开辟与发展

自元至明，海淀二字兼为湖泊与聚落的通称，丹稜沜则是文人间或用于湖泊的别名。其所以有此典雅的别名，正是说明这一带湖泊已经渐渐变成了有闲阶级游览的胜地。其中原因之一就是元朝初年今城建址之后，海淀去都城的距离较前大为缩短，因此城中来游的人也就日益增多。到了明朝更是如此。明人王嘉谟有《海淀望西山》诗，可以为证：

> 西山吾夙好，水竹幸为邻；晴日苍烟在，青苔古树新；
> 雀勤雏尚觳，登报容愁人；岩壑朝将往，丹稜沜可津[注二十一]。

又明区怀瑞《友人招饮海淀不果往却寄诗》，也说明往时都城中人辄以海淀为郊游邀宴之所，其诗曰：

> 羽扇驱蝇不暂闲，焦炯赤日掩重关；
> 愉君匹马城西去，十里荷花海淀还[注二十二]。

诸如此类，多不胜举[注二十三]。业师洪煨莲先生所著《勺园图录考》汇集最全，考订尤精，可资参考。结果，海淀镇上所见巴沟低地的自然美景，一经都下文人吟咏赞赏之后，官僚地主阶级有钱有势之人，也就追踪而至，于是辟园林、造别墅，海淀附近聚落的发展，由此转入了一个完全不同的新阶段。此等园林别墅之中最著名的当推李伟的清华园和米万钟的勺园。

李伟是朱载垕（穆宗）李后的父亲，万历（1573—1620）间封武清侯[注二十四]，于海淀西北巴沟低地的下游，引丹稜沜之水，辟治园林，额曰清华园[注二十五]。当时景物之胜，推为京国第一[注二十六]。清初改建为畅春园[注二十七]，其故址所在就是海淀镇大街北口所见的一片低地（图一与图四）。现在万泉庄水系就在这里汇合了昆明湖及长河东泄之水，绕经畅春园故址与燕京大学之间，北流东转，经燕京大学的北面和万春园故址的南边，过清华大学，转而北流，以入清河。今日燕京与清华校园之内的湖泊、河流就是靠这条小河为给水之源，这主要的是清朝初年整理的结果，大约和明朝末年的流势，相差不多。

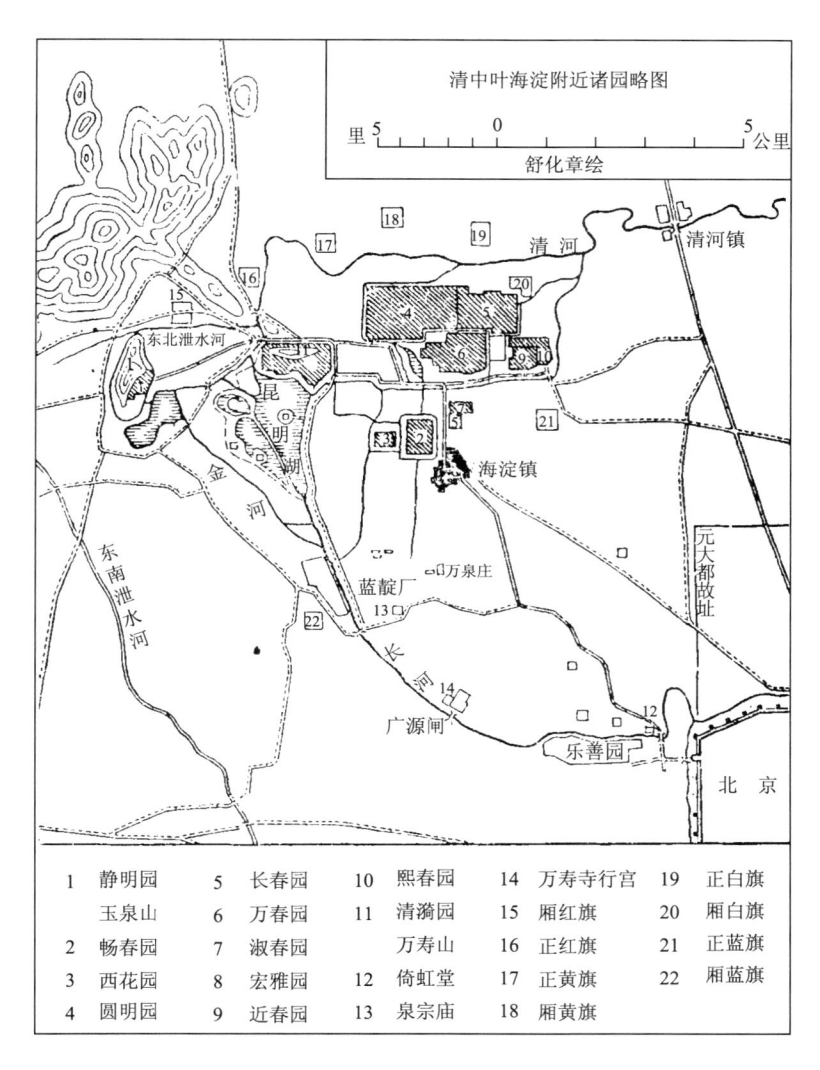

图四

清中叶海淀附近诸园略图
舒化章绘

1	静明园	5	长春园	10	熙春园	14	万寿寺行宫	19	正白旗
	玉泉山	6	万春园	11	清漪园	15	厢红旗	20	厢白旗
2	畅春园	7	淑春园		万寿山	16	正红旗	21	正蓝旗
3	西花园	8	宏雅园	12	倚虹堂	17	正黄旗	22	厢蓝旗
4	圆明园	9	近春园	13	泉宗庙	18	厢黄旗		

米万钟是明万历二十三年进士，官至太仆少卿，擅长书法，与董其昌齐名，时人称"南董北米"[注二十八]。所筑勺园，又在清华园的下游，分丹棱沜余波，凿河浚池。其规模虽不如清华园的宏大，但是布置幽雅，足以过之。所以当时人有"李园壮丽，米园曲折；米园不俗，李园不酸"的说法[注二十九]。后人称道西郊名园的，也常以二园并举，如清永瑆（成哲亲王）《题近光楼诗》有句曰：

......丹稜沜边万泉出，贵家往往分清流；米园李园最森爽，其余琐琐营林丘......(注三十)。按勺园故址，约当今日燕京大学校园本部的西南隅(注三十一)，而清华园又是清华大学命名最早的本源(注三十二)。现在两校都已经划入了首都都市计划中所新定的文化教育区之内，连同其他已有的学术文教机关，可以说是为这新定的文化教育区奠定了巩固的基础。

明清易代之际，清华园与勺园都已渐就圮废。到了清朝初年，玄烨（圣祖）又就清华园故址，重加修治，名曰畅春园(注三十三)。自是而后，历经康熙、雍正、乾隆三代前后百余年间，海淀附近，名园并起，如圆明园、静明园、清漪园、长春园、万春园、淑春园等（图四，根据《中国营造学社汇刊》四卷二期"清中叶西郊诸园位置图"改绘），或是皇家的离宫别馆，或是宗室大臣的赐园，可以说是达到了空前极盛的时代。而清朝鼎盛时期，物力所萃，尤在圆明园。按圆明园初创于康熙间，在畅春园之北，是胤禛（世宗）的赐园(注三十四)。弘历（高宗）继位后，又大事增修，更别筑万春园、长春园于其东，完全连成一片，建筑规模，登峰造极；工程的浩大，且在城内宫廷之上。环绕诸园的周围，又有八旗营房（图四）及包衣三旗的建立，海淀以北数里以内，几乎都成禁地。乾隆以后，圆明园不再是单纯的游憩之所，转而成为经常听政的地方，因此每逢于园中早朝，诸大臣皆须从城内出西直门或德胜门（北京城北面之西门）直趋海淀，或竟于海淀私置公馆别墅，海淀镇的繁华因此达于极点(注三十五)。

3. 诸园的焚毁与海淀镇的衰落

乾隆五十八年（1793）英国第一次派遣使臣马戛尔尼（Lord Macartney）来聘到京，也曾在圆明园朝觐清帝，当时所住就是勺园的故址，不过已经改名叫作弘雅园了。嘉庆六年（1801）又改称集贤院，是汉、满文职各衙门堂官的公寓(注三十六)。此后不久，清室统治，逐渐衰微，而欧西帝国主义的势力则正在抬头。一八四〇年（道光二十年）鸦片战争之后，我国主权横被摧残。二十年后（一八六〇年咸丰十年），英法帝国主义者更借口兴衅，组成联军，从北塘登陆，经由通州，绕道北京西北，直扑圆明园，先大事掳掠，又以炮火毁之，这座举世的名园，竟然付之一炬，附近一带的园囿官房，一无幸免，现在燕京大学以北清华大学以西所见广袤各数里的一片丘陵废墟，就是它的遗址（包括长春园万春园在内）。有些历史家以为圆明园的焚毁，实在是导因于集贤院，因为英法联军的通事巴夏礼（Harry Parkes）等被俘之后，曾经一度囚禁在这里，以后敌人为了报复，才把诸园焚毁(注三十七)，但是无论如何，帝国主义者摧残文物的罪行，我们是永远不能忘记的。

西郊诸园被毁之后，海淀镇的繁华，顿成过眼云烟。震钧曾经写道：

海甸......自庚申（1860）秋御园被毁，翠辇不来，湖上诸园及甸镇长街，日就零落，旧日士大夫居第多在灯龙库一带，朱门碧瓦，累栋连甍，与城中无异，后渐见颓，无复旧时王谢燕矣^(注三十八)。

从此以后，一直到解放之前，前后将近百年，海淀镇可说是都在没落凋零中。而附近各营旗的残破，更是不堪设想。其实，根本的原因并不完全在于西郊园林的被毁，而是整个的旧中国在没落死亡，海淀的凋零不过是其中一个极小的写照而已。

四、海淀的未来

总结以上的讨论，可以知道海淀镇的起源，本是一个农业聚落，其日后的发达，实在是由于附近一带园林的开辟，而这一带园林的开辟，又与地形水道息息相关。因此，我们可以得到一个重要的结论，即海淀附近旧日园林散布的区域，都在五十公尺等高线以下，因为旧日园林之中，无不有人工湖泊的点缀，而此等人工湖泊的给水，又无不仰赖于玉泉山诸泉及万泉庄诸泉。但是诸泉汇聚的上游，正当海拔五十公尺上下的地方，所以附近园林的开辟，就只能在此高度以下，而不能在此高度以上（图一与图四）。

如上文所说，海淀镇正当海淀台地的西陂，面临巴沟低地，五十公尺的等高线，自东北而西南，斜贯镇之中心，这一线之隔，因与水源高度相等，遂成为附近一带土地利用以及聚落发展上的重要分界。换句话说，就是旧日园林与水田都在海淀西北巴沟低地及其下游，墓地与旱田则都在海淀东南台地的上面。只因旱田的生产不及水田，所以台地上的农业聚落远不如低地上的、或是台地与低地之间的农业聚落为发达；相反的，因为台地去都城较近，同时又是郊区主要路线所穿行的地方（如京颐公路一直都是自北京西直门至旧日各园以及西山一带的一条大路），因而转为旧日墓地与庙宇散布的区域，前者主要的代表如明朝宰相李东阳墓（在大慧寺西），清朝孔王坟（在白石桥西北）、五座坟（在今农业科学研究所之西）；后者有名的是极乐寺、万寿寺、正觉寺（即五塔寺）、大慧寺（即大佛寺）与觉生寺（即大钟寺）等（图一）^(注三十九)。

旧日园林是封建统治阶级优游享乐的地方，不惜以劳动人民的血汗，开湖泊、筑丘陵，创造人为地形，以与自然相比美。但是这种地方，原本就是低地，地下水位去地面甚近，每当雨季，潮湿不堪，实在不是良好的建筑区域。例如今日燕京、清华两大学的校园本部，风景虽然幽雅，然而各大建筑之有地下室者，每到夏季，常为水浸，必须用人工排除，所费甚大。固然，这样的困难都可用现代工程技术来克服，但是一般低地上的住宅，也因为夏季半年过于潮湿，纵然没有水侵的危险，仍然是不够高爽，如燕京大学的蔚秀园、朗润园、镜春园，清华大学的北院、西院、工字厅等教职员住宅区，都有此弊。反之，台地之上虽然不能开河引水，辟治园林，却是没有卑湿之患，如燕京大学的燕南园、燕东园，清华大学的新林院、胜因院等教授住宅区都是（图五）。燕南园、燕东园、新林院、胜因院这四处地方，正当海淀台地的北陂，其平均高度与两校校园本部相比较，虽然不过三四公尺之差，但是在居住上的适宜程度，就远非后者所能及。

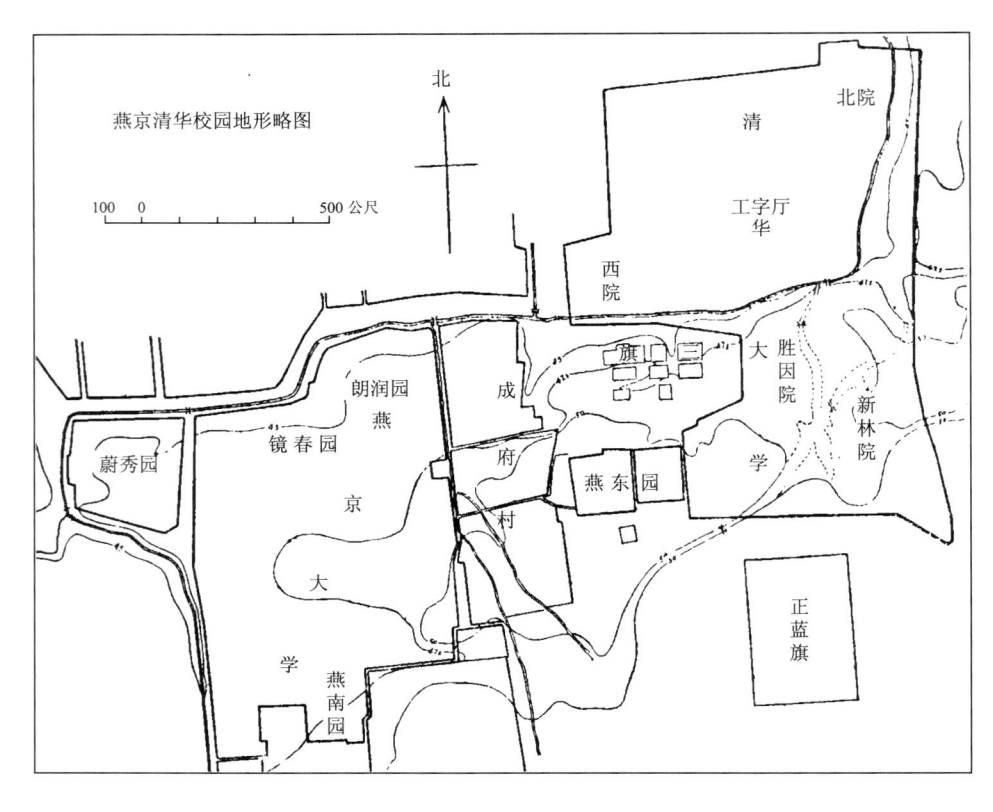

图五

自我中央人民政府建都北京以来，一切建设计划，都在迅速开展。北京市人民政府都市计划委员会就是负责计划首都建设的中心机构，在该会的总计划中，海淀附近业经指定为文化教育区，其范围大约是北至清河，南至长河，东至元朝土城迤西，西至颐和园迤东。本文所谓海淀台地、巴沟低地，都在其中，而海淀镇正好是它的中心。在这个广大的范围以内，以风景论，自然首推旧日园林散布的低地，但是以建筑价值论，当以海淀台地为第一。海淀台地虽然为旧日园林建筑所不取，却正合乎今日新时代的需要。十数年后，这一带地区必将成为全国最大的文化教育区。在这分区发展的计划中，海淀镇必将成为全区社会生活的中心。在过去海淀镇的繁荣，实在是寄生于统治阶级优游享乐的园林与别墅，它的没落是应该的。但是，在未来，海淀镇却要因为发挥了它无上光荣的新使命而大为发达，这个新使命就是要为人民首都的整个文化教育区而服务——换句话说，就是要为培养建设人民新中国的广大青年干部而服务。这个文化教育区所要求于海淀的，不再是私人的园林与别墅，而是大书店、大博物院、大体育场、大音乐厅，以及其他各式各样的为了满足群众文化生活要求的公共大建筑。这样的发展，只有在自由自主的人民新中国才有可能！

人民首都文化教育区的初步建设业已兴工了，海淀镇的重新设计已是刻不容缓，谨以此文奉献于负责设计新海淀以及一切关心首都建设的同志们。

（根据一九五〇年秋季在清华大学营建系市镇计划组及北京市人民政府都市计划委员会所作报告改作。一九五一年五月）

附　　注

注一　本文所用海拔高度及所附地形图，皆以旧顺直水利委员会实测五万分之一"顺直地形图"及万分之一蓝图为根据。其水平点系自大沽标准面起算，约比平均海平面低一公尺三公寸。

注二　其西一公里余，另有一斩断地带，因与本文无直接关系，故略而不论。

注三　《北平市河道整理计划》（民国二十三年九月印），页11—18。

注四　此闸已由北京市人民政府卫生工程局于一九五〇年改建。

注五　另有支河一道，名曰金河，自玉泉山外高水湖（今已辟为稻田）绕行颐和园西墙之外，直注长河（图一）。

注六　《四部备要》本卷13，页22。其详俟于北京"高梁河考"一文中讨论之。

注七　事在大定十九年（1179），见《日下旧闻考》卷29，页17。

注八　详见侯仁之"北平金水河考"，《燕京学报》第30，页2—3。

注九　筑城在元忽必烈（世祖）至元四年（1267），曰大都城。明初略加改造，先去其北部，又展其南墙，遂成今日北京内城之状。所废北墙遗址，今日依然可见（第一图）；南墙故址所在，即今之东西长安街。

注十　神山泉即今昌平县城东南白浮村龙王山龙泉寺之泉，出水甚旺。

注十一　同注（八），页4—7。

注十二　瓮山泊原由瓮山而得名，瓮山即今之万寿山，系乾隆十六年所改。昆明湖之命名，疑本于汉长安城西郊之昆明池。昆明池系刘彻（汉武帝）所开（《三辅黄图》丛书集成孙星衍校本，页38），弘历（清高宗）刻意模仿刘彻，此其一证。

注十三　弘历（清高宗）《万泉庄记》（文集第二集，卷10，页12—14）。据土人云，泉宗庙诸石材，皆为张作霖拆运沈阳以修筑其私人陵墓，当时人称"元帅陵"。

注十四　《日下旧闻考》卷37，页17—18引。

注十五　王嘉谟《丹棱沜记》（孙承泽《春明梦余录》卷65，页24—26引，谓出《蓟丘集》）。

注十六　牛栏庄之名，见明张爵《京师五城坊巷胡同集》（求恕斋刻本页13）；柳浪庄之名见博明《西斋偶得》（光绪庚子杭州重刻本页23）。

注十七　其著名者如东淀、西淀、三角淀、塌河淀等。又旧日北京近畿有九十九淀之称，见《风庭扫叶录》（《旧都文物略》，河渠阁隘略页4引），此不备述。

注十八　其写作"海甸"者，以为古有"郭外曰郊，郊外曰甸"之说。"海甸"因在郊外，故有此称。此处所谓"郊""甸"，皆系指北京今城而言。但早在北京今城未建之前，已有海淀之名，其说不攻自破。

注十九 卷4，页1。又刘侗《帝京景物略》有类似之文，见卷5，页52。

注二十 洪业《勺园图录考》（燕京大学引得特刊之五）页53。又《日下旧闻考》卷99，页20引《五城寺院册》谓天仙庙在"南海淀"。又二十余年前燕京大学燕南园出土明吕志伊墓志称葬"北海淀"。

注廿一 《帝京景物略》卷5，页53—55引。

注廿二 朱彝尊《日下旧闻》卷22，页7引《游业》。

注廿三 同注二十。

注廿四 《明史》卷300，李伟传。

注廿五 同注十五，及玄烨（清圣祖）《畅春园记》（文集第二集，卷33，页11—12）。

注廿六 陶允嘉《泽农吟稿》："燕中不乏名胜，大抵皆贵珰坟院，位置一律，殊不雅观。惟武清侯海淀别业……辽垣十里，水居其半，叠石为山，岩洞幽窗，渠可运舟，跨以双桥，堤旁俱植花果，牡丹以千计，芍药以万计，京国第一名园也。"（《日下旧闻》卷22，补遗页1引）。又高道素《明水轩日记》："清华园前后重湖，一望漾渺，在都下为名园第一。"（同上，页4引）余尚多不具录，详见《勺园图录考》。

注廿七 玄烨《畅春园记》。

注廿八 《明史》卷288，董其昌传。

注廿九 明叶向高语，见《帝京景物略》卷5，页53引。

注三十 《诒晋斋集》（家刻本）6卷，页19。

注卅一 《勺园图录考》页61。

注卅二 清华大学校园本部在清中叶为近春园熙春园之地（图四），清末改称清华园，其名虽本于李伟清华园，而地非其旧。

注卅三 玄烨《畅春园记》。

注卅四 胤禛《圆明园记》（文集卷5，页13—14）。

注卅五 《天咫偶闻》（光绪丁未甘棠转舍刊本）卷9，页12。

注卅六 《嘉庆东华录》卷11，六年五月癸卯条。

注卅七 《勺园图录考》页62。

注卅八 《天咫偶闻》卷9，页12。

注卅九 按觉生寺虽不在今日重要路线之上，但在往昔却为自德胜门赴海淀诸园时所必经（图一与图四）。

The Relief, Drainage and Settlements in the Environs of Hai-tien, Peking.

J. C. Hou

(Yenching University)

This paper discusses the historical geography of the environs of Hai-tien, a small town

8 km. northwest of Peking. Its purpose is the study of the development of the area so as to discover the principles underlying the distribution of productive forces in different periods of the history. This has an immediate and important bearing on the plans for future development of the area, which has been designated as "cultural district" for Peking.

Topographically, the Hai-tien district consists of two very different parts: (1) the Hai-tien platform and (2) the Pa-kou lowland.

(1) The Hai-tien platform lies outside the northwest gate (Hsi-chih-men) of Peking city, north of the Ch'ang-ho (river). It forms a hand-shaped projection from the ancient Yung-ting River fan, and its surface varies in altitude between 50.0 and 52.5 m. above the Ta-ku (sealevcl) datum. From south to north it measures 7 km., and from east to west 5 km. Its surface presents a typical North China landscape, yellow and dry, dotted with graveyards, temples and a few scattered hamlets. The only large settlement lies on its northwestern edge, where the town of Hai-tien has over 12,000 inhabitants.

(2) The Pa-kou lowland lies on the west of the Hai-tien platform and is itself bounded on the west by the semi-artificial K'un-ming Lake of the I-ho Yuan (Summer Palace). It is triangular in shape, about 2-5 meters below the Haitien Platform. In spite of the smallness of this difference, the depression shows a typical South China landscape, with paddyfields, streams, and comparatively large agricultural settlements such as Liu-lang-chuang and Pa-kou.

There are two stream systems: (1) the Wan-ch'uan-chuang (Ten-thousand Springs Village) system, and (2) the Yü-ch'uan-shan (Jade Fountain) system. The Ch'ang-ho (river) referred to above is the lower reach of the latter system.

In our area, the first and the largest settlement was the town now called Hai-tien. Originally, a swampy pool lay to the west of it inside the Pa-kou lowland and was fed by the Wan-ch'uan-chuang springs. This pool was first named "Hai-tien" (hai =ocean, tien = shallow lake). The surrounding land with its abundant water and higher productive potential attracted farmers and gave them security against their worst enemy in North China—drought. But though the farmers worked in the lowland, they lived on the high ground, of which the present Hai-tien town was the nearest part. As the pool disappeared to cultivation, the village prospered and about 600 years ago, took over the name from the pool (The first record of Hai-tien as town name dates from 1260 A.D.). This was the first period of settlement of the Hai-tien area.

The development of the water resources made this a scenic region, and rich people came out from the city to enjoy it. By the later years of the Ming Dynasty (1369–1644 A.D.), two artificial parks had been built to the north of the original Hai-tien pool; the larger, owned by a noble, was called Tsing-hua Yuan (not on the site of the present Tsing-hua Yuan); the smaller, owned by an official, stood on part of the present Yenching University grounds. Thus, in the second period the controlling class wrested the land from the peasants who had created its value, took it out of production, and used it for their pleasure.They chose *this* land, because to their minds water was an essential constituent in natural or artificial scenic beauty.

With the first half of the Ch'ing Dynasty (1644–1911 A.D.), the third period began, in which the Emperor himself monopolised the whole region, which was devoted to large palaces, among which the Yuan-ming Yuan was pre-eminent. Thus although Hai-tien prospered from the influx of officials, the common people were excluded from the region. But in 1860 the Franco-British imperialist troops burned most of the palaces, and the area began to decay which continued until the liberation of Peking at the end of 1948. By that time nothing remained of the old palaces but masses of rubble, the artificial lakes had been turned over to cultivation of rice or reeds. Two universities, however, Tsing-hua and Yen-ching, had been built on the sites of some of the ruined palaces.

A new era now begins. The Town Planning Committee for the Peking Municipality has designated our area as the "cultural district" of the People's Peking. But the utilisation of the land must be entirely different from that of earlier periods. The lowlying and wet land on which building was confined to small islets and artificial hillocks is not fit for our present porposes. It can be used chiefly for parks or for a "green belt". On the contrary, we find most useful the very land that the old feudal controlling class rejected—the Hai-tien platform. The dry land which was formerly devoted to temples and graves of the dead, becomes for us eminently suited to the schools and universities of the living.With modern techniques at our disposal, and basing our plans on the needs of the masses rather than the indulgences of the few, we reject feudal standards and create new ones. The lowland must be abandoned as a building site, and we shall soon see the highest institutions of learning and research rising from the sound yellow earth of the Hai-tien platform.

"北京海淀附近的地形水道与聚落"的方法论分析

邓 辉

　　侯仁之是中国现代历史地理学的重要开创者之一，他率先打破了传统地理学的束缚，在城市历史地理学的研究中独树一帜。他开辟了"沙漠历史地理"研究的新方向，在理论和实践两个方面为中国历史地理学的发展作出了突出贡献。

　　侯仁之一生著述丰厚，"北京海淀附近的地形水道与聚落"是其中一篇极有代表性的经典文章，为当时的学术界树立了中国历史地理学的区域研究范式。这篇论文发表在1951年的《地理学报》第1、2期合刊上，副标题为"首都都市计划中新定文化教育区的地理条件和它的发展过程"。经过70多年的时间检验，这篇论文毫无疑问已经成为了学术经典，在中国历史地理学的理论和实践两个方面具有重要价值。

　　"北京海淀附近的地形水道与聚落"全文12 000多字，附图5幅。正文之前，是一段文字优美、引人入胜的引言。之后，就是论文的实证研究内容。研究内容分为四个部分：第一部分"海淀附近的地形"，第二部分"海淀附近的水道"，第三部分"海淀附近聚落的发展"，第四部分"海淀的未来"。四部分内容环环相扣，具有紧密的逻辑关系，反映了海淀这个特定区域从自然景观到文化景观，从过去文化景

作者介绍：邓辉（1964— ），男，四川成都人，北京大学城市与环境学院教授，中国地理学会会员（S110008626M），主要从事区域与城市历史地理研究。E-mail: denghui@urban.pku.edu.cn

观到未来文化景观的全过程。

侯仁之在论文研究的第一、第二部分系统复原了海淀地区的原始自然景观。他首先利用20世纪30年代顺直水利委员会编制的实测1∶5万地形图，对海淀周边的原始地形进行了分析，认为区域地貌类型主要有两个，一个是位于长河以东、北京大学校园以西、海淀镇以北，海拔低于50米的"巴沟低地"；一个是位于海淀镇—北京大学校本部一线以东，海拔高于50米的"海淀台地"。其中的巴沟低地，属于古代永定河的古河道分布地区，历史时期的海淀湖，也就是元明时期的丹稜沜，就分布在这个地区，海淀镇的起源和得名，均源于此湖。随后，作者又对海淀周边的原始水系结构做了系统复原，指出当地的原始水系主要由两个部分构成。一个是发源于西北玉泉山的玉泉山水系，一个是发源于南部万泉庄的万泉庄水系。前者自西向东流，经过瓮山泊，即今天的昆明湖后，汇入清河；后者自南向北流，经过丹稜沜后，也汇入清河。区域内部特殊的地形、河流、湖泊要素，共同构成了海淀地区的自然景观特征，并为古代聚落的形成、园林的营建提供了地理舞台。

论文的第三部分是对区域历史文化景观演变过程的系统复原。作者充分利用历史文献和文物遗迹、遗存，分别复原了元、明、清三个时代的区域文化景观的水平横剖面，指出了元初海淀镇起源、明代勺园形成、清代三山五园营建的地理环境基础，不同时期区域历史文化景观与巴沟低地、海淀台地之间的相互关系，以及古代不同人群利用自然，改造自然，形成自然景观与文化景观有机结合的区域人地关系的协调过程。侯仁之先生不仅为我们展示了一系列古代自然-文化景观的水平横剖面复原图，其本人关于20世纪50年代初期海淀周边地区的自然与文化景观的描述，也已经成为了一道宝贵的历史自然-文化景观，是今天城市规划工作中值得珍视的历史文献资料。

论文第四部分则是在前三部分研究基础上的总结，为未来海淀文教区的发展提供远景规划设想。作者归纳了区域历史人地关系的变化特点，说明了巴沟低地和海淀台地在聚落营建、园林设计过程中的不同作用，指出高程50米以下的巴沟低地，是湖泊、河流分布之地，是最佳的园林营建地区；高程50米以上的海淀台地，则地形高爽，是最好的聚落建设地区。作者基于对历史文化景观的复原和分析，对未来海淀区文化教育区的规划布局，提出了非常重要、具有引领性的建议。

从地理学史的角度来看，"北京海淀附近的地形水道与聚落"是中国历史地理学界第一篇严格按照现代历史地理学的区域研究范式进行的实证研究，它完全不同于以往传统的沿革地理式的文献排比和材料考证，而是从地理环境这个非常新颖的角度，从海淀周围的巴沟低地和海淀台地两个地形特点入手，巧妙地结合了当地水系的分布特点，深刻揭示了历史时期当地人类活动与周围环境的相互关系和变化过程的特点。这是一篇非常出色的从区域角度开展城市历史地理研究的论著，已经成为中国历史地理学研究中的典范之作。

侯仁之的学术生涯，经历了从历史学向地理学的转变过程。他在研究方法论的认识上，也经历了从沿革地理向现代历史地理学的转变过程。1936年，侯仁之获燕京大学历史系文学学士学位，本科毕业论文"靳辅治河始末"，是有关清代治理黄河问题的研究。1940年，他完成了硕士论文——"续《天下郡国利病书》山东之部"。侯仁之在这个时期的研究内容，基本上属于沿革地理的性质。

1946年至1949年间，侯仁之远赴英国利物浦大学地理系攻读历史地理专业博士学位。侯仁之的导师是20世纪30年代到70年代英国历史地理学界最具影响的学者，同时是英国现代历史地理学最重要的奠基者和建设者——克利福德·达比（Clifford Darby）。达比认为："历史地理学的材料是历史的，而研究的方法是地理的，历史地理学的任务就是重建过去的地理。正像现代地理学研究的是现代时段的地理一样，历史地理学研究的是过去一段时间的地理。"他还认为，研究地理景观必须要有发生学的思想：首先，现代的地理景观仅仅是在现在很薄的一个时间层内，而且正在变成历史地理；其次，现代地理景观的空间特征不是一下子就形成的，而是经过长期的自然和人类的改造。如果地理学的目的是了解现代的地理景观，那么就不能单凭现在看到的那些东西，而必须追溯到过去的地理景观。历史地理工作者可以采用横剖面（cross section）的方法，通过一系列横剖面的复原（reconstruction），恢复某一地区地理景观的变化过程，从而为现代地理景观的特点做出发生学的解释（Darby，1953）。

1949年9月，侯仁之完成了博士学位论文"北平历史地理"并获得哲学博士学位，随即归国。1950年，侯仁之发表了"'中国沿革地理'课程商榷"，详细论述了沿革地理学与现代历史地理学的区别。这篇文章并不长，但其产生的学术影响却是深远的。旧的沿革地理传统被打破，一个新的、科学的历史地理学开始建立起来。

继1951年发表"北京海淀附近的地形水道与聚落"之后，1955年，侯仁之又写了"北京都市发展过程中的水源问题"；1958年，完成了"历史时期渤海湾西部海岸线的变迁"；1959年，发表了"关于古代北京城的几个问题"，这些研究工作全部是对这个新的历史地理学研究方向的继续和深入。他在学术的研究上更加成熟，对现代历史地理学的理解更加深刻，区域研究方法的运用也更加成熟。从1946年到1959年的十几年时间里，侯仁之在理论和实践两个方面，完成了从沿革地理到历史地理的彻底转变。

侯仁之在20世纪50年代的一些研究工作中，多少可以看到达比研究英国沼泽地的影子。当然，侯仁之并不仅仅拘泥于达比的模式，而是在实际工作中不断有自己的创新和发展。他不仅调查和研究了小区域的地理环境变化，也从地理环境和交通区位的特点入手，揭示了北京城的起源与规划特点。"元大都和明清北京城"（侯仁之，1984）可以说是另一篇关于城市历史地理研究的典范之作，它一方面是侯仁之二三十年有关北京城研究工作的积累，另一方面，在研究角度和方法上均有新的突破。除了文献和实地考察以外，又吸收了考古学、建筑学的理论和方法，从河湖水系、交通区位等地理特点入手，揭示了北京城起源、布局和城址转移的全过程。把古代北京城市规划的特点与地理环境的分析结合起来，把古代的城市规划思想放在地理环境的"地上"和河湖水系的"网"上来分析，并在此基础上揭示出古代北京城"中轴线"所体现的"面南而王"思想的地理环境基础（侯仁之，1994）。这些研究成果，正是达比的沼泽地研究工作中所缺乏的，是对达比历史地理学水平横剖面理论的很大发展。

侯仁之的学术历程，与中国历史地理学的创立和发展过程息息相关，他在历史地理学理论、城市历史地理学和沙漠历史地理学方面作出了突出贡献。在系统回顾了侯仁之的学术历程，分析了他的主要学术思想和研究成果之后，可以这样说，"经世致用"思想是侯仁之从历史学向地理学转变的动力，"环境变迁"思想是侯仁之历史地理学实践的指导。除此而外，在侯仁之长期的历史地理学实践中，他还一贯强调野外考察的重要性，强调自然科学和社会科学的综合研究，强调历史地理学与考古学、历史学、生态学、第四纪地貌学、孢粉学、遥感科学的相互交叉。侯仁之的历史地理学理论与实践活动，跨越了自然科学和社会科学两大领域，构成了中国历史地理学领域中一个极富特色、极具潜力的研究方向。

参考文献

[1] 侯仁之："北京都市发展过程中的水源问题"，《北京大学学报》（人文科学），1955 年第 1 期。

[2] 侯仁之："历史时期渤海湾西部海岸线的变迁"，《地理学资料》，1958 年第 2 期。

[3] 侯仁之："关于古代北京城的几个问题"，《文物》，1959 年第 9 期。

[4] 侯仁之："元大都和明清北京城"，载《历史地理学的理论与实践》，上海人民出版社，1984 年。

[5] 侯仁之："试论北京城市规划建设中的三个里程碑"，《城市规划》，1994 年第 6 期。

[6] Darby, H. C. 1953. On the relations of geography and history. *Transactions and Paper(Institute of British Geographers)*, Vol. 19.

植物地理学的内容、范围和当前任务*

侯学煜

（中国科学院植物研究所）

引言——中国古代在植物地理学方面的贡献

作为一门独立科学的植物地理学的历史还很短促，与其他科学比较起来说，它是一门年青的科学。在旧中国大学里很少开过这门课程，资本主义国家的大学里或研究院里，虽然也开过这门课，但它的内容、目的和任务是和进步的苏联的植物地理学是不同的。

植物地理学的因素早在古代就萌芽了。一般外国书上都记载着：在公元前古希腊时期，亚里斯多德（384—322 B.C.）的学生提奥夫拉斯塔（Theophrastus of Lesbos，372—287 B.C.）即提出气候、土壤对于植物分布的影响，并说明热带海边红树林和高山、平原等植物的特点。我国在"周礼地官篇"里载有"以土会之法，辨五地之物生"，应为植物地理学思想的开端。以后在"管子书地员篇"里对于植物地理学因素的研究更有了辉煌的贡献。以上大约是春秋战国到西汉时代的作品，距离现在约有二千余年。而且当时是从实际生活出发的，只是没有引起后人的注意罢了。最近，中国科学院植物研究所夏纬瑛先生研究"管子书地员篇"，说明我国古代对于植物地理学的贡献[1]。地员篇是记载我国古代研究植物地理学的成果。这篇文章内容约可分为两部分：前一部分记载我国江淮河济大平原上的土壤与植物的关系，说明五类土壤

第 21 卷第 1 期, 1955 年 3 月

引用本文：侯学煜. 植物地理学的内容、范围和当前任务. 地理学报, 1955, 21(1): 1-24. [Hou Xueyu. On the contents and the methods of study of plant ecology and geobotany. *Acta Geographica Sinica*, 1955, 21(1): 1-24.]

* 本文初稿曾经地理学报编委会组织了国内专家和青年同志们集体讨论，提供了许多宝贵意见和修正补充材料（详见本期学报 25 页至 33 页），并给作者以极大的启发与帮助。这些意见，一部分经作者采纳，作为修正和丰富本文的材料；另有一部分不同意见，尚需以后进一步讨论和研究。特志此以表谢意。

的性质和地下水位，每种土壤上面长有那些草本植物、那些木本植物以及适宜的农作物种类和作物品种。在丘陵地区当时注意到地下水泉的深浅，在山区讲到植物垂直分布的状况。这篇文章的后一部分说明了全国（当时称九州）的土壤分为上、中、下三类，每类又分为六种，总计 18 种。对于每种土壤又说明其性质、形状和适宜的作物种类、品种以及它们的生产力。现在就管子书地员篇里内容的前两小段，来说明当时的伟大贡献。

第一个例子：

"赤垆、历、疆、肥、五种无不宜。其麻白、其布黄、其草宜白茅与蒮，其木宜赤棠。见是土也，命之曰四施，四七二十八尺而至于泉[①]。"

这段的意思是"赤垆土的性质是疏松而强硬、构造好、肥沃的，任何五谷没有不适宜的，所长的麻是白色的，布是黄色的，在这种土壤上长有白茅（*Imperata cylindrica*）和小芦苇，木本植物有杜梨（*Pyrus betulaefolia*）。这种土壤的地下水位是二十八尺"。这里就把土壤与农作物、草本植物、木本植物联系起来，特别把作物的品质与土壤性质联系起来。也可以说，当时就有把天然草木作为农作物栽培的指示植物的含义了。

第二个例子：

"凡草土之道，各有谷造，或高或下，各有草土（物），叶下于䕅，䕅下于苋，苋下于蒲，蒲下于苇，苇下于蒮，蒮下于蒌，蒌下于荓，荓下于萧，萧下于薛，薛下于萑，萑下于茅，凡彼草物，有十二衰、各有所归[②]"。

从这一段可以了解到在 2,000 年以前，我国古代植物地理学家，在平原上从水边到陆地已经注意到小地形如何影响植物的分布了。这种观察方法在现在就是地植物学方面的一种"样线法"（图 1）。

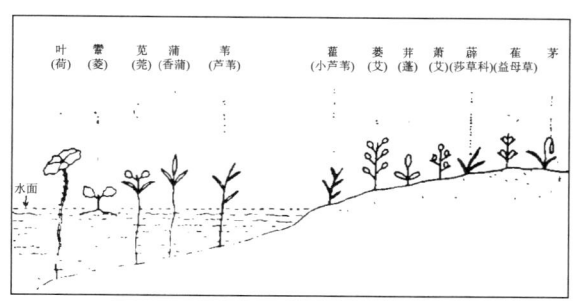

图 1　地员篇里"草土之道"的假定图解

（夏纬瑛同志与作者合拟）

---

① 赤垆——土壤名称。历——疏松。疆——强。种——五谷。蒮——小芦苇（芦苇长在排水良好处，体形很小，叫做蒮）。赤棠——杜梨。施——即当时的度量衡制度，每一施等于七尺。

② 叶——荷花（*Nelumbo nucifera*）。䕅——菱（*Trapa bispinosa*）。苋——莞（水冲子）（*Scirpus* sp.）。蒲——香蒲（*Typha* sp.）。苇——芦苇（*Phragmites communis*）。蒮——小芦苇。蒌——艾（*Artemisia* sp.）。荓——蓬（藜科）。萧——艾（*Artemisia* sp.）。薛——莎草科（Cyperaceae）。萑——蓷，荒蔚（益母草）（*Leonurus* sp.）。茅——白茅（*Imperata cylindrica*）。

可是两千年以来，这门科学不论在中国、在外国一直没有得到发展。直到十八世纪末期，作为现代科学的植物地理学，才在欧洲被提倡起来。近代植物地理学的创始人是植物学家 K. 维尔金诺夫（К. Вильденов，1765—1812 年）及其学生亚历山大·洪保德（Александр Гумбольпт，1769—1859 年）。在植物地理学的发展中，特别具有重要意义的就是达尔文的著作，他论证了有机界的进化，并且破天荒第一次把发展的观念引导到植物地理学中去（1859 年）。后来在西欧和北欧以及俄国出现了很多植物地理学家。而俄国的植物地理学研究的工作一开始就与实际生活密切地联系，如土地的评价、干草原地带农业的改造、进行天然植物资源和改造牧场的土地调查、有关垦殖调查等等[2]。在苏联先进的米丘林生物科学所产生的关于有机体与环境的统一学说，对于植物地理学的发展具有更重大的意义。

至于我国植物地理学作为一门自然科学来看，发展的更晚了。我国植物学作为现代科学的研究，还不过四十几年历史。而植物地理学的发展在各门植物科学中又是最迟的一个。直到中华人民共和国诞生以后，这门科学才得到顺利发展的条件，由于对唯物辩证思想的学习，各种事物的相互依赖、普遍联系真理的启发；特别在米丘林生物科学传到中国以后，对于植物地理学的发展起了决定性的作用。解放以来，由于各项社会主义建设工作，处处都需要植物与环境相互关系的资料，也就大大促进了这门科学的发展。现在除了综合性大学的生物系植物专业和地理系植物地理专门化学生都必须学习植物地理学外，全国各省每一师范学院的地理系，也都设有植物地理课。因为在国家经济和文化建设上，对于这门科学的迫切需要，直接又推动了这门科学在目前和未来的迅速发展。

一、植物地理学的内容和范围

植物地理学的科学名称、内容和范围以及这门科学与植物学和地理学之间的关系上，现在还存在着很大的分歧意见[3]。从名词方面来说，在许多文献中有把植物地理学（География растений，Ботаническая география，Фитогеография）和地植物学（Геоботаника）当作同义字；也有把植物地理学包括在地植物学范围内；还有人把地植物学作为植物地理学的一部分。

对于植物地理学的研究对象和内容，一部分人认为它应当属于植物学的范畴内，另一些学者就把它列入地理学的一部分，也就是说有两种角度看植物地理学。从植物学的角度来研究植物地理，就是以植物本身作为研究的对象，把植物种或其他分类单位以及植物群落的地理分布当作植物的性状和特征来研究。因此，把植物地理研究作为更深入地认识植物本身的方法之一。从地理学角度认为植物地理学是自然地理学的一部分，就是以地球表面作为研究的对象，覆盖在地球表面上的植物和植物群落是作为地表的性状和特征来研究。也就是把植被当作它所覆盖的地区的特征。在这种情形下，植被是当作了解地理景观的一部分来研究，因而它就被理解为地理学的一部分。我们从这两种角度来研究植物地理学完全是应该的，也是必要的。因为科学的研究由浅入深，由简单到复杂，渐趋专门化是必然的趋势和过程；专门化是自然的和进步的。从两种角度研究植物地理学，不仅对象上有所不同，而且方法上也应该有所共同处和不同处。例如野外调查和长期性的定位研究是两种角度研究植物地理学的共同方法，但是对于植物内部的形态、构造和化学性的研究以及栽培试验等方法，可能在植物学角度方面就比较地理学角度上更重要些。虽然如此，但是我们不可以忽略两种角度的联系性，例如就一个区域来研究一些植物种和植物群落，好像是表示一地的景观，也就是地理性强些；但如研究某种植物或植物群落时，也不可能脱离它们的空间性或地理性。所以作者认为两种角度理论性的划分虽是正确的，但也不可过分地强调形式性的划分。

关于植物地理学的内容，作者是赞同 П. М.茹科夫斯基所说的[4]，"植物地理学是研究世界上植被的群落和群落的种属组成，种类区域分布，植物与环境的相互关系以及植物群落与过去及现在环境的相互关系"。也就是可以包括植物生态学、地植物学（主要指植物群落学）、植物历史地理学和植物种类地理学四部分。正如地质学包括地层学、构造学、地史学等等一样。

本文所谈的植物地理学内容和范围是指广义方面的，也就是包括前述的四部分，并且包括植物学角度和地理学角度两方面的内容在内。作者一方面同意科学渐趋专门化，而且也赞同必需分工进行研究。但为什么又赞同植物地理学的广义呢？这是与这门学科本身在当前中国的实际发展情况分不开的。到现在为止，植物地理学无论在大学里或研究机构中，在植物学方面或地理学方面，我们对于它的研究都还在幼稚时期。希望目前在地理学和植物学两方面为着共同的研究和共同的目的而努力。当然，到一个相当时期后，自然要分工研究，在古植物学和花粉孢子学有了基础之后，就可以发展植物历史地理学。在植物历史地理学的基础上，从植物分类学和生态学角度也应该发展植物种类地理学。当然，目前我们对于植物生态学和地植物学也正在逐步发展成为独立的学科，现在仅就以上所说的四部分的内容分别说明如下：

（1）**植物生态学**　植物生态学到现在还是一门年青的科学，过去在形而上学的哲学思想支配下，我们对它免不了产生片面性和主观性的认识。只有在辩证唯物主义的指导思想下，我们才有可能对于植物生态学内容上逐渐有正确的体会。我们应该理解：同种植物对不同环境的反应不同，而同样环境对不同种植物的作用也不一样；同样生态因素对同种植物的作用，因植物生长发育阶段而有所不同；各种生态因素是综合地对于植物发生作用，而且它们和植物之间是辩证的统一体。我们只有分析了植物和环境之间的关系的本质以后，对于植物生态学才可能有正确的认识。凯勒尔院士告诉我们："植物生态学是研究植物形态、构造、化学性和整个生活特性与环境条件的一定的、有特性的配合有密切关系和相互作用的科学。"[5] А. П. 谢尼阔夫[6]又加以具体的说明，他说植物生态学是揭发植物和环境之间相互关系的规律性，是揭发这些关系在植物生长过程中，在个体发育和系统发育过程中的变化及其环境变化的规律性。它是揭发植物在环境影响下究竟那一些生态因素、怎样、什么时候和怎样配合下影响植物生理和生物化学的变化，怎样影响植物形态、构造、生长、发育、繁殖和它在自然界与其他有机体的关系。关于这方面的问题，例如我们研究各种指示植物分布地的气候，土壤以及它们化学成分与环境的关系，盐碱土植物的生长、形态、结构和化学成分与环境的关系，柑橘（*Citrus deliciosa*）化学性、形态、品质与环境条件的关系，橡胶树（*Hevea brasiliensis*）的含胶量与气候、土壤的关系等等一类的研究题目，都可以属于植物生态学的范围。

（2）地植物学（主要指植物群落学）　地植物学（Геоботаника）名词是 1872 年格里捷巴赫（Grisebach）最初倡用的，当时是作为植物地理学的同义字。但是以后不同的学者，对于地植物学的内容和范围了解的不同。例如 В.В.道库查耶夫和 В.Р.威廉士就是认为地植物学是研究土壤与植物群落演变的关系，他们特别把植物群落与土壤的相互关系作为地植物学的内容。许多学者把地植物学理解为植物群落学（Фитоценология）的同义字，可以 П.М. 茹科夫斯基的意见作代表。他说："植物群落学是研究一个地段上的植物总体，植物的相互影响，种的组成，对于周围环境的关系以及该组成的起源。"[4]但是 А. П. 谢尼阔夫建议取消植物群落学名词，而以实用地植物学（Прикладной геоботаника）代替它；也称做生境类型学（Типология местопроизтания），而属于植物地理学的一部分。

因此，对于地植物学的内容上，目前还存在着分歧的意见。但作者目前是同意广义方面的内容，也就是说它不仅包括植物群落学在内，而且也包括 А. П. 谢尼阔夫的生境类型学。作者对于地植物学的理解是这样：地植物学是在生态学的基础上研究植物群落的类型及其在地面上分布情况和它们与当地的气候、土壤、地形、生物等生态因素的相互关系；并且还要研究植物群落的演变、发展和植物间相互关系的规律性。此外，根据苏联科学院所出版的地植物学研究简明指南[7]，它还包括农、林、牧相关的一些问题。例如下列一些问题可以属于地植物学的范围：我国全国植被分区问题，某个地区植物群落的调查及其演变过程（包括定位研究），人工植被（如防护林和经济林）的营造地区的勘查问题，荒山荒地的有用植物的调查及其适当利用问题，水土保持植物的调查，牧场的植被调查以及植物可食性、化学成分、营养价值的研究以及植物群落中各种植物的地上部分和地下部分相互的关系的研究等等。

（3）植物历史地理学（植物发生地理学）前面所说的植物生态学和地植物学都是以现代地理环境来解释植物的生长分布规律。但是如果仅凭现代的环境因素，在很多情况下，是难以解释某些植物种的现代分布状况的。所以还必须注意到某一地区或地点在历史上曾经发生过那些条件。例如 1941 年在湖北西部和四川东部所发现的水杉（*Metasequoia glyptostroboides*）[8]，就是植物历史地理学上的宝贵材料。它可以称为活化石，在一万万年前生成的白垩纪地层中，在欧亚美三洲都发现有很多水杉化石，因为那个时代世界上的水陆分布情形同现在是不一样的。当时欧亚大陆和北美洲的西部是连接的，由于北大陆的接连，水杉就易广布于北半球各处。再如我国广东、福建境内沿河两岸的水松（*Glyptostrobus pencilis*）也是一种活化石，它繁盛在上白垩纪的北极第三纪植物群的重要分子，也曾分布到北美洲、欧洲和日本。这两种树木为什么在白垩纪时代在世界上有广泛连续的分布，而目前只在中国有分布；这就是由于历史上的原因了。我国中部和南部自第三纪后半纪以来，植物种类很少发生变化，现在一般植物种属基本上是第三纪植物[5]，这与第三纪和第四纪冰川对我国中南部的影响不太大的原因是分不开的。

植物历史地理学的内容，主要是研究白垩纪以后新生代地层的植物分布[9]，也就是根据植物的木材、枝叶、种子、果实、花粉、孢子的化石来研究地质时代的植物种和植物群落。特别应当利用花粉孢子研究作为重要的工具。因为孢粉质很难氧化，在 200℃和通常压力下是不会分解的[9]。一般在土壤中或水成岩中，花粉孢子比较枝叶、果实的化石容易找到。谈到植物历史地理学的任务，应该主要解决新生代地层问题、古地植物学问题以及现代植物群落来源问题。因此，对于第三纪以后气候的变化、地形是怎样变迁的、土壤形成的环境以及考古学方面的史前年代和当时人类的环境问题都有密切的关系。在植物历史地理学的内容方面，我们更要重视第四纪地质时期的植物分布问题，而且应该作为目前研究植物历史地理学的主要对象。因为今天的植被和景观首先是从第四纪的植被和景观发展而来的，如果我们不了解第四纪的环境因素和植物分布，就很难解释现代的植物分布状况。再如第四纪中国猿人时代共生的植物群落的研究，对于了解当时的人类环境（气候等）是有帮助的。据说周口店猿人地层中有大量朴树的果子作为食料，当时还有那些植物都应做为植物历史地理学的研究内容。

（4）植物种类地理学（植物分布区地理学） 植物种类地理学是研究植物分类单位（科、属、种）和其他单位（植物群落）在世界上的区域分布和传布的规律；并且说明它们分布的界限和原因。它和植物生态学不同的地方是包括植物历史因素在内，而且不讲植物的形态、构造、化学成分与环境条件的关系。

狭义的植物地理学，一般是指植物种类地理学而言，也就是指植物分布区地理学而言。分布区就是植物在地球表面所占一定的土地面积。植物的分布区有大小不同，即所谓世界种和稀有种。分布区的种类有密集分布区和星散分布区的不同。研究植物分布区的原因是很复杂的，应该考虑到生态因素、历史因素以及人类的影响；对于这几方面的原因要同等重视，要考虑到他们的综合作用。但是在一定的场合中也不可忽略它的主导因素。例如，许多植物分布区的界限主要地决定于气候的原因，在另一场合中，土壤对于许多植物分布也具有重要意义。一些盐土植物就不可能在非盐土地方遇到，我国南方一些喜欢钙质土的植物的分布区在颇大程度上决定于石灰岩的分布。机械的障碍如海洋、高山对于植物分布区的限制也起着很大作用。在许多场合下，生物因素也不可忽略，如与其竞争的植物种或植物群落的分布、缺乏动物来传播花粉等，都可限制植物种的分布。一些栽培植物和野生植物的分布区界限是与人类的经济活动分不开的。如果我们仅仅考虑到现在正在起作用的生态因素，在很多情形下，我们还不能够解释植物分布区的许多现象。例如在欧亚大陆上为什么没有北美洲的植物种呢？就生态因素说，北美洲和欧亚大陆很相似，两地都有冻原、针叶林、阔叶林、干草原和沙漠等，然而北美洲植物有很多属是欧亚大陆所没有的；也有同属而种是不同的。要解释这种原因，就要考虑历史因素了。因为人类以前的时期内，地球的外貌也不知发生过多少次的变化。例如第三纪冰川的来临把当时北半球的亚热带植物差不多全部消灭了，只有在冰川威胁不大的地方，植物才保持不大改变的状态。

　　研究植物分布区规律性的意义很重大。它的任务不仅在表面上了解植物的分布区及界限，重要的是在找出形成它们分布的基本原因。根据所找出来的规律，我们就可以把它利用到人类的经济活动中或日常生活中。对于有利于人类的一些植物种或植物群落，我们就可以大量的扩张它们的分布区或根据它们的分布来推知环境的特征，而作为相关的经济活动的参考。例如，我们研究油桐、茶树、杉木、柏木、柑橘类等等经济树木的分布区和它们分布的规律，也就可以作为推广这些经济树木的基本参考资料。研究一些指示特种土壤或金属矿苗的植物分布区，也就可以推知那里土壤特性或有无某种金属矿，而作为经济建设措施上的参考。

　　作为一门学科说，植物地理学是包括着前面所谈的四个部门。也有人把植物生态学和地植物学合称为植物生态地理学，加上植物种类地理学和植物历史地理学，就可分为三部分了[10]。不管怎样分法，从科学的本身说，每种分科都各有各的特点、对象和目的以及不同的研究方法，而且也应该分别发展为不同的独立科学。但是这三部分或四部分作为植物地理学的内容来说，在极大的程度上它们之间是相互联系的、相互影响着的。如果严格地、形式地分为几部分，在它们之间划成一条不可逾越的鸿沟，那是不可能的，也是不必要的。例如研究植物种类地理学可以理解为研究生长在某一地区的所有植物种的总和，而地植物学可以理解为研究许多植物组成的植物群落的总体。然而植物种类的基本单位——植物种——几乎总是联合为植物群落的；所以植物种类和植物群落本质上是一个现象的两面[10]。

无论植物种类也好，植物群落也好，不考虑到植物的居住地生态因素的相互关系（植物生态学），不考虑到植物界的历史（植物历史地理学），便不可能研究植物群落，也不可能研究植物种类的分布区。所以这四部分或三部分在植物地理学的内容上是紧密地联系着的。

植物地理学的内容已如上述，四部分都有它们同等重要性。特别植物历史地理学的材料一直是很少的，且不完全的；即使现代的植物分布的材料，就全世界说还是知道的不多。所以从文化建设方面说，我们应该要大力发展花粉孢子学和植物分类学，而为植物种类地理学和植物历史地理学打下基础；逐渐的开展这两方面的研究，促使它们成为独立的科学。但是目前在过渡时期的社会主义建设的事业中，有许多任务需要我们参加担负，从国民经济建设的要求说，目前植物地理学的主要内容，究竟应依据什么为主呢？那一部分是主要环节呢？正如 A. П. 谢尼阔夫所说[6]："植物生态学应该作为植物地理学的必要基础，否则植物地理学就要失掉它的意义。如果我们重视生态学，我们就可以揭发植物类型、成分、结构、分布和变化的生态规律性和植物变化的生态原因。" П. M. 茹科夫斯基也说[4]："在苏联，植物地理学由于它具有改造植物和植物群落的使命，因而就成为目的明确的、急剧前进的一门科学。"而且根据这门科学的发展过程说，苏联是世界上植物地理学最发达的国家，由于在俄国时代的植物地理学研究工作，一开始就与实际任务密切联系。现在又与共产主义建设分不开，并且我国古代植物地理学的思想也是从实际生活而出发的。再看最近苏联所出版的植物地理学课本或植物学内有关植物地理学的任务[2,4,5]，也都从生物学出发。所以为着大量的发展这门科学，发挥我国固有的文化，为着适应我国社会主义建设的需要，作者认为植物地理学的内容目前应以植物生态地理学的范围为主要环节。

此外，更要加以说明的：植物地理学的内容既是主要地研究植物与地理环境间的相互关系的自然规律。它是和农学、林学有密切不可分割的关系。农林学家必须懂得植物地理学后，技术措施才能有科学理论的根据；而植物地理学者除了知道植物科学（植物分类学、植物形态学、植物生理学等）和环境科学（土壤学、气候学、地形学、地质学等）的本身理论外，也必需要有农学、林学的基础知识，才能达到理论结合实际的目的。但是各门科学各有它自己特有的研究对象，也就是在性质上不同于其他科学的研究对象。所以作者认为植物地理学和农林学的目的或任务尽管是可以相同，但是两者研究的具体对象和方法是有不同的。例如在利用自然和改造自然的工作进行过程中，如果具体执行那一套技术，就要靠农林学家和其他技术专家分工进行了。这特别是植物地理学工作者对于当前理论结合实际的关键性的必要认识。

二、植物地理学在利用自然和改造自然工作中的作用

　　植物地理学的目的就是发现自然界植物的现象与地理现象间的联系性。这种联系性的现象是在一定空间中不断地重复出现，在时间上不断的进展着。这种自然规律本身是客观的法则，不依人们的意志和意识而转移的。我们只有认识和掌握了植物或植物群落在地球表面分布的情况和它们分布规律以后，才可能谈到充分地利用，发展植物界的自然资源和改造自然环境，以符合人类生活的要求。所以植物地理学的目的，正和其他科学如土壤学、地质学、自然地理学等等一样，就是为着利用自然和改造自然。但是它和其他科学不同处，是在根据植物地理学的角度来参加利用自然和改造自然的研究工作。可是我们不能把这两方面工作机械地分开，不能把它们相互对立起来看待，因为它们是内在的密切的联系着、互相依赖着的。只是为着讨论方便起见，才分为两方面来说明植物地理学怎样在利用自然方面和改造自然方面起它一定的作用。

　　（1）植物地理学在利用自然方面所起的作用：在利用自然方面，植物地理学是起着极重要的作用。我们知道不同种的有机体，为着它们本身的生长和发育，要求着不同的外界环境；而且任何有机体对外界条件的反应，都有一定的范围。所以有些植物种或品种能够在极广泛的范围内，能在不同环境条件中正常的生长发育；而另一些植物只能在比较狭小的范围内栽培。而且不同种和不同类型的植物虽然能生长在相同的外界环境中，但它们从土壤中所摄取的各种营养物质的种类和数量是不同的，比例也是不同的。只有掌握了植物如何受环境影响的这些知识以后，我们才能利用栽培方法，如施肥、播种期、灌溉和其他方法来调节植物的生长和发育，使我们能够得到高额的产量和最优良的品质。同时也可以知道那些资源植物在那些地区可以种植，在那些地区内不可以种植。进而可以知道怎样利用人工方法来创造适合它们生活的环境条件，使那些植物可以顺利的正常的生长发育。这样，在实施过程中才不致于走弯路，才不致使国家在人力和物力上遭到不必要的许多浪费。

　　首先从利用土壤资源方面来说，我国有着很大面积的荒地和荒山，还没有充分的利用。在南方湿润温暖的气候下，有着大面积的酸性红黄壤荒地；在北方比较干冷气候下，有着不少面积的盐碱土荒地；在河南、河北和内蒙、新疆地区还有若干万亩的砂荒；南方和西南更有不少的荒山。对于不同环境的荒地和荒山，我们应当按着具体情况，根据环境与植物间相互关系的规律，采取不同的措施来利用它们，这是在扩大土地利用面积方面植物地理学所起的作用。

　　再从扩大利用植物资源方面来说，研究本国的特产如茶（*Camellia sinensis*）、油桐

（*Aleurites Fordii*）、柑橘（*Citrus deliciosa*）等在什么环境下推广它们，才能达到产量高、品质好的目的。这些研究将会给产业部门提供科学的知识。又怎样引种外来的资源植物，如橡胶树（*Hevea brasiliensis*）、金鸡纳树（*Cinchona* spp.）、咖啡树（*Coffea* spp.）等应当在国内什么地方和什么自然环境下试栽、推广，才可能得到高产量和好品质。再如造林方面，各地的造林树种是否适合当地的气候和土壤条件，特别是不同的具体小环境，树种应该有什么不同。再如药用植物的栽培问题，也必须对原产地的自然环境要做相当的了解。当然对于发现天然植物在工业上的用途的工作中，更要知道它们原产地的自然环境，因为无论是推广也好，或是希望求得优良的品质也好，如果不知道它们所需要的生长发育的条件，便不可能达到这个目的。植物地理学在这些方面都能起一定的作用。

植物地理学的研究，不仅在扩大利用地上资源（土壤和植物）工作中起着很大的作用，就是对于地下资源的勘查也有一定的关系。植物的生长可用来指示金属矿脉的所在，作为寻找金属矿脉的参考；根据植物与岩石性质的关系，对于地质调查和地质图的绘制，都是有一定帮助的。

总之，植物地理学的研究，首先是通过了解植物与环境条件间相互关系的规律性，我们就可以正确地利用我国许多有利的自然条件，能够充分发挥土壤、植物、气候和地下资源对于我们人类应起的作用。

（2）植物地理学在改造自然方面所起的作用：在社会主义建设过程中，植物地理学的目的不仅是为了利用自然，而且还同时为了改造自然。它在这方面是起着重大的作用的。目前改造自然的对象，除了山、河、地形之外，最主要的是改变天气、小气候和土壤。

影响大气的主要因素包括日光辐射、大气环流和地面植被状况。目前人类在改造日光辐射和大气环流方面，还不能发生什么作用；所能起作用的主要在地面植被上。根据近年苏联学者的研究，海洋中的湿气登了大陆之后，降落不止一次。在地面蒸发的湿气又可以往复循环，再降为雨，这就称为"内循环"。从海洋上直接吹到大陆上的水分降落为雨，再流入海洋，称为"外循环"。外循环的水气量是每年比较稳定的；而内循环的水气量是不稳定的，是要看地面的情形而变动的。我们如果要支配内循环的过程，使干旱地区的雨量增加，主要的方法除了工程方面的以外，就是要靠改造地面植被了。

所谓小气候就是指距离地面以上 2 米和土壤表面以下 1 米之内的气候而言；这种气候是对农业上发生着很大的实用意义。影响小气候的条件除了小地形和土壤性质以外，就是植被的性质了。不同的农作物有不同的小气候；双子叶植物的小气候与单子叶植物的小气候不同，植株疏密度、外形、年龄的不同也会引起不同的小气候变化。所以我们有效地利用植物就可以在一定程度上改变风灾、霜灾、旱灾等类的不良的小气候。小气候的改变累积起来也就会引起大气候的改变。所以植被的研究对于改造气候是有一定作用的。

再就植物改造土壤方面来说，任何土壤形成作用都是各种不同因素的综合结果，这些因素包括着母质、气候、区域地形、土壤年龄、动物、植物等。因为在地面上只有通过生物的作用，无机化合物才能变为有机化合物，或相反的有机化合物才能变为无机化合物；这就是土壤形成作用的本质。所以生物因素（包括植物、动物、微生物）对于土壤形成过程，就起着主导作用。人们在改造土壤的过程中，不易直接影响土壤母质，改变年龄，不能直接改变气候和区域地形。也只有通过生物学方法才能改变这些因素，结果也就改变了土壤。也就是通过植被的改造、植物栽培和农业技术的改造，来改造土壤和土壤环境。

由于上述理由，目前苏联改造自然的方法，主要的是用生物学方法，改造的主要关键是在利用植物[11]。所以在苏联欧洲部分草原区和森林草原区的整个改造自然计划中，一方面是建立防护林带，另一方面是实行草田轮作制。因为通过防护林的营造或草田轮作制的执行，可以改变下列各方面的自然情况：

（1）草田耕作制的执行，可使土壤表层产生良好的团粒构造，因而土壤空气和水分状况变好。

（2）防护林带可以减少空气下层的风速，结果也就可以减少土壤中水分的蒸发，空气中的水分也就增加。

（3）防护林带可以减弱地表雨水和雪水的流动速度；这样，就可以促进水分渗入土壤，并减弱土壤的侵蚀作用。

（4）通过防护林带减低风速的作用，使雪更均匀的分布在地面上，因而在春天融化时，雪就可均匀的浸润土壤。

（5）草田耕作制和防护林带可以促进土壤的湿润和减低风速，这样就可以使表土不致被风吹走，免于风蚀。

从上面看来，通过植被的改变，也就可以改变土壤、水流速度、侵蚀、风蚀、蒸发、风速、空气的相对湿度、温度条件等。所以说，在苏联，改造自然的基本工具就是植物。

这里特别要重复指出的，就是我们对于植物地理学的作用的认识，不可以把利用自然和改造自然对立起来看待。结合到某一具体任务时，这两方面是相互依赖而且必须相辅进行的。否则就会产生偏差，发生错误。

三、植物地理学的当前任务

植物地理学的任务和它的研究对象是分不开的。前面在内容方面，就本门学科的分科各方面，已经提到了一些具体任务例子。其中如植物历史地理学方面的任务，对于文化建设上特别重要。其他方面对于文化建设和经济建设方面都有联系性，是很难划出明显牢不可破的界限来。

在国家走向社会主义建设中，当前有许多有关国民经济发展的具体任务。这些任务是农林学家、地理学家，土壤学家，地质学家以及其他相关科学家的共同任务。在这些任务中，植物地理学是有它一定的贡献和重要性。而植物地理学必需要与这些社会主义建设的实践保持着紧密的联系，一切工作计划必需要服从于国民经济的要求。这样，植物地理学通过实践，科学的本身才会得到发展。通过实践，理论才会逐步提高。所以作者认为植物地理学的当前任务应当是与其他科学相结合，解决社会主义建设中各项有关问题。现特提出下列问题，作为大家讨论的资料。

1. 全国自然区划问题：全国自然区划工作是国民经济走向计划化的基本条件，特别是对于农、林、牧的发展计划是有直接关系的。通过农、林、牧业就给工业提供原料；所以工业、特别是轻工业发展的计划，间接地也就依靠了自然区划工作。自然区域的划分，一方面固然是表示我国地上资源分布的概况，另一方面也是改造自然计划中设计的依据，更是设计土地合理化利用的先决工作。目前我国的全国自然分区工作，距离应有的目标还很远，其中原因之一就是植物地理学工作在过去做的太少。

在苏联地理学家科学讨论会里，大多认为"景观"应该作为自然地理区划的根据[11]。所谓"景观"就是一定区域的整个空间的气候、水文、地形、土壤、植物、动物界的有规律的相互联系而结合起来的综合形态的表现。但是自然界的一切对象和现象是密切的互相联系、互相结合、互相制约的。因此，在地理景观中，所看到的各因素都不是机械的混合体，而是一种有内在联系的、有规律的整体。当然，以上所说的土壤、气候、动物等等都是各种因素的综合反应；但在一般情形下，我国土壤受人工耕种的影响太大，在野外观察时不如植物反应的明显些；气候在短期内我们是感觉不出，而且人眼也看不见；动物是活动而比较移动的，虽有地理性特点，但不如植物显著。所以在这个整体中，植被是最易察觉的景观特点。故在很大程度上，植被就是一地土壤、气候、水文、地形和动物的最易察觉的综合反应[12]。此外，目前我国一般测候站的历史还不久，短短几年的气象记录不能全面表示一地的气候的特点。而且各地由于海拔高度、坡向和局部地形所引起的气候变化，一般气候站对它们是没有记录的，也很难全面设站测量。加以我国各处土壤局部变化很大，很难处处采集标本进行分析。如果进行植被与气候、土壤的关系的研究，根据植被情形对于自然区域划分，就会有很大帮助。苏联地理学家 Л. С. 贝尔格所划分的苏联自然区域，就是用植被名称的；例如用森林草原区、干草原区、针叶林区、落叶阔叶林针叶林混合区等等特征来表示一地的自然区域的。那么，植物地理学在这方面要努力的是什么呢？

（1）在研究一个自然区域时，要把植被与当地的地形、土壤、气候、水文等等的生态关系密切地联系起来。也就是要把各个因素成为一个完整的统一体，而用植被表现出来。并不是把各项资料零碎地叙述一下，把植被以外的材料填写进去而已。如果只是描述各个景观因素的分散个体是没有多大意义的。

（2）对于每一个自然区域的研究，不应仅限于天然植被。在我国广大的面积上，天然植被实际上早已被改变了；如果只注意到天然植被，或根据想像只用天然植被作代表，结果所叙述的内容在很大的程度上就变为实际不存在的景观了。这样就脱离了人类活动在景观上所留下的痕迹。所以我们对于人工植被（包括森林、农作物、园艺作物等）是绝不可以忽视的。特别是我国有了四千年的农业历史，人工植被占有重要地位。而且人工植被不仅反映人类活动的影响，而且也反映着自然条件的特点。不管天然植被也好，或者人工植被也好，植物地理学者应该科学地阐述植被演变的历史过程和推动演变的动力，作为根据人类利益的要求来进行改造植被的科学根据。

（3）我国地面如此广阔，自然环境又如此复杂，植被类型也是非常复杂的。而过去有关植物地理学的工作进行得很少，目前要想按步就班地一幅一幅地调查，是人力和时间所不允许的。在最近期间只好在全国不同植被类型地区选出代表地点，绘出比例尺较大的小面积植被图；找出植物群落的类型和演变的规律性，特别找出它们与当地地形、地质、气候、土壤的关系。根据国民经济建设上的需要和目前所具备的人力物力条件，在全国若干代表地区应有步骤的有重点的进行，然后根据在各地所找出的规律再参考全国地形图、地质图、气候图和土壤图等，初步的制成全国比较可靠的植被分布图，而作为自然分区的根据之一。

关于我们对于地理景观的认识之不可忽略人工植被问题，在 1951 年苏联地理学家讨论会上[11]，主席 C.B.卡列斯尼克（C.B.Калесник）在开幕词里会说："大多数自然地理的著作直到现在叙述的还不是实际存在的景观，而是天然景观，即脱离了人类活动在景观上所烙的痕迹的景观。因此，在乌克兰南部直到现在还被称做喧哗着蓬草的草原。实际上，那里早已不是蓬草的草原了。不适当的估计人类对于自然的影响而叙述自然是一种错误。特别是在我的著作'北高加索和顿河下游'中，也犯了这种错误。"主席在闭幕词里又说："最后，我愿再次地指出：研究地球外壳时（整个地和个别地）必须注意人类对于自然的影响，没有人类社会发展的动力和实际存在现象的观念，是不可能有任何严格的、科学的地理研究工作的。正是如此，所以现代地理景观应当研究地理景观的现实，而不是去掉人类影响的痕迹，不能只描写天然景观的风景。"又说："如果我们描写景观时，不注意人类对于它的影响，那么我们便违反了自然地理科学的逻辑而犯了重大的错误。如果地理学家必须研究月球表面，那末他们把研究的范围缩小到月球地形和地质构造的特点是完全正确的，因为那里也没有更多的东西……"又说："在描写草原时，我们就忘记了现在草原上种植的小麦（*Triticum sativum*）和燕麦（*Avena sativa*）的田地这一特点；在描写气候时，我们利用所在大城市的气象台的材料，因而记载的不是'自然的'气候，而是被人类所歪曲了的气候。"

这一段话，不仅是对于自然地理学者说的，也针对着一般植物地理学工作者说的，尤其是对于此后植物区划问题的研究是一个重大的启发。

2. 荒地荒山调查问题：在国家过渡时期总路线灯塔的照耀下，要保证增产粮食和供给工业原料，除了不断地提高单位面积产量外，扩大耕种、造林和畜牧的面积，是今后长期的主要任务。根据不完全的估计，全国单就可以发展农业和畜牧的荒地面积说，就约有十四亿亩（荒山不包括在内），这些荒地主要分布在东北、西北、中南和西南等地区。其中包括各种不同性质土壤和不同气候环境下的荒地。解放以来，有些地区大规模的开垦荒地，部分主持开垦荒地的人只片面强调荒地面积的大小，而忽略了荒地本身的性质和它们所在地的其他自然条件，尤其忽略了植物与环境间相互关系的规律性，以致时常发生"没有正确设计而施工"的情形。例如1951年某垦殖局曾在旧绥远省萨县利用拖拉机开了一片十数万亩的荒地，小麦（*Triticum sativum*）和糜子（*Panicum miliaceum*）下种后，只有很少部分出苗，这样就浪费了很多人力和物力。再如1950年春河北省黄骅县某国营农场，在一片大荒地上，曾种了小麦，出苗后大部分就死去。又如在旧察哈尔省北部开垦了很大面积荒地，闻亏本很多。又如1952年以来在旧宁夏省的盐性砂土上，大面积的开为水稻田，结果也入不敷出。这几处开垦失败的原因就是由于主持开垦的人对于当地的荒地土壤性质和其他自然条件不够了解，尤其不知道各种植物对于环境的要求是不同的，不知道那些盐碱土在没有改良以前是不可以种植一般不能耐盐碱的农作物。除了可垦的荒地以外，中南区还有很大面积的酸性红黄壤丘陵和山地；在西南各省还有不少石灰岩荒山，也大都是光秃而没有好好利用的。有的地方所栽培的树种也常忽略了与当地具体自然环境的关系，以致造成损失。那么植物地理学工作者在荒地荒山调查方面，又应该做那些工作呢？

（1）首先调查荒地荒山的植被，做出调查区比较详细的植被分布图。根据植被的类型就可以认识荒地荒山土壤的性质和它所在地的其他环境方面的特征。因为天然植被是环境条件的指标，惟有认识环境条件后，根据植物的要求才有可能正确地订出适当利用和改良的方针。利用植被来认识环境的特征，收效比较快，因为在我国这样广大的面积上，如果每块荒地荒山都要采集土壤标本、进行分析工作或每处都要设立测候站，都是人力、物力和时间所不允许的，也是不必要的。可是，如果根据植被或指示植物的分布与土壤、气候的关系的规律性，来推断荒地、荒山的土壤和其他自然条件，在野外进行荒地荒山调查，就可节省很多人力、物力和时间。

（2）调查不同环境条件下各种荒地荒山上原有的天然植物资源，作为扩大利用植物种类的参考。在华南和西南区的亚热带、热带湿润气候下的荒地荒山上，植物种类丰富，其中可能发现一些作为工业原料的天然植物。在北方盐碱土荒地上对于可作为牧草的豆科和禾本科植物以及耐盐碱土的树种，都应加以调查注意。这样，一方面可以解决盐碱土的合理利用问题；另一方面也可解决在什么地区利用什么种植物就应来改良土壤的问题。在西北黄土区和砂荒地区要注意一些耐旱抗风的保土植物。至于在西南荒山该特别调查各种木本的资源植物的生长状况与当地环境条件的关系。特别是在不同海拔高度所代表的不同气候下，石灰岩山上的原来有经济价值的树种，我们也应加以研究。

（3）调查荒地荒山附近已有的栽培植物。不少植物地理学工作者最容易犯的毛病，就是只爱研究天然植物，而不注意过去和目前人类对于改造自然和利用自然的活动和经验；这是重大的错误。前面已说过，在苏联地理学工作者讨论会上有很多人对于这方面已加以批判了。现就荒地的调查说，我们更不可以忽略农民对于他们所熟悉的荒地利用和改良的经验。正如李森科院士对中国科学院访苏代表团一再强调地说："中国是伟大的、有高度文化的古老民族，在几千年的过程中，创造了不少好的动植物品种，如果生物学家到人民实践中去找，可以发现比书本所写的多百倍千倍的材料和知识。"[13]所以我们对于农民在各种环境的荒地上已栽培的那些经济植物应加以调查。有那些是成功的，怎样成功的；有那些植物栽培后是失败的，失败的原因在什么地方；我们都应当加以研究。因为这些经验也就等于他们若干年试验的结果；这些经验对于荒地利用的设计上是有很大参考的价值。至于农民对于荒山的利用有错误处，也有成功处，都应作同样调查研究。

3. 水土保持问题：过去有人对于水土保持工作或多或少具有片面性的认识。例如个别的水利工作者有把水土保持单纯了解为属于工程方面的任务，只是建筑水库就可以了事。农学部门也有人把水土保持工作了解为单纯的土壤工作。实际上"水土保持"是发展国民经济的手段之一，而不仅限于水和土的本身问题。它应该包括水利工程的、农林牧的、社会经济的以及其他各方面相关的科学的综合性工作。它的目的性应被理解为合理利用自然和合理改造自然，借以提高土地单位面积产量和扩大土地利用面积。所以在工作方法上就应该着重研究如何合理地利用土地；如何增加农、林、牧的产量。植物地理学在这方面所担当的任务，应该按不同的地区结合该地区的农、林、牧业所存在的问题而进行一定的相关工作。

（1）西北黄土高原水土保持问题。黄土高原上侵蚀严重的原因，是由于人为活动和自然因素结合而形成的。黄土的本身性质不易透水、易于侵蚀，加以黄土上原生的植被在长期封建剥削制度下被人类经济活动所破坏，又未能合理利用，因而引起了严重的侵蚀。植物地理学工作者，就是要在黄土上找出那些有经济价值的草种和树种；并要注意它们的分布的规律性，研究它们与当地小地形、土壤、小气候及生物环境的相互关系。并研究它们的根系如何能保持土壤，特别对于野生的禾本科、豆科牧草的生态地理应加注意。在北部风砂区，应找出固砂并且要能耐旱、抗风的草种和树种。在黄土高原的低洼处的盐碱土区，更要找出有价值的耐盐碱的经济植物。不仅如此，我们更要注意的是从农、林、牧合综观点怎样适当地利用黄土。因为，我们不是要把黄土高原恢复到原始无人或很少有人类时的状况，不可能作出脱离现实的要求。特别要为实现社会主义建设，逐步由小农经济转变为合作社经济以至社会主义经济而准备条件。所以我们对于将来可能大规模发展的栽培植物（农作物、森林、牧草、果树等）就不应该忽视。根据调查研究得出来的植物与环境间相互关系的规律性，对试验场应建议他们进行那些植物的繁殖、栽培等试验；并应逐步进行生态学和地植物学的定位研究，作为该区农林牧如何配合的基本参考资料之一。

（2）西南切割高原水土保持问题。西南高原上的水土保持问题的性质与西北不同，因为那里的自然环境不同，解决的途径也不应相同。例如在贵州切割高原坡度很大的山坡上种起农作物来，在春末夏初遇着数小时的暴雨，就可以使全区成灾。因为作物正在幼小时期，雨水常把表土和作物一起连根都冲走。所以就一般情况说，在西南高原的山坡上，发展农业是不适宜的。加以该区雨量丰富、气温温和，因而解决西南水土保持问题应着重木本植物的发展。但是西南高原上的地质、土壤、地形和局部气候的变化十分复杂，可能适合当地的木本植物的种类也很繁多，相邻的两个山或山顶和山麓的适宜树种都可能不同。植物地理学工作者的任务，应该研究在该地区内各种不同地质、地形、土壤的条件下，栽种那些森林植物或特用的木本植物。

（3）中南丘陵山地水土保持问题。中南区的丘陵山谷间平坦地上一般没有水土保持问题。只是有些红黄壤丘陵地带因植被破坏后或因农业利用不当，而引起局部地面的冲刷成为不毛之地。对于这些地方，应该调查冲刷地面上有那些适合那种湿暖气候的强酸性土壤的先锋植物。进一步再研究怎样适当地利用它们，特别着重在亚热带的资源植物方面如杉木、马尾松、茶等的栽培与环境关系的问题。

4. 防护林的营造问题：前面已说过，防护林的营造在苏联是改造自然计划的重要措施之一。目前我国正在进行防护林的地区有东北西部、内蒙东部、陕北、冀西、永定河、豫东、山东河北沿海以及华南沿海等处[14]。这些防护林带因所在地区的不同，目的也各不同。归纳起来，在西北和东北以防风砂害为主，必需配合农牧生产。自北到南的海边以防风水害为主，除结合农业生产外，还需配合国防的目的。在海南和雷州半岛一带的防护林，以防风害为主，而以保护热带资源植物的正常生长为主要目的。在华中、华北和内蒙地区的防护林，就以保护农田、扩张土地的农业利用为目的。毫无疑问，这些地区防护林的营造是农林学家、特别是林学家的主要任务，但是植物地理学者在这方面也有一定的具体工作，可分为下列两方面来谈：

（1）因地制宜，研究适宜树种。所谓因地制宜就是要按自然条件的不同，如地形、土壤、气候等情况的不同，而选择适宜不同环境的树种。例如在海边要选择耐盐的树种，自南到北的海岸因气候变化不同，适宜树种也应各有不同。在海南和雷州半岛所选的防护林树种需要比较它所保护的资源植物生长得快些，否则就会失去作用。在东北和内蒙就需要找出耐旱、耐寒和抗盐碱的树种。在选择树种时，特别要考虑到当地局部环境的变化，而采用不同的树种。例如砂地就要考虑到平砂地或砂丘，是干燥的砂还是湿润的砂，因而所选的树种就应该不同。沿海地又不全是盐土，当地因小地形不同，树种也应有所不同。在研究适宜树种的工作中，不应只限于采用当地乡土树种，根据植物分布区的规律性，更需考虑可能引种适宜的外来树种。

（2）研究林带树种的混交配合和密度。每一地区防护林带树种的组成总是包括乔木、灌木、甚至于几层乔木。它们的密度又各不同，因为这种配合密度的适当与否，是决定防护林带的防护效能。而这种设施又随当地气候、土壤以及所选用的树种而不同。在某一地区究竟采用那些树种混交，密度怎样，就要结合到当地气候、土壤条件，研究植物群落中各层植物之间的相互关系，包括地上和地下部分。只有掌握了这些规律以后，才可提供设施上的参考。

5. 特用资源植物调查问题：这里所谓特用资源植物是指着在国际贸易中占有重要地位的、提高人民生活有关的以及其他轻工业原料植物。这种研究无论直接或间接都将有利于我国工业化的发展。可分两方面来谈：

（1）调查我国土产的资源植物分布区的自然环境。在果树或果品方面，植物地理学者要与园艺学者合作调查研究南方的香蕉（*Musa sapientum*）、甘蔗（*Saccharum officinarum*）、甜橙（*Citrus sinensis*）、柑橘（*Citrus deliciosa*）和北方的落叶果树如梨（*Pyrus pyrifolia*）、苹果（*Malus pumila*）等的生长地的自然环境及它们的产量、品质与土壤、气候的关系。再如南方和西南油桐（*Aleurites Fordii*）生长状况和含油量的高低，茶的品质好坏或适宜何种工业制造（红、绿茶）都与当地局部土壤、气候的变化有着密切的关系。这些规律需要我们去寻找发现，作为扩大栽培面积的理论根据。以上研究对于发展我国对外贸易上是十分重要的。

油料植物方面，在华南强酸性的红黄壤上油茶（*Camellia oleosa*）的产量与小环境关系的研究，在北方盐碱土上向日葵（*Helianthus annuus*）对于不同气候和其他自然条件下耐盐碱程度高低怎样，在我国热带地区海边椰子（*Cocos nucifera*）的分布与土壤、海水浪花的关系，北方砂荒上落花生（*Arachis hypogaea*）的栽培与小环境的关系。这些研究，对于我国目前食油供应的增加，都有一定的贡献。

再就工业原料植物说，根据东北造纸厂的经验，目前造纸用的芦苇（*Phragmites communis*）

原料因不同产地所需处理的化学过程的消耗费用就不同。究竟那一种产地的芦苇，对于工业上的利用最好而所需的化学过程最少，就需要植物地理学工作者与工业化学家合作调查研究，找出规律性来。南方造纸原料的竹子的生产有大小年的不同，在什么条件下发生小年，怎样使得每年都是大年，这也需其他相关方面与植物地理学家合作研究。又如内蒙大兴安岭的落叶松（*Larix Gmelinii*）目前在天然更新上有问题，在它和达子香（*Rhododendron daurica*）生长在一起的地方，就会发生空心现象，植物地理学者可从植物与植物之间的关系上研究出它的原因。以上等等都是目前发展国民经济中的一些具体任务。

（2）勘查引种热带资源植物的地区的自然地理环境。我国华南地区具有引种与发展热带资源植物的条件，但过去引种推广某些资源植物时，曾忽视植物地理学在这方面的作用，加上其他原因以致走了弯路，造成人力和物力上的严重损失。目前我国南方每年仍有很多人口患疟疾，因而对于引种金鸡纳树（*Cinchona* spp.）的地区勘查也是相当重要的任务，并且是卫生部门希望植物地理学者进行的工作。此外，如工业用的剑麻（*Agave sisalana*）、菠萝麻（*Agave angustifolia*）、番麻（*Agave americana*）、食用的椰子（*Cocos nucifera*）、咖啡（*Coffea* spp.）、菠萝蜜（*Anunas comosus*）的引种和推广工作，都需要植物地理学者参加勘查，找出适宜的推广地区。

6. 改造干草原地区的问题：目前我国西北和内蒙干草原地区牧草的产量和质量极低，单位面积所能饲养的牲畜数目很少；因而有许多地方还是游牧性质。在少数民族地区内怎样使游牧变为定牧，是非常重要的问题。但是先决的条件除了水源以外，就是要提高牧草产量、质量和适宜于草原上的一部分农业。

植物地理学工作者在这方面需要和畜牧学家合作进行下列工作：

（1）调查牛、马、羊所喜欢吃的牧草种类，就是要研究草原各种植物的可食性，就地找出发展有价值的草类，利用人工方法帮助这些有价值的牧草发展。逐渐使这些天然的牧草变为人工栽培的牧草。

（2）根据草原不同的自然条件，考虑可能引种的优良外来牧草，必要时与当地畜牧机构合作进行栽培试验。

（3）调查研究在干草原区可能发展的小规模农业和园艺作物，增加牧民的食料来源。

7. 金属矿脉的勘查问题：毫无疑问，关于金属矿脉的勘查工作主要是靠地质学家、地球物理学家和矿物学家去进行。但是植物地理学者对于这项任务也能起一定的作用。最近数十年来，世界各国利用地质化学方法和生物地理化学方法，勘探金属矿的技术有了很大的发展。那些方法主要是分析土壤或土壤上所长的植物灰分中的某种金属含量，找出含量最高的地区；研究这些金属的散布型式，从而就可追踪探寻地下矿体。可是在野外利用这种方法需要相当设备，而且即使在一个很小区域内往往也要做很多分析工作，手续既繁重，工作需时又长。所以最近有很多国家研究利用指示植物来找寻金属含量特高的地点，帮助发现矿脉（特别如铜、铅、锌等矿）的分布。因为矿脉内的特种金属存在于土壤中，对于一般植物是有毒害的，是不适宜它们生长的，只有极少数种植物，才能在含高量金属的土壤上生长正常。独霸在这种矿苗上或含有某种高量金属的土壤上的少数植物，才是该种金属的指示植物。所以这种研究可以增加发现矿体的更多机会。利用指示植物探矿的方法叫做地植物学方法。

国家在过渡时期的总路线和总任务是首先要发展重工业，冶金是重工业之一，植物地理学工作者研究金属矿的指示植物，也是结合总路线的方面之一。我国许多产矿地区，植物生长密茂，在这种情形下矿脉露头被植物所掩盖，以致不易寻找，如能研究金属矿的指示植物，植物不仅不妨碍探矿，反而变为探矿的有利条件。

植物地理学在这方面的工作，必需要与地质学、矿物学工作者合作，进行研究。首先对于已知某种金属矿地区进行研究，找出那些植物种分布与该种金属矿的关系。再根据已发现的规律，看看有无那种指示金属的植物，这样就可能帮助扩大尚未发现的地区。例如就铜矿说，在甘肃、山西、安徽和云南等省都已发现，首先要调查各该地区铜矿上的植物，研究不同气候下和不同性质土壤上的铜矿的指示植物究竟有那些是相同种，那些是不同种。当然对于其他金属矿如锌、汞、钨、锡、锑、镁等也可依同样方式进行研究。

8. 社会主义建设事业中的其他有关植物地理学的工作：在社会主义建设事业中，有很多工作需要植物地理学的知识。现举数例如下：

（1）都市的绿化工作　例如北京市区每年栽数十万株树木，每株树的造林费用总要十数圆，每年就需要若干万。由于种种原因，有些树木栽后就死去很多，甚至有几处完全死去。最近经过我们实地调查，有树种的叶子发黄，显然是营养缺乏病，由于土壤不适宜所致。而另一部分死去的树木所在处，原来都是局部的盐碱地，所栽的树种是不能耐盐碱的油松（*Pinus tabulaeformis*）；有些地方还栽有由东北小兴安岭移来的红松（*Pinus koraiensis*），目前生长状况也不很好。将来可能也生问题。因为都市绿化工作与栽培试验工作不同，应该按当地自然条件选择有把握的树种。还有，在都市公园的草地上要栽培能够抵抗践踏的草种，并且也应该生长季长。但在北京的公园里，有些草地上栽了些细叶薹草（*Carex stenophylla*）不能经得住践踏；还有南方移来的狗牙根（*Cynodon dactylon*）在北京栽培，生长季也太短，这样就不能达到绿化的目的。怎样选择适宜北京或其他都市的庭园树种和草类，也与植物地理学的工作有关。

（2）飞机场草皮的栽培工作　为着保持飞机场的地面不受雨水侵蚀或风蚀的影响，应该栽培地毯式的草皮，因而就要选择适宜草种。1952年某飞机场人员曾经拿了一包种子到植物研究所来询问，能否在那个场地栽培，后来经过该所鉴定，知道所拿来的草籽是长在海边砂滩上的一种砂性盐生植物，叫做砂钻（*Carex Kobomugi*）。这种好盐性的莎草不仅在徐州附近很难生长，而且此种草的叶子很少，有一个很大的刺状穗子，即使长起来也不适宜作草皮。怎样选择适宜于飞机场草种，植物地理学者应把此任务担负起来。

（3）公路和铁路沿线的护路保土植物的栽培工作　在国家积极进行公路和铁路建筑时，如果对于铁路两旁的斜坡土壤未加保护，遇到雨季很容易坍塌，所以沿途栽植保土植物是必要的。但是在公路、铁路沿线的土壤很复杂，而且由地形所引起的气候变化也很大，因此选择沿线护路保土植物的工作是很复杂的。例如从集宁到蒙古人民共和国乌兰巴托的铁路、由兰州到新疆的铁路、康藏公路等正在建筑或已筑成，为着保护这些公路或铁路不致坍塌，植物地理学工作者应负责研究适宜各地区的保土植物种。

尾　言

前面所举的八项问题，都是目前我国走向社会主义建设中的一些具体而重要的任务。这些任务都是综合性的工作，需要各项相关的科学共同努力，而分别作为当前许多门相关科学的共同任务。每项问题所牵涉的范围不仅是植物地理学，也不可能单由植物地理学工作者负起全部责任来；在一定程度上，对于某一项问题必须相关科学分别联合起来，才有可能胜利的完成工作。但是，我们应该了解到植物地理学在这些问题中，是有它一定的具体任务；应该了解它在这些任务中，主要的是担任植物与地理环境相互关系的规律性的研究（这种相互的具体关系在不同地区内是不同的）。他们需要具有植物科学和地理科学的理论知识，也应该具有农学、林学和其他相关科学的基础知识。可是植物地理学对于这些具体问题不可能包办一切，牵涉到一个问题时，其他方面的工作如一些具体技术，应该让给其他科学家担任或和他们共同研究。这样，才能达到分工合作，为完成共同任务而努力。

前述每项问题或任务都与利用自然和改造自然相关，我们不可以孤立地来看待这两方面。例如荒地利用调查问题，目的是怎样利用它，但在一定条件下还需要经过改造后才能利用。水土保持问题的本身就是改造自然问题，但解决办法的主要环节之一又靠合理利用土地。防护林的营造问题是改造自然的措施，但为着达到这个目的，就需要因地制宜，因当地气候、地形、土壤的变化而做不同的利用。其他问题在一定程度上都需要把利用自然和改造自然的措施结合起来，才可能少走弯路达到目的。

此外，从植物地理学角度看，我们也应该了解每个问题之间是相互交错、相互依赖、相互联系的，很难机械的分开[15]；在一定程度上还需要相辅进行的。例如研究自然区划问题时进行植被调查，就可以和荒山荒地调查、水土保持问题、资源植物调查相结合。从植物地理学角度进行荒山荒地调查时，自然不可以忽略当地的植物群落调查，结果也就为自然区划问题做了工作。在改造干草原问题上，在防护林营造问题上，自然也不会忽略当地的资源植物调查和植被调查。所以每项任务之间都是紧密地联系在一起的，只是在一定程度上的不同而已；基本上是研究植物与环境的规律性问题。

前面所述八项问题，因为他们都与利用自然和改造自然相关，而各项问题也相互交错、相互联系，每项问题本身是很复杂的。植物地理学者对这些问题所需要的知识是广阔而深入的，任务是艰巨而重大的。而目前我国植物学和地理学在这方面的学习和研究的基础都很薄弱，现有的力量也很有限。所以我们需要有步骤有计划地组织起来。在高等学校中的植物专业和自然地理专业合作下，大量培养学生；在研究机构中，地理研究所和植物研究所共同发展这方面的科学。这样，摆在我们面前的伟大的光荣任务，才可以逐步胜利地完成。而这些任务的完成也就是促使我们国家早日过渡到社会主义的重要一环。

参考文献

[1] 夏纬瑛, 1954 年。管子书地员篇校点注(未刊稿)。
[2] Кудряшов, Л. В. (改编), 1950. 植物地理学(傅子祯、王燕译), 中华书局出版。
[3] 全苏第二次地理学代表大会论文集(王恩涌译, 李继侗校)(油印)。
[4] Жуковский, П. М., 1949. 普通植物学(王道济等译), 下册第七章, 中华书局出版。
[5] Генкель, П. А., Кудряшоз, Л. В., 1950. 植物学(傅子祯译), 第三分册第三篇, 中华书局出版。
[6] Шенников, А. П., 1950. 植物生态学(王汶译), 新农出版社。
[7] 苏联科学院编, 1954. 地植物学研究(李继侗译), 中国科学院植物研究所油印(即将正式出版)。
[8] 胡先骕, 1954. 水杉、水松、银杏, 生物学通报, 12 月号。
[9] 徐仁, 1954. 在总路线灯塔光辉照耀下古植物学的任务, 科学通报, 7 月号。
[10] 拉甫连科, Е. М., 1954. 植物地理学, (徐士珍译自苏联大百科全书, 第 10 卷, 475—478 页), 地理知识, 9 月号。
[11] 格拉西莫夫, И. П. 等, 1952. 改造自然与自然地理学的任务(李文彦等译), 中国科学院出版。
[12] 侯学煜, 1954. 中国境内酸性土、钙质土和盐碱土的指示植物, 中国科学院出版。
[13] 吴征镒, 1953. 苏联植物学研究工作概况, 植物学报, 2, (4)。
[14] 张昭, 1955. 对今后防护林营造工作的几点意见, 中国林业, 1 月号。
[15] Александрова, Г. Ф., 1954. 辩证唯物主义(马哲译), 人民出版社出版。

"植物地理学的内容、范围和当前任务"解读

江 源

　　侯学煜（1912—1991），安徽和县人，中国科学院植物研究所研究员，中国科学院学部委员（1993年改称中国科学院院士），著名植物生态学家、地植物学家。侯学煜1937年毕业于中央大学（现南京大学等的前身）农学院农化系土壤专业，毕业后在中央地质调查所土壤研究室工作。1945年考取中华农学会（现中国农学会前身）留美奖学金赴美留学，1947年毕业于美国宾夕法尼亚州立大学并获硕士学位，两年后又于该校获博士学位。1950年回国，任中国科学院植物研究所研究员，1980年当选中国科学院学部委员。

　　侯学煜生前曾任《植物生态学与地植物学丛刊》（现《植物生态学报》）主编、《植物学报》《地理学报》《自然资源》等编委、《中华人民共和国自然地图集》编辑委员会委员等学术职位，长期从事植物地理学的分支学科领域和方向——地植物学、植被制图、植物生态学等的研究和教学工作。他是中国植物生态学和地植物学的主要开创者之一，奠定了中国植物生态学系统研究的基础，为植被科学领域作出了重要贡献。

作者介绍：江源（1960— ），女，甘肃人，北京师范大学地理科学学部自然资源学院教授，中国地理学会会员（S110006183M），研究方向为生物地理学。E-mail: jiangy@bnu.edu.cn

一、论文的写作背景及主要内容

"植物地理学的内容、范围和当前任务"一文，是侯学煜回国后，面对中华人民共和国建设中急需培养相关专业人才，科学有序开展自然资源调查、荒山荒坡利用改造、水土保持和防风固沙等需求，完成的一篇理论与实践紧密结合的学科综述性论文。该文梳理了我国和世界植物地理学的早期思想，也肯定了洪堡（Alexander von Humboldt）等学者对植物地理学的贡献，论文还特别总结了新中国成立初期植物地理学在高等教育体系中受到的重视，指出"现在除了在综合性大学的生物系植物专业和地理系植物地理专门化学生都必须学习植物地理学外，全国各省每一师范学院的地理系，也都设有植物地理课"。

论文在总结了国内外相关研究的文献的基础上，系统地论述了植物地理学的研究内容和范围。在植物地理学的学科定位方面，论文强调了植物地理学在植物科学和地理科学之间的交叉学科地位，并指出野外调查和长期定位研究是从两个学科角度研究植物地理学的共同方法。在研究内容方面，认为"植物地理学是研究世界上植被的群落和群落的种属组成，种类区域分布，植物与环境的相互关系以及植物群落与过去及现在环境的相互关系"。具体包含了四个研究领域，即植物生态学、地植物学（植物群落学）、植物历史地理学和植物种类地理学。其中，植物生态学研究主要揭示植物在环境影响下，究竟哪些生态因素，在什么时候和怎样的配合下影响植物生理和生物化学的变化，怎样影响植物形态、构造、生长、发育、繁殖及其在自然界与其他有机体的关系；地植物学是在生态学的基础上研究植物群落的类型及其在地表分布以及与当地生态因素的相互关系，研究群落的演变、发展和植物间相互关系的规律性；植物历史地理学，主要是根据植物的木材、枝叶、种子、果实、花粉、孢子的化石来研究地质时代的植物种和植物群落，解决古地植物学问题和现代植物群落来源问题；植物种类地理学，亦即植物分布区地理学，主要研究植物分类单位（科、属、种）和由其组成的植物群落在世界上的区域分布和传布的规律，并且说明它们分布的界线和原因。

在基础学科理论方面，论文充分肯定了植物历史地理学和植物种类地理学的地位和作用，在理论联系实际服务国家建设方面，论文强调"为着适应我国社会主义建设需要……植物地理学的内容目前应以植物生态地理学的范围为主要环节"，指出植物地理学主要是研究植物与地理环境的相互关系的自然规律，因此，它和农学、林学有密切不可分割的关系。

二、论文相关研究的学术影响和时代贡献

这篇论文充分总结了当时世界各国有关植物地理学的学科结构和研究进展，同时考虑到中华人民共和国建设和发展的需要，提出了对于植物地理学内容、范围的认识，并且理论联系实际，指出了植物地理学在当前国家建设中应该发挥的作用。回顾几十年来的高等教育人才培养、科技发展和国家建设过程，可以看出这篇论文虽然发表于1955年，但论文中所主张的学科架构以及希望推动的研究和实践应用，在之后产生了深远的影响。

在学科建设和人才培养方面，本文所肯定的由植物生态学、地植物学（植物群落学）、植物历史地理学和植物种类地理学集合形成的植物地理学"四元结构"，之后经过发展与整合，最终形成了植物生态地理学、植物区系地理学和植物群落与植被地理学"三元结构"，为我国植物地理学的发展和人才培养奠定了基础。1977年恢复高考以来，高等院校地理学各专业，还有一些林业和农业院校的部分专业所采用的植物地理学教材，大多数围绕着该内容体系编写，如由高等教育出版社1979年出版的《植物地理学》（第一版），发展至今已经出版到第五版（2020年），虽然内容不断更新，但结构上一直以"三元结构"为基础进行框架设计和章节编排。

在理论研究和实践应用方面，本文围绕植物群落与环境关系这个核心问题，阐述了应用植物地理学在我国自然区划和农林牧业发展规划、植物资源的调查和利用、生态防护林建设和生态防护工程设计中，应该遵循植物与环境关系的规律，同时重点强调了植物群落调查和植被制图工作的重要性。鉴于我国当时植物地理学开展研究工作有限，论文指出全国植被制图工作的推进路线应该为：典型区域制图→总结群落环境关系规律→大区域应用试点→全国性整体推广。论文提出为了保证国家发展中的资源供给，应该开展荒地荒山资源调查。为此，应该"首先调查荒地荒

山的植被，做出调查区比较详细的植被分布图。根据植被的类型就可以认识荒地荒山土壤的性质和它所在地的其他环境方面的特征"。

在上述学术思想的指导下，20世纪50年代之后，植被调查工作在全国各地都有较大推进。在此基础上，侯学煜从20世纪80年代开始组织系统性的中国植被图（1∶100万）的编研工作。2001年科学出版社正式出版了由侯学煜主编，由中国科学院有关研究所、有关部委和各省区有关部门、高等院校等53个单位、250多位专家共同编制的《1∶1 000 000 中国植被图集》。此图集是我国植被生态学工作者40多年来继《中国植被》（1980）等专著出版后又一项系统化的总结性成果，详细反映了我国11个植被类型组、54个植被型的796个群系和亚群系植被单位的分布状况、水平地带性和垂直地带性分布规律，同时反映了我国2 000多个植物优势种、主要农作物和经济作物的实际分布状况，以及优势种与土壤和地表地质条件的密切关系。由于此图集属于现实植被图，故反映着我国植被的质量现状。此图集是国家自然资源和自然地理特征的基本图件，在研究全球环境变化、生物多样性、环境保护与监测等科研和管理工作中发挥了重大作用。

从20世纪50年代至今，我国的基础科学研究、国家经济建设以及资源和环境保护与管理的水平不断提高，与此同时"植物地理学的内容、范围和当前任务"一文中学术观点和对其的认知也在持续扩展。改革开放以来的各项重大生态工程，如防护林建设工程、退耕还林（草）工程、天然林生态保育工程等，均对植物群落与环境关系，特别是侯学煜提出的"因地制宜，研究适宜树种"，即后期的"适地适树"原则给予了高度重视，强调建设、保护和恢复与区域生态条件相适应的森林、草地等植被类型和生态景观。为了贯彻我国生态文明建设等基本国策，实现建设美丽中国、维护生态安全等目标，国家持续推进基础性科技工作专项工作，并组织开展了第二次青藏高原综合科学考察、第三次新疆综合科学考察等，对相关地区的植被图编制工作，也成为其中不可或缺的重要研究内容和科技成果目标。

展望未来，随着科学和技术发展，植物地理学的研究仍然需要以第一手数据为支撑，持续推进定量化、精细化、系统化的科学研究，并以此为基础完善和创新植被分类体系及与之相关的各类生态参数的时空组织结构体系，在深度揭示地球系统过程变化规律的同时，为改善环境和统筹国家资源开发与保护等作出更多贡献。

中国动物地理区域*

郑作新　　　　张荣祖

（中国科学院动物研究室）（中国科学院地理研究所）

我国疆域广大，地形复杂，气候从亚寒带伸展到热带，各地植被也有显著的差异。在这样纷繁的自然环境里，滋育着各式各样的动物。我国究竟产有多少不同种类的动物，直到现在，还没有做过全面而精确的调查研究，内地及偏僻地区的资料尤其贫乏，所以很难加以详确的统计。但据现在所知，国内所产的陆栖脊椎动物，估计约有 1,800 种，约占全世界种数 10%[①]，由此可见我国所产的动物是相当丰富的。

在我国境内各个不同的自然环境里，由于动物长期演化的结果，动物区系的组成是互异的。这些互异我们认为可作为动物地理区划的准绳。本文在考虑划区时，主要以优势种类的成分和分布（前者决定区位，后者决定界线）为对象，同时还特别注重分类学上个别特殊的种，因为它们比之更大的分类单位，如属、科等，更能明确地表现出动物区系的特征。任一地区中不同的种，在相同的环境中，常有相同的适应，因而形成该区动物在生态上的综合特征。陆上各类动物各有其自然分区，不过在动物地理的划区上，大都以高等动物为准，特别是哺乳类与鸟类。鸟类因有迁徙关系，其分布主要以繁殖区域的范围为依据。本文依这二类在国内的分布情形，划分全国为东北、蒙新、西藏、华北、华中、西南及华南等七亚区。

第 22 卷第 1 期，1956 年 3 月

引用本文：郑作新, 张荣祖. 中国动物地理区域. 地理学报, 1955, 22(1): 93-110. [Zheng Zuoxin, Zhang Rongzu. On tentative scheme for dividing zoogeographical regions of China. *Acta Geographica Sinica*, 1955, 22(1): 93-110.]

* 本文在研究过程中，承朱洗、陈桢、张作人、张孟闻、张春霖、薛德焴、寿振黄、谭邦杰、罗开富诸先生提示不少宝贵意见，作者谨在此表示谢意。

① 据郑作新，1955 甲。

一、各亚区的主要特征

（一）东北亚区

本亚区包括内蒙古自治区及东北北部的兴安岭山地，往南抵长白山一带，气候寒冷，森林茂密而广大，耐寒性的森林动物十分丰富。比较特殊的有食肉类的东北马熊（*Ursus arctos lasiotus*）、东北狗熊（*Selenarctos thibetanus ussuricus*）、猞猁（*Lynx lynx isabellina*），啮齿类中的松鼠（*Sciurus vulgaris*）、红背䶄（*Clethrionomys rutilus*）、飞鼠（*Pteromys volans*），偶蹄类的麝（*Moschus moschiferus*）、狍（*Capreolus capreolus bedfordi*）、东北马鹿（*Ceruus elaphus xanthopygus*）等，就中有不少种类是优良的毛皮兽，尤其是鼬（即貂）科动物，在此森林密蔽的地带特形繁盛，例如紫貂又称黑貂（*Marles zibellina*）、鼬（*Mustela sibirica*）、香鼬（*M. altaica*）、伶鼬（*M. nivalis*）、白鼬（*M. erminea*）、艾鼬（*M. putorius*）、青鼬或称蜜狗（*Charronia flavigula*）等。紫貂是闻名世界的一种最贵重的毛皮，而在貂类毛皮中，产量最多的当推青鼬。这些动物大都是广泛分布于欧亚大陆北部泰加（taiga）林地带的。鼬科以外的皮毛动物，尚有不少，就中以貉（*Nyctereutes procyonoides*）、水獭（*Lutra lutra chinensis*）、赤狐（*Vulpes vulpes*）、狼（*Canis lupus chanco*）、北虎（*Felis tigris longipilis*）、银钱豹（*F. pardus orientalis*），啮齿类中的松鼠、花鼠（*Eutamias sibiricus orientalis*）、东北野兔（*Lepus mandshuricus*）等，比较为一般人所熟悉。这些种类的分布虽然不限于东北，但在此实较繁盛，捕获量也是较多的。所产毛皮兽，尤其在冬时，大都毛丰而软，且富于光泽，因而认作上品。

在大兴安岭山地北部的森林是横贯西伯利亚泰加林的边缘地带，气候酷寒，土壤常年冻结，为我国的"寒极"。有些栖息于北极圈及西伯利亚的寒带动物分布至此，像狼獾（*Gulo gulo*）、驼鹿俗称堪达罕（*Alces alces cameloides*）、驯鹿（*Rangifer tarundus phylarchus*）、雪兔（*Lepus timidus*）等，驯鹿并为艾文克族所役用。在黑龙江流域还记载有北极狐（*Alopex lagopus*）[①]、旅鼠（*Lemmus sibiricus amurensis*）、雪羊（*Ovis canadensis nivicola*）等，但究竟是否得自我国境内，尚待证实。最近在小兴安岭北部发现有被苏联驯化的一种贵重毛皮兽——麝鼠（*Ondatra zibethica*）[②]。这确是人类影响对动物分布所引起的一种良好例子。

---

① 据 Sowerby，1923，2：44。
② 据寿振黄等，1955。

中国动物地理区域 | 285

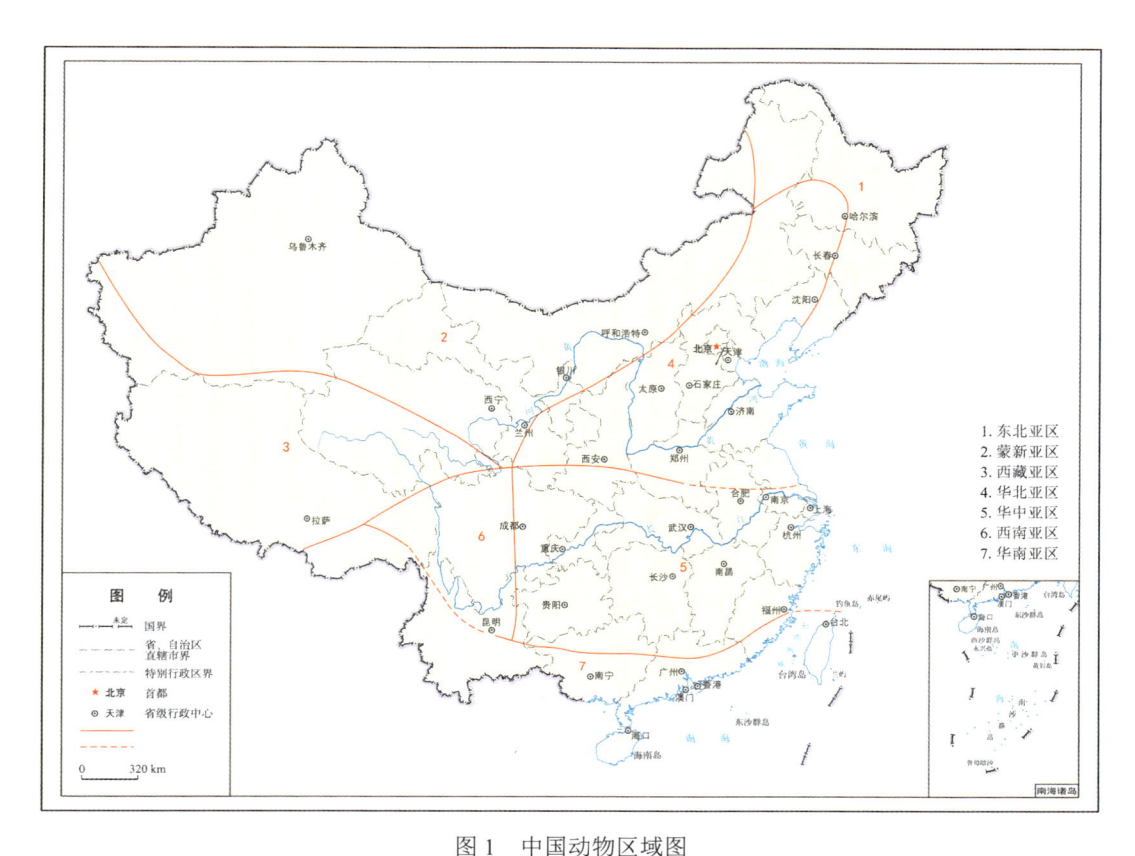

图1　中国动物区域图

1.东北亚区　2.蒙新亚区　3.西藏亚区　4.华北亚区　5.华中亚区　6.西南亚区　7.华南亚区

（编图：本文作者　　绘图：张荣祖）

鸟类方面在分布上著有意义的，当推潜鸟科（Gaviidae）的绿喉潜鸟（*Gavia arctica viridigularis*），松鸡科（Tetraonidae）的松鸡（*Tetrao urogalloides*）、雷鸟（*Lagopus lagopus*），戴菊科（Regulidae）的戴菊鸟（*Regulus regulus*），旋木雀科（Certhiidae）的旋木雀（*Certhia familiaris*），岩鹨科（Prunellidae）的领岩鹨（*Prunella collaris*），鹪鹩科（Troglodytidae）的普通鹪鹩（*Troglodytes troglodytes*），太平鸟科（Bombycillidae）的十二红（*Bombycilla japonica*），鸦科（Corvidae）的北噪鸦（*Perisoreus infaustus*）、渡鸦（*Corvus corax*）等。此外，还有好些种类夏时迁抵此处繁殖，尤其是隶属于䴙䴘（Colymbidae）、鸭（Anatidae）、雀（Fringillinae）等科的候鸟，如赤颈䴙䴘（*Colymbus grisegena*）、绿头鸭（*Anas platyrhynchos*）、针尾鸭（*A. acuta*）、青头潜鸭（*Aythyi baeri*）、黄胸鹀（*Emberiza aureola*）、芦鹀（*E. pallasi*）等。这些鸟类，其在我国范围内的繁殖区域也大都仅以此地为限。

此地因松林畅茂，所以依球果种子为食的禽鸟如雀科的锡嘴雀（*Coccothraustes*）、蜡嘴雀（*Eophona*）及交嘴雀（*Loxia*）等均甚发达。林间草原所产的雉类亦特繁盛，冬时因避寒群趋山麓地带，以致屡被捕杀，尤以斑翅山鹑（*Perdix daurica*）及野鸡（*Phasianus colchicus pallasi*）等捕获量最多，为我国近年来食品出口的一大宗。

许多西伯利亚特著的鸟类，如潜鸟科、海雀科（Alcidae）中的许多种类以及雪鹗（*Nyctea scandiaca*）、雪鹀（*Plectrophenax nivalis*）等，虽繁殖在更北地带，但均迁至本亚区越冬，且它们在我国境内的越冬范围也大都仅限于此。

（二）蒙新亚区

本亚区包括大兴安岭以西，长城与昆仑山脉以北的干旱地区。境内雨量稀少，西部是荒漠和半荒漠地带，年雨量不足 100 毫米；东部年雨量在 250 毫米左右，是草原地带。因此，本亚区的特征是有极其丰富的荒漠草原动物。特产动物甚多，其中又以啮齿类在种数和个数上均特繁盛。像跳鼠科（Dipodidae）的小土跳鼠（*Alactagulus pumilio*）、五趾跳鼠（*Allactaga sibirica*）、倭跳鼠（*Cardiocranius paradoxus*）、长耳跳鼠（*Euchoreutes naso*）、厚尾跳鼠（*Stylodipus telum*），仓鼠科（Cricetidae）的短耳仓鼠（*Cricetulus eversmanni*）、高山鼠（*Alticola roylei*）、荒漠毛跖鼠（*Rhodopus roborovskii*）、长爪沙鼠（*Meriones unguiculatus*）、短耳沙鼠（*Brachiones przewalskii*）、大沙鼠（*Rhombomys opimus*）、兔尾鼠（*Lagurus luteus*）、鼹形田鼠（*Ellobius talpinus*），鼠兔科（Ochotonidae）的北鼠兔（*Ochotona dauurica*），松鼠科的北黄鼠，俗称大眼贼（*Citellus citellus*）、淡尾黄鼠（*C. pallidicauda*）等。它们在适应上都能久耐干旱，毛色通常为浅淡或黄褐，并无鲜明的色彩或斑纹；有些种类如黄鼠、毛跖鼠、鼹形田鼠等，还群聚穴居于地中，且大都有在洞穴中冬眠的习性。跳鼠科动物具有特长的尾与后肢，能在风沙中迅速地作长距离的跳跃，足底并具硬毛垫，能在沙地奔驰。这些啮齿动物由于苛酷的生活条件，均有高度的繁殖力，在有利年份大量繁殖时，常破坏巨大面积的草场，使畜牧业遭受不少损失。

北旱獭（*Marmota bobak sibirica*）是内蒙古及蒙古戈壁特有的优良毛皮兽，但也是传染鼠疫的重要媒介。新疆产有长尾旱獭（*M. caudata aurea*）及高山旱獭（*M. m. baibacina*），后者分布至天山及阿尔泰山。食草兽中有结群的黄羊（*Prodorcas gutturosa*）、羚羊（*Gazella subgutturosa*）等。前者常见于草原，后者习居于荒漠地带。在阴山山脉和甘肃北部的岩坡上，还产有适应于岩居的种类，像达氏盘羊（*Ovis ammon darwini*）、蒲氏原羚（*Procapra picticaudata przewalskii*）等。阿尔泰山脉的高山中产有北山羊（*Capra ibex sibirica*）。最特殊的是蒙驴（*Equus h. hemionus*）与野马（*E. przewalskii*）。前者分布较广，自甘肃北部，经戈壁而至蒙古人民共和国；后者是世上现时仅存的野马，仅遇见于新疆的东北部和阿尔泰山区。主要栖息于苏联里海附近草原的赛加羚（*Saiga tatarica*）亦分布于本亚区的准噶尔盆地。这些栖息于干燥地带的动物均善于驰走，并且常成大群，作长距离的迁徙，而集中在水草比较丰富的地区。据说[①]新疆南部塔里木河下游的库卢克（Kourouk）山与阿尔泰山间的狭窄荒漠地区，至今还产有野生的双峰驼（*Camelus bactrianus*），这可视为目前世上骆驼科中仅存的野生种[②]；但有人以为双峰驼在有史以前已被驯养，因而认为目前所见的野生骆驼也许是由饲养种逃出而变野生化的。

这地区的食肉类，除草原上的狼群为最特殊外，主要分布于漠地的有漠狐（*Vulpes corsac*）、虎鼬（*Vormela peregusua*）及荒漠猫（*Felis bieti*）等，但为数并不多。新疆塔里木流域还见有虎的踪迹。此地所产的食虫类，除短棘猬（*Memiechinus*）外，只有麝鼩（*Crocidura ilensis*）的一亚种。栖息荒漠的蝙蝠，亦只寥寥几种而已，内以大棕蝠（*Eptesicus nilssonii gobiensis*）比较特殊。

一般说来，蒙新高原上所产的哺乳动物，虽比较缺乏，但如上所述，所产种类中，不少是国内其他区域所未遇见的。

本亚区的鸟类，像哺乳类一般，以适应于荒漠生活为它们的主要特征。特著的种类有鸨科（Otidae）的大鸨（*Otis tarda*），沙鸡科（Pteroclididae）的毛腿沙鸡（*Syrrhaptes paradoxa*），鹰科（Accipitridae）的须兀鹫（*Gypaetus barbatus*），雉科的蓝马鸡（*Crossoptilon auritum*），鸠鸽科（Columbidae）的雪鸽（*Columba leuconota*），鸦科的漠地鸦（*Podoces hendersoni*）、黄嘴山鸦（*Pyrrhocorax graculus*），百灵科（Alaudidae）的沙百灵（*Calandrella pispoletta*）、蒙古百灵（*Melanocorypha mongolica*）、角百灵（*Eremophila alpestris*），鸭科（Sittidae）的黑头鸭（*Sitta canadensis*），河乌科（Cinclidae）的白腹河乌（*Cinclus cinclus*），鹟䳭科的普通鹟䳭，鸫科（Turdidae）的沙䳭（*Oenanthe isabellina*），莺科（Sylviidae）的沙莺（*Sylvia nana*），岩鹨科的黑喉岩鹨（*Prunella atrogularis*），文鸟科（Ploceidae）的雪雀（*Montifringilla* spp.），雀科的沙雀（*Bucanestes githagineus*）、高山地雀（*Leucosticte brandti*）等等。它们对荒漠的适应，犹如荒漠中的啮齿动物一般，大都羽毛近似沙色，并能耐极度寒暑及长期干旱，而且通常结群奔食。好些种类的脚变长而健，趾却变短或减少，以便驰走于沙中。沙鸡甚且结成大群，远迁异地，例如在 1888 年曾经向西窜至英伦三岛，1907—1908 年也曾有大量向东迁抵河北省的东北。沙䳭与雪雀并常利用黄鼠（*Citellus*）的洞穴营巢[③]，鼠鸟同穴相处，也是在荒漠地带的一种特殊适应。

除上述外，尚有不少禽鸟自欧洲或非洲伸展至此亚区的边境，如鸠鸽科的中亚鸽

---

① 据 Pousargues，98（见 Allen, 1938—1940, 2: 133）。
② 单峰驼（*C. dromedarius*）现已无野生种。
③ 据 Prjevalsky，1887, p.416；及 Sowerby, 1914, p.139.

（*Columba eversmanni*）、斑尾林鸽（*C. palumbus*）、棕斑鸠（*Streptopelia senegalensis*），鸱鸮科的纵纹角鸮（*Otus brucei*），夜鹰科的欧夜鹰（*Caprimulgus europaeus*），文鸟科的黑胸麻雀（*Passer hispaniolensis*），莺科的靴鳞篱莺（*Hippolais caligata*）与真莺（*Sylvia* spp.）等。

新疆北端的阿尔泰山区与东北大兴安岭北部一样，为西伯利亚泰加林带的边缘地带，实应划归于东北亚区，所产动物与东北大兴安岭北部泰加林区也很相似。境内并曾发现一种大形啮齿类河狸，即旧称海狸（*Castor fiber birulai*），是稀有的珍贵毛皮兽，亦可供制香料用。

（三）西藏亚区

本亚区包括昆仑山以南及横断山脉以西的大高原，地势高峻，气候严寒而干燥。5,700米以上的高山终年积雪，植物矮小而呈垫状，生长稀疏，只在金沙江、澜沧江、怒江上游地带，有大片的莎草草原。高原上气候严酷，草类生长季短，昆虫也稀少，一般鸟兽因甚贫乏，只有适于高原环境的特殊种类才能生存其间。最特殊的是偶蹄类中的牦牛（*Poephagus grunniens*），身被长而厚的毛，不畏暴风积雪，早为藏胞所驯养，供在高山上负荷载重之用，野生的现时已很少了。境内普遍分布的藏羚（*Pantholops hodgsonii*）也是特有的种，其雄者有角，呈竹节状。此外，像藏盘羊（*Ovis ammon hodgsonii*）、藏原羚（*Procapra p. picticaudata*）、岩羊（*Pseudois nayaur szechuanensis*）等，都是高山型动物。在奇蹄类中，西藏高原所产的藏驴（*Equus hemionus kiang*）与蒙新漠地的蒙驴，是隶于同种的。高原上穴居的啮齿类为数不少，像高原鼠兔（*Ochotona koslowi*）、藏仓鼠（*Cricetulus lama*）、短尾仓鼠（*C. allicola*）等素推为特产。藏旱獭俗称雪猪（*Marmota bobak himalayana*）、灰尾兔（*Lepus oiostolus*）、红鼠兔（*Ochotona rutila*）、罗氏鼠兔（*O. roylei*）等，均为此地区与西南山地所共有的特殊动物。鼠兔的洞穴常有红颈雪雀（*Montifringilla ruficollis* 等）栖息其间，过着共栖生活[①]。

高原上的猛兽有藏马熊（*Ursus arctos pruinosus*）、狼、猞猁、藏豺（*Cuon alpinus laniger*）、高原狐（*Vulpes ferrilata*）、雪豹（*Felis uncia*）等，猎食各种野羊、旱獭及其他啮齿动物。

此地特产鸟类为数也不多。雉科最为发达，例如雪鹑（*Lerwa Lerwa*）、藏雪鸡（*Tetraogallus tibetanus*）、藏马鸡（*Crossoptilon crossoptilon*）、高原山鹑（*Perdix hodgsoniae*）、棕尾虹雉（*Lophophorus impejanus*）等；次为雀科，其中当推地雀、藏朱雀（*Erythrina rubicilla*）、藏雀（*Kozlowia roborowskii*）、红额丝雀（*Serinus pusillus*）、高原金翅雀（*Carduelis*

---

① 据 Prjevalsky, 1887, p.414；及 Hartert, 1910, p.135.

spinoides）等为特著。此外，还有雪鸽、雪雀、角百灵、沙百灵、鹪鹩、山鸦、地鸦、红岩鹨（*Prunella fulvescens*）、须兀鹫以及鸭科的斑头雁（*Anser indica*）、赤麻鸭（*Tadorna ferrugina*）等，均在此繁殖。以上所举的种类有不少是与蒙新亚区共同所产的。

（四）华北亚区

本亚区北临蒙新与东北亚区，南抵秦岭、淮河，西起陇山，东到海边，包括东北平原、甘肃南部、山西及陕西的黄土高原以及黄淮平原。广大的高原和平原几全为农耕地带，旧时森林仅局部残存，零星分散于燕山、秦岭、太行、小五台等山地。各地森林破坏后成为草地、灌丛或梢林，在黄土沟谷中也有灌丛生长。本亚区森林既少，森林动物因亦贫乏；反之，为害作物的啮齿类动物，广泛分布于田野与黄土沟谷间，如大长尾仓鼠（*Cricetulus triton*）、棕色田鼠（*Mierotus mandarinus*）、鼢鼠（*Myospalax smithi*，*M. fontanierii*）等、花背田姬鼠（*Apolemus agrarius*）等，它们大都在耕地穴居，盗食谷物，为害不小，有些动物栖息于山地岩坡的灌丛地带，例如岩松鼠（*Sciurotamias davidianus*）。食肉兽中以狼、狐、鼬等最常见。刺猬（*Erinaceus europaeus*）为森林砍伐后最能适应于田野环境的一种动物。

四不像（*Elaphurus davidianus*）是一种珍奇的鹿，前曾一度饲养在北京的南苑，现虽已灭绝，但从殷墟掘出的化石来推测，它原是栖息于黄河下游芦苇地带的一种野生食草兽。

本亚区与蒙新漠地毗连，有一些沙漠型的啮齿类伸展至此，像五趾跳鼠、北鼠兔、子午沙鼠（*Meriones meridionus*）等。东北林地亦有不少的种扩展至此地带，例如松鼠、花鼠、飞鼠、狍、马鹿、麝等。河北森林地带发现有沟牙飞鼠（*Aeretes melanopterus*），为本亚区的一种特产。山西森林中见有石貂亦称扫雪貂（*Martes foina*），与东北所产的相似[①]，又产有 *Clethrionomys rufocanus shanseius*，实为戈壁以南唯一的䶄。

南方种类如白颊花松鼠（*Tamiops swinhoei*）、社鼠（*Rattus confucianus*=*niviventer*）、菊头蝠（*Rhinolophus*）、伏翼（*Pipistrellus*）等，也有少数分布至本亚区，而且大多不再向北伸展。

境内所产的鸟类以隼、雉、百灵、鸦、雀等科比较常见；特著的有红脚隼，俗称青燕子（*Falco vespertinus amurensis*）、石鸡（*Alectoris graeca*）、斑翅山鹑、沙百灵、凤头百灵（*Galerida cristata*）、鹪鹩、灰喜鹊（*Cyanopica cyana*）、沙雀、红交嘴雀（*Loxia curvirostris japonica*）、黄眉鹀（*Emberiza elegans*）、灰头鹀（*E. spodocephala*）等，就中褐马鸡（*Crossoptilon mantchuricum*）与长尾鸡（*Syrmaticus reevesii*），其分布就今所知，在全国范围内仅限于此

---

① 据 Sowerby，1923，p. 66。

地区。北太平洋特产的海雀科（Alcidae），内有一种称扁嘴海雀（*Synthliboramphus antiquus*），曾经发现在青岛繁殖，足可推为国内仅有的纪录①。

南方禽鸟亦有些向北扩展至此，特别是在夏时。最明显的当推三趾鹑科（Turnicidae）的黄脚三趾鹑（*Turnix tanki*），雉鸻科（Jacanidae）的水雉（*Hydrophasianus chirurgus*），杜鹃科（Cuculidae）的大杜鹃（*Cuculus canorus*），卷尾科（Dicruridae）的黑卷尾（*Dicrurus macrocercus*），黄鹂科（Oriolidae）的黑枕黄鹂（*Oriolus chinensis diffusus*），绣眼鸟科（Zosteropidae）的红胁绣眼鸟（*Zosterops erythropleurs*）等。

（五）华中亚区

本亚区包括四川盆地以东的长江流域，气候温和，雨量较丰。南部主要为亚热带常绿阔叶林，北部主要为暖温带常绿阔叶落叶阔叶混交林地带，两者互相交错，呈现过渡地带的特征。现在原始森林已很少，森林破坏之地大多蔓生茂密的灌丛，或成为次生林。此地动物种类相当丰富，但特产不多。哺乳类中有猪尾鼠（*Typhlomys cinereus*）、短耳兔（*Lepus sinensis*）、大伏翼（*Pipistrellus io*）、獐（*Hydropotes inermis*）、簇鹿（*Elaphodus cephalophus*）、冠麂（*Muntiacus crinifrons*）等。獐是国内有名的特产，其分布仅限于长江中、下游的芦苇地带及附近山地。猪尾鼠在分类上另成一科（或亚科），称猪尾鼠科（Platacanthomyidae），迄今在国内仅发现于福建西北山地。此外，有些种类虽分布遍及他地，而在本亚区实为优势动物，如世上有名的鼠属（*Rattus*）、赤腹松鼠（*Callosciurus erythraeus*）、菊头蝠（*Rhinolophus* spp.）、南野猪（*Sus scrofa chirodonta*）、蹄蝠（*Hipposideros* spp.）等。鸟类中如小隼（*Miorohierax melanoleucos chinensis*）、白颈长尾雉（*Syrmaticus ellioti*）、黄腹角雉（*Tragopan caboti*）、竹啄木（*Gecinulus grantia*）等，它们在我国范围内迄今所知，均仅遇见于此地。

本亚区位置介于华北亚区与后述的华南亚区之间。北方特著的种类，间亦有伸展于此地的，例如哺乳类中的狼、洛氏鼢鼠（*Myospalax rothschildi*）、芦田鼠（*Microtus fortis*）、田姬鼠（*Apodemus agrarius*）等，及鸟类中的灰喜鹊、攀雀、黑尾蜡嘴（*Eophona migratoria*）、三道眉草鹀（*Emberiza cioides*）等等。至本亚区与华南亚区在动物区系组成上，更具有密切的关系，以致境内所有特产的动物种类大都为二地区所共有的；例如哺乳类中的猕猴（*Macaca mulatta*）、红面猴（*M. speciosus*）、山獭（*Helictis moschata*）、灵猫（*Viverra zibetha ashonti*）、蟹獴（*Herpestes urva*）、穿山甲（*Manis pentadactyla*）、豪猪（*Hystrix hodgsoni*）、

---

① 据寿振黄，1938，p.177—8。

红颊长吻松鼠（*Dremomys rufigenis*）、白腹花松鼠（*Tamiops swinhoei*），以及多种竹鼠（*Rhizomys* spp.）和麂（*Munliacus* spp.）等。鸟类中例证更多，如雉科的鹧鸪（*Francolinus pintadeanus*）、白鹇（*Lophura nycthemera*），杜鹃科的噪鹃（*Eudynamys scolopacea*）、鸦鹃（*Centropus sinensis*，*C. bengalensis*）、椋鸟科（Sturnidae）的八哥（*Acridotheres cristatellus*），以及须鴷（Capitonidae）、八色鸫（Pittidae）、山椒鸟（Campephagidae）、卷尾、画眉（Timaliidae）、鹎（Pycnonotidae）、啄花鸟（Dicaeidae）诸科中的许多种类。由此可见，本地区动物的组成倾向于华南亚区。

（六）西南亚区

包括四川西部，北起自青海南部山地，南抵云南北隅。境内的横断山脉大都为南北走向，海拔在二三千至五六千米，高峰骈崎，峡谷幽深；气候复杂，谷地燥热，高山凉润。植物主要为亚高山针叶林带，谷底有针叶阔叶混交林带，高山为灌丛竹林或草地。本亚区以产有丰富的高原与高山森林动物为特征。我国特有的猫熊（亦称熊猫，*Ailuropoda melanoleucus*）栖息于区内3,000—4,000米茂密竹林间，以竹笋、嫩竹等为食，素被推为食肉类中的"和尚"。猫熊以其构造与习性的特异，另立一科，实为本亚区特有的科别。还有小猫熊（*Ailurus fulgens styani*）、金丝猴（*Rhinopithecus roxellanae*）、羚牛（*Budorcas taxicola*）等，均因罕见而著名于世，在学术上也有相当价值。此外，食虫类在本亚区特形繁盛，尤其是鼩鼱（*Sorex*）、长尾鼩（*Chodsigoa*）、鼩鼹（*Uropsilus*）等，约占国内此类种数的三分之二，鼩猬（*Neotetracus*）还是国内仅有的属别。食肉类中的西康伶鼬（*Mustela nivalis russelliana*），翼手类中的厚耳蝠（*Barbastella loucomelas darjelingensis*），啮齿类中的多种鼠兔、鼯鼠（*Petaurista* spp.）、绒鼠（*Eothenomys* spp.）、高山松鼠（*Rupestes forresti*）、田松鼠（*Pitymys irene*），偶蹄类中的白唇鹿（*Cervus albirostris*）等亦甚特殊。上述不少稀有动物的留存，及许多比较下等种类（如在食虫类）的繁盛，足示这山区还是东亚古老种类的分布中心。

在鸟类中，雉科的四川雉鸡（*Tetraophasis szechenyii*）、绿尾虹雉（*Lophophorus lhuysii*）、锦鸡（*Chrysolophus*），鸠科的斑鸠（*Columba hodgsonii*），雀科的原雀（*Propyrrhula subhimachala*）、斑翅拟蜡嘴（*Mycerobas melanozanthos*）等，均为本地区固有的留鸟，但为数远不如画眉、鹎、莺等科，尤其是画眉科，包括有许多种类，如雀鹛（*Alcippe*）、凤鹛（*Yuhina*）、奇鹛（*Siva*）、鹛鸫（*Pteruthius*）、噪鹛（*Garrulax*）、白腹鹪鹛（*Pnoepyga albiventer*）、稀鹛（*Heterophasia melanoleuca*）、钩嘴鹛（*Pomatorhinus*）、绿鹛（*Myzornis pyrrhoura*）、姬鹛（*Cutia nipalensis*）等，就中有不少种别其在国内的分布仅限于此地，因此本亚区直可

称为国内画眉的乐园。

本亚区因境内山脉形势与气候等关系，致有不少北方哺乳动物分布于横断山脉的较高或较北地带，例如前面所提的鼹鼠、鼠兔以及原鼢鼠（*Myospalax fontanierii*）、林跳鼠（*Zapus setchuanus*）、鼷鼠（*Sicista concolor*）、麝、狍、马熊等。好些北方鸟类如黑啄木（*Dryocopus martius*）、黑头噪鸦（*Perisoreus internigrans*）、角百灵、戴菊鸟、旋木雀、岩鹨、长尾雀（*Uragus sibiricus*）等，也循着横断山脉而向南扩展其繁殖区。另一方面，热带动物沿着横断山脉的较低地带，向北伸展至此者，为数更多，如猕猴、红面猴、花面灵猫（*Paguma larvata intrudens*）、山獭、长吻松鼠、竹鼠、水鹿（*Rusa unicolor dejeani*）等。鸟类方面，南方特著的禽鸟，除上文所述的鸭、画眉等类以外，还有鹦鹉（Psittacidae）、太阳鸟（Nectariniidae）、啄花鸟等。因此，本亚区显然兼具了南北两方动物区系的特征，而呈为一种过渡状态。

本亚区与喜马拉雅山系东部也产有些相同的种类，例如蹼足鼩（*Nectogale*）、小猫熊、羚牛等。西藏高原所产的罗氏鼠兔、岩羊、雪鹑、雪鸡、虹雉、地雀等在此也得遇见，足示本亚区因地形与气候的特殊，而有丰富而复杂的动物区系。

（七）华南亚区

包括雅鲁藏布江下游，云南与两广的南部，福建东南沿海，台湾、海南岛以及南海各群岛。气候大部属亚热带型，炎热多雨、年温较差不大（约 15℃），全年均为生长季，主要为热带亚热带雨林地带。这是我国动物最繁盛的地方，热带树栖动物尤其丰富。例如灵长目中的懒猴（*Nycticebus coucang bengalensis*）、叶猴（*Trachypithecus* spp.）、熊猴（*Macaca assamensis*）、瘦猴（*Pygathrix nemaeus*）、长臂猿（*Hylobates* spp.），啮齿目的树狗（*Ratufa bicolor gigantea*）、斑腹松鼠（*Callosciurus quinquestriatus*）、伶飞鼠（*Petinomys elecilis*）、毛脚飞鼠（*Belomys pearsonii*），翼手目的犬蝠（*Cynopterus* spp.）、狐蝠（*Pteropus dasymallus*）等。这些都是东南亚热带特有的种类，其中如懒猴、长臂猿等实可推为热带动物区系的典型。此地所产的热带型的蝙蝠大都以食果为主，与国内他地所见的蝙蝠种类并不相同。此外，还有半树栖半地居的树鼩（*Tupaia glis*），也是本亚区在全国范围内独有的特殊动物。

森林和竹林中有穴居的粗毛竹鼠（*Rhizomys pruinosus*），半树栖的毛猬（*Hylomys suillus*）以及各种树栖的鼠类，如笔尾树鼠（*Chiropodomys gliroides*）、长尾攀鼠（*Vandeleuria oleracea*）等，就中有不少特殊的属别，在国内仅见于本亚区（参看表 1）。森林中的食肉类有椰子猫（*Paradoxurus hermaphroditus*）、斑森猫（*Prionolon pardicolor*）、莽猫（*Felis chaus affinis*）及水栖的小爪水獭（*Aonyx cinerca*）等。著名的猛兽有南虎（*Felis tigris amoyensis*）、印度豹（*Felis paradus fusca*）、云豹（*Felis nebulosa*）等，最后一种在国内的分布大抵限于

此亚区。食草兽种类比较少，只有吠麂（*Muntiacus muntjak*）及广泛分布的野猪等。云南西部可能还产有泽鹿（*Rucervus schomburgki*）、印度水獭（*Lutra perspicillata*）及印度穿山甲（*Phatages crassicaudata*）等，确否尚待证实。

上面所举的种类中，不少是由更南的地区分布至我国的热带动物。在云南西双版纳傣族自治州的允景洪、保山一带，据说还有残留在我国的印度象（*Elephas maximus*）。雅鲁藏布江下游，传闻产有犀牛，但究竟属实与否以及所产的究属何种，还需要进一步的调查。

鸟类方面，本亚区除与华中亚区共有许多特著的科别，如鹭、须鴷、画眉、鸭、啄花鸟等（详见前节）以外，更产有非常丰富的热带种类。它们大都羽色鲜丽，而适应于缤纷繁杂的植被景观，此地所产的果实与虫类亦多，而这些禽鸟非食虫即食果，但亦有兼食

表 1 华南亚区特产哺乳动物的属别

树鼩科*	TUPAIIDAE	长臂猿科	HYLOBATIDAE
树鼩	*Tupaia*	长臂猿	*Hylobates*
猬科	ERINACEIDAE	鼬科	MUSTELIDAE
毛猬	*Hylomys*	细爪水獭	*Aonyx*
鼩鼱科	SORICIDAE	灵猫科	VIVERRIDAE
臭鼩鼱	*Suncus*	椰子猫	*Paradoxurus*
狐蝠科	PTEROPIDAE	松鼠科	SCIURIDAE
狐蝠	*Cynopterus*	树狗	*Ratufa*
犬蝠	*Pteropus*	穿山甲科	MANIDAE
果蝠	*Rousettus*	印度穿山甲	*Phatages*
鞘尾蝠科*	EMBALLONURIDAE	鼯鼠科	PETAURISTIDAE
墓蝠	*Taphozous*	伶飞鼠	*Petinomys*
蝙蝠科	VESPERTILIONIDAE	毛脚飞鼠	*Belomys*
扁头蝠	*Tylonycteris*	鼠科	MURIDAE
黄蝠	*Scotophilus*	拟袋鼠	*Bandicota*
犬吻蝠科	MOLOSSIDAE	攀鼠	*Vandeleuria*
皱唇蝠	*Chaerophon*	树鼠	*Chiropodomys*
懒猴科	LORISIDAE*	拟绒鼠	*Hapalomys*
懒猴	*Nycticebus*	云南攀鼠	*Vernaya*
疣猴科	COLOBIDAE	鹿科	CERVIDAE
叶猴	*Trachypithecus*	?泽鹿	?*Rucervus*
瘦猴	*Pygathrix*	儒艮科	DUGONGIDAE
		儒艮	*Dugong*

*本亚区在我国境内特有的科。

虫果的，甚至有吮花蜜的小形鸣禽。此地所产鸟类在分布上最惹人注意的，当推雉科的绿孔雀（*Pavomuticus*）和原鸡（*Gallus gallus*）、鸠鸽科的楔尾绿鸠（*Sphenurus sphenurus*）、鹦鹉科的绯胸鹦鹉（*Psittacula alexandri*）、草鸮科（Tytonidae）的白腹草鸮（*Tyto longimembris*）、咬鹃科（Trogonidae）的红头咬鹃（*IIarpactes erythocephalus*）、犀鸟科（Bucerotidae）的斑犀鸟（*Anthracoeeros malabaricus*）、莺科的缝叶莺（*Orthotomus sutorius*）、燕鵙科（Artamidae）的灰燕鵙（*Artamus fuscus*）、林鵙科（Prionopidae）的褐林鵙（*Tephrodornis gularis*）、太阳鸟科的捕蛛鸟（*Arachnotherea longirostris*）、文鸟科的织布鸟（*Ploceus philippinus*）、阔嘴鸟科（Eurylaimidae）的银胸丝冠鸟（*Serilophus lunatus*）等。所举诸例均是驰名中外的东洋区典型种类，最后一科还是东洋区所独有的。

台湾与海南岛的动物，和大陆所产的互可比较，一般仅有不同亚种的分化，不过也有一些在我国范围内还可认为特产的种，例如台湾省所产的台湾白齿鼩（*Crocidura tanakae*）、台湾猕猴（*Macaca cyclopis*）、单角菊头蝠（*Rhinolophus monoceros*）、蓝腹鹇（*Lophura swinhoei*）、暗蓝鹊（*Kitta caerula*）等。海南岛的特产更多，如瘦猴（*Pygathrix nemaeus*）、黑长臂猿（*Hylobates concolor*）、犬蝠（*Cynopterus sphinx*）、海南大鼯鼠（*Petaurista hainanus*）、海南兔（*Lepus hainanus*）、海南山鹧鸪（*Arborophila ardens*）、孔雀雉（*Polyplectron bicalcaratum*）、夜蜂虎（*Nyctyornis athertoni*）等，均为国内他地所未见有的种别。在台湾与海南岛一带还曾获得海产的海牛目（Sirenia）、儒艮（*Duong dugong*）[①]，与鹈形目（Pelecaniformes）的鹲（*Phaethon* spp.）。

二、讨 论

本文所述诸亚区中，西藏亚区所产的哺乳动物，与蒙新亚区相较，实属大同小异，例如在哺乳类中有鼠兔、旱獭、原羚、野驴等，在鸟类中有兀鹫、马鸡、雪鸽、沙百灵、地鸦、山鸦、雪雀等，均是两地俱产的著名种类。华北自森林逐渐被砍伐后，所产的鸟兽远不如东北亚区的丰富，但如上所述，彼此仍有不少共同的特征。所举各亚区，自东北以至西藏，虽所占面积相当广大，却共同产有不少种类，例如哺乳类中的马熊、貂、猞猁、狼、鼠兔、旱獭、田鼠、黄鼠、麝、狍、马鹿等，鸟类中的山鹑、马鸡、沙百灵、角百灵、地鸦、山鸦、鸭、旋木雀、沙鵖、戴菊鸟、鸲鹟、岩鹨、地雀等，诸如此类实皆古北区的产物，大都广泛分布于欧亚大陆的北部。以上所举动物，除了少数以外，其在国内的分布均

[①] 由北部湾获得的标本，现藏中国科学院动物研究室。

不超越秦岭以南。现更就科别的分布情况，而行分析。哺乳类中的河狸、马、骆驼诸科，均以东北、蒙新、华北、西藏等亚区为它们在我国境内的分布范围，而不见于秦岭以南地带。鸟类中的潜鸟、海雀、松鸡、沙鸡（Pteroclididae）、鸨、太平鸟诸科，它们的繁殖区域在我国范围内也完全限于上列四亚区。此外，如鼠兔、跳鼠、戴菊鸟、旋木雀、岩鹨诸科，它们的分布虽然大都限于上述范围，但亦采得自西南山地一带。猬、鼹鼠、仓鼠、鸭、鸦、百灵、鹪鹩、䴙、河乌、雀诸科，包括许多种类，在分布上也是同此情形，仅有少数伸展于秦岭以南。上面列举的许多科别，除马、骆驼、鸨、沙鸡等科还分布于热带区域以外，余均通常认为古北区（或全北区）的特征。

另一方面，华中、西南及华南各亚区却有不少特产的科别，如哺乳类中的儒艮、树鼩、狐蝠、鞘尾蝠、猴[①]、疣猴、懒猴、长臂猿、灵猫、穿山甲等科，及鸟类中的鹦、鹦鹉、草鸮、犀鸟、咬鹃、须䴕、阔嘴鸟、燕鹀、林䴗、太阳鸟、啄花鸟、八色鸫诸科；这些已如上文所述，均未获见于我国北部。他如菊头蝠（Rhinolophidae）、竹鼠、豪猪、三趾鹑、雉鸠、杜鹃、画眉、鸭、山椒鸟、卷尾、绣眼鸟诸科，也包括有许多种，大都是长江流域以南地带特著的产物，鲜有越过秦岭以北的。以上所举诸例均是热带种类，就中当推疣猴、懒猴、长臂猿、树鼩、阔嘴鸟等科，为东洋区仅有的特征。

值得提出，在台湾高山上还见有一些古北区的特产种类，如菊池田鼠（*Microtus kilkuchii*）、细尾鼹（*Talpa micrura*）、火冠戴菊鸟（*Regulus ignicapillus goodfellowi*）、高山领岩鹨（*Prunella collaris nipalensis*）、台湾鹪鹩（*Troglodytes troglodytes taiwanus*）等[②]，而在海南岛则除细尾鼹外，完全绝迹。

由上所述，可知我国动物按着它们历史发展的互异，在分布上无疑地分属于世界性的古北与东洋二大区。两区间的最有效的障壁，当推喜马拉雅山系，此为世界学者一致的主张。自此往东，根据上面所讨论的各亚区动物的成分和分布特征，我们暂把两大区的界线划在横断山脉的北端，东迄川北的岷山与陕南的秦岭，再向东延伸至淮河南岸，直抵长江口以北（图1）。自秦岭以东，此界线大致符合于暖温带常绿阔叶落叶阔叶混交林带的北限，这与苏联动物学家 H. A. 波布林斯基（Бобринский）所划的大致相同。秦岭主脉界于汉渭二水之间，在气候上、植物地理上亦为南北明显的分界。至于秦岭向东西两方的自然疆界，尤其在沿海地带，不甚明确，容在下面再予讨论。由于天然障壁的不显著，华北、华中与西南诸亚区，在动物区系的组成上，后二者虽然倾向于东洋区，前一亚区倾向于古北区，已如上面所述，但华中亚区却有不少古北区种类散布于其北部，西南亚区横断山脉的较高

[①] 猕猴曾在东陵获得一次。该地因从前是统治阶级禁猎之地，这些猕猴恐系由人从南方携来至此而放野的。
[②] 又如鱼类中的台湾麻哈鱼（*Onchorhoynhus formosanus*）。

地带亦有同样情况，至在华北亚区境内则见有一些东洋区特著的动物向北分布至此。由此可见，古北与东洋二区动物在我国境内的分布，其变迁大都出于逐渐的状态，因而形成一片广泛的过渡地带。

现就各地区所产的哺乳动物，加以统计。华南亚区的种数最多，超过 150 种而冠全国，次为西南亚区，有 130 多种，华中亚区约有 110 种。古北区中所产的动物种数有显著的减少，华北、蒙新及东北各亚区均在 70—85 之间，西藏亚区最贫乏，仅约有 24 种而已。鸟类方面亦有同样的情况。就繁殖鸟而言，华南亚区为数最多，超过 300 种，次为华中、西南等亚区，再次为古北区的各分区，而以西藏亚区殿后，仅有百种左右。不过在我国内地一带旅行较难，采集不易，因而资料贫乏。关于动物种类分布的实际情况如何，尚难遽下断语，还待进一步的调查研究。

总的看来，我国东洋区的华南部分所产动物特形丰富；西南亚区是动物在分布上南北交流的孔道，种类也很繁盛。古北区面积虽大，以全世界而论，非干则寒，动物比较贫乏，就我国而论，亦不例外，尤以西藏高原为然。

最后，还有一点值得一提。人类的经济活动对动物的分布是显有影响的。森林的开伐，如前所述，缩小了林栖种类的栖息区域，而同时又扩展了平野种类的分布范围。从前在反动政权的统治下，由于过度的捕猎，更加带有帝国主义掠夺的性质，使许多有经济价值的种类，如前面所举的东北紫貂、江南梅花鹿、华北褐马鸡等等的数目日趋减少，而濒于灭绝。解放以后，对于狩猎动物已在个别地区采取适当的保护措施。至对有害的雀类、鼠类及伤害人畜的猛兽与残食农作的豪猪、野猪等则已展开了广泛的斗争，予以控制防除。似这样的人为因素，在经济建设过程中，对于动物地理区划的影响，将日益昭著，这是不待言的。

三、结 论

1. 我国境内，根据哺乳类与鸟类的分布情况，可划为东北、蒙新、西藏、华北、华中、西南及华南等亚区。由各亚区动物区系的组成，可知前四者属于古北区，后三者属于东洋区。

2. 古北与东洋二区在我国境内，自喜马拉雅山系以东，显以江北的秦岭山系为主。至于秦岭以东以西两方均缺有效的天然障壁，所以华北、华中及西南等亚区均具有广泛过渡地带的性质。

3. 我国所产的哺乳类与鸟类，以在东洋区的华南部分特形繁盛，西南亚区次之，古北区的各亚区比较贫乏，而尤以西藏高原为然。

四、存在问题

本文在研究过程中，因缺乏各地动物调查的详确资料，关于各亚区的划界，难免有不少困难。目前存在的问题中，比较重要的有下列二项。

（一）古北区与东洋区在我国东部的划界问题

关于此界线，如上面所述，喜马拉雅山脉的分界甚为明显。自此向东，我们在上文所暂定的界线难能肯定。过去学者对此界线，意见甚为纷歧。Wallace（1876）主张以此界线位于南岭山脉。P. L. Sclater（1858）却将其划在黄河以北。Heilprin（1887）与 Lydekker（1896）主张以长江流域为分界，而 W. L. 与 P. L. Sclater（1899）又将其改在黄河流域与长江流域之间。从鸟类的研究，La Touche（1926）基本上亦主张后一见解，而 Wilder（1930）则将此界线改划于太行山，再经燕山，延向东北，终于山海关。笔者本人（郑作新，1950）曾认为此界线系起自秦岭山脉经大别山、黄山，而终于闽浙一带的南岭，全线与长江几相平行，约处于北纬 28°—34° 之间。各家意见如此不同，固然由于区划的观点及标准之不一致，其实亦由于我国东部在地形及其他自然环境的因素上，对动物分布的障壁，远不若在西部的有效。因此，明显的划分殊不容易。在华北与华中等亚区均现有南北产物或多或少地互相混杂的状态，形成一片广泛的过渡地带，这一点前已指出，但是究竟确是如此与否，还有待动物、植物、古生物等各方面的综合讨论。

（二）华南亚区与西南亚区在横断山脉部分的划界问题

横断山脉大都互接平行而作南北走向，与国内其他山系显然不同。这山区间气候和植物的垂直差异反较南北差异为甚。古北区动物遍布于这些山脉的较高地带；另一方面，由于印度洋季风的影响，许多热带动物沿着山麓地带亦向北伸展。因此，华南亚区与西南亚区间的界线很难确定。现只根据若干比较常见的热带性种类在国内向北分布的界限，如哺乳类中的长臂猿（云南南盘江）、树鼩（云南丽江、大理、昆明，广西瑶山）等，及鸟类中的山拟啄木（*Megalaima oorti*：广西瑶山）、大鹃鵙（*Coracina novae-hollandiae*：云南丽江、福建福州）、缝叶莺（*Orthotomus sutorius*：云南元江、蒙自，广东连州，福建福州、福清）

等，并参考热带雨林的范围，划定界线。是否适当，亟待大家多提意见，加以讨论肯定。

参 考 文 献

[1] 黑田长礼, 1940. 日本哺乳类图说。三省堂。

[2] 阿部余四男, 1944. 支那哺乳动物志。250 页, 目黑书店。

[3] 郑作新, 1950. 中国鸟类地理分布研究。中国动物学杂志, 4: 97–108。

[4] 郑作新, 1955 甲. 脊椎动物分类学。附录二。财政经济出版社。

[5] 郑作新, 1955 乙·中国鸟类分布目录。I. 非雀形目。1–329。科学出版社。

[6] 寿振黄、朱靖, 1955. 在东北发现的麝鼠。生物学通报, 1: 19–20。

[7] Ъанников, А. Г., 1953. Определитель млекоцитающцх Монгольской Народой Республики. Нзд. Акад. Наук. СССР, Москва.

[8] Ъобринский, Н. А., 1949. Зоологии. 2: 1-519. Советская Наука, Москва.

[9] Ъобринский, Н. А., 1951. География животных. 1-382. Госу. Учеб-педáг. изд. мини. просв., РСФСР, Москва.

[10] Ъобринский, Н. А., Кузнецов, Б. А. и Кузякип, А. П., 1944. Опредепитпъ ълекопитаюших СССР.

[11] Дементъев, Г. П., и др., 1951-4. Птицы Советското Союза. 1: 652; 2: 480; 3: 680; 4: 640; 5: 797; 6: 792. Советская Наука, Москва.

[12] Allen, G. M., 1938-40. The mammals of China and Mongolia. Pt. 1: xxv, 1-620, 1938; Pt. 2: xxvi, 621–1350, 1940. American Museum of Natural History, New York.

[13] Bartholomew, J. O., Clarke, W. B. and Grimshow, P. H., 1911. Bartholomew's physical atlas. vol. 5. Atlas of zoogeography. 1–67, pls. 36. John Bartholom ew & Co., London.

[14] Blanford, W. T., 1891. Fauna of British India, including Ceylon and Burma. Mammalia. xx, 1–617. Taylor and Francis, London.

[15] Carter, T. D., Hill, J. E. and Tate, G. H. H., 1946. Mammals of the Pacific world. MacMillan Co., New York.

[16] Ellerman, J. R. and Morrison-Scott, T. C. S. 1951. Checklist of Palaearctic and Indian mammals. 1758–1946. 1–810. British Museum(Natural History), London.

[17] Hartert, E., 1910. Die Vögel der palaearktischen Fauna. 1: xlix, 1–832. R. Friedländer und Sohn, Berlin.

[18] Kinloch, A. A., 1885. Large game shooting in Tibet, the Himalayas and Northern India. 1–237. W. Thacker & Co., London.

[19] La Touche, J. D. D., 1926-34. A handbook of birds of eastern China. 1: xx, 1–500. 1925—1930;2 xxiii, 1–566, 1931-34. Taylor and Francis, London.

[20] Loukashkin, A. S., 1939. 北满野生哺乳类志。6, 466 页。敌伪东京兴亚院。

[21] Prjevalsky, N. M., 1887. On new species of Central-Asian birds. *Ibid.*, (5) 5: 401–417.

[22] Shaw, T. H. (寿振黄), 1938. The avifauna of Tsingtao and neighbouring districts. *Bull. Fan Mem. Inst. Biol.*, *Zool. Ser.*, 8(2): 133–222.

[23] Sowerby, A. de C., 1914. Fur and feather in North China. 190p. Tientsin Press, Tientsin.

[24] Sowerby, A. de C., 1923. The naturalist in Manchuria. vol. 2: xxvii, 1–191; 3: xx, 1–358. Tientsin Press, Tientsin.

[25] Tate, S. H. H., 1947. Mammals of eastern Asia. 1–366. MacMillan Co., New York.
[26] Wallace, A. R., 1876. The geographical distribution of animals. vol. 1: xxvi, 1–503., vol. 2: viii, 1–607. MacMillan & Co., London.
[27] Wilder, G. D., 1930. The breeding birds of Peking as related to the Palaearctic and Oriental life regions. *Auk.*, 47: 194–204.

ON TENTATIVE SCHEME FOR DIVIDING ZOOGEOGRAPHICAL REGIONS OF CHINA

Cheng Tso-hsin & Chang Yung-tsu

(*Zoological Laboratory, Academia Sinica*)　(*Institute of Geography, Academia Sinica*)

Based on a study of the geographical distribution of mammals and birds, the present paper devises a tentative scheme for dividing the zoogeographical regions of China. According to the scheme, the country may be divided into seven regions: Northeast, Mongo-Sinkiang, Tibet, North China, Central China, Southwest, and South China with the first four regions belonging to the Palaearctic Realm and the last three to the Oriental Realm. The boundary between these two realms in China appears to be along the Himalayas in the west and the Tsinling Range in the east, with an intermingling of Palaearctic and Oriental forms in the coastal region east of the Tsinling and also along the meridional mountain ranges of the Southwest region.

For each region there is given, besides the peculiar species of mammals and birds, a synopsis of dominant forms together with their ecological characteristics. In respect to the number of species present, the seven regions may be arranged in the following order: South China, Southwest, Central China, and the various regions of the Palaearctic Realm with the Tibetan Region ranking the lowest. It is hoped that the present study may serve as a basis for utilizing and reclaiming the animal resources of the country.

郑作新和张荣祖的中国动物地理区划方案

孙熙正　蔡昀泽　孟佳慧　刘云鹏　王志恒

郑作新（1906—1998），福建福州人，鸟类学家。中国科学院动物研究所研究员，中国动物学会与中国鸟类协会荣誉理事长，九三学社第七届中央委员会委员。1926年毕业于福建协和大学农科生物系，1927年和1930年分别获美国密歇根大学硕士和科学博士学位，1951年加入九三学社，1980年当选为中国科学院学部委员（院士），主要从事鸟类学研究工作，1987年出版代表作《中国鸟类区系纲要》（英文版）一书，除获得国家自然科学奖外，又获美国国家野生动物联合会授予的"国际特殊科学成就奖"。张荣祖，中国科学院地理研究所研究员。1950年毕业于中山大学地理系，主要从事生物地理与山地地理研究，获中国科学院科学进步奖二等奖。

郑作新和张荣祖1956年发表在《地理学报》上的文章"中国动物地理区域"，以动物区系组成相异性作为动物地理区划分的标准。受限于分布和演化数据的贫乏，主要基于哺乳类和鸟类中优势种类与特殊种类的成分和分布划分中国动物地理区，其中鸟类分区以繁殖区域为准。根据有限的数据，通过比较不同地区所产哺乳动物和鸟类，作者将全国划分为东北、蒙新、西藏、华北、华中、西南、华南七个动物地理亚区，进而归并为古北区和东洋区两个动物地理区。其中，东北、蒙新、

作者介绍：王志恒（1978— ），男，河北廊坊人，北京大学城市与环境学院教授，中国地理学会会员（S110011797M），研究方向为生物多样性与保护生物学。E-mail: zhiheng.wang@pku.edu.cn

西藏、华北四个亚区属古北区，华中、西南、华南三个亚区属东洋区。文章概述了各亚区的范围、界线、气候、植被、动物区系特征，并列举各亚区区系中的常见种、特有种，以及部分具有经济价值的物种。古北区和东洋区以横断山脉北端—岷山—秦岭—淮河南岸—长江口北一线为界。因秦岭东部缺乏明显的地理阻障，古北区和东洋区间存在广泛的过渡地带，两区在中国东部的界线具有较大不确定性，这也是中国动物地理分区的焦点问题（张荣祖，2011）。此外，受独特的南北走向山脉和垂直梯度变化影响，华南亚区与西南亚区在横断山脉部分的界线同样存在争议。

"中国动物地理区域"是中国较早讨论人类经济活动对动物分布影响的研究。文章记述了森林采伐可缩小林栖种类的栖息区域，但扩大平原种类的分布范围；过度捕猎致使部分类群趋于绝灭等现象。作者也曾多次在其他文章中强调动物区系研究对生产实践的价值（郑作新，1953；张荣祖，1959）。动物地理区反映了区域多样性的演化历史（陈灵芝，2015），可作为保护演化多样性的基本单元，辅助识别独特的生物区系，是保护生物学重要的研究和规划工具（Daru et al., 2017）。动物地理区划还为中国动物资源的综合管理与可持续利用提供科学支持（郑作新，1960），对中国经济社会发展作出贡献。

"中国动物地理区域"是最早在中国开展的动物地理区划研究之一，提出的动物地理分区方案，填补了全国尺度动物地理区划空白，为后续动物地理学研究以及动物资源开发与保护提供了明确的框架，是中国动物地理学领域的基石工作。该方案作为中国科学院自然区划工作委员会成果的一部分，在《中国动物地理区划和中国昆虫地理区划》中正式提出，后经多次修订，得到广泛认可。此外，分区作为多样性和演化历史的宏观地理单元（Daru et al., 2017），展示了不同地区动物区系的演化历史，为生物多样性调查研究提供了参考（王开锋等，2010）。动物地理区相比行政区划更适合作为生物地理学和生态学的研究对象。将"中国动物地理区域"分区方案与当代全球和中国植物地理区划方案进行比较，可以发现很多有意思的异同之处。这些差异体现了物种分布数据和定量分析方法的进步，也体现了人们对生物区系演化认识的进步。

与霍尔特等（Holt et al., 2013）世界动物地理区划方案的比较。霍尔特等利用全球哺乳类、鸟类和两栖类动物分布数据和系统发育树，根据系统发育 β 多样性，将全球陆地划分为澳大利亚界（Australian realm）、新热带界（Neotropical realm）、巴拿马界（Panamanian realm）、新北界（Nearctic realm）、中日界（Sino-Japanese realm）、古北界（Palaearctic realm）、旧热带界（Afrotropical realm）、撒哈拉-阿拉伯界（Saharo-Arabian realm）、马达加斯加界（Madagascan realm）、东洋界（Oriental realm）、大洋洲界（Oceanian realm）共11个界（以下简称霍尔特方案）。其中，涉及中国的有古北界、中日界和东洋界。霍尔特方案和"中国动物地理区域"方案的边界存在部分差别，主要在于：（1）霍尔特方案中北极-西伯利亚区与欧亚区（均属古北界）之间的边界将"中国动物地理区域"方案中的东北亚区分为两个部分，其中大兴安岭地区归入北极-西伯利亚区，长白山地区归入欧亚区；（2）霍尔特方案中欧亚区和中国东部区（属中日界）之间的边界将"中国动物地理区域"方案中的华北亚区分为两个部分，其中松辽平原归入欧亚区，而黄淮平原与黄土高原归入中国东部区；（3）霍尔特方案中东洋区（属东洋界）与中国东部区之间的分界线将"中国动物地理区域"方案中的华南亚区为两个部分，其中福建大部归入中国东部区，其他部分归入东洋区。对于第一个区别，依据特有种的传统区系划分方法认为，尽管两地间冬季长度存在明显差别，但二者的陆栖脊椎动物主要为东北型成分，分布区相互重叠，在动物地理中应划分为东北亚区下的两个单元（张荣祖，2011），而霍尔特等基于系统发育的方法得出了不同的结论，可能说明两地的动物在系统演化上存在一定差异。对于第二个区别，在张荣祖基于传统方法对中国动物地理区所做的更新方案中，认为松辽平原的动物成分由分布于大兴安岭和长白山中的适应于森林、草原和农田等生境的动物组成，与东北亚区的成分更接近，且气候有冬寒夏温且湿润的特点，应当归为东北亚区，而霍尔特等基于系统演化的方法也给出了相似的结论，认为这里的古北成分更多。对于第三个区别，传统方法认为闽广沿海地区农业发达，在人类活动的影响下动物组成为滇南山地的贫乏化，应当归为华南亚区（张荣祖，2011），而霍尔特则认为福建地区的动物成分在系统演化上与华南亚区有差异，不应归为华南亚区。这可能是由于此处人类活动影响较强，物种贫乏，分析的误差较大。此外，这三处差异也可能受到物种分布数据分辨率的影响。

与吴征镒等（2010）中国植物地理区划方案的比较。吴征镒等将中国大陆划分为泛北极、古地中海、东亚和古热带这四个植物地理区。其中，泛北极、古地中海、东亚和古热带植物区的分布边界与"中国动物地理区域"方案的东北、蒙新、华北、华中、西南、西藏、华南亚区的边界比较接近。这可能从一定程度上说明，气候、地质历史以及现代环境对中国的动物和植物的分布具有相似的影响。但值得注意的是，吴征镒等的中国植物地理区划方案与"中国动物地理区域"方案的边界也存在一些差别：（1）吴征镒等方案中的中亚荒漠亚区和欧亚草原亚区之间的边界将"中国动物地理区域"方案中的蒙新亚区以贺兰山为界分为东、西两部分。这两个地区的植物物种组成存在较大差异，贺兰山东侧主要是由针茅属、蒿属主导的草原植物区系，而西侧主要是由藜科、蒺藜科等古地中海特有属组成的荒漠植物区系（陈灵芝等，2015）。二者的生态地理动物群分别属于温带草原动物群和温带荒漠、半荒漠动物群，但其区系成分均以中亚成分为主，在动物地理中应划分为蒙新亚区下的两个单元（张荣祖，2011）。（2）吴征镒方案中天山地区、阿尔泰地区和中亚荒漠亚区之间的边界将"中国动物地理区域"方案中蒙新区的天山以及阿尔泰山一带分开，归入欧亚森林亚区。该地既处在亚寒带针叶林边缘，森林环境与大兴安岭物种组成相似，同时又处在中亚干旱地区边缘，山地草原环境中有中亚成分，环境复杂，具有过渡地带性质（张荣祖，2011）。（3）吴征镒等方案中泛北极植物区和东亚植物区之间的边界将"中国动物地理区域"方案中东北亚区的长白山一带分入东亚植物区。与同属于"中国动物地理区域"方案中东北亚区的大兴安岭相比，长白山气温更加温暖湿润，植被是优势种为红松的针阔叶混交林，而大兴安岭北部则主要是以兴安落叶松为优势种的泰加林，二者存在较大差异。但二者陆栖脊椎动物的组成类似，在动物地理中应划分为东北亚区下的两个单元（张荣祖，2011）。区别（1）（3）说明，影响动物和植物分布的因素不完全相同。

通过将"中国动物地理区域"方案与霍尔特等（2013）基于系统发育β多样性这一定量方法得到的动物分区、吴征镒等（2010）建立的中国植物区系区划进行对比，可以发现郑作新和张荣祖（1956）在半个多世纪前依据现代哺乳类和鸟类各类群优势种分布得出的动物区系仍未过时，较好反映了动物区系的演化历史，并可以在一定程度上反映中国气候和地理因素对植物和动物的共同影响，相当程度上实现了区系划分中兼顾历史、生态因素，并服务于生产实践的分区要求，为中国生物地理学发展和经济社会建设作出了重大贡献。

综上,"中国动物地理区域"开创性的区划研究为中国动物区划提供了重要的基底,其基于优势物种和特有物种组成和分布以及分类单位(如属、科等),将全国划分为东北、蒙新、西藏、华北、华中、西南和华南等七个亚区,在缺乏精确物种分布数据和定量区系区划方法的年代得到了广泛认可(张荣祖, 2011),且至今对中国动植物乃至世界区系区划研究仍有重要参考意义(雷富民等, 2021)。但因时代所限,这一研究存在缺少基于物种分布数据的定量分析、缺少对区系物种在功能和演化维度组成上的考虑(Daru et al., 2017)、缺少从中国到全球以及不同生物类群之间的系统比较等问题,这在一定程度上限制了其对生物地理学问题的回答及在物种保护上的应用。在该区划提出之后的 68 年里,生态学者不断提出新的生物区系区划理论和方法,并逐步积累了大尺度物种分布数据、功能属性信息和物种基因序列数据(Lavoie, 2013),使得解决上述时代遗留问题成为可能。

结合现有动物区系区划的研究进展,本文认为未来动物区系区划研究的重点如下:(1)基于定量方法的动物区系区划方案。当前高分辨率的物种分布数据、功能属性数据和系统发育数据尚未全面完成,对于种子植物和无脊椎动物尤其如此。因此,获取高分辨率物种分布数据将是精确动物区系区划研究的重要前提。此外,在方法上,基于物种的功能属性和系统发育关系,采用定量化手段进行区系区划,将有助于动物区系区划研究反映区系间的功能独特性以及宏观演化历史对物种空间组成的影响(Holt et al., 2013; Daru et al., 2017; Daru et al., 2020),是对基于经验和特有种动物划分方法的重要补充(Takhtajan et al., 1986),不同方法的协同将进一步完善动物区系区划的科学性。(2)不同生物类群之间分区差异及其驱动机制的研究。不同动物类群之间的分区不同(Holt et al., 2013),动物、植物与微生物之间的分区也不同,但不同类群的物种之间有密切联系。这些类群分区的形成、演化和分异机制尚不清楚。(3)动物区系区划研究在动物资源保护和应用中的实践。当前全球生态面临气候变化和人类活动等多重危机,如何应对全球变化以减轻其对动物资源和人类生产的影响,是区系区划研究需要回答的重要问题。郑作新和张荣祖(1956)为中国动物区系区划提供了重要的基础资料,而结合大数据、新技术进一步传承和发展前辈的科研成果,将是新时代地理学者要迎接的挑战。

参考文献

[1] 陈灵芝：《中国植物区系与植被地理》，科学出版社，2015 年。
[2] 雷富民、宋刚、蔡天龙等："中国鸟类生物地理学研究回顾与展望"，《动物学杂志》，2021 年第 2 期。
[3] 王开锋、张继荣、雷富民："中国动物地理亚区繁殖鸟类地理分布格局与时空变化"，《动物分类学报》，2010 年第 1 期。
[4] 吴征镒、孙航、周浙昆等：《中国种子植物区系地理》，科学出版社，2010 年。
[5] 张荣祖："为生产实践服务的动物地理调查方法"，《地理学报》，1959 年第 1 期。
[6] 张荣祖：《中国动物地理》，科学出版社，2011 年。
[7] 郑作新、钱燕文："鸟类研究工作开始和生产相结合"，《科学通报》，1953 年第 9 期。
[8] 郑作新、张荣祖："中国动物地理区域"，《地理学报》，1956 年第 1 期。
[9] 郑作新："中国动物地理区划和主要经济动物的分布"，《动物学杂志》，1960 年第 4 期。
[10] Daru, B. H., T. L. Elliott, D. S. Park, *et al*. 2017. Understanding the processes underpinning patterns of phylogenetic regionalization. *Trends in Ecology & Evolution*, Vol. 32, No. 11.
[11] Daru, B. H., P. Karunarathne, K. Schliep 2020. Phyloregion: R package for biogeographical regionalization and macroecology. *Methods in Ecology & Evolution*, Vol.11, No.11.
[12] Holt, B. G., J. P. Lessard, M. K. Borregaard, *et al*. 2013. An update of wallace's zoogeographic regions of the world. *Science*, Vol.339, No.6115.
[13] Lavoie, C. 2013. Biological collections in an ever changing world: herbaria as tools for biogeographical and environmental studies. *Perspectives in Plant Ecology Evolution & Systematics*, Vol.15, No.1.
[14] Takhtajan, A., T. J. Crovello, A.Cronquist 1986. *Floristic Regions of the World*. University of California Press.

长江三角洲江口段的地形发育

陈吉余

(华东师范大学地理系)

一、序言

对于长江三角洲发育的研究,1917年海登斯坦曾根据长江输沙量的分析,推断三角洲伸展速度为每60年1哩(即每37年1公里)[1]。1919年丁文江根据县治设置及海塘兴建的历史,得出每69年伸展一哩的结论(即每43年1公里)[2]。1937年费师孟研究长江下游地区时,也曾涉及三角洲发展的历史[3]。上述学者们虽然提供许多有价值的资料和论点,但是他们只根据单一因素的分析,或个别地段的现象来概括整个三角洲的发育。任何三角洲的形成,都是在许多自然因素相互作用下进行的,只有对这些因素作综合研究,才能正确地掌握它的发展规律。作者根据数年来在三角洲江口段的野外调查,和所能收集到的地方志中的有关记载,并参考近代水准测量的资料,对长江三角洲江口段进行初步的综合研究。本文讨论范围只是江口地段,而这个地段是三角洲上最复杂的部份,在这里各种自然因素的相互作用表现得最为明显。

本文在写作过程中,华东师范大学地理系同志及苏联专家祖波夫教授,均曾提供宝贵

---

[1] H. Von Heidenstam: Report on the Yangtze Estuary. 前濬浦局报告。
[2] Ting, V. K.: Geology of the Yangtze Estuary below Wuhu. 前濬浦局报告。
[3] 费斯孟:"长江下游的地理问题"(王德基译)。地理第1卷,第1—4期。

意见。1956年8月在中国地理学会学术报告会宣读时，又得到参加同志很多帮助。其后，承蒙中国科学院顾问萨莫依洛夫博士给予宝贵的指示。本文完成后，再荷李春芬教授惠予审阅，对于这些帮助，笔者谨于此志谢。

二、长江口外水下地形的分析

为了阐明长江三角洲发展过程中各种自然因素所起的作用以及三角洲发展的历史，对于作为泥沙沉积下垫面之陆棚区域的地形特征进行分析是必要的。

根据海水测深资料以及海底沉积纪录的研究[①]，对于长江口外陆棚地带水下地形的特征，我们可得到以下概念。

第一，我国东海岸的陆棚是世界最广的陆棚之一，长江口外在南汇嘴的纬线上（北纬31°），宽度达到520公里（自此以北更为宽广）。陆棚前缘向大陆坡的转折点，约为水面以下90米（图1）。在北纬32°30′，转折点的深度约为130米（图2）。大体讲来，与世界陆棚前缘转折点的平均深度134米[②]相近。

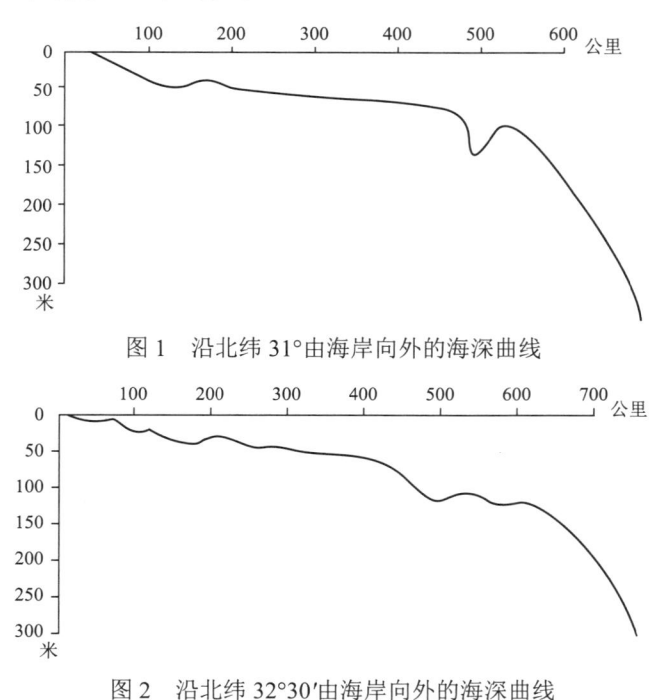

图1　沿北纬31°由海岸向外的海深曲线

图2　沿北纬32°30′由海岸向外的海深曲线

[①] "Taiwan & Chosen" Published by Hydrologic Office of U.S. Navy (1944).
[②] F. P. Shepard: Submarine Geology, P.143.

第二，陆棚的外带是一个平缓微倾的台面。距岸 200 公里至陆棚前缘的平均坡度为万分之 1.13，在这个平缓的台面上，有的地方具有极其和缓的隆起和洼地，它们和平台表面的高度差一般只有 10 余米。

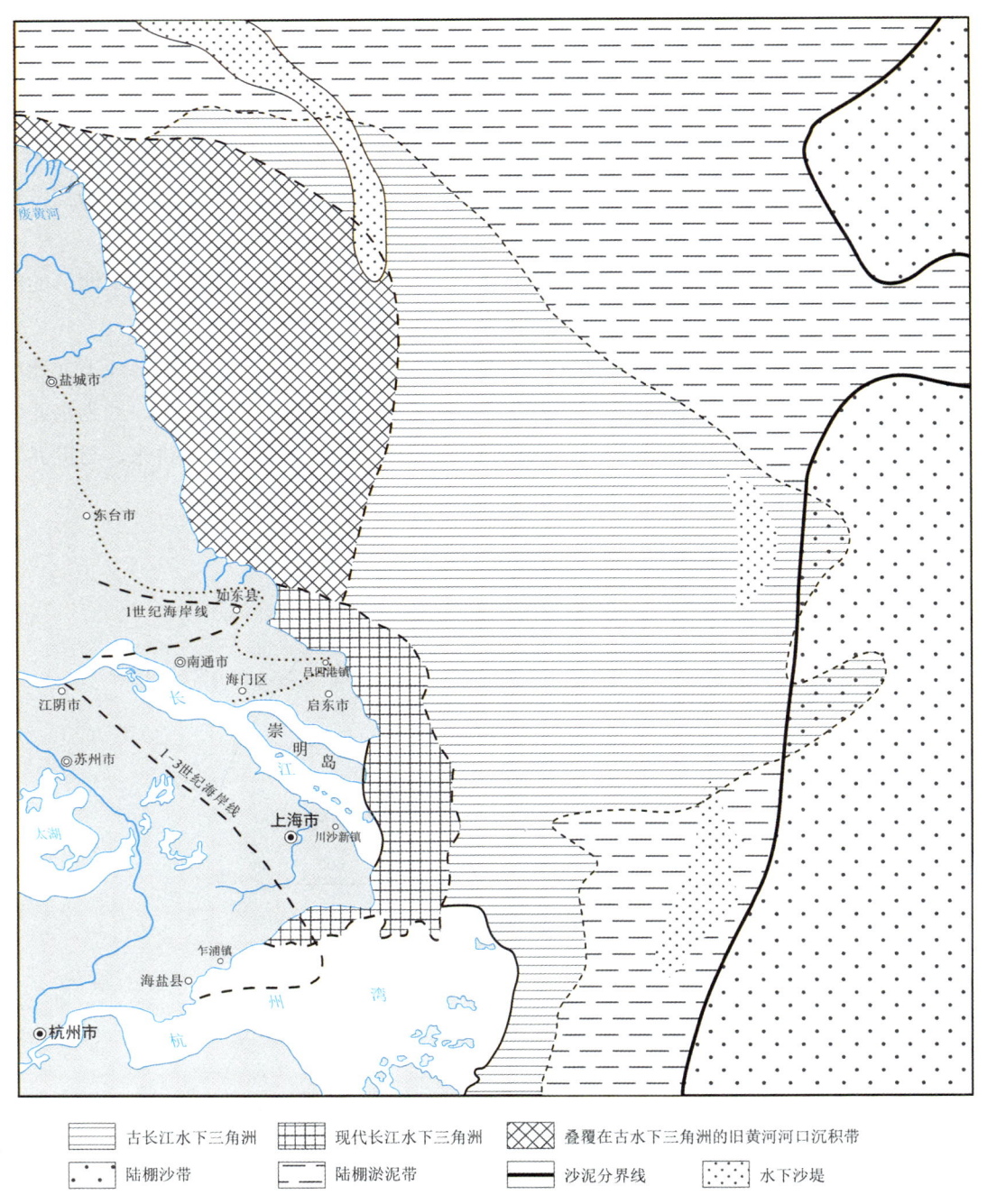

图 3 长江口外水下沉积分布图

图例：古长江水下三角洲、现代长江水下三角洲、叠覆在古水下三角洲的旧黄河河口沉积带、陆棚沙带、陆棚淤泥带、沙泥分界线、水下沙堤接近陆地的部分，由于江流和波浪的作用，增加了它的复杂性。长江口外具有显著的古代水下三角洲（图3），呈扇形分布，面积约达 70,000 平方公里，这个三角洲前缘的坡度为万分之 6.7，与外侧平台显然不连续，水下三角洲的前缘在海面下 50 米，它的平面中心在北纬 32°18′。和现在长江三角洲主泓——南泓道——的出口显不符合，也就说明形成这个水下三角洲的长江主泓在现在主泓之北，并且有一定的稳定性。从等深线的分布情况看来，在这个古代三角洲之上，还叠复着一个近代水下三角洲，它的前缘约与 10 米的等深线相符，也呈扇形分布，和古代三角洲显不符合，从而说明长江的水下三角洲在发展过程中是向南移动的。

第三，海岸以外水下沙堤是波浪作用的结果，但在泥沙丰富、强劲江流的入海口外缘，对于水下沙堤发展是不利的。所以长江口外的近岸浅水地带，没有水下沙堤发育，然而在距海约 200 公里、水深约 50 米的地方，即古代三角洲的前缘，它们才初步发展起来，不过它们的分布是断续的，这种水下沙堤在古代三角洲的北部才有比较完整的发展，展布于苏、鲁边境的浅海中。

在 50 米深处发展沙堤是完全可能的，因为在深度不足 200 米的浅海海底，沉积物经常受到波浪作用而位置发生移动。深度在 30—50 米的地方，沉积物受到搅动规模很大，陆棚物质可能受到影响①，沉积在 50 米的深处，形成初具规模的水下沙堤。

三、各种自然因素在三角洲形成过程中所起的作用

三角洲的发育为各种自然因素相互作用的结果。在长江三角洲发育过程中，江流是主导的建设作用，它输送出的固体物质——主要为粉沙壤土，每年约达 4.4—4.6 亿公吨②，这些物质大部分在江口附近停积下来，长江入海流量每年约 1,060 立方公里③，对于泥沙在江口以外广泛沉积是一种有利条件。从海底沉积分布的情况看来：江口倾吐的泥斑复盖在陆棚沙上。这个泥斑带从江口向外一直达到距岸 200 公里的远处，向南逐渐狭隘，向北与黄河构成的泥斑相互重叠，连成一片。

波浪受潮流以及江口季节增水的影响，力量增强，经常冲刷江槽的两岸，以及三角洲的陆缘部分。当台风过境时，如再遇到大潮汛，侵蚀力量就异常强大，海滨江岸坍塌的情

---

① 鲁欣：沉积岩石学（上册）224—227 页。
② 郭敬辉："长江流域水文地理概述"，地理知识 1957.3。
③ 据郭敬辉"长江流域水文地理概述"：长江河口流量 33,700 秒公方换算而得。

况至为惊人。南汇嘴在公元3—4世纪之间,前缘本在王盘山之南,后因风浪侵蚀,向东北移动了45公里,海盐、乍浦岸外约有205平方公里的土地尽沦于海[①]。波浪对于水上三角洲具有巨大的侵蚀力量,可以认为这是长江三角洲发育过程中主导的破坏力。

波浪不但冲蚀海岸,并且也能侵蚀海底。缓坡泥质的浅海海底最易受到波浪的搅动。游泥经过搅动以后,悬浮水中,随着水流向陆运行,在适当条件下停积岸边,波浪亦能侵蚀海底,当波浪破裂的时候,便有一部分物质沉积下来,所以海岸之外,常有水下沙堤发生。廖角嘴之北的勿南沙在东北风强劲的时候,海水混浊。这些悬浮的泥沙受潮水运送,在环本港沿岸沉积下来,当地群众称之为混潮。它所挟持的物质多为粉砂(当地称青砂),而江流所挟泥沙以粘粒较多,当地群众称为黄泥。据我们1954年调查,此种混潮一次堆积厚约3厘米。一年约20次,环本港一带海堤之外一年混潮所堆积的物质可厚达60厘米[②]。

潮流的运动速度因深度增加而减小的程度比波浪为小,同时潮水运动的方向,都要经过一定的时间然后改变,它们具有一定的侵蚀海底及运输泥沙的力量。长江口以外涨落潮的时间各为6时25分,潮流速度为1.5—3节,最大流速可达6节。它对于江口以外(甚至江口以内)的作用非常显著。只要分析一下江口不同地段水中含沙量的变化规律,便不难理解潮流对江口以外海底的侵蚀作用,以及侵蚀物质随着潮流向内移动的现象。就江阴和吴淞口江水表面含沙量的曲线看来,潮流和波浪的作用使江口地段含沙量显著地增加了[③](图4)。

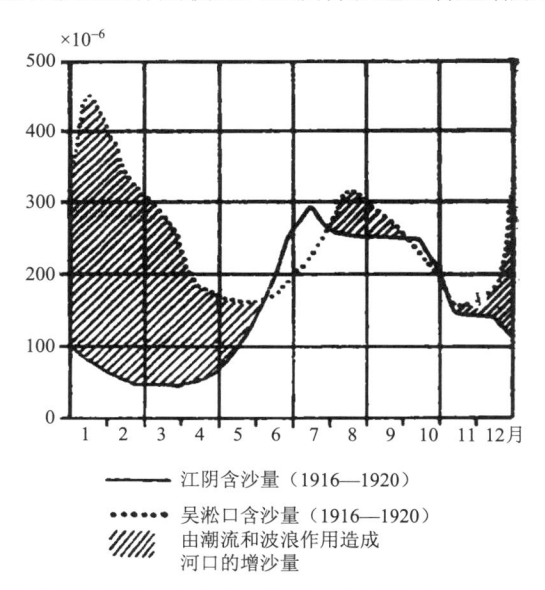

图4 江口段江阴及吴淞口含沙百万分率比较图

———— 江阴含沙量(1916—1920)
...... 吴淞口含沙量(1916—1920)
▨ 由潮流和波浪作用造成河口的增沙量

---

① 陈吉余:"杭州湾地形述要",浙江学报,第1卷,第2期。
② 杨秉赓等:南通地区野外调查报告,1954(未刊稿)。
③ The Hydrology of the Whangpoo, fourth edition, Whangpoo Conservancy Board 1933.

在三角洲陆缘以内的部分，潮流也具有一定的建设作用，潮流可以将长江的悬浮物质，以及潮流经过外海时所扰动的泥沙，携带到长江三角洲上各个潮水河中沉积下来。以黄浦江而论，每年因潮流带来 30,000,000—40,000,000 吨的物质除大部随落潮入海以外，每年约有 1,500,000 吨淤泥（约 1,000,000 吨的干沙）堆积在黄浦江的凸岸地带[①]。历史上吴淞江的宽度可敌千浦，江旁纵浦宋代阔达 25 丈，其阔可知[②]。而现在吴淞江江口—苏州河最狭处只有 30 米。这是吴江长桥及沿运河丝路的修建使太湖下泄不畅，刷沙能力减弱，潮流带来的泥沙有停积机会的结果。

潮流流线的变化，对于江口沙岛的迁徙有很大影响。川沙外海的横沙，现在由南向北迁徙，今日岛的南缘就是几十年前该岛的北缘。崇明岛南面的南丰沙（扁担沙），在 19 世纪之末，一直向西移动，移距约 10 余公里。现在又开始向东移动，当然潮流流线的改变，也是与其他因素分不开的，如江流溪线的改变，以及泥沙沉积改变河口的槽底等。

海流也参加了三角洲的沉积过程。岸外由北向南的海流（流速每日为 10—50 海里），使长江的泥沙带到福建的岸外沉积[③]。沿岸的海流并把长江的泥沙带到杭州湾的下游沉积，成为慈溪、余姚一带滨海平原组成物质的一部份[④]。黄河和淮河的物质在历史时代里也曾被海流带到长江三角洲范围内沉积，它们所占的比重可能是很小的（由于缺乏资料，无法作精确估计）。

我们还没有足够的资料分析流经陆地外侧的黑潮分支在三角洲成长中所起的作用。黑潮的分支无疑比黑潮主流要弱得多，根据海图，在琉球内侧，黑潮分支的速度仍达 0.6—0.8 米/秒[⑤]。具有此速度的永久性水流，对于深度不足 150 米的陆棚外带应该发生作用（按黑潮主流在日本外海，900 米深度的地方都还受到它的影响[⑥]，当然它的流速和流量比起分支要大得多）。从古代水下三角洲前端细小物质已被扰动的情况看来（参看图 3），黑潮分支的影响在距岸 200 公里的地带已经逐渐显著起来了。

科里奥里斯力也起着一定的作用，它是促使长江入海主流向南偏移的重要因素之一。

在长江三角洲形成的过程中，不可忽视内力作用的深刻影响。由于深厚沉积物引起的地体下沉，在若干大河河口已有比较精确的记录。至于长江三角洲的情况，以往的文献有着不同的看法：李希霍芬曾把钱塘江口当成我国海岸升降运动的重要分野，钱塘江口以南

---

① The Hydrology of the Whangpoo, fourth edition, Whangpoo Conservancy Board 1933.
② 归有光：三吴水利录，卷四。
③ H. von Heidenstam: Report on the Hydrology of the Hangchow Bay and Chien Tang Estuary, Whangpoo Conservancy Board (1919).
④ 陈吉余："杭州湾地形述要"，浙江学报，第 1 卷，第 2 期。
⑤ "Taiwan & Chosen" Published by Hydrologic Office of U. S. Navy.
⑥ F. P. Shepard: Submarine Geology, p.56.

为下沉海岸，以北为上升海岸。这种错误概念在我国地理学界曾经流行一时；丁文江在"扬子江下游之地质"一文中，首先提出长江三角洲受到下沉作用的影响；1939 年英人华特生根据上海水准点和参考点的垂直运动现象也指出了下沉的现象[1]，1950 年陈国达认为长江三角洲自下蜀期沉积以后，基面下降了 15—30 米[2]。

不问时间长短而讨论海岸的升降是没有实际意义的。因为任何地区海岸的发展都经过复杂的历史，地壳的垂直运动可能是脉动性的，海平面也不是永恒不变的。因此必须弄清楚某一地区海岸发展的历史和现阶段的海岸垂直运动的性质。

现在先讨论有史以来的运动特征。

就过去一些资料看来，长江三角洲已有一定程度的沉降。乍浦在清朝初年，在特殊干潮之下，曾两度发现公元开始年代的聚落遗址[3]，笔者据当地潮位差推计，2000 年来至少下沉了 5.2 米[4]。本世纪以来基准面测量结果，说明上海在 1912—1950 的 38 年中，基面上升了 0.52 米[5]。据 1954 年有关部门发表的资料："估计每年要下沉 1 厘米"[6]，这些事实都有力地说明长江三角洲的前缘目前有下沉的趋势。

江口段的下沉并不是一个简单问题。上海 38 年基面上升的记录，笔者认为主要是下述三个因素综合的结果：第一，19 世纪末叶以来极地区域变暖，融冰入海，使海面升高，这是世界性的基面变化。第二，由于地壳运动的区域差异性，所以基面上升数量各地不同。如墨西哥湾沿岸的盖维斯敦（Galveston）基面平均每年上升 0.6~0.9 厘米，阿拉斯加凯契根（Ketchikan）每年上升 0.06 厘米[7]。近数十年来上海基面上升率，显然较一般数字为大。上海的基面变化不完全是世界性的基面上升的结果，可能也含有地体本身下沉的因素，长江三角洲的基岩上复盖着 300 米以上的深厚沉积物，以致使地体下沉，也是可以理解的。

第三，应该考虑到"地基沉陷"问题。这里所说的"地基沉陷"系指由于人类经济活动，改变了土壤的结构而言。长江三角洲是新的沉积物，孔隙率大。上海具有若干巨大的建筑物和繁多的车辆交通，均能降低它们的孔隙，使其体积收缩，引致水准点发生垂直变位。这种现象如以新的建筑物和新的道路与老的地基相比，它们垂直变位的差数可以大到 5∶1，或者更多。地基沉陷在分析长江三角洲下沉资料时应该给予一定的重视。

---

[1] 华特生原文未见，此处根据张雅达：关于上海水准标点升降问题的初步研究，测绘通报，第 1 卷，第 2—4 期。
[2] 陈国达："中国岸线问题"，中国科学，第 1 卷，第 2—4 期。
[3] H. Von Weidanstan: Report on the Hydrology of the Hangchow Bay & Chien Tang Estuary, Whangpoo Conservancy Board.
[4] 陈吉余："杭州湾地形述要"，浙江学报，第 1 卷，第 2 期。
[5] 方宗岱："平均海面呈上升趋势"，自然科学，第 2 卷，第 1 期。
[6] 据 1954 年 8 月 25 日解放日报上海市防汛总指挥部分析数字。
[7] H. A. Marner: Sea Level Changes along the Coast in Recent Years Trans. Geophysical Union Vol.30 No.2—6.

这三种因素的总结果，引起长江江口段的地体下沉现象。而三种因素中，第一种是世界性的，第二种是区域性的，而第三种则为局部性的，因为巨大建筑和繁忙运输的道路只限于上海及其近郊。但三种因素之中何者居于主导地位，还没有足够的资料可以作出结论。

可知在长江三角洲形成过程中，江流所携带物质是建设作用的主导因素，波浪作用是水上三角洲破坏作用的主导因素，而世界性的基面变化和地基沉陷也应予以重视。因为它是三角洲发展过程中伸展、平衡和退缩的重要因素。

四、长江三角洲的发展简史

在说明长江三角洲的发展历史以前，先须说明长江三角洲的顶点。三角洲的顶点过去有人认为应是芜湖，因为它是潮水的终点，而潮水的终点在三角洲发育过程中是不断变迁的，因此我们认为应以地形特征——江流摆脱山体约束的起点南京为三角洲的顶点，南京的大江两岸山体相距只有 5 公里左右，自此而下，逐渐开扩，至镇江附近两岸山体即为平原所代替，因此本文以南京作为三角洲的顶点。

从三角洲顶点南京及其南缘杭州的地形发育看来，第四纪以来基面曾有几度上升和下降。据朱森等对于南京[①]及笔者对于杭州的研究[②]，第四纪下蜀及玉泉物质沉积的时期，海面可能较现在高 50 米以上。其后，这些沉积物曾经过削平作用，这说明基面曾经下降，随之而来的再度下降，使长江和钱塘江都下切很深。在这深切的阶段中，海岸远在今日之外，可能达到今日陆棚的外带。此后海水内浸，海水直拍南京、杭州一带的山岭下，今日三角洲地带当时是一片汪洋。钱塘江在杭州入海，长江在南京入海，古代水下三角洲远在今日岸外 200 公里，据此可以想像在三角洲发育的过程中，基面可能有过微微下降，使长江物质携带较远，而后又微微上升，这里之所以说"可能"，是因为还没有更多的资料，然而在三角洲发展中，基面的脉动现象则是可以理解的。

从深钻井的记录（包括上海、崇明和南通）中知道，没有胶结的物质达到 300 米以上的深度。这些新的物质大概从距地面 60—70 米向下多为沙层（细砂、粗砂、细砾相间成层并夹泥层，但尚未详细分析）。在 60—70 米向上，几乎全为粉沙夹带泥质的沉积物。在 70 米左右，局部地区有 7 米左右的介壳层，其中主要为瓣鳃类的介壳碎片，但夹有清水环境

[①] 李毓尧、李捷、朱森："宁镇山脉地质"，前地质研究所集刊第 10 号。
[②] 陈吉余："杭州之地文"，浙江学报，第 2 卷，第 2 期。

的生物——珊瑚和骨质海绵——的遗骸①。从这些事实，我们可以推想到长江三角洲发育的程序：第一，现在的江口地带在 60—70 米以上这一段空间里，它的沉积环境属于河口相，即与今日水上三角洲和水下三角洲的环境相同；第二，介壳层的存在说明在 70 米左右的阶段里，现在的江口段是清水环境；第三，70 米以下的沙层说明当时是处在陆棚沙的条件下。

从上述发展简史中，我们可以看到长江三角洲地带的发展过程是非常复杂的，地貌与沉积物的特征，标志着基面几度升降，就是在三角洲形成的过程中，沉积环境也是不断改变。然而沉积相的改变则具有一定规律性，它们从陆棚沙的沉积相转变成河口的沉积相。

五、有史以来江口段的变化②、③、④

有史以来江口段南岸（南汇嘴）的变化，前人研究较详。费师孟所作"长江下游的地理问题"的附图，对公元一世纪海岸线的划界大体是正确的，本文将着重介绍北岸廖角嘴的变化过程。

根据历史记载以及沉积物质的物理性质，2000 年前海岸在今白蒲附近，廖角嘴约在今之掘港（如东县）附近，南通在大海之中，称为"狼山海"，岸外有两个大沙洲——东布洲（今之金沙一带）和南布洲（位置不详）（图 5）。东布洲和大陆之间为洪流所经，沉积物质较粗。梭颇、侯光炯氏称为南通极细沙壤⑤。东布洲与大陆在什么时候相连，没有确实史料，但可肯定是在公元 8 世纪之前，因为可以利用公元 8 世纪 70 年代李承式领导修建的海堤说明当时海岸的位置。由于东布洲已与大陆连接，廖角嘴便由掘港移到余西附近。

11 世纪由范仲淹领导修筑的海堤，通称为范公堤，从余西向北到盐城一段和 8 世纪的海堤在里程上的记载几乎一致，位置也相近，说明这一段的海岸在三个世纪中变化很小。由余西到吕四沈兴宗领导修建的沈公堤说明当 11 世纪中叶廖角嘴已伸展到今日的吕四港附近了（图 6）。

---

① 骨质海绵及珊瑚碎片系经华东师范大学生物系周本湘及钱国桢同志鉴定。
② 光绪通州直隶州志。
③ 光绪县志。
④ 武同举：江苏水利全书。
⑤ 梭颇、侯光炯：江苏东部盐渍三角洲土壤约测，前地质调查所土壤专报第 7 号。

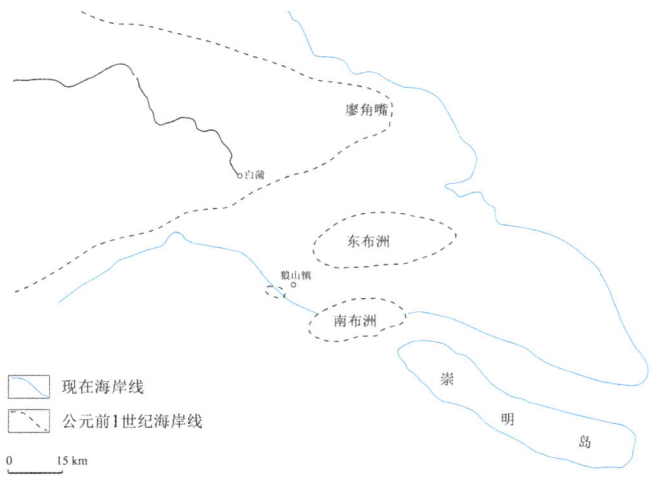

图 5　公元前 1 世纪长江三角洲北岸廖角嘴形势图
（点线：现在海岸线；虚线：公元前一世纪海岸线）

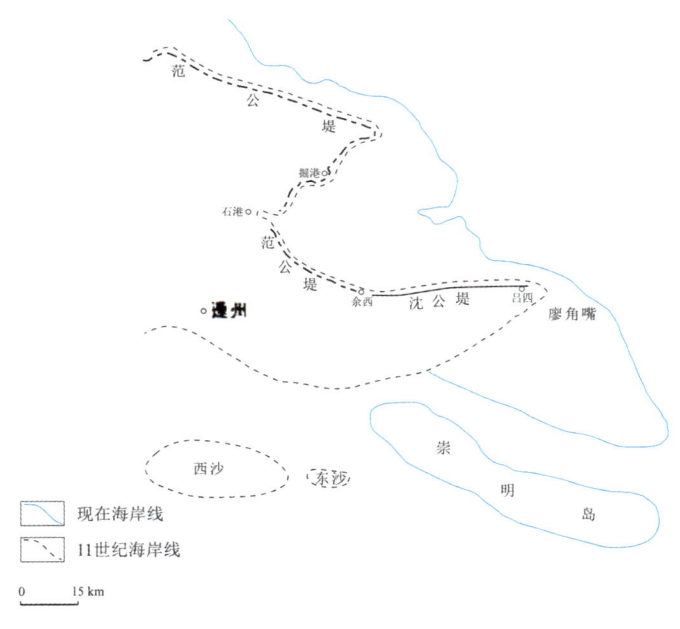

图 6　11 世纪长江三角洲北岸廖角嘴形势图
（点线：现在海岸线；虚线：11 世纪海岸线）

东布洲和大陆相连以后，形成一个马蹄形的石港湾，从石港湾形成开始，一直到 19 世纪末年，才伸展到三余至大同一线，甚至 20 世纪最初几年，大潮汛仍可到达三余镇之北。从速度讲来，石港湾伸展是迟缓的。但就沉积条件来说，平静的海水又是适合于沉积的，追究其原因可能有二：第一，石港湾从前曾是泓道所经，湾内水较深，必须有一定数量物质加积，才能使它暴露水面；第二，江流带出泥沙，因受由北向南流的海流影响，越过廖角嘴进入湾内为量不大。

从湾外水下沙岛——勿南沙——及苏北海滨水下沙岛的分布来看，勿南沙可能和其北面的一些海滨沙岛同为黄河所夹泥沙堆积所致。因此 11—19 世纪黄河由江苏入海对于石港湾的伸展具有一定的物质补给的作用。

经过 10 多世纪的堆积，石港湾的深度变浅，因而自 20 世纪初年以来，海水退却的速度非常惊人。三余大同一带，陆地伸展平均每年达到 0.35 公里的速率。

20 世纪初年，许多小沙岛连接起来成为今日的启东县。廖角嘴便移到现在的位置。

有史以来江口段江流沿岸有着显著的变化，江流是促使江口段两岸变迁的主导因素，而潮流和风浪在江口段蚀积过程中也具有显著的影响。

历史上长江口的宽度曾经达到 180 公里（指南汇嘴与廖角嘴之间的距离）但是现在长江的情况是：江阴江面宽度为 2.4 公里，狼山福山间为 18.4 公里，南北二嘴间为 91.2 公里，说明在历史时代里江口段的沉积量大于侵蚀量，从而江口宽度显著减小。虽然江口段总的情况是沉积大于侵蚀，但侵蚀现象也颇显著。由于江流溪线的摆荡，往往此岸沉积、彼岸侵蚀，且侵蚀量也很惊人。自 1866—1916 年的 50 年间，长江北岸自江阴至南通姚港一段，每年由侵蚀而坍陷的物质平均达 60,000,000 立方米[①]。

随着溪线摆荡所引起江口段江岸的变迁非常显著。11—14 世纪中叶，江流主泓在南泓道、南通、海门的江岸向南伸展；14 世纪中叶以至 18 世纪中叶，江流主泓在北泓道，引起北岸大坍，海门从县变为乡；18 世纪中叶以后，江流重入南泓道，海门又复大涨，南岸在江流主泓入北泓道时，曾有显著涨岸；在 18 世纪以后，又有内坍现象。

江口段是江海交会之处，最利于沙岛的成长，但由于江流溪线海潮流路的迁移不定，以致江口沙岛此涨彼没，同时它们在江口之中摆荡不定。

崇明岛是江口最大的沙岛，历史最长久，也最复杂。前人都以为崇明岛的出露在公元 7 世纪，而 7 世纪 80 年代有崇明镇的设立，附属于通州之海门。事实上南通在公元 958 年才开始建置，所以上述的说法不很正确。在公元 11 世纪以前江口有两个沙岛——东沙和西沙（可能就是宋朝刺配流犯的海门沙），在 1025 年又在西沙西北出露姚刘沙，东西二沙也在 11 世纪相继坍去。于 1101 年又出露一个沙岛，称为三沙。崇明建置是开始于三沙之上（1222 年在三沙上建天赐场，1277 年建崇明州）。自从崇明建置以来调换了三个不同的沙岛[②]

---

① 武同举：江苏水利全书第 1 册，卷 2 第 11 页。
② 据光绪崇明县志，马家滨系三沙旧额，而马家滨、平洋沙与长沙曾有一个时期并存，都各一水相隔，所以崇明第 1—3 次迁治，只是三沙的移动；而第四第五次则掉换不同的沙岛。所以是五次迁治，掉换三个不同的沙岛。

（图7），现在的崇明是16世纪的"长沙"沙岛。从1583年迁治其上以后，直到如今。然而在这个不到400年的阶段中也数度摆荡，时南时北，所以现在的崇明岛上历史最悠久的土地，也鲜有超过400年的历史。

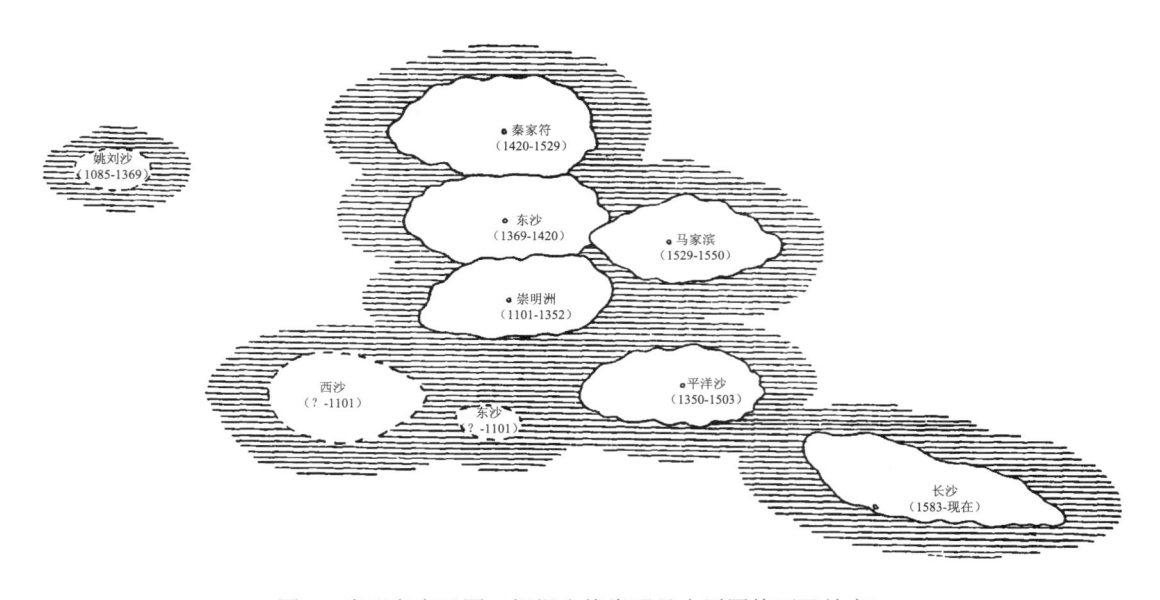

图7　崇明岛变迁图（根据光绪崇明县志原图修正及补充）

总的讲来，有史以来长江三角洲前缘的海岸，向着海洋方向推展，但是推展速度是缓慢的。同时在各个地段里和各个时期里都是不等量的，2000年来南汇嘴位置虽然改变，但它和江阴间的直线距离几乎没有变化。江阴至廖角嘴的直线距离则增长较快，石港湾在11至19世纪平均50—80年伸展一公里，而20世纪以来，个别地方每年竟达0.35公里。

江口段最大的改变不在海岸线的伸展，而在江口段的紧缩。在2000年前长江口也呈现喇叭状。故而潮水上涌，蔚为壮观。所以历史上有所谓广陵观涛的佳话（枚乘：七发）。虽然侵蚀作用在江口段非常巨大，实际只是河槽的摆荡，总的说来沉积量是远超过侵蚀量的。至于江口在多少宽度和深度才能导致蚀积平衡，以及目前是否已处于蚀积平衡的阶段，还有待于进一步的研究。

前曾说过，海登斯坦和丁文江关于海岸伸展的结论所根据的都是片面的资料，因而不可能是正确的。长江所带来的泥沙并不是全部沉积在江口以外，丁氏所计算伸展速度的根据只是南汇一个地段某一时期的海塘兴建历史，不能引用于整个长江三角洲，也不足以代表整个三角洲发展过程中的伸展速度。

六、人为因素对三角洲发展过程以及三角洲上微地形的影响

长江三角洲发展过程中人为的因素是不可忽视的。

伟大的海塘（海堤）和江堤的建筑以及沿江兴建的其他水工措施，削弱了波浪对三角洲的侵蚀作用，并在一定程度上控制了江流溪线摆荡的范围。个别地区的海塘（海堤）促进了沉积作用，20世纪以来，马蹄形的石港湾内由于新海堤的建筑，在堤外已被淀积加高的基底上为波浪所带来的泥沙，壅阻在海堤之下，使海岸向外迅速伸展。海塘——这个伟大的建筑，免除了海水泛滥，因此，长江三角洲上，含盐的土壤久受雨水冲洗，即成为肥沃的稻米之乡。

三角洲平原上的若干微地形系人类生产活动所留下的标志。江口地段特别是廖角嘴和南汇嘴以内的地段，新沉积的沙洲以及沙岸由于含盐量低，一旦露出江面便可垦植，人类遂于此圩田阻水，因此许多沙洲的表面还较高潮面为低。由于圩田年代各地不同，被圩田地的高度亦不一致。原由许多沙洲连结成陆地的海门和启东虽然原有的圩已不存在，但地面却有着数十厘米甚至1米的高差，江边新涨沙岸的圩田常常连接起来，成为新的江堤和海塘的基础，而以川沙南汇最为显著，目前在川沙的统一的海塘之外，还可看到新涨的小块圩田。

三角洲平原上的水系已为人类生产活动所基本改造，天然水系只在极个别的地方保存下来。长江三角洲上河网稠密，一般为每方公里1.5—3.0公里，水系整齐，经过人工调节之后得到很好的利用。

江流泛滥所造成的天然堤，只有在比较古老的沉积地区才比较显著，这也说明在人类生产活动有一定的经验以后，江流的沉积侵蚀作用受到一定的影响。如通过如皋作一南北向的剖面，宽广的长江北岸天然堤便可显示出来，天然堤比一般地面高出2—3米，它的前端止于白蒲。白蒲以下，因受人类影响比较强烈，天然堤便不显著了。

总之，三角洲平原的地表特征反应出显著的人为因素，同时长江三角洲是一个典型的人为地形区域。世界上许多河流的含砂量都随着人类经济活动的日益扩大而显著增多。河口三角洲亦因之而迅速增长，关于长江三角洲的增长由于现有资料还不足以明显地看出它与人类经济活动所导致的泥沙增多之间的关系，这可能与长江中游湖泊滞留泥沙的作用有关。

七、结束语

长江三角洲具有复杂的历史，它处在若干自然因素相互作用之下，江流所夹泥沙是其建设中的主导因素，波浪（尤其是伴随着风潮）是三角洲发育过程中的破坏的主导因素。在人类历史时期中，江口地段向外伸展，总的讲来是缓慢的，而且伸展速度因时因地而不同。江流携带的泥沙主要沉积在江口段以内，江口宽度固此日减，2000年来人类与江流的斗争已有不少成绩，在一定程度上控制了江流溪线。目前三角洲是处在下沉的过程中，其所以微微伸展乃是沉积量大于下沉量之故。

对于三角洲江口段的研究具有实际的意义：

研究三角洲发展过程中各个自然因素所起的作用，可以为今后在三角洲地区与自然斗争的措施提供重要资料；

江口地段沉积作用的研究，可为江口地段河床及港口的改造提供重要的资料；

对于地体下沉以及沉积物质的研究，可为都市建设解决沉陷问题时提供重要资料。

我国劳动人民几千年来，对于长江三角洲的地表形态，特别是海塘和水系的改造方面，获得巨大成绩，因而总结几千年来这个伟大的成就和经验，也是具有巨大意义的。

上述各项问题还有待进一步分析研究，本文只为这些问题的问题提供一些初步的资料和意见。

NOTES ON THE DEVELOPMENT OF THE YANGTZE ESTUARY

Chen Chi-yu

Some tentative conclusions may be drawn with regard to the development of the Yangtze estuary, based on a priliminary analysis of sea charts and hydrological data, as well as on field researches in recent years.

1. On the broad continental shelf of the East China Sea, which is about 90—140 m below sea-level at the outer edge, lies 2 ancient submarine deltas one above the other off the Yangtze mouth. They are not coinciding in areal position and a southward displacement seemed to have

occurred during the growth of the younger one. Submarine sand-banks may be depicted, at intervals, 50 m deep and 200 km off the coast.

2. Of the several factors influencing the formation of the Yangtze Delta, the fluvial action is the main construction force, and the wave action the main destructional, while the tides work both ways. The ocean current carries far into the ocean the materials dumped by the Yangtze; the Cariolis force adds to the southward diversion of the main stream flow.

Records of tidal gage at Shanghai reveals, as does the datum surveying, a land subsidence for 0.52 m in the last 38 years. This level-change may have been brought about by geotectonic force, by the warming of the poles resulting in a general rise of the sea and by human activities.

3. It is discovered that the sediments 70 m deep and further below are of continental shelf origin, those between 70 and 60 m contain shells and coral gravels pieces at certain localities, and those above are deltaic.

4. The expansion rate in historic time as formerly estimated for the Yangtze Delta has proved incorrect. The easternmost point of the delta in fact has remained stationary for the last 2000 years, when most fluvial deposits succeeded in narrowing the channel from 180 km to 91 km.

5. The influence of human activities on the formation of the delta should not be neglected. The dykes, coastal and riparian, help accumulation and modify the land surface, while the drainage systems are almost nothing but canals and irrigation diches.

动力与地貌结合，现代过程与历史过程结合
——学习"长江三角洲江口段的地形发育"的体会

张卫国

陈吉余院士（1921—2017）是我国河口海岸学科的奠基人，是理论研究与工程实践紧密结合的开拓者，为海岸带资源开发与环境保护作出了杰出贡献，在国内外获得了众多荣誉，包括中国地理学会颁发的第一届"中国地理科研成就奖"（2004 年）、国际河口海岸协会颁发的"终身成就奖"（2013 年）等。在河口海岸科学研究中，陈吉余院士重要的贡献之一是将传统的地貌学研究与动力学、沉积学有机结合，形成了动力、沉积、地貌相结合的新学科体系。该篇论文是陈吉余院士关于长江口的第一篇论文，发表时他年仅 36 岁，但从论文可以管窥其学术创新的思想、学以致用的志向以及严谨的科研态度。

一、论文的写作背景

陈先生 1945 年毕业于浙江大学史地系后，师从我国著名地质学家叶良辅教授，从事地貌学研究，其研究生成果形成的论文"杭州湾地形述要"（1947 年）为其研究河口海岸的第一篇论文。陈先生 1947 年毕业留校，因 1952 年全国院系调整，自浙江大学调赴华东师范大学地理系任教，自此长江河口成为其终身研究的基地。在

作者介绍：张卫国（1971— ），男，江苏镇江人，华东师范大学河口海岸学国家重点实验室研究员，中国地理学会会员（S110011237M），研究方向为自然地理学。E-mail: wgzhang@sklec.ecnu.edu.cn

浙江大学及华东师范大学工作时，陈先生就承担了水文教学工作，这为他将动力与地貌结合开展研究创造了条件。陈先生在华东师范大学从事教学的同时，带领学生在长江三角洲开展了野外地貌调查。1956年，国家发出"向科学进军"的号召，在地理系主任李春芬教授的鼓励下，陈先生根据野外调查成果，结合大量的文献调研，写成了"长江三角洲江口段的地形发育"一文，同年8月在北京召开的中国地理学会学术报告会上宣读了论文，受到了与会专家的好评，并由此结识了中国科学院苏联顾问、著名的河口学家萨莫伊洛夫，为1957年在华东师范大学创建中国第一个河口研究室、推进中国的河口海岸研究奠定了基础。

二、论文的创新之处

论文的序言开宗明义地指出，三角洲演变的影响因素众多，不能依靠单一因素或个别地段的现象来概括整个三角洲的发育，必须"对这些因素作综合研究，才能正确地掌握它的发展规律"。论文的第二至六部分依次从长江口外水下地形特征、三角洲形成的自然因素、三角洲的地质演化、三角洲的历史时期演化、三角洲的人为因素影响等方面展开论述。

第二部分依据海图资料，对长江口水下地形特征进行了分析，指出了现代河口三角洲以及古河口三角洲的存在，并依据两个三角洲的空间展布特征指出了三角洲发育过程中河口具有向南迁移的特点。

第三部分讨论了三角洲形成的各种自然因素，包括径流、波浪、潮流、沿岸流、陆架边缘的黑潮、科氏力、海平面、地面沉降等各种因素，即塑造地貌的动力，这些动力因素通过对泥沙的搬运和沉积影响着地貌的变化。论文对长江三角洲的形成因素有着系统、整体的视野，即三角洲发育不是一个局地现象，要将其放在中国东部边缘海的陆海相互作用体系中来加以研究，其中引人关注的认识有：长江的泥沙不仅仅在河口堆积形成三角洲，还有一部分泥沙在沿岸流的作用下向浙闽沿岸输送，影响着中国海岸的发育；北部的黄河物质可通过沿岸流的作用参与长江三角洲的建造；河口的波浪和潮流作用致使河口段水体悬沙含量高于径流主导的江阴河段；涨潮流的向岸输沙可以将海域泥沙携带至三角洲中沉积。这些认识体现了陆地和海洋复杂的双向交互作用。此外，对于海平面变化的论述，陈先生将其分成全球性、区域性和局地性的变化因素，其中全球性的因素包括冰川融化，区域性的因素包括构造沉降，而局地性因素则强调了人类活动导致的压实沉降，特别是建筑和交通带来的沉降，反映了陈先生对相对海平面变化的深刻认识。上述分析从整体上展示了影响三角洲地貌发育的空间尺度和动力因素。

第四部分则从地质过程的角度概述了长江三角洲的演变。依据地质钻孔以及沉积相的分析，陈先生提出了海平面升降、侵蚀基准面变化对三角洲地区沉积环境的控制作用，特别是依据钻孔中鉴定的珊瑚化石的存在，陈先生指出长江河口地质历史上也曾经有个低浊度的环境，与今天的高浊度河口环境迥异，反映了三角洲环境动态演变的特点。

第五部分依据我国历史文献记录丰富的特点，对近2 000年以来三角洲陆上部分的岸线变迁做了详细的分析，特别是三角洲北翼的南通地区以及崇明岛的演变。除了对历史文献的解译外，陈先生利用水文学的原理，从动力机制上对岸线变迁和陆地侵蚀-淤涨做了很好的阐述，特别是分叉河口存在多个入海河道，随着径流分流比和潮流的变化，不同河道的动力特征不一，从而影响陆地岸线的变化。径流、潮流等动力因素的变化，也对河口沙洲的形成和演化产生着影响，其中对崇明岛的形成历史，陈先生指出其是由多个沙洲拼合而成，出露成陆的历史大都不超过400年。特别地，陈先生认为，长江三角洲河口段的地貌变化，不在于海岸线的向海伸展，而在于口门的缩窄，指出前人仅以海岸线向海推进的速率来讨论三角洲的发育，不足以反映三角洲的全貌。

第六部分指出了三角洲发育过程中人为因素的重要性。陈先生研究海塘、水系改造等活动对三角洲发育的影响，并依据江苏启东、海门地区的地面高程低于高潮线的特点，敏锐地指出围垦造地中断了自然沉积过程，使得地面高程达不到自然条件下的高程。该区域地面高程存在的数十厘米至1米的差异现象，则反映了不同时期和地点围垦活动的不同。特别地，陈先生指出，流域内人类活动导致的河流泥沙增加与三角洲的面积增长不是一个简单的关系，如长江中游湖泊对泥沙的滞留作用会影响到输向三角洲的泥沙数量。这也反映了陈先生的河流-河口整体的系统观。

论文的结语部分，除了总结论文对长江三角洲河口段演变过程和机制的认识外，特别指出了地貌研究对生产实践的应用价值，包括河床整治、港口建设和城市地面沉降治理等方面的科学支撑，体现了学以致用的研究宗旨。

三、论文的启示

陈先生的这篇论文虽然创作于67年前，但其理论认识对当今的研究仍具有极强的指导意义。之所以如此，与陈先生深厚的学术素养、先进的研究方法分不开，体现在：

第一，立足世界科技研究前沿。20世纪40—50年代，地貌学的研究面临着从传统的静态描述向基于过程的动力地貌研究转型，物理、数学等相邻学科的交叉渗透，以及海岸工程的实践需要，对地貌学的发展起到了积极的推动作用。陈先生求学及早年工作阶段，虽然对外交往不如今天便捷，但仍能掌握世界科技的前沿学术动态，如从论文引用的国外参考文献来看，包括美国地球物理学会会刊1949年登载的海平面研究文献，以及国际著名海洋学家谢帕德（F. P. Shepard）所著的《海底地质学》（Submarine Geology, 1948）一书。作为河口学权威的苏联专家萨莫伊洛夫在华期间讲授了海岸及河口的现代研究方法，陈先生积极参与了相关活动。因此，陈先生能够汲取西方和苏联相关研究的最新成果。

第二，注重学科交叉与方法综合。陈先生师从叶良辅教授，地貌学基础扎实，工作以后长期从事水文地理学教学，因此很自然地能够从事水文与地貌的学科交叉研究。陈先生毕业于浙江大学史地系，该系拥有谭其骧先生等历史地理名家，在浓厚的学术氛围下，陈先生历史学素养深厚，长于历史文献资料的梳理和挖掘。因此，陈先生能够将历史过程和现代过程有机结合。论文中的参考文献除了专业期刊、著作外，还包括地方志、报刊以及生产管理部门的报告，通过多学科交叉和研究方法的融会贯通，陈先生能够从多时空尺度把握三角洲的发育过程。

第三，重视人类活动与实践应用。地理学的传统即强调人地关系的研究。陈先生基于河口调查和对研究的认识，非常重视人类活动因素，从农业到现代城市建设都有涉及。不仅如此，他更为重视研究成果如何服务于社会建设，并列出了港口、地面沉降、海塘、水系改造等几个潜在应用领域。事实上，陈先生在其后续的工作中，将其研究工作应用到长江口深水航道选址、河口江心洲水库选址、浦东国际机场东移等一系列国家重大工程建设中，为保障长江畅通、特大城市上海用水安全、上海国际航运中心建设等作出了不可磨灭的贡献。

由于20世纪50年代我国现代科技事业刚刚起步，科研条件相对落后，该篇论文的一手调查资料仍很有限，因此，论文中出现"由于缺乏资料，无法作精确估计""还没有足够的资料可以作出结论"等语句，反映了陈先生实事求是的科研作风。

参考文献

[1] 陈吉余：《奋力长江河口》，华东师范大学出版社，2017年。
[2] 戴勇、王平、金文华：《探究河口，巡研海岸——陈吉余传》，上海交通大学出版社，2015年。

珠江三角洲的"桑基鱼塘"与"蔗基鱼塘"*

钟功甫

(华南师范学院)

一、绪言

珠江三角洲是东、西、北三江会合而成的一个冲积大平原。从行政区域上应该包括九个县（南海、番禺、顺德、中山、三水、新会、东莞、珠海、宝安）、三个县级市（佛山、江门、石岐）和一个省辖市（广州）。面积约达 13,512 平方公里，占全广东省土地总面积 5.9%。

虽然珠江三角洲面积不大，但在农业生产上却是一个特殊优异之地。蚕桑、甘蔗、鱼塘生产上许多条件是国内其他三角洲所不及的，那里有优越的自然条件、大量的劳动力和丰富的耕作经验给予种桑、种蔗、养鱼的发展创造了极有利的条件。本区位于北回归线以南，年平均温度约 23℃，少霜冻，年雨量约 1,600—2,000 毫米。日照时间长，这对于喜高温高湿的甘蔗生长最为有利，甘蔗成熟期需要雨量较少。本区甘蔗成熟期在 1—3 月，正是年雨量最少的时期。区内也有甘蔗所需要排水良好的粘壤土，但每年 7—9 月台风盛行，对甘蔗生长影响至巨。经过强烈台风摧毁后的甘蔗含糖率会减低，甚至蔗根亦会拔起。桑树对自然条件要求没有甘蔗那么严，既可以种在平原地区的鱼塘四围、河畔、堤岸、田边，

第 24 卷第 3 期，1958 年 8 月

引用本文：钟功甫. 珠江三角洲的"桑基鱼塘"与"蔗基鱼塘". 地理学报, 1958, 24(3): 257-274.

* 珠江三角洲农民称冲积平原上的旱地为"基"，旱地种上果树的称为"果基"，种上桑树的称为"桑基"，鱼塘与桑基相联一起共同生产的农地称作"桑基鱼塘"，同样鱼塘与蔗基联合生产的农地则称为"蔗基鱼塘"。"桑基鱼塘"与"蔗基鱼塘"都称作为"基水地"，都是珠江三角洲农业生产上特殊的耕作方式。

也可以种在丘陵坡地。在珠江三角洲气候条件下，桑树几乎全年都可以生长。这里的桑树发芽早，成长快，每年自大寒（12月）前后起，蚕桑就开始发芽，一直生长到小雪（11月），几乎全年常绿，每隔 30—40 天就可以摘桑叶一次，因此年中可采桑叶 7—8 次。摘叶次数之多，单位面积叶量之高，生产茧之众，都是全国各地所不及的。如 1957 年中山县每亩桑地年平均产桑 3,400 斤，而全国最高纪录亩产 6,150 斤亦在本区之内（1955 年顺德十区黎芸珍记录）。与太湖流域比较，那里年采桑只 2—3 次（最多也不过 5 次），亩产桑叶亦低，1956 年江苏全省平均亩产只达 358 斤，最高亦只 3,700 斤；浙江全省平均也不过 800 斤，最高亦只 4,000 斤左右，与珠江三角洲相去尚远。最显著的中山县每亩桑地平均生产茧达 160.2 斤，比目前世界蚕桑生产最发达的日本每亩 116.25 斤高出 37.8%，超过世界蚕桑生产最高水平，比我国蚕桑主要省份江苏省高出 2.8 倍[①]，可知蚕桑在本区的发展潜力之大。全年之中，3—11 月是本区养蚕季节，一造桑，一造蚕，对农民资金周转和全年的收入所起的作用都很大。

珠江三角洲稠密的水道网，由于雨量的丰富，河水充沛，终年航行都很方便，很有利于甘蔗、蚕桑、生丝、食糖、塘鱼的运输，而河涌流经三角洲各农业居民点、市镇、糖厂、丝厂，木船可深入到蔗基与桑园。这些纵横交织的水道网对农民到田间工作或到市镇去销售农产品，采购农具、肥料以及甘蔗、蚕桑、生丝、食糖的搬运的作用都很大。而水温一般在 15—30℃之间，使塘鱼终年可以活动。

种蔗、种桑、养蚕、养鱼都需要一定的劳动力。本区是华南人口最稠密的地区。抗战前原有人口 1,000 万以上，现全区人口只 650 万（包括广州在内）左右，约占全广东省人口 18%，每平方公里约 500 人，仍是全省人口最稠密的地区。农业人口约 400 多万，因此也是全省农业居民点与市镇最集中的地区。这些劳动人民都经过长久的耕作历史，也有一定的劳动素养，他们在生产实践中，根据当地的自然条件创造和积累了丰富的耕作经验，而种桑、养蚕和养鱼联系生产的特殊耕作方式，也是太湖流域所没有的。至于利用河水、潮水灌溉，利用河泥、塘泥施肥，利用众多的河汊开辟鱼塘，发展淡水养殖业，并利用鱼塘水面架设瓜棚，繁殖瓜菜（图版 I，图 3），土地利用率之高和农民的劳动素养，都是国内其他三角洲所少见的。如本区养蚕季节中，在 5—9 月间，当地高温高湿，原不容易养好蚕儿，但当地农民会采用防焗防湿的方法来调节温度与湿度。同时以竹篾制成的花簇给予蚕儿结茧，对于升温排湿、蚕茧介舒也有很大的作用。

本区虽然有这些优越的条件来发展蚕桑、甘蔗和塘鱼业，但在过去三大敌人的压迫下，优越的自然条件没有充分利用，丰富的劳动力也未好好地发挥出来，农民终年过着痛苦的

---

① 见南方日报，1957 年，12 月 4 日。

生活，三角洲蚕桑鱼塘生产不仅未能发展，而且日益衰落下去（如桑地面积解放前夕只及抗战前 1/10 左右）。抗战结束后，美帝剩余物资（人造丝制成品、食糖等）大量倾销，而香港金融势力又深入到三角洲各个地方。三角洲农村经济愈来愈破产，蚕桑和塘鱼业萎微不振。盲目发展甘蔗，甘蔗愈发展，蚕桑业则愈衰落，愈益感到粮食之不足。解放以后，消灭了三大敌人，扫除了帝国主义市场，进行了一系列的改革，经过土改与合作化运动之后，三角洲的甘蔗、蚕桑、塘鱼才有机会发展起来，现在珠江三角洲已渐渐成为全国大陆上最大的食糖基地，同时又为国内重要蚕丝地区之一，也有华南最大的淡水养殖鱼场。甘蔗、蚕桑、塘鱼已渐发展为珠江三角洲农业生产上专门化主导部门了。随着这些农产品的不断发展，各种加工工业（糖厂、丝厂、砼头厂）也陆续地兴起，逐渐构成了一个工农业生产的综合体。

珠江三角洲各县的甘蔗、蚕桑、鱼塘皆集中于三角洲的中部，而以顺德为中心。抗战前蚕桑鱼塘最旺盛时，顺德曾被称为"广东蚕桑鱼塘之乡"。目前三角洲以甘蔗较为发达，顺德又被称为"祖国大陆糖业基地的中心"了。邻近顺德各县近代蚕桑鱼塘业的发展是随着顺德的发展而发展，随着顺德的衰落而衰落的。近年来甘蔗的发展也有同样的趋势。顺德同时又是三角洲蚕丝、食糖加工工业最发达的一个县，因此它不仅是三角洲农业中心，也是加工工业和水运的中心，是三角洲的"心脏"。因此，本文即以顺德为中心来论述三角洲的蚕桑、甘蔗和鱼塘业。

二、以顺德为中心的三角洲"桑基鱼塘"

（一）"桑基鱼塘"是一种科学的耕作制度

三角洲农民养蚕的历史很早，远在数百年前他们就懂得种桑、养蚕和养鱼三者配合起来生产的耕作方法。他们利用三角洲纵横交错的河道和低洼的地势来繁殖淡水养殖渔业，将低洼的地方挖深而成池塘，用之养鱼成为鱼塘；将挖出来的泥土堆积起来成较高的旱地，以之种桑成为桑地。这样鱼塘与桑地并连起来生产的耕地，珠江三角洲人民称之为"桑基鱼塘"或"基水地"（图版 I，图 1）。

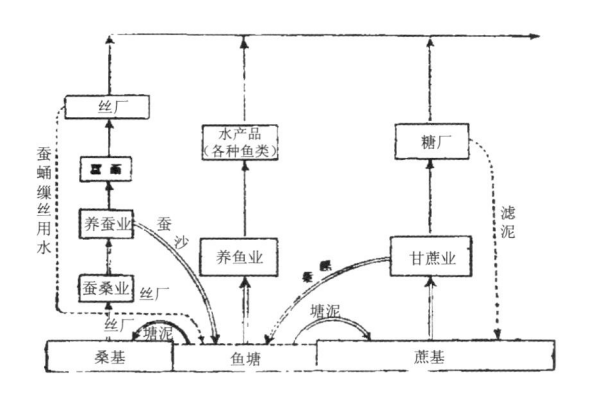

图 1　珠江三角洲甘蔗、蚕桑、塘鱼生产联系图（双线代表专门化部门）

"桑基鱼塘"早已成为珠江三角洲农业生产上专有名词了。提起这个名词，人们就会体会到珠江三角洲种桑、养蚕、养鱼三者生产联系的情况。这是一种生产上紧密联系的耕作制度：当地劳动人民以桑基的桑供家蚕作饲料，家蚕吃桑后放出的蚕沙是塘鱼的良好食物，鱼塘的淤泥又是桑基肥料的主要来源，这样构成了种桑、养蚕、养鱼三方面有机联系生产的耕作方法，是一种完善的、科学的农业生产技术和经营管理制度。这是珠江三角洲劳动人民长期耕作中利用当地自然条件，创造和积累耕作经验的结果。

种桑、养蚕、养鱼三者配合生产的时候，任何一种部门搞得好都可以促进其他部门的发展；任何一部门搞得不好，也影响其他部门的生产。如桑叶长得愈好，家蚕吃了长得愈肥，放出蚕沙愈多，塘鱼吃了愈快长大；相反的，也会得出相反的效果。据顺德流行语："蚕好鱼肥桑茂盛，塘肥基旺茧结实"，这是以顺德为中心的三角洲蚕桑鱼塘生产联系的特点（图1）。

根据顺德县农民的估计，每 100 斤蚕虫或 800 斤蚕沙可养活 100—110 斤塘鱼，能吃 100 斤桑的蚕就可以出蚕沙 60 斤，亦即吃 1,300—1,400 斤桑的蚕放出的蚕沙就可养活 100 斤鱼。同样，塘泥对桑基的作用也很大，农民利用塘泥作桑基的肥料，他们年中将塘泥挖至小艇，然后戽至桑基上（戽泥厚度约 5—6 厘米），或经过一年养鱼后，到年尾将塘水抽干捉鱼，将塘底的淤泥挖起来担到桑基上，这样，每年搬运塘泥便成为三角洲农民施肥的一项重要措施。据顺德细滘乡的估计，以四个劳动力戽的泥（每个劳动力每天搞三艇泥，每艇以 700 斤计）约等于 10 斤化肥的功效，并且塘泥比较均匀，施于桑基或蔗基上比化肥优越，不仅起补肥作用，并且也有防旱、除虫之效。每当第四、五、六造蚕的时候（9—10月），气温较高，雨量较少，容易发生干旱现象的时候，农民创造了"搛泥花"的办法，把塘泥开稀（1/4 泥，3/4 水）搞拌成糊状戽至桑基上，每亩桑地戽上 15 艇这样的泥浆，不仅可以防旱，桑树亦可增产 20%。此外，桑地还可在冬季将桑条刈去后进行间作（蔬菜、头菜、红苕等），如是既可增加收入，同时因土壤之调节亦可使桑叶的产量提高。

因此，"桑基鱼塘"就成为经济上相互依赖、相互发展，在耕作上有机联系的一种科学的经营管理制度，这种耕作制度的优点为：（1）充份发挥土地的肥力；（2）充份利用饲料；（3）农业各生产部门间相互促进发展。

蚕桑或甘蔗收成的时间和塘鱼收获的时间都不相同，如是配合经营，农民一年四季都有生产，全年没有荒月，对于劳动力的调节与资金的周转作用很大。虽然太湖流域的蚕桑比较发达，但没有这种特殊的耕作制度，也不可能有，因为采桑与养蚕数次没有这里多，则蚕沙供应塘鱼作饲料的作用也没有这里大。此外，鱼塘的水温也没有珠江三角洲的那么稳定。

（二）解放前珠江三角洲的蚕桑鱼塘业

三角洲农民从事于"桑基鱼塘"联系生产的历史已久。鸦片战争以前三角洲蚕丝业中心在南海县，九江、西樵、大同等地是南海县也是珠江三角洲蚕丝业最发达的地区。当时以土法缫丝，生产力微弱。顺德、番禺等地的蚕种和鱼苗皆采自南海，故当时三角洲的"桑基鱼塘"以南海较盛。从咸丰初年的顺德县志看，对桑和蚕的记载极为简略，对荔枝、香蕉和柚等记载则较为详尽，其中有述"岁出蚕丝，男女皆自食其力"，足见当时顺德蚕丝业未盛，"桑基鱼塘"还未十分普遍。

鸦片战争以后，新式技术输入，顺德蚕丝业才渐居三角洲的重要地位。当1866年（同治五年）陈启元在南海简村创立第一个丝厂后，这是珠江三角洲蚕丝业发展史上一个大转折点。

新式缫丝业的风气渐开，三角洲各县闻风兴起，邻近南海各县都相继采取机器缫丝，顺德与南海密迩毗连，新式机器缫丝方法逐渐向顺德传来。1874年接近南海的顺德龙江圩亦开始以新式机器缫丝，再过数年（光绪初）顺德县治大良从南海九江招聘熟练女工到来，在大良北关建立女工达500—600人的怡和昌机器缫丝厂，这是顺德蚕丝业大发展的开始。自此以后三角洲蚕丝业发展得很快，蚕桑区域大大扩张，其中以顺德发展特别迅速，邻近顺德的各县如中山、新会等地也随之迅速地发展起来，顺德逐渐取代了珠江三角洲蚕桑业的领导地位，南海落居第二。1905—1906年广东生丝输出约值4,000多万元（白银），顺德一县即占去3/4。从当时顺德圩市土丝的贸易情况看，亦可看出顺德蚕丝业盛况。据史载，当时每一圩市十余万元（白银）价值的茧丝贸易不须二小时即已销完云[①]。但自 1909 年我国生丝的国际市场被日本占夺以后，生丝输出锐减，三角洲的蚕丝业一度衰落。迨第一次世界大战结束后不久，意大利、法国的蚕丝业被摧毁，各国忙于恢复工作，因而我国生丝在国际市场上获得销路，欧美、南洋、印度各国皆销我国生丝。1922—1926 年三角洲蚕丝业又兴盛起来，比前更加旺盛，顺德仍为三角洲蚕丝业中心，桑基鱼塘比前更加众多。这是珠江三角洲蚕丝业的黄金时代。

在 1922—26 年三角洲蚕丝业鼎盛时期，由于丝价有了市场，蚕桑发展特别快，当时三角洲蚕桑价格非常昂贵，如顺德流行语："一担桑叶一担米"、"一船丝出，一船银归"，可知当时蚕桑价值之高。同时由于三角洲优越的自然条件，一年可采桑 7—8 次，养蚕七、八造，当时一造蚕可以养活三、四口人家，因此以顺德为中心的各地都种桑养蚕。蚕桑分布地区更广，当时三角洲平原上的桑园大概以顺德为中心，北至三水卢苞，东止番禺，南至中山石岐，西迄西江干道，这个范围内的耕地都是桑地。从南海佛山起，向南经过顺德的龙江、龙山、陈村、大良、容奇、桂州到中山县的小杭和古镇，这一带南北长约 40—50 公里、东西宽约 20—30 公里的广大地区，除小部低洼地或山地区外，其余广大的冲积平原、沙洲都种桑树。这是有史以来三角洲桑园分布最广的时期（图 2），估计当时全三角洲桑地约有 1,200,000 亩左右，大约等于 1954 年桑地面积的 10 倍。以顺德、南海、中山三县独多，约占全三角洲桑地总面积的 90%。仅顺德一县桑地即占全三角洲桑地总面积 1/3，当时顺德全县耕地 95%以上都是桑地（鱼塘除外），以容奇桂州为全县蚕丝业中心，也是三角洲经济中心。其他如中山、南海各县耕地亦以桑地占主要地位，兹列表比较如下：

顺德桑地面积　　　400,000 亩　　中山桑地面积　　　　328,800 亩

南海桑地面积　　　320,000 亩　　其他各县桑地面积　　150,000 亩

为什么三角洲蚕桑业渐趋向以顺德为中心的各县呢？大概有下列几个原因：

（1）自鸦片战争以后，香港逐渐夺取了广州对外贸易地位。1859 年广州辟为通商口岸后，过去各省货物集中广州出口的转移香港出口。梧州、江门与惠州相继辟为商埠后，东、西、北三江的对外贸易亦转移到香港去，三角洲经济的重心随着香港的发展而逐渐由北部转向南部；

[①] 见"岭南蚕桑要则"（宣统三年）。

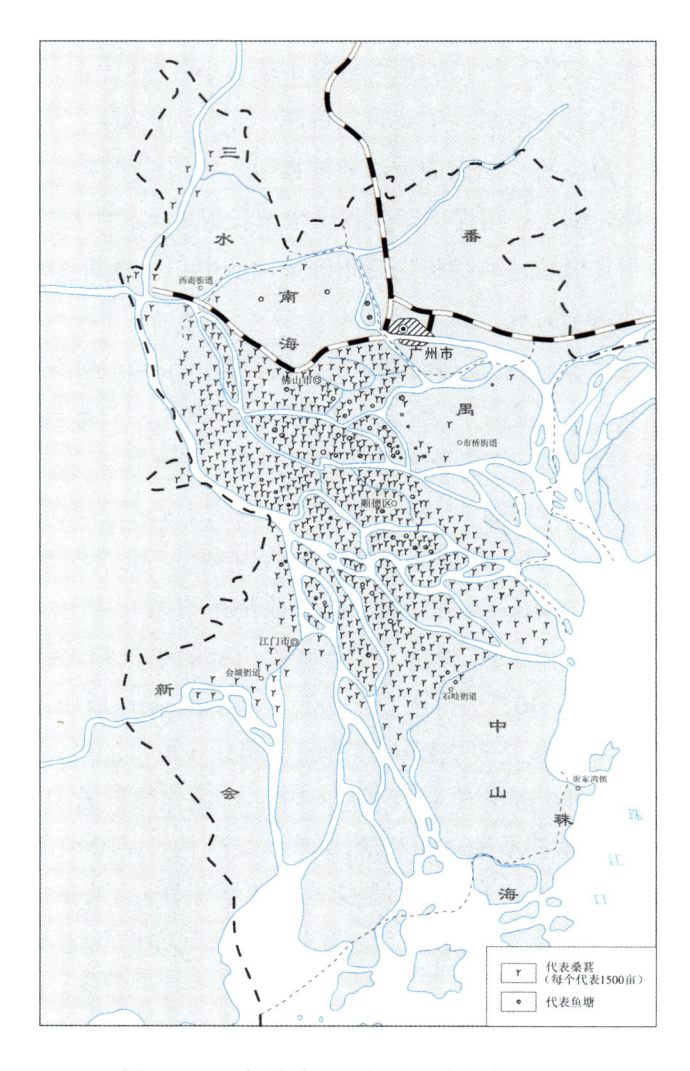

图 2　1926 年前珠江三角洲桑基鱼塘的分布

（2）顺德的容奇位于三角洲中心，河汊纵横，水道交通称便，与香港比较接近，无论生丝出口与洋米进口的输入都比较方便；

（3）种桑比种稻利益大。1922 年前后顺德一担桑相当于一担稻谷的价值，当时每亩桑基年产桑 20 多担（1910 年南海每亩桑地产桑 34 担），稻桑价格相差悬殊，故当时许多稻田皆辟为桑地；

（4）顺德县境以内冲积平原广阔，山地少，对种植蚕桑比较有利。

以上这些条件都是三角洲其他地区所不及的。石岐以南或西江干道以西都是山地，佛山以北是丘陵地区，桑树生长没有冲积平原那么优越。中山县南部或东南部虽也有广大冲积平原，但地势低洼，宜于种稻，不宜于种桑。

以顺德为中心的三角洲各县，桑园面积扩大，家蚕因获得大量饲料，也促进缫丝业的发展，三角洲新式缫丝厂的发展亦以 1922 年为最多。从下表可看出[①]：

年份	新式丝厂数目	共有坐位	年份	新式丝厂数目	共有坐位
1866	1		1922	180	90,064
1880	10	2,000	1926	202	95,215
1902	68	34,600	1929	147	72,422
1910	109	42,100	1931	111	57,255
1912	162	65,000	1934	37	20,369
1918	147	72,200			

此外，1922—26 年家庭土法缫丝坐 3,000 多个，晒场 100 多个未计，当时年产生丝 120,000 市坦，土丝 9,000 多市担，这也看出整个三角洲蚕丝业以新式机器生产占绝对优势，顺德一县占三角洲丝厂和丝车的大半。1922 年顺德生产生丝占全三角洲生丝的 97%，占全省出口生丝 80%。

由于蚕桑、缫丝业之发达，广东省各地茧市与茧栈纷纷兴起，也集中于以顺德为中心的各县[②]，例如主要茧市有：

顺德：容奇、桂州、勒流、龙江、乐从、陈村、大良、甘竹。

南海：官山、吉利、平洲、九江。

中山：小坑、古镇。

新会：北街。

三水：西南。

东莞：石龙。

主要茧栈有：

顺德：桂州 71 家、容奇 25 家、勒流 12 家、陈村 10 家、大良 8 家、乐从 6 家、龙江 2 家，共 134 家。

南海：官山 5 家。

三水：西南 25 家。

据估计，全广东省蚕丝业最盛时，直接或间接以桑、茧、丝、鱼来维持生活的达 200 万人，90% 以上在本区。

---

① 见"支那蚕丝业大观"。
② 见"中国经济年鉴"。

从上述桑地面积、丝厂、丝车、生丝产量、茧市、茧栈，以及从业人数等各方面来看，都说明顺德及其附近各县是全省丝业中心地区。

随着种桑养蚕业的发展，养鱼业也相当普遍，全省最大的淡水养殖鱼场即在种桑养蚕区域内。如本区已利用的鱼塘约 60 多万亩，占全省已利用的鱼塘半数以上，并且都以第一类鱼塘居多。三角洲各县鱼塘亦以顺德最多，南海、中山次之，如顺德 260,000 亩，南海 156,000 亩，中山 120,000 亩，新会 60,000 亩，东莞 27,000 亩，番禺 30,000 亩，三水 10,150 亩。

从上述可知，顺德、南海、中山三县占去整个三角洲鱼塘 80%，这和三县所占三角洲桑地面积之广是相适应的。

珠江三角洲鱼塘特别众多的原因和上述蚕丝业的发展有密切的关系：鸦片战争以前已有桑基和鱼塘联合生产，但自新式丝厂出现之后，蚕丝业发展得很快，鱼塘的兴起也多。大概新式丝厂出现 20 年以后，三角洲的鱼塘逐渐增加，尤以 1922—26 年间蚕丝业最盛时，鱼塘增加最快。因当时蚕桑价、塘鱼价都很高，鱼塘价值随之而昂贵。据说当时 1 亩基水地的价值约相当于 3 亩稻田的价值，因此拥有大量稻田的地主都纷纷将稻田改为桑基鱼塘，这是三角洲鱼塘众多的主要原因。顺德、中山、南海三县的鱼塘，大都是这样兴起来的。

其次，三角洲平原地势低洼，河汊纵横，积水地多，容易发生水灾，如将之挖成鱼塘，既可养鱼，亦可免除水患。

再其次，西江中下游有丰富的鱼苗，每年洪水季节，有鱼花（鱼苗）时期（4 月初至 8 月底），西江上游梧州、桂平一带有刚孵化不久发丝大的鱼苗随洪水沿西江干道而下，农民以多年积累的丰富经验和精巧的技术，在南海县九江镇等地江边设有"鱼埔"，捕捉这些鱼苗，设场培育，加工分类，至二、三寸大然后供给各地鱼塘养殖。故南海九江镇是本区著名鱼苗培育场，也是珠江三角洲各地鱼塘鱼苗主要供应地。

此外，三角洲的鱼塘除了分布于桑基四周的以外，星散于农业居民点的为数也不少，这种鱼塘形成的原因和上述稍有不同。从历史考据这些鱼塘的兴起和蚕桑业的发展关系不大，而和村落的兴起有关，这些鱼塘对开辟乡村时防御的意义较大，对灌溉、养鱼的作用是次要的。

由于桑基与鱼塘连成一片配合生产，因此基塘的面积一般相当大，都在七、八亩以上，一、二十亩相连起来的也很多。过去挖塘的时候，地主的田亩如过于分散，则常用种种手段夺取邻近的稻田，然后变成相连的基水地。基水地的桑基和鱼塘两者的面积也有一定的比例，一般鱼塘的面积比桑地面积广些，所谓"六水四基"，即一块基水地的比例 60% 是鱼塘，40% 是桑基，整个顺德县桑基鱼塘的比例都是这样。所以在顺德农业用地的地图中，耕地显得特别少，因鱼塘面积比例较大之故。

三角洲鱼塘的形状也有规则，一般呈正方形或长方形（图版I，图1，2，3），劳动人民根据当地的自然条件，将鱼塘挖深到6—9尺（排尺），这是最适合三角洲淡水鱼繁殖的塘水深度和温度，因为水浅于6尺，夏天气温过高，太阳晒透到水底，对鱼生长不利，或遇骤雨可能"鱼窦"（即鱼群聚集处）打散，鱼类会死亡。相反，塘水深于9尺，塘底冷，也不适宜鱼的活动。

鱼塘的好劣，与靠近河渠远近关系很大，凡接近河渠的鱼塘，放水和进水比较容易，经济价值高；远离河渠的鱼塘，进水放水困难，需经过邻塘，依靠邻塘的进水和放水，经济价值低。过去地主的鱼塘都靠近河渠的多，如果远离河渠的，也得千方百计将邻近的鱼塘掠夺过来。

由于三角洲鱼塘分布之广，也有丰富的鱼苗，因此鱼产亦多，以鲩、鳙、鳊、鲮四种鱼为大宗。全三角洲年产淡水鱼约150—200万担左右，顺德、南海、中山三县占全三角洲淡水鱼的90%以上，三县平均每人每年获得淡水鱼约1担左右。全三角洲农民依靠鱼塘为副业的达70多万人，仅顺德一县的鱼产就占50%。故鱼产收成的丰歉，直接影响当地农民的生活。近几年来珠江三角洲鱼塘的鱼产没有增长，如顺德县各年鱼产都在70万担，未有增减，这和甘蔗、蚕桑年年增加是不相适应的。主要原因是缺乏鱼苗。鱼苗供应充足与否，视当年西江亲鱼多少、洪流缓急等而异，故单靠天然鱼苗，塘鱼产量是不稳定的。

从上述可知，解放前以顺德为中心的三角洲种桑、养蚕、养鱼业都相当发达，已成为珠江三角洲农业专门化的主导部门。种桑、养蚕、养鱼和加工工业（丝厂）构成了一个农业生产综合体。稻田、水果、蔬菜居次要地位，是环绕甘蔗、蚕桑、鱼塘业的发展而发展起来的，仅供蔗农、桑农的粮食和消费，不仅没有外销，相反每年仍需大量输入。因此，蚕桑、甘蔗、塘鱼愈发达，粮食、水果、蔬菜消费就愈多，加工工业也就愈兴盛，水上运输愈益频繁。但当时三角洲的蚕桑鱼塘业专门化是自发的社会劳动地理分工的结果，就是半封建半殖民地性质的专门化。虽然当时专门化的规模也很大，但促进三角洲蚕桑鱼塘业专门化主要的原因并不是本国人民的需要，而是为供给外国市场需要而发展起来的。每年大量生丝的出口是替帝国主义供应原料和半制成品，是为帝国主义服务的，这种专门化不仅对我国农民不利，而且带来了农民的困难与灾难。因为耕地种桑以后，粮食便要由外地供应，没有桑地的农民就要吃贵米；生丝滞销，农民就要挨饿。如抗日战争期间发生的饥饿情况是惨重的，整个三角洲因饥饿而死亡的农民达数十万，以顺德县最惨重。

由于依赖国外市场而发展起来的蚕桑业，随着国际市场的变化而变化，生产是不稳定的。1922—26年间之所以兴盛，是趁欧战后各帝国主义恢复创伤，放松了对旧中国的经济统治，才使中国得到了一个暂时的喘息机会。1926年后，广东蚕丝又开始衰落，丝厂与丝车逐渐减缩，外销生丝日少，到1933年后，外销生丝仅及鼎盛时期的1/2左右，女工工资降低，由每天 8 角（白银）降为 2 角。抗战时期，日伪进行土丝统制，贱价收购，生丝厂丝无法维持，被毁丝厂数达 80%，这是三角洲蚕丝业破坏最严重的时期。抗战结束后，元气大伤，蚕丝业未恢复，加以粮食不足，蚕丝业仍然继续下降，直到解放前夕丝厂仍纷纷倒闭，生产急剧下降，出口锐减，桑地大为缩小。

根据统计，解放前广东的桑地与丝厂变化如下：

三角洲桑地由抗战前 1,200,000 亩到 1949 年降为 200,000 亩左右；三角洲丝厂由 1922 年 202 家降到 1946 年抗战结束时的大丝厂 7 家，1949 年解放前夕的 1 家。

全省的生丝产量由 1922 年 120,000 担到 1949 年降为 7,680 担，丝绸由 1,300,000 多匹降为 250,000 匹，生丝出口由 1930 年的 68,000 担降为 100 担以下。

珠江三角洲解放前蚕丝业衰落的主要原因，是由于旧中国是一个殖民地半殖民地的国家，经济命脉为帝国主义所操纵，而经济力量也不能与帝国主义抗争。次要原因有下列几点：

（1）蚕丝工业设备陈旧，技术落后，产量和质量不能提高，在国际市场上不能与日丝竞争。同时又受日商阴谋破坏信誉（据顺德县 1956 年报告，抗战时间日商收购中国各厂生丝，囤积变坏后再出售，从信誉上破坏中国生丝云），原来生丝国际市场被日丝占夺。

（2）抗战期间三角洲蚕丝区域首先沦于敌手，蚕丝设备全部被日敌破坏。

（3）1930—31 年世界不景气，蚕丝是一种奢侈品，影响最甚，国际无市场。

（4）糖厂兴起，以高价收购甘蔗，种甘蔗利益比种桑利益高，地主纷纷将小块桑地并为大块蔗地，而种甘蔗对资金短少的农民没有种蚕桑那么优越，因此农民多变为散工或逃跑到城市，具有种桑养蚕技术的人口渐少，大大影响蚕丝业的发展。

（5）人造丝兴起，成本比天然丝便宜，原料来源比天然丝方便。

（三）解放后三角洲的蚕桑鱼塘业

解放后几年来鱼塘面积和鱼产没有多大的变动，但桑地面积仍在不断的减缩中。1950 年广东省农林厅在三角洲设立蚕桑研究所，原拟大力恢复广东蚕丝，但当时农民觉悟尚未提高，以为种粮食比种桑可靠，仍将桑地改种杂粮；另一方面由于全国人民需要食糖的供应，甘蔗比蚕桑重要起来了。加以 1952 年桑蔗价格不平衡，1953 年茧价降低幅度过大（白茧降低 29.55%，黄茧降低 44.6%），因此，甘蔗与蚕丝价格相差很远。例如 1953 年种桑与种蔗每亩收入的比较为：

桑纯利 23.1 元

蔗纯利 40.8 元

由于两种作物价格差别悬殊，大大促进蚕桑面积的减少和蔗地播种面积的增加。据调查1953年顺德全县发现了严重的挖桑种蔗现象，仅1953年顺德县桑地被挖去就有2万多亩。后来经过人民政府大力宣传，并采取蚕丝贷款、肥料贷款、预购蚕茧和打开国际市场等一系列的措施以后，才渐渐扭转过来。1955年合作化运动前的桑地面积基本稳定下来，此时全三角洲桑地仅余10多万亩，约及最盛时期（1922年）的1/10（图3）。

合作化运动以后，农民感觉蚕桑年可采叶七、八次，对资金周转有利，同时蚕桑鱼塘生产联系好，对于鱼塘饲料的供应和安排、社员的劳动力（如年老的可以养蚕，年幼的可以采桑）等都获得解决，桑农与蚕农统一经营，调节供应，并可解决三、四月间农业上渡荒问题，因此扭转了农民对蚕桑的看法。1956年起各县桑地面积开始逐渐增加，如1955年珠江三角洲各县桑地约150,000亩，1956年已达160,000亩。过去东莞没有蚕桑的，1956年也种有3,900亩。1957年各县又开始大力发展蚕桑，并积极试验利用山地种植，扩大蚕桑种植面积，计划在第二个五年计划内，珠江三角洲的蚕桑与缫丝业可超过抗战前最高水平。

三、以顺德为中心的三角洲"蔗基鱼塘"

蚕桑与甘蔗在本区种植历史都很早，远在唐宋以后，三角洲已普遍栽培。这两种作物中，一向以蚕桑种植占优势，但自近20多年来，甘蔗逐渐重要起来，蚕桑与甘蔗发生了矛盾，自从蚕桑衰落之后，代之而起的是甘蔗。以顺德为中心的三角洲蚕桑业逐渐减少的同时，甘蔗则逐渐增加，两种作物的变化，以甘蔗占优势。

从顺德县这两种作物的变化情况来看，远在1922—26年时顺德全县桑地面积约40万亩，当时蔗地微不足道，1930年后桑地开始下降，甘蔗开始增加，以后这两种作物不断的互为消长。解放初期这种情况仍在继续，如下表所示（单位：亩）：

年份 地别	1950	1951	1952	1953	1954	1955	1956
桑地	137,996	135,663	123,513	90,487	71,826	65,000	73,228
蔗地	101,670	153,316	154,552	150,376	176,154	186,279	183,100

从上表看出1950—55年间顺德甘蔗不断的增长，而蚕桑不断的下降，1951年起蔗地面积已超过桑地面积，1951年以后甘蔗则不断增加，直到1956年后才稳定下来，桑地开

始有继续上升之势，其他各县情况大致相同。现再试看 1952 年与 1955 年三角洲各县甘蔗的发展情况（单位：亩数）：

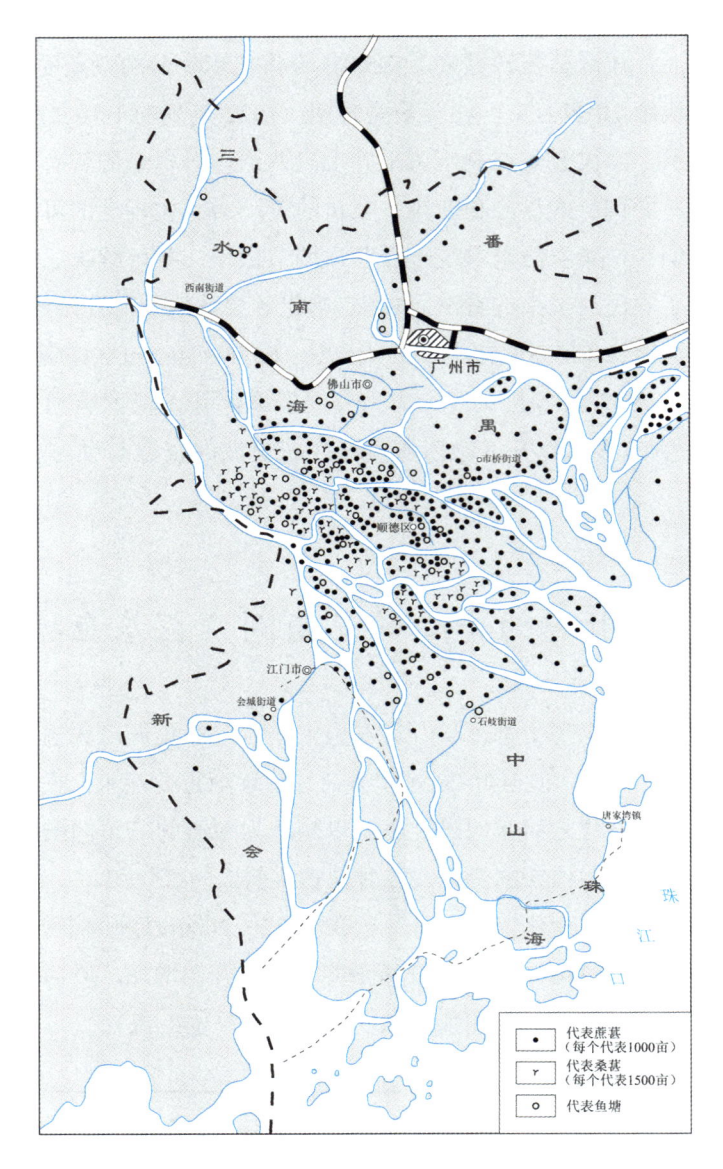

图 3　1957 年珠江三角洲甘蔗、蚕桑及鱼塘的分布

年份 \ 地点	中山	南海	番禺	顺德	新会	三水	珠海	东莞	宝安
1952	55,575	13,802	56,844	154,552	10,231	7,015	3,009	62,932	7,632
1955	91,264	31,252	96,119	186,279	15,905	7,857	10,936	83,768	6,088

上表除宝安外，其他各县甘蔗都逐渐增长，而且增长得很快。从各县甘蔗面积的不断扩大，也可了解各县桑地的减少情况。三角洲各县甘蔗不仅播种面积扩大了，单位面积的产量也逐年有所提高，现以东莞举例如下：

项目 年份	播种面积 （亩）	每亩产量 （市斤）	项目 年份	播种面积 （亩）	每亩产量 （市斤）
1952	62,932	6,000	1955	66,589	5,578
1953	55,935	5,464	1956	95,217	7,000
1954	73,151	6,000			

由上例可看出东莞甘蔗播种面积1956年比1952年增加了约1/3，单位面积产量也提高了1/6，1953年虽受水灾影响，1955年受旱灾影响，但产量还相当高。

由于桑地的不断减少，甘蔗的不断增加，原日三角洲种植蚕桑的地区都已改种甘蔗，原日的桑基鱼塘也逐渐改为蔗基鱼塘（图版Ⅰ，图2）。

甘蔗面积不断的增加，食糖生产量也日益提高，制糖技术也日渐改进。自1952年起这三方面都已超过抗日战争以前的最高水平，目前广东省甘蔗种植面积和食糖产量都占全国（台湾除外）1/2以上，而珠江三角洲又是全广东甘蔗种植和食糖生产的中心。

由于三角洲蔗地面积不断的扩充，引起糖厂不断的新建，食糖不断的增长，如1956年仅顺德、东莞、紫坭、市头四个糖厂集中了珠江三角洲70%的甘蔗，榨出了食糖10多万吨。为了满足人民的需要，现又新建五个糖厂（北街、中山、南海、华侨、阳江），除阳江糖厂外，其余四厂都在本区，每厂日榨蔗都在2,000吨以上，北街糖厂日榨更达3,000吨，是我国目前最大的甘蔗糖厂。除北街糖厂外，都将在1957年完成投入生产。四厂每年产糖20万吨以上，全国每人每年可以多吃10市两食糖。

由于制糖加工工业的不断兴起，制糖机械业也渐渐的发展起来。目前本区已能制造每日榨蔗2,000吨的糖厂机械设备，并设有甘蔗制糖的科学研究所，因而制糖的技术日益提高，对增加人民的食糖和支援邻近各省甘蔗制糖业的意义巨大。

近20年来，甘蔗在珠江三角洲迅速的发展大约有下列一些原因：（1）从自然条件上来看，珠江三角洲极适宜于甘蔗生长，加以河汊多，对于甘蔗和食糖的运输都很方便；（2）当1930年日敌蚕丝掠夺了我国的国际市场以后，三角洲蚕丝再一次衰落，同时给予了甘蔗开展的好机会；（3）自1936年顺德糖厂建立以后，是珠江三角洲甘蔗迅速发展的重要关键；（4）抗战期间日敌大肆对我国蚕丝业摧毁的同时，甘蔗发展得更快。

解放以后，人民生活水平提高，需要大量食糖；在党提出减少食糖入口、增加本国糖业生产的号召下，甘蔗生产获得了进一步的发展。其次，甘蔗糖厂所需劳动力（工人）没有甜菜糖厂的那么多，而甘蔗单位面积食糖的产量却比较丰富，成本也低。据估计，甜菜制成砂糖每吨成本 400—600 元，而甘蔗糖仅 247 元（以顺德糖厂为例），因此增加食糖的生产以发展甘蔗较为有利。此外，甘蔗投资少，比其他农作物获利多，如每亩地种甘蔗年产 5—6 吨，每吨甘蔗值 23 元，则每亩蔗地年产值 100 多元，而种稻仅为 50 元左右。

因此，原来以种桑、养蚕、养鱼结合生产的珠江三角洲各县（顺德、南海、中山、番禺……）逐渐转为种蔗养鱼结合生产了，农民以蔗荚喂鱼（40 担蔗荚可养活 1 担鲩鱼），以塘泥作为蔗基肥料，因而三角洲耕作业上除过去单纯"桑基鱼塘"的生产综合体外，又出现了"蔗基鱼塘"的生产综合体（图 1）。

经过 20 多年的经营，目前三角洲的甘蔗业逐渐形成为农业专门化的主导部门，代替了昔日蚕桑专门化的地位，我们可从下列几点看出。

从蔗地面积看，全珠江三角洲各县蔗田面积有 560,000 亩（1956 年），约占全省蔗地面积 43%，而且都是全省蔗地单位面积平均产量最高的地区，在三角洲各种农作物耕地面积中，除稻米外占第一位；

从产量和产值看，1956 年全三角洲各县产甘蔗约 4,000 万担，每担 1.4 元计总产值约 5,600 万元，总产值之高除稻米外，占全区第一位；

从商品率看，生产出来的甘蔗，除极少数供应市场食用外，绝大部份供应糖厂制糖，制出食糖销行全国 21 个省市；

从生产联系看，甘蔗与农业其他部门、加工业和市镇、轮船都发生密切的联系，除与鱼塘一起生产双方都有利之外，它和稻米轮作两者生长都好。

四、顺德县的桑基、蔗基与鱼塘

上文曾述及甘蔗与蚕桑相互消长，而桑基鱼塘与蔗基鱼塘也不断起变化。蔗基鱼塘的比重日渐增加，这种情况在顺德反映最为清楚。顺德过去是三角洲桑基鱼塘最集中的一个县，现亦以蔗基鱼塘占优势。这三者在顺德农业生产情况上可以看出：

1. 从农业用地来看：我们试从全县、区和乡（合作社）三种农业用地来看甘蔗、蚕桑和鱼塘在顺德县境内的比重，1956 年全县用地约有 700,968 亩，其中：

  鱼塘   268,592 亩， 占农业用地面积 38.30%；
  蔗地   186,297 亩， 占农业用地面积 26.50%；

稻田	143,328 亩，	占农业用地面积	20.48%；
桑地	73,228 亩，	占农业用地面积	10.45%；
杂地（包括果树、杂粮）	29,609 亩，	占农业用地面积	4.22%。

从上表可以看出二点：

（1）甘蔗、蚕桑、鱼塘三者占全县总面积 75.25%，说明顺德全县是一个甘蔗、蚕桑、鱼塘三者综合发展的地区。蔗地面积比桑地面积大。其次，顺德土地面积是三角洲各县的最小一个县，但甘蔗、蚕桑、鱼塘三种面积却是三角洲各县最高的，说明桑基鱼塘与蔗基鱼塘在三角洲各县都以顺德最发达，而以蔗基鱼塘占优势。

一个典型区——顺德勒流区：

1956 年全区土地总面积约 79,928 亩，其中鱼塘 45,216 亩，占全区土地总面积 56.6%；蔗地 24,004 亩，占全区土地总面积 30.0%；桑地 9,756 亩，占全区土地总面积 12.2%；杂地（指果树和杂粮）952 亩，占全区土地总面积 1.2%。

由上可知勒流区的特点为：

（1）甘蔗、桑地、鱼塘三者共占 98.8%，旱地作物以甘蔗特多；

（2）没有稻田也没有荒地。

一个典型合作社——顺德新滘农业合作社，1957 年全社农业用地 2,308 亩，其中鱼塘 800 亩，占全社土地面积 35%；甘蔗 920 亩，占全社土地面积 40%；桑地 81 亩，占全社土地面积 3.3%；稻田 371 亩，占全社土地面积 16.0%；饲料地 36 亩，占全社土地面积 1.5%；保留地（社员自用）100 亩，占全社土地面积 4.2%。

这个乡仍然以甘蔗、蚕桑、鱼塘三者最多，约占农地面积 77.7%，没有荒地，亦以蔗地占面积最大，稻田降为次要地位。

以上三例充分说明顺德县是以甘蔗、蚕桑和鱼塘三者综合发展的一个县，是农业的主导部门，三者中以甘蔗比重最高，大大改变 20 多年前顺德农业用地的情况。

2. 从甘蔗、蚕桑、塘鱼的产量和产值来看，顺德的甘蔗、蚕桑、鱼塘不仅分布面广，三者产量都很多，而以甘蔗产量最丰富，对国民经济影响也很大。1952 年全县蔗地只 101,670 亩，1956 年即达 183,000 亩，每亩平均产量 11,512 斤，全县年产甘蔗约 2,000 多万担，约占全三角洲产量 45%。每担甘蔗如以 1.4 元计，总产值达 2,600 多万元，约占全三角洲甘蔗总产值的 1/2。如以人口计算，每人每年分得甘蔗 40 担（或 25 元），这是全国其他地区所不及的。顺德甘蔗不仅播种面积广大，而单位面积产量亦比三角洲各县为高，如 1957 年全县蔗地每亩平均产蔗 8,500 斤（顺德新滘社平均 13,000 斤），全国亩产 31,000 斤最高记录亦为本县所创。

1952 年全县桑地 137,996 亩，1956 年减为 73,228 亩，每亩平均产桑叶 3,000 斤，全县年产蚕桑 200 多万担。每担如以 2.7 元计，总值达 600 万元，尚不及甘蔗产值 1/4。但单位面积产量最高的却在本县（如 1955 年第十区黎芸珍每亩桑地产桑叶 6,150 斤，打破全国丰产纪录）。

鱼塘有 260,000 亩，全县人口约 50 万人，按人口计，平均每 2 人就有鱼塘 1 亩。直接间接从事养鱼的农民达 35 万人，约占全县人口 70%，全三角洲鱼塘业人口的 1/2；塘鱼的收入占整个农村副业产品的 43% 以上。1955 年全县鱼塘每亩平均产鱼 319 斤（稻田产谷平均只 228 斤），最高达 821 斤，同年全县鱼产 754,228 担，按 1956 年底价每担 33 元计，总产值约 2,500 万元，平均每人每年分得塘鱼 151 斤（或 50 元），这都是全国各地所罕见的。故鱼产收成好坏，直接影响当地农民的生活，这种情况和中山县稻谷收成对农民的重要性是一样的。

从上述可知顺德甘蔗、蚕桑、鱼塘三者每年收入都很可观，而甘蔗收入比蚕桑多出 4 倍以上，因产量多，输出也众，全县出产的甘蔗都供应当地糖厂作原料，制出的食糖供全国各地，蚕桑供当地蚕农养蚕，供当地丝厂缫丝；但出产的生丝和丝织品，除供国内应用以外，还有一部分远销苏联和东欧人民民主国家，销售范围之广为甘蔗所不及。塘鱼除极少部分当地销售外，大部分外运。顺德塘鱼每年大约 66% 销广州市场，34% 销香港、澳门。目前广州市民每天吃淡水鱼 140,000—160,000 斤，其中 70% 即来自顺德县（余 30% 来自南海县）。外销鱼产很多，每日平均输香港、澳门的塘鱼约 60,000 斤（1956），旺季且达 100,000 斤以上。

五、种桑与种蔗的比较

为了进一步了解珠江三角洲甘蔗与蚕桑业的发展，对于种桑与种蔗属优属劣的问题，应有阐明之必要。除了自然条件对两者都适宜之外，我们再从下列各方面来比较：

1. 从单位面积生产总值看：1954 年以前，单位面积产量甘蔗的产值远远超过蚕桑的产值，自从 1955 年以后，两种作物的差额幅度缩小了，但仍以蔗地收入比桑地高，若种桑结合养蚕、养鱼生产，则种桑的生产总值较高。试以每亩蔗地和每亩桑地的生产价值比较如下：

一亩桑地——年采桑叶七次，每亩平均采 3,000 斤计，按 1956 年牌价每担桑价 2.6 元（最高 4 元）计，则收入为 30×2.6=78 元……（1）

每担桑养蚕可获得蚕沙 60 斤，每亩桑地所产桑可获得蚕沙为 30（担）×60=18 担蚕沙，每 10 担蚕沙可养活鱼 1 担，18 担蚕沙即可养活鱼 1.8 担，每担鱼按 1956 年 12 月牌价 33 元计，则 1.8 担价值为 1.8×33=59.4 元……（2）

另每亩桑地年可获得桑枝柴薪六、七担，约值 12 元……（3）

冬季桑地尚可间作（12 月至翌年 2 月可种大头菜、白菜、甘薯……），大头菜每亩年产约 60 担（或白菜 20 担），约值 50 元……（4）

如是，一亩桑地年总产值为（1）+（2）+（3）+（4）=199.4 元（成本费用未除）

一亩蔗地——年平均产蔗 10,000 斤，按 1956 年价每担蔗价 1.4 元计，则每亩蔗地年产蔗收入为 100（担）×1.4 元 =140 元……（1）

另在甘蔗地间作包谷或杂粮，每亩收入约 10 元……（2）

如是，每亩蔗地总收入为（1）+（2）=150 元（未减除成本费用）。

虽然桑地费用（人工和肥料）比蔗地来得多，但两者除去成本费用之外，桑地收入还是比蔗地收入多。如 1957 年顺德容奇成梓里社种桑养蚕每亩地平均收入 180 多元（蚕沙价值未计），种蔗每亩仅 140 元左右，1956 年顺德全县这两种作物的比较，每亩桑地的收入平均比蔗地大约多 20—30 元；从整个珠江三角洲一般情况看，每亩桑地所产之桑一年内约得纯利 60—70 元，而甘蔗只有 40—50 元左右。

2. 在生产联系上：桑基鱼塘比蔗基鱼塘好，虽然蔗荚也可作为鱼的饲料，但蔗荚有毛群；同时蔗基之蔗叶过于浓密，遮蔽了鱼塘一部分阳光，影响鱼塘微生物的繁殖作用，风大时吹起蔗叶发出较响的声音，引起鱼群惊慌，对鱼也不利；蔗根较深，吸收水份和肥力比较多，也影响鱼塘的肥力。因此，据有经验的农民说，基地种蔗比种桑塘鱼的收成率每亩塘减少鱼产 30 斤左右。

3. 从劳动力看：蚕桑劳动力要求比甘蔗多，如顺德 1953 年 1 亩蔗地需要劳动力 22 个工，而桑地则需要 41 个工，因此桑地投资比蔗地多，但劳动力的调节和资金的周转种桑比较大。

4. 从人民需要上看：二者都重要，但食糖较急切些。如从对外贸易的意义上，则蚕桑所产的生丝较为重要。

5. 从劳动素养看：种桑、养蚕、养鱼在珠江三角洲已有数百年的历史，经验较多；甘蔗发展较迟，所积累的生产经验不及前者丰富。

6. 甘蔗受自然灾害（风、虫等）少，生产比较稳定；而养蚕在第三、第四造时（蚕茧最旺盛时）气温较高，湿度大，虽然桑树生长好，但对养蚕不利，蚕儿这时容易生病，经营不稳定。

从上述各点可知蚕桑和甘蔗各有优劣，按自然条件甘蔗和蚕桑都比较优越；但按劳动素养，则以种桑养蚕较佳。

六、发展前途和改进意见

珠江三角洲的甘蔗和蚕桑、塘鱼的发展前途都是很大的。为了解决人民食糖需要和增加对外物资的出口，必须发展甘蔗与蚕桑，况本区自然条件和农民对这些作物经营素养也适宜发展这两种作物。为了搞好这两种作物的生产和供应广州市民大量淡水鱼，又必需有塘鱼。桑基鱼塘与蔗基鱼塘都是科学的耕作制度，国内别的地方尚鲜发现，即使要发展也没有这里条件的优越。以蚕桑言，国内蚕丝业比较发达的太湖流域就没有这种科学的耕作制度，蚕桑单位面积产量也没有这里高；以甘蔗言，虽然雷州半岛和海南岛将为我国新建蔗糖基地之一，但生长条件和经营技术上尚不及珠江三角洲的优越。所以本区发展蚕桑、甘蔗和经营鱼塘的条件都比其他地区优良。虽然目前经营蚕桑每张蚕纸产茧数量尚不及太湖流域的高，经过几年来的改进，现顺德细滘社每张蚕纸出产茧数和每担桑获得茧数都与浙江接近，所以本区蚕丝业如改良后发展前途是很大的。但三角洲面积有限，如何使蚕桑、甘蔗和鱼塘三者合理的生产，这是当前珠江三角洲农业生产上的重要问题，目前没有扩大鱼塘之必要。甘蔗与蚕桑播种面积需要不断的扩展，两者生长都以在基地较好（虽然甘蔗可以生长在围田，但产量不及基地为高，如1956年中山县基地上的甘蔗，每亩比围田的多2,000斤），应如何解决这两种作物的种植问题，是值得注意的。作者以为靠近鱼塘四周的基地应种蚕桑，昔日原为桑基后来改为蔗基的应该恢复为桑基，使生产配合得更好；三角洲北部和中部鱼塘之外的基地（冲积平原）应以种蔗为主，但在中山、番禺或珠海县等地的沙田区则应种稻米，或甘蔗与稻米轮作。

按广东农业规划1955—1962年七年间新垦地区都发展经济作物，三角洲上可以新垦的就是平原上的丘陵和低山，这是发展蚕桑有利的地区。由于蚕桑适应力比较强，较为耐旱耐寒，故三角洲平原应以种植甘蔗为主，而蚕桑可以逐渐向丘陵低山山坡发展。根据目前中山、东莞县桑树上山试验的初步经验，证明这方面是正确的。但仍存在一些问题：

（1）一般只宜于低丘山，山坡不宜超过25°，一般都在15°左右；
（2）山坡比平原冷些，生长季节较为迟些，但不影响收成的数次，每年仍为七造；
（3）要向阳坡较佳；
（4）土壤没有平原的好。

故一般生长没有平原的旺盛，如中山县小黄圃乡试种初步结果，单位面积产量仅及基地的60%，同时生产联系也没有基地的好，但这些困难是可以克服的。日本桑树种在丘陵上的很多，虽然纬度比较偏北，生长还很好。珠江三角洲蚕桑的生长气候条件比日本的好，故冲积平原上的丘陵地发展蚕桑肯定是有利的。这样也可解决蚕桑与甘蔗种植地区上的矛盾，问题就是如何克服目前存在的困难，如改良桑树品种，使能逐步适应山坡上的生长，同时注意保土工作，这都是替桑树上山创造有利的条件。

三角洲平原上蔗地单位面积产量尚低，目前每亩蔗地年平均产甘蔗 8,000 斤左右，和国外蔗区（如古巴）20,000 斤以上相差尚远。按三角洲的自然条件应该可以提高的，从一些丰产地区（如顺德 1957 年有些地区亩产达 31,000 斤）来看，也证明三角洲甘蔗提高单位面积产量是可能的。为了减轻成本，增加人民食糖需要，甘蔗种植需要吸收国外（或丰产区）种植经验，提高单位面积产量是必要的。

糖厂的厂址问题：甘蔗的特点就是糖份容易转化，甘蔗供应过少，影响榨蔗能力，如甘蔗供应过多，积压起来糖分容易转化。据试验，甘蔗积压一天损失糖份 0.07%，三角洲甘蔗含糖份一般在 16% 左右，积压了一天糖份就降为 15.93%。气温愈高损失愈多，大量甘蔗积压过久，损失是很厉害的。故糖厂的厂址最宜接近蔗园，以位于蔗园中心而靠近河边的为佳。但糖厂建立太多，也会影响甘蔗的来源，或蔗糖成本过高，因此建设糖厂的同时，也要考虑甘蔗的发展计划。

延长季节问题：目前三角洲糖厂每年榨期约为 7 个月（由 11 月起至翌年 5 月止），休闲期间达 5 个月之久，延长榨期或提前开榨，对糖厂增加生产意义很大。提前开榨对农民有利，因可多种些别的作物；延长榨期对糖厂有利，因后期甘蔗含糖份较高，故改良甘蔗品种是急切问题。

三角洲鱼塘向来是利用西江上游来的天然鱼苗繁殖淡水鱼，这本来是很有利的，但这种方法对鱼苗的供应极不稳定，鱼苗或多或少直接影响塘鱼的产量。近几年来三角洲各地塘鱼没有增产，主要原因就是缺乏鱼苗。因此，为了保证鱼苗供应的稳定，确保塘鱼的增产，设立人工产卵的鱼池来培养鱼苗，以补救天然鱼苗的不足，这是需要的。

"САН-ЦЗИ-ЮЙ-ТАН" (ВЫРОСТНЫЙ ПРУД, ОКРУЖЕННЫЙ ПОЛЕМ ШЕЛКОВИЦЫ) И "ЧЖЗ-ЦЗИ-ЮЙ-ТАН" (ВЫРОСТНЫЙ ПРУД, ОКРУЖЕННЫЙ ПОЛЕМ САХАРНОГО ТРОСТНИКА) НА ДЕЛЬТЕ РЕКИ СИЦЗЯН

(Резюме)

Чжун Гун-Фу

(Пебаошческни Инстчngte Fhou Eитая)

Дельта реки Сицзян находится в центральной части провинции Гуандун Ее площадь по административному делению примерно составлнет 13 512 km^2, занмая 5, общейплощади всей провинции. Населечие исчислялось примерно в 6 500 000 чел, занимая 18 общей численности населения всей провинции.

Несмотря на малую площадь эта дельта является территорией, очень благоприятной для развития выращивания сахарного тростника, шелковицы и дела размножения пресноводных рыб. Здесь листья шелковицы собираются 7-8 раз в год. Шелковичного червя размножается 7-8 раз в год. Как по урожайности листьев шелковицы, так и по количеству кокона эта территория занимает первое место в стране (местами больше чем, в Японии). В то же время она является крупнейшей базой сахара в материке страны, а также областью со сравнительно развитым делом размножения пресноводных рыб в стране.

Несколько веков тому назад трудящиеся, используя природные условия кестности, создали научную систему обработки–"сан-цзи-юй-тан"(выростный пруд, окруженный полем шелковицы), здесь сочетаются выращнвание шелковицы, размножение шелковичногочервя и размножение рыб. После опиумной войны ввсзилисъ новые техники, что приводило к особому развитию такси системы обработки. В последние 20-30 лет шелксводство падает,но развивалось выращивание сахарного тростника, и появилась новая система обработки–"чжэ-цзи-юй-тан"(выростный пруд, окруженный полем сахарного тростника), где сочетаются выращивание сахарного тростника и размножение рыб.

Как выращивание щепковицы и размножение шелковичного червя, так и размножение рыб сосредотсчены в уездах дельты, центрок которой является уезд Шуньдэ. На этой территории наиболее сбычны "сан-цзи-юй-тан" и "чжэ-цзи-юй-тан". Причины зактючаются в следующем:

1. В центральной части дельты пересечены хнсгочисленчые реки. Очень развито водное сообщение. Как по отношению к внутренним районам страны, так и по стношению к Гонконгу и Аомынь, очень удсбно сосбщение.

2. Эта территория является наиболее широкой сбластью в дельтовой равнинеи обладает наиболее благоприятными природными уэловиями длч выращивания шелковицы, размножения шелковичного червя и размножения рыб.

3. Она наиболее густо заселенна и обладает наиболее разаитымипоселками, а также наиболее богатой трудовой силой.

4. Она является важной базой снабжения сахара в стране и наииболее кругной базой снабжения пресноводных ръб для населения Кантона.

Равниыные области дельты благоприятны для роста шелковицы и сахарного Тростника. Для того чтобы преодолеть противоречие в развитии этих двух растений, вокруг выростного пруда следует выращивать шелковицу, а в остальных равнинных областях следует проводить севооборот сахарного тростника и риса. Обширные холмистые страны на равнинах более благоприятны для развития шелководства.

图版 I

图 1 桑基鱼塘（顺德）

图 2 蔗基鱼塘（顺德）

图 3 鱼塘中的瓜棚（顺德）

钟功甫先生与基塘农业生态地理研究

刘云刚

一、钟功甫先生学术生平

钟功甫先生（1917—2015），1941年毕业于中山大学地理系，曾是抗战时期中国地理研究所早期研究人员之一。中华人民共和国成立后先后在华南师范学院地理系、广东省农业区划委员会和广州地理研究所工作，主要从事农业地理、热带地理、沿海开放区地理等方面的研究工作。钟先生以"珠江三角洲的'桑基鱼塘'与'蔗基鱼塘'"一文为代表，开我国基塘农业生态地理研究之先河，成果引起国内外学术界的广泛关注与推崇，产生了重要的学术影响。他先后主持完成了中国综合农业区划（华南部分）和广东省综合农业区划，并指导了我国第一个县级农业区划的制定，获国家农委一等奖。钟功甫先生为地理学应用于生产实践和服务国家经济建设作出了突出贡献，也获得了国际科学界的赞誉，荣获"国际欧亚科学院院士"称号。

钟先生在回顾其一生的学术生涯时曾说："我研究农业区划和农业地理的时间最长，但研究基塘系统的成绩最大。"在钟先生的带动下，基塘农业生态系统成为农业地理的一个重要研究方向。1980年基塘系统生态定位观测站建立，又开辟了从生态系统能量流动和物质循环的视角，采用定量观测分析方法研究基塘系统的方向。相关成果以《珠江三角洲基塘系统研究》《基塘系统的水陆相互作用》等学术

作者介绍：刘云刚（1973— ），男，内蒙古呼和浩特人，华南师范大学地理科学学院教授，中国地理学会会员（S110005141M），主要研究方向为政治地理学、城市地理学、生活空间论。E-mail: ygliu@scnu.edu.cn

专著的形式先后出版。

二、"珠江三角洲的'桑基鱼塘'与'蔗基鱼塘'"一文的背景与影响

"塘以养鱼、基以树桑"的"桑基鱼塘"模式，早在唐代已见雏形，明末清初在珠江三角洲和太湖流域迅速推广。这两个地区人口稠密，低洼湿地众多，土地遇雨成涝。当地人在长期摸索过程中逐渐发现，低洼湿地挖塘养鱼，塘泥筑堤（基），堤上种桑养蚕，蚕沙（蚕粪）可以作鱼的饲料，桑林可以培植鱼塘生态，而有机质和养分丰富的塘泥通过清塘转移到基面，又进一步增加桑林的营养，这就形成"桑茂、蚕壮、鱼肥"的喜人景象。这一模式进一步推广就衍生出了蔗基鱼塘、果基鱼塘、花基鱼塘等模式。

据史料记载，珠三角的桑基鱼塘自明清以来经历了三次扩张，20世纪20年代鼎盛时期基塘集中连片面积达 13.5×10^4 公顷，以顺德、南海为中心向四周扩展，北起今广三铁路，向西越过西江干流，西南至江门新会，南部到达中山石岐，东部至番禺。许多农民"弃田筑塘，废稻种桑"。而随着20世纪30年代世界经济危机爆发，生丝市场萧条，加之战争动荡、劳动力减少等因素，又导致珠三角"桑基鱼塘"迅速衰落，基塘面积日益缩小。中华人民共和国成立后，顺德、中山等地开始扩塘整基、恢复生产。"珠江三角洲的'桑基鱼塘'与'蔗基鱼塘'"一文正是写在这一百废待兴的时代背景下。

文章的写作针对当时亟待恢复桑基鱼塘的现实需求，但文章产生比较大的影响是在其发表20年后的1979年。时任联合国大学副校长孟斯哈特（W. Manshard）赴珠江三角洲基塘地区考察，关注到这一研究课题，提出设置联合科研项目，并资助在顺德勒流镇设置定位观测站，系统研究基塘的能量流和物质流，由联合国大学派专家来华指导。由此基塘系统研究正式开启，钟功甫先生的论文也因此重放光芒。其后，钟先生又发表系列成果，深入阐述桑基鱼塘模式的生态价值和推广意义，如"珠江三角洲的'桑基鱼塘'——一个水陆相互作用的人工生态系统"（1980年），"珠江三角洲桑基鱼塘生态系统若干问题研究"（1982年），"对珠江三角洲桑基鱼塘系统的再认识"（1984年），"基塘系统的特征及其实践意义"（1988年），"珠江三角

洲基塘系统研究"（1987年），"基塘系统的水陆相互作用"（1993年）等。

1988年8月，钟功甫先生出席于悉尼举行的第26届国际地理学大会，在会上做了"华南基塘系统水陆相互作用特点"的报告。时任美国加州大学地理系教授斯坦堡（Hilgard O'R Sternberg）感慨，改造低洼积水地，世界各国只知用荷兰水利工程的方法，却不知基塘形式的好处。会后，钟功甫先生还受邀到昆士兰大学做上述报告，并为该校建设基塘实验点选址，提出建立基塘形式的具体意见。1991年8月至次年1月钟先生参观访问美国期间，在加州大学做了基塘生态系统的学术报告。1994年5月，他出席在比利时布鲁塞尔举行的农渔牧综合发展国际学术会议，做了题为"广州地区基塘系统农渔牧综合发展"的报告，得到了比利时专家米夏（J.C. Micha）教授的肯定，认为其对开发赤道非洲的农、渔、牧业有着推广意义。米夏教授也于当年8月25日专程飞赴广州，在钟功甫等陪同下到四会、顺德、南海的基塘地区做了为期3天的参观考察。据不完全统计，20世纪90年代，基塘生态农业已在30多个国家和地区推广，南美法属圭亚那、越南、孟加拉国等多数国家利用基塘原理改造低洼渍水地。1991年丹麦成立了丹麦国家基塘系统委员会（Danish Committee for Dyke-Pond System），并于1992年、1994年先后派两批师生到广州学习。

三、对"珠江三角洲的'桑基鱼塘'与'蔗基鱼塘'"一文的几点体会

第一，论文奠定了我国基塘农业生态系统研究的基础。论文分析了珠江三角洲蚕桑、甘蔗、塘鱼生产的自然和社会经济条件优势，回溯了基塘农业的发展历史和地理分布，进而就以顺德为代表的桑基鱼塘、蔗基鱼塘案例进行了专门分析，详细阐述了种桑或甘蔗、养蚕、养鱼三者间的生产联系，桑基鱼塘、蔗基鱼塘生产方式的生态和经济效益，种桑与种甘蔗两种生产模式的优劣比较，以及对珠江三角洲基塘农业发展前景和若干问题的展望和建议。论文对珠江三角洲基塘系统形成发展的过程特点进行了系统的考察梳理，为后续研究打下了良好基础。时至今日，珠江三角洲和太湖流域都形成了成熟的桑基鱼塘模式，后者还成功申报了农业文化遗产，但就学术成果而言，关于珠三角桑基鱼塘的研究成果远较太湖流域的丰富且系统，

这一点必须归功于钟功甫先生率先开展的系统的珠三角桑基鱼塘研究，归功于1958年的这篇论文。

第二，论文运用的经典的区域地理研究方法，通过缜密的观察记录、系统的归纳总结、清晰的分析逻辑、得体的图表和文字表达，文章显得扎实、厚重、唯美，展现了老一辈地理学家深厚的野外功夫、扎实的研究功力和科学严谨的研究态度，至今读来仍觉敬佩。现今的许多地理学的文章，技术手段多，野外功夫少；"飞鸟"视角多，一手素材少；缺少对本土地方现象的观察和提炼，在这方面，钟先生所撰的论文虽年代久远，但仍堪称范文。

第三，论文带动了其后的基塘模式研究，毫无疑问是这一领域的奠基之作。论文广泛影响地理学、生态学、城市规划、风景园林、农学等多个学术领域。论文对地方传统农业发展模式和综合土地利用现实问题的关注，对传统农业和本土文化的关怀，对当下的地理学研究仍有启示。论文以前瞻性的视角和开创性的分析，为理解传统农业生态智慧提供了宝贵的先见。钟功甫先生在20世纪80年代后的研究，因受国际资助等的影响，转向了对基塘生态系统物质能量循环的关注，转向了对桑基鱼塘模式的推广，这一点令我们略感遗憾，基塘研究本应成为一个系列而不只是一个孤峰。除了桑基鱼塘、蔗基鱼塘，以及在珠江三角洲地域之外，还有广阔的想象空间，这也为当下的地理学者继续相关研究提供了天地。

参考文献

[1] 龚建周、蒋超、胡月明等："珠三角基塘系统研究回顾及展望"，《地理科学进展》，2020年第7期。
[2] 顾兴国、楼黎静、刘某承等："基塘系统：研究回顾与展望"，《自然资源学报》，2018年第4期。
[3] 郭程轩、徐颂军："中国基塘系统研究进展与新视角"，《湿地科学》，2011年第1期。
[4] 郭盛晖、司徒尚纪："农业文化遗产视角下珠三角桑基鱼塘的价值及保护利用"，《热带地理》，2010年第4期。
[5] 吴厚水："创建基塘生态系统学科 饮誉海内外"，《热带地理》，2016年第4期。
[6] 钟功甫："对珠江三角洲桑基鱼塘系统的再认识"，《热带地理》，1984年第3期。
[7] 钟功甫："基塘系统的特征及其实践意义"，《地理科学》，1988年第1期。
[8] 钟功甫："珠江三角洲的'桑基鱼塘'——一个水陆相互作用的人工生态系统"，《地理学报》，1980年第3期。
[9] 周晓钟："珠江三角洲的基塘系统"，《中学地理教学参考》，2005年第1—2期。

改造沙漠中地貌学研究的任务和方法

朱震达[*]

（中国科学院地理研究所）

一

在亚洲中部内陆地区，广泛分布着沙质沙漠，其总面积可达 2,199,816 方公里，其中有 50.5%在苏联境内，如卡拉沙漠、克孜耳沙漠、木尤恩沙漠、巴尔哈什湖东岸等；48%在我国境内，如塔克拉玛干、准噶尔、阿拉善、鄂尔多斯、内蒙东部等；1.5%在蒙古人民共和国境内。在这样广大面积的沙漠里，除了固定沙丘的地区以外，流动沙丘的为害非常严重，沙丘的移动经常威胁着分布在绿洲中的农田和城镇，Н. М. 普尔热瓦尔斯基曾经描述过蒙古瀚海沙漠中为流沙所掩埋的城市。苏联科学院花拉子模考察队在克孜耳沙漠与卡拉沙漠中曾经发现了很多荒废的中世纪城市、田野和渠道（图版 I 图 1–2）。在我国西北地区的沙漠，也具有同样的情况。流动及半流动沙丘占了沙漠总面积的 75%。塔克拉玛干沙漠的西南及南部可以见到无数荒废的古代城堡，如古尼雅、古且末、楼兰等等；在阿拉善西部的沙漠里，也分布着哈拉浩特古城的遗址。流沙的为害，不仅是在历史上发生过、而且目前仍在继续发展中。在中亚很多的绿洲中，已经有流动沙丘的分布，如马雷、布哈拉、花拉子模等等。在我国鄂尔多斯南缘榆林附近的长乐堡，在 7—8 年内城内为流沙所侵占面积达

第 25 卷第 5 期，1959 年 10 月

引用本文：朱震达. 改造沙漠中地貌学研究的任务和方法. 地理学报, 1959, 25(5): 387-402.

[*] 在为本文写作而收集资料的过程中，承苏联科学院地理研究所 А. С. 凯司和 Б. А. 费道洛维奇教授和苏联土库曼共和国科学院地质研究所 А. И. 施那敏斯基主任给予很多的帮助和指导。Б. А. 费道洛维奇并提供了很多典型的沙丘地貌照片，在此谨致以热诚的感谢。

2/3；乌审旗"社会主义社"30年前20%的沙丘面积，现扩张到50%。不仅如此，同时沙漠地区的交通路线也常因流沙的侵袭，影响通车。因此向风沙作斗争，改造沙漠，乃是我国西北干旱地区改变自然面貌、发展生产的一个最重要关键。

在向风沙作斗争中，地貌学的基本任务在于阐述风沙地貌形成的规律及其发展的趋向。只有掌握了它的发展规律，才能提出防风固沙的措施。因此，在向风沙作斗争中，地貌学就需要研究：

（1）沙的来源：在进行防风固沙措施时，对于沙的来源的研究具有重要的实践意义，因为它直接影响到防风固沙措施的方针与目标。以陕北毛乌素沙漠为例，沙的来源究竟是就地起沙，还是风力从远处吹送而来，意见颇不一致：假使说沙丘的形成是由于北部伊克昭盟的沙为风力所吹送而来，那么主要的防风林带，就要考虑配置在毛乌素沙漠的北缘。如为就地起沙，也就是说第四纪河湖相沙质沉积物，由于人类不合理的利用土地，破坏了植被，致使风力直接吹扬沙层，导致着流沙的形成；那么防风固沙的措施，一方面是在沙丘地区采取生物与工程措施相结合的方针——应用植树种草的方法来固定沙丘，开渠引水的方法来冲沙整地；另一方面是在沙丘地带的南缘，东起神木，西至定边盐池，营造防风林带。由此可以看出，沙的来源的研究是直接关系着一个地区防风固沙措施的配置。

为了达到上述的要求，就需要进行沙漠地区中第四纪第三纪沉积物或更古老岩层的岩性分析（矿物分析、颗粒分析、化学分析等）及其成因的研究，并分析当地及周围的自然地理环境，编制出沉积物的成因类型和岩性图。同时根据这些资料和分布在各种地层上的沙丘组成物质的矿物化学机械分析材料相比较，找出沙丘组成物质的来源。按照已经研究的第四纪地质和地貌学资料，指出在亚洲中部很多的沙质沙漠是由于古代河流的淤积物或基岩风化的产物。以卡拉沙漠为例，乃是下第四纪中第四纪古阿姆河的淤积物（图版Ⅰ图3）；而北部的外翁古兹卡拉沙漠，则为中新统及上新统的陆相沉积物。至于克孜耳沙漠，一部分为锡尔河、日阿纳河、阿克恰河的淤积物，而另一部分则为老第三纪及白垩纪陆相沉积物的风化残积物。土库曼西部滨里海低地的沙漠，则系赫瓦伦海相沉积物及具有 Cardium edule 化石的新里海海相堆积。再以我国的鄂尔多斯为例，南缘的沙来自河湖相的赛拉乌苏层，中部的沙则系白垩纪陆相堆积沙岩风化的残积物，而北部滨黄河沿岸及贺兰山东侧银川地区的沙则系近代黄河的淤积物。所有上述这些沉积物中具有大量的沙层，在风力吹扬作用下，形成了沙丘地貌。但是也需要指出，在亚洲中央内陆沙漠地区，并不是所有各种类型的沙层都裸露地表，直接遭受着风力的吹蚀；而在某些地区，沙层往往和其他沉积物（如粘土砾石层等）成为互层，位于离地表较深之处。如克孜耳沙漠西北英卡河和日阿纳河淤积物中，在离地表50—100厘米左右的深度才出现沙层，沙层之上则为沙壤土及粉沙壤质土。因此在这种情况下，风力不能直接吹扬起埋藏在地表深处的沙层，而是尚须辅以流水的作用。在内陆沙漠地区历时短促而强度大的暴雨所形成的暂时性急流的侵蚀沟，破坏着沙层上部覆盖的植被、粘土和砾石等等，而使下部沙层露出，给风力吹扬提供了有利的条件。

过度的放牧和滥垦，引起植被的破坏，也导致流沙的形成。东南卡拉沙漠阿姆河畔的流动沙丘带、鄂尔多斯南缘毛乌素流动沙丘带以及固定沙丘地区中井泉附近的新月形沙丘，都是由于人为原因破坏植被，致使风力吹扬沙层，形成流动沙丘（图版 I 图 4）。

（2）沙地地貌的形成和发展：沙丘的形成，是由于风沙流作用于沙质沙漠地表的结果。当风力吹经沙地地表时，由于气流运动上升力的作用，地表沙粒乃被携带入气流中，而随之前进。这种含有沙粒的气流称之为风沙流。但当风速减弱或遇阻碍物时，沙便下落，形成沙堆，沙积地貌开始形成。所以沙在气流中的运动，乃是形成沙积地貌形态的先决条件。为了防风固沙，就需要了解一个地区风沙流的特征——风沙流的方向、数量及发生的季节，只有这样，才能为防风固沙措施（如人工砂障、防风林带等等）的配置提供重要资料。具体地说，就需要研究沙质沙漠地区：（1）沙运动的气流条件；（2）气流中沙的含量及分布。

根据野外的观察和实验的资料，说明沙在气流中的运动是随风速及其本身粒度的大小而转移的。沙的颗粒愈小，微弱的风即可使其运动；相反，粒度较大的颗粒，须要较大的风速，才能使其运动进入气流中，随之前进而形成风沙流。根据 Б. А. 费道洛维奇的资料，它们之间的关系，如表 1 所列。

表 1

风速（米/秒）	粒度（直径：毫米）
0.25	0.03
0.6	0.05
1.5	0.12
3	0.25
4	0.32
5	0.40
6	0.50
7.5	0.60
11.5	1.00

沙的运动既然是以气流速度及其本身大小粒度为转移，然而它在气流中的含量则是随着高度而变化的。在靠近地表部分，含沙量较大，愈高愈小。根据 А. И. 施那敏斯基的观测，气流中有 90.1% 的沙分布在离地表 10 厘米以下的范围内（图 1）。这种情况说明沙的运行是沿着地表前进，而不是一般所说的沙能为风吹送到高空而带到远方。不仅如此，沙含

量的多少，同时也受风速的影响，风速愈大，含沙量也愈多。因此，在当风速减低或受阻碍物影响时，沙粒下落而形成沙堆。根据我们在东南卡拉沙漠观测所得的资料，气流中含沙量的多少和高度及风速的关系有如表 2 所示。

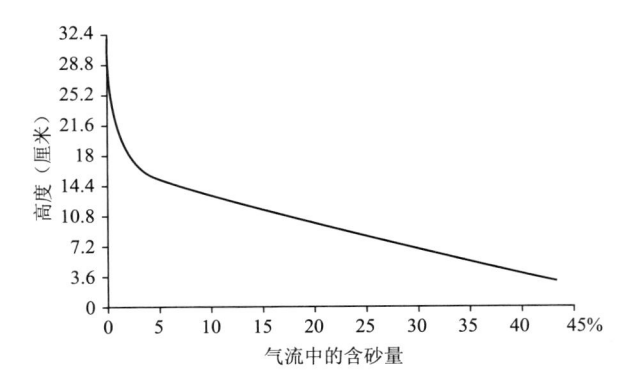

图 1　在离地表 32.4 厘米高的气流层中含沙量的配置曲线（根据 А. И. 施那敏斯基观察的资料编制）

此外，地表的粗糙度，也直接关系到气流中的含沙量。根据观察所得资料表明，在细沙地表，含沙量较大。这是因为较细的沙粒重量较轻，在风力吹扬下，容易被带入气流中；而在粗沙细砾地表则相反。以东南卡拉沙漠运河沿岸重点地段为例，在风速 5 米/秒的条件下细沙地表在离地 10 厘米高范围内体积 10 立方厘米的气流中含沙 7.6（克/分）；而在同一地点当地表上平铺了条带状细砾以后，仍在同一风速下 10 立方厘米体积的气流中，含沙量减到 4.3（克数）。

表 2

高度（厘米）	风速（米/秒）			
	5.9	6.7	8.1	8.8
	1 立方厘米气流中含沙量（克/分）			
1	0.18	0.38	1.4	2.1
2	0.11	0.29	1.0	1.9
3	0.07	0.17	0.66	1.5
4	0.05	0.11	0.42	1.2
5	0.04	0.08	0.26	0.7
6	0.03	0.06	0.16	0.4
7	0.028	0.05	0.10	0.24
8	0.021	0.04	0.06	0.12
9	0.017	0.03	0.04	0.06
10	0.015	0.02	0.03	0.04

在风沙流作用下，沙质沙漠地表最原始的形态为沙波。其形成的过程为：当风力吹经沙地地表时，沙粒随即移动，但其移动的方式随颗粒的大小而有不同。细粒部分为风力带到较高的高度，而随气流前进；较粗的颗粒，由于其本身重量的关系，仅能顺地表滚动，聚集成波状沙埂。于是平坦地面上乃出现起伏的沙波，其排列的方向则和风向相垂直。假使风向改变，沙波排列方向也随之改变。波状沙埂在风力作用下，其动力过程图式为：迎风坡的下部为吹扬地带，沙粒由此为风力吹动，顺着斜坡跳跃或滚动前进，形成移动搬运带；而在达到波顶以后，因风力扩散，搬运携带力减弱，乃在背风坡下落形成堆积带。惟当背风坡上由迎风坡搬运而来的沙粒超过了它的静止角，而不能负荷时，沙粒乃开始泻溜，这时沙波才开始移动。因此也可以这样说，由于背风坡的落沙，沙波乃向前移动。

上述沙波形成的过程，也是新月形沙丘形成过程的缩影。

至于新月形沙丘的形成，则需要更强大的风沙流条件，气流中要含有更多的沙量，而且历时也比较久。只有在这样情况下，风沙流经过地表，受地面障碍物影响而所堆积形成的沙堆才比较高大。在强大风沙流的继续作用下，继来的沙则在沙堆前方，顺着风沙流方向而堆积，并逐渐延伸成流线形，向着迎风面的斜坡度较为平缓，在 10°—20° 左右，而背风坡较为陡峻，在 28°—33° 左右。假使风沙流作用时间继续延长，那么继来的风沙流向两侧分散，沙堆两侧的沙粒也被带动向前成为两翼，呈新月形形态。

新月形沙丘表面风沙流作用的图式为：主风顺着迎风坡面前进，与沙丘排列方向相垂直。在其背风坡部分，则形成涡旋，并且发生气流压力差。这可以用别尔努利定律（这个定律说明气流运动的特点，即气流中任何一点的速度愈大，则这一点的压力就愈小。）来解释：

$$\frac{\rho V^2 1}{2} + P_1 = \frac{\rho V^2 2}{2} + P_2 = 常数，$$

式中 ρ 为气流密度，V 为气流速度，P 为压力，1 与 2 系代表气流所处的地点。当新月形沙丘带发生环流时，气流速度最大的地方是在丘顶附近，最小速度是在背风坡麓附近。因此在丘顶部分形成低气压，而在坡麓则为高气压。由于这两个部分之间的压力差，引起当地气流从高压区流向低压区，形成涡旋，即一般所谓的回旋风，并将背风坡前方与迎风坡之间的沙粒吹起搬运到斜坡，而使背风坡前方形成吹蚀凹地。

在密集新月形沙丘地段，由于风力作用的继续，使新月形沙丘的两翼向外扩展，而与邻近的新月形沙丘彼此相连，形成弧状微曲折的沙丘链，或垄岗状新月形沙丘。而这种地貌形态的每一个曲弧，则代表着以前个体新月形沙丘的遗迹。

综上所述，可以看出流动沙丘地区近代风沙地貌发育的图式，但其形态的变化则受风向的影响。表3所列可以反映出它们之间的相互关系。

风虽然是形成沙地地貌的基本动力，但是由于各种自然条件的差异，使得沙地地貌趋向于更复杂化，因而在调查中，必须要进行如下的研究：（1）地面组成物质和沙地地貌特征的关系；（2）气流运行和气流中含沙量的多少与沙地地貌的关系；（3）水文条件、植物被复与沙地地貌的关系；（4）各种地貌类型（如山地、河谷、岛山……）的配置和沙地地貌的关系。

表3

风的情况	风沙地貌形态
同一方向或相近似方向的横风*	垄岗沙（横沙垄）（图版Ⅰ图5）
	新月形沙丘（图版Ⅰ图6）
两个相互垂直方向的风	垄岗—蜂窝状沙（图版Ⅱ图1）
多种方向的风，但各个方向的风速都较匀调	蜂窝状沙（图版Ⅱ图2）
同一方向或相近似方向的纵风**	垄岗沙（纵沙垄）（图版Ⅱ图3）
两个相反方向的横风	新月形沙丘，及新月形沙丘链（图版Ⅱ图4）
	综合的新月形沙丘链（图版Ⅱ图5）

*横风乃指风的方向和沙丘形态相垂直的风。
**纵风乃系指风的方向和沙丘形态相平行的风。

风沙地貌形态，不论其为沙波、新月形沙丘或新月形沙丘链，都不是固定静止的，而是动的、发展的，其动力则为风速，风速愈大，沙丘移动的速度也愈快。此外沙丘本身体积的大小，对于移动的速度也有一定的影响。高大而迎风坡较陡的沙丘移动速度较慢，低小坡缓的沙丘则速度较快——这也就是说，移动的速度和其本身体积成反比。根据 А. И. 施那敏斯基的观测，新月形沙丘的高度及其前进运动速度之间也有一定的关系，其数值有如下列：

新月形沙丘链高度	新月形沙丘向前推进的距离	H×S 的乘积
（H）	（S）米	
1.7	5.7	9.7
1.1	9.0	9.9
0.9	10.9	9.8

从上述数值可以看出，沙丘链前进距离的大小，与它的高度成反比。换言之，新月形沙丘链向前推进的距离，和它的高度积为一常数。至于其移动的方向，则随风向而转移。根据 Б. П. 奥尔洛夫的研究，在东南卡拉沙漠，沙丘移动的方式为摆动型，也就是说夏天

沙丘移向东南，冬天则向西北移动——系受两种方向相反、但风速较为匀调的风所影响。下面便是 1914—1915 年里彼推克风沙研究站所测得沙丘移动图式的实例——清楚地反映着来回摆动的特色（图2）。除了这一种类型外，在土库曼卡拉沙漠还有两种类型：

(i) 前进的类型——在一个方向风影响下——如土库曼西部滨里海低地

(ii) 摆动而前进——系两个相反方向风所作用下，但其中一个方向是主要的，如中央卡拉沙漠等（图3）。

里彼推克风沙研究站根据东南卡拉沙漠沙移动的规律，提出了移动沙障的防风固沙措施。

在我国鄂尔多斯南缘的沙丘移动，也是属于来回摆动而前进的形式。

上述各种不同方式的沙丘移动类型，也直接关系到沙漠地区的交通建设。如在来回摆动式运动的条件下，位于两个相邻沙丘带之间的地段，在整年内都是不受沙子移动的影响。因此在新月形沙丘带的方向与公路方向相平行的情况下，这个地段是比较最适宜于筑路。

（3）沙地地貌的分类：在防风固沙工作中，假如我们已经掌握了前面两个问题研究所得的资料，我们就有可能来研究风沙地貌的分类。这不仅具有科学的意义，而且具有实践的意义，因为它是防风固沙措施配置规划的重要依据之一。譬如说，新月形沙丘的迎风坡由于受风力较大，因此对它的固定，就必须采取迎风栽沙蒿等防风障，沙障间栽植杨柳；而椭圆形沙丘，则可采用环状沙障，由丘底到丘上部四面包围的办法加以固定。因此，无论在重点地区规划或路线普查中，都须编制出风沙地貌类型图。

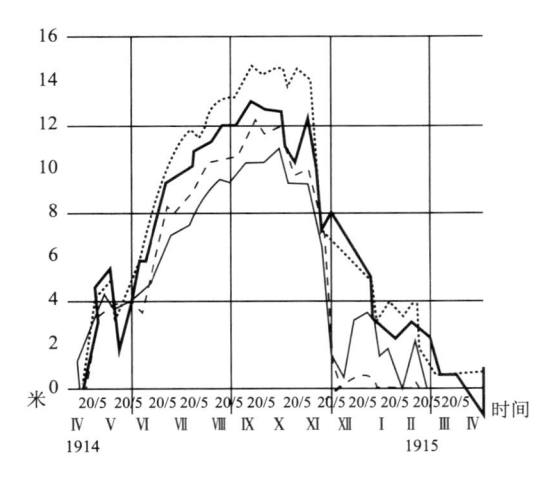

图 2 里彼推克四个新月形沙丘链移动的图解

不同的线条符号代表工作站附近四个沙丘链（根据里彼推克沙漠研究站的资料）

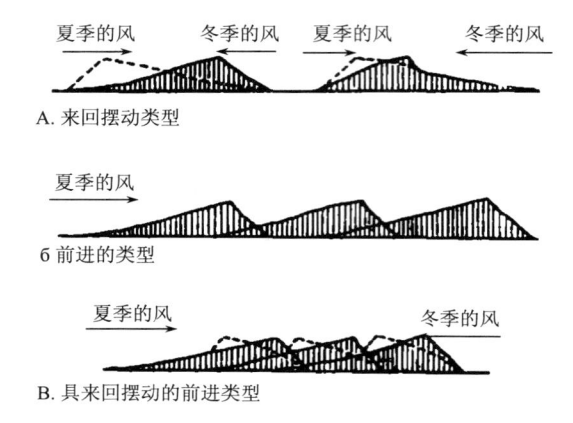

图 3　沙丘移动方式的若干类型（根据 M. П.彼得洛夫，A. И.施那敏斯基）

至于沙地地貌的分类，Б. A.费道洛维奇在"沙漠沙的成因、地貌发展及其利用"的著作中，采用了各种不同的原则进行了中亚沙地地貌的分类。其划分的原则和分类有如下列：

A. 根据沙层的时代、性质和成因的分类：

    а. 风力加工的河成沙；

    б. 风力加工的里海海成沙；

    в. 风力加工的古代湖成沙；

    г. 风力加工的洪积沙；

    д. 风成沙。

Б. 根据地形形态的分类：

  裸露沙

    а. 镰形的新月形沙丘——单一的和成群的；

    б. 新月形沙丘链；

    в. 楔形新月形沙丘地；

    г. 裸露的沙垄；

    д. 复合的新月形沙丘、新月形沙丘链和裸露的沙垄。

  具有植被的沙

    а. 微型草沙丘地貌；

    б. 纵向沙垄；

    в. 横向沙垄；

    г. 蜂窝状沙丘；

    д. 梁窝状沙丘；

    е. 锥状沙丘。

В. 根据切割特征的分类：

　　а. 平坦而微切割的沙地，沙堆高度在 1 米以下；

　　б. 微切割的沙地，切割深度 3 米左右，各沙丘岭脊之间距离为 10—15 米；

　　в. 中等切割的沙地，其割切深度在 10 米左右，各沙丘岭脊之间距离为 100 米左右；

　　г. 强烈割切的沙地，割切深度在 30 米左右，各沙丘岭脊之间距离为 1 公里；

　　д. 深刻切的沙地，割切深度在 75 米左右，各沙丘岭脊之间距离为 1 公里以上至 3.5 公里，平均在 2 公里左右。

Г. 根据植被自然固定程度的分类：

　　а. 盐渍的裸露沙；

　　б. 无盐渍的裸露沙；

　　в. 具斑点植被的裸露沙；

　　г. 具单一的禾本科及半灌木丛的沙；

　　д. 具灌木丛、半灌木及乔木被复的沙；

　　е. 仅斜坡上已有植被固定的沙；

　　ж. 斜坡及部分凹地有植被固定，但具有斑点状的吹触；

　　з. 具有全面固定的斜坡与凹地，仅岭脊部分未固定；

　　и. 斜坡、凹地及岭脊都已固定。

М. П. 彼得洛夫 1957 年在鄂尔多斯工作时，根据沙丘分布的自然地理条件，分成如下的类型：

（1）发育在灰绿色和褐红色白垩纪致密不透水沙岩上的沙丘；

（2）发育在黄土丘陵斜坡上的沙丘；

（3）发育在山前洪积扇上的沙丘；

（4）发育在具有盐渍化的疏松沙质湖河相沉积物上的沙丘；

（5）发育在疏松湖相冲积沙层上的沙丘；

（6）发育在近代淤积平原耕地上的沙丘。

从改造和利用沙漠的目的出发，沙丘的分类不仅需要考虑其分布地点的自然地理条件，同时也需要考虑它的成因、形态及其活动的程度与密度。也就是说，综合地来考虑它的分类。因为这样才能全面地反映出沙丘的基本特征，满足生产实践的需要。任何单一指标的划分，在实践上的意义并不很大。因此可以考虑如下的分类原则：

等级	名称	指标
I	类	成因形态
II	亚类	活动程度

上述两个指标中，风沙地貌的成因需从风对沙丘形成的关系去考虑，如两个相反方向风作用下的复合式新月形沙丘链，一个主要方向的风和一个次要方向的风所作用下的沙垄——蜂窝状沙等。因为只有从成因的原则出发，才能有效地考虑防风固沙的措施，因此它可作为分类的第一个指标。至于活动的程度，则以植被复度的大小来衡量，分为固定的、半固定的或流动的。因为依据这个资料，可以明确地提供出哪些地方需要进行防风固沙的措施，哪些地区不需要进行。

没有把沙丘分布的地貌条件（如沙丘发育在山前洪积淤积平原上等）列入作为分类的指标，因为这些地貌属于原生的类型，而沙丘则为风力作用于这些原生地貌类型上所产生的派生形态。因此在分类上，就不可能把这两种不同性质的地貌划入一个系统。所以在编制沙丘地貌类型图时，首先要根据地貌的成因原则，将该地地貌分成各种不同的成因类型（如淤积平原、洪积平原、剥蚀低山等），然后在这个基础上，再来表示出沙的地貌形态。这样，就可清楚地反映出沙丘分布的地貌条件，同时也提供了形成这些沙丘沙的来源主要的线索。在图上一般可用颜色来表示原生的地貌类型，以不同的象征符号来表示沙丘的成因形态，以彩色的线条符号来表示其活动程度。此外尚须编制出两个附图：第一幅图是沙丘移动的方式、速度和方向，在该图上可以根据不同的移动方式（如前进式，来回式，来回摆动而前进式等），划分为若干区域，以颜色来表示，箭头可以表示其移动的方向；至于速度，可根据其大小划分为若干区，以线条来表示。第二幅图是沙丘密度图，以每平方公里中沙丘所占面积的大小作为指标。这两个图在生产实践上的意义很大。以密度图来说，稀疏而零星分布的沙丘可采用生物措施四面包围拉平沙丘的办法，而大片密集的沙丘适宜于飞机播种。同时根据密度图上量计所得的面积，又可计算出需要飞机播种的面积和播种种子的数量，下面是沙质沙漠地区一般常见的风沙地貌形态的初步分类。

A. 一个主要方向的风或相反方向的风作用于沙质地表所形成的地貌形态——形态垂直于主要风向。

    1. 沙堆

      a. 活动的

    2. 椭圆形沙丘

      a. 活动的

3. 新月形沙丘

   a. 活动的

4. 新月形沙丘链

   а. 活动的

5. 综合的新月形沙丘链

   а. 活动的

6. 横向沙垄

   а. 活动的

   б. 半固定的

7. 梁窝状沙（图版Ⅱ图6）

   а. 半固定的

   б. 固定的

Б. 一个主要方向的风和一个次要方向的风作用于沙质地表所形成的地貌形态

 8. 沙垄蜂窝状沙（格状沙丘）

  а. 活动的

  б. 半固定的

  в. 固定的

В. 同一方向或相近似方向的风作用于沙质地表所形成的地貌形态——形态向着主要风向伸展

 9. 辫状沙丘

  а. 活动的

 10. 纵向沙垄

  а. 活动的

  б. 半固定的

  в. 固定的

Г. 各种方向的风，但各个方向都较匀调，作用于沙质地表所形成的地貌形态

 11. 蜂窝状沙

  а. 活动的

  б. 半固定的

  в. 固定的

二

为着达到上述任务,需要采用下列方法:

(一)航空观察与航摄照片的判读

其目的在于阐明各种风沙地貌在地表的分布及其形态和风向的关系。因为在沙漠地区,特别是沙漠中心地带,地面考察比较困难,而航空观察及航摄照片的判读可以解决这个困难。更重要的在于根据航摄照片可以编制出正确而科学的沙地地貌类型图,如 Б. А. 费道洛维奇的中亚沙地地貌图(图版Ⅲ图 1,2),便是应用航摄资料加以综合而编成的。在这个图上,清晰地反映出风和沙地地貌类型的关系,看出沙丘的成因和运动的方向,为沙漠地区防风固沙措施的全面规划提供最重要而最基本的资料。

在航空观察中,需要在图上区分出各种不同成因的沙丘分布界线、迎风坡及背风坡的方向、排列的形式和分布密度的稀疏,并摄制具有不同特征的航空倾斜和平面象片。此外,尚须表示出剥蚀山地、戈壁、盐渍地、龟裂地的分布范围。因为在改造和利用沙漠时,这种不同性质的地貌在利用上也不相同。

在利用航空照片编制沙丘地貌图时,应该考虑到大部分沙地地貌的形态只能在大于 1∶100,000 的地形图上才能表示出它的真实面目;而在较小比例尺的地图上,沙地地貌只有用简化图形的方法才能表示出来,力求能在图上比较完善地保留其本身固有的特征。形态的表示一般都采用晕点法,因为它可以表示出沙丘平面图形的外貌和倾斜对比关系及其不对称性(以光亮面和暗影的对比来表示)。平缓的斜坡一般用细小稀疏的点来表示,陡峭斜坡则绘以大而密集的点。

在绘制沙垄地貌时,需要表达出垄脊的纵横断面的形状和垄间的凹地形态。沙垄—蜂窝状沙及蜂窝状沙则须表示出狭长的垄脊,沙窝分布的零乱性和横剖面的凹度,以及沙垄和形成沙窝的横沙埂。而在绘制新月形沙丘及新月形沙丘链时,其平缓的迎风坡应绘成光亮部,陡斜的背风坡则绘成暗影部。

(二)利用仪器在地面进行观测和分析

1. 地层标本的采集(包括沙丘和沉积物剖面的测量),借以了解沙的成因和来源。关于这一方面的方法，在一般第四纪地质书籍中（如 C.A.雅可甫列夫主编的"第四纪地质研究测量方法指南"，第二册）已有详细的说明，这里不再重复。

2. 应用集沙仪、风速仪、风向仪进行对风沙流的观察和分析。关于这些仪器的结构及用法，一般可详见于气象学书籍中，这里不再重复。这里所要讲的是集沙仪（图版III图3）（пескоуловитель система знаменского）集沙仪系苏联土库曼共和国科学院地质所风沙地貌组 А. И. 施那敏斯基所设计，系一铝制的扁平铁盒，铁盒内部又按装着每1厘米的高度分成 10 个作 45°倾斜排列的长方形细管，细管口径为 1×1 厘米，各细管的尾部有橡皮管连接相应的 10 个小铝盒。在进行工作时，将集沙仪置于沙地地表，并使第一个管管口（即 0—1 厘米高度的细管）面和地面相一致，这样，每一个小管离地表的高度依次为 0—1 厘米、1—2 厘米、2—3 厘米、3—4 厘米、4—5 厘米、5—6 厘米、6—7 厘米、7—8 厘米、8—9 厘米、9—10 厘米，管口面向气流方向，在其旁离地表 2 米高度处，置放风速仪、风向仪，借以测定风的方向及速度。当气流挟沙粒吹经地表时，风沙流便进入具有离地表各个不同高度的集沙仪小细管内，沙粒顺着倾斜的细管进入相应的小铁盒内，而气流则在旁边小孔内逸出。经过一定时间以后，取出各小盒内的沙粒，称其重量，并计算其百分比，这样便可得到在某单位时间内在某种风速下，离地表 0—10 厘米各个高度内每 1 立方厘米气流中所含沙的数量。

假使我们应用这种仪器若干架，置放于铁道沿线地带或工厂附近，便可正确地了解在哪一个地段、从哪一个方向、在哪一个时期吹来的沙最多，从而可以对症下药进行适当的防风措施。

3. 沙地地貌形态重复多次的地形测量：在流动沙丘地区，选择不同类型的沙丘，进行多次（每月一次，或风季的前移）测量，包括平面的和剖面的，绘制出各个月份沙丘地貌等高线地形图，进行比较，便可看出沙丘移动的方向和速度。假使再和风速、风向的资料对照起来，就可清楚地反映出它们之间的相互关系。里彼推克工作站在东南卡拉沙漠进行了有关这方面的很多工作，编制了不同时间沙丘等高线地形图和剖面图，并且根据这些资料，绘制出沙丘移动图。

图中表明：（a）里彼推克沙丘的移动方式是作来回摆动的形式，而这种特征乃是随风速、风向而转移；（b）新月形沙丘链移动的部分，往往只限于岭脊部分，而不象单一的新月形沙丘那样，整个全移。

沙丘的移动既然是随风向、风速而转移，因此需要编制风的分析图。以前往往都采用玫瑰图来表示，但这种图是建筑在平均数值的基础上，看不出它的具体变化，因此改用向量曲线法来表示。其方法是：首先用十字线来表示方向，然后根据该地每天风向、风速的资料，绘制成连续的曲线。如 1 月 1 日为东风，风速 5 米/秒，那么在图上用线条来加以表示。长度的长短代表着风速的大小，线条的方向则代表沙移动的方向，这样依次按每日风速、风向资料连续绘制，便可得出如下曲线图。但在绘制该曲线图时，需要注意下列几点：

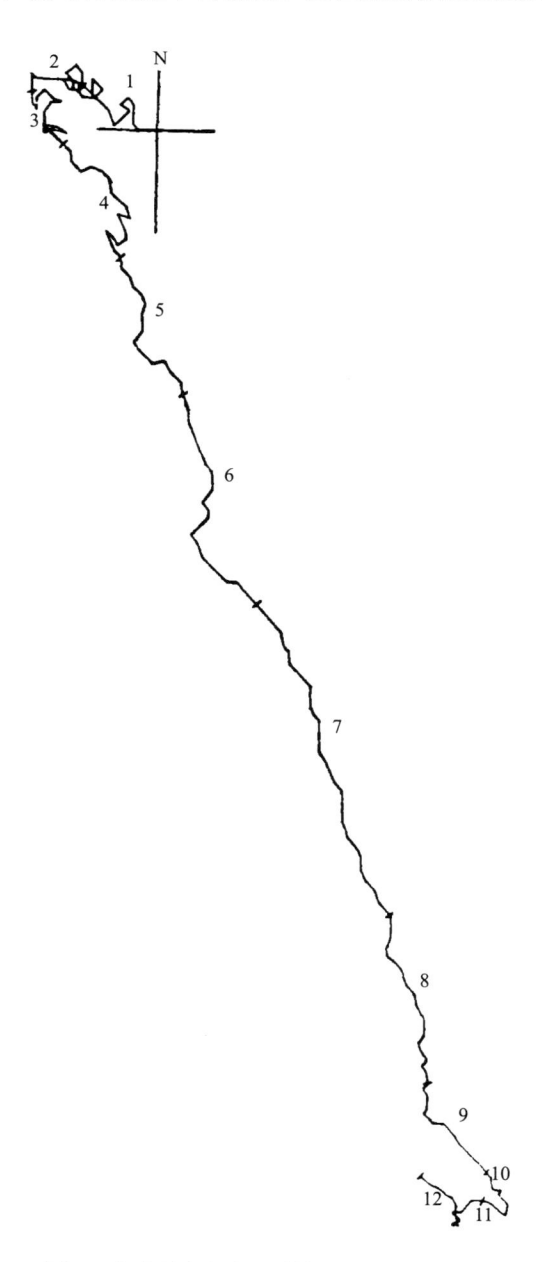

图 4　土库曼拜拉姆阿利的风沙移动方向图
（数字代表月份）

（1）最低风速单位为 5 米/秒，风速不足 5 米/秒者，不计算在内。因为在一般情况下，5 米/秒以上的风才能吹动沙粒，使之随气流而前进，形成风沙流。

（2）因为该图是表示沙移动的方向，而不是风向，所以假使气象资料风向为 SE，则沙移动的方向为 NW。曲线的方向是和实际风向相反。

应用这种向量曲线图，可以很清楚地反映出沙移动的特点。如以上述土库曼的拜拉姆阿利为例（图4），可以看出沙流动的图式如图4。

表 4

月份	运动方式	速度	移动的主要方向
1，2，3	来回摆动	慢	SE→NW NW→SE
4，5，6，8，9，10	以前进为主，但微有摆动	较快	NW→SE
7	以前进为主	快	NW→SE
11，12	以后退为主，但微有来回摆动	慢	SE→NW

4. 应用吹蚀测定仪来测定吹蚀程度。该仪器系三根铁制或木制的标杆联结成 ⊓ 状，其长度为 2 米，高度为 2.5 米，在两垂直标杆上，并刻有高度数字（以厘米为单位）。在应用时将该仪器置放于地面，两垂直标杆埋入地下 1.5 米深，使横杆与地面高差为 1 米。经过一定时间以后（如每月一次）进行观察，视地面与横杆之间距离变化的数值，便可算出地面被吹蚀的深度。将每月所测得的这些数值再和每月风速相比较，便可得出它们之间的相互关系。不仅如此，吹蚀程度又受地面组成物质的影响。如沙质粘土地面、沙砾地面、细沙地面和粗沙地面，它们之间的吹蚀程度是不相同的。同时不同的地貌条件对吹蚀程度也有影响，如在两山之间的狭隘地带风力特强，吹蚀程度远远超过于平坦开旷的地段。因此在实际工作中可以应用若干架仪器，置放于不同的地貌条件、不同性质的地面，这样，便可得到吹蚀程度如何随地面性质而转移的曲线。

（三）实验室的分析和研究

1. 对沙漠地区的沉积物或沙丘的颗粒进行矿物化学等分析，可以了解沙丘组成物质的特性和沙的成因。关于这方面实验操作等方法，可详见于普通岩矿分析或土质学的教科书中，这里不再重复。

2. 利用空气动力管（风洞）的实验室方法：应用实验方法来研究风沙地貌的主要目的，

在于从空气动力学原理来探讨风沙地貌形成的过程和规律。实验系在 А. И. 施那敏斯基所设计的空气动力管（图 5）中进行。该动力管的主要设备为：(1) 风沙流所进行的空气动力管及风力作用于沙地地表的工作台。动力管全长 3 米（包括工作台在内），高与宽为 30 厘米，除低部及顶部为木板所制成外，两侧均为玻璃，借以窥见管内风力作用的情况。工作台为一长 91 厘米、高 6 厘米、宽 30 厘米的木盘，该盘置放于空气动力管的末端，系活动装置，可根据实验的内容和要求加以变换。如进行吹蚀吹积强度研究时，木盘上平铺沙粒，盘下置放磅秤，借助于磅秤上重量的变化，可计算出吹蚀吹积的数量（以地表每秒钟时间内堆积或吹走了多少克重量的沙作为强度的指标）。假使在进行风沙流结构研究时，那么可置放平铺沙粒，并具有集沙仪装置的长方形木盘。(2) 进沙器。置于空气动力管前端的上方，并有调节器可以调节沙量，沙粒由此箱进入气流中形成风沙流。(3) 滤过箱。风沙流经此，其中沙粒进入底部的储沙箱内，而气流经沙顶上方的过滤网进入。(4) 稀薄箱。该两箱相互连接，其长 5 米，高 2.7 米，宽 1.5 米，设置该两箱的主要目的在于避免沙子阻塞。(5) 电动机与推进器。借以发生气流，形成风力。(6) 调节和测量空气动力管中气流速度的微气压器和毕托（ПИТО）管。

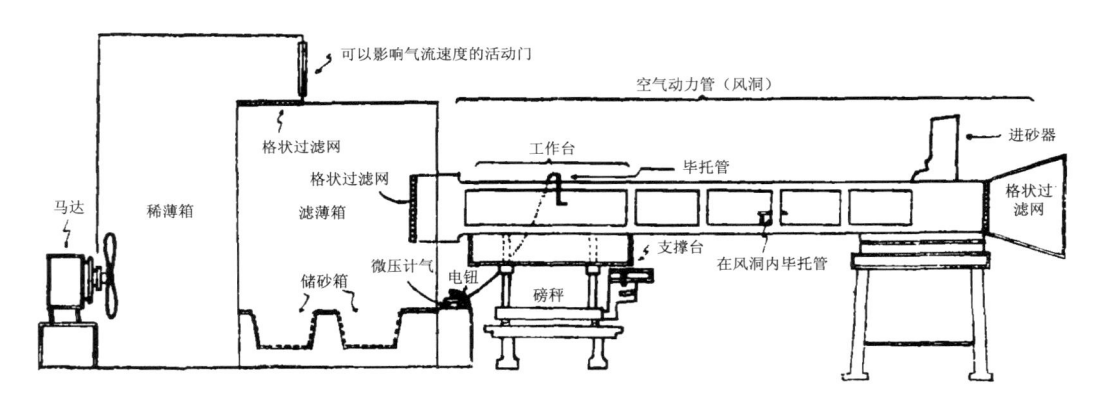

图 5　苏联土库曼共和国科学院地质所风沙地貌研究室中的风洞构造示意图

工作进行时可根据实验的内容和要求，在工作台上布置模仿自然界的地表条件，在微气压计上也模仿自然界中风的情况加以调节，然后按动电钮，转动电动器与推进器发生气流，沙粒也由进沙器进入气流中，形成风沙流。风沙流经过动力管，吹经具有平铺沙粒的工作台面，这时工作台面上便发生各种变化，如吹蚀凹地的出现、沙波的移动、沙粒的堆积……假使气流速度或地表组成物质等任何一个因素改变，那么地表形态又呈现另一种情况。借助于空气动力管，自然界中风沙地貌形成的动力过程，便具体而微地呈现在眼前。不仅如此，应用空气动力管也可进行各种防风固沙措施的实验。这也就是说在空气动力管中，模仿地表实际情况，如沙漠中公路、铁路、厂房和居民点等，观察其在风力作用流沙侵袭下变化的过程。根据这种过程，进一步在动力管中布置各种防风固沙措施的模型，来研究其在风力作用下这些措施的效果及其改进。А. И. 施那敏斯基根据实验室研究风沙流性质和吹蚀程度的结果，提出如何改变地表粗糙度，不使气流中沙粒堆积形成沙丘的办法，借以防止流沙对沙漠中交通路线、运河堤坝和居民点的侵袭[①]。如在卡拉沙漠运河的堤坝上，已按照他们的意见在若干迎风坡的堤岸及土坝上，敷设了若干带状粗砾地面，阻止了沙质土坝在风力作用下形成流动沙丘的可能。此外，他们又根据实验的结果，提出在路基与流沙之间保存适当的距离，设置两道平行的土埂，利用气流涡动力将流沙卷出路基之外，而不使沙粒堆积为害。

据上所述，结合我国目前开展的西北改造沙漠的任务，地貌工作一方面需要利用航空观察、地面观察和航摄资料进行沙地地貌成因类型的研究，及其在图上的表现，为规划提供最基本的资料。另一方面，在进行航空观察或地面观察路线勘查的过程中，选择不同类型的地貌重点地段，利用仪器进行观测，找出沙丘的形成规律和移动的方向、速度，以及针对每一类型沙丘的自然特点，提供出具体的防风固沙措施的意见。

以上我们简单地讨论了在防风固沙工作中地貌学研究的任务和方法。但是也需要指出，向风沙作斗争是一个综合性的问题，地貌只是作为其中的一个部分，而不是唯一的，因此尚须进行水文地质、气象、植物、土壤、造林、牧业等方面的研究。只有在综合研究的基础上，进行分析，才能提出正确的防风固沙、改变沙漠面貌的具体措施。

附录：有关风沙地貌及防风固沙措施的重要文献（俄文）

I. 关于沙漠的第四纪古地理及沙的成因来源问题

[1] Б. А. Федорович, 1952. Древние реки в пустынях Турана. Материалы но четвертичному периоду, СССР, вып.3.

[2] Б. А. Федорович, 1940. Палеогеография равнин Средней Азии. Труды ин-та географии, АН СССР, т.36.

[3] Б. А. Федорович, 1950. Происхождение и развитие песчаных толщ пустнь Азии. Материалыпо четвертичному периоду, СССР, вып.2.

[4] Б.А. Федорович, 1950. Об основных процессах рельефобразования Турана. Проблемы физической географии, вып,15.

[5] Б. А. Федорович, 1953. Происхождение песков северо-западной Туркмении. Труды ин-та географии АН СССР, т. LVIII.

[6] Г. А. Прохорова, 1950. Влияиие водной и эоловой транспортировки на минеральчический состав и

---

① 详见 А. И. 施那敏斯基所著"流动沙丘地区公路设计的特点及防止流沙堆积的措施"。列于 1953 年莫斯科公路运输出版社所出版的《盐渍土及流沙地区上的道路建设》一书。

форму зерен Каракумских песков. Труды ин-та географии АН СССР, Т.47.

[7] А. В. Сидоренко, 1948. Об изменении песков эоловыми процессами. Доклады АН СССР, т.62, No 5.

[8] А. В. Сидоренко, 1956. Эоловая дифференциация вещества в пустыне. Изв. АН СССР, серия географии, No 3.

[9] С. Ю. Геллер, В. Н. Кунин, 1933. О происхожденин современных континенталъных песчаных накоплений. Доклады АН СССР, No 4.

Ⅱ. 关于风沙地貌的形成和发展

[1] Б. А. Фелорович, 1940. Некоторые основные положения о генезисе п развитии рельефа песков. Изв. АН СССР, сер. геогр. и геофиз., No 6.

[2] Б. А. федорович,1948. Вопросы происхождения и формирования песчаного реlьеfа пустынь.Труды ин-та географии АН СССР, вып. 39.

[3] Б. А. Федорович, 1956. Происхождение рельефа современных песчаных пустынь. Вопросы гео графии.

[4] Б. А. Федорович, 1940. Роль ветра в формировании песчаного рельефа пустынь. Труды ин-та географии АН СССР,т. 36.

[5] Б. А. Федорович, 1948. Рельеф песков Азии как отображение процессов циркуляции атмосферы. Проблемы физической географии, т. 13.

[6] Б.П. Орлов, 1948. Характерные особенности движения барханных цепей в юго-восточных каракумах. Ученые запискп МГУ, вып. 14.

[7] С.Ю.Геллер, 1937. О некоторых основных вопросах происхождения рельефа пустынь. Изв.АН СССР, сер. геогр. и геофиз., No 4.

[8] С.Ю.Геллер, 1933. О происхождении грядовых песков. Доклады АН СССР, No 2.

[9] М.П.Петров, 1948. Рельеф барханных лесков цустынь и закономерности его формирования. Труды ин-та географии АН СССР,т.39.

[10] М.П.Петров, 1939. Подвижные пески пустынь, их передвиженние и формы накоцления. Изв. гос. геогр. о-ва.,т. 71, вып. 8.

[11] В. Н. Кунин, М. П. Петров, 1929. Некоторые данные о современных золовых формах и юговосточных Каракумах. Сб. Каракумы, Т.11.

[12] А. И. Знаменский,М. П. Петров, 1950. Основные закономерности в движении песков в кн "подвижные пески пустынь СССР и борьба с ними".

[13] А. И. Знамеиский,1950. О механизме образования некоторых форм золового рельефа песчаных пустыний и защите сооружений от песков. Изв. Туркмен Ф. АН СССР, No 1.

[14] А. И. Знаменский, 1955. О механизме образования барханных грядовых песков. Труды Репетекской песчано-пустынной станции, т.111.

Ⅲ.关于风沙地貌研究的方法及防风固沙的措施

[1] Б. А. Федорович, 1950. Изучение работы ветра, исследование песков и лёсс. Справочник путешественника и краеведа, т. 11.

[2] Б. А. Федорович, 1943. Аэрофотосбемка и вопросы изучения и освоения пустынь. Изв. АН СССР, серия геогр. и геофиз., No 4.

[3] А. И. Знаменский, 1958. Экспериментальные исследования процессов ветровой эрозии песков и вопросы защиты от песчаных заносов. Издательства АН ТССР.

[4] М. П. Петров, 1950. Подвижные пески пустынь СССР и борьба с ними. Географгиз.

[5] А.Г.Гаель, М. Коликов, 1937. Вопросы методики комплексного исследования песков. Изв. гос. геогр. общ., т. 69, No 1.

[6] В. А. Дубинский, 1947. Работы русского географического общества по изучению сыпучих песков. Сб. вопросы географии, No 3.

ОСНОВНАЯ ЗАДАЧА И МЕТОДИКА ПО ИЗУЧЕНИЮ ГЕОМОРФОЛОГИИ В ПРЕОБРАЗОВАНИИ ПЕСЧАНОЙ ПУСТЫНИ

Чжу Чжэнь-да

(*Институт Географии АН Китая*)

В северо-западном Китае—Ордос. Алашань, Джунгар и Такла-макан расположены огромные песчаные массивы, передвижение которых наносит большой вреднародному хозяйству страны. Передвигаясь, пески засыпают плодородные поля,ирригационные сооружения,создают угрозу для населенных пунктов. Особенно в настоящее время в связи с хозяйственным освоением этих районов, работа защиты от песчаных заносов является одной из неотложных и крайне важных задач для народного хозяйства КНР. Таким образом, исследование рельефа песков пустыни не только имеет научное значение но и имеет практическое значение.

В преобразовании задача геоморфологии заключается в том, чтобы изучать:

А. Происхождение песков и песчаных толщ

Б. Формирование и развитие рельефа песков

    а. Работа ветра по переносу пески

    б. Формы рельефа гесков пустыни, условия их образования（в том числе движения борханных песков).

В. Классификация рельефа песков пустынн

Для выполнения этой эадачи, методика исследования рельефа песков пустыни заключается следующие:

А. Визуальные наблюдения с самолета и дешифрирования аэроснимков

Б. Наблюдение и съёмка при разном приборе на земной поверхности.

    1. Съёмка разреза песчаных толщ и сбор образцов.

    2. Наблюдение ветропесчаного потока дри дриборах анемометра и пескоуловители системы А. И. Знаменского.

    3. Повторная топографическая съёмка форм рельефа песков.

    4. Установка многолетних фиксирующих знаков.

В. Исследование и анализ в лаборатории

    1. Механический анализ и минералогический анализ. песков.

    2. Динамика и механизм рельефа песков при аэродинамической трубе.

"改造沙漠中地貌学研究的任务和方法"解读

杨小平

朱震达（1930—2006）先生的生平简介和主要论著在已出版的文献中和网络平台上很容易查阅到，这里就不再赘述了。地理学界的许多同人应都还记得，2017年央视科教频道曾制作了《百年地理大发现》的系列纪录片，其中的《风吟大漠》就是专门展现朱老求学历程和献身沙漠研究事迹的，对于一位科研人员而言，这应是不多见的。在这个节目首播时，朱老故去已10年有余。本人于1984年考上了朱老的研究生，从那时起到1988年3月去德国学习之前，我曾有幸在朱老的亲自带领下前往塔克拉玛干沙漠、腾格里沙漠开展野外工作。我自1998年从德国回到国内工作时起，又多了和朱老见面、向朱老学习的机会。朱老晚年因患脑溢血曾卧床数年，即使在病榻上他还时常关心我的研究进展。有一次我去医院拜访他时他还说，待他出院了准备和我一起再去巴丹吉林沙漠考察。

朱震达先生撰写的"改造沙漠中地貌学研究的任务和方法"一文于1959年发表在《地理学报》第25卷第5期。这篇论文长15页，系朱老一人独著，虽在65年前已见刊，今天读起来仍让人不禁感叹作者敏锐的科学洞察力和深厚的写作功底。这篇文章较系统地阐述了如何开展沙漠研究，做这些研究的目的是什么，用什么具体方法才能达成这些研究目标。结尾部分提供了29篇参考文献，全为俄文，遗憾

作者介绍：杨小平（1964— ），男，宁夏人，浙江大学地球科学学院教授，美国地质学会会士（GSA Fellow），中国地理学会会员（S110005343M），中国地质学会会员，研究方向为地貌学与第四纪地质学。E-mail: xpyang@zju.edu.cn

我一个俄文词都不识，只能数个数，也不清楚哪个是谁发表的，参考文献中是不是也有朱老自己的论著就不得而知了。中国沙漠研究的另一位前辈先贤吴正先生在朱老逝世一周年之际发表的纪念文章里写道，在中国科学院治沙队科考的初期阶段，除沙漠地貌学科组组长朱震达在苏联进修过沙漠地貌并实地考察过中亚沙漠外，"其他成员，包括参加治沙队科考的各单位的地貌人员，大多是刚从大学毕业的年轻人，均未见过沙漠，对如何开展沙漠地貌研究一无所知。针对这一情况他（朱震达）除了把从苏联带回来的大批有关沙漠地貌的最新文献资料供大家学习外，还组织我们根据所学的苏联沙漠地貌的理论和实践经验结合我国沙漠实际编写出了《沙漠地区风沙地貌调查法》……当时对提高参加治沙工作的地貌人员的专业知识水平，规范和指导沙漠地貌调查研究工作起到重要作用"（吴正、李保生，2007）。吴正先生也在中国沙漠研究史上留下了浓墨重彩的一笔，他也是彼时治沙队奠基队员，我相信他的回忆应是我国那段沙漠研究历史的真实写照。从在《地理学报》发表的这篇中文文章的内容来看，本文多半是朱老对苏联学习收获的首次系统梳理和总结。

文章开头简要介绍了沙漠的分布，明确在亚洲中部内陆地区广泛分布着沙质沙漠，其中48%分布在我国境内，所以与风沙作斗争乃是我国西北干旱区发展生产的一个关键的环节。文章用古城遗迹和农田被沙埋的例子简要说明了流沙危害不仅在历史时期出现过，在当下也仍在继续。朱老在该文第二段里写道："在向风沙作斗争中，地貌学的基本任务在于阐述风沙地貌形成的规律及其发展的趋向。只有掌握了它的发展规律，才能提出防风固沙的措施。"作者从不同的研究实例出发，提出地貌学在沙漠领域需研究三方面的问题，即沙的来源，沙地地貌的形成和发展，以及沙地地貌的分类。

在这篇文章里，朱老阐述了沙源问题对防风固沙措施的重要性。比如对于陕北毛乌素沙地，作者提出了针对不同沙源的两种不同的治沙方案。如是"就地起沙"，因人类不合理的土地利用破坏植被，在风力吹蚀老沙层过程中形成流沙，则应用植树种草的途径来固定沙丘、开渠引水冲沙整地；但沙若是被风从北部方向吹来的，那么主要的防风林带就要规划在沙漠的北缘。作者提出要进行沙区第四纪沉积物或更老岩层的岩性分析及其成因的研究，岩性分析包含矿物分析、颗粒分析、化学分析等。针对沙地地貌的形成和发展，文章中阐述了两个问题，即风沙运动的气流特征和沙粒在气流中的含量与分布。根据在苏联沙漠的野外观测数据，作者指出气流中 90%的沙分布在近地表 10 厘米以下的高度范围内，沙丘移动的速度和其体积成反比，并用流体力学领域的定律解释了新月形沙丘移动的物理学原理。从实践方面而言，文章指出修路时若能让路的延伸方向与沙丘移动方向相互平行，风沙对路况的破坏就会小很多。作者在文章中强调，在弄清前面两个科学问题之后，就可以编制研究区的风沙地貌类型图，而风沙地貌的分类标准可以分别依据沙层的时代与成因、沙丘平面形态、沙丘高度、植被覆盖度等而确立。

关于沙漠的研究方法，这篇文章里总结了三种：航空观察与航摄照片的判读，利用仪器开展地面观测和分析，以及实验室的分析和研究。对应于地面观测与分析的方法，朱老在文中主要论述了四个方面。一是为了认识沙的成因与来源，需开展对沙丘和沉积物剖面的测量与样品采集，关于具体实验方法朱老认为一般在第四纪地质书籍中已有详细的说明，也就没再详述。第二种方法则是应用集沙仪、风速仪、风向仪对风沙流开展观测与分析。文章这部分着重介绍了苏联土库曼共和国科学院地质所风沙地貌组施那敏斯基教授设计的集沙仪。第三种方法是对沙地地貌形态的连续测量，以获得沙丘移动的轨迹图。第四种方法是在实地布置多个标杆来测量地表的吹蚀程度。在实验室的分析和研究部分，文章主要介绍了开展风洞实验的具体方法，提供了施那敏斯基教授设计的风洞结构示意图。文章简述了开展沉积物矿物学、化学等分析的意义，但具体步骤建议参阅普通岩矿或土壤领域的教科书。文章最后指出治沙是一个综合性的问题，地貌只是其中的一个部分，需要开展水文地质、气象、植物、土壤、造林、牧业等方面的交叉研究，在综合研究的基础上才能提出正确的治沙的具体措施。

自该文章发表以来的 65 年中，学术界对于沙漠无疑已有了许多新的认识。回顾起来，这篇文章影响了几代人的研究工作。实际上，这篇论文的学术思想可能是朱老彼时对中国沙漠研究思考的落地建议方案。首先，朱老自己随后开展的中国沙漠研究工作可以说是这篇论文的具体实践。以《塔克拉玛干沙漠风沙地貌研究》（朱震达等，科学出版社，1981）为例，这部著作是中国沙漠研究史上一部重要的文献，这本书的野外工作是在 1959 年至 1963 年进行的，即在朱老这篇论文成稿之后迅速展开的。野外考察行程3万余公里，开展了风沙运动规律的定位与半定位观测。在室内开展了航摄照片分析、沙样的粒度和矿物分析。论文中关于风沙流特征的描述起初是基于在苏联沙漠观测的数据的，而朱老后续在中国的观测表明，含沙量随高度呈指数规律递减。风沙流风洞实验之前在我国是一片空白，朱老这篇论文中的风洞实验室结构设计示意图时至今日仍有借鉴价值，今天我国拥有的风洞实验室数量少说也近两位数。我国的许多交通线路和基础设施都是借助草方格来防止风沙灾害的，草方格的高度通常约10厘米，这和朱老这篇论文中叙述的风沙流的结构几乎一致，今天新布置的草方格也基本等同于20世纪50年代末使用的模式。可见《地理学报》的这篇文章在国家沙漠科学研究和防沙治沙事业领域的深远影响。

沙的来源既是一个理论问题也是一个实践问题。朱老这篇论文中提出的沙漠沙源问题不仅是地理学的问题，20余年来也受到了第四纪地质学、地球化学等领域学者的高度重视。在研究方法上，除了沿用之前的矿物分析、主量元素分析和粒度分析之外，痕量元素、稀土元素、不同元素的同位素、锆石的年龄等都逐渐在沙漠物源研究方面展现出适用性和重要性，这些物源分析方法也已延伸至沙尘暴粉尘源区的示踪，用于理解地球系统中的生物-地球化学循环。论文中基于野外观测的沙丘移动规律结论也被后续的风洞实验和数值模拟研究所证实和完善，由于卫星遥感数据的问世和不断丰富，论文中介绍的航摄照片分析已逐渐被高分辨率的卫星遥感数据、机器学习方法替代，但朱老的初心、思想仍然在影响着每一位沙漠科技工作者，特别是朱老指出的多学科综合研究，可以说是地球系统科学在沙漠研究领域的思想萌芽。

参考文献

[1] 吴正、李保生："缅怀中国沙漠科学研究的开拓者和奠基人——朱震达教授"．载《朱震达先生纪念文集》编委会，《朱震达先生纪念文集》，科学出版社，2007年，第3—5页。
[2] 朱震达、陈治平、吴正等：《塔克拉玛干沙漠风沙地貌研究》，科学出版社，1981年。

长白山北侧的自然景观带*

黄锡畴　刘德生　李　祯

（吉林师范大学地理系）

长白山，当地群众称为老白山或白头山，位于北纬 41°58′—42°6′，东经 127°54′—128°8′；最高峰的白头峰，位于北纬 41°55′23″，东经 128°11′，海拔高度为 2744 米，是我国东北的最高峰。长白山是一个靠近太平洋的东亚沿海季风区的山体，在大地构造单元上属中朝地台安东复背斜，系高位玄武岩台地上的休火山。

地形因素对长白山自然景观带的形成起着主导作用，气温自下而上递减、而降水量自下而上递增的现象非常明显；同时地势愈高，寒冻风化作用愈显著，风力也愈强。长白山是松花江、鸭绿江和图们江等水系的发源地。松花江上游水势急湍，峡谷幽深，远望河道，常呈一条美丽的白链，所以有二道白河、三道白河等的名称。河流水源除天池水外，还有雨水、融雪水、地下水等。

由于地形、气候、水文等因素的直接影响，植被和土壤成明显的垂直带分布，从下而上为山地针阔叶混交林带、山地暗针叶林带、岳桦林带和高山苔原带。

引用本文：黄锡畴. 长白山北侧的自然景观带. 地理学报, 1959, 25(6): 435-446.

* 1959 年 7 月吉林师大地理系部分师生结合吉林省自然地理区划工作，经由安图、松江、二道白河登上长白山，到达天池，对长白山北侧自然景观作了初步观察。参加野外工作的除作者外，还有吉林师大地理系郎惠卿、金树仁、陈鹏等同志和朱一生、任永长、苏秀芬等同学。
苏联科学院西伯利亚分院地理研究所所长 B. b. 索恰瓦通讯院士来我国时，对本文初稿提出一些宝贵意见，特此致谢。

一、长白山北侧的地质和地貌

关于长白山的地质，日人山成不二麿（1928）和浅野五郎（1943）曾作过比较详细的调查研究。构成长白山的碱性粗面岩，山成最早称为白头岩。浅野对长白山的岩石也提出三种分类：

第三纪上新世末至第四纪？	白头火山岩类	火山口生成后：浮石、泥熔岩质碱性粗面岩、泥熔岩质集块岩、凝灰岩
		火山口生成前：各种碱性流纹岩质粗面岩、碱性粗面岩、粗面玄武岩
第三纪上新世？	玄武岩类	
中生代以前	基盘岩类	中生代侏罗—白垩纪水成岩及火山岩
		古生代寒武—奥陶纪层、二迭石炭纪层
		前寒武纪结晶片岩、片麻岩、花岗岩

长白山属于圆锥型孤立的休火山。构成物质有熔岩和火山喷出物两种，并具有成层火山的特征。火山的下部基底，多为由碎屑物质构成的厚层集块岩。火山体的纵断面呈对称的圆锥曲线。山体顶部倾斜急峻，约在30°以上，山腹多在20°左右，山麓倾斜比较徐缓。山顶有火口湖。长白山系在熔岩台地上由火山喷发而成，因此山麓斜坡具有高原型。

关于长白山的地形，前人很少研究。我们根据其组成物质、主要营力和地貌类型的不同，分为山前熔岩台地、山麓斜坡和长白山火山体等三带。

1. 山前熔岩台地 长白山北侧，约自松江（旧安图）以南的三道白河至和平营子以北，地势比较平缓，海拔约在600—1,000米之间，为由多孔的玄武岩所构成的平缓台地。根据我们在三道白河附近观察，熔岩层上部的玄武岩，气孔较细，而下部则较粗，这说明玄武岩浆溢流的先后顺序和所含挥发性成分的多少先后有不同。三道白河、二道白河等河流，为改变地貌的主要营力，平缓的台地面成为切割台地。在河流两岸，既有较厚的冲积层（距火山愈近，冲积层中的火山砾、火山砂乃至火山灰也愈多），也有数级（一般为二级）高差不大、宽窄不等和不一定对称的河阶地，这与熔岩台地在形成之后间歇性上升有关。

发源于天池的二道白河，至二道白河屯附近（距天池60公里）已具有早壮年河的特征。这里的河谷不宽（约20米左右），下切较显著，河岸有的地方高于河面8米，但两岸已有由较厚的冲积层构成的河阶地和河漫滩，有些地方还可证明河道曾经有过左右的摆动。二道白河的一级阶地，海拔约 784 米，一般宽 500 米，由粗砂、火山砾和浮石砾等组成。二级阶地海拔 790 米，宽约 100 多米，二级阶地斜坡坡度为 16°—18°，由有层理的细砂层组成。二道白河的阶地，左右两岸并不对称，左岸一级阶地狭小，约 20 米宽，并缺乏二级阶地，同时河流右岸排水不良，有沼泽化现象。这可能说明二道白河由于骤然从山地流入平川，发生过河道的自右向左的摆动。

山前熔岩台地上的阶地具有以下特征：（1）由于熔岩台地接近山地，河流由山地进入台地后落差变化较大，地势约束河身的作用骤减，因此可能引起小规模的河道摆动，这就影响形成不对称的河阶地；（2）河阶地多由细砂、粗砂、火山砾、浮石砾等组成；（3）因河阶地基底为具有水平层状的玄武岩，透水性不好，所以有些地方形成沼泽化的草甸子；（4）土壤剖面厚度不大，河阶地的高差小、规模不大等现象，可以推断河阶地是由近期的上升运动和河流的下切作用形成的。

2. 山麓斜坡 与山前熔岩台地相比，山麓斜坡的面积不大，系呈环状围绕着长白山火山体，海拔高度约为 1,100—1,800 米。

山麓斜坡由白头火山岩类所组成，主要见到的有凝灰岩、石英粗面岩、火山集块岩、火山角砾岩和玄武岩。在火山集块岩中，有石英粗面岩和玄武岩的岩砾。山麓斜坡亦有浮石和火山砾，可能是由火山体冲下来的。

山麓斜坡的地形微有倾斜，坡度约在 10°以内。山麓斜坡介于白头山火山体与熔岩台地之间，为一个过渡地带。这里冲沟很多，河流作用仍以侵蚀下切为主，河谷横剖面多呈"V"字型。三道白河在白山林场附近（海拔 1,360 米），因切凿于坚硬的火山岩而形成一段两壁直立、谷底全没于水的嶂谷。

茂密苍郁的长白树海，主要是指此山麓斜坡的森林带而言。深厚的林床植被，对于地面侵蚀起了很大的保护作用。

3. 长白山火山体 长白山自 1,800 米以上，山体陡立，与山麓斜坡迥然不同。

以天池为中心的长白山体的大部，主要岩类为各种火山喷出物，并伴有再生喷出物。

最常见的有以灰白色为主（另有棕黄色、暗灰色的）浮石，黑曜石、火山砾、火山砂，黑褐色、赤褐色、青灰色、灰绿色及杂色的具有柱状节理的碱性粗面岩，以及泥熔岩、集块岩（多由石英粗面岩的巨块以及灰绿色的凝灰质胶结而成）和凝灰岩等，其中尤以碱性的粗面岩为最多。在火山口内侧的上部，陡峭直立，有垂直节理，主要为黑褐色、赤褐色和杂色的粗面岩；内侧的中上部有一带倾斜 45°的由上部崩坍下来的粗面岩、浮石、黑曜石、凝灰岩、泥熔岩等组成的火山砾石坡；中下部至下部，倾斜较缓，约为 32°—12°，此段已有零星植物和土壤的发育；下部则有一些岩锥和新冲沟，在湖滨有磨圆度很好的湖滨砾石，主要都是灰白色的浮石。天池附近是浮石和黑曜石分布最多的地方。另外，在天池气象站的西南方，经过侵蚀崩坍的火口壁上，我们曾观察到火山集块岩、灰绿色石英粗面岩和夹有石英粗面岩巨砾的红色、灰色凝灰岩的累积层（由下到上）。在上层的凝灰岩中，夹有其下层石英粗面岩的巨砾，这说明石英粗面岩及其以下的火山岩与其上的红色、灰色凝灰岩，不是同期生成的。在天池气象站附近，我们还看到高位熔岩流的遗痕。

自天池气象站（2,600 米）至 1,300 米之间，主要岩类为碱性的石英粗面岩和凝灰角砾岩。在白山林场以南（高约 1,530—1,550 米），我们遇到夹有石英粗面岩巨砾和玄武岩砾的火山集块岩，这与上述在天池附近所见的，高度不同，岩相、色泽亦有差异，似非同期形成。

长白山的顶部，以天池为中心，由 16 个峰环湖耸峙，海拔高度超过 2,700 米的有白头峰（2,744 米）、白岩峰（2,741 米）和层岩峰（2,737 米），山势高耸，坡度陡峭，攀登吃力。

由于不同岩石性质和风化作用等影响，使峰顶、火口壁的内外侧以及山体上半部和下半部等，具有不同的地貌形态。如具有垂直节理的部分，则山峰尖锐，山壁陡峭；在高山部分物理风化很强，风力特大，致使许多被风化崩解的碱性粗面岩岩块，由于重力作用和雨水冲刷而滚到山脚，形成许多崖锥、洪积锥、石流等。这些堆积均无分选现象。

长白山火山体曾经数次喷发，最近有历史记载的就有三次（1597，1668 和 1702 年），是一个休火山，火山外形保存完好。

天池是一个呈椭圆形的火口湖，南北径长为 6.5 公里，东西最宽为 5 公里，湖水面周长约 13.11 公里，湖水最深处为 373 米，湖面海拔 2,194 米。天池水色深蓝，在一年中的水位变幅为 1 米左右。五级风时浪高达 1 米，水为碱性，pH 为 8.0。

天池火口壁的北端，有一称为闼门的宽约 20—30 米的缺口，天池水经此外流，流量为 0.5 秒公方。在自天池向北流出 900 米之间，坡降较小，为 0.011；自 900—1,250 米之间，则坡降增大为 0.30；且在 1,250 米处，有一个 68 米高的落差，这就是著名的长白瀑布。长白瀑布为二道白河的上源。自长白瀑布至林营段相距 3,165 米，落差 313 米，坡降为 0.10。二道白河在此段为典型的山地河流，穿流于 "V" 型谷的底部。距瀑布 900 米处有长白温泉，水温在 70℃ 以上。

关于长白山火山岩的喷出顺序，山成不二麿（1928）认为在长白山形成以前，本区原为久经侵蚀的古老高原（朝鲜境内名盖马高原），曾发生许多裂罅，在第三纪末有碱性粗面岩喷出，长白山体初成。由于碱性粗面岩粘着性大，故呈块状或穹窿状喷出，同时熔岩表面因急剧冷却生成黑曜石的岩壳；在块状火山生成后，温度骤降，穹窿形的顶部发生陷落，形成天池的前身。第四纪初玄武岩流溢出，广大斜坡被其复盖，形成玄武岩熔岩台地。以后在天池处又有火山喷发，大量浮石喷出。

浅野五郎（1943）则认为，在隆起的古老岩基上，沿东北—西南方向的大裂罅曾有数次大规模的玄武岩喷流，形成玄武岩台地。之后依次喷出粗面玄武岩、碱性粗面岩（形成火山口）、泥熔岩、集块岩，最后为浮石喷出物，形成长白山火山体。

我们认为长白山火山岩的喷出顺序有如下所述。本区位于中朝地台北缘，至第三纪初，已准平原化。第三纪鲜新世时在准平原面上有大规模的玄武岩浆沿裂罅流出，形成玄武岩熔岩台地。自第三纪末至第四纪初长白山火山岩类的喷发期间，在熔岩台地的基础上曾有数次活动：第一次喷出为下部粗面岩和集块岩，集块岩中含有玄武岩砾，这可说明其活动是在玄武岩台地形成之后；第二次喷出为上部的火山集块岩和灰绿色石英粗面岩，这时天池火山口已具雏形；第三次喷发为更上部的夹有石英粗面岩巨砾的灰色、红色凝灰岩和杂色石英粗面岩，形成环天池的 16 个峰，天池火口也进一步扩大了；最后则为近期的浮石喷出物，分布在天池附近，厚度较大。此火山活动虽开始于第三纪，但其活动是经过更新世，直到现代仍在继续着。今日之长白温泉可能与火山活动的余烬有关。

由于长白山的地势高耸，气候寒冷，风力强烈，在 2,050 米左右的森林界线岳桦林带以上的高山部分，为无树的高山苔原。在背风背阳的山洼处，则终年积雪，但并未发现明显的冰川地貌。

必须指出的是，长白山区还存在有 2—3 级准平面，河谷下切较深，熔岩台地上有数级河阶地等现象，都说明它与新构造运动有关，但此问题有待进一步的研究。

二、自然景观带的特征

（一）山地针阔叶混交林带

山地针阔叶混交林带分布在海拔 600—1,600 米，占有最大的垂直宽度。由于这带绝大部分在平缓的玄武岩熔岩台地范围内，因此分布面积极广。长白山地区针阔叶混交林和大陆东岸针阔叶混交林一样，由于未曾受到第四纪冰川及很大的气候变迁的影响，故具有较古老的特点，组成树种多样，并保存有第三纪遗留种，如胡桃楸（*Juglans mandschurica*）、黄蘖罗（*Phellodendron amurense*）、紫杉（*Taxus cuspidata*）、人参（*Panax schinseng*）、葛枣（*Actinidia polygama*）、软枣子（*Actinidia arguta*）等。同时由于季风气候的影响，林内藤本植物很发达，有附生植物，因此与亚热带林很相似。但二者主要差别在于这里由于气温较低，没有生长常绿树种。

针阔叶混交林一般很茂密，郁闭度很大。树干直而高，乔木、灌木种类多样，结构层次甚多，仅乔木可分三层，林内灌木亦多。林下草也很发达，可分为三层。森林的茂密不仅决定于生态条件，同时与人类活动影响有关。

针阔叶混交林中的主要针叶树种为红松（*Pinus koraiensis*），其次为沙松（*Abies holophylla*）。随着海拔高度和湿度的增加，针叶树比重增大，除红松、沙松外，还有臭松（*Abies nephrolepis*）、鱼鳞松（*Picea jezoensis*）和红皮臭（*Picea koraiensis*）。因此有人将针阔叶混交林带的上部（海拔 1,300—1,400 米）划为下部针叶林带（竹内亮，1951）。此外，还有极少数的赤松（*Pinus densiflora* var. *funebris*）和紫杉（*Taxus cuspidata*）。

阔叶树在数量上超过针叶树，主要阔叶树有枫桦（*Betula costata*）、紫椴（*Tilia amurensis*）、柞（*Quercus mongolica*）、香杨（*Populus koreana*）。在较低湿的冲沟等地长有春榆（*Ulmus propinqua*）、水曲柳（*Fraxinus mandshurica*）、胡桃楸、黄波罗等。

针阔叶混交林中较小的阔叶树很发达，构成乔木第二层，这是大陆东岸和我国针阔混叶交林的特点。阔叶树如色木（*Acer mono*）、花楷槭（*Acer ukurunduense*）、青楷槭（*Acer tegmeutosum*）、小楷槭（*Acer tschouoskii*）、怀槐（*Maackia amurensis*）等。

针阔叶混交林下灌木很多，种类相当丰富，常见的有珍珠梅（*Sorbaria sorbifolia*）、胡榛（*Corylus mandshrica*）、马尿蒿（*Spiraea salicifolia*）、忍冬属（*Lonicera ruprechtiana*，*L. maximowiczii*）、茶藨属（*Ribes burejense*，*R.repens*）、刺五加（*Eientherococcus senticosus*）、大叶小檗（*Berberis amurensis*）。林下藤本植物也很多，有五味子（*Schizandra chinensis*）、山葡萄（*Vilis amurensis*）、刺南蛇藤（*Celastrus fragellaris*）等。

针阔叶混交林分布面积很广，林相结构复杂，局部不同的地理环境分布有不同的群系和群丛。我们对针阔叶混交林不同群系和群丛研究的很少。

红松阔叶混交林分布最广，多分布在棕色森林土上，红松高达 30—35 米。阔叶树主要为紫椴、枫桦、色木、花楷槭、怀槐、暴马丁香（*Syringa amurensis*）等。

红松、沙松阔叶混交林分布在阴坡和中等湿度地方，红松、沙松、枫桦、椴构成第一层；阔叶树中有鹅耳枥（*Carpinus cordata*），构成第二层。此外，有假色槭、紫杉相伴而生。藤本植物更为发达。随着海拔高度增高、湿度增大、气温降低，针叶树逐渐增多，在弱灰化棕色森林土上形成鱼鳞松、红松阔叶混交林，有时伴杂有臭松。随高度的不断增加，冷杉、云杉比重增大，渐渐过渡到上部暗针叶林带。云杉定居后形成郁密蔽阴林相，有云杉向红松侵入的倾向。但必须指出，红松在长白山北侧分布海拔有时可高达 1,500 米，这种现象可能与纬度位置有关。在较干旱的陡坡或岗脊上，分布有红松、柞树阔叶混交林。林下灌木主要为榛子和胡枝子（*Lespedeza bicolor*）。

此外，在贫瘠而深厚的火山灰砂质土壤上，分布有赤松林，伴生有柞、黑桦

（*Betuladavurica*）等阔叶树。

落叶松（*Larix olgensis*）在这一带有广泛的分布。落叶松的分布与玄武岩台地有密切关系，在低洼处形成黄花松甸子。落叶松林在北侧分布较西侧更广，并常有大片纯林。落叶松由于生长条件不同，据侯治溥[①]称（1958年），大致可分为泥炭藓高位沼地落叶松林、塔头苔草落叶松林、流水沟地落叶松水曲柳混交林、杜香落叶松林、紫萁蕨落叶松林、藓类落叶松林、胡枝子落叶松等林型。

针阔叶混交林的气候特点为长冬夏凉湿润气候型。根据二道白河（海拔780米）简易气象站一年（1958—1959年）的气象资料，这带气温以1月为最低，平均在-17.6℃，7月为最热月，平均17.5℃，年较差35.1℃，年均温为2.6℃。绝对最高气温7月达32.4℃，而1月绝对最低温亦有-35.5℃的记录。

长白山北侧山麓地带，因处于雨影区域，所以降水量不如山脉南侧各地丰沛。年降水量仅700毫米左右，多集中于夏半年，5—9月占全年降水量60%以上，适与高温季节同时，因而有利于植物的生长。冬季因受极地大陆气团影响，降水甚少，干燥晴朗。因常年气温较低，蒸发不大，相对湿度平均在75%左右，空气较湿润，风速一般不大，远较峰顶为小。这与地势和森林等阻碍气流有密切关系。最大风速可达7级，最多风向为西南风。

本带土壤主要为山地灰化棕色森林土。今以海拔900米、坡度12°剖面为例：0—6厘米为未经分解与半分解的褐色残落物层，较松；6—17厘米呈暗灰色，根系发达，壤质，粒状结构，并见有白色菌丝；17—35厘米为灰棕色重壤土，亦有少量石粒、角砾，根系较多，结持紧，结构与上层略同，剖面有少量SiO_2粉末，pH6.5；35—60厘米呈黄棕色，中壤土，石块、角砾比上层为多，为核状结构，并有胶膜，pH6；60厘米以下为灰褐色无结构的冲积粗砂及浮石风化残粒。

在落叶松林下主要为泥炭质沼泽土，分布在玄武岩台地低洼处及河阶地附近。如二道白河屯东南1公里、海拔800米落叶松林附近，地形平缓，排水不良，地下水位距地表仅18厘米。土壤剖面为：0—5厘米为褐黄色未经分解的枯枝落叶层，疏松；5—7厘米为暗黑色半分解的枯枝落叶层，疏松，pH6.5—7.0；7—20厘米呈棕黑色的泥炭，分解很弱，草根盘结，含水；20—38厘米为灰蓝色粘土，挂有铁锈，无结构，夹有玄武岩风化粒，pH6.5；38厘米以下则为玄武岩风化物。

[①] 据侯治溥称，经郑万钧同志定名为 *Larix dahurica* var. *koreana*。

（二）山地暗针叶林带

从山地针阔叶混交林带向上过渡为山地暗针叶林带。有人称此带为上部针叶林带（北川政夫，1941；竹内亮，1943，1951；杜铭奎、张学曾，1958）。本带位于海拔 1,600—1,800 米处。下部与针阔叶混交林带交界，有阔叶树侵入。暗针叶林主要由鱼鳞松和臭松等组成。冷杉云杉林比针阔叶混交林适宜生长于较冷、湿的气候条件下，但比落叶松要求较温和的气候条件。

这带的气候特点为降水量较大，多云雾，气温常年较低，蒸发弱，相对湿度大，1 月平均气温约在–20℃，7 月平均温约 15℃，形成寒温夏凉湿润的针叶林气候型。

鱼鳞松、臭松林发育较好，郁闭度在 70%—80%，一般高度可达 30 米左右。林中杂有落叶松、香杨、花楸（*Sorbus pohuashanensis*）等。林内相当阴湿，林下灌本层和草本层不很发达。苔藓形成为林下郁密地被物，厚可达 10 厘米，树干基部也常生有厚层苔藓。树枝上长有悬垂藓类（*Leucodoń pendula*）和松萝（*Usnea longissima*）。云杉冷杉林最常见的有蕨类苔藓—暗针叶林和苔藓—暗针叶林两个群丛组。前者多分布在平缓分水岭和南坡上，除苔藓层发育很好外，还有蕨类（*Athyrium brevifrous*，*Dryopteris crassirhizoma*）；后者主要分布在较陡的北坡及西北坡上，这里鱼鳞松比臭松为多，有时鱼鳞松成纯林，林下木与草本很少，苔藓层很厚。在河谷中为暗针叶林杂草群丛组和暗针叶林—杂草—苔藓群丛组。

山地暗针叶林带主要分布有山地灰化棕色森林土，按 Ю. А. 李维洛夫斯基教授称为棕色泰加林土。此带坡度较陡，母质为火山灰、凝灰岩石块、角砾与粗砂。土壤有较明显的灰化现象，各层均呈酸性反应。海拔 1,600 米的土壤剖面是：0—4 厘米为枯黄褐色的残落物与苔藓遗体，松软，白色菌丝甚多，pH5.5；4—14 厘米为棕褐色未分解的残落物，疏松，根系密结，亦有菌丝，pH5.0；14—20 厘米呈灰褐色，砂壤质，柱状结构，白色菌丝较少，pH5.0；有腐殖质；20—40 厘米则为棕黄色的砂壤质；呈块状结构，根系甚少，但仍有多量白色菌丝，石块，角砾很多，pH6.5；40 厘米以下为灰黄色，由粗砂、石块等组成的母质。

（三）岳桦林带

从暗针叶林带向上过渡为岳桦林带，分布在海拔 1,800—2,000 米左右。有人将岳桦林带称为上部阔叶林带（刘慎谔，1955；竹内亮，1943），有人将它划入针叶林带（北川政夫，1941；竹内亮，1951；杜奎铭，1958）。

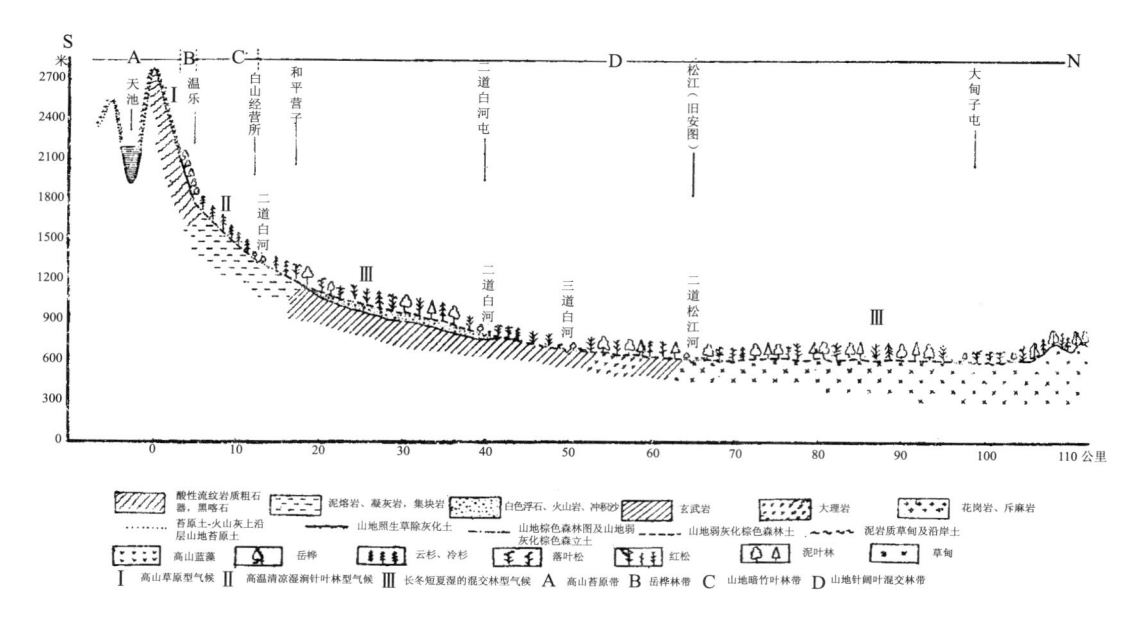

长白山北侧自然景观剖面图

岳桦林带由岳桦（Betula ermani）组成，是从森林带过渡到高山苔原的过渡地带。从岳桦林带的组成成分、分布的垂直宽度和外貌形态等各方面来看，与其它构成垂直结构系列的各个带不同，因此把它划归针叶林带或称为上部阔叶林带都不能完全反映岳桦林带的性质。岳桦林是大陆东岸较普遍的森林界限的一种类型。在不同垂直带结构系列类型中，森林上限也有不同类型。森林上限有由针叶树组成的，也有由阔叶树组成的。如在阿尔卑斯山中部和喀尔巴阡山若干地方，森林上限由落叶松（Larix decidua）或松（Pinus cembra）组成；在比利牛斯山则由 Pinus uncinata 组成；在高加索主要由桦（Betula litwinowii）和山毛榉（Fagus orientalis）组成。在形态上，森林上限也可有不同类型，在大陆西岸形成矮曲林（криволесы）、公园林（парковые леса），在远东地区则为岳桦的矮疏林（Редкостойные леса）[①]。

森林上限决定于纬度、气候的大陆度、湿润状况、风、地貌、山体大小、坡向、坡度、土壤等条件。当然，决定森林上部界线的主要是气候条件。Л. С. 贝尔格曾指出，森林上限一般位于最暖月 10℃ 的等温线上（9°—10.5℃）；但在大陆性气候条件下，可能位于较低的等温线上。换句话说，森林上限在大陆气候条件下比在海洋气候条件下海拔位置要高，这是因为在大陆气候条件下，夏季气温较高，而在海洋气候条件下，夏季气温较低的缘故。

根据竹内亮的推算，长白山森林界限大约在 10.5℃ 等温线左右。根据我们的推算，长

[①] 此为暂拟译名。

白山北侧森林上限7月平均气温为10—12°。风对森林上限分布有很大的影响，如风大时，即使最暖月气温高达10℃，也可能不能生长。因此，向风侧和背风侧的森林上限可以有差别，这种差别在长白山约为50—100米。另外，山体的大小对森林上限的分布也有影响，即在相同气候条件下，山体越大，上限越高。我们在吉林省东南部老岭山脉曾见到森林界线位于1,300—1,400米之间；也就是说比长白山低700—800米，这可能与老岭几个山头山体较小、风较大有关。此外，其它许多地理因素都可能影响森林上限的高低。如在二道白河源由于风化岩屑堆的破坏，有森林上限下移的现象。

岳桦林呈疏林或散生林状况，林相比较简单，绝大部分成纯林，向下与暗针叶林带交接处可杂有针叶树（落叶松、臭松）。因此，岳桦林的下部界线交错不齐。下部岳桦生长较好，分布较密，树干较直也较高。海拔越高则分布渐稀疏，树高趋矮，在10米左右，常成一株多杆从树基丛生，呈半丛生或呈弯曲状。这种现象和苏联远东地区山地是一样的。

在长白山北侧，我们遇到最多的为岳桦—杜鹃林（*Rhododendron aureum*）、岳桦—越桔林（*Vaccinium vitis-idaea*）和岳桦—高草林（*Calamagrostis longidorfii*）等。

在苏联远东地区，岳桦不常形成完好的带状。长白山北侧岳桦林垂直宽度达200—300米，并成较好的带状分布。这可能与长白山纬度位置较低及火灾等原因有关。

岳桦生长在冷杉云杉不宜生长的较严寒的气候条件和较瘦瘠的土壤条件下。岳桦具有各种生态特点：岳桦林形成森林界线可能与它要求一定的夏季温度有关。如夏季温度较高，季节较长较稳定，则生长较好。下部岳桦发育较好，可能与此有关。岳桦虽较耐寒，但在冬季雪盖较厚的地方生长较好。岳桦喜光，在暗针叶林中只有在较稀疏的地方才生长。岳桦抗风力很大，因此能生长在风力很强的森林上限，并有时伸入高山苔原中。

岳桦林土壤为山地弱生草隐灰化土。其成土过程受森林和高山植物的双重作用。这里坡度较大，母质为崩塌风化的石块、角砾和砂土，土壤呈酸性反应，pH在6.5以下。以海拔2,010米处、坡度16°剖面为例：0—1厘米为黄褐色植物遗体层，疏松，泥炭化不明显；1—3厘米呈棕褐色，有半分解残落物层及泥炭化现象，根系较多，疏松，pH5.5—6.0；3—10厘米呈暗灰褐色，多根系，疏松，腐殖质含量大，pH5.5；10—18厘米为淡灰棕色，砂壤质，粒状结构，结持紧，有根系，多石块、角砾，腐殖质含量较上层为少，pH5.5；18—40厘米为棕色砂土，小粒状，有须根，小孔，偏湿，疏松，pH5.5—6.0；40厘米以下则为母质层，呈棕色砂土，无结构，无根系，角砾较多。

（四）高山苔原带（Горные тундры）

岳桦林带向上过渡到无林的高山苔原带（2,100米以上）。关于长白山森林带以上究属哪种景观类型，文献上有不同的记载。有人称为高山草原带（刘慎谔，1955），有人称为高山植物带或高山带（北川政夫，1941；竹内亮，1943,1951；林奎铭、张学曾，1958），有人则认为岳桦林带以上为高山草甸（竹内亮、祝廷成，1959）。我们认为称高山草原是不够恰当的。不管这里是否可能存在草原群落，但在温带大陆东岸沿海地区的山地中，高山草原不可能成为一个独立的景观带。称为高山带也不够明确，因为不同的高山带有不同的景观类型。同样，高山草甸作为一个独立的垂直景观带，在这里并不存在。В. Б. 索恰瓦（1956(1),(2)）曾先后指出，在我国东北长白等山地高山部分为山地苔原。接着他又提出（1958），在黑龙江流域内，只要山地达到一定高度，山地苔原成为这里所有山地森林带以上典型的景观类型。作者（1958）也曾认为长白山在森林带以上为高山苔原带。

高山苔原是高山带的景观类型之一。山地苔原主要分布在泰加林地带和苔原地带的山地中。在不同的纬度山地苔原分布在不同的高度。在大陆东岸山地的高山部分，主要景观类型为山地苔原，而高山草甸居次要地位，这与太平洋季风气候影响有关。山地苔原广泛分布在苏联西伯利亚东北部和远东地区诸山地。在我国东北、日本北部和朝鲜北部，若干山地分布有山地苔原。这是欧亚大陆山地苔原分布的南界。在亚热带山地中不存在高山苔原带。

В. Б. 索恰瓦（1956）将山地苔原分为二个亚带。上部为苔原带本身，下部为狭窄的灌木带，相当于阔叶林地带和亚热带山地的亚高山灌木带。灌木带实际上具有过渡性质。长白山灌木带主要由牛皮杜鹃、越桔、西伯利亚桧（*Juniperus sibirica*）等灌丛组成。在长白山北侧，灌木丛为不连续分布，不成明显的带，很多地方岳桦直接过渡到苔原带。在长白山西南侧牛皮杜鹃分布较广、较高，这侧灌木带可能发育较好。牛皮杜鹃等不仅为灌木带的单独群丛，有时也为岳桦林下的灌木丛；在适宜的条件下，牛皮杜鹃分布在高山苔原带。

长白山森林带以上的灌木丛不仅在组成成分上不同于大陆西岸比利牛斯、阿尔卑斯、高加索诸山地的亚高山灌木带，在形态上这里灌木矮小得多。此外，必须指出，太平洋季风区亚高山灌木带广泛分布的指示性植物的偃松（*Pinus pumila*）(В. Б. 索恰瓦和 А. Н. 鲁基巧娃，1953），我们在长白山北侧并未遇到，这可能与长白山的纬度位置有关。据竹内亮称，曾有人在长白山东南侧发见过偃松。

В. Б. 索恰瓦（1956）将山地苔原植被分成各种不同的结构类型：山地灌木苔原，矮灌木—地衣苔原，矮灌木和草本矮灌木苔藓地衣苔原，矮灌木和草本矮灌木苔藓苔原，草本苔藓苔原，草甸状苔原，雪前草本和苔藓草本苔原。按上述分法，在长白山北侧苔原带中分布最广的为矮灌木—地衣苔原和矮灌木苔藓地衣苔原。也可以遇到最后二种类型，但分布的面积和范围都不广。

长白山高山苔原带植物和苔原带中的植物一样具有许多生态特点：如这里植物为多年生，植物都很矮小，通常不超过 10—20 厘米，植株成匍匐状，根系很浅但很发达，在地下往往形成网状，植物群落层次简单等。

长白山高山苔原带分布最广的植物，如苞叶杜鹃（*Rhododendron redowskianum*）、小叶杜鹃（*R. parvifolium*）、笃斯越桔（*Vaccinium uliginosum*）、松毛翠（*Phyllodoce caerulea*）、八瓣莲（*Dryas octopetala*）、圆叶柳（*Salix rotundifolia*）、石蕊（*Cladonia rangiferina*）等，为太平洋沿岸地区山地苔原的典型植物。根据竹内亮（1957），长白山高山植物中约有 80% 左右为极地或各地高山植物种，20% 为朝鲜高山的特有种。

高山苔原由于微地貌和微气候的变化，分布有不同的植物群丛。关于高山苔原植物群丛的划分和分布规律，还须地植物学家深入进行研究。我们曾遇到笃斯越桔、地衣群丛、苞叶杜鹃苔藓地衣群丛；松毛翠（*Phyllodoce caerulea*）、苔藓地衣群丛等，从下而上分布在较平缓的、开阔的坡地上；小叶杜鹃、苔藓地衣群丛和八瓣莲、苔藓地衣群丛分布在较陡的和海拔较高的坡上。在沟洼背风地方，分布有牛皮杜鹃、地衣群丛；在雪斑附近及沟底因融雪湿度较大，分布有圆叶地榆—长景天（*Sangnisorba obtusa*＋*Sedum elonqatum*）群丛，草本植物较多，可称为草甸苔原。在海拔较高的岩石裸露地方，植被成片状分布，有石蕊、地衣群丛等。

长白山高山部分的苔原型气候是有利于形成高山苔原景观的。这里冬季严寒而漫长，冬季三个月平均为–17.8℃，1 月温度最低平均达–24.9℃，绝对最低温可达–39.9℃（1959 年 1 月 23 日）。夏季凉爽而短，夏季三个月平均温为 6.7℃，8 月最高温为 8.8℃，夏季最热月平均气温不超过 10℃。夏季有时亦可降雪，年平均温很低，在–6℃左右。

风对形成苔原景观有重大意义。在植物营养期，气温低、风力大是形成苔原的重要因素。长白山海拔 2,700 多米，气压低，1 月为 722.5 毫米，10 月最高为 740.6 毫米。高山地带地势开敞，常年多大风，风力常超过 40 米/秒（以 1 月频率为最大），1959 年 4、5 两个月中有 25 天风力达 12 级以上，而 4 月平均气温为–7.9℃，5 月为–0.2℃。长白山位于西风带影响下，所以高山风向多为西风和西南风。

长白山高山部分全年降水量约 1,700 毫米左右，雨量多集中在 5—10 月，夏半年降水占全年降水量的 77% 左右，7 月降水最多，为 427 毫米。冬半年因受陆风影响，降水很少，只占年降水量的 23% 左右，而冬季三个月降水量又仅为全年的 10% 左右。这里 8 月末就开始降雪，冬季常冷风夹雪，形成雪雾。积雪一般厚达 1 米以上。在开旷的山坡处，积雪常被风吹扫一空，而低凹处则积成雪垄。此外，可常见雾凇，厚度一般在 50 毫米以上，有时可大于 150 毫米，常将电话线压断。

由于开旷的山坡上积雪，冬季时常被大风吹走，因此，春季地表融雪水不多，加以地表的火山灰等物质透水性较大，也促使土壤含水份较少。但温度低，蒸发弱，相对湿度很大（80%—90%），又利于苔藓植物的生长。上述特点和春季风大、温低等原因，就形成了宜于发展苔原景观的气候条件。

从欧亚大陆温带高山草甸的分布可以看出，形成高山草甸和高山苔原的气候条件有很大的差别。在大陆西岸的比牛斯、阿尔卑斯、高加索等山地的高山带，受大西洋型气候的影响，冬季较温和，降雪较多，形成了高山草甸景观。阿尔泰山位于内陆，高山带受到来自大西洋、北冰洋和太平洋气流的影响，因此那里形成高山草甸、高山苔原及高山草原的错综分布。

有人认为高山草甸的分布与现代冰川有很大关系（В. Б. 索恰瓦，1956；Р. А. 叶列涅夫斯基，1940）。大陆西岸诸山地在 2,500 米以上均为冰雪带，现代冰川分布在第四纪山地冰川范围内，同时因受到大西洋的影响，全年雨量分布均匀，冬季降雪多，为形成现代冰川提供有利条件。长白山虽高达海拔 3,000 米，因受季风气候的控制，降水集中于夏半年，加以这里没有古冰川的遗留和地质条件不好等，都不利于形成现代山地冰川。长白山高山带在较低凹的地貌条件下，冬季积雪过夏不化，成为万年雪斑，呈冰雪状。

高山苔原带主要为发生在火山灰上的薄层山地苔原土。土壤剖面较薄，发育不明显；植物生长季短，微生物分解很缓慢，有机质堆积较多，有泥炭化过程，由于火山灰等母质蓄水性不好，泥炭层很薄。我们在天池气象站北 2.5 公里（拔海 2,350 米）处看到的土壤剖面特征是，0—2 厘米呈黄褐色，为非常松软的残落物；2—4 厘米为棕褐色，疏松的泥炭化植物残体；4—8 厘米呈暗褐色，泥炭质含量较多，小粒结构，草根较多；8—16 厘米为棕黄色的砂壤土，多根系，呈小块状；16 厘米以下为由火山角砾组成的母质层。

在斑状终年积雪处附近，表层则有未分解或半分解状态的有机质，底层有显著的潜育现象。如在白岩峰北坡（海拔 1,260 米，坡度 22°）土壤剖面为：0—4.5 厘米为灰棕色砂土，有半分解的泥炭化现象；4.5—9 厘米呈褐色，小粒状结构，湿润，pH 为 6.5；9—19 厘米为黄褐色砂壤，无结构，pH 为 6.0，有潜育现象；19 厘米以下为由火山砾组成的母质，呈冻土状。

综合上述，我们认为长白山高山为高山苔原带。必须指出，自然景观的苔原和作为植被类型的苔原概念不完全相符合。长白山高山苔原带内在低凹、背风的沟谷里有岳桦的侵入，在背风较阴湿的地方，生长有散布的小片的高山草甸。

对欧亚大陆山地苔原的地理规律，В. Б. 索恰瓦（1956）有精辟论述，他认为山地苔原几乎和平原苔原同时形成于第三纪末和第四纪初。关于长白山高山苔原的发生问题，尚须作进一步的研究。我们认为长白山山地苔原组成成分与大陆东岸其他山地苔原很近似，因此它的起源也可能比较早，但在最初可能分布面积不广。随着新构造运动的发生，长白山体抬高，山地苔原得到更大的发展。В.Б.索恰瓦将欧亚大陆山地苔原分为二大区：泛太平洋沿岸区和泛大西洋沿岸区。泛太平洋区包括西伯利亚东北部、贝加尔湖沿岸、远东地区诸山地以及黑龙江流域，长白山也在这一范围内。长白山的高山苔原不完全和上述地区相同，因此，我们认为长白山高山苔原是欧亚大陆泛太平洋沿岸区南部的一种类型。

长白山位于欧亚大陆东岸，其垂直景观带结构和大陆西岸及大陆内部诸山地的垂直景观带结构不同，我们认为可以将它归属于大陆东岸太平洋季风型（黄锡畴，1958）。

结　论

1. 长白山（白头山）位于我国温带太平洋季风针阔叶混交林地带。

2. 长白山是一火山造成的锥状巨大山体，是我国东北最高山峰。地质构造、地貌都有明显垂直地带性结构，具有特有的山地气候，成垂直气候带的分布。与此相适应，自然景观带成垂直分带。

3. 由于长白山位于欧亚大陆东岸，太平洋季风影响很大，高山带为高山苔原。自然景观垂直带结构属于太平洋沿岸季风型。

参考文献

[1] 刘慎谔, 1955. 东北植物的分布。在"东北木本植物图志"一书内, 科学出版社。
[2] 刘慎谔等, 1955. 东北木本植物图志。科学出版社。
[3] 竹内亮, 1951. 中国东北植物相概观。东北师范大学学报, 第 1 期。
[4] 竹内亮, 祝廷成, 1959. 中国东北经济树木图说。科学出版社。
[5] 杜奎铭, 张学曾, 1958. 长白山东北坡森林土壤。中国林业出版社。
[6] 侯治溥, 1958. 长白山林区森林立地条件及落叶松的更新。中国林业出版社。
[7] 郎惠卿、李祯, 1959. 长白山的植物地理。地理知识, 第 12 期。
[8] Исаченко, Т. И., и Лукичева, А. Н., 1956. Березовые и Осиновые Леса. В кн. Растительный покров СССР. М. -Л.
[9] Сочава, В. Б., 1956. Закономерности географии растительного покрова горных тунлр СССР. В кн. Акад. В. Н. Сукачеву к 75 летию со дня рождения М. -Л.
[10] Сочава, В. Б., 1956. Горные гундра. В кн. Растительный покров СССР. М. -Л.
[11] Сочава, В. Б., 1958. Некоторые проблемы географии растительности бассейна Амура. Научные доклады bblcueй школы вып. 2.

[12] Сочава, В. Б. И Лукичева, А. Н., 1953. К географии кедрового стланика. *Докл. АН СССР*. Г. 90, No 6.
[13] Суслов, С. П., 1954. Физическая география СССР. М. -Л.
[14] Толмачев, А. И., 1956. Вертикальное распределение растительности на Сахалине. В кн. Географический сборник Ⅷ. М. -Л.
[15] Хуан, Си-чоу, 1958. Природа бассейна реки теберда в связи с вопросом о типах вертикальиой зональности в горах умеренного пояса Евразии. Автореферат диссертации Ленинрад.
[16] Растительной покров СССР пояснительный текст к геоботанической карте СССР. Т. 1 и 2. 1956.
[17] 山成不二麿, 1928, 白头山。地学杂志, 第 40 辑。
[18] 浅野五郎, 1943, 长白山预备调查地质报告。载 "长白山预备调查报告书"。
[19] 北川政夫, 1941, 长白山植物调查报告。
[20] 竹内亮, 1943, 长白山预备调查报告书。
[21] 村山酿造等, 1942, 长白山综合调查报告书。

ВЕРТИКАЛЬНАЯ ЛАНДШАФТНАЯ ЗОНАЛЬНОСТЬ НА СЕВЕРНОМ СКЛОНЕ ЧАНБАЙШАНЯ

Хуан Си-чоу Лю Дэ-сэн Ли Цзэнь

Чанбайшань представляет потухший вулкан, который расположен на востоке Евразии. В отношении геотектоники Чанбайшань находится на крае Китайско-корейского массива.

Комплексное физико-географическое исследование на Чанбайшане до сих порещё не принималось во внимание.

В статье характеризованы геологическое строение и геоморфологические черты района.

Северный склон Чанбайшаня по особенностям климата, растительного покрова и почвы разделен на четыре вертикальные ландшафтные пояса, которые следуют в таком порядке: 1. Пояс кедрово-широколиственных лесов на высоте 600—1600 м. над у. м.; 2. Пояс темнохвойных лесов (*Picea jezoensis*, *Abies nephrolepis*) на высоте 1600—1800 м. над у. м.; 3. Пояс эрмановой березы с отдельными лиственницами, развит в интервале 1800—2000 м. над у. м.; 4. Пояс порных тундр и каменистых россией с высоты 2000 м.

По поводу ландшафтного типа высокогорье Чанбайшаня названо алъпийские луга или высокогорные степи предыдующими исследователями. Это неверны.

Высокогорье Чанбайшаня, главным образом, является голъцами.

В статье также дана детальная характеристика особенности тундры, природных условий и причин её образования.

Вертикальная зональность на северном склоне Чанбайшаня отличается особыми чертами и относится к группе типов вертикальной зональности притихоокеаиского муссонного подкласса.

图版 I

图 1　长白山天池全景

图 2　长白山瀑布

图 3　柱状节理发育的白头火山岩

图 4　长白山高峰万年雪斑

图 5　高山苔原景观

图版 II

图 1　高山苔原植物发达的网状根系

图 2　万年积雪与草甸化的苔原

图 3　岳桦林（林下为牛皮杜鹃灌丛）

图 4　山地上部暗针叶林

图 5　山地针阔叶混交林

"长白山北侧的自然景观带"解读

姜 明　　吕宪国　　邹元春

　　黄锡畴先生是中国科学院东北地理与农业生态研究所（原长春地理研究所）的杰出地理学家，也是我的导师吕宪国研究员的导师。黄锡畴、刘德生、李祯三位长年从事综合自然地理和区域自然地理研究的地理学家，1959年发表于《地理学报》的"长白山北侧的自然景观带"一文，在世界科学文献史上首次提出并命名了"长白山高山苔原带"，引起了学术界和政府的关注和反响，并逐渐获得共识，结束了长期以来对长白山林线以上高山带自然景观类型命名的混乱局面，属于自然地理学从0到1的开创性成果。

　　"长白山北侧的自然景观带"全文1.2万余字，共12页，文末还附有2页共10张照片，从长白山北侧的地质地貌和自然景观带的特征两大主题，首次科学系统地论述了长白山北坡的垂直地带性。1960年初，黄先生在全国地理学术会议上亲自宣读了这篇论文，当时吉林省综合自然区划和部门自然区划中都援引了这一新发现的自然景观类型（黄锡畴，1999）。同时期，陈述彭先生主编的《中华人民共和国自然地图集》的有关图幅上也画出了高山苔原景观。1980年在吴征镒先生主编的《中国植被》中指出，"1959年首次在长白山顶（海拔2 100米以上）记录的高山冻原……属于新发现"。1984年，郭扬先生在"五十年来的《地理学报》"一文中，将"长白山北侧的自然景观带"列为《地理学报》创刊50年来引用率最高的15篇文章之一，

作者介绍： 姜明（1971— ），男，中国科学院东北地理与农业生态研究所研究员，中国地理学会会员（S110006539M），研究方向为湿地生态、湿地功能评价。E-mail: jiangm@iga.ac.cn

"表明作者对所研究地区自然现象的发生、发展和演变规律有科学的见解，或在理论方法上有独到之处"。1988年，黄先生以"长白山高山苔原的发现及其特性研究"为课题，获得了中国科学院科技进步奖二等奖。1999年，黄先生在《地理科学》上专门撰写了"长白山高山苔原研究的进展——献给中华人民共和国建国50周年"一文，对高山苔原生态系统各组成要素的物理、生物、化学特性和过程，以及与国外若干苔原比较研究的进展再次作了回顾和综述。同年，在中国地理学会成立90周年纪念活动中，黄先生是受表彰的64位从事地理工作50年的科技工作者之一。2004年，黄先生荣获中国地理学会第一届"中国地理科学成就奖"。

一般认为，"苔原"（tundra）一词源自芬兰语词汇tunturia，意为没有树木的贫瘠土地。黄先生指出，实际上是该词由拉普兰德地区（Lappland）以狩猎和放牧为生的萨米人（Smied）所创，他们把该地低矮平缓的圆顶山丘称为tunturi（黄锡畴、赵魁义，1989）。苔原植被主要由草本植物、矮灌木、苔藓和地衣组成。国际上的传统认知是苔原只反映了纬度对温度的基本控制，是极地环境的特征；地球上其他纬度带的部分高海拔地区，只要海拔足够高，气候足够寒冷，也存在类似的自然景观（Wielgolaski，1997；Diaz and Eischeid，2007；Serreze，2020）。我国地处中低纬度，不存在平原苔原，高山和亚高山苔原是我国唯一典型的极地自然景观类型。在长白山海拔2 000米以上高山地带发现的苔原，比后来在阿尔泰山3 000米以上高山地带发现的苔原更为典型，为我国绚丽多姿的自然景色增添了极地自然景观类型，具有重要的科学意义和生态美学价值（黄锡畴，1999）。

在学科发展层面，地理学是以探索规律为目的的基础科学，对各种地理现象和过程的阐述与分析是重要任务。由于地理环境的变迁和对其的观测一般周期很长，地理学对长期历史资料的需求较高，这决定了具有知识积累性和传承性的经典地理文献，往往被使用的时间很长，"老化"的速度也慢（郭扬，1982）。"长白山北侧的自然景观带"虽已发表了65年，迄今仍为众多学者引用，特别是对从事长白山科研工作的广大研究者。遗憾的是，由于原文仅有俄文摘要，因此论文在英文论著中并未得到与之地位相称的引用次数，迄今仅有4次（据Google Scholar数据统计）。以此文为标志，国内外学者通过研究长白山的垂直地带性，将欧亚大陆和我国在第四纪冰期及其后的自然环境变迁研究推上了地理学科发展的新高度，为自然分异规律及其在欧亚大陆自然分异格局中的地位贡献了理论创新。

在科学研究层面，"长白山北侧的自然景观带"及后续相关成果的发表，表明我国对非极地苔原的研究起步早，成果系统而深刻（黄锡畴等，1982；黄锡畴，1984a；黄锡畴、李崇皜，1984；黄锡畴、赵魁义，1989；黄锡畴，1999），丰富和深化了学界对高山和亚高山苔原的认识，有力支撑了对气候变暖和海平面上升等科学问题的研究。受全球变化的影响，近40年来，长白山苔原带植物群落发生了明显的变化，例如西坡以大叶樟（*Deyeuxia purpurea*）为代表的草本植物快速上侵，北坡岳桦（*Betula ermanii*）溯沟谷上侵，由此导致苔原带分布范围变窄且趋于草甸化。鉴于长白山苔原已经并正在对气候变化做出反应，因此必须更详细地了解物种与环境的关系，以及物种个体和组合的地理分布情况（Malanson et al., 2011）。随着全球气候变化研究的不断深入，关于长白山苔原带分布格局、生态系统服务、植被动态、微生物结构、元素迁移转化等方面都已得到了诸多进展。但不同坡面的脆弱性、敏感性和适应性会有所不同，其结构-过程-功能反应也涉及一系列时间尺度和地形气候特征。简言之，未来长白山苔原的生态环境会变成什么样，答案仍不明确。

在社会经济层面，黄先生对长白山自然景观带，尤其是苔原生态系统各组成要素的物理、生物、化学特征及其关键过程的研究，为长白山生态环境保护和资源合理开发利用指明了方向，对国家社会经济发展战略的贡献巨大（黄锡畴，1984b）。长白山苔原带不仅是中国，更是世界上少有的除南北极之外的苔原生态系统，具有极高的研究价值和保护意义。长白山苔原带的植物物种以极地区系成分为主，与极地苔原很相似，其中不乏具有药用价值的资源，如长白红景天（*Rhodiola angusta*）等。然而，苔原带生态系统又极为脆弱，任何不合理的开发利用都会破坏地表，造成水土流失和生物多样性下降等后果。因此，对这一生态系统必须进一步严格保护。

在科普传播层面，长白山苔原已被多次写入教科书，多次成为高考考题。如2016年全国甲卷，2017年、2020年和2021年全国乙卷等，考查的内容涉及苔原灌木冻害影响因素、阴阳坡差异、林线和岳桦林带、苔原带分布格局等（丁尧清、李梦科，2021）。将长白山苔原的发现命名及研究进展引入中学和高校地理教材，或作为考试考查内容，传播了我国科学家的原创精神，能够激发青年一代的爱国情怀和科学探索精神。

就我个人的科研经历而言，我一直从事自然地理学研究工作，近年来在长白山地区重点开展了湿地和水资源等方面的科学研究和应用示范。在科技部的支持下，我及研究团队依托国家重点研发项目"长白山区水资源高效利用及其安全保障技术研发与应用"，基于同位素技术量化了长白山各景观带的水循环特征，揭示了作为东北亚"三江源"的长白山水源涵养机制，为地表水-矿泉水的联动高效利用提供了水安全保障预警支撑。在国家自然科学基金委员会的支持下，我们依托区域创新发展联合基金项目"吉林省典型湿地生态系统稳定性维持机制与恢复策略研究"，揭示了长白山区湿地稳定性维持机制，并据此识别了关键保护区域及其空缺，为严格保护红线的划定提供了科技支撑。

总之，黄先生的"长白山北侧的自然景观带"一文，已载入中国科学院东北地理与农业生态研究所所史，它是长白山自然地理学研究的一盏明灯，指引着一代代科技工作者扎根长白山，开展长白山关键生态过程、生物多样性及苔原带保护等研究，奉献美丽中国和生态文明建设。

参考文献

[1] 丁尧清、李梦科："由高考地理试题中苔原知识引发的长白山研学思考"，《中学地理教学参考》，2021年第11期（上）。
[2] 郭扬："略论地理学文献的发展特征——兼论地理文献研究的实际意义"，《地理研究》，1982年第4期。
[3] 郭扬："五十年来的《地理学报》"，《地理学报》，1984年第3期。
[4] 黄锡畴："欧亚大陆东部高山苔原的南缘"，《地理研究》，1984a年第4期。
[5] 黄锡畴："加强长白山高山苔原的保护和管理"，《环境管理》，1984b年第3期。
[6] 黄锡畴："长白山高山苔原研究的进展——献给中华人民共和国建国50周年"，《地理科学》，1999年第1期。
[7] 黄锡畴、李崇皜："长白山高山苔原的景观生态分析"，《地理学报》，1984年第3期。
[8] 黄锡畴、刘德生、李祯："长白山北侧的自然景观带"，《地理学报》，1959年第6期。
[9] 黄锡畴、赵魁义："拉普兰德与长白山苔原的对比研究"，《地理科学》，1989年第1期。
[10] 黄锡畴、朱颜明、富德义等："长白山自然保护区生态环境的化学结构"，《地理学报》，1982年第1期。
[11] Diaz, H. F., J. K. Eischeid 2007 Disappearing "alpine tundra" Köppen climatic type in the western United States. *Geophysical Research Letters*, Vol. 34, No. 18.
[12] Malanson, G. P., J. P. Rose, P. J. Schroeder, *et al*. 2011. Contexts for change in alpine tundra. *Physical Geography*, Vol. 32, No. 2.
[13] Serreze, M. C. 2020. Climates of Tundra and Alpine Biomes. In: Goldstein, M. I., D. A. DellaSala (eds.) *Encyclopedia of the World's Biomes*. Elsevier.
[14] Wielgolaski, F. E. 1997. *Polar and Alpine Tundra*. Elsevier.

华南喀斯特峰林区地形类型初步划分

曾昭璇　程明豪　姚清尹　李孔宏　陈洪禄

(华南师范学院地理系)　(中国科学院广州地理研究所)

一、前言

  中国古代地理学者对中国南方石灰岩区喀斯特地形有过详细的研究。晋代南迁以后，各地地志中对这类地形（包括岩洞）都有记载。唐、宋以来，对各地主要岩洞、伏流、峰林地形每因列为风景区或宗教胜地而被详细描述过，有些作者且对许多喀斯特地形的现象提出了解释性的意见。例如宋代沈括[①]、范成大[②]指出了石钟乳的生成原因是沉淀作用，周去非[③]并指出了地下河流把地面河流劫夺的现象。明代徐霞客[④]更详细地描述了中国南方喀斯特区的地形，创立了许多专门名称，如"环洼"（圆洼地）、"眢井"（落水洞）、"石山"（峰林地形）、"天生桥"等等。他对著名岩洞都有详细描述，并初步研究了石灰岩所成峰林地形的类型，如把广西、云南南部和贵州地方峰林地形分为三种类型，认为广西以峰林地形为主，泥土少，所以河流易于成为伏流，水文以少沙和水色清碧为特点；云南峰林地形多有土层埋掩，石芽常见，圆洼地也多，流水每被壅塞成湖；而贵州南部的介乎二者之间，

[①] 见沈括：梦溪笔谈卷25，杂志。
[②] 见范成大：桂海虞衡志。
[③] 见周去非：岭外代答。
[④] 见徐霞客：徐霞客游记，卷九。

山形呈圆筒形，土石各半，也有圆洼地与伏流，水色时清时浊。（这和我们今天分类意见大致相当），继之，研究南方喀斯特地形的学者也不少。"峰林地形"一词就是前时才出现的。按照 W. M. 戴维斯、士威直（Cvijic）、格伦敦（Gründ）等人的地理循环观点，把峰林地形分为由峰林到残林各个阶段的演化学说也在前时提出。而比较详细的喀斯特地形类型划分，还是解放后由陈述彭等人提出的。

近几年来由于生产上的需要，广泛开展了喀斯特地形的研究工作。喀斯特地形占广西僮族自治区面积达 1/6 以上，因处在热带季风条件下，所以发育特别良好。对广西喀斯特地形的深入研究，不但可以帮助解决许多生产上的问题，且对发展这门学科的理论也有重大意义。

二、中国南部喀斯特峰林地形的发育条件

中国南部在回归线附近及其以南地区属于热带季风气候。夏天天气很热，赤道气团常分布此间，午后常有雷雨，因而雨量充沛，且多暴雨。冬季温暖，但时受寒潮侵袭，遂产生短期的 0℃ 左右的低温。全年月均温在 13℃ 以上，雨量在 1,000 毫米以上。夏季长达 7—9 个月，极端高温可达 43℃。夏季雨量极多，且多暴雨，在台风来时日雨量可达 300 毫米，局部地区时雨量有达 226 毫米者。炎热多雨的配合对石灰岩溶蚀作用非常有利，峰林受雨水的散流洗蚀、片蚀和暴流的冲蚀，受地下水的侵蚀、溶蚀都很厉害。目前峰林多已成为无土之山，满处洞穴，山上石芽、石沟的发育很好，"龙池"、"天塘"[①]和冒水孔的众多都表示散流和溶蚀作用的重要。华南峰林地形的发达也和发育年龄较古有关，因为一般石山上都有多层洞穴，表示地壳新构造运动多次的作用。

地质条件也给予峰林地形发育以非常有利的条件，这里是活化地台区域，地层断裂很多，但只作轻微褶皱，褶皱轴延长不远即行倾伏。略呈水平构造地段是常见的。垂直节理也很发育，多成为斜方或菱形系统。这些构造特征以及石灰岩厚度很大（常在 500 米以上），岩性坚固质纯，因而受流水侵蚀、溶蚀每每成为落水洞、漏斗、嶂谷和峭壁等地形。坚固的岩层及近水平的构造又使岩体在被节理扩大分离开来成为石峰、石柱地形，并能经久不致崩塌。而岩性的可溶性和节理系统的透水性，也使得岩壁面上很难产生散流侵蚀，因而也就易于形成不同规模的陡崖地形。因此，峰林地形也可由坚固、近水平排列又多垂直节理的厚层灰岩层特性来解释。

---

① 指终年积水的圆洼地和槽谷中闭塞洼地而言。

新构造运动的影响也很重要。许多成层分布的洞穴现象是受近代上升运动的影响。而在峰林地区里一般水平性地下水古洞穴，多不如近代地下水面洞穴发育良好。沿节理发育的垂直洞穴较水平洞穴更多。水平洞穴有时只成为深入岩壁内仅数米的浅洞，表示地下水面或河水面对洞穴的发育还没有巨大影响。沿地下水面形成的水平洞穴，只在分散孤立的峰林地区才占主要地位，这是因为那里的侵蚀基准面稳定时期较长。

上升运动对于本区丘陵地区地表干旱现象有着重要的影响，这是因为上升运动促使落水洞、漏斗和圆洼地的发育。现今在离河面 10 米高的河岸平原上（如左江沿岸），也可见成群的漏斗在发育。而在峰林地区里，许多圆洼地、龙池、盲谷和山坳（即垭口）地形都是受近代上升运动影响后才形成的。

峰林地形的发育也受地壳不断上升的影响。因为地壳上升使侵蚀和溶蚀作用不断加强，并使石峰的相对高度每达 400—500 米，绝对高度可达 1,000 米。

峰林地区山体内地下潜流的涌出，可使槽谷冒水积水不散。暴雨时峰林间谷地受到强烈的暴流性水量冲蚀，使峰林（或石峰）坡脚坡积物难以堆积，使石山成峭壁悬崖，由平坦槽谷底部耸拔而起。许多"龙塘"也是由于峰林间有丰富水源供给而成小湖。至于季节性"龙塘"，则为数就更多了。由于潜流特性，在石峰脚下每有落水洞、漏斗、圆洼地产生。在广大台地和缓坡丘陵范围里，有厚层不易透水的红土层存在，所以地面水流较易集中。

三、峰林地区主要地形类型单元

峰林地区地形以石山（图版Ⅰ图1）和槽谷（图版Ⅰ图2）两大类型单元为基础。石山又可分为丛聚峰林和孤立峰林（图版Ⅰ图3）两大类。

丛聚峰林多见于山地，是峰林地形的初期形态。其外形特征是在一个山块中，山顶上部有成丛的石峰突起，而石峰丛都有一个统一的基座，所以又可称为"丛聚峰林"。丛聚峰林是在山地受暴流的侵蚀并在散流作用参加下形成的。在散流作用地区，每由于流水下渗到漏斗或圆洼地中之后地面石峰才渐渐成形。当圆洼地发育成深陷漏斗时，石峰就相对地更高突起。

峰林地形是指石山已由丛聚状态发展到一个个分离孤立的石峰时期。这时，地面正常河流出现，谷底平坦，石峰四散孤立分布，石峰与石峰间都以槽谷分开。

槽谷可分为平底的和崎岖的两大类。后者底部有较古老的红土层台地分布，受近代上升作用，被流水侵蚀成为缓坡丘陵地形。槽谷底部并受地表流水侵蚀和溶蚀作用。丘陵间或台地面上常有圆洼地、"龙塘"等存在。平底的槽谷里，是下雨时常受洪水为害的地方，受害程度是以排水状态来决定的。如槽谷是闭塞型，就可成为临时湖泊，如谷形开朗，排水通畅、地面流水就不致停积。

一般丛聚峰林和孤立峰林并非截然分开的，而是每有过渡形态，如丛聚峰林边缘有孤立峰林地形存在。孤立峰林地形的密集部分，又每残留有丛聚峰林地形。

槽谷地形有时可以很狭窄形成峡谷状；有时可以很宽广成为宽谷（图版Ⅰ图4）；甚至有时可以成为盆地形状，宽达5—10公里，长数十公里。槽谷底部可以是平原，也可以分布着齐顶丘陵（台地破坏后的缓坡丘陵地）。这类盆地状宽谷多数是河流集中地点，如龙州、大新、靖西各小盆地。

一般槽谷多可互相沟通。槽谷方向受岩层走向、节理和构造线（褶皱方向、断裂方向）所支配。

由于峰林地区地形由这两大类地形所组成，而在成因上也是相互联系和相互制约着，因此，按照这两大类地形的结构状态，我们可以划出峰林地区的基本地形类型组合。

四、峰林地区的地形类型

峰林地区的地形类型受到地方特点的控制。现在我们试把北纬24°以南热带季风地区峰林区地形类型按成因和外形特点分为下列四类：

（1）丛聚峰林槽谷类型（亚类按槽谷底的平坦和不平坦分出）；

（2）孤立峰林槽谷类型（亚类按槽谷底的平坦和不平坦分出）；

（3）丛聚峰林盲谷类型；

（4）孤立峰林丘陵台地类型。

1. 丛聚峰林槽谷类型（图版Ⅰ图2，5）

这种地形类型的特点是以丛聚峰林为主要单元，表示石山还是被圆洼地、落水洞等的发育强烈地作用着。丛聚峰林上有不少山间圆洼地和漏斗。这里的水大部分透入地下，使地表形成旱地。槽谷地方由于丛聚峰林大量潜水涌出，每有出水洞或冒水孔。槽谷地形可以有平底的和不平的两类。一般来说，在闭塞性槽谷里，底部多平坦，地下水面高，沼泽地多，冒水孔水源充足。这是优良水稻区和水库建筑地点，而其缺点是下雨时积水不散，成为临时湖泊。有时整个槽谷里可淹水达一丈多深，半月不散（例为龙津梁新联槽谷）。槽谷底部由于洪水期的冲积，堆上一层厚达2—3米棕黄色黏土层，不易漏水，只有旱天地下水面较低时才可产生新的漏水洞。但由于堆积力强大，落水洞仅在槽谷的下游局部地点产生，使槽谷末端常见有小规模漏水洞存在。这种槽谷地形是建筑水库的良好地点。例如龙津百索水库出水洞流量达 0.32 秒公方。在正常槽谷里，河流地形也是常见的，槽谷中石峰脚多有坡积物堆积。谷底地下水量变化也大，旱天成旱谷，河流干涸；但逢雨天却整个槽谷淹水不散。有"大雨水灾，无雨旱灾"的水文特色。这是由于丛聚峰林的水量下雨时大量涌入槽谷内，而平常地下水面较低影响所致。

不平的槽谷是受最近上升运动的影响。槽谷底部有丘陵分布，也有台地分布（图版Ⅰ图6），今天且多有小河，并常见有干谷、盲谷或浅形圆洼地（脸盆状）的发育。这一地带是以干旱作物为主。因为积水只在盲谷、圆洼地底部才有，而一般广大丘陵地面多数是干旱的。本地区由于四面有石山保护，静风，日照较少。冬暖、夏热成为良好热带作物地区。

峰林间、圆洼地可分丛聚峰林上的和丛聚峰林之间的两类。在丛聚峰林石峰之间的是漏斗状园洼地或浅形圆洼地；在丛聚峰林之间的圆洼地规模要大得多，直径可达 500 米以上，往往积水成湖（图版Ⅱ图1）。

在盲谷中圆洼地可以成串发育，积水成塘。在不平底槽谷中，圆洼地可以成浅盆状分布在广大台地地面上。

2. 孤立峰林槽谷类型

孤立峰林以石峰间彼此孤立为特点，这是槽谷在丛聚峰林间进一步发育的结果。一般峰林都在一个共同的基面上突起，表示峰林间地面受地下水面和河流作用的影响。

峰林间地面上的圆洼地也较浅，型式和数目也不及丛聚峰林和不平底槽谷上的类型为多。在孤立峰林平底槽谷区里，圆洼地更少；只有在不平底槽谷中，由于槽谷受上升运动的影响，才在谷底发育有浅平型脸盆状圆洼地群，把槽谷底部变成崎岖的或和缓起伏的丘陵地。后一地区内地下水面低降，在冬季旱天居民常要在深陷达 20 米以下的岩洞中取水。

平底槽谷地下水面很高，常有正常河谷出现，水流缓慢，且常年有充足水量供应。这种情况表示峰林地形不是全以溶蚀作用为主，河蚀作用也占重要地位。因此，峰林平底槽谷区里，灌溉容易；在密集的孤立峰林地区，冬季寒潮不易侵袭，天气暖和，所以冬天种植水稻是本区特点之一。我们在 350 米高的大新盆地中，仍见有水稻，不同于华南一般丘陵地区冬季旱干不利于水稻生长的情况。因此，密集峰林平坦槽谷地区可以说是一个全年水稻耕作区。

密集峰林平底槽谷地区，地形对气候的影响也和丛聚峰林的影响相似，日照时数少。例如靖西县只有 1,100 小时左右（右江谷地有 1,800 小时）。湿气重，夏季中午也较凉爽，但冬天较暖和，这是因为雾气重和寒潮不易吹袭的缘故。

由于这里的槽谷受洪水淹没冲蚀强烈，峰林也成为峻峭山坡直立在平地上。山坡坡积较少。在比较疏散的峰林平底槽谷地区，由于峰林成行成列疏立，易成为寒流通路，所以峰林屏障作用不甚明显。例如光照情况，只有石峰附近才受影响。因为孤立石峰含水量较少，槽谷中地下水面不高，槽谷中雨季积水，旱季干燥，成为水田和旱作混合耕作地区，这里不能种冬禾，雨季又可被石峰洪水聚积成涝。地下水面变化很大（可达 30 米）疏散峰林地形由于槽谷受峰林冲出洪水冲袭很少，所以石峰山坡散流堆积物可以大量存在，不能成为山坡矗峭的外形。

在峰林不平底槽谷区内，和缓丘陵、丘陵以及峰林间常有漏斗、圆洼地和水塘存在。这类槽谷发育的时代较老，所以较广大，每成小盆地状。因此，槽谷中部的小气候受到峰林的影响很小，成为日照强、炎热、蒸发量大的地区；而边缘因受峰林影响，成为水气较重、荫蔽和静风区，所以一般丘陵地以旱作为主。水田限于低丘间谷地和圆洼地底部。地下水面季节性变化大，龙塘常在旱季干涸。

在峰林较疏地区，旱干性更加严重，因为石峰蓄水量减少，日照又强，雨季水分蒸发更易，有时蒸发量大于降雨量两倍以上。这种峰林较疏地区，圆洼地和漏斗发育更多，冒水孔较少，这是由地表散流和暴流力量加强所致，因此，丘陵地起伏程度也较大，小地形（坡向）对于热带作物宜林地选择影响较大。

河流在这些缓坡丘陵间流动是较急的，且常深切入地和上述峰林平底槽谷河流水文状态大有分别。

3. 丛聚峰林盲谷类型（附示意图）

丛聚峰林盲谷类型是代表下切深入地区的地形类型。丛聚峰林连成围屏状，峰林突起于圆洼地和盲谷所成的宽广槽形谷地上，有些成为完整的峰林状。各条槽谷底部高差很大，冒谷有大有小，曲直不一，一般和断裂构造有关，在几条槽谷汇合地方可成一小盆地（图版Ⅱ图2）。那里石山成行排列，有马鞍山、孤山等形态，但以成群峰林为特色，可列为峰林槽谷类型。这类封闭性槽谷四周由高大石山包围，日照时间也较短，寒潮难到，风力不强，因此，气候上是冬暖夏凉。例如在都安、马山一带，冬天极端最低温度还比南方的南宁、龙津要高，1955 年大寒流侵入华南时，龙津绝对低温为 $-3.5℃$，而都安却为 $0.2℃$。

丛聚峰林山块之间沿构造线所形成的凹地，是由一连串高度不同的盲谷和大圆洼地溶合而成。盲谷间或圆洼地间有一土坳隔开。因为地面坡度常达 20—25°，走路"上坳、下坳"时甚为困难。

圆洼地在槽谷底中的较大，而在峰林间的较小。一般没有同一高度，这表示地下岩洞系统正处在下向发展过程中。下雨时在槽谷中圆洼地可有冒水现象，但不多，很快可排出。圆洼地底部一般没有平地禾田，只有在槽谷中的大圆洼地及盲谷的谷坡上开辟有旱田。丛聚峰林间圆洼地多是旱作物分布地点，底部也缺少平地，漏水也严重。

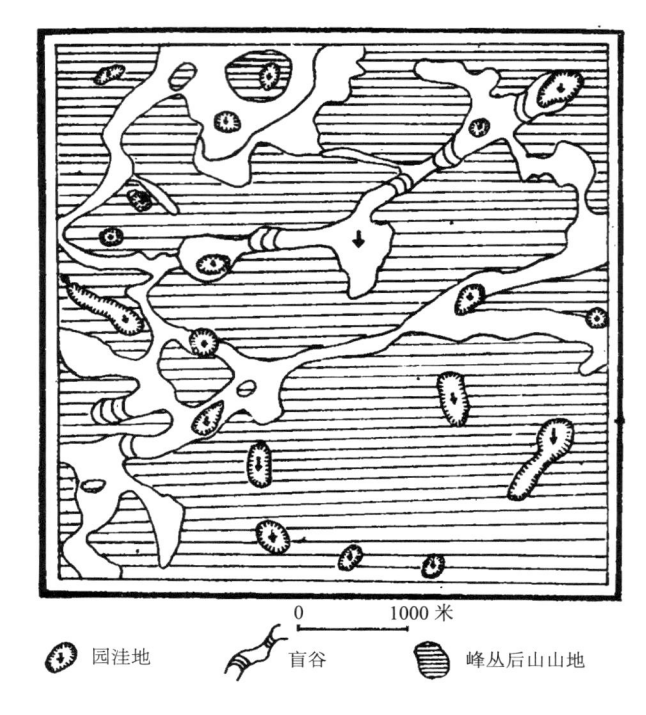

丛聚峰林盲谷地形示意图

（横过盲谷的线是 20 米距离等高线，线的弯曲方向表示地势低落方向。）

这里的槽谷由于圆洼地和盲谷发育的结果，也和丛聚峰林的发育相关联。在丛聚峰林中的散流、暴流、漏斗等作用下，沿断裂集中处很快发育有大圆洼地、盲谷等地形。这些地形扩大、加深，溶合形成槽谷。与此同时，丛聚峰林也就会形高耸突起，高度一致。可能这些盲谷，圆洼地是在古代槽谷地形的基础上生成的。

本地区以旱为特点。目前利用是多种经营，如玉米、蔬菜、小麦、稻米和养羊、养蜜蜂等。坡积物上是发展梯田或林地的良好地点。

本区发育的断裂性平底槽谷由于地势低，丛聚峰林水量向它汇集成为小河，可兴修水库。

4. 孤立峰林丘陵台地类型

本类型的地形特点，是峰林分散，孤立分布在广大已破碎的丘陵状台地面上，表示今天的峰林地形是由古代峰林、宽谷地面遗留下来并继续发展的结果。目前河谷常切入地下达 15—20 米之深，两岸陡直，两岸冲积平原上也可有陷穴和漏斗生成。广大缓坡丘陵地面是散流、暴流和溶蚀作用共同营造出来的地形。因此，散流片蚀地形、暴流沟蚀地形和漏斗圆洼地都很发育。

这里的峰林地貌以多洞穴为特点。洞穴每有二、三层，地下水面低，垂直落水洞亦已扩大成为"天窗洞"，沿层面发育的洞穴亦已扩张得很大。在洞穴的发展中流水占主要地位，许多洞穴在石峰中部贯穿（图版Ⅱ图3）。石峰作用形态有马鞍山、石峰、石柱等外形。石峰脚下有厚层崩积石块和坡积物披复。石峰顶部石芽发育强烈，成尖刀状，石壁上有溜纹（图版Ⅱ图4）。在石峰脚下可有落水洞的存在。落水洞有时可发育成为漏斗，甚至在石。峰脚下雨季时可成为积水湖泊（图版Ⅱ图5）。

广大丘陵地的地形是以坡度和缓为特点。古代平坦台地面在许多部分还保存着。组成地表物质是含有铁锰结核的红土层（厚可达10—20米），因此，在台地面上散流作用地形是深受红土层特性的影响。由于土质松碎，不易产生沟蚀，地形一般都以崩塌、泻溜作用为特色。片蚀最为盛行，使台地表面产生不少浅凹地。暴流沟蚀地形则只发生在基底为石灰岩而有漏陷地形的地段上。在今天这些浅凹地已成为坑田所在。

同时也有不少盲谷及圆洼地，但由于厚红土层的隔水作用，所以不如石峰上发育的良好。红土易分散搬运，可以很快地把漏洞填充，也大大地阻碍了圆洼地的发育。许多圆洼地也因底部落水洞被红土填充而成为水塘。台地面上的水塘可以和地下水面互不联系。台地边沿部分圆洼地有时发育很多，且有石芽露出（图版Ⅱ图6）。这些圆洼地，有的和地下水面有关，雨季水面上升，旱季也不干涸，并且往往一连几个成串分布表示它与地下管道中的水流联系，或与大河联系，如南宁南部一农场的龙潭就是如此。今天的垦殖场和村庄都是依塘建立，每一水塘在旱季也可供应数百人的用水。圆洼地也可产生在石峰四周和台地接触地点，并可扩大成为旱谷。这些干谷在雨季时承潴由石峰岩洞流出的水，旱季时则干涸。这种季节性的水塘，如经改造仍可蓄水利用。盲谷的发生有许多是由于圆洼地在散流浅凹地或深凹地上发育而成，因此，解决广大丘陵地面的干旱问题，水塘蓄水仍然是主要措施之一。

漏斗多发生在石峰和台地接触的坡积地带，显然是由石峰脚下落水洞扩大所成。落水洞生成后，地面红土层由于落水洞底下地下水流的流失而日见陷落，扩大。把台地集水面积的流水也吸收过来，可加强漏陷地形的发育。

五、结语

我们初步把峰林地形分为上述四种类型，每一种类型的环境都不相同。它们彼此间的关系大概有如下所述。

　　丛聚峰林盲谷类型主要发育于深切峡谷地区，多与断裂构造联系。它和丛聚峰林槽谷的差别，是谷地发育尚未达到槽谷阶段。峰林槽谷与丛聚峰林槽谷的差别是以石峰破碎程度来分的。这并不完全意味着演化深入的程度，因为峰林的形态是随岩性、构造条件及河谷系统而转移的。至于平底槽谷和不平底槽谷，却意味着受新构造运动影响的结果。在峰林地区内部侵蚀作用未受上升运动影响的地区是平底槽谷；在局部沿基面附近也可出现平底槽谷。而在近河地方，或在坡度转折地方，下向侵蚀剧烈就往往出现不平底槽谷。

　　许多丛聚峰林是在暴流，散流侵蚀作用下发育的，有些又是在漏陷地形发育中所形成，而疏散峰林区的石峰产生也每因强烈的散流冲刷和随漏斗以及落水洞地形发育而成立，密集峰林间整个槽谷中流水作用也影响漏陷地形的发生，散流暴流所产生的厚层堆积层和石峰的峻峭山坡而相对立。

　　峰林地形类型的不同也反映出流水作用和溶蚀作用矛盾对立关系，例如峰林丘陵台地类型和峰林槽谷类型表示流水作用占优势；而丛聚峰林盲谷类型和丛聚峰林槽谷类型则表示溶蚀作用占主要地位。

参考文献

[1]　曾昭璇、程明豪、李孔宏、陈洪禄、陈大君，左右江流域地貌调查报告(中国科学院华南综考队资料)。
[2]　曾昭璇，1957，论石灰岩地形。新知识出版社。

KARST MOUNTAIN PATTERNS IN THE TROPIC MONSOON REGION, SOUTHERN CHINA

Tseng Chao-hsuan and others

　　As early as 900 years ago the investigation of karst mountains began in this country; and a list of their major types, scientifically designated, could be found in "Hsu Hsia Ke's Travels"(徐霞客游记) written 300 years ago. The karst mountain patterns were classified into three major types.

　　The authors of the present article classify the karst mountains of our tropic region as follows:

1. karst mountain pattern of group of peaks and U-shape valley;

2. karst mountain pattern of forest of peaks and U-shape valley;

3. karst mountain pattern of group of peaks, with blind valley and karst basin;

4. karst mountain pattern of forest of rocky monadnock and rolling hills.

In the present article, a detailed analysis is given of the sub-types of each of the basic geomorphological units. In addition to the formation conditions, the environmental characteristics such as hydrographical conditions, climatic conditions etc., art also analysed. It is, in fact, a comprehensive description of the geographical environment of karst mountain patterns.

图版 I

图 1 孤立石山（龙津、瓦窑）

图 2 槽谷（上龙）

图 3 孤立峰林（山脚为坡积裙）（武鸣、长安）

图 4 丛聚盆地宽谷（右江流域靖西县内）

图 5 丛聚峰林平底槽谷（上龙）

图 6 不平底槽谷中的丘陵（台地）（靖西武平）

（图 1, 2, 3, 5 系曾昭璇摄；图 6 为覃朝锋摄）

图版 II

图 1　从聚峰林盲谷中的雨后积水洼地（金龙）

图 2　图示的小盆地为数条槽谷汇合地点（马山）

图 3　沿垂直性和成层性发育的石峰洞穴（南宁潭洛）

图 4　石峰顶发育的石芽和石壁的溜纹（武鸣红桃石峰顶部）

图 5　石峰脚下积水圆洼地形成的湖泊（武鸣甘州）

图 6　沿台地边沿发育积水圆洼地和石芽（武鸣）

（图 1，2，3，4，5 系曾昭璇摄；图 6 为陈大君摄）

"华南喀斯特峰林区地形类型初步划分"解读

刘洪杰

一、论文第一作者曾昭璇教授学术生平

曾昭璇（1921—2007），字坚白，广州市人。1937年入中山大学地理系学习，1943年任助教，1944年入中山大学文科研究所攻读研究生，1946年获人类学硕士学位。历任岭南大学教员，国立海疆学校、湖北师范学院副教授，广东省立文理学院副教授、地理系代主任。1949年以后，历任广东省文理学院地理系副教授、系主任，华南师范大学地理系教授、系主任。

曾昭璇教授主要从事地貌学、自然地理学、第四纪地质学研究，旁及历史地理学、人类学、民俗学研究。其学术兴趣广泛、学术成就卓著。他是我国较早开展岩石地形学研究的学者，曾提出"散流""暴流"等流水侵蚀地形发育概念，针对石灰岩地形提出"脚洞"的概念，针对南方红土区水土流失定义了"崩岗"地形的概念，并首先使用"丹霞地貌"这一词地貌学的专业术语。曾昭璇教授曾获加拿大皇家地理学会名誉会员、国际第四纪研究会名誉委员、全国高校地貌教研会名誉理事长等荣誉称号。2004年获"中国地理科学成就奖"，2006年被中国第四纪科学研究会授予"功勋科学家"称号。

作者介绍：刘洪杰（1962— ），男，山东济南人，华南师范大学地理科学学院教授，主要从事环境生态学、动物地理学等领域的教学和研究工作。E-mail: mentor-1@qq.com

曾昭璇先生一生潜心学术研究，撰写了《岩石地形学》《中国珊瑚礁地貌研究》《台湾自然地理》《历史地貌学浅论》《广州历史地理》《人类地理学概论》等著作 20 多种，发表论文 200 多篇。他与严钦尚教授合编的教材《地貌学》获原国家教委高校优秀教材一等奖。他还曾创办了《热带地貌学》《历史自然地理》等期刊，并担任主编。

二、"华南喀斯特峰林区地形类型初步划分"论点撮要

论文首先分析了中国南部喀斯特地形的发育条件。指出：① 华南地区的季风气候，炎热与多雨的相互配合，是石灰岩溶蚀作用有利的外部营力条件；石灰岩地形受到不同强度雨水的"洗蚀""片蚀""冲蚀"作用。② 区域地质基础为厚度较大的可溶性岩层，构造属于活化的地台区域，断裂多发、褶皱轻微，水平构造常见、垂直节理发育，这些地质条件也为本区喀斯特峰林地貌的发育提供了非常有利的背景条件。峰林地形也可由坚固、近水平排列又多垂直节理的厚层灰岩层特性来解释。③ 新构造上升运动也对华南峰林的发育形成起到了促进作用，并控制了峰林中不同层次洞穴系统的发育现象。

宏观上，论文将华南可溶性岩石地区的地形概括为"石山"和"槽谷"两大类型单元。其中石山地形又可分为"丛聚峰林"和"孤立峰林"两大类型。丛聚峰林是峰林地形发育的初期形态，其外形特征是在一个山块中，山顶上部有成丛的石峰突起，而石峰丛下有一个统一的基座，所以称为"丛聚峰林"。峰丛地形一般伴随圆形洼地及地下暗河系统。孤立峰林是指石山由丛聚状态发展到一个个分离孤立的状态，属于峰林发育的晚期阶段。与孤立峰林相伴的是较为平坦的谷底和地面河流系统。槽谷地形可根据谷底状态分为平底与崎岖两大类型。后者底部多残留古老红土层的台地或缓丘，前者底部雨季或有积水洪涝现象。槽谷地形有时可以很窄，形成峡谷状；有时可以很宽，成为宽谷；有时甚至可以成为盆地形状。一般槽谷多可互相沟通，槽谷方向受岩层走向、节理和构造线（褶皱方向、断裂方向）支配。

在峰林地形的空间组合类型上，论文提出根据成因关系和形态特点，将该地区的地形分为四种组合类型：① 丛聚峰林槽谷类型、② 孤立峰林槽谷类型、③ 丛

聚峰林盲谷类型、④ 孤立峰林丘陵台地类型。

论文最后分析了四类组合地形类型的特点和生产利用方向。

（1）丛聚峰林槽谷类型：地形处于发育强烈作用阶段，有不少山间圆洼地和漏斗。水分大部分透入地下，地表形成旱地。在槽谷地方由于丛聚峰林区的集水涌出，发育出水洞或冒水孔。此种类型中的槽谷地形可以有平底的和不平的两类，一般来看在闭塞性槽谷里，底部多平坦，地下水面高，沼泽地多，水源充足，是优良的水稻区和水库建筑地点，缺点是雨季积水不易排散，有时形成洪涝。

（2）孤立峰林槽谷类型：孤立峰林以峰林间彼此孤立为特点，是丛聚峰林进一步发育的结果。一般峰林在一个共同的基面上突起。峰林间地面上的圆形洼地也较浅，平底槽谷地下水面很高，常有正常河谷出现，常年有充足水量供应。平坦槽谷地区可以是一个全年水稻耕作区。

（3）丛聚峰林盲谷类型：此类型属下切强烈地区的地形类型。丛聚峰林连成围屏状，峰林突起于圆洼地和盲谷所成的宽广槽形谷地上，有些成为完整的峰林状。各条槽谷底部高差很大，盲谷大小、曲直不一。圆洼地漏水也严重，底部一般没有平地禾田，可以开垦的多是旱地。

（4）孤立峰林丘陵台地类型：本类型的地形特点是峰林分散，孤立分布在破碎的丘陵状台地面上。河谷常切入地下 10—20 米深，两岸冲积平原上也可有陷穴和漏斗生成。这里的峰林地貌以多洞穴为特点，洞穴每有二三层。丘陵地形以坡度和缓为特点。地表物是含有铁锰结核的红土层。由于厚红土层的隔水作用，阻碍了圆洼地的发育，许多圆洼地因底部落水洞被红土填充而成为水塘。这种季节性的水塘如经改造可蓄水利用。解决丘陵地面的干旱问题，水塘蓄水仍是主要措施。

三、喀斯特峰林类型研究的学术贡献和价值

我国南方的喀斯特（岩溶）地貌，在世界上是连续面积最大，发育类型最为典型的，形成了诸多奇异的地貌景观，不少为风景名胜。对于喀斯特地貌的形态和成因，中国古代先贤们曾有过不少生动的形态描述和成因解释。在唐宋时期就有关于石灰岩溶洞、伏流暗河、峰林石山等的记述，古人还对其中的一些现象进行了科学

的解释。如沈括提出了石钟乳是由沉积作用形成的，周去非指出了地下河流袭夺地面河流的现象。至明代，著名的地理旅行家徐霞客曾广泛游历南方喀斯特地区，描述了丰富的岩溶现象，提出了不少专门的名称，并发现云南、贵州、广西地区峰林地形发育的递变差异。

曾昭璇教授求学的抗战期间，广州为日军占领，中山大学迁往广西及粤北内地山区办学。他即跟随著名地理学者吴尚时教授出野外山区考察，遍历了桂、粤之间的山山水水，当时就对石灰岩地形的特点和发育等有了相当直观的认识。1949年后曾教授任职华南师范学院，即专注于地貌发育研究，是国内较早开展喀斯特研究的学者，相继撰写了《论石灰岩地形》《岩石地形学》等著作。"华南喀斯特峰林区地形类型初步划分"一文，即在大量的野外实地考察研究基础上完成的。论文结合地形成因与地形形态，运用双因子综合分析方法，提出喀斯特峰林区地形类型的分类，原理明确，简洁实用，既具有一定的理论意义，也具有相当的应用价值。现代喀斯特地貌中有关峰丛、峰林、槽谷、漏斗、碟形洼地、暗河、天坑等的研究，仍可从中汲取养料。20世纪80年代，中国科学院曾集中全国地理学专家力量编撰了颇具影响力和权威性的《中国自然地理系列专著》，其中《中国地貌》（1980年）分册中的喀斯特地貌部分，是由曾昭璇教授参与撰写的。

注重地貌学研究与社会实际生产需要的关系，是论文的另外一个突出亮点。20世纪50—60年代，中国曾开展过大规模的农田水利建设活动。科研工作也强调为生产实际服务的方向。因此曾昭璇教授在论文中因应时代的需要，特别注重地形划分为农业生产利用服务、为水利建设服务的目的。对每一种地形类型的划分和特征分析，都注意提出其农业利用的优势和短板，指出水资源开发利用和防洪排涝的相应条件和措施。这也代表了地理科学研究为生产实践服务的一种方向。

关于在我国开展化学地理研究的几点意见

刘培桐　　王华东

（北京师范大学地理系）

化学地理学是晚近诞生于苏联的一门新科学，它是随着科学的发展和社会生产的要求而发展起来的，是和 B. B. 杜库恰耶夫（Докучаев）、B. И. 维尔纳茨基（Вернадский）、A. E. 费尔斯曼（Ферсман）、A. П. 维诺格拉多夫（Виноградов），特别是 Б. Б. 波雷诺夫（Полынов）等院士的科学活动分不开的。

在 B. B. 杜库恰耶夫思想的指导和启发下，B. И. 维尔纳茨基和 A. E. 费尔斯曼创立了地球化学的新学派。这一学派和以美国学者 F. W. 克拉克为首的经验统计学派相对立，而着重于自然界化学元素的行为的研究，目的是要弄清楚化学元素在空间和时间上分布和运动的规律，以便于掌握它、利用它，为社会主义的生产建设服务。

在他们的许多工作中，特别是 B. И. 维尔纳茨基关于有机体的地质作用学说，物质的地质循环和生物循环的学说，以及 A. П. 维诺格拉多夫所创立的关于地球化学省的学说、费尔斯曼关于元素的迁移和地球化学地带性等方面的研究，对于化学地理学的发生和发展具有极其巨大意义和作用。

但是有意识地把地球化学知识运用到自然地理学的研究中，并把它发展成为一门新科学——景观地球化学的是 Б. Б. 波雷诺夫，早在 30 年前，由于他不满足于景观研究中原有的自然地理学派，便开始把景观学的研究建立在地球化学的基础上。1946 年正式确立了"地球化学景观"这一新概念，制订了地球化学景观的研究方法，并对某些景观作了简短的地球化学描述。1950 年 Б. Б. 波雷诺夫曾准备编写专门著作，来系统地叙述有关景观地球化学的新学说，但不幸得很，他只完成了专著的第一章便逝世了。

目前，景观地球化学在苏联正蓬勃地发展着。В. А. 柯夫达对盐分平衡和漠境地球化学景观方面、М. А. 格拉佐夫斯卡娅（Глазовская）和 А. И. 彼列尔曼（Перелъман）对景观地球化学和应用景观地球化学的理论进行探矿方面、И. И 金茨堡（Гинзбург）和 К. И. 鲁卡舍夫（Лукашев）对于风化壳方面、Г. А. 马克西莫维奇（Максимович）对水的化学地理方面等的研究都取得了卓越的成绩，并在一部分高等学校中开设了景观地球化学课程。从 1959 年起，莫斯科大学地理系又正式成立了景观地球化学专门化，壮大了干部的培养工作。

自然地理学中的这一新学科，近年来也正日益普遍地引起我国地理学工作者的注意。苏联学者在这方面的著作，也愈来愈多地被介绍过来。同时在苏联专家的帮助下，在几个大型的综合考察队的工作中，也进行了这方面的某些个别问题的研究。在地理学、土壤学、地质学和植物学的科学机构和某些高等学校的研究工作中，也开始涉及这一方面的问题，并且在北京大学已开设了这门课程。而在今年初召开的全国地理学术会议上，也第一次提出了这一方面的论文，在党的领导下第一次有组织地讨论了这一方面的问题，为今后开展这一方面的工作统一了认识和创造了条件。无疑地，这一次会议将在促进化学地理学在我国的发展中具有特殊的重要意义。以下仅根据讨论的结果和个人的体会，作一简要的汇报，以供参考和商榷。

一、化学地理学在推动我国自然地理学发展中的意义和作用

十年来，随着祖国社会主义建设事业的发展，我们的自然地理学也和其他科学一样，在党的领导下和各项建设任务的带动下，以及向苏联学习的结果，取得了辉煌成就。特别是自 1958 年以来，在党的鼓足干劲、力争上游、多快好省地建设社会主义总路线的光辉照耀下，破除迷信，解放思想，大搞群众运动，使我们的自然地理学踏上了飞速发展的新阶段。1958 年底在北京召开了全国地理专业会议，提出了要力争在三至五年的时间内，基本上改变地理学面貌而奋斗的号召。从今年 1 月在北京召开的 1960 年全国地理学术会议上所反映出来的情况：成果多，质量好，结合生产密切，空白、薄弱环节的加强，新生力量的成长，新学科的露头，新技术方法的采用等等来看，我们地理科学的面貌确实已发生了巨大的变化，基本上消除了主要学科残缺不全的局面，呈现出一幅"万紫千红"、"百花争艳"的新景象。

但是，也不可否认，我们的成就距满足党和祖国建设事业所提出的要求还相差很远，我们的自然地理学在某些方面还相对地落后于一些有关的自然学科。为了迅速地把我国建

设成为一个具有现代工业、现代农业和现代科学文化的伟大的社会主义国家，还需要下决心，立大志，抓住几个基本问题和中心环节，集中力量，猛攻猛打，以便突破几点，带动全面，迅速地把我们的自然地理学推上世界地理科学的顶峰。

因而在这一次会议上，更明确地指出：化学地理学、水热平衡和生物地理群落学是我们今后进行高层突破、带动自然地理学前进的几个主要的努力方向。大力开展这几方面的工作，将会使我们充分地运用数、理、化、生物等几门基础自然科学的新成就和新技术，在自然地理学领域内，掀起一个带有根本性质的大革命，彻底革新自然地理学的面貌。

化学地理学是产生于自然地理学和地球化学之间的边际科学，因而也是具有强大的生命力和光辉的发展远景的科学。

我们说它具有强大的生命力和光辉的发展远景，是因为它从两门科学中吸取营养、并把它们结合在一起，为这两门科学的发展指出了新方向。

化学地理学属于自然地理学，但同时也属于地球化学。根据最一般的、概括的理解：它是研究化学元素在景观中转化和迁移过程的科学。它一方面是在运用地球化学的理论和方法，对景观的结构、特征和动态进行深入的分析研究；另一方面也可以说是在从景观入手，或者说结合环境条件，对进行于地表的地球化学过程进行具体的研究。

从这方面来看，化学地理学不仅是把自然地理学和地球化学结合起来，而且也把自然地理学中长期以来没有很好结合起来的景观派和过程派很好地结合起来了。如果过去由于这两个学派没有互相取长补短地结合起来，给自然地理学的发展带来了一定的损失，特别是影响到综合自然地理学长期停留在一般化的水平，对于它所研究的对象不能深入地研究下去，以致于使它不仅落后于有关的基础自然科学，而且也相对地落后于部门自然地理学。那么，由于化学地理学的诞生和发展，将使它迅速地改变这种面貌，也是完全可以预期的。

首先，由于化学地理学的研究，将有助于更深刻地揭露各景观要素间复杂的、发生上的内在联系。诚然，对于自然地理学所研究的对象是一个统一的整体，构成这个整体的各景观要素之间存在着发生上的内在联系，是没有人怀疑的。但是，我们对它的认识却是很不深入和很不具体的，甚至于在各景观要素间究竟存在着什么样发生上的内在联系还了解得很不够。问题在于我们在实际工作中还没有采用适当的方法，把它具体地揭露出来。

显然，在解决这些有关自然地理学中的基本问题方面，化学地理学提出了新的途径。正如 М. А. 格拉佐夫斯卡娅所说[6]："Б. Б. 波雷诺夫总结了文献上已有的材料，并根据他本人的研究得出了以下的结论：化学元素及其最简单的化合物是存在于所有景观要素中的共同物质，化学元素从一个景观要素迁移到另一个景观要素中，在发生上是相互联系的"。这里很明确地指出：化学上的联系是存在于各景观要素间的、发生上的内在联系之一。

因此，"用发生学的观点去研究某一个具体景观的任务，首先在于定性地和定量地测定和比较各种景观的化学成分"（同上文）。"完整地进行这种研究，应该能揭露景观要素间的发生学联系，查明其间的地球化学本质"（同上文）。

众所周知，各景观要素的化学成分是很复杂的，进行于景观中的地球化学过程是一个贯穿于各景观要素之间的、极其复杂而庞大的物质和能量的交换过程，这就构成了化学地理学的丰富多彩的内容。而 Б. Б. 波雷诺夫关于风化壳的经典研究，А. Е. 费尔斯曼和 Б. Б. 波雷诺夫关于化学元素迁移和迁移序列的研究，В. И. 维尔纳茨基和 А. П. 维诺格拉多夫关于生物地球化学方面的研究，В. И. 维尔纳茨基、О. А. 阿列金、Г. А. 马克西莫维奇等关于水化学和水化学地理方面的研究等，已为年轻的化学地理学开拓了极其广阔的科学领域。

第二，开展化学地理方面的研究，将有助于了解进行于景观中的地球化学过程的性质和强度，加强自然地理研究中的动态和数量概念。

正如大家所知道的，太阳辐射是进行于地表自然界的各种过程的主要能量来源，而且有机体是把这些能量转化为地球化学过程能量的基本营力。因此，可以把景观中的生物产量作为景观发育程度的数量指标。景观中生产的活质越多，那么其中所聚积的太阳能量也越多，这种景观也就具有更高的能量水平。而随着这种能量的进一步的转化，也就大大地促进了进行于景观中的各种地球化学过程。这种情况我们在热带和亚热带，如我国的华南地带看得很清楚。在那里，一方面有大量的有机质形成（根据法格列尔（1935）的材料，在热带赤道雨林中有机质的年增长量可达 100—200 吨/公顷，约合每市亩 13,000—26,000 斤。在冬雨夏干的亚热带森林中，有机质年增长量可达 60 吨/公顷，约合每市亩 8,000 斤。我国红壤带的森林中有机质增长量可能介于上述数字之间）；另一方面又有大量的有机质遭到分解，生物过程进行得异常旺盛。而伴随着这种旺盛的生物过程的是强烈的风化过程，原生矿物遭到了彻底的分解，绝大部分的化学元素都投入了极为活跃的转化和迁移过程。化学元素在景观中迁移的三种基本类型：空气迁移、水迁移和生物迁移都得到了高度的发展，而在这些复杂的矛盾的迁移过程中，生物迁移过程处于主导地位。由于旺盛的生物迁移过程，才引起旺盛的空气迁移过程（如光合作用、呼吸作用以及有机质分解过程中所引起的 O_2 和 CO_2 的迁移过程）。同样地，由于生物活动的结果，产生了一些酸类（主要是碳酸），加强了水迁移过程。但另一方面，也由于生物活动的结果，把大量的化学元素从地质大循环引入了生物小循环，而限制了水迁移过程的作用。也就是说大量的元素都被动员起来，投入了生产性的生物循环过程。这和我国西北地区因缺水而限制了化学元素的迁移过程，使大量的化学元素以矿物质盐的形式在土壤中累积起来的情形，和我国青藏高原以及东北地带因温度不足而限制了元素的迁移，使大量化学元素以有机质的形式累积起来的情况，都迥然不同。认识到这些不同的特点，是有重要科学理论意义和生产实践意义的。

同时，由于生物气候条件的周期性变化，也引起了化学元素迁移过程的日周期性和年周期性变化。特别是年周期性变化，在我国具有特殊的重要意义。由于我国具有显著的季风气候，在我国大部地区，夏季高温多雨，因而化学元素的迁移过程就与热带和亚热带的情形相似；而冬季则低温降雪，化学元素的迁移过程就和寒带或寒温带的情形相似。这种显著的、在时间上的地球化学对比性，是我国地球化学景观的特点之一，这种特点在农业生产上起了很大的作用。

当然，这种周期性的变化是在定向性的地球化学过程的基础上进行的。例如，在干草原和荒漠地带的湖泊向盐湖方向发展；在寒带针叶林下，形成于碳酸盐上的景观向酸性景观发展。因而化学元素迁移过程的周期性，不是一个周而复始的封闭过程，而是一个螺旋式的发展过程。掌握它的发展方向和速度，将对我们的实践活动有很大的指导意义。

第三，开展化学地理方面的研究，将有助于更深刻地、从发生上分析景观内部的结构和联系，阐明景观的地带性和地区性特征。

进行于景观各要素间的化学元素的迁移过程，同时也就是化学元素在景观内的分异和分别向景观的不同部分累积的过程。由于这种过程的进行，使景观内部发生了显明的分化；同样由于这种过程的进行，又把分化了的各个部分从发生上联系起来，形成一个统一的景观整体。

Б. Б. 波雷诺夫把构成地球化学景观的基本单位叫做单元景观。所谓单元景观，即指在一定的地形部位上有同一种岩石、生长有同一种植被、具有同一种土壤和同一种类型的土壤水和潜水的地段。根据这个定义，我们可以看出单元景观内物质的水平分异是不大的，而垂直分异是很显著的。自下而上，不仅可以划分出各个景观要素层次——潜水层、风化壳、土壤、植被、大气层等，而且在每个要素中又可以划分出许多发生层次。显然，每一个具体的单元景观都有它特殊的层次组合，我们把这种组合叫做单元景观结构。研究单元景观结构的发生学特征，首先要对各个发生层次的化学组成进行系统的分析，并将分析结果依照各层次在景观结构中的排列顺序编制成图表，这样就会得出一幅完整的单元景观地球化学结构图，由此可以看出各化学元素在单元景观内的迁移动态，查明各层次之间的内在联系。

当然，单元景观并不是孤立的地段，每一个单元景观都通过普遍进行于地表自然界的化学元素的迁移过程，同邻近的单元景观联系起来。因此根据化学元素的迁移特性（或迁移条件），可以把单元景观分为残积景观、水上景观和水下景观三种基本类型。

残积景观的性质很少受水上和水下景观的影响，而水上和水下景观的性质则常取决于残积景观，因此，残积景观又称自成景观，水上景观和水下景观又叫做从属景观。化学元素的迁移把自成景观和从属景观联合成一个地球化学整体，Б. Б. 波雷诺夫把这个统一整体叫做地球化学景观。在不同地带和不同地区，自成单元景观以及和它相联系的从属景观是各不相同的。所以每一个地球化学景观类型，甚至每一个具体的地球化学景观，都有它特有的自成单元景观和从属单元景观的组合，通常把这种具体的组合叫做"地球化学联系"。从这里不难看出，所谓"地球化学联系"实质上也就是自成景观、水上景观、水下景观间的物质和能量交换类型，因而也是地球化学景观的重要特性，是我们进行地球化学景观分类的主要根据。

当然，以上所说的是极其简单而完整的标准地球化学景观，在自然界所常见的地球化学景观可能没有这样完整，往往比较复杂。自成景观和从属景观之间的界限，也不一定是截然分明，而有过渡类型出现。譬如，就以北京附近的永定河大冲积扇来说，也可说是一个地球化学景观。自成景观分布在京西冲积扇的顶部，潜水很深，矿化度很低（不超过 1 克/升），对于土壤的发育和植物的生长没有影响；土壤为褐色土，没有钙积层或仅在某种深度有 CO_2 反应。从属景观分布于扇缘（如京东南的大兴区），潜水临近地表，矿化度高（甚至可高达 5 克/升）；土壤中积累有大量的易溶盐类，形成大面积的盐渍土。而在北京城附近则可见到它们之间的过渡类型，夏季潜水可升高到距地表 1 米左右，冬季则降低到 3—4 米以下；土壤为草甸褐土，有明显的钙积层。象这样一个类型的地球化学景观，在华北平原地区的沿山麓一带，可能有相当广泛的代表性。

此外，还应指出，开展化学地理方面的研究，对于像生命起源地点和演化及在各地质时期内化学元素迁移的定向性和周期性等重大的自然科学问题的解决，提出了新的途径。

Б. Б. 波雷诺夫根据所有活有机体共同的化学元素组成，得出了与 Н. Г. 霍洛德和 В. Р. 威廉斯根据另一些先决条件而得出的生命起源于陆地的见解，А. П. 维诺格拉多夫在"生物地球化学区"一文中，阐述了生物种属的地球化学特性和介质间的相互联系，不仅对研究有机体的演化具有重大意义，而且也说明了某些化学元素在地质时期内的迁移和生物演替之间的关系。譬如，铝的最剧烈的迁移时期是在石炭纪，随着巨大的石松类森林的绝迹而告终。

另外，中外许多学者根据对沉积岩的化学组成和沉积矿床的研究，查明了某些化学元素在地质时期迁移的定向性和周期性。依照侯德封的研究，在我国自元古代到新生代，硅、镁、铁等元素在沉积岩层中的富集愈来愈少，而卤族元素则愈来愈多，这是定向性的和普遍性的。但另一方面，相应于地壳运动，也表现出明显地以铁、铝在沉积岩中的富集开始，以盐类的富集告终的周期性和地区性的迁移活动。第一周期从震旦纪到奥陶纪，第二周期从泥盆纪到三迭纪，第三周期从侏罗纪到第四纪[3]。这充分说明了在地表带化学元素迁移和富集是沿着螺旋式的发展过程进行的。

无疑地，这些科学研究成果将在推动古地理学以及有关的地质科学和生物科学的发展中起很大的作用。

总之，开展化学地理的研究，在推动自然地理学的发展中具有重要的意义和作用，将有助于把自然地理学的研究建立在科学的发生学基础上，彻底摆股形态描述地理学的旧框框，掌握景观在空间和时间上的变化规律，将更有效地为祖国的社会主义建设事业服务。

二、化学地理学在生产实践中的意义和作用

由于化学地理学深刻地研究了各景观要素间的内在联系，分析了景观内部的物质分化，掌握了景观在空间和时间上的变化规律，这就大大地加强了它为生产实践服务的战斗力量。而且由于它的研究领域非常广泛，涉及整个地理环境的各个方面，因而它可能为生产服务的途径也是多方面的。

从为农业生产服务来看，首先化学地理通过对化学元素在景观内的迁移和依照地形部位重分配的研究，为制订合理的农业区域规划提供了科学依据。譬如，就前面所举出的北京附近永定河大冲积扇地球化景观来说，位于京西的自成景观是一个水分和养料的支出地区，因而也是一个相对的缺乏水分和养料的地区；位于京东南的从属景观，是一个水分和易溶盐类的收入地区，因而也常常因水分和易溶盐类的过剩而引起对农作物的危害；介于二者之间的过渡景观，则是水分和养料供应正常的地区。各地区的具体条件不同，所存在的问题和所要求的具体措施也必然不同。因而我们在制订农业区域规划时，必须充分地予以考虑。多年来农民掌握了自然的规律，在自成景观区主要用来发展旱作，种植玉米、谷子等；在较低洼的从属景观地区多种植高粱、稻米等；经济价值较高的小麦则主要种在过渡景观地区。当然，这都是自发的适应自然条件特点的利用方式。在我们今天优越的社会主义制度下，根据首都农业为城市服务的具体要求，参考各该景观的特点、元素迁移的规律，可以全面地制定出合理的农业区域规划。

其次，化学地理通过对化学元素在各景观要素间迁移的研究，为制订合理的农业技术措施提供了科学依据，从化学地理角度来看，人类进行农业生产活动，主要目的是为了使大量的化学元素参加到生物循环中来，并尽量想办法加速这一循环的速度。一方面人类想以最大的可能来加强和加速物质的形成作用，另一方面，也尽量想办法加强和加速有机质的分解作用。正如前面所提到的，我国华南的红壤地区，由于风化过程十分强烈，生物活动旺盛，几乎所有能动员起来的元素都动员起来，并参加到生物循环中去了，因而能获得高额丰产。但为了进一步提高单位面积产量，除进一步动员景观内部资源，使其向生物循环集中外，还应当从外部加入更多的元素。几年来，群众的经验证明，在红壤上合理施加有机肥料、化肥、石灰是提高红壤肥力、增加作物产量的有效措施。

我国东北地区的黑钙土及高寒地区的土壤中累积有大量的有机质，含有丰富的植物营养元素。在这些地区要提高生产，除须由外部增加元素以外，主要还是须动员景观内部的资源。东北地区农民积累了丰富的提高作物产量的经验，如进行起垄耕作，早翻地、深翻地以提高土壤温度，加速有机质的分解过程等，都是加速动员内部元素参加生物小循环的有效措施。

我国西北地区的盐渍土中累积了过剩的可溶性盐类。由于盐分太多、碱性太强，不适于作物的生长发育，所以这个地区主要是设法排除可溶性盐类的问题。

化学地理的研究与找矿：化学地理通过对化学元素转化和迁移规律的研究，可以得出有理论根据的找矿方法，尤其是对稀有分散元素矿床的寻找具有特殊重要的意义。化学地理学通过对风化壳、土壤、植被、天然水的化学分析，可以全面地从各个方面探索矿床。苏联 M. A. 格拉佐夫斯卡娅和 A. И. 彼列尔曼等用化学地理的方法在乌拉尔地区找寻铜矿，已经获得满意的结果。

由于化学地理注意元素迁移条件的研究，不同景观条件下化学元素迁移的能力及其在景观中富集的地点不同，所以它可以有理论根据地指出，在某一景观中运用哪一种方法寻找某一元素的矿床。

化学地理研究和工程建筑：化学地理对风化壳，特别是喀斯特风化壳的研究和工程建筑有极为密切的关系。研究风化壳性质及发育速度，可以为道路、桥梁的建筑及水库库址、厂矿场址的选择提供科学依据。同时从事沿海及河口化学回淤条件的研究，可为港口及航道的修建提供科学资料。

此外，化学地理的研究与卫生保健事业也有密切的关系。在自然界，有些微量元素是对人类有益的，是人类身体组织器官中所不可缺少的组成部分；另外也有些微量元素是对人体有害的。通过化学地理对各地区元素转化迁移的研究，可以说明微量元素在各地区分布的规律性，找出地方病发病的原因。黑龙江综合考察队进行土壤微量元素分析研究的结果，证明乌罗夫病产生的原因与土壤中锶、钡、钒的含量过高有关系。同时，土壤中微量元素含量的多寡不仅对人体有很大影响，而且对家畜及植物的生长都有一定的影响。

三、化学地理学在我国发展的途径及方式

我国面积辽阔广大，自然条件复杂，伴随着我国工农业建设的飞速发展，在不同的地区提出了各种不同的生产任务，在科学上提出了一系列新的研究课题。客观形势要求化学地理学在我国能迅速地发展，以解决我国经济建设中有关的问题。任务带学科，早已为实

践所证明是发展新学科、新方向的正确途径，因此在我国开展化学地理研究工作，必须依照这个方法进行。为了能够使化学地理学在我国迅速地建立起来，我们认为必须坚决贯彻两条腿走路的方针，不仅需要保证化学地理重点项目的研究，同时还需要全面发展，遍地开花。

首先，化学地理研究工作必须结合国家当前的重点考察项目进行。

（1）结合大规模的治沙工作，进行干旱地区水化学地理的研究（包括地下水、河水、盐湖水矿化度、水化学类型及盐湖中稀有元素积累的研究等）、盐渍土的发生和演变的研究（包括次生盐渍化防止的研究）、荒漠区盐分平衡的研究。此外，还可进行风尘运动对元素移动的研究、化学—物理治沙的实验研究。摸清荒漠地区元素迁移及转化的规律，地球化学景观类型，建立起我国漠境化学地理的系统理论。

（2）结合海岸及河口的调查，研究海陆元素的移动规律。对沿海、特别是河口的胶体化学作用进行研究，以解决回淤化学成因的问题。研究潮汐对沿海地区土壤和地下水的影响，以及海水的化学组成与渔业及养殖业发展的关系。此外，还可结合海岸调查，进行找矿的研究。

（3）结合黄河流域水土保持工作开展黄土喀斯特的研究；结合长江三峡水利枢纽工程进行喀斯特的形成与发育速度的研究。进行这方面的研究，可以为建筑公路、桥梁、水库等工程提供施工、建筑的科学数据。

（4）结合湖泊调查，开展湖泊水化学类型及其演变规律的研究，为湖泊的综合利用、渔业的发展提供资料。

（5）结合东北地区的沼泽调查，研究沼泽中稀有元素的富瘠情况，调查沼泽泥炭层的性质及层位，以阐明沼泽的形成过程及其与环境条件的关系。

（6）结合华南热带资源考察以及南水北调，开展红色风化壳的研究。一方面可以解决红、黄壤的发生学问题，并为红、黄壤的利用、改良提供资料；另一方面，可以解决与道路、堤坝工程等有关的工程技术问题。

（7）结合各个地区的综合考察，对风化壳、土壤、植被及地下水等景观要素进行化学分析，对不同地球化学景观类型进行研究，制定地区的景观地球化学区划。

此外，还可配合专门的考察队，进行稀有元素矿床的探索和研究。

除了结合国家考察项目进行重点研究以外，还必须发动群众，以地方的地理科学研究机构、高等学校地理系为基点，结合人民公社规划、农业发展远景规划等综合调查工作，对所在地区进行化学地理的研究。特别是结合我国农业生产发展的四化，如水利化、化学化等研究自成景观及从属景观中元素的迁移及转化的规律性为防止次生盐渍化制订合理的灌溉与施肥制度提供科学依据。并在全国各地编制水化学类型图、风化壳类型图，在摸清地球化学景观类型的基础上，制作化学地理区划图，并编写出化学地理方面的专著。

由于化学地理学牵涉的范围比较广，在发展这门学科时，必须注意"从大处着眼，小处着手"、"由近及远，由小到大，由易到难，由浅入深"的原则。在现阶段开展化学地理的研究工作，应先从土壤地理学及水化学地理学的研究开始。至于风化壳的研究，可先在个别地点进行，以后再由点及面，全面铺开。

从事化学地理的研究工作，也和开展地理学其他新方向的工作一样，要在研究工作中实现"三化"。第一，定位实验化。化学地理学是研究化学元素在景观中转化和迁移过程的科学。景观中元素的迁移和转化规律是很复杂的。短时期的考察只能说明在某一个时间片段里景观中元素迁移转化的规律，而对于自然过程的深入了解必须进行长期的、系统的观测。但在目前人力及设备都还不足的情况下，为了能系统全面地累积科学资料，可有计划地在国内不同的自然地带设立几个中心试验站，进行细致深入的观测研究。

第二，技术工程化。由于化学地理涉及的面很广，所以从事化学地理的研究首先需要累积大量的科学分析数据。由于其中某些项目的数据要求的精度比较高（如稀有及扩散化学元素在土壤及风化壳中含量的测定，常需测定出含量万分之几、甚至十万分之几的元素数量等），所以除应进行一般的分析以外，还必须运用近代的物理化学分析方法进行分析。

第三，理论化。在目前阶段，应当首先学习苏联在化学地理方面的先进科学理论。伴随着全国范围化学地理研究工作的开展，需要经常注意总结工作，并把丰富的实践经验提高到理论，建立一套适应我国特点、独具风格的化学地理理论，以指导今后研究工作的开展。

我们伟大的祖国正处在"一天等于二十年"的飞跃发展的时代，在这大好的形势下，党向我们发出了响亮的号召：我们要迅速地把我国建设成一个具有现代工业、现代农业和现代科学文化的伟大社会主义国家，力争在最短时间内提前实现十二年科学技术发展远景规划，攀登世界科学的顶峰。为此，我们必须鼓足干劲，立即上马，大家集体协作，迅速使这门新的学科在我国成长并发展起来。

主要参考文献

[1] 彼列尔曼，A. И., 1958. 景观地球化学概论(王恩涌等译)。
[2] 北京大学地质地理系，1960. 景观地球化学讲义(上册)。
[3] 侯德封，1959. 化学地理和化学地史。地质科学，第 10 期。
[4] 何悦强，1959. 化学地理学的对象与任务。全国地理学术会议论文。
[5] 汪安球，1959. 论自然地理的化学过程研究方向。全国地理学术会议论文。
[6] 格拉佐夫斯卡娅，M. A., 地理景观地球化学研究的任务与方法。陈静生译自莫斯科大学学报 1956 年第

3 期(北大油印稿)。

[7] 刘培桐、李之保, 1956. 自然地理学的对象与任务。北京师范大学学报, 自然科学版第 1 期。

[8] 波雷诺夫 Б. Б., 1955. 地理化学景观。地理译报, 第 1 期。

[9] 竺可桢, 1960. 1960 年全国地理学术会议总结。地理知识, 第 2 期。

[10] 李秉枢, 1960. 为更快地发展我国地理学而奋斗。地理知识, 第 2 期。

[11] 柯夫达 В. А., 等, 1957. 黑龙江地区土壤的发生学特点。中国科学院黑龙江综合考察队自然资源组(油印稿)。

[12] Виноградов, А. П., 1949. Биогеохимическвe провинции. Трулы юбилейной сессии посвяшенной столетию содня рожденяя В. В. Докучаева. А. Н. СССР.

[13] Максимович, Г. А., 1955. Химическая reография вод суши.

1960 年后我国化学地理 30 年发展的前瞻建议

——品读"关于在我国开展化学地理研究的几点意见"

杨林生

"关于在我国开展化学地理研究的几点意见"一文从化学地理学在推动我国自然地理学发展中的意义和作用、化学地理学在生产实践中的意义和作用以及化学地理学在我国发展的途径及方式三个方面对化学地理内涵、作用和发展方式进行了系统阐述,这是我国化学地理学发展早期的代表性文献,不仅对我国 20 世纪 60 年代到 20 世纪 80 年代末近 30 年化学地理学的创立和发展具有较强的前瞻性,对当年及以后 30 年的农业生产、盐碱地改良、地方病防治和早期环境保护具有一定的指导性,而且对 20 世纪 90 年代以后陆地表层系统科学化学过程研究和服务于农业发展、人口健康、生态环境保护和应对全球变化等国家需求都有一定的借鉴意义。1987 年笔者报考中国科学院地理研究所(现为中国科学院地理科学与资源研究所)化学地理方向研究生时,就拜读了本文和相关参考文献。

作者介绍:杨林生(1966—),男,河南唐河人,中国科学院地理科学与资源研究所研究员,中国地理学会会员(S110000893M),研究方向为化学地理、地理环境与健康和生态文明制度研究。E-mail: Yangls@ignsrr.ac.cn

一、论文发表的背景和我国化学地理学的建立与发展

1. 论文发表的历史背景

化学地理学的概念最早在1936年由苏联地理学家格里高利耶夫提出，认为化学地理学可以作为自然地理学的特殊分科，致力于统一的自然地理过程相应的化学方面的研究。苏联学者波雷诺夫、费尔斯曼、格拉佐夫斯卡娅等景观地球化学理论，别乌斯的环境地球化学理论，维诺格拉多夫的地球化学演化理论等，也为化学地理学的创立和发展起到了重要的促进作用。

20世纪50年代末，黄秉维先生在我国提出自然地理学的三个方向（水热平衡、化学地理、生物地理群落学）后，在1960年召开的全国地理工作会议上，第一次出现了化学地理学方面的论文，化学地理学也被确认为高层突破、带动自然地理学前进的几个主要的努力方向。由此，化学地理研究在我国全面展开，直接推动了"化学地理"概念在我国的发展，并使之日趋成熟。

2. 我国化学地理的发展和成熟

20世纪60年代后至20世纪90年代初，是我国化学地理发展和成熟的三十年。我国化学地理发展大体上经历三个阶段。

20世纪60年代是化学地理迅速发展的阶段，很多地理研究机构和高等院校地理系中较广泛地开展了化学地理的研究和教学工作，编写化学地理教材，少数地理研究机构中创建了化学地理研究室，设置了化学地理专业。至1964年年底召开全国第一届化学地理专业会议时，我国从事化学地理工作的单位已有二十多个。研究领域除化学地理的基础理论和方法外，研究课题主要是结合生产的需要来进行的，少数是结合水产的发展、地方病的防治和水利工程的建设而进行。

第二阶段从20世纪70年代初至1980年第二届化学地理学术研讨会召开，化学地理的研究领域一是从土壤、水文拓展到大气、海洋、动物和人体组织等，二是从大量元素研究拓展到微量元素、有机物、农药研究等；三是从化学元素含量分布拓展到形态、有效性和环境健康效应等。在此期间，化学地理的理论和实验方

法等方面也逐渐成熟，实践上为我国环境保护事业起步和地方病防治水土病因研究作出了贡献。

20世纪80年代至20世纪90年代中期，是我国化学地理发展的第三个阶段。一方面，化学地理的基本理论、学科内涵等逐渐成熟，几乎涉及水文化学地理、土壤化学地理、生物化学地理、区域化学地理等各个方面，正式出版了《化学地理学》等高等教材；另一方面，化学地理在科研实践中理论研究和方法体系构建也不断成熟，形成了以污染物为研究对象的环境化学地理、以地方病与微量元素为对象的生态化学地理、以农业和食物为对象的农业化学地理等，此外，化学地理学已逐渐为地学、生物学、医学、环境科学、农学所重视，形成了环境地学、环境地球化学、生物地球化学等众多的交叉学科体系，并在找矿、卫生保健和地方病防治、环境保护、农牧业等方面发挥了重要作用。

二、论文对我国化学地理发展的影响

1. 化学地理学在推动自然地理学发展中的作用

黄秉维先生认为自然地理学是研究地理环境成分和各成分之间物质能量交换及地域分异的科学。在黄先生自然地理三个新方向的倡导下，化学地理一直作为自然地理的分支学科，从原子和分子水平上研究地理环境成分和成分之间的化学元素迁移、转化和地域分异。"关于在我国开展化学地理研究的几点意见"一文认为化学地理学能从三个方面促进自然地理的研究，使之彻底摆脱形态描述的"旧框框"。一是化学地理研究将有助于更深刻地揭露各景观要素间复杂的、发生上的内在联系，因为化学元素及其最简单的化合物是存在于所有景观要素中的共同物质，化学元素从一个景观要素迁移到另一个景观要素中，在发生上是相互联系的。二是开展化学地理方面的研究，将有助于了解景观中的地球化学过程的性质和强度，加强自然地理研究中的动态和数量概念。不同的地理景观，不同的季节，化学元素迁移方向和速度不一样，掌握它的发展方向和速度，对实践活动有很大的指导意义。三是开展化学地理方面的研究，将有助于分析景观内部的结构和联系，阐明景观的地带性与地区性特征。认为景观各要素间的化学元素的迁移过程，也就是化学元素在景观内的分异和分别向景观的不同部分累积的过程。由于这种过程使景观内部发生了明显的分化,又把分化了的各个部分从发生上联系起来,形成一个统一的景观整体。20世纪60年代以来,我国化学地理的发展始终是以自然地理要素、过程、格局为核心,把地理环境作为一个化学地理的有机整体,研究化学元素(物质)的在各要素之间组成、分布、迁移转化和地理分异规律及其影响因素,阐明地理环境的化学特性及其对人类生存和发展的影响,包括以自然地理各要素(水、土、气、生)为部门化学地理,以及以区域、景观为对象的区域化学地理综合研究。

2. 化学地理学在生产实践中的作用和发展途径

地理学的发展一直强调以任务带学科,结合国家发展和重点任务开展相关研究。"关于在我国开展化学地理研究的几点意见"一文认为,化学地理研究应该传承地理学这方面的优良传统,在生产实践中发展学科。文章重点从两个方面阐述了化学地理学在农业生产方面的作用。一是认为化学地理学通过对化学元素在景观内的迁移和依照地形部位重分配的研究,为制订合理的农业区域规划提供了科学依据;二是认为化学地理学能够通过对施肥、耕作等生产措施,促进化学元素在各景观要素间迁移,为制订合理的农业技术措施提供了科学依据。除农业生产外,化学地理学可以通过化学地理元素迁移规律的研究服务于找矿,通过对风化壳性质和发育速度的研究服务于工程建设,通过对微量元素迁移转化的研究,找出地方病病因等。论文重点强调结合当时重点考察项目,开展干旱区、海岸河口、湖泊、海洋、东北沼泽、黄土高原、华南红色风化壳等地区的研究。实际上,我国始终把化学地理学的发展与我国卫生保健、环境保护和农业生产等领域的重大任务相结合,形成了污染化学地理、医学化学地理和农业化学地理等应用研究体系。一是自1967年起,学者们将化学地理学与医学结合,开展规模宏大、持续到现在的化学地理环境与健康的研究。在克山病、大骨节病、地方性甲状腺肿、地方性氟中毒、地方性砷中毒以及鼠疫的化学地理景观研究方面,承担了大量的国家和地方科研项目,获得国家和省部级奖励近30项,成为地方病防治的中坚力量;二是从20世纪70年代初开始,化学地理研究单位就开展环境污染研究,是我国最早开展环境科学研究的学科之一。在推动了环境质量调查、环境质量评价、环境背景值、环境容量和环境治理等理论和技术的建立和发展方面作出了重要贡献。

3. 当前化学地理的一些传承和发展

自20世纪90年代中期开始，随全球变化研究和地球系统科学的兴起，地理学重视更加综合陆地表层系统科学研究，加强了物理、化学和生物过程与人类活动的综合研究。化学地理也逐渐与其他学科交叉、分化，在陆表系统科学研究和服务应对全球变化、生态文明建设、可持续发展和人口健康保护研究中发挥了更大的作用。主要包括环境地理学、健康地理学、环境地球化学、环境生物地球化学、环境地学等相关学科中化学过程研究，如人类环境的化学性质及演化、污染物在环境中的迁移转化和归趋、环境中与生命有关的化学物质对生物体和人体健康的影响等。

自然地理学一些最主要的趋势

黄秉维

(中国科学院地理研究所)

  自然地理学是研究地理环境的成分及各成分之间物质、能量交换及其地域差异的科学。直至不久以前，它不但基本上没有走出经验性、描述性的范围，理论基础非常薄弱；就是用来观察、辨识自然的性质和动态的方法，一般也不够精确，所能达到的视野还有很大的局限性，不能提供充足的、为认识地理环境所必需的资料。在上述情况之下，要建立关于地理环境中各项现象的知识领域之间的正确联系，从一个领域过渡到另一个领域，阐明处于辩证互相关联中的对象，所能取得的成就，当然是很有限的。大约自二十世纪四十年代以来，已经开始出现了若干新的趋势。由于地理环境中的一切过程，不是物理过程，就是化学过程或生物过程，所以，这些新的趋势大致可概括为五个方面：第一个新趋势是，掌握在物理学、化学和生物学中所已经证明了的规律，根据他们来观察自然地理学的对象，研究这些对象的发生、发展与地域分异，从而健全自然地理学的理论基础；第二个新趋势是综合研究，研究各对象之间总的联系，研究一个对象与其周围诸现象之间的联系，此类研究包括现代过程的研究、历史因素的研究及其进一步发展的研究；第三个新趋势是，吸收数学、物理学、化学的知识来建立观测、分析、实验的技术，其中有许多是在其他自然历史科学中业已建立的技术；第四个新趋势是，以上述理论和方法为依据，研究和预测自然过程的方向、速度和范围，指出利用与改造自然最有效的途径；最后一个方面是，运用航空照片判读和航空观测的方法来加速考察工作的进度和精确程度。

  以上所列举的几个新趋势，就全世界的自然地理工作来说，虽然还只能算是星星之火，但必将在许多国家，特别是在社会主义国家，发展成为燎原之火，根本改变自然地理学的

引用本文：黄秉维. 自然地理学一些最主要的趋势. 地理学报, 1960, 26(3): 149-154.

落后面貌。以下分别就（1）地理环境中现代过程的综合研究；（2）地理环境形成过程的历史研究；（3）地理研究新技术包括利用航空照片的技术的应用作简单的说明。

综合研究地理环境是辩证地认识地理环境的形成和发展的根本途径。自 A. 洪堡、B. B. 道库恰耶夫以后，自然地理的综合研究，在资本主义国家中不仅经历了一个很长的时期，没有得到显著的发展，甚至有江河日下的趋势，近年以来，在美国根本没有人从事综合自然地理学的工作，土壤地理学、生物地理学在地理学界中默默无闻，地貌学也有逐渐脱离地理学领域的倾向。在欧洲国家中，虽然自然地理学的各个分支受到比较多的重视，综合研究没有陷入完全中断的绝境，但是综合研究仍然是非常薄弱的环节。只有在社会主义国家，尤其是在苏联，由于地理学家具备了正确的世界观，由于国家建设的需要，综合自然地理学才获得了显著的进展。И. П. 格拉西莫夫院士在 1958 年发表的"苏联地理学的现状"一文中所指出的苏联地理学研究五项主要任务，除了社会生产配置规律与经济区划问题一项外，其余四项都是自然地理的综合研究，以及自然地理与经济的综合研究。列入苏联科学院七年计划中的自然地理学研究任务也只有综合研究一项。今年全苏地理学代表大会中的六项议题，除经济区划及地理教育两项以外，其余四项：（1）自然资源的利用、保存和更新；（2）地表水分——热量平衡；（3）自然区划；（4）景观学的理论和实用，也全属自然地理的综合研究。综合研究是发展自然地理学最主要的方向，同时也是带动部门自然地理学最有效的途径。我们认为，苏联自然地理学现在所走的道路应该就是我们的道路。

综合研究有两个互相关联、互相补充的方面，一方面是现代过程的研究，一方面是历史形成的研究。两方面都不能偏废，但在目前，重点应该放在现代过程一方面，因为：（1）现代过程的研究具有较大实践意义；（2）在自然地理学中，现代过程的研究比较少；（3）古代情况的重建往往要借助于类推和假设，而类推和假设往往是以关于现代过程的知识为依据的。

关于地理环境中现代过程的综合研究业已发展起来的有三个方向：一是地表热量水分的分布、转化及其在地理环境中的作用的研究；二是化学元素在地理环境中迁移过程的研究（地球化学景观及化学地理）；三是生物群落与其环境间物质、能量交换的研究（生物地理群落学）。按其目前的情况来说，这三个方向的内容和方法都不相同，但存在着外延部分迭合的关系，彼此是相辅相成的，现在已经有人从事热量、水分平衡与化学元素在地理环境中迁移过程的关系的研究，毫无疑问，在不久将来，它们是可以合并成为一个体系的。三个方向主要是在苏联建立和发展起来的，其他国家有少数生物地理群落研究工作，也分散地进行了不少与热量平衡、水分平衡、化学地理有关的工作，但一般都不是综合性的。

地表热量、水分的分布转化及其在地理环境中的作用的综合研究是苏联科学家在二十世纪四十年代开始进行，在五十年代逐渐开展的工作。这一方向的理论基础是：（1）太阳辐射是地理环境中一切自然过程的主要能源；（2）在一定热量条件下，地理环境中自然过程的型式和强度取决于辐射平衡及其与降水量（换算为蒸发潜热）的比数。工作内容包括用平衡方法研究热量与水分的分布、变化；研究热量与水分的分布、变化同其他地理环境成分的分布、变化的依存性；研究利用和改变自然过程的途径。已经初步完成的工作包括辐射平衡、热量平衡、水分平衡各个要素的观测、计算及其分布、变化的基本特点；热量、水分平衡与自然地带的规律性的关系；热量平衡在解决气候形成、气候变更、天气预报、太阳能利用、小气候形成、径流形成、水文预报等问题中的应用；热量、水分平衡对土壤形成过程及天然植被、人工植被单位面积产量的制约性；热量、水分在动物生态和分布中的作用；热量、水分平衡研究在土地气候改良、水利改良、土壤改良中的应用。这一方向的工作不但对研究气候、水文、土壤、生物的科学具有重大的意义，而且有助于解决许多利用和改造自然的问题，并对地貌学的进一步发展也有很大的作用。所有这些都是容易理解的，但对地貌学的作用也许会有人怀疑。以下将就这一点作一些说明。

　　上述研究方向与地貌学的进一步发展有很密切的关系。直至不久以前，地貌学科学水平的提高是比较缓慢的。由于地貌是地理环境中最保守的成分，追溯过去便很自然地成为地貌研究的中心，而对现代的外营力的作用了解得很肤浅。近年以来渐次出现的一个新趋势，是应用物理学、化学、生物学的知识，以观察和实验的方法研究外营力、外营力在不同气候下或在不同自然地带下的作用，把地貌作为地理环境的一个成分来研究。苏联科学家所提出的在北半球十个不同自然地带，也就是在十种不同热量、水分条件下，二十四种外营力过程的特点，在不同气候条件下河流纵剖面的形态，德国科学家提出不同地带的喀斯特地貌形成过程，法国科学家编著的气候地貌学，都是这一方面研究的例子。这一方面工作基础非常薄弱，过去曾经是，而现在仍然是地貌学最主要的缺点，所以，在苏联、德国、法国、荷兰、美国等国家，外营力作用的研究已经成为富有生命力的方向。这个新方向之所以重要，不只由于它是地貌学的基本环节之一，不只由于它可以有助于我们辩证地认识地理环境，另外还有两个理由：（1）外营力作用与人类生活关系比较密切，变化比较迅速，控制比较容易，因此，研究外营力在实践上的意义比较大（去年苏联出版的"地形研究的实用"一书，其内容绝大部分是关于外营力作用的阐述。第十九次国际地理学会"应用地貌组"的讨论内容也绝大部分是关于外营力作用的）；（2）我们不能直接观测在地质时期中的演变过程，追溯过去往往要根据关于现代外营力的知识，如果对外营力缺乏确切的了解，赖以作出的关于古代情况的类推和假设，便常常会发生错误。例如，没有搞清楚在不同条件下线状流水的旁蚀、下切、搬运、堆积等作用以及所产生的地形的属性，夷平面形成的因素、机制和特点，风化作用的形式和强度，物质移动的形式和强度，要根据阶地、河流纵剖面、沉积物性质、夷平面、风化形态等来重建过去的历史，就很不容易得出正确的结论。俄罗斯平地中一系列阶地的形成，一部分科学家认为是由于地壳的变动，另一部分科学家却认为是气候变更的结果。还有一些科学家认为，即使没有地壳变动，没有气候变更，也可能形成河流阶地。在对外营力的具体规律没有搞清楚以前，用简单的方法，解释阶地的成因，与严谨的科学态度往往枘凿不能相容。我们如果知道，根据现代河流，每年搬运的溶解的和悬移状态的 SiO_2 数量推算花岗岩地域或其他酸性岩石地域 SiO_2 损失的数量，在热带为每千年 27 毫米，在赤道为每千年 50 毫米，就不会还认为第三纪以前造山运动所形成的山地，至今仍然保存山地的形态。基于以上理由，可以认为深刻地研究外营力过程，用平衡法研究在不同热、水条件下的外营力过程（固体平衡），是改变地貌学落后面貌当前最主要的方向。

以热量平衡、水分平衡为基础，全面研究地理环境中物质、能量交换的过程和规律，应该包括地理环境中化学元素的迁移，以及生物群落与其环境之间物质、能量的交换。但在目前，后两个方向的研究在理论上、方法上都各有一定独立性。

地理环境中的化学元素迁移是自然地理学一个分支——化学地理或景观地球化学——的对象。景观地球化学研究空气迁移元素与水迁移元素及其化合物在岩石、大气、风化壳、地表水、地下水、土壤和有机体之间的移动和转化，把分水岭、斜坡、阶地、河漫滩、河谷和水体之间的上述移动和转化作为一个统一的体系，而这一统一的体系在不同自然地带中又各有其特殊的规律和形态。在同一自然地带中，地方性因素不同的地域，也各有其特殊性。化学地理所采用的最主要的研究方法是联合分析法。研究方式除考察制图之外，定位研究也很重要。这一方向与热量平衡、水分平衡研究的联系很密切，因为进入地理环境中热量和水分是化学元素迁移诸因素中最强大的因素。但由于化学元素迁移还决定于若干其他因素，而标本的联合分析，技术比较复杂，工作量很大，所以景观地球化学在理论上、方法上及在工作的具体步骤上，又具有相对的独立性。这门学科萌芽于二十多年以前，在先进国家中工作开展只有十年左右的历史，工作规模还不很大，对风迁移元素研究得更不够，不少问题没有经过研究，更多问题没有得到解决，完整的体系还在形成和发展的过程中。然而，根据目前业已取得的成就来看，这个方向的工作对于认识地理环境中的现代过程，对于认识地理环境的历史发展过程，对于认识有机体的演化，都是很有意义的。综合地阐明化学元素在地理环境中的迁移过程，无疑地也有助于土壤学、地植物学、地貌学、第四纪地质学等等的发展，在实践上，则对水与土地资源的利用、矿产探勘和环境卫生等都有显著的作用。

在地理环境的物质、能量交换中，生物群落起着积极的作用。要了解生物群落的存在和演变，必须把它与其周围环境看作统一整体，即所谓生物地理群落，研究它与大气、土壤、岩石、地表水、地下水之间物质、能量的交换。以此为对象的生物地理群落学比景观地球化学还要年轻。它虽然是由地植物学家建立起来，而在目前，植物学家在此项工作中所负担的工作也比较大，但按其实质来说，却是自然地理学的一个分支。研究方式以定位的联合观测、分析为主，综合地研究整个生物地理群落的各个组成要素，如光、气温、降水、湿度、土壤水分、土壤温度、蒸发、二氧化碳、土壤中活动化合物、酸碱度……等等和各个植物、动物、微生物彼此之间及其与土壤之间的相互作用。研究它们的动态，定位研究与野外考察，划分生物地理群落类型相结合，便可将定点研究所得到的结果，引用于相当广大的地域。这一方向的研究详细而完整地从数量上分析生物群落与其环境的联系，生物与生物之间的关系以及生物地理群落发展的过程，其结果可为合理利用森林、牧场耕地，提高产量，提供科学依据，并开辟完全新的途径。但是，国外的生物地理群落研究全部都是在森林中进行的，需要经过比较长的时间，才能获得足够的资料，作出对实践有用的贡献。因此有不少人怀疑它的实践价值，我们认为生物地理群落学所研究的是人类经济生活有关的对象，所采取的又是比较完全、严谨的方法，所揭露的自然界规律在实践上的意义是不必怀疑的。我们认为，如果采取生物地理群落学的原则和方法来研究农田、牧场，可以在比较短的时间，得到有实践意义的结果。

上述综合研究地理环境现代过程三个方向中，无论就哪一个方向来看，所包括的项目很少是过去完全没有人研究过的，但孤立地分别进行的工作，所取得的资料，地方不同、时间不同、方法不同，口径很参差，要分析、综合这些资料来揭示地理环境各个成分之间物质能量交换的具体规律，阐明它们周日的、季节的、多年的、长期的过程，即使不是完全不可能，可能性必然是不大的。所以每一个方向的科学家都强调必须统一工作计划和步骤，必须进行联合分析，必须组织全面的研究。但是，从更广阔的视野来看，三个方向的概念虽然不完全相同，实际上并没有多大差别，而且存在着外延部分迭合的关系，肯定可以将它们结合在一个统一的体系之中，将由"宏观"到"微观"不同尺度的研究有机地结合起来，将物理的、化学的和生物的过程联系起来。这将导致对地理环境中现代过程及其地域分异的秩序的全面了解。如果一开始就注意协调三个方向的工作，将来必然可以更快而且更正确地解决许多认识和实践问题。

地理环境是历史的产物。不知道它的过去，就不可能全面了解它的现在，正确预测它的将来。因此，古地理特别是新第三纪以来的古地理研究是自然地理学一个重要的分支。从十九世纪末期以至现在，一直有许多人，包括地质学、地貌学、天文学、天体物理学、地球化学、气候学、生物学、土壤学、考古学等科学的工作者研究古代的自然现象及其演变历史。但此类研究在不同方面、不同地区、不同时代都很不平衡。近十多年的新趋势：一是许多新的方法，如孢子花粉分析、黏土矿物鉴定、绝对年龄鉴定等等逐渐得到广泛的应用，不但视野扩大了，所获得的结果也比较精细，比较可靠；二是逐渐出现了一些综合性的，重建全世界或某些区域古代自然环境、分析其演变过程和因素的著作。在中国，地理学工作者还很少注意到古地理的研究，现代科学方法的运用以及综合研究古代自然地理的工作，可以说基本上还没有开展起来。为了真正认识现代地理环境，不应该忽视这一薄弱环节。似宜先以一定力量从事古气候和地貌演变历史的研究。以这两方面的研究为纲来联系其他方面的研究。中国拥有特别丰富的历史文献，利用这些资料来探讨在人类社会历史时期的自然变化，无疑是可以得到巨大的成绩的。我们必须更多地重视这一点。

此外，近十余年间，在社会主义国家及中欧、北欧的资本主义国家作了很多自然区划工作，在苏联还作了不少关于景观的研究。虽然这些工作也各有其原则和方法问题，事实上可以认为是以上述现代自然过程和古地理的理论为基础的两类总结方式。用这两类方式来总结上述研究的成果，可以就每一个区划单位或每一个景观类型来观察地理环境中各个成分的属性和相互联系，各项自然过程的动态及其相互作用，地理环境的发生发展过程和左右这些过程的因素的性质，区别其中的进展性特征，现代特征与遗存特征，预测将来变化的型式、规模和速度；同时，也便于观察不同区划单位或不同景观类型之间的差异和关系，理解全部区划单位或景观类型分布的规律性，应该重视这两类方式，但是除此两种方式以外，还有许多表达理论研究成果同样有效的其他方式。

恩格斯说："以分析为主要研究形式的化学，如果没有它的对象，即综合，就什么也不是了。"[①]凯勒院士在评论植物学研究方向的时候，也指出"分析是为了综合"。上文关于自然地理学综合研究的先进趋势的说明正是同样的道理。但不能忘记：为了综合，需要分析。既要发展综合自然地理学，也要发展部门自然地理学，重要的是把它们联系起来，防止分工"使每个人或多或少地限在自己的特殊部门，只有少数人没有被它夺去全面地观察问题的能力"[②]（自然辩证法）。

无论就综合自然地理学或部门自然地理学来说，理论与实验具有同等重要的意义。

"在理论的自然科学中，不能虚构一些联系放到事实中去，而是要从事实中发现这些联系，并且在发现之后，就要尽可能地用经验去证明"[③]（自然辩证法）。因此，掌握比较完善的观测、实验技术，是发展理论研究的必要条件。当然技术本身就是理论的产物，而运用技术也必须以理论为指导。三四十年来，尤其是十多年来，自然历史科学愈来愈多地应用比较完善的技术，如黏土矿物分析、绝对年龄测定、土中水分观测、孢子花粉分析、植物灰分和分泌物分析……来研究所研究的对象。近十年间，自然地理学一个显著的进展是

[①] 恩格斯：自然辩证法（曹葆华、于光远、谢宁译），第185页，人民出版社，1955年2月第一版。
[②] 同上，第11页。
[③] 同上，第27页。

采用比较完善的仪器、比较精密的分析技术来认识自然现象的性质、动态和年龄，建立定位观测来了解各项自然现象在时间上的变化，设置风洞、人工河床、水分平衡与盐分平衡试验场、人造气候室等来摸拟在自然界中的条件和过程。毫无疑问，这些方法将帮助我们更深刻地理解地理环境的形成和发展。例如，通过对花岗岩地域河水中溶解质的 SiO_2 输出量的测定，可以揭露酸性岩石的化学风化强度，通过水中铀含量的分析，可以揭露潜水与地表水的循环过程，根据大气中 C_{14}/C_{12} 的比值，树木的放射性碳测定，树木年轮测定等，可以估算每年由于矿质燃料燃烧而进入大气中的二氧化碳的数量，应用放射性同位素方法可以更有效地测定风速、雪中和土中含水量、土面蒸发、土壤密度、河流流速、河流湖泊的水位、水库底部沉积物和沼泽中的有机质以及若干地理现象的绝对年龄，利用风洞可以搞清楚风砂移动的规律，防护林护田林的作用。越来越多的地理学家认为诸如此类的工具和方法是改变自然地理学面貌的重要手段，这将使它有可能逐渐成为精确的科学，使它有可能对自然过程作出数量的分析和预测。前途很远大，但到目前为止，自然地理学家还未超出开步走的阶段。

利用航空照片是在近 20 多年中蓬勃发展起来的自然地理研究的新途径。在苏联和欧洲、美洲许多国家，都广泛采用这一方法来研究地理环境。这一方法所以能得到发展，首先由于它可以比地面考察大十倍左右的速度，小得多的经费来完成工作任务。其次是由于用这种方法来进行研究，一般可以获得质量较好的结果，因为（1）根据照片编制各种专门地图比之地面制图较为精确；（2）判读照片可以发现地面观察所不易发现的现象；（3）利用重复摄影可以取得季节的或多年的变化的资料；（4）以照片为依据进行各种专门制图可以很容易地解决不同专业地图的对比问题。这不仅是建立自然历史科学各个知识领域之间正确联系的有力保证，同时也有助于各个知识领域研究其处于辩证互相关联中的对象。最近苏联的试验数据证明完全有可能使航空照片的稳定性达到中误差±2′，最大值不超过 5′。由此可以预卜，利用航空照片还可以进一步提高多、快、好、省的程度。随着将来天然色、光谱色等摄影技术与各种航空技术的进展，航空照片利用的可能性更将大大扩充。有一个美国地理学家曾于所写论文中感慨地理工作用腿的时间很多，因而用脑的时间很少，并以此作为地理学落后的原因之一。我们对此不能苟同，但也承认地理工作者要以大量时间用于旅行是事实。如果我们今后要以大量劳动来建立理论基础，掌握实验技术，进行全面综合，多快好省的航空照片的利用，自然也会对提高自然地理学的水平有一定的作用。

前瞻与引领地理学科学发展的经典文献

——再学黄秉维先生的"自然地理学一些最主要的趋势"

潘玉君　　杨勤业　　郑　度

黄秉维先生的"自然地理学一些最主要的趋势"一文发表于1960年，是一篇极其重要的理论性、战略性文章，对指导和引领中国自然地理学乃至中国的和世界的地理学的发展起到重要作用，是地理学史上的经典文献之一。

（一）

黄秉维先生（1913—2000）是在国内外有重要影响的著名地理学家、战略地理学家，中国科学院院士。他在中国综合自然区划及自然地域分异理论与自然区划理论、黄河中游土壤侵蚀与保持、地表热量-水分平衡及其在地理环境中的作用、自然与农业生产潜力、华北水利与农业发展、坡地改良与利用、全球变化及其影响、地球系统科学与可持续发展、地理学哲学与地理学发展战略等领域，开展了系统研究并形成重要的原创性地理科学思想和理论，具有重要的学术价值和应用前景。从20世纪50年代起，他担任中国科学院地理研究所第一副所长、所长和名誉所长，引领地理研究所和中国地理学的变革，完成了多项重要国家任务。作为竺可桢先生的副手，他领导中国地理学界完成了《中国自然区划》《中华人民共和国

作者简介：潘玉君(1965—)，男，黑龙江齐齐哈尔市人，云南师范大学地理学部教授，中国地理学会会员(S110004041M)，研究方向为地理学思想方法与地理学史、人文地理学等。E-mail: 13888346995@139.com

国家地图集》《中国自然地理》等系列学术专著，他是《中国大百科全书》第一版总编委会委员和中国地理卷的编委会主任。他是继竺可桢之后中国地理学的一代宗师。

（二）

中华人民共和国成立伊始，地理学如何更好地服务国家建设与发展成为了地理学的重大任务，竺可桢、黄秉维、吴传钧等地理学家开始自觉地系统思考、研究和阐述地理学的若干基础理论问题。其中，黄秉维在《地理学学科规划》（国家科学规划委员会，1956）中首次提出了要分别研究地表物理的、化学的和生物的自然过程，然后加以综合，从更广阔的视野看三个方向存在着外延部分叠合的关系的重要科学思想。他在所主持完成的《中国综合自然区划（初稿）》（1959年）和有关科学报告中已体现和贯穿了上述科学思想。之后，他在中国科学院学部委员会议上以"自然地理学一些最主要的趋势"为题发言，并在《地理学报》《科学通报》发表。

（三）

"自然地理学一些最主要的趋势"先阐述了自然地理学学科对象与发展水平和趋势，综合研究地理环境是辩证地认识地理环境的形成和发展的根本途径，综合研究包括现代过程研究和历史过程研究，在此基础上，明确提出并系统阐述了地理环境现代过程研究的三个方向：一是地表热量水分的分布、转化及其在地理环境中的作用的研究，二是化学元素在地理环境中迁移过程的研究（地球化学景观或化学地理），三是生物群落与其环境之间物质、能量交换的研究（生物地理群落学）。

（四）

黄秉维先生的这篇重要论文及其所阐述的思想具有重要而深远的学术影响，主要体现在如下方面：

黄秉维的学术思想指明了中国自然地理综合研究的方向。各研究单位和高等院校先后开展了相关研究，并取得丰硕的成果。20世纪80年代后，地理学、生态学及相关学科研究机构在全国各地建立起各种野外台站、观测站、试验站。近年来，在传统的野外调查、考察基础上，实验分析、定位观测和模拟实验发展迅速，遥感和地理信息系统技术得到普遍应用，自然地理学已不再是纯经验的科学。自然地理的综合研究工作也不断拓展和深入。

国家自然科学基金委员会长期以来高度重视地理学乃至地球科学的发展战略研究，形成了包括公开出版和未公开出版的系列文本，如《国家自然科学学科发展战略调研报告·地理学》（1995年）、《21世纪中国地球科学发展战略报告》（2009年）、《中国地球科学2035发展战略》（2023年）、有关年度的"国家自然科学基金申请指南"等，都在不同维度、不同深度、不同高度上渗透、体现、落实了黄秉维先生这篇论文中所阐述的重要思想。

在《2006—2007地理科学学科发展报告》（2007年）、《2008—2009地理学科发展报告》（2009年）、《自然地理学研究范式》（2013年）、《地理学：科学地位与社会功能》（2015年）、"中国地理科学学科体系浅析"（2021年）、"地理综合研究方法的发展与思考"（2021年）等关于地理学发展战略、学科发展、理论发展的重要论著中，黄秉维先生的这篇论文得到引用和积极响应。

《中国地学大事典》（1992年）、《20世纪中国学术大典·地理学》（2002年）、《中国地学史·近现代卷》（2015年）、《地理学思想史——以中国为中心的地理学大事年表长表》（2023年）等重要的地理学学科史、思想史中对黄秉维先生提出的三个方向以及自然地理综合研究给予了阐述与高度评价。

诸多高水平学术著作和高水平教材中都充分体现和反映了黄秉维先生该篇论文的以三种地理过程分析为基础的地理综合思想。如《中国自然地理·总论》（1985年）、《自然地域系统研究》（1997年）、《中国生态地理区域系统研究》（2008年）、《中国自然地理系列专著·中国自然地理总论》（2015年）、《地理科学导论》（2009年第一版，2014年第二版，2022年第三版）、《综合自然地理学》（景贵和主编，1990年）、《综合自然地理学》（陈传康等编第一版，1993年；伍光和、蔡运龙编著第二版，2004年；蔡运龙编著第三版，2019年），以及中国地理学专家、学者完成的一系列自然地理区划，特别是综合性质的自然地理区划，都贯穿了地理综合思想。

他主持完成的贯穿这三方面思想的"纯粹基础性"地理区划方案《中国综合自然区划》，成为其他学者分别研究和编制"应用基础性"地理区划方案如"中国农业地理区划"，以及新千年以来的国家及省区的主体功能区区划与规划、国土空间规划等空间秩序方面方案的自然地理科学基础，成为多部《中华人民共和国国家地图集》中相关地理区划的自然地理区划基础。同时，《中国综合自然区划》及其方法论、苏联在20世纪40年代完成的《苏联自然历史区划》及其方法论，成为世界上国家或地区综合自然区划的科学范例。贯穿这三方面地理科学思想的《中国综合自然区划》第一次完整、系统发现和阐述了中国极其复杂地理环境的自然地域分异规律，创建了"系统性的自然地域分异理论"，发展和超越了道库恰耶夫等人创建的近现代地理学最重要的基础理论之一——"经典性的自然地域分异理论"，具有划时代性的科学意义。

20世纪80年代以来，如"国际地圈生物圈计划""国际地球物理年""国际生物圈计划""国际陆圈计划""国际水文计划""国际大气研究计划"等众多世界重要科学计划，都形成了科学共识——要了解全球变化中的主要问题，必须将相互联系的物理的、化学的与生物的过程综合起来研究。国际科学家联合会接受了这一重要意见，使之成为有关科学研究战略的科学意识基础，而这同30年前黄秉维先生提出的自然地理学的三个方向不谋而合！1989年国际地圈生物圈计划（International Geosphere Biosphere Programme，IGBP）委员会主席哈罗德·穆尼（Harold Mooney）访问了中国科学院地理研究所，他在与黄秉维先生交流后，非常感慨地说中国在全球变化的科学思想上已领先了30年！

（五）

包括这篇学术论文在内的黄秉维先生的论著所表达出来的地理科学思想，与竺可桢、吴传钧、周立三、陈述彭等先生的相关地理科学思想,不仅是中国地理学的重要思想,也是世界地理学的重要思想。科学理解、系统把握、准确陈述、规范阐述中国的地理学大师和地理学家的地理科学思想等知识贡献,是中国地理学史研究的使命、世界地理学史研究的使命。同时,中国的《地理学报》及时发表这么重要的学术论文,传播和传承地理学思想,功不可没!

中国自然区划问题

任美锷　杨纫章

（南京大学地理系）

（一）

　　自然界是一个统一的整体，它是各种现象完整的、相互制约的有规律的组合，我们叫做自然综合体。由于各种自然现象是相互关联、相互制约的，因此，一个自然因素的地域变化必然会影响其他因素的变化；而人类在生产实践中利用自然、改造自然，对任何一个因素采取措施，也必将引起其他因素的相应的变化。所以，探讨自然综合体的特征及其发生、发展与分布的规律性，在国民经济上有其一定的意义。恩格斯早已指出研究自然整体的重要性，反对"只顾到个别树木，而不见森林"[①]。

　　我国面积广大，自然条件非常复杂，要更好地了解我国的自然情况，必须按照地表自然界的相似性和差异性，将地域加以划分，分出若干区域（单位），这便是自然区划，也称为综合自然区划。目前，党中央和毛主席提出了以农业为基础，以工业为主导的方针，全党全民，大办农业，大办粮食。农业生产与工业生产不同，它与自然条件有着极密切的关系，目前甚至"还在很大程度上受着自然条件的支配"[②]。因此，研究全国自然区划，深入认识各地区的自然条件差异的规律性，对进行农业区划，考虑因地制宜，安排农业合理布

第 27 卷，1961 年 12 月

引用本文：任美锷，杨纫章. 中国自然区划问题. 地理学报, 1961, 27(1): 66-74. [Ren Mei'e, Yang Renzhang. On physical regionalization in China. *Acta Geographica Sinica*, 1961, 27(1): 66-74.]

① 恩格斯：反杜林论，三联书店，1954 第 11 页。
② 廖鲁言：全党全民动手，大办农业，红旗，1960 年第 17 期。

局和推广农业生产的经验，均有重要的意义。中国自然区划的目的也必须为农业生产和改造自然服务。

（二）

自然区划的理论基础是地表区域分异的规律性的学说，自然界的地域分异首先表现在地带的划分，即随着热量和水分条件的变化，土壤和生物（特别是植物）发生相应的变化，而其他许多自然现象，如地表水、地下水、地貌过程等，也因而呈现一定的差异。所以，В. Б. 索恰瓦正确地指出：作为自然地理区划的基础的基本规律是广义的发生学意义的地带性。

关于自然区划的原则，目前在我国和苏联，都还存在着一些不同的意见。一种争论是生物气候原则与景观原则间的争论，前者认为生物气候因素在自然区划中具有主导意义，高级区划单位应按生物气候原则来划分；后者认为进行自然区划应全面分析各种自然因素。另一种争论是区划指标是否需要统一性之间的争论，前者认为把地面划分为某一等级的区域时，不能运用不同的指标；后者则主张区划的主要标志可视各区自然条件的不同而有所不同。我们认为进行自然区划的实质在于深入地分析和研究各地区自然综合体内各种自然因素间的矛盾，以及自然界与农业生产间的矛盾。应该全面分析复杂的矛盾，找出其中的主要矛盾，作为各级自然区划的依据。毛泽东同志指出："在复杂的事物的发展过程中，有许多矛盾存在，其中必有一种是主要的矛盾，由于它的存在和发展，规定或影响着其他矛盾的存在和发展"[1]。又说："因此，研究任何过程，如果是存在着两个以上矛盾的复杂过程的话，就要用全力找出它的主要矛盾"[2]。在自然区划中，主要矛盾体现于地域分异的主导因素，我们必须全面分析各种自然因素，才能找出其中的主导因素，用以作为区划的依据。因此，主导因素有其综合的基础，假如辩证地来理解所谓"主导因素原则"，实质上与景观原则是统一的。生物气候原则实际上是主导因素原则的一种，不过它认为高级区划单位的划分一律应以生物气候条件为主导因素，这就不够全面，因为在某些地区（例如青藏高原）生物气候因素并不是决定自然界地域分异的主导因素。

目前，我国大多数学者都主张区划指标的统一性，认为这样做比较科学，比较严正，可以避免区划的主观性和任意性。例如，中国科学院的自然区划草案（1959 年）认为热量

---

[1] 毛泽东：矛盾论，毛泽东选集第二卷，786 页，人民出版社 1952。
[2] 同上书，788 页。

条件在全国地域分异和农业生产上具有最重要的意义，指出："热量相同的地域，其土地潜在生产力相差不多"，因而，把热量条件作为全国第一级自然区划的根据[①]。但我国的自然条件是复杂的，机械运用统一指标来进行自然区划，未必能得到符合于客观实际的成果，也就不能达到区划为农业生产服务的目的。在我国东部，热量条件一般是决定自然界地域分异的主导因素，也是农业生产布局上首先要考虑的问题，因此，按照热量来划分第一级自然区是恰当的。但是，在我国西北干旱地区（新疆、内蒙西部、柴达木），水分条件是决定自然综合体特征的主导因素，由于水分不足，普遍形成荒漠与半荒漠。荒漠土壤虽有不同类型（灰棕荒漠土、棕色荒漠土等），但其基本性质是相似的：全剖面都是石灰性反应；有易溶性盐类和石膏的淀积，荒漠植被都是耐旱、耐盐的灌木和半灌木，一些典型的荒漠植物，如红柳、红砂、砂拐枣等普遍分布于准噶尔、塔里木和柴达木的荒漠中。其他如地表水、地下水以及地貌过程，也大致相似。在这里，干旱是农业生产的主要问题，防风固砂、充分利用水源、发展灌溉农业、改良盐渍土等都是西北干旱地区改造自然的共同问题，必须首先解决水的问题，然后才能考虑按照各地热量条件的不同，来安排农作。因此，在我国西北干旱地区，热量条件显然只是决定地域分异和考虑农业布局的次要因素，只能作为第二级自然区划的根据。由此可见：在我国东部和西北部，自然界的主要矛盾是不同的，在前者为热量，在后者则为水分。毛泽东同志指示我们，必须"具体地分析具体的情况"[②]，又说："不同质的矛盾，只有用不同质的方法才能解决"[③]。自然区划工作必须具体地分析各地区的矛盾，根据地域分异的主要矛盾，来分出全国第一级自然区域。全面分析，找出主要矛盾，正是避免主观性、片面性的最科学的方法。反之，机械地强调区划指标的统一性，在表面上看来似乎具有严整的科学系统，但实际却有一定的片面性，其结果既不能完全揭露自然界地域分异的客观规律，也不能充分反映各区农业生产上的最主要的矛盾。中国科学院的自然区划草案，由于以热量条件作为划分一级自然区的指标，故在我国西北部，先划分出暖温带和温带，又根据积温 2000℃ 的指标，把柴达木盆地划入青藏区，这样，就把自然景观相似、农业生产主要问题相同的西北干旱地区，分属三个一级自然区域，即北疆属温带，南疆属暖温带，柴达木属青藏区。可见根据统一指标所作的区划，在科学系统上和生产实践方面均有其缺点，这就是由于热量条件在我国东部和西北部的自然综合体的形成和发展中的作用不同，它在不同地区中并不都成为主要矛盾，不区别热量在不同地区中的不同作用，混淆不同地区的主要矛盾与次要矛盾，将使自然区划不能达到应有的目的。

---

① 中国科学院自然区划草案以热量带为 0 级，即不列为区划的一个等级单位，但其区划系统都从属于热量带，所以实际上是以热量带作为第一级区划单位。参考黄秉维：中国综合自然区划草案，科学通报，1959 年 18 期。
② 矛盾论，毛泽东选集第二卷 778 页，人民出版社 1952。
③ 同上书，777 页。

索恰瓦也指出：企图用同样重要的标准来划分自然地理区划的各种等级，直到现在为止，都没有成功[①]。因此，区划指标的统一性原则必须重新加以评价。

目前，自然地理学的研究已从定性渐趋于定量。自然区划的指标必须有数量的概念，这是正确的。但如果不对某一数值在某一地区的具体情况，作比较深入的质量上的评价，根据具体的地区的具体情况，在数量上作适当的调整，而机械运用某一数值，作为全国各地区自然区划的不变的指标，其结果也不能符合实际。例如，划分热量带的主要标志是积温，即日温≥10℃的活动温度总和，这种气候数值具有一定的概括性和假定性。积温虽能表征一地热量资源的多寡，但它在一年内的变化过程对农业生产意义更大。如果积温数值大，但夏温特高，而持续时间短，对农业生产并非完全有利；反之，如果持续时间长，却可相当地补偿积温数值的不足。中国科学院以积温 2000℃作为划分青藏高原区的主要界线，柴达木盆地积温约 1500℃—2100℃，比规定标准稍低，因而被划入青藏高原区。但柴达木盆地积温持续时间长达 4 个月，可以满足麦类等作物生长的热量要求。就农业上来说，这与新疆和河西走廊在热量条件上只有量的差别。反之，青海山原则积温低于 400℃，持续日数不到 40 天，其热量条件与柴达木相比，却有本质上的不同。因此，只就热量因素来看，机械地以积温 2000℃为标准，把柴达木与青海高原合为一个一级自然区，显然并不妥当。又如，云南冬季多晴天，日照丰富，可以适当补偿积温的不足，故热带北界的积温指标在云南应该比两广稍低。由此可见：根据各地区的具体情况，定出区划的不同的数量指标，是符合于科学认识和生产实践的要求的。毛主席教导我们应研究特殊的矛盾及其本质，又引列宁的话，说："马克思主义的最本质的东西，马克思主义活的灵魂，就在于具体地分析具体的情况"[②]。以毛泽东思想为指导，丰富和发展自然区划的理论，是我国地理学者的重要任务之一。

（三）

中国自然区划的另一个重要问题是区划等级单位系统问题。我们认为各种等级的区划单位必须从上而下地反映自然综合体分异的实质，即各级区划单位必须代表地域自然界的全部差异，而不是某一个因素的差异。否则，综合自然区划就与部门自然区划（例如，气候区划、土壤区划等）混同起来。而且，自然区划的目的既然是为农业生产服务，则区划

[①] В. Б. 索恰瓦：自然地理区划的原则，地理译报，1958 年第 2 期。
[②] 毛泽东选集，第二卷，1952 年，人民出版社，778 页。

的等级单位应该在照顾科学性的原则下，尽量简单明确，不宜过分复杂，即在能够反映区域分异实质的前提下，力求简明，不必人为复杂化。

中国科学院的中国自然区划草案首先按照热量的不同，把全国分为六大热量带，即赤道带、热带、亚热带、暖温带、温带和寒温带，其次，再按湿润情况，在各热量带下分出湿润、半湿润、半干旱和干旱四类自然地区；然后，再根据土壤和植被的相似性分出许多自然地带。这就是中国科学院的中国自然区划草案中的第一、二、三级区划单位。但单纯的热量或水分的差异，都不能代表自然综合体的地域分异的实质，真正反映自然界的地域分异的是热量、水分以及它们的对比关系的差异。A.A.格里哥里也夫最近的研究指出：地球表面分为地理带和水平地带主要基于三个彼此紧密联系的因素：1.地表辐射平衡年值的变化，2.年降水量的变化，3.辐射平衡和年降水量之比例的变化[①]。可见：纯粹的热量带在自然区划中的意义不大，不宜作为第一级区划的标准。而且，中国地形复杂，某些热量带在地域上实际是不连续的，例如暖温带，所以，以热量带为纲来作自然区划，也是不合式的。

按湿润情况划分的自然地区，假如不是孤立地来看，而是与热量条件相结合来看，则水热条件的特殊结合必然制约着一定的土类和植被类型的发展，这就是自然地带。因此，自然地区实际上是重复自然地带，在自然区划系统中，是多余的。中国科学院所分出的 16 个自然地区中，有 8 个地区只有一个自然地带。凡一个自然地区内包括 2 个或 2 个以上的地带时，分析起来，大致有两类情况：（1）所包括的自然地带实际上是亚地带，湿润程度和自然景观的差异都不大，应作为地带以下的次一级区划单位，例如，暖温带半湿润地区有两个地带，即半干生落叶阔叶林-淋溶褐色土地带和半干生落叶阔叶林与森林草原-褐色土地带。（2）所包括的地带实际上是带或亚带，在中国科学院的区划等级单位系统中，应属于第一级区划单位。例如，亚热带湿润地区东部亚地区包括 3 个地带，即北亚热带、中亚热带和南亚热带，它们的热量条件相差很大，积温为 4500—8000℃，相差 3500℃，与温带和暖温带相比较，它们的积温为 1700—4500℃，相差 2800℃，而划为两个热量带。在农业生产上，目前的农作制度大致是温带一年一熟，暖温带两年三熟，北亚热带一年稻麦两熟，中亚热带种植双季稻，南亚热带则可适当栽植热带作物。当然，农作制度可由人类的能动作用而改变，特别在三面红旗的指引下，我国农民在改造自然方面，已经出现了无数的奇迹。上面所述，只是指出：亚热带内三个地带间的农业上的差异并不比温带与暖温带间为小。因此，把北亚热带、中亚热带和南亚热带作为亚热带的三个地带，显然并不恰当。

---

① A. A. 格里哥里也夫：论自然地理学若干基本问题，载热水平衡及其在地理环境中的作用问题第一辑，科学出版社，1960 年 19 页。

从上面的分析，我们认为中国科学院的区划等级单位可以适当地简化，即带、地区和地带可以合并为一个等级单位，即地带，其特征是热量和水分特殊的结合，此结合制约着区域内一定土壤和植被类型的发展，所以，它更能反映自然综合体的地域分异的实质，并更能为因地制宜、考虑农业生产措施服务。在农业生产上，热量与水分是密切联系的，其中哪一个居于主要地位，则视各地区的具体情况而有不同。例如，在南亚热带地区，主要是研究防寒措施，以便更充分地利用热量资源，来发展热带作物；在西北干旱地区，则无灌溉即无农业，主要问题是如何充分利用地面和地下水资源，来扩大耕地面积。在自然界的地域分异上，最近的研究也证明，某些地带的分异主要与热量条件的变化有关，某些地带的分异则主要与水分条件的变化有关[①]。因此，把带、地区和地带合并为一个等级单位，对于辩证地认识自然界和服务农业生产，均较为恰当。热量带和湿润地区划分的指标仍可订出，以作为划分地带的依据之一，但并不列为自然区划的一级单位。

（四）

从以上分析，中国自然区划的原则除过去学者所提出的以外，还应该有下列几条：

（1）进行自然区划，应该在全面分析研究各地区的自然综合体的基础上，找出主要矛盾，作为区划的依据。

（2）自然界的情况是异常复杂的，不能强用同一个指标来划分全国所有的某一级自然区域。

（3）自然区划等级单位系统的拟定应该根据科学性与群众性相结合的原则，即尽可能做到简单明确，但又符合于充分表示自然界地域分异的需要。

（4）各级自然区域的命名均应有地域名称。

根据上述原则，我们拟定了下列区划等级单位系统：

    自然区（一级区）
    自然地区（二级区）
    自然省（三级区）
    自然州（四级区）（未划分）

自然区是根据自然情况最主要的差异，以及利用与改造自然的方向的最主要的不同来划分的，即全面分析自然条件，找出其中的主要矛盾，作为区划的依据。全国共分为八个

[①] 例如，В. М. 佛利特兰德：地带性形成的因素问题，苏联科学院地理丛刊 1959 第 5 期。

自然区，即东北、华北、华中、华南、西南、内蒙、西北和青藏区。东北、华北、华中和华南四区，水分与热量大致自南向北减少，二者有较好的配合关系，除华北区外水分一般可够作物生长，但随着热量条件的不同，自然景观及农业生产（包括农作制及作物品种、产量、播种、收获季节等）均有很大的不同。故地域分异主要由于热量条件的不同，故四区间的界线主要是热量的界线，东北区积温在3200℃以下，华北区3200—4500℃，华中区4500—6500℃或7000℃，华南区6500℃或7000℃以上。但各区界线并不都是热量的界线，例如东北区的西界大体以干燥度1.2与内蒙区分界；华北区的北界则根据干燥度和黄土分布情况划定。任何一个自然区，如只根据一个指标来划分，是不可能的。农业生产的主要问题各区显然不同，东北区是开垦荒地，疏干沼泽；华中区是提高复种指数，推广双季稻；华南区是扩大热带作物的种植。华北区由于水分条件较差，春旱比较严重，故农业上的主要问题是抗旱保墒及防止灌溉区域土壤的次生盐渍化。这里应该指出：东北北部的平原（松嫩平原）和华北平原干燥度大致相同，都属于半湿润地区，但农业生产上的主要问题却并不相同[①]。由此可见：不全面研究一个地区的自然条件，而单凭某一个指标来划定自然区域，并据以作农业生产的评价，是有局限性的。内蒙区和西北区水分不足，地域分异主要由于水分条件的不同，内蒙区为干草原和荒漠草原，西北区为荒漠，两者的界线大致是干燥度4.0。在农业生产上，内蒙区的主要问题是改造草原，发展畜牧；西北区则是充分利用水源，发展灌溉农业。西南区和青藏区的划分主要是由于特殊地形条件，及因此而引起的区域范围以内的生物气候情况的差异。西南区大致以海拔1000米等高线与华南区分界，以海拔2000米等高线与华中区分界，此界线在气候上大致与昆明准静止锋的位置相当。全区地形复杂，高山与深谷相间，故自然景观的垂直分异比较显著，低谷为热带，向上则为亚热带和温带气候，这里，土地利用规划应更多地考虑到垂直地带的差异。青藏区大致以海拔3000米等高线和积温2000℃，北部更参考干燥度4.0等值线与其他区域划分开来，自然景观的特点是高和寒，发展畜牧以及利用高原上丰富的日照，适当扩大农业生产，是本区农业上的主要问题。

自然地区的划分主要根据自然区以内的生物气候条件的差异，一个自然地区一般相当于一个自然地带，而以自然地带的名称附注在括号以内。例如，华北区分为三个自然地区，即辽东半岛和山东半岛地区（暖温带落叶阔叶林-棕壤地带）、华北平原地区（暖温带半干生落叶阔叶林与森林草原-褐土地带）和黄土高原地区（暖温带干草原-黑垆土地带）。但在个别自然区内，由于具体情况不同，不能单纯以自然地带来划定自然地区，例如：西北区

[①] 东北西南部，即松花江流域西部虽亦有春旱问题，但目前该区农业减产的主要原因不在于春夏季的干旱，而是夏秋谷物收割期间由于水分过多而造成的困难。参考 B. A. 柯夫达：中国之土壤与自然条件概论，1960年科学出版社，240页。

的准噶尔盆地属温带荒漠地带，南疆盆地属暖温带荒漠地带，柴达木盆地从生物气候上来看也应属于温带荒漠地带，但柴达木与准噶尔盆地在地域上是不联接的，显然不能合为一个自然地区。在西北内陆荒漠盆地，每一个盆地的自然景观在形态上和发生上都有相对的一致性。因此，这里我们根据巨地形轮廓，把阿尔泰、北疆、南疆、柴达木、阿拉善、河西等划分为五个自然地区。又如鄂尔多斯东部和西部虽具有地带性的差异，但它是一个独立的完整的自然单位，在农牧业发展和沙漠治理方面也有统一的规划和布局，在这里，按地带性差异划分东部和西部应当是更次一级的区划单位。某些苏联学者认为所有单位既是地带性的，又是非地带性的，故地带性单位与非地带性单位是可以统一的。我们在区划过程中，体会这个意见是正确的。

地带性规律是地表自然界地域分异的根本规律，在自然区划中应该正确地反映和遵循地带性规律。在中国和苏联，地带均被作为区划的一个重要单位。但地带没有地域的名称，即没有它自己的专有的名称，在空间上，往往可以重复出现，例如我国有森林草原地带，苏联和其他国家也有森林草原地带。因此，地带实际上是一个类型区划的名称，不宜用作区域区划的一个单位（自然区划是区域区划），区域区划的各种等级单位应该都有地域名称，以表明它们的明显的个体性和空间的不重复性[①]。我们的二级区所以没有用地带来命名，其原因即在于此。但在二级区的划分中，我们是充分考虑到自然地带的分异的，因而，自然地区实质上已充分反映了地带性的规律。例如，华北区分为三个自然地区（辽东半岛和山东半岛、华北平原、黄土高原），华中区分为二个自然地区（江汉秦岭地区、江南四川地区），华南区分为三个自然地区（两广和福建南部及台湾地区、雷州海南地区、南海诸岛地区）。

自然省的划分主要分两类情况：第一类是根据中地形的差异以及因此引起的自然景观的分异；第二类是根据地带以内的生物气候条件的次一级的差异。属于第一类情况的如：华中区江汉秦岭地区分为长江三角洲、长江中下游平原丘陵、大别山地、秦岭-大巴山地四个自然省；属于第二类情况的如：华北区华北平原地区中的河北平原省与淮北平原省的划分，前者属典型褐土亚地带，后者属淋溶褐土亚地带。

在以上的区划等级单位系统中，较低一级单位的自然景观的分异是从属于较高一级的，例如自然地区间的自然条件的差异是自然区以内的次一级的差异。若干苏联学者以地带作为自然区划的第一级单位（如 И.А.列东诺夫），中国科学院的中国自然区划草案也以带和地带作为高级的区划单位，但中国是一个多山的国家，地带的差异是从属于自然区的[②]。

[①] И. В. 萨莫伊洛夫：自然区划方法论，1957 年，科学出版社，74 页。
[②] И. В. 萨莫伊洛夫也指出：地带对省（按即自然区）的从属性在非平原的国家特别明显，而中国就是非平原国家之一。见《自然区划方法论》75 页。

我们的中国自然区划等级单位系统与中国科学院的草案相比较，显然比较简单明确。近年来，苏联进行为农业服务的自然区划（1957 年），其等级单位也趋向于简明，例如，Н.А.格沃兹杰茨基所提出的基本等级单位是：自然地理国、自然地理地带、自然地理省、自然地理亚地带以及自然地理区①。Г.Д.李赫捷尔的苏联自然区划一文中提出地区和自然省两级划分②，其图式与我们上面所设想的大致相似。

（五）

我们所提出的中国自然区划的原则和等级单位系统与过去我国学者的主张有较大的分歧，是否正确，希望大家批评指教。由于自然区划是为农业生产服务的，因此，我们特别希望各级农业生产部门提出意见。毛主席指出："理论的基础是实践，又转过来为实践服务"③。又说："我们讨论问题，应当从实际出发，不是从定义出发"④。检验中国自然区划的原则和等级单位系统是否正确，应当主要看它是否能为改造自然，特别是为农业生产服务而定，而不是纠缠在讨论一些空洞的概念和原则。在地理学中，我们特别应当坚持从实际出发的原则，根据不同地区的具体情况，来分析和讨论问题。

ПРОБЛЕМЫ ПРИРОДНОГО РАЙОНИРОВАНИЯ КИТАЯ

Жэнь Мэй-ой, Ян Жэнь-цянь

(*Геофак Нанкинского Университета*)

Резюме

Авторы, исходя из своего представление, возникщего в последние годы в пе-догогической работе и на практике исследования на местах некоторьх районов, высказали свои личные соображения и их основания по некоторым спорным вопросам,

---

① Н. А. 格沃兹杰茨基：论为农业远景规划目的服务的苏联自然地理区划的工作的原则、方法和组织，载于"地理区划问题研究"，商务印书馆，1959。
② Г. Д. Рихтер: Природное районирование СССР, пзвестия АН СССР; серия географическая,1961,3.
③ 实践论，毛泽东选集第一卷，人民出版社，1951,283 页。
④ 在延安文艺座谈会上的讲话，毛泽东选集第三卷，人民出版社，1953 年，第一版，875 页。

существующим в работах природного районирования нашей страны.

При проведении природного районирования прежде всего следует найти главное противоречие в качестве признака районирования на основе всестороннего анализа и изучения природных комплексов разных районов. Из-за чрезвычайной сложности природы не целесообразно выделить природные районы какого-нибудь ранга страны по единым показателем. В комплексном природном районировании, разрабо танном Академией наук КНР в 1959 г., тепловые пояса выделяются по всличине сумм температуры, а единицы следующего ранга——по степени увлажнения. Однако на Востоке и Западе КНР главное противорение природы не одинаково: на Востоке——теппо, на Северо-западе——влага, а на Цинхайско-Тибетском нагорье——рельеф. В связи с этим применение единого показателя, кажущегося стройным и определенным, на самом деле ставило на одну доску главное противорение с второстепенным, и не может вскрывать закономсрность дифференциации природы нашей страны. В районировании следует разработать разные показатели по конкретной обстановке разных мест и только при таком условии удаётся удовлетворить научные и практические требования.

Далее, что касается системы таксономических единиц районирования, то она должна как возможно быть упрощенной и ясной. Систему таксономических единиц комплексного природного районирования, разработанную Академией наук Китая, следовало бы в должной мере упрощать. Пояс, область и зону можно сливать в один ранг (зону). В отношснии территориальных дифференциаций природы, некоторые из них в основном связаны с изменением теплового условия, а некоторые —— в основном с изменением условия влаги.

В третьих, закономерность зоналвности является основным законом территориальной дифференциации и должна находить отражение в природном районировании. Но на самом деле, зона является наименованием типологического районирования, поэтому принять ее за едиаицу районирования не целесообразно. Природное районирование представляет собою региональные районироваиня и все единицы разного ранга должны иметь терригориальное наименование с тем, чтобы показать их ясную индивидуальность и неповторяемость в пространстве. Такое наименование ясно и оно облегчает его практическому применению.

Таким образом, по вышеперечисленным соображениям авторы разработали схему природного районирования Китая, в которой делили всю страну на 8 природных стран （районы первого ранга)——Северо-восток, Северный, Центральный и Южный Китай, Юго-запад, Цинхай-Тибет,Северо-зaпaд, Внутренняя Монголия. Дальше,выделяется 23 природных областей（районы второго ранга) и 68 природных провинций（районы третьего ранга).

中国湖泊生态系统研究的多维探索：
自然区划原则与湖泊分类

秦伯强　赵星辰　李　枫

时隔多年重读任美锷与杨纫章先生共同撰写的"中国自然区划问题探讨"，仍然备受启发。文章开篇明义地提出"自然界是一个统一的整体，它是各种现象完整的、相互制约的有规律的组合……因此，一个自然因素的地域变化必然会影响其他因素的变化"。对比和反思近年来我国湖库水体污染治理与保护的科学研究与实践，深切感到我们对自然界综合性与差异性规律辩证认知的不足。在文章中，两位先生强调了科学性与实用性相结合的重要性，认为自然区划应当全面分析各种自然因素，找出其主导因素作为区划的依据，而自然区划的等级单位系统应该简明清晰，同时能够充分反映自然界地域分异的需求。这一观点在中国湖泊生态系统的研究中同样具有指导意义，建立科学合理的分类体系，有助于更好地理解湖泊生态系统的复杂性。

一、中国湖泊的地理多样性与自然区划

中国地域辽阔，地形呈现出明显的阶梯状大地貌特征，气候各异，自然环境区域差异显著。中国拥有数量众多、类型多样的湖泊，全国水面面积1平方千米及以

作者介绍： 秦伯强（1963— ），男，江苏苏州人，中国科学院南京地理与湖泊研究所研究员，中国地理学会会员（S110001892M），研究方向为湖沼学。E-mail: qinbq@niglas.ac.cn

上的天然湖泊达到 2 865 个，总面积约 8 万平方千米（马荣华等，2011）。湖泊的形成、演化和资源分布等方面展现出与自然环境相应的地域特征。研究学者根据湖泊的分布、成因、水环境、资源分布和水文特征，结合中国西高东低的大地貌特征和南湿北干的气候条件，按照空间分布特征，将中国湖泊基本分为五大湖区进行分类对比分析。这五大湖区包括青藏高原、蒙新高原、云贵高原、东部平原和东北平原与山地。其中，东部平原、云贵高原、东北平原与山地三大湖区属外流区，受亚洲季风湿润气候的影响，主要为开放的淡水湖；而青藏高原湖区和蒙新高原湖区基本属于内流区，受干旱半干旱气候影响，湖泊多为封闭的咸水湖或盐湖（杨桂山等，2010）。这种分类不仅考虑了地理位置和地形地貌，更充分反映了气象和水文条件等方面的差异，呈现出各湖区特有的属性与地域特色。

我国湖泊生态环境问题也呈现出明显的区域分异。东部平原湖区主要受人类活动影响，导致湖泊水质下降和水体过度利用，是湖泊生态退化的主要原因之一。而西部地区湖泊则受气候变化和人为因素的共同影响，出现了湖泊水位下降、水体盐碱化、富营养化加重等问题，同样面临生态退化和渔业资源减少的挑战。湖泊萎缩导致湖泊面积减小、湖水咸化和碱化、湖泊滩地沙化现象加剧。蒙新高原湖区的湖泊整体呈现逐渐咸化的趋势（张运林等，2022），这些现象彰显了不同地区湖泊生态环境问题的多样性和复杂性。

二、湖泊生态系统分类与多因素分析

在"中国自然区划问题"中，任美锷与杨纫章先生还强调了自然区划的主导因素有其综合的基础，需要考虑多种自然条件的综合效应，而非局限于单一因素。而湖泊生态问题往往受多重因素影响，湖泊生态系统中始终存在着多种因素的相互作用，因此，研究者应该重视自然系统的综合性，从多个角度对湖泊生态问题进行分析和讨论，以更全面地理解湖泊生态系统的复杂性。

在目前气候变化背景下，我国湖泊面临着气候变化引发的许多其他相关生态风险。全球气候变暖导致湖泊增温，加剧了湖泊热力和溶氧分层现象，导致温跃层变浅、分层时间延长、混合时间缩短，使得湖泊底部溶解氧更易耗竭，形成缺氧和厌氧区，对底栖生物和生态系统产生不利影响。湖泊增温还会增加湖泊热浪发生的频次、强度和持续时间，诱发和强化藻类水华，造成灾害影响。1985 年至 2022 年，我国共经历了约 454 天的极端高温。总体而言，极端高温天数呈上升趋势，每 10 年约增加 2.08 天，极端高温强度也逐渐上升，每 10 年约增加 0.03℃/天（Wang et al.，2024）。2016 年中国东部经历了严重的高温热浪过程，导致钱塘江流域的千岛湖和富春江水库出现明显的蓝藻水华，其中，富春江水库严重的蓝藻水华曾一度威胁在杭州召开的 G20 峰会。同时，青藏高原湖泊冻融期缩短、面积快速变化等现象引发了湖冰反照率减小和温室气体释放等，对气候变化产生了反馈作用，进一步改变了局地气候并影响了流域水资源和生态环境。这凸显了在研究湖泊生态问题时，不能仅根据空间分布进行分组讨论与分析，还必须考虑多层次的分析结构，针对湖泊典型代表特征的联系与影响进行理论与统计分析，并在对湖泊典型特性集进行聚类分析的基础上划定湖泊分区（张运林等，2022）。

当前，国内外学者从多个角度对湖泊进行分类研究，主要考虑湖泊水文、湖泊所含物质以及河湖关系等自然属性而确定湖泊的类型（邢子强等，2019）。根据湖泊连接河流入海情况，湖泊可分为外流湖和内流湖。其中，外流湖与河流相通，湖水最终汇入海洋；而内流湖，也称内陆湖，是指湖水不直接排入海洋的湖泊。

基于湖泊水文特征的湖泊分类体系主要考虑湖泊水量、水深、水龄以及水温度等指标。例如，按照湖泊水深的差异可将湖泊划分为浅水湖和深水湖两类，尽管这两类之间没有严格的界定，但通常以是否存在温跃层作为划分标准。温跃层的存在导致深水湖与浅水湖在水体流动性、内源营养盐释放以及水生生物分布等方面存在较大差异。湖泊水深特征作为湖泊重要的基础条件，对湖泊流域氮磷负荷和湖泊内氮磷循环过程具有关键影响。研究表明，相较于深水湖泊，浅水湖泊更容易受到富营养化和蓝藻水华的影响。因此在富营养化湖泊中，尤其是在浅水湖泊中，可能需要同时进行氮和磷的控制才能有效遏制富营养化与蓝藻水华的发生（Zhou et al.，2022；Qin et al.，2020）。

湖水所含物质是维系湖泊生态系统健康的关键所在。湖泊矿化度是表征湖水化学性质的重要指标之一。根据湖水矿化度，可以将湖泊分为淡水湖、咸水湖和盐湖三种类型。湖泊营养元素含量直接影响湖体的初级生产力，是导致湖泊富营养化问题的根本原因之一。我国湖泊根据湖泊营养类型划分为贫营养、中营养和富营养三种类型。富营养化问题是我国湖泊当前面临的最大环境挑战，尽管治理投入巨大，但受到湖泊流域社会经济快速发展和全球气候变化等的影响，大多数湖泊的富营养化状况未能得到根本扭转。根据中华人民共和国生态环境部 2020 年的监测数据，在开展监测的 110 个重要湖库中，中营养及以上的湖泊占比约为 90.9%，而贫营养湖库的比例仅为 9.1%（张运林等，2022）。长江中下游湖泊普遍存在总氮、总磷超标等问题，部分湖泊因富营养化引发的季节性藻类水华问题依然严重。对五大湖区不同富营养化状态湖泊的分布规律进行研究发现，云贵湖区的富营养化程度最为严重，蒙新湖区的富营养化呈两极分化状态，东北山地-平原湖区与东部湖区的湖泊基本处于中营养与轻度富营养之间，而青藏高原湖区的富营养化程度最低，主要处于贫营养与中营养之间（李娜等，2018）。这表明，五大湖区的湖泊富营养化程度存在明显差异，不仅受地理位置影响，还受多重因素影响，如人类活动、湖泊特征等。

因此，在讨论湖泊生态问题时，综合考虑地理位置、水文特征、湖水所含物质等多个评价指标，是理解中国湖泊生态系统复杂性的关键。科学合理的分类体系有助于揭示湖泊生态问题的多样性和区域特征，为湖泊生态保护与治理提供科学依据和指导策略。

三、因地制宜的湖泊生态环境保护与治理策略

综合考虑因地制宜的政策，可以更有效地解决湖泊生态环境问题，从而实现湖泊生态系统的可持续发展和利用。这一理念强调在制定湖泊保护与管理政策时，必须全面考虑各湖泊所处的地理、气候、水文和生态条件。不同地区的湖泊面临着独特的生态环境问题和挑战，因此，采取针对性强、具有灵活性的政策将更加有效。

在实施因地制宜的政策时，可以从以下几个方面着手：首先，根据不同湖泊的生态环境问题和特点，制定相应的管理目标和措施。例如，对于水质污染严重的湖泊，应加强水污染治理和排放控制；对于生物多样性丰富的湖泊，应重点保护湖泊生物资源和栖息地；针对湖泊萎缩严重、水资源供给不足和水环境污染严重的现状，

应调整流域农业生产结构和产业布局。其次，根据不同地区的社会经济发展水平和资源禀赋情况，采取相应的经济激励政策，鼓励企业和个人积极参与湖泊保护和治理。可以实施生态补偿、生态补贴和税收优惠等政策，以促进湖泊生态系统的修复和保护。此外，还应加强跨部门、跨地区的合作与协调，建立多方共治、协同发展的湖泊保护与管理机制，实现资源共享、信息共享和责任共担。这需要政府部门、科研机构、企业和社会公众共同努力，形成合力，推动湖泊生态环境保护与治理工作取得实效。

思今追昔，重读经典，是后来者从事科学研究的重要出发点。谨以此文感念那些为我们成长成熟指引方向的大师先贤。

参考文献

[1] 李娜、黎佳茜、李国文等："中国典型湖泊富营养化现状与区域性差异分析"，《水生生物学报》，2018年第4期。

[2] 马荣华、杨桂山、段洪涛等："中国湖泊的数量、面积与空间分布"，《中国科学：地球科学》，2011年第3期。

[3] 邢子强、黄火键、袁勇等："湖泊分类体系及综合分区研究与展望"，《人民长江》，2019年第9期。

[4] 杨桂山、马荣华、张路等："中国湖泊现状及面临的重大问题与保护策略"，《湖泊科学》，2010年第6期。

[5] 张运林、秦伯强、朱广伟等："论湖泊重要性及我国湖泊面临的主要生态环境问题"，《科学通报》，2022年第30期。

[6] Qin, B., J. Zhou, J. J. Elser *et al.* 2020. Water depth underpins the relative roles and fates of nitrogen and phosphorus in lakes. *Environment Science and Technology*, Vol. 54, No. 6.

[7] Wang, W., K. Shi, X. Wang *et al.* 2024. The impact of extreme heat on lake warming in China. *Nature Communications*, Vol. 15, No. 1.

[8] Zhou, J., P. R. Leavitt, Y. Zhang *et al.* 2022. Anthropogenic eutrophication of shallow lakes: Is it occasional? *Water Research*, Vol. 221.

中国太阳直接辐射、散射辐射和太阳总辐射间的关系

左大康 弓 冉

（中国科学院地理研究所） （中国科学院河北分院地质地理研究所）

  太阳直接辐射、散射辐射和太阳总辐射间的关系，在近代气象学、气候学，尤其是日射学中是很重要的研究课题之一，但是到目前为止，这方面问题的研究还是不多的。W. 哥尔祖斯凯[1]在 1945 年曾分析过欧洲一些地区太阳直接辐射和散射辐射间的关系，随后 H. H. 加里晋[2]在 1946 年又研究了苏联不同气候带内若干地区的太阳辐射与散射辐射间的关系，近年来 Е. П. 巴拉斯可娃[3]和 Т. Г. 贝尔良德[4]也从事过这方面问题的研究。但是迄今为止，本问题的某些规律现象还需要进一步探讨，至于中国领域内它们之间的特点则更有待于分析和研究。

  本文利用了 26 个日射观测站三年半（1957 年 7 月—1960 年 12 月）时期中的太阳辐射观测资料。对研究本问题来说，现有观测资料的年代虽然是短了一些，但我们认为仍不妨碍对本问题的基本规律现象进行探讨。为了便于研究它们三者间的关系，本文利用了太阳直接辐射 S' 和总辐射 Q 的比值 S'/Q 作为研究它们三者间关系的指标。因为知道了 S'/Q 值，也就知道了 D/Q 值（D 为散射辐射）。

一、晴天条件下 S'/Q 值的日变化和太阳高度（$h_⊙$）的关系

  图 1 是晴天平均大气透明度条件下多年平均的定时观测资料所作出的各地区太阳直接

辐射与总辐射的比值 S'/Q 和太阳高度 $h_⊙$ 的关系曲线图。从该图上可以看到 S'/Q 值随 $h_⊙$ 的增高而增加。当 $h_⊙<20°$ 时，S'/Q 值几乎是随 $h_⊙$ 的增高而呈直线上升。随着太阳高度的继续增高，S'/Q 值随 $h_⊙$ 的增高而增加的速度就逐渐地变慢了。这是由于太阳高度角很小时，太阳高度的微小变动就使太阳光线所通过的大气圈质量厚度发生迅速的变化；而在太阳高度角较大时，太阳高度的变动所能引起的太阳光线通过大气质量厚度的变化很小的缘故。

　　根据图 1 我们作出了不同地区和不同高度 $h_⊙$（10°—80°）条件下的 S'/Q 值表（见表 1）。如果假定太阳高度为 80° 时各地区的 S'/Q 值为 100% 的话，则从表 1 可以看出：当太阳高度从 0° 上升到 20° 时，S'/Q 值从零上升到太阳高度为 80° 时 S'/Q 值的 80—90%；当太阳高度继续从 20° 上升到 40° 时，S'/Q 值仅增加了 7—15%；当太阳高度从 40° 再继续上升到 80° 时，S'/Q 值就只增加 5% 左右了。

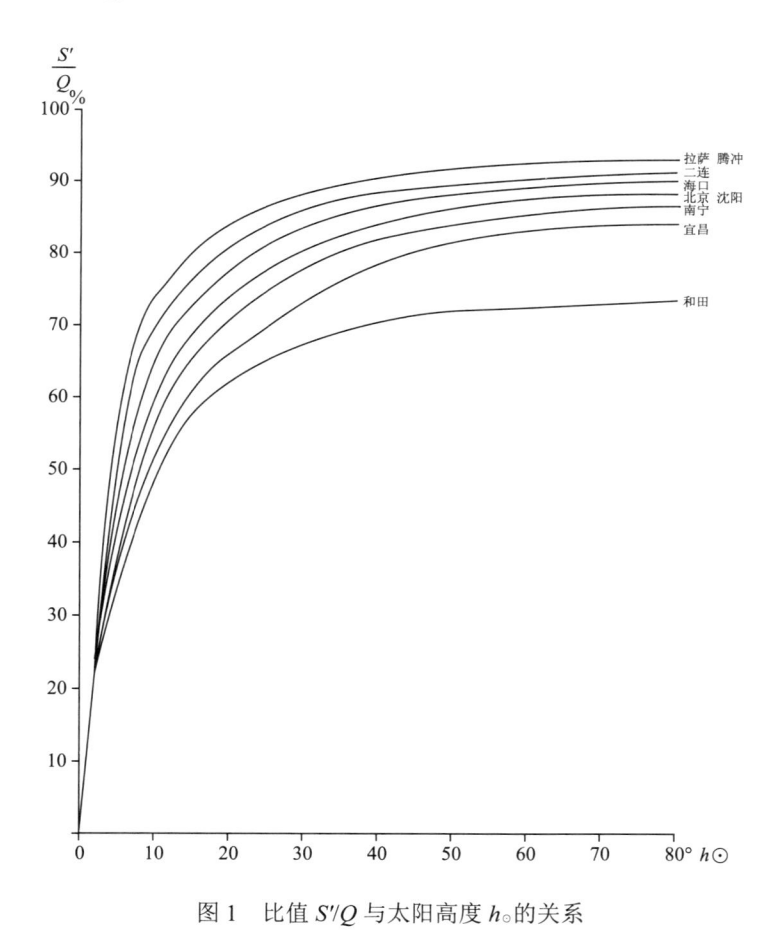

图 1　比值 S'/Q 与太阳高度 $h_⊙$ 的关系

表 1

站名 S'/Q \ $h_☉$	10°	20°	30°	40°	50°	60°	70°	80°
拉萨／腾冲	74	84	89	91	92	93	93.5	94
二连	70	81.5	86.5	89	90	91	91.5	92
海口	65	78	84	87.5	89	90	90.5	91
北京／沈阳	61	74	81	85	87	88	88.5	89
南宁	56	71	78	82.5	85	86.5	87	87.5
宜昌	52	66.5	74.5	79	81.5	83.5	84	84.5
和田	50	62	68	71	72.5	73.5	74	74.5

从上所述，可以得出以下几点结论：1.晴天条件下 S'/Q、S'、Q 和 D 的绝对值都随一天中太阳高度的升降而增减。2.太阳高度小时，S'/Q 随 $h_☉$ 的变化而迅速的增减；太阳高度大时，S'/Q 随 $h_☉$ 而变动的幅度减小了。3.日出日没时 $\frac{S'}{Q}=0$，而 $\frac{D}{Q}=1$。因此晴日中正午的 S'/Q 值最大，而早晚日出日没时 S'/Q 值最小。4.D/Q 值和 S'/Q 值有相反的日变化过程，即 D/Q 值早晚最大，正午最小。

大气透明度对 S'/Q 和 $h_☉$ 的关系有很大的影响。空气透明度愈大，则太阳直接辐射的强度也愈大，S'/Q 值也就跟着愈大。因此，大气透明度和 S'/Q 呈正比关系，而和 D/Q 呈反比关系。从图 1 可以看到不同大气透明度和不同地势高度（地势高度也是通过大气透明度起作用的）对 S'/Q 和 $h_☉$ 的关系的影响。例如，拉萨、腾冲和二连的大气透明度大，地势高，拉萨海拔且在三千米以上，太阳光线到达地面时所通过的大气层较薄，散射作用因而减弱，因此这些地区 S'/Q 随 $h_☉$ 的增高而增大要比其它地区大得多。新疆塔里木盆地的和田地区空气中含尘量很大（根据 1954—1960 年资料，和田年平均浮尘日数为 165 天），大气透明度极差，这里虽然经常晴朗无云，但很难见到昆仑山的真面貌，因此，这个地区太阳光线的散射作用很强，直接辐射就显著地被削弱了，这个地区 S'/Q 随 $h_☉$ 的增高而增加的程度就比其它地区小得多。因此，不同地区由于大气透明度的不同，S'/Q 随 $h_☉$ 而变化的关系存在着地区上的差异。

二、S'/Q 值的年变化

S'/Q 值的年变化过程和该地区一年中的天气现象存在着极密切的关系。在我国大部分地区中 S'/Q 值是由春季或夏季向秋季增加的。S'/Q 的最大值和次大值多半出现在秋季，最小值则出现于春季或夏季（表2）。最大值和次大值出现于秋季这是由于我国秋季晴天多、阴天少、日照百分率大的缘故。最低值出现于夏季的地区则和夏季海洋季风的影响有关。如二连、沈阳和北京的最低值出现于6、7月，很明显是太平洋东南季风影响的结果；拉萨和腾冲的最低值出现于7、8月，这是印度洋西南季风影响的结果。西北敦煌与和田等沙漠地区 S'/Q 的最低值出现于春季，这与该地区春季冷锋活动多、大风和沙尘天气频繁、大气透明度差有关。至于上海、宜昌和桂林等地春季 S'/Q 值小的原因可能是这个时期以内南北暖寒气流在这个地带中相互消长，而锋面与气旋活动较多的缘故。只有成都是例外，成都的最低值出现于秋季，这大概是由于秋季冷空气南下时，四川盆地受周围地形的影响，冷空气的侵入滞缓，它的冷锋在四川和贵州一带处于半静止状态，因而阴天多晴天少。

表2 年月平均 S'/Q 值（100%）

站名 \ 月	1	2	3	4	5	6	7	8	9	10	11	12	年平均
二连	70	72	70	67	66	65	66	76	75	80	75	71	71
沈阳	54	59	58	59	63	46	49	51	66	66	65	57	58
敦煌	57	58	46	51	50	62	66	67	53	71	60	85	61
北京	62	71	58	60	60	61	55	60	65	66	60	71	62
和田	49	50	36	57	47	50	40	43	50	57	58	61	50
郑州	51	54	46	45	51	57	57	58	62	65	54	55	55
上海	55	52	47	48	48	52	63	53	48	57	53	54	53
宜昌	38	36	35	36	44	44	58	59	55	50	44	39	45
成都	39	21	35	35	29	31	41	49	29	25	24	27	32
拉萨	75	66	67	65	67	67	61	61	71	77	87	82	71
桂林	35	35	36	39	33	47	54	70	60	55	51	47	47
腾冲	76	63	65	59	44	43	29	47	54	58	81	79	58
广州	47	51	29	32	36	38	59	54	56	61	66	61	49
海口	44	48	40	49	65	58	65	59	59	60	61	46	55

从表2中还可注意到一种现象,只有二连、拉萨和北京等地全年各月的 S'/Q 值都大于 D/Q 值,也即是这些地区的太阳直接辐射值全年各月都超过散射辐射值。郑州、上海和广州等地春季的 S'/Q 值都小于 D/Q 值,而沈阳和腾冲夏季的 S'/Q 值小于 D/Q 值,和田、宜昌、桂林与海口等地几乎一年中有半年以上 S'/Q 值小于 D/Q 值。特别值得指出的是成都地区全年各月的太阳直接辐射值都小于散射辐射值,而且绝大多数月份内(尤其是秋冬两季),后者比前者大一倍以上。由此可见太阳散射辐射在沙漠地区以及长江以南的广大区域中所起的重要作用和在短波辐射中所占的地位了。

三、S'/Q 和日照百分率及总云量的关系

为了探求 S'/Q 和日照百分率及总云量的关系,我们将各月平均的 S'/Q 值和与之相对应时期中的月平均日照百分率 S/S_0 及总云量 n 分别点在图2和图3上。在作这些相关图时,从具有日射观测资料的台站中选用拉萨代表西藏高原,广州代表华南,成都代表四川盆地,宜昌和上海代表长江中下游,郑州、沈阳和二连分别代表华北、东北和内蒙,腾冲代表西南,而若羌、和田、库车、敦煌及噶尔穆等地则代表西北沙漠地区。

从图2和图3上可以看到以下现象:1. S'/Q 和日照百分率及总云量都有较好的相关性。S'/Q 随日照百分率的增加而增加,随总云量的增加而减小。2.相关曲线通过坐标原点。3.每张图上都可作出两条相关曲线。一条代表沙漠地区,另一条代表我国其它广大地区,而且沙漠地区的相关曲线位置要低一些,也即是沙漠地区 S'/Q 随日照百分率的增加而增加的程度比我国其它地区小些,随总云量的增加而减小的程度比我国其它地区更快些。我国沙漠区阴天少、晴天多、日照丰富,S'/Q 值应当是较大的,但由于风沙大、浮尘多、大气透明度差,太阳直接辐射到达地面时已遭到很大的削弱,因此 S'/Q 和日照百分率的相关曲线就较我国其它地区偏低。4.比较图2和图3后可以看出 S'/Q 和日照百分率的相关程度较之总云量更为理想,图2上的相关点较之图3上的相关点更为集中和靠近相关曲线。这是由于总云量仅表示某一地方云量的多寡,但云形不同对太阳直接辐射的削弱程度是不同的。根据 Н.И.马卡列夫斯基[5]在巴甫洛夫斯克的观测资料,当 $h_\odot<55°$ 时,卷云平均能透过75%左右的太阳直接辐射,卷层云稍次于卷云,而厚度达50—100米的浓密云层几乎能全部散射掉太阳的直射光线。日照百分率则能反映影响 S'/Q 值的各种综合天气现象,如云量与云形、雾与浮尘天气等。因此日照百分率和 S'/Q 的相关性也就比总云量大些。5.从图2中可以看到成都的相关点位置最低,桂林和宜昌次之,拉萨、腾冲和二连的相关点位置最高,这也可以表明这些地区的日照百分率和 S'/Q 的关系特点。另外,二连、腾冲和桂林的相关

点大多在相关线之上，郑州和沈阳的相关点则大多在相关线之下，因此根据相关曲线和日照百分率来计算各地区的 S'/Q 值时，就会产生稍稍偏高或偏低的情况。但是也需要指出，某些地区 S'/Q 值的偏低并非真实现象，如沈阳日照百分率并不很低，阴天日数不及北京多，这里 S'/Q 值偏低与这个工业城市中的浓厚烟雾有关。

目前日射观测站还不很多，但具有日照百分率资料的台站是不少的，在作出了这种相关图后我们就可以根据各地区的日照百分率来查出各地区的 S'/Q 值，因而也就有可能来了解那些没有日射观测资料地区的 S'、D 和 Q 的一些特征，同时也有可能来研究 S'/Q 值的空间变化规律。

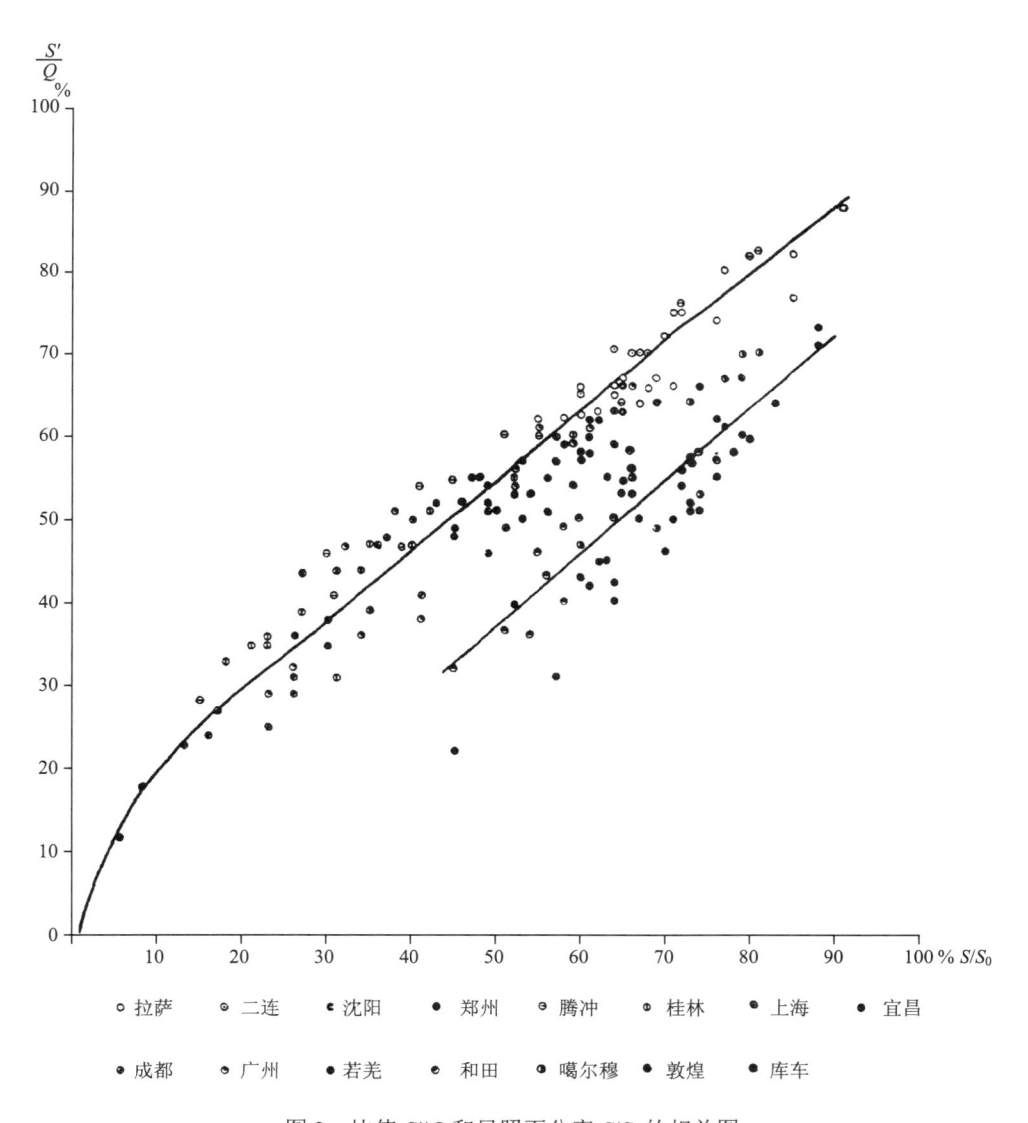

图 2　比值 S'/Q 和日照百分率 S/S_0 的相关图

四、S'/Q 值的空间分布规律

根据上述相关图和全国 140 个台站的多年平均日照百分率资料查出了这些台站 1、4、7、10 月（分别代表冬、春、夏和秋季）及年平均的 S'/Q 值，并作出了五张 S'/Q 值的地区分布图。

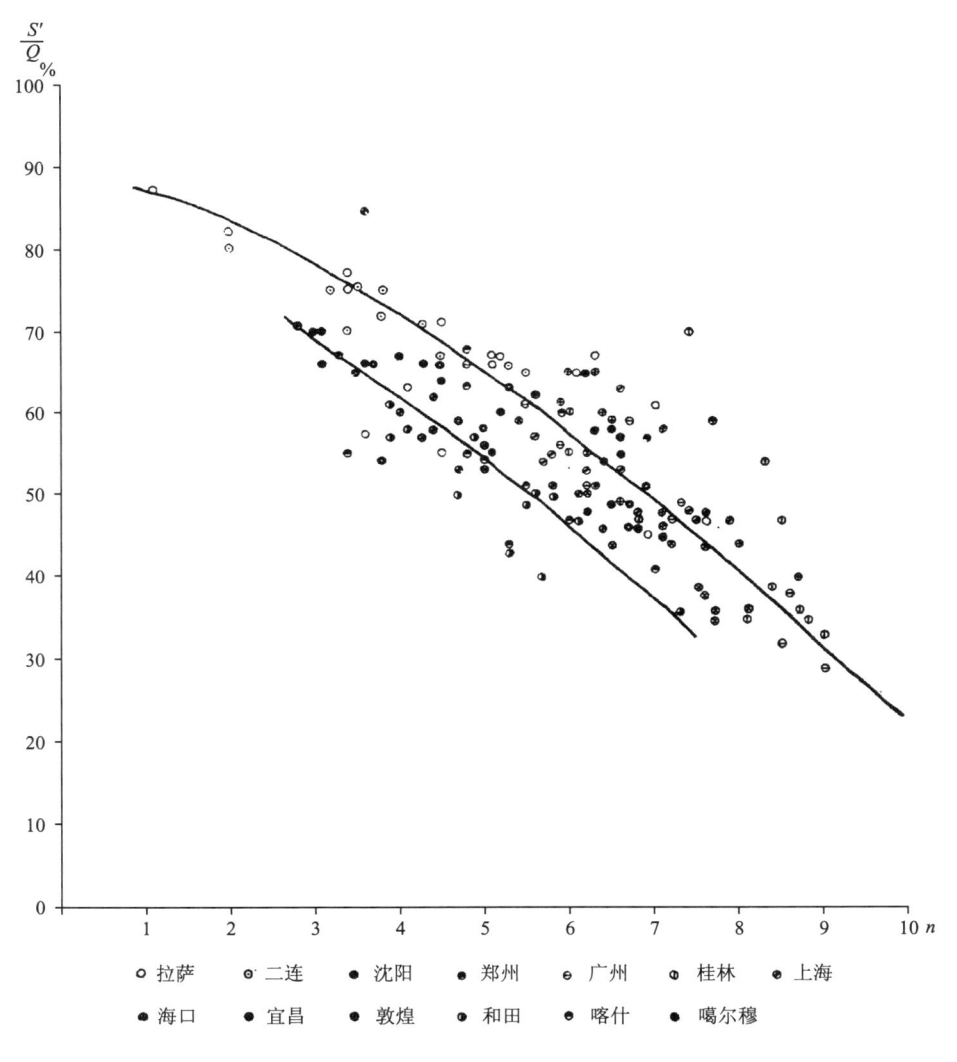

图 3　比值 S'/Q 和总云量 n 的相关图

S'/Q 值的地区分布特点和大气环流的关系很密切,因为环流决定着天气,而天气不同 S'/Q 值也就有所差异。例如,Е.П.巴拉斯可娃在研究这个问题时写道:在苏联境内年平均 S'/Q 值随纬度的增加而减小,在一年中 S'/Q 值由冬季向夏季增加。但我国恰好与此相反,这是由于我国和苏联地区的环流、天气和纬度条件具有不同特点的缘故。

1. 年平均 S'/Q 值的分布特点。从图 4 可以看到 S'/Q 值从大陆南部的 50% 左右向北增加到 70% 以上。这是由于冬季大陆北部常在蒙古高压和极地大陆气团控制之下,晴天多,日照百分率大。当该气团南下时,因受华西和长江以南地形阻滞的影响,气团南进速度变慢,且常形成半静止状态,华西、华中和华南一带常造成阴雨天气,日照百分率显著减小。夏季东南季风和西南季风的影响是由南向北减弱的。所以全年各季中北方的晴天一般都多于南方,北方的 S'/Q 值也大于南方。

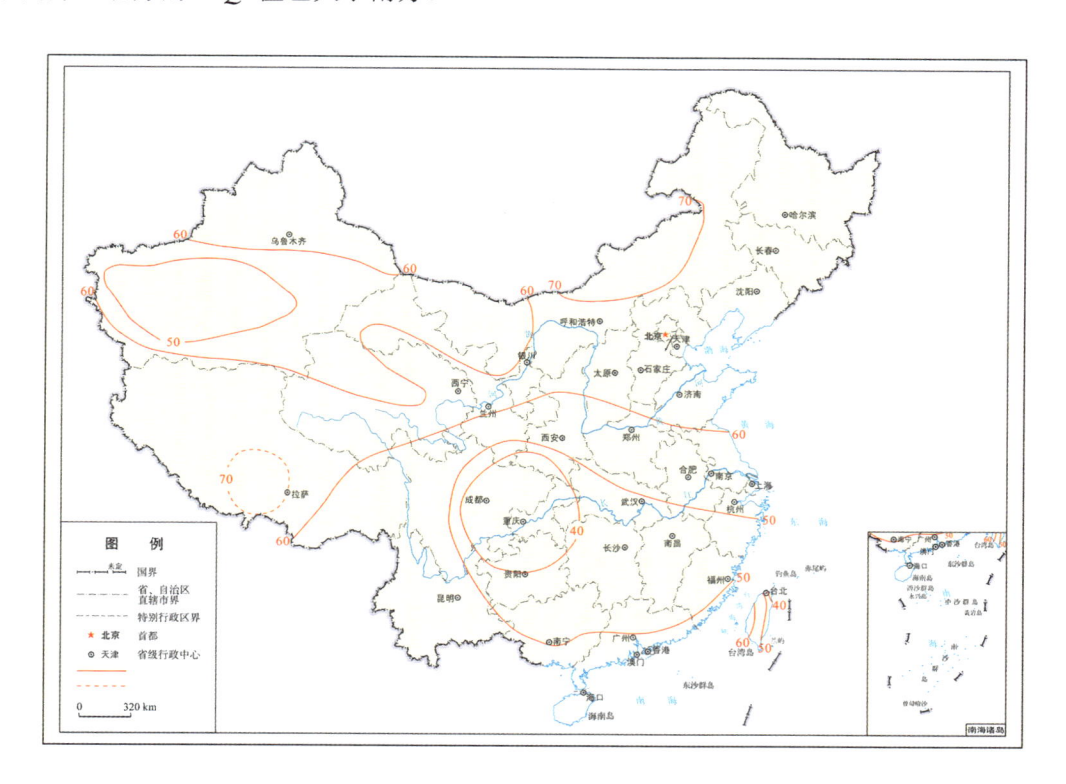

图 4 年平均 S'/Q 值地区分布图

四川盆地、贵州中、北部和湖北西部为一低值区,S'/Q 值在 40% 以下。这主要是由于这个地区秋冬多静止锋,春季西南低涡活动频繁,全年各月日照百分率很低的缘故。

大陆东南的闽、粤、桂沿海地区和海南岛,S'/Q 值略有增高,大多在 50% 以上。这是由于冷季(9月—4月)期间北方的寒冷气团较难越过南岭和戴云山地,静止锋较南岭以北地区为少，晴天较多。

台湾的 S'/Q 值从东北（40%以下）向西南（60%以上）增加。这主要是由于冷季（9月—4月）期间盛行气流多来自东北方，冷季中台湾东北部的地形雨和锋面雨较多，阴天频率大，而台湾西南部因处于背风面常多晴朗的好天气。

东北长白山地 S'/Q 值较低也与地形的影响有关。

西北沙漠地区日照百分率虽大，但风沙浮尘天气很多，大气透明度极差，S'/Q 值因而偏低。最低值在南疆塔里木盆地沙漠中，S'/Q 值在50%以下。

西藏高原的 S'/Q 值大多在60%以上，这是因为西藏高原是一个平均拔海四千米左右的大高原，大气中尘埃和水汽含量减少，大气透明度较大，太阳光线穿过大气圈的厚度减薄所致。由于西藏高原上日照百分率资料很少，因此在高原西部的广大地区里暂时无法获得 S'/Q 值。

2. 冬季 S'/Q 值的分布特点（以1月为代表）和年的分布情况基本上是相似的。大陆东部地区 S'/Q 值也随纬度的增高而增加，不过冬季中 S'/Q 值随纬度增高而增加的趋势较之年平均值的情况更加明显得多（图5）。四川盆地、贵州大部、湖北和湖南西部的 S'/Q 值都小于30%，这里冬季中早晨9、10时前辐射雾很多，对削弱太阳直接辐射有很大影响。整个广西、湖北和湖南东部以及江西西部 S'/Q 值都低于40%。上述地区形成了一个面积广阔的低值区。华南和长江以南的中下游各省 S'/Q 值都在50%以下；而大陆北部 S'/Q 值大于70%的地区则更加扩大了，整个大兴安岭、太行山及其以西地区，包括内蒙大部、河北、山西和陕西北部 S'/Q 值都高于70%。冬季南北地区间 S'/Q 值梯度的增大说明了蒙古高压对中国天气的影响是自北向南减弱的。

台湾冬季期间 S'/Q 值自东北向西南增加较之年平均的情况也要明显得多。

和 S'/Q 值的年分布图所不同的是云南地区冬季 S'/Q 值大于70%，这大概与冬季中该地区经常在单一的偏西气流控制下天气多晴朗有关。

3. 春季 S'/Q 值的空间分布（以4月为代表）和年的情况仍然是相似的，云南地区则和冬季情况相似，仍有一个高值区（图6）。一般说来，干季（11月—4月）云南上空都盛行单纯的偏西气流，阴天和降水日数很少，晴天较多。

4. 夏季 S'/Q 值的分布特点（以7月为代表）和冬季以及年平均的情况有很大的差异（图7），这显然和冬夏环流形势的改变有关。夏季大陆东部地区都在太平洋东南季风的影响之下，因此南北纬度间 S'/Q 值相差不大，大多在60%左右。大陆北部的大兴安岭和太行山以西地区因东南季风的影响减弱，S'/Q 值在60%以上。大陆东南部的浙、闽、粤及两湖盆地一带盛夏期间太平洋高压脊控制的频率较多，天气酷热晴朗，这可能是这个地区中 S'/Q 值比较高的原因（S'/Q 值大于60%）。

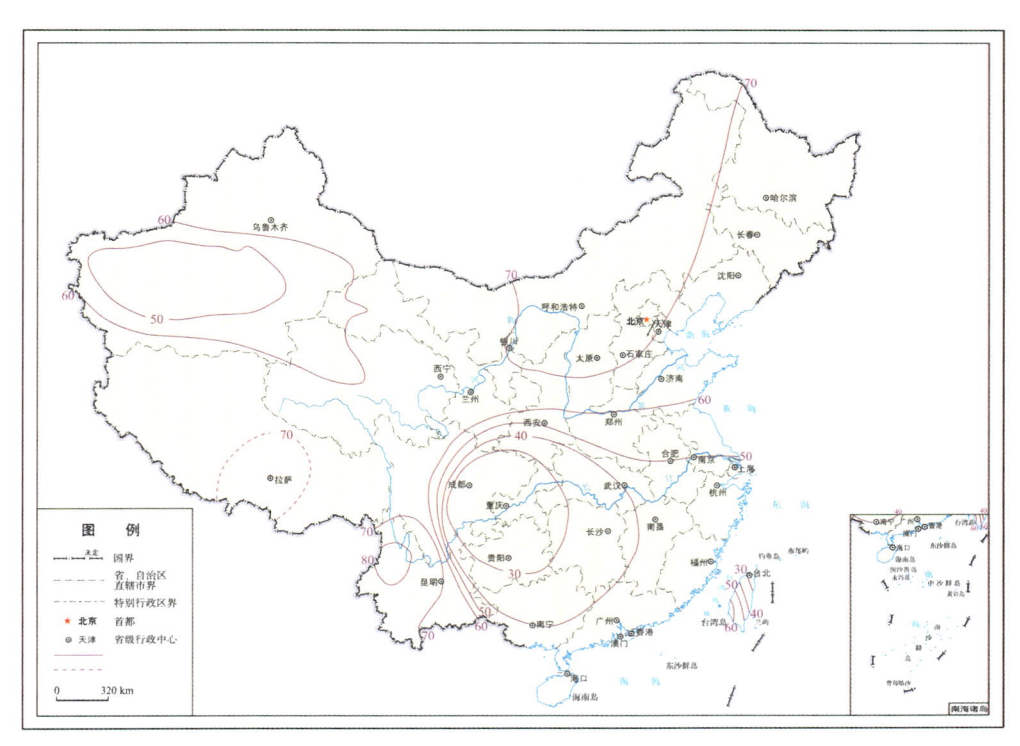

图 5　1 月 S'/Q 值地区分布图（代表冬季）

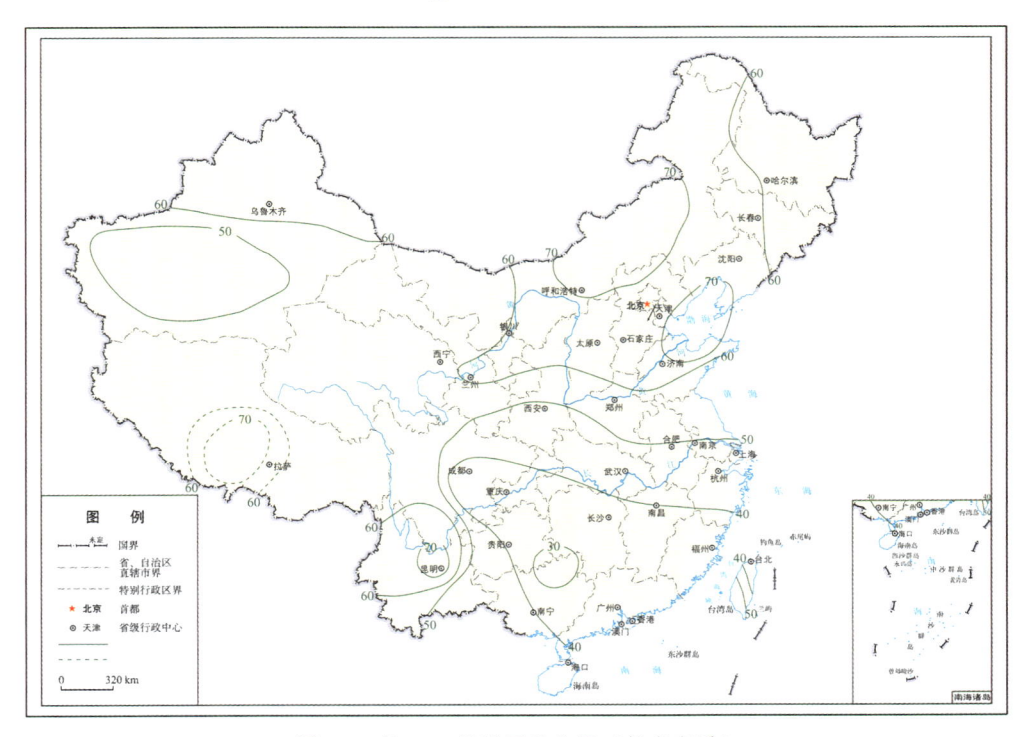

图 6　4 月 S'/Q 值地区分布图（代表春季）

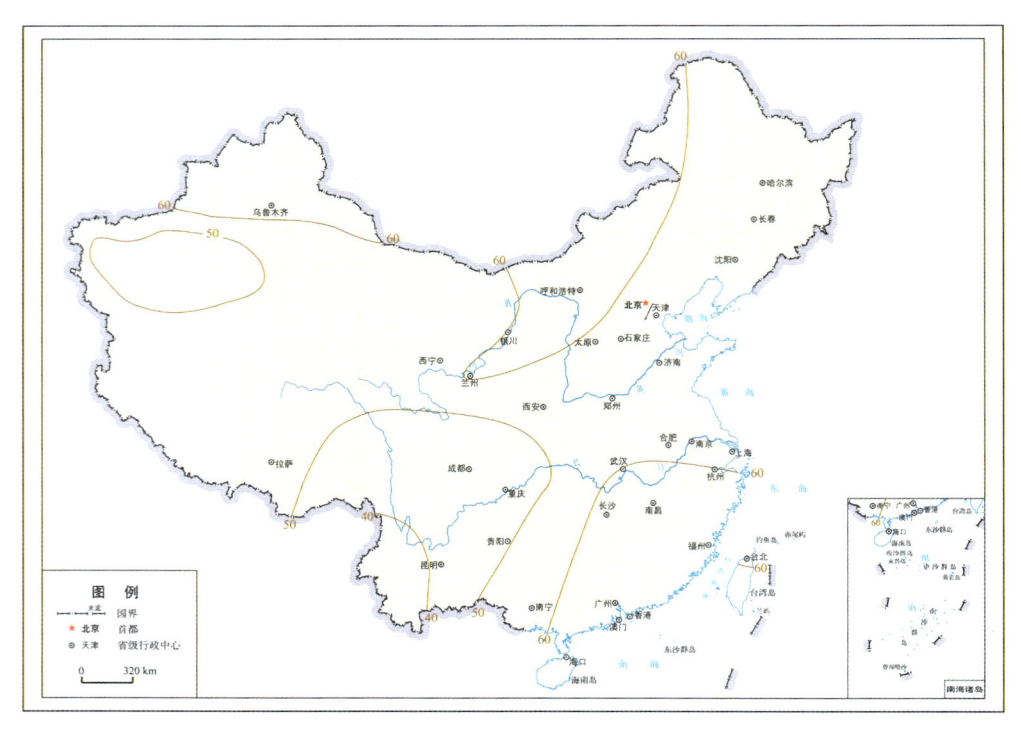

图 7　7月 S'/Q 值地区分布图（代表夏季）

（注：图上东南部 50 的数值应改为 60）

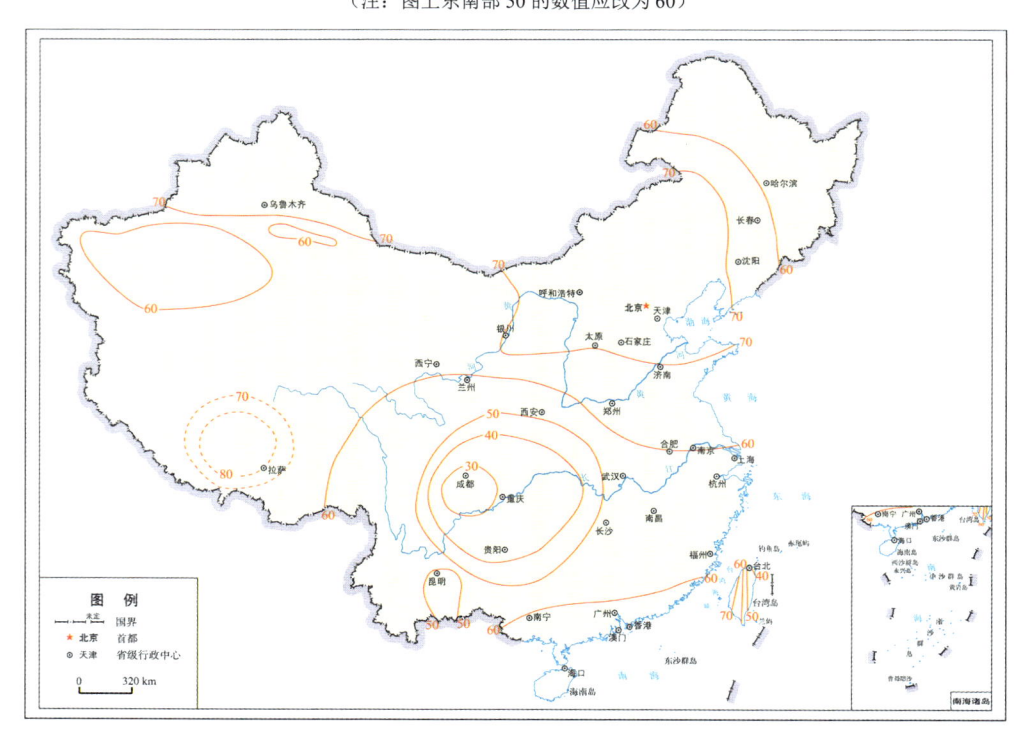

图 8　10月 S'/Q 值地区分布图（代表秋季）

夏季台湾盛行西南风和东南风，东西两岸和南北间的 S'/Q 值差别很小。

夏季西藏高原和云南的 S'/Q 值较其它各季都小。四川盆地、贵州西部、云南和西藏高原东部 S'/Q 值大多在 50% 以下。这是由于夏季印度低压活跃，西南季风沿该低压东部向西藏、云南、贵州和四川等地侵袭，因而云量与阴天增多、日照百分率减小的缘故。尤其是滇西南，西南季风可沿横断山脉河谷北上，因而阴天特多，夏季中几乎每天都有阵雨现象，因此这里的 S'/Q 值就更小，大多在 40% 以下。

5. 秋季 S'/Q 值的分布特点（以 10 月为代表）和冬春季以及年平均的情况也是相似的。所应特别指出的是：秋季 S'/Q 值较其它各季要大得多，西藏高原的 S'/Q 值可以达到 80% 以上（图 8），台湾西部的 S'/Q 值也高于 70%，这显然是由于秋季期间晴天多、日照特别丰富的缘故。

五、结　论

1. 晴天条件下 S'/Q 值随太阳高度 $h_\odot$ 的增高而增加。太阳高度小时，S'/Q 随 $h_\odot$ 的升降而迅速地增减；随着太阳高度的增大，S'/Q 随 $h_\odot$ 的变动而增减的幅度就逐渐减小了。

2. 在相同的 $h_\odot$ 条件下，大气透明度和 S'/Q 值有正比的关系，和 D/Q 值成反比。由于各地区大气透明度不同，S'/Q 随 $h_\odot$ 而变化的程度存在着地区间的差异。

3. S'/Q 值和日照百分率及总云量有较好的相关性，它随日照百分率增加而增加，随总云量增加而减小。中国地区内有二条相关曲线：一条位置较低的代表沙漠地区，一条位置较高的代表我国其它广大地区。

4. 中国地区 S'/Q 值的年变化规律是由春夏季向秋季增加。在空间分布上 S'/Q 值由大陆南部向北部逐渐增加，高值区出现在大陆北部和西藏高原，低值区则出现在四川盆地、贵州、两湖地区西部及塔里木盆地沙漠中。S'/Q 值的上述年变化与空间分布规律和大气环流及地方天气条件有极密切的关系。

参考文献

[1] Gorzynsky W. Comparison of climate of the United States and Europe. New York,1945.
[2] Калитин Н. Н. Соотношение между прнходом солнечной и рассеянной радиацни при различных климатнческих условиях.Докл. АН СССР, т.53,No 3,1946.
[3] Барашкова Е. П. Соотношенне между прямой и рассеянной радиацией. Труды ГГО, вып. 68,1957.
[4] Берлянд Т. Г. Распределение солнечной радиацин на континентах. Гидрометеоиздар,1961.

[5] Макаревскнй Н. И. Пропускание прямой солнечной раднацни облаками верхнего яруса. Журн.геофизики, т. 11, No 1, 1932.

СООТНОШЕНИЕ МЕЖДУ ПРЯМОЙ,РАССЕЯННОЙ И СУММАРНОЙ РАДИАЦИЯМИ НА ТЕРРИТОРИИ КИТАЯ

Цзо Да-кан и Гун Жен

(*Институт географии АН КНР, Институт геологии и географии Хэбэйского Филиала АН КНР*)

Резюме

Авторы взяли на себя отношение $\frac{S'}{Q}$, как показатель, для изучения соотношения между прямой S',рассеянной D и суммарной Q радиациями.

Данная статья использовала средние величины наблюдения на 26 станциях над солнечными радиациями за три с половиной года （с VII 1957 по XII 1960гг.)и многолетнее среднее отношение наблюдавшегося солнечного сияния к возможному на 140 станциях.

Выводы:

1. При ясных и безоблачных условиях отношение $\frac{S'}{Q}$ увеличивается с повышением высоты солнца（$h_\circ$) и уменьшается с ее понижением. При низкой высоте солица отношение $\frac{S'}{Q}$ быстро увеличивается или уменьшается с изменением высоты солнца, с повышением которой колебания изменения $\frac{S'}{Q}$ в зависимости от $h_\circ$ уменьшается.

2. При одинаковой высоте солнца вследствие различия прозрачности атмосферы по районам колебание величины $\frac{S'}{Q}$ в связи с изменением $h_\circ$ между районами имеет количественную разницу.

3. Величина $\frac{S'}{Q}$ повышается с увеличением относительной продолжительности солнечного сияния и уменьшается с увеличением облачности. На территории Китая

существуют две кривые линии между $\dfrac{S'}{Q}$ и относительиой продолжительностыю солнечного сияния, общей облачностью: одна типична для территории пустыни, другая относится к остальной части территории Китая.

4. На территории Китая изменение величины $\dfrac{S'}{Q}$ в годовом ходе увеличивается с весны и лета к осени, а распространение ее, как правило, постепенно увелицивается с юга материков на север. Выше указанные закономерности имеют тесную связь с циркуляцией атмосферы и местными условиями погоды.

中国太阳辐射研究先行者的足迹

莫兴国

左大康（1925—1992），研究员，曾任中国科学院地理研究所（现中国科学院地理科学与资源研究所）所长。1949年毕业于浙江大学史地系，1960年获苏联莫斯科大学副博士学位。苏联自然地理学研究重视辐射平衡及其在自然地理环境中作用的学术传统，深远影响左大康的学术思想和科学研究。20世纪60年代左先生从苏联学成回国后，为响应竺可桢先生提出的"地理学为农业发展服务"的倡议，开始探索农业发展所依存的环境条件。鉴于太阳辐射不但对农作物及其他植物生产有重要意义，而且是气候与环境形成的最基本因素，20世纪50年代在竺可桢主导自然地理区划时，就想在植物光能利用方面做一些研究，以从地表水分热量平衡的时空格局中寻求自然地理地带的规律性。基于竺可桢先生的顶层设计，左大康先生于1960年从国家气象局取得了全国辐射观测资料，率先投入中国辐射平衡的研究。随后左先生组建辐射气候学科组，系统地开展许多地表辐射方面的研究，取得了丰硕成果，包括在1965年出版的《中华人民共和国自然地图集》中，发表了我国第一幅全国范围的太阳辐射量图。这些成果为竺可桢和黄秉维两位先生推动的中国农业自然生产潜力研究奠定了基础。20世纪60年代中期，左先生敏锐地认识到辐射研究与卫星遥感的关系，编著出版了《气象卫星的辐射测量及其应用》，为我国遥感事业的大发展作出了重要贡献。1992年去世后，左先生被追授"有卓著贡献的

作者介绍：莫兴国（1966— ），男，广西桂林人，中国科学院地理科学与资源研究所研究员，研究方向为气候变化及其对陆地生态系统影响。E-mail: moxg@igsnrr.ac.cn

科学家"荣誉称号。

太阳辐射是地球表面自然过程的关键驱动力，也是植物光合生产的主要参与者。在全球气候变化背景下，太阳能等绿色能源更是应对气候变化、减少碳排放的重要替代能源。不断增加的能源和食物需求，需要我们了解太阳能的总量及其变异性，也需要了解到达地球表面太阳能的两个分量（即直接和散射辐射）的变化、主要影响因素和作用机制。

中国地面太阳总辐射特征及与其分量（直接辐射、散射辐射）关系的研究始于由中国科学院地理研究所左大康先生为首的辐射研究组。自 1960 年以来，左大康先生领导研究组对太阳辐射、大气逆辐射、有效辐射和净辐射开展了系列研究，阐述了中国太阳总辐射的空间分布特征，中国陆域太阳直接辐射、散射辐射与太阳总辐射的关系，中国地表辐射平衡的时空分布，东亚地区地球-大气系统和大气的辐射平衡等，为我国地面辐射平衡的研究起到引领作用。随后研究组成员针对青藏高原、西太平洋地区的短波辐射和长波辐射开展了破冰式的观测和分析，拓展了太阳辐射研究的内涵，涉及太阳辐射光谱成分和光合有效辐射、坡面辐射、植被群丛结构和辐射传输等领域，取得大量研究成果。左大康先生等撰写的《地球表层辐射研究》专著，全面系统地阐述了中国区域地表辐射各分量的计算方法、主要影响因素，以及主要辐射分量的时空分布特征，包括季节变化、区域分布及其随海拔高度的变化。这些文献对我国大气、地理、生态等领域的学者在陆面过程、生态系统物质能量循环、气候变化等方面研究的起步和快速发展奠定了坚实的数据和理论基础。

左大康先生 1962 年发表于《地理学报》第 28 卷第 3 期的研究论文《中国太阳直接辐射、散射辐射和太阳总辐射的关系》是其系列成果的一部分。作者利用了 26 个分布于全国的日射站观测数据（1957 年 7 月—1960 年 12 月），分析了全国不同地区代表站晴天条件下直接辐射与总辐射比值（S'/Q）的日变化及其与太阳高度角的关系。研究发现 S'/Q 随一天中太阳高度的升降而增减，太阳高度低时，S'/Q 变化快，太阳高度高时，S'/Q 趋于稳定。大气透明度是影响 S'/Q 大小的主要因子，两者成正比关系。然而，散射辐射与太阳总辐射比值（D/Q）与 S'/Q 有相反的日变化过程，即 D/Q 早晚最大，正午最小，且与大气透明度成反比关系。依据当时的天气气候状况，拉萨、腾冲和二连的大气透明度最大，夏季晴天中午 S'/Q 超过 0.9。

北京、沈阳的 S'/Q 则接近 0.9。但和田地区则因塔里木盆地空气含尘量很大，虽然晴朗天气多，大气透明度却极差，空气尘埃的散射作用导致散射辐射增加，和田的 S'/Q 只有 0.745，远低于其他地区（图 1）。

S'/Q 与 D/Q 呈现明显的年变化特征，表现为东部地区由春季或夏季向秋季增加，其变化与天气现象存在极密切的关系。大部分地区秋季的 S'/Q 最高，但青藏高原地区则是冬季最高。S'/Q 最低值与当地雨季相关联，比如上海、宜昌和桂林在春季锋面和气旋活动较多，天空云量多，因此 S'/Q 较低。成都地区 S'/Q 的月平均值只有 0.32，说明直接辐射低于散射辐射，散射辐射大约是直接辐射的两倍。

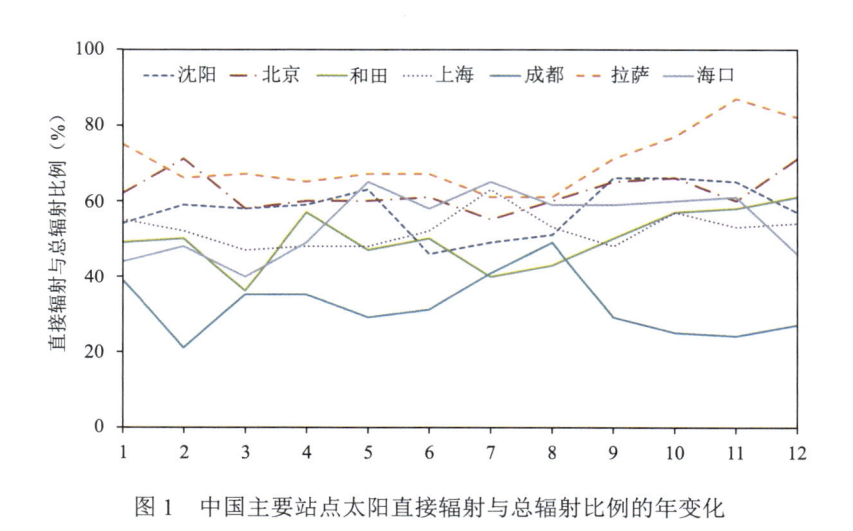

图 1 中国主要站点太阳直接辐射与总辐射比例的年变化

文中，作者探讨了 S'/Q 与日照百分率和总云量的关系。结果发现，东部季风区和西北干旱区 S'/Q 与日照百分率呈现两条不同的最佳线性拟合线，这两条线基本平行，说明斜率相同，但截距不同。东部季风区在相同日照时数下，S'/Q 高于西部地区。全国的 S'/Q 与总云量关系也呈现两条平行拟合线，但相关性低一些，且斜率为负值，即 S'/Q 随总云量增加而减少。作者根据站点计算的 S'/Q 绘制了全国年平均和春、夏、秋、冬四季的分布图。等值线图显示，中国地区 S'/Q 的年变化规律是由春、夏季向秋、冬季增加，空间上则由南方向北方逐渐增加，高值区出现在华北、东北和新疆北部，最高值出现在青藏高原。

后来有学者根据全国 57 个地面太阳辐射观测站的数据分析，发现从 20 世纪

60年代以来，地面太阳总辐射呈现明显的阶段性变化。20世纪60年代—20世纪70年代以上升趋势为主，20世纪80年代以下降趋势为主，出现太阳"变暗"现象，而1990年之后太阳总辐射呈增加趋势，太阳又"变亮"起来。针对太阳辐射的长期变化原因，国内外开展了很多研究，试图解释其变化的主要影响因子。影响地面太阳辐射的主要因子包括大气气溶胶浓度、云量、水汽等。自然排放的气溶胶，如北美的圣海伦斯火山（St Helens, V., 1980年）和埃尔奇琼火山（El Chichón, V., 1982年），印度尼西亚的喀拉喀托火山（Krakatoa, V., 1988年）和菲律宾的皮纳图博火山（Pinatubo, V., 1991年）等喷发的灰尘进入大气平流层，增加大气气溶胶浓度，导致我国一些地区地面太阳总辐射显著减少。人类活动排放的气溶胶来源于工业和经济发展大量燃烧的化石燃料，主要成分是硫酸盐和黑炭等。研究发现含碳气溶胶的排放量在1994—1995年达到峰值，大气气溶胶浓度在1995年之后逐步下降。气溶胶浓度的变化与地面太阳总辐射的变化过程基本一致，而云量和水汽含量的变化很小，因此认为气溶胶变化是地面太阳总辐射变化的关键肇因。

太阳辐射的研究经过几十年的发展，技术手段不断更新，基于卫星和地面自动采集的辐射观测，大大推进了人们对辐射的认识和数据信息的应用，在应对全球变化方面起到重要作用。

新疆第四纪陆相沉积的主要类型及其和地貌气候发展的关系

周廷儒

(北京师范大学地理系)

新疆是高峻山脉和广大盆地相间的一个地区。近期山脉上升始于上新世,到第四纪续有隆起和扩大。这些雄伟山脉对盆地干燥气候特征的影响是无可置疑的。山地的破坏过程,同时就是盆地的堆积过程。具有垂直地带性和各种特殊条件的山地,使许多成因类型的第四纪沉积物变得极为复杂。承受周围山地物质的巨大盆地,长期以来是一个封闭的内陆平原,许多沉积物只在内部进行重新分配而不向外移出。平原第四纪沉积类型没有山地那样复杂,但每种类型分布广袤而且厚度特大。

一、新疆山地第四纪沉积类型和其相应的地貌及气候条件

分布在新疆北部的阿尔泰山、中部的天山、南部的昆仑山都是上升运动强烈的高山山脉,剥蚀作用、侵蚀作用、冻裂风化作用、冰川作用、泥流作用都很活跃,因而山地分布的沉积类型有残积层、坡积层、冰碛层、冰水沉积层及面积很小的湖相沉积层,此外在天山北麓还有风成黄土沉积;昆仑山北坡还有风成亚沙土沉积。这些类型表现有关联性的沉积顺序,而且每类沉积都具有相应的地貌特点,并明显反映第四纪气候的地带性和非地带

性的变化。

(1) 残积层 这种沉积层复盖在山地不同高度的均夷面上，大致可以分为二类：一类是古风化壳的粘土残积层；一类是比较近期的粗屑残积层。

阿尔泰的前山，海拔在 2,000 米左右，由古生代地层和花岗岩组成的夷平峰顶上残留古第三纪的粘土风化壳，这是一种红色的高岭土和富含二氧化硅的残积层，它的生成和古准平原地貌有一定的关系。当老第三纪时，地势坦荡，气候比较湿润而温度较高的情况下，进行了残积的风化过程，使矿物中较不活跃的三价氧化物含量逐渐增大，而成为这种红色风化壳。到新第三纪时，发生断块隆起，这种风化壳在低地上为大量碎屑所复盖；隆起高地上则被冲刷，只有极小部分残留在原处。南疆东部嘎顺戈壁为古第三纪准平原面，后来微弱隆起形成低山和高原。地表大部为粗屑风化物所复盖。高的均夷面上，古红色粘土风化壳已被剥蚀（照片 1），有些地方还残留厚约 50 厘米的残积层。至于断裂下陷的谷地和盆地中，古风化壳仍得完好保存。风化壳厚度 2—2.5 米以上，向下逐渐过渡到基岩，风化壳上部则为洪积层和冲积层所复盖。嘎顺戈壁的残积层表现其独特的古地理背景。

天山也有类似的古风化壳存在。在博罗霍坦山的山地均夷面上（3,400—2,900 米）复有氯化物古风化壳。E. 诺林（Norin）[1]认为保存于第三纪地层的盐分，受到淋蚀而为基岩的风化层所吸收，证明现在的均夷面必然是古老低地上升的结果。实际上这种残积层的出现，不必和老第三纪的沉积岩连系起来。这种古准平原化的岩面上的风化壳，可能属距古海较远的 BWh 气候下的含盐风化产物。后来隆起在荒漠性山地垂直谱系里而被保留下来。总之，山地古残积层的存在是一定类型的气候和一定新构造运动环境的标志。

原生粗碎屑状的残积物，亦广泛分布在各种不同高度的均夷面上。曾为第四纪冰川复盖过的山地均夷面上，遗留冰碛并不太多，但高山冻裂风化作用占有很大势力，产生相当多的粗碎屑状的残积层。在阿尔泰的东南段（青河）2,200 米高的茹叶尔克套和库劳沙拉等花岗岩地区，岩层沿节理进行强烈风化，形成一片巨大岩块垒成的"岩海"（照片 2），骑马过此，趑趄难行。

天山小尤尔多斯的山地均夷面（3,300 米）上，见有细土夹棱角石块的残积层，属于永久冻土性质，夏季表层融解，但到秋季，强烈的霜冻作用开始，细土较多部分，水分冻结成核心，并逐步扩大其体积，把石块推到四周，同时使地面向上浮起；到夏季融解时，又复降下，地面形成多角形的石圈。细土部分生长许多嵩草（*Cobresia* sp.）。这种多角土的出现，表示高山残积层在冰缘气候下的形态特点。

低山带的均夷面上，受到长期干燥剥蚀作用，地面累积很多碎屑状的残积。阿尔泰东南的北塔山山前均夷面上，露出花岗岩的剥蚀残丘。被剥落的围岩（黑色片岩）和花岗岩本身的残积物质满布在均夷面上。只有当春季融雪时，浅谷中积有黄色的冲积细沙。在残丘上的围岩里以及和花岗岩的接触面上，出现棉絮状的石膏，说明这一带干燥剥蚀和热力风化过程均在强烈进行。

此外，阿尔泰山前由较平整的第三纪地层所组成的平原顶部，风化残留的细屑被大风吹刮到沙漠里去，留下乌伦古层夹层中的大片乳白色极圆的石英小砾，B. A. 奥勃鲁契夫（Обручев）称之为"白石戈壁"。

（2）坡积层 山地坡积包括各种机械组成如石块、岩屑堆和砾石等。坡积层可分为二类：一类是以重力作用为主的倒石锥；一类以冻土滑动为主的泥流堆积。阿尔泰高山带和亚高山带的花岗岩或其他块状岩地区受到强烈冻裂风化作用，使岩石露头沿节理破裂成为石块体，顺坡面下移，后来气候变暖，逐渐为森林带的植被和土被所复盖（照片3）。在今日中山带落叶松和云杉林下，复有厚层苔藓和枯枝落叶层的细土下部，还保留着许多未曾完全风化的大石块，表明森林带在第四纪最大冰期时曾有过冰缘气候，当时植被稀少，倒石锥型的坡积可以一直延展到此带。最近森林带下部由于人类砍伐木材、修筑公路，使坡面土层松动，促使新倒石锥的形成。

在高山绿色片岩和千枚岩地区，冻裂风化的鳞剥作用特别强烈。碎屑状的风化物混合雪水、雨水向下坡移动，成为极厚的坡积层。由于这种块体运动产生了特殊山坡形态，峰顶出现狭隘的梳状峰脊；两侧为斜坦的风化剥蚀面，逐渐向下转折成为岩面秃露的凸形坡，而下部则为堆积坡积物的凹形坡。

泥流的形成必须具有永久冻土层的特点。沉积物的融解层在永冻层面上移动而成泥流。其物质来源常是局部分裂出来的多棱角石块，分选极差，其中细土亦不成层；有来自冰川作用区再经搬运的冰碛物，因而其中夹有冰川漂砾，这很易和冰碛或山崩堆积混淆不分。

高山带山坡由于受第四纪冰期和间冰期泥流作用的影响，阻止了一般沟谷的发育，时常形成山坡平滑浑圆的地貌。当然由于构造和特殊的岩性也常有这种例外的情况。在富蕴的阿尔泰由海西花岗岩组成的山峰，冻裂风化作用促使两组节理斜交的花岗岩发育成尖峰矗立的山脊，看去很象喀斯特峰林（图1）。从花岗岩风化和移动下来的石英和长石细粒，通过泥流作用，堆积在 U 形谷里。这里因有永久冻土的存在，夏季融解层中的水分和雨水都不能下渗，使谷底常呈高山湿原景观。

图1 阿尔泰山萨拉嘎尔花岗岩地区冰期的冰川作用及冰期以后泥流和霜冻作用所形成的地貌

高山阴坡冻土特别发育，夏季表层融解以后，犹如鱼鳞状结构向下坡滑动，到达谷底，形成凹坡地貌，有时和洪积扇结合起来冲出支谷口，把主谷的河流推向对岸。曝向日光更多的阳坡，冻结的坡积融解较速，物质移动较快，坡面要显得陡削一些，因而在高山冰缘区，常因不等量坡积的活动而产生不对称河谷。

阿尔泰东南段（青河）的中山带（2,000 米）有些槽谷中，堆积相当厚的细黄土和具有棱角的石块，这是第四纪时从山坡移下来的泥流，冰期以后气温变暖，永冻层消失，径流下渗，而且水量不足，无力搬运出这种泥流堆积（图 2）。

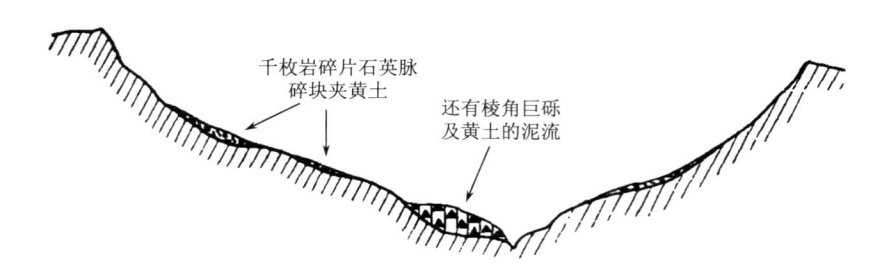

图 2　青河阿尔泰中山带阿尔卡脱谷地泥流堆积

北天山高山冰川区，倒石堆发育在陡坡下，厚度相当大聚积，在谷地里，可以形成石河。根据 C. 瓦尔哈弗蒂许（C. Wharhaftig）[2]的测量和研究，石河的厚度至少超过 30 米以上，运动才能开始。

在昆仑山的内部高山带寒荒漠的冻裂风化和干剥蚀作用交错进行，山坡倒石锥下泻长达 500 米以上，倒石锥下部石块常为氯化物所胶结（照片 4），足证昆仑山为强烈的荒漠性山地。

新疆的低山地区由热力风化干燥剥蚀所形成的坡积都是粗大的碎屑物质，分布相当普遍。

（3）冰碛层　新疆在第四纪时期，山地不断上升，高峰耸立在雪线以上，因而山地发育半复盖冰川和山谷冰川等。新疆第四纪冰期的发生，除构造隆起原因外，亦由于整个地球总的气候条件与现在不同，从西方进入到中亚干燥区的气旋，在高山地区特别活跃，因而发生周期性的冰川作用，并遗留下来标志着不同时期的冰碛。新疆山地冰川最早期规模最大，其后逐次减弱。

阿尔泰山隆起高度平均在 3,000 米左右，除奎屯峰外没有现代冰川；但第四纪古冰川相当活跃，有明显的三个冰期。在新疆境内的阿尔泰西北段，接受水气较多，2,600 米的均夷面上，曾发育过大规模的复盖冰川。由于地势缓坦，邻近高地未能供给冰川以大量作为雕琢工具的物质，因此第一期冰川退后，均夷面上留存的冰碛不多（照片 5），第二期冰川以谷冰川为主，分布在冰盆和槽谷里，有些终碛一直可延伸到今日中山带的森林范围内。第三期的冰碛只见于高出均夷面上的高山冰槽和冰斗里。

　　阿尔泰山的东南段，地位偏南，气候比较干燥，高山地形也被河流分割得较为破碎。一般来说，古冰川作用的规模不如西北段大。最早期的冰川如在青河杜尔根所见，冰川槽谷长二十余公里，纵剖面坡降较大，两侧谷坡供给主谷的物质较多，因此古冰川的挖掘能力强，沉积的冰碛亦特别巨厚。底碛表面作波状起伏，都由巨大花岗岩及各种变质岩的漂砾和一些分选不佳的细砾所组成。冰碛面上分布无数积有细土的小干湖，表证冰期时表碛洼处聚水，而下部具有不透水的冰层的特征。第二期冰川，在同一槽谷内，只推进到大海子的前端，出现封闭性的终碛，高出谷底 80 米厚，达 600 米，形成一个半环形的天然巨坝。第三期的冰川终碛，只见于涅什套高山的东麓，一部冰碛压复在大海子湖相沉积的上部，是规模最小的一次冰川作用。

　　天山冰期的次数争论颇多，有人认为三次，有人认为四次。[1]看来上升剧烈而山体宽大、降水比较丰沛的新疆西部天山有过四次冰川，而干燥陡急的东部天山可能只有三次冰川。第四纪最古老一期的冰碛大部已被破坏；但亦在许多情况下，其时最巨大的山谷冰川可一直延伸到山麓平原上。象北天山北坡巴音果勒谷口啦嘛庙之北，中生代、新生代地层组成前山山脉之间，海拔 1,500 米处，就有这种终碛的分布，厚度达 90—100 米。当巴音果勒冰川撤退后，啦嘛庙附近的槽谷里，满贮冰水沉积物。现在巴音果勒河下切在冰水沉积层中，深达 60 米犹未及底碛。南天山南坡的强台林苏冰川，曾到达海拔 1,616 米高度，终碛厚度超过 116 米（图 3）；但已备受侵蚀，失掉了自己的固有地形。较古老的第二期冰碛未被搬出山区之外，而且常保留着环垄岗的地形；但在天山莫札尔特冰川的第二冰期的冰碛中，巨大花岗岩漂砾被埋在地下部分保存完整，而地面部分，已为剥触作用所破坏而被削平，形成斜倾的剥蚀平原①。至于较年青的第三期和第四期冰碛，分布在上游高山深谷之中，是一种由岩块漂砾、沙和粘土相互混合，无分选，无层次的地层，仍保持着完整的原始冰碛层地形。北天山的冰碛层，由于山脉狭窄而陡削，有些地方，新老冰碛迭置，不易划分。例如大牛冰川下游槽谷中，Q_3 和 Q_4 二期冰碛挤压在一个地点，形成二个不同高度的冰碛面，较高的为 2,910 米，稍低的为 2,800 米。北天山新构造运动相当剧烈，许多冰碛都被深切河谷所破坏。南天山古冰川的冰碛保存较好，这可能和干燥气候有关，而部分亦取决于局部条件：如雪原特点、坡降、岩石成分、邻近山地及坡向等对冰碛分布的高度和长度都有很大的关系。

---

　　① Б. А. 费多罗维奇认为有四次，见文献 [3]；严钦尚同志在《中国第四纪研究》三卷，一二期"中国西部天山冰期的次数和性质问题"一文中认为只有三次冰期。

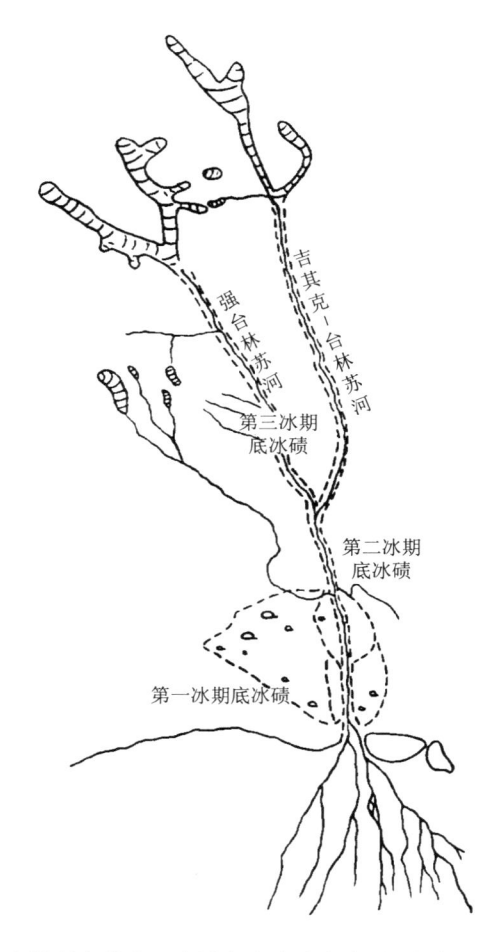

图 3　腾格里峰南坡强台林苏河流域古冰碛分布略图（根据 Б. А. 费多罗维奇）

昆仑山地也有明显的四个冰期。西昆仑的布伦库尔盆地里，充塞着古老的和年青的冰碛层，盆地南侧的昆格尔山麓有排列整齐的三级冰碛阶地：第一期最古冰碛层高出盆地 230 米；第二期冰碛分布高度约 180 米；第三期高约 80 米，同期的中碛分布在盆地的中部。第四期的冰碛顺着串贯上述阶地的河谷一直延伸到山麓（图 4）。同期的冰碛亦见于布伦库尔盆地出口东侧支谷。冰碛新鲜，极少风化细土年轻冰碛垄推进到主谷里，并且有三个小冰期的终碛垄，在退缩过程中，保存在槽谷里。

现代高山冰川的冰碛，主要分布在高山的山汇部分，例如阿尔泰山的奎屯峰，天山的腾格里峰、依林-哈别尔尕山、博克多山、昆仑山的穆士塔格、昆格尔塔格等，都有许多放射式的悬冰川或山谷冰川，最低的终碛可以分布到 2,953 米（腾格里峰的强-考宰拜依冰川）。其他高山只有一些小型的悬冰川和冰斗冰川。

新疆的山谷冰川具有土耳其斯坦型特点，这一类型的冰雪来源直接由陡坡崩雪补给，强烈的冻裂风化作用使冰舌为大部风化物质所埋盖。近年来北半球气温普遍增高了 1.5℃。高山冰川累积量变小，消融量增大，致使冰川向后退缩新疆山谷冰川常被巨大倒石锥和谷壁崩坠物掩复于舌部，使其处于热绝缘的情况下。冰川因融解，下陷和退缩而使前端形成石冰川，在一定的厚度条件下，继续推动前进，有时堰塞河道。

图 4　空格尔山南麓四个冰期阶地及湖相沉积

（4）**冰水沉积层**　现代冰川以下的河谷冲积层，都属于冰水沉积物的性质，包括分选较好的阶地沉积物与河床沉积物。阿尔泰山地的额尔齐斯河及乌伦古河都有广阔的阶地和河漫滩。高阶地上沉积红色砂土和砾石层，夹有铁质胶结物，可能是最早期冰川剥蚀准平原的残积而被流水搬运下来，沉积在这里的产物。低级阶地上的沙砾层，质地纯净而疏松，极易崩塌，这很可能与阿尔泰山后期处在冰川和冰缘气候条件下植被很少，冻裂风化作用特别强烈有关。至于河漫滩上的沉积完全是冰期以后的产物。由于植物繁茂起来，这种沉积的粘泥粒级含量增多，并为有机质所固定；但仍有不少沉积物处在原始的成土阶段上，大部仍是砂粒质，只在表层有淤泥团结，一经河水冲刷仍易崩散。

天山的冰水沉积层广泛分布于冰水补给的大河谷里。上中游的高阶地上，由于河流下切很深，只残留一些巨大漂砾，甚至冲刷净尽，只在下游低山带内，保存和四个冰期相应的冰水沉积阶地。在北天山北坡，下第四纪冰水沉积物分布在前山带河谷里的最高级阶地及第三纪地层组成的背斜层的顶部。玛纳斯河谷在红沟煤窑最高级阶地的冰水沉积中，冲积黄土复层独厚，各级阶地依次降低，黄土层逐步减少（图 5）。说明它和冰期冰川规模变小的规律相符。第四纪初褶皱起来的三道河子背斜层曾一度为河流所削平，其上再沉积 Q_2 的冰水沉积物，其后再度隆起，而使北翼部分的沉积陷没于近代洪积层之下。在前山平行纵谷里，沉积巨厚的黄土砾石，都属较古老的冰水沉积物。天山北麓，这种沉积的倾斜面掀起达 9.5° 之多，说明第一次冰期以后的新构造运动对它的影响。此外，安集海背斜的北翼属于 Q_1 时期冰水沉积的砾石层受到逆掩断层的影响；霍尔果斯河谷阶地，红山口玛纳斯河谷阶地的冰水沉积层中，都有明显的断层通过现象。

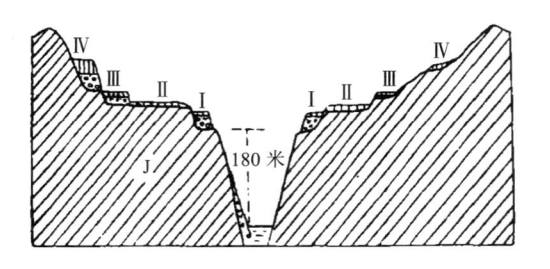

图 5　红沟煤窑玛纳斯河峡谷及黄土砾石阶地

天山南坡许多大河谷里亦多冰水沉积物的分布。大河出山口后，这种冰水沉积物在山麓地带深受新构造运动的影响。复盖在年轻的前山带如轮台-库车、秋尔塔克、阿图什（喀什）等处的第四纪 Q_1 或 Q_2 的冰水沉积层，均经褶皱，倾角很大，可达 20°—30°。很多地方的阶地（如铁门关）冰水沉积变位并发生断口。从地震资料证明，这些地点的地壳活动，到现在还不时在进行着。

昆仑山的冰水沉积物数量可能没有天山那么多，因它的位置靠近北纬高压带，比较干燥，即使在第四纪时，冰川的规模也没有可能比天山更大一些。但在大河谷地里如盖孜河、叶尔羌河、喀拉哈什河、玉龙哈什、克里雅河等都广泛分布着冰水沉积物。山麓带的冰水沉积也有变位现象，例如英吉沙和莎车之间三列背斜层顶部，下、中第四纪的冰水沉积物被抬高出平面 450—250 米不等。克里雅河谷口，第四级阶地冰水沉积的砾层中，夹有相当于 Q_2 时期喷出玄武岩层（图 6）。在现代谷底冲积层上，亦可看到近代的玄武岩堆积，可见昆仑北麓，第四纪新构造运动和火山活动都很强烈。

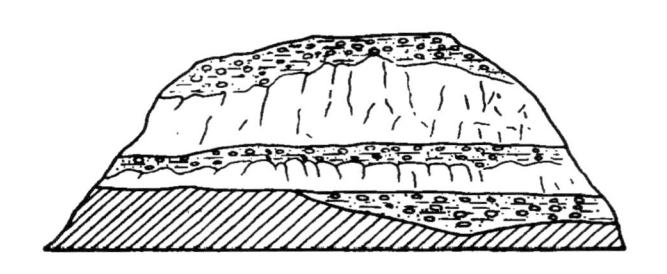

图 6　昆仑山北麓克里雅河阶地砾层中夹有第四纪玄武岩

（5）洪积层　新疆山区，每遇暴雨急流，各种成因的沉积物就被河水带到坡度较缓的宽谷或山间盆地，形成大小不等的洪积扇。尤其在草原或荒漠性的中山或低山带内，植物贫乏，干燥剥蚀作用非常强烈，洪积物的堆积特别活跃。天山南坡和昆仑山北坡主要河谷里的河道常被支谷冲出的洪积扇所推移，有时主谷的大部冲积层竟被支谷的洪积复盖起来。主谷里的堆积物质，突然变得比上游粗大，而且分选很差，河床幅度变宽，地面径流下渗，有时形成了辫状水系。这种河谷沉积已非单纯的冲积层，而是一种冲积-洪积的混合物。

（6）湖相沉积 新疆山区湖相沉积的分布面积很小。阿尔泰山东南部的边海子、中海子和大海子分布高度在 2,200—2,640 米。其湖相沉积上部为带有锈斑的棕色亚粘土，下部为灰白色的亚粘土，底部则为夹有很多锈斑的蓝灰色粘土，更下为冰碛层。湖相下部沉积应属于第一间冰期，而上部沉积属于第二间冰期，其表部可能为第三冰期的冰碛或冰水沉积所复盖。这种湖相沉积有永久冻土的存在，所以湖岸沼泽广布。由于冻土的冰层冻结向上膨胀而产生坟起的冰丘，有时把底部的第一期底冰碛掀上来，暴露在外面。

天山大、小尤尔多斯盆地位于 2,420—3,100 米的高度。这些都是断层盆地，它们的中部是在第四纪冰川沉积和湖泊沉积的基础上，发育着年青的开都河冲积平原。大尤尔多斯盆地东坡强苏地区，有四个不同高度的冰碛，最高一级达 350 米；其下为 120 米厚的黄土状亚沙土层，这可能属于第一冰期的冰川边际湖相沉积物，由于冻土搅动剧烈，已失去成层的湖相沉积的特征（图 7）。更下一级高约 240 米，最下级为 20—30 米的冰碛（图 8）。最后间冰期的湖相沉积直接为现代年青的河流冲积层所复盖，由于现代的永久冻土掀动作用而被透露出来。在小尤尔多斯盆地北岸石灰岩区流出地下水特别丰富，平原地下水冻结不断扩大冰晶体，使灰白色亚粘土的湖相沉积（夹有平卷螺）坟起引成冰楔多角土网。成行排列着突起的狭脊，高出地面约十米；其间陷落狭长低地，往往积水成为沼泽。在大尤尔多斯盆地里，分布许多直径 1—2 米的冰丘和陷落水坑，这些都是湖相沉积中永久冻土膨胀和收缩的结果。盆地中心部分，由于渗入土中的水不易进入下部湖相沉积的永冻细土层中，形成大面积的沼泽，开都河蜿蜒流行于草墩沼泽之间。

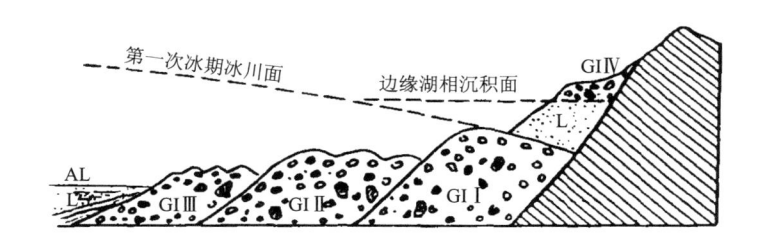

图 7　大尤尔多斯的第四纪山间盆地冰川沉积强苏地区
代表四个冰期的冰碛及湖相沉积层

图 8　天山大尤尔多斯强苏第四纪古冰碛分布及地貌

昆仑山地缺少象南天山那样巨大的山间构造盆地。高山湖泊，亦因分割强烈而大都消失。例如西昆仑塔什库尔干冰槽北端的下班地，在河流切割的阶地剖面中，出现黄色细沙和绿色粘土所组成湖相沉积，厚达 7 米，其中夹有针状石膏，属于间冰期的沉积。石膏的出现，表示间冰期气候还是相当干燥的。

在塔哈曼和喀啦库尔之间，由片麻岩粗成的小帕米尔高原上，出现古冰川谷地，海拔在 3,700 米左右。被现代河流分割的底碛剖面中，夹有成层黄色细沙和绿色粘土的湖相沉积层。湖相沉积的下部现出很多的冰泥卷（involution）（图 9）。这是一种紧密褶皱起来的土层，常发生在永久冻土活动层的底部。当秋季开始冻结时，在形成冻结中心的过程中，水分因为被下部不透水的冻土层所阻，不得下渗，逐渐冻结成为冰层，此层向下膨胀，为永冻层所阻；向上膨胀，又为上部厚层所控制，因此土层变形只限于活动层的下部。这种具有冰泥卷的湖相沉积，表现第四纪在这里曾有过间冰期的冰缘气候。

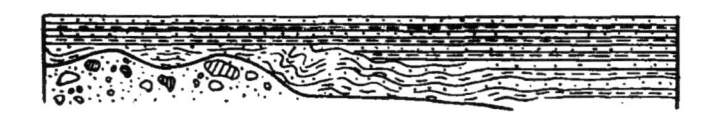

图 9　小帕米尔高原上湖相沉积中的水泥卷

这里湖相沉积的剖面中，另有一种第四纪的冰楔（Ice Wedge Cast）现象。当严冻时期，土层紧缩而产生裂罅，深达一米许，夏季融冰，裂缝中充填了很多细沙，后来再次冻结时，侧壁压缩把部分沙挤出到地面上。邻近冰楔的平行细沙层，受到压力而变形。后来上面复有更新的间冰期湖相沉积（图 10）。这种冰楔的出现，亦表明间冰期高山冰缘气候的存在。

在盖孜河流进布伦库尔宽谷处，右侧阶地里，夹有相似的绿色湖相沉积，其时代大概属于第二和第三冰期的间冰期。

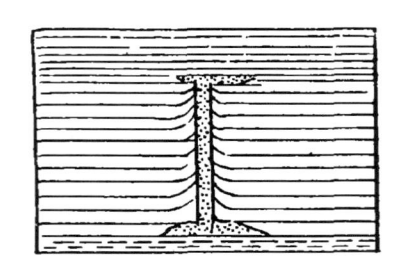

图 10　小帕米尔高原上湖相沉积中的冰楔现象

低山带内的湖相沉积，缺乏永冻的现象。其特性和大平原上的湖相沉积，颇相近似。可以焉耆盆地的博斯腾湖为例。该湖现代湖底沉积具有明显的相的变化，靠近岸边为冰水沉积来源的淡黄及灰色沙子，很厚而成层。在接近湖的中心处，主要为腐泥及淤泥。根据 1957 年湖淤泥钻探岩心的研究，现代湖的年龄不过四千余年。E. 诺林亦认为现代湖泊为湖盆中第四纪最后期的湖泊，古湖占有比现在湖泊更大的面积。古湖相沉积广泛分布于库鲁塔克山麓和阿克贝尔库姆（沙丘）之间，包括具有互层带黄色亚粘土和淡黄及棕色的细沙，一部分为库鲁塔克的洪积所掩复。他又认为古湖相沉积是这里沙丘沙子的主要来源[4]。H. T. 库兹涅佐夫和 Э. M. 穆尔札耶夫指出古代开都河上游大小尤尔多斯盆地湖水下降及消失，曾使博斯腾湖获得更多水量的补充[5]。由此看来第四纪山区径流变化，对平原湖泊的扩大和缩小影响很大。

（7）**风成黄土及亚沙土**　新疆的黄土主要分布在准噶尔界山和天山北坡以及大河向山内延伸部分。它的形成是和冰川物质的来源以及干草原的环境有关。每次的冰川沉积物由山地搬运下来，堆积在荒漠性的平原里。这种缺少胶质的沙粒被风吹扬而形成沙丘。细小的沙尘，经涡旋气流运升到高空，遇到山坡，气流缓弛下来，而使沙尘下降到坡面上。但其形成黄土相的堆积，还须有适合的堆积条件。在高山和亚高山带，降落的尘埃，每被霜冻作用搅乱在土壤之中。在森林带里，下降尘埃被较多降水从树叶上刷落在林下，而和生物作用的成土过程结合起来。只有低山草原最适于黄土生成环境。这里霜冻作用不甚显著，下降尘土为草类和灌丛所囊蓄，而被风雨打落在地面上。在干燥气候条件下，这种尘埃不致被搅入到土层的下部，因而通过黄土的成土作用，形成黄土堆积层。黄土富钙，而钙就决定低山草原带许多地球化学的特色。除此以外，还有不少黄土属于次生的坡积、洪积和冲积性质。特别象冲积黄土，是和干燥的冰期、谷地冰碛和冰水沉积细土的吹扬和各种坡面上的冲刷有关，因而大河的阶地冲积黄土一直可伸展到谷脑邻近。在高山谷地里，阶地冲积黄土沉积层愈厚，显示当时冰川作用特大，所以黄土常被采用作为地层对比的一种标志。

昆仑山北坡荒漠上升到 3,000 米以上，由塔克拉玛干沙漠吹扬来的风成亚沙上，复盖在坡面上，其上限可达到 3,900 米。这种风积物干燥的第四纪一直到现在进行堆积。山麓坡面的亚沙土作弧形状的堆积，成分较粗；愈向上坡成分愈细。整个坡面上，未见受到大规模的流水冲刷和崩塌现象。由于昆仑山北坡具有特强的荒漠性，坡面上堆积的亚沙土中，迄未形成黄土所具有的特性。亚沙土含有未能淋失掉的碳酸盐，故属于碳酸盐风积风化壳类型。荒漠山地植物稀少，腐殖质不丰富，因而亚沙土层松散，不能形成黄土。

二、新疆山间平原第四纪沉积类型和其相应的地貌及气候条件

新疆北部的准噶尔盆地和南部的塔里木盆地都是巨大的内陆封闭盆地，周围上升的山地受到各种营力的破坏，把物质输送到盆地里而重新堆积起来，其厚度超过 500 米以上。

广大盆地中，第四纪沉积的主要类型为山麓洪积层和冲积-洪积层以及平原的冲积层、湖相沉积层和风积层。长期以来，平原的地貌和气候变化不象山地那样复杂，因此平原的沉积类型比较简单，但分布面积相当广泛。

（1）**山麓洪积层和冲积-洪积层** 新疆构造隆起的山地，河流比降很大，常比山麓平原的坡降大好几倍。暴雨和融雪形成的急流，挟带大量淤泥、石块、砾石和漂砾沿山谷向下移动，一出山口，河流比降减小，流速变缓，产生巨厚的山麓堆积物，可以形成规模很大的山前缓倾斜平原。

山麓堆积物可分两类：一类是由冰川补给的大河塑造而成干三角洲，大部具有冲积-洪积物的特性；一类是临时性泥石流造成的洪积锥，则以洪积为主。这些堆积物的共同特征是由山麓向前分选愈细，而地下水的排水条件亦愈向前愈差。

阿尔泰山前平原属于剥蚀隆起性质。临近山麓只有一些小河堆积的洪积扇，至于大河如额尔齐斯河、乌伦古河、克浪河等，由于第四纪山前平原隆起，形成下切谷地，只在末梢出现古三角洲和现代三角洲沉积。这种三角洲以砾石和砂为主，上部残留细土物质。乌伦古河古三角洲会一度扩展到夏子街附近。古三角洲沉积物中，大部粘土细粒被风吹走，留下很少很薄的土层。现代乌伦古河三角洲沉积的细粒较多，风蚀作用仍很剧烈。

准噶尔盆地的西北部，山势较低，但在山前平原上，下第四纪洪积砾石广泛分布。这是一种红色粗砂，含有较大石英颗粒及卵石层，作水平状态覆盖在被分割的侏罗纪、白垩纪及第三纪地层之上。这种沉积物的产生，当在新第三纪山地隆起之后。其岩相颇不一致：离山近处，粗石碎砾较多；远处则为细砾；最后为黄土状的亚沙土。由于它和第三纪的戈

壁系直接联系，所以 B. A. 奥勃鲁契夫称之为上戈壁系（Q_1）[6]。在黄羊泉及百个泉子附近，这种淡黄沙和胡桃般大小的砾石层中，出现冰泥卷（图 11）。可能当第一次冰期时，这里是属于冰缘气候的环境。此外在成吉思山麓，分布许多较年轻的洪积锥，一般倾斜度很大。

图 11 黄羊泉老洪积扇剖面中所表示的冰泥卷

天山北麓前山褶皱带的前缘，分布更厚的洪积物和冲积-洪积物。它们互相联结而成洪积-冲积平原。一般洪积层上部，复有细土，下部为相当厚的砾石层和碎石层，有时压盖在质地纯净的冰水沉积物之上。暴露在外部的洪积砾石，特别是花岗岩，最易风化，一触即破碎。洪积锥面非常干燥，地下水只靠有限的潜流和雪水所补给。发源于冰川的大河如玛纳斯、霍尔果斯、奎屯河、巴音果勒河等，带下大量冰水沉积物，而在山前堆积为巨厚的冲积扇。砾石层透水性很强，大量径流散失在砾石层中，因此潜水极为丰富。扇面复有黄土状物质。

天山南麓的洪积锥，大都以来自中山带或低山带的泥石流为主。质地粗大，倾角较陡，洪积锥下部物质分选较细，出现洪积裙。大河塑造的干三角洲则以冰水沉积物为主，其中夹有部分从中山带和低山带冲出的洪积碎砾，因而把这种混合沉积物称为冲积-洪积层。有些大河流如阿克苏河、渭干河以及天山西南端的克兹尔苏，通过细粒物质组成的中、新生代地层，因而使河水中粘粒成分大为增加。这种细土往往形成干三角洲中不易透水的红棕色粘土夹层，创造了有利的水文地质条件，使有可能利用承压水来进行灌溉；但另一方面，土层渗透系数小，并从年轻地层中带来很多盐分，增加土壤改良上的困难。

昆仑山的隆起量最高，因而剥蚀过程亦最剧烈。山前堆积的洪积和冲积-洪积层厚度亦最大。在民丰南尼雅河峡谷，露出 180 米的第四纪砾石层（图 12）。在英吉沙和莎车之间山前背斜断裂带内，约有 450 米厚的第四纪砾石层。根据地质资料在昆仑山山前凹陷中，新第三纪及第四纪最大厚度约 5,500 米。

昆仑山现代雪线以下的短小河流以泉水补给为主，水量有限。山区第四纪冰碛或干燥剥落的岩块很少参加到平原组成中去。但是发源于雪线以上的大河流，夏季融雪时，滔滔洪水，带下来大量的沉积物质，堆积在山前平原，其成分以粗糙的变质岩结晶岩占优势。在山口，常冲出巨大的漂砾。克里雅河河床砾石中时出现头颅般大黑砾，这和该流域内第四纪的火山熔岩有关。昆仑山山前倾斜平原坡降很大。宽度最大处，可达 80 公里。平原下部砾径变小，地势亦变得平缓。皮山、墨玉、于阗等地钻孔记录，大部为沙和砾石的夹层，甚至离山很远的平原区，都是属于粉沙组成的物质，并不能证明 E.诺林所说第四纪后期这里曾有过巨大的湖泊[7]。

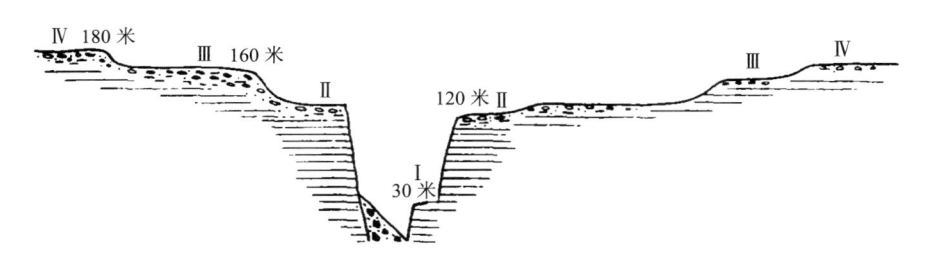

图 12　尼雅河及阶地冰水沉积层

西部昆仑山在第四纪时期发生间歇隆起作用，大河在山前形成五个不同年龄的扇形地，增加缓倾斜平原的幅度，并在前山河谷中出现四级阶地，而且和高山古冰槽中四个冰碛垄的数目相符。以布伦库尔的例子最为明显。平原阶地沉积中夹有大量的石膏和盐分，可以称之为石膏盐壳。这是第四纪以来长期干旱气候下的产物。另一方面当老第三纪时期，西昆仑山北麓为古地中海海湾所据，今日所见海相沉积桑株系中，不仅含盐，亦夹有大量石膏。因此，山前洪积层中的石膏和盐分，必然受到这种较老地层盐分重分配的影响。一般看来，阶地愈老，石膏盐壳集聚愈多；阶地愈新，石膏盐壳愈少，而在第一阶地和河漫滩上，几不见有石膏盐壳的踪迹。Б. Б. 波雷诺夫认为这种风化壳的生成，早先始于离地面不深的潜水面附近，后来构造上升，使潜水面下降，引起盐土淋洗[①]。但在荒漠气候下，盐分不可能淋洗得很深，而且往往集中在砾层凸镜体的下部。高级阶地沉积中，石膏和盐特多，并不意味第四纪早期特别干旱，而是阶地脱离地下水的时间很久，因而从沉积中析出的石膏晶体较多。

在墨玉和皮山之间，常见洪积平原下部，地面有多角土网系的存在。这种多角土和亚高山所见的在成因上有很大的区别。主要由于洪积层中的石膏，在脱水和水化过程中，使石膏层膨胀和收缩而产生龟裂。地面裂缝常为细沙所充填，遇到偶然性的降雨，雨水沿裂缝中的积沙下渗，地面纹理显得特别清晰（照片 6）。在冲沟剖面中，可以观察到一层或二层的石膏层，每层的厚度可达 1—1.5 米。石膏胶结层在裂缝之间形成收缩一团的涡形体（照片 7）。而在裂缝中，有钙质循积沙淋溶下来。在其他洪积剖面中，常见有丛草沙丘被洪积复盖情形（图 13）。以上这些都足以说明第四纪以来昆仑山北麓洪积平原具有长期气候干

---

① 在 А. И. 彼列尔曼：景观地球化学概论。第十四章中，讨论到 Б. Б. 波雷诺夫关于乌斯秋尔特石膏荒漠景观起源问题。

燥的特征。

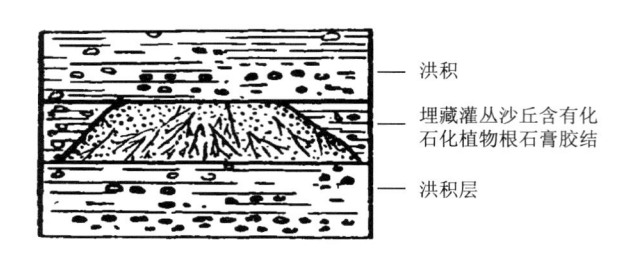

图 13　墨玉皮山间冲沟中的洪积层剖面显示埋藏沙丘

在皮山以东不远地方，洪积平原下部隆起许多高出平原 2—3 米的小丘，长达 15 米，宽约 6 米，东西成行排列。这种小丘的形成，也和洪积层中的石膏局部膨胀和下部盐结晶体的扩大有关。R. V. 克莱尔斯贝尔格（Klelsberg）曾指出萨马尔干南阿莱山支脉南麓平原，散布大小不等的坟状圆丘，认为是第四纪古平原面剥蚀和侵蚀的残余产物[8]。按其描述形态很有可能是和昆仑北麓同纬度地带洪积层石膏盐壳相似的特殊地球化学成因的隆起体。

（2）冲积层　巨大的冲积层出现在大平原的中心部分。阿尔泰山前隆起平原冲积层的分布，只限于河流下切的谷底部分。天山北麓的冲积层，组成宽大的平原位于上述洪积-冲积平原的下部，年龄比较古老。冲积层由亚沙土和亚粘土交互组成，在土耳条沟剖面中，出现类似湖相的粘土沉积，可能曾有过局部的沼泽。由于山前河道时常变迁，因使第四纪冲积层的成分和厚度都有较复杂的变化。冲积层中细土的含量相当高，这和天山北坡的黄土沉积以及森林带的风化产物有一定的关系。山区岩石含有多量的盐分，因此平原冲积层表部有脱离地下水位很高的结盐现象。玛纳斯河以东，有些河道在融雪季节里，洪水一直涌进沙漠里。象莫索湾附近的平原，可以看到洪水冲积层和风积层互相交织的层次，下部并有沙质透镜体，含有丰富的地下水，可供开采。

天山南麓洪积平原的前端，有东西横亘的宽广塔里木冲积平原。主要由大量灰白色细沙组成的冲积层。根据勘探资料，第四纪冲积层厚达 400—500 米。冲积层的来源，主要是从高山带下来的冰水沉积物，分选成细小的泥沙。在洪水季节里，塔里木河不断淤积填高河床，河道不时向南北迁徙，因而冲积层变得愈厚愈宽。

塔里木河灰白色冲积层，常和北缘天山洪积平原的淡红色亚粘土交替沉积，在最近时期里，两种沉积物堆积势力互有消长，而常变动其分布范围。

昆仑山北麓亦有巨大的冲积平原。冲积层面向北微倾，与河道方向完全一致。大河如叶尔羌河、和阗河和克里雅河都有干三角洲伸向塔里木平原。平原冲积层具有岩相一致的纯净细沙层，厚度很大，其中亦有少数沉积于古河道内的坚硬泥灰岩露头。

（3）风积物 盆地中心部分气候最干，植物很少，风力为堆积的主要营力。强大的风吹扬起古老的冲积物及少数洪积物而成为大面积复杂系统的沙丘。

准噶尔盆地的冲积平原的堆积面，向北向西微倾，大河分注于北部及西部洼地，成为积盐的中心。由于地面获得厚层盐壳的保护，少受风蚀的影响。当春夏之交，北风强劲，可以输送"上戈壁砾石层"中的沙粒，白垩纪及第三纪残积中的沙粒以及一般洪积锥中的沙粒，堆成沙丘。小拐附近，在风化较强的古老沙丘上，复有北部洪积来源的红色粗沙。东部阿克库姆的沙丘，常由白沙组成（来源于乌伦古台地索索泉系中石英砾层的风化产物）。往南去是大片南北纵向排列的垄岗沙丘，高出地面20—30米，都是广大冲积平原上的就地起沙。冲积层的粒级愈南愈粗，因为主要的大河都是由南向北流的，而沙丘的组成物质愈南愈细。小于0.1厘米的沙粒向南增加，这是和北风的分选作用有关。在沙漠南缘偏北的气流，受阻于天山，发育成为迭瓦式的横向类型沙丘。更折向东则为南北向排列的新月形沙链，表现强盛偏西风的作用。整个盆地内沙丘分布形式，可以看出第四纪高气压的大气环流系统。虽然冰期以后，气候稍有变化，雨量略多，沙丘盛长琐琐和草本植物，逐渐趋向固定（照片8），但部分沙丘还继承着第四纪的环流形势发展下来。

南疆塔克拉玛干沙漠的沙丘堆积，都是岩相一致的沙层和沙粒，其矿物组成保持昆仑山地河流所带来的沉积特征，证明沙丘矿物和下复第四纪冲积矿物一致，其中以绿帘石、角闪石、锆石英、磷灰石、磁铁矿为主。又根据皮山、墨玉、和阗钻孔记录，都是细沙夹亚沙土及砾石一类的河相沉积。由于盆地雨量很少，植物稀疏，沙层被风吹扬而成沙丘。沙漠外缘接近绿洲部分，多为红柳沙包。盆地中心，大部为高达50米的综合新月形沙丘链，活动性很大（照片9）。当春夏之交，太阳北移，塔里木盆地受热强，气流上升，其时蒙古强大高压系统依然存在，盆地内以盛行的东北风为主；盆地西北部则受西北风的影响，两组风力大体交会于克里雅河的左岸。盆地内以受东北风影响的沙丘最占优势。

（4）湖相沉积 准噶尔盆地中的湖相沉积，主要分布在最低洼的西北部和西部。在这里，许多湖泊彼此隔离，或者由临时水流联贯起来。湖泊在洼地里，时常迁徙，湖底的沉积也有很大的变化。现在已经变干涸的阿兰诺尔，在湖底沉积剖面中，都是黑色、褐色和灰色粘土，其中有波痕的夹层，表示波峰高度很小，说明湖泊存在之时，湖水不深，掀浪不高。靠近干湖西岸白碱滩公路旁，可以看到湖相沉积中湖岸波纹堆积，厚达一米。在下部更老的湖相沉积中，出现龟裂层，显示湖水另一次的变干。阿兰诺尔北部表面沉积层亦现宽大波纹和涟痕，面上复有黑色粗砾，可能是由河流从邻近"上戈壁系"中冲刷下来的物质。根据文献资料，阿兰诺尔大概是在1915—1930年期间消失的。

阿兰诺尔之东，为伊赫哈克湖，具有宽广的水面，湖底泥土略微粘滞，或属密实的黄沙，向湖心很快转变为亚粘土，中部则转变为粘滞的灰色淤泥沉积。它的北岸有高出湖面

20 米的阶地和激浪堤，这些说明湖盆是在很久以前形成的，而且曾不止一次地变干。湖水曾撤离湖盆，地面积成很厚的盐壳，并有高大的沙丘，然后湖水又重新充填起来。它和邻近西侧的艾里克湖的两级阶地以及阿兰诺尔西岸砾石沙嘴面联系起来看，可以说第四纪初期这些湖曾是广大的统一体，后来逐渐分裂成为许多残留较小较浅的湖泊[9]。当时乌伦古河的三角洲一直通到夏子街附近，可能有大量的径流补给古湖，后来乌伦古河改道注入到乌伦古湖[10]。盘踞在准噶尔盆地北部的古湖水量大减，湖面因而缩小。其他原因如由于湖泊沉积加厚以及主要水道的变迁而成为交替湖性质。湖泊变干，地下水位下降，湖岸大批沙枣、柽柳、胡杨的枯死，都不足以说明中亚第四纪以来气候日趋干旱。

准噶尔西部的艾比湖盆地，分布一片湖积平原。湖底沉积是很粘的灰色淤泥。近年来由于人们用水过多，湖底日益淤浅，中间凸出一块沙地把湖泊分隔成为二部分：西北部分缺少地表水补给，因而湖水很咸，环岸为八条石垄所围绕；湖的东部分有淡水河补给，水质较淡，湖中满生芦苇，并为以前湖湾盐土所包围，许多辫子状沉积分隔湖面。精河以东，属古代湖湾，厚积盐壳，盐壳之下，为红粘土的湖相沉积，距地表约 1—2 米以下，为含淡水沙层，从这层中可以取得上升泉，但由于当地盐化，沼泽化强，风势极大，土地少有开垦价值。

H. T. 库兹涅佐夫和 Э. M. 穆尔札耶夫认为补给艾比湖的主流奎屯河，最初保持南北自然方向，后来急剧转折向西行。在车排子以东 11 公里向北延伸的古河道，向北有粘重和轻松的黄土状亚粘土所组成的古老三角洲，其北侧并有略微隆起的沙洲。推论第四纪奎屯河的沉积，在这里古艾比湖旁淀积起来。其后艾比湖水量减少，并向西移，迫使奎屯河分汊改道而西流。他们推论艾比湖与玛纳斯湖在第四纪初期可能是个统一水体[9]，渐为天山老坝巨大洪积扇所分隔，但这还需要经过钻探，才能确定。

南疆第三纪的湖相沉积分布在库车凹陷和叶尔羌凹陷之中。到了第四纪两大凹陷都为洪积冲积层所充填。只有塔里木盆地东部地势较低，河水汇集而成巨大的罗布泊。这个湖泊时常移动它的位置，因此出现大面积的湖相地层。细粒沙和黄土状粘土交替成层，而黄土状粘土的原始材料是冲积物和风成粉沙。罗布泊盆地是南疆的积盐中心。湖成平原上，厚积盐盖，经风吹蚀而成坎坷起伏的地形。湖东广泛分布膨胀性的盐壳并出现 5—6 米高的风蚀残丘。洼地周围，保存较老的湖相沉积。因其被风侵蚀成为方山形态，所以过去地质学者把这种沉积物称之为"方山沉积系"（Mesa sediment formation）。其中没有化石可以对比，可能是第四纪初期产物[11]。北部孔雀河古老三角洲以及雅丹区（照片 10），都有被风侵蚀后再被湖相沉积掩复起来的现象。只有厚层盐壳区，未受风蚀影响，风蚀面的基准不能下降，湖水面很难达到这样高度。罗布泊的主要河流时常迁徙，湖泊随之移动位置，平原里湖积和风积交错进行。"方山沉积系"分布面积很广，这种风积亦可能是在水系变化的条件下形成的。湖泊有时被淹，有时变干，有时为风沙所积，所以不能夸大古湖泊的面积。

三、结论

根据上述新疆第四纪陆相沉积的成因类型和分布情况（图 14），可以大致恢复当时的新疆古地理情况。

新疆自上侏罗纪一直到老第三纪，气候在大部地区是一贯干旱的。到老第三纪，地势已被夷蚀得相当平缓，在行星风系的大气环流形势下，北部阿尔泰可能隶属于 Cfa 型[①]气候（植物化石和古风化壳可证明），西部天山一带距海稍近为 Csa 气候（伊犁）（残留古地中海区系中的种属可以说明），离海较远的东部为 BS 气候（东天山及准噶尔）（古风化壳），南疆西端为 BSh 型（海相沉积中含盐及石膏），而东部为 BWh 型（在哈密的微古植物化石证明）。

新第三纪时期，中亚许多山脉发生强烈的构造运动，其时邻近的古地中海已消失，欧亚大陆大气环流的性质有所改变。新疆盆地周围山脉的隆起，虽然没有现在那么高，但基本地形轮廓大致和现在相同。它们已足够阻止一部分水汽从海洋伸入内陆，同时新疆冬季受蒙古高气压的影响，干寒的气流进入到盆地里，使其更趋向于干燥。整个第四纪时期里北部逐步转变为半荒漠，中部转变为温带荒漠，南部为暖温带荒漠。第四纪初期，河流进入到凹陷的盆地里，形成相当大的湖泊。许多沉积物直接由山地运送下来，把盆地古老的地层逐渐封盖在下面。准噶尔盆地北部的"上戈壁砾石系"就是属于这一时期沉积物。在南疆许多地方，上新统和第四纪地层不易划分开来。阿尔泰山的均夷面上，长期发育的红色风化壳，由于山地隆起受到剥蚀，重新和砾石混在一起，堆积在山前高阶地上，亦应属于第四纪初期的产物。

高山第一期冰川活动，显然是在寒冷气候开始时发生的。第四纪初期的冰川规模最大。阿尔泰山的西北部、天山的中部和南部都有复盖冰川发育在高山均夷面上，并且冰川一直可以延伸到山麓带。在北疆准噶尔盆地第四纪永久冰冻气候的下限可以到达盆地的边缘。昆仑山虽处于更干燥的条件下，但冰川下限在金格塔格北坡廓起喀拉泰一处可分布到 2,100 米。东部杜瓦河谷侧碛高度达 2,350 米，证明冰缘气候可推到前山带里。

冰期的干燥气候，对于风化作用和风成作用极为有利。在低山河谷中，夏季才有融冰的洪水带下物质形成山麓干三角洲。第四纪初期平原开始发展为沙漠。北疆草原为更干燥

---

① Cfa＝无干季而有热夏；Csa＝夏干而热；BSh＝热草原气候；BWh＝热荒漠气候。

的半荒漠所代替。天山北坡和昆仑北坡开始堆积黄土和亚沙土。

等到第一冰期退却进入间冰期，水系比较活跃，河流带下大量冰水砾石和黄土状物质，填塞河谷和山前凹陷地区。平原湖泊面积扩大，仅露一些山脊把它们分隔开来。平原的冲积和风积两种作用，自始即交替进行。同时山前凹陷发生新褶皱，第四纪下部地层随同疏松第三纪褶皱而掀起，象玛纳斯区的独山子、安集海背斜层以及南疆的秋尔塔克、英吉沙背斜层的顶部都有厚层黄土和砾石层的分布。在山地内部，由于构造隆起，河水深切在充满黄土砾石的河谷里，发育为黄土砾石阶地。玛纳斯河谷红沟煤窑最高阶地上，淤积黄土沉积最厚。山前平行纵谷的凹陷部分，黄土和冰水沉积堆积特别多。邻近山麓的黄土，由山地抬升而产生很大的倾斜度，这些都反映前期冰川作用与风成作用，以及新构造运动势力的强盛。

新疆山地第二次冰川作用的规模比第一次小。从冰碛分布的范围以及冰碛垄的高度，都可说明这次冰川具有高山谷地冰川的性质。阿尔泰这期冰川，在西北部，下限到达中山带，而在东南部，停留在高山带内。但在特别陡峻的天山北坡，象巴音沟冰川一直冲到了山麓 1,900 米处。天山南坡第二期冰川的终碛，还是完好地保持着自己的弧状垄岗群地形，而且在许多情况下，都向山麓平原延伸，说明南坡比较平缓的地势和干燥的气候，有利于保存冰碛的形态。

第二次冰期过后，山区和盆地的沉积，又趋活跃，充填冰水沉积的河谷，又被融解的雪水切割开来。在天山哈尔雷克套和昆仑山地的间冰期绿色湖相沉积，由于山地的上升而被分割。高山到处表现冰缘气候的特征。湖相沉积剖面中，出现各种泥流、冰泥卷及冰楔形态。山麓有些前期隆起缓慢的小背斜层，曾为洪水所夷平，堆积了第二间冰期黄土砾石沉积，继而再度隆起而为前山带的丘陵。特别引人注意的是昆仑山麓克里雅河流域，这一时期的火山喷发。在广大的平原上，冲积和风积继续交替堆积。

上第四纪在阿尔泰只有一次冰川，而在天山和昆仑山有两次冰川，拖长了冰期的时间。这二次冰期规模都不算大，冰碛都深藏在深山河谷地段，第四个冰期有三个小冰期，在天山和昆仑都有发现。

第三间冰期形成了天山北麓的洪积平原，以及昆仑山麓第三阶地上部建造相联结的干三角洲。后者复有亚沙土，并有明显石膏和盐壳以及多角土的存在。

冰期过后，气候转暖，河谷被受侵蚀，并形成现代干三角洲与河漫滩。天山北坡与昆仑北坡，继续进行黄土和亚沙土的堆积。北疆的沙丘由于降水稍多，一部分为琐琐、红柳等灌丛及草本所固定或半固定起来，而南疆沙漠仍在发展过程中。山区重力堆积和劣地地貌都获得进一步的发展。

整个第四纪的山地上升运动，到这时期犹未停止。北天山玛纳斯红沟煤窑河谷下切在最后阶地以下180米，说明第四纪以后的上升运动犹相当剧烈。戴脱拉（de Terra）认为冰期以后昆仑山隆起达1,700米。新疆山麓断裂带如阿尔泰的富蕴、天山的牛圈子、南疆喀什的阿图什、康苏以及策勒以南昆仑山的衙门地区都有强烈地震活动（照片11）。

山麓堆积的厚度和山地上升运动亦很有关系。山地进一步隆起，流水继续从上面带下许多物质，山脉上升快速，砾石沉积快速，故并非完全是气候变化问题。如单就气候来解释，那么阿尔泰的前山沉积为什么那样薄。由此看来构造运动有时可隐蔽气候的影响。

Б. М. 西尼村（1949）认为塔里木盆地新第三纪和更新世表现密集的水文网，应有较湿润的气候特征，故推断到第四纪末期气候才开始变干（1万—2万年内）[12]。E. 诺林认为第四纪后期，塔克拉玛干中部为巨大淡水海，四周河流环注，带下来大量物质充填在湖里，而在冰期以后变干[7]。实际上，气候不可能在最近时间内变得那样快。据南疆沉积层的特点，第四纪并无海相或大面积的湖相沉积。只在莎车、库车及罗布洼地有局部湖相沉积，无证据说明大沙漠曾为海水所淹，而在冰期后的时间内变干。据山麓堆积的分选规律所表现的沉积相，及昆仑洪积平原石膏盐壳的生成，昆仑北坡亚沙土的复盖，未受雨水冲刷和破坏，都说明新疆第四纪以来气候一贯干旱，未有从湿润而在短期内变得极为干旱的迹象。

И. П. 格拉西莫夫（1937）[13]和 Э. М. 穆尔札耶夫（1952）[14]都提到过第四纪时期邻近新疆地方，有二个多水期。H. T. 库兹涅佐夫认为准噶尔盆地的湖泊，现在正处在多水期[10]。这种多水期的周期性变化是存在的，但亚洲中部湖泊水量的变化，不能认为是亚洲中部气候日益变干的标志。新疆盆地历史时期由考古资料及历史记载证明都是很干旱的。聚落废弃，植物枯死，沙漠侵入绿洲等现象可以从河流改道，或由于灌溉不当引起强烈盐碱化，或由于破坏植被以及其他人类活动的影响来解释，现在所有证据还不能作出新疆"自第四纪以来，在总的趋势上，日益变干"的结论。

参考文献

[1] E. Norin: Geology of Western Quruq Tagh, Eastern Tien-Shan, Stockholm, 1937.

[2] C. Wharhaftig & A. Cox: Rock glaciers in the Alaska Range, Geol. Soc. Amer. Bull. vol. 70, p. 946, 1959.

[3] Б. А. 费多罗维奇、严钦尚: 关于中国境内天山冰期次数及其性质的新资料。新疆维吾尔自治区的自然条件(论文集)，科学出版社，1959年。

[4] E. Norin: The Basin of Bagarash Köl, Geogr. Annaler Bd. XIII, 1931.

[5] H. T. 库兹涅佐夫、Э. M. 穆尔札耶夫: 博斯腾湖及其将来。新疆维吾尔自治区的自然条件(论文集)，科学出版社，1959年。

[6] Q. C. 维亚洛夫: 关于准噶尔盆地第四纪地层的几点意见。地质专辑第2辑，第四纪地质，地质出版社，1956年。

[7] E. Norin: Quaternary climatic changes with the Tarim Basin, Geogr. Review, vol. 22 No. 4, 1932.

[8] R. V. Klelsberg: Formen Turkestanischer Hochebenen, Hyllningsskrift Tillognad Sven Heden Po Hans 70 Arsdag den 19. Febr., 1935.

[9] Н. Т. 库兹涅佐夫, Э. М. 穆尔扎耶夫: 准噶尔盆地湖泊的观察。见干燥区和黄土区的地理问题, 科学出版社, 1958年。

[10] 严钦尚, 夏训诚: 新疆额尔齐斯河与乌伦古河流域地貌发育。地理学报, 第28卷第4期, 1962。

[11] Nils, G. Hörner, Parker C, Chen: Alternating lakes, displacements in Central Asia, Hyllningsskrift Tillognad Sven Heden Po Hans 70 Arsdag den 19. Febr. , 1935.

[12] Б. М. Синицин: К четвертичной Истории Таримской Впадины, Природы, 1949.

[13] И. П. Герасимов: Основиые Черты Развития Созремениой Поверхиости Тураиа. Труды институиа географии АН СССР. Вып. 25М-Л, 1937.

[14] Э. М. 穆尔扎耶夫(杨郁华译): 蒙古人民共和国。生活·读书·新知三联书店, 1958年。

附：新疆第四纪主要沉积物分层表

时代	成因	阿尔泰山和准噶尔盆地北缘山地及其山前平原	天山及其山前平原		昆仑山阿尔金山及其山前平原和嘎顺戈壁
			北部天山	南部天山	
现代（全新世）Q_{IV}	湖积	现代高山湖岸湖相沉积 现代山前平原湖岸湖相沉积			
	冲积	现代进入巴嘎湖的乌伦古河三角洲及前期进入乌伦古湖的三角洲	伊犁河谷细土组成的"下阶地组"与河漫滩（C. C. 舒尔茨）	焉耆盆地开都河现代三角洲及塔里木河现代冲积平原	现代冲积扇及大河冲积平原
	洪积	山地及山前小型洪积扇	山地主谷二侧支谷口迭置洪积锥	山地主谷二侧支流洪积锥及山前较大型的洪积锥	山地内部及山前大型洪积锥
	冰水沉积	离开现代终碛的上游河道的卵石河床			
	冰碛	高山冰碛后退后的末期及现代侧积及终碛垄			
	坡积	破坏森林的倒石锥	陡坡倒石锥	陡坡倒石锥	被盐分胶结的倒石锥
	残积	青河高山花岗岩区的石海		尤尔多斯高山均夷面上具有多角土的残积	
新第四纪（上更新世）Q_{III}	湖积		霍尔果斯河中游绿色湖相沉积（В. А. 奥勃鲁契夫）	小尤尔多斯盆地被冻土掀起的灰白色亚粘土湖相沉积	布伦库尔阶地夹有绿色湖相沉积
	冲积	山前低阶地上纯净而疏松的沙砾层	伊犁河谷夹有泥流的第二阶地	焉耆盆地七角星古三角洲	四昆仑山前第三冲积扇及阶地
	冰碛	青河乌齐库勒期古冰斗冰川冰碛	霍尔果斯河上游大努冰川古冰碛	土格别尔齐冰碛, 破城子冰碛, 强台林苏上游第三、四冰碛（В. А. 费多罗维奇）	布伦库尔第三阶地侧冰碛及横穿三个阶地的槽谷冰碛

续表

时代	成因	阿尔泰山和准噶尔盆地北缘山地及其山前平原	天山及其山前平原 北部天山	天山及其山前平原 南部天山	昆仑山阿尔金山及其山前平原和嘎顺戈壁
中第四纪（中更新世）Q_{II}	湖积				塔什库尔干下班地黄色细沙及绿色粘土
	冲积	乌伦古河第二阶地（高20—30米）包塔玛依一带的三角洲沉积	伊犁河谷分布小砾石并有断层凹折的第三阶地		山麓第二级冲积扇及阶地雅丹顶部的亚沙土沉积
	风积	准噶尔界山西坡的黄土沉积	天山北坡的黄土沉积		昆仑山北坡亚沙土沉积
	冰水沉积				
	冰碛	青河大海子期终冰碛垄		克孜尔布拉克冰碛强台林苏底冰碛（1,700米）（Б. А. 费多罗维奇）	布伦库尔第二阶地侧冰碛
老第四纪（下更新世）Q_I	湖积			大尤尔多斯第一期冰川边缘湖相沉积	罗布诺尔新方山沉积
	冲积	乌伦古河高阶地红色沙土砾石夹有铁质胶结物及其伸展到夏子街附近的老三角洲	伊犁河谷第一阶地巨砾和沙层（C. C. 舒尔茨）	焉耆南高地古三角洲沉积	西昆仑山前最高阶地及冲积扇
	洪积	上戈壁砾石层（В. А. 奥勃鲁契夫）			
	冰水沉积		玛纳斯红沟煤窑最高阶地黄土砾石层及独山子背斜层上黄土砾石沉积	秋尔塔格背斜上冰水沉积，喀什阿克塔克冰水沉积	英吉莎三列背斜上冰水沉积
	冰碛	阿尔泰古复盖冰川的高原冰碛	巴音果勒谷口前的古冰碛（1,500米）	强台林苏山口古冰碛（1,500米）（Б. А. 费多罗维奇）	金格塔格北坡卡什塔拉太冰斗冰川沉积（2,100米），杜瓦河谷侧冰碛（E. 诺林）
	坡积	富蕴中山带森林土复盖下有棱角的巨大堆积	乌苏爱泼特河谷泥石流	乌库公路巴林台南阶地中泥流（1,500米）	新藏公路菩萨和白清真寺之间复盖在古残积上的老坡积
新第三纪及更新世初	湖积			博斯腾湖南岸方山沉积系（E. 诺林）	罗布诺尔老方山沉积（N. 何勒）
	洪积				山前台阶沉积（Б. М. 西尼村）
	残积+坡积	前山2,000米高的山顶残留红色风化壳	乌鲁木齐南山山麓厚层堆积	天山博罗霍坦含氯化物的古风化壳（E. 诺林）	新藏公路菩萨和白清真寺之间古生代石灰岩上的古残积层（Б. А. 费多罗维奇）嘎顺戈壁古红色风化壳

ГЛАВНЫЕ ТИПЫ КОНТИНЕНТАЛЬНОГО ОТЛОЖЕНИЯ ЧЕТВЕРТИЧНОГО ПЕРИОДА НА ТЕРРИТОРИИ СИНЬЦЗЯНА И ИХ CBЯЗЬ С РАЗВИТИЕМ РЕЛЬЕФА И КЛИМАТА

Чжоу Тин-чжу

(*Пекинский Педагогический Университет*)

(Резюме)

В горах и котловинах аридных районов Синьцзяна широко распространены континентальные отложения четвертичного периода, как отложения, элювиальные, делювиальные, моренные, флювиогляциальные, озерные, пролювиальные, пролювиально-аллювиальные, аллювиальные, эоловые и т.д. Все эти типы отложения характеризуются закономерной последовательностью отложения и каждый из них обладает соответствующими геоморфологическими особенностями и четко отражает зональные и азональные изменения климата в четвертичный период.

Нііже восстанавливается палеогеография в последнюю геологическую эпоху в соответствии с генетическими типами и распространением континентального отложения четвертичного периода на территории Синьцзяна.

В палеоген Синьцзян обладал волнистым рельефом. Вследствие атмосферной циркуляции, созданной планетарной системой ветров, область Алтая на севере Синьцзяна, возможно, относится к климату Cfa (по ископаемым растений), Тяньшань на западе, находящийся неподалеку от Древнего Среди-зеиного моря, —к климату Csa (в область Или), Тяньшань на востоке, находящийся дальше от моря, —к климату BS, а территория вдоль залива моря на крайнем западе Кашгарии—, к климату BSh, и обширная территория на востоке, наверно, —к климату BWh.

В неоген подняли многочисленные хребты и исчезло древнее Средизеиное море на западе, что привело к изменению характера атмосферной циркуляции Евразии. Хребты препятствовали проникновению влаги с моря в бессточную впадину. Зимой под влиянием сухого и холодного потока монгольского антициклона климат равнин Синьцзяна становился более аридным.

Очевидно, в четвертичный период в высоких горах Синьцзяна оледенение происходило в тот момент, когда наступил холодный климат ледникового периода.Равнины не подвергались влиянию оледенения. Вначале горное оледенение приобрело наиболbший масштаб, а впоследствии постеппнно становилось слабым. В межледниковую эпоху в высоких горах появился перигляциальный климат, и снежный покров на высоких горах наверно не был уничтожен полностью. В межледниковую эпоху на равнинах водная система была более развита, при этои чередовались седиментация и навевание. В областях предгорий бурно развивали новейшие тектонические движения. Многочисленные предгорья были смяты и подняли набольшую высоту аллювиальные или флювио-гляциальные отложения предыдущего периода. После ледникового периода новейшие тектонические движения имели очень четкое выражение на подгорьях.

Климат равнин Синьцзяна в четвертичный период в целом был сравнительно аридным. Фации седиментации, обусловленные закономерностью сортировки отложений подгорий, погребенный горизонт гипса и корки соли в предгорных пролювиальных равнинах хр. Куньлунь, а также покров супеси на северном склоне хр. Куньлунь,который не подвергался размыву и разрушению — все эти говорили оботсутствии признаков, которые доказали бы превращение климата Синьцзяна от влажного в аридный, как некоторые утверждали.

Из археологических данных видно, что климат Синьцзяна в исторический период в целом был очень сухим. Развалины старинного города, явление гибели деревьев объясняются изменением русла рек, вторичным засолением, вызванным нерациональным орошением, и другой хозяйственной деятельностью человека. Все эти свидетельства не могут привести к выводу, что климат Синьцзяна с четвертичного периода имел тенденцию к "прогрессивному усыханию".

照片 1　觉罗塔克山东南部复盖风化壳的古准平原，由于上升而受到侵蚀（赵济摄）

照片 2　阿尔泰山东南段青河高山带冻裂风化作用所形成的残积

照片 3　阿尔泰山高山带下部南坡倒石锥

照片 4　昆仑山上的倒石锥

照片 5　阿尔泰山均夷面上的古冰川地貌

照片 6　墨玉附近昆仑山前平原上的"多角土"

照片 7　墨玉附近昆仑山前平原石膏"多角土"的剖面

照片 8　古尔班通古特沙漠北部的固定沙丘
（徐近之摄）

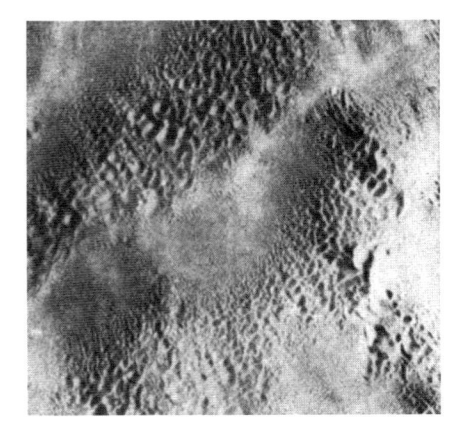

照片 9　塔克拉玛干沙漠中综合新月形沙丘链
（航空摄影）

照片 10　罗布诺尔北部古老的湖相沉积构成的雅丹地形（赵济摄）

照片 11　昆仑山策勒衙门附近亚沙土复盖的山坡，中间为地震裂痕

"新疆第四纪陆相沉积的主要类型及其和地貌气候发展的关系"解读

史培军

  周廷儒先生是我国新生代古地理学的奠基人和开拓者之一，著有《古地理学》和竺可桢为编委会主任的《中国自然地理》系列著作之《古地理卷》。他在《地理学报》上发表的本论文是他的重要论文之一，也是中国地理学史上的重要论文之一。
  1963 年，在交通、通信、生活保障等科学考察条件与今无法可比的条件下，我十分尊敬的博士导师周廷儒学部委员（1993 年起改称中国科学院院士）在参加第一次中国科学院新疆综合科学考察队后，于《地理学报》发表"新疆第四纪陆相沉积的主要类型及其和地貌气候发展的关系"一文。今天再次学习，首先，对先生在艰苦环境下的科考精神和超水平的野外地理学综合观察与深刻的分析、研判能力由衷地敬佩；其次，对基于新疆地貌科学考察分析研判基础上的新疆古地理环境变迁重建的高质量研究成果所折服；再次，新疆综合科学考察的地貌研究成果，不仅在中华人民共和国成立以来新疆建设与发展中已发挥了重大作用，在今天共建"一带一路""西部大开发""新疆高质量发展"规划与建设中仍具有重要学术价值。

  作者介绍：史培军（1959— ），男，陕西靖边人，北京师范大学地理科学学部教授，中国地理学会会员（S110001103M），研究方向为环境演变与自然灾害。E-mail: spj@bnu.edu.cn

一、撰写背景

第一次新疆综合科学考察开展于 1956—1960 年，当时中华人民共和国成立不久，百废待兴，国家对新疆的水资源、土地资源、矿产资源等自然资源缺乏基础数据，同时对新疆基本的生活、生态和环境状况，如土壤条件、山地、绿洲、沙漠等也缺少基础数据。为了开发建设新疆，国家决定开展第一次新疆综合科学考察，从北京、南京等多地抽调数百人入疆实施科学考察，北京师范大学以周廷儒教授为首的团队很荣幸参加了这次科学考察，并担任新疆综合科学考察地貌考察组组长。经过五年努力，科考队形成了系列新疆科考成果，系统掌握了新疆地理区域分异规律、自然资源、生态环境和开发基础条件的本底状况。此后，以周廷儒教授为首的地貌考察组共同完成了《新疆地貌》一书（周廷儒等，1978），该书是在系统整理和总结野外调查的实际资料的基础上写成的，它不仅是系统介绍新疆地貌的第一部著作，也是我国省区地貌的第一部专著。"新疆第四纪陆相沉积的主要类型及其和地貌气候发展的关系"一文成为《新疆地貌》一书的重要组成部分，对其各章均有贡献。

周廷儒先生与地貌组的专家于 1956—1960 年参加了规模庞大的中苏专家合作开展新疆综合考察工作，风尘仆仆，每年春季出发，秋后返回；先后考察北疆，从南坡登阿尔泰山，两度穿越古尔班通古特沙漠，并考察了天山北麓的玛纳斯河地区。攀登天山山地，重点考察了伊犁谷地和大、小尤尔多斯盆地等水草资源丰富的谷地，并到达吐鲁番、焉耆等地。考察南天山和塔里木盆地，并亲率地貌科学考察小组对塔里木河中游做专门考察。考察塔里木盆地南缘及昆仑山脉北坡地区。通过上述实际科考工作，对新疆的地貌、自然地带分异规律、第三纪以来自然地理的演变等都有精辟的论述发表，先后独作或与合作者发表"新疆天山北麓玛纳斯地区的新构造运动和地形带的区分"（周廷儒，1957）、"南疆塔里木河中游的变迁问题"（周廷儒、赵济，1959）、"新疆综合自然区划纲要"（周廷儒，1960）、"发展新疆农牧业的地貌条件"（周廷儒、赵济，1962）、"新疆第四纪陆相沉积的主要类型及其和地貌气候发展的关系"（周廷儒，1963）、"关于新疆最近地球历史时期的古地理问题"（周廷儒，1965）、"论罗布泊的迁移问题"（周廷儒，1978），主编并参与撰写了新疆综合考察队地貌考察组的主要成果《新疆地貌》专著。周先生在新疆考察时，工作十分勤劳，成果丰硕，在地貌、古地理、自然地理等方面有很多开创性成果。

二、学术贡献

"新疆第四纪陆相沉积的主要类型及其和地貌气候发展的关系"一文共三部分，包括：新疆山地第四纪沉积类型和其相应的地貌及气候条件，本节论述了残积层、坡积层、冰碛层、冰水沉积层、洪积层、湖相沉积、风成黄土及亚沙土；新疆山间平原第四纪沉积类型和其相应的地貌及气候条件，本节论述了山麓洪积层和冲积-洪积层、冲积层、风积物、湖相沉积；结论部分明确"根据新疆第四纪陆相沉积的成因类型和分布情况图，恢复了当时的新疆古地理情况"。全文附11张珍贵照片、14幅图、26 000多字，是一项极为突出的创新性成果，反复学习周廷儒先生这篇重要论文，发现其在下列六方面有突出的学术创见。

一是判断了新疆山地和山间平原的主要形成时代及其对区域地理环境的影响。周先生在文中写道："新疆是高峻山脉和广大盆地相间的一个地区。近期山脉上升始于上新世，到第四纪续有隆起和扩大。这些雄伟山脉对盆地干燥气候特征的影响是无可置疑的。山地的破坏过程，同时就是盆地的堆积过程。具有垂直地带性和各种特殊条件的山地，使许多成因类型的第四纪沉积物变得极为复杂。承受周围山地物质的巨大盆地，长期以来是一个封闭的内陆平原，许多沉积物只在内部进行重新分配而不向外移出。平原第四纪沉积类型没有山地那样复杂，但每种类型分布广袤而且厚度特大。"

二是明确了新疆山地和山间平原第四纪沉积类型的形成时代与过程。周先生在文中写道："分布在新疆北部的阿尔泰山、中部的天山、南部的昆仑山都是上升运动强烈的高山山脉，剥蚀作用、侵蚀作用、冻裂风化作用、冰川作用、泥流作用都很活跃，因而山地分布的沉积类型有残积层、坡积层、冰碛层、冰水沉积层及面积很小的湖相沉积层，此外在天山北麓还有风成黄土沉积；昆仑山北坡还有风成亚沙土沉积。这些类型表现有关联性的沉积顺序，而且每类沉积都具有相应的地貌特点，并明显反映第四纪气候的地带性和非地带性的变化。""新疆北部的准噶尔盆地和南部的塔里木盆地都是巨大的内陆封闭盆地，周围上升的山地受到各种营力的破坏，把物质输送到盆地里而重新堆积起来，其厚度超过 500 米。广大盆地中，第四纪沉积的主要类型为山麓洪积层和冲积-洪积层以及平原的冲积层、湖相沉积层和风积层。长期以来，平原的地貌和气候变化不象山地那样复杂，因此平原的沉积类型比较简单，但分布面积相当广泛。"

三是首次给出了新疆第四纪陆相沉积的成因类型和分布图。周先生在对新疆山地残积层、坡积层、冰碛层、冰水沉积层、洪积层、湖相沉积、风成黄土及亚沙土等第四纪沉积类型，山间平原的山麓洪积层和冲积-洪积层、冲积层、风积物、湖相沉积第四纪沉积类型作了翔实的时空差异、形成过程的阐述基础上，首次给出了新疆第四纪陆相沉积的 13 种成因类型和其分布图，为基于新疆第四纪陆相沉积时空差异，重建新疆最近地球历史时期的古地理奠定了扎实的科学基础。从周先生绘制的新疆第四纪沉积物分布图可以看出：新疆山地残积层、坡积层、冰碛层、冰水沉积层、洪积层、湖相沉积、风成黄土及亚沙土等第四纪沉积类型，在阿尔泰山、天山、昆仑山之间的空间差异；新疆山间平原的山麓洪积层和冲积-洪积层、冲积层、风积物、湖相沉积等第四纪沉积类型在准噶尔盆地、伊犁谷地、塔里木盆地之间的空间差异。

四是首次给出了新疆自上侏罗纪到第四纪的古地理变迁。周先生在文中写道："根据上述新疆第四纪陆相沉积的成因类型和分布情况，可以大致恢复当时的新疆古地理情况。新疆自上侏罗纪一直到老第三纪，气候在大部地区是一贯干旱的。到老第三纪，地势已被夷蚀得相当平缓，在行星风系的大气环流形势下，北部阿尔泰可能隶属于 Cfa 型气候（植物化石和古风化壳可证明），西部天山一带距海稍近为 CSa 型气候（伊犁）（残留古地中海区系中的种属可以说明），离海较远的东部为 BS 气候（东天山及准噶尔）（古风化壳），南疆西端为 BSh 型（海相沉积中含盐及石膏），而东部为 BWh 型（在哈密的微古植物化石可证明）。""新第三纪时期，中亚许多山脉发生强烈的构造运动，其时邻近的古地中海已消失，欧亚大陆大气环流的性质有所改变。新疆盆地周围山脉的隆起，虽然没有现在那么高，但基本地形轮廓大致和现在相同。它们已足够阻止一部分水汽从海洋伸入内陆，同时新疆冬季受蒙古高气压的影响，干寒的气流进入到盆地里，使其更趋向于干燥。整个第四纪时期里北部逐步转变为半荒漠，中部转变为温带荒漠，南部为暖温带荒漠。第四纪初期，河流进入到凹陷的盆地里，形成相当大的湖泊。"

五是首次给出了新疆第四纪发生过四次冰期。 周先生还首次详细阐述了第四纪时期新疆山地共发生了四次冰期和间冰期，并在阿尔泰山、天山、昆仑山呈现明显的冰期和间冰期发生次数的区域差异。周先生在文中写道："看来上升剧烈而山体宽大、降水比较丰沛的新疆西部天山有过四次冰川，而干燥陡急的东部天山可能只有三次冰川。""高山第一期冰川活动，显然是在寒冷气候开始时发生的。第四纪初期的冰川规模最大。""新疆山地第二次冰川作用的规模比第一次小。""上第四纪在阿尔泰只有一次冰川，而在天山和昆仑山有两次冰川，拖长了冰期的时间。这二次冰期规模都不算大，冰碛都深藏在深山河谷地段，第四个冰期有三个小冰期，在天山和昆仑都有发现。""第三间冰期形成了天山北麓的洪积平原，以及昆仑山麓第三阶地上部建造相联结的干三角洲。""冰期过后，气候转暖，河谷被受侵蚀，并形成现代干三角洲与河漫滩。""整个第四纪的山地上升运动，到这时期犹未停止。北天山玛纳斯红沟煤窑河谷下切在最后阶地以下180米，说明第四纪以后的上升运动犹相当剧烈。""由此看来构造运动有时可隐蔽气候的影响。"

六是首次阐述了新疆第四纪气候一贯干旱的观点。 先生在文中写道："据南疆沉积层的特点，第四纪并无海相或大面积的湖相沉积。只在莎车、库车及罗布洼地有局部湖相沉积，无证据说明大沙漠曾为海水所淹，而在冰期后的时间内变干。据山麓堆积的分选规律所表现的沉积相，及昆仑洪积平原石膏盐壳的生成，昆仑北坡亚沙土的覆盖，未受雨水冲刷和破坏，都说明新疆第四纪以来气候一贯干旱，未有从湿润而在短期内变得极为干旱的迹象。""现在所有证据还不能作出新疆自第四纪以来，在总的趋势上，日益变干的结论。"

三、应用价值

周廷儒先生在完成"新疆第四纪陆相沉积的主要类型及其和地貌气候发展的关系"（周廷儒，1963）一文的同时，与地貌组科考队成员在完成上述论著基础上，领导地貌组科考队成员还编制了新疆地貌区划图和1∶1 000 000地貌图;研究新疆古地理问题,周先生在20世纪50年代就开展这些涉及全球变化的问题是难能可贵的;结合新疆经济建设,开展地理综合研究;编制新疆综合自然区划,这也是新疆最早的综合自然区划工作。"新疆第四纪陆相沉积的主要类型及其和地貌气候发展的关系"一文的应用价值主要体现在以下三个方面:

一是在科学方面。为新疆第四纪古地理恢复与重建,新疆地貌区划,新疆综合自然区划等提供了大量野外实证的科学依据。新疆第四纪陆相沉积的13种成因类型和其分布图,不仅为新疆第四纪古地理恢复与重建奠定了空间格局,并对地貌组科考队成员拟定新疆地貌区划、新疆综合自然区划提供了空间分异的依据。

二是在土地利用方面。科学分析判断了因土地利用不当导致的土地沙化,为新疆土地沙化防治,提供了科学依据。周先生在该文的结论中写道:"聚落废弃,植物枯死,沙漠侵入绿洲等现象可以从河流改道,或由于灌溉不当引起强烈盐碱化,或由于破坏植被以及其他人类活动的影响来解释。"

三是在自然保护方面。周先生认为,新疆的自然旱化趋势并不一定显著,而是人类活动导致环境退化。这一结论,为维护新疆地区的生态平衡,促进农业的可持续发展奠定了理论基础。

当前正在进行第三次新疆科考,以资源可持续利用和生态环境保护为基础,以可持续发展条件下的新疆高质量发展与丝绸之路经济带核心区建设为目标,重点是要将新疆放在共建"一带一路"的大局中,对其未来10年到30年发展战略开展综合研究。今天重温周廷儒先生在60年前完成的"新疆第四纪陆相沉积的主要类型及其和地貌气候发展的关系"(周廷儒,1963)一文,想必对新疆古地理、新疆自然环境区域分异规律、新疆生态环境保护与绿色发展的深化研究,以及第三次新疆科考等都一定会有所启示。

参考文献

[1] 周廷儒:"新疆第四纪陆相沉积的主要类型及其和地貌气候发展的关系",《地理学报》,1963年第2期。
[2] 周廷儒:"新疆天山北麓玛纳斯地区的新构造运动和地形带的区分",《中国第四纪研究》,1957年第1期。
[3] 周廷儒、赵济:"南疆塔里木河中游的变迁问题",《新疆维吾尔自治区的自然条件》,科学出版社,

1959 年。
[4] 周廷儒："新疆综合自然区划纲要"，《地理学报》，1960 年第 6 期。
[5] 周廷儒、赵济："发展新疆农牧业的地貌条件"，《地理》，1962 年第 2 期。
[6] 周廷儒："关于新疆最近地球历史时期的古地理问题"，《高等学校自然科学学报（地质地理气象）》，1965 年第 3 期。
[7] 周廷儒："论罗布泊的迁移问题"，《北京师范大学学报》，1978 年第 3 期。
[8] 周廷儒、严钦尚、赵济等：《新疆地貌》，科学出版社，1978 年。

全国农业现状区划的初步探讨*

邓静中

（中国科学院地理研究所）

一、农业现状区划的实践意义和科学意义

过去一个时期，在农业布局和农业区划的研究工作中，常常过多地强调对远景方案或建议的拟定，相对地忽视了对农业现状和发展条件的研究，从而工作成果总不免带有一些主观臆断成分，科学根据不足，实践意义和科学意义都很有限。

通过近几年的实践，我们逐渐明确认识到：（1）农业远景发展必须从农业的现实基础出发。我国绝大部分地区农业生产均有悠久的历史基础。和某些工业部门的发展完全靠"平地起炉灶"的情况不同，农业发展并不是在一张白纸上画图画，而主要是通过对原有农业基础进行合理的利用和定向的改造来实现的。（2）要使远景方案指导实践，它必须具有科学的预见性，要有预见性，必须首先掌握客观规律性，在农业布局和农业区划问题上，这主要是农业生产地域分异的客观规律性，但客观规律性却只能从已存在的客观现实中去找。（3）农业现状并不是简单的、偶然的、静止的东西，而是地区农业发展过程中的一个阶段。每个地区的农业特点如作物分布和结构、土地利用方式和种植方式、生产水平等等，都有

引用本文：邓静中. 中国农业现状区划的初步探讨. 地理学报, 1963, 29(4): 265–270. [Deng Jingzhong. Priliminary research on China's agricultural zone. *Acta Geographica Sinica*, 1963, 29(4): 265–270.]

* 全国农业现状区划初步草案，系由中国科学院地理研究所经济地理研究室同农业部全国土壤普查办公室协作完成的一项集体工作成果。本文以这项工作为基础提出若干个人体会。本文初稿承黄秉维、周立三、赵松乔、高泳源诸先生提出许多宝贵意见，并承周熙澄同志清绘附图，曾尊固同志代译俄文摘要，特此一并致谢。

其客观的形成条件和形成过程，单靠统计分析不作深入调查研究是不能完全了解的，更不能单凭主观愿望便去加以轻率改变。正是由于这些认识，我们逐步明确了农业现状区划的重要意义。

农业现状区划是综合反映一定地区内实际存在的农业生产地域分异的地域单元系统。它针对一定地区范围内农业生产地域分异的实际情况，按照相似性和差别性的原则，在农业生产综合特征方面存在着质的变异的地方画出界线，从而将该地区划分为若干个不同等级的农业区，每个农业区内部的农业生产都有着共同的或相似的特点、形成条件和问题，并和其他农业区有着明显的差别。

在实践上，农业现状区划可以提供领导计划机关作为因地制宜地领导、部署和规划农业生产的科学依据。通过区划，它把广大地区范围内千差万别的农业生产情况，理出一个科学的系统，分区阐明农业现状，揭示发展潜力，提出主要问题，并展示发展途径。有了这种科学依据，领导机关和计划机关在领导、部署和规划各地区农业生产时，就容易做到心中有数，从实际出发，更好地贯彻因地制宜的原则。因为"情况明"乃是"决心大"和"方法对"的必要前提。农业现状区划也是农业远景区划的基础。

在科学上，农业现状区划乃是揭露和反映农业生产地域分异规律的基本方式。发现客观规律是一切科学的基本任务，而农业地理学的基本科学任务，也就在于发现和阐明农业生产地域分异及其形成变化发展的客观规律。各地区农业生产尽管极其复杂多样，但却不是杂乱无章的偶然现象的堆砌，而是存在着由普遍到特殊、由大同到小异的客观秩序，通过深入实际的调查研究和科学的分析与概括，就有可能客观地认识、确定和建立这种农业生产地域分异的科学体系，并阐明其形成条件、形成过程和变化发展的趋向，这将使农业地理学从现象的简单描述阶段提高到掌握规律揭示现象本质的阶段。

农业现状区划的实践意义和科学意义是统一的。因为只有真正反映客观规律的而不是主观臆断的东西，才能作为生产实践上的依据。也正因为如此，这个课题同时得到了业务部门、地理科学和农业科学等方面的很大重视，并在整个农业区划的研究规划中被列为重点项目。

二、全国农业现状区划初步草案简述

全国农业现状区划是一个极其复杂的课题，它应该是全国各地区大量的农业地理调查研究的科学的概括和总结。由于我国地域辽阔而农业情况十分复杂，已有调查研究资料还不够多，地区上更不平衡，因而要提出有充分科学根据的全国农业现状区划方案，在目前显然还有困难。但是，为了实际需要，在 1962 年，中国科学院地理研究所和农业部协作，搜集已有资料，经过初步的分析和概括，完成了一个全国农业现状区划初步草案，这只是一个极不成熟的尝试。现简述一下这个草案，以供讨论。

（一）区划的根据

1.以如实反映各地区土地利用和农业生产的现实特点作为基本根据，这主要包括：（1）对于热量、水分和土地资源利用的方式和程度；（2）农业生产各部门和各种作物在区内的相对重要性及其在全国的地位；（3）农业经营方式的特点，包括农作制度、畜牧制度，以及其他主要农业生产技术特点；（4）农业生产水平（产量水平和稳定性、集约化程度等）；（5）当前土地利用和农业生产中存在的关键问题。

2.参照农业生产发展的自然经济条件。自然条件包括水分条件（降水量、降水季节分配和变率、地面水和地下水状况等）、热量条件（积温、无霜期、作物越冬条件、日照等）、土地资源条件（地貌特征、土壤性质和肥力、可垦荒地等）以及这些条件的不同结合而产生的对农业生产的有利性和不利性（自然灾害等），和在这些条件影响下形成的天然植被条件（牧场和森林资源等）。经济条件包括民族人口分布状况、劳动力条件、农业发展历史过程、经济发展水平、交通运输条件等。

3.适当兼顾农业进一步发展的可能方向。由于同样的自然经济条件对于农业生产常常提供着多样的可能性，具体确定各地区农业发展方向乃是农业远景区划的任务，因此，在现状区划中只是在局部地区已经有了明确的农业发展方向的情况下才加以适当考虑，而不把农业发展方向作为划区的普遍依据。

（二）区划的步骤和方法

农业现状区划的步骤乃是由掌握区域特点到寻找区域界线、再由确定区域界线到肯定区域划分的反复的过程。

为了掌握区域特点和确定区域界线，采取了由分析到综合的程序。首先根据全国分县统计资料编制了十余幅反映全国农业现状的地图，分别表明土地开垦程度、农业人口和耕地比率、复种指数、作物组合、牲畜组合、主要农作物和经济林产的分布与生产水平等等，通过对这些地图的分析和对比，可以在一定程度上综合了解全国各地区农业特点的相似性和差异性。但是，由于统计资料不全，许多重要的地图还未能编制，已利用的统计资料在有些地区也不够准确，同时，土地利用和农业的许多特点和问题还不能从统计上完全反映出来，因此，除统计资料外，还参考了大量的实地调查研究资料，有相当多的农业区的划分都是主要根据实地调查研究结果，而不是主要根据统计资料。由于农业乃是利用水、热、土条件来发展的生产部门，为了充分了解各地区的农业特点，就不能局限在农业本身。在区划工作中，除农业资料外，还参考了自然地理资料，特别是各项自然区划资料。

区划界线以如实反映农业特点为主，不受行政界线局限，只适当参照县界。行政区划乃是历史政治经济的综合产物，同一行政区内在土地利用和农业特点上常有多种差异。既然划区的目的在于如实反映土地利用和农业生产的相似性和差异性，区划界线自然不应受行政区特别是省级和专区级行政区界的限制，一般以县界为根据。这也只是由于：（1）缺乏足够反映县内差异的精细可靠的资料；（2）不使分区成为过于零碎的小块。对于西部各省（区）由于县（旗）面积过大、内部差异很显著、又有较可靠资料为依据时，也不受县（旗）界限制。

经过分析研究，我们看到农业生产地域特征存在着由普遍到特殊、由大同到小异的客观的等级差异。为了揭露这种客观的等级差异，采用了分级划区的办法，高一级区划反映大地区范围内农业的普遍性特征，下一级区划则反映普遍性下面的特殊性、大同中的小异。经初步划分的结果，全国共分为一级区4个，二级区12个，三级区51个，四级区129个（各级分区系统及名称参见附表及附图）：

一级区	北方区	南方区	西北区	青藏区	合计
二级区数	3	3	3	3	12
三级区数	13	18	10	10	51
四级区数	44	47	24	14	129

（三）一级区的划分

第一级区代表我国农业生产上最大的地域差异。它们一方面反映我国各地区热、水、土条件的不同结合而提供的发展农业的可能性，另一方面反映我国各地区农业发展的历史基础、在农业上利用自然条件的最基本方式的重大差异。这一级区划是最概括、最简单地反映我国农业生产地域分异的纲要。

在我国农业上，最大的差异首先是东部和西部。东部地区水、热、土条件有较良好的结合，农业发展历史悠久，人口稠密，是我国绝大部分耕地、农作物、林、渔、副业的集中地区，畜牧业处于副业性地位，土地利用率高，荒地资源分布不普遍，提高产量和稳定产量是发展农业生产的基本关键。西部地区气候干燥，水、热、土条件的配合上有较大缺陷，大部分是少数民族为主的地区，农业发展历史较晚，人口稀少，劳动力不足，耕地少而分散，畜牧业发达，土地利用率低，荒地资源分布很广，开荒和农牧业发展潜力均很大。在东部和西部，又可各分为南北两大部分。在东部：北方以旱地作为基本耕地形态，发展了一整套旱地农业生产制度，养畜业也较发达；南方以水田作为基本耕地形态，发展了一整套水田农业生产制度，亚热带、热带经济林十分发达。在西部：北部为广大的干旱地区，农业完全依靠灌溉，耕地分布零星，草原放牧业很发达；南部为青藏高原，以高寒为其主要特点，热量不足为其主要问题。因此全国农业现状区划的第一级区，可以分为北方旱地农业和养畜业区，南方水田农业和亚热带热带经济林区，西北旱地灌溉农业和放牧业区，青藏高寒农业和放牧业区，共四大区，其具体界线为下列三条：

1. 锡林郭勒盟中部至乌鞘岭线——从内蒙锡林郭勒盟中部的阿巴嘎旗中部起，向南转西，经包头以西，鄂尔多斯高原中部，至甘肃永登以北的乌鞘岭。此线以西地区，年降水量一般少于 250 毫米，干燥度（即蒸发力与降水量的比例）在 2.0 以上，气候属于干旱类型，除去极少数水分较多的山地及山前地区外，一般是：没有灌溉就没有农业，开垦荒地的先决条件是进行水利基本建设，灌溉水源决定耕地面积的大小。此线以东，一般可以在没有灌溉的条件下，靠雨水生长农作物（"旱地"），但在沿此线东南边缘地带，由于雨量变率大，农作物产量极低而又极不稳定。因此，用此一条线把中国北半部分为北方旱地农业和西北灌溉农业两大区。

2. 淮河秦岭线——东起苏北滨海县，向西沿淮河干流、伏牛山及秦岭分水岭，至甘肃武都以北。此线为我国东部降水和蒸发基本平衡的界线（干燥度约为 1.0）。线以南，降水多于蒸发，加上水利和生产历史等条件，以水田为耕地的基本形态，线以北以旱地占绝对优势。此线以南全年最冷候平均温度在零度以上，10°以上积温在 4500°以上，越冬作物基本上不停止生长发育，农作物可以稳定地一年两熟（稻麦两熟或水稻两熟）至两熟以上，线以北则一年两熟只是个别情形，且两熟中必有一茬生长期较短的作物。线以南，亚热带代表性的经济林如柑桔、茶、油桐、油茶等普遍分布，而线以北，则这些经济林由于不能安全越冬，完全绝迹。因此，用淮河秦岭线分我国东部为北方旱地农业和南方水田农业及亚热带、热带经济林两个大区。

3. 青藏高原边缘线——西北起自帕米尔高原东南，向东大致沿昆仑山、阿尔金山及祁连山北坡至乌鞘岭，转向西经西宁盆地以西，再转向东南，经甘南自治州及四川阿坝自治州东南，康定、泸定之间，至滇西北迄于中缅国界。这条界线包括的地区，主要为青藏高原，地势高，热量不足，带来农牧业一系列的与其他地区不同的特点和问题。在其东部边界和北方南方两区接近地区，则具有过渡性特色。

从下表可以看出四个一级区的一般特点及在全国农业中的地位：

	北方区	南方区	西北区	青藏区	全国
总耕地面积（%）	52.0	44.1	3.2	0.7	100
水田面积（%）	6.2	93.3	0.5	—	100
农业人口（%）	35.1	63.0	1.4	0.5	100
每人占有耕地（亩）	4.6	2.2	6.9	4.1	3.1
粮食总产量（%）	35.8	61.2	2.5	0.5	100
棉花总产量（%）	57.0	39.5	3.5	—	100
油料总产量（%）	45.2	52.5	1.9	0.4	100
牛头数（%）	30.1	53.6	4.6	11.7	100
猪头数（%）	31.5	67.7	0.5	0.3	100
绵羊头数（%）	36.2	8.1	27.0	28.7	100
山羊头数（%）	52.1	24.2	13.4	10.3	100

（四）二级区的划分

第二级区反映我国各地区由于不同的自然经济条件和历史发展过程而形成的农林牧等大部门主次不同的结合以及农业生产水平等方面最基本的地域差异。第二级区既是一级区内部的再划分，而同时也从全国范围着眼考虑农业生产的地带性与非地带性的差异。二级区划分的根据首先是农作物生产的地带性特征，同时也根据反映在广大地区范围内的非地带性特征。具体依据包括下列三方面：

1. 在以农作物生产为主的地区，主要根据农作物生产最大的地带性差异，这主要表现为作物熟制。熟制，它反映在不同热量条件下对土地资源的利用程度，在农业实践上有重大意义。在东部，主要熟制界线是三条：（1）一年一熟制和二年三熟制界线。东起山海关，向西大致沿内长城南面至甘肃六盘山区迄于岷县。此线以北，除去局部地方由于地形屏障冬季温度稍高外，大多数地方年绝对最低温度多年平均值在负 22° 以下，在无雪复盖的情况下，冬小麦常易受冻而死，或至少受严重冻害，因而冬小麦种植比例极小，产量也常不如春麦高。同时，即令种植冬小麦，由于收获较晚（通常在 6 月下旬以后甚至 7 月中下旬，距秋季早霜大多只 1—2 个月），难于保证下茬作物的成熟，因而此线以北，基本上只能一年一熟，只有接近界线附近有局部地方，在麦收后复种一季极早熟的作物，实行二年三熟。此线以南，则普遍行二年三熟制。（2）二年三熟制与一年二熟制界线。即淮河秦岭线。此线以北,一月平均温度在零度以下,冬作物生长期较长,冬小麦收获后可复种一季晚秋作物,但晚秋作物收获后,一般已不能再种冬小麦,只能实行冬闲,待第二年再种春作物,因而普遍实行以冬小麦为中心的二年三熟轮作制。只有局部地方可实行一年二熟。淮河秦岭以南,则为稳定的一年二熟制(如稻麦两熟、棉麦两熟等)。(3)一年二熟制与一年三熟制界线。东起福州以南,经福建南部、广东北部、广西北部、云南中南部至滇西龙陵以北,大部在北纬25°以南,大致相当于南亚热带北界。线以北,盛行一年二熟、二年五熟或双季稻加绿肥。线以南,全年最冷候平均气温在10°以上,无霜期至少11个月以上,10°以上积温在6500°以上,普遍盛行一年三熟制或水稻三熟轮作制(即双季稻加冬作甘薯、豆类、油菜、麦类等),喜温作物甘薯可以安全越冬种植,而要求低温才能通过春化阶段的小麦则大为减少。

在西部地区内,也有两条线反映作物熟制。一是沿天山南坡至玉门线,此线以南的南疆地区,由于热量充裕,可以复种,同时气候极端干旱,水、热、土条件更不平衡,农业特点与北疆地区有显著差别。二是青藏高原东南部,从四川西北部经巴塘、波密至错那一线,此线东南的河谷地带,热量较充裕,可种植喜热作物玉米等,不少河谷并可一年二熟,从而与青藏高原上高寒农业(青稞)的一般特点有显著差别。

2. 由于地形影响在大范围内打破了上述农作物熟制的水平地带性的地区,这主要是川、滇、黔地区,该地区位于秦岭以南、一年三熟制线以北,虽然和长江中下游同样属于一年二熟制的范围内,由于较高的海拔高度和复杂的地形气候条件,在熟制上多种多样:平地一年二熟,山坡二年三熟或一年一熟。同时,虽然平原地方以水田农业为主,带有南方区的共同性,但由于坡地面积大,灌溉困难,旱地比例也不小。因此,由伏牛山西段经鄂西、湘西至桂北一线,将秦岭淮河线与一年三熟线之间地区划分为两个区。

3. 由于自然经济条件和历史因素所形成的农林牧等大部门主次不同的结合以及农业生产水平等方面的基本差异,这主要反映在以下几个地区之间。一为一年一熟制界线以北的东北和内蒙地区,以大兴安岭西麓和东麓的牧区和半农半牧区分布线,将东北和内蒙分开。二为内蒙西部宁夏河西地区,无论在农牧业方面均和新疆南北两部有显著差别。三为藏北高原的纯牧区,它和青藏农牧区之间差别也较大。

根据上述界线,四个一级区各分为三个二级区,共12个二级区,其中北方区分为:东北一年一熟旱地农业和林业区、内蒙陇中一年一熟旱地农业和放牧业区、华北二年三熟旱地农业区。南方区分为:华东华中一年两熟水田农业和亚热带经济林区、西南高地盆地一年两熟水田农业林业区、华南滇南一年三熟水田农业与热带经济林区。西北区分为:内蒙西部宁夏河西一年一熟灌溉农业及荒漠草原放牧业区、北疆天山一年一熟灌溉农业及山地草原放牧业区、南疆复种灌溉农业区。青藏区分为:藏北高寒放牧业区、青藏高原农牧交错区、西藏高原东南暖湿农林区。

第一级区和第二级区代表我国领土上最基本的农业地域分异特征，尽管其具体界线还有待详细的调查研究后才能确定，但各地区农业生产的总的特征在较长的发展过程中均带有较大的稳定性，各区间无论在农业发展的自然经济条件、农业发展的历史基础以及当前农业生产的特点和问题等方面均有很显著的差异。掌握这种基本的农业地域差异，对于从全国范围着眼考虑农业发展的总体部署、拟定农业技术政策和农业技术改革的方向与重点，有重要意义。

（五）三级区和四级区的划分

第三级区和第四级区划分的主要依据是作物组合或牲畜组合、种植方式或放牧方式、生产水平以及农林牧业生产中存在的关键问题等方面的共同性和差别性。区划名称所提到的作物或部门，代表在该区内部占有主要地位和在全国或大地区内占有重要地位的作物或部门。这两级区的依据基本上相同，但第三级区反映的是这些方面在较大范围内的共同性特征，而第四级区则照顾到三级区内部的局部差别。举例说明如下。

在二级区华北二年三熟旱地农业区（编号 IC）内，包括着北到长城、南至秦岭淮河、东到海滨、西到陇南的广大地区，尽管各地区在二年三熟和旱地农作这点上有着大体一致的共同性，但无论是在作物组合、生产水平等方面，还是在地形、气候、土壤等方面均有显著差别。因此，以作物组合为主并参照自然经济条件、农业生产水平和共同性问题以及其他部门的配合情况，把这个二级区分为五个三级区，即：冀北冀中山麓洼地小麦谷子玉米水稻果产区、黄土高原小麦玉米谷子糜子区、华北平原棉花小麦区、山东半岛小麦大豆花生烤烟及果产渔业区、黄淮平原小麦大豆烤烟芝麻区。这种划分，代表着二级区内部的农业地域差异的进一步具体化。这里每一个三级区都各有着不同的农业发展条件、特点和问题。

但是，进一步分析就可发现，这每一个三级区都还包括较大的范围，区内有共同性，也还有显著的差别性。例如，华北平原棉花小麦区（IC3）包括着河北省中南部、山东西北部、河南西北部、山西西南部及陕西关中地区，这是全国最大的棉产区，棉田面积占全国 40%，棉花小麦是这个地区农业生产的主体，棉田比重高及与之相联系的一系列农业上的问题，在这个地区普遍地存在着。但区内差别还很显著：首先是棉田集中程度，冀南、鲁西北及豫北（新乡以北）地区最高，晋南、关中次之，而豫西集中程度较低，棉田集中程度不同，农业上的许多问题也不一样。其次是棉粮产量水平，晋南、关中最高，冀、鲁、豫地区次之，豫西最低。第三是水利、地形、土壤等与农业有密切关系的条件的差别，晋南、关中地区为河谷盆地，灌溉一般较发达，但土壤盐渍化问题较重；豫西为河谷丘陵相间地区，带有许多北方丘陵区农业特点和问题（如耕地狭小、土壤瘠薄，易受干旱，玉米特多、水土流失问题等）；而冀、鲁、豫平原上则地势平旷，只局部地区灌溉发达，大部地区都受着春旱秋涝的影响。因此，根据这些差别，将华北平原棉花小麦区再划分为三个四级区，即：冀鲁豫棉花小麦区，豫西山麓丘陵小麦棉花区，晋南关中棉花小麦区。

绝大部分三级区均划分为至少两个至多六个四级区。但在全部 51 个三级区中，有 11 个三级区由于较单纯或缺乏详细资料，其下不再划分四级区，以三级区同时作为四级区，这主要是在西北、青藏两大区内的若干地区以及南方的个别区（例如南海诸岛）。

三级区和四级区的划分，较具体地揭示出我国各地区农业生产的地域差异，这对于考虑改善作物布局、提高产量、采取重大的农业技术措施、发掘农业生产潜力等有重要的参考意义。

当然，四级区内部也还有差异，但全国已有四级区 129 个，进一步划分显然已经不再属于全国性区划的任务了。

三、全国农业现状区划的若干理论和方法问题

全国农业现状区划草案是一个初步尝试工作，有许多问题还未能很好解决。除了象资料不完整、不平衡、许多地方情况不明、因而分区和界线大部带有粗线条性质这类问题外，这里提出若干理论和方法问题，以供讨论。

（一）区划的依据和标志问题

这是区划工作的关键问题。对于这个问题，基本上有两类看法：

第一类看法是：（1）划分农业区只能以农业本身的情况为依据，并认为反映农业特征的基本标志是专门化和集约化；（2）要按照严格的统一标志，以便比较；（3）以数量指标作为主要依据；持这类看法的有 А. Н. 拉基特尼柯夫（Ракитников）[1]、И. Ф. 摩柯美尔（Мукомель）[2]等。

---

[1] 拉基特尼柯夫：苏联农业区划问题，载于"苏联农业区划问题"（论文集），科学出版社，1958 年。
[2] И. Ф. Мукомель: Опыт работ по экономическому райоиированю сельского хозяйства УССР. "Материалы совещания по естественно-историческому и экоиомико-географическому районироваиию СССР для целей сельского хозяйства 1—5 февраля 1958г." Москва 1959,стр.82—88.

第二类看法与此相反：（1）划分农业区既要根据农业本身的情况，也要根据制约着农业生产的自然经济条件。（2）首先注意的是决定着农业生产类型及其发展途径的主导标志，因而各区不完全一样。（3）各种标志的数量指标只起辅助作用，不起决定作用。持这类看法的有 В. Д. 克拉斯诺夫（Краснов）[①]，П. А. 列东诺夫（Летунов）也接近这一类看法[②]。

这两类看法各有优缺点。我们在现状区划中基本上采取后一类看法，理由是：（1）农业生产地域分异的特征乃是经济再生产过程和自然再生产过程在具体地域上相交错的表现，各地区农业特点同自然经济条件特别是同自然条件有最紧密的结合，只有兼顾农业本身及其发展条件两方面，才能全面地揭露农业生产地域分异的特点。（2）我国地域广阔，各地区农业特点复杂多样，北方、南方、东部、西部、农区、牧区的差异十分显著，在区划过程中发现，任何能够反映这个地区特点的标志，往往不能在同等程度上反映别个地区的特点，在这种情况下，应该以如实反映各地区农业特点为主，而不能牺牲实际特点去迁就统一的标志。（3）数量指标局限性很大。首先是农业统计不够完全和准确，如农业用地、农林牧收入、劳动生产率等历来就缺乏统计，已有的统计如耕地面积、劳畜力、畜产、林产等在有些地区也不够准确。其次是有许多重要的农业地域特点如对水、热、土资源的利用方式、作物种植方式或牲畜放牧方式等，还难于从现有各种统计中反映出来。因此，不能主要依据数量指标来划区。不过，这类处理法的最大困难是不容易掌握和对比。

（二）一级区是否采用农林牧分区？

有些同志提出第一级区应该采用农区、林区、牧区的划分。的确，在国外，是有按农林牧用地的相对比例的不同配合来作为第一级区划分的依据的，如 O. 约纳逊（Jonasson）划分的欧洲农业区域[③]，L. D. 斯坦普（Stamp）划分的英国农业类型区域[④]。但就我国的情况言，我们认为，这种划区办法，在理论上既值得商榷，在方法上也还有许多难于克服的困难。

我国是一个山地特广的国家，农林牧同地结合既是多数地区的现状，也是今后必然的发展趋向。人们通常把西北叫做牧区，事实上象新疆便没有一个绝对无农业的纯牧县，内蒙古牧区近年也开始了农垦。林地特别分散，绝大部分是农林牧交错而不能划成单独的林区，甚至林地最为集中连片的大小兴安岭，如果以县为单位，也没有一个单纯的林业县。

---

① В. Д. Краснов: Опыт сельскохозяйственного районирования Алтайского Края, Там же, стр. 95—103.
② 参见列东诺夫：苏联的农业生产区划等三文，载于"苏联农业区划问题"（论文集），科学出版社，1958年。
③ O. Jonasson: Agricultural Regions of Europe, "Economic Geography", vols.1—2 1925—26.
④ L. D. Stamp: The Land of Britain, Its Use and Misuse, London, 1948.

因此，全国农业现状区划草案的第一级区，乃是从农林牧生产的综合特征出发，结合自然条件和农业的历史发展基础来划分的，而不是按照农林牧部门的差别来划区的。

从方法上说，按农林牧部门分区还有许多困难。首先是只有耕地统计，林地统计极不准确，而牧地则基本上无统计，牧业、林业收入统计也极不准确。其次是用地比例和经济比例颇不一致，如新疆和内蒙，按用地说，耕地远远小于牧地，但经济比重上农业却大大超过牧业。华南大多数丘陵山区，农垦面积常小于林地，而农业比重却超过林业。此外，有些生产项目究竟算作农业还是算作林业也还没有确切的标准，如茶算经济作物，但茶园不在耕地统计内，橡胶、油棕算热带作物，但油桐、油茶却又不算"作物"。

也正是由于以上这些考虑，我们在一级区中放弃了传统习惯用的沿大兴安岭和阴山来划分的我国东部"农业区"与西部"牧业区"的界线。因为，这条线以西的广大地区不仅现在已经有着大量的农垦事业，同时这地区也是我国可垦荒地分布最广的区域，农垦前途也很广阔，随着农垦事业的发展，所谓"纯牧区"的界线是颇不稳定的。就现状言，所谓"农牧界线"也并非沿着大兴安岭和阴山，在大兴安岭以东既有着大片的牧业区（如哲里木盟和昭乌达盟），在阴山以北也有着大片农业区（如张北坝上地区、内蒙古四子王旗一带）。显然，用这条既不确切也不稳定的"农牧界线"来划分一级区是不合适的。

（三）二级区的主要标准——"熟制"及其现实性的特殊理解

农业现状区划根据的是农业地域特点的现实性，所谓现实性，对于多数的农业特征来说，通常是指在现实中普遍出现或占有优势的现象。但这种理解用到二级区的主要标准——"熟制"来，则不完全恰当。例如，在二年三熟制北界（长城附近）和一年二熟制北界（淮河秦岭）之间地区，虽然一般以二年三熟制占优势，但也有不少地方特别是山地和洼涝地主要为一年一熟，在黄土高原或燕山太行山区，虽然河谷平原地以二年三熟为主，但坡地则多为一年一熟，由于坡地比重大，因此就整个地区来看，仍以一年一熟占优势。同样，在秦岭淮河线以南也有不少一年一熟地区，在华南一年三熟制线以南的海南岛，一年三熟也并不普遍占优势，甚至同一地方同一公社内，熟制也多种多样。因为除了热量条件以外，水、肥、劳力等条件对熟制现状的形成有着重大作用，而这些条件的局部变异却极为复杂而显著。因之，如果仅仅用"现状中的普遍性或优势"来理解，则熟制现状几乎无法成"区"。然而，农作物熟制在农业生产和土地利用方面有很大意义，并反映在全国农业发展纲要中，以熟制线分区在我国已有广泛的运用。因此，我们划出的几条熟制线（如二年三熟线、一年二熟线、一年三熟线），并不仅仅是按"在现状中具有普遍性或优势"的熟制来划分的，它也同时指该种熟制是"在当前农业实践中已经稳定出现的现象"，尽管由于一些地方性条件（特别是水、肥、劳力等条件）一时还不曾占有优势，但随着这些条件的改善，这种熟制具有很大的发展可能性，从而这种熟制线也和可能的熟制线基本上相吻合。这是一种特殊的处理方法，和其他农业特征的现实性的概念显然不一致。

（四）第三、四级区命名问题

第三、四级区的分区依据是综合考虑作物组合或牲畜组合、种植方式或放牧方式、生产水平及农林牧生产中存在的关键问题等方面来划分的，但命名则主要根据作物组合（或牲畜组合）中的主要几种。这种命名方法也是各种农业区划中所经常采用的。这种命名，在一部分地区是可以反映农业特点的差异性的，例如华北平原棉花小麦区，这里不仅棉花、小麦是农业生产的中心内容，农业上许多问题都同棉花、小麦发生关系，棉、麦之间也有着相互影响，并和其他地区的农业有较显著的差异，因此命名中所用的棉花、小麦，其意义不仅是直接反映作物组合，也同时含蓄着地方农业的大部分特点。但是，在不少情况下，作物组合（或牲畜组合）并不能充分反映地方农业特点的差别，也就是说，命名不能充分反映分区的实质。这特别表现在下列几种情形下：

1. 在大面积上作物种类简单、作物组合大同小异的地区，例如南方各省，水稻占压倒优势（常占总播种面积60%—70%以上），第二位作物例如小麦、玉米或甘薯便远远小于水稻（通常只占10%—20%，甚至不到10%），在作物组合中地区差别比较显著的往往是一些占比重更小的经济作物或特殊性水果等，在这种情况下，如果用首要作物为命名标志，则往往好几个省都一样，无从区别农业的地方性特点，如果用第二位甚至第三、四位作物为标志，则由于这些作物本身在当地农业中重要性不大，这就等于把次要特点作为主导标志，从而违反分区的基本要求——揭露农业生产基本特点的地域差异性。这种情况，在青藏高原上也很显著，在这里，大多数地区内都是青稞或春小麦占压倒优势，光从作物组合是不能完全看出农业地域差异的。

2. 在作物种类特别复杂的地区，例如长城内外附近地带，作物种类特多，而所占比例的差别却很小，例如，按照1956年统计，内蒙几个县旗的作物组合是这样的（只列比重较大的几种）：

土默特旗——莜麦15.3%，糜子14.5%，高粱12.6%，春麦11.9%，谷子11.8%。

和林——莜麦17.4%，糜子13.6%，谷子12.6%，胡麻11.4%，春麦11.3%。

托克托——糜子23.6%，春麦13.5%，谷子12.7%，胡麻12.6%，高粱11.7%，莜麦9.5%，马铃薯9.3%。

除了托克托县糜子比重稍大以外，一般很难区别孰主孰次，因为这种小的比例差别所造成的先后次序，由于轮作倒茬的关系，在各年之间是极易改变的，因而并不能代表农业的稳定特点。由于不能区别主次，以作物组合来命名就更加困难。

3. 牲畜组合尤其如此，在农区牧区之间固然有显著差别，但在广大牧区内，绵羊、山羊、牛三种乃是最为普遍和占比重最大的牲畜，牲畜组合差别不很明显，但在实地调查中却可以发现畜牧业特点有显著的地区差别。

我们认为，分区命名并不是简单的技术问题，而实涉及分区的基本理论概念。在农业区划工作中，以部门、作物或牲畜作为分区名称是来自国外的方法，无论在苏联、美国、英国或欧洲，那里的农业生产均早已发展成较高度的专门化，专门化部门乃是地区农业生产的核心，在不同地区间专门化部门也有显著差别，因此，按照专门化的部门、作物或牲畜来作分区名称是合适的。但在我国，由于农业中商品性生产不够发达，农业生产地域分工还不普遍，作为农业生产地域分工高度发展的结果的农业生产专门化，更局限于个别的地区和个别的部门，因此，多数地区农业生产地域特点的差别，并不能主要从作物或牲畜种类的差别反映出来，这就带来了前述的第一和第三两种情况。另一方面，由于多数地区农业中还是以自给性生产占压倒优势，再加上山地多，自然条件复杂，这就带来了各地区农业部门和作物种类的庞杂多样，如上述第二种情形。根据苏联经济学家 Л. М. 查里兹曼（Зальцман）的报导①，按照农业生产专门化把苏联农场和农庄划分为生产类型，苏联全国 8 万个农场和农庄共分为 300—400 个生产类型，平均每个类型包括 150—300 个农业企业。我们也会试行研究我国的作物组合类型，按照 1957 年统计，以县为单位，全国有统计的 2188 个县级单位（包括西藏、台湾）共分为 298 个类型，平均每个类型只有 7 个县。这还是仅仅按作物、按县来分类的，如果把畜牧、林业加进去并按人民公社来划分类型，其庞杂的程度就可以想见了。

看来，在我国农业现状区划中，利用导源于农业生产专门化的按部门、作物或牲畜作为分区命名的方法，是不能充分确切地反映我国农业生产的地域差异的。可能，应该不仅看"生产什么"，而要更多的注意"怎样生产"，例如农业经营方式，在农业中利用水、热、土资源的方式，作物种植方式或牲畜放牧方式等等。但这种分类和命名系统还有待研究，同时又需要依靠大量的实地调查资料，而不能主要根据统计资料来解决。

除了以上这些问题外，为了深入开展农业现状区划的研究，我们认为，在初步综合现有资料完成轮廓区划草案的基础上，应该进行下列几方面的研究：

---

① Л. М. Зальцман: Задачи и методы научной разработки систем ведения сельского хозяйства СССР. "Материалы III совещания по естественно-историческому и зкономико-географическому районированию СССР для целей сельского хозяйства 25—29 мая 1959г." Москва 1959, стр.7—10.

一是深入实际开展专题性的调查研究，例如：（1）反映主要农业地域分异特征的农业地理界线。目前各级区的界线均带有不同程度的假定成分，有的参照统计，有的参照行政界线，与实际情况还有不少距离。既然农业地域分异现象是客观存在的，那么反映农业地域分异特征的质的变化的农业地理界线也是客观存在的，应该通过实地调查来确定主要的农业地理界线，并探明其形成条件和因素，从而使区划更加符合实际。（2）各农业区典型的农业类型及其代表范围。只有深入典型，才能摸透各地区农业的特点、潜力、问题及其解决途径。各农业区的概括能以有关的典型研究为基础，才不致停留在一般化的单纯描述状态。（3）主要农业部门和作物的地区分布与生产水平的形成变化的条件和过程的研究。目前对于任何一种农作物的全国分布图，为什么这里多，那里少，这里集中，那里分散，这里产量高，那里产量低，或者同样几个高产区或低产区，它们的高产或低产原因是否一样，对于这类看起来似乎很简单的问题，在现有资料中也往往得不到全面的、正确的解答。事实上，每一种农业地理现象，都有其形成条件和形成过程，现状不过是形成变化过程中的一个阶段；不知"来龙"，难测"去脉"，不研究它们的形成变化条件和过程，连现状也难于作正确的科学解释，就更难作出改变现状预示发展的科学建议了。（4）农业生产的垂直地带分异的研究。我国山区很广，农业的垂直地带分异有丰富的内容，这方面的研究乃是农业区划的必要补充。

二是在概括实践经验的基础上，开展理论研究，例如：（1）反映我国农业特点的农业地域类型和农业区的标志和系统问题；（2）农业区界线的性质和类型问题；（3）农业的水平地带性与垂直地带性在农业区划中的处理问题；（4）农业地带性与自然地带性的联系和区别问题等等。

此外，还有些方法问题，特别象综合性农业地图问题的解决，在农业现状区划的研究中也很重要，例如作物组合、牲畜组合、农业类型等，迄今世界上还没有较科学的图示方法，这方面也值得探索[①]。

在以上这些研究的基础上再来进一步综合，将可使农业现状区划更好地反映客观实际，大大地提高它的实践意义和科学意义。

---

① 例如 H. H. 巴朗斯基（Баранский）就把农业生产类型的划分和图示方法问题，作为经济地图学的首要任务提出来，并认为解决这个任务的首先是农业地理学家。参见 H. H. Баранский: Экономическая География, Экономическая Картография, Москва, 1956, стр. 438—440。

全国农业现状区划系统（草案）

Ⅰ．北方旱地农业和养畜业区

ⅠA 东北一年一熟旱地农业和林业区

    ⅠA1 兴安岭林业农业区

        ⅠA1（1）大兴安岭林业狩猎业区

        ⅠA1（2）小兴安岭林业农业区

    ⅠA2 长白山农业林业区

        ⅠA2（1）牡丹江流域大豆玉米水稻春麦林业区

        ⅠA2（2）长白山中南段大豆水稻玉米林业区

    ⅠA3 松嫩平原大豆春麦玉米甜菜区

        ⅠA3（1）三江平原大豆春麦玉米区

        ⅠA3（2）嫩江平原大豆谷子玉米春麦甜菜区

        ⅠA3（3）松花江平原大豆玉米甜菜亚麻区

        ⅠA3（4）长白山西麓大豆水稻玉米区

    ⅠA4 辽宁高粱玉米果林水产区

        ⅠA4（1）辽宁低山丘陵玉米水稻花生水果柞蚕水产区

        ⅠA4（2）辽河中下游高粱玉米区

        ⅠA4（3）辽西丘陵高粱谷子棉花水果区

ⅠB 内蒙陇中一年一熟旱地农业和放牧业区

    ⅠB1 内蒙高原放牧业区

        ⅠB1（1）呼伦贝尔游牧区

        ⅠB1（2）锡林郭勒盟游牧半游牧区

        ⅠB1（3）锡乌盟半游牧区

    ⅠB2 内蒙东南农业牧业区

        ⅠB2（1）大兴安岭东麓玉米谷子及放牧业区

        ⅠB2（2）西辽河流域高粱玉米谷子及放牧业区

        ⅠB2（3）冀热山地谷子莜麦高粱玉米及放牧业区

ⅠB2（4）大青山张北高原春麦莜麦马铃薯胡麻及放牧业区

ⅠB2（5）陕北伊盟谷子糜子及放牧业区

ⅠB2（6）宁夏东南糜子春麦裘皮羊区

ⅠB3 长城沿线山地丘陵农业区

ⅠB3（1）冀北山地谷子玉米大豆高粱区

ⅠB3（2）晋北谷子莜麦胡麻区

ⅠB3（3）大青山南麓莜麦胡麻区

ⅠB4 甘青黄土高原半干旱农业区

ⅠB4（1）六盘山地胡麻莜麦及养羊业区

ⅠB4（2）陇中春麦糜子马铃薯胡麻区

ⅠB4（3）洮河湟水流域春麦青稞马铃薯区

ⅠC 华北二年三熟旱地农业区

ⅠC1 冀北冀中山麓洼地小麦谷子玉米水稻果产区

ⅠC1（1）冀中洼地小麦高粱水稻区

ⅠC1（2）燕山山麓谷子玉米小麦果产区

ⅠC2 黄土高原小麦玉米谷子糜子区

ⅠC2（1）晋东南谷子小麦玉米及林副业区

ⅠC2（2）晋中盆地小麦谷子高粱区

ⅠC2（3）晋西陕北黄土丘陵谷子小麦糜子区

ⅠC2（4）渭北高原小麦大豆玉米糜子区

ⅠC2（5）泾河流域小麦糜子莜麦胡麻区

ⅠC2（6）渭河上游小麦玉米荞麦胡麻区

ⅠC3 华北平原棉花小麦区

ⅠC3（1）冀鲁豫棉花小麦区

ⅠC3（2）豫西山麓丘陵小麦棉花区

ⅠC3（3）晋南关中棉花小麦区

ⅠC4 山东半岛小麦大豆花生烤烟及果产渔业区

ⅠC4（1）胶东丘陵花生小麦甘薯果产渔业区

ⅠC4（2）泰沂山地小麦甘薯花生区

ⅠC4（3）鲁中山麓平原小麦大豆烤烟区

ⅠC5 黄淮平原小麦大豆烤烟芝麻区

ⅠC5（1）皖北徐淮小麦大豆烤烟区

ⅠC5（2）豫东鲁西南小麦大豆区

ⅠC5（3）豫东小麦烤烟芝麻区

ⅠC5（4）伏牛山北坡小麦玉米甘薯及林副业区

Ⅱ.南方水田农业和亚热带热带经济林区

ⅡA 华东华中一年两熟水田农业和亚热带经济林区

ⅡA1 江淮水田旱作交错区

ⅡA1（1）苏北平原稻麦棉区

ⅡA1（2）淮南丘陵稻麦烤烟区

ⅡA2 大别山淮阳山小麦水稻和用材林区

ⅡA2（1）大别山地水稻小麦茶叶用材林区

ⅡA2（2）南阳盆地-襄樊平原小麦水稻棉花芝麻区

ⅡA3 长江中下游平原水稻棉花蚕桑麻类和淡水养殖业区

ⅡA3（1）长江下游平原水稻棉花蚕桑黄麻及水产区

ⅡA3（2）皖中和鄱阳湖平原双季稻小麦和水产区

ⅡA3（3）洞庭云梦平原双季稻棉花苎麻和水产区

ⅡA4 江南丘陵水稻茶叶经济林区

ⅡA4（1）皖浙赣边境丘陵山地水稻茶叶和用材林区

ⅡA4（2）赣中南丘陵水稻油茶和用材林区

ⅡA4（3）湘赣鄂边境丘陵双季稻茶叶和苎麻区

ⅡA4（4）湘中南丘陵水稻甘薯茶叶和油茶区

ⅡA5 浙闽山地丘陵水稻茶叶水果及用材林区

ⅡA5（1）浙闽沿海丘陵双季稻茶叶柑桔渔业林业区

ⅡA5（2）闽西山地水稻用材林区

ⅡA6 南岭山地水稻油茶和用材林区

ⅡA6（1）南岭北部水稻油茶和用材林区

ⅡA6（2）南岭南部双季稻和亚热带水果区

ⅡB 西南高地盆地一年两熟水田农业林业区

ⅡB1 汉水上游山地玉米小麦林业区

ⅡB1（1）秦岭南坡玉米冬麦用材林区

ⅡB1（2）大巴山武当山地玉米冬麦林业区

ⅡB1（3）白龙江中游玉米冬麦及养畜业区

ⅡB2 川鄂湘黔边境丘陵山地水稻玉米经济林及用材林区

 ⅡB2（1）长江三峡及鄂西南玉米林业区

 ⅡB2（2）川东南及黔东水稻玉米油桐杉木区

 ⅡB2（3）湘西水稻油桐油茶杉木区

ⅡB3 四川盆地水稻甘蔗油桐养猪业区

 ⅡB3（1）成都平原水稻油菜晒烟区

 ⅡB3（2）川南丘陵双季稻甘蔗生猪柑桔区

 ⅡB3（3）川北丘陵山地水稻甘薯养蚕业区

 ⅡB3（4）川东丘陵山地水稻玉米油桐区

ⅡB4 贵州高原水稻玉米林业区

 ⅡB4（1）黔中水稻烤烟林业区

 ⅡB4（2）黔西滇东北玉米养畜业区

 ⅡB4（3）黔桂滇边界水稻玉米用材林区

ⅡB5 云南高原水稻玉米用材林区

 ⅡB5（1）云南东部水稻烤烟区

 ⅡB5（2）金沙江水稻用材林区

 ⅡB5（3）滇西水稻小麦用材林区

ⅡB6 大小凉山玉米林业养畜业区

 ⅡB6（1）大小凉山玉米林业养畜业区

ⅡC 华南滇南一年三熟水田农业与热带经济林区

 ⅡC1 台湾水稻甘蔗热带作物林业渔业区

  ⅡC1（1）台湾山地及东部沿海水稻林业及渔业区

  ⅡC1（2）台湾西部北部水稻甘蔗茶叶热带水果及渔业区

  ⅡC1（3）台湾南部水稻甘蔗热带经济林及渔业区

 ⅡC2 闽粤沿海平原丘陵水稻甘蔗热带亚热带水果渔业区

  ⅡC2（1）闽南水稻甘蔗茶叶水果及渔业区

  ⅡC2（2）粤东水稻甘蔗水果及渔业区

  ⅡC2（3）粤中水稻甘蔗蚕桑水果及渔业区

 ⅡC3 粤桂低山丘陵水稻玉米热带经济林区

  ⅡC3（1）粤桂水稻甘蔗热带经济林区

  ⅡC3（2）桂中南水稻玉米热带经济林区

ⅡC3（3）滇桂玉米水稻养牛业热带经济林区

ⅡC4 海南雷州台地山地水稻甘蔗热带作物渔业区

 ⅡC4（1）雷钦水稻甘薯甘蔗热带作物渔业区

 ⅡC4（2）海南岛北部水稻甘薯热带经济林渔业区

 ⅡC4（3）海南岛南部水稻甘薯热带经济林渔业区

ⅡC5 滇南纵谷水稻玉米热带作物区

 ⅡC5（1）滇南水稻玉米茶叶热带作物区

 ⅡC5（2）西双版纳水稻热带作物区

ⅡC6 南海诸岛热带海洋水产区

 ⅡC6（1）南海诸岛热带海洋水产区

Ⅲ.西北旱地灌溉农业和放牧业区

ⅢA 内蒙西部宁夏河西一年一熟灌溉农业及荒漠草原牧业区

 ⅢA1 内蒙中西部春麦糜子及干旱草原放牧业区

  ⅢA1（1）锡乌盟荒漠草原游牧区

  ⅢA1（2）后套春麦糜子及甜菜区

  ⅢA1（3）鄂尔多斯西部定牧区

 ⅢA2 宁夏河西春麦糜子灌溉农业区

  ⅢA2（1）宁夏平原春麦水稻及裘皮羊区

  ⅢA2（2）河西走廊春麦糜子区

 ⅢA3 阿拉善荒漠骆驼游牧区

  ⅢA3（1）阿拉善荒漠骆驼游牧区

ⅢB 北疆天山一年一熟灌溉农业及山地草原放牧业区

 ⅢB1 阿勒泰塔城春麦农业及山地草原放牧业区

  ⅢB1（1）阿勒泰东部绵羊牛马牧畜业及副业性农业区

  ⅢB1（2）阿勒泰西部春麦及牛马绵羊放牧业区

  ⅢB1（3）塔城和丰春麦及绵羊牛放牧区

 ⅢB2 天山北麓冬春麦棉花区

  ⅢB2（1）巴里坤木垒春麦及绵羊牛马放牧区

  ⅢB2（2）奇台乌鲁木齐冬春麦区

  ⅢB2（3）玛纳斯精河冬麦棉花区

　　　　IIIB2（4）博尔塔拉春麦及绵羊牛马放牧区

　　IIIB3 天山春麦及山地放牧区

　　　　IIIB3（1）伊犁西部春麦区

　　　　IIIB3（2）伊犁东部春麦油菜籽及绵羊马放牧区

　　　　IIIB3（3）巴音郭楞冬春麦玉米及绵羊马放牧区

IIIC 南疆复种灌溉农业区

　　IIIC1 敦煌玉门小麦棉花区

　　　　IIIC1（1）敦煌玉门小麦棉花区

　　IIIC2 吐鲁番哈密春麦棉花瓜果区

　　　　IIIC2（1）吐鲁番哈密春麦棉花瓜果区

　　IIIC3 天山南麓春冬麦玉米棉花区

　　　　IIIC3（1）孔雀河流域小麦玉米棉花区

　　　　IIIC3（2）库车阿克苏小麦玉米水稻棉花区

　　IIIC4 昆仑山北麓小麦玉米棉花区

　　　　IIIC4（1）帕米尔天山放牧业及青稞区

　　　　IIIC4（2）喀什叶尔羌小麦玉米棉花区

　　　　IIIC4（3）和阗于阗玉米小麦及蚕桑区

　　　　IIIC4（4）且末婼羌小麦玉米区

Ⅳ.青藏高寒农业和放牧业区

ⅣA 藏北高寒放牧业区

　　ⅣA1 羌塘寒漠游牧区

　　　　ⅣA1（1）羌塘寒漠游牧区

　　ⅣA2 藏北玉树高寒游牧区

　　　　ⅣA2（1）藏北牧区

　　　　ⅣA2（2）玉树牧区

　　ⅣA3 阿里河谷青稞山羊区

　　　　ⅣA3（1）阿里河谷青稞山羊区

ⅣB 青藏高原农牧交错区

　　ⅣB1 藏南谷地青稞油菜区

　　　　ⅣB1（1）雅鲁藏布江河谷农业区

ⅣB1（2）喜马拉雅山北麓新垦区

ⅣB2　横断山地北部青稞马铃薯山羊区

ⅣB2（1）横断山地北部青稞马铃薯山羊区

ⅣB3　黄河上游河曲牦牛青稞区

ⅣB3（1）黄河上游河曲牦牛青稞区

ⅣB4　祁连山及青海湖滨青稞绵羊区

ⅣB4（1）祁连山地绵羊青稞区

ⅣB4（2）青海湖滨青稞春麦绵羊区

ⅣB5　柴达木盆地春麦绵羊区

ⅣB5（1）柴达木盆地春麦绵羊区

ⅣC　西藏高原东南暖湿农林区

ⅣC1　波密洛渝亚热带农林区

ⅣC1（1）波密洛渝亚热带农林区

ⅣC2　横断山地及岷江上游玉米小麦青稞及林牧业区

ⅣC2（1）横断山地南部小麦玉米及用材林区

ⅣC2（2）岷江上游两熟农业及用材林区

ПРЕДВАРИТЕЛЬНОЕ ИЗУЧЕНИЕ ПО РАЙОНИРОВАНИЮ СОВРЕМЕННОГО СЕЛЬСКОГО ХОЗЯЙСТВА КИТАЯ

Дэн Цзин-чжун

(*Институт географии АН КНР*)

Резюме

Районирование современного сельского хозяйства представляет собой комплексное отображение системы территориальных единиц порайонной дифференциации сельскохозяйственного производства, действительно существующей в пределах определенной территории.Оно, исходя пз сложившегося состояния порайонной дифференциации сельского хозяйства в пределах определенной территории и руководствуясь принципами сходства и различий,устанавливает границы по тем местам, где существуют качественные перемены в совокупном отношении особенностей сельского хозяйства, и тем самым делит данную территорию на некоторые сельскохозяйственные районы разных рангов. Сельского хозяйства внутри каждого района имеет общие или сходные черты, условия формирования и проблемы, в то же время явно отличается от других сельскохозяйственных районов. Районирование современного сельское хозяйство представляет собой основное средство выявления и отображения закономерностей порайонной дифференциации сельскохозяйственного производства.Оно дает планновым и ведомным органам важное научное основание для руководства, планирования и размещения сельского хозяйства применительно к местным условиям раsных районов и является исходной основой для перспективного районирования сельского хозяйства.

Предлагаемая схема районирования современного сельского хозяйства Китая выполнена со стремлением объективного отображения сложившихся черт использования земель и сельского хозяйства разных районов. Эти черты включают в себя следующие: 1. приемы и степень использования тепловых, водных и земельных ресурсов; 2. относительная важность разных отраслей сельского хозяйства и культур внутри района и занимаемое ими место в стране; 3. особенности систем ведения сельского хозяйства; 4. уровень сельскохозяйственного производства; 5. важнейшие проблемы, существующне в нынещнем производстве. Кроме того, в схеме учтены природные и экономические условия развития сельского хозяйства, также и в некоторой мере возможное направление дальнейшего развития сельского хозяйства. Порядок нашей работы таков: сначала выявление особенностей разных районов, затем нахождение и установление их границ, и наконец, окончательное выделение районов. Вся территория делена на 4 района первого ранга, 12 районов второго ранга, 51 район третьего ранга и 129 районов четвертого ранга.

Районы первого ранга отображает разные возможности развития сельского хозяйства,созданные разными сочетаниями тепловых, водных и земельных условий, а также историческую последовательность развития сельского хозяйства в разных частях страны и существешые различия в основных приемах использования природных условий. Районы второго ранга выделены по зональным признакам сельского хозяйства (в основном по числу урожаев в год), при этом учтены также азональные признаки крупных территорий, формировавшие под влиянием природных и исторически-экономических условий. Районы этих двух рангов характеризуют найболее существенные черты порайонной дифференциации сельского хозяйства на территории нашей страны, которые сравнительно устойчивы в длительном процессе исторического развития.

Выделение районов третьего и четвертого рангов направлено на отображение общности и различий в структуре посевов и поголовья скота, приемах использования земель, системах животноводства, уровне производства и важнейших проблемах развития сельского хозяйства. Признаки выделения районов третьего и четвертого ранга в основном сходны. При этом, районы третьего ранга отображают более общие различия, а районы четвертого ранга——более конкретные и частные различия внутри районов третьего ранга.

Ниже приводится перечень районов первого и второго ранга.

Ⅰ. Область богарного земледелия и животноводства Севера.

ⅠA. Район богарного земледелия со одним урожаем в год и лесного хозяйства Северо-востока (4 района третьего ранга и 11 районов четвертого ранга).

ⅠB. Район богарного земледелия со одним урожаем в год и пастбищного животноводства Внутренней монголии и центральной части провинции Ганьсу (4 района третьего ранга и 15 районов четвертого ранга).

ⅠC. Район богарного зем.теделия с тремя урожаями в течение двух лет Северного Китая (5 районов третьего ранга и 18 районов четвертого ранга).

Ⅱ. Область земледелия рисовых полей и субтропических и тропических древесных культур Юга.

ⅡA. Район земледелия рисовых полей с двумя урожаями в год и субтропических древесных культур Восточного и Центрального Китая (6 районов третьего ранга и 15 районов четвертого ранга).

ⅡB. Район земледелия рисовых полей с двумя урожаем в год и лесного хозяйства на плато и в бассейнах Юго-запада（6 районов третьего ранга и 17 районов четвертого ранга).

ⅡC. Район земледелия рисовых полей с тремя урожаями в год и тропических древесных культур Южного Китая и южной части провинции Юньнань (6 районов третьего ранга и 15 районов четвертого ранга).

Ⅲ. Область поливного земледелия и пастбищного животноводства Северозапада.

ⅢA. Район поливного земледелия со одним урожаем в год и пустынно-пастбнщного животноводства западной части Внутренней Монголии, Нинся и Хэси (3 района третьего ранга и 6 районов четвертого ранга).

ⅢB. Район поливного земледелия со одним урожаем в год и горно-пастбищного животноводства северной части Синьцяня и Тянь-шаня (3 района третьего ранга и 10 районов четвертого ранга).

IIIC. Район поливного земледелия с повторным посевом южной части Синьцзяня (4 района третьего ранга и 8 районов четвертого ранга).

IV. Сурово-нагорная область земледелия и пастбищного животноводства Цинхая и Тибета.

IVA. Сурово-нагорный район пастбищного животноводства северной части Тибета (3 района третьего ранга и 4 района четвертого ранга).

IVB. Нагорный район земледелия и животноводства Цинхая и Тибета (5 районов третьего ранга и 7 районов четвертого ранга).

IVC. Тепло-увлажненный район земледелия и лесного хозяйства юговосточной части Тибета (2 района третьего ранга и 3 района четвертого ранга).

全国农业现状区划（草案）

"全国农业现状区划的初步探讨"解读

刘彦随

一、作者学术生平与主要贡献

邓静中（1920—1994年），经济地理学和农业地理学家。1920年出生于四川省什邡县，1943年本科毕业于重庆中央大学地理系，1946年中央大学研究院地理学部研究生毕业后留校任教。1950年8月起于中国科学院地理研究所工作，历任助理研究员、副研究员、研究员，历任研究室副主任、中国地理学会经济地理专业委员会委员、全国农业区划委员会特邀研究员及科学顾问、国家科技进步奖评委会评审委员等职。邓静中先后参加了铁路经济选线、《中华地理志》编纂、新疆综合考察、土地利用与农业布局、农业区划等多项研究工作，在上述相关领域均取得了重要成就。在其终生的经济地理学研究中，农业地理和农业区划研究是最突出的贡献，他堪称中国农业地理学的主要开创者和奠基者之一，是中国农业区划理论的创建者和农业区划工作的早期实践者之一，因而获得了农业地理领域"区划王"的美誉。邓静中作为主编人之一的《中国综合农业区划》获1985年国家科学技术进步一等奖，与吴传钧等人所著《中国农业地理总论》在1987年获中国科学院科技进步奖一等奖。

作者介绍：刘彦随（1965— ），男，陕西绥德人，中国科学院地理科学与资源研究所研究员，中国地理学会会员（S110005331M），研究方向为农业与乡村地理学。E-mail: liuys@igsnrr.ac.cn

二、论文写作背景及内容提要

1963年，农业区划被列为全国农业科技发展规划的第一项任务。按照竺可桢提出的"地理学要为农业服务"的方针，剖析农业生产基本规律、探寻农业布局的科学依据成为当时地理学研究的迫切任务。以邓静中、吴传钧等为代表的老一辈地理学家，持续开展并推进了农业地理调查、农业生产摸底、农业地域类型和农业区划等农业地理研究，并于20世纪60年代率先编制了《中国农业现状区划初步草案》，开展了江苏、甘肃等地方性农业区划工作。

"全国农业现状区划的初步探讨"一文正是在这一背景下创作的。在借鉴国外农业区划经验的同时，结合中国农业生产的主要特征，从兼顾农业本身及其发展条件出发，该文详细阐述了区划的依据、步骤、方法及对若干理论方法问题的认识，其创新和特色体现在以下几个方面：

（1）**着眼国情，提出了兼顾农业现实与发展、区域共性与个性的农业现状区划标准**。农业生产地域分异的特征是经济再生产过程和自然再生产过程在具体地域上相交错的表现，只有兼顾农业本身及其发展条件两方面，才能全面地揭示农业生产地域分异的特点；中国地域广阔，各地区农业特点复杂多样，统一的标志难以准确区分不同地区的农业特点，为兼顾不同区域农业生产的共性和个性特征，不应拘泥于统一的分区标志；在区划方法上，应注重实地调查研究资料，而不是主要依据准确度不够且难以反映某些重要的农业地域特点的统计指标来划区。

（2）**注重实地考察，划分出若干条更符合实际的农业区划界线**。基于降水量和灌溉条件将锡林郭勒盟至乌鞘岭线作为北方旱地农业和西北灌溉农业的分界线；基于水热条件和作物物候，将秦岭淮河线作为北方旱地农业和南方水田农业及亚热带、热带经济林两大区的分界线；识别出更为精准的青藏高寒农业和放牧业边缘线。邓静中对从全国范围着眼考虑农业发展的总体部署、拟定农业技术政策和农业技术改革的方向具有重要意义，并直接指导和编写了我国第一本《全国农业生产特征与农作物分布分析图集》。

（3）采用分级划区的方法，揭示了农业生产地域特征的传导机制和层级差异。该研究识别出中国农业生产4个一级区、12个二级区、51个三级区和129个四级区。一级区代表我国农业生产上最大的地域差异，反映了水、土、热等自然基底条件对农业生产的影响，以及各地区农业发展的历史基础、在农业上利用自然条件方式的差异；二级区反映我国各地区由于不同的自然经济条件和历史发展过程而形成的农林牧等大部门主次不同的结合以及农业生产水平等方面最基本的地域差异，在一级区基础上进一步兼顾了农业生产的地带性和非地带性差异；三级区和四级区划分的主要依据是不同区域间农业结构的共性及差异，其中三级区反映的是这些方面在较大范围内的共同性特征，四级区则照顾到三级区内部的局部差别。

三、论文学术影响和时代贡献

　　"全国农业现状区划的初步探讨"一文是农业地理学、农业区划领域承前启后、继往开来的一篇佳作。它不仅直接指导了当时的农业实践，也对后续相关研究奠定了理论和方法论基础，其学术影响和贡献主要体现在以下方面：

　　（1）率先建立了具有中国特色的农业区划理论体系。该文提出农业现状区划的意义在于揭示农业生产地域分异规律，为政府部门因地制宜地领导、部署和规划农业生产提供科学依据。对比国外研究及实践，结合中国国情，文章就区划的依据和标志问题、一级区是否采用农林牧分区、"熟制"及其现实性的特殊理解、三级和四级区的命名等问题进行了进一步的探讨。这些思考对于解决农业区划编制的基础理论问题提供了有益借鉴，对建立具有中国特色的农业区划理论体系提供了强有力的支撑。

　　（2）形成了一套相对完善的农业区划标准及方法论。文章结合《全国农业现状区划》编制实践，从区划的根据、步骤和方法、不同层级的划分过程细致论述了农业区划标准及编制方法，在《中国农业区划方法论研究》基础上进一步深化，形成了一套相对完善的农业区划标准和方法论体系。这被公认是当时农业地理学和农业区划研究领域具有引领性、指导性的一项重要成果，新西兰地理学家布坎南（K. Buchanan）认为，这是当时最详细最科学的中国农业区划方案，并予以传播介绍。

（3）**指导了国家和地方的农业区划编制及实践应用**。在该论文的研究基础上，1964—1966 年邓静中亲自选定河北邯郸、甘肃酒泉及武威县等地区进行农业区划试点工作，在其精心领导和组织下，上述三个地区农业区划试点工作取得了很大成绩，并为农业区划工作迅速推广到全国奠定了基础。20 世纪 80 年代邓静中与周立三共同主持了《中国综合农业区划》，与吴传钧等人共同编写了《中国农业地理总论》，这些研究出版后成为各省（区）、市、县农业区划的范本，在理论方法上起到了示范和指导作用，有力推动了全国各地农业区划向纵深发展。

（4）**持久影响了中国农业地理与农业区划学术研究**。农业地理学是地理科学与农业科学的重要交叉领域，是典型的地理学边缘学科。面对国家粮食短缺的现实问题、农业现代化布局的迫切需要，邓静中等前辈勇担时代之责、学科使命，科学践行了"地理学要为农业服务"的发展方针，重视将理论与实践相结合，从实地考察和区划方案编制中总结经验、提炼理论，切实指导了农业生产实践。特别是"全国农业现状区划的初步探讨"一文发表在 1963 年，历经岁月洗礼，但仍熠熠生辉，历史诠释了老一辈地理学家高屋建瓴、厚积薄发的学科情结和爱国情怀，彰显了地理学科服务国家战略需求、服务国民社会经济发展的显著优势，体现了农业地理学研究在推动乡村全面振兴和中国式现代化建设中的巨大潜力。

1978 年改革开放以来，中国农业综合生产能力稳步提升，农民生活水平不断提高，乡村绝对贫困得到有效解决，乡村人地关系发生了明显转变。但城乡发展不平衡、"城进村衰"的格局尚未根本改变，部分地区乡村衰退及"乡村病"问题依然严峻。进入中国特色社会主义新时代，秉持高质量发展目标指向和现实问题导向，稳住农业基本盘、守好"三农"基础、建设和美乡村是应变局、开新局的"压舱石"，也是推进乡村全面振兴和中国式现代化建设的重要根基。学习发扬老一辈地理学家坚持实地调查、坚持实事求是、坚持守正创新的科学家精神，致力创新农业地理学研究的技术方法，深入揭示区域农业与乡村转型的科学规律、发展路径，系统研制《中国现代农业区划方案》并支撑农业农村现代化规划与科学决策，成为广大农业与乡村地理学者紧密服务国家农业强国、乡村全面振兴战略的时代责任和专业使命。

参考文献

邓静中：" 全国农业现状区划的初步探讨"，《地理学报》，1963 年第 4 期。
刘彦随、张紫雯、王介勇："中国农业地域分异与现代农业区划方案"，《地理学报》，2018 年第 2 期。

试论农业区域的形成演变、内部结构及其区划体系

周立三

(中国科学院南京地理研究所)

一、农业区划的客观基础及其重要意义

农业生产的地区差异是现实存在的,并有其客观的历史形成基础。最明显的象山地农业区与平原农业区就有着很大差别,又如棉花产区,稻麦产区及畜牧区等等也是各具特点,互不相同。因此,按农业分布的形成条件、地域特征以及它的表现形态,加以划分出不同类型和区域是完全有可能的。远溯两千多年前在我国古代名著的《禹贡》里,把全国领土分为九州,对各州土壤、物候、农产、田赋均有记载。就已具有农业地理分区的启蒙思想。但在世界各国地理著述中,比较科学地进行农业区域的划分,直到本世纪初叶以后才开始广泛引起重视和研究。

农业的地理分布及其区域分异,是历经着不同的社会经济发展阶段起着不同变化的,总的来说,资本主义及其以前的各历史时期,都是自发形成的。资产阶级的学者由于阶级立场的限制,他们面对这种实际存在的农业区域,不论其根据任何原则划分,也只能是反映区间差异的表面现象,描述各地区的现状特征,不可能联系到社会生产方式从本质上说

明农业区域的形成过程及预期发展。必须指出，首先是列宁在他的"俄国资本主义底发展"（1898年）和"美国的资本主义与农业"（1916年）两部著作中才正确地分析了资本主义农业区域和农业经济类型的形成，开始奠定了区域划分的理论基础。

到了社会主义社会，由于国民经济有计划发展的要求，从而在历史上第一次有可能根据经济发展规律和科学设想，有意识地对区域的形成与发展加以促进和调节，使它从自发性的变为具有计划性的地域单位。当然所谓计划预期的农业区，仍然必须以客观存在的农业区为基础，以此为出发点，即使包括那些新开发的地方，有大量宜垦土地投入生产，逐步形成新的农业区，也是如此。只有符合客观可能条件和经济发展规律加以划区，才有可能使预期设想变为现实。

我国在解放以后，由于社会生产关系的变革，生产条件的改善，有的农业区改变了农业生产结构，有的加强了农业专业化程度，还出现不少新的农业区。以全国主要棉花专业化产区为例，解放后棉花产量与商品量普遍均有了提高（三年严重自然灾害期间为例外），在新疆还开辟了新的棉花基地。另一方面，也有设想建立新的农业专业化地区，例如江苏淮北的新稻区，企图利用旱改水的措施，改变旱地杂谷大力发展水稻，由于脱离当地现实的生产条件，未如预期做到。从这些经验中充分说明了农业区域的调整和建立，只有主观认识符合于客观实践才能实现。

当今农业区划的任务，不仅要正确反映现状，而且要求有科学依据的能预示生产发展方向和改善途径，使它具有远景性，对进一步合理安排农业生产起着指导作用。也因为这样，农业区划才与地区生产规划紧密联系起来。特别是农业具有最强烈的区域性和季节性，更加需要强调因地因时制宜来发展生产。为了提高规划的现实性，把预期发展生产的指标落实到各地区，因此，在编制生产规划的时候，往往要以区划作为前提。通过农业区划工作，可以充分利用各地方的自然资源和发掘经济潜力，在现有生产基础上，更有力的促进它的正确地理配置和最有效的地域组织，实现合理劳动地域分工，明确专业化与综合发展。所以农业区域划分的研究不仅是规划农业生产的基础工作，而且在某种程度上也是按不同地区领导农业生产提供科学依据。

我国社会主义农业的发展，面临着一个巨大任务，就是要迅速贯彻完成全国农业发展纲要，并逐步实现农业的现代化，这不仅要在已有的16亿亩耕地上，花费最少的劳动量和投资获得最大的农产品产量，而且要把960万平方公里的全国领土上实现农、林、牧、副、渔的多种经营与协调发展，以解决6亿5千万人民的吃、穿、用的日益增长的需要，因而对农业区划提出了新的要求。

二、农业区域的形成及其演变

农业生产的对象，不论是作物栽培，树木植种，动物饲养都是具有生命的有机体，而且也都必须依靠大量土地作为生产的基础。因而农业不能不深刻受到自然环境的影响和制约。根据生物与外在环境的有机统一的规律，而农业劳动又与自然物质相互结合，在一个国境内如果自然条件很复杂，培育生物的种类又繁多，农业生产的地理分布也就必然因地而异。即使在较早期的人类历史时期，农业生产在空间上就出现天然的区域分异。那时生产力还很落后，人的生活需要也比较单纯，主要由于不同作物和牲畜具有不同的生态适应性，而它们有力地受着自然条件的制约，因而在我国早就有南方宜稻，北方宜麦，靠山吃山，靠水吃水的那样的天然地域分工，到现在虽农业相当发达，生产技术水平较高的时期，自然条件不仅始终作用于农业生产，而且仍然很明显地不同程度影响着社会劳动地域分工。这一点我们研究农业区域的形成过程必须加以充分认识的。

但农业是最广泛的社会生产活动，是国民经济的基础。今天呈现在我们面前的农业上地域分异，却并非自然环境所决定的。即从生物适生程度上说，一个地区有它最适宜于某种生物生长的因素，也有相对适宜于其他生物生长的因素，例如长江三角洲的广大土地上，既适宜种植稻、麦等粮食作物，也可以发展棉花、油料、蚕桑等经济作物，在许多情况下，一个地区发展什么农业，怎样安排农业各部门和各作物，达到多大生产规模，往往要取决于一定时期国民经济的需要和生产水平。

当封建时代的后期，特别是进入到资本主义时代，农业生产力发展到较高水平，自足自给的经济为商品经济形态所代替，地区间产品交换广泛发展，在这种情况下，开始形成明显的劳动地域分工，才出现了具有不同程度专业化的农业经济区。这个时期农业区域的特征，不仅是自发形成的，由于受着资本主义经济规律作用，并有片面单一的生产专业化倾向，而且经常受市场供需关系变化的影响，因此商品农产品的生产地域，生产规模及专业化程度，也是相应地发生较大变化，显得很不稳定，地区间的发展也是很不平衡的。在解放以前，象我国的许多丝、茶、棉、烟等集中产区和商品基地，就深刻地受到国内外市场波动影响，而兴起衰落变化剧烈。

至于社会主义经济规律下的农业区域，一般来说，它的主要特征是生产专业化与综合发展相结合，能够协调发展。但就农业区域的形成过程来说，它往往是在调整和改造旧有生产配置与农业区的基础上发展起来的。一方面由于旧农业区的生产水平很不平衡，而新社会生产配置的改变，在地区上也有先后缓急的差别。因此，各农业区的发展也不完全是一致的，要通过有计划地调整生产配置，不断发展逐步趋向完善的。因此大体上有：

（1）稳定发展的农业区，原来的地域分工比较合理，专业化也较明显，经局部调整，在生产条件改善的基础上，继续扩大专业化部门的商品性生产和相应的地方自给性生产（如江浙的棉区）。

（2）改变较大的农业区，由于原有农业生产配置与专业化不够合理，无论部门和作物结构，或地区分工，不适应于新的经济发展需要，包括由于新工业中心建立和城市扩大，农业生产上有较大的调整改制（如东北和华北若干大城市的郊区）。

（3）新形成的农业区，象边远省区荒地的开拓，新的大面积土地投入生产，发展成为粮食或经济作物的商品基地（如新疆、黑龙江国营农场群集中地区）。但也有由旧的农业区分化出来改变成为生产面貌完全不同的新农区（如广东的南部热带经济作物区）。此外也还有：

（4）一些暂时停滞少变的农业区，这类地区往往由于生产条件较差，如水利等设施还未有较大的改善，加以自然灾害较重，劳动资源亦不甚充裕，因而自给性生产水平低，又不稳定，专业化还未形成，有待进一步改造的地区（如苏皖两省的淮北地区）。

总之，农业区域的形成一般有它的发展阶段，即低级趋向高级，凡自然资源未尽利用，生产水平又低，作物构成单纯，自给性生产还居主导地位，即有少数商品产品输出也很不稳定，社会劳动地域分工还薄弱，这种农业区，往往属于初级阶段。当地域分工渐较明显，生产技术水平较高，专业化部门已基本上形成，则农业区趋向于较完善的阶段。商品性生产进一步发展，地区专业化非常显著，有时还不止一个部门，与各种辅助部门间的经济依存关系比较协调，成为发达的农业经济区。通常在一个领土较大的国家内，往往同时存在着这种不同发展阶段的农业区。

区域在形成过程中，又有进展较快，有的变化较慢，有的专业化不断加强，有的已形成专业化部门由于不适应国民经济的需要，反渐趋削弱。因而形成不同水平、不同规模和不同特点的农业生产地域组合。这种不同发展程度，大体上往往由于：

（1）视国民经济发展的需要状况；

（2）农业自然资源的基础及其开发程度；

（3）生产与技术水平的高低；

（4）与其他国民经济部门及农业内部的各部门及作物间的比例关系，起着不同程度的变化。

因此每个农业区域与类型各有其自己的形成历史，所以研究它的过去和现状，对预期将来发展的趋向，对调整改造不合理农业生产配置具有十分重要的意义。

三、农业区各部门的合理结合与正确的地域分工

发达的农业始终是多部门经济，它是由若干部门和作物构成的，先进耕作业与集约畜牧业是农业多部门经济的最重要基础。但农、林、牧、副、渔各部门，及粮、棉、油、麻、桑、糖、瓜、菜、烟、果、药、杂等各种作物，不论对生态适应和生产经济条件的要求都是很不相同的，因而自来农业的经营方式经常各有两种相反的倾向，就是分化与组合，如果单纯为了便于专业管理，有利于实行"四化"，提高劳动生产率，连片种植，分区经营，完全脱离中国固有的精耕细作传统，必然会趋向资本主义片面专业化；反之，如果把多种部门和作物不分主次，缺乏内部和地区联系，统在一个地区或农业企业单位内混合经营，也会导致重复一般小农经济所常具有的"万物俱全"经营方式，而不易提高产品产量，并造成互相矛盾。因此，在我国社会主义农业集体经济的条件下，如何既统一规划，又因地制宜，来正确进行农业的地域分工，合理的部门结合与生产结构，迅速促进农业"过关"，实现现代化，确是一个极其重要的问题。

农业各部门和各作物对土地、季节、劳动力及其他生产资料的需求，既有矛盾的方面，也有相互配合的方面。

农业各部门和各作物如对所需的生产资料和劳动时间上都相同，就会出现争地、争劳、争水、争肥各种矛盾。通常如主要粮食作物与某些经济作物之间，或其部门中同类作物之间，象水稻与棉花、小麦与油菜、大麦与小麦、棉花与麻类等，要在同一土地上经营往往是互相排斥的。但是如果使生产期间所需生产设备和条件，加以错开，分别利用，在安排上基本可不发生矛盾。例如夏熟作物和秋收作物，长周期与短周期作物，都可以互不干扰地进行生产。

农业生产上有时一个部门的生产与其他部门之间不仅没有矛盾，而且可以促进另一部门的发展，首先是作物栽培与家畜饲养，就是农业生产上不可分割的两个支柱。我国古代就把"五谷丰登"与"六畜兴旺"相联系，也充分说明了这两个部门紧密结合的关系。此外如豆料作物与绿肥和其他作物轮栽等，也都是相互促进，相辅相成的。

农业生产的合理地域分工，并非以单一部门和作物为标志，而往往体现为地区生产的主导部门与辅助部门相结合的多种经营方式，在空间上相互依存，相互联系的特定区域。

因此，一个农业区内的农业生产各部门，各作物如能配置得当，组合得好（包括品种配合），促使减少矛盾就会增产，对农业发展起促进作用。否则搭配不好，矛盾重重，不但不能增产，反而阻碍农业生产的正常发展，这方面在我们前几年农业生产改制实践中就取

得了不少经验教训。

我国农业经营历史悠久，农民群众在千百年来长期生产实践和与自然斗争中，找到不少比较适合当地的农业经营制度和土地利用方式。特别是地少人稠的农业区，为了争取地利和农时，逐渐创造了各种间、混、套作，增加复种指数，以提高土地利用率，精耕细作，加强集约化程度，多种经营，增加经济收益。在较多不利自然条件的地区，也有不少抗御或避免自然灾害的耕作和饲养方法。

例如从多种经济的结合方式方面，广东南海顺德一带的桑基或蔗基鱼塘，低地挖鱼塘，培基栽桑蔗，以桑养蚕，蚕茧缫丝，甘蔗制糖，蚕蛹、蚕沙、蔗叶喂鱼，鱼粪肥塘泥，塘泥壅桑基蔗田所谓"蚕好鱼肥桑茂盛，塘肥基旺茧结实"。在苏南浙北毗邻地方，有水稻-蚕桑-蔬菜-湖羊生产结合类型，通过植桑养蚕，利用残余桑叶蚕沙，辅以水草，发展湖羊，用羊粪壅田肥桑，并利用桑田冬眠期，间作蔬菜，利用便利的河网水运，至附近城镇出售蔬菜，装回城市粪便垃圾，"一船菜，一船肥"，养田肥桑，返往交替。又如江苏泰兴泰县旱作地区，也形成一种粮、猪、油、酒的有机结合，旱地栽种杂谷，二年五熟，并建立"五坊"，黄豆、花生榨油，小麦磨粉，大麦酿酒，豆类作粉条制豆腐。"五坊"副产又喂猪，猪粪肥粮田，相互联系促进，农、牧、副并举。以上这些农业各部门结合的地域类型，不仅表现了物质、经济循环的合理生产方式，而且各部门和作物都有一定的比例关系，求得互相适应。

至于充分利用土地方式，实例更多，如江苏海门、启东二年四熟的棉麦区，每人只有一亩多地，由于采用棉套麦，元麦套绿肥，玉米套黄豆，所谓"连环套"的间套作耕作制，把各种作物植株高低，根系长短，株形粗细，行距宽窄，多方面配合起来，形成"老少结合，四季长青"。既充分利用了有限的空间和季节，又能做到用地养地相结合，获得棉粮都增产。浙江南部金华、兰溪一带也是地少人稠，实行水田春花秋杂粮一年三熟或二年五熟制，省工省肥，还使地力用养结合，劳力调剂均匀，搭配得很好。

从地域分工上看，象江苏沿江沿海的棉花产区与太湖、里下河稻麦粮食产区，无论从自然条件和经济条件来衡量，专业化各有重点，明确地域分工，在商品产品与经济联系上相互支援，都是比较合理的。又如太湖平原地区，土地垦殖指数很高，天然草地很少，利于舍饲猪羊，不利于耕畜繁殖，按过去传统，农忙购牛，农闲出售。"牛多是生在江西，养在浙江，用在苏南，死在上海"，也说明山丘与平原的畜牧业在地域上的分工。小而至于一个农业区内部，如苏州东部一些湖荡较多的地方，地多劳少，利用水面植种席草，专供西北部地少人稠的地方编织原料，农副业相结合，经济上分工互利。

这种多种经营，地域分工的传统农业经营与土地利用方式，在社会主义的计划经济与集体经济的条件下，显然并不能完全适应今天生产发展的新形势，而且实际也在改变，但是这种丰富多样的传统经验，在农业生产上不论对外部条件，内部组合和区际联系各方面，都值得加以系统总结，在承继的基础上加以调整改革，创造新的物质经济循环和地区经济联系，对促进各农业区大面积平衡增产，综合发展社会主义大农业均有很重大的意义。

四、农业区域的性质及其划分的体系

作为农业生产地域单位而客观存在的农业区域，就其基本性质来说是属经济区的一种类型，即部门经济区。但是农业生产不同于工业生产，它既是经济再生产过程，又是自然再生产过程，两者相互交织着。因此，农业区域的形成虽然经济规律居于主导地位，但自然区域的分异规律也始终起着交互影响作用。当自然区域分异表现很强烈，例如高山地区与平原地区，或寒带与热带，影响农业区间差异也就要大些。如自然区域分异较小，而农业经济又较发达，技术进步，集约化程度又较高，那么自然区域分异的制约作用也就小些，所以农业区虽属经济区的范畴，但又具有它自己的特殊性质，这种特殊性质无疑是农业生产本身的特点所决定的。在我们实践中也感到如此，在农业区划工作中，一方面自然条件的分区评价，常是农业区划研究的必要基础。在划区时也经常要考虑到自然条件在形成农业区的特殊作用，另一方面也必须与经济区划及生产规划相联系。

农业区划既是探求和阐明客观农业区的发生、发展的一个研究手段，而农业区域的特殊性质，使得农业区划的体系，即分级单位系统带来了复杂化。

首先，农业区域的划分不同于自然区域的划分，它既可是反映现状的地域单位（农业现状区），又可是预示远景发展的地域单位（农业远景区）。由于生产力的配置远比自然分布现象变化快得多，因而农业区域就不象自然区域那样比较固定。在不同经济发展阶段，就有相应的变化。

但另一方面农业生产地理配置又与地区自然条件有极其密切的关系，其中特别是土地性质（包括不同地形类型与土壤肥力）和气候状况（包括季节变化与不利气象条件），对农业生产过程与产品的形成起着最重要的作用。因而不同自然区域在不同程度上影响着农业分布和土地利用特点。

其次，社会主义的农业区域，要求它具有生产计划的地域单位的作用，既利于计划任务和物资的分配，也便于通过经济统计检查生产布局的变化。这样就不得不要与行政区划相联系，即农业区的划分要保持一定行政单位的完整性。

但是实际农业配置状况与农业区的界线，不论从农业部门与作物结构或土地利用形态的空间分布，都很少与行政区界相符合。尤其是从旧时代保存下来的，主要建立在政治统治和税收为目的的行政区划，与现在农业发展的实际分区不可能相适应。为了客观地反映出农业区间差异的现状和分布规律，为了有利于贯彻推行共同的农业技术与增产措施，那就不得不打破行政界线来划分农业地带和农业区域，特别是较大的行政区划单位，如省、专区，乃至于大部分的县，这些行政单位及其组合对农业分区几乎不具有任何实际意义。

要统一以上划区的矛盾，结合我国具体情况，我们认为全国各级农业区的划分，均保持公社这一级单位的完整性，是比较合适的。当然全国性的区划不可能一下就划定公社界线，但区划工作往往必须自上而下，又自下而上反复进行逐级划分，相互结合，最后确定区界，因此，各级农业区就有可能一致都以公社为界。从目前江苏农业区划的实践中也证明是可能的。

人民公社的范围不论现在或将来划分大小如何，从长远看终将是政社合一的基层单位，它既是基层计划单位，也是直接生产单位，尽管在一个公社范围内，农业生产状况依然会有差别，但这种公社内部的较小差别，对具有战略性的区划工作来说，并不足以影响区划的实际效果。同时相对地说，人民公社基本上是解放后的一种新的行政单位，它的适应性和改变社界，远比更高级的行政单位（专区、县）为机动，划分归并，影响面也不大，从而使农业区划各级单位能适应生产发展，便于调整各省和各县的行政部门，明确了那些公社分别属于不同农业区，更有利于因地制宜地领导生产。

此外，由于农业的地域差异极为繁复，农业区划是提供中央到地方各级计划、业务部门编制生产规划的一个重要依据，但各级规划要求不同，农业区域也必须分级划分。因此进一步研究区划的体系，即如何确定综合性农业区划的分级单位系统，是具有很大的科学和实践意义。这个问题，国内外不但探讨得还不多，而且对于农业地带、农业地区、农业区、农业专业化地带、农业类型与农业生产地域类型等名称和涵义，还各有不同理解，引起混淆不清。现就农业地带、农业区、农业地域类型三个最基本的单位，初步提出一些不成熟看法，以供商讨。

农业地带应该是农业区划中较高级单位，它常常跨越几个大行政区界，它又与自然界的水平和垂直地带性分布规律有很密切的关系。我国从南到北，有热带、亚热带、暖温带、温带和寒温带等自然带。由于水热条件，自东而西，又有湿润、半湿润、半干旱、干旱等自然地区的分别。这种不同的自然区域由于热量、光照、水分等因素的综合影响，也明显地反映在各种作物和林木的地区分布上，不仅在它们的种类、品种、生态习性方面，同时也在栽培制度、作物组合、土地利用各方面表现着与自然地带大体相适应的状况。例如小麦的春性、弱冬性与冬性，以及它的软质、半软质、硬质、半硬质的变化，水稻中的晚稻、中稻、早稻的分布及其品种组合；热带、亚热带和温带果树的分布，蚕桑饲养次数，由广东的五六次，苏浙的三四次，到鲁豫只有一二次。作物的成熟，由多熟制逐渐过渡到一熟制；连作、间套作到单作，自南及北都表现有一定规律性变化。垂直地带的递变，也同样有明显的影响，以西南山地区玉米分布为例，平原一年三熟地方栽秋玉米，丘陵一年二熟地方栽夏玉米，二年五熟地方栽春玉米。山地经济林木的栽培，也往往随高度不同而有垂直分层变化。

但是尽管有这些密切联系，我国农业地带分布，显然除受自然地带的影响外，还有它自己复杂的历史形成过程。首先因为人类经济活动对自然地带性来说，起着特殊作用，它常常表现有削弱地带性的倾向。我国广大农民千百年来与自然斗争过程中，不断改变着自然环境，他们砍伐森林，驯化动物，栽培野生植物；引进新品种，改变作物生态习性；栽育耐寒或早熟品种，把作物界限向北推进。这种例子并不少见。例如把蒙古绵羊引到太湖地区，培育为舍饲的大量湖羊，从南方引种柑橘、杨梅等中亚热带果树，育成早熟品种，在北亚热带栽种。双季稻由闽南，推进到浙北、苏南、皖南一带发展。解放以后，水利灌溉事业和其他农业生产条件有了更大改善，因此作物耕作制度与农业生产结构在地区分布上也普遍起了很大的变化。同时应该指出，这并不意味着我们能"消灭"客观自然规律的地理地带性，这种改变还是有一定空间限制的，经常是在自然的过渡地带上最先也是最易于进行改造。因此，农业地带界线可能与自然地带基本一致，象秦岭淮河一线就是如此，但经常出现的是农业地带跨越相应的自然带。同一自然地带内由于经济条件的差别，也可以形成不同的农业地带。

农业区应该是从属于农业地带的次级单位，象江苏这样行政省区内，由于农业经营历史悠久，耕作制度复杂，生产地域分工比较明显，土地集约化程度也不同，因此农业区还可划分为三级：第一级称为地区，第二级为区，第三级为小区。在自然条件方面，江苏虽绝大部分是相当平旷的冲积平原，但由于东滨外海，内多江、河、湖荡交错分布，冲积淤积物质加积过程又不一致，再加以人工筑圩开河，因此非地带性的自然因素，对划分农业区要比地带性因素影响更为强烈。如太湖地区内的坪田、圩田及湖荡低地，对作物布局、耕作制度及土地利用起着明显的差别影响。但是农业区的形成，首先取决于社会生产的地域分工及其相应专业化与综合经营的发展过程，即使明显起着影响的象那些圩田、坪田等自然分异，也是长期经历过人为的改变，已加上了人工的烙印。所以也同农业地带一样，同一自然区内可能形成不同的农业区。或一个农业区兼跨几个自然地域单位，太湖农业地区就属此例。

农业地域类型的涵义虽还未有公认的统一概念，它的分类标志也各有不同，有的侧重形态，如土地利用，农业经营形态；有的着重成因，强调农业内部联系，如部门结构或耕作制度，还有以生产水平、集约化程度等为划分标志。类型单位既具有空间重复性，必须能体现相同类型单位的一定典型特征。它所采用的标志尽可能要比较具体而单纯，但它还是一种概括的分类方法。农业地域类型与农业区之间究处于何种关系，目前也存在不同的看法：

（1）以类型划分为进行综合农业区划的一个过渡阶梯，只作为农业区划的一个必要基础，并且主要反映现状；

（2）认为类型划分与区域划分是互不从属的系统，前者是后者的对立物，它既有大小不同的等级系统，又同样可分为现状与远景发展的类型单位；

（3）认为类型只是现象群体范围较小的分类，在空间上可以重复出现，在区划体系中往往可以转化成为区划的低级单位。

从综合性的农业区域划分来看，农业地域类型不同于一般的所谓农业类型[①]，它必须具有明显的空间分布概念，我们认为：如果把农业生产的部门和作物结构与土地利用相结合作为划分农业地域类型的标志，即明确主导部门与辅助部门相结合在土地上表现的各种不同形式。那么在我们目前工作实践中初步认为类型单位，确是经常可与农业区划的低级单位相一致。因此深刻地进行农业地域类型的调查研究，阐明其形成发展的过程，它的条件与特点，对地区农业配置现状作正确评定，揭露其不合理的部门结合或地区分工，可以明确内部合理的比例关系，探求进一步改善途径，这样对农业区划研究是起着极为重要作用。综上所述，农业区域既是客观上存在着的具有类似的农业生产特征的地域单位，并反映，由大同到小异的等级差别，就应确立农业区划的体系，最好能明显地表达出地位级别，我们认为全国农业区划的体系由全国到地方基本上是否可以分为农业地带—农业地区—农业区—农业小区（或称为生产片），四、五级单位系统。

总之，农业区划的研究，不仅在于正确认识它，而且负有充分利用和改造的任务，不仅要如实反映现状，而且要科学地设想远景发展。因此，根据我国农业发展和逐步实现农业现代化的要求，密切结合生产配置的实际，深入开展农业区划理论与方法的探讨，特别是各级农业区域的形成过程及其划分体系的研究，在科学上和实践上都具有很大的意义。

（收稿日期 1963 年 10 月）

参考文献

[1] 杨大镇:禹贡地理今释,正中书局,1944 年。

---

① 一般农业类型，可以采用各种不同分类方法，以性质分，如农业、半农半牧业、牧业等类型。以产量水平分：有高产、中产、低产类型。以所有制来分：又有个体小农经济、集体经济和国营经济等类型。

[2] 尾留川正平:经济地理,朝仓书店,1960 年。
[3] 列宁:俄国资本主义底发展,人民出版社,1953 年。
[4] 列宁:关于农业资本主义发展规律的新材料,中国人民大学出版,1956 年。
[5] 邓静中等:中国农业区划方法论研究,科学出版社,1960 年。
[6] 杨郁华译:苏联经济区划的理论和方法,科学出版社,1963 年。
[7] П. М. Алампиев. Экономическое районирование СССР, Госплниздат, 1959 年。
[8] 周立三:论省级农业区划的几个问题,江苏农学报第 2 卷第 3 期,1963 年。
[9] 蔡宇元等:珠江三角洲的淡水渔业,地理,1961 年第 1 期。
[10] 丁景熹、洪昌仕:苏南木湖地区农业综合发展问题,1963 年。
[11] 刘巽浩:介绍一种以间套作为特点的耕作制度,中国农业科学,1961 年 9 月号。
[12] 姜诚贯等:论农作物的复合群体,中国农业科学,1962 年 2 月号。
[13] 黄秉维:中国综合自然区划草案,科学通报,1959 年 18 期。
[14] 汪呈因:特种稻作学,中华书局,1946 年。
[15] 吴兆苏等:论我国小麦的生态分类与区划,中国农业科学,1962 年 11 月号。
[16] 邓静中等译:苏联农业区划问题,科学出版社,1958 年。
[17] 钟功甫:试论广东农业地带,地理学报,1962 年第 28 卷第 2 期。

О ФОРМИРОВАНИИ, РАЗВИТИИ, ВНУТРЕННЕЙ СТРУКТУРЕ СЕЛЬСКОХОЗЯЙСТВЕННЫХ РАЙОНОВ И О СИСТЕМЕ ИХ ПОДРАЗДЕЛЕНИЯ

Чжоу Ли-шая

(Нанкинский институт географии АН Китая)

Резюме

1. Объективная основа и важное значение сельскохозяйственного районирования

Порайонные различия сельскохозяйственного производства действительно существуют и имеют объективные основы исторического формирования. Исходя из экономических законов социалистического общества, впервые в истории появилась возможность сознательно ускорять и регулировать формирование и развитие сельскохозяйственных районов, чтобы эти районы из стихийно-образованных единиц превратились в запланированные территориальные. Безусловно, так называемые плановые или предвиденные с. –х. районы должны основаться на объективно существующих с. -х. районах.

Изучение и подразделение с. -х. районов является основой для планирования сельского хозяйства, и в некоторой мере является научной основой для управления сельским хозяйством разных мест.

2. Формирование и развитие сельскохозяйственных районов

Под глубоким влиянием природной среды уже в первичных стадиях истории человечества появилось естественное разделение районов на с. –х. районы. Оно в некоторой мере оказывает важное влияние на территориальное разделение труда даже в нынешних условиях, когда сельское хозяйство с его техникой достигло высокого уровня.

Здесь мы сосредоточим свое внимание на изучение с. -х. районов, формирующихся под воздействием социально-экономических закономерностей.

В социалистических условиях с. –х. районы обычно формируются в результате преобразования и регулирования старого размещения с. -х. производства и его районов. Вследствие разности в уровне производства старых с. -х. районов, изменение размещения производства в новых социальных условиях происходит с неодинаковой последовательностью. Поэтому отдельные районы не могут быть однородными по стадиям своего развития. Они отличаются следующими: 1. с. -х. районы, неуклонно развивающиеся; 2. с. -х. районы, подвергающиеся большому изменению; 3. с. -х. районы, вновь формирующиеся; 4. с. -х. районы, пока мало измененные.

Темп формирования с. -х. районов разный. У некоторых из них специализацня усиливается, а у других ослабляется. Поэтому образовались производственно-территориальные комплексы с разными уровнем, масштабом и особенностями развития. Неодинаковый уровень развития разных с. -х. районов обычно зависит от:1) потребности развития народного хозяйства, 2) положения природных ресурсов и степени их освоения, 3) уровня производства и его техники, и 4) соотношений между сельским хозяйством и другими отраслями народного хозяйства, также и соотношений отраслей и культур внутри самого сельского хозяйства.

3. Рациональное сочетание и территориальное разделение труда отдельных отраслей сельского хозяйства

В приемах ведения сельского хозяйства давно существуют две противоположных тенденции: дифференциация и комплектование. При условии социалистического коллективного сельского хозяйства в нашей стране важно правильно решить территориальное разделение труда сельского хозяйства и рациональное сочетание его отраслей в соответствии с развитием сельского хозяйства и усовершенствованием его техники, чтобы избежать от монокультурной сиециалнзации, с одной стороны, и невыгодной универсальности, с другой стороны.

Разные отрасли и культуры сельского хозяйства требуют земель, времени. рабочих сил и средств производства и могут быть конкурентными и взаимодополнительными между собой. Правильный подбор тех или иных отраслей и культур помогает их развитию.

Рациональное территориальное разделение труда в сельском хозяйстве характеризуется не одной какой-либо отраслью или культурой, а выражается в многоотраслевом ведении хозяйства, сочетающем ведущие отрасли с вспомогательными отраслями, которые взаимно дополняются или связаны межлу собой на определенной территории.

Наша страна имеет древнейшую историю ведения сельского хозяйства. Имея богатый опыт от тысячелетней практики, крестьяне обладают многими формами ведения сельского хозяйства и использования земель, подходящими к местным условиям. Хотя эти формы не могут быть полностью соответствовать новому положению развития производства, и они фактически находятся в постепенном изменении, однако нам все еще стоит систематически изучать традиционный богатый опыт как в приспособлении сельского хозяйства к внешним условиям, так и в его внутреннем сочетании и межрайонной связи. На этом основании упорядоченпе и улучшение техники, создание нвоых материальных и экономических циклов и пространственной связи, все это имеет большое значение для всемерного равномерного повышения производства продукции и комплексного развития социалистического сельского хозяйства.

4. Характер с. -х. районов и система их подразделения

С. -х. районы, как объективно существующие производственно-территориальные единицы, по своему основному характеру относятся к одному из видов экономических районов, т. е. к отраслевым экономическим районам. В сельском хозяйстве процесс экономического воспроизводства переплетается с процессом естественного воспроизводства. В формировании с. -х. районов ведушая роль принадлежит зкономическим закономерностям, но дифференциальная закономерность природных районов всегда играет определенную роль, поэтому с. –х. районы обладают своим особым характером. Это осложняет систему градации с. -х. районов.

При социализме. с. -х. районы должны быть территориальными единицами для планового ведения производства, поэтому необходимо сохранить целостность определенных административных подразделений. Однако, фактическое размещение сельского хозяйства часто расходятся с положением административных границ. Для того чтобы объективно отобразить состояние порайонных различий и закономерность распределения с.-х. районов, нам придется ломать границы некоторых административных единиц, например, границы провинций, округов и границы большинства уездов.

С целью преодоления сказанных затруднений при нашем конкретном условии мы считаем целесообразным сохранить целостность границ народных коммун при районировании на всех рангах. Потому что с течением времени народная коммуна станет и низовой плановой единицей и прямой производственной единицей.

О с.-х. зонах, районах и территориальных типах все еще имеются самые разообразные понятия среди наших коллег. Здесь мы попытаем разобраться в этих вопросах.

С.-х. зоны должны быть высшей единицей районирования, они часто пересекают границы некоторых крупных административных единиц и тесно связаны с закономерностями распределения горизонтальных и вертикальных зональностей природной среды. Кроме того, в нашей стране с.-х. зоны имеют свой сложный исторический процесс формирования. Особая роль хозяйственной деятельности человечества часто имеет тенденцию ослабления зональности. В результате чего, границы с.-х. зоны могут быть примерно совпадаться с прнродными зонами, или пересекают последние. Вследствие различий в экономических условиях на территории одной природной зоны могут формироваться некоторые с.-х. зоны.

С.-х. районы представляют собой единицы второго ранга. В провинции, например Цзянсу, где сельское хозяйство имеет древнюю историю и производственно-территориальное разделение труда более четко выражено, можно выделить с.-х. районы трех ранга: макрорайоны, мезорайоны и микрорайоны.

Сушествуют неодинаковые понятия об отношении между с.-х. территориальным типом и с.-х. районом. Одни считают необходимым комплексное с.-х. районирование на основе выделения с.-х. территориальных типов. Другим представляется, что типы и районы не являются двумя подчиняющими одна к другой системами. Третьи считают, что типы являются лишь более мелким подразделением групп явлений на небольшом территориальном масштабе, они могут появиться повторно на пространстве, и могут быть низовой единицей районирования.

С точки зрения комплексного с. -х. районирования с. -х. территориальный тип отличается от так называемого с. -х. типа. С. -х. территориальный тип имеет явное представление о пространственном распределении. Если за признак выделения принять сочетание структуры с. -х. отраслей или культур с формой использования, т. -е. выражаемое в разных формах использования земель сочетание ведущих и вспомогательиых отраслей, то в нашей нынешней практике с. -х. территориальный тип действительно совпадает с низовой единицей с. -х. районирования.

开拓中国农业区划研究

——"试论农业区域的形成演变、内部结构及其区划体系"解读

杨桂山　　苏伟忠

周立三（1910—1998），浙江省杭州人，著名经济地理学家和农业地理学家，中国科学院学部委员（院士），中国科学院南京地理与湖泊研究所研究员、名誉所长。1933 年毕业于中山大学地理系；1940 年 4 月转入重庆北碚协助黄国璋先生筹建中国第一个地理研究机构；1946 年到美国威斯康星大学研究进修；1947 年回国后在中国地理研究所晋升为研究员；1950 年加入中国民主同盟；1953 年中国科学院地理研究所正式成立，周立三担任副所长、研究员；1959 年被任命为中国科学院南京地理研究所副所长；1978 年 3 月正式恢复中国科学院南京地理研究所所长、所学术委员会主任等职务；1980 年被接纳为中国共产党党员，同年被选为中国科学院学部委员（院士）；1983 年 9 月担任全国农业区划委员会科学顾问组副组长；1984 年 3 月担任南京地理与湖泊研究所名誉所长、学术委员会主任、所学位委员会主任等职务；1987 年领衔承担了国情分析研究项目；1998 年 5 月 27 日因病医治无效，在南京逝世，享年 87 岁。

周立三主要从事农业地理、综合考察和国情分析研究。1949 年后主要从事农

作者介绍：杨桂山（1965— ），男，江苏兴化人，中国科学院南京地理与湖泊研究所/河海大学地理与遥感学院研究员；中国地理学会会员号（S110001606M），研究方向为流域地理学。E-mail: gsyang@niglas.ac.cn

业地理方面研究。20世纪50年代率领新疆综合考察队对全疆农业自然资源开发利用与合理生产布局，进行了五年深入考察。

中国农业区划研究是周立三先生投入精力最多、费时最长并贯穿于整个学术生涯的一项研究工作，树立了中国地理学服务国民经济建设的典范。周立三先生先后主编全国及江苏综合农业区划与其他相关研究著述，得到中央有关部门和科技界的高度评价，并获得国家科技进步奖一等奖。1964年《地理学报》第30卷第1期刊载了周先生的"试论农业区域的形成演变、内部结构及其区划体系"，提出农业区域的划分应反映现状、预示远景，在不同的发展阶段农业区域会有相应的发展程度与变化，指出要分析农业生产配置与自然条件的密切关系以及农业区域的特殊性、复杂性，确定了农业区域的划分方法与分级单位系统。该文章为之后我国系统性开展全国农业区划工作提供了坚实的理论基础。

我国地域辽阔、自然环境复杂多样，南北不同气候带和东西不同气候区农业发展条件迥异。20世纪60年代初，我国农业发展受挫，粮食和其他农产品供应全面紧张，究其原因，很大程度上是违背自然与经济规律，用一刀切的方式下达农业生产计划造成的。周立三先生在20世纪早期就关注我国历史上有关农业地域特点和分异的文献，又对20世纪30年代以来有关农业区域的重要著作做了系统研究，深知中国自然环境复杂，作为农业大国，农业发展规划必须重视自然条件的影响和地域差异，因地制宜发挥不同区域的生产潜力，增加农业产品产量，以解决人民的温饱问题，支撑大规模经济建设。因此，根据不同区域自然条件和农业发展基础，规划不同类型区域农业发展方向，成为20世纪五六十年代我国农业生产面临的紧迫任务，这个时期周立三先生的农业区划研究就具有了时代的必然性和开创性。

农业区划的任务，不仅要正确反映现状，而且要有远景性，能预示农业发展方向和改善途径的科学方案，以指导合理安排农业生产。由于自然条件和传统的农业生产方式不同，农业生产的地区差异是现实存在的，历经不同的社会经济发展阶段，有其客观的历史形成基础。通过农业区划工作，充分利用各地方的自然资源，发掘经济潜力，在现有生产基础上，促进地域水土气生资源优化配置和有效组织，实现合理的劳动地域分工，明确农业专业化和综合发展方向，为不同地区的农业生产提供科学依据。

农业区域的划分，首先一个重要前提就是在研究农业生产条件和农业发展现状基础上，预测未来农业发展的趋向，以农业区域形成的历史和变化观，指导、调整、改造不合理的农业生产配置。农业生产的对象是具有生命的有机体，必须依靠土地作为生产的基础，受到自然环境的深刻影响和制约。自然条件的复杂性必然导致农业生产地理分布的差异性；同时，农业是最广泛的社会生产活动，怎样安排农业各部门和各作物，往往也取决于一定时期国民经济的需要和生产水平。因此，自然环境适应和国民经济发展的需要，就形成了不同水平、不同规模和不同特点的农业生产地域组合。

科学的农业地域分工和合理的部门组合与生产结构，是因地制宜统一规划实现农业现代化的一个极其重要的问题。发达的农业是多部门经济，并由若干部门和作物构成，先进耕作业和集约畜牧业是农业多部门经济的最重要基础。农业各部门和各作物对土地、季节、劳动力及其其他生产资料的需求，既有矛盾的方面，也有相互配合的方面。农业各部门和各作物在所需的生产资料和劳动时间上均重合就会出现资源的"争抢"矛盾，需要在生产时间上加以错开。而农业生产部门之间相互配合、地域分工配置得当也会促进农业发展，在我国许多地区形成了比较适合当地的农业经营制度和土地利用方式。然而，这种多种农业经营与土地利用方式也需要适应新的发展形势，需要在系统总结其外部条件、内部组合和区际联系等基础上，与时俱进，调整改革，创新物质经济循环和地区经济联系。

农业区域划分和农业地域合理分工与生产结构优化组合，表明农业生产配置与自然条件的密切关系以及农业区域的特殊性、复杂性，需要明确农业区域划分的方法与分级单位系统。农业区域不同于工业生产，既有经济再生产过程，又是自然再生产过程，自然条件是分区评价的必要基础和特殊作用，也必须与经济区划和生产规划相联系。农业区划不像自然区划比较固定，不同经济发展阶段具有相应变化。周立三先生明确指出农业区的划分必须打破行政区划界限，特别是认定较大的行政单位如省、地区乃至大部分县的组合对农业区不具有任何实际意义。最后，基于农业区域客观具有类似的农业生产地域单位特征及大同到小异的等级差别，提出全国农业区划的体系由全国到地方分为农业地带—农业地区—农业区—农业小区的等级单位系统设想。

总之，周立三先生急国家之所急，将农业区划研究作为地理学服务国民经济主战场的主要方向，发表了一系列开创性的农业区划理论文献，指出农业生产具有明显的地域性、严格的节律性、较长的周期性和生产上的不稳定性，阐明现代化的农业必须实行区域化、专业化生产而又必须结合我国国情、因地制宜地逐步实现，指出农业生产的地域差异是现实的存在，也是农业区划的客观基础；同时又强调自然条件始终作用于农业生产，而且在不同程度上影响劳动地域分工。

根据上述理论研究，1980年周立三先生受命主持全国农业区划研究，对我国的农业自然资源和农业生产状况进行评估，将全国划分为10个一级区34个二级区，分别就农业生产的条件、发展方向、土地资源开发利用与农业合理布局，农业技术改造等作了系统论述，这项成果得到中央有关部门和学术界的高度评价，国家专门成立了中央、省、市和县四级农业区划机构，负责农业区划方案的实施。进入20世纪90年代以后，我国国民经济向市场经济转轨，农业资源的开发利用方式也出现了很大变化，但周立三先生所揭示的农业区划基本原理以及对中国农业区域所作的深刻分析，至今依然具有重要的理论与实践价值。

中国现代冰川的基本特征

施雅风　谢自楚

（中国科学院地理研究所冰川冻土研究室）

一、前言

中国西部具有世界上最高最大的山地和高原，提供了冰川发育的有利条件，成为世界上山岳冰川最发达的国家。这些冰川一方面构成流入太平洋和印度洋的许多大河的源头，一方面以其融水灌溉西北内陆干旱地区，成为干旱区农业赖以发展的主要条件之一。绝大多数冰川都位于人们难以达到的山地，只有个别冰川正当中国与西方的通路上，很早就见于旅行家的记载。八世纪时（唐朝），杜环对汗腾格里峰东侧的木扎尔特冰川作了生动描述，所著《经行记》可能是中国甚至是世界上最早的冰川学文献之一[1]。书中记述了木扎尔特冰川春夏降雪积累、夏季强烈消融、冰面多表碛，冰下河道发育，冰内含有马骨，上下冰川要经过艰险的冰阶梯等情况。

十九世纪末叶，若干外国学者对中国西部及邻近地区的冰川作用，进行零星的、片断的考察记述，较重要的有 G. 梅茨巴赫（Merzbacher, 1905, 1916）[2]之于汗腾格里峰地区和博格多山区的冰川，斯文赫定（Sven-Hedin, 1895, 1898）[3]之于慕士塔格山区的冰川，N. E. 鄂特尔（Odell, 1925）[4]等之于珠穆朗玛峰①的冰川，A. 哈姆（Heim, 1933, 1936）[5]

第 30 卷第 3 期，1964 年 9 月

引用本文：施雅风, 谢自楚. 中国现代冰川的基本特征. 地理学报, 1964, 31(3): 183–213. [Shi Yafeng, Xie Zichu. The basic characteristics of modern glaciers in China. *Acta Geographica Sinica*, 1964, 31(3): 183–213.]

① 珠穆朗玛峰位于我国同尼泊尔的接界处，是世界第一高峰。

之于贡嘎山的冰川,而喀喇昆仑山区的冰川经过 G. 特尼里(Dainelli, 1922)[6]、Ph. C. 韦塞(Visser, 1938)[7]的研究,了解较详。R. v. 克里勃尔斯勃格(Klebelsberg, 1949)[8]、徐近之(1960)①等曾对这类资料作过较全面的综述。

中华人民共和国成立以后,现代冰川研究进入新的阶段。1956—1961 年间,中国登山队组织了慕士塔格-公格尔山、贡嘎山和珠穆朗玛峰北坡等处的冰川考察。1958 年中国科学院成立高山冰雪利用研究队,较系统地进行冰川研究。六年以来,该队由中国科学院地理研究所冰川冻土研究室主持,先后有几十个研究单位、高等院校和生产部门参加,对祁连山、中国天山及慕士塔格-公格尔山以及西藏高原的某些冰川广泛地进行了考察,建立了两个冰川定位观测站(祁连山西部的大雪山站 1959—1962 年与乌鲁木齐河源天山站 1959 年至今)和若干半定位站。1964 年,冰川冻土室研究人员参加中国登山队科学考察队,对海拔 8,012 米的希夏邦马峰北坡冰川作了较系统的考察。此外,中国科学院某些综合考察队、某些地质队、测量队和其他工作者也曾对中国西部山区个别地点的冰川作过调查研究。

本文对中国现代冰川的基本特征,进行初步总结,在工作过程中,冰川冻土室同志和中国科学院新疆分院水土生物综合研究所部分同志提供了许多未曾发表的宝贵数据和见解,本文实际上是一项集体劳动成果。但由于作者水平和见闻的限制,贻误在所不免,尚希读者不吝指正。

二、现代冰川的地理分布

我国现代冰川全部分布于海拔 3,500 米以上的高山高原地区,北起阿尔泰山的奎屯山,南至云南丽江东北的玉龙山,西抵帕米尔地区,东到四川康定西南的贡嘎山,在纵横各达 2,500 公里的范围内,现代冰川与永久积雪随着气候与地势条件的差别,分布很不均匀,下面叙述各山区冰川区最一般的情况。

阿尔泰山的现代冰川主要集中在中、蒙两国交界处海拔 4,374 米的友谊峰附近,这里雪线海拔 3,000—3,400 米,以小型的冰斗冰川与悬冰川为多,冰川与永久积雪面积约 130 平方公里。最大的普尔热瓦尔斯基冰川,长 11.2 公里,末端下降至 2,400 米[9]。

中国天山的冰川和永久积雪面积,据朱景郊等估算,除阿拉套山与天山南脉(汗腾格里峰地区的西南)外,约 4,865 平方公里。雪线变化于 3,800—4,200 米间。汗腾格里峰地区是天山最大的冰川作用区,树枝状山谷冰川呈放射分布,除南依诺勒切克冰川上游外,最大

---

① 根据徐近之:青藏自然地理资料(地文部分)。

的卡拉格玉勒冰川和土格别里齐冰川均长达 34 公里，末端海拔 2,800 米左右。这些大冰川具有干流粒雪盆短小、依靠支冰川与雪崩补给、表碛密布、冰内水道发育、死冰区宽广等特色，称为土尔克斯坦型冰川。中国天山的中部和东部以规模较小、冰面较洁净、冰内水道不发育的山谷冰川、冰斗冰川为主（照片 1、2、3、4），还有少数平顶冰川位于山顶剥蚀面上。

祁连山是我国冰川统计最详尽的山区[10]，这里雪线出入于 4,400—5,200 米间，郑本兴、苏珍等统计，冰川共约 1,619 条，面积 1,316 平方公里，冰斗冰川和悬冰川占总条数的 67.5%，占总面积的 58.9%，而山谷冰川和冰斗-山谷冰川占总条数的 12%，总面积的 26%，还有少数平顶冰川。祁连山冰川的形态特征与中国天山东段的冰川相似。若干接近 6,000 米的高峰，冰川亦呈放射分布（图 1），最大的冰川为大雪山老虎沟 20 号山谷冰川，长 9.8 公里，下垂至 4,250 米，冰面非常洁净（照片 4）。疏勒南山南坡 11 号冰川，在 8.5 公里长度内，有 4.5 公里伸出山口流动在海拔 4,500 米山间平原上，李吉均（1962）[①]称之为溢出山谷冰川（图 2）。

昆仑山西段，靠近帕米尔的慕士塔格（7,546 米）和公格尔山（7,719 米）的冰川，已经过多次考察，雪线海拔 5,500 米左右。朱景郊、董光荣统计，冰川面积 596 平方公里，呈星状（或辐射状）分布。公格尔北坡克拉牙衣拉克冰川，长 23 公里，下降至 3,100 米。和田河源地区，具有若干 7,000 米以上的高峰，雪线高 5,500—5,600 米，有长达 16 公里的山谷冰川，下垂至 4,200 米[11]，柴达木盆地南侧青藏公路跨越昆仑山口处，我们见到小型的山谷冰川及冰斗冰川（照片 5），雪线高约 5,100—5,400 米，冰川长 6 公里以上，末端降至 4,400 米。从地形图上估算整个昆仑山区冰川和永久积雪面积约为 10,000 平方公里[②]（不包括慕士塔格-公格尔山区）。

喀喇昆仑山是中纬度世界最大的冰川作用区。这里 6,000 米以上的山区广阔，雪线海拔 5,000—5,700 米，东西向的纵谷发育，据韦塞计算，在 50,450 平方公里的山地中冰川面积达 13,600 平方公里，占 28%[7]，主要冰川都在南坡克什米尔境内。北坡我国境内有若干长度在 15 公里以上的冰川，冰川和永久积雪面积共约 3,000 平方公里，但未经过考察。

喜马拉雅山北坡雪线高达 5,500—6,200 米，是世界上最高的雪线所在，南坡因降水特别丰富，雪线降至 4,500—5,200 米，全山区冰川面积约 12,000 平方公里，在我国境内的约 4,840 方公里[③]。世界最高峰——珠穆朗玛峰（8,882 米）北坡西绒布冰川，长 18 公里，末端下降至 5,180 米（图 3），世界第十四高峰——希夏邦马峰北坡的野博康加勒冰川长 13.5

---

① 根据李吉均：疏勒南山西段南坡冰川的初步观察。
② 据赵长俊估算。
③ 据赵长俊估算。

公里，末端降至 5,530 米，上述二冰川冰舌表面均发育有奇特的冰塔林，冰川比较洁净，而喜马拉雅南坡冰川则满布碛石（照片 6、7、8）。喜马拉雅以北至雅鲁藏布江之间有若干六千多米的高山，零散地分布着一些冰川（照片 11）。

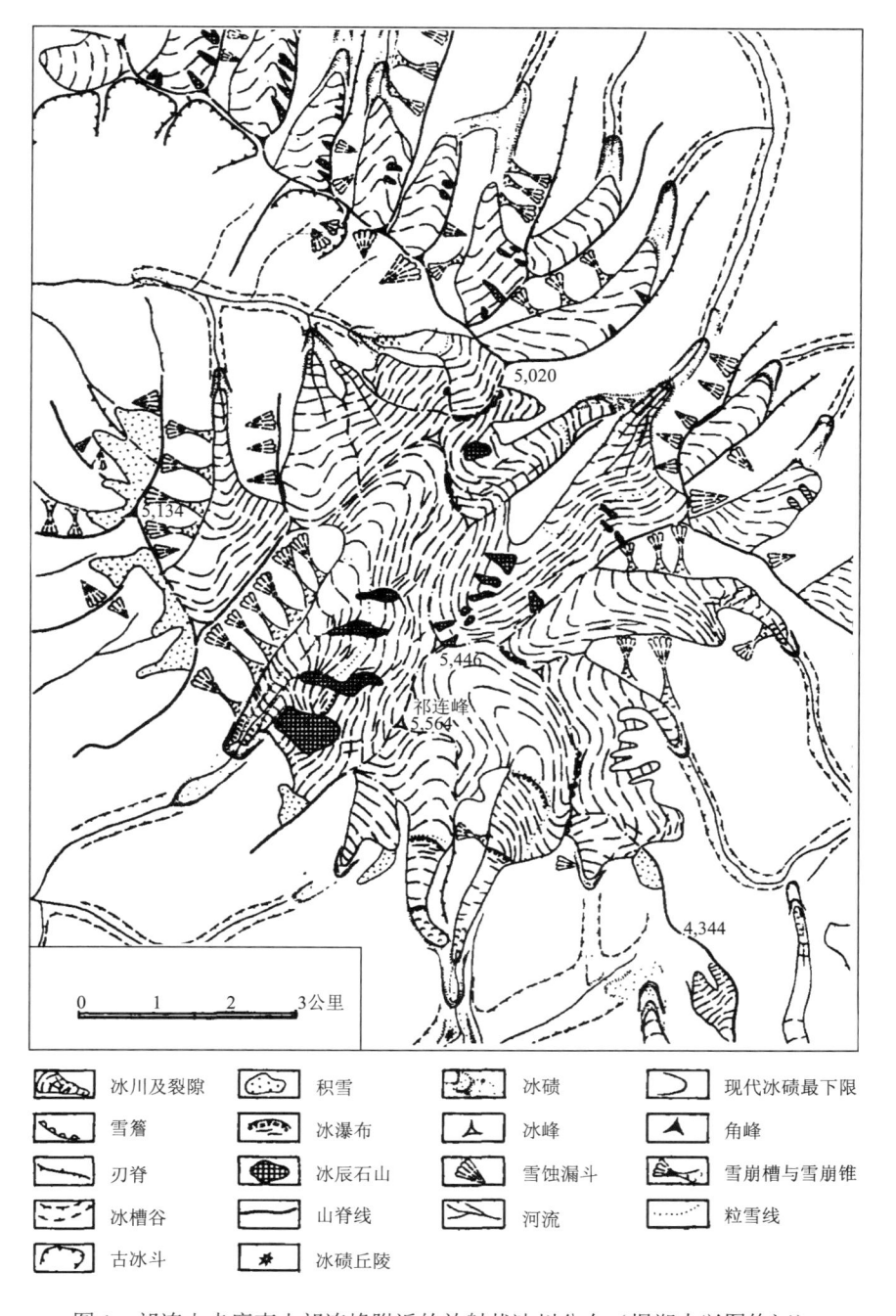

图例：冰川及裂隙、积雪、冰碛、现代冰碛最下限、雪簷、冰瀑布、冰峰、角峰、刃脊、冰辰石山、雪蚀漏斗、雪崩槽与雪崩锥、冰槽谷、山脊线、河流、粒雪线、古冰斗、冰碛丘陵

图 1　祁连山走廊南山祁连峰附近的放射状冰川分布（据郑本兴图修订）

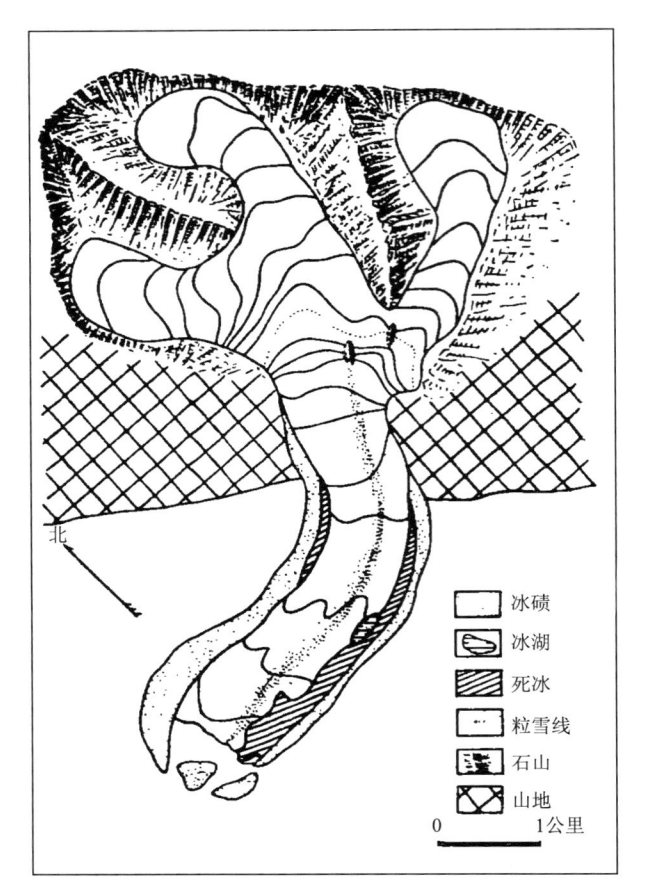

图 2　疏勒南山南坡 11 号溢出山谷冰川（据李吉均图修订）

西藏东部和川滇西部横断山脉的冰川，只有海拔 7,590 米的贡嘎山经过专门的考察，这里雪线海拔 5,200—5,400 米，东坡最大的海螺沟冰川，长 16 公里，末端高度估计不足 3,000 米[5]，西坡贡巴冰川长 10 公里，表面密布碛石，末端海拔 3,700 米[12]。在西藏东南部波密地区，作者见到许多倚赖高峰雪崩补给的冰斗冰川和悬冰川，冰川末端在 4,000 米左右（照片 9）。此外，在察隅北北纬 29°05′与东经 96°50′的地区，有几个超过 6,000 米的高峰，旅行家看到山南坡有长及 16 公里的复式山谷冰川（阿塔冰川），末端降至 2,500 米左右[13]，在金沙江与鸦砻江的分水岭，北纬 30°纬线附近，还发现有 7,700 米的高峰，长至 7—8 公里的山谷冰川[8]。川藏公路经过的雀儿山高 6,000 米左右，山谷冰川末端降至 4,400 米，雪线高约 5,200—5,400 米（照片 10）。横断山区由于雪线很高（5,200—5,800 米），山谷陡狭，以小型的山谷冰川、冰斗冰川和悬冰川为多，整个山区的冰川和永久积雪面积约在 2,700 平方公里左右①。

---

① 据赵长俊估算。

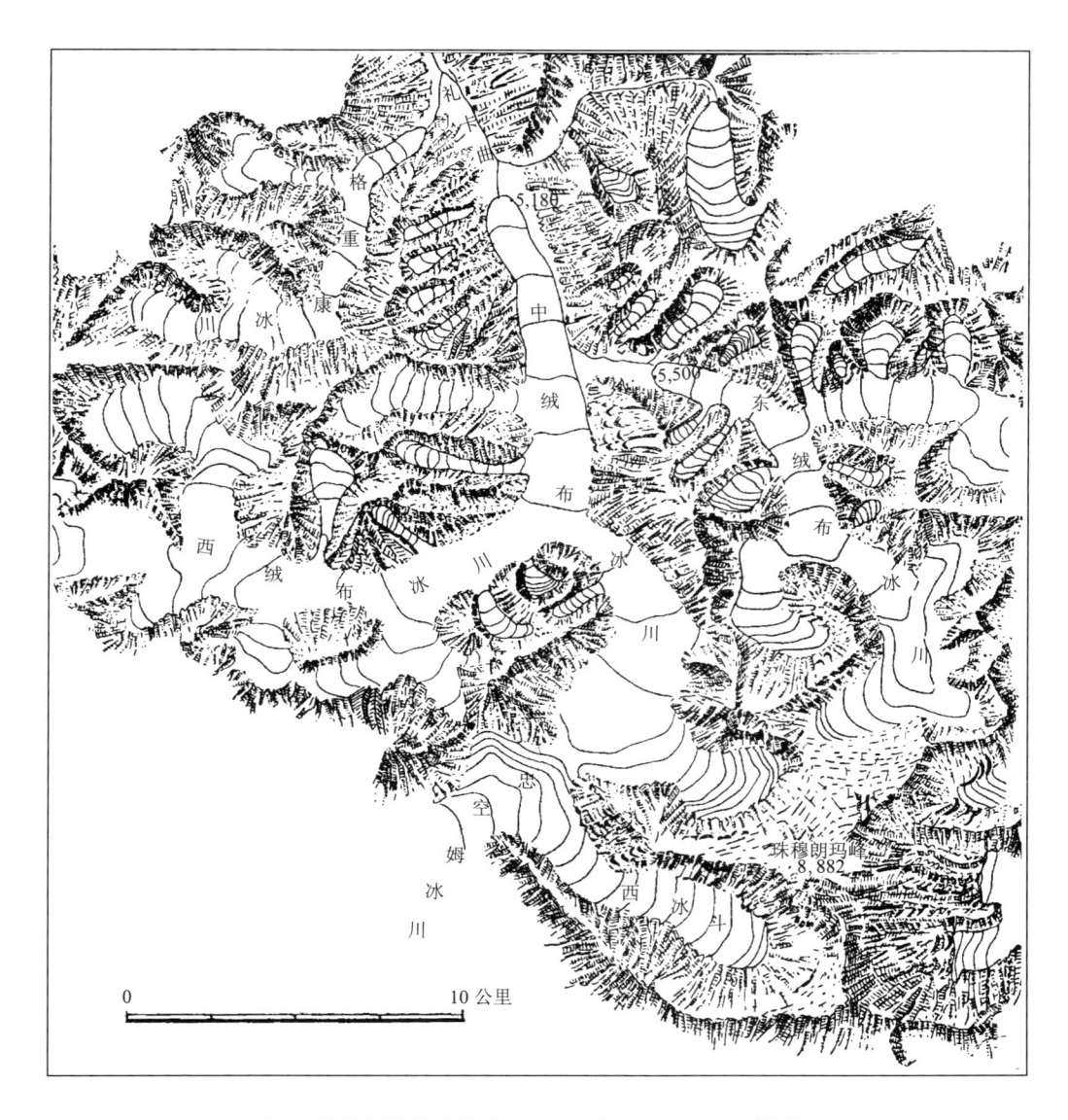

图 3 珠穆朗玛峰北坡绒布冰川（据 N. E. Odell 图修正）

广大的青藏高原内部山地，包括阿陵山、冈底斯山、念青唐古拉山、巴颜喀拉山、阿尼马卿山（即积石山）等，有不少皑皑雪峰，从小比例尺可能有较大误差的地形图上估算，冰川和永久积雪面积达 15,900 平方公里左右[①]。已知拉萨北面的念青唐古拉山，有若干 7,000 米的高峰，唐邦兴（1959）[14]观测到雪线海拔 5,600—5,700 米，冰川长至 5 公里以上，末端海拔 5,300—5,400 米，冰面洁净平缓。唐古拉山在青藏公路穿越处，有成群的宽厚而洁净的围谷冰川与冰斗-山谷冰川，粒雪线在 5,400 米左右，较大的冰川末端降至 4,900—5,200 米。据于 1960 年 6 月 2 日登上阿尼马卿山主峰（7160 米）的北京地质学院登山队报导，在主峰北面及东面有 4 条长 3—7 公里的山谷冰川，宽度为 0.4—1.0 公里[15]。

综上所述，我国现代冰川和永久积雪的总面积约为 44,000 平方公里，各山区冰川厚度，分别按 40 米至 120 米计算，则冰川总储水量约为 23,000 亿立方米。从汗腾格里峰、喀喇昆仑到喜马拉雅的南侧，降水丰沛，山势极高，山体庞大，最有利于冰川的发育，多长大的满布表碛的纵谷冰川。中国天山东段、祁连山、昆仑山以至珠穆朗玛峰和希夏邦马峰北坡的冰川，降水量较少，冰川一般以小型横谷冰川、冰斗冰川为主，长度不超过 20 公里，冰面比较洁净。

三、冰川发育的水热条件

冰川的发育、分布、特征及动态取决于地表水热平衡的条件。一定数量的大气固体降水及低于零度的气温是冰川发育的基本条件。

大气固体降水是冰川的主要补给来源。中国西部高山高原大部分在远离海洋的荒漠地区，山间平原的年降水量仅数十至二百毫米，但昆仑山、祁连山、中国天山及边境上的阿尔泰山等高山带的年降水量，根据少数高山站和冰川上的短期观测记录，一般达 200—1,000 毫米，且绝大部分为固态形式。从冰川下的河谷过渡到冰川表面的降水递增率很大，如祁连山西段北坡老虎沟冰川为 15 毫米/100 米，天山乌鲁木齐河源冰川为 25 毫米/100 米，而在西帕米尔苏联境内的费德钦科冰川区为 33 毫米/100 米[16]。山区降水情况比较复杂，某些冰川区的最大降水带出现在中低山区，而不在高山区，例如喜马拉雅山南坡的印度洋季风降水，主要集中在前山地带，那里年降水可达 4,000—12,000 毫米，而在珠穆朗玛峰南侧尼泊尔境内忠空姆冰川 5,500 米雪线以上，据 A. 洛赫（Roch,1954）从年积累层厚度估算，降水量可能减至 2,100 毫米[17]。

随着空中水分输送方向的差别，中国西部高山冰川上的年降水量分别从西北、西南、东南三个方向，自边缘山区向内部山区递减。阿尔泰山、天山与祁连山西部，在西风环流的影响下，高山降水量自西北向东南减少，汗腾格里峰年降水估计可达 800—1,000 毫米，天山东段一般为 500—700 毫米，而祁连山西北端只有 300 毫米左右。在天山和祁连山，热量较少、居于迎风坡的北坡的冰川占有整个山区冰川数量的 80%，远比南坡为多。需要指出的是天山东段的哈尔雷克山，在局部特殊环流结构的影响下，夏季高空以偏南气流为主，南北坡冰川比较对称发育。帕米尔、喀喇昆仑山和喜马拉雅山的中西段山势极高，对西风气流和印度洋季风的屏障作用特别显著，西帕米尔的费德钦科冰川高度 4,120 米处，1958 年降水达到 1,788 毫米[18]，而董光荣据 1960 年 6,7 月短期观测资料推测，东帕米尔的慕士塔格冰川 4,750 米高处的年降水仅 200—250 毫米。山地内侧降水量的激减，急剧地提高了内侧山地的雪线，削弱了内侧山地冰川的发育规模。太平洋方向来的水汽影响横断山区东部的冰川补给，从冰川邻近谷地内降水记录推测，贡嘎山冰川上的年降水可能达 2,000 毫米左右，迎风坡——东坡——冰川的发育规模，超过了背风坡——西坡。祁连山东段冷龙岭冰川区年降水可能达到 1,000 毫米，南北坡冰川发育亦比较对称。青藏高原内部降水很少，在青藏公路沿线地区，年降水一般为 300—400 毫米。总的看来，中国西部在严酷的大陆性气候下，远比北美、欧洲、中亚山地为干燥（欧洲阿尔卑斯冰川区年降水在 3,000 毫米以上），不利于冰川的发育。

中国冰川区降水的另一特色，是降水集中在暖季，一般 5—9 月的降水量占全年 2/3 以上。这一方面是季风降水的特征，另一方面还因西部巨大的高山高原在夏季是一个热源，促进了对流作用。夏季降雪减少了冰川的消融，影响到成冰过程，这与欧洲、北美山区在海洋性气候条件下由冷季降水补给的冰川，有很大差别。

由于大多数冰川区降水较少，中国西部雪线普遍地高于其他中纬度山地，这样，中国西部冰川的发育便获得很低的温度条件。冰川上气温资料极少，祁连山、天山、慕士塔格等少数冰川表面和末端以下河谷中气温对比观测表明：由于下垫面的变化，从河谷过渡到冰川上温度递减率可大到 1℃/100 米左右。如田云龙计算，祁连山的大雪山北坡冰川为 0.83℃—0.97℃/100 米，谢应钦计算天山博格多北坡为 1.1℃/100 米，董光荣计算慕士塔格西坡冰川为 1℃/100 米，这个数字大于山地一般的垂直递减率。如王中隆等计算天山乌鲁木齐河源冰川区为 1℃/100 米，而从海拔 3,500 米至 850 米的河谷中，夏季最大递减率为 0.77℃/100 米，冬季由于逆温层的存在，几乎不到 0.1℃/100 米。了解到高山地区温度梯度变化情况，就可以根据某些高山站的气象资料（表1），大体推算出该地区粒雪线附近的年平均气温：在中国天山中段约为–10℃，祁连山西段为–13℃，慕士塔格为–15℃，这样的气温比我国以外中纬度其他山地冰川粒雪线附近的气温要低得多（图4），而与极地冰川相似（法兰士约瑟夫地为–14°—–15℃[19]，新地岛–14℃[20]，东西伯利亚松达尔-哈雅塔为–15℃[21]），汗腾格里峰地区、冷龙岭和珠穆朗玛峰北坡，降水较丰，粒雪线所在的年平均气温可能上升至–8°—–10℃。由此看来，中国冰川在降水量较少的条件下，依赖山地突出高度所取得的丰富冷储，是冰川发育的主要因素。

表 1 中国西部某些高山站年降水量及年平均气温

地　区	测　站	海　拔（米）	年降水量（毫米）	年平均温度（℃）	记录年份
中国天山中段	乌鲁木齐河源天山站	3588	436.0	−5.2	1959—62
祁连山西段	大雪山站	4250	167.0	−7.0	1959—61
青藏高原北部	楚马尔河	4780	275.1	−6.5	1956—60
唐古拉山区	温泉	4888	356.9	−4.1	1956—60
青藏高原中部	那曲	4366	371.0	−1.9	1954—60

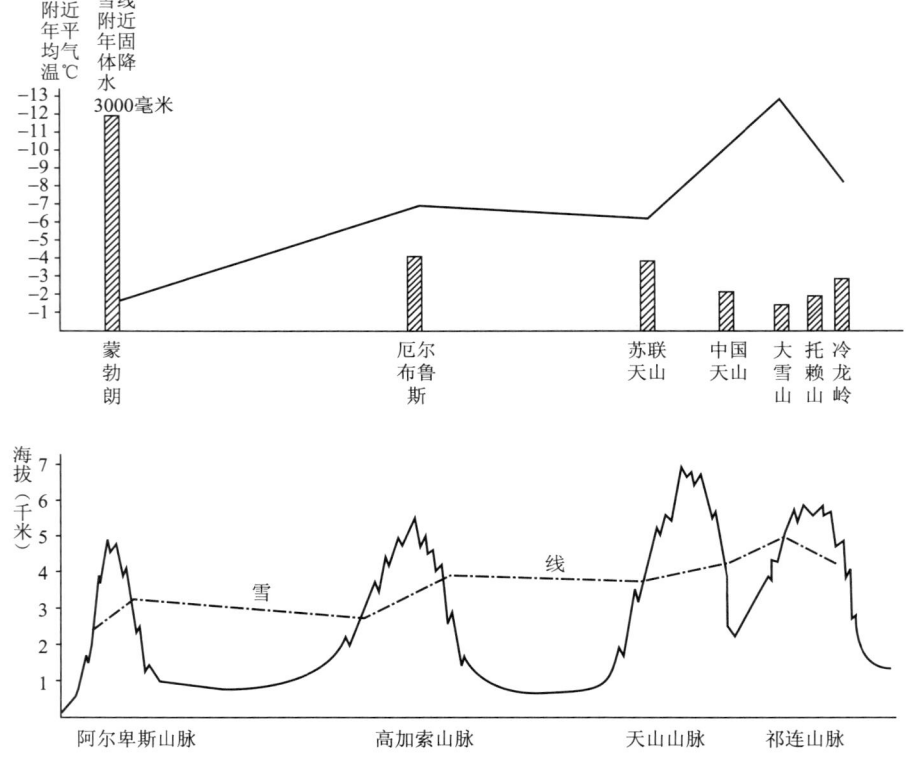

图 4 欧亚中纬度冰川水热特征比较

四、成冰作用

积雪—粒雪—冰川冰的变质作用是一个比较复杂的自然过程，它与水热交换条件有着密切的联系，研究成冰过程是认识冰川发育特征的重要方法之一。

1961—1962 年，我们在乌鲁木齐河源 1 号冰川上对雪层的演变及成冰作用进行了系统的研究，发现在冷变质型雪层中普遍发育着很厚的"深霜"层，最大的厚度达 52 厘米（图 5）；而外伊犁阿拉套中央图尤克苏（Тоюксу）冰川上深霜层最大厚度仅 23 厘米[22]，在祁连山和希夏邦马峰冰川上也普遍见到这种"柱状的""具棱角的"、中轴与冰面垂直的深霜①②③。这种深霜是由雪层中水汽迁移，凝华再结晶而成。

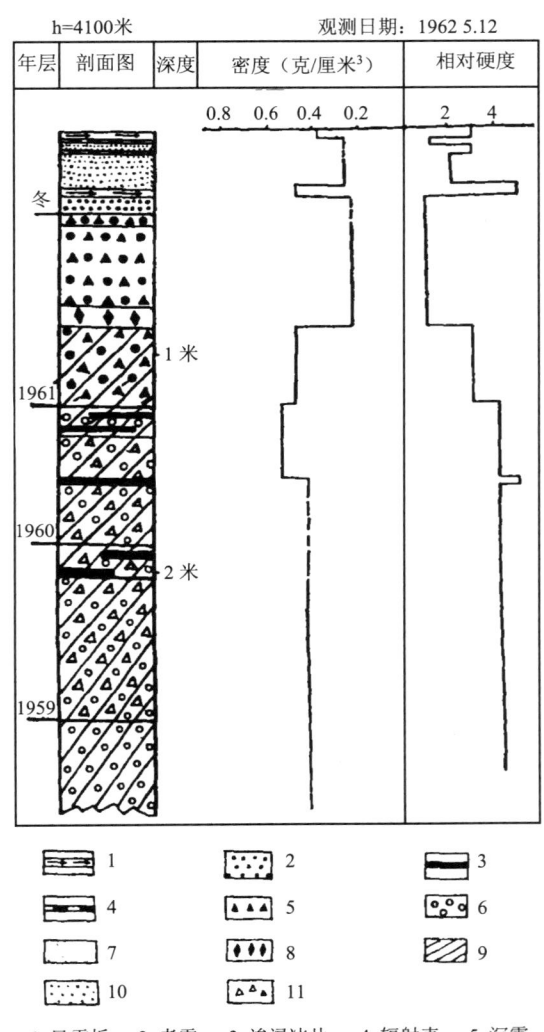

1. 风雪板　2. 老雪　3. 渗浸冰片　4. 辐射壳　5. 沉霜
6. 粒雪　7. 细幼雪　8. 垂直构造深霜　9. 密雪　10. 中幼雪
11. 未发育完全的深霜

高度：4100米，观测日期：1962年5月12日

图 5　乌鲁木齐河源 1 号冰川冷变质型雪层构造

---

① 根据刘泽纯：祁连山的现代冰川。
② 根据任炳辉：野马山老虎沟现代冰川作用。
③ 根据李吉均：疏勒南山西段南坡冰川的初步观察。

成冰过程发生于春季和秋季粒雪层中冷—暖状态交替时期，主要方式为融水下渗-再冻结作用，按融化量多少，渗浸深度、雪层厚度、冷储量的多少以及它们之间的比例关系，我们把乌鲁木齐河源 1 号冰川分出三个成冰带[①]：1）渗浸-冻结带，分布于粒雪线以下[②]（图6）；此带融水除流失外，尚有渗浸至粒雪层底部冰川冰面冻结为"附加冰"（成冰时间1—2年），在夏末粒雪融尽后，附加冰露出，有时会被误认为是消融冰面。渗浸-冻结带为大陆性气候条件下冰川的特征成冰带。2）渗浸带——分布于粒雪线与零消融线之间；融水渗入粒雪层中冻结成冰片，使粒雪层密度提高，3—5 年完成成冰过程，消融强烈时有径流产生，这是 П. А. 舒姆斯基等新近划出的一个新的冰川带[21]（以前被划入冷渗浸带），我们认为这个补充对我国冰川也是适当的。3）冷渗浸-重结晶带——分布于零消融线以上，融水量少，渗浸作用较弱，活动层温度始终低于零度，无径流产生，局部粒雪经过重结晶的成冰作用，成冰时间 5 年以上。我们所见冷渗浸-重结晶带的粒雪层较薄（7—8 米），重结晶作用所占比例不大，与 П. А. 舒姆斯基所规定的粒雪层厚 20—40 米的观念，有所出入，这与中国冰川粒雪区严寒，降雪少的大陆性气候相适应。

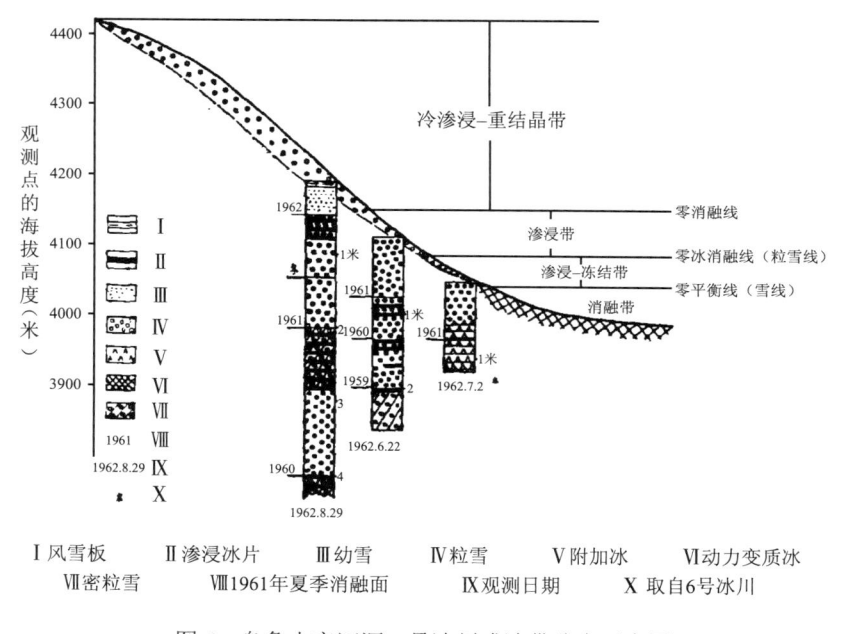

图 6 乌鲁木齐河源 1 号冰川成冰带分布示意图

---

① 冰川带或成冰带的概念是 П. А. 舒姆斯基（Шумский，1955）[23]首次提出，最近（1962）[24]该作者对冰川带的划分法及名称作了一些修改及补充。本文引用修改后的名称。

② 粒雪线是指冰川表面粒雪与冰川冰的分界线，与雪线概念有别，后者为积-消零平衡线[25]。

希夏邦马峰北坡冰川亦存在着上述冰川带。在野博康加勒冰川上渗浸-冻结带分布于自雪线（6,000 米左右）至 6,100 米的高度内，与其相邻的平顶冰川的积累区（6,000—6,169.2 米）则几乎完全属于渗浸-冻结带。野博康加勒冰川 6,100—6,900 米的登山路线上普遍分布着很厚的雪-粒雪层，据登山运动员王鸿保的观察，其最大厚度可达 15—20 米。粒雪层中均含有不同数量及厚度的渗浸冰片，与乌鲁木齐河源 1 号冰川上渗浸带的构造相似，并也有存在冷渗浸-重结晶带的可能。

渗浸-冻结带在中国冰川上的分布是很普遍的。任炳辉在祁连山西段，王宗太在汗腾格里峰地区，董光荣在慕士塔格山以及本文作者在祁连山东段的冷龙岭，昆仑山东段西大滩的冰川上均见有附加冰的广泛存在。

人们在强调渗浸-冻结带对大陆型冰川的意义时，往往忽略了渗浸带及冷渗浸-重结晶带的作用。例如，Г. А. 阿夫秀克（Авсюк，1956）曾认为粒雪对苏联天山冰川的补给意义不大，只有一些高峰上有较厚的粒雪[26]。Л. Д. 道尔古辛（Долгушин，1959）则认为祁连山冰川上积雪在其初步积累期末便几乎完全变质为冰[27]。上述结论与我们在许多冰川上的观察是不一致的，我们认为中国的冰川仍以粒雪的补给为主。最近，许多苏联冰川学者报导，在高加索的厄尔布鲁斯（Эльбрус）、西帕米尔的费德钦科[28]，外贝加尔科达尔山（Кодар）[29]、东西伯利亚的松达尔-哈雅塔山（Сунтар-Хаята）[20]以及苏联天山的中央图尤克苏[30]等冰川上均有厚数米至十数米的粒雪层，成冰年龄 3—5 年以上，可见在亚洲的其他冰川上主要以粒雪补给为特征的渗浸带及冷渗浸-重结晶带仍为分布最广、补给意义最大的冰川带。

冰川雪线以下为消融带①，但在严寒的气候条件下，冰舌区亦有一部分冰面河，冰湖及裂隙中的水冻结成冰层，而非冰川区仍然分布许多常年不化的冰，只是这种冰埋藏在地下，以多年冻土的形式出现。П. А. 舒姆斯基称之为冻结带[23]，亦可看作地下的冰川作用，中国西北及青藏高原冰川渗浸-冻结带以下分布着一个宽阔的多年冻土带，其垂直分布宽度达 500—1000 米以上，远比苏联中亚为宽（苏联天山为 300—500 米[31]）。

在喜马拉雅山、中国天山、祁连山、昆仑山等山区及青藏高原上的河谷中，冬季广泛发育着冰椎，它有时与冰舌相连，与东西伯利亚的松达尔-哈雅塔冰川与冰椎相连发育的特殊景观类似[32]。祁连山西部老虎沟 19 号冰川末端以下有延续 1 公里左右长的多年生冰椎，包含了一个圆丘形的冰岩盘，厚 30 米，面积达 2,900 平方米。

上述中国冰川带之间的相互关系及其内部构造完全符合于 П. А. 舒姆斯基所述的大陆

---

① 消融带——最低的冰川带，即冰舌，消融大于积累。

型冰圈的构造[23]。

关于冷渗浸-重结晶带以上的冰川带的情况，我们的研究还少。据 П. А. 舒姆斯基，在中、低纬地区的高山上，冷渗浸-重结晶带以上还存在着重结晶带①及再冻结-重结晶带②。但是，据攀登希夏邦马峰的登山队员王富洲等自顶峰及海拔 7,700 米处所采集的粒雪标本，以及对冰川表层构造的观测记述看来，在希夏邦马峰顶部粒雪分布广泛，局部地区有冰体出露，并未见有重结晶带或再冻结-重结晶带。这可能与高山上辐射强烈、地形陡峻及风大等因素有关，这个高度的具体成冰过程还有待进一步研究。

至于西藏东南部某些降水最多的冰川的成冰作用，目前实际资料很少，可能存在 П. А. 舒姆斯基所说的暖渗浸-重结晶带[23]③。

五、冰川温度

冰川温度状态是表现冰川发育特征的重要指标。Г. А. 阿夫秀克（1956）按温度状态将世界冰川分为五种基本类型（干极地型、湿极地型、冷湿型、大陆型及海洋型），并与 П. А. 舒姆斯基所划分之成冰带相对应[26]。

中国冰川温度观测资料较少。1959 年参加高山冰雪利用研究队的 Л. Д. 道尔古辛在大雪山老虎沟 20 号冰川及托赖山"七一"冰川上用电阻温度计测定了 5 米及 9.5 米深的钻孔内冰温[33]④，1962 年 6 月，黄茂桓、袁建模用改装了的土壤电阻温度计在乌鲁木齐河源 1 号冰川上进行表面层（4—5 米）冰、雪温度的观测（照片 12），1964 年 4 月，我们在希夏邦马峰北坡野博康加勒冰川冰舌下部（5,650 米）设置了 10 米深的测温钻孔（照片 13）、在冰舌上部（5,830 米）及相邻的平顶冰川雪线附近（5,900 米）分别设置了 5 米深的钻孔，用自制的电阻温度计取得了迄今世界上罕有高度的冰层温度资料。此外，冰川冻土室冻土队取得了一些冻土温度资料也可以利用来估价青藏高原冰川的温度情况。

对比中国冰川温度资料与世界某些冰川的温度（表 2）可以明显看出：中国天山、祁连山等山脉冰川温度比中纬其他冰川要低得多，而与极地冰川近似。消融期的零温层厚度

---

① 重结晶带——气温终年低于零度，雪表面完全不融化，粒雪层很厚（南极达 100 米以上），在很大压力下，完全依赖重结晶作用成冰。
② 再冻结-重结晶带——暖季个别时刻气温可达零度以上，雪表面发生局部融化-再冻结作用，以重结晶成冰作用为主。
③ 暖渗浸-重结晶带——雪多，气温高，融化强烈之渗浸作用深至活动层底部，有径流产生。
④ 根据刘泽纯：祁连山的现代冰川。

在乌鲁木齐河源 1 号冰川为 0.5 米（据黄茂桓、袁建模），慕士塔格切尔干布拉克冰川上为 0.2—0.3 米（据董光荣），而苏联天山一般为 1 米[41]。由此可见，中国西北部高山冰川温度比苏联中亚冰川表现出更加强烈的大陆型特征，但喜马拉雅山北坡冰川温度则与后者相近（图 7）：

粒雪层的温度与冰温差别很大，乌鲁木齐河源 1 号冰川粒雪层夏季温度完全为零度，应属于冷湿型（Г. А. 阿夫秀克对中亚冰川并未作此划分），可见在较小的冰川上，冰温状态亦与成冰作用一样，存在着明显的分带性。

六、冰川的运动及构造

冰川运动是冰川发育过程中的重要环节，它将冰川的两部分——积累区和消融区联系起来，在运动过程中冰川对地壳进行刨蚀、搬运和堆积作用，长期以来冰川运动一直是冰川学研究的中心课题之一。

表 2　中国与世界某些冰川温度对比

地区	冰川或地区	测温部位	冰川温度（℃）	测温深度（米）	资料来源
南极洲	边缘	雪表面	−10.0	0	参考文献[34]
法兰士约瑟夫地	热克松（Джексон）	粒雪层	−3.0	15	[35]
	楚尔梁尼斯（Чурлянис）	冰	−9.6	15	[35]
新地岛	绍卡尔斯基（Шокальский）	粒雪层	0.0	20	[36]
极地乌拉尔	苏联地理研究所冰川	冰	−1.4	27	[37]
		冰	−1.7	10	[37]
东西伯利亚	松达尔-哈雅塔 31 号冰川	冰舌	−9.0	15	[36]
阿尔卑斯	一般冰川	冰	0.0	15	[38]
高加索	厄尔布鲁斯（Эльбрус）	冰	−2.0	2	[39]
		冰	−9.3	3	[39]

续表

地区	冰川或地区	测温部位	冰川温度（℃）	测温深度（米）	资料来源
阿尔泰	阿克特鲁冰川（Актру）	冰舌（2,200 米）	-0.4	15	[40]
		雪线附近（3,000 米）	-4.5	15	[40]
且尔斯基阿拉套	卡拉巴特卡克冰川	冰舌	-1.5— -1.6	15	[41]
外伊犁阿拉套	中央图尤克苏冰川	冰舌	-3.0	15	[42]
中国天山	乌鲁木齐河源 1 号冰川	冰舌（3,830 米）	-5.6	4	黄茂桓、袁建模 1962 年 6 月
祁连山	老虎沟 20 号冰川	冰舌（4,600 米）	-10.0	5	1959 年 6 月 [33]1)
	托赖山 "七一" 冰川	冰舌（4,500 米）	-8.5	9	1959 年 6 月 [33]1)
喜马拉雅山	希夏邦马峰北坡 野博康加勒冰川	冰舌下部（5,650 米）	-4.0	10	谢自楚、季子修、黄茂桓 1964 年 4 月 20 日
		冰舌上部（5,830 米）	-8.6	5	1964 年 5 月 1 日
	希夏邦马峰北坡 拉克多拉 7 号冰川（平顶冰川）	零线附近（5,900 米）	-9.5	5	1964 年 4 月 21 日
昆仑山	青藏公路附近	冻土（4,800 米）	-4.0 -5.0	10	[43]
青藏高原	风火山垭口	冻土（4,800—4,900 米）	-3.5 -4.0	6—12	[43]
唐古拉山	青藏公路附近	冻土（4,900 米）	-3.0 -2.0	6—12	[43]

1）根据刘泽纯：祁连山的现代冰川。

中国冰川运动观测开始较晚，目前已取得了一些表面流速资料，如老虎沟 20 号冰川及乌鲁木齐河源 1 号冰川有 3 年以上的系统观测，祁连山七一冰川有间隔一年的观测，此外，还有若干短期观测记录（表 3）。根据这些资料可以看出，长度在 10 公里以内的冰川年流速一般不超过 30 米，珠穆朗玛峰北坡长达 15 公里的中绒布冰川年速亦仅 35 米左右。和中纬度其他冰川区比较，阿尔卑斯山较大冰川年速在 30—150 米间[4]，西帕米尔的费德钦科冰川为 600 米[4]，而我国的冰川流速就显得很小，这与我国冰川积累少、规模小、冰层薄、温度低等特征有关。

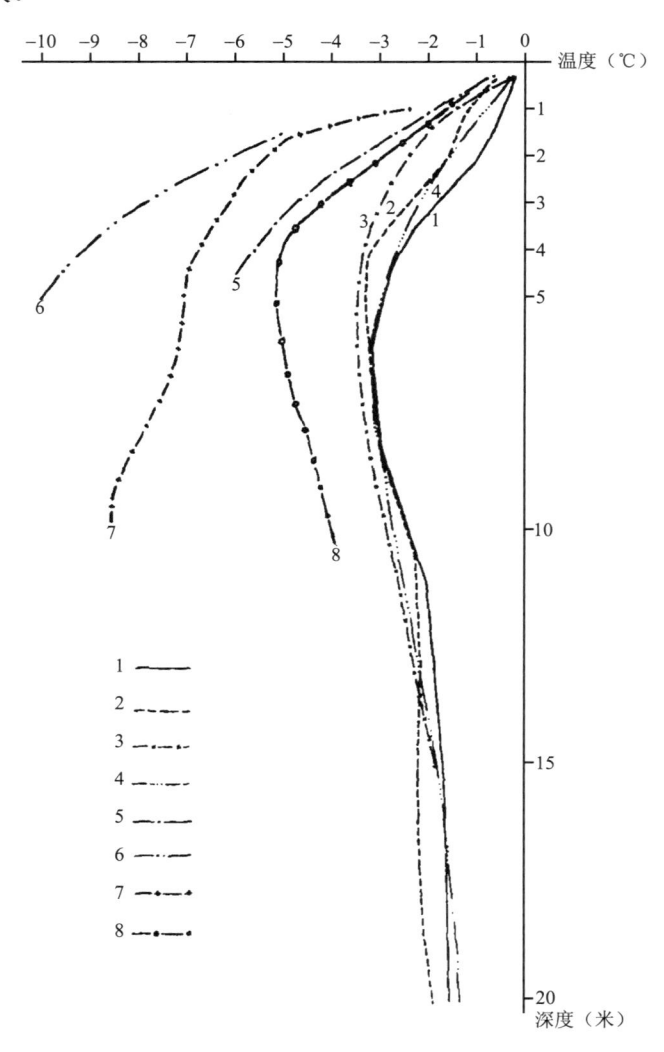

1. 苏联天山且尔斯基阿拉套山的卡拉巴持卡克冰川（1949年6月30日）
2. 同上（1950年6月30日） 3. 苏联天山外伊犁阿拉套山的图尤克苏冰川（1959年6月） 4. 同上（1959年7月） 5. 中国天山乌鲁木齐河源1号冰川（1962年6月30日） 6. 祁连山西段大雪山老虎沟20号冰川（1959年6月30日） 7. 祁连山中段托赖山七一冰川（1959年7月17—18日） 8. 喜马拉雅山希夏邦马峰北坡野博康加勒冰川（1964年4月19日）

图 7 喜马拉雅山（北坡）、苏联天山、中国天山和祁连山冰川温度比较

任炳辉分析老虎沟20号冰川表面流速在空间及时间上的变化符合山岳冰川的一般规律：在横剖面上，轴线部分流速大，两侧小，在纵剖面上由冰舌前端的14.45米/年增至粒雪盆附近的36米/年（图8）；夏季流速大于冬季（7月份为12.1厘米/日，1月份为6.35厘米/年）5月份流速接近年平均值。

表3 中国某些冰川运动速度观测资料*

山系	山脉	冰川名称	形态类型	长度（公里）	观测部位	观测时间	日平均流速（厘米）	年流速（米）
祁连山	大雪山	老虎沟20号	山谷冰川	9.8	冰舌平均	1959—1961年		26
	托赖山	七一冰川	冰斗-山谷冰川	3.5	冰舌上段	1958年7月—1959年7月		16
	疏勒南山	大黑刺沟	山谷冰川	6.2	冰舌中段	1958年9月3日—9月5日	4.0	(14.6)
	冷龙岭	大东沟4号	冰斗-山谷冰川	3.8	冰舌上段	1958年9月4日—9月10日	6.3	(23)
天山	喀拉乌成山	乌鲁木齐河源1号	冰斗-山谷冰川	2.4	冰舌前端	1959年9月—1962年9月		7
	哈尔雷克山	哈那它不底	山谷冰川	5.5	冰舌下段	1960年6月27日—7月31日	5.6—7.4	
	博格多山	白杨河1号至4号	山谷冰川	最长7.0	冰舌下段平均	1959年7月29日—8月4日	7.0—8.2	
		博格多果勒1号	大冰斗冰川		冰舌下段	1959年6月	9.1	
	阔克帖克套山	查可乌尔斯台	冰斗冰川		冰舌中下段	1959年7月20日—7月26日	2.3	
	汗腾格里峰	卡拉格玉勒	山谷冰川	34.0	冰舌中段	1959年6月—8月	0.86—2.58	
昆仑山	慕士塔格	切尔干布拉克	山谷冰川	13.0	冰舌平均	1960年夏	10.3	(20—26)
		苏木卡尔	山谷冰川		冰舌中央	1960年6月21日—7月21日	14.5	
喜马拉雅山	珠穆朗玛峰	中绒布	山谷冰川	15.0	冰舌中部5550米	1959年3月29日—5月8日	9.5	(34.7)
		东绒布	山谷冰川	13.0	冰舌下部	1924年10天记录	7.62	

*资料来源：珠穆朗玛峰中绒布冰川流速资料据中国珠穆朗玛登山队资料计算，东绒布冰川流速据N. E. Odell[4]报告折算，其余均为中国科学院高山冰雪利用研究队资料，其中博格多山白杨河冰川日平均流速作了重算，括弧内为从日速估计的年速。

  流速缓慢反映了中国冰川厚度较小，依据拉加里公式用年速推算冰川厚度，"七一"冰川最厚处为130米，老虎沟20号冰川最厚处为140—150米[①]。这个厚度和世界上最大山岳冰川——费德钦科冰川的最大厚度达900米[16]的数值比较，就大为逊色。

---

① 根据刘泽纯：祁连山的现代冰川。

冰川运动速度缓慢加上体积较小，必然使中国冰川的地质地貌作用（侵蚀—搬运—堆积）亦较中纬度其他冰川区为弱。

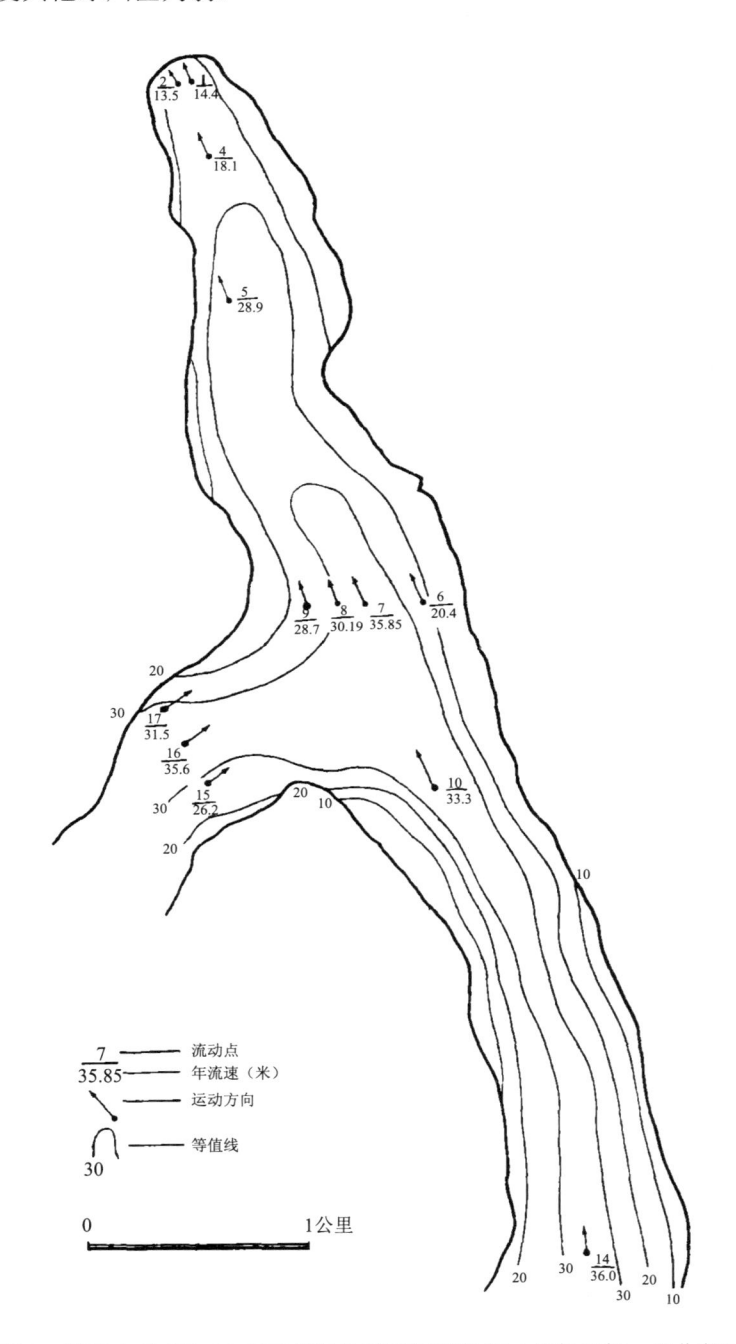

图 8　祁连山老虎沟 20 号冰川运动速度等值线图（据任炳辉、孙作哲）

在运动过程中，冰晶体发生深刻的动力变质作用。对乌鲁木齐河源 1 号冰川冰结构的研究（黄茂桓、谢自楚、米·艾里）表明：冰川冰晶体尺寸自上游 4,060 米处平均体积为 0.0217 立方厘米，向下游增大，至 3,825 米处增至 3.26 立方厘米，冰晶轮廓逐渐复杂化（曲率系数由 1.93 增至 2.39），冰晶长轴逐渐接近运动方向，气泡亦沿运动面排列。П. А. 舒姆斯基[46]（1961）从南极研究中指出冰川冰应变的六个机制①，在乌鲁木齐河源 1 号冰川上均可见到。上述冰晶尺寸及形态的变化主要是由冰川的塑性流动引起的，由于冰川冰运动慢、年龄老，第二、第三机制占绝对优势，使冰晶尺寸得以充分生长，在冰舌前端发现的最大冰晶截面积达 111.41 平方厘米，约重 630 克，这样大的冰晶为世界其他高山冰川所罕见。

希夏邦马峰北坡野博康加勒冰川消融区冰塔中绝大部分为白色的变质冰，据黄茂桓观察冰晶平均面积为 2.7 平方厘米。其中夹有宽数厘米至 20 厘米气泡很少的"蓝带"，其冰晶平均面积亦为 2.7 平方厘米，但附近紧靠的蓝带白色冰晶尺寸较小，一种仅 0.2 平方厘米，另一种平均为 0.8 平方厘米。与其他地区"冷性"冰川的蓝带特征相似[23]。

冰川在运动过程中，发生复杂的变形，在许多冰川上均见有各种复杂的剪切、断裂、褶皱、逆掩断层等。由冰川块状滑动及塑性流动所引起的构造形态，在慕士塔格、珠穆朗玛、希夏邦马等较大的山谷冰川中更为普遍（照片14、15）。祁连山的"七一"冰川则有很美丽的倒转褶皱（照片16）。

七、冰川的热量平衡与消融

冰川消融的热量主要来源于太阳辐射及冰川与大气之间的交换热。在 1958—1961 年间，对祁连山、天山、慕士塔格、珠穆朗玛峰等地冰川的辐射和热量状态，陆续有些片断的观测分析。1962 年对乌鲁木齐河源 1 号冰川夏季消融期辐射和热量平衡进行了较系统的观测（照片 17）。

随着冰川所在纬度的降低、高度及干燥程度的增加，中国冰川热量收入各成分中，太阳辐射热居主要地位，乱流交换热相应减弱，凝结潜热无足轻重；热量支出各成分中，蒸发耗热较多，相对地削弱了冰川消融。慕士塔格冰川可能是这方面的极端性代表。据曾明

---

① 按 П. А. 舒姆斯基：第一机制——与冰晶基面平行的慢剪引起纯粘性流动，结构不发生变化；第二机制——多晶集合体在小于 1 公斤/厘米² 的剪应力作用下发生缓慢流动，生成定向排列的中粒晶体；较快流动时为第三机制；当压力继续增加，引起晶体碎裂等变形（第四机制）；当剪应力很大而正压力小时，冰中产生断裂-滑动（第五机制）；在很大的正压力及剪应力及相当高的温度下，发生融化-再冻结作用（第六机制）并产生"蓝带"详见参考文献[46]。

煊等对 1960 年 6—7 月在该地海拔 4,765 米处冰舌上的观测资料计算，冰川的热量收入中，辐射热占 92.1%（263.9 卡/厘米^2·日），乱流交换热仅占 7.9%（22.6 卡/厘米^2·日），推测 5,100 米以上，太阳辐射可能成为冰川唯一的热量收入，辐射热比例之大为一般高山冰川所罕见，只有喀喇昆仑山西端的却哥朗玛（Chogo-Lungma）冰川可以比拟，该冰川 4,000 米高处冰舌上，1955 年 6 月中 21 天的消融期观测到辐射热占 92.8%，达到 390 卡/厘米^2·日[47]。关于中国天山乌鲁木齐河源 1 号冰川的热量收入情况，白重瑗、谢维荣等根据 1962 年 6—8 月有选择的 15 天热量组成的计算和分析结果得出：15 天内每平方厘米的总热量是 5,204 卡，其中辐射供热占 84.4%，乱流交换热占 10.3%，凝结热占 5.3%。中国天山冰川上辐射热的比例比苏联天山为高［准噶尔阿拉套格拉西莫夫（лед. Грасимов）冰川 1957 年消融期辐射热占 57%，阿巴依（лед. Абай）冰川 1956 年为 74%[48]］。珠穆朗玛峰海拔 5,500 米处最大辐射强度达 1.80 卡/厘米^2·分，绒布寺（5,000 米）年总辐射值达 220.6 千卡/厘米^2，亦比中纬度其他冰川为大（高加索厄尔布鲁斯峰海拔 5,300 米处测得最大辐射强度 1.74 卡/厘米^2·分[49]，费德钦科冰川海拔 4,900 米年总幅射值为 200 千卡/厘米^2[16]。）由于低纬度极高山上的强烈辐射，配合着冰川上的冰层褶皱、裂隙以及零散冰碛、融水侵蚀等条件，珠穆朗玛峰北坡、希夏邦马峰北坡冰舌部分，发育着奇特美丽的冰塔林，大的冰塔相对高达 20—50 米（照片 18、19）。

冰川的热量支出，可分为融化和蒸发。慕士塔格冰川消融耗热中融化占 58.5%，蒸发占 41.5%。乌鲁木齐河 1 号冰川分别为 85.3% 及 14.7%，谢维荣等利用有机玻璃蒸发皿 1962 年 7 月于乌鲁木齐河源 1 号冰川进行试验观测得日总蒸发量 0.65—0.90 毫米，这些资料与苏联天山冰川的观测结果有很大的区别。如 В. Л. 舒里茨（Шулъц，1956）认为中亚冰川上蒸发往往小于凝结，在热量支出中可以忽略不计[50]。П. А. 切尔卡索夫（Черкасов）计算准噶尔阿拉套冰川蒸发量为 0.05—0.09 毫米/日[48]。Г. А. 阿夫秀克计算且尔斯喀依阿拉套冰川上最大蒸发量为 0.116 毫米/日[51]。中国干燥区冰川蒸发强烈，耗热大，相对地减少了冰川融化量，这是中国干燥区冰川发育的一个重要因素。

在消融类型中，中国大部地区冰川可称为典型的辐射型。这一特征表明用人工污化冰川，改变冰雪面的反照率，增加吸取辐射，促进冰川消融的方面有着发展的可能性。另外，有鉴于蒸发在消融耗热中比重较大，人工抑制蒸发，也可能是促进冰川消融的一条途径。

中国大部分冰川由于海拔高、温度低等关系，消融量较小，并限于夏季，冰舌前端最大消融深度一般相当于 1,500—2,500 毫米水柱（表 4）。汗腾格里峰地区的土耳克斯坦型山谷冰川的消融量较大，可达 3,000 毫米以上，冬季亦不断流。

表 4　中国某些冰川的消融观测资料

山脉	冰　　川	观　测　日　期	观测部位（海拔米）	消融量（毫米）	日平均消融（毫米）	年消融量（毫米）
天山	卡拉格玉勒	1959年7月12日—20日	前端（3320）	263	33	（>3000）
	木扎尔特	1960年7月	中部（3300）	164	52.8	（>3000）
	阿格牙孜	1960年7月下旬	前端（3240）中部（3580）		47.4 19	（>3000）
	乌鲁木齐河1号	1959—1960年 1960—1961年 1961—1962年	前端（3800）前端 前端			2852 2217 2772
	博格多山四工河3号	1961年7月1日—8月7日	前端（3010）	792	22.6	（2000）
	哈拉它不底	1960年5月4日—8月9日 1961年6月20日—8月6日	前端（3450）前端（3450）	1700 750		（2500）（1500）
祁连山	老虎沟20号	1959年 1960年 1961年	中部（4600）中部			1094 1400 985
	托赖山"七一"	1958—1959年	冰舌（4100—4500）			985
	冷龙岭大东沟4号	1959年5—7月	前端（4100）	1003.5		
昆仑山	切尔干布拉克	1960年6月6日—7月30日	下部（4750）	890.2	16.2	（1500）
	戈伦陀	1956年8月11日—19日	下部（4300）	460		
	公格尔可克席尔	1956年8月8日—18日	下部（4400）	400		
	西大滩煤矿冰川	1961年7月20日—22日	前端（4710）	108		
喜马拉雅山北坡	中绒布	1959年7月3日—20日	前端（5350）	304		

戈伦陀冰川、公格尔可克席尔冰川消融据 E. A. 列别茨基[52]；中绒布冰川消融量据中国珠穆朗玛峰登山队，科学考察队资料，余均据中国科学院高山冰雪利用研究队。

П. A. 舒姆斯基（1947）提出：把雪线附近积累与消融对高度的增量之和，称为冰川作用能（E），以毫米/米表示。冰川作用能的大小指明了冰川的活动能力及冰川参与水分循环的强度[53]。

依冰川的消融资料，利用 П. О. 谢格洛娃（Ceroлова，1952）公式[54]可以求出某些冰川的冰川作用能，对比中国冰川与世界某些冰川作用能（表 5）可以看出：中国西北山区冰川作用能较海洋性气候条件下的阿尔卑斯冰川为小，而近似于极地冰川。如慕士塔格冰川作用能仅 1.8 毫米/米，与北极斯皮次伯根岛冰川近似。这说明中国大多数冰川的活动性较小，其地质-地貌作用亦较弱。

表 5 中国冰川与世界某些冰川的"作用能"比较

地 区	冰 川	冰川作用能（毫米/米）	资 料 来 源
冰岛	根斯-贝依	3.25	参考文献［53］
斯皮次伯根	6月14号冰川	1.9	同上
法兰士约瑟夫地		0.6—0.7	同上
斯堪的纳维亚	瓦特南奥库尔	6.5—7.5	同上
新地岛		7.9	文献［55］
东西伯利亚	松达尔-哈雅塔31号冰川	5	文献［21］
格陵兰南部		3	文献［53］
北美卡斯卡特	南卡斯卡特	14	文献［56］
阿尔卑斯		12—16	文献［53］
苏联中亚		4—24.7	文献［53］
中国天山	阿格牙孜	7.8	据许世远
	乌香木齐河源1号	6.7	作者
	哈那它不底	5.8	作者
祁连山	老虎沟20号	2.7	作者
	托赖山"七一"冰川	3.0	作者
	冷龙岭	5.0	作者
昆仑山	慕士塔格	1.8	据董光荣
	西大滩煤矿冰川	3.4	作者

八、冰川的物质平衡与进退变化

所有中国各地区的冰川考察人员，都发现冰川处于衰退状态，不能不引起人们对于水源变少，气候变干的忧虑。但冰川的进退波动情况，是很复杂的，简单地从冰川附近地貌形态和冰舌末端的消融强度去推断冰川衰退速度，往往导致不正确的结论。为了解决这个问题，必须深入进行冰川物质平衡的研究。

以前一些人关于冰川物质平衡的计算，往往对积累量计算偏低，使冰川的负平衡值偏高。1962年，我们对观测资料比较完整的乌鲁木齐河源1号冰川，测绘了精度较高的1：10,000地形图，重新进行物质平衡的计算，其结果表明，负平衡值比以往估计要小得多。该冰川在自1959年9月至1962年9月平均每年积累收入水量121万立方米，消融支出为146.2万立方米，纯亏损水量25.2万立方米，折合水层厚度为129毫米。每年纯亏损量约占冰川储水量的 0.3%。上述计算的定性观念，大体可以应用于天山中东段、祁连山中西段，昆仑山与青藏高原上广大的内部山区。关于珠穆朗玛峰北坡绒布冰川的物质平衡，中国珠穆朗玛峰登山队科学考察队水文组计算得负平衡值为 570 毫米，以此预卜该冰川只有 200—500 多年的寿命。计算中的冰川积累量以冰川末端以下的绒布寺（5,000 米）的降水量（1959 年 4 月至 1960 年 3 月为 323 毫米）为准，显然偏小得多。珠峰高处降水根据南坡尼泊尔境内忠空姆冰川年积累量推算，远大于绒布寺降水，则冰川的负平衡值将相对地大为减小。

与其他中纬度高山冰川比较，中国冰川的负平衡值是很小的（图 9），表明中国冰川具有较大的稳定性，衰退速度不大。

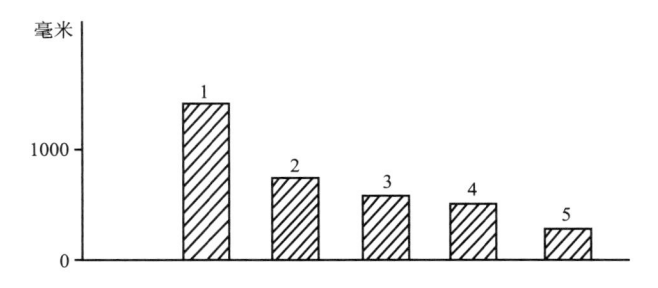

1. 美国南卡斯卡特冰川（1957—1960 年）　2. 阿尔卑斯山系德列斯弗尔聂尔冰川（1952—1961 年）　3. 阿尔泰山、阿克特鲁冰川（1957—1959 年）　4. 苏联天山中央图尤克苏冰川（1958—1959 年）　5. 中国天山乌鲁木齐河源 1 号冰川（1959—1962 年）

图 9　中纬度某些冰川物质平衡比较

冰川的物质平衡具有明显的波动性，乌鲁木齐河源 1 号冰川 1959—1962 三个水文年度物质平衡量分别为 –188、–33、–167 毫米，1960—1961 年度最小仅为 3 年平均值的 26%。

由于我国现代冰川研究开展较晚，依靠重复观察直接取得的冰川进退资料很少。1956 年中苏混合登山队标定了慕士塔格山区若干冰川的末端位置，1960 年科学院冰雪队前往观测比较，发现各冰川以每年 1.7—3.7 米的速度退缩。在 1921 年英国探险队测制的 1：100,000 珠穆朗玛峰北坡地图上[57]，东绒布冰川末端距中绒布冰川约 1930 米，1959 年中国登山队再往勘测时，两冰川间距增长至 2500 米，据此推算平均每年东绒布冰川后退速度为 14 米。汗腾格里峰地区的木扎特冰川，根据当地群众记忆的位置，冰雪队测定 1909—1959 年内退缩 750 米，即每年 15 米。一千年前杜环记述上下木扎特冰川的里程为"50 里许"[1]，而目前不足 30 里，可能说明这条冰川已缩短了 10 公里以上。郑本兴根据 1930（袁复礼），1959（朱景郊）和 1962 年对天山博格多峰北坡大冰斗冰川测图资料，计算该冰川主流冰舌以每年 0.9 米（1930—1959）与 1.6 米（1959—1962）速度后退。综上所述，我们认为，从降水丰富、冰川末端位置低的边缘山地到干燥而冰川末端位置高的内部山地，冰川的衰退程度逐渐趋于缓和。

冰舌外围的终碛和侧碛，可作为冰川进退波动的标志，从阿尔泰山、天山、祁连山、西昆仑山直到珠穆朗玛峰和西藏东南的阿塔冰川，在较典型的情况下，有 3 道弧状突出的新鲜终碛和侧碛。在西北较干燥高寒气候条件下，这些终碛或侧碛上岩块松动、崎岖，没有或很少植物生长；在西南比较湿热的气候条件下，冰川下垂至森林带，新终碛已繁生幼林。阿尔卑斯[58]、苏联阿尔泰山[59]等有相似的三道终碛，产生于 17—19 世纪上半期的小冰期，它们代表 80—90 年左右周期的气候波动。由于 17—19 世纪小冰期的冰川前进在欧亚大陆与北美具有普遍性，因此，我们可以较有根据地推断中国冰川的 3 道新终碛亦为 17—19 世纪小冰期的产物。

从最外围一道新冰碛形成时至今，除汗腾格里峰地区外，祁连山、中国天山较大冰川的末端一般缩短了 200—1,200 米，冰舌表面较侧碛低了（即变薄了）20—40 米。变动的幅度从冷龙岭和玛纳斯河源等降水较多的边缘山区向中国天山东端和祁连山西端减少。

与中纬度其他冰川区比较，中国内部山区冰川的退缩量要逊色得多。例如阿尔卑斯冰川自 1870 年以来，已失去 36%的面积，较大冰川缩短了 1 公里以上（Vernagtferner 冰川 19 世纪最大，至今缩短 3.5 公里）[44]。高加索冰川总面积在 1950—1959 年间即缩去 10%[60]，冰川缩短了 1 公里以上［厄尔布鲁斯大阿扎乌（Ъ. Азау）冰川自 1857—1957 年共缩短 2,184 米[60]］，而中国乌鲁木齐河源 1 号冰川从外终碛形成时至今（约 300 年）面积缩小 21.5%，自内终碛形成时至今（约 100 年）面积缩小 12.1%。祁连山的"七一"冰川、老虎沟 20 号冰川从新冰碛（未分化）形成至今，面积减少不到 1%。由此可见，中国内部冰川的波动幅度很小，表现出较大的稳定性（照片 20）。

由以上的分析中，我们认为，中国西北地区冰川是比较稳定的，不会在近数百年以致数十年内发生大量消亡，随着气候向冷湿方向变化，冰川还具有继续发展、前进的可能性。

九、中国现代冰川的区划

在分析了中国现代冰川的基本特征之后，可以对其区划问题进行初步探讨。

目前存在着不同的区划原则。许多人（И. В. Бут，1961[61]，В. С. Преображенеский，1961[62]，Л. Д. Долгушин，1961 等）[33]按大气环流、水气来源等气候因素进行区划。G. 阿尔曼（Ahlman）、П. А. 舒姆斯基（1955）、Г. А. 阿夫秀克（1956）则按冰川本身的物理性质进行分类及区划。后两者分别按成冰作用及冰川温度状态将中纬度冰川分为两个基本类型：暖渗浸或海洋型和渗浸-冻结或大陆型[23,26]。П. А. 舒姆斯基在更早些时候（1947）

便阐述了在海洋性及大陆性气候条件下，冰川的性质有很大的区别[53]。冰川的成冰作用，温度类型以及其他一系列物理性质及过程都取决于它与外界物质与热量交换的条件及状态。海洋型冰川分布于受海洋湿润气流影响的地区，雪线低，气温高，冰川主要依据极丰富的降水所提供的物质条件而生存，以暖渗浸带为其特征成冰类型，冰川作用能大，运动速度快，消融强烈，冰川温度高（接近融点），进退幅度大、波动次数多，地质-地貌作用强烈，水分循环速度大，冰川作用活跃。大陆型冰川分布于气候干燥的大陆内部，雪线高，气温低，冰川主要依赖极低温度所提供的冷储条件而生存；以渗浸-冻结带为其特征成冰类型，冰川作用能小，运动速度慢，消融较微弱，冰川温度低（恒为负温），进退幅度小、波动次数少，地质-地貌作用较微弱，水分循环速度小，冰川作用不活跃。

从上文中国现代冰川发育的水热条件及特征的分析中，不难看出：中国现代冰川基本上为大陆型，其范围北起阿尔泰山奎屯峰，南至珠穆朗玛峰和希夏邦马峰的北坡，西自帕米尔，东到冷龙岭和阿尼马卿山，在这样广大地区内，冰川具有物质补给少（降水不超过1,000毫米），温度低（雪绒附近的年平均温度低于–8℃），消融弱等一系列大陆型冰川的特征。唯有西藏东南部山区的某些冰川可能属于海洋型，例如纬度与珠穆朗玛峰相近的阿塔冰川，在印度洋季风强烈影响之下，冰川末端下垂至2,500米左右，较珠峰南坡尼泊尔境内最大的忠空姆冰川还低1,400米，与阿尔泰山最大冰川末端相仿，可见其补给量的异常丰富和雪线附近温度之高。西藏东南部波密地区气候亦很湿润，河谷中及两侧山坡上生长着茂密的原始针叶林，我们在1964年观测，雪线下降至4,500—5,000米，雪崩作用极为活跃，冰舌末端下降至3,700—4,000米。冰川的规模虽不大，但却十分活跃，消融量很大，加上地形、沉积物等其他条件的配合，常引起大规模的泥石流。该区冰川主要靠雪崩补给，降水量亦很丰富，在波斗藏布北岸古乡冰川冰舌下部六月底尚有1.5—2.0米厚之粒雪，裂隙中10米深以内温度接近0℃，而裂隙底部则充满着融水，这些现象与阿尔卑斯的冰川相似，可见，在我国也确实存在着海洋型冰川。

如前所述，中国内部山地冰川与苏联中亚山地冰川相比，具有更加突出的大陆型特征，而边缘山脉冰川特征则与后者近似，因此，有必要将它们加以区别。李吉均将中国西部（主要是内陆）冰川称为"大陆性冷型冰川"[63]，崔之久称其为"大陆型干燥气候下的高位山地冰川"[64]，也有一些同志（郑本兴、许世远）曾将祁连山及中国天山东西两段冰川分别分为干燥的大陆型及湿润的大陆型两种。我们认为将中国内部冰川称为极大陆型冰川更为恰当。而苏联中亚及中国西部边缘山脉冰川（除上述属于海洋型的冰川外）称为亚大陆型，前者才是真正典型的大陆型冰川，而后者为海洋型与典型的大陆型冰川之间的过渡类型。

中国的极大陆型冰川分布于祁连山中、西段，中国天山中、东段，昆仑山及青藏高原中部、北部，范围广大。祁连山西段（大雪山），西昆仑山（慕士塔格-公格尔山）冰川上降水在 300 毫米左右，雪线附近年平均气温为–13——15℃与极地冰川近似，为极大陆型冰川的代表。亚大陆型冰川分布于中国天山西段（汗腾格里峰地区），祁连山东段（冷龙岭），阿尔泰山等处，冰川区降水量达 800—1,000 毫米，雪线附近的年平均气温大致为–8℃左右，青藏高原南部的冰川（唐古拉以南）以至珠穆朗玛峰和希夏邦马峰北坡的冰川，由于纬度降低，温度升高，降水增加、大陆型特征有所削弱，亦宜划入亚大陆型。

在一个山系以内的冰川区划，则山势条件和冰川分布型式具有更重要的意义。例如 Б. A. 费多洛维奇把中国天山冰川划出山汇冰川类型，狭窄高山的冰川类型、平顶山的冰川类型[65]。郑本兴对于祁连山冰川作了较细致的形态分区。关于冰川区划的研究，目前尚在开始阶段，有待进一步的积累资料，深入探讨。

从现代冰川特征可以推论冰川在国民经济中的作用和利用问题：

（1）干旱区大陆型冰川在暖季消融，补给河流，成为灌溉的重要水源，补给量较稳定、在干旱年多供水，湿润年少供水，具有高山固体水库的作用。冰川对河流的补给比重，随着气候上干燥程度与山势高度的增加而增加。

（2）极大陆型冰川冰面较洁净，消融热源 80% 以上来自太阳辐射，冰川以下河床中冰锥发育，有利于以人工黑化冰雪面，促进消融，增加灌溉水量措施的推行。抑制蒸发也可能是人工促进消融的一条途径。但是，冰川所在海拔高、温度低与冰川地区交通的极度不便，则是人工调节冰川消融措施推广的主要障碍。

（3）海洋型冰川（西藏东南部）的大量降水与剧烈消融，产生破坏性的泥石流与雪崩，对交通和农业有一定程度的危害，应加强观测，找出预测和防治方法。

（收稿日期：初稿 1963 年 7 月，修正稿 1964 年 7 月）

参考文献

[1] 杜环：经行记，载文献通考第 336 卷。清代徐松的西域水道记和秋坪的冰岭记程都引述了经行记中对木扎特冰川描写的一段文字。
[2] Merzbacher, G., The Central Tian-Shan Mountains, 1905.
[3] Sven-Hedin, I, Die Gletscher des Mustagata, Zeitschrift der Gesellschaft fur Endkunde zu Berlin, Bd. 30, 1895. 2. Through Asia part. 1, 1898.
[4] Odell, N. E., Observations on Rocks and Glaciers of Mt. Everest, Geogr. Jour. Vol. 66, No. 4, 1925.
[5] Heim, A., The Glaciation and Solifluction of Minya Gongkar, Geogr. Jour. Vol. 87, No. 5, 1936.
[6] Dainelli, G., Resultati Geologici e Geografi della Spedizione Italina De Filippi nell'Himalaya, Caracorum e Turchestan cinese 1913—14. Bd. 3. Studi Sul Glaciale, 1922.
[7] Visser, Ph. C., Karakorum Glaziologie, 1938.

[8] Klebelsberg, R. v., Handbuch der Gletscherkunde und Glazialgeologie, Bd. 2. 1949.

[9] Сапожников, В. В., Монгольский Алтай в Истоках Иртыша и Кобдо, 1911. 转引自 Тронов, М. В., Очеркн оледения Алтая, 1949.

[10] 中国科学院高山冰雪利用研究队：祁连山现代冰川考察报告，科学出版社，1959。

[11] Stein, A., Memoir on Maps of Chinese Turkestan and Kansu from the Surveys made during Sir Aurel Steins explorations 1900—1901, 1905—1908, 1913—1915, 1923.

[12] 崔之久：贡嘎山现代冰川的初步观察，地理学报第 24 卷第 3 期，1958 年。

[13] Ward, F. K., The Himalaya East of the Tsanpo, Geogr-Jour. Vol. 84, No. 5, 1934.

[14] 唐邦兴：念青唐古拉山主峰附近的冰川初步观察，地理学资料第 6 期，1959 年。

[15] Pai Chin-hsiao, The Ascent of Amne Machin, The Alpine Journal, Vol. LXVI, No. 303., 1961.

[16] Калесникова, В. Н., Исследоваиия на леднике Федченко в период МГГ., Материалы Гляциологических Исследований, Хроника, Обсуждения, вып. 4, 1962.

[17] Roch, A., The Glaciers, Snow and Avalanches of Mt. Everest, Jour. Glaciology Vol. 2, No. 16, 1954.

[18] Geordio, V. A. etc., The Fedtchenko Glacier and Climate, Commission des Neiges et Glaces, 1960, Helsinki, 1961.

[19] Гросвалbд, М. Г. и Кренке, А. Н., Исследование современного оледенения Земли Франца-Иосифа, Иэвестня АН СССР. сер. Географни, 1961 No 2.

[20] Каневский, З. М., Климатическая характеристика района Русской Гаванн (Новой Земли), Исследования ледниковых районов, No 2, 1962.

[21] Корейша, М. М., Режим современного оледенения Хр. Сутар-Хаяга, Исследования Ледников и Ледниковых Районов, вып. 1, 1961.

[22] Судаков, П. А. и Вилесов, Е. Н., К Вопросу изучения эволюции сезоного снега на Малоалматинских ледниках, Гляциологические Исследования В Период МГГ Заилийский и Джунгарский Алатау II, 1962.

[23] Шумский, П. А., Основы структурного ледоведения, АН СССР. 1955.

[24] Шумскнй, П. А. и Цыкин, Е. Н., К Вопросу гляциологической зональности, Материалы гляциологических исследований, Хроника, обсуждения, вып. 5, 1962.

[25] Калесник, С. В., Проблема снеговой границы, Вестник ЛГУ 1961 No 12.

[26] Авсюк, Г. А., Температура льда в ледниках, Труды ИН-та Географий, т. 67, 1956.

[27] Долгушнн, Л. Д., Современное оледенение Наньшани, Известия АН СССР, сер, Геогр., 1959, No 6.

[28] Тачкова, Н. А., Текстура верхного слоя и некоторые механические свойства льда и фнрна ледника федченко, Гляциологическая экспедиция на леднике Фечненко, Фрунзе, 1960.

[29] Преображенский, В. С., Кодарский ледниковый район Забайкалье, АН СССР, 1960.

[30] Макаревич, К. Г., Исследования ледников Заилнйского Алатау в период МГГ., Материалы Гляциологических исследований; Хроника, обсуждения, вьш. 4 1962.

[31] Забиров, Р. Д., О работах по программе МГГ на Тяньшаньскон физико-географической станции АН Киргизской ССР, Материалы гляцнологических исследований, хроника, обсуждения, вып. 4, 1962.

[32] Граве, Н. А., Физико-географические условия развития современного оледения и вечной мерзлоты в Восточной, сибрни. XIX Международный географический конгресс в стокгольме, Изд-во АН СССР,

м. 1961.

[33] Dolgushin, L. D., Main Particularities of Glaciation of Central Asia according to the Latest Data Commission des Neiges et Glaces 1960, Helsinki 1961.

[34] Богословский, В. И., Температурный режим и движение антарктического ледникового покрова, Советская Антарктическая экспедиция, Т. 10, М. 1960, Изд-во Морского Транспорта.

[35] Разумейко, Н. Г., типы Температурного режима ледников земли Франца-Иосифа, Исследования ледников и ледниковых районов, вып. 1, 1961.

[36] Хмелевский, И. Ф., О предварительных результатах измерений температуры фирново-ледяной толщи на Новоземельском ледниковом щите, Материалы гляциологических исследований хроника, обсуждения, вып. 3, 1961.

[37] Троицкий, М. С., Гляциологические нсследования в период МГГ на полярном Урале, Материалы гляциологических исследований, Хроника, Обсуждения, вып. 3, 1962.

[38] Jocobs, J. A. Russell, R. D., Wilson, J. Tuzo, Physics and Geology, Chapt. 17, Glaciology 1959.

[39] Плам, М. Я., Измерения Температуры верхного трехметрового слоя ледников южного склона Эльбруса, Информациоиный сборник оработах по международному геофизическому году, вып. 5, 1960.

[40] Тронов, М. В., Итоги гляциологических исследований на Алтае в период МГГ, Материалы гляциологических исследований, хроника, Обсуждения, вып. 4, 1962.

[41] Авсюк, Г. А., Измерение температуры льда ледника Карабаткак, Труды ИН-Та, Географии, Т. 60, 1954.

[42] Вилесов, Е. Н., Предварительные результаты измерений температур льда Ледника центрального Туюксуйского, Гляциологические исследования в период МГГ, Заилийскнй и Джунгарский Алатау, 1, 1961.

[43] 周幼吾, 杜榕桓: 青藏高原冻土的初步考察, 科学通报, 1963 年 2 月。

[44] Charlesworth, J. K., The Quaternary Era with Special Reference to its Glaciation Vol. 1, chapt. 5, Ice Motion 1957.

[45] Суслов, В. Ф. и Ноздрюхин, В. К., О движении ледника Федченко в фирновой зоне, Гляциологи-ческие нсследования, No 5, 1960.

[46] Шумский, П. А., Механизм деформирования и перекристаллизация льда, Материалы по исследованиям мерзлых грунтов сборник 4, исследования по физике и механике мерзлых грунтов, М, 1960.

[47] Untersteiner, N. Glazial meteorologische Untersuchungen im Karakorum, Archiv meteorol. geophy. and bioklimat, B 8, 1—2, 1957.

[48] Черкасов, П. А. Тепловой баланс и абляция на поверхности ледников Бассейна реки баскан хребта Джунгарский Алатау, Гляциологические исследования в период МГГ Заилийский и Джунгарский Алатау 1, 1961.

[49] Voloshina, A., Radiation and thermal factors in the ablation of glaciers on the southern slope of Elbrus, Commission des Neiges ct Glaces, 1960 Helsinki, 1961.

[50] Шульц, В. Л., Таяние снежников в горах Средней Азии, Ташкент, 1956.

[51] Авсюк, Г. А., Искусственное усиление таяния льда и снега горных ледников, Труды Ин-та географии,

T. 56, 1953.

[52] Е. А. 列别茨基: 在中国西部山区, 地理知识, 1958 年 6 月。

[53] Шумский, П. А., Энергия оледенения и жизнь ледников, М., 1947.

[54] Сеголова, II. О., Вопрос о энергии оледенения, Известия всесоюз геогр. общ., 1952, No 5.

[55] Чижов, О. П., Предварительные научные результаты гляциологических исследований на Новом Земле, Автореф. Сообщения Материалы гляциологических исследований, Хроника, обсуждения, вып. 3, 1961.

[56] Meier, Mark. F., Mass Budget of South Cascade Glacier 1959—60, Geol. Sury. Profess. Paper 61, No. 424—13.

[57] Preliminary Map of Mt. Everest Geogr. Jour. Vol. 59, No. 2, 1922.

[58] Kinzl, H., Beitrage zur Geschichte der Gletsherschwankungen in den östaplpen Z. Gletscher. 17, 1929. 转引自[44]。

[59] Тронов, М. В., Очерки оледенения Алтая, 1949.

[60] Тушинский, Г. К., Гляциологические работы на Эльбрусе, Иформационный сборник о работах по Международному Геофизическому Году. No 1, 1958.

[61] Бут, И. В., О соответствии между общей циркуляцией атмосферы и современным распространением ледников в северном полушарии, Информационный сборник о работах по Международному геофизическому году, No 9, 1962.

[62] Преображеннский, В. С., Современные оледенения гор Северо-востока Азии, XIX Международный географический конгресс в стокгольме, 1961.

[63] 李吉均: 高山地貌的两个问题, 中国地理学会一九六一年地貌学术讨论会论文摘要, 1962。

[64] 崔之久: 中国的现代冰川, 地理, 1962 年 5 月。

[65] Б. А. 费多洛维奇、严钦尚:关于中国境内天山冰期次数及其性质的新资料, 新疆维吾尔自治区的自然条件(论文集), 1959。

ОСНОВНЫЕ ЧЕРТЫ СОВРЕМЕННЫХ ЛЕДНИКОВ КИТАЯ

Ши Я-фунь, Се Зы-цу

(Лаборатория гляциологии и геокриологии Института географии АН КНР)

Резюме

1. Еше в 8 веке китайский писатель Ду-хуань, посетив ледник Музарт горного узла Хан-тенгри, подробно опцсал данный ледник. Этодревнейшее сведение о ледниках В Китайских литературах. С конца 19 века некоторые иностранные ученые и туристы исследовали некоторые ледники гор запада Китая. В 1958 г. при АН КНР организована

экспедиция по изучению высокогорных льдов и снегов и их использованию и начались специальные гляциологические исследования (в Циляньшане, Восточном Тянь-шане, и г. Музтаг-конгру). В 1959г. в западной части Циляньшаня (в г. Дасуеньшане) н восточном Тянь-шане (в верховье р. Урумчи) были созданы две гляциологических станции. В 1960г. В г. Ланьчжоу был создан подготовительный комитет по созданию института по изучению ледников, снежного покрова и мерзлых грунтов и начались геокриологические и гляциологические исследования на Тибетском нагорье. В 1962 г. выше указанный комитет был реорганизован в лабораторию гляциологии и геокриологии Института географии АН КНР. Кроме того, гляциологические исследования проводили также и отряды алъпинистов КНР (в г. Джомолунгма, г. Сисяпангма, г. Музтаг-конгру, г. Гуньга) Instтитут по комплексному изучению гидрологии, почводевения и биологии Синьцзянского филиала АН КНР и некоторые геолого-разведочные отряды.

2. Общая площадь оледенения Китая составляет около 44 тыс. км^2. Для отдельных хребтов: Алтая (кит. часть)——180 км^2 (не пол.), вост. Тянъшаня——4,865 км^2, Циляньшаня——1,316 км^2, Куньлуня и вост. Памира——10,000 км^2, (в том числе Музтаг-Конгру——596 км^2), Каракурум (Кит. часть)——4,840 км^2, хр. Сино-Тибета——2,700 км^2, г. Внутреннего тнбета——около 15,900 км^2. Общий запас воды составляет около 2,300 км^2, в том числе половина сосредоточена в орошаемых земледельческих районах. Наилучшие условия для развитня оледенения имеют периферийные хребты (горный узел Хан-Тенгри, хр. Каракурума и хр. гималай) где особенно выделяются крупные, долинные и покрытые поверхностными моренами ледники туркестанского типа. Во внутренних горах распространяются преимущественно малые долинные, каровые и висячие ледники со сравнительно чистой поверхностью.

3. Снеговая граница расположена высоко и повышается с переферии в центр, а на северном, склоне гималая достигает 6200 м. Большая часть ледников Китая (внутренних хр.) развивается в условиях резкого континентального климата.

Количество осадков в районах оледенения мало (300—1000 мм). Средная годовая температура воздуха вблизи снеговой линии низка(-8°—-15℃). Их крайние величины появляются в ледниках г. Музтаг, где количество осадков и температура воздуха соответственно 250 мм. и-15℃. Большая часть осадков (60—90%) выпадает в теплое время года.

4. Характерным типом льдообразования в ледниках внутренних хребтов Китая

является инфильтрационно-конжеляционный. Ширина зоны ледяного питания достигает 100—300 м, по вертикалю. Ниже этой зоцы вне района оледенения развиваются мощные (до 150—200 м) многолетнемерзлые породы, ширина которых по Вертикалю достигает 500—1000 м. Основной зоной питания ледников являются холодная инфильтрационно-рекристаллизационная и инфильтрационная, Рекристализационая и режеляционно-рекристализационная зоны не были обнаружены даже на высочайщих вершинах Гималая.

5. Температура льда в ледниках внутренних хребтов Китая очень низка. Температура льда в леднике No1 верховья р. Урумчи (восточного Тяньшаня) на глубине 4 м. в июнь (1962 г) достигает–5.6℃. В леднике "1 июль" (в центр. части Циляньшаня) на глубине 9 м. в июнь (1959 г.)——–8.5℃, А в леднике чепокангара г. Сисяпангма на высоте 5650 м. температура льда на глубине 10 м. А в апрель составляет –4℃.

6. Скорость двнжения ледников Китая незначительна. Максимальное значение по имеющимся данным не цревышает 35 м/год (восточ. Юньбуйский ледник г. Джомолунгма). На небольшом карово-долинном леднике (л. No 1 верховья р. Урумчи) наблюлали все 6 механизмов деформирования льда, установленных П. А. Шумским. Максимальный размер кристаллов льда на конце языка ледника весит В 630 г.

7. Основным источником Тепла, затраченным на абляцию ледников, является солпечная радиация. Доля радиационного баланса на леднике No 1 верховья р. Урумчи (3835 м.) составляет свыше 84.4% в приходной части теплового баланса ледника (1962. 6—8), а на леднике Черганбрак г. Музтаг (4750 м.) ——92.1% (1960, 6—7). Максимальная напряженность солнечной радиации на северном склоне г. Джомолунгма (5500 м.) достигает 1, 80 кал/см^2 мин, а годовая суммарная радиация——220, 6 ккал/см^2 (5000 м). Величина испарения с поверхности ледников очень значительна. По непосредственному наблюдению на леднике No1 верховья р. Урумчи величина испарения составляет в среднем 0.65 мм/сутки (1962. 7). На леднике Черганбрак затрата тепла на испарения составляет 41.5% от суммы тепла, затраченного на абляцин. Интенсивнос нсцарение ослабляет абляцию ледников и способствует развитию оледенения в районах с резким континентальным клнматом. Величина абляции лелников внутренних хреботов Китая незначительна, в среднем составляет 1,5—2,0 м. слоя воды в год в конце языков. На ледниках горного узла Хан-тенгри величина абляции превышает 3000 мм. в год. В горах югозапада Тибета интенсивное таянне ледников часто вызывает катастрофический селевый поток.

Энергия оледенения ледников внутренних хребтов Китая пезначительна, на ледниках г. Музтаг она составляет 1, 8 мм/м.

8. Современные ледникн Китая находятся в регрессивной стадии. Ледники отступают в общем медленно. Ледники г. Музтаг-Конгру в период 1956—1960 г. отступает на 1,7—3,7 м/год. Предположим, что большинство ледников внутренних хребтов отступает менее 4м/год. Исключением является лншь ледник Музарт в горном узле Хантенгри, когорый за 50 лет (1910—1959) отступал на 750 м. Сальдо баланса массы ледников отрицательно, но абсолютное значение не большое. с 1959 г. по 1962 г. баланс массы ледника № 1, верховья р. Урумчи составляет в среднем, ——129 мм. Что составляет 0.3% от общего запаса ледника. Летом 1959 г. и 1961 г. абляция ледников Восточного Тянышаня и Циляньшаня уменьшилась в связи с большим летним снегопадом и низкой температурой воздуха.

9. В Китае существуют два основных типов ледников——континентальный и морской. Последний распространен ограниченно, главным образом на горах юго-востока Тибета (южный склон и восточная часть Гималая) и южной части хр. Сино-Тибета, где осадки выпадают много (более 1500—3000 мм), снеговая линия расположена на 500—1000 м ниже, чем на западе. Но эти ледники ещё мало исследованы. Большиство ледников Китая являются континентальными. Ледникн во внутренних хребтах Китая (вост. и центр. часть Восточното Тяньшаня, зап. и центр. частъ Циляньшаня, хр. Кулуня и горы внутреннего Тибета) обладают ещё резкой континентальностью, что значительно отличается от среднеазиатских ледников, а очень сходны с полярными и восточносибирскими ледниками (напр. новоземель и сунтархаятскими) их можно назвать предельно-континентальным типом ледников. Особенности оледенения периферийных хребтов (Китайского Алтая, западной части Восточного Тяньшаня, восточной части Циляньшаня, горы Южного Тибета) близки к средно-азиатскому и их (включая и среднеазиатские) следует назвать субконтинентальным типом ледником.

照片 1　天山乌鲁木齐河源 1 号冰川——双冰斗山谷冰川，这是我国目前研究程度最高的一条冰川
（谢自楚，1962 年）

照片 2　天山乌鲁木齐河源 2 号冰川——典型的冰斗冰川
（谢自楚，1962 年）

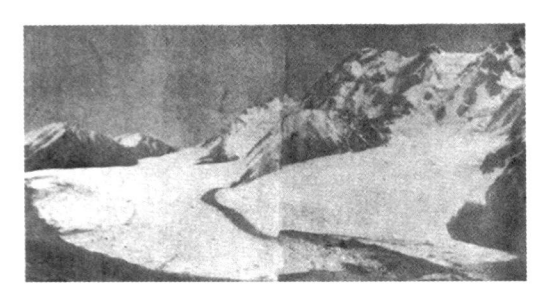

照片 3　天山博格多山的大围谷冰川
（郑本兴，1962 年）

照片 5　昆仑山东段西大滩之冰斗冰川
（杜榕桓，1961 年）

照片 4　祁连山西段大雪山老虎沟 20 号冰川——祁连山最大的一条山谷冰川
（陈建明，1961 年）

照片 6　喜马拉雅山希夏邦马峰北坡野博康加勒山谷冰川（由6300米下望）
（谢自楚，1964年）

照片 7　野博康加勒冰川冰舌区发育的冰塔
（施雅风，1964年）

照片 8　希夏邦马峰北坡，发育于古冰碛平台上的平顶冰川
（施雅风，1964年）

照片 9　西藏东南波密地区的冰斗冰川
（施雅风，1964年）

照片 10　横断山脉雀儿山之冰斗冰川
（施雅风，1964年）

照片 11　雄立羊卓雍湖正西惹拉山的冰斗-悬冰川
（谢自楚，1964 年）

照片 12　在乌鲁木齐河源 1 号冰川上打钻孔，以便观测冰层的温度
（谢自楚，1962 年）

照片 13　在野博康加勒冰川冰舌 5,650 米处用电阻温度计观测冰层温度
（施雅风，1964 年）

照片 14　野博康加勒冰川 5,650 米处冰塔墙上的冰层褶皱
（施雅风，1964 年）

照片 15　野博康加勒冰川冰塔上的"蓝带"
（谢自楚，1964 年）

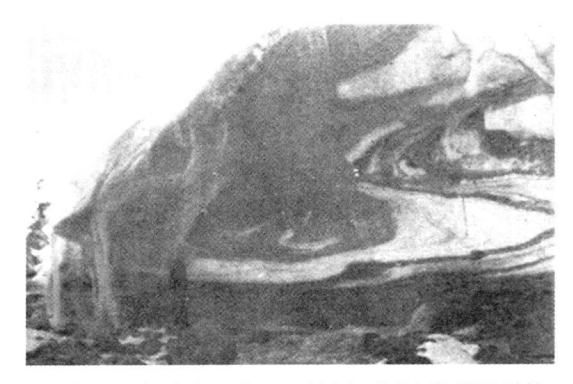

照片 16　祁连山"七一"冰川西侧冰崖所显露的
复杂构造
（施雅风，1958 年）

照片 17　在乌鲁木齐河源 1 号冰川上进行辐射观测
（谢自楚，1962 年）

照片 18　慕士塔格山西坡切尔干布拉克冰川上的冰塔林
（赵松岭，1960 年）

照片 20　祁连山西段大雪山老虎沟 20 号冰川末端的新终碛，没有分化，宽仅 200 米，
反映冰川末端的稳定性
（米德生，1961 年）

照片 19 希夏邦马峰北坡野博康加勒冰川上的冰塔林及冰牙（新华社记者王敬德，1964 年）

再读中国现代冰川研究的奠基性论著"中国现代冰川的基本特征"

任贾文

1964 年刊发在《地理学报》第 30 卷第 3 期、以施雅风和谢自楚为作者的"中国现代冰川的基本特征"一文，为中国现代冰川研究的奠基性论著。时至今日，论文中关于中国现代冰川基本特征和类型划分的主要概念仍在广泛使用，其中一些前瞻性的推断也被后来的研究结果证实。

一、论文写作背景

中国虽然是中低纬度国家中现代冰川分布最多的，但对这些冰川开展的系统性考察研究起步却较晚。1958 年中国科学院组建"高山冰雪利用研究队"进行祁连山冰川考察，拉开了成立专门研究机构开展冰川研究的序幕。至 1964 年，科研工作者对祁连山、天山连续开展了数年区域考察，并分别在祁连山西部和天山中段建立定位观测站常年观测，也对青藏高原及周边某些山峰，如慕士塔格峰、希夏邦马峰等，利用登山活动进行了短暂考察。尽管每次考察或每项观测都产出了考察报告或研究论文，但缺少对我国现代冰川总体概貌和基本特征等方面的综合研究。于是，该论文作者依据对这些区域的考察和定位站观测资料，首次全面、系统地梳理了中

作者介绍：任贾文，男，中国科学院西北生态环境资源研究院研究员，中国地理学会会员（S110002567M），主要从事冰川学和冰冻圈与气候环境变化研究，主要研究方向为冰川物理学。E-mail: jwren@lzb.ac.cn

国现代冰川的地理分布，初步估算了我国冰川资源总量，对比分析了不同区域冰川发育的水热条件与冰川的形成机理，阐述了冰川最基本的物理过程（温度、运动、热量平衡和雪冰消融、冰川物质平衡和进退变化等），还提出了中国冰川物理分类的初步方案。该论文是当时我国现代冰川研究的标志性成果。

二、论文主要内容和结论

1. 冰川地理分布和资源量估算

论文在已有区域冰川考察的基础上，全面阐述了中国主要山系冰川的数量和分布特征，特别是利用有限的地形图资料，对各主要山系的冰川面积和冰储量进行了尝试性估算。结果表明，天山西段、喀喇昆仑山、喜马拉雅山南坡等区域，山体高大、降水丰沛，冰川规模较大且有表碛分布，天山东段、祁连山、昆仑山和喜马拉雅山北坡，降水量小，冰川规模小且冰面洁净。估算出我国冰川面积约为 44 000 平方千米，储水量至少 23 000 亿立方米（相当于冰储量 2 600 平方千米）以上。比较 2002 年才全面完成的第一次中国冰川编目得出的中国冰川总面积 59 400 平方千米，冰储量 5 590 平方千米，该论文估算的面积和冰储量明显偏小，但当时实地考察和其他资料都极为有限，特别是没有任何冰川厚度资料，能够估算出这样的结果已是极为难得和令人钦佩的。

2. 冰川发育的水热条件和成冰作用

针对冰川分布的区域差异，论文对各主要山区控制冰川发育的温度和降水条件，以及地形因素和大气环流进行分析后认为，中国主要冰川分布区的降水量远低于欧美和中亚山区，不利于冰川发育。根据低山区气温资料和在个别冰川上观测的气温直减率，推算了主要山区雪线高度及其附近的年平均温度，得出中国西部的雪线普遍高于其他中低纬度山区，而极高海拔则提供了极低温度，从而使中国大陆型气候区的冰川得以在降水较少的条件下依靠低温而发育在高海拔地带；边缘山区迎风坡和藏东南海洋型气候区则因降雪量大而使冰川延伸到较低海拔地区。冰川发育的水热条件控制着降雪累积后的成冰过程，通过定点雪层剖面观测的分析，借鉴国外学者尤其是苏联学者的成冰作用理论，认为中国冰川的成冰过程不同于欧美及其他地区，大陆型气候区的冰川以渗浸-冻结作用为主，海洋型气候区的冰川以暖渗浸变质作用为主，并推测了极高山峰冰川顶部的成冰带特征。该论文提出的这些概念被后来的考察研究证实，并不断得到修正和充实。

3. 冰川温度和运动特征

依据两条定位观测冰川和另外几条短暂观测冰川的冰层温度和表面运动速度测量数据，分析探讨了不同山区冰川的温度和运动状况。结果显示，中国天山和祁连山等地冰川的温度显著低于欧美和中亚等区域山地冰川的温度，有些甚至接近极地冰川的温度，但同一条冰川上温度随海拔有所变化。冰川规模越大，运动速度越大，中国的冰川规模普遍较小，运动比较缓慢，年运动速度仅有十至数十米。温度和运动特征进一步显示了强烈的大陆型气候控制下的冰川规模小、厚度薄、温度低且不均一、运动缓慢、冰川活动性差等特点。由于当时还未对藏东南海洋型气候区冰川开展观测，但论文在讨论冰川分类和区划时，推断海洋型气候区的冰川温度整体上接近融点。这些观点和推断也被后来的考察研究证实。

4. 冰川热量平衡与物质平衡

论文分析天山冰川站辐射平衡定位观测和对几条冰川的短暂观测资料，得出这些冰川上太阳辐射占热量收入的80%以上，而且随海拔升高所占比例增大；虽然雪冰融化是主要的热量支出，但蒸发耗热不可忽视，尤其在极为干燥和极高海拔带，蒸发耗热所占比例甚至高达40%，显著地削弱了雪冰融化。汇总已有各种考察资料，作者发现被考察冰川普遍存在退缩迹象，并认为这是需要重视的问题。于是根据天山冰川站整年度连续物质平衡观测和万分之一地形图上的详细计算，得出这些冰川处于物质亏损状态，但物质平衡负值不大；如果气候变暖消融增强，冰川物质亏损会增大，将导致冰川退缩。作者认为这个分析结果可推广到天山中东段、祁连山中西段、昆仑山和青藏高原内部山区。后来的考察研究不断证实，对冰川呈现退缩趋势的敏锐发现和经过物质平衡详细计算分析得出的结论具有极高的科学价值。

5. 冰川分类与区划

在系统阐述了中国冰川的各种特征之后，作者参考国际上冰川物理分类的研究，在论文中提出了适于中国冰川的分类和区划方案。借鉴苏联学者对中纬度冰川的分类，认为中国冰川可分为大陆型和海洋型，但中国冰川绝大部分属于大陆型，海洋型冰川仅分布在西藏自治区东南的较小区域。由于大陆型冰川分布地域广，不同山区仍有比较明显的差别，如内陆腹地的昆仑山、祁连山中段和西段、天山中段和东段、青藏高原中部和北部等地区，气候极为干燥，雪线附近年平均气温低于−13℃，与极地地区相近，可划分为极大陆型；天山西段、祁连山东段、阿尔泰山、喀喇昆仑山和喜马拉雅山等地区，降水比极大陆型冰川区的多一些，雪线附近年平均气温−8℃，可划分为亚大陆型。藏东南地区气候比较温暖，但印度洋季风输送大量降雪到高山区不仅形成冰川，有些冰川末端还延伸到海拔2500米处，冰川10米深处温度接近0℃。另外，极大陆型、亚大陆型和海洋型冰川的成冰作用、热量平衡与消融特征等也都具有明显差异。关于中国冰川的这种分类方案后来一直被沿用，只是各类型冰川分布的区域界线随着考察区域的扩大和考察资料的丰富而有所修订。

三、论文的时代贡献和学术影响

在中国持续开展现代冰川考察仅数年时间、区域资料和考察观测资料极为有限的背景下，该论文对中国现代冰川各种主要特征及其区域差异进行了系统性研究。该论文虽然为当时中国现代冰川研究的阶段性成果，但其中的主要观点和概念，基本上都被后来的各种研究证实和采纳，特别是关于冰川类型的划分方案一直被沿用，并得到修订或补充。因此，该论文被视为中国现代冰川研究的奠基性论著，对中国冰川学理论的建立和发展起到了重要的推动作用，对当前中国的冰川学研究仍具有重要的参考意义。

试论中国陆栖脊椎动物地理特征

——以哺乳动物为主

张荣祖

（中国科学院地理研究所）

二十多年来，我国动物区系的调查研究工作蓬勃发展，为动物地理学研究奠定了基础。在陆栖脊椎动物方面继全国性动物地理区划的研究（郑作新，张荣祖 1959），地区性的动物区系和动物地理研究均有较大的进展。笔者综合整理了有关研究成果和资料，以哺乳动物为主，试对我国动物地理特征，作一初步的概括性的讨论，目的是抛砖引玉。

一、动物区系的区域分化与地理环境的变迁

关于我国现存陆栖脊椎动物区系的历史，根据古生物学的研究，按目前的化石材料至少可追溯到第三纪后期的上新世。当时我国南北方的动物基本上同属一个动物区系——三趾马（*Hipparion*）动物群。我国现代哺乳动物的科和部分的属，在该动物群中已先后出现。三趾马动物群曾广布于欧亚大陆及非洲的大部分地区，区域分化不明显。当时我国的地理环境，北方属于亚热带-温带，有较广的草原和森林草原，南方以热带森林为主。南北方动物与此生态地理条件相适应，仅在优势成分上有差别。第三纪后期，特别是第四纪初期，我国西部地区以青藏高原为中心，剧烈上升（喜马拉雅造山运动），形成大面积高原，气候

向高寒方向发展，并加强了高原以北亚洲大陆中心部分的荒漠化。更新世以来全球进入地质史上第四次大冰期，我国东部地区纬向自然地带的分化趋向明显。动物区系在此地理背景上，亦发生明显的区域分化。在此过程中，有过几次冰期与间冰期的交替，自然地带发生过很大的摆动，对动物区系的演变，以及各个时期动物分布区的移动，均有重要的影响。至全新世初期，无论自然地理环境或动物区系的地理分布，已基本上与现代接近。这一复杂过程，目前认识得还十分有限，我国动物区系与邻近地区的关系，特别是西部地区，尚缺乏较深入的了解。但笔者认为已有的工作（裴文中 1957，周明镇 1964）基本上已说明了第四纪以来我国动物区系区域分化的一般趋势。在我国，上新世三趾马动物群发展至更新世中期时分化为北方的中国猿人动物区系（*Gigantopitheus* fauna）和南方的大熊猫、剑齿象动物群（*Ailuropoda-Stegodon* fauna）。我国现代的动物区系主要就是此两大动物群进一步演变和分化的结果（图1）。

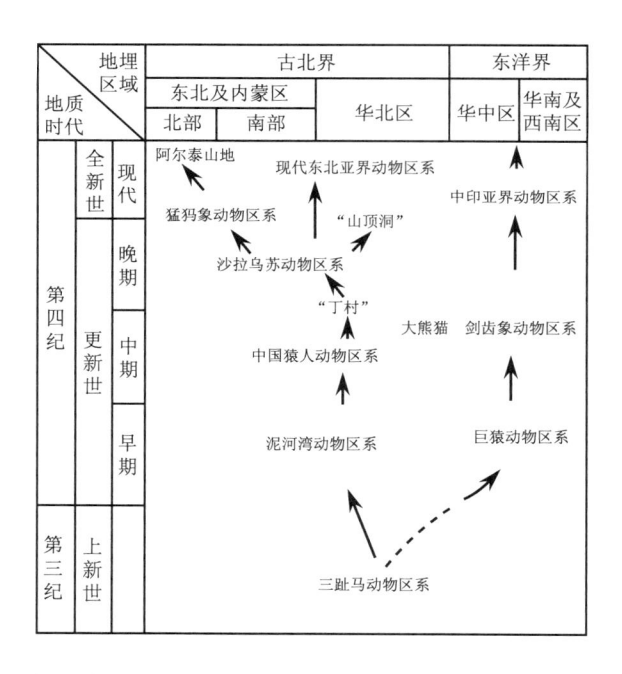

地质时代		地理区域	古北界			东洋界	
			东北及内蒙区		华北区	华中区	华南及西南区
			北部	南部			
第四纪	全新世	现代	阿尔泰山地		现代东北亚界动物区系	中印亚界动物区系	
	更新世	晚期		猛犸象动物区系	"山顶洞"		
				沙拉乌苏动物区系			
		中期			"丁村"	大熊猫 剑齿象动物区系	
				中国猿人动物区系			
		早期		泥河湾动物区系		巨猿动物区系	
第三纪	上新世				三趾马动物区系		

图 1　中国第四纪动物区系演变示意图（据周明镇 1964）

现代动物分布既是历史发展至现阶段的结果，必然保留历史的烙印，分述如下：

1. 我国北方动物区系的区域分化明显，在动物地理区划中分属两个亚界——东北亚界和中亚亚界，分别代表在一个较长时期中形成的适应于温带干旱和湿润环境的两群动物。这一分化与前述晚近地质时期北方地理环境的剧烈的区域分化有密切的关系。我国南方各地的动物区系与北方不同，无明显的区域分化，它们同属中印亚界，基本特征是热带成分

（东洋界、旧大陆和环球热带），从南到北，由丰富到贫乏的逐渐变化（图4）。从历史和动态的观点出发，这一现象，实际上是整个更新世全球进入第四次大冰期以来，动物区系的变化延续至现阶段的反映。对比现存哺乳动物属、种的现代分布与历史（化石）分布，可明显地看出，不少热带的属和少数热带的种，自更新世以来已向南后退1—2个自然地带（图2），表明在北半球气候变冷的总趋势的影响下，喜暖动物分布区变迁的必然结果。其中大熊猫属（Ailuropoda）和羚牛（Budorcas taxicolor）只向横断山脉及其附近退缩，可能还受到人类活动的影响。

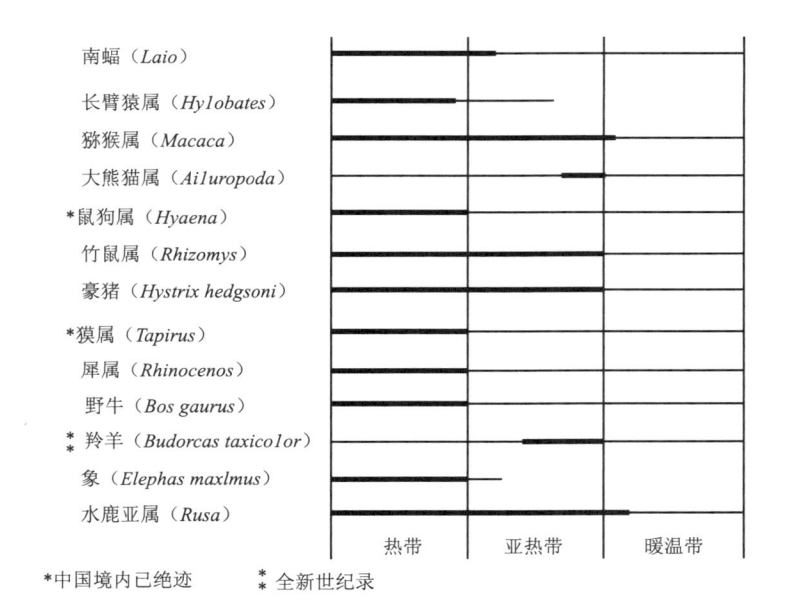

图2　若干现存哺乳动物更新世以来分布退缩示意

（粗线示现代分布，细线示化石分布）

2. 青藏区陆栖脊椎动物与蒙新区的成分十分相近，同属中亚亚界，区系分化水平较低，两区中的羌塘高原亚区与东部草原亚区更为接近，以哺乳动物为例，两者之间主要表现为属下或种下的系统替代（边缘地区除外，因具复杂的过渡特点）：

蒙新区	青藏区
狐（Vulpes spp.）	藏狐（V. ferrilata）
棕熊（Ursus arctos subspp.）	蓝熊（U. a. pruinosus）
野驴（Equus h. hemionus）	藏野驴（E. h. kiang）
甘肃原羚（Procapra przewalskii）	藏原羚（P. picticaudata）

兔（*Lepus* spp.）	高原兔（*L.oiostolus*）
草原鼠兔（*Ochotona daurica*）	黑唇鼠兔（*Ochotona* spp.）
旱獭（*Marmota* spp.）	喜马拉雅旱獭（*M. himalayana*）
田鼠（*Microtus* spp.）	白尾松田鼠（*M. leucurus*）
高山鼠（*Alticola* spp.）	斯氏高山鼠（*A. stoliczkanus*）
仓鼠（*Cricetulus* spp.）	藏仓鼠（*C. kamensis*）

　　青藏区与蒙新区自然条件的差别相当明显，在自然区划中各为两个大的地理单元。然而，两区动物区系的分化程度与两区地理环境差异的程度不相适应。这一现象看来似乎是矛盾的。必须借助于古地理的研究予以解释。据中国科学院青藏高原综合考察队的调查，在西藏吉隆的上新世地层中发现的亚热带森林草原植物的孢粉组合和三趾马动物群化石说明，在第三纪晚期青藏高原的自然条件和动物群与我国东部直至华北是相似的。当时高原的形势尚未形成，海拔平均约一千多米。另在聂拉木北部更新世中期地层中发现的鹿（*Cervidae* indet.）、麝（*Moschus* sp.）、野驴、羊（*Ovis* sp.）等化石，表明后来高原上的动物区系已演变为温带森林草原动物群。同一地层中所发现的植物孢粉组合所反映的植物群落的变化，与动物群的变化是一致的，此时高原抬升已达海拔 3,000 米左右，自然条件变化相当剧烈。目前化石产地已全无森林存在，与森林有联系的鹿，特别是麝只见于高原东部的山地森林草原地带。青藏高原在晚更新世经历了急剧的整体抬升，至全新世初期，高原面高度已与现代相近。高原内部的古地理环境进一步明显地改变，在相应的地层中发现的动物化石，有黑唇鼠兔（*Ochotona curzoniae*），兔（*Lepus* sp.）、喜马拉雅旱獭、藏仓鼠、白尾松田鼠和白唇鹿（*Cervus albirostris*）等。这些动物已属于现代的高山草原动物区系。其中白唇鹿目前仅分布于高原东部，其他地区已不见其踪迹。鼠兔、旱獭、仓鼠和马属的动物，不但现在广布于欧亚北部草原地带，在更新世时亦为欧亚北部森林草原和草原的代表种类。显然，随青藏高原的抬升，高原内部的森林类型逐渐演替而至完全消失，代之以草原和草甸。在此过程中动物群亦发生相应的变化。更新世中期以来原来生活于高原内部的森林草原动物群，向东南退缩。而当时的蒙新区，特别是西部，早已处于干旱化的过程中，草原与荒漠动物区系早已形成。所以，从古地理环境的这一演变亦可推断，高原上的草原成分是在高原向草原发展的过程中，由蒙新区进入高原的。高原进一步抬升至今日高度，从地质时间上来看是短促的，考虑到这一点，对适应于高寒气候能继续生活于高原的草原成分的分化只达到种和亚种的水平，就可以理解了。素称为高原代表的牦牛（*Poēphagus grunniens*），其同属动物的化石曾在亚洲北部和阿拉斯加的一些地方发现过，不能认为是在高原上特化的属，有些分类学家仍将它放在牛属（*Bos*）作为一亚属。在高原上达到"属"

一级分化水平的，在哺乳动物中实际上只有藏羚（Pantholopshodgsoni）。它的鼻腔扩大适应于稀薄空气，高冠牙、牢固的臼齿和门齿适应于寒漠植被条件（短小草本或半灌木）。至今所知，其化石未在青藏高原以外发现过。

3. 动物间断分布与古地理环境变迁关系最为密切。"种"和"属"的间断分布，表明分布区内产生隔离阻障的时间不长，间断历史较易追溯。分布于我国东部（及邻近地区）和欧洲的灰喜鹊（Cyanopica cyanus）一向被引为说明更新世中冰期的发展对欧亚北部动物区系的影响的著例，类似灰喜鹊的，还有哺乳类中的刺猬（Erinaceus europaeus），大麝鼩（Crocidura lasiura），黑线姬鼠（Apodemus agrarius）（图3）和两栖类中的无斑雨蛙（Hyla arborea）等。它们在我国东部均为常见的种类。根据古地理的研究，更新世期间，亚洲北部大面积冰川-冰缘气候带向南伸展，可达东北平原中部。根据地势的特点，在华北地区海拔1000米以上山地，于第四纪后期都有过霜冻气候和冻土活动。在更新世冰期最盛时华北山地无林霜冻带与青藏高原为中心的山地冰川-冰缘气候带可能是连续分布的。大面积冰川-冰缘气候带的南伸，切断欧亚北部连续的森林地带，适应于森林环境的动物，在这大规模的隔离阻障发展的同时，只能向两侧沿海湿润温暖地带的"避难地"退避。冰期退缩以后，在动物区系北迁过程中，上述这些主要生活于针阔混交林和阔叶林的种类未能恢复其原有分布，灰喜鹊和大麝鼩在欧洲部分还处于残存状态，其他几种均不同程度地相互靠拢，但仍隔以相当宽阔的空缺。因同样原因分化水平达到种而呈属间间断分布的，在陆栖脊椎动物中有铃蟾（Bombina）。

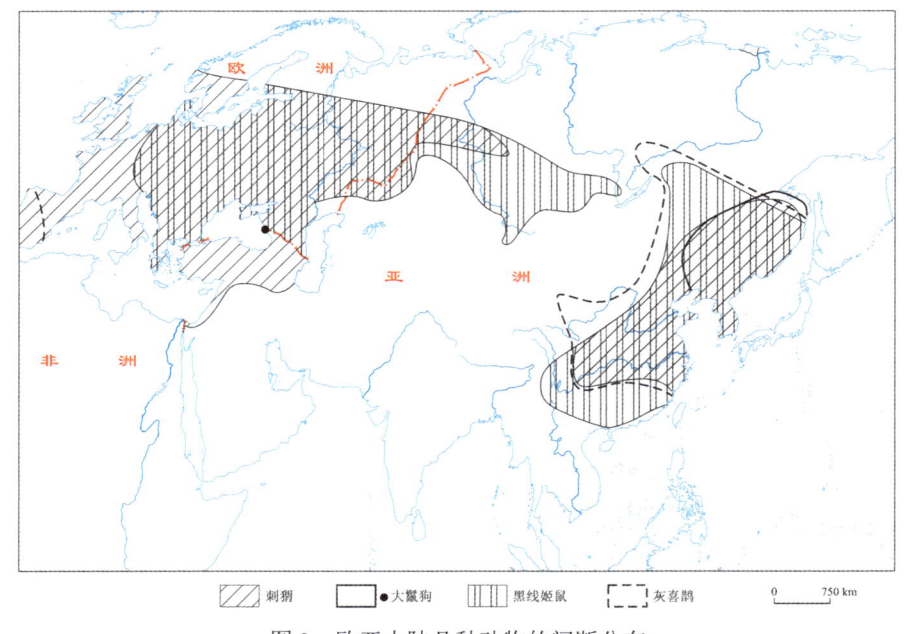

图3　欧亚大陆几种动物的间断分布

4. 台湾岛和海南岛的陆栖脊椎动物区系与大陆的关系主要是种的间断分布，岛屿的分化不明显，已分化的大多处于亚种的水平，特有种很少（台湾岛较海南岛多），说明地理隔离的历史尚短。更新世时期由于冰川的消长，曾影响海平面的升降，因而大陆边缘岛屿曾不止一次地与大陆接触。可以推断，因为接触而发生的区系的多次交流，必然不利于特有种、属的发展。

比较两岛动物区系的特点，海南岛与大陆热带共有的成分比台湾多，而台湾岛与大陆温带共有的种，比海南岛多。台湾岛由于有高山环境，还具有大陆北方和山地的种类，如田鼠和绒鼠（*Eothenomys*）。与此相联系，在哺乳动物中，有些大陆上的相近种在两岛上的分布呈系统替代，在大陆上分布偏南的，见于海南岛；分布偏北的，见于台湾岛，举数例如下：

大陆分布（偏南）	海南岛	台湾岛	大陆分布（偏北）
东南亚热带	锡兰伏翼（*Pipistrellus celylonicus*）	伏翼（*P. pipistrellus*）	旧大陆温带为主
东南亚热带-亚热带	红颊长吻松鼠（*Dremomys rufigensis*）	泊氏长吻松鼠（*D. pernyi*）	中国亚热带
东南亚热带	坡鹿（*Cervus eldi*）	梅花鹿（*C. nippon*）	中国季风区
东南亚热带-亚热带	赤麂（*Muntiacus muntiacus*）	小麂（*M. reevesi*）	中国热带、亚热带

上述两岛的差别反映前述我国南部区系的逐渐变化，在更新世期间已在一定程度上影响到大陆与大陆边缘岛屿间区系的交流。

5. 横断山脉地区具有很多特有的属、种，（如食虫类中的许多属、种和啮齿类中的绒鼠（*Eothenomys* spp.），甚至特有的科（大熊猫科 Ailuropodidae）。某些类群的相近种或亚种在本区及其附近的系统替代现象（水平的或垂直的）相当明显，因而被认为可能是物种保存中心或形成中心（刘承钊、胡淑琴 1961，郑作新 1962，高耀亭、冯祚建 1964 等）。近年来我国地理工作者和青藏高原综合考察队对横断山脉古冰川的调查研究，证实在更新世时横断山脉甚至在青藏高原，并未发生广泛的冰盖，古冰川的性质属于山谷冰川和山麓冰川。这一事实，对我国动物地理的研究有重要的意义。我们在青藏高原东南部常可看到现代冰川的下限到达森林线，甚至伸入森林。冰舌下不远的针阔叶混交林（海拔 3,000 米左右）即有小熊猫（*Ailurus flulgen*）、猕猴（*Macaca mulatta*）、太阳鸟（*Aethopyga* spp.）等动物栖息。在横断山脉地区，高山冰川与森林似乎近在咫尺的景观亦很普遍。在更新世时，横断山脉地区，既无大面积冰盖，自然景观应与现代类似。当时由于冰期与间冰期交替而产生的自然景观变迁，主要是随山谷冰川进退而引起的自然带的垂直位移，与欧亚北部地区大面积的水平变化不同。而且，下至河谷，海拔愈低，冰缘气候的影响，愈形减弱。因而河谷下部景观演变相对稳定。山地动物一般均有季节性垂直迁徙，迁徙的距离很短，极易完成。复杂的垂直带又为动物提供多种生境。横断山脉的纵向平行的深切峡谷则是良好的相对隔离的环境。所有这些情况无论在冰期或间冰期中，对动物的保存和分化都是有利的。这可能就是横断山脉地区特有种较多和类群丰富的外在原因。

二、动物分布型与动物区系

动物区系是指在共同的历史与生态条件下形成和发展的动物的整体。同一动物区系的成分大多具有相似的分布地域，分布区在一定范围内相邻或不同程度地相互重叠。动物区系的分布特征（鸟类以繁殖区为准），可按不同的分类阶元进行研究。

按"科"的分布（广泛分布的除外），我国陆栖脊椎动物中有29科和2个亚科在世界范围内分别为五个地域即全北界、古北界、东洋界、旧大陆热带及环球热带所特有，按此可划分为地理代表性较强的五个类型。另有42科和1个亚科，亦主要分布于这五个地域，有一定的代表性，但分布范围均不同程度地向外围延伸，可视为前五类的变型，两者共计10个类型，见表1。它们在我国分布的特点（图4），可归结为以下几点：

1. 几乎跨越我国全部水平自然地带的只有以全北界为中心的少数类群（鼹科、鸭科）；

2. 以全北界和古北界为中心的鸟兽，最南只分布到暖温带或稍有越过（海雀科、岩鹨科、旋木雀科、鼠兔科、跳鼠科、䶄鼠科）；

3. 以环球热带为中心的一些科（壁虎科、石龙子科、龟鳖科、鹃科、佛法僧科、犬吻蝠科、菊头蝠科等）可分布至温带，以旧大陆热带和东洋界为中心的一些鸟类（三趾鹑科、黄鹂科、画眉亚科等）亦有同样的情况；

4. 旧大陆热带为中心的兽类的分布最北限可至暖温带（猴科、灵猫科等）；

5. 东洋界特有的爬行类分布北限可至中亚热带北界（平胸龟亚科、闪鳞蛇科）；

6. 东洋界特有的鸟兽除具有残留特征的大熊猫科，其分布北限均达南亚热带北界（和平鸟科、树鼩科、猪尾鼠科）；

7. 有些热带类群（长臂猿科、狐蝠科、犀鸟科、鹦鹉科、阔嘴鸟科）在生态上（果食、树栖）对热带环境的依赖性较大，在我国的分布不进入亚热带。

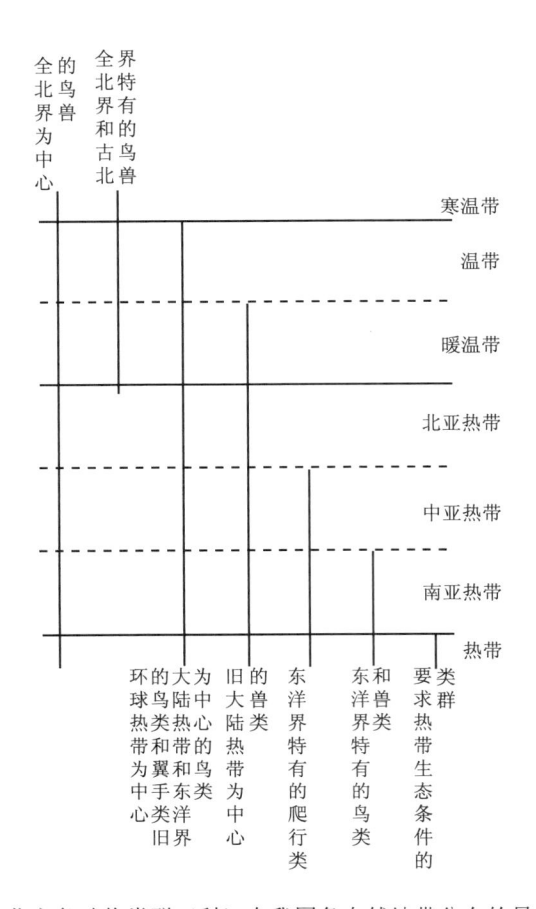

图 4 南、北方各动物类群（科）在我国各自然地带分布的最北和最南限

以上特点反映一普遍规律。分布历史较长的类群（全北界、环球热带和旧大陆热带的）和扩展能力较强的类群（能飞行的），在我国分布的幅度较大，反之较小。生态上特化对地带性环境条件依赖性强的种类，实际上由于其生态特化而限制了本身的扩展能力。

"种"的分布区的形成历史要短得多。在同一自然区域分布的种类，可能各有其不同的分布历史，但它们在现阶段对现代自然条件有共同的适应。我国陆栖脊椎动物，按种的分布特点可分以下 9 个主要的分布型：

（1）北方型：欧亚北部寒温带-寒带分布。全北界成分还包括北美。有不少种沿我国东部南伸，如驼鹿（*Alces alces*）、榛鸡（*Tetrastes bonasia*）、胎生蜥蜴（*Lacerta vivipara*）、极北小鲵（*Hynobius keyserlingii*）；

（2）东北型：以我国东北地区为中心，有些种的分布包括邻近地区（东西伯利亚、日本或我国华北）或更向南或向西伸，如东北兔（*Lupus mandshuricus*）、细嘴松鸡（*Tetrao urogalloides*）、团花锦蛇（*Elaphe davidi*）、粗皮蛙（*Rana rugosa*）；

表 1 我国陆栖脊椎动物代表性科的分布

	全北界特有	主要分布于全北界	古北界特有	主要分布于古北界	东洋界特有	主要分布于东洋界	旧大陆热带、亚热带特有	主要分布于旧大陆热带、亚热带	环球热带、亚热带特有	主要分布于环球热带、亚热带
两栖纲		隐鳃鲵科(Cryptobranchidae) 蝾螈科(Salamandridae) 锄足蟾科(Pelobatidae)		小鲵科(Hynobiidae)				树蛙科(Rhacophoridae)	蚓螈科(Caeciliidae)	姬蛙科(Microhylidae)
爬行纲					平胸龟亚科(Platysterninae) 鳄蜥亚科(Simisaurinae) 闪鳞蛇科(Xenopeltidae)	双足蜥科(Dibamidae)			壁虎科(Gekkonidae)	盲蛇科(Typhlopidae)
鸟纲	潜鸟科(Gaviidae) 松鸡科(Tetraonidae) 瓣蹼鹬科(Phalaropodidae) 海雀科(Alcidae)	太平鸟科(Bombycillidae) 䴓科(Sittidae) 旋木雀科(Certhiidae) 攀雀科(Remizidae)		岩鹨科(Prunellidae)	和平鸟科(Irenidae)	凤头雨燕科(Hemiprocnidae) 卷尾科(Dicruridae) 燕鵙科(Artamidae) 黄鹂科(Oriolidae) 椋鸟科(Sturnidae) 画眉亚科(Timaliidae) 啄花鸟科(Dicaeidae)	阔嘴鸟科(Eurylaimidae)	三趾鹑科(Turnicidae) 蜂虎科(Meropidae) 犀鸟科(Bucerotidae) 八色鸫科(Pittidae) 太阳鸟科(Nectariniidae) 绣眼鸟科(Zosteropidae) 鹎科(Pycnonotidae)	鹲科(Phaethontidae) 鲣鸟科(Sulidae) 鹮科(Threskiornithidae) 咬鹃科(Trogonidae) 须䴕科(Captionidae)	军舰鸟科(Fregatidae) 雉鸻科(Jacanidae) 彩鹬科(Rostratulidae) 鹦鹉科(Psittacidae)

续表

	主要分布于全北界	古北界特有	主要分布于古北界	东洋界特有	主要分布于东洋界	旧大陆热带、亚热带特有	主要分布于旧大陆热带、亚热带	环球热带、亚热带特有	主要分布于环球热带、亚热带
哺乳纲	全北界特有：河狸科（Castoridae）、蹶鼠科（Zapodidae）、鼠兔科（Ochotonidae）；鼹鼠科（Talpidae）	跳鼠科（Dipodidae）、睡鼠科（Muscardinidae）		树鼩科（Tupaiidae）、大熊猫科（Ailuropodidae）、猪尾鼠科（Platacanthomyidae）		懒猴科（Lorisidae）、长臂猿科（Hylobatidae）、象科（Elephantidae）、犀科（Rhinocerotidae）、鼷鹿科（Tragulidae）、竹鼠科（Rhizomyidae）	猴科（Cercopithecidae）、灵猫科（Viverridae）、鳞鲤科（Manidae）、豪猪科（Hystricidae）、蹄蝠科（Hipposideridae）、狐蝠科（Pteropidae）、假吸血蝠科（Megadermatidae）	犬吻蝠科（Molossidae）	鞘尾蝠科（Emballonuridae）、菊头蝠科（Rhinolophidae）

（3）中亚型：亚洲大陆中部干旱地区为中心，如鹅喉羚（*Gazella subgutturosa*）、毛腿沙鸡（*Syrrhaptes paradoxus*）、红沙蟒（*Eryr miliaris*）；

（4）高地型：青藏高原为中心或更向外围高山带延伸，如藏羚（*Pantholops hodgsonii*）、西藏雪鸡（*Tetraogallus tibetantis*）、西藏沙蜥（*Phrynocephalus theobaldi*）、高山蛙（*Altirana parkeri*）；

（5）旧大陆热带、亚热带型：旧大陆热带为中心或向北部亚热带，甚至温带延伸，如豹（*Panthera pardus*）、斑鱼狗（*Ceryle rudis*）；

（6）东南亚热带、亚热带型：东南亚热带为中心或向亚热带甚至温带延伸如懒猴（*Nycticelus concony*）、黄腰太阳鸟（*Aethopyga siparaja*）、眼镜蛇（*Naja naja*）、大姬蛙（*Microhyla fowleri*）；

（7）横断山脉-喜马拉雅型：分布于横断山脉或喜马拉雅山脉中、低山森林地带或在两山脉间相互延伸，为两者所共有，如小熊猫（*Ailurus fulgens*）、灰头鹦鹉（*Psittacula himalayana*）、喜山蟾蜍（*Bufo himalayanus*）；

（8）南中国型：主要分布于我国长江流域以南，如小麂、矛纹草鹛（*Babax lanceolatus*）；

（9）岛屿型：大陆岛及海洋岛分布。

图5表示了大部分分布型的典型（没有向外围扩展的）分布情况。除这9个类型，尚可再划一些类型，如中国季风区型（如貉 *Nyctereutes procyonoides*，梅花鹿 *Cervus nippon*，其分布区除中国东部及邻近地区，还包括日本）和华北型（如麝鼹 *Scaptochirus moschatus*等）等。类型之下，可再划分亚型或变型。

"种"的分布型能在很大程度上反映我国现代动物区系地域分化的特点。它们之间在分布上的关系亦能反映动物区系之间的关系（图6）：

1. 北方各分布型的区域性是明显的，只在边缘地区互有重叠。这一现象反映前述我国北方及其邻近地区的自然环境的区域变化趋向极端，与此相适应，动物区系区域分化现象亦甚明显。中亚型与高地型成分相互渗透较明显，相互重叠较多；

2. 南方的四个主要分布型在我国南方是相互重叠的，这一情况与北方恰恰相反，主要的外在原因可能是南方自然环境的变迁相对稳定，同时动物栖息条件优越而复杂。重叠中心偏南与前述热带成分的南退有关；

3. 北方与南方各分布型之间亦有重叠，反映东洋界和古北界成分，在我国境内的相互渗透，特别在横断山脉。这一现象，一方面与前述地质历史和自然环境的特殊性有关，另一方面反映山区动物分布的特点，下文将要谈到。

分布型的分析对我国动物地理区划研究，是一个重要的补充：

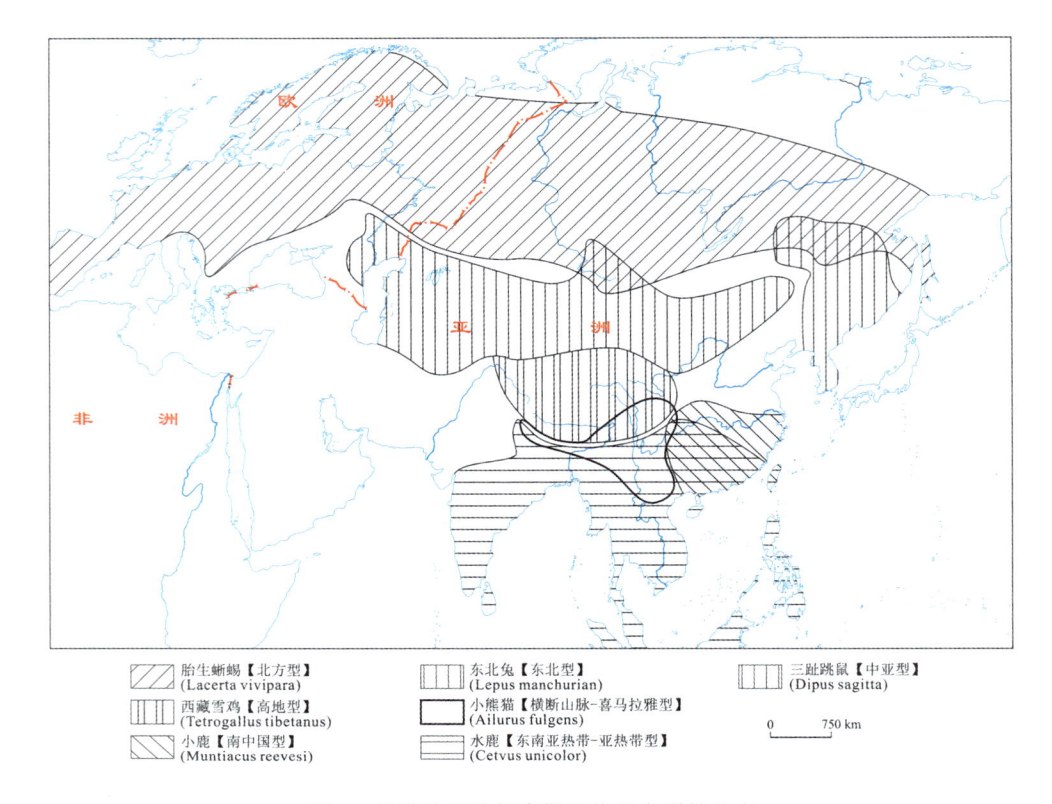

胎生蜥蜴【北方型】(Lacerta vivipara)	东北兔【东北型】(Lepus manchurian)	三趾跳鼠【中亚型】(Dipus sagitta)
西藏雪鸡【高地型】(Tetrogallus tibetanus)	小熊猫【横断山脉-喜马拉雅型】(Ailurus fulgens)	
小鹿【南中国型】(Muntiacus reevesi)	水鹿【东南亚热带-亚热带型】(Cetvus unicolor)	

图 5　几种欧亚陆栖脊椎动物分布型的分布

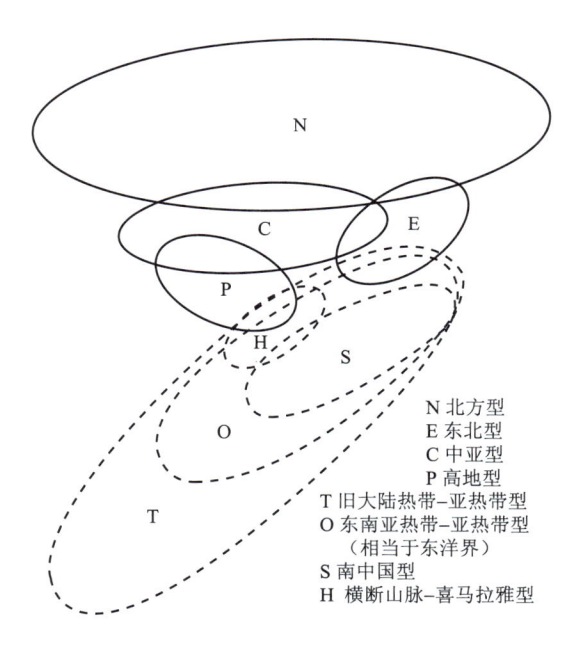

N 北方型
E 东北型
C 中亚型
P 高地型
T 旧大陆热带-亚热带型
O 东南亚热带-亚热带型（相当于东洋界）
S 南中国型
H 横断山脉-喜马拉雅型

图 6　南北方动物分布型的相互关系

东北区：东北型为主，相结合的有北方型（阿尔泰山区为北方型）；
华北区：华北型和其他各北方类型和南方类型的渗透成分；
蒙新区：中亚型为主，其他各北方类型扩展成分（主要在边缘地区）；
青藏区：高地型为主，中亚型渗入较多；
西南区：喜马拉雅-横断山脉型为主，结合各南方类型和部分北方类型的成分；
华中区：南中国型和其他南方类型，为华南区的简单化；
华南区：东南亚热带-亚热带为主，结合其他南方类型。

三、我国自然条件与动物群落的分布

从生态动物地理角度，我国三大自然区对陆栖脊椎动物的分布及生态均有明显的影响，形成与其相适应的三大生态地理动物群：东部季风区耐湿动物群，蒙新高原区耐旱动物群和青藏高原区耐寒动物群（图7）。三大群的优势种组成与生态习性的区域变化与三大区的自然条件在区内的变化是相适应的。阿尔泰森林带是一特殊的环境，其动物群属寒温带针叶林带。

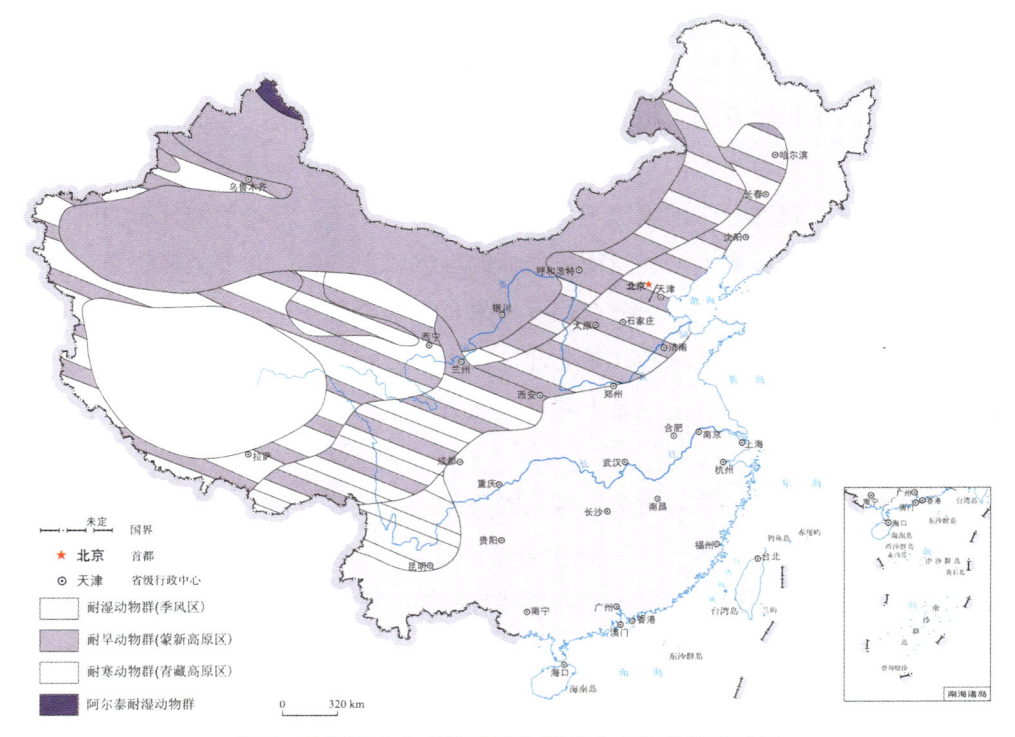

图7 我国三大生态地理动物群的分布及其相互渗透

季风区动物群最主要的特点是南北耐湿动物在区内不同程度地相互渗透，在区内的变化主要是南北方向的，表现在对温度条件的适应，受热量带的影响（图 4）。夏季南北温度差别较小，有利于许多热带、亚热带种类特别是鸟类的北伸；而冬季南北差别较大，不利于北方种类的南伸，只有少数全北界类群的少数种向南伸展较远。

蒙新区动物群的变化，主要受湿度的影响，变化方向是东西的，以小型啮齿类为例，东部草原优势成分为田鼠群（中生性），中部半荒漠为沙鼠群（半旱生-旱生性），西部为跳鼠群（旱生性）。

青藏区动物群的变化，主要表现在对高寒条件的适应，从东部边缘向中心过渡，随生态环境由高山森林草原至高寒荒漠的变化，动物种类迅速减少而群落结构显著贫乏化。

三大生态地理动物群之间，存在着相互渗透的地带。此渗透带沿季风区西部纵贯整个中国（图 7）。季风区动物向外渗透，取决于湿度条件，如麅（*Capreolus capreolus*）沿山地森林-森林草原可进入内蒙古阴山和祁连山等山地，田鼠（*Microtus* spp.）沿局部潮湿地段进入内蒙古中西部。华北和东北西部为半湿润地带，春旱明显，景观开阔，为耐旱动物向东渗透的缺口，如沙蜥（*Phrynocephalus*）、小沙百灵（*Calandrella rufescens*）、达乌尔黄鼠（*Citellus dauricus*）等等。另一方面，这一缺口对广布我国东部的湿生种类来说是一个不利的环境，因而形成分布区内数量最低或种群缺失地段，如黑线姬鼠、苇田鼠（*Microtusfortis*）、水獭（*Lutra*）、鼩鼱（*Sorex* spp.）等。耐旱动物向青藏高原渗透的幅度较大，如沙蜥、毛腿沙鸡（*Syrrhaptes*）、沙百灵（*Calandrella*）和鹅喉羚（*Gazella subgutturosa*）等等。

横断山脉是三大动物群的互相交错地带。据郑作新、谭耀匡、李永新（1964,1965 年）的材料进行分析，可以看出我国东部湿润地区动物的水平分布延至横断山脉，即转变为相应的垂直分布。垂直自然分带的地理学特性不同于水平分带，它对动物分布的阻限作用，小于水平分带。横断山脉纵向河谷受南来气流的影响较大，南、北方类群特别是前者，其垂直分布幅度大都超过相应的水平分布幅度（图 8）。哺乳动物中也有类似情况，如猕猴在我国东部最北只能分布至落叶阔叶林带北部，在横断山脉可分布至 3,000 米的针叶林带。这是三大动物群在此混杂，同时也是上述南、北方动物种的分布型在此相互重叠最为明显的主要原因。

我国三大动物群反映动物界对大区域气候条件的适应，是我国生态地理动物群的最高一级的划分。我国各主要气候-植被带的生态条件对动物生活有直接的影响，各带中的动物组成和生态各不相同。各带中的优势种为自然环境中的积极因素，与人类活动有密切的关系。可将我国三大动物群再划分为以下七个基本的生态地理动物群：

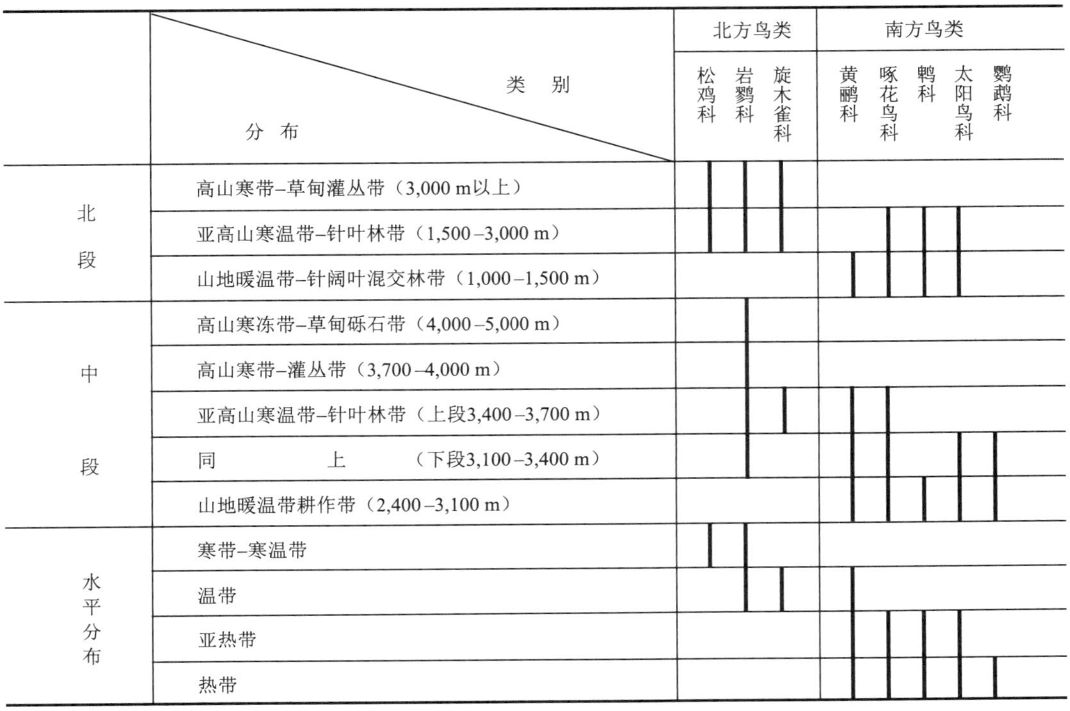

分布 \ 类别	北方鸟类 松鸡科	北方鸟类 岩鹨科	北方鸟类 旋木雀科	南方鸟类 黄鹂科	南方鸟类 啄花鸟科	南方鸟类 鸭科	南方鸟类 太阳鸟科	南方鸟类 鹦鹉科
北段 高山寒带-草甸灌丛带（3,000 m以上）		▮				▮		
北段 亚高山寒温带-针叶林带（1,500–3,000 m）		▮				▮	▮	
北段 山地暖温带-针阔叶混交林带（1,000–1,500 m）		▮				▮		
中段 高山寒冻带-草甸砾石带（4,000–5,000 m）		▮						
中段 高山寒带-灌丛带（3,700–4,000 m）		▮						
中段 亚高山寒温带-针叶林带（上段3,400–3,700 m）		▮						
中段 同 上 （下段3,100–3,400 m）		▮						
中段 山地暖温带耕作带（2,400–3,100 m）		▮						
水平分布 寒带-寒温带		▮						
水平分布 温带		▮						
水平分布 亚热带					▮	▮		
水平分布 热带					▮	▮		▮

图 8　横断山脉若干鸟类垂直分布与水平分布的比较

(据郑作新、谭耀匡、李永新 1964、1965 资料整理)

（1）寒温带针叶林动物群：组成最简单的森林动物群。哺乳动物中半数以上为北方针叶林类型，优势成分有麝（*Moschus moschiferus*）、野猪（*Sus scrofa*）、灰鼠（*Sciurus vulgarts*）、䶄（*clethrionomys* spp.）、沼地田鼠（*Microtus maximowiczii*）、黑线姬鼠。

（2）温带森林-森林草原、农田动物群：除东北东部森林带，大部分为适应于开阔景观的种类所栖息。由于南、北方动物区系成分的相互渗透及干旱地区成分的侵入，组成较复杂。哺乳动物中的优势成分有鼹、野猪、黑线姬鼠、田鼠（*Microtus* spp.）、仓鼠（*Cricetulus* spp.）、鼢鼠（*Myospalax* spp.）、麝鼹（限于华北）等。

（3）温带草原动物群：景观开阔而单纯，动物组成亦较简单。哺乳动物的贫乏程度与青藏高原内部相似，但优势成分的种群数量很高，密度分布在自然情况下比较均匀，如黄羊（*Procapra gutturosa*）、草原田鼠（*Microtus brandti*）、达乌尔黄鼠、草原鼠兔（*Ochotona daurica*）、草原鼢鼠（*Myospalax aspa-lax*）。

（4）温带荒漠、半荒漠动物群：动物生活条件比草原差，但生境类型比草原复杂，有较多的特化种类，组成较复杂。哺乳动物中优势成分有鹅喉羚、多种跳鼠和沙鼠。

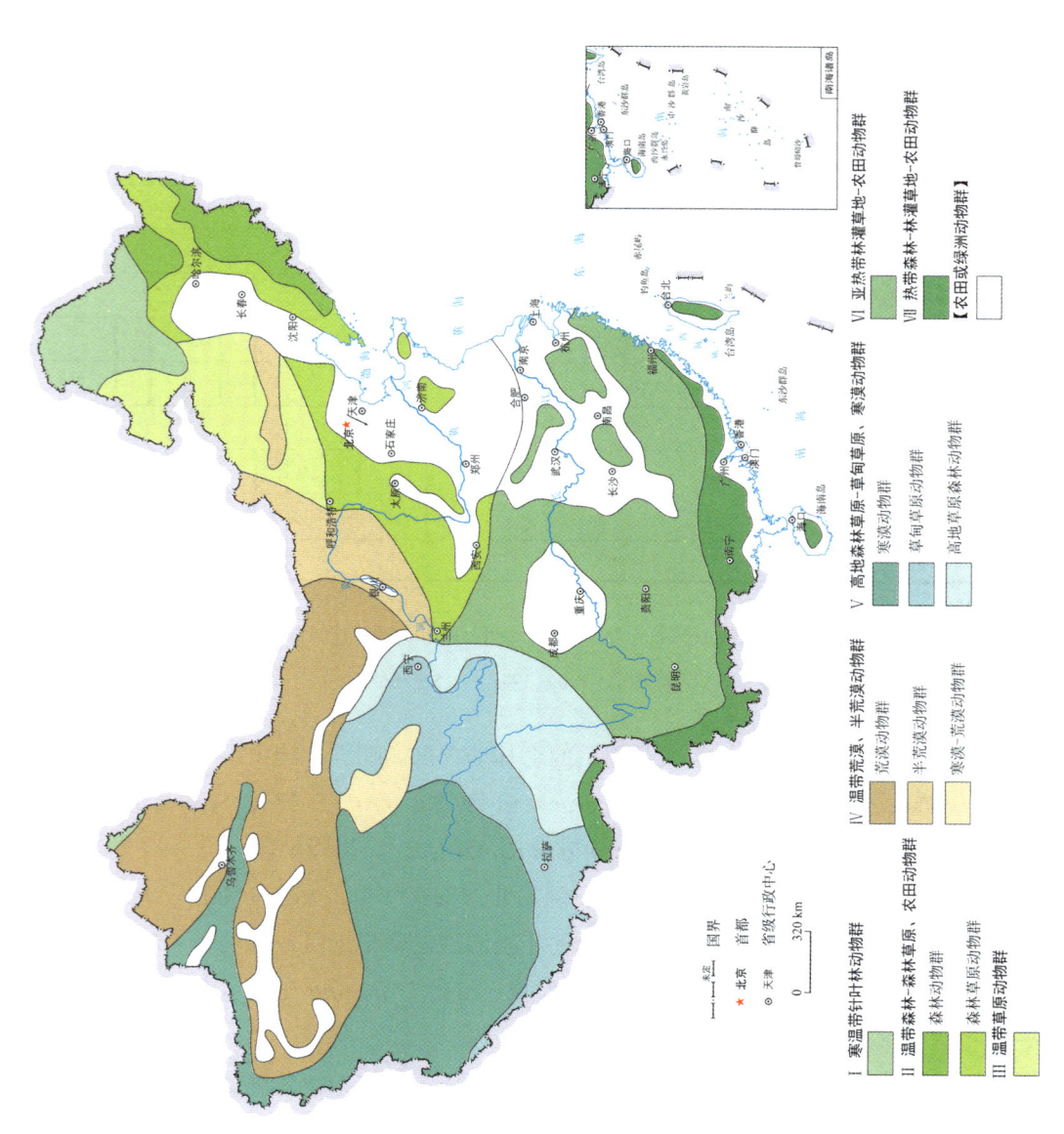

图 9　中国生态地理动物群分布图

（5）高地森林草原-草甸草原、寒漠动物群：青藏高原东南部边缘森林草原带由于垂直自然分带，动物组成比较复杂，但高原内部，自然条件严酷，组成最为简单。总的来说，森林动物不占重要地位。哺乳动物中的优势成分有原羚、藏羚、黑唇鼠兔、白尾松田鼠和喜马拉雅旱獭，大部分地区种群密度低，分布极不均匀。

（6）亚热带林灌、草地、农田动物群：动物组成显较北方各动物群丰富，特别是西部地区。哺乳动物中优势成分有牙獐（*Hydropotes inermis*）、小鹿（*Muntiacus reevesi*）、几种鼬科动物、黑线姬鼠、家鼠（*Rattus* spp.），少数种类占优势的情况不如北方明显。

（7）热带森林-林灌、草地、农田动物群：动物组成最丰富，特别在西部山区，特有种很多。优势现象在自然生境中不明显。哺乳动物中以翼手类、松鼠科、灵猫科和家鼠属（*Rattus*）的一些种类最常见。在农田中家鼠属的某些种和板齿鼠（*Bandicota indica*）可以形成优势。有蹄类中以赤鹿（*Muntiacusmuntijak*）较为常见。

我国生态地理条件有两个极端，即海洋性湿热气候（热带森林）与大陆性干旱气候（荒漠），与此两极端相适应的两群动物即热带森林-林灌、草地、农田动物群和温带荒漠、半荒漠动物群。两者的动物组成和生态地理特征亦各趋极端。从哺乳动物来看，此两极端动物群各具有较多的特有种（分别为 36 种与 28 种），区系组成的丰富程度则甚为悬殊，表明生态条件差别很大。位于热带的海南岛和台湾岛因环境孤立，种类比大陆少，但仍较辽阔的荒漠、半荒漠地带及其他北方动物群为多，组成亦显较复杂（表2）。两群动物的生态地理特征是彼此相反的，见下表：

表2 我国各生态地理动物群哺乳动物种、属、科、目统计

		I 寒温带针叶林动物群	II 温带森林(1)森林草原、农田(2)动物群		III 温带草原动物群	IV 温带荒漠、半荒漠动物群	V 高地森林草原(1)草甸草原、寒漠(2)动物群		VI 亚热带林灌、草地、农田动物群		VII 热带森林-林灌、草地农田动物群			
			(1)	(2)			(1)	(2)	西部	东部	西部	东部	海南	台湾
种	特有	5	2	4	3	28	10	6	19	0	36	1	3	8
	与邻带共有	46	52	59	36	37	51	32	144	130	130	118	67	56
	小计	51	54	63	39	65	61	38	163	130	166	119	70	64
	共计（特有）	51(5)	91 (7)		39 (3)	65 (28)	80 (16)		168 (27)		183（37） 194 (48)			
属		34	44	49	27	43	44	25	94	78	95	69	50	47
科		13	17	19	11	16	16	12	27	24	31	25	20	21
目		6	7	7	5	7	7	7	8	8	9	8	8	8

表 3 我国两极端动物群生态地理特征比较

	热带森林-林灌、草地农田动物群 （湿热极端）	温带荒漠、半荒漠动物群 （干旱极端）
食料条件 掩蔽条件（相应的习性） 种群结构、繁殖特点 越冬习性	复杂、丰富、稳定 隐蔽、复杂（短距离活动、树栖营巢等为主） 种类多，个体数量少。繁殖节律不明显，数量年变稳定 无	简单、不稳定 开阔（结群或地下洞穴生活、奔跑及挖掘能力强） 种类少（除少数特有类群），个体数量多。繁殖期明显，数量年变多不稳定，甚至显著波动 储藏、冬眠或长距离迁徙

随地理位置与自然条件的变化，在此两极端间的各动物群组成的丰富程度及生态地理特征相互转化的趋势（图10）呈规律性的变化。我国热带范围狭窄、山地很多，热带森林动物的组成和生态特征向湿寒和高寒两个方向的变化是迅速的。例如，在进入南亚热带或本带中海拔较高的山地时，特有种类即显著减少，某些动物，特别是变温动物，即可出现冬眠习性。另一极端（荒漠、半漠动物群）向湿寒方向（温带草原-寒温带和温带森林）变化时，动物的组成因特有种类减少而较简单，但极端的生态地理特征则因植被条件改善和冬雪较多而趋减弱，在啮齿类中还出现雪下活动的种类，有蹄类只是季节性转移生境，而

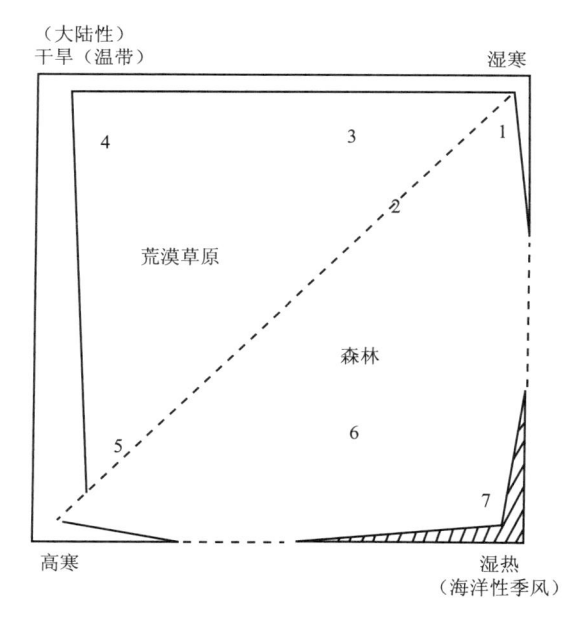

图 10 我国动物生态地理特征趋势（空心框体与斜线框体的粗细变化表示趋势的强弱，数字表示 7 个动物群的相对位置，数字大小表示各群所占面积的相对大小）

非长距离的迁徙。相反，向高寒方向则由于气候和植被条件恶化，随海拔增加，偏离正常生活条件越远，群体结构越趋简单，如羌塘高原（高地草甸、草原、寒漠）面积约相当于我国东部的亚热带或三倍于温带草原，但哺乳动物只有38种，贫乏程度为全国之最。高原上生长季短促，迫使有蹄类长距离地迁移找寻草场，甚至挖食幼苗和根茎。啮齿类越冬习性越形强化，繁殖期缩短或延迟并减为一次。

在同一自然带中，不同的地形、水文、现存植被和人类经济活动均影响动物的组成和活动。视研究目的和实践要求，对各动物群可作进一步的细分。

四、结论

我国现代陆栖脊椎动物区系的区域差异是第三纪晚期以来三趾马动物群在古地理变迁的影响下，几经分化的结果（图1）。我国古北界动物区系的区域分化具质的（亚界的）差异与我国北方东、西部分地理环境各趋极端的变化有关，而东洋界的热带动物区系在我国境内过渡特征（图4）是更新世以来热带属、种不同程度地向南退缩（图2）的趋势延续至今的反映。青藏区与蒙新区，特别是前者的羌塘高原亚区与后者的东部草原亚区，动物区系组成接近，分化水平低（属下或种下），不仅表明两者关系密切，而且证实青藏高原形成历史晚近。我国东部与欧洲某些种的间断分布（图3）是更新世冰期进退对欧亚北部动物分布强烈影响的痕迹。台湾岛与海南岛动物区系分化水平低，与大陆隔离历史尚短有关。台湾岛与海南岛不同，前者具有某些大陆温带-亚热带的代表成分，后者则全为热带成分，表明在更新世时大陆动物区系的地区差异对陆缘岛屿的影响。横断山脉地区成为现代物种保存中心或形成中心，与更新世时未发生过广泛的冰盖及特殊的自然景观有关。

根据动物分布区的特征，可将我国陆栖脊椎动物分为许多类型（按"科"为10个，按"种"为9个，表1、图5）。通过对"科"及"种"的分布型及其相互关系（图6）的分析，有助于说明我国现代动物区系地域分化的历史原因及其与现代自然条件间的关系，是动物地理区划研究的一个重要的补充。

从生态动物地理的角度，可将我国分为三大生态地理动物群：东部季风区耐湿动物群、蒙新高原区耐旱动物群和青藏高原区耐寒动物群。与自然条件的过渡性相适应，不但各区内部动物组成呈相应的变化，而且三者之间相互渗透（图7）。华北-东北平原有一耐旱动物向东渗透的缺口。横断山脉是三大动物群相互交错的地带，除历史原因，与动物垂直分布幅度大于水平分布幅度有关（图8）。蒙新高原与青藏高原间动物相互渗透的幅度大，反映两者古地理历史的密切关系。与我国植被带相联系，还可划分7个基本的生态地理动物群（图9）。第4群（荒漠半荒漠的）与第7群（热带的）的生态条件各趋极端（大陆性干旱气候与海洋性湿热气候），与此相适应，各具有较多的特有种。就整体而言，动物生态习性亦呈相反的特征（表3）。其他各群，无论在区系组成上（表2）或生态特征上均随自然条件的区域变异，呈规律的变化，在两个极端的基础上减弱或加强（图10）。

参考文献

[1] 刘承钊、胡淑琴：中国无尾两栖类，科学出版社，1-361, 1961。
[2] 沈考宙：西藏哺乳动物区系特征及其形成历史，动物学报 15(1) 139-148, 1964。
[3] 陈万勇、范贵忠、于浅黎: 1977，西藏吉隆盆地上新世沉积相、粘土矿物特征及古气候，古脊椎动物与古人类 15(4)261-270。
[4] 郑作新：中国钩嘴鹛的系统分类研究，动物学报 14(2) 197-218, 1962。
[5] 郑作新，张荣祖，马世骏：中国动物地理区划，中国昆虫地理区系(初稿)，科学出版社，1-97, 1959。
[6] 郑作新，谭耀匡，李永新：四川西北部鸟类区系调查，动物学报 17(4) 435-450, 1965。
[7] 郑作新：中国鸟类分布名录，第二版，科学出版社，1-1218, 1976。
[8] 周明镇：中国第四纪动物区系的演变，动物学杂志 6 274-278, 1964。
[9] 郭旭东：珠穆朗玛峰地区第四纪冰期和气候，珠穆朗玛峰地区科学考察报告 1966-1968, 第四纪地质，科学出版社 63-78, 1976。
[10] 南京大学地理系地貌学教研组：中国第四纪冰川与冰期问题，科学出版社，1-172, 1974。
[11] 高耀亭，冯祚建：中国灰尾兔亚种的研究，动物分类学报 1(1) 19-29, 1964。
[12] 裴文中：中国第四纪哺乳动物群的地理分布，古脊椎动物学报 1(1) 9-24, 1957。
[13] 谭耀匡，郑作新：云南玉龙山鸟类的垂直分布，动物学报 16(2) 295-314, 1964。
[14] Dralington, P. J., Jr. Zoogeography, John wiley & sons, inc. 128-616, New York. 1957.
[15] Ellerman, J. R. and T. C. S. Morrison, Checklist of Palaearctic and Indian mammals 1758—1946, Tonbridge Printers Ltd. Kent, 1-810, 1951.

ON THE ZOOGEOGRAPHICAL CHARACTERISTICS OF CHINA

Zhang Yong-zu

(Institute of Geography, Academia Sinica)

Abstract

The zoogeographical characteristics of China as reflected by the faunistic composition of terrestrial vertebrates has resulted from the successive differentiations from the *Hipperion* group since late Tertiary (Fig. 1). In the Palaearctic realm, the adjustment to the diversification of environment between the west and the east of the country has brought about further regionanization. On the other hand, the discontinuons distribution of some species over China in the east and Europe in the west (Fig.3) may bear evidence of how the Pleistocene glaciation influencing the animal distribution in N.Eurasia. Of the Oriental realm, the transitional character shown by the tropical animals (Fig. 4) has been consequent to the southward recession (Fig. 2), which, as far as some genus and species are concerned, has been in progress ever since Pleistocene.The Tibetan and the Mongolia-Sinkiang Regions approximate in components, particularly so in the steppe areas. Their close relationship, as well as the recency of the uplifting of Tibetan plateau, might explain the slight differentiation (on the level of species or lower) from each other. Between Taiwan and Hainan, a similarily lies in the slight differentiations due to the recency of being separated from the mainland,but a dissimilarity stands out when the temperate and the subtropical elements in Taiwan are compared with the completely tropical elements in Hainan. This distinction may have been descended from their respective affinities to the neighboring parts of the mainland. The uniqueness of the Southwestern Region with parallel ridges and gorges being unaffected by the last glaciation is expressed by its function of preserving some animals or forming centers of distribution.

From an ecological viewpoint, 3 main groups of vertebrates have been observed in China (Fig. 7), i. e., the monsoonal group of hygrocoles, the Sinkiang-Mongolian group of Xerocoles, and the Tibetan group of cryocoles. The components of each group vary as the habitates, and they intermingle in the boundary areas. The interspersion is particularly obvious (1) in the Southwestern Region of ridges and gorges (Fig. 8), where the vertical zonation far exceeds the horizontal, zonation; and (2) the region between the Tibetan and the Sinkiang-Mongolian groups (Fig. 7), where the palaeogeographic process has drawn close with each other.

A scheme of subdividing these 3 groups into 7 in accordance with the vegetation formations has been suggested (Fig. 9). Groups 4 (desert and semidesert) and 7(humid tropical) represent the two extremes (contimental dry on one hand and maritime humid on the other) with their respective endemic animals, while other groups are transitional both in faunistic composition (Table 2) and ecological characteristics (Table 3).

"试论中国陆栖脊椎动物地理特征——以哺乳动物为主"解读

李宜垠　刘鸿雁

　　张荣祖生于1925年，其父亲是著名动物学家张作人教授。他1950年毕业于中山大学地理系，同年分配到中国科学院地理研究所工作，是中国科学院地理研究所筹备时期的元老之一，也是我国生物地理学和动物地理学的学术带头人之一。苏联著名动物地理学家 А. П. 库加金教授曾于20世纪50年代来华教学，张荣祖等中国动物地理的奠基人深受其影响。从1963年开始，他多次参加中国科学院组织的"珠穆朗玛峰地区综合考察"，积累了丰富的动植物资料；1984—1985年，他考察了横断山脉，并组织梳理了喜马拉雅—横断山各地段的基本资料。他发表的多篇研究论文和专著影响深远。例如他系统整理和编辑的"中国哺乳动物分布"使动物地理学研究有了基础资料；他的专著《中国动物地理学》的出版是中国动物地理学发展的一个里程碑。张荣祖重视把生物地理学研究与生产实践相结合。2007年，年逾80岁的他完成了"中国自然保护区区划系统研究"课题，以期为自然保护区的建立、管理提供理论依据。

　　1949年以前，中国的动物地理学研究非常薄弱，甚至没有成为一个独立的学科，受重视程度远弱于植物地理。20世纪50年代开始，随着中国科学院地理研究所的成立，动物地理学的研究逐渐展开。20世纪70年代以后，随着中国开展了广泛的

作者介绍：刘鸿雁（1968— ），男，湖南茶陵人，北京大学城市与环境学院教授，中国地理学会会员号（S110004401M），研究方向为生物地理学。E-mail: lhy@urban.pku.edu.cn

动物区系调查，积累了丰富翔实的动物分布资料。张荣祖通过整理、分析哺乳动物的研究成果和资料，就三个方面进行了开创性研究：①动物区系的区域分化与地理环境的变迁；②动物分布型与动物区系；③我国自然条件与动物群落的分布，例如"动物区系的区域分化与地理环境的变迁"一文。

在该文中，他提出第四纪环境变迁深刻影响着动物区系的分化过程及分布格局。众所周知，"我国现今的动物群是由第三纪晚期以来三趾马动物群演变分化而来"。但是，中国南北方表现出不同的特征：北方动物区系分化明显，南方不明显；我国东部与欧洲某些"属""种"（例如刺猬）形成间断分布。这种南北方分化程度的差异及常见的间断分布格局可能与第四纪冰期时寒冷气候带由北向南伸展至东北平原一带，向南逐渐减弱有关。横断山脉特有种非常丰富，可能是由于第四纪中低纬度地区没有大的冰盖，只是在冰期-间冰期山谷冰川发生进退而引起的自然带的垂直位移，造就多种生境，而且这种位移距离短，易于动物迁徙，有利于增加生物多样性。台湾岛与海南岛动物区系与大陆动物区系关系密切，反映了两个岛屿在第四纪受海平面的升降的影响，曾与大陆隔离或接触，动物区系发生间断或交流。此外，青藏高原的隆升使蒙新区和青藏区地理环境差异明显，但是，极端干旱的蒙新区和极端寒冷的青藏区动物区系成分很相似，反映了两个区域有过密切相连的历史，有利于动物扩散交流。

在"动物分布型与动物区系"中，张荣祖按种的分布特点把我国陆栖脊椎动物分为九个主要分布型（四个北方型，五个南方型），依据分布型的比例划分不同的动物地理分区。"分布型"的划分是动物地理区划研究的一个重要的补充，使动物地理分区的定量化成为可能。

在"我国自然条件与动物群落的分布"中，张荣祖按生态环境特点将我国分为三大动物群：东部季风区耐湿动物群、蒙新高原区耐旱动物群和青藏高原区耐寒动物群，三大动物群再进一步划分成七个生态地理动物群。三大动物群存在相互渗透的关系。蒙新高原区耐旱动物群与青藏高原耐寒动物群间相互渗透的幅度大，反映两者古地理历史的密切关系。横断山脉是三大动物群的交错带，反映生物在热带地区悠久的演化历史和垂直山地气候波动下的生境多样性。

该论文的发表填补了中国缺乏详细动物地理分布资料的空白，对中国动物地理学研究起到了很大的推动作用。尤其在解释动物分布格局和动物区划方面，缩小了与西方国家的研究差距，使中国的动物地理学研究提升了一个台阶。

张荣祖运用板块构造（青藏高原隆升）和第四纪环境变迁来解释生物分布格局的思想拓宽了研究思路，使难题迎刃而解。例如，令人不解的蒙新区和青藏区动物区系成分十分相似就是由于两个区域曾有过联系（青藏区的草原成分是由蒙新区进入的），后来青藏高原隆升导致现今青藏区和蒙新区具有差异明显的地理环境。另外，我国北方动物区系的区域分化明显，南方动物区系无明显区域分化则是由于北方第四纪环境变迁比南方剧烈得多；横断山脉的丰富的生物多样性是由于第四纪冰川沿海拔上下迁移造就了生境多样性形成的；第四纪海平面降低使海南岛、台湾岛与大陆相连，从而使海南岛、台湾岛的动物区系与大陆动物区系有密切关系。总之，"地理因素及环境变迁对我国生物区系的演变产生过重大影响，现生的生物区系也记录了地质历史变化历史"的思想已成为阐述现代生物分布格局的重要指导。

张荣祖所划分的动物分布型（种或科）被后人用于进行定量的动物地理区划研究，并且使分区更加细化。从1876年阿尔弗雷德·华莱士（Alfred R. Wallace）把全球划分成六大动物地理分区后，动物地理区划一直是动物地理学研究的核心内容。因为同一区域内的动物群具有相似的特征，不同区域间的动物群具有相异的特征，这反映了动物的历史演化及生态适应特征。分区有助于对动物群进行有针对性的研究和管理。寿振黄、郑作新和张荣祖等人把中国划分为古北界和东洋界，再细分为七个一级区：古北界又分为东北、蒙新、西藏、华北四个区，东洋界又分为华中、西南和华南三个区。该分区方案一直沿用至今，但是分界和分区的界线一直在争论或修正。例如，古北界和东洋界在我国境内的分界位置由于东部存在广泛的过渡地带（秦岭东西两侧、华北、华中和西南是过渡地带），西部存在复杂的山脉-峡谷地貌（横断山脉），这些都对确定分界位置造成了困难，引起了很多争论，但也成为了今后深入研究的方向。此外，东北区和蒙新区的分界线、西南区与华南区的分界线等都在不断修正。

张荣祖文中对现代动物地理格局的分析强调了景观对于动物地理格局的意义，继承和发展了以库加金为代表的苏联动物地理学"景观学派"的思想。他在1990年发表于《东北师范大学学报》的"动物地理学中的景观学派——为纪念导师库加金而作"一文中进一步阐述了景观学派的思想。这一学派认为在景观综合体中起作用的不是传统区划中强调的少见种和稀有种,而是在个体数量上占优势的优势种。同时,这一学派也强调自然地理要素间关系的区域差异性,突出优势种在不同景观区中的不同作用以及与其他要素的不同关系,将其作为动物地理区划的重要依据。景观学派提倡理论和实践的结合,强调动物地理研究在动物资源利用和保护工作中的意义,认为少见种和稀有种曾经可能也是优势种,基于优势种的动物地理区划能够更好地从物种丰度变化的角度进行动物保护。

张荣祖文中对现代动物地理格局的分析建立在动物区系的区域分化和地理环境变迁的基础之上,强调了现代自然地理格局与过去环境演变的有机结合。苏联植物地理学家 E. B.吴鲁夫指出,任何现代植物地理分布格局都是历史演化的产物。植物地理学和动物地理学在内的生物地理学的发展无疑需要古地理研究的支撑。张荣祖论文中的古今结合思想对于当前全球变化背景下的生物地理学研究仍具有指导意义。

综上所述,虽然该文聚焦于以哺乳动物为主的中国陆栖脊椎动物分布特征,但该论文强调了应从景观要素间相互作用以及古地理演化的角度来认识当前的生物地理格局。该文是我国动物地理学发展过程中的阶段性总结和标志性工作之一,对整个生物地理学乃至自然地理学的发展也起到了一定的推动作用。

试论青藏高原的自然地带*

郑　度　张荣祖　杨勤业

（中国科学院地理研究所）

雄伟壮丽、气势磅礴的青藏高原[①]，以其自然历史发育的年青，自然地理景观的独特和对周围区域的巨大影响吸引着人们的密切注意，也是地学、生物学领域解决若干重大问题的关键地区。

第三纪以来的地壳运动使特提斯海撤出，喜马拉雅崛起抬升。上新世时青藏地区平均海拔约千余米，具有热带-亚热带森林和森林草原的自然景观[②]。接着整个地区大幅度、有差别地强烈隆起，揭开了高原自然历史的重要一页。

青藏高原所处的地理位置、高亢的地势、辽阔的面积及其热力、动力作用，使她既不同于位居高纬度、景色单调的格陵兰和南极洲高原，又有别于分布范围狭窄的中低纬度上的其他高山，具有复杂的自然条件，成为一个水平地带与垂直带紧密结合的独特的自然地域单元。

对于青藏高原内部自然地域的分异，历来在有关的著作中都曾给予相当的重视[1]-[11]并分别在不同程度上涉及地域差异的性质和自然地带的划分等问题。现根据若干年来野外考

第 34 卷第 1 期，1979 年 3 月

引用本文：郑度, 张荣祖, 杨勤业. 试论青藏高原的自然地带. 地理学报, 1979, 34(1): 1-11. [Zheng Du, Zhang Rongzu, Yang Qinye. On the natural zonation in the Qinghai-Xizang Plateau. *Acta Geographica Sinica*, 1979, 34(1): 1-11.]

* 本文是中国科学院青藏科考队自然地理组 1973—1976 年考察的研究成果之一。文中所涉及的西藏部分是在青藏科考队有关专业组参加的西藏综合自然区划工作的基础上进行的，我们引用了部分有关资料，特此志谢。

① 本文所指的青藏高原是广义的，大体指北起昆仑山、阿尔金山和祁连山，南抵喜马拉雅山，东及横断山脉中北部，西达国界的我国青藏地区，面积约达 250 万平方公里。讨论中还涉及属于高原外缘的西藏东南部低海拔的喜马拉雅南翼地区。

② 李吉均等：青藏高原隆起的时代、幅度和形式的探讨，1978，未刊油印稿。

察的认识和有关资料对青藏高原的自然地带做初步的探讨。

一、青藏高原自然地域分异的基本性质

地表自然界的区域分异是地带性因素和非地带性因素相互制约、共同作用的结果。19世纪初叶，Humboldt A.发现了植被分布的水平分异性与垂直分异性；其后 Докучаев В. В. 阐述了世界地带性的总规律，Григорьев А. А. 等又给予了更科学、更精辟的说明；20世纪中叶，Troll C.提出了关于地球表面地理实体、景观型和生态系三度空间排列的比较地理学观点，在高山自然地理研究中引入了"三向带性"的概念[9],[12]。

青藏高原明显地破坏了亚欧大陆上纬向地带分布的一般规律，以致许多人把她视为独特的自然地理单元。但在南北跨越纬距约12度的高原范围内，作为纬向地带性主要因素的太阳辐射仍然显示出它的重要影响，表现为温度（年均温、最冷月均温等）从南到北递减，垂直自然分带界线的海拔高程也沿同一方向降低。例如，位于高原南缘的喜马拉雅山脉中段南翼与地处高原北侧的祁连山中段北翼相比较，森林上限和雪线分别高出约600—1,000米，如考虑到降水条件，这一差异将更突出。高原上辐射平衡和温度等项要素在空间上呈"同心弧状"的分布趋势虽也含有纬向差异在内，但在更大程度上却反映了地势结构和海拔高度等因素的影响，即以平均海拔大于5,000米的羌塘高原北部和昆仑山为中心向周围地区倾斜而引起的。所以高原的自然地域并不是简单地表现为一般的纬向地带分异。

高原上的主要山脉呈近东西向延伸，西北部保存着较完整的羌塘高原，东南部横断山区转为近南北向的高山峡谷，呈西北高、东南低的地势特点。由于高原冬半年为高空西风带所制约，夏半年受湿润气流的影响，形成了东南湿润、西北干旱的明显差异①,[13]；加上西北毗连着极端干燥的亚洲中部荒漠，北来的可降水汽甚微，这种地域分异就更加突出了。正是上述的地势格局和大气环流特点构成了高原温度、水分条件地域组合的不同，呈现从东南暖热湿润向西北寒冷干旱递变的大致趋势，在自然景色上表现为森林、草甸、草原、荒漠的带状更迭，和我国大陆由东南到西北的经向地带性规律十分相似，具有水平地带分异的特点。

但是高原上这些自然地带与低海拔地区相应的水平地带有着质的不同。青藏高原平均海拔4,000米以上，大气质量平均相当于海平面的5/10—6/10，由于大气洁净、水汽含量少，太阳辐射通过大气的光程较短，高原上大部分地区年总辐射量达150—190千卡/厘米^2，是

---

① 杨鉴初、陶诗言等：西藏高原气象学，1960，科学出版社。

我国年总辐射量最大的地区之一；同样，有效辐射也很强，因而地表辐射平衡值与同纬度低海拔地区接近，约为 60—80 千卡/厘米^2·年[1]。高原中、北部一月平均气温低达 –15—–18℃，即使在最暖的七月也有大片地域平均气温低于 10℃，均比同纬低地降低约 15—20℃；而气温日较差则比同纬低地大一倍左右。此外，降水、湿度等也有很大的不同。因而高原上具有一系列迥异于低海拔区域的自然特点，如现代冰川发育，物理风化（寒冻及冰缘）作用较强，化学风化较弱，地面物质机械组成粗，土壤发育差、土层浅薄，主要植被是适应大陆性寒温生境的各类草原、荒漠和草甸，植物区系在本质上属于温带性质[2]等。因此可以认为，青藏高原上自然地带的水平分异是亚欧大陆东部低海拔区域相应水平地带在巨大高程上的变异，地势和海拔引起的辐射、温度和水分条件的不同是这一变异的主导因素。

青藏高原是由一系列高大山脉及其间的高原宽谷盆地组成的巨大山原，在边缘地区形成高差显著、各具特色的垂直自然带，与毗邻的水平地带有密切的联系；而在高原内部也矗立着高差达千米的许多高山，发育着不同的垂直自然带，其基带或优势垂直自然分带在高原面上联结、展布，反映出自然地带的水平分异，反过来又制约着其上垂直自然带的一系列特点。这样，青藏高原上自然地带的水平分异和自然带的垂直变化犬牙交错、互相结合，是三向带性原则在广袤高原基础上的发展，显示出自然地域分异的独特性，是一般范围狭小的高原山地所不能比拟的。

由于青藏高原自然历史发育的年青性，第四纪以来地壳的强烈隆升活动和自然历史的变迁在高原自然界的形成中有重要的作用，如古冰川地貌、多年冻土、干缩湖盆、边缘深切峡谷等残留、遗留、消退和进展性因素往往以景观形态广泛分布，常与具一定特点的大地貌单元相结合，有着明显的区域差异；而高原上寒冷干旱的大陆性气候的形成和发展也对现代自然地理过程有巨大的影响，这些都和自然地带的分异有着密切的联系。因此，应从四度时空的角度来阐明高原自然地带的形成及其基本特征，但在这一方面的工作，我们做得很不够，有待今后进一步开展。

二、青藏高原自然地带的形成背景

青藏高原的地势结构和大气环流特点在其自然地带的形成中起着重要的主导作用。

---

[1] 曾群柱等：青藏高原辐射平衡的研究，全国冰川、冻土学术会议论文，1978。左大康：中国地表辐射平衡的时空分布，地理集刊，第 6 号，1963。南京大学气象系：青藏高原地区辐射平衡各分量的计算和分布（简介），1974，油印稿。
[2] 武素功：试论西藏植物区系的分区，1977，油印稿。

据研究[①],[13],[14]，作用于高原的大气环流大体上冬半年为高空西风气流所支配；夏半年来自印度洋和南海的湿润气流影响着高原的东部和东南部，向西北逐渐减弱，高原上空为强大的青藏高压所在，本身为一巨大的环流系统。它们的影响随季节而变。10—4月高原主体为一冷高压，在高原西风气流控制下，形成晴朗、干燥、多大风的气候特点；受高原阻挡分成南北两支西风急流，于东部青、川、甘交界处汇合成冷性松潘低压。4、5月间高原地表急剧加热增温，与自由大气相比为强大热源所在的"热岛"，形成地面热低压并产生高空的青藏高压；使南亚副热带环流发生突变，高原上空西风带北撤，北边极地西风急流加强；6—9月来自印度洋和太平洋的湿润气流向北、向西伸入高原，大部地区云量加大、降水增多，各地先后进入雨季。

大气环流形势的这些变化随着高原各地位置和地势结构的不同制约着高原自然地带的分异和形成。

横亘于高原南缘的喜马拉雅山脉有明显的气候屏障作用。主要表现在它迎向来自印度洋的湿润气流，拦截了大量降水，它阻挡了北方冷空气的入侵，使喜马拉雅山脉南翼具有暖热湿润的气候。这里所发育的热带雨林和半常绿雨林，沿雅鲁藏布江下游谷地向北上溯到北纬29°，远超出其他大陆北热带北界所在的纬度；同时，在纬向因素的制约下垂直自然带谱又有别于典型热带山地，具有亚热带山地的一系列特征。

从川西至藏东的横断山脉中、北段向西与雅鲁藏布江中、下游相连，近南北向延伸的谷地成为来自印度洋和南海的湿润气流北上的通道。湿润夏季风的北界在高原东部平均为北纬35°左右，因而东南部山地生长着茂密的森林，具有湿润-亚湿润的亚热带山地垂直自然带谱的色彩。由此向西北至那曲一带为夏季高原中部东西向的切变线所在，而且夏季那曲多低涡，是高原面上降水较多的地区，沿割切的高原宽谷发育着高寒草甸和灌丛为主的植被，其东的若尔盖气候寒冷、阴湿，沼泽广布。

高原上自西南向东北延伸着范围广袤的半干旱区域，但内部亦有明显的地域差异。受喜马拉雅山脉中段的屏障，藏南处于干燥的雨影带，降水比喜马拉雅南翼山地大为减少；雅鲁藏布江谷地处于下沉辐合的热低压区，温暖干燥、降水少[②]，生长着旱生中温型植被，具有独特的山地灌丛草原景观。

位居腹地的羌塘，地势高而开阔，经过层层阻截湿润气流的影响微弱，在高空西风带制约下天气较晴朗干燥，夏季位于北纬32°左右的切变线虽可形成一定降水，但较东部大为减少[③]。因地势最高、位置偏北，成为高原最冷的地区。在这样的气候条件下旱生的高寒

---

① 杨鉴初、陶诗言等：西藏高原气象学，1960，科学出版社。
② 汤懋苍等：高原地区降水量分布图的特征，1977，未刊稿。
③ 沈志宝：西藏阿里地区气候考察报告，1977，未刊稿。

草原占据优势地位，成为典型的地带性植被。唐古拉山以北长江黄河上源的青南高原受湿润气流的影响，湿度略大、降水较多，因而在半干旱的高寒草原上发育着具有高寒草甸的垂直自然带而有别于羌塘高原。

高原东北的青东祁连山地受高空西风带支配，晴朗干燥，夏季由于北支西风急流北撤、副热带高压向北推进，高压后部偏南暖湿气流带来较多水汽与西北方侵入的冷空气相遇，可形成较大范围的降水[①]，具有山地草原和针叶林交替分布的特殊景色。

具有荒漠景观的青藏高原干旱区域处于西北部。高原最西端，南有西喜马拉雅的屏障，北有昆仑山和喀喇昆仑山的阻挡，除阿里南部由于西风带低槽所致冬春有较多降雪天气[①]外，气候十分干旱。因地势海拔不同，温度条件差异较大，阿里以山地半荒漠和荒漠为地带性类型，昆仑则以高寒荒漠和半荒漠占优势。高原北部的柴达木一带全年均受高空西风带的控制，晴朗少雨、十分干燥，发育着典型的山地荒漠，是整个青藏高原最干旱的地区之一，仅其东部受到东南季风尾闾的余泽，降水稍多，具半荒漠的自然景色。

可见，耸立在对流层中部的青藏高原，以其高大突起的陆面所产生的热力、动力作用，不仅深刻制约着大气环流形势的变化，支配着亚洲季风的许多特色，而且通过大地势结构的不同对高原自然地域的分异有着决定性的影响。

三、青藏高原自然地带的划分

根据地表自然界区域分异的基本性质，以所处位置、地势结构及大气环流特点为背景，可将青藏高原划分为各具特色的若干自然地带。

自然地带是指温度、水分条件组合大体相近的区域，具有代表地域水平分异的共同的地带性植被和土被，垂直自然带的结构类型组合相同，因而土地利用特点及农林牧业的发展方向大体一致。由此，划分高原自然地带的主要依据首先是与植物生长及分布密切相关的温度、水分状况和反映温度、水分条件组合的植被、土壤类型，以及与这些因素有紧密联系的地势结构。由于地势起伏、高差悬殊，各自然要素的水平分异和垂直变化互相交错，为了先使水平地带性得到充分反映，须按一定区域内代表性的海拔高度范围来进行分析，然后再体现垂直带性的差异。

温度条件：温度是影响植物生长和分布的重要因素，人为措施不易大规模或长时间地改变它。以最暖月平均气温为主要指标，日均温稳定≥5℃的天数和影响作物越冬的温度条件为辅助指标，可划出寒冻、寒冷、温凉、温暖等地域类别（表1）。

---

① 甘肃省气象局编：甘肃省气候志，1965。

表 1 青藏高原区*温度条件的地域类别、指标及其自然生产特征

类别 \ 指标	最暖月平均气温（℃）	日均温≥5℃的天数（天）	极端最低气温多年平均值（℃）	自然生产特征	
寒冻	<6	<50	—	暖季融冻作用普遍，无农作	
寒冷	6—10	50—120	—	树木生长困难，无天然森林，局地可种青稞	
温凉	10—18	120—250	<-23	小麦越冬困难	有天然森林或可绿化造林；农作一年一熟，喜凉作物占优势
温暖			>-23	小麦可以越冬	
暖热	>18	>250	—	属高原以外，生长着热带、亚热带山地森林；农作一年两至三熟，可种水稻、茶树等喜温作物	

*青藏高原区包括高原以外的喜马拉雅南翼在内，下同。

水分状况：在一定的温度条件下，水分成为植物生长和分布的限制性因子。以干燥度（年蒸发力[①]与年降水量之比）作为主要指标，年降水量和年平均相对湿度为辅助指标划分为：湿润、亚湿润、半干旱、干旱和极干旱五个地域类别（表2）。

表 2 青藏高原区水分状况的地域类别、指标及其自然生产特征

类别 \ 指标	干燥度	年降水量（毫米）	年平均相对湿度（%）	自然生产特征	
湿润	<1.0	>800	>65	湿润森林，土壤呈酸性反应	
亚湿润	1.0—1.5	800—401	65—51	半湿润森林、中生灌丛草甸、土壤呈酸-中性反应	
半干旱	1.6—6.0	400—201	50—41	草原为主，土壤呈碱性反应，具碳酸盐残留特征，可有盐渍化，无灌溉则农作收成不稳。	
干旱	6.1—20.0	200—50	40—30	荒漠草原与荒漠，土壤呈碱性反应	无灌溉便无农作
极干旱	>20.0	<50		荒漠，土壤呈碱性反应	

由于水平地带性与垂直带性的紧密结合，高原上普遍发育的垂直自然带结构类型在自然地带的划分中有特殊重要的意义。青藏高原上垂直自然带的结构类型大体上可归纳为：海洋性湿润、亚润湿型与大陆性半干旱、干旱和极干旱型两大系统。前者以山地森林带为主体，其上有高寒灌丛草甸带，主要见于高原的东南部；后者以各类草原和荒漠占优势，广布于高原腹地和西北部。它们以各自特有的带谱结构类型反映出所在自然地域的水平分异，体现出温度、水分条件组合的区域变化，是划分高原自然地带的主要标志之一。

根据上述指标可以将青藏高原划分为若干自然地带，如图1所示。

[①] 蒸发力按彭门（Penman）公式计算，参见钱纪良、林之光：关于中国干湿气候区划的初步研究，地理学报，31（1），1965。

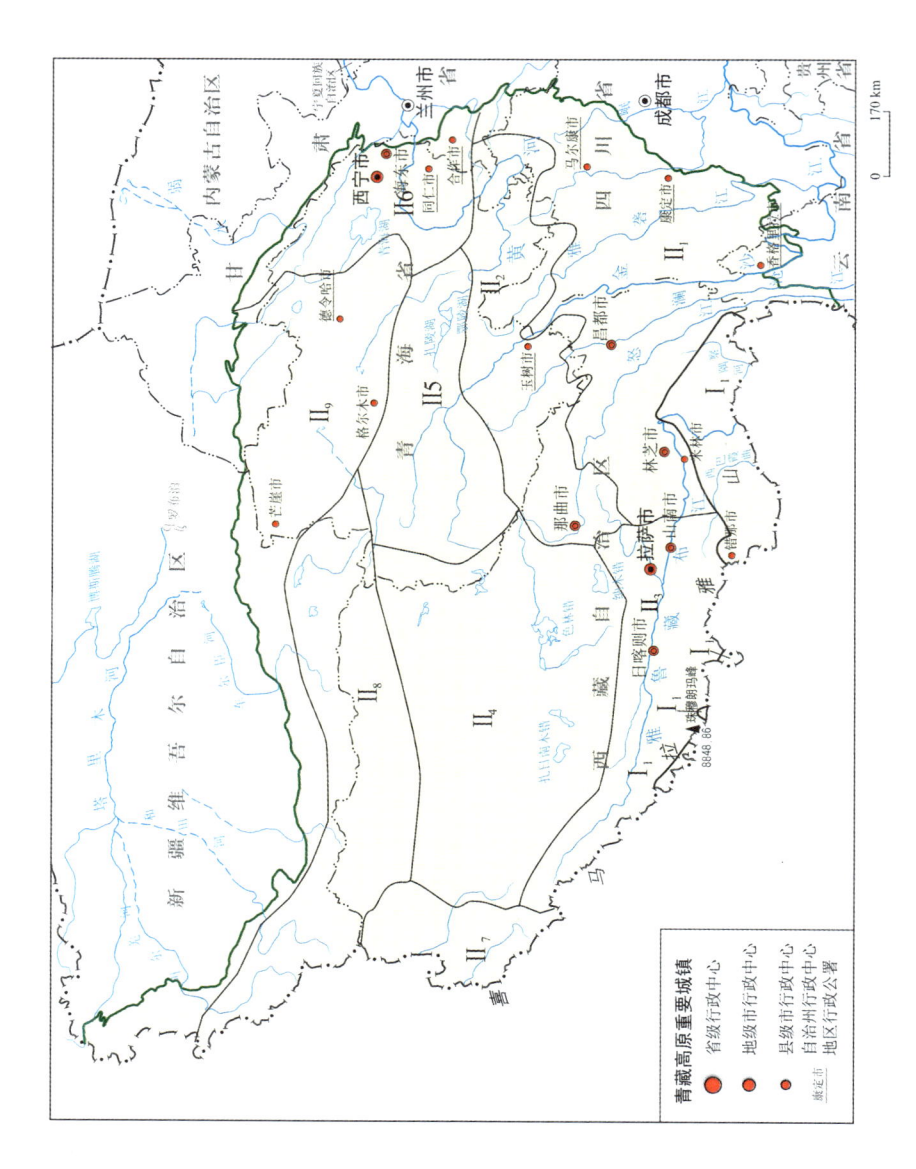

图 1 青藏高原的自然地带图

I 亚热带及热带北缘

I₁ 喜马拉雅南翼 亚热带及热带北缘山地森林地带（暖热、温润）；

II 青藏高原

II₁ 藏东川西 山地针叶林地带（温暖、亚湿润-湿润）；II₂ 那曲玉树 高寒灌丛草甸地带（寒冷、亚湿润）；II₃ 藏南 山地灌丛草原地带（温暖、半干旱）；II₄ 羌塘 高寒草原带（寒冷、半干旱）；II₅ 青南 高寒草原地带（寒冷、半干旱）；II₆ 青东祁连 山地草原与针叶林地带（温凉、半干旱）；II₇ 阿里 山地半荒漠与荒漠地带（温凉、干旱）；II₈ 昆仑 高寒半荒漠与荒漠地带（寒冻、干旱）；II₉ 柴达木 山地荒漠地带

四、青藏高原各自然地带的主要特征

为了对比研究并进一步阐明高原自然地域的分异，现将高原南缘的喜马拉雅南翼和高原本身自然地带的主要自然特征概述于下：

I 亚热带及热带北缘

I₁ 喜马拉雅南翼 亚热带及热带北缘山地森林地带（暖热、湿润）

青藏高原的南斜面，实际上是我国东部南亚热带和热带北缘的西延部分，低山具热带自然类型，其上具亚热带山地自然带的特征。流水侵蚀作用强烈，深切峡谷发育，谷地多在海拔 2,500 米以下。最暖月均温 18—25℃，年降水量 1,000—4,000 毫米，干燥度<1.0，年径流深约 1,000 毫米。海拔 1,000 米以下含多种印度-马来成分的热带常绿雨林和半常绿雨林组成垂直自然带的基带，林内有板根、老茎生花等现象，多藤本与附生植物。其上的山地常绿阔叶林带由壳斗科的栲（*Castanopsis*）、青冈（*Cyclobalanopsis*）等属的常绿树种组成，具有"雾林"或"苔藓林"的特征；化学风化和生物过程占优势，发育着砖红壤性土壤和山地黄壤等；生物区系成分多热带、亚热带种类；作物一年两至三熟，有水稻、鸡爪谷、玉米等，可种茶树、甘蔗、柑橘、香蕉等喜温暖的作物及部分热带经济作物。

II 青藏高原

II₁ 藏东川西 山地针叶林地带（温暖、亚湿润-湿润）

横断山脉中北段，分布着彼此平行的、近南北走向的山脉和水系，西与雅鲁藏布江流域的林芝、波密一带相连。由于河流的强烈下切和古冰川作用，发育着高山峡谷地貌。大河谷地多在海拔 2,500—4,000 米，相对切割约 2,000 米上下。海洋型现代冰川发育，泥石流现象也较常见。最暖月均温 12—18℃，年降水量 500—1,000 毫米，干燥度 0.8—1.5，年径流深约 350—600 毫米。

山地垂直自然带显著，部分峡谷底部由白刺花（*Sophora vicifolia*）等组成干旱河谷灌丛；针阔叶混交林带由高山松（*Pinus densata*）、川滇高山栎（*Quercus aquifolioides*）等组成，暗针叶林带以川西云杉（*Picea balfouriana*）、林芝云杉（*P.likiangensis var.linzhiensis*）、多种冷杉（*Abies* spp.）大果圆柏（*Sabina tibetica*）和密枝圆柏（*S. convallium*）等占优势，分别发育着山地棕壤、山地褐土等。森林由边缘的连片分布逐渐过渡到块状分布，森林上限高达海拔 4,400 米（阴坡）至 4,600 米（阳坡），为世界之冠，其上分布着高寒灌丛草甸。本地带森林蕴藏丰富，开发条件较好，应合理采伐，注意抚育更新。林区副业出产麝香、鹿茸、天麻、虫草等贵重药材和食用菌类。水力资源充足，宜发展中小型水电及水利灌溉。

河谷地区种植业以青稞、小麦为主，还有少量玉米，应加强防治农作物病虫害。可发展苹果、梨、核桃等温带果树和木本油料，加工利用杜鹃类芳香油、松脂、松油等。

II₂ 那曲玉树　高寒灌丛草甸地带（寒冷、亚湿润）

本地带位于青藏高原的中东部，从怒江河源的那曲向东经玉树、果洛至川西北的若尔盖。地面割切较浅，多宽谷、盆地和缓丘，海拔 400—4,600 米，东部若尔盖较低，约 3,500 米左右。冰缘地貌发育，有岛状冻土区存在。最暖月均温 6—10（12）℃，年降水量 400—700 毫米，干燥度 0.8—1.5，暖季多冰雹、冬春积雪也不少。

由小嵩草（*Kobresia pygmaea*）、蓼（*Polygonum sphaerostachyum, P.* spp.）、柳（*Salix* spp.）及杜鹃（*Rhododendron* spp.）等组成的高寒草甸和灌丛是占优势的植被，发育着草毡土和棕毡土。成土过程的主要特点是腐殖质大量聚积、淋溶作用轻微、长期融冻有重要影响。土壤具紧实草皮层，滑塌、泥流等现象显著。河汊、曲流发育，河滩低地分布着由大嵩草（*Kobresia littledalei*）和西藏嵩草（*K.tibetica*）组成的沼泽草甸；若尔盖一带则以阶地沼泽景观占突出地位，有藏嵩草、木里苔草（*Carex muliensis*）等。本地带草场辽阔、适于放牧牦牛和绵羊。但夏场偏多，冬场缺乏，故应加强合理轮牧，建立割草场以备冬用。草原毛虫危害较大，应抓紧除灭。有贝母、知母、虫草、大黄等贵重药材，可作为牧区副业予以发展。海拔稍低处有青稞种植，可以旱作，应注意防霜、防雹。

II₃ 藏南　山地灌丛草原地带（温暖、半干旱）

喜马拉雅北翼高山周围古冰川遗迹发育，雅鲁藏布江自西而东纵贯本地带，中游宽窄河段相间，形成独特的河谷地貌。这里宽谷盆地一般海拔 3,500—4,500 米，最暖月均温 10—16℃。降水较少，年降水量 200—500 毫米，且由东而西递减。干燥度 1.6—4.0。日照充足，河谷地区多夜雨，有利于作物生长。

山地灌丛草原是具代表性的主要植被类型，海拔较高的高原山地上高寒草原也有较大比重，它们分别由三刺草（*Aristida triseta*）、白草（*Pcnnisetum flaccidum*）、固沙草（*Orinus thoroldii*）、西藏狼牙刺（*Sophora moocroftiana*）和蒿属（*Artemisia* spp.）紫花针茅（*Stipa purpurea*）、变色锦鸡儿（*Caragana versicolor*）等组成。所发育的灌丛草原土和高山草原土具有碳酸盐积聚的特征，全剖面有强石灰性反应，土壤机械组成较粗疏，剖面分化不显著；部分地段可见盐碱化现象。

藏南是西藏自治区最重要的农业区，耕地成条带状集中分布于雅鲁藏布江及其支流谷地。大部为水浇地，一年一熟，主要作物有青稞，冬、春小麦，豌豆和油菜等，单位面积产量较高。目前冬小麦上限达海拔 4,200 米，青稞上限约 4,750 米。为提高作物生产水平需注意选育抗寒早熟品种，防混提纯，适当加大种植密度、充分利用太阳光能，种植绿肥、增施有机肥、改善土壤肥力；发展灌溉，克服常见的旱患。中游山坡水土冲刷较烈，应注意农牧结合，积极绿化造林、固堤防沙。草场以放牧绵羊和牦牛为主。

II₄ 羌塘　高寒草原地带（寒冷、半干旱）

冈底斯-念青唐古拉山以北的羌塘高原地处内流区，河流切割微弱，高原面较完整，多在海拔 4,600—4,800 米之间，地势南北高、中间低、湖泊星罗棋布，湖成平原广布、山麓堆积发育。现代地貌外营力以寒冻机械风化作用为主；古冰川遗迹局限分布，说明第四纪高原冰盖并未存在。由于气候逐渐旱化，湖盆渐趋缩小，南部多硫酸盐、碳酸盐型咸水湖，北部大多是矿化度很高的氯化物型盐湖，并有连续多年冻土分布。最暖月均温 6—10℃（局地达 12℃），年降水量约 300—100 毫米，干燥度 1.6—6.0，冬春多大风。

由紫花针茅（*Stipa purpurea*）组成的高寒草原占优势，是青藏高原上分布最广的地带性植被，随着寒旱化的增强，青藏苔草（*Carex moocroftii*）在北部有较大的比重；垂直自然带中高寒草甸很不发育。高山草原土以低腐殖质含量、剖面中有碳酸盐存留、可溶盐类有向表层轻微聚积的趋势和呈碱性反应为基本特征。土层浅薄，砂砾含量高。本地带是以放牧绵羊为主的牧区，应加强管理，合理轮牧，试种优良牧草，注意防止大风和干旱的危害并消灭鼠害。局部地区利用小气候条件种植青稞已有多年历史，产量也较稳定。许多湖泊盛产食盐并有硼砂、钾盐和多种稀有元素，有待进一步开发。

II₅ 青南　高寒草原地带（寒冷、半干旱）

唐古拉山和昆仑山东段之间为长江、黄河上源，是平均海拔 4,200—4,700 米的高原，其上散布着东西向的线状山地，如可可西里、风火山、开心岭等，相对高度不超过 500 米；通天河源的沱沱河、楚玛尔河与黄河上源自西而东割切成具宽阔谷地的、波状起伏的高原面。这里多年冻土连续分布，平均厚度为 80—90 米，季节融化层深 1—4 米。冻结-融化作用频繁，冰缘地貌发育。最暖月均温约 6—10℃。年降水量 200—400 毫米，干燥度 1.6—3.0，属半干旱气候；因受湿润气流影响，故降水量、云量及相对湿度均大于羌塘。

紫花针茅组成的高寒草原是分布较广的类型，由小嵩草组成的高寒草甸在垂直带中亦占有一定地位。由于湿度较高，草原类型中草甸化特点较明显。河滩洼地发育以藏嵩草为主的沼泽化草甸。本地带无农作，是放牧牦牛和绵羊为主的纯牧区。但季节草场不均、类型较简单、产量低、放牧利用条件较差。

II₆ 青东祁连　山地草原与针叶林地带（温凉、半干旱）

本地带位于青藏高原东北部，包括积石山以北的青海东部及祁连山东段。东祁连由数条平行排列的北西西-南东东走向的山地组成，山峰多超过海拔 4,000 米。纵向宽谷及青海湖盆地海拔 2,500—3,500 米左右，湟水、黄河谷地海拔 2,000—3,000 米，黄土广布，流水侵蚀作用较强，阶地发育、最暖月均温约 12—18℃。年降水量 250—600 毫米，干燥度 1.0—3.0。

由西北针茅（*Stipa krylovii*）、短花针茅（*S. breviflora*）和冷蒿（*Artemisia frigida*）组

成的山地草原是主要的植被类型。以青海云杉（*Picea crassifolia*）和祁连圆柏（*Sabina przewalskii*）为建群种的针叶林和草原分别生长在阴阳坡，构成独特的森林草原景色，分别发育着山地棕褐土和山地栗钙土。高山上分布着高寒灌丛草甸；半干旱的湖盆周围为紫花针茅组成的高寒草原。海拔较低的谷地种植业发达，以春小麦、青稞、油菜等为主。草场类型较多，适于发展绵羊、牦牛和马。但要注意季节轮牧，解决冬饲料缺乏、过度放牧引起草场退化以及鼠害等问题。对现有森林应加强经营管理、保护水源涵养林，加强人工更新，以利森林的恢复和发展。

II_7 阿里　山地半荒漠与荒漠地带（温凉、干旱）

高原西南隅的阿里地区包括喀喇昆仑山、冈底斯山、喜马拉雅山及其间的印度河上源宽谷与班公湖盆地，山峰海拔高达 5,500—6,000 米以上，宽谷盆地一般海拔 3,800—4,500 米。本地带最暖月均温 10—14℃，年降水量 50—150 毫米，干燥度 6.1—15.0，冬春多大风。干旱剥蚀是重要的地貌外营力过程。由沙生针茅（*Stipa glareosa*）、驼绒藜（*Ceratoides latens*）和灌木亚菊（*Ajania fruticolosa*）为主的山地荒漠草原和荒漠是主要的植被类型。发育着山地荒漠草原土和荒漠土。本地带是以牧为主的半农半牧区，绵羊、山羊较多，冬春草场较紧张且缺乏割草场。种植业以青稞为主，还有春小麦和豌豆。没有灌溉即无农业。

II_8 昆仑　高寒半荒漠与荒漠地带（寒冻、干旱）

位于高原西北部的昆仑山脉中西段南翼及其南支可可西里山一带是最寒冷干旱的地方，平均海拔约 5,100 米，其间的开阔湖盆海拔约 4,800 米，以寒冻剥蚀作用为主并有连续多年冻土分布。西部为现代冰川发育的高山，多在海拔 6,000 米以上，东部起伏较缓。这里最暖月均温 4—6℃，年降水量 20—100 毫米，干燥度 >6.1—20.0。以垫状驼绒藜（*Ceratoides compacta*）为主的高寒荒漠占优势，广布湖相平原上。山麓洪积扇上则以青藏苔草为主组成高寒荒漠草原。植株矮小、覆盖稀疏，甚至出现几无植物分布的阿克赛钦——"白漠"。发育着高寒荒漠土和荒漠草原土，剖面发育原始、土层浅薄、粗骨性强、细土物质少，具有漠境土壤的明显特征，如表层有多孔的薄结皮，有机质含量很低，全剖面呈碱性反应。本地带气候恶劣，草场质量低，开发利用条件较差，可在暖季放牧部分绵羊。

II_9 柴达木　山地荒漠地带（温凉、极干旱）

柴达木、西祁连山、阿尔金山和昆仑山北翼呈近东西向展布于高原的北缘。柴达木是陷落盆地，海拔 2,600—3,000 米，地势自西北向东南倾斜，边缘洪积平原广布，中部湖成平原上形成大片盐壳和盐沼泽。盆地外围西祁连由近西北-东南走向的山岭和宽谷盆地组成，阿尔金山呈北东东-南西西走向，至昆仑西部又转为近东西向以至西北-东南向。中部阿尔金山地势较低，海拔 3,600—4,000 米，两端较高，昆仑中西段山峰可达 5,000—7,000 米。最暖月均温 10—18℃。年降水量 15—200 毫米，自东西两端向中部递减，干燥度

6.1—50.0。年径流深度极小，干旱剥蚀作用占优势。地带性荒漠植被以膜果麻黄（*Ephedra przewalskii*）、红砂（*Reaumuria* spp.）、蒿叶猪毛菜（*Salsola abrotanoides*）、合头草（*Sympegma regelii*）及蒿属（*Artemisia* spp.）等旱生、超旱生灌木、半灌木占优势，还有白刺（*Nitralia* spp.）、柽柳（*Tamarix* spp.）等盐生灌丛。灰棕漠土及盐土等分布较广。山地荒漠上界达海拔 3,600—3,800 米，其上有山地草原分布。这一地带地处青藏高原向西北干旱区的过渡地段，在自然条件、类型等方面具有温带荒漠的色彩，因而有人主张划归西北干旱区[3][15]。但是，从青藏高原的整体而论，考虑到它的形成背景和温度、水分条件组合的差异，我们仍把它划为青藏高原的一个自然地带[2],[4],[16]。柴达木部分绿洲可发展灌溉农业，以春小麦、青稞、马铃薯为主，要注意防治风沙及土壤盐渍化的危害。本地带大面积荒漠、山地草原及部分盐化草甸可放牧骆驼、羊和牦牛，但应建立人工饲草地才能适应畜牧业的进一步发展。

结　语

青藏高原由于其发育历史的年青，所处的独特地理位置，高亢的地势，辽阔的面积及其热力、动力作用而具有复杂的自然条件，形成水平地带和垂直带紧密结合、呈三度空间变化的自然地域单元。

高原的地势格局及作用于它的大气环流对高原自然地域的分异有着决定性的影响。高原东南暖热湿润向西北寒冷干旱的变化明显，表现为森林—草甸—草原—荒漠的地带更迭。它是亚欧大陆东部相应水平自然地带在巨大高程上的变异，由地势和海拔引起的辐射、温度和水分条件的不同是变异的主导因素。

根据高原地表自然界地域分异的特点，按照大地势的区域差异，温度、水分条件的不同组合，地带性植被、土壤和垂直自然带结构类型的异同，将青藏高原划分为 9 个各具特色的自然地带。

参考文献

[1] 李连捷：西藏高原的自然区域, 地理学报, 20(3), 1954。
[2] 黄秉维：中国综合自然区划草案, 科学通报, 18, 1959。
[3] 任美锷：中国自然区划问题, 地理学报, 27, 1961。
[4] 侯学煜等：对于中国各自然区农、林、牧、副、渔业发展方向的意见, 科学通报, 9, 1963。
[5] 姜恕：川西滇北地区自然地理垂直分带和水平差异, 一九六二年自然区划讨论会论文集, 科学出版社,

[6] 张经炜, 王金亭: 西藏中部的植被, 科学出版社, 1966。

[7] 张新时: 西藏植被的高原地带性, 植物学报, 20(2), 1978。

[8] Ward, F. K.: A sketch of the geography and botany of Tibet, being materials for a flora of that country. Jour. Linn. Soc. Bot. , Vol. 50, p. 239-265. 1935.

[9] Troll, C.: The three-dimensional zonation of the Himalayan system. Geoecology of the high-mountain regions of Eurasia. 1972.

[10] Грубов, В. И. : Расения ЦеНТралвнои Азии. В. 1. Изд. АН. СССР. М. -Л. 1963.

[11] IOсов, В. В.: Тибег. 1958.

[12] Troll, C.: Die tropischen Gebirge. Ihre dreidimensionale klimatische und pflanzengeographischen Zonierung. Bonn. Geogr. Abhandl. H 25. 1959.

[13] 徐淑英, 高由禧: 西藏高原的季风现象, 地理学报, 28(2), 1962。

[14] 叶笃正, 张捷迁: 青藏高原加热作用对夏季东亚大气环流影响的初步模拟实验, 中国科学, 3, 1974。

[15] 高国栋: 对我国自然区划中的青藏高原区和西北干旱区东部界线问题的探讨, 地理学报, 27, 1961。

[16] 伍光和: 论柴达木盆地在我国综合自然区划中的从属关系问题, 地理学报, 31(4), 1965。

[17] Schweinfurth, U.: Die horizontale und vertikale Verbreitung der Vegetation im Himalaya. Bonn. Geogr. Abh. , H. 20. 1957.

[18] Schweinfurth, U.: Vegetation of the Himalayas. Mountains and Rivers of India (21st In-ternat. Geogr. Congr.). Caleutta, 1968.

ON THE NATURAL ZONATION IN THE QINGHAI-XIZANG PLATEAU

Zheng Du　Zhang Rongzu　Yang Qinye

(Institute of Geography, Academia Sinica)

Abstract

Very high elevation coupled with very vast extension as well as their accompanying intense thermodynamic effects have made the Qinghai-Xizang Plateau a unique physical geographical region in the world, where natural conditions are very complicated and the horizontal zonation is closely correlated with vertical zonation.

The regional differentiation of the Plateau is determined mainly by the topographic features and the characteristics of the atmospheric circulation. The Plateau is rimmed by great mountain ranges—the Kunlun, the Qilian to the north, and the Great Himalaya range to the south. As a whole, the Plateau tips from the northwest to the southeast. During summer, the southern warm and moist monsoons dominate,while in winter it is controlled by the westerlies. Because the lofty Himalaya which extends along the southern rim of the Plateau forms an effective climatic barrier,the monsoons find their way up river gorges in the Hengduan Mountains "Traverse Block Mountains", resulting in a very conspicuous regional moisture variation in the Plateau. In general, it is warm and humid in the southeast, while cold and arid in the northwest. All of these phenomena are mirrored in the natural zonation, from southeast to northwest, zones of forests, meadows, steppes and deserts appear in succession.

Based on the above-mentioned chief characteristics of the regional differentiation in the Plateau, a number of natural zones may be recognized as follows:

I_1 Zone of tropical and subtropical montane forests in the southern slopes of the Himalaya (warm, humid): It is located outside the Plateau proper, with intensive fluvial erosion and deep gorges. The typical vegetation types at lower altitudes are evergreen rainforest, semi-evergreen monsoon forest and evergreen broad-leaf forest.

II_1 Zone of montane coniferous forest in the eastern Xizang and the western Sichuan (temperate, subhumid-humid). It is the area of lofty nearly north-south mountain ranges and deep river gorges. The vertical zonation is very marked and the upper forestline is located as high as 4 400—4 600 m. a.s.l.

II_2 Zone of alpine shrubby meadow in the Nagqu Yushu region (cold, subhumid).It is a slightly dissected plateau, periglacial geomorphologic features are distributed widely. The predominant vegetations consist of alpine meadows and alpine shrubs, the lower valley floors are covered with marshes or marshy meadows.

II_3 Zone of montane shrubby steppe in the southern Xizang (temperate, semiarid). The Yarlung Zangbo River traverses the southern Xizang from west to east.It runs parallel with main Himalaya ranges. In its middle reaches, broad valleys alternate with narrow gorges. The extensive valley with an altitudes varying between 3 500—4 500 m. a.s.l. has a large capability for agricultural development.

II_4 Zone of alpine steppe in the Chaugtang plateau (cold, semiarid). It is the vast plateau proper with an altitudes about 4 500—4 800 m. a.s.l. The drainage is locked up by mountains, and numerous lakes are either salty or brackish. Both the lacustrine plains and the piedmont depositions are very extensive. The predominant vegetation is alpine steppe, consisting chiefly of *Stipa purpurea.*

II₅ Zone of alpine steppe in the southern Qinghai (cold, semiarid). It is distributed in the upper reaches of the Chang Jiang River as well as the Huang He River. It is a slightly dissected plateau with gentle relief. The permafrost occurs extensively. The main vegetation is alpine steppe, but the upper slopes are covered by alpine meadows.

II₆ Zone of montane forest-steppe in the eastern Qinghai and Qilian (cool temperate, semiarid). It is located in the northeastern part of the Plateau, composed of the eastern Qilian and the broad valley basin of the Qinghai Lake. The predominant vegetation is montane steppe, with montane forest on the northern slopes.

II₇ Zone of montane desert steppe and montane desert in the Ngari region (cool temperate, arid). It is distributed in the upper reaches of the Indus River and the broad basin of the Bangong Lake. It is one of the driest parts on the Plateau. The typical vegetation types are consisting chiefly of *Stipa glareosa* and *Ceratoidcs latens*.

II₈ Zone of alpine desert steppe and alpine desert in the Kunlun mountain (frozen, arid). It is the highest part of the Plateau with an altitudes more than 4 800—5 100m. a.s.l. Here, freezing process is dominant and permafrost occurs everywhere. The predominant vegetations are consisting chiefly of *Carcx moocroftii* and *Ceratoides compacta*. Due to the very severe conditions, it is only used for grazing sheep in warm season.

II₉ Zone of montane desert in the Qaidam (cool temperate, extremely arid). It is distributed in the Qaidam basin, the western Qilian and the northern slopes of the Kunlun mountain. It is the transitional zone from the QinghaiXizang Plateau to the arid core of Central Asia, and is characterized by the features of the desert of the temperate zone.

科学构建青藏高原的自然地理结构

张百平

郑度、张荣祖、杨勤业三位地理学家在自然地理多方面合作研究，在《地理学报》发表了"试论青藏高原的自然地带"。该文是青藏高原自然地理经典文献之一。

一、作者简介

郑度先生，著名地理学家，中国科学院院士。1936年生于广东，我国自然地理学研究的带头人之一，参与和领导了青藏高原第一次科学考察的第一阶段（西藏，1973—1976年）、第二阶段（横断山，1984—1986年）、第三阶段（喀喇昆仑山-昆仑山，1987—1992年），是我国青藏高原自然地理研究与山地研究的主要开创者，在青藏高原自然环境及其地域分异的理论和方法研究方面均有重要创新成果。他是首批国家重点基础研究发展规划项目"青藏高原形成演化及其环境、资源效应"的首席科学家，曾主持或负责多项国家自然科学基金重点项目和重大项目，1984年获竺可桢野外工作奖；作为骨干参与的"青藏高原隆起及其对自然环境和人类活动影响的综合研究"项目在1987年获第三届国家自然科学奖一等奖；1999年当选为中国科学院院士。曾任中国科学院地理研究所（现中国科学院地理科学与资源研究所）所长（1991—1995年），国际地理联合会山地生态学与可持续发展委员会副主

作者介绍：张百平（1963— ），男，河南博爱人，中国科学院地理科学与资源研究所研究员，中国地理学会会员（S110001706M），研究方向为综合自然地理学。E-mail: zhangbp@lreis.ac.cn

任（1996—2000 年）、中国青藏高原研究会理事长（2008—2012 年）、中国人与生物圈国家委员会委员、中国国际地圈生物圈计划全国委员会委员、中国地方志指导小组成员、*Journal of Geographical Sciences*（《地理学报（英文版）》）主编。

张荣祖先生，地理学家，著名生物地理学家。受聘为国际山地开发研究中心山地整治室主任、国际自然与自然保护联盟及其物种专家组成员。著有《西藏自然地理》《横断山自然地理》《横断山干热河谷》等，是《中国大百科全书》第一版《地理学》卷、《中国自然地理》系列学术著作等重要地理知识工程主要承担者。

杨勤业先生，地理学家，著名自然地理学家，国务院政府特殊津贴专家。曾任国际地理联合会环境管理与制图研究组和全球环境变化脆弱带委员会委员等。著有《西藏自然地理》《自然地域系统研究》《中国生态地理区域系统研究》，《中国自然地理系列专著》之《中国自然地理总论》《地理学思想史》，《20 世纪中国学术大典》之《地理学》卷等。

二、论文的写作背景及主要内容

20 世纪 70 年代以前，青藏高原的地理环境对世人来说一直是非常遥远和神秘的，关于高原的地理知识仅限于零星的探险活动。我国在 20 世纪 50—60 年代在西藏组织过几次登山活动及很有限的科考。中国科学院组织的第一次大规模青藏高原科学考察（1973—1976 年）是人类认识青藏高原的重要阶段，在很多方面取得了突破性研究成果，包括青藏高原隆起的时代、幅度和形式的探讨，高原的植被空间格局，高原大气环流及大拐弯"湿舌"的发现，高原冰川的分布及形成因素等，是中国地理科学发展的重要时刻。郑度先生等的"青藏高原的自然地带"一文，就是该阶段取得的最重要成果之一。

论文首先阐述了青藏高原自然地域分异的复杂性和特殊性。青藏高原在 1959 年全国综合自然区划中已经作为三大自然区之一独立出来，因为它明显地破坏了亚欧大陆上纬向地带分布的一般规律。但论文强调，青藏高原面积 250 万平方千米、南北跨越 12 个纬度，作为纬向地带性主要因素的太阳辐射仍然显示出它的重要影响，纬向地带性的烙印依然存在。不过，青藏高原本身的地势结构和海拔高度等因素，特别是以平均海拔 5000 米的羌塘高原北部和昆仑山为中心向周围地区倾斜的地貌结构，引起高原上辐射平衡和温度等项要素在空间上呈"同心弧状"的分布趋势，说明青藏高原本身的作用更为突出。

接着论文强调了青藏高原自然地带的形成背景与低海拔地区的巨大差异。在海拔、气压、太阳辐射、最热月均温、最冷月均温、气温日较差、降水、湿度等方面都有巨大差异。例如，最暖的 7 月也有大片地域平均气温低于 10℃，均比同纬低地降低约 15—20℃。因而发育了迥异于低海拔区域的自然特点，如现代冰川发育，物理风化、寒冻及冰缘作用较强，化学风化较弱，地面物质机械组成粗，土壤发育差、土层浅薄，主要植被是适应大陆性寒温生境的各类草原、荒漠和草甸，植物区系在本质上属于温带性质。青藏高原上自然地带的水平分异实质上是亚欧大陆东部低海拔区域相应水平地带在巨大高程上的变异，而地势和海拔引起的辐射、温度和水分的条件差异是这一变异的主导因素。

在高原地域分异和自然地带形成背景分析基础上，论文提出了高原水热划分指标。以最暖月平均气温为主要指标，日均温稳定≥5℃的天数和影响作物越冬的地段最低气温多年平均值为辅助指标，划分出寒冻、寒冷、温凉、温暖、暖热等热量区；用干燥度、年降雨量、年平均相对湿度区分出极干旱、干旱、半干旱、亚湿润、湿润等干湿地区。同时考虑了青藏高原上垂直自然带的结构类型的差异，即海洋性湿润、亚润湿型与大陆性半干旱、干旱和极干旱型两大系统，它们以各自特有的带谱结构类型反映出所在自然地域的水平分异，体现出温度、水分条件组合的区域变化，也作为划分高原自然地带的主要标志。根据这些科学指标，论文将高原分成 9 个各具特色的自然地带，1 个亚热带及热带北缘暖热湿润山地森林地（喜马拉雅南翼），1 个山地针林地带（藏东川西）、2 个高寒灌丛草甸地带（那曲、玉树），2 个高寒草原地带（青南、羌塘），3 个山地-高寒半荒漠-荒漠地带（阿里、昆仑、柴达木）。整个青藏高原形成自东南向西北，山地森林-高寒草甸-高寒草原-高寒荒漠依次更替的高原地带性格局。最后对各个自然地带进行了详细阐述。

三、学术影响和时代贡献

1. 填补了青藏高原自然地理研究的空白

20世纪70年代初西藏综合科学考察之前，对于高原自然地理结构的相关研究几乎处于混沌状态。例如在1948年赵松乔先生提出的方案中，仅仅把青藏高原划分出大峡谷区、西藏高原和柴达木-青海湖盆地3个区；在1959年黄秉维的方案中，青藏高原是作为一个热量带来处理的；而任美锷和杨纫章的方案则柴达木盆地划入西北区。"试论青藏高原的自然地带"的发表，基本消除了对于青藏高原地理科学认识的空白或紊乱状况，把青藏高原自然地理学的研究纳入了科学的轨道。

2. 体现了高原的自然地理特点

论文充分考虑了青藏高原气候寒冷的特点，在高原自然地带的识别中，认为喜马拉雅南翼的亚热带及热带北缘暖热湿润山地森林地带不属于青藏高原，而是与高原并列的地理区划单位。但对于高原本身的划分，却没有采用1959年综合自然区划的热量单位指标，放弃了日均温≥10℃期间的积温，而将最暖月平均气温、日均温稳定≥5℃的天数和极端最低气温作为主要指标来反映高原不同部分温度的差异。

3. 弥补了中国自然地理区划的短板

中国自然地理区划虽然在1959年确立了三大自然区的方案。但对于青藏高原的知识和认识，其实非常有限。各个区划方案对于青藏高原的处理，都有较大的任意性。20世纪50年代到70年代末，中国自然区划实际上处于"瘸腿"时代。郑度先生等的"试论青藏高原的自然地带"的发表，弥补了中国地理区划的"青藏"短板，使中国地理格局和空间结构的认识进入比较均衡的阶段。为《中国自然地理·总论》（赵松乔等，1985）、《中国自然地域系统》（郑度等，2008）以及后来的大部分生态与发展规划奠定了重要的基础。

4. 高寒草甸地带的重要发现

高寒草甸原本是山地垂直带的一个类型，与水平地带没有关系。但青藏高原独特的地貌结构和区域分异，使得高寒草甸得以在水平方向展布，形成极为独特的高原水平自然地带之一。发生了垂直地带转换成水平地带的现象，表现了垂直地带与水平地带之间的紧密联系，是青藏高原三向地域分异（水平、垂直、外缘-内部）的综合表现。

5. "试论青藏高原的自然地带"的后续研究——"寒旱核心"的提出

青藏高原第一次科学考察的第二阶段（1984—1988年）涉及高原东南部的横断山，第三阶段（1987—1992年）涉及西北角上的喀喇昆仑山-昆仑山区和腹地可可西里地区，都取得了非凡的科研成果。特别是在1988年对藏北高原的科学考察，郑度先生发现了以羊湖为中心的高原"寒旱核心"。这里距离高原周围各路来源水汽都很遥远，年降水量在50毫米以下，气候极端干旱，地面完全没有径流，也几乎看不到植物生长。寒旱核心的发现，进一步提升了对于高原自然地理格局和结构的认识。

6. 青藏高原三向地带性格局的建立及"山体效应"概念的引入

在对高原南缘的喜马拉雅山和北部的昆仑山研究之后，郑度先生发现了高原自然地带的分布具有从边缘向内部逐渐升高的趋势，并构建了其变化模式，而且引入了山体效应（Mass Elevation Effect）的概念，对高原三向地带性分布进行科学解释，强化了高原自然地理格局产生机理的研究，也启发了我国科学家在全球尺度上进行山体效应的定量化研究，比较完美地解释了青藏高原和南美安第斯山中部高原地区林线和雪线的极高海拔分布，为全球树线分布格局和机理研究做出了重要贡献。

"试论青藏高原的自然地带"是基于大量野外实地考察研究的成果，再一次表明了野外工作在地理科学研究中的重要意义；同时在青藏高原气候、地貌、植被等自然地带形成背景的分析中，吸收了考察队内相关学科的重要科考成果，因而论文也是综合科学考察的硕果，体现了当年进行多学科综合科学考察的作用和优势。这些中国地理科学发展的优秀传统，特别值得我们保持和发扬。

珠穆朗玛峰高海拔地区冰雪中的微量元素[*]

章 申

(中国科学院地理研究所化学地理室)

珠穆朗玛峰(以下称"珠峰")高海拔地区冰雪中微量元素的研究是 1966—1968 年珠峰地区表生地球化学和化学地理研究工作[1,2,3,4,5]的继续。本文旨在通过对地表高海拔地区降水和冰雪覆盖中微量元素的地球化学研究,来阐明远离工业污染地区大气降水中微量元素的含量和分布特征。通过与南北极冰原地区的冰雪和大气气溶胶化学成分的对比分析[6,7,8,9],来探讨珠峰高海拔地区的大气质量,并追溯这些微量元素的来源。

一、概况和取样位置

珠峰地区远离世界主要工业污染源,大气的清洁度一般较高,高耸云端的巨大山体为研究大气气溶胶、降水的化学成分和大气化学质量提供了良好条件。自第三纪以来珠峰地区的大幅度抬升形成了本区的四个高峰,高峰周围的山势海拔高 8,000 米以上,其中珠峰山体约占据了对流层高度的五分之四。珠峰地区大气环流与南亚地区对流层低层的季风相联系,表现出明显的季风特征。基本上是每年 11 月到次年 3 月受西风带控制,空气干燥晴朗少雨;6—9 月受印度洋季风控制,降水比较集中,因此珠峰及其附近山峰的大面积积雪

引用本文:章申. 珠穆朗玛峰高海拔地区冰雪中的微量元素. 地理学报, 1979, 34(1): 12-17. [Zhang Shen. Content of trace elements in glacial ice and snow in the Mt. Qomolangma region. *Acta Geographica Sinica*, 1979, 34(1): 12-17.]

[*] 所有样品的微量元素分析是中国科学院高能物理所中子活化分析小组完成的;野外工作得到中国登山队的大力协助,特致谢意。

主要出现在夏季。由于特大的海拔高度,使在这个低纬度地区形成了巨大的山岳冰川(见图1)。

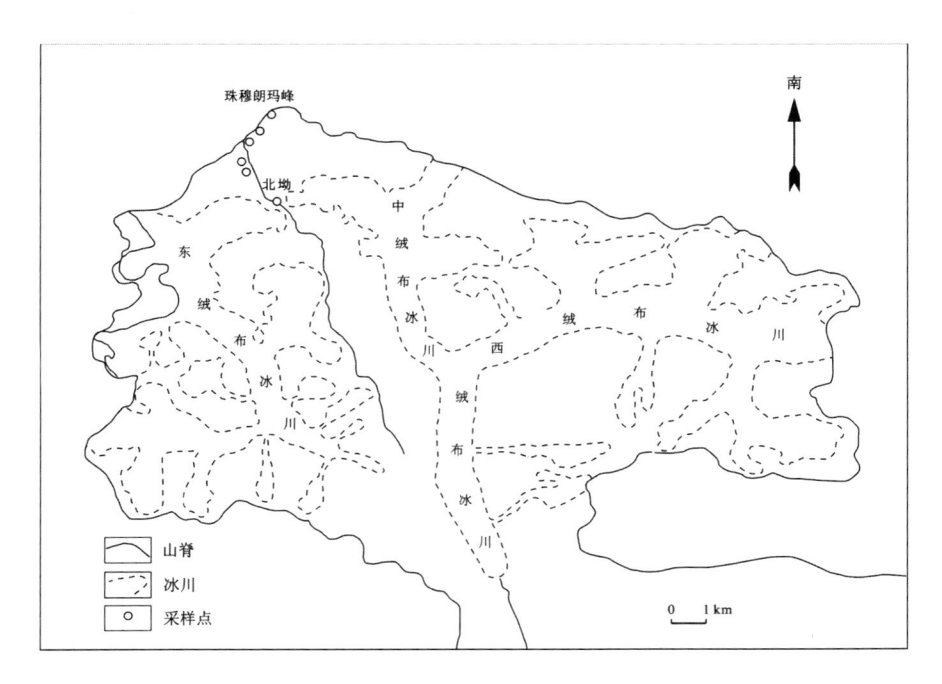

图 1　珠峰高海拔地区采样示意图

由于本区高大的山体阻碍了南北气流的相互交流,形成了珠峰地区截然不同的气候带,南侧温湿多雨而北侧干旱寒冷,所以南侧的降水多于北侧。珠峰地区的这些自然地理特点,特别是大气运动的特有规律给予珠峰地区微量元素的地球化学特征以强烈的影响。

1975年,采集了东绒布冰川和中绒布冰川海拔7,050米至珠峰顶峰的冰雪样品。在海拔7,050米处(北坳)采集了冰雪剖面(见图1)。样品都直接装入清洗干净的较小型的聚乙烯瓶内,密封后送实验室分析。

二、微量元素的测定方法

用中子活化法测定冰雪和水中的微量元素。

(一)样品制备:取水样约0.5毫升于$\phi 10 \times 18$毫米的石英瓶中,准确称重。为了防止汞和砷等易挥发元素的损失,在液氮冷冻下进行石英瓶的熔封,样品与标准盛于同一照射筒内。

(二)照射条件:盛有样品和标准的照射铝筒放在反应堆活性区管道内,照射24小时,

中子通量为 8×10^{13} 中子/平方厘米·秒。

（三）放射性测量：样品经放化分离后，用碘化钠（铊）晶体（7.5×7.5 厘米）——多道脉冲分析器测量 ^{197}Hg, ^{122}Sb, $^{122+124}$Sb, ^{76}As, ^{75}Se, ^{51}Cr, ^{60}Co, ^{64}Cu, ^{59}Fe, ^{65}Zn, ^{115}Cd, ^{115}In。能谱仪的分辨率为 8.5%（对 ^{137}Cs 的 662 Kev γ 射线）。

将 Hg-Sb, As-Se, Cu-Co, Cr, Fe, Zn 和 Cd 各组液体样品分别盛于 60 毫升的聚乙烯测量瓶中，放在碘化钠晶体与标准一起以同样几何条件进行测量。

用示踪原子测定的化学回收率见表 1。

表 1　中子活化分析的回收率

元　素	As	Se	Hg	Sb	Co	Cr	Cu	Fe	Zn	Cd
回收率（%）	>95	>90	>95	>95	>95	100	>90	100	>95	>95

三、结果与讨论

珠峰高海拔地区冰雪中微量元素的中子活化分析结果列于表 2，除列出的 Hg、As、Sb、Cu、Cr 和 Zn 等元素外，还测定了 Cd、Se 和 Co，它们的含量分别为：Cd＜1.6 ppb, Se＜9.7 ppb, Co＜2.4 ppb。所获分析结果表明，在不同海拔高度，即从海拔 7,050 米至顶峰 8,848 米

表 2　珠峰高海拔地区冰雪中的微量元素含量

样品号	样品名称	采样地点	海拔（米）	Hg	As	Sb	Cu	Cr	Zn	Fe*	Al*
				ppb					ppm		
Z1	雪	珠峰顶峰	8,848	0.53	0.25	1.3	4.6	28	0.22		0.086
Z3	粒雪		8,100	0.47	0.12	0.73	0.83	32	0.78		0.95
25	粒雪		7,450	0.31	0.15	0.44	4.7	21	0.76	0.62	0.70
Z6	雪	北坳 A	7,050	0.42	0.90	0.48	6.4	<16	0.094		0.056
Z7	陈雪	北坳 B	7,050	0.53	0.69	0.52	6.8	32	0.15	0.50	0.58
Z8	粒雪	北坳 C	7,050	0.30	0.14	0.54	4.4	39	0.067	0.55	0.37
Z9	冰	北坳 D	7,050	0.71	0.10	0.40	7.0	18	0.85	0.71	0.54
	浓度范围			0.30—0.71	0.10—0.90	0.40—1.3	0.83—7.0	<16—39	0.067—0.85	0.50—0.71	0.056—0.95
	浓度平均值			0.48	0.34	0.63	5.0	27	0.42	0.60	0.47

*根据原子能所中子活化分析结果。

的冰雪样品中微量元素含量没有显著差别。在同一地点冰雪覆盖物的不同深度中微量元素的含量变幅较小，分布无明显的差异，如海拔 7,050 米北坳的冰雪剖面中各微量元素的含量都在同一数量级内变化，而且随着深度增加它们没有一定的变化规律。这些现象反映了珠峰高海拔地区大气降水或大气气溶胶中微量元素含量在近期随海拔高度的变化无明显的差异。

与格陵兰冰盖和南极地区覆盖冰雪的化学成分相比较，珠峰高海拔地区冰雪中 Hg、Cu 和 Sb 的浓度与南北极冰雪中的浓度水平基本上相同（见表3）。Hg 的含量与北极 1952 年以后降雪中的含量大体上相一致，这说明珠峰高海拔地区对流层上部大气中 Hg 的含量与地球极地大气中 Hg 的含量水平是近似的（为测定 Hg，我们用的容器和在极地采样用的容器是一样的）。珠峰高海拔地区冰雪中 As 和 Cr 的含量比南极冰雪高，Zn 的含量比南极冰雪高 1—2 个数量级，相当于美国降水中的含量。

表 3　珠峰高海拔地区冰雪中微量元素含量与极地和其它地区天然水的比较

样品地点	时间	Cu	Sb	As	Cr	Hg	Zn	资料来源
		ppb					ppm	
珠峰顶峰	1975	4.6	1.3	0.25	28	0.53	0.22	
珠峰高海拔地区冰雪	1975	5.0*	0.63*	0.34*	27*	0.48*	0.42*	
		0.83—7.0	0.43—1.3	0.10—0.90	<16—39	0.30—0.71	0.067—0.85	
南极东部覆盖雪	1884—1886	1.80	0.13		0.6		0.0004	文献[5]
南极东部覆盖雪	1946—1948	4.2	0.18	0.025	1.1		0.0013	文献[6]
格陵兰冰盖	公元前 800					0.062		文献[7]
格陵兰冰盖	1924—1951					0.060		文献[7]
格陵兰冰盖	1952—1965					0.125		文献[7]
美国降水（平均值）	1966.11—1967.1	21					0.107	文献[10]

* $\dfrac{\text{平均值}}{\text{最高值-最低值}}$

下面，我们试用表生地球化学的原理来探讨珠峰高海拔地区冰雪中微量元素的来源。

一般情况下，进入大气的细小固体微粒的主要来源包括三个部分：第一是由地球的自然作用产生的，如火山作用喷出的尘埃；海水飞沫进入大气的盐粒；地壳风化物和土壤被风刮入大气的尘土。第二是宇宙物质，如进入地球大气层的陨石和宇宙尘埃。第三是由工厂、交通运输工具和生活炉灶排出的烟尘，这是人为产生的。国际上常用元素的富集系数

(enrichment factor)[6,7,8,9]，来判断和评价大气中元素的来源，即用冰雪或大气气溶胶中的元素与 Fe（或 Al）的含量比除以此元素相应在地壳或海水中的平均含量比，用公式表示为：

$$F_{Fe} = \frac{(X/Fe)\text{冰、雪或大气气溶胶}}{(X/Fe)\text{地壳或海水}}$$

珠峰高海拔地区冰雪中微量元素的富集系数都比较大，而 Sb、Zn 和 Hg 的富集系数比 Cu、As 和 Cr 更大。但是除 Zn 外，珠峰高海拔地区冰雪中微量元素富集系数大小的顺序与南北极大气气溶胶和冰雪大致相仿（表 4、表 5），如北大西洋和南极大气气溶胶中元素的富集系数的大小顺序为：Cr<Zn<Cu<Sb，而珠峰高海拔地区冰雪是 As<Cu<Cr<Zn<Sb<Hg。根据微量元素富集系数的大小，不少研究工作指出，大气中 Cr 等元素来自地壳岩石的风化，Zn、Cu、Sb、Se 和 Pb 等元素是由燃料的燃烧或金属冶炼产生的[7,8,9]。我们认为珠峰高海拔地区大气和大气降水中微量元素的来源与大气污染的关系最密切，因为它们的富集系数都较大。文献中曾报道[12]，自工业革命以来，随着工业和交通的迅速发展，大气中悬浮微粒总量已增加了 50%。根据弗隆（H. Flohn）对大气中气溶胶粒子含量的估计，从 1968 年到 1970 年，全球人为产生微粒的总量平均每年为 530×10^6 吨，占全球大气气溶胶粒子含量的三分之一。人为产生的微粒中 90% 以上来自人口稠密和工业发达的北半球。由于珠峰山体北侧的大气化学成分与西风带带来气溶胶粒子的化学成分关系较为密切，可以认为：中亚和苏联的污染源对其影响较大。1965 年，P. P. Давитая 报道[12]，根据高加索 4,000 米以上的高山冰川 1792 年到 1952 年的降尘变化，发现自 1950 年以后降尘量显著增加（见图 2），这可能是由苏联等国的工业污染造成的。1969 年苏联排入大气的粉尘达二千万吨，在数量上仅次于美国。由此可见，珠峰高海拔地区冰雪中 Cr、As、Cu、Zn、Sb 和 Hg 等元素的来源除了地球的自然作用之外，主要与人类的经济活动造成的污染有关。

表 4　珠峰高海拔地区和南极地区冰雪中微量元素的富集系数（F_{Fe}）*

地区	年度	富集系数（F_{Fe}）						富集顺序
		Cu	As	Cr	Sb	Hg	Zn	
珠峰地区	1975	7.7—13.9	4.4—43.1	14.1—35.6	157—289	357—704	102—1022	Cu<As<Cr<Sb<Hg≈Zn
		10.0	15.8	22.8	214	506	593	
南极地区	1946—1948	130	32	19.3	1600		33	Cr<As≈Zn<Cu<Sb
	1884—1886	40		7.5	800		6.9	Zn≈Cr<Cu<Sb

*计算时地壳中元素的含量数据取自文献[11]。

表 5 珠峰高海拔地区和南、北极大气气溶胶中微量元素的富集系数的对比*

地 区	年 度	富集系数 (F_{Al})						富集顺序
		Cu	As	Cr	Sb	Hg	Zn	
珠峰地区	1975	1.3—171	3.9—90.8	23.8—271	309—3,570	452—6,290	2,110—2,980	As＜Cu＜Cr＜Zn＜Sb＜Hg
		45.2	38.1	70.0	1,680	2,560	1,360	
北大西洋 30°N 以北大气气溶胶[8]	1970—1972	120		11	2,300		110	Cr＜Zn＜Cu＜Sb
南极地区大气气溶胶[9]		93		6.9	1,300		69	Cr＜Cu＜Sb

*计算时，地壳中元素的含量数据取自文献[11]。

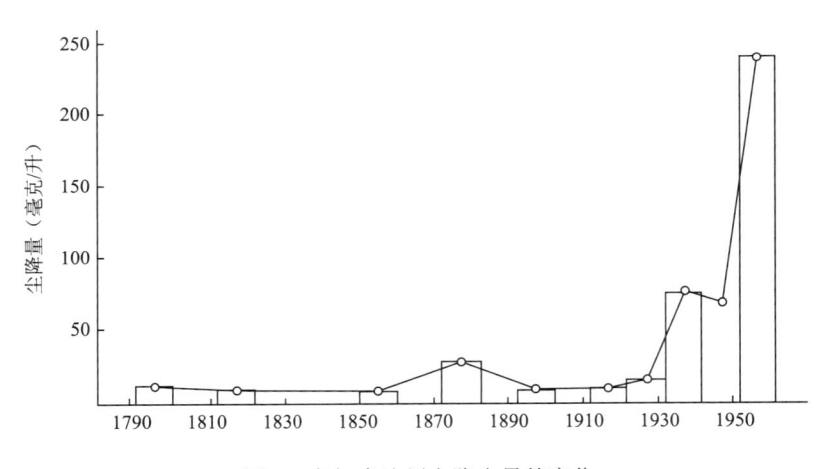

图 2 高加索冰川上降尘量的变化

四、结语

珠峰高海拔地区冰雪中 Hg、Cu 和 Sb 的含量基本上与地球极地冰雪相同，As 和 Cr 的含量比南极冰雪稍高，Zn 的含量相当于美国降水的含量。珠峰高海拔地区冰雪中微量元素的富集系数除 Zn 外与南北极大气气溶胶相仿。这个地区冰雪中的微量元素除自然来源外，主要与人类的经济活动造成的污染有关。

参考文献

[1] 章申等, 珠穆朗玛峰地区科学考察报告(1966—1968), 自然地理, 科学出版社, 1975。

[2] 章申等, 珠穆朗玛峰地区科学考察报告(1966—1968), 自然地理, 124, 科学出版社, 1975。

[3] 章申, 张青莲, 黄春辉, 张榕森等, 中国科学, 1973, 4, 430。

[4] 中国科学院地理所(章申)等, 科学通报, 1978, 8, 496。

[5] 章申, 张青莲, 谢自楚, 珠穆朗玛峰地区科学考察报告(1966—1968), 现代冰川与地貌, 科学出版社, 1975。

[6] Виленекий, В. Д. , Миклишанский А. 3. , Теохимия, 1976, 11, 1683.

[7] Weiss, H. V. , Koide, M. , Golderg, E. D. , Science, 1971, 174, 694.

[8] Duce, R. A. , Hoffmann, G. L. , Zoller, W. H. , Science, 1975, 187, 59.

[9] Zoller, W. H. , Glandney, E. S. , Duce, R. A. , Science, 1974, 183, 198.

[10] Lazrus, A. I. , Environmental Science and Technology, 1970, 4, 55.

[11] Taylor, S. R. , Geochem, et Cosmochim. Aeta, 1964, 28, 1273.

[12] 张家诚等, 气候变迁及其原因, 科学出版社, 213, 1976。

CONTENT OF TRACE ELEMENTS IN GLACIAL ICE AND SNOW IN THE MT. QOMOLANGMA REGION

Zhang Shen

(Department of Chemical Geography, Institute of Geography, Academia Sinica)

Abstract

On the northern slopes of Mt. Qomolangma samples of ice and snow were collected at altitudes of 7,050—8,846 m. The trace elements in ice and snow samples were determined by neutron activation analysis in the Institute of High Energy Physics, Aeademia Sinica. The data obtained indicate that variation in the vertical distribution of trace elements in the ice-snow profiles does not differentiate greatly. The contents of Hg, Cu and Sb in glacial ice and snow collected in the mt. Qomolangma region are in agreement with those of the metals in snows of the Antarctics and Greenland. The contents of As and Cr in our samples are greater than those in ice and snow of the Antarcties. The zinc content is high up to 0.42 ppm as comparable with that in precipitation in the USA. The order of enrichment factor values of trace elements (Cu, As,Cr, Sb and Hg) is similar to that of the Antarcties with the exception of zine. There are probably natural sources for these trace elements,such as crustal weathering, volcamie eruption ete. yet the high enrichment factor may be due to some anthropogenie sources.

率先开展"世界屋脊"微量元素研究的重要成果

王五一

1979 年发表在《地理学报》的"珠穆朗玛峰高海拔地区冰雪中的微量元素",阐述了珠峰冰雪中的微量元素含量,揭示了微量元素的分布特征,并且辨析了微量元素来源的科学发现,这不但是研究环境变化和人类活动影响的重要科学问题,而且在环境保护和应对气候变化等方面都具有重要的意义。

一、论文发表的背景情况

1966—1968 年,中国科学院以"喜马拉雅山及其对自然界与人类活动的影响"为中心课题,组织珠穆朗玛峰地区的综合科学考察,探讨该地区地质发展历史和自然特征。20 世纪 70 年代初,中国科学院以"青藏高原的隆起及其对自然环境与人类活动的影响"为主题,组织中国科学院青藏高原综合科学考察队,进行全面系统的综合考察,探讨了青藏高原的形成演化、自然环境变迁、自然地域分异生物区系特征与起源,并进行自然资源评价,丰富和发展了地学、生物学、环境科学的理论,积累了大量资料和数据,取得了显著进展和突破。系列研究 1986 年获中国科学院科技进步奖特等奖,1987 年获国家自然科学奖一等奖。

作者介绍:王五一(1949—),男,河北宁晋人,中国科学院地理科学与资源研究所研究员,中国地理学会会员(S110001708H),研究方向为化学地理、地理环境与健康。E-mail: wangwy@igsnrr.ac.cn

"珠穆朗玛峰高海拔地区冰雪中的微量元素"是"珠穆朗玛峰地区科学考察"（1966—1968 年）第二专题的重要成果，通过考察与综合研究，揭示了珠峰地区冰雪和土壤的表生地球化学特征，1978 年获全国科学大会重大科技成果奖。

二、关于论文撰写者

论文撰写者章申（1934—2002 年），江苏常熟人，中国科学院院士。主要研究领域为化学地理与环境地理，是我国生物地球化学与景观地球化学的主要开拓者和学科带头人。

章申 1956 年毕业于南京农学院土壤农业化学系，1958 年 12 月入苏联莫斯科大学生物土壤系就读研究生并开始从事微量元素生物地球化学研究，1962 年获副博士学位。同年进入中国科学院地理研究所（现中国科学院地理科学与资源研究所），筹建微量元素实验室。1964 年赴西双版纳调查研究。1966—1968 年对西藏珠穆朗玛峰地区冰雪中氚和重氧的分布以及过渡元素表生地球化学特征的研究，填补了"世界屋脊"地区微量元素研究的空白，研究成果在《中国科学》《科学通报》《地理学报》等发表，影响广泛。1970—20 世纪 90 年代初，对水、悬浮物、水底沉积物中各种微量元素的含量分布、赋存状态、生物效应以及污染物的生物地球化学迁移过程，污染物形态转化的环境动力学机理进行深入研究，开拓了我国水污染环境地球化学研究领域。20 世纪 80 年代后，与中国科学院高能物理研究所合作，借助中子活化的核分析技术，探讨稀土元素在成土过程中的行为，与此同时还对长江水系水体中稀土元素的环境生物地球化学特征进行深入分析，研究稀土元素在土壤-植物生态系统中的迁移转化过程、累积规律以及环境、生物效应及其调控对策。从 1973 年开始先后领导、主持、参与多项水源保护方面的国家重大攻关项目，提出了一套完整的研究程序、原则和方法。1993 年当选为中国科学院院士。

三、论文的亮点

1. 首次研究了珠峰冰雪中汞、砷、锑、铜、铬、锌、镉、钴、硒等微量元素的含量水平，揭示人类活动是珠峰冰雪中微量元素的主要来源。

随着人类活动的不断加强，大气中的污染物和排放物也在不断增加。这些污染物和排放物可以通过大气传输到达珠峰地区，并在冰雪中积累下来。因此，论文通过分析珠峰冰雪中汞、砷、锑、铜、铬、锌等微量元素的浓度、比值、富集系数等，揭示了人类活动对环境的影响。这是因为冰雪中的微量元素浓度反映了大气中的气溶胶浓度和成分。人类活动如工业排放、燃烧化石燃料等，会产生大量的气溶胶，这些气溶胶会被冰雪捕获，通过分析冰雪中微量元素的浓度可以辨析人类活动对大气环境的影响。另外，冰雪中的不同元素之间的比值也可以提供关于人类活动影响的信息。例如，铅、汞等的人类活动来源（如工业排放）与自然来源（如火山活动）之间的比值，可以揭示人类活动对环境变化的贡献程度。

该论文呈现的珠峰冰雪中微量元素的浓度、比值、富集系数等结果，确认人类活动而非自然因素的影响作用，可为全球环境保护提供科学依据。

2. 发现珠峰冰雪中汞、砷、锑、铜、铬、锌等微量元素水平比格陵兰冰盖和南极冰雪中微量元素浓度高，提示人为活动的影响对"地球第三极"的影响更为强烈。

3. 采用中子活化法分析测定珠峰冰雪中汞、砷、锑、铜、铬、锌等含量极低的微量元素，在45年前我国当时分析测试仪器缺乏、方法有限的条件下，做到了结果准确，而且比欧美发达国家报告的微量元素种类更多，填补了我国相关研究的空白。

四、启示

如果说45年前我们关注的是珠峰地区冰雪中微量元素的含量水平及其来源，以及该研究在区域、理论、方法方面的创新性，那么现今，我们更愿意从论文中得到新的启示。

首先是坚持用表生地球化学和化学地理理论方法指导科学研究。20世纪上半叶，苏联地理学家格里高利耶夫（A. A. Grigoryev）提出建立化学地理学分支学科，但未真正实行、少有成效。苏联土壤学家、地球化学家波雷诺夫（B. B. Polenov）

确定了"地球化学景观"概念，创立了景观地球化学分支学科，彼列尔曼（A. I. Perelman）、格拉佐夫斯卡娅（M. A. Glazovskaya）等人丰富了这一学说，发展了化学地理。在中国，这一学科得到了长足的发展，取得了丰硕的成果。化学地理学是综合自然地理学的分支学科，研究地理环境中化学元素（或物质）结构、迁移、平衡和地域分异规律及其与人类活动相互关系，与地理环境中物理过程与生物过程的研究结合在一起，综合探讨自然地理过程，开辟了综合自然地理研究的新方向；基本任务是阐明地理环境的化学特性及其与人类的相互关系。"珠穆朗玛峰高海拔地区冰雪中的微量元素"之所以成为珠穆朗玛峰地区科学考察的重要成果，就是秉承化学地理研究的学术思想，运用新的分析方法，揭示了珠穆朗玛峰冰雪中的微量元素含量水平、分布特征及其来源，提出人类活动是主要因素这一重要结论。因此，我们要一如既往地坚持用表生地球化学和化学地理理论与方法指导科学研究。

其次是通过多方协作开展综合研究。从珠峰8848米峰顶到7050米的冰雪样本的采集是通过中国登山队采集的，对冰雪中微量元素的中子活化分析是由中国科学院高能物理研究所来完成的，而全部考察活动的安排和后勤物质保障是由中国科学院青藏高原综合科学考察队实现的。研究涉及庞大系统，跨越多个学科和部门，问题很多、解决不易，但正是通过多方协作才得以完成；开展综合研究，是地学、化学、环境科学的理论和方法的集成。要坚持化学地理与相关学科以及多部门实行大协作，互相学习，联合工作，解决各种科学问题和应用问题。

我国自20世纪50年代起就开展了青藏科考活动，其中70年代初开展的第一次大规模的青藏高原综合科学考察研究成果举世瞩目。进入新时代，第二次青藏高原综合科学考察研究启动于2017年，其中"巅峰使命"珠峰科考于2022年全面开展，这是学科覆盖面最广、仪器设备和方法最先进的综合性科学考察，是人类在珠峰地区开展极高海拔综合科学考察研究的又一次壮举。45年前发表的"珠穆朗玛峰高海拔地区冰雪中的微量元素"所呈现的结果，虽然已经被许多新的发现所突破，但其中体现的科学精神仍激励着科学考察的参与者们协同合作，应全面深入研究珠峰地区各大圈层的垂直变化特征和相互作用机理，实现地球系统科学研究的新突破，提出创新性的珠穆朗玛峰自然保护科学方略。

北京山区土地类型研究的初步总结[*]

林　超　李昌文

（北京大学地理系）

我国土地类型研究，是为适应社会主义经济建设（特别是发展农业）的需要，在自然区划工作的推动下逐步发展起来的。实践证明，编制大、中比例尺土地类型图是土地类型研究的重要方法，具有较大的理论和生产意义。

自五十年代开始，我们结合教学和科研，在北京山区开展了大、中比例尺土地类型的制图工作，并对山区土地的分异、分级、分类和结构等问题进行探索，有一些粗浅的认识。我国是一个山地占优势的国家，山区土地类型研究具有特殊意义。当前，我国正进入社会主义革命和社会主义建设的新时期，为适应四个现代化的需要，即将进行全国 1∶1,000,000 土地类型图的编制工作，各种比例尺的土地类型图的编绘，也将会逐步开展。为此，本文拟对我们的工作，进行初步总结，以供今后工作参考。

我们对北京山区的研究可以追溯到 1962 年以前[1]，但专门进行土地类型调查和制图是在 1962 年才开始的。1962 年，我们先在清水河流域和百花山南北坡，用路线调查的方法绘制了 1∶50,000 比例尺的《百花山-清水河土地类型图》和五条剖面线的综合剖面图（1∶5,000），并对土地分异因素、分类和结构等问题作了试探[①]。同年，还在大石河流域、房山和昌平山区、延庆等地进行路线考察，绘制了一些综合剖面图。

1963 年，为响应 1962 年全国自然区划讨论会提出的加强山地自然区划工作的号召，

第 35 卷第 3 期，1980 年 9 月
引用本文：林超. 北京山区土地类型研究的初步总结. 地理学报, 1980, 35(3): 187-199. [Lin Chao, Li Changwen. Studies on land types in mountain regions north of Beijing. *Acta Geographica Sinica*, 1980, 35(3): 187-199.]

[*] 本文初稿曾蒙孙鸿烈、赵松乔、陈传康等同志提供宝贵意见，在此表示谢忱。
[①] 李昌文，百花山自然景观，实习报告，1962。

我们开始对整个北京山区进行土地类型调查和制图。主要是根据路线调查绘制 1∶50,000 土地类型图（在关键地段测绘 1∶10,000 的土地类型图）和综合剖面图，最后试编了 1∶200,000《北京山区土地类型图》（发表时约缩为 1∶1,000,000）[2]。

1964—1965 年，我们参加了北京市山区综合考察队，在怀柔县山区进行土地类型的研究，编制了全县山区 1∶50,000 的土地类型图（成图的比例尺为 1∶200,000），并对各种土地类型的自然特点和经济利用加以说明①。我们还对怀柔山区南部的土地类型进行了较详细的研究②，编制了 1∶100,000 的土地类型图。此外，还对黄花城公社编制了一套 1∶50,000 的自然条件图（包括岩性图、地貌图、山文水系图、坡度图、土壤图、植被图、土地类型图等 11 幅图），并作了从分析图到综合图的综合制图方法的探讨③。

综合上述工作，我们拟分三个问题进行总结和讨论。

一、北京山区的自然特点及土地分异的因素

土地是由其相应的相互作用的各种自然地理成分（地质、地貌、气象、水文、土壤、植被等）组成的自然地域综合体，是地球表层历史发展的产物。因此，当我们要弄清某一区域土地类型的自然特性时，应从分析该区的自然特点和土地分异因素着手。通过北京山区土地类型的研究工作，我们体会到，北京山区土地类型的性质和特点，在很大程度上取决于地域分异规律在本区的具体表现。

北京山区的范围，纬度从北纬 39°32′到 41°30′经度跨东经 115°30′到 117°35′，南北距离为 167 公里，东西相距 177 公里，面积约为 10,000 平方公里，占全市总面积的 62%。从大尺度地域分异规律来看，本区所处的纬度和海陆相对位置以及相应于大地构造分区的地貌组合规模，决定了本区具有一定的水热条件和相应的地带性土壤和植被。在自然区划中属于暖温带半湿润地区半旱生落叶阔叶林褐色土地带的冀北山地自然省。但在这样辽阔的范围内，水热气候条件的水平分布仍存在着一定的差异。例如，南部的年平均温度为 11—12℃，≥10℃的积温达 4,000℃以上，而北部则不足 10℃和 3,500℃，无霜期也相差近一个月；年降水量南部可达 800 毫米，而北部则不足 500 毫米，具有从暖温带半湿润气候向温带半干旱气候过渡的性质，相应也过渡为森林草原地带。这种情况对土地类型的特点有一定影响，

---

① 北京大学自然地理教研室，怀柔山区土地类型，打印稿，1965。
② 李昌文，怀柔南部土地类型和自然区划研究，北京大学地理系自然地理教研室，打印稿，1966。
③ 李昌文，黄花城公社自然条件图及其编制，研究生毕业论文附录，1966。

但就本区土地分异的因素来讲，主要还是地势地貌、岩性土质等中、小尺度地域分异因素的影响。在北京山区，地势起伏较大、新构造运动所形成的多级地文期地形面和侵蚀作用强烈使地面比较破碎等地形特点，应予以特别注意。更具体来说，北京山区土地分异的主要因素有下列几方面：

（一）地势起伏引起诸自然地理成分的垂直分异

北京山区地处我国三级地势阶梯的第二级的前缘，与地势低平的第三级阶梯的华北平原相连，是地势明显转折的区域。中生代燕山运动以来，本区一直受构造运动强烈影响，加以强烈的侵蚀作用，形成绝对高度和相对高度都比较大的山区。最低处的山麓洪积台地海拔不到 100 米，而海陀山、百花山、灵山等山顶则超出了 2,000 米。即使从附近的河谷算起，许多地方的相对高度也可达 1,000—1,500 米。地势的巨大起伏，重新分配了大尺度地域分异所决定的该区的水热条件，使水热状况随高度的增加而发生有规律的变化，并引起各自然地理成分发生相应的垂直变化。例如百花山的高度和霜期有下列关系：＜1,000 米为 200 天以下，1,000—2,000 米为 200—250 天，＞2,000 米为 250 天以上。此外，降水量和水分状况也有随高度增加而增大的变化。

这种水热状况的垂直变化相应地引起土壤和植被的垂直变化。百花山的土壤和植被与高度有下列关系：1,200 米以下为褐色土和旱中生、中生灌丛，其中 750 米以下为碳酸盐褐色土，生长荆条（*Vitex chinensis*）、酸枣（*Zizyphus jujuba*.var.*spinosus*）等半旱生灌丛和黄草（*Themeda japonica*）、白草（*Bothriochloa ischaemum*）草被；750—1,000 米为典型褐色土，生长三桠绣线菊（*Spiraea trilobata*）、蚂蚱腿子（*Myripnois dioica*）、大花溲疏（*Deutzia grandiflora*）等旱中生灌丛。1,000—1,200 米为淋溶褐色土，生长二色胡枝子（*Lespedeza bicolor*）为主的中生灌丛和小片栎林等次生林。1,200—1,850 米为棕色森林土，生长落叶阔叶和针阔混交林及中生灌丛。1,850 米以上是黑土型山顶草甸土和山顶草甸。

北京山区土地类型研究的实践表明，这种垂直带性是本区土地分异的重要因素，也是土地分级和分类的重要标志，还影响了土地结构。在划分高级土地类型时，垂直带性是主要的根据。

（二）山文结构和大气环流的形势对水热分布的影响

由于地质构造的关系，北京山地的轮廓是由一系列平行的东北向的山脉和间于其间的谷地组成。这种岭谷相间的行列式组合方式，不仅对土地结构型式有明显的影响，而且在山脉的这种排列正好与大气环流成正交以及背山面海的形势下,对水热分布有较大影响。夏季在夏季风影响下,从海洋来的湿润气团遇到山地上升,很容易降雨,从而导致同一条山脉的迎风坡的降水量远大于背风坡和山后的谷地。例如怀柔县云蒙山-黑陀山,海拔1,400—1,500米,地处迎风坡的椴树岭年降水量达700毫米,而位于背风坡河谷的汤河口还不足400毫米。另一方面,一些横切山脉走向的河流,却破坏了上述分布格律,有利于东南季风沿河谷上升。此外,随着水分来源距离的增加,降水量也逐渐递减。例如北京前山地带年平均降水量可达700—800毫米,而西北部和北部仅有400—500毫米,地处最西北的延庆,年平均降水量只有400多毫米。冬季在冬季风的影响下,从西北来的寒流受山脉的阻挡,越过山岭之后降温也显著减少。背风的前山地带的一月平均温度要比西北部高五度多,这除因地势较低以外,还因为地处背风地带,故降温减少。

上述情况势必影响到土壤和植被的分布,从而影响到土地类型的性质和分布。因此,在我们进行土地类型调查和制图时,决不能只根据某一特点的划界指标(例如海拔高度、地文期地形面等)机械地外推,必须在全面分析各种土地分异因素的基础上,有根据地外推,确定它的类型和界限。

(三)地表物质(岩性、土质)所引起的分异

北京山区具有复杂的地质历史,岩性较复杂,主要有结晶岩(花岗岩和片麻岩)、火山岩、石灰岩、砂页岩和第四纪疏松沉积物(红色土、黄土、冲积土等)。

各种不同的岩石强烈地影响到地貌形态。例如,在花岗岩地区,山形圆浑,起伏和缓,沟谷较发育,沟谷宽缓,沟底堆积物较厚,但随着岩石的矿物成分和颗粒大小的不同,地形又有多种变化。由石灰岩组成的山地,则以尖脊陡峭为特征,其沟谷不甚发育,且具有窄小、纵比降大、沟底多碎石等特点。

岩性对土壤、植被也有明显的影响。花岗岩地区的土壤,土层较厚、质地粗、粘结力差、透水性和通气性好、微酸性、速效磷较高;石灰岩地区的土壤则与它相反。甚至在相同的气候条件下,不同的岩石分布,会出现不同的土壤。例如在低山褐色土地带,在花岗岩的地区发育成为棕色森林土;而在中山棕色森林土地带,在石灰岩地区出现褐色土。这两类岩石上的植被也有不同。油松(*Pinus tabulaeformis*)和栗树(*Castanea bungeana*)在花岗岩地区常见,而在石灰岩地区少见;侧柏(*Platycladus orientalis*)则相反,它常见于石灰岩地区。

上述情况必然要影响土地的综合自然特征,从而使土地类型和土地结构发生差异。因此,我们把岩性、土质作为划分一定级别的土地类型和确定其界限的重要依据。

（四）强烈的侵蚀堆积过程所形成的地貌形态及其组合对土地分异的影响

第三纪以来因新构造运动的影响，本区为强烈的上升区，在各种外营力的侵蚀堆积过程中，形成了复杂的地貌形态。仔细分析这些"刻蚀"地貌形态及其对土地分异的影响，具有重要的意义。通过对北京山区土地类型的研究和制图，我们认为本区地貌形态有下列特点：

首先，存在多级高度不同的地文期地形面。在新构造运动的影响下，本区主要处于强烈的上升区，但由于上升的间歇性，形成了陡坡和平坦面交替的阶状地形。例如，在清水河流域便有下列地文期地形面：北台期准平原面（海拔1,200—2,000米）、唐县期宽谷面（500—700米），汾河期地面、马兰期阶地、板桥期阶地。由于各地区上升的速度和幅度不同，侵蚀力量也有强弱的差异，因此同一地文期的地形面可以有不同的高度。例如清水河流域的北台期就有1,200米、1,600米、2,000米三级地形面，怀柔和南口的北台期地形面的高度分别为1,000—1,500米，1,070米。

第二，在强烈的侵蚀作用下，地文期地形面受到切割，形成各种中地貌形态及其有规律的组合。北京山区的各级地文期地形面，都受到不同程度的切割而变得复杂化。北台期地形面已成为剥蚀残丘或切割夷平面，唐县期地形面多成为梁状或平顶山脊或高台地，汾河期地形面成谷坡或斜降山脊。马兰和板桥阶地因时代较晚、部位较低，还较完整，但也受到冲沟咬蚀和曲流侧方侵蚀。这些中地貌形态是确定更低级土地单位界限和分类的主要标志。例如切割的地文期地形面大致相当于"地方"这一级土地单位，而它进一步分化的中地貌形态则大致与"限区"这一级土地单位相当，中地貌形态的地貌部位则是划分"相"这一级土地单位的主要依据。可以看出，上述地貌形态具有一定的组合规律，例如河床、河漫滩、各级阶地、谷坡、山坡、山脊等就常组合在一起。随着区域范围的扩大，这种组合又可进一步组合。北京西山的岭谷相间排列就是一种组合方式。可见，北京山区的中地貌形态及其组合情况对土地类型的划分和土地结构的特点有重大影响。

第三，强烈的侵蚀作用，使本区沟谷较发育，这不仅造成正负地形的明显交替和地形很破碎，而且使地形的某些形态特征（如坡向、坡度等）复杂化，从而影响各自然地理成分和土地单位进一步的分异。沟谷和谷间地这两种不同的正负地形是两种最基本的地貌形态，也是两种不同的土地类型。坡向和坡度等地貌形态对各自然地理成分的影响，也是土地分异的重要因素之一，是确定低级土地单位界限和分类的主要标志。

以上我们概略地总结了北京山区土地分异的主要因素。应该指出，由于土地是由各自然地理成分组成，彼此具有相互作用的关系，因此，在进行土地类型研究和制图时，先对一些分异因素作分析是很必要。然而，土地是一个综合的自然地理概念，是通过各自然地理成分的相互关系的分析，来得出土地的综合特征。因此，还必须在上述分析的基础上，进一步作综合分析，这样我们才能正确地认识土地的自然特征，作出合理的分类。

在进行综合分析时应注意各自然地理成分相互联系的下列特点：第一，各自然地理成分之间的作用是相互的，而且某一成分影响了另一成分，后者还可能间接地制约其它成分。第二，在各自然地理成分相互影响的过程中，不仅决定于起影响的成分的影响强度，而且主要取决于受影响的成分自身的性质，以确定这种影响是否有表现和表现的程度。第三，各自然地理成分间的作用是在多种成分参与下综合作用的，但在具体情况下可以根据对象（各级土地单位）和目的（土地分级和分类或土地结构研究）的不同，来确定一个或几个主导因素和主要标志。

土地作为生产资料和劳动对象，必然会受到人类活动的影响，这在土地分异过程中也是一个重要因素，不可忽视。不过，这方面的影响主要表现在植被和土壤的变化上，一般说来是划分更低级土地类型的根据。

二、北京山区的土地分级

在人类的生产活动中，首先接触到的是一些具体的土地地段。不论是从事农业生产，还是进行工业建设，都不难发现地表自然界存在着一些自然特点最一致的土地地段。这就是目前国外科学界所公认的"相""立地"或"土地素"[1]，这是最低级的个体土地单位。这些低级单位可以进行区域合并，得到较高一级的个体土地单位（限区土地单元或"土地片"[2]），还可再合并为更高级的单位（地方或土地系统）。确定各级土地单位的划分标准，就是土地分级；按级别高低排列起来，就是土地分级系统。关于土地分级系统和名称，国内外尚有争论，目前公认的有三级：相—限区—地方，立地—土地单元—土地系统，或土地素—土地片—土地系统。由于国内目前还未有各级统一名称，我们暂时采取一、二、三级（从上到下）的名称，并根据北京山区的研究，讨论如下两个问题。

第一，三级系统是否适合山区？根据北京山区的实践经验基本上是适用的。北京山区土地类型制图的实践表明，这个在平原区已被较深入研究的分级系统，也可用于山区。不过鉴于山区土地单位的特殊性，在确定其划分标准时，不能照搬平原区的经验。我们深切

---

[1] 土地素是 element 的译名。
[2] 土地片是 facet 的译名。

地体会到，山区的土地单位远较平原区复杂，因此，仔细分析山区土地单位的分异因素，是进行山区土地研究的前提和分级的基础，特别是地貌形态及其组合规律的研究，具有特别重要的意义。我们在北京山区进行制图时，不是机械地去套平原区的划分标准，而是从分析沟谷地貌的发育过程入手，既考虑其规模，但更重要的还是分析它的形成过程和地形要素的组合情况。在进行地貌形态分析的基础上，再考虑其它分异因素（如垂直带性、岩性、土壤和植被特点，以及利用现状等），进行综合分析，以确定其土地分级和界限。对于正地形，我们也是先着手分析地貌形态要素系统，并考虑不同等级的坡向和其他形态特征（如坡度）来确定其分级和界限。

北京山区的制图实践还表明，山区的土地单位确实与平原区有较大的差别，三级分级系统未必能充分反映山区的客观情况，在山区出现与平原不一样的分级单位是完全可能的。我们认为，只有通过大范围的不同区域的制图实践，才能查明山区所存在的特殊分级单位和提出增加新的分级单位。因此，在未总结出新的分级单位之前，仍以这三级基本单位作为研究和制图的对象。

第二，垂直带在山区土地分级系统中的地位问题，是一个目前仍有争议的重要问题。关于垂直带性在山区土地分异中起着重要作用这一事实，大家都是公认的。早些时候，在地理文献中便存在着把垂直带视为山区自然区划单位的意见，现已几乎无人坚持了。目前，绝大多数学者认为垂直带属于景观形态单位（即土地分级单位），这个意见无须再讨论。关于垂直带在分级系统中占何种地位的问题，目前还有争论。根据北京山区的研究经验，我们基本上同意盖连楚克的观点[3]，并用于北京山区的制图实践，提出了初步看法[2]。稍后，我们又从理论上阐述了我们的观点①。现在结合北京山区的情况，总结一下我们的看法。

从土地类型研究的需要来看，垂直带应有一定的等级系统。为便于对比，可以使用具有较明确的等级意义的带、地带、亚地带，并冠以"垂直"二字。由于北京山区的垂直带性的研究，只是在植被和土壤方面有一些资料[4,5,6]，因此，可以土壤和植被为主要依据，但应注意到地形、岩性等特点。表 1 是北京西山垂直带的划分实例。

根据北京山区的情况，我们认为可把个体的垂直亚地带看作是土地的高级单位。例如，黄花城公社北部的凤驼梁北坡的辽东栎林为主的火山岩中山。它的海拔高度为 1,000—1,500 米，是中等切割的火山岩中山，沟谷较发育，坡度多在25°以上，主要由斜降山脊、谷旁山脊和大小沟谷组成。土壤为典型棕色森林土。由于高度和坡向等的不同，主要生长辽东栎（*Quercus liaotungensis*）林、蒙椴（*Tilia mongolica*）、柔毛绣线菊（*Spiraea pubescens*）、二色胡枝子灌丛。由于它处于一定的海拔高度，从而具有相应的垂直水热气候条件和一定

---

① 李昌文，山地景观研究的某些问题，手稿，1964。

的土壤和植被类型，而且具有相同的岩性，因坡度较大和外营力特点以及岩性的影响，沟谷较发育，地形较破碎，形成斜降山脊和沟谷相间的地貌组合。这些相互联系的自然地理成分，形成了一定的土地地段，且有一定的组合特点。在它的范围内综合的自然特点和经济利用是相对一致的。

表 1　北京西山垂直带的划分

Ⅰ. 旱中生灌丛草被次生林-褐色土低山垂直地带
Ⅰ₁ 半旱生灌丛草被-碳酸盐褐色土低山下部垂直亚地带
Ⅰ₂ 旱中生灌丛草被-典型褐色土低山垂直亚地带
Ⅰ₃ 中生和旱生灌丛次生林-淋溶褐色土低山上部垂直亚地带
Ⅱ. 落叶阔叶林和中生灌丛-棕色森林土中山垂直地带
Ⅱ₁ 落叶阔叶杂木林-典型棕色森林土中山下部垂直亚地带
Ⅱ₂ 栎、桦林-生草棕壤中山垂直亚地带
Ⅱ₃ 针叶、落叶阔叶混交林-灰化棕壤中山上部垂直亚地带
Ⅲ. 山顶杂类草草甸-黑土型亚高山草甸土中山顶部垂直地带

我们主张垂直亚地带等于高级土地单位，确切地说，是指各个具体的垂直亚地带片段。因为山区高度分布受地貌破碎和沟谷发育的影响，这种亚地带在地域分布上是不连贯的。因此，我们在野外只能找到个体的亚地带片段。将各个具有一定共同性的亚地带片段，进行概括，就得到分类范畴的垂直亚地带。表 1 中所列的亚地带，就是一种分类概念。

从这种理解出发，我们认为垂直带和垂直地带甚至包括泛指的垂直亚地带，既不是区划单位，也不是具体的土地分级单位，而是一种土地分类单位，是个体的垂直亚地带按质的共同性概括成的不同分类等级。

北京山区的经验表明，把个体的垂直亚地带视为高级土地单位，并将这些个体单位按垂直分异规律进行概括得出不同分类等级的分类单位，还便于拟定全国统一的分类系统。目前，即将开展全国范围的 1∶1,000,000 土地类型图的编制工作，若按我们的做法，会对全国山区土地类型分类系统的拟定带来方便。因为不论地处哪一个区划单位的垂直带，都有一定的共性，我们可以按这种共性进行类型合并，这要比按不同水平地带对山区的垂直带进行分类要简便得多[①]。

---

① 有关对垂直带的这段论述主要是根据陈传康同志的讲课内容。

三、北京山区的土地分类

土地分类是编制土地类型图的前提，正确的分类不仅能保证土地类型图的科学性，而且能更好地为生产服务。

由于土地单位是多级的，因此土地分类也应是多系列的，即对每一级土地单位进行类型划分。但由于研究任务涉及的范围有大有小，制图比例尺的大小不同，因而必须针对制图比例尺的大小要求，规定一定的土地分级作为制图对象[①,②]。考虑到山区土地分异的复杂性，我们在北京山区的制图工作中是以下列土地单位作为不同比例尺土地类型图的制图对象。大于1∶10,000比例尺以三级土地单位"相"的分类为制图对象，1∶10,000—1∶200,000以二级土地单位"限区"的分类为制图对象，1∶200,000—1∶1,000,000以一级土地单位"地方"的分类为制图对象。

表2是百花山附近的相分类表（部分），我们是按下列方法来分类的：先把个体特征相同的相归并为相种，然后再把同一种地形面上的，在岩性、土壤、植被有一定共同性的相种合并为相组。

图1、图2是怀柔南部山区以限区和地方的分类为制图对象的两种比例尺的土地类型图。限区的分类主要是根据中地貌形态的特征和植被类型来分类；地方主要以垂直带性、岩性、地貌形态的组合进行分类（详见[2]中附图）。

通过北京山区的工作，我们对今后应如何更好地进行分类，有一些体会，在这里拟就土地分类问题谈谈我们的看法。

首先，土地分级和分类是彼此有联系的不同概念，分级是指个体单位的合并和划分；分类是指每一级土地单位的类型划分。从空间分布和地图上的表现来说，从低级合并到高级，在地域上是连续的；但类型上的归并，则在地域上是分离的。不同比例尺的土地类型图，应以一定分级单位作为主要对象，进行类型划分。由于分级是多级的，因此分类也应是多级的。

---

① 陈传康，我国土地类型研究的发展概况和今后研究方向，北京大学地理系，打印稿1979。
② 林超、李寿深，我国土地类型研究的回顾与展望，北京大学地理系，打印稿，1979。

图1 怀柔县南部山区土地类型（限区型）图

I 河川川地 I₁滩地 I₂川地 I₃台地 II 沟谷地 II₁厚土沟谷地 II₂薄土沟谷地 III岗梁地 III₁覆土台梁地 III₂黄土冲沟 III₃黄土沟岗台地 III₄山前土质岗间地 III₅谷旁土质台梁地 IV丘陵丘坡地 IV₁已利用的丘坡地 IV₂果园农田缓丘坡地 IV₃果园果树陡丘坡地 IV₄白草坡缓丘坡地 V₁黄草、白草和旱生和旱生中生灌丛草被丘坡地 V₂黄草、白草坡缓丘陵丘坡地 V₃荆条、三桠、绣线菊灌丛缓丘坡地 V₄荆条、三桠、绣线菊灌丛和次生菊针叶林和暖温带针叶林低山丘陵丘坡地 VI落叶阔叶林和暖温带针叶林低山丘陵丘坡地 VI₁栎树萌生丛、荆条灌丛灌草坡地 VI₂栓皮栎林坡地 VI₃油松栎林坡地 VI₄侧柏林坡地 VII旱中生、中生灌丛和次生菊灌丛山坡地 VII₁荆条、三桠绣线菊灌丛山坡地 VII₂栎树萌生山坡地 VIII落叶阔叶杂木林中山山坡地 VIII₁毛榛、二色胡枝子为主的中生灌丛山坡地 VIII₂椴、栎林山坡地 VIII₃辽东栎林山坡地

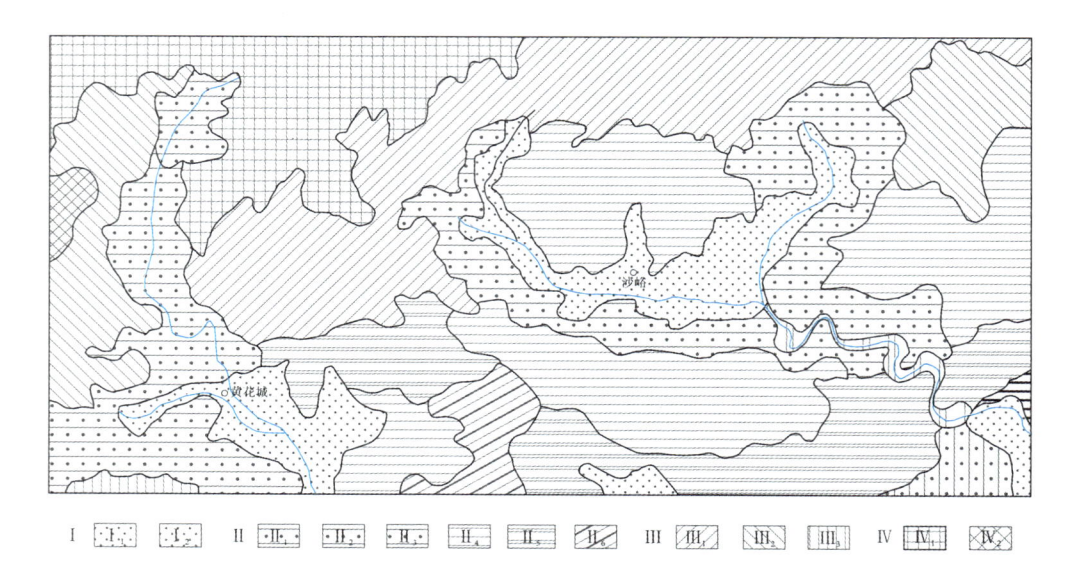

图 2　怀柔南部山区土地类型（地方型）图

Ⅰ 山间河谷地方组
　Ⅰ₁ 宽河谷地方　　Ⅰ₂ 窄河谷地方
Ⅱ 半旱生灌丛草被的丘陵地方组
　Ⅱ₁ 有零果树的半旱生灌丛草被火山岩山前孤丘地方　Ⅱ₂ 果园和坡田的花岗岩谷旁切割丘陵地方　Ⅱ₃ 坡田和果园的覆黄土火山岩谷旁丘陵地方　Ⅱ₄ 果树和半旱生、旱中生灌丛的花岗岩丘陵地方　Ⅱ₅ 半旱生灌丛草被的灰岩丘陵地方　Ⅱ₆ 半旱生、旱中生灌丛的砂页岩丘陵地方
Ⅲ 旱中生、中生灌丛和次生林低山地方组
　Ⅲ₁ 以中生灌丛为主的火山岩低山地方　Ⅲ₂ 以旱中生和中生灌丛为主的灰岩低山地方　Ⅲ₃ 以槲树、辽东栎萌生丛和中生灌丛为主的花岗岩低山地方
Ⅳ 落叶阔叶杂木林中山地方组
　Ⅳ₁ 椴、栎杂木林和中生灌丛的花岗岩中山地方　Ⅳ₂ 辽东栎林和中生灌丛的火山岩中山地方

　　第二，土地分类和制图，在确定制图对象后，应先根据各级土地单位分异的主导因素并用与其相应的外部明显标志，划分它们的个体界线，然后进行分类，这是较精确的方法。例如，我们在黄花城公社先划出了 260 个限区个体[①]，然后进行分类，归并成 31 个限区种。

　　然而这种方法有时是难以做到的（特别是在短期进行区域范围较大的野外制图时），因此，我们在编制《北京山区土地类型图》时，采用了另一种方法。在路线考察中，先绘制能表示到个体单位的综合剖面图，以此来分析组成土地单位的各自然地理成分及其相互联系和土地单位的组合规律，然后将几个综合剖面加以对比，进行分类，再由线推到面，得出制图轮廓和分类系统。我们认为这种方法与前一种方法原则基本一致，比较简单易行，但不够精确。

---

① 由于沟谷的轮廓太小，只是较详细地描绘在图上，没有进行个体轮廓编号，因此实际上划分的个体轮廓数，约有 500 个。

第三，每一级土地单位的分类标志，是搞好分类的关键问题。根据我们的经验，分类标志要客观反映自然规律，而仔细对土地分异因素进行分析，是正确选择分类标志的基础。此外，我们进行土地类型制图是有一定服务对象（如对农业或城市建设），因此，在不违背自然规律的前提下，应尽量选择那些与制图任务有关的标志。

表 2　百花山附近的相分类表（部分）*

相　种	相　组
急流水河床（1） 缓流水河床（2）	常流水河床 I
砂质间歇流水河床（3） 卵石间歇流水河床（4） 巨砾间歇流水河床（5）	间歇流水河床 II
深切常年有水黄土冲沟沟床（6） 浅切雨季有水黄土冲沟沟床（7）	黄土冲沟沟床 II
深切火山岩山坡沟床（8） 浅切火山岩山坡沟床（9）	火山岩山坡沟床 IV
碎屑角砾砂页岩山坡沟床（10） 砂质砂页岩山坡沟床（11）	砂页岩山坡沟床 V
坡面龙扒（12） 复式龙扒（13）	龙扒 VI
裸露的砾石河漫滩（14） 裸露的砂质河漫滩（15） 生长蒿属、满州鹤 等旱生植被的河漫滩（16） 生长蓼、西洋菜等湿生植被的河漫滩（17） 草甸沼泽化的河漫滩（18） 滩田化的河漫滩（19） 裸露或生长杂草的砂砾石心滩（20） 滩田化淤沙土高河漫滩（21）	河漫滩 VII
轻度熟化的一级阶面（22） 中度熟化的一级阶面（23） 灌丛草被一级阶坡（24）	砂质黄土一级阶地 VIII
轻度熟化的二级阶面（25） 中度熟化的二级阶面（26） 梯田化的二级阶坡（27） 灌丛草被二级阶坡（28）	黄土质二级阶地 IX
覆厚层黄土台田阶面相种（29） 覆薄层黄土坡田阶面相种（30） 种果树或灌丛草被的覆黄土的三级阶坡（31）	覆黄土的三级阶地 X

*根据李昌文，百花山自然景观，实习报告，1962。

第四，土地作为劳动对象，都或多或少受到人类的影响，因此，分类时要考虑这一因素。在我们的分类中，对受人类影响较大的土地类型，在分类命名时加上了土地利用的特征，这既考虑了人类的影响，也间接反映了土地的自然特点。

第五，土地类型的命名问题，我们是用二名法或三名法，这可反映土地的综合特征，是它的优点，但名称太长，流于繁琐。北京山区老乡把土地分为活山、死山、软山、川地，或分为石山、土山等类型，命名简单且生动。类似这样的更详细的地方性习惯用的土地分类命名，还有待发掘，并加以整理和使用，这是今后工作中应注意的问题。

以上是我们对北京山区土地类型研究中几个主要方面所作的初步总结。除此之外，我们曾在土地分等、土地结构、土地计量、综合制图、制图综合等方面，进行过小范围的探索。因这些工作做得很粗浅，故未在这里总结。不过，这些方面对土地类型研究是很有意义的，有待今后进行深入研究。

参考文献

[1] 林超, 北京西山清水河流域自然地理, 《地理学资料》, 第 4 期, 1959。
[2] 林超, 李昌文, 北京山区土地类型及自然区划初步研究, 中国地理学会一九六三年年会论文选集（自然地理）, 科学出版社, 1965。
[3] К. И. 盖连楚克, 论山地景观的划分原则, 陈传康, 李昌文译, 《地理译丛》, 1964 年 3 期。
[4] 北京大学生物学系地植物学小组, 北京市的植被, 《北京大学学报（自然科学）》, 1959 年 2 期。
[5] 陈灵芝等, 北京市怀柔县山区植被的基本特点及其有关林、副业的发展问题, 《植物生态学与地植物学丛刊》, 3(1), 1965。
[6] 席承藩, 北京的土壤, 北京出版社, 1959。
[7] A. F. 伊萨钦科, 自然地理学原理, 高等教育出版社, 1965。

STUDIES ON LAND TYPES IN MOUNTAIN REGIONS NORTH OF BEIJING

Lin Chao   Li Changwen

(Department of Geography, Beijing University)

Abstract

The mountain regions north of Beijing occupies the western part of Yen Shan which runs eastward to Shanhaiguan and forms the northern border of the North China Plain. The climate belongs to the semi-humid warm temperate type, with a cold winter and a hot summer. Average annual precipitation is about 800 mm in the front ranges and decreases to about 500 mm in the sheltered valleys. Deciduous forest of a semi-xerophytic type is the common vegetation. Drap soil is developed under this climatic and botanical environment.

Field investigations revealed that a great variety of landscape exists in this mountain region. A system of classification of land types has been attempted. This classification is based on the knowledge of physical geography and especially on the analysis of the physical factors controlling the differentiation of the landscape.

Firstly, altitudinal zonation has to be considered. Although the altitude is not very high, from about 50 m in the foothills to over 2,000 m at the summit, vertical zonation of natural landscape is clearly manifested. Three vegetation-soil zones may be distinguished:

1. The lower part of the mountain below 1200 m is covered by shrubs and grasses of semi-xerophytic and meso-xerophytic types. Small patches of Pinus tabulaeformis and Quercus dentala, Fraxinus bungeana may be found here and there in sheltered and protected areas. This is a secondary growth, the result of interference of human activities since historic times. Deprived of the protection of forest cover, erosion is very intensive in this part of the mountain. Mass wasting, such as mudflows, are common features which cause great damage to property and loss of life.

2. Above 1200 m and up to 1850 m is the second zone. It is rather well covered by a deciduous forest, dominated by various species of oak (Quercus aliena, Q. variabilis, Q. accussima), birch (Betula platyphylla, B. duhurica) and poplar (Popular davidiana). Shrubs and grasses form the undergrowth of the deciduous forest, but they are different in species from those in the lower mountain. Brown forest soil is the typical soil. Due to the protection of the forest cover, mudflowa seldom occur in this zone.

3. Above 1850 m to the top of the mountain the deciduous forest is superseded by mountain meadow which is underlaid by a layer of black meadow soil. It constitutes a distinctive zone by itself. The meadow is used for pasture during the summer.

Next to altitudinal zonation, lithology deserves special attention. Lithological character is an important factor in the formation of landforms, soils and vegetation. For example, we found granite and limestone form very different landscape in this part of Yen Shan. Granite usually forms rounded or undulating landforms, covering with a thick layer of regolith and a mixed forest of pines and oak. Brown forest soil is developed whereever granite occurs. In limestone area karstic landforms are found, with only a thin veneer of weather materials. Cypress (Biota orientalis) usually takes the place of pines. Drap soil is usually developed wherever limestone occurs. Loess which appears in different altitudes forms a typical landscape by itself, characterized by flat or undulating top and vertical slope under water erosion. The typical soil is drap soil, most of the loess covered land is cleared for cultivation. Alluvial deposits along the valley constitute another type of landscape. The new deposits beside the river channel forms flood plains, while the older deposits further away from the river forms terraces. The flood plains and the terraces are the most fertile land in the mountain region and become the centre for agriculture and settlement. However,the occurrence of summer flood may be a hazard to the crops and inhabitants in the valley.

Mountain landscape is further diversified by the erosion of running water. Mountain slopes are intensively dissected and form mesorelief and microrelief. Slopes may be gentle or steep, convex or concave. The effect of aspects of slope is also quite evident. In the upper part of the deciduous forest zone, south facing slopes are usually covered by shrubs and grasses, only the north facing slopes are forested with deciduous trees. In the Lower mountain zone, the south facing slopes are usually cleared for growing fruit trees, while the north facing slopes are forested with pines.

Based upon the analysis mentioned above, the land units are organized into a hierarchy of descending size as follows:

Order I. (Liand System or mestnostch), altitudinal zone with common type of climate, vegetation and soil, without regard to geological and geomorphic features.Lithological and geomorphic differences may form a sub-order within the zone.

Order II. (Facet or urochishche), a part of the altitudinal zone, formed by grouping of different facies, having common mesorelief, rock materials, drainage,vegetation and soil.

Order III. (Facies or element), simplest unit of landscape, with homogeneous lithology, microrelief, drainage, microclimate, vegetation and soil.

All the units are recurrent in their distribution within the respective order. The individual units (local forms) are grouped into abstract forms (species) according to their homogeneity or similarity. Species of land units may furthered be grouped into association.

The procedure of mapping and classification of land units may proceed from lower order (smaller size) to higher order by grouping of the smaller units into larger units,or vice versa, by subdividing the larger units into smaller units.

Mapping of land types were carried out on different scales. For the larger units,e.g. the land systems, a map on the scale of 1 : 200,000 has been produced. This is suitable for the use of the provincial authority. For the facets, a maps on the scale of 1 : 100,000 has been produced. This is intended for the use of the county. A few maps for the distribution of the land units of the lower order (facies) have also been prepared, on the scale of 1 : 10,000. This may be used by the commune. It is found that not all facies can be shown even on the scale of 1 : 10,000, so that some facies have to be left out or combined.

In a report, the abstract land units are described, with descriptions on area, distribution, landforms, water conditions, soil, vegetation and land utilizatin which would be convenient for reference.

"北京山区土地类型研究的初步总结"解读

刘焱序　彭　建　王仰麟

一、第一作者简介

　　林超（1909—1991），地理学家、地理教育家。1909年生于广东揭阳，1933年从中山大学毕业后留校任教，1934年入英国利物浦大学地理学系留学，师从地理学家罗士培，1938年获博士学位。回国后历任中山大学地理系教授和系主任，兼任复旦大学、金陵女子大学教授，中国地理研究所研究员、所长。1949年代表中国地理学会申请加入国际地理联合会并获通过，为中国地理学界争取了应有的国际地位。1950年起先后任清华大学、北京大学教授，并担任全国科学技术名词审定委员会（第一届）委员和《地理学名词》（第一版）编委会主任、中国地理学会自然地理专业委员会主任、《地理学报》编委、中国地名委员会学术顾问、《中国大百科全书》总编委会委员和《地理学》卷编辑委员会主任等职。20世纪50年代以前主要从事人文地理学研究，50年代之后致力于中国自然地理教学和自然区划、土地类型的研究，是中国综合自然地理学的主要奠基人。

二、论文的主要内容及贡献

　　林超认为，我国是一个山地占优势的国家，山区土地类型研究具有特殊意义。

　　作者介绍：王仰麟（1963— ），男，陕西合阳人，博士，山西大学教授，中国地理学会会员（S110001644M），主要从事景观生态与土地利用研究。E-mail: ylwang@urban.pku.edu.cn

自 20 世纪 50 年代末至 1966 年前，他一直致力于北京山区的土地类型研究及其大、中比例尺制图综合。林超非常重视野外考察，该论文正是他们在北京山区多年实地调研和 1∶200,000、1∶100,000、1∶50,000、1∶10,000 等比例尺土地类型图绘制基础上的理论总结。

1. 论文贡献之一是概括了北京山区土地分异特征，揭示了地势地貌、岩性土质等因素在中、小尺度地域分异规律中的主导作用。

论文开宗明义地提出，土地是由相互作用的各种相应自然地理成分（地质、地貌、气象、水文、土壤、植被等）所组成的自然地域综合体，是地球表层历史发展的产物。文章认为，北京山区水热气候条件的水平分布对土地类型的特点有一定影响，但垂直带性是本区土地分异的主要因素，也是土地分级和分类的重要标志。其中，中地貌形态是确定更低级土地单位界线和分类的主要标志。例如切割的地文期地形面大致相当于"地方"一级土地单位，而它进一步分化的中地貌形态则大致与"限区"一级土地单位相当，中地貌形态的地貌部位则是划分"相"这一级土地单位的主要依据。文章同时指出，岩性对土壤有明显影响，进而影响植被生长，因此把岩性、土质作为划分一定级别的土地类型和确定其界线的重要依据。在人类活动影响方面，论文指出，"土地作为生产资料和劳动对象，必然会受到人类活动的影响，这在土地分异过程中也是一个重要因素，不可忽视。不过，这方面的影响主要表现在植被和土壤的变化上，一般说来是划分更低级土地类型的根据"。

论文对地势起伏、山地轮廓与水热分布、岩性和土质、侵蚀堆积过程等因素相互作用及其对土地分异影响的准确诊断，体现了作者对地理学综合性、区域性学科特质的充分把握。由于担心读者孤立理解上述山地地域分异影响因素，论文特别强调："然而，土地是一个综合的自然地理概念，是通过各自然地理成分的相互关系的分析，来得出土地的综合特征。因此，还必须在上述分析的基础上，进一步作综合分析，这样我们才能正确地认识土地的自然特征，作出合理的分类。"当前，随着遥感技术的普及和机器学习的深化，基于特定算法提取地理空间分异的主导因素、根据遥感解译标志开展自动化的土地利用/覆被分类，对研究生而言已非难事，但很多学生却不清楚如何去科学解释计算机自动提取的结果，能够综合分析区域地理问题对研究生仍然是个难题。因此，论文对山区土地分异整体化、关联性的认知视角在当今的地理学研究中依然具有重要意义。

2. 论文贡献之二是论证了三级土地分级系统适用于山区，阐释了串联垂直带、垂直地带、垂直亚地带的山区土地分级体系。

论文认识到，三级土地分级系统虽然也适用于山区，但由于山区的土地单位远较平原区复杂，因而要特别关注山区地貌形态及其组合规律。论文首次提出了山区土地分级的垂直带划分方式，认为垂直带、垂直地带、垂直亚地带既不是区划单位，也不是具体的土地分级单位，而是个体的垂直亚地带按共同性概括成的不同分类等级。论文强调，把个体的垂直亚地带视为高级土地单位，并将这些个体单位按垂直分异规律进行概括得出不同分类等级的分类单位，便于拟定全国统一的分类系统；按共性进行类型合并，要比按不同水平地带对山区的垂直带进行分类要简便得多。

将山区垂直带、垂直地带、垂直亚地带作为土地类型单位以形成分级体系的观点，被赵松乔先生等列入1949—1979年我国综合自然地理学的重要进展。后续我国山区土地类型研究也得到了文章观点的启发。近年来，中国综合自然地理学对土地的研究总体表现为从强调自然基底要素表征的土地类型制图，到面向人类利用的土地资源分类和可持续利用评价，再到关注人对自然的作用及反馈的土地系统研究的趋势。在当时，论文作者对山区垂直带的理解主要是从土地类型制图出发的，但这一垂直地域分异规律对于土地系统的演化依然适用。然而，当前研究大多关注一些快变量，如气候变化、人类行为等，而对地貌形态的组合规律、山区垂直地带性这些慢变量对土地系统的基本控制作用研究反而关注较少，有必要进一步探索垂直地带性在山区土地系统演化中的决定性作用。

3. 论文贡献之三是建立了适用于山区的多级土地分类体系，提出了"相""限区""地方"三级土地分类的主要研判因素。

论文提出，必须针对制图比例尺的大小要求，规定一定的土地分级作为制图对象；从空间分布和地图上的表现来说，土地从低级合并到高级在地域上是连续的，但土地类型上的归并则在地域上是分离的。论文在北京山区对大于1∶10,000比例尺以三级土地单位"相"进行分类制图，对1∶10,000—1∶200,000比例尺以二级土地单位"限区"进行分类制图，1∶200,000—1∶1,000,000比例尺以一级土地单位"地方"的分类为制图对象。在操作中，先把个体特征相同的相归并为相种，然后再把同一种地形面上的，在岩性、土壤、植被有一定共同性的相种合并为相组；限区主要是根据中地貌形态的特征和植被类型进行分类；地方主要以垂直带性、岩性、地貌形态的组合进行分类。为更好地诠释该分类体系，论文同时给出了怀柔南部山区以限区和地方分类为制图对象的案例、百花山附近的相分类表案例，以及对应的命名规则。

任何分类工作都是综合性的，基本要求也都是以尽可能少的依据和指标反映尽可能多而全面的对象性质；土地分类是对复杂土地系统整体属性和特征抽象综合的结果，是一种理性的简化透视过程。论文提出的多级土地分类体系兼具两种土地分类方法论，可以总结为发生法与景观法。其中，发生法是着眼于土地的形成过程，以发生的关联与相似性为依据进行分类。尤其是大尺度地域范围的土地分异是以气候和地质构造分异为主要框架，发生分类的结果易于统一且较为严谨。至于小尺度地域范围土地分异因素则与地貌形态发生及与之相应的水文、物质组成等有关，这些指标也在论文中被着重强调。但是，对于山区这种小尺度地域而言，仅采用发生法可能难以遍历重要指标。景观法是通过土地空间形态相似相异性的识别进行土地分类的方法，其主要依据是空间上易于确定的土地特征，强调同一类型内部特征的均质性和不同类型之间的异质性。尤其是对于山区土地相对破碎的空间结构而言，论文根据共同性特征将相归并为相种再合并为相组，就是一种巧妙的处理办法。当前，随着空间聚类算法的普及，地理研究中的分类操作大部分是依循景观法进行的，即定量计算多种指标空间分布的均质和异质程度。但如果忽视发生法的原则，不理解众多地理指标的主次、因果关系，就会造成只知其表而不知其里的问题，分类结果不能体现其产生形成的动力机制，其意义就大打折扣了。

总之，论文是我国最早结合具体区域的土地类型研究实践，对地势地貌、地表组成物质等中小尺度的土地分异因素，以及山区土地分级、分类等重要理论问题作出的系统论述，为后来中国1∶100万土地类型图分类系统的确立和制图规范的拟定提供了范例，是我国综合自然地理学从自然区划研究走向土地类型研究的重要代表性成果。

中国东部晚更新世以来海面升降与气候变化的关系[*]

王靖泰 汪品先

(中国科学院兰州冰川冻土研究所) (同济大学)

晚更新世以来，气候与海面发生了很大变化，对这一段历史，世界各地研究得比较详细，提出的资料最丰富，出现了各种气候曲线和海面变化曲线，许多作者正在进一步探讨它们之间的内在联系。为阐明世界范围的气候与海面变化的规律，把近年来所积累的中国资料加以归纳并与国外进行对比，无疑是十分必要和有益的。本文以中国东部及海区的大量实际资料为依据，从地层、动物迁徙、植被演替、海陆变化等方面，对气候与海面变化的关系作若干论述。

一、地 层

中国东部晚更新世和全新世的研究近几年来有很大的发展，许多作者从岩性地层学、气候地层学、生物地层学、考古学和海相层的分布规律以及放射性碳测年和古地磁测年等方面提出了新的见解。对地层划分、岩相变化、生物群性质、海侵海退以及与国内外对比等问题逐渐有了明确的认识，为进一步研究创造了有利条件。作为本文讨论的基础，作者

引用本文：王靖泰, 汪品先. 中国东部晚更新世以来海面升降与气候变化的关系. 地理学报, 1980, 35(4): 299-312.
[Wang Jingtai, Wang Pinxian. Relationship between sea-level changes and climatic fluctuations in East China since Late Pleistocene. *Acta Geographica Sinica*, 1980, 35(4): 299-312.]

[*] 施雅风、严钦尚先生惠阅全文，提出宝贵意见，何福英、王秀雅、朱美娣同志清绘图表，谨此致谢。

将中国东部平原区的晚更新世、全新世地层资料择要汇编在表 1 中。表中列出了七个地区的典型剖面,层序的详细划分和对比是建立在岩性岩相、古生物群和测年数据基础上的,同时与中国和欧洲典型地区的冰期划分作了对比。海区的研究刚刚开始,许多资料尚未系统整理出来,只选择其中一部分有代表性的柱状剖面列于图 1 中,虽然所列资料尚不系统,大体上可以反映海区晚更新世以来的基本面貌。

二、气候变化

在一个地区,寒冷气候与温暖气候的交替变化迫使生物群的面貌跟着发生变化,这是人所共知的事实。因此,根据动物迁徙和植被演替可以恢复气候的演变历史。表 1 列出了各个层段的代表动物群,从中可以看出,大理—庐山间冰期的陆相地层中含脊椎动物化石斑鹿（*Pseudaxis hartulonum*）、纳玛象（*Palaeoloxodon* cf. *namadicus*）、鸵鸟蛋（*Struthilithes cervus*）等,洞穴堆积中有蟾蜍、青蛙、刺猬及各种鼠类,代表温暖而干旱的气候[15,16]。到了大理冰期,随着气候变冷,古北区的耐寒动物开始南迁,出现了以披毛犀（*Coelodonta antiquitalis*）和猛犸象（*Mammuthus primigenius*）为代表的动物群。披毛犀除了在东北广泛分布外,在华北平原普遍发现,甚至在渤海底上及上海地区亦有它们的踪迹[3,12]。据研究[12]披毛犀的分布南界可达北纬 33°。猛犸象主要分布在东北平原及渤海湾北岸北纬 38—39°以北的地区。根据猛犸象和披毛犀的生态特征,它们适应的环境是冰土苔原、冰缘苔原等寒冷气候环境。大理冰期以后,由于气候变暖,披毛犀和猛犸象趋于灭绝,而代之以四不象鹿（*Elaphurus dvidianus*）动物群,一起伴生的有梅花鹿（*Cervus nippon*）、麅（*Capreolus capreolus*）、象（*Elephas maximus*）、犀（*Rhinoceros* sp.）以及各种鱼类和鸟类[5,14],其中象、犀等现在已南迁到川滇等热带森林中,说明当时气候较现代温暖。四不像鹿自全新世以来,曾在华北平原、苏北、苏南平原的潮湿沼泽地上成群出现,为古代人类猎取的主要对象①②。

无脊椎动物中的有孔虫和介形虫随着水温的变化,某些属种有过明显的迁徙,其中最典型的是喜暖的假轮虫属（*Pseudorotalia*）、星轮虫属（*Asterorotalia*）和喜冷的冷水面颊虫（*Buccella frigida*）、具瘤先希望虫（*Protelphidium tuberculatum*③）。假轮虫和星轮虫都是中

---

① 天津自然博物馆,渤海西岸的形成和演变过程,1976。
② 陈金渊:南通地区成陆年代初探,1963。
③ 汪品先等,我国东部第四纪海侵地层的初步研究,1978。

表 1 中国东部近海平原晚更新世以来一些

地区典型剖面暂时对比表

苏北平原[17]				上海地区[8,17,18,20]					肖绍平原[14]					温黄平原		
地层划分	岩性	花粉带	动物化石	地层划分	岩性	花粉带	动物化石	放射性碳年代（距今年）	地层划分	岩性	花粉带	动物化石	放射性碳年代（距今年）	地层划分	岩性	动物化石
全新统	灰色细砂粉砂夹粉砂质粘土	针阔叶树花粉混交带	毕克卷转虫— Ammonia beccarii— 阿卡五块虫 Quinqueloculina akneriana 组合；东台新单角介 Neomonoceratina dongtaiensis 宽卵中华丽花介 Sinocytheridea latiovata 组合	上海组 上部	灰黄色灰色细粉砂夹亚粘土	松 Pinus— 栎 Quercus— 禾本科 Gramineae	奈良小上口虫 Epistominella naraensis— 凸背卷转虫 Ammonia convexidorsa 组合；新单角介 Neomonoceratina— 中华丽花介 Sinocytheridea 组合	汉代遗迹约 2,000 年前	海滨组 上部	灰黄色灰色粘土质粉砂	麻栎 Quercus acutissima— 枫香 Lipquidamber— 青冈栎 Q. glauca— 松属 Pinus	暖水卷转虫 Ammonia tepits— 缝裂希望虫— Elphidium mcgellanieum— 透明筛九字虫 Cribrononion vitreum；滨海弯贝介 Laxoconchia binhaiensis 组合	春秋战国遗迹约 2,500 年前	海滨组	灰黑色粉砂质淤泥	同现卷转虫 Ammonia annectens— 异地希望虫 Elphidium advenum 组合；宽卵中华丽花介 Sinocytheridea latiovata— 筛棘艳花介 Echinocythereis cribriformis 组合
	灰色淤泥质粘土粉砂质粘土	阔叶、常绿阔叶树花粉优势带		中部	青灰色粉细砂及淤泥质亚粘土	栲属— Castanopsis— 青冈栎— Quercus glauca— 水龙骨科 Palypodiuceae	毕克卷转虫 Ammonia beccarii— 五块虫 Quinqueloculina— 异地希望虫 Elphidium advenum 组合；豆艳花介 Leguminocythereis— 棘艳花介 Echinocythereis 组合	亭林遗迹 4,200±145 海安北陂古木 4,630±100 马桥人类遗迹-约5,000年-下海滨贝壳堤 5,680±180 松泽人类遗迹 5,985±140	中部	青龙色淤泥质粘土下部粘土质粉砂	麻栎 Quercus acutissima— 栗 Castanea— 松 Pinus— 青冈栎 Q. glauca— 青冈栎 Q. glauca 栲属 Castanopsis— 杨梅属 Myrica	暖水卷转虫— Ammonia tepits— 星轮虫— Asterorotalia sp.— 五块虫 Quinqueloculina sp. 组合；中华丽花介— Sinocytheridea— 棘皮艳花介— Echinocytheres— 穆赛介 Munseyella 组合	滨海泥炭层 4,985±230 海滨砂堤中的蛤蜊壳 6,310±180 河姆渡遗迹第四层中的橡子 6,725±140 第四层中的木头 6,960±100			
	灰色粉细砂底部含砾砂层	柏科、阔叶树花粉混交带	卷转虫— Ammonia 亚易变筛九字虫 Cribrononion Subincertum. 组合；小玻璃— Candoniella— 爬星介 Erpetocypris 组合	下部	灰色细粉砂及淤泥质亚粘土	栗属 Castanea— 槲栎 Quercus aliena— 松 Pinus— 禾本科 Gramineae— 栗 Castanea 麻栎 Quercus— 松 Pinus 藜科 Chenopodiaceae	毕克卷转虫 Ammonia beccarii 组合；中华丽花介 Sinocytheridea 组合		下部	青灰色淤泥质粘土	麻栎 Q. acutissima— 槲栎 Q. aliena— 松 Pinus— 青冈栎 Q. glauca 槲树 Q. dentata— 柏科 Cupressaceae— 藜科 Chenopodiaceae	暖水卷转虫— Ammonia tepita— 缝裂希望虫— Elphidium magellanicum— 波伊艾筛九字虫 Cribrononion Poeyanum 组合；中华丽花介— Sinocytheridea— 弯贝介 Loxoconcha 组合	肖井-3炭化木头9,950±135			
上更新统	黄绿色粉砂质粘土黄褐色粉细砂	松、柏针叶树花粉混交带		南汇组	黄绿色亚粘土下部黄褐色细砂	柏科 Cupressaceae— 禾本科 Gramineae— 蒿属 Artemisia	轮藻、鱼骨、植物碎片等		宁波组	黄黑色亚粘土下部黄绿色细、粉砂	柏科 Cupressaceae— 松 Pinus— 禾本科 Gramineae	刺合虫 Centropyxis sp.（有壳变形虫）		宁波组	黄褐色粉砂质粘土	鱼骨、水蕨孢子
	灰色粉砂质粘土及粉砂	阔叶常绿阔叶树花粉优势带	毕克卷粉虫— Ammonia beccerii— 施罗德假轮虫 Pseudorotalia Schroeteriana 组合；东台新单角介 Neomonoceratina dongtaionsis— 组合	川沙组 上部	灰色泥层粉砂及青灰色细砂	栗 Castanea— 青冈栎 Quercus glauca 榆 Ulmus— 水龙骨科 Polypodiaceae	优美花朵虫 Florilus decorus 组合；穆赛介 Munseyella— 翼花介 Cytheropteron 组合		东浦组 上部	灰黑色粉砂质淤泥		球室小夏克虫— Schaekoinena globosa— 透明筛九字虫 Cribrononion vitrium 组合；滨海弯贝介— Laeoconcha binhaiensis— 瞳孔穆赛介— Munseyella— pupilla 三浦翼花介 Cytheropteron miurens 组合		东浦组	灰黑色粉砂质淤泥	毕克卷转虫 Ammonia beccrii— 筛九字虫A种 Cribrononion sp. A 组合；宽卵中华丽花介 Sinocytheridea latiovata— 滨岸弯贝介 Loxoconcha binhaiensis 组合
	黄绿色灰绿色粘土夹砂层	针叶树花粉优势带		中部	灰黄色亚粘土	云杉 Picea— 冷杉 Abies— 落叶松 Larix	陆相介形虫 浪游土星介 Ilyocypris errabundis 悬躍小玻璃介 Candoniella sulacensis 组合		中部	灰黄色砂质粘土下部黄色细砂					灰色粉砂质淤泥	鱼骨、水蕨孢子等
	灰色粉细砂及粉砂质粘土	针阔叶、常绿阔叶树花粉混交带	卷转虫 Ammonia 组合	下部	青灰色粉细砂底部粗砂及小砾石	枫香 Liguidamber— 水蕨科 Parkeriaceae— 槲栎 Quercus aliena 榆 Ulmus	毕克卷转虫 Ammonia beccarii— 奈良小上口虫 Elpistominella naraensis 组合		下部	青灰色粉砂质粘土		毕克卷转虫变种 Ammonia beceerii；宽卵中华丽花介 Sinocytheridea latiorata 组合			灰黑色粉砂质淤泥	毕克卷转虫 Ammonia beccarii— 渺伊艾筛九字虫 Cribrononion poeyanum. 组合；东台新单角介 Neomonoceratina dongtaiensis— 超越沟眼花介 Alocopocythere transcendens 组合

国南部海区的现生底栖有孔虫,前者分布在东海的东南部和南海,后者见于台湾海峡和南海。但这两属在晚更新世的两个海相层中普遍发现,它们的分布范围从古东海、古黄海一直到古渤海。相应地在华北山前平原的古湖沼中出现了喜暖的介形虫布氏土星介(*llyocypris bradyi*)。大理冰期时,这些喜暖分子退出本区,它们的分布北界要比现代更为偏南,而那些在现代主要生活在渤海和黄海北部近岸低温水域的冷水面颊虫和具瘤先希望虫,此时却大举南侵,直达东海南部,成为东海底栖有孔虫的重要成分之一。与此同时,在华北平原的山前湖沼中出现了喜冷的吉尔吉斯玻璃介(*Candona kirgizica*)。全新世以来,有孔虫和介形虫群的面貌与现代相似,值得注意的是大西洋期气候偏暖,假轮虫属和星轮虫属又向北迁徙,可达宁波、上海,甚至在苏北连云港也有发现,大西洋期以后才退到现代位置。

表 2 中国东部植被演替图式 [6,8,14,15,17,18, 21]*

冰期 代表地区	庐山—大理间冰期	大理冰期			冰后期		
		早大理期	亚间冰期	晚大理期			
华北平原	针阔叶混交林阶段	→暗针叶林阶段	→针阔叶混交林阶段	→暗针叶林阶段	→桦木林阶段	→阔叶林阶段	→针阔叶混交林阶段
上海及浙东北	针阔叶常绿阔叶混交林阶段	→针阔叶混交林阶段	→阔叶常绿阔叶混交林阶段	→松柏林阶段	→落叶阔叶林阶段	→常绿阔叶林阶段	→针阔叶常绿阔叶混交林阶段

*王开发等,根据孢粉分析推断沪杭地区一万年来的气候变迁,1978。

晚更新世以来,自然植被也经历了若干个显著的演替阶段,根据反映区域特征的主要森林树种花粉含量的多寡,可将本区的植被演替阶段概括为如上图式。

图式反映出以大理冰期为中心,下部是由温暖转变为寒冷的气候序列,上部则是逆反序列。需要说明的是大理冰期时出现了大量云杉和冷杉,在北京及胶辽地区冷杉及云杉的数量高达 45%,指示当时附近山地有云杉、冷杉林存在[6,13],根据云杉、冷杉所占百分数的变化,云杉、冷杉林分布的南界可能在徐州一带。今日的云杉和冷杉分布在东北小兴安岭和长白山主峰以北的山区,年平均温度在 0℃左右。据研究,阿尔卑斯和西伯利亚在玉木冰期冰川的冰缘地带,有大量云杉、冷杉林生长,并有成群的披毛犀和猛犸象出现。近年来,有许多关于在大兴安岭等地发现大理冰期冰川遗迹的报道①,可见当时华北平原乃至渤海、北黄海很可能在冰缘气候控制之下。

---

① 裴善文等,中国东北晚更新世冰期与古气候的探讨,1978。

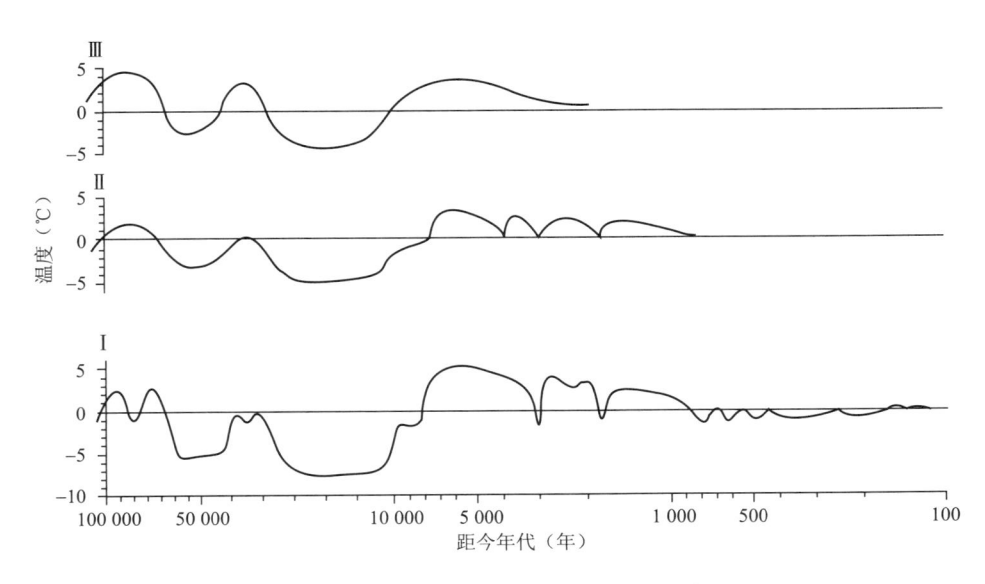

图 1 中国东部 11 万年以来的温度曲线
Ⅰ 根据植被、物候和考古资料试拟的华北平原古气温曲线
Ⅱ 根据植被、物候和考古资料试拟的上海、浙东北古气温曲线
Ⅲ 根据海生动物群试拟的东、黄海古水温曲线
"0℃"线代表现代温度

根据上述生物群的演化过程，可以试拟出本区的气候变化曲线（见图 1）。图中共列出三条气候曲线，两条是根据植被、物候及考古资料试拟的华北和上海、浙东北地区的气温变化曲线[2,6,8,13,18]；一条是根据海生动物化石群落试拟的东、黄海水温变化曲线。很明显，三条曲线所反映的气候波动趋势是一致的，即自 12 万年前以来，气候变化可分为三个大的阶段，120,000—70,000 年前气候温暖，为间冰期，温度比现今为高，中间可能有一次寒冷波动；70,000—10,000 年前，气候变冷为冰期，中间有一次变暖的波动，根据孢粉反映，这个波动比现代温度为低，但海生动物群反映的水温与现代相近。10,000 年前以来是冰后期，气温回升，至 6,000 年前达到高峰，温度比现代高几度，随后又波动下降，至 800 年前接近现代温度。中国东部动、植物群所反映的这一气候变化趋势与世界其他地区用不同方法得出的结论十分近似[26,27,28,31,34,36]。北大西洋和赤道印度洋岩心的 $CaCO_3$ 含量变化反映出 142,000—75,000 年前为温暖时期，75,000—10,000 年前气候变冷，10,000 年前以来，气候再度变暖。太平洋和加勒比海海底沉积物中有孔虫壳的氧同位素比率的变化，以及格陵兰和南极冰盖氧同位素分析，都得出相同结论，这里气候划分更加详细，在三个大的气候区间中进一步分出了若干个次一级的气候波动。这些海洋中用同位素等方法所得的结果也与西欧及北美从孢粉图谱及地质观察中得出的结论相一致[37,38]。可见中国东部晚更新世以来气候的冷暖变化是全球性气候变化的结果。

三、海陆变迁

晚更新世以来，中国东部平原区发生了三次海侵，东、黄海大陆架经历了两次海退，对它们的沧桑变化现在已经有了比较明确的认识。由于中国东部范围辽阔，开展这一工作的单位很多，名称比较混乱，几乎每次海侵在不同的地区都有地方性的名字[7,21]，含义不够明确，使用很不方便，为统一起见，作者建议以每次海侵各具特征的有孔虫属名作为三次海侵的代表名称，由老及新为星轮虫、假轮虫、卷转虫海侵。

星轮虫海侵保存下来的地貌标志很少，海岸位置主要是根据海相层的分布范围确定的（图2）。适于年代测定的资料也很少，仅在华北平原于该层的底部发现约11万年前的布拉克磁性倒转事件。日本的下末吉海侵可能与其相当，町田等测定了下末吉面上浮石层的裂变年代，获得12万至13万年的数据，并在可与下末吉层对比的塚原层上部发现了布拉克事件。日本继下末吉之后又分出了以引桥和小原台两个海成面为代表的海面波动，火山碎屑的裂变年代分别为10万和8万年[24,25]。大西洋中的巴巴多斯和太平洋中的新几内亚等岛屿都有这次海侵形成的珊瑚礁阶地，高海面出现的年代分别为82,000、105,000、122,000和84,000、106,000、118,000—125,000年前海面高度在现代海面以上1.5—10米[29,31,34,35,36]。从中国目前的研究情况来看，这次海侵是连续的，海侵大约从11万年前开始，初期海侵沿深切河谷而上，继而海侵扩大，淹没近海平原，海面达到现代海面以上5—7米，海水并沿河谷可以上溯很远，后期转为海退，从大范围的层位对比和沉积速率推算，海退发生的时间约在7万年前，海退历时约2.5万年左右，大约在4万多年以前，海岸后退到东海外陆架上，在黄海海底发现这一时期的淡水泥炭，C^{14}测年大于36,000年前①，深度在–70米，据此推测这时的海岸至少在–70米以外。新几内亚可能也在–70米以下[29,31,36]，在尼日利亚则有–135米的记录[26]。从对应的古气候来看，由海侵到海退表现为温暖生物群向寒冷方面转化，作为本次海侵标志的星轮虫化石在东、黄、渤海沿岸海侵层中广泛出现，说明星轮虫海侵是间冰期性质，随后的海退则与大理早期相对应。

继大理早期的海退以后，接踵而来的是假轮虫海侵，它的主要标志仍是海相地层，而且假轮虫化石在东、黄海沿岸多处出现。从有孔虫群的生态反映的水深及海相地层的分布范围来看，其规模比前次海侵为大（见图2）。关于它的年代，根据滦南钻孔的年代资料推算，海侵至迟发生在距今4万多年以前，结束的时间约在距今25,000年前，山东东营该海

---

① 国家海洋局一所，黄海晚更新世末期以来古地理环境的演变，1978。

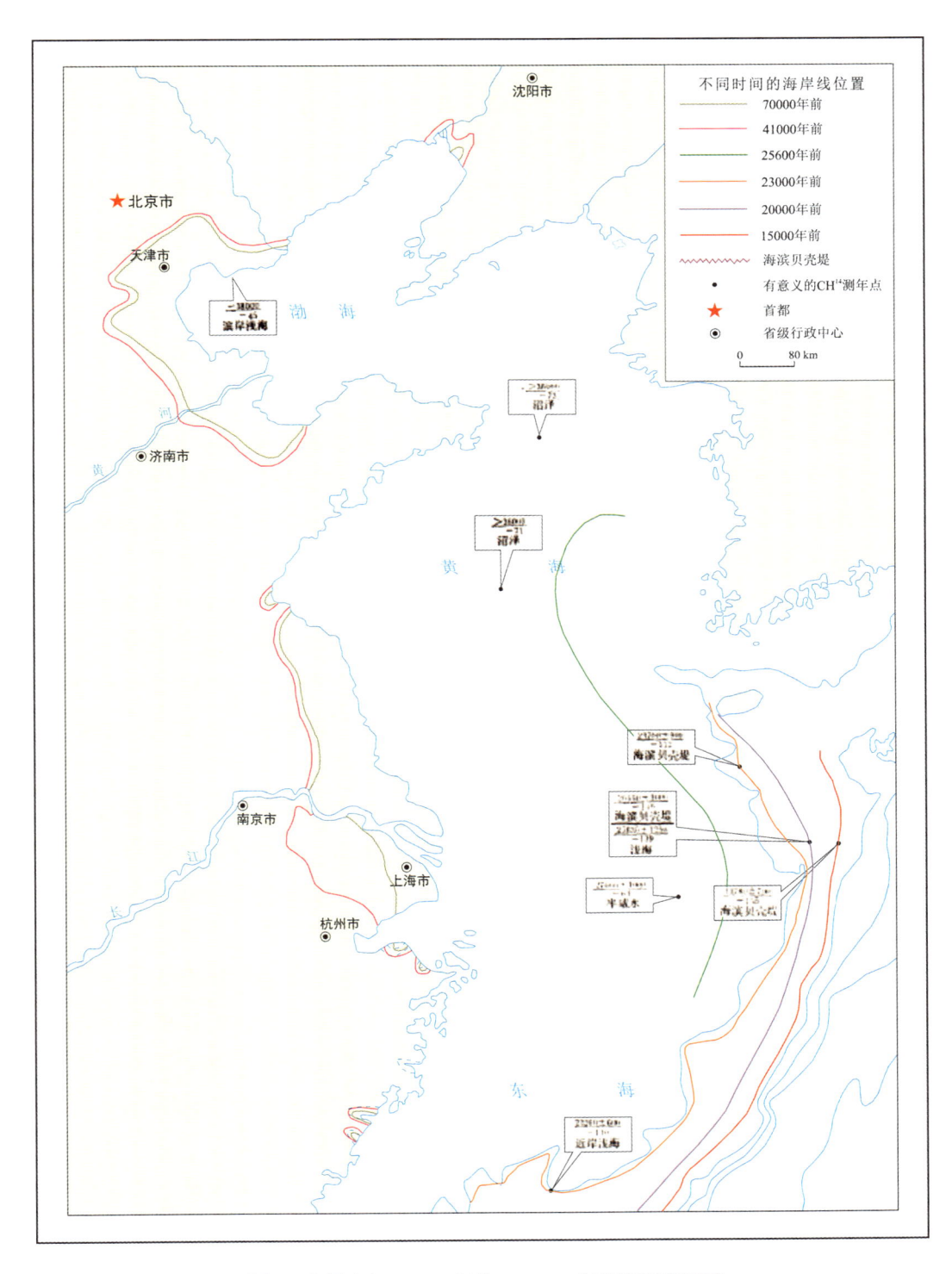

图 2　中国东部 70,000 年前—15,000 年前海岸变迁图

相层顶部的淤泥，C^{14}测年为24,400±1,100年。海面位置比现代海面低5米左右，在25,000—38,000年前之间，海面有一次下降波动，但幅度不大。近年来，随着C^{14}测年资料的增加，普遍证实了大理冰期中的海侵。海侵发生的年代世界各地大致相近，约为距今25,000—50,000年前之间[30,35,36,40]，中间也有波动，如佐治亚沿岸有两次高海面，时间为25,000—30,000年前之间和40,000—48,000年前之间[34]，新几内亚为29,000年前和35,000—50,000年前之间[29,31]。然而，这次海侵海面没有达到现代海面位置[34,36,3,40]，普遍认识是接近或比现代海面低一二十米，与中国东部基本一致。

大理晚期的海退，在东、黄海大陆架上留下了各种遗迹。经过十多年的调查，在渤海、黄海海底上普遍发现淡水泥炭层[22,23]，东海大陆架上保留着海退时形成的贝壳堤及残留滨海砂，许多地方打捞到陆生哺乳动物化石[31]，通过海底地貌的研究，发现有被埋藏的河流阶地，埋藏谷或延伸到大陆架外缘的陆架谷。对泥炭层和贝壳堤进行了C^{14}测年，取得了详细追述海退历史的可靠证据[4,11]。即自假轮虫海侵以来，大约到25,000年前开始海退，最初海退异常迅速，到了23,000年前，海水从渤海、黄海全部退出，海岸线后退到东海大陆架边缘现代水深–110米的位置上，那里的贝壳堤C^{14}测年为23,700±900年前。到20,000年前，海岸又后退到–136米的位置上，在那里也有一道贝壳堤，C^{14}测年为20,550±1,000年前。最后一道海滨贝壳堤在东海大陆架前缘–155米的位置上（见图2、图3），C^{14}测年为14,780±700年前，这是至今发现的最低海岸线，也是大理晚期海退的最后海岸线。

这次海退也是全球性的，规模最大，中国东部海岸后退约600公里（见图4），世界其他大陆架也都全部露出水面成为陆地。这次海退引起的海面下降幅度认识尚不统一，日本为135米和140米[24,25]，东海大陆架也是这个幅度，北美大西洋陆架为105米[32]，黑海为100—110米[40]，尼日利亚为100米[26]，墨西哥湾只有55米[32,38]。

卷转虫海侵是大理晚期海退以后发生的最后一次海侵，这次海侵从沿岸到大陆架积累的资料都很丰富。海侵大约从15,000年前开始，海面上升速度很快，到12,000年前左右就达到现代水深–110米的位置上（见图4），此时海面可能稍有停顿，形成贝壳层，C^{14}测年为12,400±500年前。到了11,000年前上升到–60米位置，形成一道古海滨砂堤，C^{14}测年为11,340±550年前，这一时期海水可能溯长江古道而上，进入杭州湾、上海、南通一带；在北面可能溯黄河古道进入渤海盆地。随后海侵迅速扩大，淹没近海平原，江南地区海水直拍山麓，在华北海岸达到天津以西。沿海岸线形成高3—4米的贝壳堤或海滨砂堤，C^{14}测年为6,620±300、5,690±250、5,680±180、5,410±250年前，这是冰后期海侵的最高海岸线。自此以后，海面趋于稳定，并稍有下降，加上河流的沉积补偿，海岸线逐渐后退，又形成2—3列海滨贝壳堤或海滨砂堤，较老的一条高3米左右，C^{14}测年为4,600—3,400年

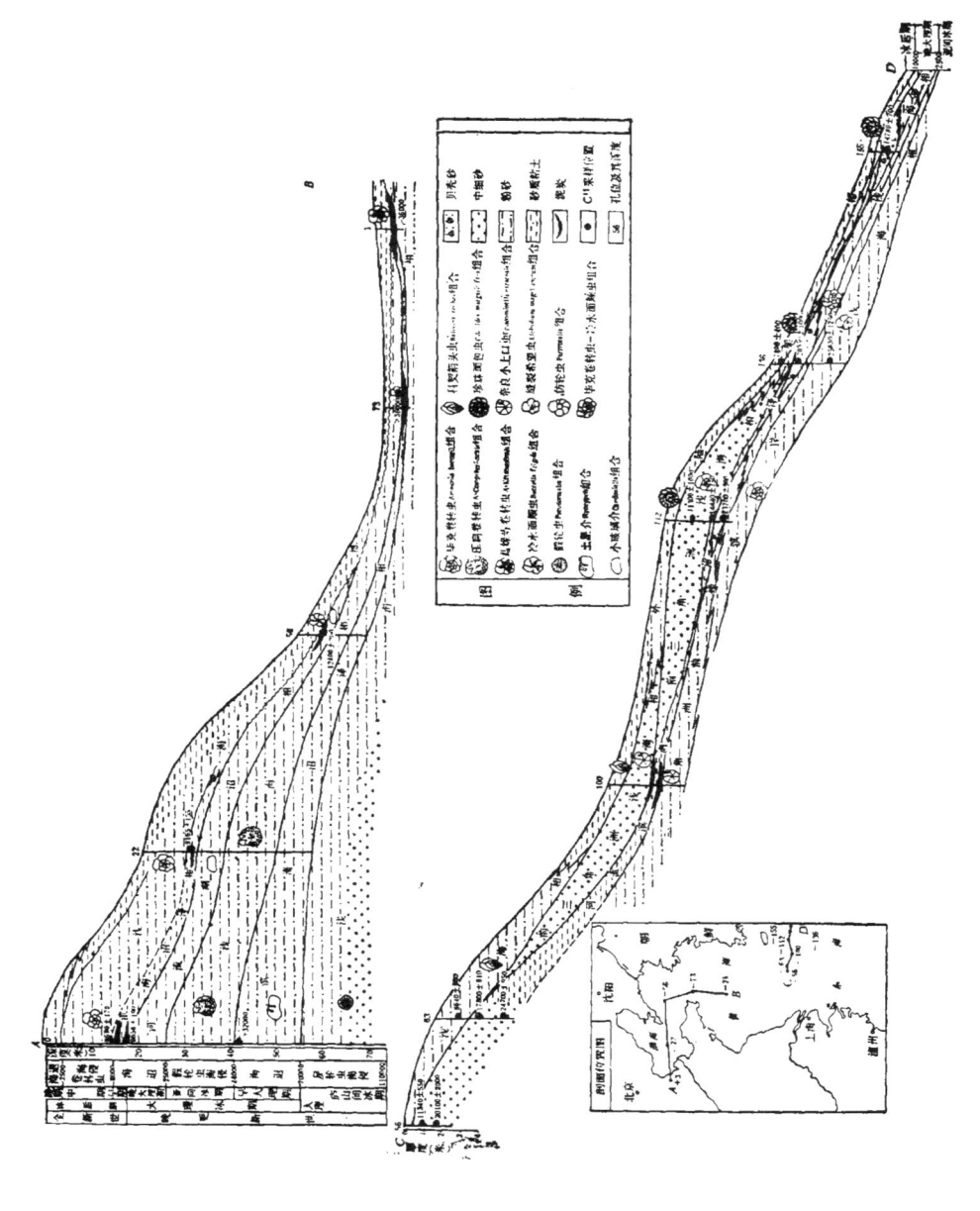

图 3 渤、黄、东海晚更新世、全新世地层剖面图

(注: 图 3、4、5 主要根据国家海洋局一所、二所和同济大学海洋地质系资料编绘。C^{14} 年代资料, 陆上根据文献[4, 6, 10, 11, 18]; 海区主要由中国科学院贵阳地化所 C^{14} 实验室分析, 国家海洋局二所供样。)

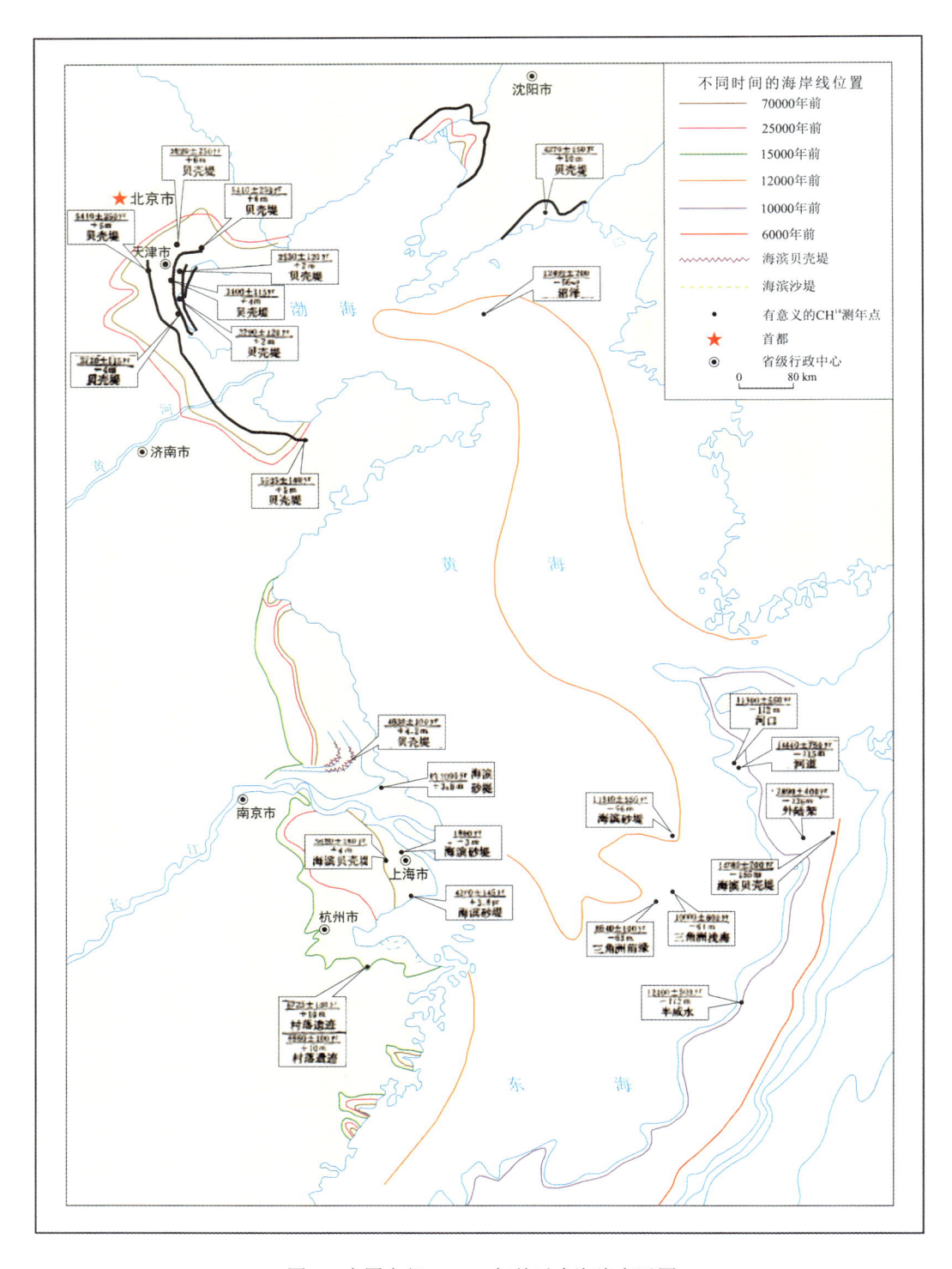

图 4　中国东部 15,000 年前以来海岸变迁图

前，较新的一条高 2 米左右，年代为 2,500—1,800 年前。自此以后海面接近现代海面高度，海岸线逐渐退到现代位置上[6],①,②。

在世界其他地区，这次海侵开始于 16,000—17,000 年前，至 6,000 年前达到高峰，海面在现代海面以上 3—5 米，而后波动下降直至目前位置[26,28,31,33]。但也有冰后期海侵海面持续上升逐渐达到现代位置，6,000 年前并无高海面出现的说法[38]。这主要是从密西西比和荷兰得出的，那里是有名的沉降区。目前全球海岸上已有 150 多个站的资料，说明 6,000 年前高海面的存在[39]。从中国东部沿海古海滨堤的分布规律来看，6,000 年前的高海面是肯定的。

四、海面升降曲线

从中国东部及海区晚更新世以来的海陆变迁历史中可以看出，在 11 万多年的时间里，海水进退异常频繁，海面变动幅度很大。这种变动是否有规律性？引起这种变动的主要原因是什么？这是本文讨论的主要课题。然而要阐明这个问题有种种疑难。海面变动可以由多种因素引起，如气候因素控制的冰期、间冰期旋回引起大洋水体的增减（气候-海面变动）；构造因素控制的洋盆或大陆的升降（构造-海面变动）；沉积物的压缩作用；冰盖或水体的重量引起地体的均衡升降以及水温变化导致大洋水体膨胀或收缩引起的洋面变化等。这些因素都是随时间而变化的，要从这些变量的代数和中区分各个分量似乎不大可能。但是，可以通过具体分析求得一个近似结果。在上述诸因素中，均衡升降在极地比较明显[30]，水体的膨胀或收缩也很有限，大约水温每升高 1 度，洋面上升还不到 2 米[33]，文中涉及的沉积层厚度不大，沉积物比较松散，形成年代较新，因而压实作用也可以忽略不计。在气候-海面升降与构造-海面升降两个因素中，前者是世界性的，可以通过大范围的对比加以确定；后者则比较复杂，不同地区，不同时期，运动的性质和强度不同，需要分别加以研究。因此，在试拟海面升降曲线之前，先应评述一下构造因素。

中国东部平原是新构造运动的复杂地区。渤海湾西部和下辽河平原以沉降为主，但在不同阶段沉降是各不相同的，从三次海侵的分布范围来看（图 2），渤海湾西部假轮虫海侵规模最大，星轮虫海侵次之，卷转虫海侵最小，而下辽河平原卷转虫海侵规模最大，假轮虫海侵次之，星轮虫海侵最小。在同一个海区，各次海侵的规模有如此明显的差别，显然

---

① 贵阳地球化学所，渤海湾西岸全新世海岸变迁，1978。
② 同济大学海洋地质学系三角洲科研组，长江三角洲发育过程和砂体特征，1978。

是新构造的差异沉降引起的。胶辽半岛是上升区，在辽东半岛，6,000 年前的海岸遗迹高出现代海面 10—15 米[7]。根据 1937—1958 年间的重复水准测量，辽东的庄河相对于营口上升了 60 毫米[9]。在历史上渤海湾沿岸是强烈地震区，构造运动非常活跃。从地应力、地变形等的研究得出这个地区新构造运动的特点是[9]近海平原向渤海中心倾斜沉降，外围地区倾斜上升，不同地区沉降量各不相同。根据沉积率推算，11 万多年以来的年平均沉降量，沧州地区约为 0.5 毫米/年；滦南约为 1 毫米/年；下辽河平原约为 1 毫米/年。

徐州以南，包括苏北、苏南、上海及浙东北沿海平原，晚更新世以来主要表现为稳定的下沉。这些地区上更新统和全新统的厚度及埋藏深度都很接近，构造沉降量基本一致。根据上海地区 1921—1965 年的重复水准测量结果，沉降量不大，年下沉量在测量误差以内①。根据沉积率推算，年下沉量在 1 毫米左右。从区域构造特征来看，新生代以来，东、黄海大陆架与江、浙平原基本一致，可以上海地区的构造沉降量作为代表。

以上是对中国东部平原及海区构造沉降量的粗略估算，据此可以拟制中国东部的海面升降曲线。

图 5 是根据已有的年代和深度资料，消除构造因素影响后拟定的海面升降曲线，可以看出 11 万多年以来，对应于三个海侵旋回出现了三个高海面和两个低海面，其中 7 万—11 万年前的海面和 6 千年前的海面在现代海面以上，而 2.5 万—4 万年前的海面相对较低，曲线变化的基本趋势与世界其他大陆架基本符合（图 6）。当然，在细节上有不一致的地方，这主要是不同地区研究程度不同，以及资料的误差所造成的。

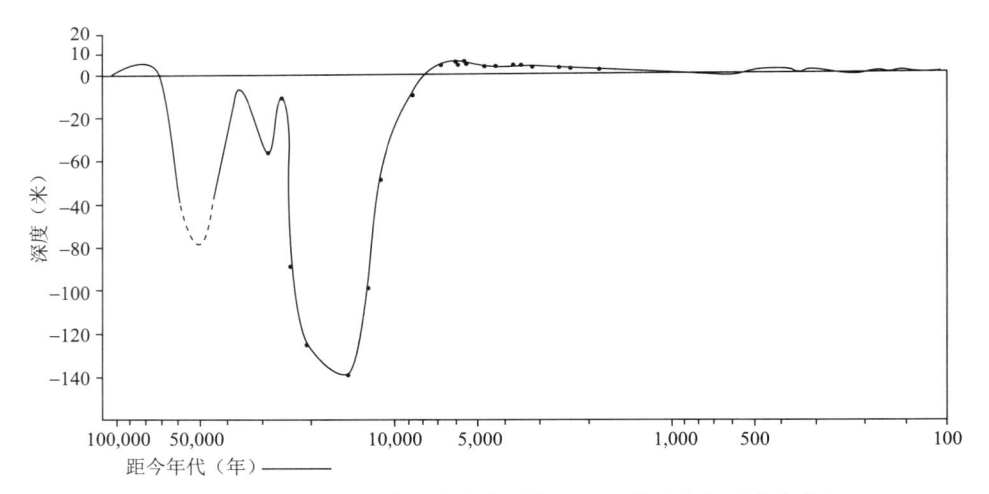

图 5　中国东部平原及东、黄海大陆架晚更新世以来海面升降曲线

（注：•为 C^{14} 测年资料。5,000 年以来的海面变化参考了历史考古资料。）

---

① 上海城建局测量队资料。

五、海面升降与气候变化的关系

从海面变化曲线的试拟中得出，中国东部沿海地带的海面变化受构造因素的影响较小（约为10比1），海平面的大幅度升降主要与世界性海面变化有关。关于世界性海面变化的机制问题，"冰川控制论"已很流行。它的依据是气候的变化改变了陆地上冰的数量，相应地影响世界大洋水体的增减，因而得出海侵海退周期与气候变化周期是一致的。前面比较详细地论述了中国东部晚更新世以来的气候变化，并试拟出气候变化曲线。如果海侵海退与气候变化相关的话，那么气候曲线与海面变化曲线之间应该出现某种对应关系。对比的结果表明，它们之间的对应关系十分鲜明（见图6），即温暖时期与高海面相对应，寒冷时期与低海面相对应，两种曲线符合得很好。这种对应关系在世界范围内普遍发现[31,33,34,36,37]。新几内亚和巴巴多斯高海面时，造礁珊瑚曾旺盛地向外侧生长，表明当时的气候处于温暖时期[29,34]，日本代表晚更新世高海面的下末吉层，其所含贝类化石与附近浅海中的现有属种差不多，说明水温与现今相同[24,25]；深海岩心中 $CaCO_3$ 含量的变化及 δO^{18} 比值的变化，其高温时期出现的年代也与海面上升的年代相一致[34,38]；更明显的是北美威斯康辛冰期冰川的进退与海面的升降相呼应[38]。从中国东部化石组合的研究中进一步发现，海侵初期，出现喜冷植物群，海侵最盛时期，变为喜热植物群，海退时期则以耐寒植物为主，动物群也有相应的变化，形成温暖时期——高海面，寒冷时期——低海面的气候旋回与海侵旋回的对应关系。甚至，海面升降的幅度也在气候变化中得到明显的反映。大理冰期中的亚间冰期，气候没有间冰期及冰后期那样热，海面没有上升到现代海面位置[34]，距今6,000年左右，气温比现代高几度，相应地海面位置在现代海面之上3—5米。从仪器观测得出，天津和上海的温度在本世纪的最初一二十年中稍有下降，此后逐渐上升，至40—50年代超出平均值达 $0.6°C$[2]。仪器观测的温度变化在中国西部的冰川地区也得到反映，从1910—1960的五十年中，天山雪线上升40—50米，西部天山的冰川舌后退约500—1,000米，东部天山的冰川舌后退200—400米，同时森林线的上限也升高一些[1]。中国东部平原区本世纪以来的气温上升不仅与遥远的，西部冰川后退相一致，而且竟然与世界大洋洋面的变化相符合（见图7）[39]。令人信服地证明，气候变化、冰川波动、海面升降之间存在着深刻的内在联系，其中气候变化是原因，海面升降只不过是气候变化的一个直接结果。

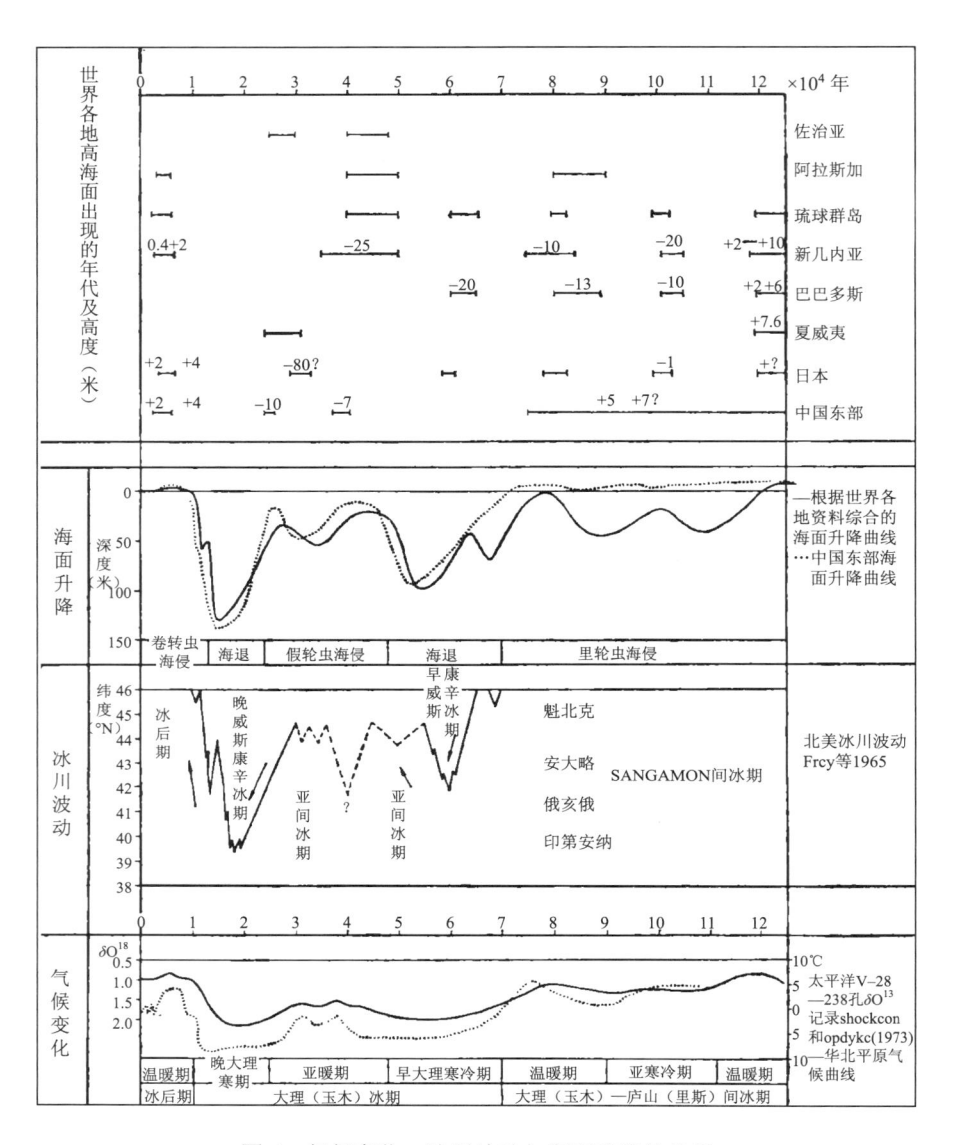

图 6　气候变化、冰川波动与海面升降的关系

简言之，中国东部沿海及大陆架上，海面升降的实质是气候——海面变动，即冰期与间冰期或冰后期的冰盖消长是海面升降的主要机制。海面变化的"冰川控制论"揭示了冰期、间冰期的交替出现与海面升降变化之间的关系，这个理论已被越来越多的事实所证明，并为多数人所接受，本文所提供的资料，无疑地是这一理论的又一佐证。

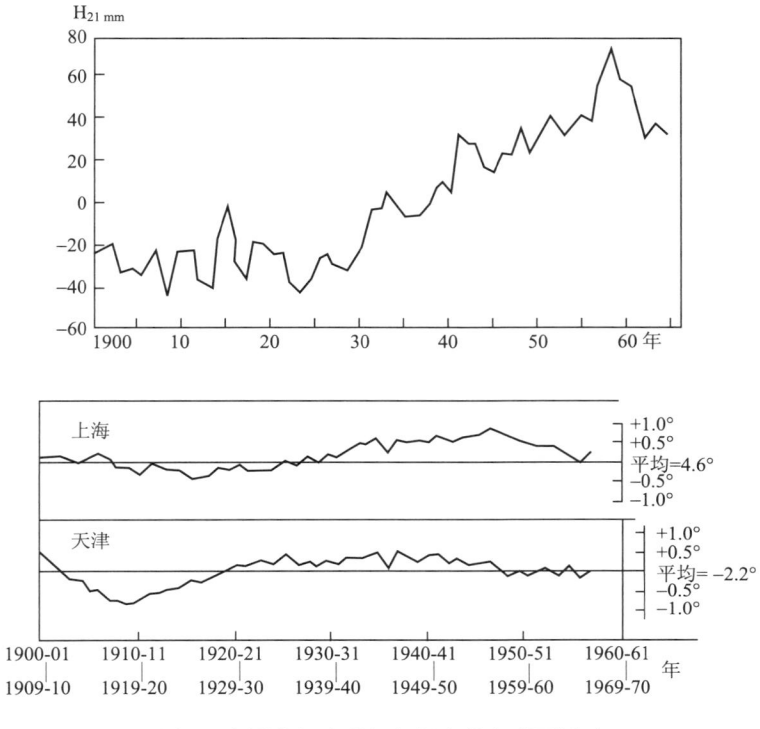

图 7　中国东部本世纪气候变化与洋面波动

参考文献

[1] 许世远, 中国天山现代冰川作用的研究, 地理学报, 29(4), 1963。
[2] 竺可桢, 中国近五千年来气候变迁的初步研究, 中国科学, 1973, 2。
[3] 周明镇, 从一块骨化石谈起, 化石, 1973, 1。
[4] 贵阳地球化学所 C^{14} 实验室, 天然放射性碳年代测定报告之二, 地球化学, 1974, 1。
[5] 曹克清, 上海附近全新世四不像鹿亚化石的发现及我国这属动物的地史地理分布, 古脊椎动物与古人类, 13(1), 1975。
[6] 陈承惠等, 辽宁省南部一万年来自然环境的演变, 中国科学, 1977, 6。
[7] 林景星, 华北平原第四纪海进海退现象的初步认识, 地质学报, 1977, 2。
[8] 刘金陵, 上海浙江某些地区第四纪孢粉组合及其在地层和气候上的意义, 古生物学报, 16(1), 1977
[9] 国家地震局地震测量队, 海城 7.3 级地震的地变形, 地球物理学报, 20(4), 1977。
[10] 赵松龄等, 关于渤海湾西岸海相地层与海岸线问题, 海洋与湖沼, 9(1), 1978。
[11] 国家地震局研究所 C^{14} 实验室, 天然放射性碳年代测定(二), 地质科学, 1978, 4。
[12] 周本雄, 披毛犀和猛犸象的地理分布, 古生态与有关的古气候问题, 古脊椎动物与古人类, 16(1), 1978。
[13] 周昆淑, 北京平原第四纪晚期花粉分析及其意义, 地质科学, 1978, 1。
[14] 浙江省博物馆自然组, 河姆渡遗迹动植物遗存的鉴定研究, 考古学报, 1978, 1。

[15] 华北地区区域地层表, 北京市分册, 天津市分册, 地质出版社, 1978。
[16] 东北地区区域地层表, 辽宁省分册, 地质出版社, 1978。
[17] 华东地区区域地层表, 江苏省及上海市分册, 山东省分册, 地质出版社, 1978。
[18] 王开发等, 根据孢粉分析推断上海地区近六千年以来的气候变迁, 大气科学, 2(2), 1978。
[19] 王开发等, 东海北部海洋沉积物的孢粉藻类组合及其地层古地理, 同济大学学报, 1979, 1。
[20] 闵秋宝等, 论上海地区的第四纪海侵, 同济大学学报, 1979, 1。
[21] 杨子赓等, 试论河北平原东部第四纪地质几个问题, 地质学报, 1979, 4。
[22] 牛永其等, 关于东海大陆架晚更新世最低海面, 科学通报, 1979, 7。
[23] 国家海洋局第一海洋研究所三室, 黄海晚更新世末期以来古地理环境的演变, 科学通报, 1979, 12。
[24] 星野通平, 大陸棚の成因, 淺海地质学, P. 370-422, 东海大学出版会, 1970。
[25] 羽鳥謙三, 柴崎達雄, 气候变化と海面变化, 第四紀, P. 57—95, 共立出版株式会社, 昭和 46 年。
[26] Burke, K. and B. Durotoge, Late Quaternary Climatic variation in South-Western Nigeria: evidenee from pediments and pediment deposits. *Etude sur le Quaternaire dans le monde*. vol. 1, p. 145—153, 1969.
[27] Broecker, W. S. and T. L. Ku, Caribbean cores P6304-8 and P6304-9: new analysis of absolute chronology. *Science*, vol. 166, p. 404-406, 1969.
[28] Biswas, B., Bathymetry of Holocene Foraminifera and Quaternary sea-level changes on the Sunda Shelf. *Journal of Foraminiferal Research*, vol. 6, no. 2, p. 107-133, 1976.
[29] Chappell, J., Geology of coral terraces, Huon Peninsulla, New Guinea: a study of Quaternary tee-tonie movements and sealevel changes. Geol. Soe. Amer., Bu11., vol. 85, p. 553-570, 1974.
[30] Cronin. T. M., Late Wisconsin marine environments of the Champlain valley (New York, Quebee). *Quaternary Research*, vol. 17, no. 2, p. 238-253, 1977.
[31] Chappell, J. and H. H. Veeh, Late Quaternary teetonie movements and sea-level changes at Timor and Atauro Island. Geol. Xoc. Amer., *Bull*., vol. 89, p. 356-368, 1978.
[32] Emery, K. O. et al., Post-Pleistocene level of East China Sea. *Late Cenozoic Glacial Ages*. p. 381-390, 1968.
[33] Fairbridge, R. W., Eustatic changes in sea-level. *Physics and chemistry of the Earth*, vol. 4, p. 99-185. Pergamon Press, 1961.
[34] James, N. P. et al., An Early Wisconsin reef terree at Barbados, West Indies and its climatic implications. Geol. Soc. Amer., *Bull*., vol. 82, p. 2011-2018, 1971.
[35] Sears, M., *Progress in Oceanography*, vol. 4, Pergamon Press, 1967.
[36] Steinen, R. P. et al., Eustatic low stand of sea level between 125, 000 and 105, 000 B. P.: evidence from the subsurface of Barbados, West Indies. Geol. Soc. Amer., *Bull*., vol 84, p. 63-70, 1973.
[37] Veeh, H. H. and J. Chappell, Astronomical theory of climatie changes: support from New Guinea. Science, vol. 167, p. 8620865, 1970.
[38] Wright, H. R., Jr. and D. G. Frey *The Quaternary of the United States*. p. 15-113. Princeton University Press, 1965.
[39] Г. П. Калинин, Е. И. Бреслав и Р. К. Клиге, Некоторые особенности современных измененнйуровня океана. Колебания уровня мирового океана и вопросы морской геоморфологии. Изд. Hayka, cTp. 5-12, 1975.

[40] А. Б. Островский и др. Новые данные о палеогидрологическом режите Черного моря в верхнеплейстоцене и голоцене. Палеогеография и отложения плейстоцена южнфх морей СССР. стр. 131-140, 1977.

RELATIONSHIP BETWEEN SEA-LEVEL CHANGES AND CLIMATIC FLUCTUATIONS IN EAST CHINA SINCE LATE PLEISTOCENE

Wang Jingtai

(Lanzhou Institute of Glaciology and Cryopedology, Academia Sinica)

Wang Pinhsien

(Tung-Chi University, Shanghai)

Abstract

This paper deals with the relationship between sea-level changes and climatic flue-tuations based on the analysis of stratigraphy, fauna and flora, archeology and radiometric dating of the East China coastal plains and the continental shelves of Dong Hai (East China Sea) and Huang Hai (Yellow Sea) since Late Pleistocene. It concluded that there are three major cycles of climatic changes since the last 110,000 years B.P. in East China, namely:

110,000 B. P.—70,000 B. P., a warm stage, corresponding to the Lushan-Dali Interglaciation;

70,000 B. P.—10,000 B. P., a cool stage, corresponding to the Dali Glaciation;

10,000 B. P. to the present, the Post-Glacial stage, a stage of rewarming.

Within three major stages, some climatic oscillations are recorded, i.e., cool substages in warm stages or warming substages in cold stages. The general trends of climatic changes in East China conform to those of the European and American continents, as well as to the elimatie changes in the oceans indicated by oxygen isotope and other techniques.

During the past 110,000 years regression occurred twice over the continental shelves of the Dong Hai and the Huang Hai. On the coastal plains of East China traced out three transgressions. They are the *Asterorotalia* Sea transgression of 110,000—70,000 years B. P., the *Pseudorotalia* Sea transgression of 44,000—25,000 years B. P., and the Ammonia Sea transgression which started at about 14,000 years B. P. and reached its maximum at 6,000 years B. P. The rate of Late

Quaternary tectonie subsidence in East China is estimated at 0.61 mm/year, it is very slow in respect to the sea-level fluetuation rate of 6-9 mm/year. Consequently, the sea-level changes observed here were controlled by sea-level change of the world and were only slightly influenced by tectonics.

The similarity of the sea-level change curve to the paleoclimatie curve points to a close correlation of sea-level rising with elimatic warming, and sealevel dropping with cooling. Therefore, the essence of the sea-level changes in East China is the climatic-sea-level changes of the world.

"中国东部晚更新世以来海面升降与气候变化的关系"解读

赵井东

一、王靖泰与汪品先学术简介

王靖泰（1935—1994），甘肃白银人，中国地理学家。在西北大学获得学士学位。1960—1970 年为华东师范大学地质系讲师，1970 年随地质系迁调至上海同济大学海洋地质系，讲授构造地质学。从事长江三角洲、滦河三角洲及海洋变化研究。1979 年调入中国科学院兰州冰川冻土研究所任副研究员，致力于冰川地貌与冰川沉积学研究。1985 年调入甘肃省科学院，任地质自然灾害协调研究中心主任。1987 年任自然灾害防治研究所所长，晋升研究员。1994 年 11 月在兰州病逝。鉴于王靖泰在国际学术界的影响力，为了纪念他在地质学领域的贡献，英国部分科学家捐款在伦敦大学设立"王靖泰基金会"，用于奖励、资助中国留英学生。

汪品先（1936—），江苏苏州人，中国著名的海洋地质学家，中国科学院院士，第三世界科学院院士。1960 年毕业于苏联莫斯科大学地质系，1981—1982 年获洪堡奖学金后赴德国基尔大学进行科研，1986 年起多次应邀赴澳大利亚国立大学等并任访问研究员。他先后在华东师范大学和同济大学任教，现任同济大学海洋与地球科学学院教授。汪品先主要从事中国海域古海洋学、海洋微体古生物学和中国环境

作者介绍：赵井东（1976— ），男，江苏沭阳人，中国科学院西北生态环境资源研究院研究员，研究方向为第四纪冰川与环境变化。E-mail: jdzhao@lzb.ac.cn

宏观演化古环境的研究，对中国海洋地质学的发展做出了创新性贡献，在中国率先开展了微体化石埋藏学的研究，开拓和发展了古海洋学的研究。2011年起，任国家"南海深部计划"指导专家组的组长。先后获国家自然科学奖、中国科学院科技进步奖、何梁何利基金奖等重大奖励多项。其中，"我国近海沉积中钙质微体化石的分布及其古环境意义"获原国家教委科技进步奖一等奖、国家自然科学奖四等奖；"我国干旱半干旱地区15万年来环境演变的动态过程与发展趋势"获1998年中国科学院科技进步奖一等奖。

二、"中国东部晚更新世以来海面升降与气候变化的关系"写作背景

第四纪冰期间冰期旋回中，地球的气候环境变化十分迅速而频繁，其变幅之大、影响之深，远远超出我们大多数人的想象。冰期间冰期的气候旋回对生物演化、环境变化与海陆变迁的深远影响已成为业界的共识。通常，在冰期，冰川发育发展，自然带向低纬度退移，高纬度的生物物种向低纬度地区侵入，山地垂直带向低海拔退缩；在间冰期，冰川消退，自然带向高纬度扩展，低纬度地区的生物物种向高纬度地区扩散，山地垂直带向高海拔演进。每次全球性的冰川作用都伴随着大量物种的灭绝或变异，而冰川消亡后，又有大量新物种出现。此外，周期性的冰川发育、发展与消亡过程还直接影响海平面的升降、海岸的演化、河流阶地的发育与地壳的均衡调整等。

第四纪可分为更新世与全新世，其中更新世进一步细化为早、中、晚更新世。晚更新世（距今12.9万年—1.17万年）与包括现在在内的全新世（1.17万年以来）的气候环境变化对人类社会发展、生产生活产生直接且深刻的影响。发生在晚更新世期间的末次冰期，特别是末次冰期最盛期（Last Glacial Maximum，LGM），全球冰川面积多达 $3.8×10^7$ km^2，北欧与北美大面积的陆地被规模巨大、冰层巨厚的冰盖覆盖，许多地方的气温下降5—9℃，全世界海平面下降120—140 m（李吉均，2006）。此时，南海海平面下降了100—120 m，东海海平面下降了130—150 m，现代大陆架边缘海为 $1.5×10^6$ km^2，整个渤海、黄海均暴露为陆地，东海面积缩小一半以上，台湾岛和海南岛与大陆连成一片（汪品先，1990），环境发生了沧海桑田

的巨变。从 20 世纪 80 年代至今，伴随着大气中温室气体（CO_2、CH_4 等）成分的增加、山岳冰川的退缩以及极地冰盖的不稳定波动，加上科学家们对气候变化的模拟，全球变暖、海平面上升成了世人讨论的热门话题。毫无疑问，我们所处的 21 世纪将是全球环境巨变的世纪。纵观世界的经济带，最发达的大城市或都市圈多集中在航运便利的海岸带，如北美洲的西海岸，大西洋两岸与亚洲的东海岸等。随着气温的持续上升和极地冰盖的消融，海平面上升将对这些经济带产生巨大的影响，甚至是毁灭性的破坏。"以今论古"可探究过去，同样，以古预测未来可为社会、经济、生态等的发展提供科学依据与理论指导。

王靖泰和汪品先在 20 世纪 80 年代敏锐地洞察到海平面升降与气候变化的内在关联性，他们在"中国东部晚更新世以来海面升降与气候变化的关系"一文中，以中国东部平原及海区地层、动物迁徙、植被演替、海陆变化等研究取得的翔实资料为依据，论述了晚更新世以来古气候变化与海面升降之间的关系。该研究不仅是对中国东部平原及海区 20 世纪 80 年代前研究成果的阶段性总结，也是对全球晚更新世气候变化与海平面升降研究的重要补充，还对未来中国东部沿海地区的经济发展、产业布局、基础设施建设、海岸带开发保护提供了有力的理论支撑。

三、"中国东部晚更新世以来海面升降与气候变化的关系"的内容提要

论文的摘要简洁地交代了写作的必要性、紧迫性、意义及内容构成。

正文第一部分为"地层"。论文将中国东部平原区晚更新世与全新世的地层资料进行了汇总，从已开展详细研究的典型剖面中细化了地层层序，并以此建立了岩性岩相、古生物群和测年数据，与中国其他地区以及欧洲典型地区的冰期划分做了对比。作者将本文的研究放在全球性气候变化的大背景下，全局观跃然纸上。

正文第二部分为"气候变化"。冷暖干湿变化贯穿整个地球气候史，晚更新世以来也不例外。冷暖干湿交替变化迫使生物群的面貌发生改变，可根据动物的迁徙与植被演替留下的遗迹进行古气候变化的重建。基于丰富的动植物遗存，作者重建了中国东部 11 万年以来的温度曲线。根据植被、物候及考古资料重建的华北和上海、浙江东北地区的两条气温变化曲线，与根据海生动物化石群落重建的东海、黄

海水温变化曲线的波动趋势具有高度的一致性。基于重建的三条曲线的波动特征，可将自12万年以来的气候变化分为三大阶段。距今12万—7万年前［相当于海洋氧同位素阶段（Marine Isotope Stage, MIS）5］，气候温暖，为间冰期，温度比现今高，中间可能有一次寒冷波动；距今7万—1万年（MIS 4—2）前为我们多数人默认的末次冰期，气候变冷，其间有一次变暖的波动，孢粉资料反映的这个波动比现代温度低，但海生动物群反映的水温与现代相近。1万年前以来（MIS 1）是冰后期，气温回升，至6 000年前达到高峰，温度比现代高出几摄氏度，随后又波动下降，至800年前接近现代温度，随后进入小冰期（Little Ice Age, LIA）。中国东部动植物群反映的这一气候变化趋势与世界其他地区用不同方法得出的结论十分接近。可见中国东部晚更新世以来气候的冷暖变化是全球性气候变化的结果。

正文第三部分为"海陆变迁"。晚更新世以来，中国东部平原发了三次海侵，东海、黄海大陆架经历了两次海退。第一次星轮虫海侵的海岸位置主要是根据海相层的分布范围确定的。这次海侵约从距今11万年前开始，初期海侵沿深切河谷而上，继而海侵扩大，淹没近海平原，海面达到现代海面以上5—7 m。后期海退约在距今7万年前发生，可与大理（末次冰期）早期相对应，历时约2.5万年。在距今4万多年以前，海岸后退到东海外陆架上，在黄海海底发现这一时期的淡水泥炭，推测这时（^{14}C测年大于3.6万年前）的海岸至少在–70 m以下。接着的海侵标志为在东海、黄海、渤海沿岸海侵层中广泛出现的星轮虫化石，说明这次海侵具有间冰期性质。随着^{14}C测年资料的增加，这次海侵海面没有达到现代海面位置，普遍认识是接近或比现代海面低10—20 m。不过随后的海退则与大理晚期相对应。从有孔虫群的生态反映的水深及海相地层的分布范围来看，其规模比前次海侵大。大理晚期的海退，在东海、黄海大陆架上留下了各种遗迹。这次海退也是全球性的，规模最大，中国东部海岸后退约600 km。对大陆架上的泥炭层和贝壳堤的^{14}C测年建立了这次海退历史的可靠证据。值得一提的是，到距今2万年前，海岸又后退到–136 m的位置上，以那里的一道贝壳堤为证，^{14}C测年为20 550±1 000年前。最后一道海滨贝壳堤在东海大陆架前缘–155 m的位置上，^{14}C测年为14 780±700年前，这是至今发现的最低海岸线，也是大理晚期海退的最后海岸线。卷转虫海侵是大理晚期海退以后发生的最后一次海侵，这次海侵大约从距今1.5万年前开始，海面上升速度很快，到 1.2 万年前左右就达到现代水深 –110 m 的位置，并可能存在短暂停顿，形成了贝壳层。到了 1.1 万年前上升到 –60 m 的位置，形成一道古海滨砂堤。随后海侵迅速扩大，淹没近海平原。沿海岸线高 3—4 m 的贝壳堤或海滨砂堤的形成时间约与距今 6 000 年的全新世大暖期相当，这是冰后期海侵的最高海岸线。自此以后，海平面趋于稳定，并稍有下降，逐渐接近现代海面高度，海岸线逐渐退到现代位置上。

正文第四部分为"海面升降曲线"。中国东部及海区晚更新世以来的海水进退异常频繁，海面变动幅度很大。海面变动可以由多种因素引起，如气候因素控制的冰期间冰期旋回引起大洋水体的增减（气候-海面变动）；构造因素控制的洋盆或大陆的升降（构造海面变动）；沉积物的压缩作用；冰盖或水体的重量引起地体的均衡升降，以及水温变化导致大洋水体膨胀或收缩引起的洋面变化等。在气候-海面升降与构造-海面升降两个因素中，前者是世界性的，可以通过大范围的对比加以确定；后者则比较复杂，不同地区、不同时期，运动的性质和强度不同，需要分别加以研究。因此，作者在重建海面升降曲线之前首先评述了构造因素，然后以中国东部平原及海区构造沉降量的粗略估算且消除构造因素影响后重建了中国东部的海面升降曲线。11 万多年以来，对应于三个海侵旋回，出现了三个高海面和两个低海面，其中 11 万—7 万年前的海面和 6 000 年前的海面在现代海面以上，而 4 万—2.5 万年前的海面相对较低，曲线变化的基本趋势与世界其他大陆架基本符合。

正文第五部分为"海面升降与气候变化的关系"。从重建的海面变化曲线中可知，中国东部沿海地带的海面变化受构造因素的影响较小，海平面的大幅度升降主要与世界性海面变化有关。关于世界性海面变化的机制问题，"冰川控制论"已很流行。它的依据是气候的变化改变了陆地上冰的数量，相应地影响世界大洋水体的增减，因而得出海侵海退周期与气候变化周期一致的结论。前面比较详细地论述了中国东部晚更新世以来的气候变化，并尝试重建了气候变化曲线。如果海侵海退与气候变化相关，那么气候曲线与海面变化曲线之间应该出现某种对应关系。对比的结果表明，温暖时期与高海面相对应，寒冷时期与低海面相对应，两种重建曲线吻合得很好。这种对应关系在世界范围内被普遍发现。另外，从中国东部化石组合的研究中进一步发现，海侵初期为喜冷植物群，海侵最盛时期变为喜热植物群，海退时期则以耐寒植物为主，动物群也有相应的变化。形成温暖时期与高海面对应，寒冷时期与低海面相对应的气候旋回与海侵海退旋回的对应关系。需引起关注的是，距今 6 000 年左右的全新世大暖期的气温比现代高摄氏度，相应的海面位置在现代海面之上 3—5 m。另外，中国东部平原区 20 世纪以来的气温上升不仅与遥远的西部冰川后退相一致，竟然也与世界大洋洋面的变化相吻合。已有的研究表明，气候变化导致的冰川波动与海面升降之间存在着深刻的内在联系。其中，气候变化是主因，海面升降只不过是其变化的一个直接结果。故中国东部沿海及大陆架上，海面升降的实质是气候-海面变动，即冰期间冰期或冰后期的冰盖消长是海面升降的主要机制。

四、"中国东部晚更新世以来海面升降与气候变化的关系"一文的影响

我们目前生活的这个时期为现代间冰段（全新世），在自然与人类活动双重作用下，气候环境发生了迅速而频繁的变化。21 世纪气候环境将如何变化，对人类社会将产生哪些影响是亟待解决的科学问题。正是人们对于未来生存环境的担忧，使得古气候环境变化、古环境重建等研究成了目前全球变化研究的热点。因为较准确地预测未来的气候环境变化要求我们至少对过去的气候环境变化规律有充分的了解与把握；正确预测未来全球气候环境变化趋势，取决于我们对过去气候环境变化的认识；对未来气候环境预测准确与否取决于我们对过去气候环境变化规律认识的深化程度。气候环境变化是有规律的，科学研究的目的就是揭示其规律，为人类服务。王靖泰和汪品先的"中国东部晚更新世以来海面升降与气候变化的关系"研究论文虽然成文于 20 世纪 80 年代，但他们的远见卓识对现在的研究仍有重要的借鉴意义。

参考文献

[1] 李吉均："中国第四纪冰川研究的回顾与展望"，见：施雅风、崔之久、苏珍：《中国第四纪冰川与环境变化》，河北科学技术出版社，2006 年，第 3—11 页。

[2] 汪品先："冰期时的中国海——研究现状与问题"，《第四纪研究》，1990 年第 2 期。

因地制宜发挥优势逐步发展我国农业生产的地域专业化[*]

吴传钧

(中国科学院地理研究所)

一、农业生产必须强调因地制宜

农业和国民经济其它部门有一个最大差异之点，它是自然再生产过程和经济再生产过程相交错的范畴。农业种植的作物、畜牧业饲养的牲畜，林业栽种的树木、水产业繁殖的鱼类和水生生物都是生物，都有它们本身的生长规律，都受制于自然条件，因此农业这个生产部门要特别讲究尊重自然规律和社会经济规律。

我国地域辽阔，各地区自然条件和社会经济条件复杂多样。从气候条件来看，从最北面黑龙江北部的寒温带，东北、西北、华北大部分为温带，长江以南进入亚热带，最南面广东、广西和云南的南部、福建的东南部、台湾的南部一小角和南海诸岛属于热带的范围。最湿润的南方山地年雨量可多达 2,000 毫米以上，最干旱的新疆一些盆地年雨量不及 50 毫米。再从地貌条件讲，也是十分复杂，全国 2/3 的面积属于山地丘陵，世界上最高、最大的青藏高原在我国，世界上最大的黄土堆积区——黄土高原在我国，世界上面积最广的石

引用本文：吴传钧. 因地制宜发挥优势逐步发展我国农业生产的地域专业化. 地理学报, 1981, 36(4): 349-357. [Wu Chuanjun. Promoting areal specialization of agriculture through developing areal predominance. *Acta Geographica Sinica*, 1981, 36(4): 349-357.]

[*] 本文在 1981 年 4 月国土经济研究会召开的"发挥地区优势研究班"发言的基础上，改写而成。

灰岩喀斯特地区也在我国，新疆的塔克拉玛干沙漠是世界上有数的大沙漠之一，我国还有世界上最广大的戈壁地带。有世界上最高的珠穆朗玛峰，也有低于海平面的吐鲁番盆地。气候、地貌条件再和土壤、天然植被条件交错在一起，构成我国自然条件繁复的地域差异性。联系到农业生产，自然条件的多样性为发展多样化的农业生产提供了可能性，同时也正是发挥地区优势最大的潜力所在。这是有利方面。但从一分为二的观点看，我国自然条件也有对农业生产不利的方面，年雨量在 250 毫米以下，不适宜农作物生长的地区约占全国土地面积的 1/3，广大的山地对生产和生活带来很大的不便。还有沙漠、戈壁、高山冰川和永久积雪、寸草不长的石骨裸露地和西藏北部的高寒荒漠，这些在目前技术和经济条件下难以利用的土地加在一起，占到全国土地面积的 22%，换句话说，我国 960 万平方公里的国土真正能利用的要打一个很大的折扣。

从社会经济条件看，地区差异性亦不小。首先我国是一个多民族的国家，50 多个少数民族有不少具有特殊的生产习惯和生活需要，各地区由于发展不平衡，原有经济基础也不一样，农业生产的部门结构和生产水平也都存在差异，因此指导农业生产必须因地制宜，根据不同的地区特点采取不同的措施和方法。

但事实上对因地制宜可能存在着不同的理解，什么叫做"地"，有人认为地就是土，因地制宜就是因土制宜，因土种植，我认为这样理解就太窄了；也有人认为"地"或者"天"都是指大自然，因地制宜就是因自然条件制宜，我认为也不够全面；作者认为"地"还应包括一些具有地域差异性的社会经济条件在内。例如劳动力的分布，各地不仅有多有少，还有强有弱，有生产技术熟练与不熟练等等的差别；再如民族组成也有地域差异；上面说了不同民族有不同的生产与消费习惯，对农业生产就有不同的要求和对待；各地原有的经济基础和生产水平也有差异，所有这些差异都会影响农业生产。因此因地制宜除了考虑自然条件外，还应考虑有地域差异性的社会经济条件，这样理解因地制宜的"地"才比较全面。

扬长避短发挥地区优势是总结三十年来我国社会主义经济建设和生产布局实践的一条好经验，也是今后进一步建设和布局的一个战略方针，规划经济发展建设，总讲要因地制宜合理布局，但怎样因地制宜，如何才算合理，理解得不一定很确切，现在中央提出：扬长避短，发挥优势，可谓画龙点睛，指明了因地制宜，合理布局的中心要求，帮助我们确切地理解因地制宜，合理布局的具体含义。

过去在左倾思想的影响下，以政治运动方式来推动农业生产，因此往往用一个统一的口号式的方针来指挥全国生产，忽视农业生产本身的地域差异，忽视因地制宜，全国"一刀切"，事情就办不好，必然违背自然规律与社会经济规律，虽然有心想改造自然发展生产，结果事与愿违，非但不能发挥地区优势，而且造成损失，教训是够多的了。

再加之在颁布一个方针时，方针制定者往往不加详细阐明其含义和具体实施办法，在基层工作的同志如理解不清楚，在贯彻执行时就会出偏差。方针要有政策保证其实施，扬长避短发挥优势，也得有政策保证，要有法可循，相对稳定。群众由于过去政策多变，最怕的就是朝令夕改。森林法颁布后在一些山区之所以出现群众蜂拥上山乱砍乱伐，也是由于群众怕森林法会变，先把木材拿到手再说，这种心理状态也有以致之。因此要千方百计设法使群众树立对政策的信任感。

这里要强调的是方针政策，特别是有关农业生产的方针政策本身也要因地制宜，要有一定的地区差别，否则全国一个章法不顾地区差别，也会产生消极作用。

二、调整农业生产，要把地区布局和部门结构联系起来考虑

农业生产的调整要考虑地区布局和部门结构两个方面。农业的地区布局和部门结构是有联系的，它们相互促进，又相互制约。任何一个地区有合理的农业部门结构，才能有合理的布局，反之，布局合理了，也可促使部门结构合理化。

地区布局要讲究因地制宜，使之既符合自然规律，又符合社会经济规律，才算是合理。所以怎样正确贯彻因地制宜，要在"宜"字上做好文章。例如关于土地利用的方向问题，生产领导部门往往只作原则性的指示，叫做："宜农则农，宜林者林，宜牧者牧"，要求很笼统，究竟什么是宜农、什么算宜林，怎样才宜牧，没有具体说明，基层执行时就不好办。三十年来我国在开荒扩大种植面积方面取得了很大成绩。在东北、新疆、内蒙古、云南等人口稀少的边远地区，建成了不少新垦区和新居民点，为国家提供了大量商品粮。但也有不少经验教训。有的垦区选择不当，或者破坏了天然森林，引起农业与林业的矛盾；或者开垦了水草条件较好的冬草场，引起了农业与牧业的矛盾，没有正确处理好农、林、牧三者的关系。之所以出现这些问题，主要是由于粮食没有过关，再则是选择垦区没有注意因地制宜，而在技术上讲，由于对宜农地、宜林地、宜牧地缺乏明确的划分指标，亦有以致之。因此，需要在"宜"字上多做文章、做好文章。需要根据不同地区，不同地段土地本身的条件、当地的自然和社会经济条件、联系到国民经济发展的客观需要，并根据一定的技术经济指标来综合评价土地资源，确定它的合理利用方向。

再例如经济作物的布局，方针要求："因地制宜，适当集中"，同时经济作物的集中产区最好接近加工工业点，使工农业更好协调、配合。在这里，什么叫适当集中？在"适当"两字上也要很好研究，使它具体化，要有一定的数量指标来衡量它的合理性。这两年政策改变了，应当说是比较明确了，种植经济作物有利可图了，上海市郊区各县社社队队争着

多种棉花，只好平均分配到各社各队，造成棉田满天星斗的布局，违反了适当集中的要求，这样就不合理，就不能很好发挥优势。

去年到澳大利亚参观联邦科学与工业组织（相当于我国的科学院）下面的土地利用研究所，对甘蔗布局做了很有意义的研究。澳大利亚的甘蔗种植近年有很大发展，还向我国出口，但目前的甘蔗布局是否合理，需要研究。土地利用研究所根据甘蔗对生态条件的具体要求，它的生长期要多长、生长期内的积温需要多高，水量要求多少，最适宜什么土质等等，画出了一张适宜甘蔗分布的地区图，分成：最适宜、比较适宜、不太适宜、不适宜四等地区。对照甘蔗的分布现状图，就发现有些甘蔗田分布在不太适宜（第三等）地区内，单位面积产量低，生产成本高，而在最适宜地区有的还没有发展甘蔗种植。这就为生产部门调整甘蔗的地区布局提供了很具体的科学依据，生产部门就决定把分布在第三等地区的甘蔗停止种植，而在最适宜地区与比较适宜地区进行推广。经过调整后，澳大利亚甘蔗的地区布局比过去合理了，产量也上去了。

再说种植业内部的部门结构，中央的方针是"以粮为纲，全面发展"，也就是一业为主，但同时要使较多的部门综合发展，二者不可偏废，才能做到合理。

我国人口多，粮食需要量大，粮食生产自古以来成了我国农业生产的主体，目前全国80%多的农业劳动力、80%多的耕地和 80%多的播种面积投入粮食生产，因此粮食生产是我国农业结构中的绝对主导部门。对于粮食生产存在着两种不同的看法：一种认为粮食问题太重要了，"民以食为天"，全国各地都要求粮食自给；另一种看法认为，各地都要求粮食自给，经济作物就发展不了，多种经营综合发展就办不到。我国粮食生产的自给性成分大，这是事实，如果各地多种一点粮食以便就地供应，减少长途运输是有利的，从战备角度看，也比较安全。但事实上，国内有的地区条件差，粮食单位面积产量长期徘徊在 100 斤上下，无法自给（如黄土高原西北部）；而有的地区条件好，粮食单位面积产量水平高（如长江下游三角洲和中游沿湖平原，珠江三角洲等），还有的地区人口比较少，每人平均耕地面积大，产量水平虽不高，但粮食自给有余，粮食商品率可达 30%以上（如东北松嫩平原、三江平原等），可利用这些地区的优势建成商品粮生产基地，在全国范围内支援缺粮区，支援城市、工矿区、支援林区、牧区。因此，绝对地要求全国各地都粮食自给，既不可能，也不一定合理。

全国粮食低产区面积比较大而区内人口又比较密的，要算黄土高原。黄土高原农业生产所以上不去，从目前的原因来分析，要害是水土流失；从长远看，要把生产搞上去，还需要调整它的农业部门结构。有人估计全国土壤流失量每年有 50 亿吨，其中，黄土高原占一半。据三门峡水文站测定 1977 年黄河输沙量已突破 20 亿吨，比解放初增加了 40%，也就是说三十年来水土流失更严重了，因此一定要采取措施来防止水土的进一步流失。近年来报上发表了很多议论黄土高原农业发展方向的文章。有的同志主张干脆退耕还收，改种牧草，养牛养羊，以畜产品换取粮食；有的同志主张农林牧并举，防止水土流失；也有的同志谈到有的山区要以林为主。总之，黄土高原农业结构不能一刀切，要强调因地制宜，要调整黄土高原的农业布局，首先要求有一个大农业的合理部门结构。

在种植业内部，还有耕作制度，也是从属于部门结构的一个问题。它关系到耕地的利用率，也关系到粮食作物与其它作物的比例关系。新中国成立三十年来我国增产粮食的措施是多方面的，但最主要的一条就是提高耕地的复种指数。耕作制度和各地生长期的长短、热量条件、作物品种、劳动力、肥料、水源的保证程度等有关，因此要改进熟制就得看是否具备相应的各种条件，不能轻举妄动。讨论有些地方熟制改变是否搞过了头的问题，要具体地区具体分析，不能一阵风一概否定。例如在南方水土条件较好地区推广双季稻，江南太湖流域（江苏的苏州地区和浙江的杭嘉湖地区）复种指数达到230%，不仅是国内最高，在全世界也是耕地利用率最高的地区。在这里双季稻种植面积一度达到耕地总面积的80%，比重可能高了些，一年三种三收，一环扣一环，十分紧张，特别在双抢季节，"早上一片黄，晚上一片绿"，丝毫耽误不得，如果气温偏低，水肥条件较差，立刻影响产量。虽然亩产可达2,000斤，但农民过于劳累，而且因投入的化肥多、水电费开支大，生产成本提高了。虽然增产对国家有利，但农民收入减少，结果是增产不增收，没有处理好国家、集体、个人三者的利益关系。因此各地区双季稻推广到多大比重合宜，客观上有一个合理的临界度，超过了这个界限就不合理了。另一方面，我们也要看到国内确实有些地区耕地利用率还有提高的潜力，例如长江淮河之间的广大地区和华北平原上一些水利条件较好的局部地区，复种指数还可以提高。还有其它一些地区，只要创造一定的条件，现行熟制也还有改进的很大余地，可能潜在的优势还没有充分发挥。

三、正确理解扬长避短发挥优势

长和短的概念，是相对的，客观的，长和短主要从一个地区的有关条件来衡量。这些条件既包括与农业生产有关的自然条件，也包括水利、运输、粮食保证、产品销路等社会经济条件。长就是有关条件对某项特定的生产有利；短就是有关条件对这项生产不利。一旦条件变化，长和短是可以转化的，所以长中有短，短中有长，是相对的、辩证的。

扬和避的概念，是绝对的，主观的。扬长避短的目的是要趋利免害，这就要综合考虑，不能凭单一指标作出决定，而要统筹兼顾，处理好局部与全局、当前与长远，利用与保护等方面的关系。要轻局部利益，重视国家利益；轻当前利益，重视长远利益；轻只管利用资源，而重视资源的保护，做到用养结合。

扬长和避短都有积极意义，不要误解避短是消极的。这里还可举澳大利亚的一个例子。他们想从南美巴西引进热带作物木薯作为饲料作物来发展，是否可能、是否值得？他们先从木薯对生态条件的要求来对比澳大利亚各地区的条件，选定某些比较最适宜的地区，再根据这些地区的各种有关条件的具体情况加以分析，估计引进种植以后每公顷年产量不到25吨，对比其它饲料作物的产量与营养价值，认为不上算，即使从自然条件讲是可能的，在技术上也是可行的，但从经济分析不合理，于是就否定了这个方案，使国家避免损失。于此可见避短也是好事。

优势是一个综合概念，就是要全面发挥各地区在自然、经济、技术上的有利条件，根据国民经济发展的需要，在条件最优越的地区，发展最适合的某个农业部门或某种作物，以最小的劳动消耗，来获得最大的经济效果。具体地讲，所谓优势是从自然条件看是适宜的；从技术条件讲是能够比较充分地利用资源而不致破坏环境或严重影响生态平衡；从经济条件讲首先要符合国家需要，投入的人力、财力、物力少而收益高，投产后能高产、稳产，而且产品质量好，在国内市场甚至国际市场上有竞争能力，产品的商品率高，能提供较大的商品产量，和其它地区对比，还具有较大的发展潜力。举个例子来说，在黑龙江省中部松花江、嫩江流域发展甜菜种植具有明显的优势。从自然条件讲，这里夏季的日照时间长，昼夜温差大有利于糖分的积累，含糖量可达19%，而在我国南方种植的甜菜含糖量仅7%。再从技术和经济条件看，这里有较发达的铁路和公路网，便于及时地大量运输，这里有生产能力较大的现代化糖厂，加工方便。因此在松花江，嫩江平原建设我国的甜菜糖生产基地是因地制宜合理布局，是能够正常地发挥这一地区的优势。相反地，如果在我国南方可以种植甘蔗的地区来种植甜菜，那就不是因地制宜，那就不能发挥优势，不值得提倡。

考虑合理发挥各地区的优势，要具有下列一些观点：

1. 综合观点　要综合考虑自然条件的适合性、技术条件的可行性和经济条件的合理性。也不能孤立地从农业生产一个部门来考虑，而要联系到加工工业、运输条件、市场需要与竞争能力等涉及工、交、商几方面的问题。不能脱离现实，要正确处理需要与可能、当前与长远、地方与全国之间的关系。贵在综合，贵在协作。

例如在全国范围内考虑发展热带作物问题，选择在哪些地区可发挥这一优势生产，首先可对比我国热带地区的自然条件和某些热带作物的适生条件，选定自然环境最适宜的地区。自然条件是决定这些地区能否发展热带作物的物质前提，但要把发展热带作物的可能性变为现实性，还必须有土地资源、劳力、粮食、交通运输等的必要保证。因此在评价自然条件的同时，还要分析有关地区的社会经济条件对热带作物布局的影响。从而选定自然条件和有关的各种社会经济条件结合得最好的地区来重点发展热带作物。由于国民经济是一个有机的整体，随着热带作物的发展，还必须有其它生产部门和它配合。因此在进行热带作物布局时，还得考虑适当安排和热带作物生产有关的粮食生产、热作加工工业和运输业等部门的发展和布局。而这些部门的发展又可能在使用土地、劳动力、资金等方面和热带作物生产发生一定的矛盾，这就需要进行以热带作物布局为中心的综合平衡。使这些地区能够健康地发挥它发展热带作物生产的优势，进一步建成为商品性生产基地。

2. 全国一盘棋的观点　要从全国观点出发，首先要考虑全国优势的发挥，然后照顾到省和地区，发挥省内和地区的优势。

地方观点会妨碍扬长避短方针的正确贯彻。如果缺乏通盘考虑，全国各地各自为政，只管局部利益、眼前利益，那么在全国范围内必然会出现重复建设，地区之间互争原料、燃料、动力，结果将是布局分散，产量不稳，商品率不高。这样，从全国来看，优势就难以形成。假如西北牧区要大规模发展本地的毛纺工业，上海、天津等地已建成的技术水平较高的现代化毛纺厂就会发生原料供应问题，结果是开工不足或更多地依靠进口羊毛。

从地方角度出发，从一时一地来考虑优势，往往立脚不稳。如由于目前商品调拨渠道不畅通，各地区都想自足自给，这样做并不符合全国一盘棋的布局思想。例如北方不生产茶叶，如果把适生于南方山地的茶树引种到秦岭淮河以北地区，所谓"南茶北引"只说明在这些地区产茶的可能性，并不意味着合理性，也不能发展成为优势。这种布局，在目前商品调拨不灵的情况下可以存在，但这些地方生产的茶无论从产量和质量来说都难以和江南竞赛，一旦调拨情况改进后，不一定都能站得住脚，与此类似的还有把一些生长在南方的东西种到北方去，把北方的东西种到南方去的做法，未必都是合理的。

任何一个地区在全国的区域体系中，都不是孤立的，它和左邻右舍甚至在地理上不相邻接而在经济上有联系的地区都存在着千丝万缕的关系，要认真探讨确定一个地区的发展方向，必须要广泛联系有关的地区，了解区际关系，加强区际协作。任何一个地区只有放在全国一盘棋的全局之中，才能真正看清它究竟具有什么优势。

当然，不能只考虑发挥全国的优势而不顾一省一地区优势的发挥，全国的优势也要依靠地区并且是在地区优势基础上进一步发挥而形成的。看来发挥优势是要有：全国性，全省性和地区性三种不同地区范围的考虑，也就是三个不同的等级。例如，商品生产基地，从各基地的生产水平、产品商品率的高低、产品的供应范围、发展的潜力等方面来衡量，有的是全国性基地，有的只是省内的基地。不同等级的优势所依据的指标也可能不一样。地区考虑的优势，在全省各地区之间进行对比，不一定算得上，而一省考虑的优势在全国也不一定排得上队。

满足本地需要的自给性生产和供应国内其它地区乃至国际市场需要的商品性生产，要有一个适当的比例，对每一个省区来说，这两方面还有个平衡的问题。

  3. 发展观点、长远观点 要特别强调必须注意调整人和自然的关系。随着人口增长，人类掌握技术水平的不断提高和社会经济建设现代化的进展，人类对于自然资源的需求，不仅是数量增长，而且品种要扩大，要求有更多种多样的资源投入生产并满足生活上的需要，于是人和自然环境的关系越来越密切，人地关系向广度和深度发展。人类和大自然打交道，关系搞好了，可以从大自然得到越来越多、越来越好的东西来改进生活；反之，如果关系搞不好，就会受到"大自然的惩罚"，后患无穷。开发利用自然如果不得其法，违背客观规律办事，就会造成破坏，污染环境，影响生态平衡。事实上，我国由于不合理地利用自然，已造成了一些不良后果，上述黄土高原水土流失严重化，便是一例。自然界本来保持一定的平衡状态，由于掠夺式地经营农业，就使得生态环境由良性向恶性发展，今后的问题是如何使它由恶性循环转化为良性循环。这就要讲究人地关系。如果浪费资源，破坏环境。就使人和自然的关系不是愈加密切，而是愈加对立，因此需要把人地关系调整好。

  开发资源进行生产要考虑长远利益。不然只顾眼前利益，在山区就会出现滥伐滥垦，水土流失；在牧区就会出现过度放牧，草场退化；在海洋渔场就会出现酷鱼滥捕，资源下降。因此今后开发利用自然资源，要千万注意用养结合，保护环境，不能严重破坏生态平衡。当然环境变好变坏，不是抽象地谈，而要根据一系列的指标来测定。

  优势不是一成不变的，而是随着有关条件的变化而变化。因此要从发展观点考虑到潜在的优势，远景的优势。以我国疆域之大，自然环境的多样化，到处都存在着一定的潜力。例如长江以南的丘陵浅山有不少经济林，其中油茶就有 5,000 万亩，目前因缺乏经营管理，平均亩产仅 5 斤，如能加以垦复、管理、施肥，亩产可达几十斤乃至上百斤。如果把这类木本油料资源很好利用起来，就能解决江南广大地区的食用油问题，也就可以把平原种植油料作物的耕地腾出来改种其它作物，这是一大潜力。再如我国有内陆水面 4 亿亩，目前已利用来养鱼和水生植物的仅占 1/8，利用很不充分，这又是一大潜力。也许最大的潜力在于山区。山区占我国土地总面积的 2/3，而在目前，山区总的来看是生产落后，在管理上缺乏统一经营。农业生产队以粮为纲，只管开坡种地，不管坡多陡也开；林业部门只管采伐林木；商业和外贸部门只管收购土特产，为了多收购还有不少奖励办法。所以目前的情况是谁都伸手向山区要资源，而谁也不管山区的资源如何经营好。靠山吃山而不养山，结果是浪费资源，破坏环境。另一方面，山区的重要性却不容忽视，全国 2,100 个县级地区，56%属于山区，在山区集中了全国 90%的森林资源，40%的耕地，1/3 的人口，还有 1/3 的粮食也生产在这里。山区如何由被掠夺而走上统一规划，综合开发的道路，要做大量的工作。有一点是可以肯定的，山区的落后面貌如果不改变，中国的农业现代化就不能说全面实现。另一方面，山区的潜力如果得到合理开发，我国的农业生产将会出现很多新的优势。

4. 比较观点　这里包括着两个意思，一是把本省本区和别省别区比较时，既要看到本身的长处，也要看到自己的短处，不能片面强调自身的有利方面；二是在省内或区内要发展某项生产，可能条件较好、较适合的地区不止一个，这就可以加以多方面的比较，从中选出最好的方案。

又例如广东省要扩大甘蔗种植，以各种自然和社会经济条件而论，以珠江三角洲为最优地区，但珠江三角洲是块宝地，是全国性商品粮基地，热带水果、蚕桑生产在国内也居于重要地位，如果在这里扩种甘蔗，和这些作物将发生争地的矛盾，多种甘蔗就要牺牲高产粮田。另一个方案，就是在雷州半岛发展甘蔗，这里条件不如珠江三角洲好，但现在的粮作耕地单位面积产量不高，以蔗代粮，还是合算。这两个地区对比之下，权衡利弊得失，还是在雷州半岛发展甘蔗比较好。

四、发挥地区优势，逐步形成地域生产专业化

发挥地区生产优势实质是要实现一定的生产地域分工，亦就是发展一定程度的地域生产专业化。当然，在我们这个社会主义国家里，反对搞片面专业化，如同马来西亚的橡胶专业化，塞内加尔的花生专业化，加纳的可可专业化，洪都拉斯的香蕉种植专业化等等，这些都是殖民主义时代的产物。这些国家实行片面专业化的结果，粮食基本依靠进口，经济基础极不牢靠，就不能不受制于帝国主义。我们主张的发挥地区优势，要从全国出发，在计划经济指导下，实现地区之间的合理分工。发挥优势就是利用一个地区的有利的自然和社会经济条件，重点发展一二个部门，使之在地区经济结构中成为主导或主要部门。所谓主导部门或主要部门是可从产值比重、投入的劳力、资金或用地分配等指标来衡量。逐步发展专业化生产，打破过去那种小农经济不管条件是否合适，什么都要求自给自足，搞小而全的做法。

在资本主义高度发展的国家，专业化商品性生产基地或地带的形成是一个逐步发展的过程。我国调整布局，实现生产的地域专业化估计也必然是一个逐步发展的过程，而且还是一个较长的过程。可以长考虑、短安排。

我国现有的一些经济作物集中产区或商品性生产基地有几种不同情况。有的地区是历史上在手工业的基础上，长期发展形成的传统优势，如太湖流域、珠江三角洲和成都平原的蚕桑业。在我国沿海或沿长江中下游一些地区早在半封建半殖民时代，由于外国资本主义势力入侵，而形成了某些经济作物的集中产区，如山东、河南的烟草产区，上海和武汉附近的棉花产区。有些地区是在解放后，由于加工工业的兴起，在附近发展了有关经济作物的优势生产，如郑州

附近、新疆玛那斯河流域的棉花。也有的地区，原先有一定的优势生产部门，但由于资源利用不当，优势在逐步消退之中，如浙江山区的杉木业。还有更多的地区具备一些条件，存在一定的潜力，但至今优势还未充分发挥，例如，新疆南部和东部具有发展长绒棉的条件，但因远离加工工业中心，目前运输条件不便，还没有得到应有的发展。

换句话说，发展优势，需要有一些前提条件，创造一些条件或改变一些条件才能逐渐实现。运输就是其中的一个条件。粮食供应的保证是发挥地区优势一个更重要的条件。事实告诉我们凡是粮食充足的地区，多种经营开展得比较好，反之，在粮食紧张的地区，就限制了经济作物等专业化生产的发展。粮食生产是农业合理布局的基础，还得把它摆在种植业的首要位置。但如果所有地区都要求粮食自给，就限制了潜在优势的发挥，而且，卡死了对农业布局进行任何重大调整的可能。例如，河南黄泛区的沙土地带生长花生最适宜，亩产可达二三百斤。如种植粮食作物，亩产只有一百来斤，如一味要求粮食自给，就只能放弃花生，这样做法就和扬长避短背道而驰，成了趋短避长。诸如此类，利弊得失，很值得商讨。

PROMOTING AREAL SPECIALIZATION OF AGRICULTURE THROUGH DEVELOPING AREAL PREDOMINANCE

Wu Chuan-chun

(Institute of Geography, Chinese Academy of Sciences)

Abstract

In the field of agriculture, physical reproduction and economie reproduction cross each other intricately. Thus, agriculture must fundamentally adapt to the local conditions, which should be properly recognized as including not only the physical, but the social and economic conditions as well. In a country of vast territory like China, areal differentiation of local conditions is so evident that it would never be exaggeration to emphasize the importance of adaptation.

On the march towards modernization, Chinese agriculture will have to undergo a period of strategic transferring. The adjustment applies both to the allocation and the structure of agriculture.

The guiding principles like: "reclaim those land suitable for agriculture, afforest those suitable for forestry, and grazing those suitable for animal husbandry", and economic crops should be "properly concentrated in distribution", etc., are just in general terms and cause much trouble in implementation. Here, the terms "suitable" and "properly concentrated" should be defined precisely by means of a series of quantitative and qualitative criteria.

Ever since ancient times, food crop has been the mainstay of Chinese agriculture. About 80% of rural labour, cultivated land and sown area are devoted to food crop cultivation. However, the dogmatic demand of self-sufficiency in food supply for everywhere is unpracticable in many parts of the country, such as the loess plateau and the dry farming areas of Inner Mongolia. A proper ratio between the acreage of food crops and economic crops and the critical limit of treple eropping (double cropping of rice plus winter wheat or rapeseeds) index in southern China are needed to be thoughtfully decided.

The new guiding principle of "developing the areal predominance through promoting the favorable and dodging the unfavorable eonditions" attraeted much attention from the agricultural and academic circles. The author suggests that in order to realize the principle's true meaning, the following view points are helpful. (1) Areal predominance is a comprehensive idea, and it can only be developed under the conditions that are physically suitable, technically practicable and economically profitable. (2) In the regional system of the country, any region is not isolated, but is linked together with one another, just like a single piece on the chessboard. The right order of developing areal predominance should put national first, provincial next, and local still next. (3) As conditions of any region are subject to change, the development of areal predominance should be considered with long-term sense. (4) Comparative plans for developing areal predominance are preferred, so as to select the must rational and profitable one through techno-economic appraisal.

Through the process of developing areal predominance, areal specialization of agriculture will gradually take shape. Chinese agriculture, on the basis of petty-peasant economy, asked local self-sufficieney for everything in the past, deterred areal specialization of production. There only flourished sericulture in the deltas of the Yangtze and the Pearl River, due to the need for de luse elothing in the feudal times. Cotton and tobacco plantings were encouraged in the vieinities of Shanghai. Tsingtao and Hankow through the investment of foreign manufaeturers in the semi-feudal and semi-eolonial days. It was only after liberation, new bases of commereial grains, cotton, sugar beet and tropical crops were established by the state farms in the interior and border regions. The areal specialization of agiculture that China is going to promote is not those of mono-cropping systems of the colonial or semi-colonial nations, but is the rational division of labour among regions under the guidince of planning economy. It is expected that the potential of agricultural production will be brought into full play through the proceeding of areal specialization.

"因地制宜发挥优势逐步发展我国农业生产的地域专业化"解读

陆大道

一、作者介绍

吴传钧院士（1918—2009），我国杰出地理学家、现代人文与经济地理学的开拓者和组织者之一。曾任中国地理学会副理事长、理事长，原地理研究所副所长，国际地理联合会副主席（两任）。他出生在苏州的一个书香门第，1936年考入中央大学（现南京大学）地理系。1941年毕业，1943年取得硕士学位并任地理系讲师。1945年考取公费出国名额，进入利物浦大学研究生院进修。1948年他以优异成绩通过论文（题为 *Rice Economy of China*）答辩并获得博士学位。是年秋天，他回到祖国并进入前中国地理研究所工作。中华人民共和国成立后，该所改组为中国科学院地理研究所，与周立三先生共同负责经济地理组。吴传钧先生从事地理工作逾70年，最主要的贡献是开拓了我国农业地理学、土地利用等领域的研究，率领、参与组织地理学界和农业部门完成了《中国农业地理丛书》《中国1∶100万土地利用图》等重大任务。他将人地关系的思想完整地引入到地理学中，提出并阐述了"人地关系地域系统"是地理学的研究核心。他全力倡导并组织实施人文地理学的复兴，

作者介绍：陆大道（1940— ），男，安徽桐城人，中国科学院地理科学与资源研究所研究员，中国科学院院士，中国地理学会会员（S110001709H），主要从事生产力布局、国土开发、区域发展和城镇化问题研究。
E-mail: ludd@igsnrr.ac.cn

带领中国地理学家走向了世界。此外，他在中国地理学学术组织、人才培养等方面，作出了一系列杰出成就和贡献。

二、写作背景

长期以来，国家十分注重农业特别是粮食与棉花等经济作物的生产发展与布局问题。吴先生凭着对我国农业科学问题的热爱与预见，在我国农业与土地利用领域作了大量的研究积累。1974 年他开始组织全国农业地理学者进行我国农业发展的自然特点与社会经济基础的调查研究和丛书编写，1980 年领导经济地理室共同编写了《中国农业地理总论》（科学出版社出版）。同年他又在《人民日报》6 月 17 日发表文章"要因地制宜利用土地资源"。就是在这种背景下，吴先生写出"因地制宜发挥优势逐步发展我国农业生产的地域专业化"一文。他以十多年的丰富经验与体会，从理论与实践相结合的高度，总结和回答了当时已经出现与未来发展可能遇到的重大问题，并为此后一系列有关重大研究提供了坚实的基础。

三、论文摘要

论文针对农业生产本身要求及我国各地区自然与社会经济条件相差很大的特点，理论联系实际，分析论证了农业生产的布局与地区结构的确定，指出要特别尊重自然规律和社会经济规律。从农业生产必须因地制宜、合理确定农业生产地区布局和部门结构，通过扬长避短发挥优势等方面，提出并论证了逐步形成全国范围内农业生产地域分工的意义。作者从综合视角，对农业生产的特殊性与我国及其中的复杂地区的自然与经济特点之间的耦合性，进行了多维度分析，得出了一系列重要结论与建议。

四、主要内容

作者深刻分析了我国及各地区农业发展与布局的实际问题与决策要求，提出了诸多的原则性、高价值的看法与建议，对一些不正确的指导观念、思维决策方式提出了批评。展示了他在经济地理与自然地理领域的厚重学识，以及对我国国情特别是农业发展国情的深刻理解与专业信仰。全文分以下几部分展开：

1. 农业生产必须强调因地制宜

这是全文的统领部分。他指出："过去在'左倾'思想的影响下，以政治运动方式来推动农业生产，因此往往用一个统一的口号式的方针来指挥全国生产，忽视农业生产本身的地域差异，忽视因地制宜，全国'一刀切'，事情就办不好，必然违背自然规律与社会经济规律。"他以我国大的自然格局为例，说明我国农业生产与结构大地区的差异是必然的。还提出，"因地制宜就是因自然条件制宜，我认为也不够全面"，"还应考虑有地域差异性的社会经济条件"，经济基础、劳动力资源、文化特点、农业技术应用以及民族的生产习惯与消费特点也要加以考虑。

对于如何才能因地制宜呢？因地制宜就是要扬长避短，发挥优势，科学地确定相关地区的作物种植与农业结构，真正做到合理布局。

2. 调整农业生产，要把地区布局和部门结构联系起来考虑

这是如何做到农业生产因地制宜的一条主要原则。吴传钧先生指出"农业生产的调整要考虑地区布局和部门结构两个方面。农业的地区布局和部门结构是有联系的，它们相互促进，又相互制约"。所以，要将二者结合起来，才算是因地制宜。他提出："怎样正确贯彻因地制宜，要在'宜'字上做好文章。例如关于土地利用的方向问题，生产领导部门往往只作原则性的指示，叫作'宜农则农，宜林者林，宜牧者牧'，要求很笼统。"如何对"宜"作出可操作的原则，就是要将各种作物的布局适宜度与地区的相应条件结合起来，制定具体的指标去衡量。他举例，我国经济作物布局曾经提出的方针要求"因地制宜，适当集中"。但是，由于对宜农地、宜林地、宜牧地缺乏明确的划分指标，一些地区出现了农林矛盾、农牧矛盾，根本的原因也是与这种笼统要求有关。

种植业内部的部门结构，国家的方针是"以粮为纲，全面发展"，人口多，粮食需要量大，粮食生产自古以来成了我国农业生产的主体。目前全国80%的农业劳动力，80%的耕地和80%的播种面积投入粮食生产。吴先生认为，粮食生产条件相

差很大，要求各地"粮食自给自足"怎么执行？各地区的粮食亩产也相差很大，却都一样来要求，既不可能，也不合理。

3. 正确理解扬长避短发挥优势

吴传钧先生主张："扬长避短的目的是要趋利免害，这就要综合考虑，不能凭单一指标作出决定，而要统筹兼顾，处理好局部与全局、当前与长远、利用与保护等方面的关系。要轻局部利益，重视国家利益；轻当前利益，重视长远利益；轻只管利用资源，而重视资源的保护，做到用养结合。"他举例澳大利亚曾经为是否引进巴西的木薯作为饲料作物所做的否定分析，从而避免了损失，认为"避短也是好事"。他从方法论角度解析了如何理解扬长避短发挥优势，为学者研究及政府决策提出了以下理论性与经验性观点：

综合观点。他以我国甜菜种植为例，北方松花江、嫩江流域甜菜含糖量达到19%，而我国南方的一些地区甜菜含糖量只有7%，说明松嫩地区具有明显的优势。他进一步得出结论：要综合考虑自然条件的适合性、技术条件的可行性和经济条件的合理性。但也不能孤立地从农业生产一个部门来考虑，而要联系到加工工业、运输条件、市场需要与竞争能力等进行综合论证。

全国一盘棋的观点。这一点非常重要，对于各地区来说，一定阶段某些农业生产具有较高的效益，各地区只考虑局部利益和眼前利益，都要尽力发展，结果"在全国范围内必然会出现重复建设，地区之间互争原料、燃料、动力，结果将是布局分散，产量不稳，商品率不高"等问题。吴先生提到"南茶北引"问题，他指出，将茶树引种到秦岭淮河以北地区，在这些地区有产茶的可能性，并不意味着合理性，不能发展成为优势。类似这种布局，要将地区市场、全国市场乃至国际市场都考虑到，做出正确选择。

发展观点、长远观点。他从"人地系统"协调发展出发，较早地强调要调整好人和自然的关系。他认为，人和自然环境的关系越来越密切，会使人地关系向广度和深度发展。"由于掠夺式地经营农业，就使得生态环境由良性向恶性发展。"他指出多项实例：在山区出现滥伐、滥垦与水土流失；在牧区出现过度放牧，草场退化；在海洋渔场出现酷鱼滥捕，资源下降。因此，"今后开发利用自然资源，要千万注意用养结合，保护环境，不能严重破坏生态平衡"。

比较观点。这里包括着两个意思，既要在本省与各相关的省区之间、也要在省内各地区之间进行比较。他举例：珠三角地区的生产条件对于粮食与桑蚕生产特别优越，但是这里也可以发展甘蔗。经过比较，由于雷州半岛相对来说只适宜种植甘蔗。所以，经过对省内这两个地区的比较与平衡，最后就确定雷州半岛成为甘蔗重点发展区。

4. 发挥地区优势，逐步形成地域生产专业化。

他明确指出：发挥地区生产优势实质是要实现一定的生产地域分工，发展一定程度的地域生产专业化。这样可以实现农业劳动生产率的提高，给国家提供更多的农产品。要做到这一点，就要从全国出发，制定科学的规划，实现地区之间的合理分工。在具备相应优势的地区集中发展一两个部门与行业，使之在该地区经济结构中成为主导或主要部门，任务是成为国家有关农产品的重要来源地之一。

五、主要影响

本文在吴传钧先生关于我国农业问题研究中起到了承上启下的作用。既是他组织领导全国农业地理学者进行"中国农业地理丛书"编写的深刻体会与理论总结，也对此后我国农业发展问题及农业地理研究提出了若干重要任务与思维及决策方法方面的建议。因此，本文是吴先生一生研究我国农业发展与农业地理领域的核心成果之一，其意义和影响需要从整体视角去看。

本文发表之后，吴先生又陆续发表"因地制宜发挥地区农业优势""我国土地资源利用问题"等论文。此后他大力配合国家建委推动全国的国土整治工作，其核心还是国土资源的合理利用。他主编的《中国农业地理总论》（后由美国有关方面译成英文）为后来的全国农业区划工作与土地利用领域研究起到了前瞻性与基础性作用。1981年至1985年间，他主持了全国1∶100万土地利用图的编制。1991年这项成果获得中国科学院科技进步奖一等奖，成为了他一生科研业务的最主要荣誉。他是我国国家计划与建设部门、农业部与国土资源部门的重要长期咨询专家。

上海城市热岛效应

周淑贞　张　超

（华东师范大学地理系）

为了弄清上海城市热岛效应，应用了下列资料：

（1）1955 年上海外滩、徐家汇（这两站代表市区）和松江（代表远郊）的全年观测资料。

（2）1956、1957 两年上海徐家汇（市区）、龙华（城市边缘）和松江（远郊）观测资料。

（3）1959 年 8 月 9—11 日，由上海气象局、华东师范大学和同济大学等单位用阿斯曼通风干湿表，对上海市区进行了 33 个定点（测点位置分布见图 1）、逐时四层次（20、50、100、150 厘米高度）小气候观测所取得的资料。

（4）1979 年 12 月 13 日我们用两部汽车从 19 时由师大出发在市区进行了 56 个站点（站点位置分布见图 1）的流动观测，21 时回师大，观测仪器仍系阿斯曼通风干湿表，观测高度一律为距地 1.5 米，为了订正到同一时刻（20 时），我们在师大气象站这个定点也用同样仪器，在同样高度，每 10 分钟观测一次，求出在这一段时间内（19—21 时）气温的变化值，对各不同测点在不同时刻的观测值，进行温度的时间差订正，一律订正到 20 时的气温值，并取得上海台（在龙华）和郊区十个县站在该日该时的观测资料。

（5）1980 年 7 月 30 日我们乘汽车分 4 条线路取得市区 33 个测点 08 时和 14 时的观测

资料。又在当天 20 时用汽车进行流动观测取得 49 个测点的观测资料，所用仪器、观测高度和温度的时间差订正，均与上述 4 的内容相同。

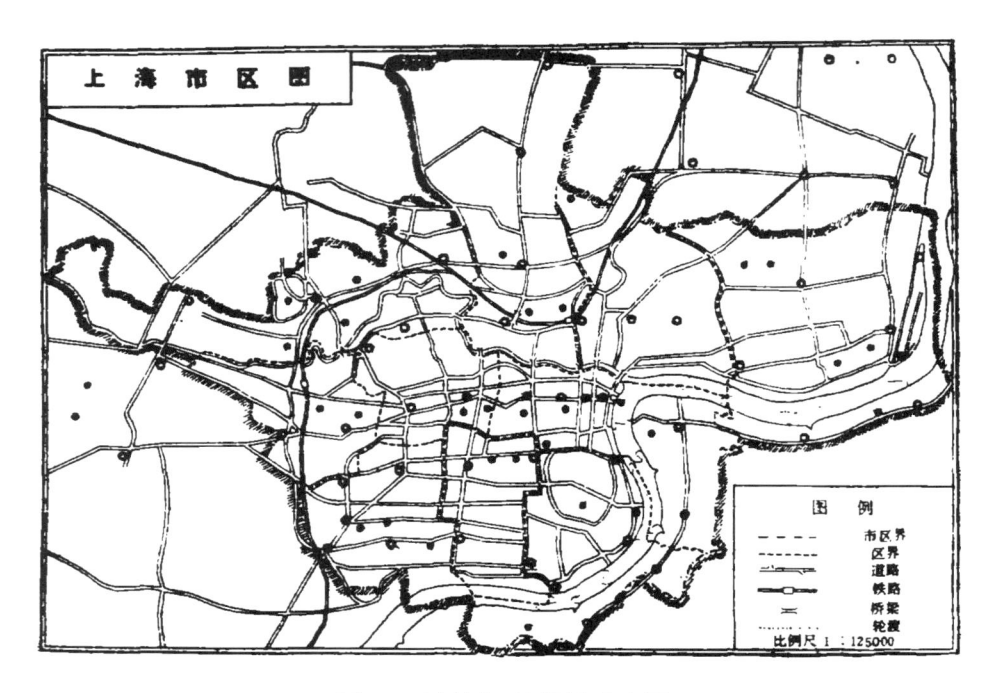

图 1　两次热岛观测测点分布图

（●1959 年 8 月 9—11 日逐时定点四层次观测站，○1979 年 12 月 13 日 20 时四条线路流动观测测点位置。）

Fig. 1　The networks of twice urban beat island observations (●show the fixed hourly observations of the four-level installations on 9—11 th. Aug. 1959;　○　show the mobile surveys on 13 Dec. at 20h.)

（6）1961—1970 年上海气候资料（地面部分）1972 年版。

（7）《上海市农业气候资源与农业气候区划（初稿、1980 年 12 月）》中所列举的 1959—1978 年上海气候资料。

根据上述资料，我们对上海城市热岛效应的具体表现、特点及其对上海地区的天气气候的影响等作了初步分析。

一、热岛效应的表现

上海城市热岛效应的表现是十分明显的，无论从某一定时温度的分布；市区和郊区的年平均温度，最低温度、寒冷日数，最高温度，酷热日数等的对比中，都可以看出城市气温比郊区高。

1979年12月13日20时，上海市区在高气压控制下，静风，无云，根据前述（4）汽车流动观测及各定点观测资料，绘制城市区等温线分布图（见图 2）热岛中心位置在南京路西藏路口，温度为 8.5℃、8℃等温线所包围的区域，大致是自热岛中心向南到延安路，向北到北京路，向东到河南路，向西到重庆路，整个市区都在 5℃以上。

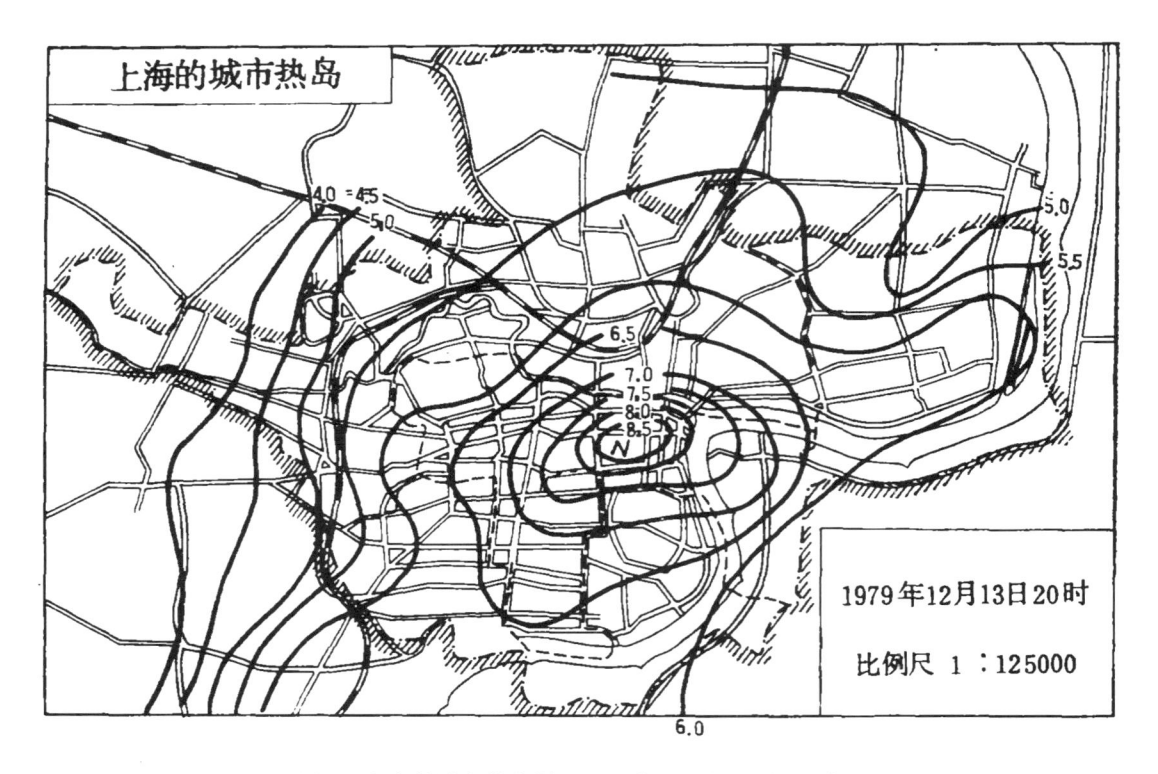

图 2　上海的城市热岛图（1979年12月13日20时）

Fig.2　The urban heat island in Shanghai (on 13 Dec. 1979 at 20h.)

为了便于和市区进行比较，绘制了整个上海市气温分布图（见图3），由图3可见，远郊气温均在 2—3℃间，近郊在 4—5℃左右，而市区却是 5—8℃，这是定时观测的温度在市区表现为热岛的一个个例。

我们还对1959年8月10日的1、7、13、19时和1980年7月30日的8、14和20时的观测记录进行分析，得到类似结果。

上海的热岛效应还表现在城市与郊区的年平均气温、平均最低气温、平均最高气温和酷热日数及寒冷日数的差别上（见表1、表2）。

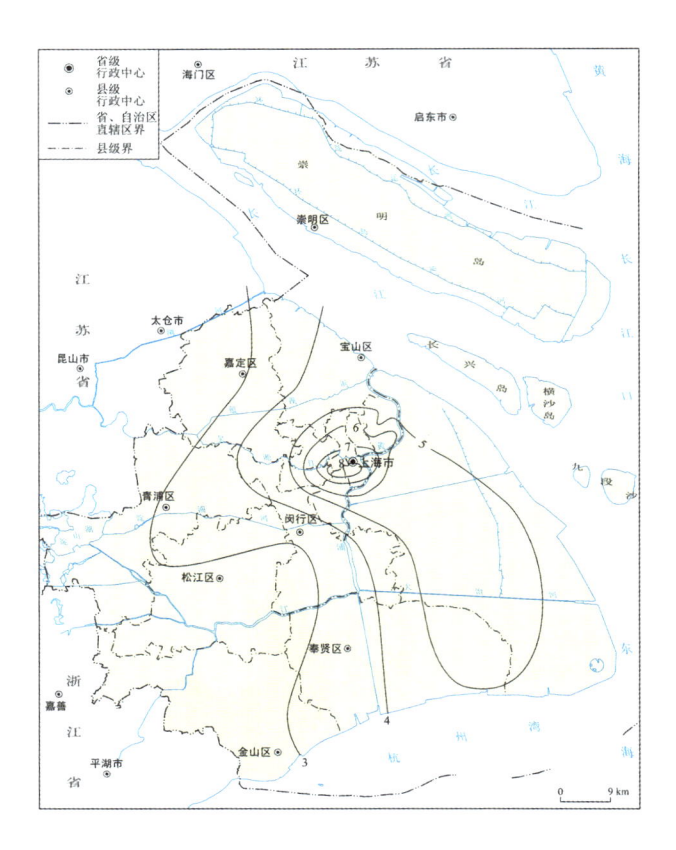

图 3　上海市气温分布图（1979 年 12 月 13 日 20 时）

Fig. 3　The distribution of air temperature in Shanghai (on 13 Dec. 1979 at 20b.)

表 1　上海市区和郊区温度（℃）对比（1955 年）

Table 1　The comparison of air temperature(℃) between Shanghai city and its suburbs(1955)

项目 地点	年平均气温 气温值	年平均气温 差值	平均最高气温 气温值	平均最高气温 差值	平均最低气温 气温值	平均最低气温 差值
I 市区外滩	1.55	I—III 0.8	20.2	I—II 0.0	13.4	I—III 1.6
II 市区徐家汇	15.0	II—III 0.3	20.6	II—III 0.4	12.5	II—III 0.7
III 郊区松江	14.7		20.2		11.8	

表 2（a）徐家汇、龙华和松江三站气温（℃）比较

Table 2 (a)　The comparison of air temperature(℃) between Xujiahui Longhua and Songjiang

地点	1956 年平均 最高气温	1956 年平均 最低气温	1957 年平均 最高气温	1957 年平均 最低气温
徐家汇（市区）	19.9	12.2	19.6	12.2
龙华（城市边缘）	19.4	11.8	19.1	11.9
松江（远郊）	19.5	11.6	19.1	11.6

表 2（b）徐家汇、龙华和松江三站气温（℃）比较

Table 2(b)　The comparison of air temperature (℃) between Xujiahui Longhua and Songjiang

年份	项目	温度范围	徐家汇（市区）出现天数	龙华（城市边缘）出现天数	松江（远郊）出现天数
一九五六年	最高气温	30.1—35.0 35.1—40.0	60 14	60 6	60 5
	最低气温	−4.9—0.0 −9.9—−5.0	35 7	43 9	46 8
一九五七年	最高气温	30.1—35.0 35.1—40.0	35 16	31 11	29 11
	最低气温	−4.9—0.0 −9.9—−5.0	30 4	37 4	40 1

二、热岛的特点

上海城市热岛强度在时间上具有明显的日变化和年变化，在空间上又因下垫面特性的不同，呈现出局地性的小气候差异。这些特点的具体表现如下：

1. 热岛强度的日变化

上海城市热岛强度的日变化非常明显，以 1959 年 8 月 9 日—11 日逐时定点观测资料为例，根据观测结果，各时刻的热岛中心位置虽稍有不同，但其平均位置在上海市区房屋密集的马当路合肥路口，这个测点的气温比其他测点为高是热岛的中心。西部公园测点气温最低，可为近郊的代表。以马当路合肥路口测点的气温减去西郊公园测点的气温，所得的差值 ΔT 作为这几天各时刻的热岛强度。按照这个方法计算的结果，从 8 月 9 日 15 时到 11 日 13 时这两天热岛强度的日变化如图 4 所示。

由图 4 可知在 16 时以后，热岛强度明显增大，17—18 时以后，平缓地增大，或在最大值附近摆动，从 18 时到夜间 4 时这一段时间内热岛强度都是高的。4 时以后热岛强度迅速下降。从日出后到 16 时左右这一段白昼时间热岛强度很弱，例如在 8 月 10 日 8 时 ΔT 竟出现负值（−1.7℃），西郊公园测点温度反比马当路合肥路口为高。

根据国外许多大城市的观测资料热岛强度的日变化亦都是在日落后 2—3 小时到夜间为最强，白昼午间热岛最弱，其日变化情况和上海类似[1][2]。

图 4 热岛强度的日变化（1959年8月9日—11日）

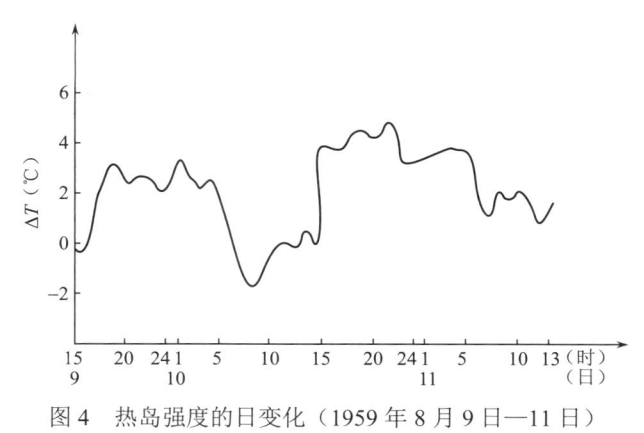

Fig.4 Diurnal Variation of urban heat island intensities (ΔT_{u-r}) for Shanghai on 9—11th August 1959.

2. 热岛强度的年变化

上海热岛强度的年变化可以1955年上海外滩（市区）和松江（郊区）各月的平均气温差值和各月平均最低气温的差值的变化为例结合当年上海外滩的风速和云量资料（见表3、表4、图5）加以分析。

表3 上海外滩与松江1955年各月平均气温、各月平均最低气温的差值（℃）

Table 3 The difference of mean monthly temperature and mean monthly minimum temperature between Shanghai Waterfront and Songjiang in 1955

月份 项目	1	2	3	4	5	6	7	8	9	10	11	12
平均气温差	1.3	0.4	0.4	0.6	0.1	−0.4	−0.2	0.3	1.0	2.4	2.0	1.6
平均最低气温差	1.6	1.0	1.1	1.3	0.7	0.3	0.4	1.5	1.8	3.7	3.2	3.0

由所列图表可见上海市区（以外滩为代表）与郊区（以松江为代表）的平均气温差值和平均最低气温差值皆是以秋季10、11两月为最大，以夏季6、7两月为最小，平均最低气温的差值的年变化曲线基本上为平均温度差值的年变化曲线相平行，它的特点是差值大，振幅亦大，世界各国其它大城市亦是以最低温度表示的热岛强度要比以平均温度表示的热岛强度明显得多[3]。至于热岛强度的年变化则各国颇不一致，在欧洲如伦敦[4]和雷丁[5]等城市热岛强度的年变化以夏季和初秋为最强，上海位于季风气候区，夏季多云，风速亦偏大，因此热岛效应表现不出，秋季少云，"秋高气爽"，风速又偏小，因此热岛强度最大，从图5中可以看出曲线Ⅲ、Ⅳ与曲线Ⅱ在夏季、秋季节的相反对应关系（云量多，温差小；云量少，温差大），非常明显，与风速（曲线Ⅰ）的对应关系，只能大致地看出某种趋势，即

热岛强度比较大的秋冬季节,确是平均风速较小的季节;热岛强度比较小的春季和夏季,确是风速较大的季节。

表 4 上海外滩 1955 年各月的平均风速和平均云量

Table 4　The mean monthly wind velocity (m/s) and mean monthly cloudiness of Shanghai Waterfront in 1955

项目＼月份	1	2	3	4	5	6	7	8	9	10	11	12
平均风速（米/秒）	3.2	2.9	4.2	3.7	3.9	3.2	3.7	4.1	3.1	2.9	2.4	1.8
平均云量	4.7	7.3	8.4	7.5	8.4	8.8	9.4	5.6	5.7	4.1	4.1	5.0

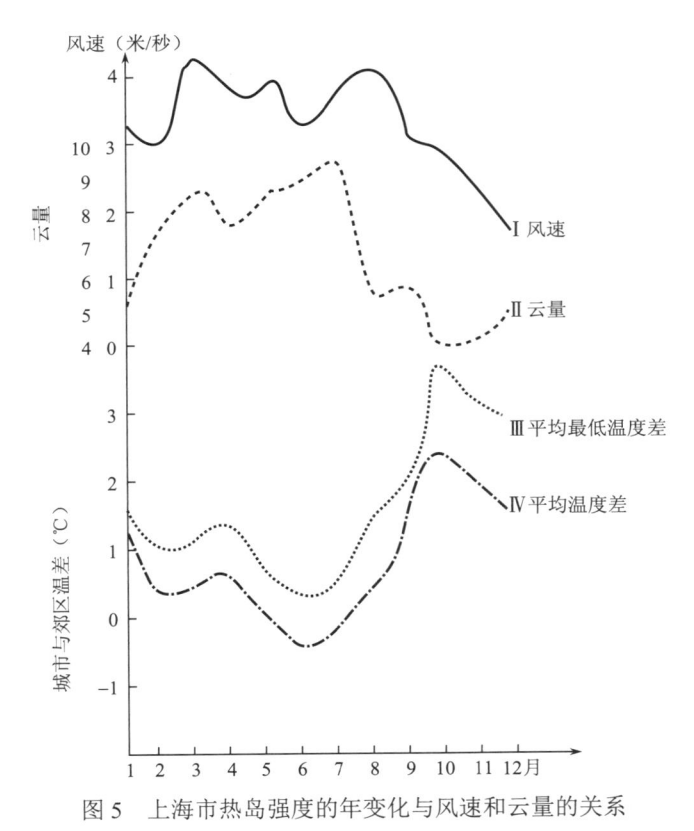

图 5　上海市热岛强度的年变化与风速和云量的关系

Fig.5　The annual variations of wind velocity (m/s) cloudiness and urban heat island intensities (ΔT_{u-r})

3. 局地性的小气候差异

上海市区有大小公园和苗圃 30 余个,且有黄浦江、苏州河流过市区,这对上海的热岛无疑将有很大影响。分析公园与附近街道,以及水面与附近街道的气温,发现其差别是显著的。如表5、表6所示,公园与附近街道的平均温差为1℃左右,水面与附近街道的温差为0.5℃左右。通过显著性检验,在 $\alpha=0.05$ 的信度下,也证明了平均温差是显著的。

表 5(a)公园测站同其附近街道测站气温对比

Table 5 (a)　The comparison of air temperature between urban garden and its nearby street

组数	站名	日期	1959年8月10日			
		时次	01时	07时	13时	19时
1	中山公园		26.9	28.6	32.1	28.5
	长宁区建青中学		27.8	29.4	33.5	29.3
2	人民公园		27.3	28.1	31.4	28.2
	六十一中学		28.0	29.0	32.6	29.4
3	浦东中学		27.2	28.2	31.8	28.0
	南京路外滩		28.0	29.2	32.6	29.1

表 5(b)市区公园同其附近街道测站气温的平均差值

Table 5(b)　The mean difference of air temperature between urban garden and its nearby street

站名	日期	1959年8月10日			
	时次	01时	07时	13时	19时
公园		27.1	28.3	31.8	28.3
公园附近测站		27.9	29.2	32.9	29.3
(公园附近测站减公园测站)气温差		0.8	0.9	1.1	1.1

表 6(a)水面测站同其附近街道测站气温对比

Table 6 (a) The comparison of air temperature between water surface and its nearby street in Shanghai City

组数	站名	日期	1958年8月10日			
		时次	01时	07时	13时	19时
1	师大丽娃河		27.1	28.7	31.0	29.1
	曹杨		27.2	28.7	32.6	30.0
2	南京路9号码头		27.7	28.9	31.5	28.6
	南京路外滩		28.0	29.2	32.6	29.1

由表 5、表 6 还可以看出市区水面附近街道测站气温与同高度（1.5 米）的水面气温相比，其平均差以 13 时为最大，01 时和 07 时为最小。公园附近街道测站气温与公园内同高度（1.5 米）的气温相比，其平均差以 13 时、19 时为较大，01 时为最小。这些局地性小气候差异皆是由于下垫面性质不同所引起的。

表 6（b）水面测站（市区）同其附近街道测站气温平均差值

Table 6 (b)　The mean difference of air temperature between water surface and its nearby street in Shanghai city

站名 \ 时次	日期	1958 年 8 月 10 日		
	01 时	07 时	13 时	19 时
水　面	27.4	28.8	31.3	28.9
水面附近测站	27.6	29.0	32.6	29.6
（水面附近测站气温减水面气温）平均差	0.2	0.2	1.3	0.7

三、热岛效应对天气气候的影响

上海的城市热岛效应对本地区的天气气候的影响是多方面的。下面就风场、对流性天气、多年平均气温、降水和温度等方面加以剖析。

1. 产生热岛环流

上海地处东海之滨，在大的天气形势比较稳定，气压梯度极弱无云的夜晚，从水陆影响来讲，似应盛行"陆风"。可是通过若干个例分析，发现在热岛效应较强的夜晚，由于市区内部温度比郊区高，这种温度场的分布导致城市地面气压比四周郊区稍低，在背景风场极弱的情况下，乃出现由四周郊区向城市辐合的水平气流，即所谓"乡村风"，风速很小，一般只有 1—3 米/秒。这是城市热岛效应叠加在水陆影响之上，所产生的现象，例如上海在 1979 年 12 月 13 日 20 时和 1959 年 8 月 9 日 19 时伴随着城市热岛的出现，都产生这种向城区辐合的乡村风（见图 6、图 7）。

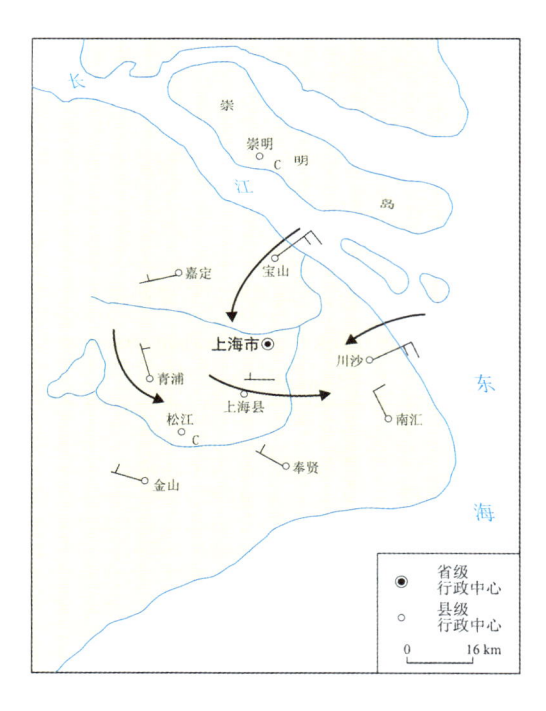

图 6　1979 年 12 月 13 日 20 时上海热岛环流

Fig.6　The surface wind flow, indicated by arrows in Shanghai on 13 Dec.1979, at 20h.

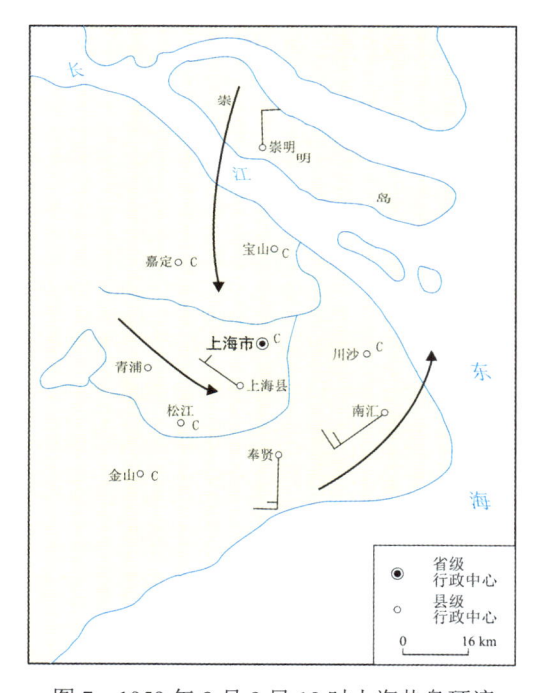

图 7　1959 年 8 月 9 日 19 时上海热岛环流

Fig.7　The surface wind flow, indicated by arrows in Shanghai on 9 Aug. 1959, at 19h.

2. 市区对流性天气比郊区多

温暖季节，市区比郊区增热更甚，夜间散热又较缓慢，这种局部增温（热岛效应）能使对流旺盛；加上市区空气污染，凝结核和冻结核都较多，所以市区对流性天气比郊区多，根据1961—1970年上海气候资料[①]，上海台记录的全年雷暴日数和全年日雨量≥50毫米的暴雨日数都比郊区十个县站为多（见表7）。

表 7　上海市与郊县有关气候要素年平均值的比较（一）

Table 7　The comparison of some mean values of climatic elements between Shanghai city and its nearby rural counties(1) (1961—1970)

项目＼地名	上海市	崇明	宝山	嘉定	川沙	青浦	上海县	南汇	松江	金山	奉贤
全年雷暴日数	31.9	29.6	26.1	26.4	28.0	27.7	25.3	28.0	26.1	31.8	25.2
全年日雨量≥50毫米日数	2.8	2.1	2.5	2.0	2.6	1.9	2.6	2.2	2.0	2.6	1.9
平均绝对温度（mb）	16.4	16.7	16.6	16.5	16.7	16.8	16.7	16.8	16.9	16.9	16.9
平均相对湿度（%）	79	82	80	81	82	82	81	82	83	82	82

年代：1961—1970年十年平均值。

由上表可见上海十个郊县全年雷暴日数平均为27.4天，上海市为31.9天，比郊县平均值多4.5天，比邻近的上海县多6.6天。全年日雨量≥50毫米的暴雨日数，十个郊县平均为2.2天，上海市为2.8天，比郊县平均值多0.6天，比青浦县约多1天。

3. 市区湿度比郊区小降水量比郊区多

由表7可见上海市的绝对湿度和相对湿度都比郊区小，显然这是由于市区降水后很快由排水系统将雨水排走，人工铺砌路面又为不透水层，再加以植被面积小，因此蒸发蒸腾量都比郊区小，市区空气中绝对湿度必然比郊区小，再加上城市热岛效应，气温又比郊区高，因此相对湿度更比郊区小，郊区各站年平均相对湿度平均为82%，而上海市只有79%。

由于城市中房屋鳞次栉比，粗糙度大和热岛效应及空气中凝结核多等原因，上海市的年平均降水量比郊区十个县的平均降水量（1,048.3毫米）多39毫米，汛期（5—9月）降水量比郊区（613.2毫米）多43.5毫米。

---

① 上海气象局编：上海气候资料，地面部分1961—1970. 1972年版. p. 7—46。

表 8　上海市与郊县有关气候要素平均值的比较（二）*
记录年代：1959—1978

Table 8　The comparison of some mean values of climatic elements between Shanghai city and its nearby rural counties(2) Recording periods: 1959—1978.

地点 项目	上海市	崇明	宝山	嘉定	川沙	青浦	上海县	南汇	松江	金山	奉贤
1月平均气温**	3.3	(2.8)**	3.2	2.8	3.1	(3.0)	3.0	3.1	3.0	2.9	3.3
7月平均气温	27.9	27.6	27.8	27.8	27.5	27.9	27.8	27.1	27.8	27.8	27.7
8月平均气温	27.9	27.7	27.9	27.7	27.6	27.7	27.7	27.5	27.7	27.7	27.6
年平均气温	15.7	15.2	15.7	15.4	15.5	15.5	15.5	15.5	15.5	15.5	15.5
≥0℃ 活动积温	5774	5581	5755	5680	5700	5693	5700	5690	5700	5693	5714
≥10℃活动积温	5210	5020	5174	5118	5122	5137	5140	5114	5139	5132	5140
年平均降水量**	1087.3	963.7	1011.5	1054.2	1083.5	1032.8	1072.8	1063.4	1064.4	1092.2	1043.9
汛期（5—9月）平均降水量	656.7	594.9	604.8	638.2	643.1	593.1	635.7	618.6	614.6	593.1	595.7

*上海市气象局编：上海市农业气候资源与农业气候区划（初稿）1980年12月，p.7—17。

**气温单位（℃）降水量单位（mm）（有括号者为1960—1978年平均值）。

4. 市区平均温度比郊区高

由于上海市在一定天气条件下，经常会出现热岛效应，这就导致在多年的平均气温上都出现市区高于郊区的现象，表8是1959—1978年廿年平均资料，从这个表上可以看出上海市气象台最冷月（一月）平均气温为3.3℃，比十个郊县的平均值（3.0℃）高0.3℃。最热月出现的月份各站并不完全相同，其中崇明、宝山、川沙、南汇四个县出现在8月份，其他各县出现在7月份，上海市则7、8两月气温相等，都是27.9℃，与郊区各县平均值相比，皆高出0.2℃。年平均气温上海市为15.7℃，比十个郊县的平均值（15.5℃）高0.2℃。

四、结束语

从上面的观测事实看来，上海城市热岛效应、热岛特点和热岛对天气气候的影响都是十分明显的，目前由于资料的限制，仅能作一些初步分析。

参考文献

[1] Landsberg, H. E. The effect of Man's activites on climate in "Food, Climate and Man", John Wiley & Sons

p. 202, 1979.

[2] Lowry, W. P. Scientific American, August p. 15-21, 1967.

[3] Berry, B. T. J. and Horton, F. E., Urban Environmental Management Planning for Pollution Control, Prentice hall, in., p. 42-44.1974.

[4] Chandler, T. J. Int. Journ. Air Water Poll. 7, p. 959-961,1963.

[5] Parry, M.,The Urban Heat Island. in Biometeorology 11. Proc. of Third Int. Biometer. Congr. Pan, France Sept. 1963, London, Pergamon press. p. 616-624, 1968.

ON THE SHANGHAI URBAN HEAT ISLAND EFFECT

Chou Shu-zhen   Zhang Chao

(East China Normal Unirersity)

Abstract

Shanghai is the biggest and most important industrial and commerical center in China. Multiple observations show that the urban area is nearly always warmer. For example, on Dec. 13, 1979 at 8 pm. (a calm clear night) the warmest temperature isotherms (8.5°) were associated with the highest density urban dwellings (Fig. 2). Some average records in the coldest temp., annual temp., the number of coldest days and hottest days all indicated the urban heat effeet as shown in Table 1–2.

The diurnal variation, annual variation and local difference of urban heat island intensities for Shanghai were shown in Fig. 4–5 and Table 3–6 as examples.

The urban heat island has a number of consequences. During the maximum development of an urban heat island, the temperature field often induces a "country breeze".There are more thunderstorm days, and heavy rainy days in Shanghai city compared with its nearby counties due to the rising current above the heat island. Except the mean value of absolute humidity and relative humidity are lower, all the mean temperature value of the coldest month, the hottest month and the annual are higher in urban districts compared to the rural areas in average (Table 7–8).

中国城市热岛研究的开创之作

刘 敏

周淑贞先生是我国著名的地理学家、气候学家、地理教育家，是中国城市气候研究的开创者和奠基人，是极具前瞻思维的战略科学家，被国际城市气候学界誉为全球功绩卓著的"五大先驱学者"。

"上海城市热岛效应"是周先生城市气候学研究的代表作之一，也是中国城市热岛效应研究的开创之作。文章基于翔实的观测记录，论述了上海热岛效应的表现、特点及其对上海天气气候的影响。翌年，同样刊发在《地理学报》的"上海城市发展对气温的影响"一文中，周先生对比分析了近百年观测资料，发现了上海城市发展使城市热岛效应增强的现象。在全球变暖和快速城市化的今天，周先生所聚焦的科学问题仍具有先进性，传递的科学思想对城市气候学和城市自然地理学的发展以及国家适应气候变化战略等仍具有指导意义。

一、开创了中国城市气候学，奠定了城市自然地理学的新学科交叉点形成和发展

新中国成立之初，我国的城市气候学研究处于空白状态。此时，国际气候学研究也正在经历从描述性研究向精确定量研究转变的过程中。周先生敏锐地洞察到这些学科发展态势，于20世纪50年代末组织华东师范大学地理系、上海市气象局、

作者介绍：刘敏（1963— ），男，内蒙古土左旗人，华东师范大学地理科学学院教授，中国地理学会会员（S110003984M），研究方向为城市自然地理与环境地理。E-mail: mliu@geo.ecnu.edu.cn

同济大学等单位力量，在上海城区和近郊开展连续气象观测，从实测资料中发现上海城区和近郊的气温存在明显差异，这是我国首个城市热岛的监测记录。受特殊历史时期影响，该工作直到 1982 年才得以在《地理学报》刊发。文章以更丰富的观测资料、科学的分析方法、精心设计的地图呈现，系统描绘了上海城市热岛的具体表现、特点及其对天气气候的影响，为周先生后来提出城市"五岛效应"理论奠定了资料、方法和科学基础。在此期间，周先生又一次敏锐地捕捉到中华人民共和国成立后上海城市迅速发展的实际，开创性地研究了城市发展对城市气候和"五岛效应"的影响，这一由"静态特征"向"动态变化"的开拓，给当时的城市气候学研究开辟了新的增长点。今天，城市气候变化研究已发展为城市气候学的重要分支。

周先生的开创性工作不仅使我国的城市气候学研究从无到有、蓬勃发展，更一举将其推向了国际前列。1989 年在日本京都世界气象组织和国际地理联合会等召开的国际学术大会上，时任世界气象组织城市气候组负责人奥克（T. R. Oke）教授将周先生誉为世界城市气候研究的"五大先驱学者"。这是我国地学领域早期少有的国际性学术荣誉。时至今日，城市热岛、城市化和全球变暖的相互影响，叠加影响下的城市气候变化适应等问题仍然是研究热点和科学挑战，也是联合国政府间气候变化专门委员会（Intergovernmental Panel on Climate Change，IPCC）开展气候评估的重要内容。

在科研条件和国际交流都有限的情况下，周先生洞悉城市气候环境问题、调动多方力量投入上海城市气候研究、引领中国乃至世界城市气候研究发展的拼搏精神和学术成就，直接鼓舞和激励了一大批华东师范大学地理人将视野从传统自然地理学的山河湖海拓展到人口、资源、经济密集的城市地区，代代相承，发展并推进了城市自然地理学新的学科增长点。城市是人-地相互作用最强烈的区域，快速城市化的驱动产生了不同于传统自然地理格局的现代城市自然地理"第二格局"，营造出独特的自然地理现象，伴生出一系列气候、环境、生态、人为等矛盾，迫切需要以地理学综合视角研究城市化问题，推进地理学人-地研究范式，提出人地和谐的可持续发展之道。城市"五岛效应"理论是周先生作为地理学家和气候学家独有的地学综合思维的结晶，也是我国城市自然地理学独立理论出现的标志。经过几代人前赴后继，现如今城市自然地理学已经成为华东师范大学地理学科的重要特色，也逐渐成为地理学科活跃的热点领域之一，为我国城市可持续发展和"美丽中国"建设不断贡献智慧、培养人才。

二、监测到我国首个城市热岛记录，推动创建了我国首个城市气象观测网

大数据和人工智能是当前地理学面临的前所未有之大变局和大机遇。地理大数据成为关乎国家安全和大国竞争的新型资源，各国纷纷在地理大数据的获取、掌握、应用等领域展开角力。周淑贞先生取得的重要科学发现也都得益于她对数据的格外重视并坚持为之奔走操劳、与时俱进。她长期坚持开展一手观测，建设上海城市综合观测网，前瞻性地探索应用卫星资料研究城市气候问题。

"上海城市热岛效应"就源起于周先生和团队于20世纪50年代在上海城区开展的昼夜连续气象观测，并初步发现了上海城市热岛现象。此后至80年代初，其研究团队又多次在上海城区和近郊开展定点和流动观测，整合多方气象记录和档案资料，最终形成了我国首个上海城市热岛的可靠证据和完整描绘。20世纪70—80年代也是气象卫星初始之时，正如今日大数据之开启。周先生积极拥抱新技术变革，使用美国Tiros-N卫星资料分析上海城市下垫面特征在城市热岛形成中的作用，是我国最早使用卫星资料研究上海城市热岛的科学家。牢牢掌握一手资料主动权，从多源资料中找寻科学发现，与时俱进地迎接新技术和新方法，周先生遵循的工作思路对大数据时代地理人如何作为仍不失借鉴意义。

在过去几十年中，城市气候学和城市自然地理学取得了诸多重大进展，离不开城市综合观测网络的贡献。周淑贞先生推动华东师范大学地理系与上海市气象局协作，创建了我国第一个城市气象观测网，不仅开展常规地面气象观测和探空观测，同时还搜集人口、建筑、能源等城市要素资料，在发现上海城市"五岛"效应中发挥了关键作用，也不失为现代化城市综合气象观测网络的原型系统。如今，城市综合气象观测网络已被国家作为重要公共基础设施进行重点建设，在上海等城市具备了海-陆-空-天一体化观测监测和预测预警等能力，在防灾减灾，保障人民生命安全、生产安全、重大活动安全等方面发挥着重要作用。未来，随着云计算、物联网、区块链、人工智能等新技术革命日臻成熟，城市综合气象观测网络必将在数字城市

和智慧城市建设中发挥更大作用。

三、倡导城市气候学应服务城市发展的科学理念，对当前国家适应气候变化战略具有指导价值

周淑贞先生的贡献不止于前瞻性的基础研究和引领性的创新成果，她还致力于将城市气候学用于服务城市规划和管理。围绕城市"五岛"效应对城市极端高温、暴雨和洪涝、空气污染等灾害风险的放大作用，她开展了城市极端事件的防御策略研究，呼吁和推动城市规划应重视极端气候力的影响。在上海浦东开发初期，她提出采取改善城市气候条件的措施的建议，为新区开发和环境保护提供了科学依据。周淑贞先生对城市气候学的深入研究为我国城市可持续发展战略与方针的提出提供了有力支撑。近年来，我国更为关注城市的健康发展与科学规划，党的十九届五中全会提出建设"海绵城市""韧性城市"，《"十四五"新型城镇化实施方案》中强调加速转化城市发展模式，倡导建设宜居、具备韧性和智能化特征的城市。

在全球气候加速变暖背景下，人口和经济高度密集的城市是极端气候变化风险影响和适应的关键区域。IPCC 第六次评估报告指出，粤港澳、长三角和京津冀城市群位列全球最易遭受气候变暖影响的城市。气候变暖使城市热岛加强、极端降水和洪涝增多、城市干岛和浑浊岛效应更加明显，是城市气候变化问题突出的重要原因。在城市化与全球气候变化的叠加影响下，城市面临更为严峻的气候变化灾害风险，促进社会、生态与经济可持续发展具有重要的意义。IPCC 第六次评估报告第二和第三工作组关注了城市在气候变化的影响、适应及其在减缓气候变化中的作用，系统评估了气候变化对城市、住区和关键基础设施的影响、风险及如何应对与减缓气候变化。联合国 2023 年可持续发展目标中多项目标与城市应对气候变化密切相关，为城市应对气候变化提供了多样化且具操作性的方法。我国积极参与气候变化全球治理行动，协同推进减缓与适应，制定了"双碳"国家战略，发布了《城市适应气候变化行动方案》，在全国 30 个城市启动了气候适应性城市建设试点创建工作。周淑贞先生在城市热岛效应方面的研究揭示了城市气候系统的复杂性和城市化对气候的显著影响，其城市"五岛"效应理论将继续在国家适应气候变化战略落

实中发挥指导作用，为我国城市气候变化适应与韧性城市建设提供有力支持。

　　有效的应对气候变化行动需基于城市气候变化及影响的科学认识，周淑贞先生在城市气候学的研究成果是认识城市气候变化的重要理论基础。城市气候变化减缓和适应是一项涉及城市地理、信息、气象、水利、能源、经济、市政等多部门的复杂系统工程，同时气候变化对城市的影响范围、规模及强度处于动态变化中，存在巨大的不确定性。未来也需要加强多学科交叉联动，发挥地理学综合集成优势，在全球气候变化、区域与城市化综合影响中研究未来城市气候变化风险，持续提升应对气候变化的科技支撑水平，将更为科学的气候变化适应方案融入国家城市与城市群综合规划和发展战略总体部署中。

大力开展人地关系与人文地理的研究

李旭旦

（南京师范学院地理系）

1981年12月1日，赵紫阳总理在全国人大四届会议上的政府工作报告中特别强调："各级学校都要加强中国历史和地理的教育，这是向学生进行爱国主义教育的一个重要内容。"从1981年起高中改为六年制的已开设地学课，部分重点小学也开设了地理课。被"四人帮"取消的地理教育正在逐步恢复。中央教育部还规定，高中地理课要以说明人与自然环境的关系作为主要内容。可以预见，今后中小学史地教育将受到进一步的重视。

地理科学不仅是在各级学校内进行爱国主义和国际主义教育的重要内容，它对国家的四化建设特别是农业生产更具有重要的意义。发展农业生产需要根据各地的自然环境（包括土地资源、水资源、气候资源和生物资源）和社会环境（如经济基础、人口与劳动力、民族文化、耕作制度及历史条件等）来因地制宜地合理利用土地，实行生产地域分工和一定程度的生产专业化，以求扬长避短，发挥地区优势。我国地员辽阔，各地自然环境的质量相差很大；我国又是一个多民族的国家，民族文化习惯与技术经济水平各地发展也不平衡。这就要求我们对各地区的人地关系进行具体分析，除了调查考察各地域的自然环境外，还要分析研究各地区的社会经济、历史文化等条件，这就不仅需要研究区域经济地理，还要扩大研究各地区的人文地理，然后才能协调人地关系。让青年学生们理解这些道理，在他们的工作中会起到良好的作用。

人和环境相处，既不是受自然的控制，为自然环境所决定，也不可能无限制地掠夺自然，影响生态平衡。自然环境决定论和唯意志论（如"人有多大胆地有多大产"）都是错误的。人地关系是协调的关系，人类不应当把自然当作敌人，而应和自然交朋友。

我国自古以来，对人地关系和人文地理学就有过丰富的论述。《礼记·王制》中曾指出："广谷大川异制，民生其间者异俗。"《禹贡》综合地记载了周代九州内的地理环境以及方域、土壤、物产、田赋、交通等情况，是一本最早的人文地理著作。荀况早已主张"制天命而用之"，在他的《天论篇》中发表了"天有其时，地有其财，人有其治，夫是之谓能参"（"参"指人在对自然斗争中的努力）的精辟言论。管仲《地员篇》认为："地者政之本也，辨于土而民可富"，即具有因地制宜的思想。汉王充《明雩篇》中说："夫人不能以行感天，天亦不能随行应人"，主张人和地各有规律，反对人地关系的绝对化。其后北魏贾思勰在他的《齐民要术》一书中提出了："顺天时，量地利，则用力少而成功多；任情返道，劳而无获"，这已是人类对自然应该合理利用的思想了。"因地制宜"这一词句虽是隋书经籍志才提出的，但这个思想却早已为古人所重视。明顾炎武的《天下郡国利病书》和明末清初顾祖禹的《读史方舆纪要》都曾论述过各地区的人地关系问题。《读史方舆纪要》虽然讲的是关山险隘，却一再强调人定胜天的观点。清刘继庄认为，治学要研究实际问题及"天地之故"，即要求以人地关系的研究来解决实际问题。清朱士嘉曾认为，"治天下以史为鉴，治地方以志为鉴"，即为现代地理学者参加国土整治指明了方向。

在西方，自古希腊以来，一直把地球作为人类的家乡来研究。但自进入中世纪以后，神学代替了一切，把人地关系归从于神的意志。直到十九世纪中叶，德国的 A. 洪堡和 R. 李特尔才开始了地理的科学论著。自此以后，对于人地关系的论述也众说纷纭。有德国 F. 拉采尔和美国 C. 森普尔等的环境决定论；法国 P. 维达尔和 J. 白吕纳的人地相关论（或然论）；英国 P. 罗士培的适应论；美国 H. 巴罗斯的人类生态论以及 K. 苏尔的文化景观论等。但自六十年代以来，世界大多数地理学者均强调要谋求人地关系的协调。苏联在 У. Д. 萨乌式金和 K. K. 马尔科夫等人提倡下也强调了现代地理学的统一性观点。1970 年英国地理学者 C. A. 费希尔在其《区域地理学往何处去》一文中号召区域地理学者应以分析人与环境为主旨。在 1980 年 9 月于东京召开的第 24 届国际地理学会议上，大会主席英国伦敦大学教授 M. J. 怀斯在开幕词中明确指出："在今日世界人口日增，环境变化急剧，资源匮乏和自然灾害频繁的处境下，如何去协调自然环境和人类文化生活的关系已成为国际地理学界的主要研究任务。" 1981 年在我国首都北京召开的亚洲议员人口和发展会议，也强调要协调自然资源和人类发展的关系。会议并发行了两枚纪念邮票，其中一枚就定名为"协调"，画面由人、麦穗、楼房、飞机组成图案，表示人口活动和社会经济文化发展规划联系起来的美好前景。近年以来，世界各国如日本、法国、朝鲜、捷克斯洛伐克等都十分重视国土整治的问题，并形成了一门称为"国土经济学"（Geo-economics）的新学科。目前，我国也对国土整治甚为重视。但整治国土必须对国土的自然与人文各方面首先有一个全面的正确的了解。不但要了解一个需要整治的地区的自然资源，也要了解这个地区的社会经济、民族文化、市场与劳动力、人民生活水平与风俗习惯等情况，然后才能对症下药，作出正确的治理决策，为提高人民的生活水平与文化水平作出贡献。

解放以来，我国地理学者作了很多工作，特别是在综合自然地理和自然地理各个部门的研究与调查方面。区域经济地理的著作也有卓著的成绩；对历史地理和人口地理也做了不少的工作，但在人文地理的其它方面如社会文化地理、民族地理、都市地理、旅游地理等曾长期忽视。在经济地理领域中则仅仅强调了生产方式与生产关系问题，很少涉及消费与市场因素对经济发展的影响，如强调了重工业的平衡配置和内地工业的发展，却忽视了发挥沿海工业的优势等。对人口问题的论述只强调了人口是生产力的一面，而忽视了人口多消费大的一面，从而造成人口过多，地力利用不合理的现象，使不少地区造成破坏生态平衡的恶果；在环境保护方面，也存在着严重问题，城市三废的污染情况不断加剧，迫切需要加强防治措施。

人地关系是人文地理学的基本理论。现代世界各国包括苏联在内，对人文地理学的研究极为重视。新的人文地理学以人地关系的统一性与协调论为基础，运用计量与遥感等新技术采用论题方式谋求解决实际问题，面目已焕然一新。如何在我国以马列主义毛泽东思想为指导，开展社会主义的现代人文地理学，已引起全国地理学者的重视。希望全国地理学者和衷共济，引导青年学生来切实探讨这一课题，为复兴区域地理，为国土整治的艰巨任务作出有益的贡献。个人认为：综合性的区域地理研究实际上就是国土整治的基础工作。

1977年美国迈阿密大学教授H. 德伯里的《人文地理学》一书，把人文地理学的内容分为人口、文化、居民点（包括城市地理与聚落地理）、生活方式和政治五大章，对人文地理学所涉及的内容作了详细的介绍。此外，在旅游地理、行为地理、军事地理、环境保护等方面也应当注意研究。政治地理学在过去一度为德国法西斯侵略主义所歪曲，受到了应有的批判和摈弃，但政治地理中也还有一些问题如领土问题、边疆问题、民族问题、国家公园及大都市的布局问题仍应加以研究，以供国家政治决策的参考。在以上这些方面，地理学者都必须和其他有关学科合作，从中贡献一份力量。

"大力开展人地关系与人文地理的研究"解读

陆玉麒

一、作者简介

李旭旦（1911—1985），江苏江阴人，1934年毕业于中央大学地理系；1936年赴英国剑桥大学留学，获硕士学位；1939年回国后任中央大学地理系教授、系主任；1952年组织创办南京师范大学地理系。曾担任中国地理学会第四届常务理事、人文地理专业委员会首届主任委员，《地理学报》主编、《地理知识》首任主编，是当代中国人文地理学的奠基人之一。

旭旦先生的学术贡献可归于以下三个方面：一是将国外先进人文地理学思想和理论引入国内。主要译著有《人地学原理》（J. 白吕纳著）、《海陆的起源》（A. 魏格纳著）、《地理学思想史》（P. 詹姆斯著）等，一流的英文水平和高深的国学功底，使译著达到了信达雅水准；二是复兴了当代中国的人文地理学。1979年底至1980年初在广州召开了中国地理学会第四届代表大会是我国人文地理学复兴的里程碑，李旭旦和吴传钧等先生提出了复兴人文地理学的口号，中国当代人文地理学由此走上了发展的快车道；三是致力于人文地理学教育研究。20世纪80年代以后，旭旦先生在普及地理教育方面做了大量工作，通过组织多批次的人文地理培训班（南京

作者介绍：陆玉麒（1963— ），男，江苏张家港人，南京师范大学地理科学学院教授，中国地理学会会员（S110002374M），研究方向为空间结构与区域发展。E-mail: luyuqi@263.net

师范大学、北京师范大学、东北师范大学等），为我国培养了众多至今仍在一线工作的人文地理学骨干力量。吴传钧先生曾经指出："因为南师是终身致力于发展人文地理学的李旭旦老师生前执教的学府，再因为如果没有李老师在他晚年为复兴中国人文地理学而奔走呼号，也许至今人文地理学还不能够在师范院校确立它必修课的地位。"

二、写作背景与主要内容

恰如同乡徐霞客，旭旦先生一生钟情地理，晚年有诗云："古稀伏案任憔悴，为当不负学地理"。"大力开展人地关系与人文地理的研究"一文是旭旦先生在其生命的最后时光，对中国人文地理学如何发展的内心思考。其学术思想可从以下两个方面予以解读。

一是以应用为导向发展人文地理。人文地理学是否需要恢复甚至大力发展？学术性的争议并没有多少意义，归根到底还是取决于这门学科对于国家的经济社会发展是否有用。基于当时的发展形势，旭旦先生提出了两个方面的应用方向：一是在当时已经取得重大影响的农业地理综合研究。改革开放前，我国经济地理学中发展最好的是农业地理学，原因是农业生产与自然条件关系特别密切，当时我国大部分的经济地理学家是农业地理学家。我的硕/博士生导师周立三院士牵头编制的《中国综合农业区划》，于1985年获国家科技进步奖一等奖，成为人文地理学界迄今为止的最高殊荣，周立三先生也据此成为人文地理学的首位院士。另一个方向是国土规划与综合整治，属于当时重大国家需求，对人文地理学而言是一个全新的应用领域。此后两年，陆大道先生于新疆乌鲁木齐召开的中国地理学会年会上做了主旨报告，提出了中国国土开发的点轴系统理论与"T"字形开发模式，距今恰好40周年。

二是人地关系与地理学的统一性。在论文标题中，旭旦先生将人地关系与人文地理的发展并列，并非是无心之举，而是包含着内在的发展逻辑，也奠定了当代中国人文地理学有异于欧美国家的另一个重要特色。旭旦先生指出："人和环境相处，既不是受自然的控制，为自然环境所决定，也不可能无限制地掠夺自然，影响生态平衡。自然环境决定论和唯意志论（如'人有多大胆地有多大产'）都是错误的。

人地关系是协调的关系。"在这里，旭旦先生提出的是"人地协调论"，由此确立了此后中国人文地理学界对人地关系总的定位基调。

那么，旭旦先生为什么要把人地关系的研究放到那么高的位置上？这与1949年以后对于人地关系的主流认知有关。后人文地理长期被摒弃于主流学科体系之外，其中的一个原因是依据斯大林对于地理环境的评价。现在看来，斯大林对于地理环境的地位与作用的表述并没有大的偏差，但问题是当时特定的意识形态的原因甚至政治斗争的需要，将斯大林的论述进行了极端化的理解，从而将地理环境的作用虚无化，甚至走向绝对的"人定胜天论"。

正是基于当时特定的背景，旭旦先生花了几乎一半的论文篇幅，从古今中外的分析视角，着重阐述了地理环境在社会经济发展中不可或缺的作用。在这里，旭旦先生的论述包括了两层分析逻辑：一是地理环境是人类社会经济发展中的重要变量；二是未来中国的规划建设需要充分重视人与地的协调，由此人文地理学在国民经济主战场大有可为。

强调人地关系研究是人文地理学的学科基础，就必然会得到结论，即地理学的统一性或一元论。旭旦先生在论文中列举了他参加1980年第24届国家地理学大会一事，同年他回到南师后就给我们本科生专门作了一次讲座。其中，他特别强调了苏联地理学家阿努钦的一元地理观，认为这也是未来中国地理学的发展之路。旭旦先生如此鲜明的观点表达，尤其是浓浓的江阴乡音，本人至今历历在目，恍如昨日。

三、学术影响与时代贡献

旭旦先生在提出复兴人文地理学以后，于1981年担任中国地理学会人文地理专业委员会首任主任委员，撰写了"现代地理学的几个问题""大力开展人地关系与人文地理学的研究""世界各国人文地理学流派""人地关系的回顾与瞻望""如何进一步开展人文地理学的研究"等论文，主编了《人文地理学概说》和《人文地理学论丛》专著，编著了《中国大百科全书·人文地理卷》和"人文地理学论丛"等丛书，为我国人文地理学的复兴做出了卓越的贡献。可以说，对于当代中国人文地理学的发展，旭旦先生的地位与作用无论怎么高评价也不为过。"大力开展人地关系与人文地理的研究"一文则为当时中国人文地理学的发展确定了基本方向和总体思路：

一是奠定了中国人文地理学发展的总体基调与风格。由旭旦先生倡导的人地关系协调思想，并经吴传钧先生凝练的人地关系地域系统思想，至今依然是中国人文地理学进行综合科学研究的理论和思想基础。回顾过去 40 年中国人文地理学的发展历程，可以发现其重要特色就是强调人文地理学的发展必须建基于扎实的自然地理基础之上，走的是一条人文地理与自然地理的融合发展之路，由此面对区域综合整治、可持续发展、空间格局优化、生态文明等重大国家需求，人文地理学可以提供更为扎实的学科支撑。这与美国等欧美国家人文地理学与自然地理学的分离之路，形成了鲜明的发展路径的差异。

二是标明了中国人文地理学发展的未来方向与路径。旭旦先生在论文中花了相当的篇幅对中国人文地理的未来发展进行了前景展望，指出虽然区域地理研究卓著，经济地理、历史地理和人口地理做了不少工作，但社会文化地理、民族地理、都市地理、旅游地理等曾长期被忽视，政治地理则成为研究的空白。这些薄弱的领域都有待深化研究，以供国家决策参考。上述观点可以说是勾绘了中国人文地理学未来发展的基本路径和总体框架。

经过 40 年的发展变化，人文地理学各分支学科的发展格局已有了重大变化，除原来已有良好研究基础的经济地理学外，城市地理学和旅游地理学等得到了长足发展。从未来进一步发展看，顺着旭旦先生的学术脉络，以下三个方面有待加强并有可能形成新的重点研究领域，从而初步建构中国人文地理学的自主知识体系：一是人地关系的进一步深化研究，从而厘清人与地的内在逻辑关系，进一步提升地理学界在人与地、人与自然上的学术话语权；二是历史地理与文化传承研究。在当前中国强调文化传承、文化自信的国家需求下，有必要从人地关系的视角深化研究各类文化现象与地理环境的关系，从空间视角讲好中国的文化故事；三是宏观尺度的地缘政治研究，需要融入东方元素、基于中国视角提出全球尺度的地缘政治空间格局理论。

中国综合自然地理区划的一个新方案[*]

赵松乔

(中国科学院地理研究所)

"科学的发生和发展从开始起便是由生产所决定的。"(恩格斯《自然辩证法》中文本,人民出版社,1955,149 页)综合自然地理区划全面地反映自然界的地域分异;每一个被划分出来的综合自然地理区域,各有其不同于其他区域的自然特征、发生发展历史以及开发利用和改造方向,在科学认识上和指导生产实践上均有重大意义。因此,不论古今中外,综合自然地理区划都是地理学中心课题之一。

一、我国综合自然地理区划工作简史

综合自然地理区划的研究,在我国已有悠久的历史。远在公元前五世纪,就已撰写《禹贡》一书,划分全国为"九州",分别阐述其山川、湖泽、土壤、物产等,这无疑是全世界最早的自然地理区划工作之一。其后,陆续出版了《汉书地理志》《元和郡县志》《大唐西域记》《徐霞客游记》《大清一统志》《天下郡国利病书》《读史方舆记要》等等优秀区域地理著作。历代正史之中,也都有较详尽的地理志,而各省、府、县还编有大量的地方志,初步统计达 9,000 种之多。

第 38 卷第 1 期,1983 年 3 月

引用本文:赵松乔. 中国综合自然地理区划的一个新方案. 地理学报, 1983, 38(1): 1-10. [Zhao Songqiao. A new scheme for comprehensive physical regionalization in China. *Acta Geographica Sinica*, 1983, 38(1): 1-10.]

[*] 这个新方案是作为《中国自然地理总论》一书的区域部分的框架而设计的,许多方面曾与林超教授商讨,共同决定;最近编写《中国自然地理总论》一书的过程中,又得到多位有关执笔人员的大力协作(具体名单在该书出版时再详列),作者均表示谢忱。

解放后，为了地理科学的发展和农业生产的需要，全国性和地方性的综合自然地理区划工作得到迅速的发展。迄1982年，比较有影响的全国性综合自然区划方案有下列六个：

（1）1954年，林超教授等为了综合性大学地理系教学的需要，第一次进行了较全面的综合自然地理区划。首先根据大地构造将全国划分为四大部分，再按气候状况划分十个"大地区"，再按地貌划分为三十一个"地区"和一百零五个"亚地区"。

（2）由罗开富教授主编的全国自然地理区划（中国科学院中华地理志编辑部主办）也于1954年完成。首先将全国分为东、西两大半壁，然后，东半壁（湿润）由北而南按温度递增及其在土壤、植被上的反映分为东北、华北、华中、华南四个"基本区"；并将垂直分异较突出的康滇单独作另一"基本区"；西半壁（干燥）则根据地势及其所产生的温度差异，划分为蒙新、青藏两个"基本区"，在七个"基本区"之中，又按地形划分为二十三个"副区"。

（3）从1956年开始，中国科学院自然区划工作委员会开展了一个较大规模的综合自然地理区划工作。由黄秉维教授主编，在各个部门自然区划工作的基础上，比较全面地总结了以往的经验，集中了许多中外专家的意见，于1958年编写了我国综合自然区划。按照大自然区、热量带、自然地区、自然地带、自然省、自然州、自然县等七级单位系统（前二者为零级，最后二级则在全国区划中未作具体划分），将全国分成三大自然区（东部季风区、蒙新高原区、青藏高原区），六个热量带（赤道带、热带、亚热带、暖温带、温带、寒温带），十八个自然地区和亚地区，二十八个自然地带和亚地带以及九十个自然省。其中自然地带和亚地带是整个区划方案的主要分类单位。此次区划，着重考虑了直接参与自然界物质和能量交换的基本过程，按照地表自然分异的规律，选取地带性与非地带性单位出现于一个共同系列的原则，每一级单位都有比较明确的定义与划分方法。此外，明确自然地理区划的主要服务对象是农业。

（4）1961年任美锷教授等对上述方案，提出了不同的见解。依照自然情况差异的主要矛盾以及改造自然的不同方向，将全国分为八个自然区（东北、华北、华中、华南、西南、内蒙、西北、青藏），二十三个自然地区和六十五个自然省。在较高级单位中就把地带性与非地带性两种规律统一起来，是本方案的一大优点。1979年出版的《中国自然地理纲要》对本方案进行了补充和较详细的阐述。

（5）1963年，侯学煜教授等综合研究了以发展农、林、牧、副、渔为目的的全国自然区划。首先按照温度指标把我国从北而南划分为六个带和一个区（温带、暖温带、半亚热带、亚热带、半热带、热带及青藏高原区），再按水分和温度状况将全国划分为二十九个自然区，并就各个自然区的农业配置、安排次序、改造利用等方面提出了轮廓性意见。

（6）1980年，全国农业自然资源调查和农业区划委员会为了向中国农业区划和农业自然资源评价提供基础资料,再一次编写全国综合自然区划方案。首先把全国划分三大区域(东部季风区域、西北干旱区域和青藏高寒区域);再按温度状况把东部季风区域划分为九个带(寒温带、中温带、北亚热带、中亚热带、南亚热带、边缘热带、中热带和赤道热带),把西北干旱区域分为二个带(干旱中温带、干旱暖温带),青藏高原区域也分为二个带(高原寒带、高原温带);然后根据地貌条件划分全国为三十七个区(东部二十一个区,西北十二个区,青藏四个区)。

本文在汲取上述各区划方案主要优点的基础上,根据作者历年在全国各地的实地观察以及最近在编写《中国自然地理总论》一书中的实践和体会,提出下列新的区划方案。

二、综合自然地理区划原则和分类单位系统

综合自然地理区划工作的第一步就是拟定一个能够充分反映自然地理环境的相似性和差异性的区划分类单位系统,我们主要考虑了下列三个原则:

1. 综合分析和主导因素相结合的原则

自然界是一个统一整体,必须把地带性因素和非地带性因素、外生因素和内生因素、现代因素和历史因素等等结合起来,进行综合分析,习用的方法是迭置法,即将若干自然现象的分布图和区划图迭置在一起,得出一定的网格,然后选择其中重迭最多的线条作为综合自然地理区划的界线。由于自然界各项现象相互联系,这种方法在一定范围内可以选用。但是,自然界各项现象各有其发展规律,发展阶段又各不相同,再加我国许多地方科学资料不全,不可能完整地用这种方法来拟定综合自然地理区划的单位系统和界线。

另一方面,自然界既是一个具有密切内在联系的综合体,其中一个因素变了,其他自然因素乃至整个自然综合体往往跟着改变,特别是一个主导因素的地域变化,必然导致其他因素和整个自然综合体的改变。一般说,气候(主要是温度和水分条件)和地貌(主要是绝对高度和相对高度)是自然地理环境中两个基本因素,而土壤和植被则是反映自然地理环境的两面明亮的"镜子",可以从这些主导分异因素的一个或几个着手,来探讨自然地理环境的地域变化,这样做,也便于进行质量、数量的衡量和界线的划定。

2. 多级划分的原则

由于区划分类单位的相似性和差异性是相对的,因而区划系统应是多级的,从较高的级到较低的级,每一个划分出来的区划单位,其内部相似性逐级增大。但是,为了便于应

用和避免繁琐，又鉴于现有科学资料不够平衡，全国性综合自然区划的级别不宜太多，本文暂采三级区划，即：自然大区（natural realm）→自然地区（natural division）→自然区（natural region）。全国划分为三个自然大区、七个自然地区和三十三个自然区。在科学资料比较充分的自然区，还可以进一步划分四级区——自然亚区（natural sub-region）最低级的综合自然区划单位（五级区或自然小区，natural area），在全国范围内暂不进行划分。

3. 主要为农业服务的原则

进行综合自然地理区划的主要目的是：（1）了解各地区的基本自然地理情况；（2）摸清各地区自然资源的家底，为因地制宜开发利用自然地理环境提供科学依据；（3）探讨各种自然条件对生产建设的有利方面和不利方面，特别是对自然灾害的研究，为因害设防，控制和改造不利自然条件提供基本数据。迄今，我国仍是一个农业国家，农业人口约占总人口的84%，而农业生产与自然地理环境之间关系密切，并且农业生产技术水平愈高，进行综合自然区划与综合农业区划就愈有必要。因此，当前我国综合自然地理区划应主要为农业服务，所拟定区划分类系统和指标应尽量采用那些与农业生产有较大关系的，例如温度、水分、植被、土壤等；实际上，这些因素本来就是自然地理环境中的主导分异因素。应当指出，主要为农业服务的综合自然地理区划，既要重视当前的利益，也要考虑长远需要；因此，区划分类单位系统和界线既要以目前土地利用的地域差异来衡量，也要从合理利用和改造自然的方向来考虑。

此外，拟定中国区划分类单位系统，应尽量注意与亚洲邻国和世界各国的区划相衔接，以便相互比较。

三、三大自然区

根据我国自然地理环境中最主要的地域差异，即：（1）纬度和海陆分布等地理位置的差异；（2）地势轮廓及新构造运动的差异；（3）气候主要特征的差异；（4）自然历史演变的主要差异；（5）人类活动及自然界的影响以及开发利用和改造自然的方向之差异。全国首先可分为东部季风区、西北干旱区和青藏高寒区等三大自然区。这是我国综合自然地理区划单位的第一级，其主要自然特征简述如下。

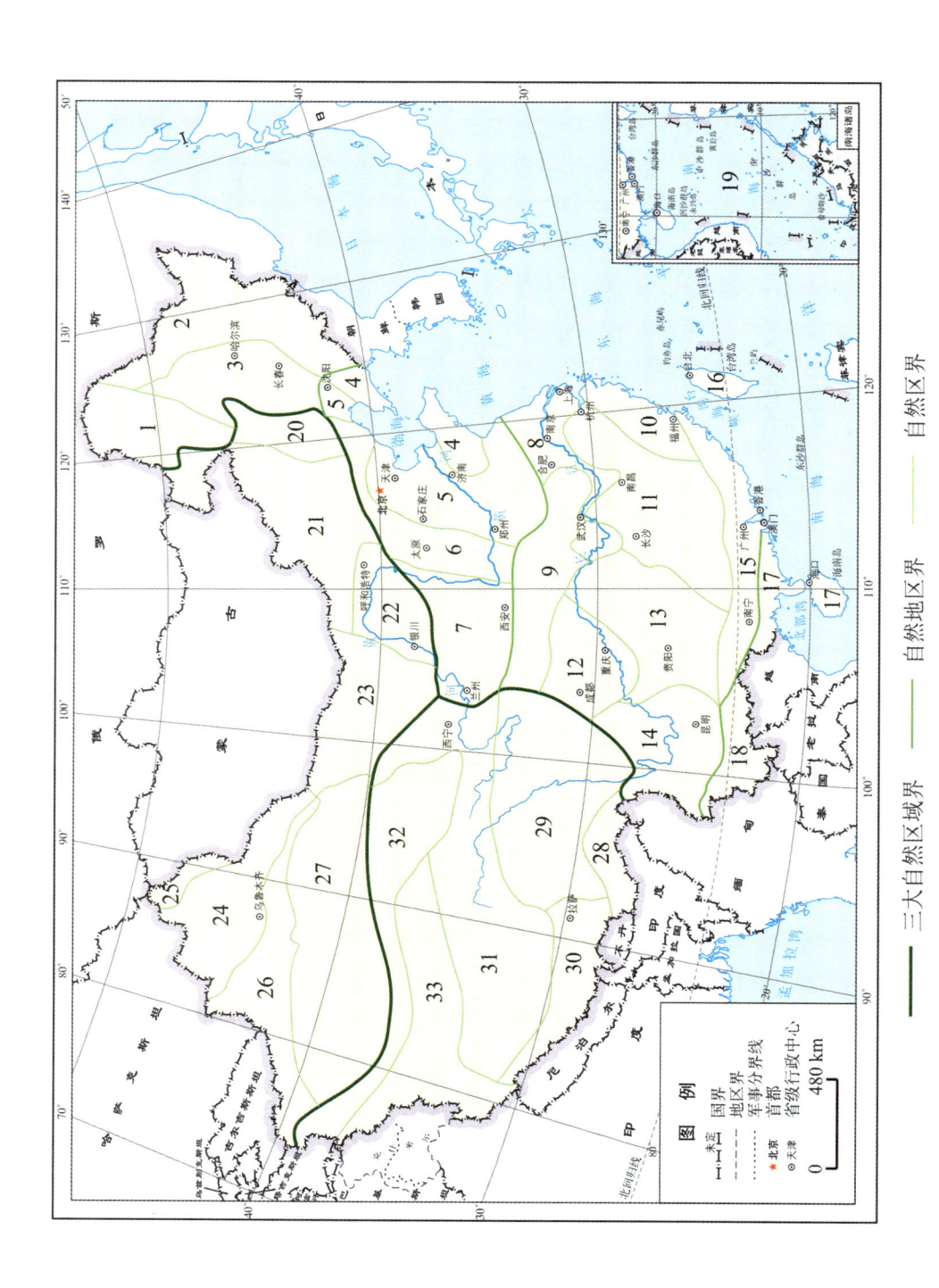

图 1 中国综合自然地理区划

Fig.1 A new scheme for comprehensive physical regionalization in China

1. 东部季风区

这是人口占全人类半数以上的亚洲季风区的一部分，约占全国陆地总面积的45%，总人口96%。与西北干旱区的界线大致为干燥度1.2—1.5的等值线，与青藏高寒地区则以2,500—3,000米等高线为界，本大区主要自然特征为：

（1）首先是湿润的季风气候占统治地位，干燥度大部分在1.0以下（一部分为1.0—1.5），全年风向和降水均按季节有明显的变化和更替，夏季海洋季风的影响很显著。

（2）新构造运动上升幅度一般不大，海拔超过2,000米的山岭不多，没有现代冰川，绝大部分地面海拔1,000米以下。在钦州—郑州—北京—鸥浦一线以东，是新构造运动以沉降为主的地域，大部分地面在500米以下，并有广阔的冲积平原。

（3）地貌外营力主要是常态的风化物质移动、水力侵蚀和堆积、溶蚀等作用。地表水资源丰富，补给以雨水为主；潜水也有相当数量。

（4）天然植被以森林为主，有一部分森林草原。由于第四纪冰期没有强盛而广大的冰川作用，植物区系和动物区系受害轻微，因而生物种类繁多，分布混杂，土壤与其他地面疏松物质也未为冰川所破坏。

（5）人类对自然界的影响广泛而深切，可耕地几已全部辟为农田（黑龙江省等少数地方例外），天然森林也已大部不复存在。本大区不论在过去、现在或将来，都是我国主要农耕地区。

（6）内部地域分异的主要因素是随纬度而变化的温度，但在华北和东北，湿润程度随着距海里程的增加而减少，也是一个重要分异因素。

2. 西北干旱区

这是横跨欧亚大陆中心的广大草原，荒漠区的一部分，约占全国陆地总面积的30%，总人口的3%。与东部季风区的界线即为上述干燥度1.2—1.5等值线，与青藏高寒地区则以昆仑山、阿尔金山、祁连山等一系列青藏高原边缘山地为界，本大区主要自然特征为：

（1）深处内陆而四周为山岭所环绕，夏季海洋季风影响甚微，以半干旱（干燥度1.5—2.0）和干旱（干燥度>2.0）气候为主，年降水量在400（半干旱）至200（干旱）毫米以下，常常连续半年以上滴雨不降。

（2）最近地质时期曾有显著的差别上升，大部分地域上升幅度不很大，形成海拔1,000米上下的高原和内陆盆地；一部分地域则大幅度上升，形成了横亘高原之中或环绕高原和内陆盆地的高山，天山海拔3,500米以上，阿尔泰山在3,000米以上。高原和内陆盆地之中，也有一些较低部分，吐鲁番盆地中心海拔–155米，是全国陆地最低处。

（3）地貌外营力主要为风化、物质移动、水力侵蚀和堆积以及广泛的风力侵蚀、搬运和堆积，沙漠和戈壁广布。绝大部分属内陆流域，在平地上产生的地表径流几全属源自暴雨的暂时性水流。湖泊较多，大多是咸水。山地径流是本区主要水资源，补给来源为雨水及冰雪融水。

（4）自中生代末期以来，即已逐渐形成半干旱和干旱气候。现有植物大都是周围山地植物逐渐干旱化的结果，植、动物种类远较东部季风区为少。

（5）人类对自然界的影响远不如东部季风区那么广泛深入，但在有水可供灌溉之处，发展了许多肥沃而人口稠聚的绿洲。干草原则自古是丰盛的牧场；近一二百年来，又在其东南边缘发展了广阔的半农半牧带。

（6）内部地域分异的主要因素是干燥度，可区分为半干旱和干旱；其次是温带及暖温带。

3. 青藏高寒区

这是全世界面积最大、海拔最高、形成最新的高原，约占全国陆地总面积的 25%，总人口的 0.8%，具有下列主要自然特征：

（1）首先是全区大幅度的近代上升，部分地区并有差别上升，形成了平均海拔 4,000 米以上的大高原，其间还有许多白雪皑皑海拔 7,000 米乃至 8,000 米以上的极高山，垂直分带现象非常显著。

（2）海拔很高，空气稀薄，温度低下，冻土广布，风力强大，太阳辐射强烈。

（3）地貌外营力主要为比较强烈的物理风化和物质移动以及冰川和流水的搬运与堆积，现代冰川和第四纪古冰川作用广泛分布，大部分地方属内陆流域，有许多内陆湖泊。

（4）植物和动物种类很多，植被主要为荒漠草原、草甸和灌丛，而森林较少，土壤的母质粗瘠，加以年龄不长（第四纪冰川退却以后才开始），成土作用缓慢，土壤剖面一般发育很差，土层很薄。

（5）不利自然条件对人类的生产和生活限制都较大，人口密度很低，人类活动的影响还比西北干旱区为微弱。

（6）内部地域差异主要为垂直分布现象，其次为从东南向西北的水分条件变化，从湿润半湿润到半干旱和干旱。

四、七个自然地区

在上述三大区的基础上，全国可以划分为七个自然地区。自然地区指温度条件和水分条件的组合大致相同，并在土壤、植被等方面的反映有一定共同性的广大地域。在具体划分上，按照温度和水分的组合情况以及三大区各自的主导地域分异因素作为划分指标。在命名上，暂采三名法，即地理位置、水分情况和温度带相并列。

在东部季风区，主导分异因素是纬度位置和温度带，从北而南可划分为四个自然地区，即：（1）东北湿润、半湿润温带地区（寒温带由于面积很小，暂包括在内）；（2）华北湿润、半湿润暖温带地区，与上述温带地区以活动积温（≥10℃期间的积温）3,200℃等温线为界；（3）华中、华南湿润亚热带地区，与上述暖温带地区以活动积温 4,500℃ 或平均一月温度 0℃ 等温线（大致相当于秦岭—淮河线）为界；（4）华南湿润热带地区（赤道带包括在内），与上述亚热带地区大致以活动积温 7,500℃ 或一月平均温度 16℃ 等温线为界。

在西北干旱区，主导分异因素是距海远近以及由此而产生的水分、植被差异。由东而西，基本上可分为两个自然地区，即：（5）内蒙草原地区和（6）西北荒漠地区，两者大致以贺兰山—六盘山一线为界。

表 1　七个自然地区的主要气候指标

Tab.1　Seven natural divisions of China and thier chief climatic indices

大　区	自然地区	活动积温（℃）	干燥度*	无霜期（天）
东部季风区	东北湿润半湿润温带地区	1,400—3,200℃	0.5—1.2	<145 天
	华北湿润半湿润暖温带地区	3,200—4,500℃	0.5—1.5	150—200 天
	华中华南湿润亚热带地区	4,500—7,500℃	0.5—1.0	230—330 天
	华南湿润热带地区	27,500℃	0.5—1.0	全年
西北干旱区	内蒙草原地区	2,000—3,000℃	1.2—4.0	<180 天
	西北荒漠地区	3,200—4,500℃	>4.0	200 天上下
青藏高寒区	青藏高原	<3,000℃垂直变化	0.5—4.0 垂直变化	<130 天

*干燥度，首先在 1959 年"中国综合自然区划（初稿）"一书中采用，按下列经验公式计算：

$$I = 0.16 \frac{\sum t > 10℃}{\sum r > 10℃}$$

式中 I 为干燥度；$\sum t \geq 10℃$ 为 ≥10℃ 期间的积温，以℃表示；$\sum r \geq 10℃$ 为 ≥10℃ 期间的降水量，以毫米表示；0.16 则为在我国具体情况下的一个常数。

在青藏高寒区，主导分异因素是地势以及由此而产生的各项自然因素的垂直变化。由于科学资料不够充分，暂只划一个自然地区，即（7）青藏高原。

应该指出，上述七个自然地区的划分，尚未得到一致的意见，有的地方甚至分歧很大。例如1959年中国科学院自然区划委员会把全国划分为十八个地区和亚地区。半干旱和干旱（或草原和荒漠）之间的界线，究应划在贺兰山—六盘山一线（荒漠与荒漠草原的界限）或在温都尔庙—百灵庙—鄂托克旗—盐池一线（荒漠草原与干草原的界限），存在分歧意见。

五、三十三个自然区

中国科学院自然区划工作委员会（1959）把十八个自然地区（亚地区）作为全国综合自然区划的第一级分类单位（三大自然区和六个热量带均作为零级单位），而把以气候-生物-土壤等地带性因素为主要划分指标的二十八个自然地带（亚地带）作为第二级分类单位，并是主要分类单位。每一个自然地带（亚地带）包括一个可以代表自然界水平分异特征的土类和植被群系组；并在气候上具有一定相似的温度和水分组合，其合理土地利用和改造自然方向也大致相似。自然地带（亚地带）的划分，不论在科学认识上或生产应用上都有意义。但是，为了简化区划分类单位系统并力求在较高级区划单位中就把地带性因素和非地带性因素统一考虑，从而更全面地反映区域客观实体的本质，本方案在全国范围内暂只作三级划分——大区、地区、区，而省略了热量带和自然地带；在上述三大区和七个自然地区的基础上，直接划分三十三个自然区。自然区的划分，按照气候-生物-土壤等地带性因素和地貌-地面组成物质-水文地质等非地带性因素的综合分异指标，较好地反映了合理土地利用和改造自然的方向。因此，在全国综合自然区划中，这是主要分类单位[①]。在命名上，暂采二名法，即地貌单元和主要植被相并列。全国三十三个自然区如图1及表2所示。

---

① 七个自然地区和三十三个自然区的自然特征及其改造利用问题，在《中国自然地理总论》一书中作较详细的阐述。本文因篇幅所限，暂不讨论。

表 2 全国三大自然区，七个自然地区和三十三个自然区
Tab.2 33 natural regions of China

大 区	自然地区	自然 区
一、东部季风区	（一）东北湿润半湿润温带地区	I 大兴安岭针叶林区 II 东北山区针阔叶混交林区 III 东北平原森林草原区
	（二）华北湿润半湿润暖温带地区	IV 辽东山东半岛落叶阔叶林区 V 华北平原落叶阔叶林区 VI 晋冀山地落叶阔叶林森林草原区 VII 黄土高原森林草原干草原区
	（三）华中华南湿润亚热带地区	VIII 北亚热带长江中下游谷地混交林区 IX 北亚热带秦岭大巴山混交林区 X 中亚热带浙闽沿海山地常绿阔叶林区 XI 中亚热带长江南岸丘陵盆地常绿阔叶林区 XII 中亚热带四川盆地常绿阔叶林区 XIII 中亚热带贵州高原常绿阔叶林区 XIV 中亚热带云南高原常绿阔叶林区 XV 南亚热带岭南丘陵常绿阔叶林区 XVI 南亚热带热带台湾岛带绿阔叶林季雨林区
	（四）华南湿润热带地区	XVII 海南季风林区 XVIII 滇西南季风林区 XIX 南海诸岛季风林雨林区
二、西北干旱区	（五）内蒙温带草原地区	XX 西辽河流域干草原区 XXI 内蒙高原干草原荒漠草原区 XXII 鄂尔多斯高原干草原荒漠草原区
	（六）西北温带暖温带荒漠地区	XXIII 阿拉善高原温带荒漠区 XXIV 准噶尔盆地温带荒漠区 XXV 阿尔泰山地草原针叶林区 XXVI 天山山地草原针叶林区 XXVII 塔里木盆地暖温带荒漠区
三、青藏高寒区	（七）青藏高原地区	XXVIII 喜马拉雅山南翼热带亚热带山地森林区 XXIX 青藏高原东南部山地针叶林高山草甸区 XXX 藏南山地灌丛草原区 XXXI 青藏高原中部高寒草原山地草原区 XXXII 柴达木盆地—昆仑山北翼荒漠区 XXXIII 阿里—昆仑山地高山荒漠荒漠草原区

六、低级区划单位

在自然区之下，主要按照地貌、地面组成物质等非地带性因素的特点及其在气候-生物-

土壤等地带性因素上的反映，可以划分若干亚区（本方案第四级区划单位）。同一自然亚区，在综合自然环境及其土地利用和改造方向上更为一致，在省（区）综合自然区划、综合农业区划和综合经济规划上具有更现实的意义。但由于全国各地区的科学资料不平衡，有些自然地区（例如青藏高原各自然区）暂时未能进行自然亚区的划分。其他六个自然地区在《中国自然地理总论》的书稿中，均试作自然亚区的划分，兹以西北荒漠地区的五个自然区为例，划分十四个自然亚区如表3所示。

表3 西北温带、暖温带荒漠地区的五个自然区和十四个自然亚区
Tab. 3 14 natural sub-regions of Northwest China

自 然 区	自 然 亚 区
XXIII 阿拉善高原温带荒漠区	XXIII（1）阿拉善高原 XXIII（2）马鬃山地 XXIII（3）河西走廊中东段
XXIV 准噶尔盆地温带荒漠区	XXIV（1）准噶尔盆地 XXIV（2）诺明戈壁 XXIV（3）额明谷地
XXV 阿尔泰山地草原针叶林区	XXV（1）阿尔泰山地西北部 XXV（2）阿尔泰山地东南部
XXVI 天山山地草原针叶林区	XXVI（1）中天山 XXVI（2）东天山 XXVI（3）伊犁谷地
XXVII 塔里木盆地暖温带荒漠区	XXVII（1）塔里木盆地 XXVII（2）吐鲁番—哈密山间盆地 XXVII（3）河西走廊西段

最低级区划单位（自然小区，或五级区划单位）似可与全国土地类型的划分相结合。在科学概念上，"土地"（land，terrain）是地表某一地段包括地质、地貌、气候、水分、土壤、植被等全部自然要素在内的垂直剖面，也包括过去和现代人类活动对自然地理环境的相互作用在内，土地类型与主要代表水平方向组合的自然区域，是自然地理综合体的两个方面，既是相互区别，又是相互补充的。第二级或（基本）土地类型具有一致的小地貌、土种和植物群系，其生产潜力也基本相同。第一级土地类型则由第二级土地类型并合而成，具有相似的中地貌、土系和植被群系组。第一级土地类型在一定的自然区或亚区之内，组合成为自然小区——综合自然地理区划的最低级（或基本）区划单位。关于全国低级区划单位与土地类型划分的相互衔接问题，尚有待今后进一步探讨。这是今后全国自然地理区划和土地类型划分工作的努力方向之一。

参考文献

[1] 中国科学院中华地理志编辑部, 中国自然区划草案, 科学出版社, 1954。
[2] 竺可桢, 科学通报, 1958 年, 17 期, 524-528。
[3] 中国科学院自然区划委员会, 中国综合自然区划(初稿), 科学出版社, 1959。
[4] 黄秉维, 科学通报, 1959, 第 18 期, 594-602。
[5] 任美锷等, 中国自然地理纲要, 122-402, 商务印书馆, 1979。
[6] 侯学煜等, 科学通报, 1963, 第 9 期, 8-26。
[7] 全国农业自然资源调查和农业区划委员会, 1980, 中国综合自然区划纲要(付印中)。
[8] 赵松乔等, 地理学报, 34(3), 187-199。
[9] 赵松乔、申元村, 自然资源, 1980, 第 3 期, 13-24。

A NEW SCHEME FOR COMPREHENSIVE PHYSICAL REGIONALIZATION IN CHINA

Zhao Song-qiao (Chao Sung-chiao)

(Institute of Geography, Academia Sinica)

Abstract

A new scheme for comprehensive physical regionalization in China is developed and adopted in the newly written textbook "Physical Geography of China" (both in Chinese and in English). Three natural realms (Eastern Monsoon China, Northwest Arid China, Tibetan Frigid Plateau), seven natural divisions (Temperate humid & subhumid Northeast China, Warm-temperate humid & subhumid North China, subtropical humid Central & South China, tropic humid South China, temperate grassland of Inner Mongolia, temperate & warm-temperate desert of Northwest China, Tibetan Plateau), and 33 natural regions are demarcated. They are listed in Table 2 and shown in Map 1. The classification of lower-level regional units (natural sub-regions and natural areas) is also briefly discussed.

解读赵松乔先生"中国综合自然地理区划的一个新方案"

吴绍洪

赵松乔先生是一位杰出的自然地理学家,一生从事自然地理学的综合研究,特别关注干旱区、半干旱区的地理环境的形成和演化。论文"中国综合自然地理区划的一个新方案"(以下简称"新方案")是赵松乔先生在中国改革开放初期,地理界新一轮综合自然区划研究热潮中发表的一篇经典之作。

一、赵松乔先生生平

赵松乔(1919—1995),浙江东阳人。赵松乔先生1942年毕业于浙江大学史地系,1945年获该校史地学部硕士学位,1948年在美国克拉克大学地理研究院获博士学位。历任中国科学院地理研究所(现中国科学院地理科学与资源研究所)副研究员、研究员,自然地理研究室副主任、主任,中国地理学会自然地理专业委员会副主任,中国自然资源学会常务理事兼干旱区研究专业委员会主任,国际地理联合会干旱区专业委员会委员等职。

赵松乔先生长期从事自然地理综合研究,同时对农业地理和世界地理具有深入的研究。在土地类型学、综合自然区划、区域自然地理方面有独到的研究,此外,

---

作者介绍:吴绍洪(1961—),男,广东潮州人,中国科学院地理科学与资源研究所研究员,中国地理学会会员(S110000894M),研究方向为自然地理学综合研究。E-mail: wush@igsnrr.ac.cn

特别关注干旱区、半干旱区地理环境的形成与变化。赵松乔先生在广阔的地理学研究领域中坚持地理学综合研究方法论，强调地理学为农业和生态环境建设的应用方向。他指出构建综合自然地理研究的完整体系是地域分异规律、土地类型和综合自然区划、自然地理过程、农业生产潜力。地理学研究的基础和从事地理研究的出发点是地域分异规律；综合自然地理研究的重点是土地类型和综合自然区划；促使自然环境变化的关键是自然地理过程；地理学服务于国民经济建设的基本依据是农业生产潜力。

赵松乔先生于 20 世纪 50 年代主要从事中国农牧交错地区的实地考察工作和东南亚国别地理的研究；60 年代主要从事干旱区和治沙研究工作，对敦煌莫高窟的文物保护及河西走廊、乌兰布和等沙区的开发治理做出了重大贡献；70 年代参加黑龙江省荒地资源调查工作，编撰了第一版的《中国自然地理·总论》专著；80 年代负责组织全国 1∶100 万土地类型图的编制工作。赵松乔先生发表学术论文百余篇。出版有《中国自然地理·总论》、《中国自然地理》（英文）、《中国干旱区自然地理》等著作。

二、"新方案"的主要内容

"中国综合自然地理区划的一个新方案"发表于 1983 年 3 月，论文全面回顾了中国综合自然区划的发展历程，重点阐述了中华人民共和国成立之后综合自然区划的发展历程；重点介绍了具有重要影响的全国层面的综合自然区划方案，包括 1954 年北京大学林超教授为综合性大学地理系教学所完成的综合自然地理区划；1954 年中国科学院罗开富教授主编的全国自然地理区划；1956 年黄秉维教授领导、1958 年完成编写的中国综合自然区划（草案）；1961 年任美锷教授完成的中国综合自然地理区划（1971 年修订，出版了《中国自然地理纲要》）；1963 年侯学煜教授完成的以发展农、林、牧、副、渔为目的的全自然区划；1980 年，全国农业自然资源调查和农业区划委员会完成的全国综合自然区划。"新方案"一文博采综合自然区划众长，推出创新方案。

经典的综合自然区划涉及划分原则、指标体系、等级系统、区划方案、区域特征描述等项工作。论文首先重新梳理、拟定了三个综合自然区划的划分原则（指导准则）。"综合分析和主导因素相结合的原则"，由于自然界是一个统一整体，因此必须把地带性因素和非地带性因素、外生和内生因素、现代和历史因素结合起来综合分析；而自然界往往存在某个因素，其状态的改变将导致其他因素的变化，乃至整个自然综合体的改变，这是在识别自然综合体差异中需要考虑的因素。"多级划分原则"，不同规模的区域反映了内部相似性的差异，区域系统需要以多级的构架来显示不同的内部差异程度。"主要为农业服务原则"，由于较早期的综合自然区划目的主要是为农业生产服务，因此需要了解各地区的基本自然情况，摸清自然资源"家底"，探讨有利和不利的条件，这是国家需求的体现。此外，论文还提出区划方案需要与邻国和世界的方案衔接。

在区划原则的指导下，"新方案"选取了气候（主要是温度和水分条件）和地貌（主要是绝对高度和相对高度）作为综合分析下的两个主导因素指标。在区划等级系统方案上，设计自然大区（natural realm）、自然地区（natural division）和自然区（natural region）三级系统，并指出在全国层面的区划框架下，进一步的划分可以深入自然亚区（natural sub-region）和自然小区（natural area）。

"新方案"将全国划分为3个自然大区、7个自然地区、33个自然区，形成独特的中国综合自然区划方案。

自然大区主要考虑我国自然环境中的最主要地域差异，包括纬度和海陆分布的地理位置差异，地势轮廓（即新构造运动）的差异，气候特征与差异，自然历史演变的差异，人类活动和改造自然的差异，将全国划分为东部季风区、西北干旱区、青藏高寒区3个自然大区。

在自然大区中，根据温度和水分条件组合大致相同，并且土壤、植被有一定共同性的特点划分出自然地区。在东部季风区中从北到南划分为东部湿润半湿润温带地区，华北湿润半湿润暖温带地区，华中、华南湿润亚热地区，华南湿润热带地区（包括赤道带）。西北干旱区由东向西划分为内蒙草原地区和西北荒漠地区。青藏高原由于资料的限制只划分了一个自然地区。自然地区由地理位置、水分状况和温度带共同命名，如华北湿润半湿润暖温带地区。

在自然大区和自然地区的基础上，根据气候、生物、土壤等地带性因素和地貌、地面组成物种、水文、地质等非地带性因素的综合差异，将全国划分为33个自然区，由地貌单一和主要植被并列命名，如阿拉善高原温带荒漠区。

论文中虽然没有展现全国层面上自然区以下的低级单位，但以西北荒漠区的5个自然区显示了如何通过地貌、地面组成物质等非地带性因素的特点，以及这些因素在气候、生物、土壤等地带性因素上的反映，去划分自然亚区。

三、"新方案"的重要贡献与影响

综合自然区划方案显示的是一个地理学家对自然环境特征和时空差异的综合认识。"新方案"一文是赵松乔先生最重要的研究成果之一。20世纪80年代初，正是中国改革开放的初期，国家拨乱反正，从"以阶级斗争为纲"政治运动转向以经济建设为主的改革开放。经济建设是摆在全党全国人民面前的头等大事。在这种形势下，科学技术研究复兴，多年停滞的科研工作得到全面展开，被誉为"科学的春天"。彼时，在地理学界掀起新一轮的综合自然区划研究热潮。"新方案"就是在此背景下研究完成。"新方案"被写入《中国自然地理·总论》，作为对中国自然地理环境分异认识的总体框架。"新方案"也作为"中国自然环境及其地域分异的综合研究"项目成果的组成部分，该项目获得1987年国家自然科学奖二等奖。

在"新方案"诞生的时代，国家的需求是科学研究要进入国民经济建设的"主战场"，故而"新方案"继承了中国综合自然区划的总体思想，坚持为社会经济发展服务的总目标，具体就是为农业生产布局服务，因此，"为农业服务"就成为指导区划工作的三大原则之一。

"新方案"在区域的认识和区域的划定上有了新突破。此前我国许多的综合自然区划方案，是专家集体智能的荟萃。在众多地理学专家学者对某一区域（比如亚热带湿润区）的认识趋向一致后，讨论出该区域的范围应该落到哪个空间地段上。这受制于当时自然地理环境的基础观测数据不足，以及数据空间分布处理方法尚未有很好的技术，不得已而为之（从区域找指标）。随着自然地理基础观测数据的积累和数理技术的应用，以指标划定区域的研究方法得以实现。"新方案"即是实现这一方法的首批研究成果之一，论文采用了综合显示地理环境差异的地质构造轮廓、热量水分状况、植被土壤分布规律等指标，全面显示不同层面的自然地理环境差异。

"新方案"在建立综合自然区划方案的区域整体构架上，采用了自上而下的演绎的方法论。其创新性在于设计的三个区域的等级（五个等级）结构更便于理解不同层次区域的特征和差异，与传统的综合自然区划有所区别。综合自然区划的区域系统分为单列系统与双列系统两种形式，单列系统将地带性和非地带性因素镶嵌考虑，编排为一个区域系统方案；双列系统则将非地带性因素主导的区域和地带性主导的区域分开，分别排列区域体系。传统的综合自然区划将以温度差异为主导的地带性差异作为重要的标识划分区域，形成单列区划系统；或者将非地带性的要素和地带性要素分开，形成双列系统。"新方案"则是以区域为基本单元，综合考虑区域的地带性和非地带性因素，将非地带性和地带性因素融合为一个单列的区域系统。

"新方案"继承综合自然区划的优秀传统和方法论，并创新自然地理环境差异认识的方法论与表达形式，成为（当时）新一代综合自然区划的代表作。"新方案"的区划方法论具有重大的学术意义和广阔的应用价值，它为之后的综合自然区划研究提供了成功的范例，被沿用且随后的综合自然区划研究成果又在不同的研究领域和行业得到应用。

中国东部山地第四纪冰期气候问题

李吉均

(兰州大学地质地理系)

傅逸贤同志的"中国东部山地第四纪冰期气候的初步分析"(中国科学，B 辑，1982，11)[1]一文的发表是值得欢迎的，表明有更多的相邻学科的科学工作者关心中国东部的古冰川问题的争论，这将会使讨论愈来愈深入，有可能促使这个争论多年的老问题获得早日解决。不过，在仔细阅读该文之后，觉得有许多问题值得提出来讨论。这里仅就傅逸贤文章（以下简称傅文）所涉及的几个主要问题谈谈自己的看法，借以抛砖引玉，希望在讨论中聆听到多方面的意见。

一、庐山冰期时华东平原的植被类型和庐山冰期的含义问题

傅文用以作全文的推论基础的是假定庐山冰期时长江下游广大平原地区为云杉、冷杉植被。这个假定是根据刘金陵等所作的第四纪地层孢粉分析的结果得出的[2]。但是，我们查阅刘金陵等的原文，被认为可能相当于庐山冰期的是上海水文 01 孔带 IV，其孢粉式是一个来自各山地植被垂直带的混合堆积。孢粉中虽然有相当数量的冷杉（最多接近 20%）、云杉（10%），但喜暖的油杉（近 20%）、松、铁杉、栎、榆、枫香等也不少，来自林下的蕨类植物如水龙骨科和凤尾蕨等很多，最高可达 43%。宋之琛等早年在讨论南通滨海相第四纪孢粉组合时即曾指出，大量的冷杉可能是流水带来的，并不一定反映沉积地点周围的

植被。最近王开发等对长江三角洲表层沉积所作的孢粉分析也说明，在现代三角洲河槽及口外海域中有冷杉、云杉花粉出现，证实江水搬运花粉是个客观事实[3]。因此，在上海平原钻孔中分析出冷杉和云杉花粉并不意味着平原上曾经有过冷杉、云杉为主的暗针叶林。特别是孢粉式中已经显示有大量的亚热带植物成分（油杉和凤尾蕨等），合理的推论是暗针叶林当时是生长在山上，而不是在平原地面。实际上天目山的冰坑（海拔 450 米）和平溪等地（海拔 920 米）发现较纯的云、冷杉孢粉组合已经说明第四纪晚期山地暗针叶林曾大幅度下降，但还没有证明已经下降到平原成为北半球横跨欧亚的暗针叶林带的一部分。日本学者曾经研究过末次冰期雪线和森林上限的下降问题，根据古冰斗、针叶树化石等的高度确认当时的雪线和林限在日本列岛曾下降了 1,500 米左右[4]，贝塚所画的剖面图很清楚地显示了这一情况（图 1）。长江中下游目前暗针叶林上限参照四川西部植物垂直带谱及浙江庆元县发现的少数冷杉残株可以推测在 3,000 米左右。末次冰期森林上限如以日本所发现的规律推算可降到 1,500 米的海拔高度，则当时华东山地海拔 500—1,500 米范围内应属山地暗针叶林，500 米以下及平原地区仍为山地暖温带的针阔混交林和落叶阔叶林地区。近来张树维对芜湖长江边末次冰期沉积物中所含孢粉作了分析，证实当时平原上主要应为暖温带森林[①]，只是在冰期鼎盛时气候特别干燥，草原南进（风成黄土向南扩张）。

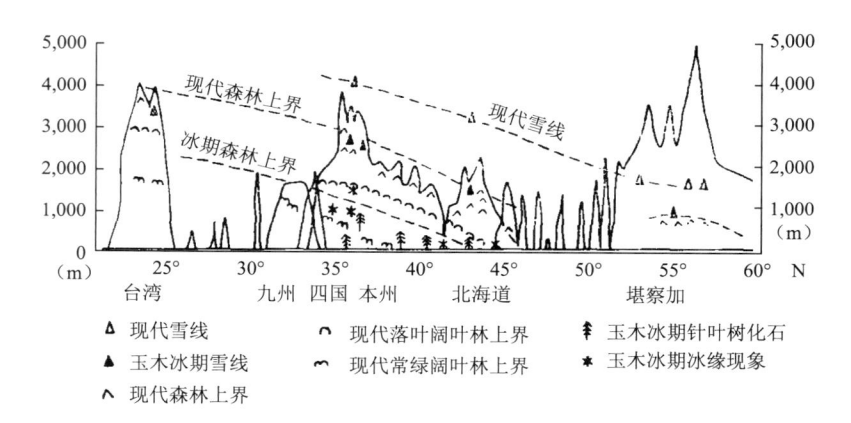

图 1　亚洲东岸玉木冰期和现代各种自然现象的垂直分布（贝塚，1969）

Fig 1　Vertical distributions of natural phenomena in the eastern coast of Asia today, compared with those in Würm

这里必须指出，庐山冰期的含义至今是含混不清的。把庐山冰期和倒数第二次冰期（里士冰期）对比是费斯曼的主意，李四光则把山上所见的颜色棕黄的一切地表沉积归之于庐

---

① 张树维，1982，第四纪末次冰期前后芜湖、长江下游一带古植被古气候探讨（未刊）。

山冰期。地层上的混乱主要是由此引起的。黄培华早就指出过李四光所指庐山冰期冰碛物含混不清的缺点[5]。如裁缝岭冰碛实由网纹很发育的红色砾石层组成，这按李四光划分庐山冰期的标准也是不能自圆其说的。另外，在庐山不具备网纹的砾石层在山上有两层，以大校场冲沟剖面为代表，一个是底部砾石层，一个是顶部砾石层。庐山冰期冰碛究竟指的是什么，历来冰川论者也没有说明白。近年来通过野外调查和室内分析，我们认为顶部巨砾和大体同期的"黄褐色泥土"乃是末次冰期冰缘环境下的沉积，底部砾石层属流水沉积并包括部分坡积物，沉积后受过相当程度的化学风化，从黏土矿物和土体的化学成分来看都是亚热带暖湿气候条件下的产物[6]。由此可见，所谓庐山冰期的沉积物，不仅在成因上并非冰碛，而且在层位上究竟指的什么也没有搞清楚。至于远在天目山的冰坑剖面，其中产冷杉孢粉的泥炭层出现在棕黄色巨砾层底部和顶部[7]，看来很可能仍然是末次冰期的融冻泥流堆积。总之，所谓庐山冰期直到目前还没有找到代表性的沉积物，在这种情况下要来讨论当时冰川的发育条件（正如傅文所作的那样）岂不为时过早？

顺便指出，亚洲东部地区除末次冰期的古冰川遗迹研究程度较高，能够讨论当时的冰川规模和雪线高度外，倒数第二次冰期（里士冰期）的古冰川遗迹尚有待作进一步的工作予以确定。例如，日本学者过去认为日本列岛有分别属于里士和玉木的两次冰期，但七十年代通过火山灰年代学的研究，确定二者都是玉木冰期的产物（早期和晚期）。更早的冰期遗迹不甚清楚，冰碛分布零星而且已受到强烈风化[①]。苏联西伯利亚早年报道的两次冰期据七十年代研究也都属于末次冰期的早晚两副期。其中遗迹最清晰的是萨坦（Sartan）冰期，发生在 25,000—10,300 年前。较早的齐林卡（Zyrianka）冰期发生在五万年以前[8]。众所周知，在我国台湾和位于赤道附近的新几内亚山地也均只发现末次冰期的古冰川遗迹。这种种情况说明，查清里士冰期在亚洲东部的遗迹本身还是一个艰巨的任务。在目前庐山地区沉积物缺乏年代学控制、沉积物成因尚且不甚明了的情况下，要讨论相当于里士冰期时的庐山的古气候状况是行不通的。

二、庐山冰期究竟是干冷时期还是湿冷时期？

前面我们指出了傅文的两个根本性的弱点，即假定平原在冰期时为冷杉林没有充分根据和庐山冰期本身定义尚且含混不清，这样就使得其它探讨都属于多余之举。但是，下面我们还是愿意跟随傅文的思路来讨论一下晚更新世冰期中东亚的环流形势和古气候问题。

---

① 据岩田修二博士 1983 年 6 月在兰州的讲演。

傅文的一个中心思想是强调晚更新世以前青藏高原高度尚低，故其加热作用及相应的青藏高压和西南季风均应明显地弱于现代，并引证 Gates 的数值模拟认为冰期时因哈德莱环流减弱而盛夏对长江中下游天气影响很大的副热带高压和东南季风也弱于现代，因而认为当时长江中、下游盛夏与现在相比就可能云雨较多、日照较弱、温度较低。至于冬季则因西伯利亚强大冰流的存在迫使极锋南移，并因太阳辐射梯度加大而有利于降雪。其结论认为，无论冬夏"当时长江中下游地区有利于降水的条件是较多的"。从这一设想出发，作者推算得出庐山冰期时的年降水量为 1,800 毫米左右。这里我们暂时不去讨论这种推论在气象学上的疑点，只需指出这种主观设想是和地质事实相矛盾的。因为，正如杨怀仁先生指出的，中国的黄土是冰期的产物，其中的古土壤则代表间冰期的温湿气候[9]，故冰期应当是干冷而非湿冷，这是和当时冬季风强大及夏季风微弱的环流形势相一致的。最近徐钦琦等在讨论黄土与深海沉积的对比时指出[10]，离石黄土中第一个"红三条"（按洛川黄土剖面为第 12 层）古土壤的形成年代为距今 178,000—212,000 年间，这个古土壤之上是厚层黄土（第 11 层）。它们共同组成一个完整的冰期旋回，可以和欧洲的黄土旋回 C 相对比，实际上可能即是一般所指的里士冰期和其前的间冰期。傅逸贤文中所指的庐山冰期一般对应于里士冰期，在中国即为沉积厚层黄土（洛川剖面 11 层）的时期。当时黄土是否曾扩大到长江中、下游尚需作进一步的研究（如下蜀土的下部颜色较深的部分），但那时中国处于比较干燥的时期仍应当肯定。在这个时期很难认为长江中、下游会处于降水条件较好的环境中。当时的气温也未必比末次冰期更冷，因为青藏高原可能比末次冰期时低一些，西伯利亚冷高压相对也要弱一些。在这个问题上我们有必要再讨论一下亚洲东部里士冰期是否比玉木冰期冰川规模大得多的问题。自从 H.Von 费斯曼提出中国东部庐山冰期古雪线比大理冰期还低 1,500 米以来，冰川论者历来是十分欣赏这个设想的。傅文也认为庐山冰期时西伯利亚存在着"强大冰流"，"南界可扩大到贝加尔湖一线"。这里应当指出，费斯曼当时引证的奥布鲁契夫关于西伯利亚两次冰期规模悬殊的资料已嫌陈旧，而且时代上也并不是相当于里士和玉木两冰期，正如前述乃末次冰期的早晚二副期。另外，所谓"C.恩布尔顿（C.Embleton）的研究"也是于事无补的。C.恩布尔顿在他的"冰川地貌"（1975）一书中只是列出了末次冰期冰川规模和更新世冰川规模最大时的对比，并未注明后者是什么冰期[11]。就西伯利亚冰流来说，冰川规模也非过分悬殊（末次冰期为 156 万平方公里，最大冰期为 271 万平方公里）。

关于傅文中推算庐山冰期时庐山的降水量和降雪量的方法问题这里不打算展开辩论，但其任意性是显而易见的。在给出那些推算数值后，作者说"我们认为这些推断和计算是有其事实依据的。……冰期长江中、下游广泛分布有喜冷植物的客观事实，正是为我们的上述推断，提供了可靠的佐证和有力的支持"。这里作者又一次求助于冷杉。但是，我们不妨再次谈谈冷杉与冰川的关系问题。依据天目山冰坑（450米）、平溪（920米）和道源洞（950米）产冷杉纯林孢粉式诸地的高度，纬度接近天目山的庐山在冰期时牯岭一带看来也应当位于这个暗针叶林带之中。根据我们在青藏高原各冰川区的观测，亚高山暗针叶林的上限在海洋性冰川地区与粒雪线的高差为400—600米，在大陆性冰川地区相差更达1,000米以上[12]。由此可见，庐山的高度在冰期时无论按海洋性冰川或大陆性冰川均不具备发育冰川的条件，雪线将高于山顶。当时冬季积雪较深，积雪日期远长于现代，地貌过程中有过雪蚀、寒冻风化以及融冻泥流等作用，但发育冰川是不可能的。

三、冰期中冰川物质平衡的计算问题

冰川上物质平衡受许多因素的控制，在现代冰川研究中是个十分困难的问题，逐年变化很大；至于研究古冰川的物质平衡显然是更困难的任务。傅文在作一系列的假定之后大胆地讨论了庐山冰期时牯岭附近（因其计算资料均引的是牯岭气象站的资料）古冰川的物质平衡问题。他引用的方程为目前我国冰川研究中通用的热量平衡方程。但是，他一方面接受庐山冰期时古冰川为海洋性冰川的概念，却又认为湍流交换和蒸发（凝结）潜热在热量平衡中很不重要，"可近似略去"，这在冰川学上是不能接受的。因为，海洋性冰川和大陆性冰川的重要差别之一正在于不同的热量平衡组成。在西藏东南部的古乡冰川辐射平衡占消融期热量平衡的63%，感热和潜热共计占37%，可见后者所占份额远不是可以"略去"的。只有最干燥的帕米尔东缘的切尔干布拉克冰川辐射平衡占绝对优势，达到92.1%，感热所占比例较小。傅逸贤同志的解释是"庐山冰期气温很低……冰面加热于大气，不利于冰川消融"。这实际上又把当时的冰川当作大陆性冰川来对待了。但是，根据傅文表2给出的庐山冰期时牯岭各月的平均温度计算，消融季节的6—9月平均温度为5.7℃。这个夏季平均温度是够高的了，因而绝不能认为"庐山冰期气温很低"。根据冰川的基本规律，雪线处夏季的平均温度和冰川的积累量（近似于年降水量）有着正相关。许多人都曾讨论过反映这种物质和能量平衡的经验方程，其中以A. H. 克宁克（Kpehke, 1973）就中亚地区得出的关系式比较切合实际，$A_{mm}=(T_s° +9.5)^3$[13]。如果按照此公式计算，庐山冰期时牯岭附近必须有3,500毫米（水当量）的冰雪积累才能维持积消平衡。可是，傅逸贤同志一方面把庐山冰期时牯岭的夏季温度算得很高，但却又把同时期的降雪量计算为每年1,078毫米，只及维持平衡状态必须冰雪积累量的三分之一不到。如果说温度计算是正确的，要维持物质平衡而发育冰川就必须使降雪量增加三倍以上，年降水量按傅逸贤同志自己的计算办法则要求增加到5,000—6,000毫米。如果说降雪量的推测是正确的，要在如此低的物质平衡水平上保持平衡就必须使夏季温度进一步大幅度下降，下降到只有大陆性冰川才可能出现的低温水平上。这样我们就发现这种计算是前后自相矛盾的，在冰川学上是解释不通的。如果说傅文的表 4 终究给出了某些正平衡的数字的话，那是在人为地压低太阳总辐射，忽视感热和潜热在冰雪消融中的作用的情况下达到的。另外一个并非不重要的因素是给出的冰雪反射率过高，凡是得出正平衡的栏内反射率均为 0.80。根据我国西部现代冰川研究的结果，大陆性冰川粒雪区反射率平均为 0.70，冰川冰表面的反射率为 0.40，海洋性冰川污化强，反射率更低。由此可见，傅文关于庐山冰期冰川物质平衡的计算是很不严格的，故其结果是难于令人置信的。

参考文献

[1] 傅逸贤，中国科学，B 辑，1050-1056，1982，11。
[2] 刘金陵等，古生物学报，16(1)，1-11，1977。
[3] 王开发等，地理学报，37(3)，261-271，1982。
[4] 铃木秀夫，冰河期の気候，66 页，古今书院，1979。
[5] 黄培华，科学通报，29-33，1963，10。
[6] 李吉均等，中国科学，B 辑，1983(待刊)。
[7] 南京大学地理系地貌教研室，中国第四纪冰川与冰期问题，90 页，科学出版社，1974。
[8] N. V. Kin, 24th, I. G. C. Section 12:55-61.
[9] 杨怀仁等，南京大学学报，121-144，1980，1。
[10] 徐钦琦等，科学通报，1189-1191，1981，19。
[11] C. Embleton and C. A. M. King, Glacial Geomorphology, P14 Edward Arnald, 1975.
[12] 李吉均等，中国地理学会冰川冻土学术会议论文选集(冰川学)，14-17，科学出版社，1982。
[13] А. Н. Креике, Из. Ак. НАУК, СССР, С. Геогр. , 19-33, 1973, 1.

CLIMATIC PROBLEMS OF QUATERNARY GLACIATION IN THE EASTERN CHINA MOUNTAINS

Li Ji-jun

(Dept. of Geology and. Geography, Lanzhou University)

Abstract

In this paper a comment on "A Preliminary Analysis on the Quaternary Glacial Climate in the Eastern China Mountains" by Fu Yexian has been given. We conclude that there was no climatic environment for the development of mountain glaciation in Lushan during the late Pleistocene period. The existence of coniferous forest-Abies,the dominant species—on the low land of East China during the Lushan glaciation (Riss) is an essential premise for Mr. Fu's paper. However, there is no reliable evidence to support it. The data available now can only suggest that the dark mountain coniferous forests at that time lay much lower than today, but still grew in the uplands instead of the low land where deciduous broad-leaved trees were predominant. Mr. Fu believes that the conditions of atmospheric circulation of the ICE AGE were favourable for precipitation in the lower reaches of the Yangtze River. This conclusion is in contradiction with Quaternary geological records in the monsoon area of China, because loess was accumulated in the cold and dry glacial period. Mr. Fu's calculated results of ice budget near Guling in the Lushan glaciation are also not tenable from glaciological viewpoint. His estimated annual snowfall of 1,078 mm did not stand a mean summer temperature as high as 5.7℃. In that case, the mass balance between ablation and accumulation on glacier could not be reached.

"中国东部山地第四纪冰期气候问题"解读

王乃昂

众所周知,在关于第四纪冰期气候成因的各种假说中,以米卢廷·米兰科维奇(Milutin Milankovitch)冰期天文理论最具科学性和先进性。其关键是在椭圆积分之外所创用的"米兰科维奇公式"完成了过去 65 万年以来夏半年太阳辐射的定量计算,结果与阿尔卑斯山冰川发育历史吻合。1982 年 11 月,傅逸贤以特定时期地球运动天文参数所相应的天文辐射为基础,假定长江中下游平原在冰期时为冷杉林,在《中国科学》发表了"中国东部山地第四纪冰期气候的初步分析"(以下简称"分析")。该文对"庐山冰期"冰川发育的水热条件和物质平衡进行了推算,试图定量地确定古冰川发育的可能性,这对处于争议中的李四光冰川学说无疑提供了有力支持。面对这样的重头文章,适时对其进行言之有理的学术评判、建构新的认识,显然是十分必要的。针对"分析"一文存在的明显不足,李吉均运用"将今论古"的现实主义原则和方法,1983 年在《地理学报》发表了"中国东部山地第四纪冰期气候问题"(以下简称"问题"),正面指出了其失误所在。

一、"问题"的撰著背景

关于中国东部(指 105°E 以东地区)山地第四纪冰川问题的研究,基本沿着两

作者介绍:王乃昂(1962—),男,山东郓城人,博士,兰州大学资源环境学院教授,中国地理学会会员(S110002619M),研究方向为气候变化与水循环、环境变迁与历史地理。E-mail:wangna@lzu.edu.cn

个主线开展。一是关于东部山地古冰川遗迹的实证研究，即通过构建冰川地貌与冰川沉积的判别标准，确定冰川作用的地貌学与沉积学证据；二是从冰川形成的气候条件进行可能性论证，探讨晚更新世末次冰期及其以前有无发育冰川的古环境。即科学家共同体对中国东部第四纪冰川的认定，除了地表的地貌标志与地层露头的沉积物证据外，还需要古气候条件的配合，特别是温度与降水这两大要素的水热组合是否利于冰川发生。

著名的《冰期之庐山》于 1947 年正式出版后，李四光以庐山（主峰海拔 1474 m）为样本划分出三次冰期，后由威斯曼（H.V. Wissmann）增列为四次，即"鄱阳冰期""大姑冰期""庐山冰期"和"大理冰期"，此即与经典的阿尔卑斯山四次冰期可以对比的"庐山模式"。以"庐山模式"为研究范式，李四光及其后继者共同构建了一个"李四光冰川假说"。该学说按照当年瓦尔特·彭克（Walther Penck）和爱德华·布鲁克纳（Eduard Brückner）在有现代冰川与确切古冰川遗迹的阿尔卑斯山建立的概念和方法，即阿尔卑斯四分法冰期模式，认为带擦痕的砾石就是冰碛石或只要确定了某一次或两次冰川的遗迹，就一定要配套成四次冰期等。有的学者甚至提出华北发生过大陆冰川等缺乏证据的看法。如此去进行古冰川研究，必然导致亚洲大陆东部发育"泛冰川"的结果。

李四光冰川假说从一开始提出，就不断受到中外学者的质疑。他在 1960 年曾指出："我们的工作，还刚刚开始，估计在前进的道路上，还会遇到许多困难和问题。"其中的一个重要难题，就是中国东部山地的高度和气候要素的耦合是否足以形成更新世冰川。

对此问题，数十年来始终有两种不同的意见。中国近代地理学和气象学创始人竺可桢院士，对中国气候的形成、特点、区划及变迁有深刻的研究。他没有直接就中国东部有无第四纪冰川做出判断，而是强调在确定冰川证据时需要注意古气候这个学科视角。他曾函告施雅风："中国冰川第四纪时代的分期方法不能拘泥于欧洲、北美办法，因我们是大陆气候，冬天雪少，夏季天热雨量多，所以比欧美造成冰川要难得多。"1980 年初，杨怀仁等提出第四纪中国东部（或东亚）存在一个气候上的"冷槽"，冰期时中国东部有关山地的雪线可以很低，有利于东部冰川发育，且是海洋性的。

著名大地构造学家黄汲清院士，在评论中国东部第四纪冰川有无问题之争时说："从中国第四纪沉积环境和古气候的研究，我们突破了欧洲经典式的四次冰期模式，开始建立多次气候波动模式……中国东部的第四纪冰川问题是一个'老大难'问题，有待不同观点的学者组织起来，联合攻关，予以解决。"在今后努力方向中，黄汲清明确提出应"进一步研究第四纪古气候并解决中国东部冰川问题"。

但由于古气候重建只能从受制于它的一些气候地貌、气候地层、古生物等自然现象作间接的论证，以及受科学技术发展水平所限，重建研究取得的进展无疑落后于中国东部第四纪古冰川研究的实践需求。加之对古环境的探讨大多是为论证地貌现象和沉积物成因服务的理论分析，相对最具本质的古冰川实证、冰期划分与对比研究，或相关学者热衷于"以存在于地层中的'古冰川堆积物当作古冰川作用最有说服力的证据来进行研究'"，故一直未受到应有的重视，甚至被视为"不那么迫切需要解决的理论问题""只是理论上的臆断"。直到1982年11月"分析"一文发表，此种缺乏深入讨论的局面才开始得到改变。

二、"将今论古"研究的典范

19世纪英国地质学家查尔斯·莱尔（Charles Lyell）提出的"现在是过去的钥匙"名言，后来被称为"将今论古"的现实主义原则和方法，它启示人们根据现今地球发生的各种地表过程及其地貌学、沉积学记录，研究地质历史时期的地球演变过程。作为历史性科学的就第四纪冰川研究，由于其时空尺度的特殊性（空间的广泛性和时间的漫长性）使得人们目前还无法在实验室再造冰川形成与进退的真实过程，只能根据观察到的地貌学、沉积学特征和年代学结果，遵循"将今论古"的原则或"均一性原理"，通过回溯推理进行因果性解释。因此，现代冰川的基础理论是相关学者必须具备的专业知识。"问题"及其作者的有关研究无疑是一个成功的典型范例。借用刘东生院士的话来说就是："现代冰川研究的功底使得他们对第四纪冰川作用与环境变化的研究具有别人无法比拟的坚实基础。"

李吉均具有长年在冰川作用地区的研究经验。早在1958年，施雅风组织中国科学院高山冰雪利用研究队，以相当规模进行祁连山现代冰川考察，李吉均领导四分队考察黑河上游的冰川。经过两个月艰苦考察，实地观察 5 条冰川，应用地形图与航空相片统计到 186 条冰川。1960 年命名的"八一"冰川就在此列。翌年，李吉均又领导一个队考察哈拉湖区的冰川，在疏勒南山主峰南坡发现一条溢出山谷冰川，是国内罕见的高山与高位盆地相结合的冰川类型。李吉均在研究现代冰川之始，就很重视冰川的物理性质，率先引入了苏联学者提出的大陆型冰川和海洋型冰川概念。他于 1960 年提出了高山冻原与冰川性质之间关系的看法，为重建末次冰期平衡线（雪线）、认识第四纪冰川可能分布区奠定了理论基础。认为除祁连山、天山等地的大陆性冰川之外，在川滇藏一带分布的冰川应该为海洋性冰川。此后，又发表了"祁连山平顶冰川""祁连山山地近期年龄及第四纪冰期探讨"等论文。

1973—1976 年，李吉均参加了青藏高原综合科学考察，担任冰川组组长。他带领冰川组对西藏自治区广大范围内的冰川，包括冰川性质、雪线变化、冰川发育与地形、大气环流关系，海洋性冰川与大陆性冰川的划分标志和界线，第四纪冰川变化与高原隆起关系，碳十四测年与地衣法测年的初步应用，冰川与洪水及灾害防治等一系列问题，进行了广泛的考察，取得了前所未有非常丰富的区域性冰川资料。经过十多年的研究，1986 年李吉均主编出版《西藏冰川》专著。该书中他把中国大陆性冰川和海洋性冰川的界限划定在丁青—嘉黎—工布江达—措美一线，确定了这两种不同性质冰川的各项气候和其他指标。

1978 年李吉均等去瑞士参加国际冰川编目工作会议，顺访了瑞士、法国、英国等八处与冰川有关的学术单位。1980 年 6 月至 7 月，李吉均在兰州大学主持举办了为期三个月的冰川沉积研究班，邀请英国地貌学家爱德华·德比希尔（Eadward Derbyshire）主讲。德比希尔系统地介绍了国外冰川沉积学方面的最新进展，并联系庐山和天山的实际，提出了鉴定古冰川遗迹的标志等。研究班采取野外与室内相结合，首先在庐山和天山地区进行了考察研究，之后集中在兰州进行讨论。结合中国现代冰川沉积，讨论了古冰川沉积的疑难问题。参与考察的多数学者，包括德比希尔、施雅风、李吉均、崔之久等，均认为庐山缺乏可靠的、足以用来判断冰川存在的证据。

1981—1982 年，李吉均又领导横断山区科学考察分队，应用多种新技术，对海洋性冰川与贡嘎山区冰川进行重点研究，并设置半定位观测站，对现代冰川做了详细测量，对冰川侵蚀和地貌、沉积与环境做了较深入的探讨，发现了稻城古冰帽与三次冰期遗迹。后于1996年主编出版《横断山冰川》专著，是继《西藏冰川》之后中国第二本区域冰川研究力作。1982年，他参加英国皇家地理学会组织的巴基斯坦境内的喀喇昆仑山现代冰川和第四纪冰川与地貌考察，成果刊于剑桥大学出版的《喀喇昆仑山国际考察专辑》。之后，频繁在青藏高原东北部的川西、黄河源、祁连山等地跋涉，在现代冰川与古冰川研究领域均有许多论著问世。1991年，以冰川研究、青藏高原隆起和黄河阶地三方面成果鼎托，李吉均顺利被选为中国科学院院士。

上述大量基础性的现代冰川与古冰川研究，特别是对冰川发生的气候条件、粒雪线实地观测的经验，无疑是李吉均此后研究中国东部山地第四纪冰川与环境的方法论基础，更是撰写"问题"一文讨论冰期气候的主要依据。

三、"问题"的主要观点及学术贡献

科学研究的目的是探索未知，学术讨论旨在求真、促进科学进步。通读"问题"一文，可将其主要观点及学术贡献归纳为下诸三个方面：

一是明确了冰期冷杉和云杉林与冰川的空间关系，长江中下游古雪线下降未达到发育冰川的程度。 冰川是寒冷气候的产物，冰期的来临必然给动植物、土壤和地质地貌等多方面带来深刻的变化。"问题"直言"分析"一文最根本的弱点是"假定平原在冰期时为冷杉林没有充分根据"，因为长江中下游平原孢粉组合中显示有大量的亚热带植物成分（油杉和凤尾蕨等）。"问题"推断长江中下游大量冷杉孢粉的出现主要是流水从山地针叶林搬运带来的，并不反映平原地区曾经有过冷杉、云杉为主的暗针叶林，更不是北半球横跨欧亚的暗针叶林带的组成部分。后来又进一步明确，晚更新世末次冰期中国东部暗针叶林的南界，没有超过辽东半岛及冀北山地。

关于华东地区晚更新世末次冰期的森林上限（"问题"推测目前3 000米左右），"问题"以日本发现的规律推算可降到1 500米的海拔高度，即当时华东山地海拔500—1 500米范围内应属山地暗针叶林，500米以下及平原地区为山地暖温带的针阔混交林和落叶阔叶林。依据天目山等产冷杉纯林孢粉诸地的高度，认为纬度接近天目山的庐山在冰期时牯岭一带应当属于垂直带谱的暗针叶林。同时，根据青藏高原东缘观测到的亚高山暗针叶林上限（4 000 米）在海洋性冰川地区与粒雪线的高差为 400—600 米（大陆性冰川相差达 1 000 米以上）之结果，指出庐山的高度在冰期时无论按海洋性冰川或大陆性冰川均不具备形成冰川的条件，因为雪线在 2 000 米以上均高于山顶。

"问题"利用与庐山同纬度的横断山区海洋性冰川研究成果，论证古雪线高度，得到广泛认可。但需要说明，最早将青藏高原东南部的横断山古冰川和中国东部第四纪冰川研究联系起来的是奥地利学者威斯曼。1932 年，威斯曼受国际联盟特聘来华任教，主要开设地貌学、区域地理和野外实习三门课程。威斯曼起初对李四光冰川假说是持怀疑态度的，在他看到黄山岩壁上的凹痕后转而支持李四光的观点。他以西部山区森林线与雪线高度相差的方法推论东部冰期时雪线，认为末次冰期在川西雪线为 4 000 米，向东到庐山"不得低于 2 600 米"，排除了大理冰期冰川作用的可能性，庐山等地的冰川遗迹只可能是更老冰期的产物，亦即"庐山冰期"古雪线比大理冰期还低 1 500 米。他特别注意到中国东部更新世雪线存在异常大的下降幅度，但后来从分布确切冰川遗迹的太白山、台湾高山等所得的雪线高度，证明威斯曼推论的数据是不够准确的。

二是指出中国东部冰期气候以干冷为主，水热组合是不利于冰川发育的。通过黄土—古土壤序列探讨中国第四纪时期的气候演变，长期以来吸引着国内外地质、地理、古生物和土壤学者们的注意。"问题"认为，中国北方的厚层黄土是冰期冬季风强大的产物，其中的古土壤则代表间冰期的温湿气候。冰期时草原南进、风成黄土向南扩张，证明冰期气候是干冷而非湿冷，这是不利于冰川发生的。在干冷的冰期，很难认为长江中、下游会处于降水条件较好的环境中，气温也未必较末次冰期更冷。1990 年，李吉均将末次冰期兰州黄土剖面与著名的南极东方站 16 万年来的冰岩芯氧同位素曲线进行了成功的对比，从而为黄土古气候记录研究开创了新局面。

至于亚洲东部里斯冰期是否存在比玉木冰期冰川规模大得多的问题，可从李吉均同年在《中国科学》发表的"庐山第四纪环境演变和地貌发育"一文得到解答。

他从孢粉、古动物群、古土壤及古雪线资料证明庐山在第四纪早、中期没有发育冰川的条件，指出："从气候带的移动来说，庐山地区在第四纪分别有过相当于华南沿海的热带季雨林气候，也有过相当于现今内蒙古的温带半干旱草原气候。无论按何种计算，均相当于气候带有过纬距为 10 度的变化……黄土南侵的事件在第四纪期间曾多次发生，本质上是冰期气候在东亚季风地区的特殊反映。但是晚更新世黄土南侵达到如此巨大的规模，并非冰期来临这个原因所能完全解释的。另一个重要的原因是中更新世以后青藏高原的大幅度隆升。"这一论述，进一步将中国东部第四纪冰川与环境的研究同青藏高原隆升紧密联系起来，解释了亚洲季风区冰期气候干冷不利于冰川发育。

三是指出计算古冰川物质平衡应遵循现代冰川的客观事实。冰川的物质平衡受许多因素控制，在现代冰川研究中是个难度较大的问题，因其逐年变化颇不稳定，研究古冰川的物质平衡则更是困难。"问题"于此指出泛冰川论者普遍接受"庐山冰期"时古冰川为海洋性冰川的概念，却又认为湍流交换和蒸发（凝结）潜热在热量平衡中很不重要，"可近似略去"。"问题"通过海洋性冰川感热和潜热在热量平衡中所占比例远大于大陆性冰川的观测事实，根据冰川的基本规律及其物质和能量平衡的经验方程，指出"分析"一文的计算是前后自相矛盾的，这在冰川学上是解释不通的。

"问题"进一步指出"分析"给出的某些冰雪质量正平衡数据，是在人为压低太阳总辐射、忽视感热和潜热在冰雪消融中的作用，以及给出过高的冰雪反照率（0.80）导致的。因为大陆性冰川粒雪区的反照率平均为 0.70，冰川冰表面为 0.40，海洋性冰川表碛厚度大，反照率更低。而根据"分析"所列数据，当反照率低于 0.75 时，冰雪质量差额均为负平衡。由于计算的前提经不起实践检验，故其结果是难以令人置信的。

总之，"问题"针对"分析"一文存在的不足所进行的科学讨论，对于深刻认识冰川的发育规律是有益的，对中国东部第四纪环境的研究起到了推动作用，是应该大力提倡和学习借鉴的。李吉均在中国东部第四纪冰川研究方面的诸多成果，详见于 1989 年科学出版社出版的《中国东部第四纪冰川与环境问题》专著。该书作为中国地理学界少见的经典之作，不仅纠正了已被认为"定论"的中国东部中低山区存在古冰川的误解，也得到了好评。正如黄汲清院士所说："最近施雅风、崔之久和李吉均等同志出版了《中国东部第四纪冰川与环境问题》专著，内容丰富，论证精详。他们的结论基本上否定了李四光学派的成果和观点。这是一件好事。百花齐放，百家争鸣嘛！"

我国高海拔多年冻土地带性规律之探讨*

程国栋

(中国科学院兰州冰川冻土研究所)

多年冻土南界以南一定的海拔高度以上出现的多年冻土称为高海拔多年冻土,而南界以北的多年冻土则叫作高纬度多年冻土。我国是一个多高山、高原的国家,高海拔多年冻土分布面积达173.2万平方公里,为全国多年冻土面积的80.6%,占北半球高海拔多年冻土面积的74.5%,居世界之最。而且分布集中,种类齐全。

总结近年来世界各地的大量高海拔多年冻土分布的资料,特别是我国的资料,高海拔多年冻土的分布具有明显的三向地带性:由热量南北差异引起的纬度地带性;由距海洋远近和大气环流特点造成的水分状况不同所产生的干燥度地带性;由热量和水分随高度变化造成的垂直带性。

在表述垂直带性时,国内外学者习惯于沿用高纬度多年冻土的分带方法。本文尝试结合高海拔多年冻土的特点,提出了新的分带方案,以求更客观地反映高海拔多年冻土的垂直分布规律。当论及多年冻土下界与纬度的关系时,以往的工作都采用了线性模式。本文则从全球规律着眼,采用高斯曲线对北半球资料进行了拟合,以探讨高海拔多年冻土纬度地带性的经验性数学模式。对于干燥度地带性,目前国内外均只有零碎而不全的记述,笔者在中德联合考察青藏高原东北部的工作中曾发现干湿程度对多年冻土下界高度的影响在

---

* 本文是在为1983年国际冻土会议准备的论文基础上写成的。王清逸、吴邦俊和傅连弟参加了计算工作。西德哥丁根大学地理所所长霍夫曼(J. Hövermann)教授对干燥度地带性问题作了指正,国际冻土会议主席裴伟(T. L. Péwé)教授就三向地带性问题提出了宝贵意见,周幼吾副教授惠阅全文。在此一并致谢。

40°N 左右以南和以北有相反的效应，从而对干燥度地带性作出了补充。在上述工作的基础上，本文首次采用了三向地带性的概念，以表述高海拔多年冻土分布的基本地理规律。

一、垂直带性

高海拔和高纬度多年冻土在分布模式上很不一致。对高海拔多年冻土而言，根据所谓的连续、不连续和岛状多年冻土在平面上的投影，我们可得到同为岛状但地温和厚度十分不同的各种多年冻土岛，所以这种分类方法对高海拔多年冻土是不适用的[1]。另一方面，高海拔和高纬度多年冻土又有发生上的共同性，它们均存在于能量水准较低的地带中。根据上述特点我们提出了如下以年平均地温为主要指标的高海拔多年冻土分带草案（表1）。草案中的上带相当于连续多年冻土；中带相当于不连续多年冻土；下带中的不稳定型相当于岛状多年冻土；而极不稳定型则相当于分布在多年冻土下界以下的洞穴冰和多年冻结的碎石[2-4]。

表 1 青藏高原多年冻土分带草案

Tab.1 Scheme for classifying the permafrost on Qinghai-Xizang Plateau into zones

带 名		年平均地温 ℃	多年冻土厚度 米	带界高度（Y）与纬度（x）的关系	带界处的年平均气温
上带	极稳定型	<-5.0	>170	$Y_5=111.1-1.72x$	-8.5
中带	稳定型	-3.0--5.0	110—170		-6.5
	亚稳定型	-1.5--3.0	60—110	$Y_4=108.6-1.72x$	-5.0
	过渡型	-0.5--1.5	30—60	$Y_3=106.2-1.72x$	-4.0
下带	不稳定型	+0.5--0.5	0—30	$Y_2=104.2-1.72x$	-2.0--3.0
	极不稳定型			$Y_1=101.0-1.72x$	

以此草案为基础，考察不同气候区的多年冻土垂直带谱可以发现：在大陆性气候区雪线处的年平均气温约-12℃（祁连山大雪山），该区的多年冻土可以有上、中、下三个带；在亚大陆性气候区，雪线处的年平均气温约-8.5℃（祁连山冷龙岭），该区的多年冻土有中、下两个带；而在海洋性气候区，雪线处的年平均气温约-4℃（西藏古乡），该区仅有一个下带（图1）。另一方面，在基带为上带的地区，多年冻土只有一个带；基带为中带的地区可以有上、中两个带；而基带为下带的地区则可以有上、中、下三个带。因此，不同海拔

高度、纬度和距海距离的组合可以有不同的多年冻土垂直带谱。

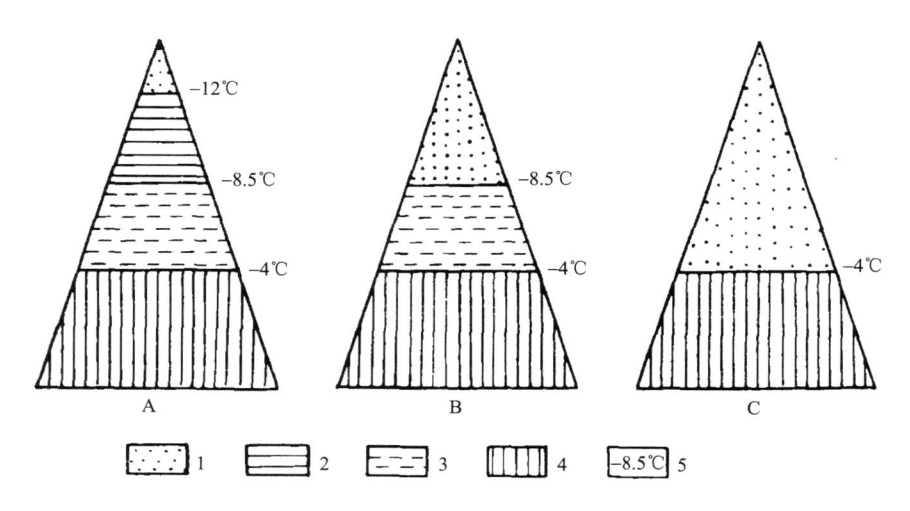

图 1 不同气候区的多年冻土垂直带谱

Fig.1 Vertical zones of permafrost in various climatic regions

1. 冰川 2. 上带 3. 中带 4. 下带 5. 年平均气温

A 大陆性气候区（祁连山大雪山为代表） B 亚大陆性气候区（祁连山冷龙岭为代表） C 海洋性气候区（西藏古乡为代表）

二、纬度地带性

如果雪线可以看作水在空间的相变线[5]，则多年冻土下界亦可看作土中水在空间的相变线，它和其它重要的自然地理要素（树线、雪线、山地寒漠土界线等）一样是自然环境的十分敏感的指标。以往的工作常用线性模式来描述多年冻土下界高度与纬度的关系。这在一定的纬度间隔范围内是适用的。但综观整个北半球高海拔多年冻土下界分布高度与纬度的关系，可发现此曲线与其他曲线——树线、雪线、山地寒漠土分布高度和纬度的关系曲线十分相似[1]。根据蒋忠信的意见，可用正态频率分布函数型曲线来描绘[6]。这一曲线具极值点和拐点，与线性模式明显不同。

我们尝试用高斯曲线对北半球高海拔多年冻土下界资料进行拟合，得到如下关系：

$$H=3650\exp[-0.003(\varphi-25.37)^2]+1428 \qquad (1)$$

式中：H——多年冻土下界高度（米）

φ——地理纬度（度）

将拟合结果与实测数据进行对比（图2），精度是较为理想的。

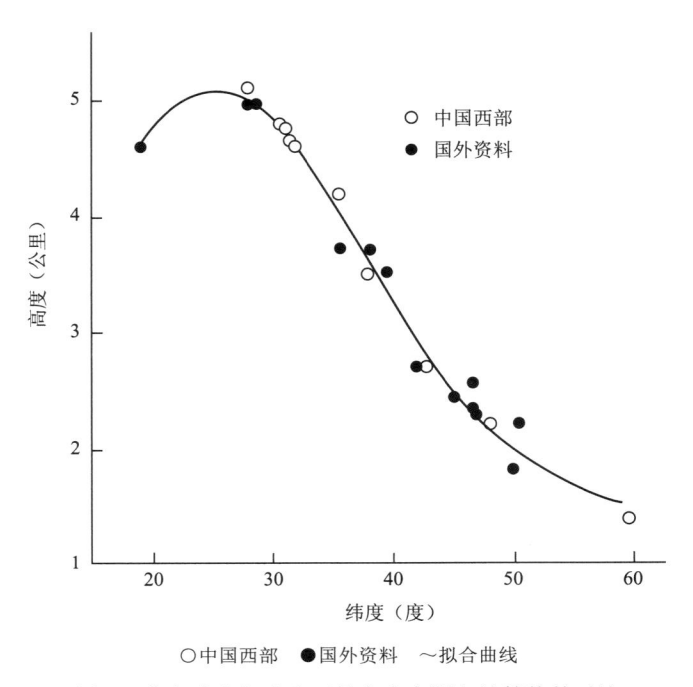

图 2　北半球多年冻土下界高度实测和计算值的对比

Fig. 2　Comparison of permafrost lower limit in Northern Hemisphere between observed and calculated values.

式（1）表明，多年冻土下界高度并非随纬度减小而单调递增，而是从赤道开始，下界值随纬度增大而升高，至极值点后，转而随纬度增大而降低。该极值点的纬度值为 25°22′，相应的多年冻土下界的最大值为 5,078 米。

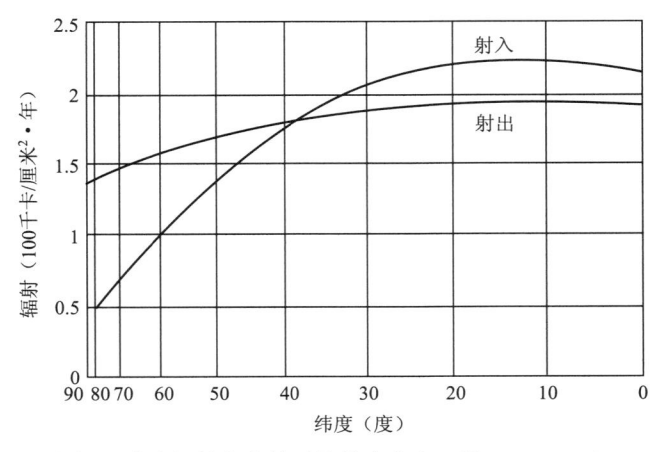

图 3　地球辐射收支的平均纬度分布（据 Houghton）

Fig. 3　Mean latitudinal distribution of earth's radiation budget.(after Houghton)

由图 3 可知，地球上的射入辐射也是从赤道开始随纬度而增加，在差不多 25°时达最高值，然后随纬度增大而递减。射入辐射大于射出辐射之值，也在差不多此纬度值附近达最大值[7]。显然可见，下界高度在 25°附近出现极值与地球上射入辐射及射入辐射与射出辐射之差值在该纬度附近出现最高值直接有关。

式（1）还表明，通过极值点后，下界高度随纬度增大而降低。先是以加速度下降，在拐点纬度 38°处达最大下降速度，然后再以减速度下降。由这一特点也可推知，青藏高原上多年冻土下界值随纬度的变化率比高纬度地区要大。

三、干燥度地带性

关于多年冻土下界随干燥度而变化的规律，国内外均研究得不多。Haeberli 在其论文[2]的图 2 中表示的多年冻土下界值随大陆性程度的增加而降低。Harris 和 Brown 指出由加拿大落基山的高原山向西，由于降雨增加，连续多年冻土下界将上升[3]。邱国庆等的工作亦表明，在中国天山，自西向东随着降雨减少，多年冻土下界的分布高程降低。但在青藏高原上的工作则得到了相反的结论：多年冻土下界随降水量的增加而降低。以祁连山为例，如以降水大陆度（ω）[9]作为衡量大陆度的指标，我们得到如下的回归方程：

$$H = 7789.5 - 121.3x + 8.3\omega \qquad (2)$$

式中：H——多年冻土下界高度（米）

x——纬度（度）

$$\mathrm{ctg}\omega = \frac{年降水量（毫米）\times 10}{海拔高度（米）}$$

（2）式的结果同样表明：多年冻土下界随降水量的增加而降低，与以往的结论相反。

对中国西部十年汇编气象资料作统计分析后，得到了年平均气温与海拔高度、纬度、降水量的关系：

$$T = b_0 + b_1 x_1 + b_2 x_2 + b_3 x_3 \qquad (3)$$

式中：T——年平均气温（℃） x_1——海拔高度（百米）

x_2——纬度（度） x_3——降水量（米）

b——系数

在不同纬度区间的系数 b 值及相应的相关系数 R 和剩余标准离差 S 见表 3。

表 2 祁连山多年冻土下界计算和实测值之对比
Tab.2 Comparison between observed and calculated permafrost lower limit in Qilian Shan

地 名	纬度	降水大陆度（度）	实测多年冻土下界高程（米）	计算多年冻土下界高程（米）	差值（米）
冷龙岭，百花掌	37°43′	34.9	3450	3504	+54
冷龙岭，白舌口	37°58′	34.9	3500	3473	−27
拉脊山，尕让	36°14′	41.8	3700	3742	+42
青海南山，橡皮山垭口	36°40′	40.8	3678	3680	+2
当金山口	39°21′	77.6	3650	3660	+10
柴达木山，大头羊煤矿	37°47′	74.4	3850	3861	+11
大通山，热水煤矿	37°40′	34.0	3480	3502	+22
走廊南山，龙羊河口叶家羊圈	39°14′	54.0	3520	3479	−41
河卡南山	35°49′	41.2	3820	3786	−33
鄂拉山北坡	35°40′	41.2	3850	3805	−45

表 3 不同纬度间隔时的 b 系数值*
Tab. 3 Values of coefficient b in different latitude sections

纬度	站数	b_0	b_1	b_2	b_3	R	S
≥44°	20	58.41	−0.42	−63.13	3.25	0.82	1.53
≥42°	38	66.70	−0.58	−71.46	1.41	0.91	1.55
≥40°	54	65.88	−0.57	−70.44	1.20	0.92	1.52
40°—32°	55	59.60	−0.57	−62.02	−3.84	0.98	1.03
38°—32°	39	67.32	−0.58	−73.87	−4.15	0.99	0.81
36°—32°	19	74.04	−0.59	−84.75	−4.22	0.97	0.80
34°—32°	11	82.88	−0.66	−94.23	−5.36	0.96	0.88

*此表以王清逸为主计算。

由表可见，与降水量有关的系数 b_3 在 40°N 以北为正值，而在 40°N 以南为负值。这表明，在 40°N 以北降水量增大造成年平均气温上升，而在 40°N 以南降水量增大反而引起年平均气温下降。换言之，在中国西部，干湿程度对年平均气温的影响在 40°N 南北具相反的效应。其原因是降水量大的地区往往相应有较大的云量。而云既能反射射入辐射、起降温作用，也能反射射出辐射起保温作用。如图 3 所示，在约 40°N 以北，射出辐射大于射入辐射，故云量增加主要起保温作用，造成年平均气温升高，相应地多年冻土下界上升。而在 40°N 以南，射入辐射大于射出辐射，故云量增加主要起降温作用，引起年平均气温降低，相应地多年冻土下界下降。

由于青藏高原位于 40°N 以南,故多年冻土下界随干燥度增加而上升,而其它高海拔多年冻土大多位于 40°以北,故多年冻土下界随干燥度的增加而下降,呈现了相反的变化趋势。

其它与干湿程度有关的局部因素如温度位移,雪盖等也会引起多年冻土下界的变化。

在降水量较多的地区,往往在山地的一定高度上形成山地草甸的过湿地带。据王中隆等在冷龙岭北坡的观测,从 7 月 18 日至 8 月 17 日的一个月中,过湿地带的蒸发耗热占辐射平衡的 69.1%[10]。这就大大地阻挠了土在夏季的增温。更重要的是,过湿的草甸在冻结时的导热系数远大于其在融化时的导热系数。因此,它在冬季时的散热速率远大于其在夏季时的吸热速率,从而形成"温度位移"。据 В. А. Кудрявчев 的资料,这种"温度位移"值可达 2—4℃[8]。这样,当地表年平均温度为正值时,其下仍可能有多年冻土存在,而相邻的干燥的裸地则往往无多年冻土。过湿草甸的这种性质使其往往成为多年冻土下界的指示。也正由于这种性质,在 40°N 以北造成多年冻土下界随干燥度增加而降低的斜率变小;在 40°N 以南则造成多年冻土下界随干燥度增加而升高的斜率变大。

在典型的海洋性气候地区,冬季积雪较厚。当雪盖厚度大于 0.5 米时,会造成多年冻土下界的明显抬升。这是造成 W. Haeberli 等所指出的那种变化趋势的最主要原因。但在我国西部高山、高原区,大部分地区处于大陆性或亚大陆性气候条件,冬季降雪甚少,雪盖对多年冻土下界的影响不明显,而上面所述的干湿程度的影响起了主导作用。

因此,当由大陆性气候向海洋性气候过渡时,多年冻土下界的变化将如图 4 所示。在 40°N 以南,当由大陆性气候向亚大陆性气候过渡时,雪线和多年冻土下界均下降,但多年冻土下降的幅度较雪线为小;当由亚大陆性气候向海洋性气候过渡时,雪线继续下降。但随

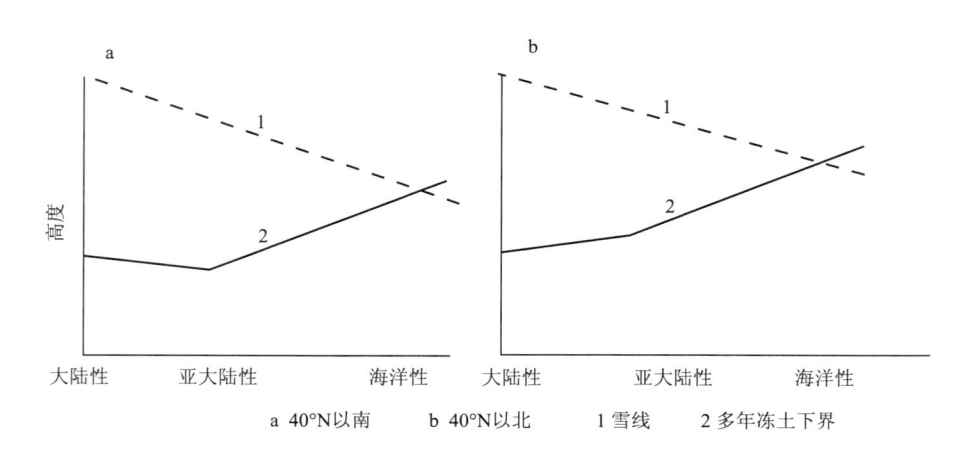

a 40°N以南　b 40°N以北　1 雪线　2 多年冻土下界

图 4　多年冻土下界随干湿程度的变化

Fig. 4　Change of permafrost lower limit with aridity

着雪盖的作用逐渐明显，多年冻土下界转而上升。在 40°N 以北，当由大陆性气候向亚大陆性气候过渡时，多年冻土下界上升而呈现与雪线相反的变化趋势；当由亚大陆性气候向海洋性气候过渡时，随着雪盖的影响逐渐增大，多年冻土下界的上升幅度亦相应增加。

四、结 论

1. 高海拔多年冻土分布的基本地理规律可用三向地带性来概括。

2. 高海拔和高纬度多年冻土有着发生学上的共同性，也有着分布特点上的不一致性。对高海拔多年冻土不宜搬用高纬度多年冻土现用的分带和命名方法；而可根据年平均地温分带以利于两者的对比，根据垂直带性命名以反映出高海拔多年冻土的特点。

3. 多年冻土下界随纬度变化的数学模式并非线性，而是与高斯曲线相近。

4. 干湿程度对多年冻土下界的影响，在北纬 40° 以南和以北具有相反的效应。

参考文献

[1] 程国栋，王绍令，冰川冻土，4(2), 1-17, 1982。
[2] Haeberli, W., *Proc.* 3rd *International Conf. on Permafrost*, 1, 379-384, 1978.
[3] Harris, S. A. and Brown, R. J. E., *Proc.* 3rd *International Conf. on Permafrost*, 1, 386-391. 1978.
[4] Gorbunov, A. P., *Proc.* 3rd *International, Conf. on Permafrost*, 1, 373-377, 1978.
[5] 牛文元，地理学报，35(4), 288-297, 1980。
[6] 蒋忠信，地理学报，37(1), 98-103, 1982。
[7] Critchfield, H. J., General Climatology, 12-23, 3fd Edition, Prentice-Hall Inc. 1974.
[8] Кудрявчев, В. А. и др., Методика Мерзлотной съемки, 49—84, 214—259, Изд-во, МгУ, 1979。
[9] 么枕生，气候学原理，155-220，科学出版社，1959。
[10] 王中隆，谢维荣，中国科学院兰州冰川冻土研究所集刊，3, 77-81, 1982。

PROBLEMS ON ZONATION OF HIGH-ALTITUDE PERMAFROST

Cheng Guo-dong

(*Lanzhou Institute of Glaciology and Cryopedology, Academia Sinica*)

Abstract

There is an obvious three-dimensional zonation in the distribution of high-altitude permafrost, namely, vertical, latitudinal and aridity (or longitudinal) zonation.

1. Vertical Zonation

The high-altitude and the high-latitude permafrost are quite different in distributional pattern. For high-altitude permafrost, according to the projection on plane there are so-called continuous, discontinuous and various isolated permafrost islands but with quite different ground temperature and thickness. Therefore, the method to divide permafrost into zones by using continuous coefficient and the names such as continuous, discontinuous and isolated are not convenient to high-altitude permafrost. On the other hand, the high-altitude and the high-latitude permafrost have common features in origin. They all are the products of heat and mass exchange between earth crust and atmosphere, and all exist in a zone with lower level of energy. New scheme for classifying high-altitude permafrost into zones has been suggested by using mean annual ground temperature as an index.

The vertical permafrost spectrums in various climatic regions are defferent. In continental region where the mean annual air temperature near snow line is about $-12°C$ (Daxue Shan, Qilian Shan), there are three zones. In sub-continental region where the mean annual air temperature near snow line is about $-8.5°C$ (Lenglong Ling, Qilian Shan), there are two zones. And in maritime region, the mean annual air temperature near snow line is above $-4°C$ (Guxiang, Tibet), there is only one zone. On the other hand, where the base zone is the upper zone we have only one zone; where the base zone is the middle zone we have two zones and where the base zone is the lowest zone, we shall have three zones. Various combinations of elevation, latitude and distance from ocean produce different permafrost vertical spectrums, so that the regional distribution of high-altitude permaftost could be better described than before by using the concept of permafrost vertical spectrums.

2. Latitudinal Zonation

The change of timeberline, snowline, boundary of mountain cold desert soil and permafrost lower limit with latitude is quite similar. By using the method of curve fitting, the empirical correlation between lower limit of high-altitude permafrost (H) and latitude (φ) has been obtained: $H=3650 \exp[-0.003(\varphi-25.37)^2] + 1,428$. Tentative application gives staisfactory results. Different from those linear mathematical models obtained before, this function has an extreme value and a point of inflection. As in dicated by these function starting from the equator, the permafrost lower limit rises with the increasing of latitude, and reaches its extreme value of 5078 m a.s.l. at the latitude of 25°22′ N. Then, descends as the latitude increasing. At the initial stage, the descending slope is steep, and reaches its maximum at latitude 38°N, then the slope becomes gentle with the increasing of latitude. These features of the function are closely related to the features of mean latitudinal distribution of earth's radiation budget.

3. Aridity (or longitudinal) Zonation

It has been found that, to the south of about 40°N the lower limit of the permafrost descends with the increasing of precipitation, but it is quite the contrary to the Nouth of 40°N, which may be explained as follows:

Based on the statistical analysis of meteorological data in Western China, it has been found that, to the north of 40°N, the mean annual air temperature rises with increasing precipitation, but it is contrary to the south of 40°N. The reason is that, the cloud cover can reflect both incoming radiation to cool the air and outgoing radiation to heat the air. In the north of 40°N, the incoming radiation is less than outgoing radiation, so that the main effect of cloud cover is to heat the air, therefore, the mean annual air temperature rises with increasing cloud cover or precipitation. Correspondingly, the permafrost lower limit rises. But to the south of 40°N, the incoming radiation is larger than the outgoing one, so the result is just the contrary.

Other local factors related to the moisture regime, such as temperature shift, snow cover and so on, will also cause the changes of permafrost lower limit.

In the continental and sub-continental regions of Western China, a super-wet belt of mountain meadow very often formed at a certain level with more precipitation. Because the evaporation in super-wet meadow expends large amount of heat in summer, and also because the "temperature shift" resulted from the much larger thermal conductivity of frozen super-wet meadow than that of thawed one, so the lower limit of permafrost is lower in super-wet meadow than in dry bare ground.

The permafrost lower limit does not simply rise from continental to maritime regions. To the south of 40°N, both the snow line and permafrost lower limit descent from continental to sub-continental climate, but the descending magnitude of lower limit is less than that of snow line; the snow line continuously descends from sub-continental to maritime climate, but the lower limit of permafrost rises with the increasing effect of snow cover. To the north of 40°N, the lower limit rises from continental to sub-continental climate, which is in contrary to the changing trend of snow line; and the rising magnitude of lower limit increases with the increasing effect of snow cover from sub-continental to maritime climate.

我国高海拔多年冻土地带性规律的新认识

马 巍　张中琼

一、引言

冻土是有规律的自然历史的地质产物，它具有现代或者古代地球上发生、存在、发展和分布规律所严格决定的特征（Zhang et al., 1999）。青藏高原是全球海拔最高、面积最大的独特地理单元，它的地质、地理因素及条件在不同区域的组合，决定着高原多年冻土发生、发展的地域差别（周幼吾等，2000）。

地带性规律是冻土学中的一个重要概念，它揭示了冻土在空间上的分布和变化规律，对于理解区域与冻土相关的生态、水碳循环、工程建设等相关要素及其演变过程具有重要理论和指导意义。程国栋院士1984年提出的"我国高海拔多年冻土地带性规律"是我国高海拔多年冻土研究的基点，是全球多年冻土研究理论的重要组成部分。三向地带性规律被国内外同行广泛认同和应用，并指导后续青藏高原及全球高海拔多年冻土区的冻土、冻土环境、冻土工程的研究。该规律促进了冻土学科的不断扩展和深入，以更好地服务区域社会经济发展。

在我国冻土几十年研究实践的基础上，深入理解高海拔多年冻土三向地带性规律的新内涵，以及其在学科发展中的指导作用，可以促进冻土研究从基础理论向冻土功能和服务的方向发展。

作者介绍：马巍（1963— ），男，甘肃天水人，中国科学院西北生态环境资源研究院研究员，中国地理学会会员（S110002556M），主要从事冻土力学与寒区工程、冻土物理学研究。E-mail: mawei@lzb.ac.cn

二、三向地带性规律的内涵

全球多年冻土主要分为高纬度和高海拔多年冻土。高海拔和高纬度多年冻土有着发生学上的共同性，但是在分布特点上有明显差别。程国栋院士1983年提出了以垂直地带性命名的方式更准确地反映高海拔多年冻土的特征，即高海拔多年冻土三向地带性规律，后整理成题为"我国高海拔多年冻土地带性规律之探讨"的论文，于1984年6月发表在《地理学报》上。在总结全球高海拔多年冻土分布资料，结合我国青藏高原高海拔多年冻土分布规律的基础上，提出了新的分带方案，更加客观地反映了高海拔多年冻土的垂直分布规律。

三向地带性规律包含由热量南北差异引起的纬度地带性，由距海洋远近和大气环流特点造成的水分状况不同所产生的干燥度地带性，以及由热量和水分随高度变化造成的垂直地带性。当论及多年冻土下界与纬度的关系时，论文从全球规律着眼，采用高斯曲线拟合建立了纬度地带性的经验性数学模式。对于干燥度地带性，论文发现高海拔地区干湿程度对多年冻土下界高度的影响，以及40°N左右南北相反的效应，是对干燥度地带性的重要补充。三向地带性规律从大的区域尺度上描述了青藏高原多年冻土分布的格局，以及影响多年冻土分布的水分-热量条件演变的地理条件，已被国内外冻土界同行用作分析、界定此类多年冻土的标准。三向地带性规律系统地解决了高海拔多年冻土调查和监测的基本工作原则和方法问题；解决了多年冻土分布格局，特征要素的演变规律、冻土特征图件的编制和在多年冻土上进行工程建筑的原则和方法问题等，成为在国际冻土研究中反映我国冻土研究成就方面的重要代表。

三、三向地带性规律对冻土研究的指导意义

我国冻土研究经过几十年的积累，已经在尺度维、问题维和要素维上有了很大的发展。从单要素-规律-局地短时间尺度发展到多(全)要素-过程和机制-半球(全球)百年尺度(宋长青等，2020)。研究的问题从最基本的规律研究到面向实践的

应用研究。地带性规律是后续研究的基石。高海拔多年冻土三向地带性规律阐述了高海拔多年冻土发育和发展的区域水-热条件，以及多年冻土及其特征要素的分布格局。根据三向地带性规律构建的基于高度、纬度和干燥度地带性的多年冻土年平均地温计算模型，是目前高原地区最广泛应用的获取多年冻土直接指标的经验模型。年平均地温与冻土分布、冻土地下冰发育、冻土稳定性等指标直接相关（Ran et al.，2012）。

高海拔多年冻土三向地带性规律控制和改变高海拔多年冻土的基本特征（冻土分布、多年冻土南界、多年冻土下界、活动层厚度、冻土厚度等），冻土特征要素（冻土地下冰发育和分布、冻土灾害发育），进而影响与改变环境格局和地表景观演变。在进行区域多年冻土不同时空尺度研究时，均以三向地带性规律为准则计算、分析不同时空尺度的冻土及其要素的时空演变规律和空间变异性，进一步阐述在气候变暖与环境变化条件下多年冻土的演化，以及冻土在生态-水碳-工程等方面的功能。多年冻土变化要素的变化直接影响冻土水-热-力-稳定性强化和劣化（Wu et al.，2024）。这种强化和劣化的过程受冻土要素演变地带性规律的制约。在多年冻土显著退化的区域，冻土区液态地下水增加，积累大量的热量，增加区域碳排放。区域水碳循环速率随之增加；在多年冻土退化成季节冻土时或在多年冻土融区，土的强度降低，变形速率和变形量均有质的变化。在地表出现区域环境的变化和地表景观的演替。因为冻土变化对水-热-力条件的改变，可能出现正向和逆向演替。比如草甸向湿地的演替，草原地区演替成黑土滩（Jin et al.，2021）。空间上表现出冻融灾害风险的增加。热融灾害风险的评估是以多年冻土活动层厚度和地下冰变化为基础的。多年冻土特有的热融灾害发育在特定的海拔高度范围。青藏工程走廊的热喀斯特湖主要发育在4 420—4 720米的高度范围，占区域湖塘总数量的93.4%。年平均地温和冻土类型（地下冰类型）是影响区域冻土斜坡失稳的主要因素，这两个要素受地带性规律控制。在80%的融化下沉破坏路段，由于热融洼地存在导致的路基变形路段占40%；在青藏公路路基下有约57%的路段存在融化夹层（吴青柏、牛富俊，2018）。

在冻土及其相关物理变化过程中，会对环境产生正、负两方面的效应（程国栋等，2019）。有利的方面有提升区域的绿化，增加短期水资源，降低长时间尺度工程建设和资源开采难度。不利的方面有冻融灾害风险的增加，林线的抬升，地基稳定性的降低，工程建设难度的增加和运营风险的提高，碳排放的增加。在未来气候变暖和环境扰动加剧的情况下，冻土研究将面临新的问题，例如，如何全面系统地评估冻土变化条件下的环境正负效应；如何有效利用有利的效应，预防和抑制不利的环境效应；在这个冻土变化的过程中如何保持和保障冻土工程的韧性；如何保证和提升冻土工程的服役性，适时精准地采取补强措施等。

冻土本身既是一种资源，也作为水资源、生态资源、碳的源汇能力等的重要控制和补给因素，在多年冻土的变化过程中，应依据地带性规律科学有效地通过调控冻土要素的变化过程和幅度，实现区域资源调控和资源的长效高价值利用。最终，在环境-工程-资源的综合评估和科学调控基础上，保障寒区环境-工程-资源的安全，充分发挥冻土在区域社会经济发展中的潜力，实现在温度2℃目标下区域可持续发展（吴青柏、牛富俊，2009）。

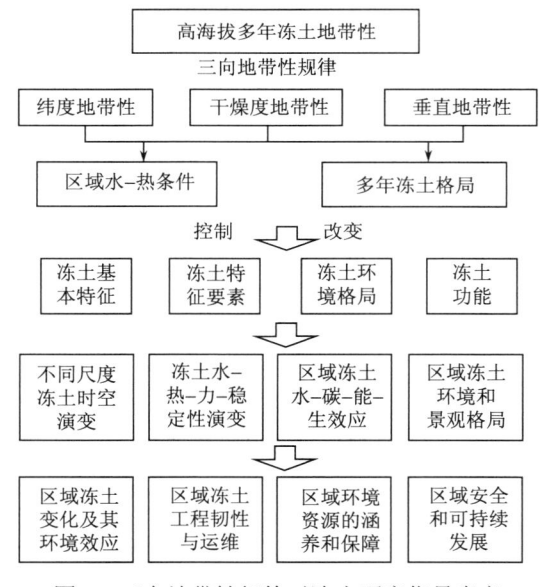

图 1　三向地带性规律对冻土研究指导意义

四、结语

高海拔多年冻土三向地带性规律是我国高海拔多年冻土研究的基石。通过纬度、干燥度、垂直地带性规律厘清冻土发育、演变、影响的时空格局。通过对冻土要素及其相关物理过程变化地带性规律的进一步阐述，为区域冻土环境-工程-资源的研究提供了基础原则和研究方法，服务于区域可持续发展。

参考文献

[1] 程国栋、赵林、李韧等："青藏高原多年冻土特征、变化及影响"，《科学通报》，2019年第27期。

[2] 秦大河、丁永建："冰冻圈变化及其影响研究——现状、趋势及关键问题"，《气候变化研究进展》，2009年第4期。

[3] 宋长青、张国友、程昌秀等："论地理学的特性与基本问题"，《地理科学》，2020年第1期。

[4] 吴青柏、牛富俊："青藏高原多年冻土变化与工程稳定性"，《科学通报》，2013年第2期。

[5] 周幼吾、郭东信、邱国庆：《中国冻土》，科学出版社，2000年，第37—58页。

[6] Jin, X., H. Jin, G. Iwahana, et al. 2021. Impacts of climate-induced permafrost degradation on vegetation: A review. *Advances in Climate Change Research*, Vol. 12, No. 1.

[7] Ran, Y., X. Li, G. Cheng, et al. 2012. Distribution of permafrost in China: An overview of existing permafrost maps. *Permafrost and Periglacial Processes*, Vol. 23, No. 4.

[8] Wu, Q., W. Ma, Y. Lai, et al. 2024. Permafrost degradation threatening the Qinghai-Xizang Railway. *Engineering*, https://doi.org/10.1016/j.eng.2024.01.023.

[9] Zhang, T., R. G. Barry, K. Knowles, et al. 1999. Statistics and characteristics of permafrost and ground-ice distribution in the Northern Hemisphere. *Polar Geography*, Vol. 23.

关于吸引范围及其模式与划分方法*

杨吾扬　梁进社

（北京大学地理系）

所谓吸引范围或腹地，即交通线或站、港的服务地区，或称为以线、站、港为中心的经济区。具体地讲，某货流在一个时期内要经过一些线，在一些站、港装或卸，就说该货流的发生地与接收地在这一时期内是这些线、站、港的吸引范围。本文旨在系统地总结、阐述和建立有关吸引范围的概念、体系基本模式和划分方法。

一、吸引范围的分类

（一）从时间次序上看，吸引范围有现状和远景之分

现状吸引范围是现有交通线及其站、港已形成的吸引范围。对其研究的主要作用是：了解交通线和站港同地区经济的联系，从而论证交通线和站港的经济地理意义；发现吸引范围内存在的不合理运输，以及与货流分布有关的交通线、站、港和生产单位在布局上的缺陷，并由此提出改进措施。

远景吸引范围是将来某个时期内由于运输网络和产销关系的变化，交通线、站、港的

---

* 本文蒙北京大学朱德威和铁道部第一勘测设计院祝景泰二同志协助和阅正，特此致谢。

吸引范围。对其研究的主要作用是推算未来运输网上的货流量及其分布，为交通线网的建设和将来的货流组织提供依据。

（二）按照运输联系的性质进行分类

可以认为，交通线网的全部吸引范围是由直接（地方）吸引范围、联合（直通）吸引范围和间接（通过）吸引范围共同组成的。目前对这种分类稍有不同看法，现提出来，供大家讨论。

首先说明，这里的所谓一段交通线是指下面的情形之一：（1）同种运输方式、相同级别的线路上两个相邻的分界点之间的部分，如图1的AC段、PQ段。而每一个分界点处必须有三个方向以上同种运输方式、相同级别的线路交会；（2）某一级别线路的尽端与它的相邻分界点之间的部分，如图1的CD段、AB段、RP段、PF段、SQ段、QG段；（3）某一级别线路上两个相邻的尽端点之间的线路，如图1的BE段、MN段和HT段。图中粗线的级别较细线高一级。

以上分法考虑了三点：（1）非同种运输方式的线路不能混在一起；（2）货流在三个方向以上的交会点处，往往发生重大变化；（3）支线与干线的衔接点对干线不起分段作用。

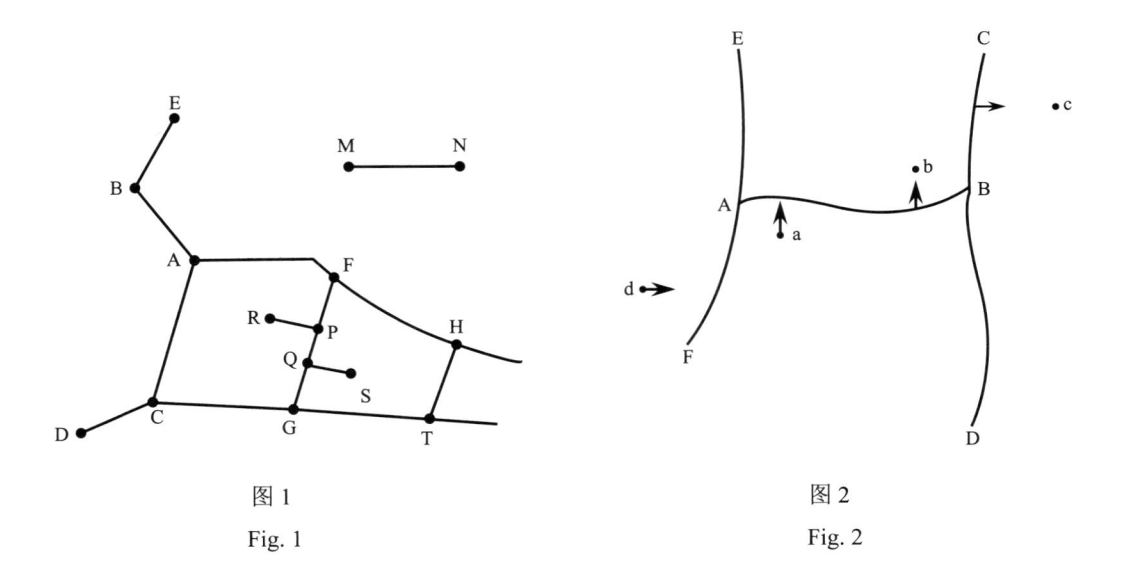

图 1
Fig. 1

图 2
Fig. 2

先对同种运输方式交通线的吸引范围分类。

1. 直接吸引范围：包括与该段交通线有直接运输联系的经济单位（厂、矿、市镇等）所组成的地带。这些经济单位物质（全部或局部）的调入或调出，从这些经济单位起，必须先经过该段交通线，且在其站（港）装或卸。如图 2 中 a 点的物资通过 AB 线运往 b 点，则 a、b 两点均属 AB 线的直接吸引范围。

2. 联合吸引范围：该段交通线非支干线关系的其它交通线直接吸引范围的物资，利用该段交通线联运，并在其站（港）装或卸，则把那个交通线的直接吸引范围称为该段交通线的联合吸引范围。如图 2 中 AB 线直接吸引范围 a 的物资运往 CB 线的直接吸引范围 c，则 CB 线的直接吸引范围 c 成为 AB 线的联合吸引范围。

3. 间接吸引范围：另外两条与该段交通线非支干关系的交通线，其直接吸引范围的经济单位互有运输联系，货物虽经过该段交通线，但不在其站（港）装或卸，则把其它二线的直接吸引范围称为该段线的间接吸引范围。如图 2 中 AF 的直接吸引范围 d 的物资需经过 AB 线运往 CB 线的直接吸引范围 c，则 c 和 d 均属 AB 线的间接吸引范围。交通线间接吸引范围内的运输联系，只有部分运输距离属于该线。

交通线各类吸引范围是具有一定的等级序列的。联合和间接吸引范围都是对于非支干线关系的交通线而言的，至于干线上支线的吸引范围，只要它的物资与干线发生联系，就属于干线的直接吸引范围。

站、港吸引范围的类别与它们所在线吸引范围的类别相对应。

如果货流从起点到终点是由多种运输方式完成的，吸引范围的分类应按不同的运输方式进行。其方法是，按照货流的途径，分别仅就一种运输方式考虑，而把其它运输工具所完成的路程设为零，再依上述分类原则进行。切记，货流发生装卸手续的站或港不可忽视。

二、用传统方法划分吸引范围

传统的划分方法一般指经济地理勘察法和运费比较算法。

（一）经济地理勘察法

对现状吸引范围来讲，其划分程序是：对既有线、站、港的现状货流进行调查，查明其分布——即起点、终点和路线；然后再按照各种吸引范围的定义分类归并，就可得出各类吸引范围。

对远景吸引范围来讲，其划分程序是：调查与分析所研究地域范围内未来的产销关系和产销量，以及与之相应的运输网络；然后会同有关部门进行合理的运输安排，找出货流的起止点和相应的线路；最后把各个经济点按照各种吸引范围的定义分类归并，从而得出各类远景吸引范围。

（二）运费比较算法

经济据点应为哪条交通线及站港所吸引，取决于三个条件：自然条件（山岭、河川的分布等）、经济条件和交通状况。显然，自然条件亦必通过运输条件起作用，如高山阻碍交通，从而使吸引范围缩小。故可根据每一经济单位的物质流向，结合具体交通线分布予以分析比较，确定其属何线、站、港吸引。一般用总的运输支出（运费和运距）最小的原则来划定界限。当然，实践中有时还必须充分考虑运费以外的因素，如线路通过能力，综合利用运输工具等。

1. 直接吸引范围的划分：以图 3 为例，我们研究经济据点 K 应归何线所吸引。其步骤为：（1）找出 K 点的货流方向，假定其来往于 K 与 D 之间。（2）查明 K 至 AB 线和 CD 线的站（港）P、Q 的支线距离 l支$_1$、l支$_2$（公里），和支线的运费率 t支$_1$、t支$_2$（元/吨公里），从而计算出两条支线的单位货物运费 l支$_1 \cdot t$支$_1$ 和 l支$_2 \cdot t$支$_2$。（3）根据 P，Q=站至 D 之距离 l干$_1$、l干$_2$ 和运费率 t干$_1$、t干$_2$，计算出各干线的单位货物运费 l干$_1 \cdot t$干$_1$ 及 l干$_2 \cdot t$干$_2$；在干线上货流有交点 M 场合下，可以 M 代 D，因 M 至 D 的运费对二线均同。（4）将经由 AB 线和 CD 线的装卸费用 t中$_1$、t中$_2$ 估入。（5）比较各径路的总运费 T_1、T_2，即：

$$\frac{T_1}{T_2} = \frac{l\text{干}_1 \cdot t\text{干}_1 + l\text{支}_1 \cdot t\text{支}_1 + t\text{中}_1}{l\text{干}_2 \cdot t\text{干}_2 + l\text{支}_2 \cdot t\text{支}_2 + t\text{中}_2} \tag{1}$$

图 3

Fig. 3

图 4

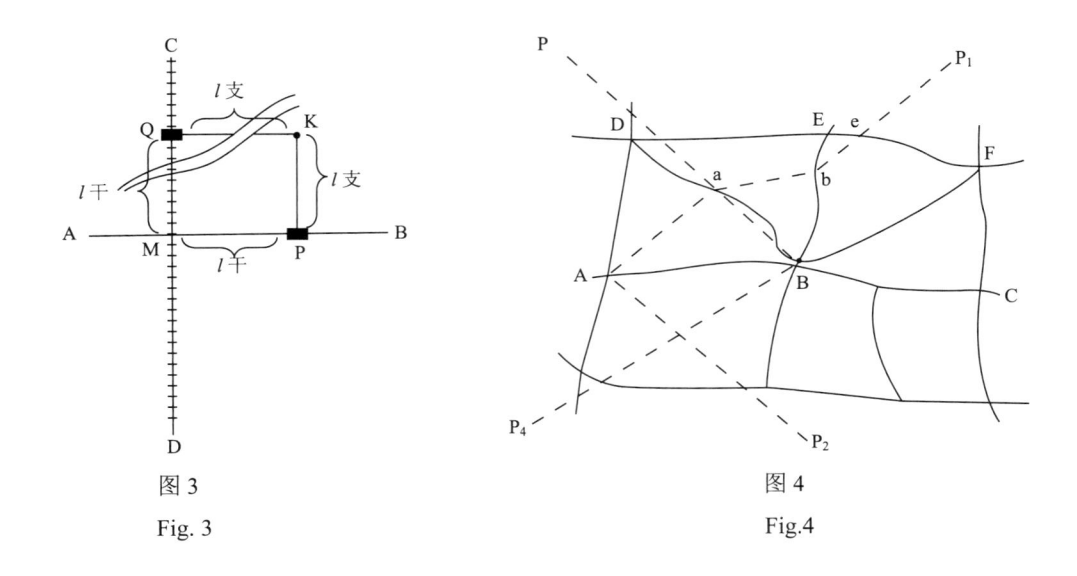

Fig. 4

如 $\frac{T_1}{T_2}$ <1，则 K 点属 AB 线直接吸引范围；

如 $\frac{T_1}{T_2}$ >1，则 K 点属 CD 线直接吸引范围；

如 $\frac{T_1}{T_2}$ =1，则 K 点位于二线之吸引范围的界线上。

设图中，l干$_1$=40 公里，l干$_2$=55 公里，l支$_1$=35 公里，l支$_2$=28 公里，t干$_1$=0.1 元/吨公里，t干$_2$=0.08 元/吨公里，t支$_1$=0.2 元/吨公里，t支$_2$=0.25 元/吨公里，两方面装卸费用各为 2 元/吨，另 K 至 Q 外加渡河费 1 元/吨，则：

$$\frac{T_1}{T_2} = \frac{40 \times 0.1 + 35 \times 0.2 + 2}{55 \times 0.08 + 28 \times 0.25 + 2 + 1} = \frac{13}{14.4} < 1$$

故 K 点属于 AB 线的直接吸引范围。

进而我们可以根据整个地区的货流和交通情况，求出各站港在各支线上的吸引分界点。显然，各点一定满足 $\frac{T_1}{T_2}$ =1。于是，式（1）成为：

l干$_1$·t干$_1$+l支$_1$·t支$_1$+t中$_1$=l干$_2$·t干$_2$+l支$_2$·t支$_2$+t中$_2$

设相邻二站港（如 P 与 Q）间支线距离为 l支，即 l支=l支$_1$+l支$_2$，则：l干$_1$·t干$_1$+l支$_1$·t支$_1$+t中$_1$ = l干$_2$·t干$_2$+l支$_2$(l支–l支$_1$)+t中$_2$ l支$_1$(t支$_1$+t支$_2$) =l支·t支$_2$+l干$_2$·t干$_2$–l干$_1$·t干$_1$+t中$_2$–t中$_1$，故

$$l支_1 = \frac{l支·t支_2 + l干_2·t干_2 - l干_1·t干_1}{t支_1 + t支_2} - \frac{t中_1 - t中_2}{t支_1 + t支_2} \quad (2)$$

在各交通线运费率基本一致，装卸费用差别不大条件下，可使 t干$_1$=t干$_2$=t干，t支$_1$=t支$_2$=t支。t中$_1$=t中$_2$，t中$_1$=t中$_2$。于是，式（2）成为：

$$l支_1 = \frac{l支·t支 + t干(l干_2 - l干_1)}{2t支} \quad (3)$$

将设图中的运费率统一。设 t 干=0.1 元/吨公里，t 支=0.2 元/吨公里，则求得分界点距 P 站之距离为

$$l支_1 = \frac{0.2 \times (35+28) + 0.1 \times (55-40)}{2 \times 0.2} = 35.25 \text{ km}$$

然后，依次求出所有相邻站港间的分界点，站港的吸引范围即得出。

2. 间接吸引范围的划分：不是任何交通线都具有间接（通过）吸引范围。孤立的交通线（如黄河中卫至喇嘛湾段的航线）只有直接吸引范围；尽端的交通线（如现在的兰青线）

则只有直接和联合吸引范围。位于线网之中的交通线，因有其它线路之间货物经过，往往有间接吸引范围，其大小取决于两端线网吸引区的大小和本线通过物资的集中程度。特别是联系两个运网的"咽喉线"，其间接吸引范围往往甚大。例如解放后京承铁路恢复通车前，京沈线天津—锦州段的间接吸引范围几乎包揽全国。

这里准备介绍用几何作图法来划分间接吸引范围，以图 4 为例说明之。

先求 AB 线的间接吸引范围，其步骤为：以 AB 线的两端点 A、B 为顶点，按最短径路原则求其四个通过扇面。先求 A 点的东北扇面 BAP_1，即在多边形 ABD 上找出一点 a，使 aBA=aDA；在多边形 ABED 上找出一点 b，使 bBA=bEDA；在多边形 ABFED 上找出一点 e，使 eEDA=eFBA。连接 Aabe，即得 BAP_1 扇面。同理还可以求出 A 之东南扇面 BAP_2，以及 B 站之西北扇面 ABP_3，西南扇面 ABP_4。这四个扇面组成的地域，除去 AB 线直接和联合吸引范围外，其余皆该线间接吸引范围。

用同样的方法可以求出其它各段交通线的间接吸引范围。

需要指出的是，在实际工作中有时把 AC 看作一个区段，曾有人认为，此时不仅要划 AB，而且还要划 BC 及 AC 的吸引扇面。我们认为此法可以简化，只需将各段线的间接吸引范围迭加即可。

由于货物运距最短，在各线段运费不等的场合下，不等于运费最小，故有时必须以径路运费最小的原则代替距离最短的原则来划分间接吸引范围。在实际划分中也要根据以下因素对界线进行修正，即：利用空返方向，利用运输密度不大的线路，充分发挥联合运输的效益等。

三、单纯吸引范围与混合吸引范围

在货物种类不多、货流方向单一的情况下，站港吸引范围的划分比较简单。然而，在地区经济和运输联系复杂的条件下，往往物资种类多，流向也不一致。因而，站港的直接吸引范围就不只能按一个运输方向来划，而应按所有主要的运输方向来划。

如图 5，根据地区物资流向 D，可以划出 P 站的吸引范围 abcdea；根据地区物资流向 C，则可以划出 P 站的吸引范围 agcdfea；根据地区物资流向 B，可以划出 P 站的吸引范围 bghfb。如此，P 站总的吸引范围 bcdfb 以内，aghea 所包围的面积，无论该区内何种物资作何种流向，均需经过该站，我们称其为该站的单纯吸引范围。而 aghea 以外的吸引地区，只有部分物资按流向属于该站，其余应归入相邻的站港。这部分外围地域是为该站与相邻站港的混合吸引范围。

图 5
Fig. 5

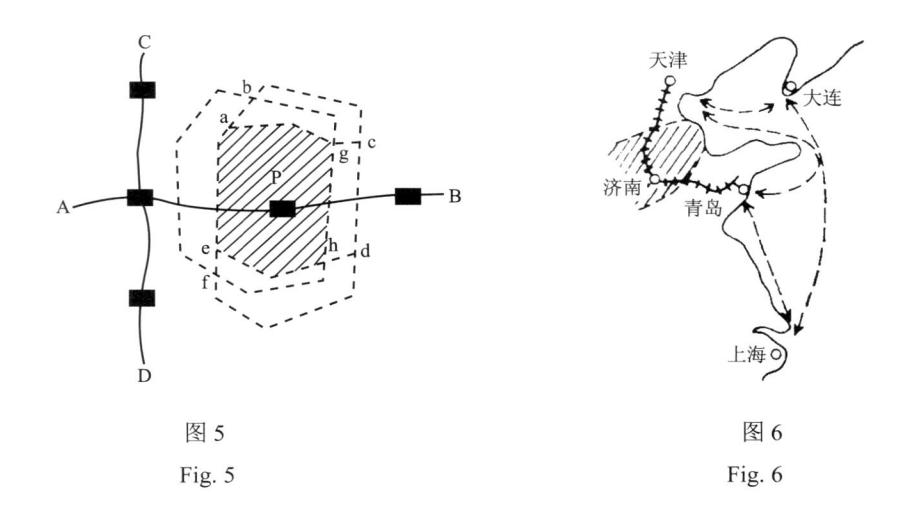

图 6
Fig. 6

重要的海港可以看作是尽端线上的站，只有直接和联合腹地，实际上一般所指仅为直接腹地。故而，在运输联系复杂、货流方向众多的海港间，区分其单纯和混合腹地更为重要。为此，试举一例如下（图 6）。

设天津与沿海各港运输联系的主要方向是大连港与上海港。天津距大连和上海的海上距离分别为 370 公里和 1 340 公里。邻港青岛距大连和上海的海上距离分别为 508 公里和 750 公里。天津、青岛之间陆上靠铁路联系，距离 750 公里。设沿海货物运输费用为 0.03 元/吨公里，铁路运费为 0.04 元/吨公里。求天津与青岛的陆上混合腹地。

先以大连为方向，求铁路线上的分界点。代入式（3），该点距天津为：

$$l支_1' = \frac{0.04 \times 750 + 0.03 \times (508 - 370)}{2 \times 0.04} = 426.75 (km)$$

即在济南以东 69.75 公里的胶济线上。

再以上海为方向，求铁路线上的分界点。代入式（3），该点距天津为：

$$l支_1'' = \frac{0.04 \times 750 + 0.03 \times (750 - 1340)}{2 \times 0.04} = 153.75 (km)$$

即在德州以北 85.25 公里的津沪线上。

单从天津港的两个货运方向来看，它与青岛港的混合吸引范围已相当辽阔。故对经济结构复杂、联系方面众多的站港，特别是大海港来说，它们之间的直接腹地界限都不是绝对的，而是互相重叠的。这在实践中甚为重要。

四、用图论中最短径路方法划分合理吸引范围

合理吸引范围的划分，是经济地理学、交通运输地理学的重要领域，是交通运输勘察设计的基础性研究。在地理学研究中，引进先进的数学方法是一种趋势。我们这里借用图论中的最短径路算法来解决合理吸引范围的划分问题。

1. 基本假设

设有 m 个经济点 V_i（$i=1, 2,\cdots,m$），它们可以是货物的发点或收点，亦可既是发点又是收点。这些点是各经济单位与公用运输相连接的点，称为外接点。任何一个外接点均有其服务范围，称为原吸引范围。这样，一货流就对应于两个原吸引范围。又设这些经济点所在的交通网已知，每两个外接点之间至少有一条径路连通，且通过能力不限。外接点对之间的运输关系如下：

$$\begin{pmatrix} a_{11} & a_{12} & \cdots & a_{1m} \\ a_{21} & a_{22} & \cdots & a_{2m} \\ \vdots & \vdots & & \vdots \\ a_{m1} & a_{m2} & \cdots & a_{mm} \end{pmatrix}$$

其中：a_{ij} 是第 i 个外接点运往第 j 个外接点的量；$a_{ii}=0$; $i,j=1, 2,\cdots,m$。

还应指出，许多经济点具有连接相邻两条线的作用，有些成为交通线的站港。货流在网络上移动，要消耗运输费用。另外，亦把中途装卸单位货物的平均装卸费用考虑进去。如图 7 中，V_2 点单位货物的平均装卸费用为 A_0，则（V_1,V_2）和（V_2,V_3）两段的相应平均运输费用均增加 $\frac{1}{2}A_0$。于是，各相应线段单位货物的平均总运输费用 r（V_i,V_j）（$i=1,2,\cdots,M$；$j\neq i$）V_j 是 V_i 的邻点，M 是运输网络中点的个数便可得出。如果一个点既可产生装卸手续，也可不产生装卸手续，或有几种类型装卸手续，则可把这个点作为几个靠得很近的点考虑，分别只具有一种可能性。

货流总是趋向于走运费最低的、即经济距离最短的线路。即若有时达不到运费最低，但总会向最低费用的线路逼近。故而走运费最低的线路，是合理吸引范围划分的基本原则。我们把这条径路称为理想径路。可以设想，按照这一原则，如果把各个货流的理想径路找出来了，那么，各线段、各站港的合理吸引范围也就清楚了。

图 7
Fig. 7

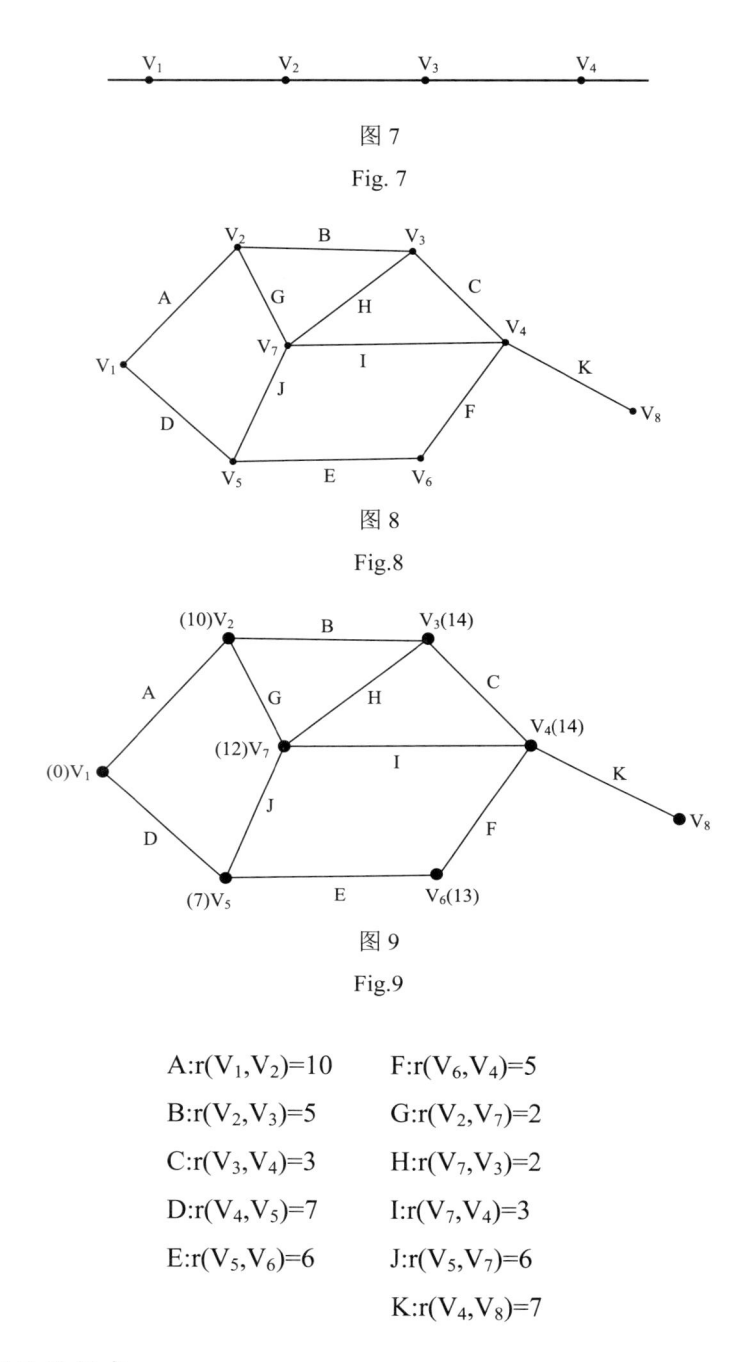

图 8
Fig.8

图 9
Fig.9

A:$r(V_1,V_2)=10$ F:$r(V_6,V_4)=5$
B:$r(V_2,V_3)=5$ G:$r(V_2,V_7)=2$
C:$r(V_3,V_4)=3$ H:$r(V_7,V_3)=2$
D:$r(V_4,V_5)=7$ I:$r(V_7,V_4)=3$
E:$r(V_5,V_6)=6$ J:$r(V_5,V_7)=6$
                    K:$r(V_4,V_8)=7$

2. 理想径路的推求

货物的理想径路包括从始发点到终达点的全过程。如何找出多条径路的最佳者，即总运费最佳的线路？我们采用标号法逐步推求。以图 8 为例。V_1 为货流的始发点，V_4 为货物的终达点，$r(V_i,V_j)$ 已知。

任意两点间的连线称为边。点 V_j 的标号 $b(V_j)$ 代表运输单位货物从发点（在图 8 中是 V_1）到 V_j 点的最小费用。如果 V_j 点已经有了标号，即 V_j 点是已标号点，就意味着从发点到 V_j 点的理想径路和从这条径路运输单位货物的费用已求出来了。

计算开始时令发点的标号为 0，即发点变成已标号点。如果计算是在一张图纸上进行，那么可以在发点旁写一个数字 0，并用方括号括起，表示这是该点的标号。

在图 8 中，令 $b(V_1)=0$，在 V_1 旁写一个（0），V_1 变成已标号点，见图 9。

每一轮的计算可以分成下面几个步骤：

第一步：找出具有下述性质的边(V_i,V_j)：一端 V_i 是已标号点，另一端 V_j 是未标号点。如果这样的边不存在，则计算结束。

在图 9 中，$b(V_1)=0$，这样的边有两条： (V_1,V_2) (V_1,V_5)。

第二步：对上步所找到的每一条边(V_i,V_j)计算一个数 $K(V_i,V_j)=b(V_i)+r(V_i,V_j)$（如果这个 $K(V_i,V_j)$ 在前边某轮计算中已经算出，就不必再算）。也就是说，$K(V_i,V_j)$ 等于边(V_i,V_j) 一端的标号 $b(V_i)$ 加上该段线路上的 $r(V_i,V_j)$。然后找出使 $K(V_i,V_j)$ 最小的边(V^*_i,V^*_j)）和点 V^*_i。若有好几条边和相应的点使 $K(V_i,V_j)$ 最小，则这些边和点全取。

在图 9 中：

$$K(V_1,V_2)=b(V_1)+r(V_1,V_2)=0+10=10$$

$$K(V_1,V_5)=b(V_1)+r(V_1,V_5)=0+7=7$$

$$\min\{K(V_i,V_j)\}=K(V_1,V_5)=7$$

第三步：把(V^*_i,V^*_j)画成粗线，把 V^*_j 变成已标号点，令 V^*_j 的标号 $b(V^*_j)=K(V^*_i,V^*_j)$，一轮计算结束。

在图 9 中，将(V_1,V_5)加粗，端点 V_5 得到标号 $b(V_5)=K(V_1,V_5)=7$，在 V_5 旁写一个（7）字。

在每一轮计算结束后，检查终点是否已得到标号了。如果是，则计算结束；否则，转向下一轮计算。

用以上步骤计算得到 V_1 到 V_4 的理想径路是(V_1,V_2,V_7,V_4)，如图 9 所示。

数学上已经证明，用标号法找到的径路是最佳的。在交通网复杂场合下，用电子计算机计算也很方便，此处从略。

3. 与各类吸引范围的对应

给每一边对应一个一维数组 $M_1(J)$, I=1, 2, …, N（N 等于网络的边数）；J 为一个很大的自然数。同样，每一个点也对应一个一维数组 $C_K(J)$, K=1, 2, …, M（M 等于交通网络中点的个数）。只要某一货流在某一时期内经过某段线路，或在某个点发生装或卸手续，就分别给这段线路和这个点所对应的数组赋文字型常数——这一货流的起点名称和终点名称。此时，这个数组就分别记录了它所对应的线段、站、港的吸引范围的名称。然后，把交通线各段线路和点还原成一个性质明了、级别清晰的网，按照各类吸引范围的定义逐个分类归并。则各类吸引范围包括直接、联合、间接吸引范围相应得出。

此外，如果某个站港点仅有一段线路与整个网络相连通，那么，它的发、收货物必须经过那一段线路，它周围的地区一定是这一站港点的单纯吸引范围。这类点称为单连通点。如果某个站港点与网络的通道不只一个，则这个点称为多连通点，它收发货物的方向是多个的。故该点所对应的吸引范围一般具有混合吸引范围的性质。

五、货运量与吸引范围的对应

对于现状吸引范围而言，要求我们根据货运量的地区动态来划定它；对远景吸引范围而言，则要求我们参照它来估算远景货运量。关于历史和现状货运量的调查，远景货运量的估算，已超出本题范围，这里只着重谈一下货运量与各类吸引范围的对应关系。

如表 1 所示，其中 $A_i(i=1, 2, \cdots, l)$ 为某一级别的一段线路上的站港点，$B_j(j=1, 2, \cdots, m$ 为其支线上的站港点，$C_k(k=1, 2, \cdots, n)$ 为与该线有运量联系的线外站港点。

表 1 运量与各类吸引范围的对应
Tab.1 The Correspondence of Freight Volumes with Drawing Regions

$X_{11}^{(1)}$	$X_{12}^{(1)}$	$X_{1l}^{(1)}$	$X_{11}^{(3)}$	$X_{12}^{(3)}$	$X_{1m}^{(3)}$	A_1	$Y_{11}^{(1)}$	$Y_{12}^{(1)}$	$Y_{1n}^{(1)}$
$X_{21}^{(1)}$	$X_{22}^{(1)}$	$X_{2l}^{(1)}$	$X_{21}^{(3)}$	$X_{22}^{(3)}$	$X_{2m}^{(3)}$	A_2	$Y_{21}^{(1)}$	$Y_{22}^{(1)}$	$Y_{2n}^{(1)}$
⋮	⋮	⋮	⋮	⋮	⋮	⋮	⋮	⋮	⋮
$X_{l1}^{(1)}$	$X_{l2}^{(1)}$	$X_{ll}^{(1)}$	$X_{l1}^{(3)}$	$X_{l2}^{(3)}$	$X_{lm}^{(3)}$	A_l	$Y_{l1}^{(1)}$	$Y_{l2}^{(1)}$	$Y_{ln}^{(1)}$
$X_{11}^{(2)}$	$X_{12}^{(2)}$	$X_{1l}^{(2)}$	$X_{11}^{(4)}$	$X_{12}^{(4)}$	$X_{1m}^{(4)}$	B_1	$Y_{11}^{(2)}$	$Y_{12}^{(2)}$	$Y_{1n}^{(2)}$
$X_{21}^{(2)}$	$X_{22}^{(2)}$	$X_{2l}^{(21)}$	$X_{21}^{(4)}$	$X_{22}^{(4)}$	$X_{2m}^{(4)}$	B_2	$Y_{21}^{(2)}$	$Y_{22}^{(2)}$	$Y_{2n}^{(2)}$
⋮	⋮	⋮	⋮	⋮	⋮	⋮	⋮	⋮	⋮
$X_{m1}^{(2)}$	$X_{m2}^{(2)}$	$X_{ml}^{(2)}$	$X_{m1}^{(4)}$	$X_{m2}^{(4)}$	$X_{mm}^{(4)}$	B_m	$Y_{m1}^{(2)}$	$Y_{m2}^{(2)}$	$Y_{mm}^{(2)}$
A_1	A_2	A_l	B_1	B_2	B_m	发站 收站 ✕ 收站 发站	C_1	C_2	C_n
$Z_{11}^{(1)}$	$Z_{12}^{(1)}$	$Z_{1l}^{(1)}$	$Z_{11}^{(2)}$	$Z_{12}^{(2)}$	$Z_{1m}^{(2)}$	C_1	W_{11}	W_{12}	W_{1n}
$Z_{21}^{(1)}$	$Z_{22}^{(1)}$	$Z_{2l}^{(1)}$	$Z_{21}^{(2)}$	$Z_{22}^{(2)}$	$Z_{2m}^{(2)}$	C_2	W_{21}	W_{22}	W_{2n}
⋮	⋮	⋮	⋮	⋮	⋮	⋮	⋮	⋮	⋮
$Z_{n1}^{(1)}$	$Z_{n2}^{(1)}$	$Z_{nl}^{(1)}$	$Z_{n1}^{(2)}$	$Z_{n2}^{(2)}$	$Z_{nm}^{(2)}$	C_n	W_{n1}	W_{n2}	W_{nn}

$X_{ij}^{(1)}$ 代表从 A_i 运往 A_j 的货运量（$i,j=1, 2, \cdots, l$）

$X_{ij}^{(2)}$ 代表从 B_i 运往 A_j 的货运量（$i=1, 2, \cdots, m; j=1, 2, \cdots, l$）；

$X_{ij}^{(3)}$ 代表从 A_i 运往 B_j 的货运量（$i=1, 2, \cdots, l; j=1, 2, \cdots, m$）；

$X_{ij}^{(4)}$ 代表从 B_i 运往 B_j 且经过干线的货运量（$i,j=1,2,\cdots,m$）；

$Y_{ij}^{(1)}$ 代表从 A_i 运往 C_j（$i=1,2,\cdots,l; j=1,2,\cdots,n$)的货运量；

$Y_{ij}^{(2)}$ 代表从 B_i 运往 C_j（$i=1,2,\cdots,m; j=1,2,\cdots,n$）且经过干线的货运量；

$Z_{ij}^{(1)}$ 代表从 C_i 运往 A_j（$i=1,2,\cdots,n; j=1,2,\cdots,l$）的货运量；

$Z_{ij}^{(2)}$ 代表从 C_i 运往 B_j（$i=1,2,\cdots,n; j=1,2,\cdots,m$）且经过干线的货运量；

$W_{ij}^{(1)}$ 代表从 C_i 运往 C_j 且经过干线的货运量（$i,j=1,2,\cdots,n$）；

$X_{ii}=0, X_{jj}^{(4)}=0, W_{kk}=0, i=1,2,\cdots,l; j=1,2,\cdots,m; k=1,2,\cdots,n$。

以粗线为界，表的左上方反映了该段线直接吸引范围内的运输联系；左下方与右上方反映了其直接吸引范围与联合吸引范围的运输联系；右下方则反映了其间接吸引范围内的运输联系。

可以看出，对每一级别的一段线路及其支线都可以列出一张上面的表来。

（一）干线的站港装卸量

$$\left(\sum_{j=1}^{l} X_{ij}^{(1)} + \sum_{j=1}^{m} X_{ij}^{(3)} + \sum_{j=1}^{n} Y_{ij}^{(1)}\right)$$ 为干线上第 i 个站港的装货量，$i=1,2,\cdots,l$；

$$\left(\sum_{j=1}^{l} X_{ji}^{(3)} + \sum_{j=1}^{m} X_{ji}^{(2)} + \sum_{j=1}^{n} Z_{ji}^{(1)}\right)$$ 为干线上第 i 个站港的卸货量，$i=1,2,\cdots,l$；

$$\left(\sum_{j=1}^{l}(X_{ij}^{(1)} + X_{ji}^{(1)}) + \sum_{j=1}^{m}(X_{ij}^{(3)} + X_{ji}^{(2)}) + \sum_{j=1}^{n}(Y_{ij}^{(1)} + Z_{ji}^{(1)})\right)$$

为干线上第 i 个站港的装卸量，$i=1,2,\cdots, l$；

则干线总装卸量是：

$$\sum_{i=1}^{l}\left[\sum_{j=1}^{l}(X_{ij}^{(1)} + X_{ji}^{(1)}) + \sum_{j=1}^{m}(X_{ij}^{(3)} + X_{ji}^{(2)}) + \sum_{j=1}^{n}(Y_{ij}^{(1)} + Z_{ji}^{(1)})\right]$$

（二）干线的地方货运量

$\sum_{i=1}^{l}\sum_{j=1}^{l} X_{ij}^{(1)}$ 为干线上的自我货物发送量与到达量；

$\sum_{i=1}^{l}\sum_{j=1}^{m} X_{ij}^{(3)}$ 为干线运往其支线的货物发送量；

$\sum_{i=1}^{l}\sum_{j=1}^{m} X_{ji}^{(2)}$ 为支线运往该干线的货物发送量，亦即干线来自其支线的货物到达量；

$\sum_{i=1}^{m}\sum_{j=1}^{m} X_{ij}^{(4)}$ 为干线上支线间经过干线的货物量；

$$\left(\sum_{i=1}^{l}\sum_{j=1}^{l} X_{ij}^{(1)} + \sum_{i=1}^{l}\sum_{j=1}^{m} X_{ij}^{(2)} + \sum_{i=1}^{l}\sum_{j=1}^{m} X_{ij}^{(3)} + \sum_{i=1}^{m}\sum_{j=1}^{m} X_{ij}^{(4)} \right)$$

为该干线的地方货运量。

（三）干线的直通货运量

$$\sum_{i=1}^{l}\sum_{j=1}^{n} Y_{ij}^{(1)} + \sum_{i=1}^{m}\sum_{j=1}^{n} Y_{ij}^{(2)} + \sum_{i=1}^{n}\sum_{j=1}^{l} Z_{ij}^{(1)} + \sum_{i=1}^{n}\sum_{j=1}^{m} Z_{ij}^{(2)}$$

（四）干线的通过货运量

$$\sum_{i=1}^{n}\sum_{j=1}^{n} W_{ij}$$

（五）干线的货运总量

$$\sum_{i=1}^{l}\sum_{j=1}^{l} X_{ij}^{(1)} + \sum_{i=1}^{l}\sum_{j=1}^{m} (X_{ji}^{(2)} + X_{ij}^{(3)}) + \sum_{i=1}^{m}\sum_{j=1}^{m} X_{ij}^{(4)}$$
$$+ \sum_{i=1}^{l}\sum_{j=1}^{n} (Z_{ji}^{(1)} + Y_{ij}^{(1)}) + \sum_{i=1}^{m}\sum_{j=1}^{n} (Y_{ij}^{(2)} + Z_{ji}^{(2)}) + \sum_{i=1}^{n}\sum_{j=1}^{n} W_{ij}$$

六、实用意义

吸引范围的研究，对我国当前的国民经济有突出的现实迫切性，主要体现在交通勘察设计和综合经济区划两个方面。

在我国工业现代化过程中，能源和交通是两大支柱。能源的开发利用又在很大程度上取决于交通的进展。无论交通线、网、枢纽的加强和新建，在勘察设计过程中，都要求对未来运量有较准确的估算，以根据需要确定分期建设规模。做到这一点的必要前提，是对设计线的吸引范围有合理的划分，使运量的预测有具体的地域范围，落到实处。近年来，我国拟新建的一些海港，在港址自然条件有利、投资可能的前提下，上马举棋不定，就是因为对腹地划分的理论与方法还不清楚，无法确定近远期规模之故。

经济区划在我国尚未全面展开。随着国土规划、区域规划的开展，划分全国和各地区经济区的工作必须同步进行，因为后者是进一步开展前者的基础。从苏联六十年来进行经济区划的经验来看，在社会主义制度下，随着生产力水平的提高和区际经济联系的扩大，经济区划的主要依据会发生阶段性变化，即：区划的主要着眼点是从动力系统过渡到大宗货流的地域结构，然后是以主要城市和工业区为核心的多级经济地域综合体网。我国经济区划的搞法当然不能拘泥于苏联的程式，但无论如何，考虑以能源、交通和中心城市来划分不同类型的综合经济区，已成定局。划分交通线、网、枢纽的近远期吸引范围，正是它们共同的基础性工作。中央提出我国经济发达地区以中心城市为依托形成经济区、改革经济管理体制，以及以重要城市和大工矿区为核心进行国土开发和区域规划，给经济区划工作指明了方向。因此，当前地理学界在经济区划方面的主要具体任务，应当包括对我国的大城市、大交通枢纽、大海河港口进行吸引范围或腹地的研究。吸引范围的理论和方法进展了，主要经济中心吸引的地域划分出来了，我国的各级经济区划应该是水到渠成之事。

吸引范围的研究在我国开展较晚，它的内在结构和计算方法都比较复杂，我们的论文只是这方面研究的开始，许多问题尚待深入探讨。

参考文献

[1] A. B. 高林诺夫, 铁路设计, 第一卷, 第二册, 王竹亭, 彭秉礼译, 人民铁道出版社, 1956。
[2] 铁道部第三设计院, 经济勘察与行车组织, 人民铁道出版社, 1959。
[3] P. Haggett and R. J. Chorly, Network Analysis in Geography, St. Martin''s Press, New York, 1969.
[4] T. R. Leinbach, "Network and Flows" in «Progress in Geography», Vol. 8, St. Martin's Press, New York,

1976.

[5] D. R. Anderson, D. J. Sweeney and T. A. Williams, An Introduction to Management Science, West Publishing Company, St. Paul, 1979.

[6] 三浦武雄, 浜冈尊, 现代系统工程学概论, 郑春瑞译, 中国社会科学出版社, 1983 年。

[7] 管梅谷, 图论中的几个极值问题, 上海教育出版社, 1981 年。

[8] 杨吾扬, 张国伍等, 交通运输地理学, 即将由商务印书馆出版。

THE DRAWING REGIONS, ITS MODELS AND DELIMITATION

Yang Wu-yang Liang Jin-she

(Geography Department, Peking University)

Abstract

The drawing region, or hinterland, is an area being attracted by transportation line, depot or port. Its theory and application are provided with immediate significance for transport techno-economic investigation and nodal economic regionalization in current China's modernizations.

Having referred to domestic and foreign documents, authors conclude a system of drawing regions with typology and hierarchy. The nature of a composite drawing region and its division into pure ones are fully expounded and paid attention to some ports' hinterland in China. An outstanding achievement of this paper is using the symbol method of graph theory to delimit direct, coordinative and indirect drawing bounds.

The authors design a table of correspondence between types of drawing region and kinds of freight volume. It can be used as the fundamental quantitative model for freight forecast of transport points, lines and networks, thus provides planning work with economic basis for decision making.

"关于吸引范围及其模式与划分方法"解读

贺灿飞

一、作者学术特色与贡献

"关于吸引范围及其模式与划分方法"一文发表在1985年《地理学报》第2期，作者是杨吾扬和梁进社。杨吾扬先生是我国著名的人文地理学家，在交通地理、区位论、商业地理、区域规划等多个领域做出了突出贡献，推动中国人文地理学计量化、科学化和模型化发展。杨吾扬先生强调学科内容上的传统与创新相结合，方法上的定性与定量相结合，方向上的理论与应用相结合。作为我国交通地理学的带头人，杨吾扬在该领域进行了开拓性研究，在我国率先将线性规划方法引入交通运输地理，创建了关于吸引范围、腹地的系统性理论；对中国陆路交通自然条件评价和区划的研究成果为制定中国公路自然区划行业标准奠定了基础。在商业地理方面，他将中心地理论巧妙地应用于北京商业中心和网点布局的选址和预测，并提出了产销区划的经济指标和模式，对空间市场理论进行了发展；在区域规划方面，他强调了风向在城市规划和工业布局中的最佳运用，并提出了风向与工业区布置的图式以及中国风向地理区划。

文章发表时，梁进社是杨吾扬先生的研究生，目前是北京师范大学地理学与遥感科学学院教授，长期从事经济地理学、自然资源与环境经济学的教学与研究。他

作者介绍：贺灿飞（1972— ），男，江西永新人，北京大学城市与环境学院教授，中国地理学会会员（S110005164M），研究方向为经济地理学。E-mail: hecanfei@urban.pku.edu.cn

参与此题目的研究时，正在北京大学地理学系攻读研究生硕士学位，指导教师是杨吾扬教授和朱德威教授；与杨吾扬先生合作的代表性论著还有《高等经济地理学》一书。

二、吸引范围划分的理论与实践意义

吸引范围或腹地的划分是经济地理学中的核心概念，对于经济地理学理论发展以及其在区域规划中的实践应用都具有十分重要的作用，不仅可以深化我们对经济地理现象和过程的理解，同时可为区域经济协调发展提供理论支持和实践指导。

从理论方面来看，吸引范围划分理论既丰富和完善了经济地理学的理论体系，又提供了新的研究视角和分析框架。一方面，吸引范围划分理论进一步深化了经济地理学中的空间结构理论，为理解区域经济的空间组织提供了有力的分析工具，同时也丰富了空间经济联系理论，揭示了区域间经济活动的空间分布规律和演变趋势，为理解区域经济一体化的内在机制提供了理论基础。另一方面，吸引范围划分理论基于综合性、层次性和动态性的视角审视区域经济现象。该理论综合考虑了地理位置、自然资源、经济联系、交通条件等多方面的因素，为分析区域经济的复杂性和多样性提供了新的思路和方法；该理论建立了一个层次分析框架，将区域经济划分为不同的层次和范围，有助于更加细致地分析区域经济的特点和差异；该理论强调腹地范围和特点是随着时间和条件的变化而不断变化的，为理解区域经济的动态演变过程提供了重要的理论支撑。

从实践方面来看，通过科学合理地划分腹地和吸引范围，能够为区域制定正确的经济发展策略提供理论依据，促进区域间的合作与交流，提升区域整体竞争力，为区域协调发展提供有力支持：一是指导区域经济发展。不同区域可以根据自身的特点和优势，制定更加符合实际情况的经济发展战略，确定适合自己的发展方向和路径，发展具有特色的产业，避免同质化竞争。二是优化资源配置。根据腹地划分的结果以及不同区域的经济联系和相互作用，政府和企业可以更加有针对性地优化资源配置，引导资源流向位于重要腹地、具有较大发展潜力的地区。腹地划分有助于整合区域内的自然资源、土地、劳动力、资本、知识、技术等各种资源，提升整个区域的竞争力。三是促进区域合作和交流。通过明确不同区域的经济联系和相互作用以及各个区域的腹地范围和特点，可以促进区域间的合作与交流，实现资源共享、优势互补，推动区域经济的共同发展。

三、文章主要内容和观点

"关于吸引范围及其模式与划分方法"一文系统总结、阐述和建立了有关吸引范围的概念、体系基本模式和划分方法。作者将吸引范围或腹地定义为交通线或站、港的服务地区，或以线、站、港为中心的经济区。文章首先基于时间次序和运输联系对吸引范围进行了分类，从时间次序来看，吸引范围具有现状和远景之分，而按照运输联系可以分为直接（地方）吸引范围、联合（直通）吸引范围和间接（通过）吸引范围。在此基础上，文章分析了吸引范围的具体划定方法。作者首先介绍了吸引范围的传统划分方法，包括经济地理勘察法和运费比较算法，并对单纯吸引范围与混合吸引范围的差异性和具体识别方式进行了说明，强调区域经济和运输联系复杂，往往物资种类多且流向也不一致，因而站港的直接吸引范围应按所有主要的运输方向来划分。随后，文章运用图论中的最短路径方法划分合理吸引范围，并通过提出基本假设、数学模型推导得出各类吸引范围的计算公式，这也是研究的核心内容。最后，作者重点讨论了货运量与各类吸引范围的对应关系，为科学预测交通运输量和制定交通规划方案提供了理论依据。

作者在文中强调，合理吸引范围的划分是经济地理学、交通运输地理学的重要领域，是交通运输勘察设计的基础性研究，在地理学研究中引进先进的数学方法是一种趋势。这也是杨吾扬先生大力推动我国地理学研究定量化、科学化和模型化的具体表现，成为其研究过程中的重要学术特色及学科贡献。作者在文章结尾处强调了科学划分吸引范围的实践意义，主要体现在交通勘察设计和综合经济区划两个方面。

四、文章简要评论

从文章撰写的时代背景来看，"关于吸引范围及其模式与划分方法"一文于1985

年发表。当时正处于改革开放的初期阶段，市场经济运作模式尚未形成，我国经济体制仍以计划经济为主，在经济发展的过程中十分重视对于各类需求的预测，并基于此编制各类发展战略规划以及开展重大建设项目。因此，经济地理和区域规划领域学者的研究中往往带有计划经济时代的色彩和烙印，比如以更好预测各类需求、服务国家和区域发展规划以及开展各类经济区划为重要研究导向。杨吾扬和梁进社的该项研究也不例外，其一大目的就是帮助相关政府部门预测未来交通量，为交通基础设施规划建设提供科学依据。尽管该项研究具有一定的时代局限性，在市场经济主导的今天或许存在一些缺陷，但在计划经济时期是具有重要实践和学术价值的。

从实践方面来看，无论交通线、网、枢纽的加强和新建，都要求对未来交通运输量进行较为准确的估算，以根据需要确定具体的规划建设方案。传统的吸引范围划分方法仅适用于简单的交通格局。杨吾扬和梁进社在研究中通过应用图论方法划分复杂交通格局中交通线路或设施的吸引范围，在当时具有较强的科学性和先进性。从学术方面来看，吸引范围和腹地划分的研究在我国开展较晚，其内在结构和计算方法都比较复杂。该文作为该领域早期重要的理论和方法探讨，不仅促进了国内吸引范围和腹地划分研究的兴起与蓬勃发展，同时作为一次将先进数学方法（图论）应用于地理学研究的尝试，影响了我国地理学研究的科学化、计量化和模型化的进程。尽管该文发表距今近 40 年，但其带来的影响力依旧存在。从知网显示的引用情况来看，尽管该文章整体被引用次数不算突出，但这主要是因为其发表时间有些久远，近几年仍然在为城市与区域规划、区位理论、交通运输等领域的学者提供参考借鉴。

在市场经济条件下，随着经济系统的复杂化，交通线、站、港的服务范围处于更易于变动的状态中，同时交通线、站、港与其服务范围也可能发生互动。不过，此文提出的不同级别交通线、站、港与服务范围的对应关系应仍旧成立。问题是这种关系由于现今变化较计划时代的更快，怎样对其研究才有意义。也许要引入交通网络与网络经济的研究路线。期望此文能激发这一方面的研究兴趣。

陕北黄土高原的土地类型及其评价

刘胤汉

（陕西师范大学地理系）

陕北黄土高原东起黄河峡谷，西至子午岭，南起关中平原北缘，北至长城沿线，是陕西省重要的农、林、牧业生产基地之一。由于水土流失严重，土地利用不合理，导致自然环境恶化，生态平衡失调，影响土地资源潜在生产力的发挥。进行土地类型及其评价的研究，对于认识土地资源的特性、结构、功能、演替以及确定区域大农业的构成与生产建设方针等都有着重要的意义。

一、土地类型形成与分异因素

陕北黄土高原土地类型的形成与分异，主要决定于沟间地、土石山地、河沟系统和沙滩地中小地貌发育过程，以及人类经济活动的影响。陕北黄土高原在构造上属于鄂尔多斯台向斜，基底主要是中生界砂、页岩，其上覆盖着第三系红土、第四系黄土，长江沿线一些地方还覆盖有冲积沙层和风积沙层。陕北黄土高原在地貌结构上，土石山地呈岛状分布，突兀于黄土高原之上，海拔在1500—1900米，西北部是白于山，作东—西向延伸；西部是子午岭，作北北西—南南东向延伸；南部是崂山和黄龙山，前者作北北西—南南东向延伸，后者作北北东—南南西向延伸。

处于上述山地之间的是一个海拔在1100—1400米，由黄土塬、梁、峁错纵组成的沟间地。黄土塬是厚层土状堆积物覆盖的高原，陕北群众称"塬"。塬的面积大小不一，视沟谷分布的密度为转移，目前保存的大塬，如洛川塬已不多见，其中有些塬被沟谷侵蚀，仅剩下极小的面积，陕北群众称"残塬"。黄土梁是厚层土状堆积物覆盖的长条形沟间地，由于形态的差异分为两类：（1）平梁，是塬再经分割而成，梁顶宽度在500—600米，纵向倾斜变化多在3°左右。（2）斜梁，是指大河谷坡受支沟切割形成的斜降梁地，也是陕北所指的梁，梁顶面积不大，坡度多在 3—5°。黄土峁是厚层土状堆积物覆盖的圆形或椭圆形沟间地，由于形态的差异分为两类：（1）连续峁，是平梁经沟谷再分割而成，两峁之间是地势洼下的分水鞍。（2）孤立峁，是斜梁再经沟谷分割而成，陕北群众所指的峁就是这种。

  河沟系统是由大河及其一、二级支流、溪沟和干沟组成。由大小河沟组成的河沟系统，常呈树枝状或扇形延伸，深切于土石山地和塬-梁-峁之间。大河及其一、二级支流，常年流水，有宽狭不等的谷地，发育着二至四级阶地，大河分为低阶地和高阶地两类，由两级冲积阶地构成的低阶地和河漫滩组成的川地，陕北群众称"米粮川"，由三、四级阶地构成的高阶地具有台地的性质，被厚层黄土所埋藏，属基座阶地。二级以下的支流，多具有溪沟的性质，一年中流水的时间较长，为数较多，发育在黄土状堆积物中，有些沟床已切割到基岩，谷底有曲流阶地，陕北群众称"沟坪地"。干沟除暴雨时期外，平时没有流水，发育在黄土状堆积物中，沟床很少切割到基岩，均为现代河流的支沟，为数极多，沟底不及溪沟的宽平，但沟床两旁有洪积坡积的缓坡地，陕北群众称"沟条地"。

  风沙滩地位于长城沿线，著名的毛乌素沙漠从定边到窟野河沿长城线分布，流动、半固定和固定沙丘以及平缓沙地交错分布，其间夹着盐碱滩盆地、下湿滩地和内陆海子。

  土地类型的发育是以中小地貌作为骨架的。陕北黄土高原的山地、黄土塬-梁-峁、河沟和风沙滩地四种地貌分异明显。在这四种地貌作为主导因素的基础上，形成四种性质截然不同的土地类型系统，而河沟与山地，黄土塬-梁-峁以及风沙滩地彼此纵横交错，这四种土地类型系统构成各具特色的格局。

  由于山地、塬-梁-峁、河沟和风沙滩地四种中小地貌的分布，重新分配了陕北黄土高原的温度、水分条件，使得在一定的地貌部位上出现了相似的土壤和植被分布。这些地质、地貌、土壤和植被之间的有机联系，就构成特有的土地类型。同样，由于各种土地类型的自然特点（植被覆盖、水土流失和土壤熟化程度等）经常与人类的利用、改造有着密切的联系，强烈反映出人类经济活动对土地类型作用的程度。因此，在陕北黄土高原土地类型的形成上也给予巨大的直接或间接的影响，有时甚至是决定性的作用。

二、土地类型的划分

目前，关于土地类型分级和分类系统及其命名，国内外尚缺统一的意见。以中国1∶100万土地类型图制图规范①中黄土高原土地类型划分系统作为基础，结合陕北黄土高原的实际加以补充修改，将陕北黄土高原土地类型划分为两级。第一级概括程度较高，只作为描述单位，它是以引起土地类型分异的大（中）地貌类型为依据，共划分为10个一级土地类型。第二级大致相当中国1∶100万土地类型图制图规范的第二级单位，它是以引起土地类型分异的中（小）地貌类型、土壤类型（亚类）、植被类型（亚类）以及人类经济活动等为依据，共划分为68个二级土地类型，作为制图的对象，以表的形式列出特征与适宜性评价。

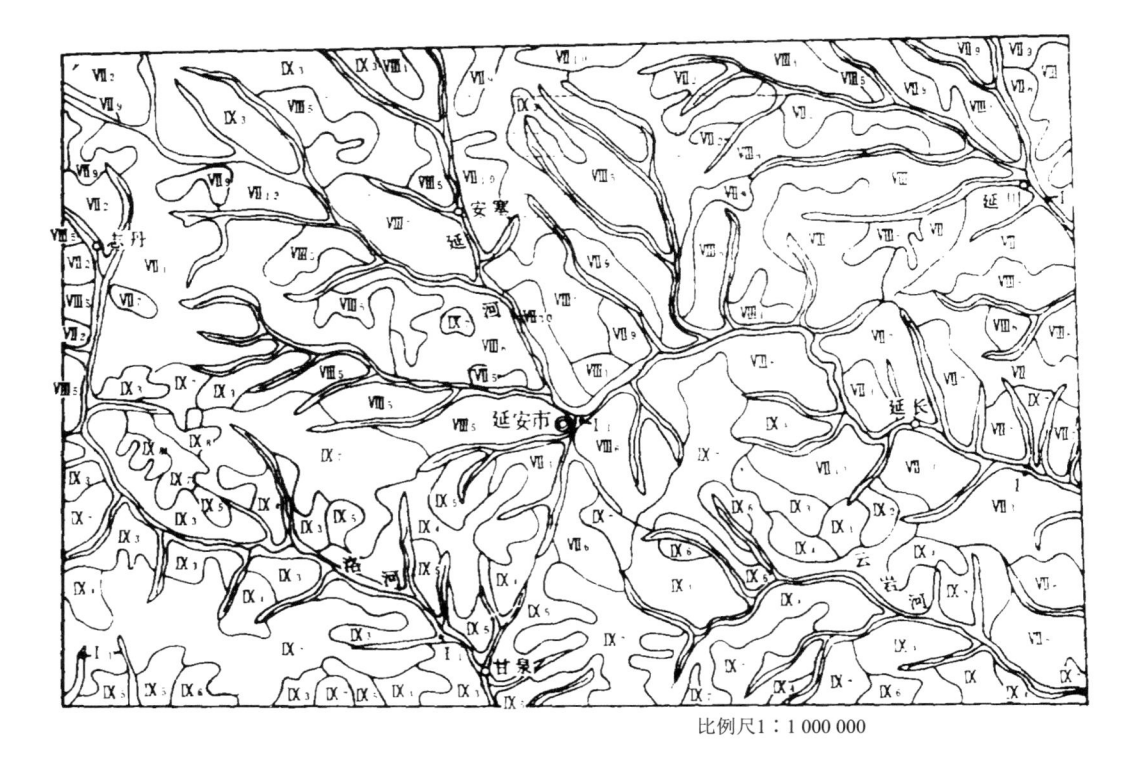

图1 陕北黄土高原部分地区土地类型图（图例说明是本文四有关表格）

Fig. Land types on a part of loess plateau northern shanxi sheng

---

① 中国科学院地理研究所，中国1∶100万土地类型图制图规范（试行草案第二稿），1983年，4月（油印本）。

对陕北黄土高原土地类型的划分，主要考虑以下四个原则：

1. 综合性原则 土地是个自然综合体，在划分土地类型时要考虑到组成土地类型的各个要素，才能全面地反映出所有因素相互作用的结果，把土地类型各组成因素的复杂属性综合成一个整体，而表现出质的特征，即成因—形态结构上的一致性，以别于其他土地类型。

2. 主导因素原则 在综合考虑各要素的基础上，突出地貌在土地类型形成、分异、演化中的主导作用。因为地势起伏引起水、热条件组合及其对比关系发生明显变化，特别是地理过程的不同，是水重新分配和物质迁移与累积的重要条件。导致植被和土壤在土地类型上产生相应地变化。

3. 要体现人类经济活动影响的原则 在人类经济活动强烈影响下，土地类型的属性成为自然-经济双重作用所形成的自然-历史综合体，其发展和变化更为迅速。因此，在强调自然因素的前提下，不可忽视人类经济活动的后果，这在分类中应有所体现（详见本文四）。

三、土地类型的演替与结构

土地类型的演替与结构指的是土地类型的质量与数量及对比关系在一定范围内所显示的群聚关系和分异规律。陕北黄土高原土地类型的演替可分为下列五个类型：

1. 黄土塬为主类型 主要分布于洛川、富县、黄陵和宜川以及其以南地区。主要土地类型属于黄土塬地性质和河沟地性质的各种土地类型。其演化过程：

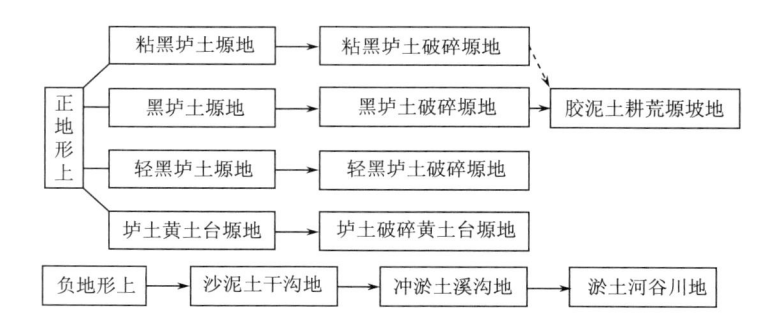

```
           ┌─ 粘黑垆土塬地 ──→ 粘黑垆土破碎塬地 ┐
           │                                    │
  正地     ├─ 黑垆土塬地  ──→ 黑垆土破碎塬地  ──┼─→ 胶泥土耕荒塬坡地
  形上     │                                    │
           ├─ 轻黑垆土塬地──→ 轻黑垆土破碎塬地──┘
           │
           └─ 垆土黄土台塬地→ 垆土破碎黄土台塬地

  负地形上 → 沙泥土干沟地 → 冲淤土溪沟地 → 淤土河谷川地
```

2. 黄土梁为主类型 分布于甘泉—宜川联线以北的广大地区。主要土地类型属于黄土梁地性质和河沟地性质的各种土地类型。其演化过程：

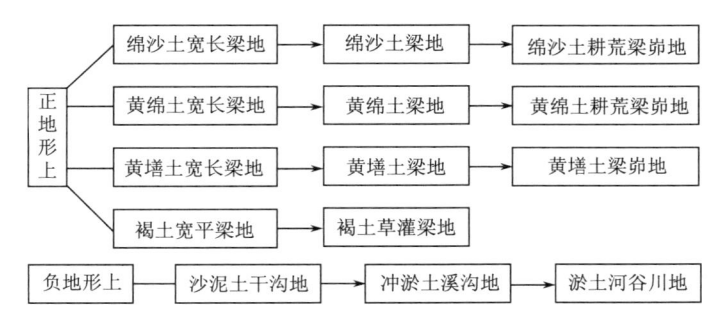

```
                ┌─→ 绵沙土宽长梁地 → 绵沙土梁地 → 绵沙土耕荒梁峁地
       正  ├─→ 黄绵土宽长梁地 → 黄绵土梁地 → 黄绵土耕荒梁峁地
       地  ┤
       形  ├─→ 黄墡土宽长梁地 → 黄墡土梁地 → 黄墡土梁峁地
       上  └─→ 褐土宽平梁地 → 褐土草灌梁地

       负地形上 → 沙泥土干沟地 → 冲淤土溪沟地 → 淤土河谷川地
```

3. **黄土峁为主类型** 分布于子长、绥德、安塞、米脂、清涧、子洲，佳县、吴堡等地。主要土地类型属于黄土峁地性质和河沟地性质的各种土地类型。其演化过程：

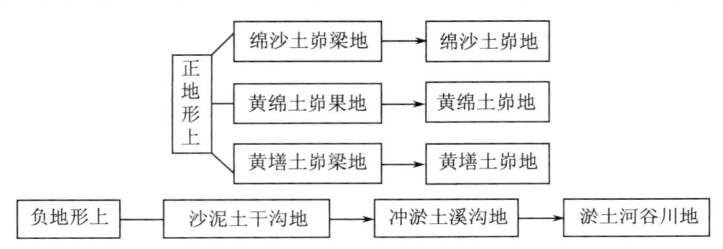

```
       正  ┌─→ 绵沙土峁梁地 → 绵沙土峁地
       地  ├─→ 黄绵土峁梁地 → 黄绵土峁地
       形  └─→ 黄墡土峁梁地 → 黄墡土峁地
       上

       负地形上 → 沙泥土干沟地 → 冲淤土溪沟地 → 淤土河谷川地
```

由于受现代流水侵蚀和重力作用影响，使黄土塬、黄土梁和黄土峁的发育呈现出不可逆性的特点，而河沟系统又趋于完善化。这是两个并行而性质截然不同的演化过程。

从以上三个演替类型的方框图看出：在正地形上，随着流水侵蚀强弱及塬地、梁地和峁地的发育程度，演化为不同的土地类型，总的来说，其面积是依次缩小的。在负地形上，随着流水侵蚀、堆积强弱及河沟的发育程度，经历着沙泥土干沟地、冲淤土溪沟地，而演化为淤土河谷川地。

4. **土石山地为主类型** 分布于子午岭、白于山、黄龙山和崂山等。主要土地类型属于土石山地性质和溪沟地性质的各种土地类型。由于受到人类经济活动的影响程度不同，利用途径各异，从而导致两个并行而截然不同的具有阶段性的可逆性的演化过程。

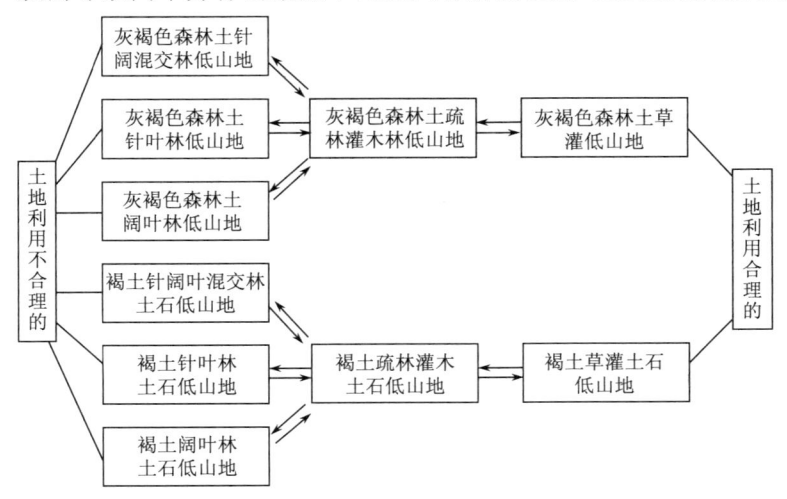

```
                 ┌─ 灰褐色森林土针阔混交林低山地 ─┐
                 │                              │
       土  ┌─── 灰褐色森林土针叶林低山地 ⇌ 灰褐色森林土疏林灌木林低山地 ⇌ 灰褐色森林土草灌低山地  土
       地  │                              ↑                                                  地
       利  ├─── 灰褐色森林土阔叶林低山地 ─┘                                                  利
       用  │                                                                                 用
       不  ├─── 褐土针阔叶混交林土石低山地 ─┐                                                合
       合  │                                │                                                理
       理  ├─── 褐土针叶林土石低山地 ⇌ 褐土疏林灌木土石低山地 ⇌ 褐土草灌土石低山地           的
       的  │                         ↑
            └─── 褐土阔叶林土石低山地 ─┘
```

5. 风沙滩地为主类型 分布于长城沿线的中、西段。主要土地类型属于风沙滩地性质和湖盆性质的各种土地类型。由于受人类经济活动的影响程度不同，利用途径各异，从而导致两个并行而截然不同的具有阶段性的可逆性的演化过程。

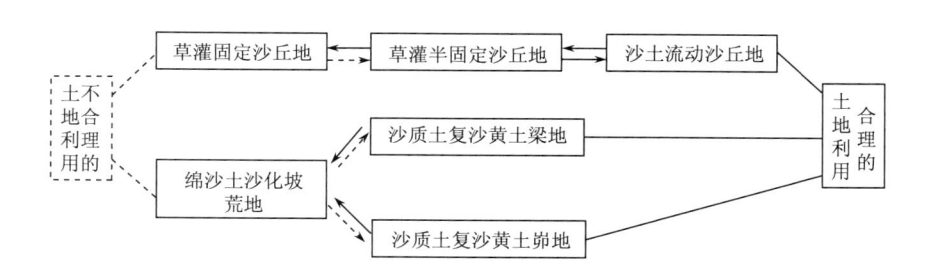

```
                    草灌固定沙丘地 ⇌ 草灌半固定沙丘地 ⇌ 沙土流动沙丘地
土    不              
地    合                                                              土  合
利    理              沙质土复沙黄土梁地                               地  理
用    的                                                              利  的
      ← 绵沙土沙化坡                                                   用
        荒地                                                         
                    沙质土复沙黄土峁地
```

从以上两种框图看出：土石山区和风沙滩地区土地类型演化过程，关键在于人类经济活动影响途径的正确与否及其影响程度的大小。森林火灾和不合理的过度砍伐、放牧以及毁林毁草耕垦，将会使（1）林地破坏，代之以灌丛草地或撩荒地；（2）草地破坏，引起沙漠化扩大，代之以流沙地。两者均导致生产力下降，环境恶化。合理而适度的土地利用则会使风沙滩地和土石山地向着更有利于人类经济活动的方向发展。

陕北黄土高原土地类型的结构复杂多样，主要有以下四种类型：

1. 成层状结构 即随着正、负地貌的不同，以及正地貌的增高，土地类型作有规律的成层分布。此种结构类型在陕北黄土高原具有广泛的普遍性。从河沟—塬梁峁—土石山呈明显的三层，在每一层地形部位上发育着一组性质近似的土地类型。即河沟、塬、梁、峁和土石山三个山地类型系统。

2. 重复交替结构 即几种主要土地类型在一定的范围内依次交替重复出现，以塬、梁、峁区最典型。这里是正地形——塬、梁、峁与负地形——河沟相间出现，座落其上的各种塬地、梁地和峁地土地类型分别与淤土河谷川地或冲淤土溪沟地多次交替重复出现。

3. 条带-树枝状结构 以河沟地最富有代表性。这是土地类型发育在负地形——河沟系统上，并受河流干支流条带-树枝状延伸所控制，主要是淤土河谷川地和冲淤土溪沟地。

4. 同心圆状结构 主要出现在湖盆滩地区。有两种情况：（1）淡水湖盆沼泽地→潜育草甸土下湿滩地→草甸土滩平地；（2）咸水湖盆沼泽地→盐渍土下湿滩地→沙盐化草甸土滩地。均以湖盆为中心，呈同心圆状，向外依次出现有规律的更替。

四、土地类型特征及其适宜性评价

为了较全面地了解土地类型的基本特征，并进行土地资源评价，为土地合理利用制定相应的改造措施，提供可靠的科学依据，本节以第一级土地类型作为描述对象，第二级土地类型列表介绍。

I. 河沟川道地

分布于河流沿岸和较大沟谷内，呈线状延伸，所处的地形部位最低。地面一般开阔、平坦，土厚、肥沃，水分充足，多有引灌条件，耕垦历史悠久，复种指数和集约程度高，生产潜力较大，是本区最重要的耕作业区，适宜以耕作业为主的农林牧业多种利用，但要注意防洪排涝。下分八个二级土地类型（见表1）。

表 1　河沟川道地二级土地类型

Tab.1　Second-level land types in "chuan" land

土地类型名称	自然特征 海拔（米）	地貌类型	土壤	植被	土地利用现状	主要自然灾害	水土流失程度	适宜性评价	改造利用措施
I₁ 淤土河谷川地	800—1100	堆积侵蚀阶地	淤土	人工植被	耕地	洪涝	无	宜农一等地	防洪扩大灌溉，提高灌水保证率
I₂ 复沙潮土河谷地	1000	阶地上有积沙	潮土	人工植被	耕地	洪涝、风沙	无	宜农三等地	植树造林、防风固沙
I₃ 淤沙土峡谷地	750—1050	峡谷	淤沙土	杂草	牧地	洪水	—	宜牧三等地	—
I₄ 淤土河谷阶地	500—650	河流阶地	淤土	人工植被	耕地	洪水	无	宜农一等地	防洪、扩大灌溉、提高灌水保证率
I₅ 冲淤土溪沟地	800—1000	溪沟	冲淤土	人工植被	耕地	洪水	无	宜农一等地	防洪、扩大灌溉
I₆ 沙砾土洪积扇地	550	洪积冲积扇	砂砾土	人工植被	耕地	洪水	轻度	宜农二等地	防洪、改造沙砾土
I₇ 沙泥土干沟地	800—1100	干沟	沙泥土	草甸	草地	洪水	中强度	宜收三等地	种植牧草
I₈ 胶泥土谷梁坡地	900—1100	梁坡、谷坡	胶泥土	人工植被	耕地	水土流失	中强度	宜牧二等地	退耕还牧、种植牧草

II. 沙地

分布于长城沿线，呈连片状延伸，缓起伏，风力作用显著，在西北风的吹扬下沙丘向东南移动，沙地不断扩大，土壤发育原始，构成一个独特的比较荒凉的生态环境。在半固定和固定沙丘上生长着沙生草类和灌木，是本区最重要的牧业区，适宜牧业发展。但要防止过度放牧和杜绝樵采。下分四个二级土地类型（见表2）。

表 2　沙地二级土地类型
Tab.2　Second-level land types in sand land

土地类型名称	自然特征 海拔（米）	地貌类型	土壤	植被	土地利用现状	主要自然灾害	水土流失程度	适宜性评价	改造利用措施
II₁ 沙土流动沙丘地	1000—1100	流动沙丘	沙土	沙生植被	无	风沙侵袭	强度风蚀	暂不宜利用	在沙区外围植树、造林、种草
II₂ 盐渍土湿沙地	1000	漫滩阶地	盐渍土	盐生草甸	无	盐碱质	无	改良后可作为宜牧地	开渠排水降低水位
II₃ 草灌半固定沙丘地	1000—1100	半固定沙丘	淡栗钙土	沙生灌木草类	牧地	风沙侵袭	中度风蚀	宜牧三等地	划区轮牧、适度放牧
II₄ 草灌固定沙丘地	1000—1100	固定沙丘	淡栗钙土	沙生灌木草类	牧地	风沙侵袭	轻度风蚀	宜牧二等地	划区轮牧、适度放牧

表 3　湖盆滩地二级土地类型
Tab.3　Second-level land types in bank land

土地类型名称	自然特征 海拔（米）	地貌类型	土壤	植被	土地利用现状	主要自然灾害	水土流失程度	适宜性评价	改造利用措施
III₁ 潜育草甸土下湿滩地	1000左右	湖盆	潜育草甸土	草甸	牧地	积水	无	宜牧二等地	开渠排水、划区轮牧
III₂ 盐渍土下湿滩地	1000左右	湖盆	盐渍土	盐生草甸	牧地	盐化	风蚀	宜牧二等地	引水洗盐、划区轮牧
III₃ 草甸土滩平地	1050	湖盆、河滩	草甸土	草甸植被	牧地	风沙侵袭	风蚀	宜牧一等地	划区轮牧、提高载畜量
III₄ 沙盐化草甸土滩地	1100左右	湖盆、河滩	沙盐化草甸土	盐生草甸植被	牧地	沙化盐化	风蚀	宜牧三等地	防风造林、淡水洗盐
III₅ 淡栗钙土草原高平地	1100	风蚀高平原	淡栗钙土	灌木、针茅	牧地	干旱	风蚀	宜牧二等地	适度放牧、培育牧草提高载畜量
III₆ 灰钙土草原高平地	1100	风蚀高平原	灰钙土	小半灌木、小针茅	牧地	干旱	中度风蚀	宜牧二等地	划区轮牧、适度放牧

表 4 复沙梁峁地二级土地类型
Tab.4 Second-level land types in "liang" "mao" with sand land

土地类型名称	自然特征 海拔（米）	地貌类型	土壤	植被	土地利用现状	主要自然灾害	水土流失程度	适宜性评价	改造利用措施
IV$_1$ 沙质土复沙黄土梁地	1000—1200	有沙的黄土梁	沙质土	耐旱灌木草类	坡荒地	风沙危害	中度	宜林牧二等地	退耕还林还牧，植树种草
IV$_2$ 沙质土复沙黄土峁地	1000—1200	有沙的黄土峁	沙质土	耐旱灌木草类	坡荒地	风沙危害	中强度	宜林牧三等地	退耕还林还牧，植树种草
IV$_3$ 绵沙土沙化坡荒地	1300—1500	以风蚀为主的山坡	绵沙土	风沙化耐旱灌木草类	坡荒地	风沙危害	中度	宜牧三等地	退耕还牧，大量种草
IV$_4$ 绵沙土沙化黄土台地	1200—1300	沙化黄土台地	绵沙土	灌木草类	耕牧地	风沙危害	中度	宜牧二等地	防风造林，种植牧草
IV$_5$ 硬黄土复沙黄土梁地	1100—1300	有沙的黄土梁	硬黄土	人工植被	耕地	风沙危害	中变	宜牧二等地	退耕还牧，种植牧草
IV$_6$ 硬黄土复沙黄土梁峁地	1300	有沙的黄土梁峁	硬黄土	稀疏草灌	撩荒地	风沙危害	中度	宜牧三等地	划区轮放，种植优质牧草

表 5 㘄地二级土地类型
Tab.5 Second-level land types in loess "lian" land

二地类型名称	自然特征 海拔（米）	地貌类型	土壤	植被	土地利用现状	主要自然灾害	水土流失程度	适宜性评价	改造利用措施
V$_1$ 绵沙土㘄地	1200—1400	黄土埋藏的沟谷	绵沙土	人工植被	耕地	风沙	轻度	宜农二等地	植树造林防风，提高旱农业生产水平
V$_2$ 绵沙土破㘄地	1200—1400	黄土埋藏的沟谷	绵沙土	以人工植被为主	耕牧地	风沙	中度	宜牧一等地	退耕还牧，造林种草，提高载畜量

表 6 塬地二级土地类型
Tab.6 Second-level land types in loess "yuan" land

土地类型名称	自然特征 海拔（米）	地貌类型	土壤	植被	土地利用现状	主要自然灾害	水土流失程度	适宜性评价	改造利用措施
VI$_1$ 轻黑垆土破碎塬地	1400—1500	破碎塬	轻黑垆土	人工植被	耕地	干旱	中度	宜农二等地	深翻改土，发展旱农业
VI$_2$ 垆土破碎黄土台塬地	1000—1100	破碎黄土台塬	垆土	人工植被	耕地	干旱	中强度	宜农二等地	深翻改土，发展雨养农业

续表

土地类型名称	自然特征 海拔（米）	地貌类型	土壤	植被	土地利用现状	主要自然灾害	水土流失程度	适宜性评价	改造利用措施
VI₃黏黑垆土破碎塬地	1100—1300	破碎塬	黏黑垆土	人工植被	耕地	干旱	中强度	宜农二等地	深翻改土，发展旱农业
VI₄黏黑垆土塬地	1100—1200	完整塬	黏黑垆土	人工植被	耕地	干旱	中度	宜农一等地	有条件的发展灌溉，深翻改土，提高单产
VI₅垆土黄土台塬地	1000—1100	黄土台塬	垆土	人工植被	耕地	干旱	中度	宜农一等地	有条件的发展灌溉，深翻改土，提高单位面积产量
VI₆胶泥土耕荒塬坡地	1000—1100	塬坡	胶泥土	灌木、草类	耕牧地	水土流失	中强度	宜牧二等地	水土保持，种植牧草，提高载畜量

表7 梁地二级土地类型
Tab.7 Second-level land types in loess "liang" land

土地类型名称	自然特征 海拔（米）	地貌类型	土壤	植被	土地利用现状	主要自然灾害	水土流失程度	适宜性评价	改造利用措施
VII₁绵沙土梁地	1100—1200	黄土梁	绵沙土	以人工植被为主	耕地	水土流失	强度	宜林牧一等地	退耕还林还牧，植树造林种草
VII₂黄绵土梁地	1100—1200	黄土梁	黄绵土	以人工植被为主	耕地	水土流失	强度	宜林牧一等地	退耕还林还牧，植树造林种草
VII₃黄墡土梁地	1100—1200	黄土梁	黄墡土	以人工植被为主	耕地	水土流失	强度	宜林牧一等地	退耕还林还牧，植树造林种草
VII₄绵沙土宽长梁地	1200—1300	黄土梁	绵沙土	人工植被	耕地	水土流失	中—强度	宜林牧一等地	退耕还林还牧，植树造林种草
VII₅黄绵土宽长梁地	1100—1200	黄土梁	黄绵土	人工植被	耕地	水土流失	中—强度	宜林牧一等地	退耕还林还牧，植树造林种草
VII₆黄墡土宽长梁地	1100—1200	黄土梁	黄墡土	人工植被	耕地	水土流失	中—强度	宜林牧一等地	退耕还林还牧，植树造林种草
VII₇黑垆土宽平梁地	1100—1200	黄土梁	黑垆土	人工植被	耕地	水土流失	中—强度	宜农二等地	水土保持，深翻改土，发展旱农业
VII₈褐土宽平梁地	1100	黄土梁	褐土	人工植被	耕地	水土流失	中—强度	宜农二等地	水土保持，深翻改土，发展旱农业
VII₉绵沙土耕荒梁峁地	1200—1300	黄土梁、峁	绵沙土	灌木草类	耕牧地	水土流失	中度	宜牧二等地	加强管护，划区轮牧，提高草场质量
VII₁₀黄绵土耕荒梁峁地	1200—1300	黄土梁、峁	黄绵土	灌木草类	耕牧地	水土流失	中—强度	宜林牧二等地	退耕还林，植树种草

续表

土地类型名称	自然特征 海拔（米）	自然特征 地貌类型	自然特征 土壤	自然特征 植被	土地利用现状	主要自然灾害	水土流失程度	适宜性评价	改造利用措施
VII$_{11}$ 黄墡土梁峁地	1100—1200	黄土梁、峁	黄墡土	人工植被	耕地	水土流失	中—强度	宜林牧二等地	退耕还林还牧，植树造林种草
VII$_{12}$ 黄绵土草灌梁峁地	1200—1300	以黄土梁为主	黄绵土	灌木草类	牧地	水土流失	中度	宜牧二等地	划区轮牧，加强管护，提高草场质量
VII$_{13}$ 褐土草灌梁地	1100—1200	黄土梁	褐土	灌木草类	牧地	水土流失	中度	宜牧二等地	划区轮牧加强管护，提高草场质量
VII$_{14}$ 轻黑垆土梁地	1400	黄土梁	轻黑垆土	人工植被	耕地	水土流失	中—强度	宜林牧一等地	退耕还林还牧，植树造林种草

III. 湖盆滩地

分布在长城沿线，呈斑块状镶嵌在沙地中，多以湖泊为中心，地势低平坦荡，地下水位高，发育着草甸潜育土和沼泽土，生长草甸植物，是本区主要的牧业区，放牧历史悠久，牧业生产潜力大，但要防止风沙和盐渍化。下分六个二级土地类型（见表3）。

IV. 复沙梁峁地

分布在长城沿线以南，呈断续状，下复地貌是黄土梁和黄土峁，由于风沙南移，黄土梁和黄土峁已沙漠化，有的已形成沙丘，风蚀和水蚀均较强，是本区农牧交错区。由于人类经济活动影响强烈，水土流失和风沙化严重，已导致自然条件恶化，亟需防止水土流失和风沙扩大。可分六个二级土地类型（见表4）。

V. 㓎地

分布于洛河、无定河等河源区，以白于山坡为主。㓎地发育在黄土埋盖的古沟谷，由于现代沟谷发育很少，其形态还保持黄土铺盖后形成的原始宽浅谷地特征，土层深厚而肥沃，人类经济活动影响深刻，是本区主要的旱农业区，但有风沙危害。下分两个二级土地类型（见表5）。

VI. 塬地

主要分布于本区南部，呈连片状。是本区分布部位居中的土地类型。塬地起伏不大，在厚层黄土和较干燥气候条件下，生长干草原植被，发育着黑垆土等，土层厚而肥沃，农业开发历史悠久，是本区最重要的耕作业区之一，适于以旱农作物为主的农林牧多种利用。但干旱对农业生产威胁较大。下分六个二级土地类型（见表6）。

VII. 梁地

主要分布于本区的中、北部，呈带状延伸，也是本区分布部位居中的土地类型之一。

梁地水土流失严重，土壤遭到强烈侵蚀，在干燥气候条件下，生长干草原植被，主要发育着黄绵土和绵沙土。农业耕垦的历史较久，以广种薄收为主，土地利用极不合理，地力衰退，环境条件已趋向恶化。要彻底改变目前以耕作业为主的生产建设方针，今后应该成为本区主要的林、牧业生产基地。但要作好水土保持工作和布局好林、牧业用地。下分十四个二级土地类型（见表 7）。

表 8 峁地二级土地类型
Tab.8 Second-level land types in loess "mao" land

土地类型名称	自然特征				土地利用现状	主要自然灾害	水土流失程度	适宜性评价	改造利用措施
	海拔（米）	地貌类型	土壤	植被					
VIII₁ 黄绵土峁地	1100—1200	黄土峁	黄绵土	人工植被	耕地	水土流失	强—极强度	宜林牧三等地	退耕还林还牧，植树种草
VIII₂ 黄墡土峁地	1100—1200	黄土峁	黄墡土	稀疏草灌	撂荒地	水土流失	强度	宜林牧三等地	植树种草，布局好林、牧地
VIII₃ 绵沙土峁地	1200—1300	黄土峁	绵沙土	人工植被	耕地	水土流失	强度	宜牧三等地	退耕还牧，种植牧草
VIII₄ 绵沙土峁梁地	1200	黄土峁、梁	绵沙土	人工植被	耕地	水土流失	强—极强度	宜牧三等地	退耕还牧，种植牧草
VIII₅ 黄绵土峁梁地	1100—1200	黄土峁、梁	黄绵土	人工植被	耕地	水土流失	强—极强度	宜林牧三等地	退耕还林还牧，植树造林种草
VIII₆ 黄墡土峁梁地	1100—1200	黄土峁、梁	黄墡土	人工植被	耕地	水土流失	强—极强度	宜林牧三等地	退耕还林还牧，植树造林种草
VIII₇ 轻黑垆土峁梁地	1300—1400	黄土峁、梁	轻黑垆土	以人工植被为主	耕地	水土流失	强度	宜牧三等地	退耕还牧，种植牧草，提高牧草质量

VIII. 峁地

主要分布于本区的北部，呈斑点状，也是本区内分布部位居中的土地类型之一。峁地水土流失极为严重，土层薄而贫瘠，土地生产力极低，在不合理的耕垦影响下，生产力持续下降，已导致恶性循环。要改变目前以耕作业为主的生产建设方针，重点发展林、牧业。但要以水土保持为中心，作好林牧用地的规划。下分七个二级土地类型（见表 8）。

IX. 黄土低山地

分布于白于山、子午岭和崂山，呈岛状，是本区内分布部位最高的土地类型之一。黄土低山地以中生代砂、页岩为基础，上复黄土层，由于海拔较高，降水较多，植被以"稍林"为主，其下发育着灰褐色森林土，当地称黑壮土。林业开发历史较早，适于用材林为主的多种经营。但因人类经济活动影响较大，稍林有较严重的破坏，要加强管护和抚育。下分十一个二级土地类型（见表9）。

表9 黄土低山地二级土地类型

Tab.9 Second-level land types in loess low mountain land

土地类型名称	自然特征 海拔（米）	地貌类型	土壤	植被	土地利用现状	主要自然灾害	水土流失程度	适宜性评价	改造利用措施
IX$_1$轻黑垆土草灌低山地	1600—1800	黄土低山	轻黑垆土	灌木、草类	牧地	水土流失	中度	宜牧二等地	划区轮牧，加强管护
IX$_2$绵沙土耕荒低山地	1600—1800	黄土低山	绵沙土	灌木、草类	耕牧地	水土流失	中度	宜牧二等地	退耕还牧，种植牧草
IX$_3$黄绵土耕荒低山地	1400—1500	黄土低山	黄绵土	草灌、人工植被	耕牧地	水土流失	中度	宜牧二等地	退耕还牧，种植牧草
IX$_4$灰褐色森林土草灌低山地	1300—1600	黄土低山	灰褐色森林土	灌木、草类	牧林地	水土流失	中轻度	宜林牧二等地	划区轮牧，加强管护
IX$_5$灰褐色森林土疏林灌木低山地	1400—1700	黄土低山	灰褐色森林土	疏林灌木	林地	水土流失	轻—中度	宜林二等地	加强管护和人工抚育
IX$_6$灰褐色森林土针阔混交林低山地	1500—1800	黄土低山	灰褐色森林土	针阔叶林	林地	水土流失	轻度	宜林一等地	加强管护、抚育和更新
IX$_7$灰褐色森林土阔叶林低山地	1500—1700	黄土低山	灰褐色森林土	阔叶林	林地	水土流失	轻度	宜林一等地	加强管护、抚育和更新
IX$_8$灰褐色森林土针叶林低山地	1600—1800	黄土低山	灰褐色森林土	针叶林	林地	水土流失	轻度	宜林一等地	加强管护、抚育和更新
IX$_9$褐土荒坡灌木低山地	1300—1500	黄土低山	褐土	灌木、草类	林牧地	水土流失	中度	宜林牧二等地	退耕还林牧，植树种草，加强管护
IX$_{10}$褐土针阔叶林低山地	1500—1700	黄土低山	褐土	针阔叶林	林地	水土流失	轻度	宜林一等地	加强管护、抚育和更新
IX$_{11}$褐土阔叶林低山地	1500—1600	黄土低山	褐土	阔叶林	林地	水土流失	轻度	宜林一等地	加强管护、抚育和更新

X. 土石低山地

主要指黄龙山地等，呈岛状，也是本区内分布部位最高的土地类型之一。由于黄土覆盖得薄，大部分是基岩裸露，在比较暖湿的气候条件下，森林生长茂密，发育着褐土，林业经营历史较久，是本区主要的用材林基地之一，主要是林、牧业用地。但要加强人工管护和抚育更新，严禁滥伐。下分四个二级土地类型（见表10）。

表 10 土石低山地二级土地类型

Tab.10 Second-level land types in rocky mountain land

土地类型名称	自然特征				土地利用现状	主要自然灾害	水土流失程度	适宜性评价	改造利用措施
	海拔（米）	地貌类型	土壤	植被					
X_1 褐土针叶林低山地	1400—1600	土石低山	褐土	针叶林	林地	水土流失	中轻度	宜林一等地	加强管护、抚育和更新
X_2 褐土阔叶林低山地	1500—1600	土石低山	褐土	阔叶林	林地	水土流失	轻度	宜林一等地	加强管护、抚育和更新
X_3 褐土草灌低山地	1300—1400	土石低山	褐土	灌木、草类	牧地	水土流失	中强度	宜牧二等地	划区轮牧、加强管护
X_4 褐土针阔叶混交林低山地	1400—1600	土石低山	褐土	针阔叶林	林地	水土流失	轻度	宜林一等地	加强管护、抚育和更新

参考文献

[1] Zhao Songqiao, Land classification and mapping in China, Land research of the people's republic of China, The united nations university, 1983, 1—12.
[2] 赵松乔、申元村，自然资源，1980年，3期，1—20。
[3] 刘胤汉，自然资源，1982年，4期，23—30。
[4] 刘胤汉，陕西省延安地区地理志，陕西人民出版社，1983年10月，154—164。
[5] 赵松乔、戴旭等，黑龙江省及其西部毗邻地区的自然地带与土地类型，科学出版社，1983年7月，64—65。
[6] 刘胤汉，农业布局与农业区划，科学出版社，1982年5月，124—200。
[7] Colin nutchell, Terrain Fvaluation, London, 1973, 46—49.

LAND TYPES AND THEIR ASSESSMENT ON THE LOESS PLATEAU OF NORTHERN SHAANXI PROVINCE

Liu Yin-han

(*Shaanxi Normal Univeresity*)

Abstract

This article discusses the charactristies and structure of the land types on the Loess plateau of northern Shaanxi province, and points out the utilization trend of each land type. It is composed of four sections:

1. The land types in this area are maily determined by meso or micro-landforms, including valleys, loess or rock mountains, sand lands, loess "mao", "liang","yuan",etc. as well as by human impact upon physical environment.

2. A hierarchical scheme for land classification: is suggested Land is chiefly classified by two categories. 10 first level land types are dilimited and identified by macro-landforms. 68 second-level types are characterized by homogeneous meso-or micro-landform, soil subtype, vegetation subtype or formation.

3. Evolution and structure of land types:are discussed. There are 5 patterns of land type evolution in this region: loess "yuan", loess "liang", loess "mao", loess or rock mountains and sand banks types. Again, there are four types of land strueture:Iadder-like, recurrent, dendritic and concentric.

4. Finally, features and sutability eavaluation of 10 first-level land types are briefly discussed.

"陕北黄土高原的土地类型及其评价"解读

傅伯杰　刘焱序

　　刘胤汉（1928—2021年），著名综合自然地理学家，1928年生于陕西省户县（鄠邑区），1953年毕业于西北大学师范学院（现陕西师范大学）地理系，后留校任教。曾任教研室主任、重点学科"区域地理学"学术带头人、陕西省国土规划顾问组组长、陕西省人民政府参事，2009年被授予"中国地理科学终身成就奖"。刘胤汉先生在长期的野外考察和科研实践中，构建和系统阐述了土地类型等级理论和方法、自下而上的综合自然区划方法、土地类型系列制图和土地资源定量评价等原理和方法，为完善综合自然地理学理论方法和陕西省区域地理的发展作出了重大贡献。

　　土地是包括地质、地貌、气候、水文、土壤、植被、动物以及人类活动等组成的地域综合体，是地理学综合研究的重要对象。"陕北黄土高原的土地类型及其评价"一文（以下简称"文章"），从地域综合体视角出发，提出了适用于陕北黄土高原的土地分类体系，并对二级土地类型开展了适宜性评价。该文章不仅是20世纪80年代我国综合自然地理学从自然区划逐步走向土地分类的标志性成果之一，并且基于该研究形成的《陕西省1∶50万土地类型图》《陕北黄土高原土地类型系列制图》支撑了陕西省国土开发和整治的实践工作。笔者将从方法体系建构、空间格局认知、开发利用指引三方面解读该研究的学术价值：

作者介绍：傅伯杰（1958—　），男，陕西咸阳人，中国科学院生态环境研究中心研究员，中国科学院院士。中国地理学会会员（S110001618M），研究方向为地理学综合研究。E-mail: bfu@rcees.ac.cn

一、土地类型划分的方法体系建构

不同于当前国际上使用的土地利用分类、土地覆被分类，土地类型是综合自然区划中自然小区的形态单位，这种认知是地理学综合性学科特质的重要体现。作为20世纪80年代我国综合自然地理学研究的热点问题，文章较早地探索了土地类型划分方法体系建构，将陕北黄土高原土地类型划分为两级。第一级作为描述单位，以引起土地类型分异的大中地貌类型为划分依据，第二级开展适宜性评价，以引起土地类型分异的中小地貌类型、土壤类型（亚类）、植被类型（亚类）以及人类经济活动等为划分依据，为土地合理利用提供依据。

文章重点强调了通过阐明土地类型的结构格局与演替规律，来把握区域的复杂程度和未来环境条件转变的趋势，从而把土地类型的结构、演替与生态设计有机结合。文章绘制了五种陕北黄土高原土地类型的演化过程，包括黄土塬、黄土梁、黄土峁、土石山地、风沙滩地，并且指出：由于受现代流水侵蚀和重力作用影响，使黄土塬、黄土梁和黄土峁的发育呈现出不可逆性的特点，而河沟系统又趋于完善化，表现为两个并行而性质截然不同的演化过程。因此，地貌和水分条件是影响前三种土地类型的关键环境因素。文章同时指出：土石山区和风沙滩地区土地类型演化过程，关键在于人类经济活动影响途径的正确与否及其影响程度的大小；合理而适度的土地利用则会使风沙滩地和土石山地向着更有利于人类经济活动的方向发展。因此，人类活动是影响后两种土地类型的关键社会因素。这种从演化过程与驱动机制出发的土地类型划分方法可以为土地适宜性评价提供系统性的科学基础。

二、黄土高原土地类型的空间格局认知

地理学的区域性通过地理分异以"格局"来表现，土地类型复杂多样的结构在空间中呈现为特征各异的地理格局。在20世纪80年代还没有景观格局指数等表征土地类型分布格局的定量化方法，如何根据复杂土地类型的组合关系对其空间分布特征进行抽象概括，是当时地理空间格局研究亟待回答的问题。文章基于土地类型

的空间形态和分布规律，将陕北黄土高原土地类型分为成层状、重复交替、条带-树枝状、同心圆状4种结构。这一概括方式浓缩了塬、梁、峁、河沟、湖盆的空间组织规律，极具黄土高原自然地理特色，为理解黄土高原土地类型的空间格局提供了简约的认知方式。

考虑到地貌对黄土高原土地类型演替和空间格局的主导性影响，文章以地貌作为土地一级类命名方式，将陕北黄土高原划分为河沟川道地、沙地、湖盆滩地、复沙梁峁地、涧地、塬地、梁地、峁地、黄土低山地、土石低山地10种类型。例如，河沟川道地分布于河流沿岸和较大沟谷内，呈线状延伸，所处的地形部位最低；沙地分布于长城沿线，呈连片状延伸，缓起伏，风力作用显著；湖盆滩地分布在长城沿线，呈斑块状镶嵌在沙地中，多以湖泊为中心，地势低平坦荡。这种包含空间格局信息的分类体系和认识方式能够很好地体现陕北黄土高原地貌的独特性，是当前众多土地利用、土地覆被空间数据产品所缺乏的信息。该认知方式体现了综合自然地理学者对地理学区域性特质的独到把握能力，以及对区域自然地理格局的整体性、概括性认知贡献。

三、基于土地二级类型适宜性的开发利用指引

虽然直到21世纪初，黄土高原的大面积国土空间绿化才全面开展，但地理学界在20世纪80年代就对黄土高原土地资源开发和保护问题进行了大量探讨。学界对黄土高原水土流失严重、农林牧土地利用结构失调的问题具有共识，同时也认识到生态效益要在社会效益和经济效益基本保证的前提下才能得以实现。文章开宗明义地指出，土地利用不合理，导致自然环境恶化，生态平衡失调，影响土地资源潜在生产力的发挥；进行土地类型及其评价的研究，对于认识土地资源的特性、结构、功能、演替，以及确定区域大农业的构成与生产建设方针等，都有着重要的意义。在明确的土地利用可持续管理诉求下，考虑到土地类型的空间异质性，不同的土地开发利用措施需要在地理空间中定位。

文章在吸收美国农业部"土地潜力分类系统"、联合国粮农组织（FAO）的"土地评价纲要"和中国1∶100万土地资源图的"土地资源评价草案"等成果优点的

基础上，提出了基于土地二级类型的土地资源适宜性评价体系，针对 68 个二级土地类型，在综合考虑土地类型的海拔、地貌、土壤、植被、土地利用现状、主要自然灾害、水土流失程度基础上，分别从三个等级划分宜农地、宜林牧地、宜牧地，给出相应的土地开发利用措施。例如，同属于河沟川道地一级类型，淤土河谷川地二级类型建议防洪扩大灌溉、提高灌溉保证率，沙泥土干沟地建议种植牧草；同属于沙地一级类型，沙土流动沙丘地二级类型建议在沙区外围植树种草，草灌固定沙丘地二级类型建议划区轮牧、适度放牧。在此基础上对照《陕北黄土高原土地类型系列制图》成果，能够为探讨不同的土地开发利用措施提供空间位置依据。

总之，"陕北黄土高原的土地类型及其评价"一文，是 20 世纪 80 年代中国综合自然地理学从自然区划研究走向土地类型研究的代表性文章。文章基于作者深厚的综合自然地理学学术造诣，以及对陕北黄土高原自然地域环境与土地开发保护需求的准确把握，为科学划分区域土地类型提供了基于土地类型演替的方法体系，为形象化理解区域土地类型结构提供了基于空间格局的认知角度，为实践指引区域国土开发和整治提供了基于土地适宜性评价的利用模式，是地理学综合性、区域性学科特质的集成体现，其研究视角和思想对我国地理学综合研究有重要的理论意义和实践价值。

从大地湾的遗存试论我国农业的源流*

冯绳武

(兰州大学地理系)

近年来，由于在杭州湾两岸和太湖周围的河姆渡和罗家角新石器时代遗址中发现种植水稻的事实，证明我国南方是稻作起源地之一[1]。以陇山为中心的陇中黄土高原位于泾、渭河上游，它也是研究中华民族农业文化起源与发展方面值得注意的地区之一。因此，我国史前农业的发展是多中心的。

近十年来，黄河流域新石器时代的陶器与农业文化有了突破性的发现。东起以泰山为中心的山东，向西经冀南、豫北以至嵩山、荥水上游为中心的郑州、洛阳附近，更西到以陇山为中心的泾渭河上游（陇中东部），北至河套，均发现早于仰韶时代的文化遗址，也有早于半坡农业类型达一千年以上的遗存。陇中秦安大地湾遗址比滕县北辛、武安磁山、新郑裴的李岗、华县老官台及贺兰暖泉等遗存更齐全而系统。这给我国新石器早期农业发展源流等问题的解决，建立了初步的基础。因此有人主张黄河流域新石器早期的陶器和农业文化的发展也是多元的。我国新石器早期的文化分期应该重新编定，至少在距今 6000 年左右的仰韶文化早期以前，应增加距今 7000—8000 年间的大地湾一期。由于大地湾一期旱作农产种籽的发现，对于我国农业的源流和分布，也应有新的认识和推论。

第 40 卷 第 3 期, 1985 年 9 月

引用本文：冯绳武. 从大地湾的遗存试论我国农业的源流. 地理学报, 1985, 40(3): 207-214. [Feng Shengwu. Origin of Chinese agriculture as viewed from Dadiwan cultural relics. *Acta Geographica Sinica*, 1985, 40(3): 207-214.]

* 本文编写前承甘肃省博物馆张学正、郎树德、赵建龙等同志协助考察秦安大地湾文化遗址、并提供不少发掘资料，初稿经赵松乔教授大力指正，特此致谢。

一、大地湾遗址的特点

1978年至1983年间，甘肃省博物馆文物队在秦安县东北45公里的邵家店（简称邵店，今五营乡驻地）开始发掘大地湾遗址[2]。目前为止，它具有如下特点：

1. 遗址的时代最早而历时最长

大地湾遗址发掘出的木炭标本经 ^{14}C 测定，其最早年代为距今7800年，最晚距今4900年，长达2900年。包括新石器早期的大地湾一期（图1：第四文化层），距今在7300—7800年，时代与陕西华县的老官台、河北武安的磁山及河南新郑的裴李岗等遗存相当。尤其是清水河谷的大地湾还是我国彩陶文化的主要发源地之一。

大地湾二期（第三文化层），相当于仰韶文化早期的半坡类型，距今6000年左右。

大地湾三期（第二文化层），相当于仰韶文化中期的庙底沟类型，距今5600—5900年间。

大地湾四期（第一文化层），相当于仰韶文化晚期的半坡上层与西王村类型，距今4900—5500年间。

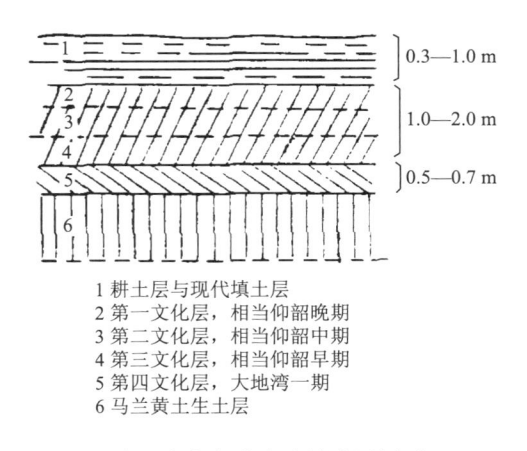

1 耕土层与现代填土层
2 第一文化层，相当仰韶晚期
3 第二文化层，相当仰韶中期
4 第三文化层，相当仰韶早期
5 第四文化层，大地湾一期
6 马兰黄土生土层

图1 秦安大地湾遗址地层剖面

Fig. 1 Stratigraphic section of the No. 1-Period Dadiwan at Qin'an County.

常山下层文化类型，主要分布在陇东镇原城西南茹水河南岸，也发现于大地湾第一文化层的上部，距今4900年左右。第一文化层在现代耕土层（厚0.3—1米）之下，仰韶文化期的常山下层及齐家期文化的遗存交错出现，相当于中原的龙山期文化。大地湾遗址的文化内容齐全，反映了中国原始社会的基本情况，为我国新石器时代考古编年建立了基础，仅此一点，在国内各史前文化遗址中是少有的。

2. 遗址范围广而出土文物多

自 1978 年至 1982 年，大地湾遗址经过五次发掘的面积为 12,000 多平方米。清理房基 226 座，灰坑 320 处，墓葬 76 座，窖址 33 座，壕沟 6 条，出土遗物有石器、骨器、陶器、穿孔兽牙及蚌珠等遗物共计 7700 多件，这在国内已发现各遗址中也是稀有的。

在仰韶文化层之下，马兰黄土之下，距地面 2—3 米间的第四文化层——大地湾一期，一般厚 0.5—0.7 米，上覆 20—30 厘米的洪积或风积层，与第三文化层明显分开。在此层内夹有炭末和烧红土粒[3,4]，发掘圆形半地穴式房基 3 座、墓葬 5 座，石器、骨器、陶器及制陶工具等共 60 多件，还有较完整的生活用具，如彩陶圜底钵，圜底碗、三足钵、三足罐、圜足碗及杯、勺、壶等共计 120 多件。在距今 7300—7800 年间的遗址中，发现如此丰富的彩陶和生产工具，在国内其它同期的遗址中都很少见到。

3. 大地湾一期陶器上有彩绘图案与记事符号

彩绘图案多，呈棕色或紫褐色。钵形器以口沿外宽 2—4 厘米的带纹和口沿内的细线纹最为常见。记事性符号的大小基本相同，有等长的直线或曲线并列，有直线或直角折线相交、呈"个"字形的多种彩绘符号，在陶器口沿或中部，一般为↑、丶)（丶）|（丶））等形状，这批介于图画和文字之间的记事符号，早于大汶口陶器象形文字一千多年。是否为古帝伏羲氏"始画八卦、造书契（文字）"的一部分？因为史籍记载："大旻伏羲生于成纪"，查先秦时期的成纪，确在今秦安县北部葫芦河西岸，距葫芦河东岸清水河谷的大地湾不远。杨守敬编《水经注图》（1905）在今秦安县北尚有成纪和成纪水等古地名的注记。显然史前文化遗存，不宜同历史记载的传说相提并论，但这些记事符号，至少是研究我国彩陶和文字起源的重要资料。

4. 大地湾一期灰坑中采到碳化谷物的种籽

经鉴定有两种：一种是禾本科的黍子（*Panicummiliaceum*）、俗称糜子，为我国北方最古老的粮食作物；另一种是十字花科的油菜籽（*Brassica*），比陕西半坡出土的油菜籽要早几百年。这两种谷物可能都是当时人们的栽培作物。推断开始栽培的时期，远早于这两种谷物被埋藏的时期，究竟从何时开始栽培？尚待新的发现，但可以肯定大地湾所在的清水河谷是我国最早的粮食和油料作物的种植地，也是中国旱作农业黍稷等的起源地。

二、大地湾农业文化发展的地理背景

在大地湾遗址中，值得我们深入研究的是彩陶记事符号与粮油种籽。大地湾遗址能够发育成全国最早的河谷农业文化与它具有优越的地理条件是分不开的。

1. 位于近东西流向的清水河谷地

秦安县的大地湾，位于陇中黄土高原东南部，葫芦河（古名陇水）的支流清水河（古名略阳川水，俗名五营河）南岸的二级阶地上。阶地高出河面 20 米左右，宽 800—1000 米间。阶地前缘有东起陇城镇西至莲花城的出路通过。清水河三级阶地高出河面 50 米以上，为缓坡梯田。三级阶地后缘与长虫梁和黄土梁峁沟壑相接。

本区梁峁最高点海拔为 1894 米。清水河谷 1430 米左右，相对高差 400 多米。清水河谷由陇城西至莲花城间长 17 公里，流向北西西，一般宽在 1—1.5 公里。南岸阶地宽于北岸。

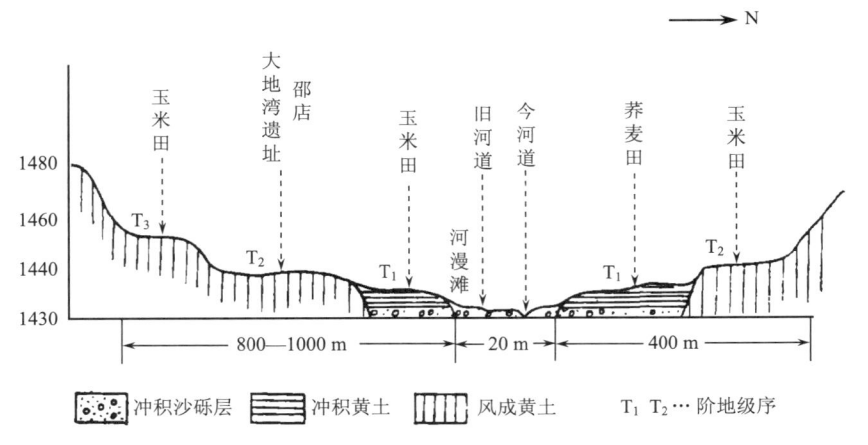

图 2　秦安邵店清水河谷综合剖面

Fig.2　Section of the Qingshui River valley at Shaodian, Qin'an County.

低阶地地表由草甸褐土构成，高阶地与梁峁（岇）为黑垆土和黄绵土，土质肥沃，为陇中最早的农业区。

2. 暖温带森林草原的自然环境

五营乡气候温和，四季分明，年平均气温 9.5℃，年降水量 550—600 毫米间，无霜期

165 天，属半湿润的季风暖温带森林草原环境。在大地湾一期发现犀牛骨为亚热带种，可知在距今 7000—8000 年，气候远较现今温湿。在暖湿宜林、宜农的气候环境中，从事狩猎及畜牧的部族，便于定居而过安适的生活，首先应发展旱作农业。当时山地阴坡有茂密的森林和灌丛，阳坡多高草地，野生植物和动物资源繁多，宜于狩猎樵采和放牧。河谷平原多灌丛草甸，水源充足，宜于农垦畜牧，由南岸阶地含腐殖质很高的褐土层普遍分布，可以证明。

3. 清水河谷为陇右历史文化中心与交通要道

葫芦河源出陇山，纵贯静宁、秦安两县，有近东西流向的四条支流；东岸有略阳川水（清水河）与安夷川水（今名南小河），源出陇山西侧；西岸有成纪水（今名南河）与显亲川水（今名郭嘉河），发源于华家岭东南侧。此四条河谷，为陇右历史文化中心与中西文化交流的要道。有不少史前文化遗址和历史时期的重要州、郡、县的治所及主要交通线经过，其中以清水河谷最为重要。不但发现了新石器时代早期的大地湾遗址，而且在今陇城镇有历史时期汉代最大政区凉州刺史部治所。可见汉王朝由关中长安向陇右、河西发展初期，曾以清水河谷的龙城（陇城古名）为第一个政治与军事据点。

历史时期的清水河谷（即略阳川），为"东连汧（阳）凤（翔）、西控临（洮）巩（昌）"的陕甘孔道，也是汉唐以来"丝绸之路"的必经地。同时是明、清二代甘陕间的主要驿道。

从史前时期，略阳川东通关中和中原，西至河西和西域，北抵河套和蒙古草原，南经西汉水及嘉陵江谷地可达四川盆地与云贵高原，具有十字路口的作用。到历史时期更加强了清水河谷作为陇右交通枢纽的重要性。正因如此，本区从史前无陶时代，能够吸收南部森林区与北部草原区古人类的生产经验和生活特点，发展到定居有陶时代的河谷农业文化。同时能够将栽培粮油作物的河谷农业生产经验，随着上述主要交通线由近及远，推广传播到东部大平原及西部各绿洲。

值得注意的是清水河谷东部虽有略近南北走向的陇山（北段主峰六盘山），分陇中黄土高原成陇东和陇西（陇右）。但在汭河和庄浪河间、汧河和张家川间以及清水河与牛头河间有低矮的分水岭，海拔都不到 2000 米，对于东西交通的阻隔作用不大。自旧石器时代，就有从事游牧和狩猎的古人类，从陇东的泾河上游谷地越过这些山口西达清水河谷地，在森林稀少、幽静安全而近水源的清水河阶地上，逐渐定居下来，从事佃、渔、畜牧生活，为发展早期旱作河谷农业奠立了初步基础。

这里说清水河谷新石器早期的人类由陇东迁来，从考古发现可以得到证明。在陇东的泾河上游诸河谷中，从三十年代至八十年代，不但在华池的银坪，庆阳的巨家原，环县的楼房子和刘家岔，镇原的姜家湾和寺沟口，先后发现过多种的打制石器数百件[①]；而且在泾川县的牛角沟首次发现了属于旧石器晚期智人阶段的人类头骨化石[②]，但是在陇东区至今尚未发现过新石器早期的文化遗址。因此，有理由推断陇西的新石器早期人类，很可能是从陇东移入的。不但史前如此，历史时期仍以从东部向西部移民为主，直至明、清两代初年仍大量多次从东部的山西洪洞县向本区迁移。据记载现今渭河上游，尤其葫芦河流域的大部分居民是几百年前由东部移入的。

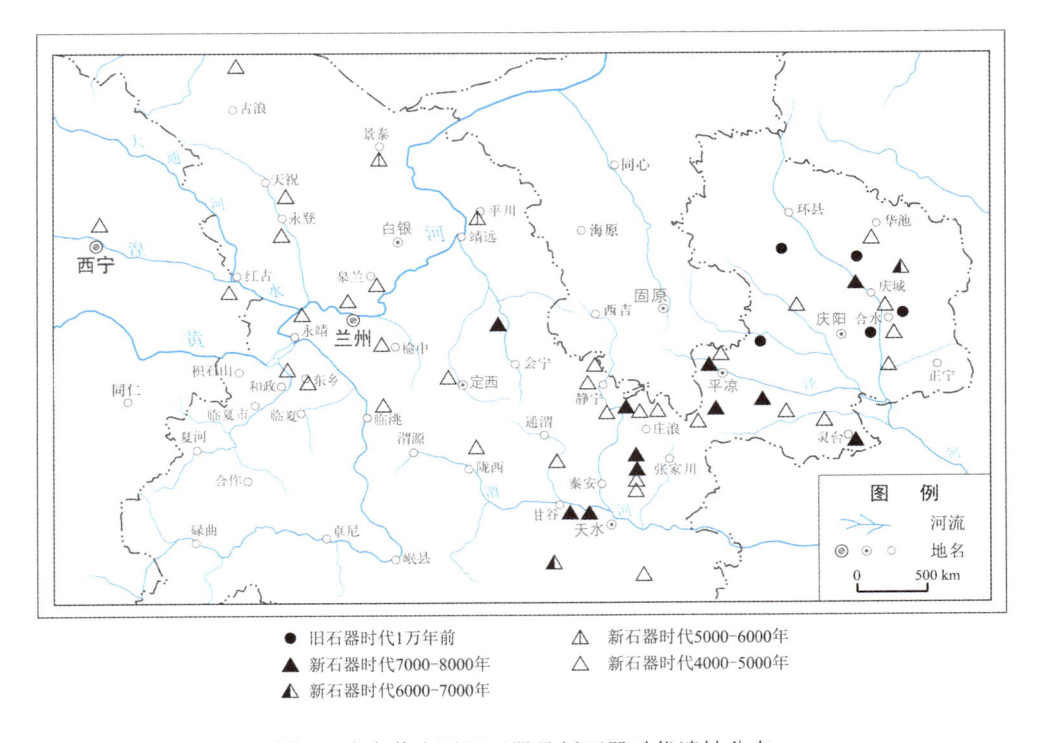

图 3　陇中黄土区旧石器及新石器时代遗址分布

Fig. 3　Distribution of the Paleolithic Period and the Neolithic in the ceatral loess part of Gansu Province.

三、大地湾和清水河谷的环境变迁

从新石器时代以来，清水河谷地理环境变迁的主要动力，属于自然原因的，有地震、

---

① 甘肃省博物馆，甘肃省文物考古工作三十年，打印稿，1980 年。
② 《甘肃日报》，1982 年 6 月 15 日专题报道。

滑坡、干旱、洪涝、疫病等灾害；属于社会的，是人口的增长、战争和内乱等。这些原因往往是互有关联或互相促进，不是孤立发生的，自然灾害促进社会灾害的严重性。

本区位于新构造运动活跃的陇山西麓，位于我国中部的南北向地震带上，又有较厚的黄土层广泛覆盖，因此历史上地震、黄土滑坡、泄山的记载频繁。例如1920年以毗邻本区的海原为震中的8.5级特大地震，曾震塌本区不少窑洞与黄土聚落，死伤大量人畜，这只是晚近发生的自然灾害之一。

本区位于半湿润向半干旱过渡的大陆性较强的季风气候带上。从冰后期至今近一万年以来，气候由寒冷到温暖具有周期性变化。据研究[5]一万年来出现过四个较寒冷时期，在每两个寒冷期之间为相对的温暖期。大地湾一期，正出现在距今7000—8000年间的温暖期，同时也是湿润期，宜于农业的发展。

本区雨量变动常趋极端，频年非旱即涝，即在一年之内常有春旱秋涝现象，因而本区历史上有"十年九旱"之谚。大旱则广大地区农田歉收，植被枯萎，人畜严重受害。特大洪水每使局部地方发生毁灭性灾害。大地湾一期文化层与其上覆文化层间的缺失或不连续，很可能与特大洪水及其洪积物覆盖有关。大旱或洪水之后，往往引起人口局部迁移或远距离逃荒，随之而来的是饥馑、疫病和死亡。

而当自然灾害减少，且无战乱的时期，就是本区农业生产发展，生活富裕，人口大增的时期。由于人口增长，生活资料的需要量增大，势必扩大垦殖、樵采、狩猎和放牧的范围，破坏了村庄周围山坡的自然植被，由近及远，由缓坡至山顶，从而促进了山地的水土流失和旱洪灾害。

本区森林破坏的历史由来已久。开始于新石器晚期、青铜时代农业大发展之后。但在历史时期清水河谷的人口为什么长期停滞不前、有时甚至迅速减少，主要由于多次战争或非农业民族的侵入占领有关。

清水河谷自古就是中西交通的咽喉要道和陇右的战略要地。自汉以来，陇右的重要战争多发生在本区。例如公元32年刘秀亲征隗嚣于略阳（今陇城镇）。公元213年马超和夏侯渊、张郃激战于略阳川。公元228年的街亭之战发生在街泉县（今陇城）附近。1965年在陇城与邵店间的蔡家河，曾出土刻有"蜀"字的弩机，可能是三国街亭之战的遗物。

类似的大战在清水河谷曾发生过多次。每次战乱，往往使当地人口减少或部分城镇被毁，但其破坏的严重性，远不若被羌、戎、吐蕃等非农业民族的多次入侵占领，尤以唐代后期吐蕃占领本区的时间最长，而改变本区的地理面貌最大。使已开垦的大片农田退耕还牧，不少城镇被毁，原有农民大多四散逃亡，人口减少，天然的森林草原植被迅速恢复。这种历史战争与外来民族的侵占，是改变本区地理环境的主要原因之一。

历代王朝的封建剥削制度和阶级压迫，引起民族反抗和农民起义，例如，"五营"一名的来源，就是清末同治年间西北回民起义时，清十八大营驻于清水河谷，中以驻邵店（时名马骆川）的第五营剿抚兼施，瓦解起义军最为得力，故至今保留"五营"一名。

四、几点初步意见

1. 以陇山为中心的陇中黄土区东部是中华民族的摇篮之一。以泾河上游的旧石器晚期泾川智人及多种类型的旧石器为证。同时据我国最古文献《春秋·运斗枢》记载"以伏羲、神农、女娲为三皇"。据不少文献称"始画八卦、造书契（文字）、教民佃、渔、畜牧"的古帝伏羲及其同母女弟女娲氏均诞生于成纪（今秦安县北部），"始制耒耜、教民务农"的古帝神农"生于姜水（今渭河北岸支流，在岐山以西的岐水），故以姜为姓"。凡此皆可作为新石器早期农业文化发源于陇山附近的文献证据。

2. 以秦安大地湾为中心的清水河谷是中国农业文化起源地之一。尤其是旱作粮油谷物黍稷、油菜籽等的最早栽培地，距今在7000—8000年。

3. 我国最早农业的发展依据古人类的活动地点、石器、陶器及河谷阶地分布诸条件，作出史前旱作农业传播途径的推论，如图4。

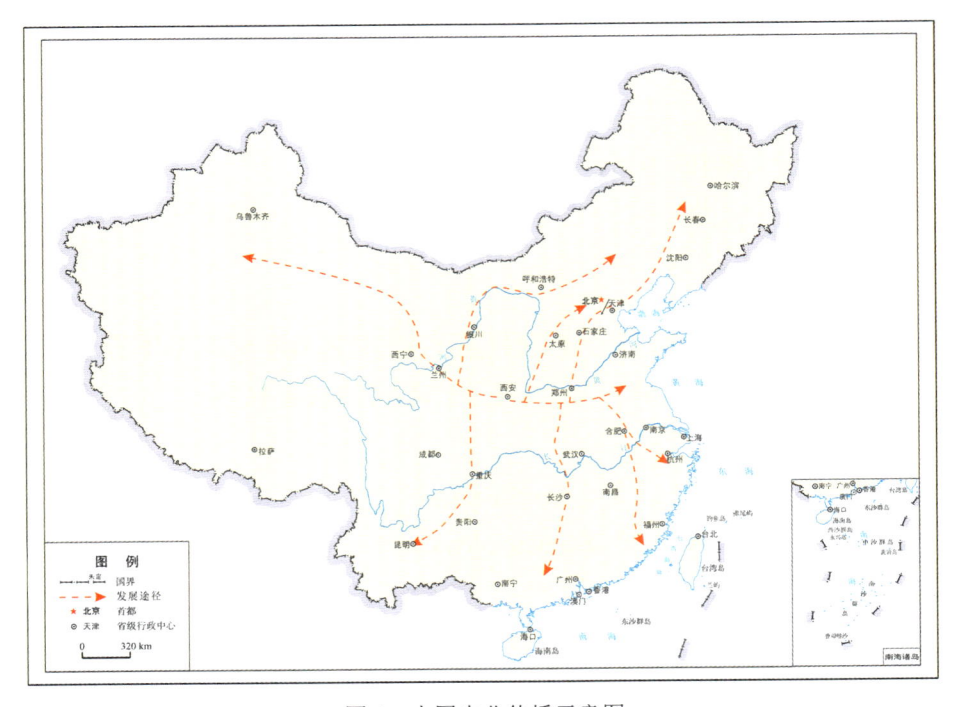

图 4　中国农业传播示意图

Fig. 4　Sketch map of propagating of the Chinese agricuture.

由秦安清水河谷东越陇山南段，经汭河和汧河谷地到关中平原与黄河大三角洲。然后分别向南、北传播，主要沿着三条南北向的河谷交通线或两河间的低平分水带。东面一条由江北丘陵自徐州到安徽和县，过长江，使旱农耕作技术和起源于太湖周围的水稻栽培技术相结合，嗣后循赣江与北江谷地南至珠江三角洲[6]。中间一条循汉江谷地和湘桂谷地，南至广西盆地。最西一条从秦安南到天水，循西汉水和嘉陵江谷地及綦江谷地经过四川盆地而至云贵高原。同时南方的水稻栽培技术，也循上述路线传播到北方谷地。

由大地湾及黄河流域向东北、内蒙古及西北的旱农传播途径，自东向西也有四条：最东一条沿太行山东麓与禹河故道向北到燕山南麓经山海关北达松辽平原。第二条循汾河谷地北至桑干河谷，可能与第一条会合。第三条循葫芦河谷北上，经固原、同心间的清水河谷，过黄河至银川平原与河套平原，可能东达西辽河谷地而通松辽平原。第四条过渭、洮分水岭与黄河，再循庄浪河谷至河西走廊与南疆绿洲。

上述诸河谷可能是史前人类横渡黄河、长江后的几条南北通道，新石器早中期陶器和农业技术的推广与发展，难免不循历史故道。

参考文献

[1] 吴维棠, 地理学报, 38(2), 112-125, 1983 年。
[2] 甘肃省博物馆、秦安县文化馆大地湾发掘组, 文物, 4 期, 1981 年。
[3] 郎树德, 文物, 11 期, 1983 年。
[4] 大地湾发掘组, 文物与考古, 2 期, 1-9, 1982 年。
[5] 张家诚等, 气候变迁及其原因, 31-60, 科学出版社, 1976 年。
[6] 苏秉琦、殷玮璋, 文物、5 期、10-17, 1981 年。

ORIGIN OF CHINESE AGRICULTURE AS VIEWED FROM DADIWAN CULTURAL RELICS

Feng Sheng-wu

(Department of Geography, Lanzhou University)

Abstract

Recently, the No. 1-period Dadiwan cultural relics were found on the second terrace at the Qingshui River Valley, central Loess Plateau. By ^{14}C dating the dates of the relies were between

7800–7355(±165) B.P., i.e., about 1000 years earlier than Banpo type of the Yangshao culture.

Moreover, carbonated seeds of grains were found in the No. 1-period ash pit. They were ascertained to be the earliest crops of dry farming in China.

One of the earliest agriculture of China is considered originating in the Qingshui River Valley of the Jinghe River and the Weihe River drainage. Then it expanded, radiately, to the Guanzhong basin, Huanghe River Delta, Changjiang River drainage, southward to the Zhujiang River Delta and the Guangxi Basin, northeast ward to the Song-liao Plain and northwest ward through the Hexi Corridor to the Xingjiang oases.

"从大地湾的遗存试论我国农业的源流"解读

鹿化煜

冯绳武（1912—1991），字士吾，甘肃秦安县人，地理学和历史地理学家，我国自然地理区划理论和方法研究领域的代表性人物之一。1936 年被保送到清华大学地理系读书，1940 年毕业于西南联合大学地学系地理组，获地理学士学位。先后在复旦大学史地系任助教，重庆北碚地理研究所人生地理组助理员。1945 年抗战胜利后任甘肃学院（兰州大学前身）讲师，1948 年晋升为兰州大学地理科学系副教授，1949 年兼任兰州大学校务委员、图书馆主任，并被选为兰州市各界人民代表大会代表，1952 年晋升为教授，1954 年至 1966 年兼任地理系区域自然地理教研组主任。

从旧石器时代早期开始，远古人类就在中国这片广袤的大地上繁衍生息。新石器时代（距今 1000—4000 年）以来，中国大地上的考古遗址星罗棋布，证明了自古以来这里就是人类宜居的大家园。1921 年以来的考古研究，特别是以仰韶文化为代表的考古发现，揭示了中国大地是人类文明的重要发祥地之一，河姆渡遗址、半坡遗址、龙山遗址、良渚遗址这些闪耀的名字，记述了中华大地文化文明演变的历史，阐述着九州地区人们对人类社会发展、农业起源传播和与自然斗争的贡献，其中位于甘肃省天水市秦安县邵店村的大地湾遗址，是众多新石器遗址中一个亮丽的瑰宝，它记录着仰韶文化大繁荣之前千年的文明历史（冯绳武，1985），同时还

作者介绍：鹿化煜（1968— ），男，陕西西安人，南京大学地理与海洋科学学院教授，中国地理学会会员（S110007360M），研究方向为环境演变。E-mail: huayulu@nju.edu.cn

记录着旧石器时代晚期到新石器时代早期连续的人类活动和行为（张东菊等，2010），因此大地湾遗址能够提供新石器时代文化和技术演化发展的直接证据；特别是，大地湾遗址可能保存着最早种植黍（panicum miliaceum）的证据，时间为距今7300—7800年（冯绳武，1985），因此，它成为追溯旱作农业、制陶业、（宫殿式）建筑和中华古文明起源与演化历程的重要遗址，对其开展深入研究无疑有非常重要的意义。

1985年，兰州大学地理系冯绳武教授在《地理学报》发表了"从大地湾的遗存试论我国农业的源流"的重要论文，冯先生基于1978—1983年甘肃省博物馆文物队在秦安县邵家店的发掘资料，总结大地湾遗址的特点：①时代早且历时长；②范围广出土文物多；③早期陶器上有彩绘图案和记事符号；④在早期文化中采集到碳化黍的种籽（他还提到油菜的种籽，后来证明可能是误认）。他敏锐地提出，这些材料是揭示上古时期先民行为、技术、文化、农业等的重要证据，具有极其重要的研究价值。接着，冯先生从地理学的视角，分析大地湾为何成为先民居住地和早期农业的发祥地：南北向的河流及其阶地提供了重要的地貌条件，交通活动便利；暖温带的森林草原环境提供了丰富的食物资源，优越的自然地理条件支撑了先民的生产生活活动，因此大地湾文化空前繁荣、先民生产生活秩序井然展开。在这些研究基础上，冯先生分析了大地湾的环境演变过程，认为早中全新世温暖湿润气候为先民提供了更加优越的生活条件，这里自然资源丰富、社会组织稳定，为后续的仰韶文化大繁荣奠定了基础。

农业的起源和传播在人类文明发展历史上具有关键作用，从早期的采集狩猎方式到后来的种植养殖活动，稳定和充足的食物资源大大提高了人类的生活质量和与自然抗争的能力（包括与哺乳动物斗争的能力等），促进了人类社会的快速发展。毋庸置疑，大地湾遗址在旱作农业的起源和演化中，处于一个关键节点上，是研究中的"重中之重"。冯绳武先生很早就认识到这一点，他认为大地湾种植的黍应该是农业的起源地之一；他提出了六盘山以东的黄土高原地区在中国北方旱作农业起源的重要作用，在此基础上，他提出：由秦安到关中平原与黄河大三角，然后分别向南、北传播，其中东面一条由江北丘陵自徐州到安徽和县，过长江，使旱农耕作技术和起源于太湖周围的水稻栽培技术相结合，嗣后循赣江与北江谷地南至珠江三角洲；中间一条循汉江谷地和湘桂谷地，南至广西盆地；最西一条从秦安南到天水，循西汉水和嘉陵江谷地及綦江谷地经过四川盆地而至云贵高原""由大地湾及黄河流域向东北、内蒙古及西北的旱农传播途径，自东向西也有四条，最东一条沿太行山东麓与禹河故道向北到燕山南麓经山海关北达松辽平原；第二条循汾河谷地北至桑干河谷，可能与第一条汇合；第三条循葫芦河谷北上，经固原、同心间的清水河谷，过黄河至银川平原与河套平原，可能东达西辽河谷地而通松辽平原；第四条过渭、洮分水岭与黄河，再循庄浪河谷至河西走廊与南疆绿洲。随着研究的深入和证据的增多（张东菊等，2010；董广辉等，2022），现在回头去看这些推测，可能并不完全正确，但是，在当时有限的资料和数据条件下，冯先生提出的农业传播的路径，对于认识新石器时代早期九州大地的农业发展，具有重要意义、很有远见。

　　中国是人类文明发展的古国和大国，考古遗存丰富，研究内容多样，文化建设对于现代化的中国更具有重要的意义。40年前，冯绳武先生就认识到这一考古文化研究的重要性，同时基于先进的实验室测试数据分析，得出了重要的结论，很了不起。在《地理学报》的文中，冯先生对考古地层的准确辨认、^{14}C年龄的正确运用、黍种籽的阐明、综合自然地理作用的论证、环境变迁的分析以及高度发展的大地湾文化自然和社会背景的阐述，具有前瞻性、引领性和创新性，这些研究内容和技术方法，现在依然是新石器考古和环境考古研究的重要内容；在40年前开展这样的工作并得出上述结论，具有很强的先进性。之后，很多研究工作深化了大地湾新石器考古的内容，《地理学报》发表的这篇论文可以称为奠基性论文。据笔者所知，现在关于大地湾新石器遗址研究的深度和广度，不亚于国内很多著名的遗址，在国际上也处于先进水平，大地湾遗址的重要性显而易见。冯先生的论文较早研究了人类社会和自然环境的关系，提出了作物起源和传播的观点，在很大程度推进了新石器考古与环境研究工作，其中关于农业起源和人与环境的结论，现在依然是正确的。

　　冯绳武先生关于大地湾新石器遗址的地理学研究，得益于他丰富的学识和深厚的研究基础，得益于他丰富的地理学工作经验。作为甘肃省秦安县的大才子，他受教育于西南联大和中央研究院，学术事业成长于兰州大学，这些经历为他研究大地湾新石器文化与环境，奠定了坚实的基础。他的论文跨越地理学、考古学、历史学和第四纪地质学、年代学等多个学科，从多学科方向层层剖析，揭示了大地湾遗址的文化内涵、技术水平和历史意义，得出大地湾先民的生产生活行为的认识，结论迄今令人信服，他论文的研究方法被后续的研究工作不断借鉴。当然，文中一些用历史记录解释旧石器人类行为和文化的推测，难以证明久远时期人类社会的真实风貌，结论有不确定性，这一点在今后的研究中不能套用。

进入新时期，我国新石器考古及环境考古事业蓬勃发展，对全面认识中国大地甚至于整个亚洲地区的人类社会和文明发展、农业起源和演化、人与自然环境的关系，都将产生深远的意义。多年前，我们有幸做了一些西安半坡遗址人类活动与植被生态环境的研究工作（刘全玉等，2007），学习了新石器环境考古的一些知识，遗憾的是，由于那时笔者才学粗浅，竟然没有读到冯绳武先生的这篇论文，这次借着学习《地理学报》优秀论文的机会，了解到40年前大地湾遗址的研究情况，深感敬佩。随着研究深入，环境考古的内容不断向更宽广（董广辉等，2022）和更"深时"的方向发展（张东菊等，2010）；同时，农业起源与气候环境关系的新模式新理论被提出；一些新的技术手段比如DNA（刘逸宸、付巧妹，2022）和稳定同位素分析技术（刘全玉等，2007），被大量用在新石器环境考古研究中，这些新的研究内容和技术方法，一方面是对冯先生等老一辈地理学家研究人与自然关系的发展；另一方面，是全面认识人类文明发展、农业起源演变及人与自然和谐共生的必由之路。在新时期，披露仰韶文化之前的更多遗址和更大面积、使用先进的实验室测试和数值模拟技术、从更大空间考虑早全新世的人群分布和迁移、农牧业发展以及文明演替和适应等，将是地理学与考古学合作研究的重要内容。最近40年以来，中国地理学家和考古学家联手，在新石器环境考古领域取得了很大的成绩，我相信，在未来能够取得更大的成绩，继承和发扬冯绳武先生等老一辈地理学家开创的崇高科学事业。

致谢：感谢何书金研究员邀请撰写这篇评述文章；感谢董广辉教授和贾鑫副教授对文章的批评和指正。

参考文献

[1] 冯绳武:"从大地湾的遗存试论我国农业的源流",《地理学报》,1985年第3期。

[2] 张东菊、陈发虎、BETTINGER, R.L.等:"甘肃大地湾遗址距今6万年来的考古记录与旱作农业起源",《科学通报》,2010年第10期。

[3] 董广辉、杜琳垚、杨柳等:"欧亚大陆草原之路-绿洲之路史前农牧业扩散交流与生业模式时空变化",《中国科学:地球科学》,2022年第8期。

[4] 刘全玉、鹿化煜、李小强等:"利用孢粉和有机质碳同位素重建半坡人时期古环境再探",《考古与文物》,2007年第1期。

[5] 刘逸宸、付巧妹:"十载古基因组研究初步揭示人类演化史",《中国科学:地球科学》,2022年第5期。

土地生态评价与土地生态设计

景贵和

（东北师范大学地理系）

当前，国土开发整治规划工作即将在全国范围内蓬勃开展起来。在这样的新形势下，土地研究工作如何向前发展？怎样与经济建设更紧密地联系起来？从何处入手，才能把土地研究工作与国土开发整治规划相结合？这些都是现阶段土地研究工作应该考虑的。本文根据作者参加土地研究及国土开发整治工作的点滴体会，从景观生态学的发展，论述土地的生态评价及土地的生态设计等问题。

一、景观生态学的发展

自 1939 年，德国 C. 特罗尔（Troll）提出景观生态学的概念后，经过"巩固阶段、理论基础阶段、结构分析阶段和动态研究阶段"，[1]不仅加强了综合的基础理论，在方法上也有新的提高，尤其在解决实际问题的手段方面更有所突破。1981 年在荷兰召开的景观生态学国际会议出版的论文集上，除理论文章外，以方法和应用文章为多[2]。美国伊利诺斯大学出版了《景观生态学的方向与方法》（1983）。该文集中了 25 位专家的观点，他们经过对"景观生态学的学科范围""景观生态学的学科潜力""景观生态学对自然资源利用的意义"等问题的讨论后，提出了景观生态学的定义。该文认为：景观生态学不是生态学的亚学科，如群体、群落和生态系统那样；景观生态学是一门将很多学科综合在一起的学科，它集中研究景观的时间——空间模型；景观生态学的重要特征，是景观的组成中，有机体、物质和能量的再分配过程；景观生态学注意空间差异的发展和机理，考虑景观内时间与空间的相互作用与转换，涉及生物与非生物过程中差异性的影响；生态学的理论是建立在对自然系统的研究上，而景观生态学扩大到管理系统，特别是考虑到对资源的管理及人类活动对生态过程的反映；目前的定量方法的应用，促进了景观生态学的发展[3]。

苏联的 В. Б. 索恰瓦（CouaBa）在地理系统学说导论中，认为地理系统学说在颇大程度上具有生态学的方向性。也就是说它注意居住环境的生态条件。并且认为一些外国地理学家有根据地追随 C. 特罗尔把现代景观学称为景观生态学（1939）或地生态学（1968）。但 В. Б. 索恰瓦认为更恰当的还是采用"地理系统学说"这一名称，把它看作狭义的现代自然地理学。В. Б. 索恰瓦重视地理拓扑学（Геотопология）的研究，认为地理拓扑学对认识土地的生态状况和自然环境的其他特性具有很大意义；同时认为土地生态学早已按局部水平进行研究[4]。В. Б. 索恰瓦认为以生态学观点解决地理学问题至少在本世纪末都有它的迫切性。但他反对把生态系统等同于地理系统；认为生态系统是单中心的，而地理系统是多中心的；前者只研究有机体与环境的联系，而后者研究作用于系统中的全部联系。可见苏联的地理系统学说是吸收了生态学观点和运用了生态学原则的，实际上已成为地理学与生态学的边缘科学，或者用 В. Б. 索恰瓦的话说，地理系统学说是位于地理学与生态学接触点所在的基本面。由于 В. Б. 索恰瓦的地理系统学说注意阐明自然环境与人类社会的联系及自然界与社会的相互作用，因而该学说与景观生态学是很接近的。

在荷兰，景观生态研究直接为生态设计和为新自然区的规划服务。

捷克斯洛伐克的地理学家们从景观生态学（地生态学）出发，通过景观诊断、景观功能划分，确定景观生态类型[5-7]。加拿大在 1976 年召开了生态土地分类的第一次会议，对生态土地分类的理论和方法进行了讨论，并出版了生态土地分类丛书①。

日本吸收德国地理学家的经验，已开始注意应用地生态学的理论和方法，进行自然保护区的规划工作和区域规划工作②。此外，法国对景观的综合研究工作，也取得了显著的进步。英国的环境系统的研究工作，在复合系统中，分为自然-生态系统，社会-经济系统，已经把生态系统和人类经济活动综合到环境系统中。另外还有控制系统及环境共生现象的研究[8]。这已经有人与自然共同创造理想环境的思想。

我国的土地研究工作，经过多年的努力，在全国范围内，即将完成 1/100 万的土地利

---

① 林超，加拿大的生态土地分类，北京大学油印稿及 Ecological (Biophysical) Land Classification in Canada, Ecological Land Classification on Series No. 1.

② 横山秀司，自然保护区的规划——地生态学的应用，日本《地理杂志》，1984.5，白光润译，未刊稿。

用图、土地类型图和土地资源图,这无疑是具有世界意义的巨大进步。此外在各省、市、自治区还有大、中比例尺的土地类型、土地利用和土地资源的研究工作,有的研究工作应用了地方性的分异规律,对地理拓扑学(geotopology)的理论和方法作了一些探讨[①];有的应用生态系统的理论和方法,充分而又合理的利用土地资源。如黑龙江自然资源研究所,合理利用沼泽,创办生态农场[②],中国科学院林业土壤研究所严旭升关于冀北辽西易旱低山丘陵区发展现代生态农业问题的意见[③],都已经涉及景观生态设计问题。目前我国正在进行国土规划工作,土地研究工作应向前发展,应与国土规划工作衔接起来,尤其在环境综合治理方面,土地研究工作有许多工作可做。如景观生态类型、景观生态评价、景观生态设计及景观生态规划等都可为国土开发整治规划服务。可以预期,随着国土开发整治工作的开展,必将进一步促进土地研究工作向前发展。

二、土地生态评价

土地评价总是为实际应用目的服务的。一般的说,它应为合理利用土地服务,但在国土整治规划中,它应为国土开发和环境综合整治服务。虽然在联合国粮农组织的"土地评价纲要"中,也很注意环境影响的评价,但应用于国土开发和环境的综合治理,还有许多不足之处。

土地生态评价是以土地生态类型为基础的,着重生态价值和功能的评价,它直接服务于景观生态设计和景观生态规划。因而在国土开发整治规划中,对于环境的综合治理是非常有用的。

土地生态评价,应在一般的土地评价基础上,选择对环境最有意义的生态特性进行补充评价。其目的是查明土地生态类型[功能单元]与土地利用现状之间的协调程度及其发展趋势。生态评价可分为不涉及社会意义的生态系统的质量的评价,和涉及自然环境的功能对人类社会经济过程的评价[9]。土地生态评价应将两者结合起来,尤其注意人类社会经济过程对土地生态系统的影响。

土地的生态评价除一般土地评价外,应着重考虑以下几种生态特性才能更好地为国土规划中环境综合整治服务。

---

① 景贵和,地方性分异规律与土地类型,东北师大油印稿,1982年。
② 周瑞昌等,创办生态农场是沼泽地合理开发的有效途径,黑龙江自然资源研究所油印本,1985。
③ 严旭升,略谈冀北辽西易旱低山丘陵区发展现代生态农业问题,中国科学院林土所油印本,1984。

1. 自然系统的生产潜力与土地系统的现实生产力的对比,这种对比必须是以正常部位即地带性部位为标准。如温带湿润地区针阔混交林暗棕壤地带的自然生产力,以年干物质产量 10 吨/公顷计,土地系统的生产力可以农作物的实际的茎秆加籽粒的吨数/公顷·年计。这样对比可以看出有的土地生态系统的生产力可以大大超过自然系统生产力,如温带湿润地区河谷平地的水稻生产,茎秆加籽粒可达 15 吨/公顷·年的水平,远远超过了自然系统的生产力。但有的温带半湿润地区被开垦的沙地,每年茎秆加籽粒只有 2 吨/公顷的产量,而温带半湿润地区森林草原的干物质产量可达 8—13 吨/公顷·年。显然这里土地系统的生产力大大低于自然系统的生产力。也可以光温生产潜力代表自然系统的生产力[①]用以评价土地系统的生产力。这种比较也仍然必须以正常部位即地带性部位为标准,才能衡量土地生态最优利用的程度。

2. 自然结构与功能同目前土地利用结构是否适应,是人类智慧与自然规律共同创造的"共生现象",还是人类活动违反自然规律带来环境的生态后果,这要比较自然结构与土地利用结构才能清楚。如吉林省龙井县境内的果树农场,在海拔 350 米以上的丘陵顶部种植针阔混交林,海拔 250—350 米的坡地上种植苹果梨,而在海拔 250 米以下的台地上为旱田,水源条件好的河谷平地种水稻。这样的土地利用结构虽然部分改变了原来针阔混交林生态系统,但人类利用了生态系统的组织原则,与自然界共同创造了符合自然规律的新的生态系统,其总生产力比自然生态系统的生产力还高。显然这样的土地利用结构是合理的。这是考虑斜坡的上、中、下坡之间的关系或小流域的上、中、下游和左右岸的相互影响的,它除了对景观生态类型评价外,这已具有景观生态区的总体评价的性质。通过自然结构同土地利用结构的对比,研究人类活动同景观生态条件协调程度,以便查明现代土地利用是否合理,借以总结经验和找出弊端。

3. 人类社会经济活动对生态条件的影响及其发展趋势。如前所述,人类的经济活动如果符合生态学原则,它可以纳入自然系统的运转过程,造成社会与自然的"共生现象",人与自然共同创造合乎人类理想又符合自然规律的土地利用方式。但过去的人类社会经济活动,常常由于不考虑其生态后果,也给景观生态带来不利影响,破坏其结构和功能。如温带半湿润地区的沙地,由于年降水量 400—500 毫米,按 H. L. 彭曼(Penman)的公式计算蒸发力求得生长季期间的湿润系数在 0.60 左右。400 多毫米的降水落在沙地上,由于沙地渗透率高,降水很少形成地表径流,更多的渗入沙内变成壤中水,因而其土壤水分条件比不易渗水的平地还好,深根系的木本植物很容易定居。所以温带半湿润地区的沙地,多按流动沙地、半流动沙地、半固定沙地和固定沙地的自然顺序发展。其自然状态为固定沙

[①] 黄秉维,自然条件与农业生产,中国科学院地理研究所油印稿,1975。

地上的榆树（*Ulmus* spp）、山杏（*Armeniaca sibirica*）生态系统。这样固定良好的沙地，目前在温带半湿润地区还可以找到，如吉林省通榆县的香海乡及包洛文都乡都还有所见。人们在固定沙地上开荒，首先是耕地呈岛状分布在天然次生林中，形成天然次生林包围耕地的局面，这时并不引起流沙移动；但随开荒面积逐渐扩大，达到森林所占面积与耕地相等时，进入开始沙化阶段；再进一步扩大耕地面积，当天然次生林成为孤岛，周围被耕地包围时，便成为正在发展中的沙化；再进一步，周围全是农田，只有散生孤树时，则为强烈发展中的沙化阶段；直到变成流动的沙地时，则到了严重沙化阶段。可见人类不合理的利用沙地，走着与自然顺序完全相反的道路，从固定沙地-半固定沙地-半流动沙地-流动沙地。经过这样应用地理比较法排列顺序以后，人类活动对景观生态的影响及其发展趋势可以比较清楚，可为环境整治提供依据。

三、土地生态设计

目前，世界上许多国家对景观生态学的研究已经转向于生态设计和生态规划。民主德国德累斯顿工科大学教授 E.纳夫：在"景观生态学发展阶段"中，明确提出"生态学必须向生态设计发展"捷克斯洛伐克实验生物和生态学研究所 M 鲁基斯卡等在"国土最优发展的生态景观评价方法"中特别注意以景观最优生态利用为目的的景观生态评价和景观生态规划问题，发展了景观生态管理和景观生态设计的思想。荷兰自然管理研究所（Research Institute for Nature Management）的 C. G. Ven leeuwen 提出论文"从生态系统到生态设计"；苏联的 И. Б. 维尔纳茨基[Вернадский]早在 1945 年就提出了"智慧圈"（noosphere）的思想[10]。近来马克西莫夫认为：人过去在改造，现在仍将改造自然。但是，技术圈不应当去毁坏而应当遵循生物圈的组织原则，补充生物圈，并作为统一的运动体系中的组成部分与之相互作用。形成了这种技术圈与生物圈的"共生现象"，就可以说是一种本质上崭新的全球现象，同时也是科学技术进步的新阶段。并且认为：智慧圈的问题正是与之相适应而产生的。将来：不是自然环境的个别部分而是整个自然环境都将变为自然条件和辅助这些条件的技术手段结合起来的受人支配的综合体①。我国生态学家马世骏提出了"社会-经济-自然复合生态系统"的思想，同时"认为社会、经济和自然是三个不同性质的系统，但其各自的生存和发展都受其他系统结构、功能的制约，必须当成一个复合系统来考虑，我们称其为社会-经济-自然复合生态系统"[11]。吉林省松花湖区国土规划把建立人工控制的理

---

① 马克西莫夫等，《现代生态学情况与人类未来》，1975 年第 5 期，北京师范大学外国问题研究所编译。

想的自然、社会、经济系统作为国土规划的目标,并在实际工作中协调生态系统、经济系统和社会系统,使其在自然、社会、经济系统的运转过程中,其内部的自然结构、社会结构与经济结构相互促进,不断为自己的进一步发展创造有利条件。随着人们认识水平和技术水平的进步,不断从自然界取得更多的物质财富,又不断创造出更适于人类生活和生产的环境。

可见,不论在国内还是在国外,都把景观生态学的研究,推进到一个新的阶段,那就是景观生态评价、景观生态设计和景观生态规划的阶段。这个阶段的重要特点就是通过对景观生态学的研究,进行对自然的控制,创造理想的既生产更多的物质财富又保持有良好生态环境的新的自然、社会、经济系统。

为此,应在总结群众经验的基础上,利用景观生态学的原理,建立理想的人工控制的自然、社会、经济复合系统。下面举出几个实例来说明这个方向。

1. 在沙平地上建立林草田复合生态系统。如吉林省白城地区的沙地除一部分榆树（*Ulmus* spp）山杏（*Armeniaca sibirica*）群落保存完好的固定沙地外,由于利用不合理,大部分沙地处于林不象林、田不象田、草不象草的局面。并且仍然存在农林争地、农牧争地的矛盾。在这样的情况下,景观生态设计的重要任务是由农、林、牧互相矛盾转化为农林牧互相促进。在沙平地上,最好是建立林草田复合生态系统,就能把农林牧互相矛盾转化为农林牧互相促进的关系。其办法是以林带为基础,周围种树,林带内布置草带,中间种田。这样以林护田,以草养牧,将有机肥还田,可以使农林牧互相促进,各得其所。这在沙平地上是一种理想的农业生态建设方案。其林带的间距,可以根据沙平地的面积大小,地方地形以及土壤条件而不同。可有 300×500 米的林带间距,也有的可设 100×200 米的间距。这样可以把稳定的森林结构,与半稳定的草地结构和不稳定的农田结构结合起来,各有不同的功能,取长补短,互相促进。

2. 在沙丘上营造多层次的森林生态系统。在沙丘起伏连绵,拉条榆山杏遭受破坏,沙平地面积较小的情况下,就不一定建立林草田复合生态系统,而应营造针阔林混交、乔灌草结合的多层次沙地森林生态系统。在吉林省白城地区的情况下,针叶树选用耐贫瘠的樟子松（*Pinus sylvestris* var. *mongolica*）、阔叶树以白城杨（*Populus* spp）为宜。为了增加沙地土壤的养分,下层应保留或栽植豆科灌木,如紫穗槐（*Amorpha fruticosa* L.）、胡枝子（*Lespedeza bicolor*）等。在沙地上本来就有多种野生的豆科灌木如胡枝子等,如加以保护也可以在林下发展起来;在未成林以前的林间空地上还可以播种沙打旺（*Astragalus adsurgens*）等 4—5 年树木长高后,任其自然淘汰。

这样可以经过造林,把不稳定的沙地建立起人工林基地,恢复其稳定结构,这应该是半湿润地区沙地极为重要的生态建设方向。

3. 在低山丘陵区按小流域建设林草田复合生态系统。在温带湿润森林地区的低山丘陵上，目前景观生态破坏比较严重，原来的针阔混交林有的变成了稀疏的柞树（*Quercus mongolica*）、榛子（*Corylus mandshurica*）灌丛，有的则变成荒山秃岭。这样地区的景观生态设计应该是以小流域为单元，建立起以林为主体的林草田复合生态系统。在分水岭上，由于比较贫瘠，宜营造樟子松杨树为主的针阔叶混交林；在斜坡下部与河谷平地交界处的坡折线一带，水肥条件较好，宜营造落叶松（*Larix koreana*）、紫椴（*Tilia amurensis*）混交林。这样可恢复混交林面貌。林带内缓坡处配以人工草带，在河谷平地种水田，台地及高阶地种旱田。这样可改变过去那种农林争地、农牧争地、林牧争地的局面，使农林牧各得其所，互相促进。

4. 平原区的方田林网化。在东北大平原的东部，地下没有明显的钙积硬盘，也没有碱化层的地区，年降水量也较西部为多，平地上种树的成活率较高的地区，那里理想的景观生态建设方向，应该是方田林网化。目前在白城地区已经有许多县在搞方田林网化，并且也获得了成功的经验。从景观生态建设上看，方田林网化是应该肯定的方向。周围是林带，起防风保土的作用，这对于医治风蚀表土造成土壤贫营养化的慢性病来说非常有效。网眼大小各县并不一致，有的 300×500 米，有的则为 500×500 米。有的县在周围是林带，林带内为农田，中间有一眼井。这就更进一步提高了人工控制的水平，旱时抽水灌溉，已建成了较为理想的农田生态系统。如果在林带内增加草带，给农业增加一个草牧链，那显然更为理想。

5. 把居民点建设成为生活、生产和生态的统一体。目前，东北大平原农村的农户，房前屋后占用土地面积较多，少则半亩，多则 1—2 亩。但是现在的村屯附近，不是碱斑连片，就是流沙满街，都是生态破坏最严重的地方。在农业生态建设上，如何把目前这种有居民点就破坏生态系统，转变为在居民点附近建设良好的理想的生态系统，这是非常重要的有战略意义的生态建设方向。由于居民点占地较多，这已是历史上形成的，目前难以改变。但是把房前房后的空地，建设成为一家一户经营的生产用地，不仅是生产建设，同时也是生态建设，应该是完全可能的。目前已经有在庭院内搞塑料大棚，种植蔬菜，或在院内种植葡萄、或种植 123 苹果、海棠等，再在房前屋后、街道两旁植树，就完全有可能将居民点建成生活、生产和生态的统一体。

最后，必须指出，在按着人与自然的"共生现象"进行土地生态设计时，必须认真研究自然和社会、经济的相互关系，才能做到因地制宜，兴利除害，达到最佳利用土地的目的。

参考文献

[1] E. 纳夫著, 林超译, 景观生态学发展阶段, 地理译报, 1983(3)。
[2] S. P. Tjallingii etc., Perspective in Landscape Ecology, Proceedings of the International Congress Organized by the Netherland Society for Landscape Ecology, Netherland, 1981.
[3] Paul G. Risser etc., Landscape Ecology Directions and Approaches, Illinois, USA, 1983.
[4] В. Д. Сочава, В веден ие В учеRие о Гио-Системах, 1978.
[5] C. G. Ven Leeuwen, From Ecosystem to Ecodevice, Perspectives in Landscape Ecology, Proceedings of the International Congress for Landscape Ecology, 29—34, Veldnoven, the Netherlands, 1981.
[6] 董雅文, 捷克斯洛伐克的区域环境研究, 地理译报, 1982(1), 52—55。
[7] E. 马卓尔著, 王风慧译, 景观综合-复杂景观管理的地生态学基础, 地理译报, 1982(3), 1—5。
[8] R. J. Bennett and D. J. Chorley, Environmental Systems, London, 1980.
[9] L. F. Spellerberg, Ecological Evaluation for Conservation, Arnold, 1981.
[10] [美]G. E. 赫钦逊著, 华北农业大学植物生理教研组译, 生物圈, 科学出版社, 1974。
[11] 马世骏, 社会-经济-自然复合生态系统, 生态学报, 4(1), 1984。

ECOEVALUATION AND ECODEVICE OF LAND

Jing Guihe

(*Department of Geography, Northeast Normal University*)

Abstract

Landscape ecology is an inter-diseiplinary science between physical geography and ecology, and it is a synthetic subject related to many other subjects. Since C. Troll presented the concept of landscape ecology in 1939, it has been developed widely in many countries of the world. Now the concept of landscape ecology has become an important theoretical bacis of land ecoevaluation and ecodevice. It has also great significance in the study of environmental management and territorial planning.

The land ecoevaluation is an evaluation on the basis of ecological land classification and it emphasizes evaluation of ecological value and function of land. It contributes to landscape ecodevice and landscape ecological architecture. Ecoevaluation of land includes land evaluation, and it should emphasize: 1. the comparison of land physical productive capability with land practical productive forces; 2.1 and physical structure and function, land use structure and coordinate degree of land function; 3. the effect of human action on ecolandscape and its developmental tendency.

The idea of land ecodevice is based on the human understanding of physical rules, then to apply current wisdom and technology consciously to the "symbiosis" of man and nature and to create an ideal human living environment. which conforms with physical rules and can produce more material wealth. For example, to establish a wood-grass-farmland complex ecosystem in the flat sandy areas of temperate subhumid region;to establish a square farmland-net wood complex ecosystem in the plain area of temperate subhumid region; both of them are examples of landscape ecological architecture which are designed by the application of the "symbiosis"of man and nature.

应用景观生态学理论构建人与自然和谐共生的复合生态系统

白 娥

景贵和（1926—2021）先生，是著名综合自然地理学家，是竺可桢主编和黄秉维副主编的《中国自然地理》系列学术著作之《总论》卷、林超任编委会主任的《中国大百科全书》第一版《地理学》卷、黄秉维负责完成的《中国自然区划（初稿）》等重要地理知识工程的主要成员，获中国地理学会终身成就奖。

加快形成以实现人与自然和谐共生现代化为导向的美丽中国建设，是当前我国生态文明建设的重要目标。近年来，我国山水林田湖草沙一体化保护和系统治理取得了重要成果，而早在1986年，东北师范大学地理系景贵和先生在《地理学报》所发表的"土地生态评价与土地生态设计"一文中，就已指出"人类的经济活动如果符合生态学原则，它可以纳入自然系统的运转过程，造成社会与自然的'共生现象'，人与自然共同创造合乎人类理想又符合自然规律的土地利用方式"。文中讲到，利用景观生态学原理，建立理想的人工控制的自然–社会–经济复合系统，可以实现既生产更多的物质财富，又保持有良好生态环境的理想。文中提出的多个林田草沙复合生态系统设计的案例，即使在近40年后的今天，也是十分符合"坚持山水林田湖草系统治理"的当代生态文明建设之道。特别值得一提的是，景先生在文末还指出，"必须认真研究自然和社会、经济的相互关系，才能做到因地制宜、兴利除

作者介绍：白娥（1978— ），女，辽宁鞍山人，东北师范大学地理科学学院教授，中国地理学会会员（S110014059M），研究方向为土壤地理学。E-mail: baie612@nenu.edu.cn

害，达到最佳利用土地的目的"。这一建议蕴含的人与自然复合生态系统的整体系统观、因地制宜和遵循自然规律的科学观、兴利惠民和除害安邦的民生观，为国土空间规划和开发以及环境综合整治提供的思路，延续至今。

"土地生态评价与土地生态设计"文中首先阐述了景观生态学的发展历史，指出景观生态学不是生态学的亚学科，而是地理学、生态学等多学科交叉的学科。景观生态学的研究对象是人地复合生态系统；特征是有机体、物质和能量在景观内的再分配过程；重点关注的是空间差异的发展和机理、景观内时间与空间的相关作用与转换。由此可见，景观生态学既有"区域的时空概念和人地关系理论"的地理学核心内容，又有"生态系统结构和功能"的生态学核心内容。通过景观诊断、景观功能划分等理论和方法的应用，景观生态学服务社会的一个重要方向即是国土开发、整治、规划，以及生态评价和生态设计。

该文的第二部分即是针对景观生态学在土地生态评价中的应用的讨论。文中指出，土地生态评价应将生态系统质量评价与生态系统服务人类社会经济的功能评价相结合，尤其注意人类社会经济过程对生态系统的反馈影响。这些内容与现今的生态系统服务价值评估是很接近的，特别是景先生所提出的三种需要考虑的生态特征，着重关注了生态系统功能、结构和可持续发展，具有非常好的前瞻性。这三种特征的第一种是土地系统生产力，它是反映自然为人类生产生活服务的供给能力的重要指标。文中提到将人类利用的土地系统的生产力与地带性部位自然生态系统生产力进行比较，能够评估土地生态最优利用的程度。人类在改造土地的过程中，土地系统生产力应超过自然系统生产力，同时考虑其他生态效应，综合衡量土地利用对人类福祉的作用。由此就引出第二种特征，土地系统结构和功能。文中提到人类利用的土地系统的结构虽然与自然系统的结构有所差异，但这一结构如果符合自然规律，则是合理的，这一人地复合生态系统可以实现"共生"。所谓的符合自然规律，就是要综合考虑自然植被、海拔、水热条件、坡度坡向、流域分布等自然要素，因地制宜地利用土地。比如文中所举的吉林省龙井县案例，该地在海拔350米以上的丘陵种植针阔混交林，在海拔250—350米的坡地上种植苹果梨，把海拔250米以下的台地作为旱田，水源条件好的河谷平地作为水田，这即是符合自然规律的土地系统结构。又如当前黄土高原所采用的"山上退耕还林，山下治沟造地"的治理模式，实际上与景先生当年所倡导的模式是相似的。这一社会与自然的"共生现象"应该是可持续的，因此，文中接下来提到的第三种特征，土地系统的发展趋势也十分重要。如果人类对土地的利用造成的生态系统演替不符合自然发展趋势，则是不可持续的。比如文中所举的温带半湿润地区沙地的例子，如果人类利用使其由固定沙地逐步变成了半固定沙地、半流动沙地、流动沙地，则是与自然状态下该地区的演替规律相反的，是不合理的利用方式。基于对沙地自然演替规律的了解，人类可以预测土地利用的后果，也可以反过来治理退化的土地。

该文的第三部分是针对景观生态学在土地生态设计中的应用的讨论。人在改造自然的过程中，应依据景观生态学原理进行景观生态管理和景观生态设计，建立理想的人工控制的自然-社会-经济复合系统。文中举了五个生态设计的实例来说明人类可以实现既生产更多的物质财富，又保持有良好生态环境的可持续发展。第一个例子是吉林省白城沙地的林草田复合生态系统设计。其以林带为基础，周围种树，林带内布置草带，中间种田，形成了以林护田、以草养牧、以牧养田（有机肥还田）的农业生态。这一设计与当前倡导的山水林田湖草沙一体化保护和系统治理的思想一致，可见景先生超前的大局观和全局观。第二个例子是吉林省白城地区沙丘人工林造林结构的设计。鉴于沙丘连绵起伏、平地较少，原始森林受到破坏严重等问题，景先生提出该地不宜用作农田，而应混种耐贫瘠的樟子松与阔叶树，辅以豆科灌木等固氮植物增加沙地养分的针阔混交、乔灌草结合的设计。这一设计与当前倡导的改善人工纯林结构，提高人工林生物多样性，增加人工林养分循环和稳定性的思想一致，现已是人工林可持续经营和管理的重要依据之一。第三个例子是破坏严重的低山丘陵区的小流域生态恢复设计。其以小流域为单元，在贫瘠的分水岭上种植樟子松、杨树等，营造针阔混交林，在水肥条件较好的斜坡下部和河谷平地交界处一带种植落叶松、紫椴混交林，林带内缓坡处配以草带，河谷平地种水田，台地和高阶台地种旱田。这一设计是科学的人工修复措施，能够加快生态系统的恢复进程，同时考虑人类对土地利用的需求，在适宜的地方设计了农田，而没有一味地采用禁耕、禁牧的"一刀切"方式，真正做到了分区分类科学施策。第四个例子是东北平原区的方田林网化设计。鉴于东北平原区降水量较多易水蚀、地势平缓易风蚀等特点，林带设计起防风保土的作用，有利于内部农田的水土保持。现今东北地区的黑土保护问题日益受到重视，这一设计即使放到今天，也是合理地保护黑土减少侵蚀的方式之一。第五个例子是农村宅基地设计。文中提出将农民房前屋后的空地设计成塑料大棚、果蔬种植地，将居民点空地和街道种树，实现生活、生产和生态的统一。这一设计已是当前的宜居宜业的美丽乡村建设的一部分，可谓具有深谋远虑。以上这些例子均是自然–社会–经济复合系统的设计，其核心是生态整合，通过结构整合和功能整合，协调自然子系统、社会子系统和经济子系统的关系，使人类活动顺应自然规律，自然服务社会和经济，三个子系统和谐有序，可持续发展。

景贵和先生是我国第一批接受综合自然地理系统教育并在东北地区开展相关教学的学者，是我国综合自然地理学教学的开创者。他一辈子扎根东北，"土地生态评价与土地生态设计"一文中所举的例子均来自东北，以吉林省的地区为主，是其多年在吉林开展生态资源合理利用实践的映照。他的论著综合运用地理学和生态学，以及景观生态学基本原理，系统阐述人地共生科学内涵并形成科学概念及其应用理论，提升和发展了诸多学科共同关注与研究的人地共生科学认识。他是2019年度中国地理学会科学技术奖-终身成就奖的获得者，这不仅是其一生的成就，也是我辈不断追逐的榜样！

我国城市化的省际差异

许学强　　叶嘉安

（中山大学）　（香港大学）

解放以来，我国城市化水平有了一定的提高，但仍然较低[1,2,3]。1982年底市镇总人口21 154万，占全国总人口的20%。但其中包括了近三分之一的农业人口，如以市镇总人口中的非农业人口计，约占全国总人口的14.2%。我国城市化水平不仅比发达国家低，而且也比一般发展中国家低。发展中国家城市化水平通常高于20%，如非洲为26%，拉丁美洲为61%。东盟国家（除新加坡以外）在1950—1980年间，城市人口增长304.3%，城市化水平达22.5%[4]。

近年来，我国连续召开了几次关于城市化问题的讨论会，不少地理学家、城市规划师、社会学家等从总体出发研究全国城市化问题，国外及香港地区的学者也做了不少工作，在这些研究中少数接触了城市化的地域差异[5]，但对我国城市化的省际差异却较少问津。本文试图利用各省区的有关资料，对各省、区的城市化及因果关系作一初步探讨。

一、市镇分布的省际差异

我国市镇分布是不均匀的。用柯尔摩哥洛夫-史密尔诺夫公式检验我国1978年万人以上的市镇分布类型，D值为0.476，大于99%置信水平上的临界值（0.074）①，说明我国万

引用本文：许学强, 叶嘉安. 我国城市化的省际差异. 地理学报, 1986, 41(1): 8-22. [Xu Xueqiang, Gar-on Yeh. Provincial variation of urbanization in China. *Acta Geographica Sinica*, 1986, 41(1): 8-22.]

① 柯尔摩哥洛夫-史密尔诺夫（KOLMOGOROV-SMIRNOV）公式用来检验市镇空间分布是否服从于泊松分布，即随机型。当计算的D值小于D值检验表中的临界值，市镇分布属随机型。D值计算公式为：

$$D = \frac{\max |\text{理论期望值累积频率} - \text{观察值累积频率}|}{N(\text{方格总数})}$$

人以上的市镇分布不是泊松分布,即不属随机型。罗伦兹曲线(图 1)同样用来检验我国万人以上市镇分布,计算结果指数为 34.9%,说明万人以上市镇分布属集聚型[6]。

据 1982 年人口普查资料,我国共有市镇 2900 个,其中城市 236 个,城镇 2664 个,平均每万平方公里有市镇 3.02 个。如果以省、直辖市、自治区为单位,计算市镇密度,其结果显示,全国市镇密度省际差异大。密度最大的除上海高达每万平方公里 56.77 座外,就是浙江、江苏、每万平方公里分别有 17.06 座和 11.57 座。密度最小的是西藏和青海,只有 0.08 座和 0.12 座。相差一百到两百多倍。各省、区市镇密度可分为四级:

密度最大(≥8.33):包括上海、浙江、江苏、湖南、安徽、福建、北京。

密度较大(5.66—8.32):包括江西、河南、湖北、天津、广东、四川、山东。

密度较小(3.20—5.65):包括贵州、辽宁、广西、吉林、山西、河北。

密度最小(≤3.19):包括陕西、云南、内蒙古、黑龙江、甘肃、宁夏、新疆、青海、西藏。

用上述资料编制 1982 年我国各省区市镇密度图(图 2)。该图清楚显示,我国各省区市镇密度东高西低,有规律地递降。如以东部沿海十一个省市自治区统计,土地面积仅占全国的 13.6%,却集中了 85 个城市,占全国城市总数的 36%,占全国城市人口的 48.5%(表 1),有城镇 916 个,占全国城镇总数的 34.4%,城镇人口的 40.6%(表 2)。城镇与城市相比,城镇集中程度稍低。

我们曾用逐步回归的方法来解释市镇分布的省际差异。证明市镇密度与人口密度有很大的一致性,相关系数为 0.87。人口密度越大的省区,市镇密度也越大。东部省区一般人多,土地面积小,人口密度高,市镇数目多,形成较高的市镇密度。西部省区多数是土地辽阔,人口稀少,市镇数目不多,市镇密度低。其次国民经济发展规模和经济发展的其他特征与市镇密度的关系也很大。工农业总产值与市镇密度的相关系数为 0.63。由工农业总产值(X_1)、市镇人平工业产值(X_2)、铁路长度指数(X_3)、每农业人口平均粮食产值(X_4)、人口密度(X_5)五个因子组成的回归式,复相关系数为 0.96,能解释 92%的省区市镇密度差异。其回归式为:

$$Y=0.1033+0.0004X_1-0.0008X_2-0.0012X_3+0.0006X_4+0.0013X_5$$

表1 我国1953、1963、1973、1982年沿海与内地省区城市发展差异*
Tab.1 Regional distribution of cities and urban population in China, 1953, 1963, 1973 and 1982

省区	占全国总土地面积%	1953年 城市个数	占总个数%	占总城市人口%	平均城市人口规模（万人）	1963年 城市个数	占总个数%	占总城市人口%	平均城市人口规模（万人）
沿海省区	13.6	73	44.0	61.0	43.89	67	38.5	54.3	61.70
内陆省区	86.4	93	56.0	39.0	21.99	107	61.5	45.7	32.58
全国合计	100.0	166	100.0	100.0	31.62	174	100.0	100.0	43.40

省区	占全国总土地面积	1973年 城市个数	占总个数%	占总城市人口%	平均城市人口规模（万人）	1982年 城市个数	占总个数%	占总城市人口%	平均城市人口规模（万人）	占全国总人口%
沿海省区	13.6	68	37.6	50.9	54.16	85	36.0	48.5	82.58	41.1
内陆省区	86.4	113	62.4	49.1	31.48	151	64.0	51.5	49.33	58.9
全国合计	100.0	181	100.0	100.0	34.0	236	100.0	100.0	61.30	100.0

*①全部根据国家统计局统计资料换算而成，1963、1973年只包括城市总人口中的非农业人口，1953、1982年为城市总人口，包括部分农业人口，但不包括郊县人口；
②1953年的166个城市中，到1982年14个被撤销或合并，其中6个在沿海，8个在内地；
③沿海省区包括：辽宁、河北、天津、北京、山东、江苏、上海、浙江、福建、广东、广西等11个省市自治区。没有包括台湾和港澳的资料。

表2 我国1953、1963、1973、1982年沿海与内地城镇发展差异*
Tab.2 Regional distribution of towns and its population in China, 1953, 1963, 1973 and 1982

省区	1953年 城镇个数	占总个数%	占总城镇人口%	平均城镇人口规模（人）	1963年 城镇个数	占总个数%	占总城镇人口%	平均城镇人口规模（人）
沿海省区	—	—	—	—	1477	36.6	40.0	10196
内陆省区	—	—	—	—	2555	63.4	60.0	8854
全国合计	5402	100.0	100.0	6243	4032	100.0	100.0	9346

续表

省区	1973年 城镇个数	占总个数 %	占总城镇人口 %	平均城镇人口规模（人）	1982年 城镇个数	占总个数 %	占总城镇人口 %	平均城镇人口规模（人）
沿海省区	998	34.2	37.3	17 651	916	34.4	40.6	27 425
内陆省区	1916	65.8	62.7	15 464	1748	65.6	59.4	21 046
全国合计	2914	100.0	100.0	16 213	2664	100.0	100.0	23 239

*①1953年城镇划分尚无统一标准，缺分省区资料。1963和1982年城镇标准提高，因而城镇数目减少，规模扩大。

②同表1中说明①，1982年为第三次人口普查资料。

⑧城镇人口指城镇总人口，包括少数农业人口。

国民经济发展的规模和水平，人口密度的高低影响市镇密度的高低。但是，国民经济的发展，人口密度的高低是自然、政治、经济、历史等因素长期综合作用的结果。东部自然条件优越，开发早，农业发达。在农业发展的基础上，为了履行行政管理、防御、物资集散和商品交换，逐步形成了我国传统的市镇等级体系。鸦片战争后，殖民主义者主要从海上入侵我国，在东部沿海沿江形成了许多开放口岸，掠夺农业和矿产资源，倾销工业产品，发展部分采矿和加工业，同时，民族工业也逐步发展。在此基础上，东部沿海形成了

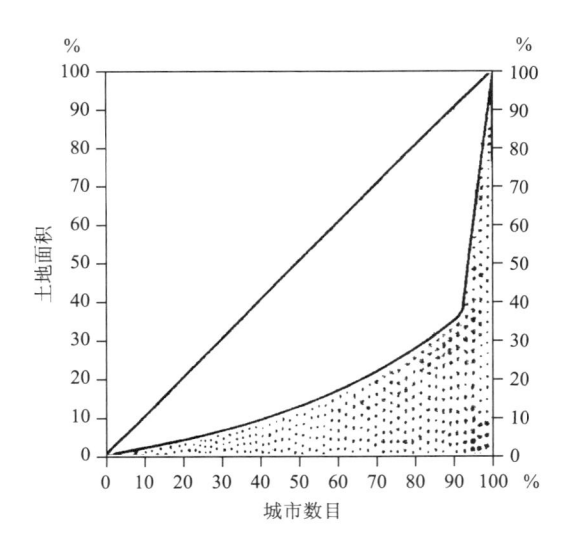

图1 我国城市数目和土地面积的罗伦兹曲线

Fig.1 Lorenz curve of number of cities and land area of China

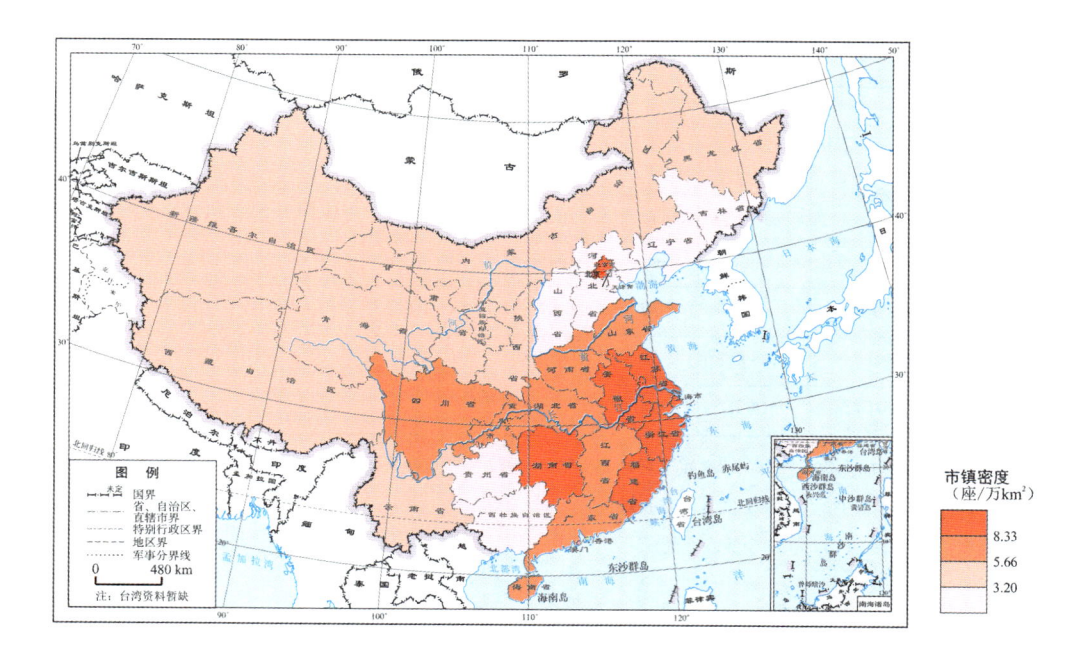

图 2　我国各省区市镇密度图

Fig. 2　Urban density of provinces in China

许多新市镇，形成了近代的市镇等级体系。近代的与传统的相结合，形成较高的市镇密度。据 1953 年普查资料，全国 166 个城市就有 73 个位于沿海 11 个省区，占全国城市总数的 44%，占全国城市人口总数的比重高达 61%。可见，解放前，我国城市和城市人口已经高度集中在沿海省区。解放后，工业和城市的空间分布政策已使这种集中相对缓和。1953—1982 年间新增的 84 个城市中，有 68 个（81%）是位于内地省区。由于这种变化，我国市镇和市镇人口分布重心已在缓慢地向北偏西的方向移动。

二、城市化程度的省际差异

在人们印象中，城市化水平高的地方，市镇和市镇人口数量总是比较多。但是，由于衡量城市化的数量指标是市镇人口占总人口的比例，所以，只要农村人口的相对数量较多，虽然市镇人口的绝对数量较大，但城市化水平仍然可能很低。在我国，由于市镇多集中于农村人口密集的地方，而面广、量大的集镇又没有设市、镇建制，均属农村范畴，所以，市镇和市镇人口多的省区，城市化程度并不一定高。

图 3 显示我国城市化水平相对高的省区，除天津、北京、上海三个直辖市外，多位于东北、华北、西北，如辽宁、黑龙江、吉林、内蒙古、新疆、青海。中等城市化水平的省区主要在内地，也包括部分沿海省区，如广东、福建。许多东部沿海省区的市镇和市镇人口绝对数都很大，但其城市化程度并不比新疆等省区高。

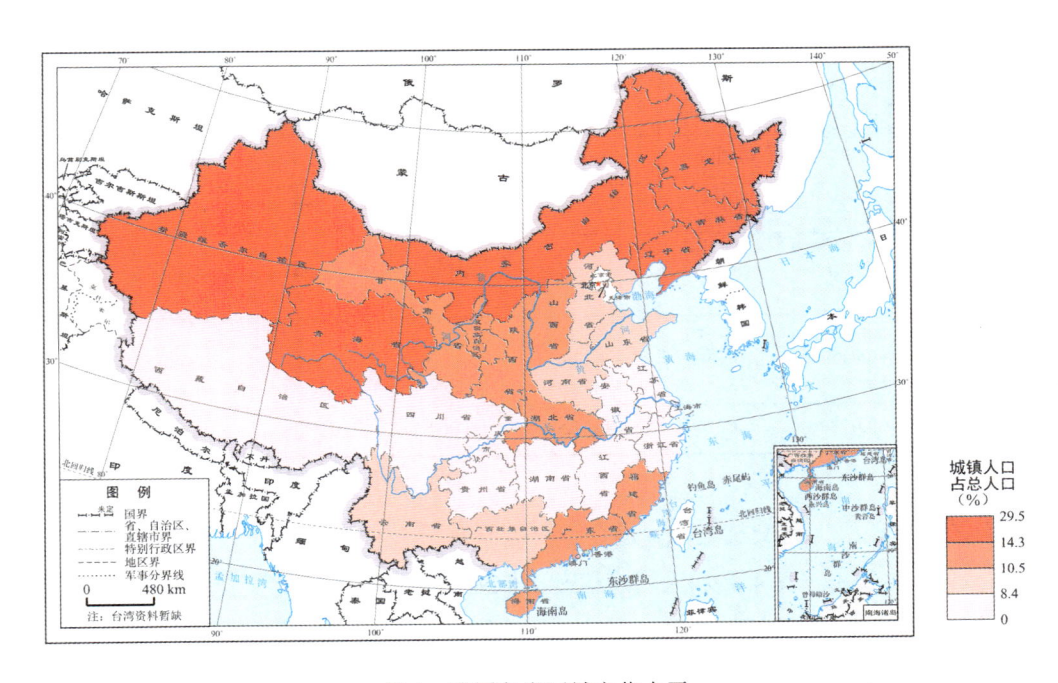

图 3　我国各省区城市化水平

Fig. 3　Urbanization level of provinces in China, 1978

我国城市化程度的省际差异是自然、政治、经济、历史等因素，在一个漫长的历史过程中综合作用的结果。从某种程度讲，一个省区的经济和人口特征反映了自然、政治和历史因素的作用。在这里，我们利用 1978 年的资料①，以各省的人口数、人口密度、土地面积和工农业总产值比例、人均工业产值、人均农业产值、人均国民总产值等来分别代表各省区人口和经济的特征，检验它们与城市化程度的省际差异之间的关系。表 3 的相关矩阵显示，在人口的各变量间和反映经济特征的各变量间，都各自存在较密切的相关关系。为

---

① 本节分析除未包括台湾省外，还未包括北京、天津、上海三个直辖市。

表 3 1978 年我国各省区人口和经济变量的相关矩阵
Tab. 3 Correlation matrix of population and economic variables of provinces in China, 1978

相关矩阵 变量 \ 变量	人口数	工农业产值比例	土地面积	人口密度	人均农业产值	人均工业产值	人均总产值
人口数	1.000	0.092	−0.377	0.723	−0.020	−0.015	−0.018
工农业产值比例	0.092	1.000	−0.390	0.075	0.680	0.754	0.716
土地面积	−0.377	−0.390	1.000	−0.586	−0.133	−0.174	−0.152
人口密度	0.723	0.075	−0.586	1.000	0.077	0.050	0.064
人均农业产值	−0.020	0.680	−0.133	0.077	1.000	0.991	0.998
人均工业产值	−0.015	0.754	−0.174	0.050	0.991	1.000	0.997
人均总产值	−0.018	0.716	−0.152	0.064	0.998	0.997	1.000

此，我们采用方差极大正交旋转法，进行主轴因子分析[①]，导出了两个主要因子，将其命名为工业化和人口密度。表 4 显示人均产值和工农业产值比例等原始变量与第一个因子有非常密切的相互关系，因子载荷量大。因此，这个因子可以用来衡量一个省区的工业化程度和生产力水平。第二个因子具有双重性，一方面与人口总数和人口密度原始变量有很高的

---

① 因子分析的程序简介

第一步：因子精选

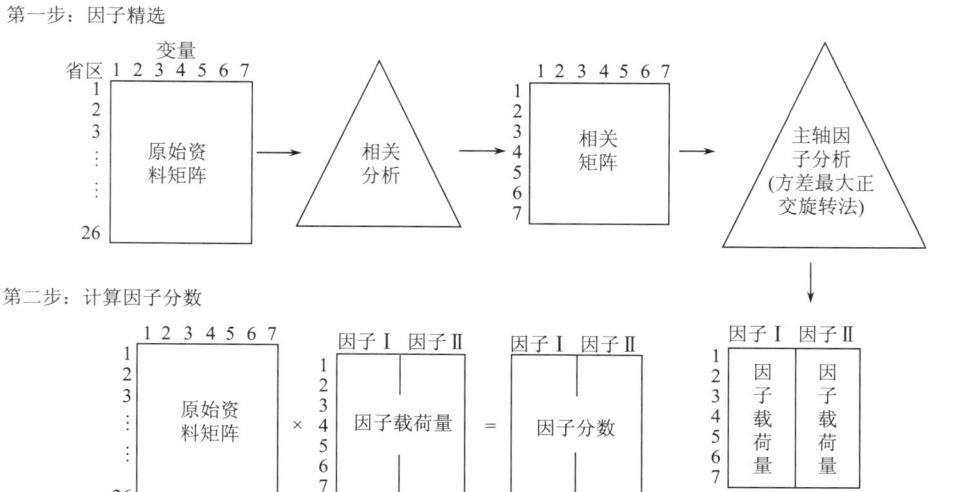

原始资料矩阵 → 相关分析 → 相关矩阵 → 主轴因子分析（方差最大正交旋转法）

第二步：计算因子分数

原始资料矩阵 × 因子载荷量 = 因子分数

正值因子载荷量，另一方面，又与土地面积原始变量有不小的负值因子载荷量，因此，可以反映我国人口分布的一般特征。经过主轴因子分析后的简单的因子结构能解释 77.5% 的变量变差。我们知道，在因子分析中所求得的因子之间是不存在相关关系的，所以工业化和人口密度这两个因子之间，根本不存在相关关系。也就是说，一个省区的工业化程度与其人口规模和密度并没有直接联系，具有众多人口和人口密度高的省区，人均工业产值和工业产值占工农业总产值的比重并不一定高。

表 4　1978 年我国各省区因子结构表
Tab. 4　Factor structures of provinces in China, 1978

变　量	工业化 （因子 I）	人口密度 （因子 II）
人口数	−0.0433	0.7492
工农业产值比例	0.7836	0.1947
土地面积	−0.1835	−0.6644
人口密度	0.0182	0.8921
人均农业产值	0.9798	0.0125
人均工业产值	0.9971	0.0212
人均总产值	0.9901	0.0166
变差	51.21%	26.25%

接着我们用下列公式分别计算各省区两个因子的因子分数，以考察省区间的差异：

$$F_{jK} = \sum_{i=1}^{m} Z_{ji} L_{iK}$$

这里 F_{jK} 为 j 省的 K 因子分数；

i 为 m（共 7 个）个原始变量中的一个；

L_{iK} 为原始变量 i 的 K 因子载荷量；

Z_{ji} 为 j 省标准化后的原始变量 i。

图 4 和图 5 分别表示了这两个因子的因子分数的空间分布。对比这两张图说明，大多数东北、华北和西北省区工业化因子分数高而人口密度因子分数低；西南大多数省区工业化因子分数低，除四川、贵州人口密度因子分数中等外，其他省区人口密度因子分数也很低；江苏、广东、山东等省区不仅工业化因子分数高或较高，而且人口密度因子分数也较高。

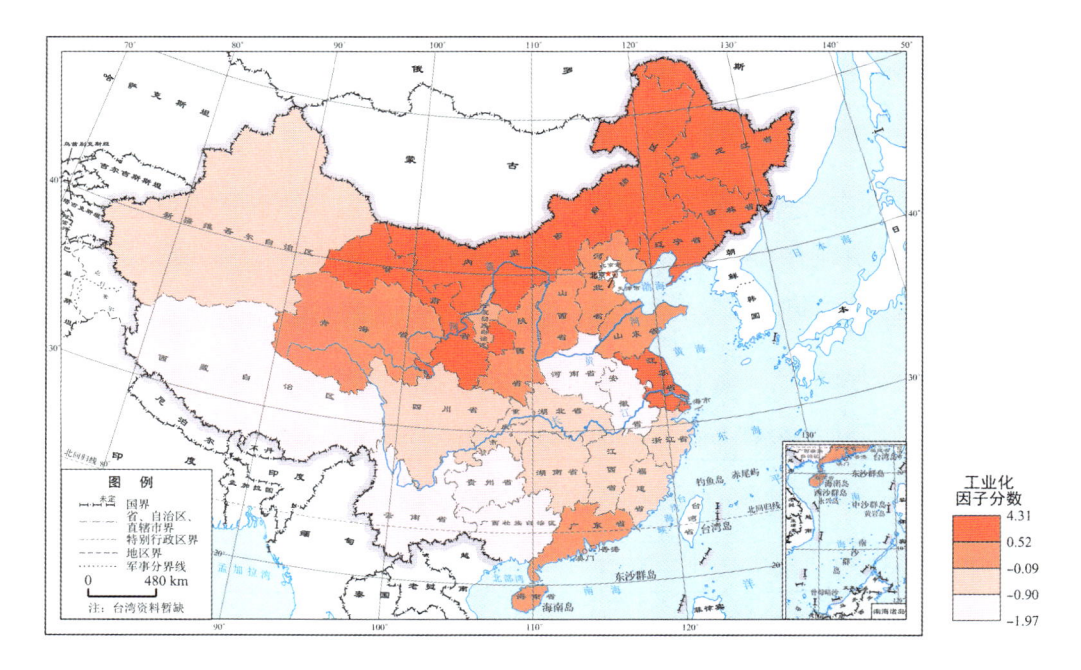

图 4 工业化因子数分布

Fig. 4 Distribution of industrialization factor scores

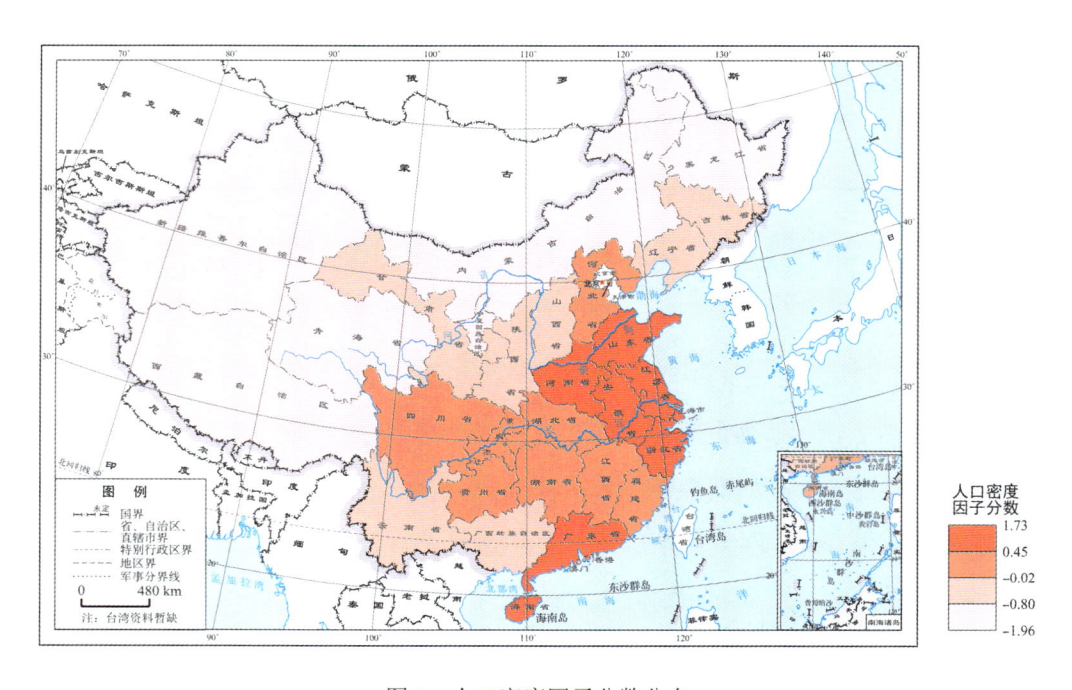

图 5 人口密度因子分数分布

Fig. 5 Distribution of population density factor scores

将各省区工业化程度和人口密度因子为自变量，以城市化水平为因变量，进行多元回归分析，其复相关系数达 0.863，在 0.01% 的水平下显著，能解释 74% 的城市化水平的省际差异，多元回归式为：

$$城市化水平（\%）＝13.17+3.35 工业化因子 - 4.14 人口密度因子$$

这一回归式说明，一个省区的城市化水平，不仅与工业化进展有正相关，而且与人口密度有负相关。这就不仅解释了我国东北、西北和华北部分省区城市化水平提高较快，而东部沿海省区提高较慢的原因，而且也可说明，在一个国家内可能会存在着两种不同的城市化模式。

由于这两类省区的条件和基础不同，因此所执行的工业布局方针和户口管理制度等，应该、而且必须有一定的差异，这就势必影响其城市化的速度和空间类型。城市化速度高的东北区，由于有丰富的煤、铁、石油和森林资源等，这就使其继续成为我国重要的工业基地。北部和西部某些省区也蕴藏了丰富的资源，但长期没有得到合理开发。1949 年后，国家发展政策一直将其作为建设重点之一，建设了像西安、兰州、包头、乌鲁木齐、西宁等工业中心。并且在沿海支援内地的口号下，沿海部分工业迁往内地，加速了这些省区工业发展。由于原有工业基础差，工业的发展在很大程度上是靠增加劳动力来实现的，而劳动力来源主要不是城市人口自然增加，而是本省区内农村人口迁入以及从东部沿海省区来的移民。同时，这些省区发展农业的条件较差，农业在国民经济中的地位较低，许多城市，特别是新城市不是在农业基础上形成发展的，而是在工业、交通等第二、第三产业的基础上发展起来的。此外，这些省区人少地多，人口密度低，人口压力不明显，城镇户口管理没有东部严格。所以，这些省区城市化速度较快，水平较高。

东部沿海省区一般原有工业基础较好，政府发展方针是既要充分利用，发挥其作用，同时也要积极发展。但发展生产更重要的是靠提高劳动生产率，希望增产少增人或不增人。因此，这些城市为周围农民提供的新的就业机会并不多。并且现有城市人口压力已经很大，就业、交通、住房、供水和环境等问题突出，必须加强城镇户口管理，严格控制大城市人口规模的增长，鼓励大城市的工业和人口向周围农村扩散。同时，东部省区适宜农业发展，农业在国民经济中的比重高，长期以来是我国粮食和轻工业原料的主要生产基地。为了保证国家经济正常发展，不允许脱离农业发展水平轻易将大批农村人口转为市镇人口，影响农业发展，增加国家负担。加上受"左"的政策影响，忽视发展农村商品经济、集市贸易和小城镇，限制农村第二、第三产业的发展，因而农村人口转化为市镇人口的不多。即使有部分农村人口转向城市，但由于农村人口基数大，显示出来的城市化速度仍然很慢，水平仍然较低。最近几年，特别是 1984 年以来，上述情况发生了较大的变化，中央允许农民自理口粮,到小城镇落户务工、经商和办各种服务业,加上沿海许多地区对外开放,兴办特区,必然加速东部沿海省区城市化速度。

因此,可以认为,我国城市化水平的省际差异是工业布局和控制市镇人口增长政策的产物。前者促进了人口密度低的东北、西北部份省区的城市化,后者制约了东部和中南部分省区的城市化速度。

但是,应该指出,这里所讲的城市化,主要指的是城乡人口的空间移动。如果把城市化理解为城市精神、思想、生活方式和革新等由城市向农村扩散的程度,那么,应该说东部省区城市化水平高,西部低。因为整个东部省区社会经济发展水平较高,交通网络发达,信息传递迅速,城乡联系密切,"离土不离乡"的现象较普遍[7]。

三、城市首位度的省际差异

省际城市化水平的差异只能揭示各省区市镇人口占总人口的比例不同,不能揭示市镇人口是集中在某一个城市,还是成比例地分散在不同等级的市镇里。市镇人口在一个省区的市镇等级体系中的集中程度,可以用首位度来衡量。所谓城市首位度就是第一大城市与第二大城市的人口比例。

城市规模分布是城市系统研究中的一个十分活跃的分支[8]。许多研究证实,一个国家或地区的市镇规模分布明显地分为两种类型,即首位分布和规则分布。前者是指首位城市在市镇规模等级系统中占着绝对的优势,城市首位度大,中小市镇不发达。后者是指市镇规模分布符合等级大小法则,即对数正态分布①,城市首位度小,中小市镇较发达。但是,长期以来对市镇规模分布类型产生的原因,在特定环境下,哪一种分布类型为好等问题,一直争论不休。多数人认为,在市镇规模分布与经济发展和城市化之间没有简单的关系,而是由文化历史、经济类型[9,10]、行政经济体制、政府政策及城市化特征等多种因素综合作用的结果。

埃及人,区域发展专家,埃尔·莎科斯教授,1972年提出了一个动态模式[11],试图将市镇规模分布与不同的经济发展阶段联系起来,说明首位度与经济发展是曲线相关。规则分布是与社会均衡相联系,发生在经济发展起步前和经济发展后。首位分布是社会不均衡

---

① 市镇等级大小法则(Rank-size Rule)的数学表达式为:
$$P_i = P_1/i$$
P_i 为市镇大小序列中第 i 个市镇的人口数,P_1 为首位城市的人口数,i 为序列。

所造成的，发生在经济发展过程中。按照这个动态模式，一个区域或国家，在经济发展之前是属均衡状态，是规则分布。在经济发展早期和中期，由于集中发展几个经过选择的大城市这种市镇体系的均衡状态被动摇，城市规模呈首位分布。随着时间推移，经济发展渐渐从大城市转向中小市镇，市镇体系的均衡状态逐渐恢复，再现规则分布。可见，城市规模分布的动态模式仅仅考虑了经济发展因素。

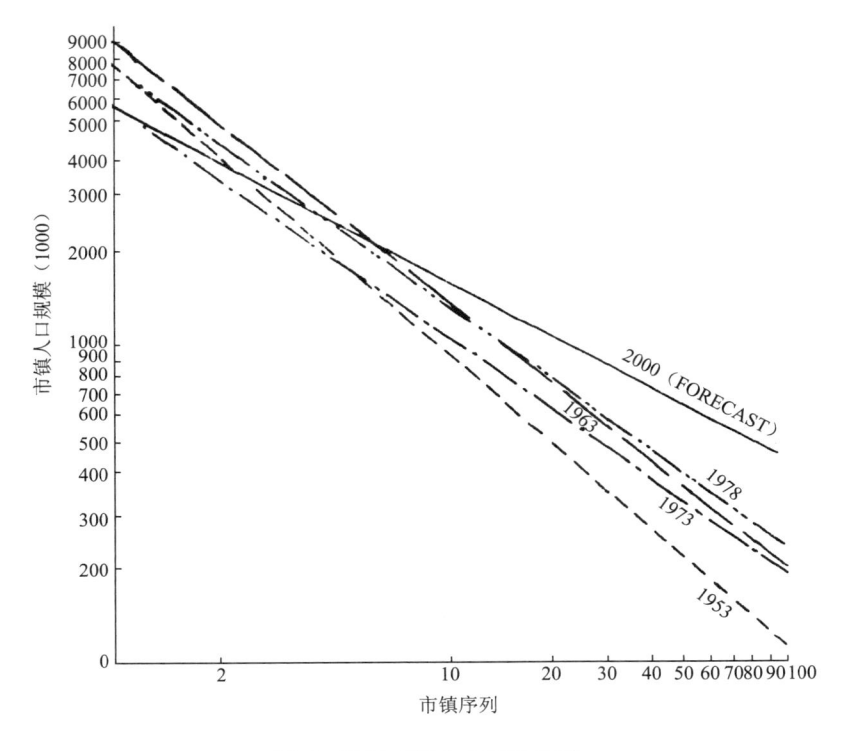

图 6　我国市镇大小等级关系

Fig. 6　Rank-size relationship of towns to cities, selected years

我国幅员辽阔，人口众多，历史悠久，市镇体系较发达。根据 1953、1963、1973、1978 和 1982 年的资料分析，我国城市首位度小，并且一直下降，从 1953 年的 2.3 下降为 1982 年的 1.3。市镇大小规模分布呈规则式，市镇大小序列与市镇人口规模的非线性相关十分显著，相关系数均大于 0.98。并且，图 6 说明，1953 年以来，市镇大小分布的斜率不断减小，市镇规模体系渐趋完善[12]。

但是，城市首位度的省际差异大。从安徽的 1.009，到青海的 10.23。省际差异的趋势是，除了广东、湖北外，东北、华北、华东和中南各省区的城市首位度都较低；除四川省外，西北、西南各省区的城市首位度都较高，解放以来普遍升高，近年来个别省区开始下降（图7）。

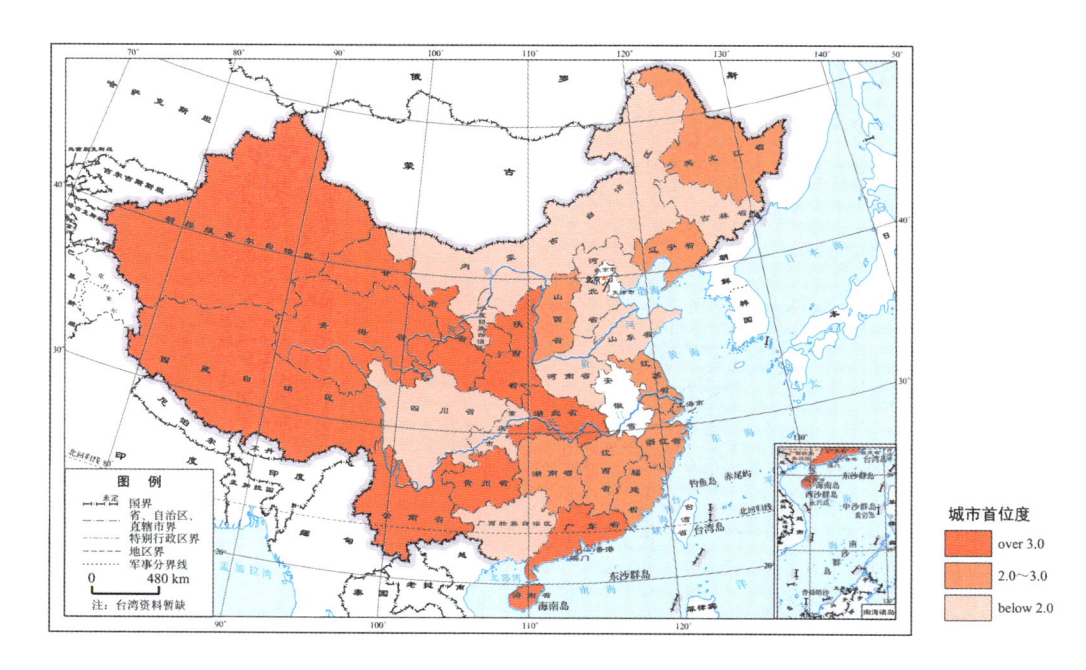

图7 我国各省区城市首位度

Fig. 7 Urban primacy of provinces in China

城市首位度的省际差异与工业产值占工农业总产值比重和人口密度的关系不显著。虽然城市首位度高的省区多为低人口密度，但华北和东北一些低人口密度的省区并没有高首位度。同样，虽然东北、华北一些首位度低的省区，工业化程度较高，但一些工业比重较高的省区，如新疆、青海、甘肃却没有低的首位度。多人口、高密度、高人均产值、高工业比重的省区，既可能有高的首位度，也可能有低的首位度。这种关系还可通过以工业化因子分数和人口密度因子分数为自变量，城市首位度为因变量的多元回归分析得到证实。其回归式的复相关系数仅为0.39，在0.05%的置信水平上也不显著，证明不存在相关关系。

从图8可见，城市首位度与城市化水平具有微弱的曲线关系。我们用抛物线回归曲线来描述两者的关系，其复相关系数为0.47，在0.05%的置信水平上显著。抛物线回归式为：

$$首位度 = -5.58 + 1.28X - 0.037X^2$$

这里 X 为城市化水平。从分布图上可看出存在三种类型：第一高城市化水平，中等首位度，如黑龙江、内蒙古及吉林等；第二低到中等城市化水平，低到中等的首位度，如山东、广西和河南等；第三中等城市化水平，高首位度，如青海、甘肃、湖北、陕西和云南等。

各省区城市发展历史，首位城市的发展潜力以及国家工业布局的方针也许可以解释城市首位度的省际差异。

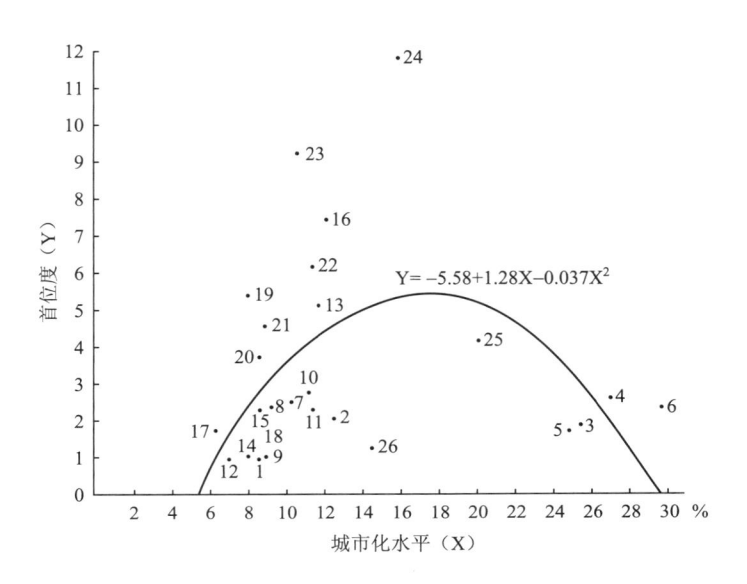

图 8　我国各省区城市化和城市首位度

Fig. 8　Provincial urbanization and urban primacy in China

（1.河北 2.山西 3.内蒙古 4.辽宁 5.吉林 6.黑龙江 7.江苏 8.浙江 9.安徽 10.江西 11.福建 12.山东 13.广东 14.广西 15.湖南 16.湖北 17.河南 18.四川 19.云南 20.贵州 21.西藏 22.陕西 23.甘肃 24.青海 25.新疆 26.宁夏）

在我国，绝大部分省区的省会（除四个以外）都是该省区的最大城市，这些省会都是经过长期的筛选而发展起来的。它们往往具有优越的交通地理位置，加上作为省会城市所固有的政治行政管理的优势，因此总是具有很大的发展潜力，对各类建设项目具有强大的吸引力，因而造成省会城市的规模不断扩大，在一定程度上抑制了第二、第三位城市的发展，城市首位度大，如 1982 年湖北、广东分别为 6.96 和 5.09。在历史的长河中，特别是近代，由于新交通线路的开拓，矿产开发，在现代交通线路沿线、沿海、沿江和矿产地形成了一批新的城市，它们具有极大的生命力和竞争力，在不同程度上削弱了原有省会城市的重要性，其人口规模接近或超过省会城市，如四川的重庆超过成都，山东的青岛超过济南等，因此城市首位度低，分别为 1.38 和 1.04。由于现代交通网络发展，使原省会城市失去交通优势，难以履行省会功能，以致发生省会迁移，如吉林省会由吉林迁往长春，河南省会由开封迁往郑州等。由于首位城市作为省会的历史较短，正处于发展中，在该省的市镇规模等级体系中未处于绝对优势，因此其首位度低，分别为 1.60 和 1.54。

城市首位度的省际差异还与我国执行的工业布局方针和经济发展的不同阶段有直接关

系。东部大城市多，为了控制其人口规模，强调生产的发展主要靠革新、改造、挖潜，将大量的新建项目分散布置在中小城市里，促进了中小城市发展，城市首位度低并随着时间的推移而逐步下降。（表5）东部省区平均城市首位度从1953年的3.10下降到1978年的2.38。近年来由于强调利用原有基础，发挥中心城市作用，因而东部各省区平均城市首位度略有上升，1982年为2.40。我国西半部工业基础差，市镇体系不发达。解放后开始选择少数交通方便，原有基础稍好的中心城市作为"生长极"发展，而这些中心城市又几乎全是传统的省会。再者，由于资金不足，不可能大规模地全面投资，普遍发展中小市镇。这样的发展策略势必进一步加强了省会城市的优势，所以城市首位度高并且在上升。但随着进一步发展，首位城市的规模已经很大，开始重视向中小市镇扩散，城市首位度开始缓慢下降。1953年至1963年西部省区的平均首位度从3.41升到4.81，到1982年则下降到3.83。这种变化的趋势，似乎在一定的程度上，印证了埃尔·莎科斯提出的动态模式。

表5 我国东、西半部各省区平均城市首位度演变的比较*

Tab.5 Regional uariation of vrban primacy in China

地区	1953年	1963年	1973年	1978年	1982年
东半部	3.10	2.72	2.49	2.38	2.40
西半部	3.41	4.81	4.54	4.43	3.83

*①根据统计部门有关城市人口的资料计算的结果
②西半部包括西北、西南七个省区。因西藏、青海有些年份缺乏第二大城市的资料，故未统计在内。否则平均首位度更高。
③东半部包括东北、华北、中南十七个省区，未包括直辖市和台湾省。

四、结 论

我国市镇分布呈集聚型，各省区市镇密度由东向西递减。虽然大部分市镇集中在东部省区，但由于其人口多，农业比重高，而没有最高的城市化水平。城市化水平最高和较高的省区通常是那些人口密度较低、工业比重较高的东北和西北及华北某些省区。城市首位度的省际差异与工业化及人口密度之间并没有直线型关系，而与城市化水平似乎有一种抛物线相关。城市首位度高低是历史产物，同时与首位城市发展潜力、工业布局方针和经济发展的阶段有直接的关系。

我国市镇分布、城市化水平及城市首位度的省际差异，归根结底，还是地理条件的地域差异和政府发展政策以及在这种政策指引下，在漫长的历史过程中，人类活动的产物。

必须以历史唯物主义观点来解释和评价这些差异，既要看到自然环境条件在历史发展过程中的巨大作用，也要充分估计，在不同时期的发展政策和技术水平的作用下，人民群众改造自然环境的巨大能动作用。

推测今后我国市镇分布、城市化水平和城市首位度的省际差异的演变将与工业化和城市化的空间分布政策密切相关。我们一方面已经意识到现有工业基地及城市在现代化建设中将起着重要作用，另一方面由于农业劳动生产率的提高，解放大批劳动力可以转入非农业活动，这样人口众多，农业比重高的东部省区城市化速度将会加快。由于强调发挥中心城市的作用，开放沿海城市，加速发展第三产业，在一段时期内，沿海省大中城市还会有所发展，城市首位度会略有上升，但是，随后其城市首位度将恢复下降趋势。人少地多的西部省区由于交通网络和新工业城市的出现和发展，使得市镇分布的空间类型将会发生明显变化，城市化速度将主要受制于开发大西北、大西南的时间、速度和规模。不过，城市首位度在多数省区将逐步下降。

参考文献

[1] 吴友仁，城市规划，第 5 期，14–25，1979。
[2] 马清裕，经济地理，第 2 期，126–131，1983。
[3] 胡序威，城市规划，第 2 期，23–26，1983。
[4] Sit, V. F. S., Urbanization and National Development in Asia, Hong Kong, Tai Dao Publishing Co, 1–6, 1982.
[5] 周一星，城市规划，第 2 期，17–21，1983。
[6] 许学强、胡华颖、张军，经济地理，第 3 期，205–212，1983。
[7] 姚士媒、吴楚材，地理学报，第 2 期，155–161，1982。
[8] Carroll, G. R., *Progress in Human Geography*, 6(1), 1–43. 1982.
[9] Berry, B. J. L., *Economic Development and Cultural Change*, 9, 573–587, 1961.
[10] Berry, B. J. L., Urbanizition and National Development, Beverly Hills: Sage, 111—156, 1971.
[11] EI Shaks, S., *Journal of Developing Areas*, 7, 11–36, 1972.
[12] 许学强，中山大学学报(社会科学版)，第 3 期，40–49，1982。

PROVINCIAL VARIATION OF URBANIZATION IN CHINA

Xu Xueqiang

(*Zhongshan University*)

Gar-on Yeh

(*Hong Kong University*)

Abstract

China's cities belong to the clustered pattern, examining them by Kolmogorov-Aminov formula and the Lorenz curve. The highest density of cities and towns has happened in Shanghai municipality: 56.77 cities and towns per 10,000 km^2. Zhejiang and Jiangsu Provinces occupy second and third places, according to the density of urban settlements: 17.06 and 11.67 cities and towns per 10,000 km^2 respectively. The lowest density indexes of cities and towns are found in Xizang Autonomous Region and Qinghai:0.08 and 0.12 respectively. the density of cities and towns is regularly reducing from East to West in China. The provincial variation of the density of cities and towns can be explained by the regression techniques. A correlation coefficient of 0.87 has been obtained by the regression analysis of the density of cities and towns, in which the population density as independent variable. In provinces and autonomous regions,the greater the population density, the greater the density of cities and towns. A multiple correlation coefficient is 0.96, which was found by multiple regression analysis of the density of urban settlements with the gross industrial and agricultural output value,per capita industrial output, the index of the railway length, per rural person grain output, and population density as independent variables. These five variables can explain 92% of the provincial variation of the density of urban settlements.

Because the urbanization is measured by the proportion of urban population to the Provincial total ones, the urbanization level of those provinces with concentration of urban settlements and urban population seems to be not so high. Most of the relatively high urbanized provinces and autonomous regions are located in Northeast,North and Northwest China, while the provinces with moderate and lower urbanization level are found in the East, Central and South provinces. Variables of population density, size of area, and industrial-agricultural output ratio, per capita industrial output, per capita agricultural output, per capita total production output can be used a for reflection of provinces' population and economic characteristics respectively.

Two factors are identified by factor analysis with varimax rotation. The first factor is industrialization that measures the levels of industrialization and productivity and the second factor-ispopulation density that reflects the general population distribution characteristics of a province or an autonomous region. As these two factors are orthogonal each other, it suggests that there is not direct relationship between the industrialization level with population size or density in every province or aut. region. A multiple correlation coefficient of 0.863 has been obtained by multiple regression analysis between urbanization level with the factor scores of industrialization level and population density as independent variables. These two factors could explain 74.5% of the provincial variation of urbanization level. The urbanization level of a province or an autonomous region is related positively with industrialization level but negatively with population density. The industrial distribution policy encourages urbanization for the less densely populated Northeast, North and Northwest provinces and autonomous regions. To a certain extent, the control of urban population discourages urbanization for the densely populated East.

There is big variation in the primacy index of the provinces in China. It ranges from 1,009 in Auhui to 10.23 in Qinghai (in 1982). The provinces and autonomous regions with high primacy index are mainly concentrated in the Northwest and Southwest regions of China, except Guangdong an Hubei provinces. The indexes of provinces and aut. regions in West China have increased since liberation, but in recent years, they have begun to fall in some provinces and autonomous regions. Most of the Northeast,East,North, and Central South provinces have moderate or low primacy indexes, which have declined since liberation. The provincial variation of the urban primacy index may be explained by the urban development history, the development potential of the primacy city in provinces, the national industrial distribution policy and different stages of the economic development of provinces and autonomous regions.

In recent years, due to practising the open policy to the outside world the policy permitting peasants to go into towns to do businesses on the basis of self food supply and other policies as well, the urbanization process has been speeded up, urban primacy index has been relatively raised in some provinces and aut. regions, and the development of small towns has been greatly made.

"中国城市化的省际差异"解读

薛德升 王 波

一、作者简介

许学强，城市地理学家、城市规划学家，中山大学地理科学与规划学院教授、博士生导师。先后任中山大学地理系主任、地球与环境科学学院院长、城市与区域研究中心主任。曾任全国政协委员、广东省委高校工委书记、广东省高教厅厅长、中山大学党委书记、中国地理学会副理事长、国务院学位委员会学科评审组成员、教育部高等学校地理科学类专业教学指导分委员会副主任委员、国际地理联合会（IGU）第三世界发展专业委员会委员等职。主要研究领域为城市地理和珠江三角洲区域发展，在城市化、城市体系、城市内部空间结构、城市与区域规划等方向进行了开创性研究。

叶嘉安，城市地理学家、城市规划学家，香港大学城市规划与设计系讲席教授、博士生导师、中国科学院院士、第三世界科学院院士、英国社会科学院院士。先后任香港大学城市规划与管理研究中心主任、地理信息系统研究中心主任、交通运输研究所所长等职。主要研究领域为城市地理和城市规划，在城市体系、地理信息系统、智慧城市、城市规划模型、城市社会空间结构等方向进行了开创性研究。

作者介绍：薛德升（1969— ），男，山西祁县人，中山大学地理科学与规划学院教授，中国地理学会会员（S110004311M），研究方向为城市地理学。E-mail: eesxds@mail.sysu.edu.cn

二、论文写作背景

中国地理学强调理论与实践相结合，做"顶天"（创新前沿理论）"立地"（服务战略需求）的研究。人文地理学更有经世致用的特点，以"解决国家发展难题，回应时代需要"为目标。20世纪70年代中期后，国家工作重心从乡村转向城市，城市化与城市发展迅速成为政府、学界和社会关注的热点。在这一时期，中山大学紧跟时代步伐，发扬地处改革开放前沿的区位优势，邀请国外学者讲授计量地理学、城市地理学等课程，加强与港澳学者的联系与合作。1982—1983年，许学强先生以访问学者身份赴香港，系统学习城市地理学理论和方法，并与一批香港地理学者（叶嘉安、薛凤旋、朱剑如等）建立起紧密的科研合作关系。

20世纪80年代初，国家连续召开关于城市化问题的讨论会，不少国内外地理学家、城市规划师、社会学家等从总体出发研究中国城市化问题。但受制于数据的限制，未能涉及城市化的地域差异，对中国城市化的省际差异较少问津。为此，许学强先生带着中山大学和国家建设部的介绍信，专程前往公安部抄写人口等资料（与同班梁锦宣同学整整抄写一个星期），并从城市化、城市人口规模、城市空间分布、城市职能结构等不同视角，开展了中国城市化与城市体系研究。本篇论文正是基于这批数据中1953—1982年的人口资料，从省（自治区和直辖市）际尺度对市镇密度、城市化水平、城市规模分布规律（首位度）三个方面开展的研究，对各省区的城市化作出了开创性的系统探索。

三、论文主要发现

论文第一部分研究市镇空间分布，展示新中国成立至20世纪80年代初不同省份市镇密度的变化，发现市镇密度东高西低、有规律地递降。通过回归模型，识别和分析了工农业总产值、市镇人均工业产值、铁路长度指数、农业人口平均粮食产值、人口密度五个因子对市镇密度的影响，得出国民经济发展规模和水平、人口密度是影响市镇密度的重要因子。

论文第二部分聚焦城市化，展示新中国成立至20世纪80年代初不同省份城市化进程，发现城市化水平并非与市镇人口规模呈对应关系。虽然部分省区市镇人口的绝对数量大，但由于农村人口的数量也较多，城市化水平仍然很低。因此在城市与城市化研究中，要区分市镇人口绝对数量和相对数量（市镇人口占总人口的比例）的差异。通过因子分析发现，工业化和人口密度分别对城市化水平产生正向和负向影响，从而得出当时背景下的两种截然不同的城市化模式：①东北、西北和华北部分省区在国家工业发展政策支持下，加速工业发展，促进本省区内农村人口迁入以及东部沿海省区的移民，使得城市化速度较快；②东部沿海省区人口压力大，在加强城镇户口管理、严格控制城市人口规模增长的政策引导下，新增就业机会不多，城市化速度较慢。

论文第三部分探究城市规模分布规律，引入首位度指标，展示新中国成立至20世纪80年代初不同省份城市首位度的变化，发现东北、华北、华东和中南各省区（广东、湖北除外）的城市首位度较低，而西北、西南各省区（四川除外）的城市首位度较高。进一步分析发现，城市首位度的省际差异与城市发展潜力和工业布局方针相关。一方面，大多数省会城市得益于优越的区位和作为行政管理中心的职能，成为省区的首位城市，但近代以来新交通线的开辟、资源的采掘等赋予了部分非省会城市新的竞争力，使之规模逐步赶超原首位城市，甚至成为新的省会城市。另一方面，新工业项目空间配置影响市镇人口分布。例如，东部省区出于控制大城市规模和提升生产率的目的，将新项目布局于中小城市，因此使省区城市发展趋于平衡。

四、论文的创新点和主要贡献

该篇论文的创新点和主要贡献可概括为以下四个方面。首先，论文首次从城市地理学角度系统展示了新中国成立至20世纪80年代初中国城镇分布、城市化水平及城市体系在省（自治区和直辖市）际尺度的空间差异及其历史变化，为国家后续城市化的差异化发展政策制定提供了科学依据。其次，论文收集了反映和表征城市化的一手数据，引入地理学数量统计模型和方法，科学地揭示了城市化发展规律，是城市地理学者应用计量地理方法的有效探索，为后续城市地理定量研究提供了成功的范例。再次，论文在对城市化和城市体系发展影响因素的分析中，构建了包括自然条件和政治、经济、社会因素等多维度的综合框架，充分体现了综合地理思维和知识体系对城市地理研究的重要性。最后，论文引入了国外学者莎科斯1972年提出的（国家和区域）城市首位度演变的动态模型，并把本文对中国城市首位度省际差异及其变化的发现与其进行比较，是中国城市地理研究与国外同领域研究较早开展的学术对话，为后续城市地理研究与国际接轨和对话提供了有益的引导。

五、论文的影响

中国地理学界对中国城市化的研究起始于20世纪70年代末80年代初，该论文是国内城市化研究的经典文献之一，也是改革开放后中国现代城市地理学创建初期重要的基础性成果之一，引用率颇高（截至2024年5月15日已有166次被引），对后续的城市地理研究产生了深远的影响。本文的分析思路和方法在后续的国家和区域城市化和城市体系研究、珠江三角洲区域城镇体系规划实践中得到广泛的应用推广。

作为许学强先生的学生，笔者在求学和工作阶段的多项科研工作深受该论文的启发和引导，对中国城市化的地域差异进行了更进一步的延伸研究，包括中国乡村城市化、中国人口城镇化质量评价及省际差异等。同时围绕全球化影响下的中国城市发展开展了系统研究，测度分析了改革开放以来中国城市全球化水平的变化，揭示了中国城市全球化与西方世界城市发展的不同影响因素与模式。